PSYCHOLOGIE SCIENCE HUMAINE

PSYCHOLOGIE

SCIENCE HUMAINE

Édition revue et corrigée

JO GODEFROID, PH. D. (Ps.)

Préface de Marc RICHELLE

Les Éditions HRW ltée
Édifice Éducalivres • 955, rue Bergar,
Laval (Québec)
H7L 4Z7

Téléphone: (514) 334-8466
Télécopieur: (514) 629-1981

Distributeur exclusif

Éditions Études Vivantes
955, rue Bergar, Laval (Québec) H7L 4Z7
■ Téléphone : (514) 334-8466
■ Télécopieur : (514) 629-1981

JO GODEFROID

PSYCHOLOGIE

SCIENCE HUMAINE

: 0-03-926388-6

ôt légal 1er trimestre 1991   Imprimé au Canada

thèque nationale du Québec   3   4   5   95   94   93

thèque nationale du Canada

édition a été reproduite avec l'autorisation de P. Mardaga éditeur.

vision et correction: Hélène Simard
pervision graphique: Gisèle Beauvais
aquette de la couverture: Hélène Leblanc, Richard Méric
outien artistique: Martine Lamarche
lustrations: Christiane Bellemare, Andrée Lauzon, Diane Mongeau
ypographie et montage: Atelier de typographie Collette inc.
mprimerie: Imprimerie Gagné Ltée

Correction de l'édition révisée: Michel Malouin

À mes enfants,
Frédérique et Christophe.

Plus je connais l'homme
et plus j'aime mon chien,
disait un imbécile.

Plus je connais l'homme
et plus je l'aime,
disait un chien.

Plus je connais et plus j'aime,
disait un homme.

Jean Marcenac

Préface

Parmi les sollicitations de préface qui me sont faites, celle qui m'amène à rédiger les lignes qui vont suivre présente un caractère un peu particulier.

L'auteur fut mon élève, il y a longtemps; il me fait l'amitié de s'en souvenir, et même de m'en remercier. Je m'en souviens aussi, et je me souviens notamment de la façon dont, après son retour d'Afrique centrale où il assumait des responsabilités pédagogiques, Jo Godefroid entreprit de se casser les dents sur ce qui était mon enseignement principal (et bientôt exclusif), la psychologie expérimentale. Il y fit en effet merveille, attestant que l'on peut à la fois être un homme d'action, tempérament passionné, personnalité chaleureuse et s'appliquer à la rigueur du laboratoire. Il y fit naturellement preuve d'imagination, puisqu'il fit oeuvre de pionnier en réalisant une recherche combinant les perspectives de l'éthologie et de la psychologie animale de laboratoire, une dizaine d'années avant que la plupart des spécialistes de ces deux disciplines ne découvrent leur complémentarité. Il passa des nuits aux cotés de ses hamsters, et produisit un document cinématographique que mon collègue éthologiste, J.C. Ruwet, montre encore aujourd'hui à nos étudiants. Une douzaine d'années plus tard, les écureuils canadiens, dénommés communément «suisses», avaient pris le relais des hamsters dans une brillante thèse doctorale menée en solitaire au Québec où l'auteur poursuivait sa vocation d'enseignant.

Le manuel que l'on va aborder est le fruit de cette vocation, car l'auteur fait ce métier avec passion. Non pas dans la version désincarnée où l'enseignant se satisfait de transmettre un savoir, au risque de donner à son élève, écrasé par l'ampleur encyclopédique des connaissances à assimiler, le sentiment de se muer en Sisyphe, mais dans ce style dynamique et, comme on dirait de nos jours, «communicationnel». Jo Godefroid ne s'adresse pas à de futurs spécialistes qui auraient déjà fait le choix de devenir psychologues. Son public, des étudiants en Sciences humaines de niveau collégial et du premier cycle universitaire, attend d'un enseignement de la psychologie une information cohérente, mais aussi une ouverture sur les contributions des sciences psychologiques aux grandes questions qui se posent à notre temps. Ce qui importe donc, pour Jo Godefroid, c'est d'abord de susciter la curiosité, une curiosité qui persiste au-delà de cet enseignement. À cette fin, il n'hésite pas à entrer dans les débats qui préoccupent nos contemporains, et qui se reflètent dans l'évolution des disciplines psychologiques comme en un miroir— à moins que ce soit parfois l'inverse. Il ne craint pas de laisser deviner ses propres engagements, ne cherchant pas à faire croire à ses lecteurs que la psychologie a réponse à toutes leurs questions. Il préfère leur montrer comment, comme toute science en train de se faire, elle se remet sans cesse en question, comment, à pousser plus loin ses enquêtes, elle revoit ses jugements, et éclaire autrement nos problèmes; leur montrer aussi que la psychologie, plus qu'aucune autre science — à l'exception peut-être de la sociologie — se trouve exposée au risque de dépendance vis-à-vis des idéologies en honneur dans la société où elle s'inscrit, et que, apprendre la psychologie, c'est entre autres apprendre à repérer ces contaminations. Mais s'il confronte sans cesse son lecteur avec honnêteté et réalisme à ces problématiques, c'est en se référant constamment aux données scientifiques, dont il prend la peine d'expliquer comment elles se constituent, et comment il convient de les interpréter. Anticonformiste, l'auteur ne se range sous la bannière d'aucune école, ce qui, en psychologie contemporaine demande, paradoxalement, beaucoup d'indépendance d'esprit, et même un certain courage intellectuel.

Il puise, avec un éclectisme constructif, dans les divers courants, et met en relief le double enracinement du comportement humain dans le biologique et dans le culturel. Au fil de l'argument et de l'illustration, le lecteur rencontre les principaux maîtres qui ont marqué de leur génie cette étrange science de nous-mêmes.

Cette initiation aux chemins de la psychologie servira également de guide aux étudiants qui ne se destinent pas nécessairement à la psychologie, mais méritent néanmoins une introduction stimulante et solide à une discipline avec laquelle ils auront encore affaire. Ces étudiants y trouveront, non pas une somme fermée de données savantes, mais une aventure pleine d'attrait et qu'ils souhaiteront prolonger. L'ouvrage de Jo Godefroid contribuera, je n'en doute pas, à réhabiliter la psychologie dans la formation générale, dont on a été souvent amené, depuis quelques années, à l'exclure, tantôt parce que trop technique et confinée à quelques questions pour spécialistes, tantôt parce que trop marquée par les parti-pris d'écoles. Il attirera l'honnête homme, au sens classique du terme, même s'il n'est pas ou s'il n'est plus étudiant. Le succès de ce livre — tant dans son édition québécoise que dans sa récente édition européenne — tient sans doute avant tout à la conviction qu'y a mise son auteur, la même conviction qu'il mettait jadis à instruire des enfants africains, puis à rassembler sous son leadership ses condisciples universitaires, ou, acteur de théâtre qui aurait vraisemblement pu se muer en professionnel, à faire partager à son public les émotions d'un texte, avant de communiquer à ses élèves québécois son enthousiasme pour la psychologie.

Marc RICHELLE

Avant-propos

Cet ouvrage s'adresse à tous ceux et celles qui désirent se sensibiliser aux grands courants de la psychologie occidentale et à la façon dont ceux-ci abordent les diverses facettes du comportement humain. Il se veut donc un outil de formation en sciences humaines permettant à chacune et chacun d'établir ses propres grilles d'analyse du comportement à la lumière de ces différents apports. L'auteur a cherché à en rendre le contenu le plus accessible et le plus attrayant possible tant dans la façon de présenter la matière que dans le style adopté, qui l'éloigne — les grands maîtres lui pardonnent — du texte savant à la langue rigoureuse mais combien rébarbative pour le débutant.

Il se distingue cependant des manuels américains qui présentent le plus souvent la matière en accumulant les faits dans des chapitres dont il est parfois difficile de dégager l'idée essentielle. Dans le présent ouvrage, l'auteur a tenté, dans la mesure du possible, d'introduire un fil conducteur permettant un cheminement logique à travers des chapitres qui s'articulent entre eux pour former quatre parties correspondant aux différents niveaux du traitement de l'information par le cerveau.

Une telle démarche implique toutefois que l'auteur, tout en cherchant à demeurer objectif, n'est pas neutre (l'est-on jamais?). Il se trouve amené à effectuer des choix et des prises de position qui ne correspondent pas nécessairement à la vision sereine d'une science triomphante, telle qu'on la rencontre en général dans les ouvrages d'introduction. Ainsi, le livre peut cesser d'être considéré comme l'écrit intouchable et détenteur de vérité pour se présenter plutôt comme une tentative parmi d'autres de trouver un sens à la réalité des faits mis à jour par la recherche, ainsi qu'aux théories explicatives qu'ils suscitent. De ce fait, il laisse au lecteur, au professeur ou à l'étudiant une porte largement ouverte à la discussion ou à une argumentation différente à partir des données de base.

Les nombreux documents et dossiers qui accompagnent les chapitres sont là, eux aussi, plus pour soulever des questions que pour apporter des réponses. Plusieurs d'entre eux constituent une synthèse d'articles issus de revues spécialisées ou de publications à caractère scientifique telles que *La Recherche, Québec Science* ou encore *Science et Vie*. Un grand nombre trouvent également leur origine dans des revues de vulgarisation psychologique telles que *Psychologie(s)* ou *Psychology today*, auxquelles les ouvrages d'introduction ne font jamais référence par souci de «rigueur scientifique». Ce sont pourtant de telles sources, beaucoup plus accessibles, qui sont les plus susceptibles d'inciter le lecteur débutant à poursuivre l'exploration amorcée dans le livre et à vérifier ainsi l'efficacité des nouvelles armes de décodage qu'il s'y est forgé.

De plus, un des dossiers ainsi que certains documents sont consacrés à la présentation de modèles non traditionnels ou à l'exploration de nouvelles voies de recherche. Notre opinion à ce sujet diffère en effet sensiblement de celle du journaliste scientifique Michel de Pracontal, auteur de *L'imposture scientifique en dix leçons*. Dans cet ouvrage, paru récemment[1], de Pracontal s'attache à vouer aux gémonies les scientifiques, physiciens, biologistes, neurophysiologistes ou étologistes, qui ont formulé, suite à un long cheminement de recherche et de réflexion, une hypothèse qui s'écarte de la rationalité scientifique.

Nous croyons, quant à nous, que la meilleure façon de développer l'esprit critique ne consiste pas tant à jouer les censeurs qu'à exposer le plus objectivement possible l'état des recherches, des théories et des modèles qui se bousculent au portillon des sciences humaines. Il est important de garder à l'esprit que Descartes et ses concepts d'«âme raisonnable» et d'«esprits animaux», ou Freud avec ses notions d'«inconscient» et de «libido» ainsi que la plupart des psychologues cités dans le présent ouvrage (y compris les psychophysiologistes dont la vision du système nerveux ne cesse de se modifier au fur et à mesure des découvertes), sont autant d'«imposteurs» à la recherche ou en attente de preuves[2]. Il n'y a aucune raison de refuser d'élargir le champ de vision de la psychologie en y incluant les hypothèses «holographiques» d'un Pribram ou d'un Bohm ou celle des plongées dans le «soi profond» d'un Lilly[3].

La psychologie ne peut attendre que soit émise une théorie définitive sur le fonctionnement du cerveau pour chercher à comprendre et à agir. Comme les autres sciences humaines, elle a besoin de ces modèles pour aider les hommes à vivre, à aimer et à mourir. C'est au temps que revient le soin d'accumuler les connaissances qui permettront de dégager le bon grain de l'ivraie et de féconder de nouvelles voies s'approchant toujours plus près de la réalité humaine. L'histoire récente de la psychologie a montré qu'à vouloir imposer trop vite une vision réductionniste et «scientifique» du comportement humain, on ne débouche, au mieux, que sur sa caricature.

Ce qui est grave, ce n'est pas tant de présenter ce qui paraît être de prime abord une «imposture», c'est plutôt de vouloir la faire passer pour une vérité constituant la seule voie possible ou au contraire, au nom de l'orthodoxie scientifique, de la tourner en dérision, et avec elle tous ceux qui voudraient s'en approcher, de façon à l'exclure définitivement du champ des possibilités. L'auteur a tâché, tout au long des pages qui suivent, d'éviter l'un et l'autre de ces écueils. Il accepte humblement la critique s'il n'y est pas toujours parvenu.

---

[1] Éditions La Découverte, Paris, 1986.

[2] La théorie de l'évolution de Darwin, que nous présentons dans le premier chapitre, se trouve elle-même extrêmement secouée par les temps qui courent (voir l'ouvrage de M. Denton, *Évolution : «Theory in Crisis»*, dont Sven Ortoli publie une synthèse dans *Science et Vie*, n° 834, mars 1987).

[3] Voir les documents du chapitre 5.

Présentation de l'ouvrage

Le présent livre a été conçu pour tenter de satisfaire au maximum la curiosité des étudiants et des étudiantes, quel que soit le secteur des sciences humaines auquel ils se destinent : recherche, clinique, éducation, criminologie mais également droit, administration ou médecine et, plus généralement, tout domaine demandant une connaissance de base du comportement humain.

Structure de l'ouvrage

Les neufs premiers chapitres constituent la matière d'un cours d'« Introduction à la psychologie ». Quant aux trois derniers, ils peuvent servir de complément d'information à un tel cours introductif en étant, par exemple, présentés par le biais des résumés ou des documents qui les accompagnent ; ils ont cependant été élaborés de façon à pouvoir servir de canevas à des cours tels que ceux de « Développement de la personne », de « Psychologie sociale » ou d'« Introduction à la psychopathologie », au cas où le professeur et ses étudiants n'envisageraient pas l'achat d'un manuel spécifique à l'une ou l'autre de ces matières. En ce sens, le présent ouvrage pourrait ainsi servir d'outil de référence en psychologie tout au long de la formation de l'étudiant ou de l'étudiante en sciences humaines.

L'appendice portant sur les « Bases psychophysiologiques du comportement » est présenté de façon relativement approfondie afin d'être capable de rendre compte de l'état de la question ou de servir de support aux connaissances exposées dans les différents chapitres. En revanche, l'appendice traitant très concrètement des « Statistiques et de l'analyse des données » est présenté de façon à fournir à l'étudiant ou à l'étudiante le bagage nécessaire pour aborder de façon plus sereine cette branche des mathématiques si utile en sciences humaines. Dans un cas comme dans l'autre, cependant, les résumés présentés à la suite du texte permettent de donner une vue d'ensemble suffisamment large des concepts de base propres à ces deux piliers de la psychologie.

Structure des chapitres

L'auteur a cherché à éviter au maximum une surcharge du contenu des chapitres en tentant de dégager les notions essentielles dans un texte se voulant le plus accessible possible et se déroulant selon une progression logique. Les informations complémentaires ou supplémentaires ont été, quant à elles, regroupées sous forme de documents et de dossiers, à la fin de chacun des chapitres.

Le texte est lui-même suivi d'un résumé relativement élaboré et d'un guide d'étude permettant d'en vérifier la compréhension.

Suggestions méthodologiques

La matière peut être abordée de diverses façons :

– Elle peut tout d'abord l'être de façon classique par un exposé plus ou moins approfondi du contenu du texte, effectué en classe par le professeur qui le ponctue de ses propres points de vue et exemples ou de ceux présentés dans les documents.

— L'étudiant ou l'étudiante pourrait cependant se préparer avant chaque cours par une lecture attentive du texte et par une vérification de son degré de compréhension effectuée en complétant les phrases du guide d'étude. Lors de la rencontre en classe avec le professeur, ce dernier peut dès lors se limiter à brosser une synthèse de la matière s'appuyant sur le résumé, en mettant principalement l'accent sur l'éclaircissement ou l'approfondissement de points demeurés obscurs ainsi que sur la lecture et la discussion d'un ou plusieurs documents.

— L'approche de la matière de chacun des chapitres peut également s'effectuer par le biais du contenu de certains documents se prêtant plus particulièrement à une discussion. Le texte du chapitre peut alors être envisagé comme étant la synthèse des différents points dégagés au cours des échanges qui ont précédé, et sa compréhension peut être vérifiée à l'aide du guide d'étude.

— Une partie de la matière peut aussi être présentée en classe par un groupe d'étudiants ou d'étudiantes s'étant particulièrement penché(e)s sur le contenu de certains documents ou de l'un et l'autre dossier dont ils auraient approfondi la connaissance en se référant directement aux articles de revues ou aux ouvrages cités dans la bibliographie ou encore en ponctuant leur exposé par la présentation de l'un des documents audiovisuels proposés dans la mediagraphie accompagnant chaque chapitre.

A la limite, l'étudiant ou l'étudiante pourrait progresser en solitaire, ou en association avec un ou deux collègues, dans la connaissance de la matière en vérifiant l'éfficacité de sa démarche à l'aide des guides d'étude. Ici encore, le travail se trouvera facilité par la présence de nombreuses figures et du glossaire, présenté de la façon la plus explicite possible, directement en regard du texte. Cette approche personnelle pourrait être complétée par le visionnement de documents audiovisuels qui sont disponibles auprès de diverses cinémathèques. Des rencontres personnelles avec le professeur permettraient alors de compléter certaines lacunes et d'échanger sur les points présentant un intérêt particulier pour la formation de l'étudiant ou de l'étudiante.

Dans tous les cas, la vérification des connaissances acquises pourra s'effectuer à partir des nombreuses questions proposées à la suite du guide d'étude. Celles-ci pourront être présentées telles quelles ou transformées en vue d'une évaluation plus rigoureuse.

Pour toute information relative à l'emprunt de films ou de vidéo-cassettes de l'Office National du Film du Canada, s'adresser à :
ONF
15, rue de Berry - 75008 PARIS
Tél. 43.59.18.60

Remerciements

Cet ouvrage constitue le fruit d'un travail mené en solitaire, pendant trois années, au cours des temps libres que me laissait mon enseignement aux quatre coins de l'ouest québécois et de périodes de retraite en Provence.

Il ne serait cependant pas ce qu'il est devenu s'il n'avait pas bénéficié des remarques judicieuses et des suggestions de mes collègues québécois. Je remercie donc chaleureusement Annick Bève, Louise Bergeron, Michèle Beaudry, Léandre Bouffard, Serge Lévesque, Paul Potters, Frédéric Legault, François Berthiaume, Lise Matteau, Pierre Cloutier, Jacynthe Thiboutot ainsi que François Cauchy, coordonateur provincial de Psychologie, qui, chacune et chacun à sa façon, m'ont souligné les aspects des chapitres qu'ils auraient aimé voir développer de façon particulière.

Je suis redevable à mon confrère Claude Gélinas, du Collège de l'Abitibi-Témiscamingue, de l'établissement du dossier 5.1 portant sur « La science et les phénomènes paranormaux » dont il a assuré en grande partie la rédaction. Mon ami Louis Bélanger, de son côté, a bien voulu me faire le plaisir de relire et de compléter des données et des références relatives à l'étude des phénomènes psi.

Ma gratitude va également au Professeur Marc Richelle, du laboratoire de Psychologie expérimentale de l'Université de Liège, à qui je dois ma formation d'expérimentaliste ainsi que mes premières notions en anthropologie culturelle et en psycholinguistique, et qui m'a fait l'amitié d'émettre un avis critique.à propos des différentes parties de l'ouvrage touchant aux centres d'intérêt qui sont les siens en psychologie.

J'en profite aussi pour saluer mes autres maîtres qui retrouveront dans ces pages les racines de leur enseignement ayant depuis servi de support à ma réflexion : les Professeurs Jean Paulus, qui m'a introduit, à mon heure, dans le labyrinthe de la psychologie, François Duyckaerts, qui m'a inculqué les bases de la psychologie dynamique, André Husquinet, qui m'a fourni celles de la psychologie clinique, Maurice Dongier, qui m'a sensibilisé à la compréhension des troubles névrotiques, Adèle

Dubuisson-Brouha et Jacques Faidherbe, à qui je dois mes connaissances en psychophysiologie, Jean-Claude Ruwet, duquel je tiens ma formation d'éthologiste, Michel Chardon qui m'a transmis une part de ses connaissances en zoologie, ainsi que tous les autres qui, d'une façon ou d'une autre, ont modelé mes conceptions sur le comportement humain. J'espère qu'ils ne s'estimeront pas trop trahis par le contenu des pages qui suivent et qu'ils accepteront la filiation que je leur impose ainsi après tant d'années.

La formation behavioriste reçue des uns et la vision psychanalytique de la personne transmise par les autres se sont enrichies de l'approche humaniste, peu connue en Europe il y a vingt ans, à laquelle je dois à mes collègues québécois d'avoir été sensibilisé, au lendemain de mai 1968. C'est cette approche, correspondant plus à ma vision optimiste et progressiste de l'être humain et de son évolution, qui m'a notamment permis d'établir les principes pédagogiques à la base de mon enseignement.

C'est toutefois à la curiosité et à l'intérêt constant manifestés par les milliers d'étudiants et d'étudiantes de l'Abitibi-Témiscamingue auxquels j'ai enseigné au Collège, au Département de l'éducation des adultes ou à l'Université du Québec, que je dois l'approfondissement et la remise en question systématique de mes connaissances et de ma pédagogie. J'espère qu'ils verront dans ce livre l'hommage de ma gratitude pour les joies qu'ils n'ont cessé de m'apporter et la trace de notre contribution commune à l'essor intellectuel de cette grande région de l'ouest québécois.

Je dois enfin remercier tous ceux et celles sans qui cet ouvrage n'aurait jamais pu voir le jour et, tout particulièrement, mes deux fidèles collaboratrices, Raymonde Milesi, en Provence, et Lise Cadorette, au Québec, qui ont assuré sans faille une dactylographie soignée du manuscrit, ainsi que tous les membres de l'équipe de production et d'édition, pour le sérieux et la qualité de leur travail et surtout pour la patience qu'ils ont toujours su manifester.

Jo Godefroid.

L'étude du comportement – son histoire et ses méthodes

1. Qu'est-ce que le comportement?
2. Qu'est-ce que la psychologie?
3. Que font les psychologues?

Introduction

En 1799, des chasseurs capturent un jeune garçon qui, selon toutes apparences, vit seul dans les forêts de l'Aveyron, au sud de la France.

L'enfant ne ressemble pas à un être humain, ni psychologiquement ni même physiquement. Il se déplace à quatre pattes, mange comme un animal et mord ceux qui l'approchent. Ses sens de l'odorat et de l'ouïe semblent très développés et de façon très particulière : le moindre craquement de branche ou le bruit d'une noisette cassée entre les dents le fait sursauter alors que le claquement d'une porte ne déclenche chez lui aucune réaction. Il peut se promener nu par des températures glaciales. Il est capable de saisir la nourriture dans de l'eau très chaude sans qu'apparemment il ne ressente aucune douleur. Il n'émet que des sons inarticulés sans jamais chercher à communiquer avec son nouvel entourage, qu'il considère plutôt comme un obstacle à la satisfaction de ses besoins.

Au début du XIXe siècle, un psychiatre réputé nommé Pinel examine l'enfant et déclare qu'il s'agit d'un arriéré mental incurable. Itard, un jeune médecin qui traite des enfants atteints de surdité, n'est pas d'accord avec ce diagnostic. Selon lui, le comportement de l'enfant, à qui on a donné le nom de Victor, est la conséquence d'un isolement social prématuré et prolongé. Il est persuadé qu'en éduquant adéquatement l'enfant, il pourra lui permettre de reprendre une vie normale au sein de la société. Il décide donc de le prendre en charge.

Après cinq ans d'efforts, Itard doit toutefois reconnaître qu'il n'arrivera jamais à atteindre le but qu'il s'était fixé. Devenu adolescent, Victor a appris à reconnaître divers objets, à comprendre et à prononcer quelques mots, à en écrire et à en lire quelques-uns, sans bien en comprendre le sens ; mais, bientôt, l'enfant cesse de progresser.

C'est surtout au niveau de la socialisation de Victor que l'échec se révèle le plus retentissant : jamais il n'apprendra à jouer ou à se comporter socialement et, encore moins, à réagir adéquatement sur le plan sexuel. Il meurt à 40 ans sans qu'aucune autre amélioration notable ne se soit manifestée dans son comportement (figure 1.1).

UNITED ARTISTS CORPORATION ©

Fig. 1.1 *Victor l'enfant sauvage, tel qu'il apparaît dans le film de François Truffaut qui raconte son histoire. Cet œil qui nous regarde est-il ou non celui d'un être humain?*

Le cas de Victor suscite de grandes interrogations sur les fondements de la nature humaine.

Naît-on avec les caractéristiques qui distinguent l'être humain des autres espèces ou les acquiert-on au contact de la société? Victor « sentait » différemment; il « entendait » et « voyait » d'une façon différente d'un être humain normal. Ses émotions et ses motivations étaient aussi différentes. Est-il possible que le milieu dans lequel il a vécu l'ait modelé à ce point, ou lui manquait-il au départ le bagage mental nécessaire pour se comporter en être humain?

Il a pourtant su apprendre relativement vite à se déplacer sur ses jambes et non plus à quatre pattes, à se servir d'ustensiles propres aux membres de notre culture et, surtout, à développer un langage articulé, bien que rudimentaire, qu'aucun singe n'est capable de produire.

Quelle est donc alors la part de l'inné et celle de l'acquis dans le développement d'un individu? Il s'agit là d'une des questions qui se situent à la base de la compréhension du comportement humain.

Une autre question, découlant de la première, se pose en observant le cas de Victor : « Si le garçon était doté des caractéristiques humaines, pourquoi n'a-t-il pas pu réintégrer totalement la société des humains?» S'agissait-il bien, comme le déclarait Pinel, d'un *idiot congénital* ou encore d'un *enfant autistique* qui ne se serait pas adapté de toute façon, même s'il avait été élevé parmi ses congénères? Pourtant, d'autres enfants ont été découverts depuis, dans différentes parties du monde. De ces «enfants-loups» ou des «enfants-gazelles», aux Indes, ou encore du «petit Tarzan», âgé de 5 ans, qui bondissait

Idiot
(du latin *idiotes* = sot, ignorant). Individu atteint d'une insuffisance mentale très grave qui le rend incapable d'apprendre un langage et d'acquérir une autonomie sur le plan social.

Congénital
(du latin *congenitus* = né avec). Se dit des caractéristiques que possède un individu, à la naissance, qu'elles soient héréditaires ou acquises au cours de la vie prénatale.

Autistique
(du grec *autos* = soi-même). Se dit d'un enfant ou d'un adolescent dont le développement est caractérisé par un manque de réceptivité face aux autres, par un langage peu développé et par des réactions bizarres aux stimulations de l'environnement (voir le document 12.3).

de branches en branches dans les forêts du Salvador, la plupart ont pu être rééduqués. Il semble cependant que plus ils étaient jeunes au moment de leur capture et de leur prise en charge, plus leur réinsertion sociale s'est effectuée facilement. Il y aurait donc dans le développement des *moments privilégiés* pour apprendre certaines choses, qui ne sauraient être apprises plus tard comme dans le cas de Victor, dont la rééducation n'a été amorcée qu'à l'âge de 12 ans.

Compte tenu de ce qu'on sait de Victor, que peut-on conclure à son sujet? Était-il normal ou non?

Oui sûrement, tant qu'il vivait en forêt. Sa survie elle-même, pendant d'aussi longues années, plaide dans le sens d'une adaptation presque parfaite à ce mode de vie. Les individus qui côtoyaient Victor quotidiennement, après sa capture, affirmaient le contraire puisque celui-ci ne vivait ni ne réagissait comme eux. Voilà un autre problème qui se pose à celui qui aborde l'étude du comportement : sur quels critères doit-on s'appuyer pour définir la *normalité* ? Souvent, nous nous référons à nos propres schèmes de pensée pour juger de ce qui est «normal» et de ce qui ne l'est pas. Ce cheminement nous amène à traiter facilement de fou celui qui obéit à des coutumes propres à d'autres *cultures*, dès que son comportement diffère du nôtre et que nous ne le comprenons pas. Mais existe-t-il des critères absolus?

Toutes ces questions soulevées par le cas de Victor constituent le centre des préoccupations de la psychologie relatives au développement de tout être humain. Le présent ouvrage a pour but d'offrir des réponses, bien qu'encore partielles, à ces questions.

Dans la *première partie,* nous chercherons d'abord à situer le comportement humain et la façon dont différentes écoles de psychologie tentent de l'expliquer, puis nous verrons les méthodes qu'elles utilisent pour y arriver.

Le premier chapitre va tenter d'établir ce qui, dans le comportement, relève de l'inné et ce qui dépend de l'acquis, en abordant la question par le biais de la théorie de l'évolution et, plus particulièrement, des hypothèses émises sur l'évolution humaine.

Les origines de la psychologie et de l'étude du comportement seront abordées au chapitre 2. Nous y verrons comment les conceptions ont évolué jusqu'au XXe siècle, et comment, à la fin de celui-ci, différents courants qui s'opposaient sont en train de se compléter mutuellement pour déboucher sur une vision plus large de l'individu.

Le chapitre 3 sera consacré au survol des différents secteurs de la psychologie, mais surtout au problème des méthodes que pose l'étude scientifique du comportement.

Les trois autres parties consistent en une exploration du comportement des êtres humains, de leur façon de percevoir et de ressentir, d'apprendre, de penser et de s'exprimer, de se développer et de réagir par rapport aux autres.

Ainsi, la *deuxième partie* fera le tour des connaissances permettant de comprendre comment s'effectue l'*activation* de notre cerveau par les informations qui lui parviennent, tant de l'extérieur que de l'intérieur,

Culture
Ensemble des formes acquises de comportement propres à une société particulière et qui sont transmises de génération en génération.

[annotation manuscrite : Pour Victor on ne sait pas si Pinel ou Itard a raison?]

et dont l'interprétation dépend des états de conscience et de motivation dans lesquels il se trouve.

Après avoir fait le tour, au chapitre 4, des différents états de conscience normaux ou perturbés, provoqués par le sommeil, l'usage des drogues ou la pratique de la méditation, nous verrons, au chapitre 5, la façon dont s'élabore notre perception du monde extérieur aux dépens souvent de celle de notre monde intérieur, puis enfin, au chapitre 6, comment nos motivations et nos émotions orientent le décodage des informations ainsi que notre action sur le milieu.

La *troisième partie* tentera d'expliquer comment s'effectue le *traitement* de toute cette information qui active le cerveau, en permettant la mise en place d'apprentissages et leur stockage en mémoire. Mais nous y verrons surtout la manière dont se développent deux processus propres à l'espèce humaine : la pensée ainsi que le langage qui permet à celle-ci de s'exprimer.

Au chapitre 7, nous passerons en revue les différentes façons d'apprendre, des plus primitives aux plus évoluées.

Après avoir vu, au chapitre 8, le processus de la pensée et les supports de celle-ci que sont la mémoire et le langage, nous aborderons, au chapitre 9, l'étude de l'intelligence et de créativité, dont le niveau détermine, chez l'individu, sa capacité d'adaptation.

La *quatrième partie* étudiera l'individu dans sa *totalité*, en tant qu'être en croissance qui vit en interaction constante avec les autres. Nous verrons, à ce sujet, comment s'établissent les critères de normalité et quels sont les processus de décodage des comportements considérés comme pathologiques.

Le chapitre 10 tentera d'expliquer pourquoi nous devenons ce que nous sommes, individuellement, à travers notre développement physique, sexuel, intellectuel et social.

Le chapitre 11 sera consacré à l'étude des interactions sociales, des attitudes et des préjugés qui imprègnent notre perception des autres et qui nous poussent, le plus souvent, à les « étiqueter ».

Enfin, dans le chapitre 12, nous verrons surtout comment ce phénomène est perceptible lorsque des comportements déviants se développent chez des individus que l'angoisse ou la vulnérabilité face aux situations pénibles de la vie empêchent de fonctionner selon la norme.

La psychologie est en pleine évolution. Les connaissances continuent de s'accumuler et remettent souvent en question les certitudes d'hier. Cet ouvrage ne prétend pas tout voir. Il vise plutôt à sensibiliser le lecteur aux différents aspects du comportement humain et, faute de procurer des réponses à toutes les questions, il devrait aider à mieux comprendre ce que nous sommes et les raisons qui poussent ceux qui nous entourent à réagir comme ils le font.

chapitre 1

NINA LEER ©

Qu'est-ce que le comportement?

L'inné et l'acquis

La théorie de l'évolution

L'évolution du comportement

Les taxies

Les réflexes

Les comportements instinctifs

Les mécanismes innés de déclenchement

L'empreinte

Les apprentissages

Le raisonnement

L'évolution humaine

De l'arbre aux premières cités

Le développement du langage

L'évolution sociale et culturelle

L'agressivité humaine

L'inné et l'acquis

Victor était un petit d'êtres humains. Quel était alors l'héritage reçu de ses parents et des générations qui l'avaient précédé? Cet héritage était-il minime, comme le prétendait Pinel, ou avait-il été complètement transformé par le milieu particulier dans lequel Victor avait été amené à vivre? Nous ne le saurons sans doute jamais. Victor est mort avec son secret, et les notes laissées par Itard ne nous permettent guère d'y voir clair à ce sujet.

La question de savoir comment l'hérédité et le milieu interviennent dans le développement d'un individu est pourtant capitale et se trouve au centre de nombreuses controverses.

En fait, dans la majorité des aspects du comportement humain on retrouve constamment le fond hérité depuis des générations, d'une part, et, de l'autre, ce que l'environnement physique et social imprime à tout moment. La part d'*inné* et celle d'*acquis* sont toujours présentes dans chacun de nos actes. Mais dans quelles proportions?

Qu'il s'agisse de l'agressivité ou du développement de l'intelligence, du *sexisme*, des inégalités sociales ou encore de certains abus sexuels, aucune action *efficace* ne pourra être entreprise tant que la lumière n'aura pas été faite sur ce problème. Un nombre considérable de décisions à prendre dépend des réponses qui seront apportées, surtout à notre époque de progrès rapides où les prises de conscience se multiplient.

En effet, si l'*agressivité humaine* est innée, il est à peu près certain que les conflits entre les groupes sociaux ou culturels sont appelés à durer et à s'amplifier; les guerres sont inévitables et nous nous acheminons vraisemblablement vers la destruction de la planète. Mais si, au contraire, les tendances agressives manifestées par un grand nombre d'individus sont principalement le fait d'habitudes acquises au contact des autres, que ce soient les parents, les professeurs ou les amis, ou encore d'une présentation excessive de spectacles ou d'émissions télévisées véhiculant de la violence, il est alors possible de repenser les modes d'éducation et de loisirs sportifs et culturels, afin de développer des relations harmonieuses entre les membres de la société.

De la même façon, s'il était prouvé que l'*intelligence*, dont font preuve les individus, est principalement le fait de l'hérédité, il deviendrait inutile de continuer à consentir des efforts financiers pour créer des institutions scolaires dans lesquelles même les meilleures méthodes d'éducation seraient incapables de développer les capacités intellectuelles au-delà de celles que l'individu a reçu à la naissance. Par contre, si on peut

Inné
Se dit de ce qu'un individu possède dès la naissance et qui lui a été transmis de façon héréditaire.

Acquis
Se dit de tout ce que l'individu apprend au cours de son existence, par expérience ou par imitation.

Sexisme
Conception selon laquelle il existerait des caractéristiques négatives chez l'un des sexes qui l'empêcherait de prétendre aux mêmes tâches que l'autre.

démontrer que l'environnement physique et social joue un rôle capital dès les débuts de la vie, peut-être même dans le sein maternel, alors tous les efforts devraient tendre vers la mise en place de conditions d'apprentissage et d'épanouissement des *potentialités*, favorisant au maximum le développement intellectuel de chacun, et cela, dès les premiers instants de la vie.

S'il est établi de façon certaine que les *différences sexuelles* ont une base biologique et que les traits masculins et féminins sont déterminés dès la naissance, comme c'est le cas chez les *espèces* inférieures, alors le rôle des femmes et des hommes risque peu de se modifier, malgré les luttes menées pour changer l'ordre des choses. Qu'on soit chez les Papous, en France, en Chine ou ailleurs, les femmes continueront majoritairement à élever les enfants et à s'occuper du foyer, et les hommes, à jouer le rôle de pourvoyeur. Toutefois, si les recherches menées par les psychologues dans ce domaine confirment que «masculin» et «féminin» ne sont que des étiquettes apposées à des rôles déterminés par la culture, et que le type d'éducation reçue détermine largement les orientations et les choix professionnels effectués par les individus des deux sexes, alors tout doit être fait pour que, dès la petite enfance, chaque individu puisse se développer selon ses propres orientations.

Si la *domination* d'un grand nombre d'individus par quelques-uns est un fait biologique, déterminé dès la naissance, il y a de fortes chances pour qu'à l'avenir, le succès des groupes et des sociétés continue à dépendre des qualités de leur chef et de leur bon vouloir. Par contre, si l'observation du milieu de vie des jeunes enfants révèle que c'est celui-ci qui est à la base des réactions futures de l'individu face à ses partenaires sociaux. il deviendra essentiel de créer les conditions les plus propices à l'épanouissement d'interactions entre les individus, permettant de former une société plus juste, plus égalitaire et plus fraternelle.

Enfin, si l'être humain est un être dominé par des *instincts* et des tendances innées qu'il lui est impossible de maîtriser, il est à prévoir que le nombre d'agressions sexuelles, de crimes passionnels ou que l'usage abusif de la pornographie ne pourront être réduits qu'en appliquant des mesures de répression allant jusqu'à la prison et la peine de mort. Cependant, si l'on peut faire valoir que l'éducation des émotions entreprise dès l'enfance et débouchant sur une profonde connaissance de soi peut permettre à l'individu de comprendre ce qui le pousse à agir et de garder la maîtrise de ses actes, alors il n'y a aucune raison d'être pessimiste en ce qui concerne la prévention de ce type de délits.

Comme nous le verrons au chapitre suivant, les différentes écoles de pensée qui existent actuellement dans le domaine de la psychologie répondent de façon parfois contradictoire à cette question fondamentale. De nombreuses observations seront sans doute encore nécessaires pour arriver à trancher en faveur des arguments avancés par chacune d'entre elles. Nous y reviendrons plus loin.

Pour l'instant, nous allons tout d'abord tenter de cerner les fondements de la nature humaine et voir en quoi celle-ci diffère de celle des autres espèces animales.

Espèce
Ensemble de tous les individus présentant des caractères génétiques semblables et capables de se reproduire entre eux.

Instinct
(du latin *instinctus* = impulsion). Impulsion innée et puissante propre à tous les membres d'une même espèce (voir comportement instinctif).

Fig. 1.2 *Charles Darwin, naturaliste et biologiste anglais (1809-1882). Sa théorie de l'évolution, développée dans son ouvrage* De l'origine des espèces *(1859), souleva les passions notamment de la part de ceux qui refusaient d'accepter les racines animales de l'espèce humaine.*

La théorie de l'évolution

L'être humain est-il un être profondément différent du reste du monde animal? A-t-il été conçu pour régner en maître absolu au-dessus des autres espèces? Longtemps les hommes l'ont cru et un grand nombre ont encore cette conviction.

La pensée traditionnelle soutenait d'ailleurs que le monde, avec ses plantes, ses animaux et l'homme, avait été créé en une seule fois et de façon définitive. La Bible elle-même avance que cela se serait passé en six jours, et un théologien irlandais du XVIIe siècle avait même fait remonter l'événement à l'an 4004 avant Jésus-Christ. C'est cette théorie *fixiste*, ou créationniste, qui s'est imposée jusqu'au milieu du XIXe siècle et qui continue à être défendue, aujourd'hui encore, par diverses sectes religieuses et même par des hommes politiques des États-Unis ou d'ailleurs (voir Reeves, 1986, p. 215).

Cette conception des origines du monde a pourtant basculé avec la théorie mise de l'avant, en 1859, par le *naturaliste* anglais Charles Darwin (figure 1.2). Celui-ci émit en effet l'hypothèse selon laquelle chaque plante et chaque animal existant actuellement descendrait d'une seule et même forme de vie et serait le résultat d'une évolution étalée sur plusieurs milliards d'années. Quant à l'espèce humaine, avec ses caractéristiques physiques et comportementales, elle ne constituerait, en fin de compte, qu'un des aboutissements de cette évolution (figure 1.3).

Comment Darwin en était-il arrivé à avancer une hypothèse aussi révolutionnaire?

Celle-ci s'est imposée à lui alors qu'il prenait part à une expédition qui avait pour but de cartographier les côtes de l'Amérique du Sud. En 1831, Darwin avait été engagé à bord du *Beagle* pour recenser les espèces végétales et animales rencontrées sur ce continent. Habitué à la faune et à la flore de l'Angleterre, il fut ébahi par la diversité des espèces, parfois très proches les unes des autres, qu'il observa au cours de ce voyage. Dès lors, il ne lui parut plus possible de croire que le monde ait été créé avec une collection d'espèces unique et immuable [1]. Il conclut donc que ces espèces s'étaient vraisemblablement diversifiées suite à l'isolement dans lequel certains groupes avaient été maintenus soit par un désert, un bras de mer ou une montagne. Ces groupes avaient ainsi été amenés à *évoluer*, chacun de façon différente.

Cette hypothèse posée, il fallait maintenant expliquer pourquoi l'évolution s'effectuait dans une direction plutôt que dans une autre et, surtout, découvrir le moteur qui présidait à cette différenciation.

Fixisme
Doctrine qui affirme que les espèces sont immuables. Les créationnistes, qui adhèrent à cette théorie, mettent principalement l'accent sur le fait que l'apparition de ces espèces sur la Terre est attribuable à un dieu créateur.

Naturaliste
Chercheur qui s'occupe de l'observation des espèces végétales et animales dans leur milieu naturel.

---

[1] On en dénombre actuellement 12 millions, allant des bactéries à l'homme, en passant par les végétaux et les animaux (répartis en 1.200.000 espèces).

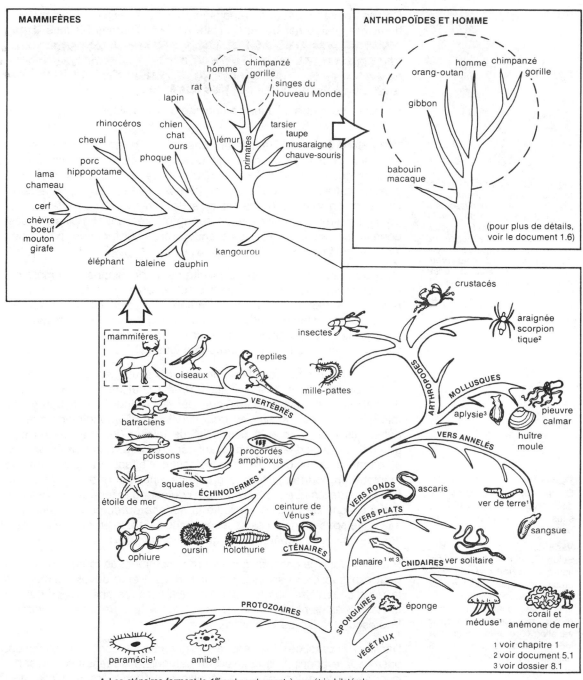

* Les cténaires forment le 1er embranchement à symétrie bilatérale.
** Les échinodermes forment le seul embranchement à asymétrie axiale d'ordre 5.

Fig. 1.3 *L'arbre généalogique du règne animal. Le règne animal s'est développé au cours du dernier milliard d'années en formant de multiples embranchements. Au sein de ceux-ci, les zoologistes reconnaissent des classes qu'ils subdivisent en familles, en ordres, en genres et en espèces*. Les classes seraient apparues par ordre de complexité croissante : les êtres unicellulaires avant les organismes pluricellulaires, les invertébrés avant les vertébrés et, parmi ces derniers, les animaux aquatiques avant les animaux terrestres et aériens.*

* Voir l'exemple de l'espèce humaine dans le tableau 1.1.

Fig. 1.4 *Les longues pattes et le cou démesuré de la girafe constitueraient l'aboutissement actuel de l'évolution des caractéristiques de cet animal. Celles-ci lui auraient permis de survivre en broutant des feuilles, parmi les arbres rares aux branches élevées qu'on rencontre dans la savane.*

Essai
Ouvrage littéraire ou scientifique dans lequel le sujet est traité sous forme d'esquisse ou d'hypothèse.

Variation
Selon Darwin, légère modification qui apparaît chez de nombreux individus lorsque les populations végétales ou animales se reproduisent ; lorsqu'elle favorise la survie, la variation offre un avantage aux individus porteurs. (Darwin ignorait le phénomène des mutations génétiques.)

Sélection naturelle
Théorie de Darwin selon laquelle les individus les moins aptes à survivre dans un environnement donné seraient éliminés au profit des plus forts, qui pourraient ainsi transmettre plus facilement leurs caractéristiques à leurs descendants.

Darwin trouva un début de réponse en lisant un *essai* sur les sociétés humaines rédigé par un économiste anglais, Thomas Malthus. Selon celui-ci, la population croît beaucoup plus vite que les sources de nourriture ; en cas de famine ou de guerre, lorsque la nourriture se raréfie, la concurrence apparaît et, dans la « lutte pour la vie », la sélection va jouer au profit du plus fort.

Pourquoi ne pas appliquer ce principe aux populations de plantes et d'animaux ?

Par exemple, si dans une forêt dense, les arbres se privent les uns les autres de leur source d'énergie qu'est la lumière solaire, ils risquent tous de dépérir. Si toutefois certains d'entre eux poussent plus haut que les autres parce qu'ils ont hérité par hasard d'une grande taille, ils seront en mesure de capter plus de lumière. Cette *variation* leur permettra ainsi de survivre et de se reproduire de façon plus efficace, donnant naissance à d'autres grands arbres qui forceront peu à peu les plus petits à disparaître.

Pour d'autres espèces, c'est la faculté de se développer à l'ombre qui va leur assurer la survie ou pour d'autres encore, la forme de leurs racines. La nature serait donc amenée à *sélectionner* ainsi les caractéristiques les plus adaptées à un milieu donné, en favorisant leur transmission. Elle agirait comme une *force sélective* permettant la survie des plus aptes aux dépens des plus faibles.

Il en irait de même pour les animaux. Si, à une époque donnée et étalée sur plusieurs milliers d'années, le climat se refroidit de façon dramatique, on peut imaginer que parmi les individus à naître, les mieux armés pour résister au froid survivront plus longtemps que les autres. Ils auront donc la possibilité de laisser derrière eux un plus grand nombre de descendants ayant hérité de ces variations favorables et parmi lesquels une nouvelle sélection s'effectuera. De la même manière, on pourrait justifier la présence, chez l'ours blanc, de caractéristiques telles que l'épaisseur et la couleur de la fourrure, l'existence d'une couche de graisse sur toute la surface du corps et l'adaptation à la nage sous-marine, ces caractéristiques étant le produit de la sélection survenue de génération en génération (figure 1.4).

Plus loin, dans ce chapitre, nous verrons comment ce même processus peut expliquer l'accession à la station debout et le développement de la main chez l'être humain, deux caractéristiques spécifiques qui ont fait le succès de notre espèce et lui ont donné la possibilité de coloniser la presque totalité de la planète.

Darwin mit près de vingt ans à rédiger cette théorie de l'évolution, basée sur le principe de la sélection naturelle. Pourtant il se refusait à la publier, ne voulant pas être associé aux controverses qu'elle allait inévitablement soulever. Or, en 1858, un autre naturaliste, Henry Wallace, présenta une théorie s'appuyant sur la même idée et Darwin, ne tenant pas à laisser un autre s'attirer seul tous les honneurs pour une recherche à laquelle il avait consacré tant d'années de sa vie, publia, l'année suivante, son ouvrage intitulé *L'origine des espèces*. Comme il s'y attendait, celui-ci déclencha de violents débats qui ne sont d'ailleurs pas encore complètement éteints aujourd'hui.

Depuis, la théorie s'est enrichie des apports de la *génétique*, qui s'est développée au début du XXe siècle, ainsi que de la connaissance des lois de l'hérédité de Mendel, popularisées à la même époque. Il fut ainsi possible d'expliquer, d'une part, les variations sélectionnées comme étant la conséquence de *mutations* qui se produisent au niveau des *gènes* et, d'autre part, la façon dont les caractéristiques se transmettent d'une génération à l'autre.

Les néo-darwinistes eux-mêmes ne sont pas toujours d'accord sur la façon dont s'effectue l'évolution. Pour certains, elle procèderait par «bricolages» successifs, au hasard des mutations et selon la nécessité du moment; pour d'autres, l'évolution aurait un sens que suivrait le développement des espèces, celles-ci obéissant à certaines orientations déjà inscrites dans les gènes; pour d'autres encore, l'évolution procèderait par bonds à partir de grands réaménagements effectués autour de certains «nœuds», ou points privilégiés de l'évolution, correspondant à la différenciation des espèces.

Cependant, même si des détails, parfois importants, sont ainsi critiqués et reformulés, les fondements de la théorie sont aujourd'hui largement acceptés par les scientifiques. Grâce à cette théorie, il est possible de comprendre comment les caractéristiques physiques ont évolué et, par surcroît, comment les changements de comportement se sont effectués depuis l'apparition de la vie sur terre, il y a deux ou trois milliards d'années, passant de mouvements relativement simples aux structures complexes des comportements propres aux animaux supérieurs et, notamment, à l'être humain (voir le document 1.1).

Génétique
(du grec *gennêtikos* = propre à l'action d'engendrer). Branche de la biologie qui s'occupe de l'étude des lois de l'hérédité (à ne pas confondre avec la *psychologie génétique* qui étudie le développement du comportement humain depuis la fécondation jusqu'à la mort).

Mutation
(du latin *mutatio* = changement). Variation brusque d'un caractère héréditaire au sein d'une espèce, ou d'une population, dû au changement dans le nombre ou dans la qualité des gènes.

Gène
(du grec *genos* = origine). Petite unité, localisée sur le chromosome, qui est responsable des caractères héréditaires de l'individu (chez l'homme, on en compte plus de 20.000 sur chacun des 46 chromosomes) (voir appendice A).

L'évolution du comportement

Selon la théorie de l'évolution, les espèces animales et, parmi elles, les individus les plus aptes à s'imposer et à se reproduire, sont, comme nous venons de le voir, ceux qui possèdent les caractéristiques permettant la meilleure adaptation possible à leur environnement, tant sur le plan physique (une fourrure plus épaisse en hiver, par exemple) que sur le plan comportemental (les migrations vers les régions chaudes lorsque la saison froide approche, la façon de construire un terrier chez un rongeur ou de chanter chez un oiseau, etc.).

De ce point de vue, même les organismes vivants les plus simples se sont dotés, par le biais de la sélection, de comportements adaptés à leur mode de vie. C'est ainsi que les végétaux présentent certaines formes de comportement, appelés *tropismes*, permettant au tournesol, par exemple, d'orienter sa corolle de façon à suivre le soleil (il s'agit d'un *héliotropisme*) et d'allonger ses racines dans le sol à la recherche de l'humidité et de sels minéraux nécessaires (on parle alors de *géotropisme*).

Tropisme
(du grec *tropos* = direction). Réaction d'orientation d'une plante causée par un agent physique ou chimique. L'*héliotropisme* (du grec *hélio* = soleil), le *géotropisme* (du grec *géo* = terre) et le *phototropisme* (du grec *photo* = lumière) sont les tropismes qu'on rencontre le plus souvent dans le règne végétal.

Fig. 1.5 *La paramécie est un être unicellulaire, ou protozoaire, de grande taille; elle est principalement constituée, comme toute cellule, d'un cytoplasme et d'un noyau. Grâce aux battements de ses cils, elle avance en décrivant un mouvement en hélice.*

pas de système nerveux

Les taxies

Au bas de l'échelle animale, les être unicellulaires affichent des comportements un peu plus complexes.

La *paramécie*, par exemple, est un petit organisme difficilement visible à l'œil nu (elle mesure 0,25 mm de long), que l'on retrouve dans les étangs et les mares d'eau, à peu près partout dans le monde. Elle est constituée d'une cellule unique dotée d'une bouche, d'un système digestif primitif, et la surface de son corps est parsemée de taches sensibles à la lumière, à la chaleur, au toucher et à différents agents chimiques. Elle est munie de cils vibratiles qu'elle fait onduler d'avant en arrière pour se déplacer. Elle se nourrit de bactéries qui sont digérées afin d'en extraire les parties comestibles, et excrète les restes dans l'eau (figure 1.5).

Les mouvements très simples et automatiques de la paramécie provoqués par son milieu la forcent donc à se diriger vers tout ce qui ressemble à de la nourriture et à s'éloigner de toute stimulation désagréable, y compris une lumière trop vive; cette orientation globale et mécanique de l'organisme par rapport à une source de stimulation est appelée *taxie*.

Les taxies sont surtout associées aux êtres unicellulaires non pourvus d'un système nerveux, mais on les retrouve aussi chez des espèces plus évoluées. C'est ce phénomène qu'on observe chez les insectes qui, les soirs d'été, se butent obstinément sur une lampe allumée.

Les réflexes   *sont automatiques*

Comme nous venons de le voir, les taxies sont des réactions de tout l'organisme à certaines stimulations de l'environnement. Ces comportements primitifs vont tendre à disparaître, au fur et à mesure qu'on progresse dans l'échelle de l'évolution animale. Ils vont être remplacés par des réponses plus locales et plus précises : les *réflexes*, qui sont des mécanismes liés au développement du système nerveux.

En effet, l'étape qui suit les êtres unicellulaires dans le processus de l'évolution est le développement d'organismes mutlicellulaires chez lesquels différents groupes de cellules vont assumer différentes fonctions. La méduse en est un bon exemple; il s'agit d'une espèce de masse gélatineuse en forme de parachute que l'on peut voir lorsqu'on nage dans la mer. Les méduses ne possèdent pas encore de cerveau mais sont pourvues d'un réseau nerveux primitif dont les cellules nerveuses sont reliées entre elles à la façon d'un filet de pêche. Si vous stimulez un quelconque endroit de la surface du corps de la méduse, le message se propage rapidement dans tout le réseau, provoquant une réaction de retrait de tout l'organisme. Ainsi, lorsqu'un crabe essaie de saisir la méduse avec ses pinces, le réseau nerveux réagit à ce signal en déclenchant la contraction de l'animal qui peut, de cette façon, s'éloigner du danger (figure 1.6).

pas de cerveau

Fig. 1.6 *Dans l'eau, la méduse a l'apparence d'une ombrelle prolongée par de longs tentacules. Elle n'est plus qu'une masse gélatineuse informe lorsqu'elle est rejetée sur le sable.*

Cette séquence, où l'information provenant d'un organe sensoriel est transmise par l'entremise d'un système nerveux et entraîne une réaction automatique, constitue un *réflexe*.

Au fur et à mesure que le système nerveux va se spécialiser chez les espèces supérieures, ces réflexes, innés et programmés dès la naissance de l'organisme, vont être de plus en plus localisés à certaines parties du corps et remplacés, pour les fonctions plus importantes, par des modes de comportements plus évolués. Chez l'être humain, il ne subsiste plus que quelques réflexes utiles à sa survie (réflexe de retrait de la main ou du pied suite à une stimulation douloureuse, clignement des yeux, dilatation de la pupille à l'obscurité, salivation, éternuement, etc.).

Nous verrons plus loin, en parlant d'apprentissage, que certaines situations dans lesquelles sont placés les organismes peuvent entraîner une «reprogrammation» des *réflexes innés*, amenant ainsi les individus à fournir de nouvelles réponses à un *stimulus* familier. On parlera alors de *réflexes conditionnés*. Si on projette, par exemple, un jet d'air froid à la figure d'un nouveau-né, il aura le réflexe de cligner les yeux. Il n'a pas besoin d'apprendre cette réponse : elle est innée et automatique. Cependant, si on fait résonner une sonnerie avant de souffler l'air sur le visage du bébé et que l'on répète ceci un certain nombre de fois, il se mettra bientôt à cligner des yeux à la simple audition de la sonnerie. On aura ainsi provoqué chez lui un réflexe conditionné.

Les comportements instinctifs

Les taxies et les réflexes sont des réponses simples et stéréotypées, que l'on retrouve surtout chez les animaux les plus primitifs.

Mais comment expliquer la présence de comportements tels que la construction d'un nid chez les oiseaux, selon le même modèle pour tous les membres d'une même espèce, ou l'organisation sociale d'une ruche d'abeilles, le phénomène de migration des oies ou des saumons, ou encore le filage géométrique de sa toile par une araignée? Il s'agit là de comportements complexes et stéréotypés, propres à une espèce donnée et dont le «patron» et le but sont déterminés par l'hérédité : on les appelle des *comportements instinctifs* (voir le document 1.2).

Les éthologistes, qui sont spécialisés dans l'étude du comportement animal, nous ont fourni beaucoup de données sur les comportements instinctifs; l'une d'entre elles, et non la moindre, précise que les animaux dotés de ces comportements ne sont pas de simples automates réagissant exclusivement et à tout moment aux stimulations de leur environnement (voir le document 1.3).

Les mécanismes innés de déclenchement

Pour qu'un comportement instinctif se manifeste, il faut non seulement qu'une situation externe stimulante existe mais également que certains facteurs internes soient présents sous forme de besoins ou de motiva-

Stimulus
(mot latin = aiguillon). Tout agent physique, mécanique ou chimique capable d'exciter un récepteur (peau, œil, oreille, nez ou langue) et de produire un effet sur l'organisme.

Réflexe conditionné
Réflexe appris déclenché par un stimulus quelconque, dès le moment où celui-ci a été associé un certain nombre de fois à un stimulus capable de déclencher ce réflexe de façon naturelle.

Comportement instinctif
Comportement inné, propre à une espèce donnée, et exécuté de façon parfaite et sans expérience préalable, compte tenu des conditions du milieu environnant. Les éthologistes préfèrent utiliser le terme d'adaptation phylogénétique*, qui souligne le fait que ces comportements ont été, eux aussi, sélectionnés au cours de l'évolution de l'espèce, sous la pression des forces sélectives en provenance du milieu.

Éthologiste
(du grec *ethos* = mœurs et *-logos* = étude). Spécialiste de la science qui étudie les comportements des espèces animales.

* La phylogénèse (du grec *phulon* = tribu et *-genesis* = formation), correspond au développement des espèces au cours de l'évolution des règnes végétal et animal. (Opposé à *ontogénèse*, du grec *ontos* = être, qui est propre au développement d'un individu, de la fécondation à la mort).

tions. Ce n'est que lorsque les conditions externes et internes sont réunies que le comportement peut se déclencher. Il semble donc que l'animal réagisse à une stimulation particulière, à un moment précis, par une réponse spécifique. Cette concordance entre le type de stimulation et le type de réponse a amené les éthologistes à émettre l'idée qu'il devait exister, pour chacun des comportements propres à une espèce donnée, un mécanisme capable de décider du déclenchement du comportement approprié. Ils ont donné le nom de *mécanisme inné de déclenchement* à cette structure propre à l'espèce et inscrite dès la naissance dans le cerveau de l'individu. On pourrait comparer ce mécanisme à un programme inséré dans un ordinateur qui permet de décider à quel moment et dans quelles conditions une réponse sera fournie, compte tenu des informations en provenance du milieu.

Ce même mécanisme régit la plupart des comportements d'un grand nombre d'espèces. C'est notamment le cas pour le comportement d'accouplement. Ainsi chez les oies ou les canards, par exemple, lorsque le temps de la parade nuptiale arrive, le mâle se livre à toute une série de mouvements très stéréotypés (lever du torse, déploiement de l'aile, frétillement de la queue, etc.) déployés dans un ordre déterminé, en réponse aux mouvements d'approche et de recul de la femelle. Le nombre et l'intensité de ces mouvements vont s'accroître d'autant que la femelle se montre plus réceptive, pour atteindre leur point culminant à l'approche de l'accouplement.

L'empreinte

En observant les animaux, les éthologistes visent notamment à déterminer quelle est dans leurs comportements la part de l'inné et la part de l'acquis.

Les travaux de l'éthologiste autrichien Konrad Lorenz ont aidé à comprendre l'interaction entre ces deux facteurs, en ce qui concerne certains phénomènes.

Lorenz s'est notamment livré à une expérience sur de jeunes oies qui avaient été couvées dans un incubateur. Le premier objet en mouvement avec lequel les oisons avaient été en contact au moment de l'éclosion n'était donc pas leur mère biologique, mais Lorenz lui-même. Une chose étonnante se produisit alors car, au lieu de rejoindre le groupe des oies, les oisons se mirent à suivre Lorenz dans tous ses déplacements et à agir comme si celui-ci était leur propre mère (figure 1.7). Mis en présence de leur mère biologique, ils ignorèrent celle-ci pour revenir se placer sous la protection de Lorenz. Cet attachement à l'être humain se révéla particulièrement aberrant lorsque, arrivées à l'âge adulte, ces oies ne se mirent à la recherche que de partenaires sexuels ressemblant à l'homme, en ne manifestant aucun intérêt pour les membres de leur propre espèce.

Lorenz a donné le nom d'*empreinte* à cet attachement très profond au premier objet *animé*, quel qu'il soit, auquel les oisons étaient confrontés après l'éclosion de l'œuf. D'autres chercheurs ont en effet montré que, dans des conditions expérimentales, cette empreinte pouvait s'établir à partir de n'importe quel objet : balle de ping-pong, ballon de football, coussin, caisse de carton, animal d'une autre espèce, pourvu qu'il soit animé d'un mouvement.

Le mécanisme d'empreinte est, de toute évidence, lié à la survie. Dans le milieu naturel, le premier objet animé que les oisons ont sous les yeux est normalement leur mère ; cette dernière devient donc tout naturellement l'être sur lequel s'effectue l'imprégnation et qui va devenir le modèle permettant d'exprimer adéquatement les comportements propres à l'espèce.

Fig. 1.7 *L'attachement manifesté à Lorenz, objet d'empreinte, par ces oisons lors de l'éclosion, les amène à se comporter vis-à-vis de lui comme s'il était leur véritable mère.*

De tels effets, même s'ils ont surtout été démontrés chez les oiseaux *nidifuges*, chez certains poissons et quelques mammifères, semblent exister également chez les oiseaux *nidicoles*. Chez les singes, qui appartiennent à une espèce supérieure où les jeunes sont beaucoup plus longtemps dépendants de leurs parents, l'empreinte serait plus tardive et plus étalée. Chez le petit de l'être humain, les liens sociaux s'établissent très tôt et de façon profonde. L'isolement d'individus, pendant les premières années de la vie, entraîne des déviations parfois importantes du comportement (le cas de Victor, l'enfant sauvage, en est un exemple). L'explication de ce phénomène pourrait nous être fournie partiellement par la connaissance de tels mécanismes.

Nidifuge
(de nid et du latin *fugere* = fuir). Se dit des animaux dont les jeunes sont autonomes dans la quête de nourriture immédiatement après l'éclosion de l'œuf (comme le poussin, par exemple).

Nidicole
(de nid et du latin *coler* = habiter). Se dit des animaux dont les petits demeurent au nid après l'éclosion et dépendent de leurs parents pour leur nourriture.

Les apprentissages

Avec le mécanisme d'empreinte, nous nous trouvons à un point de jonction entre l'inné et l'acquis. En effet, chez les espèces où l'empreinte est effective, les comportements filiaux, sociaux ou sexuels sont déterminés héréditairement, mais l'orientation qu'ils vont prendre est acquise et dépend de l'expérience vécue au cours des premiers moments de la vie.

Plus on avance dans la série animale, plus on observe que les comportements acquis remplacent les comportements *stéréotypés*. L'un des exemples les plus connus d'un comportement instinctif est le comportement maternel de certains animaux : la façon de construire un nid et de s'occuper des petits, tel que le font les femelles de nombreuses espèces a souvent suscité l'admiration des humains. Cependant, si ces comportements semblent héréditaires, ils peuvent aussi dépendre énormément de l'apprentissage, pour leur mise en place. Le document 1.4 fournit un exemple qui illustre bien ce fait.

Les apprentissages se développent surtout chez les espèces les plus évoluées. On peut se demander en quoi les comportements appris, qu'on trouve chez ces espèces, constituent un progrès par rapport aux comportements innés et stéréotypés que sont les comportements instinctifs. Pour répondre à cette question, il faut envisager le problème sous l'angle de l'adaptation.

Les comportements instinctifs (comme d'ailleurs, à un degré moindre, les réflexes et les taxies) constituent des modes de comportement qui assurent à l'animal un maximum d'adaptation dans un milieu donné et dans des circonstances déterminées : les règles du jeu sont inscrites dans l'héritage de l'espèce, et les mécanismes innés de déclenchement sont là pour assurer à l'animal la concordance la plus parfaite possible entre les stimulations de l'environnement et les comportements à émettre. Mais que devient l'abeille extraite de sa ruche et transportée à un millier de kilomètres de là, ou l'araignée filant sa toile après avoir perdu une patte ? Il y a peu de chances que, dans ces circonstances, le comportement puisse s'exprimer adéquatement ou se « réaménager », ou même qu'il y ait une possibilité de survie pour l'individu. En effet, seuls les individus des espèces chez lesquelles dominent la faculté d'apprentissage et la création d'habitudes sont capables de faire face à des situations nouvelles en façonnant de nouveaux comportements qui leur permettront de s'adapter.

En 1912, Yerkes a cherché à savoir à quel échelon du règne animal apparaît cette capacité d'apprendre. C'est chez le ver de terre qu'il a pu mettre en évidence les premiers apprentissages, à l'abri de toute critique. Yerkes est en effet parvenu à apprendre à certains de ces animaux à tourner à droite dans un labyrinthe en T. Il n'est arrivé à ce résultat qu'après plus de 150 essais au cours desquels le ver, s'il tournait à gauche, devait affronter un grillage électrifié. Pourtant, la preuve était faite que le système nerveux relativement primitif des

Stéréotypé
(du grec *stéréo* = solide). Se dit d'une opinion ou d'un comportement tout fait, comme s'il avait été coulé dans un moule.

membres de cette espèce est capable de stocker une information susceptible de modifier leurs comportements[2] (figure 1.8).

Cette capacité d'apprentissage se développe au fur et à mesure que l'on monte dans l'échelle animale ; ainsi, les espèces les plus évoluées, telles que les chimpanzés et les êtres humains, ne possèdent quasiment plus de comportements leur permettant, dès la naissance, et sans entraînement, de s'adapter de façon adéquate à leur milieu. Les quelques comportements non appris, chez l'être humain, sont des réflexes innés lui permettant d'assurer sa survie dès sa naissance (réflexe de succion, de déglutition, d'éternuement, de clignement des yeux, etc.). Pour le reste, il dépend totalement de l'environnement physique et surtout social pour développer les habitudes nécessaires à son insertion dans le groupe et acquérir son indépendance par rapport à celui-ci.

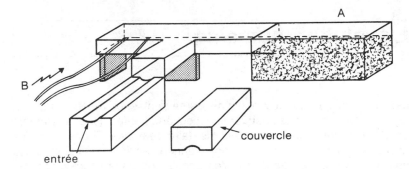

Fig. 1.8 *Le labyrinthe en T utilisé par Yerkes pour étudier l'apprentissage chez le ver de terre. En tournant à droite, le ver de terre débouchait sur une chambre sombre remplie de terre humide (A), alors qu'il recevait une décharge électrique (B) s'il tournait à gauche.*

Le raisonnement

Les habitudes se forment le plus souvent par imitation ou par conditionnement, mais aussi par tâtonnements, les erreurs devenant de moins en moins nombreuses au fur et à mesure que se multiplient les essais. C'est ce qu'on observe chez un rat placé dans un labyrinthe ou un chat enfermé dans une boîte à fermeture complexe, comme nous le verrons plus loin, au chapitre 7.

Chez les mammifères supérieurs, et principalement chez les singes et les êtres humains, le haut niveau de développement cérébral fait apparaître de nouvelles capacités grâce auxquelles ces êtres évolués peuvent découvrir la solution d'un problème sans manipulation préalable. (voir le document 1.5).

---

[2] Cité dans Maier, N.R.F. et Schneirla, T.C. *Principles of Animal Psychology*, New York, McGraw-Hill, 1935.

Il semble que les singes les plus évolués, et donc les membres de l'espèce humaine, aient pu développer cette capacité de comprendre la relation existant entre les divers éléments d'une situation afin de parvenir à la solution, par *raisonnement*, et non plus par des manipulations effectuées au hasard.

Le raisonnement intervient dans de nombreuses situations de la vie quotidienne, que ce soit dans la façon d'effectuer une tâche, de se déplacer d'un lieu à un autre ou encore de rechercher et d'organiser l'information en provenance du monde dans lequel vit l'individu. Cette faculté permettra à l'espèce de réaliser d'immenses progrès dans son évolution.

L'évolution humaine

Les origines de l'espèce humaine demeurent encore, en partie, un mystère. Cependant, les dernières découvertes, effectuées notamment en Afrique orientale, permettent de faire remonter l'apparition des ancêtres de l'homme à trois millions d'années environ[3]. De plus, grâce aux quelques centaines de fossiles découverts dans l'ancien monde, il est possible de dater les grandes étapes de l'évolution humaine (voir le document 1.6).

Le champ des hypothèses se rétrécit donc de jour en jour et le scénario de nos origines tend de plus en plus à se préciser.

Voici celui qu'a proposé, en 1983, le paléoanthropologue Yves Coppens, du Collège de France.

De l'arbre aux premières cités

Il semble aujourd'hui acquis que les origines de l'espèce humaine se situent en Afrique de l'Est. La partie orientale des hauts-plateaux couverts de forêts de cette région s'est effondrée, suite à un bouleversement géologique. Cette transformation, survenue il y a 8 millions d'années, va séparer nos ancêtres en deux groupes. Les membres du groupe resté sur les hauts-plateaux vont poursuivre leur vie *arboricole* et leurs descendants deviendront nos cousins chimpanzés et gorilles (figure 1.9). L'autre groupe se retrouve dans une plaine qui, avec le temps, s'assèche et se couvre de hautes herbes. La force sélective va alors privilégier les individus les mieux adaptés à ce milieu de savane, privé d'arbres ; seuls les êtres capables de repérer suffisamment tôt

Arboricole
(du latin *arbor* = arbre et -*colere* = habiter). Se dit des espèces animales dont la vie se passe principalement dans les arbres.

---

[3] C'est lors d'un congrès organisé par l'Académie pontificale des sciences, au Vatican, en 1982, que des anthropologues, des biochimistes et des généticiens de renommée mondiale s'entendirent pour établir, dans l'état actuel des connaissances, nos liens de parenté animale.

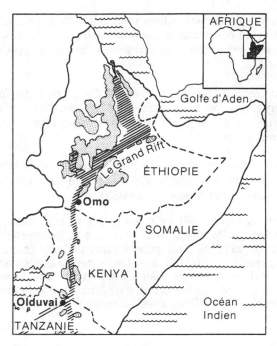

Fig. 1.9 *C'est dans la* Rift Valley *(la vallée de la Fissure), en Afrique Orientale, qu'on a pu retracer les origines de l'humanité. Les fouilles ont principalement été effectuées en Tanzanie, au Kenya ainsi qu'en Éthiopie.*

les prédateurs et de se déplacer rapidement pour se mettre à l'abri survivront et se multiplieront. Ainsi, les mutants capables d'adopter la station debout vont pouvoir s'adapter aux transformations de leur environnement[4].

Le fait d'adopter cette position va progressivement libérer les membres antérieurs, utilisés jusque-là pour la locomotion. La main, au pouce de plus en plus opposable, va devenir un organe de *préhension* des plus performants, donnant à l'être humain la possibilité de manipuler plus facilement branches et pierres.

Pendant ce temps, la tête voit progressivement son équilibre favorisé par la station verticale; la boîte crânienne va ainsi pouvoir se développer dans toutes les directions, permettant au cerveau d'augmenter considérablement de volume.

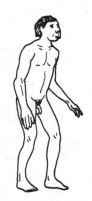

Fig. 1.10 *Homo habilis.*

La bouche, remplacée par les mains dans les activités de préhension, évolue dans le sens d'une plus grande mobilité, permettant la diversité dans la production des sons.

Progressivement, les conditions se mettent en place pour que puissent se développer la parole et la faculté de réfléchir et de prévoir.

Au fil du temps et des générations, de nouvelles espèces émergent. Il y a un peu plus de deux millions d'années, on retrouve les premières traces d'hominisation, avec *Homo habilis*, l'homme habile, baptisé ainsi

Préhension
(du latin *prehendere* = saisir). Faculté de saisir avec un organe approprié. L'hominisation est liée notamment au passage de la préhension à l'aide de la bouche (ce qui exige des muscles et des attaches solides, et entraîne une faible mobilité de la bouche) à la préhension à l'aide de la main.

---

[4] C'est le cas du Kenyapithèque (voir la figure 1.18).

Fig. 1.11 *Homo erectus.*

parce qu'avec lui apparaissent les premiers outils[5]. La chasse s'organise, les abris se construisent, les enfants demeurent plus longtemps auprès de leur mère; une vie en société se développe peu à peu (figure 1.10).

Avec *Homo erectus* s'amorçent, il y a un million et demi d'années, les grandes migrations vers l'Asie, puis vers l'Europe. Ces dernières migrations vont débuter alors que le feu commence à être domestiqué, il y a 500.000 ans (figure 1.11).

Le successeur d'*Homo erectus*, l'homme debout, sera *Homo sapiens*, l'homme sage dont la première lignée est celle de l'homme de Neanderthal qui remonterait à plus de 200.000 ans.

Celle-ci cède définitivement sa place, il y a 65.000 ans environ, à la lignée de notre ancêtre direct, Homo sapiens au sens propre, l'homme de Cro-Magnon, dont les plus anciens représentants connus à ce jour seraient apparus il y a 100.000 ans. Leurs descendants vont coloniser l'Europe du Nord, puis les deux Amériques et l'Océanie il y a 40.000 ans. Ce n'est que beaucoup plus tard, il y a environ 9.000 ans, qu'apparaîtront les premières cités au Moyen-Orient.

Tableau 1.1 *Un passeport pour le cosmos*

Une des conclusions à laquelle aboutit la théorie de l'évolution est que chacun de nous n'est finalement qu'une poussière d'étoile, perdue dans l'immensité de l'Univers. À l'époque de l'exploration spatiale, il est bon de situer l'espèce humaine parmi les espèces peuplant la planète, et la planète elle-même, dans le concert des galaxies.

L'être humain dans l'espace

Espèce	*Homo sapiens*
Genre	Homo
Famille	Hominidés (dont il est, actuellement, la seule espèce)
Ordre	Primates (dans lequel il est le proche cousin du chimpanzé et du gorille avec qui il partage vraisemblablement un aïeul ayant vécu il y a sept millions et demi d'années)
Classe	Mammifères (vertébrés à sang chaud dont le corps est couvert de poils et qui allaitent leurs petits)
Embranchement	Vertébrés (animaux à squelette interne axé sur une colonne vertébrale)
Règne	Animal
Planète	Terre
Système	Solaire (le Soleil est une étoile parmi les quelques centaines de milliards d'étoiles existant dans notre galaxie)
Galaxie	Voie lactée (qui est une galaxie parmi les quelques centaines de milliards de galaxies gravitant dans l'Univers). Son diamètre est de 100.000 années-lumière
Univers	Unique (ou non) dont l'horizon se situe à 15 milliards d'années-lumière

Une année-lumière représente la distance que parcourt la lumière en une année, soit environ 10.000 milliards de kilomètres.

Cro-Magnon
Grotte du sud-ouest de la France, dans laquelle ont été découverts les premiers squelettes fossiles de l'*Homo sapiens* de type moderne, qui a vécu en Europe, il y a 40.000 ans.

---

[5] Il ne s'agit plus de simples pierres trouvées par hasard et conservées pour leur tranchant, mais bien de véritables outils, taillés à l'aide d'une autre pierre; c'est cette utilisation d'un outil pour en fabriquer un autre qui constitue la caractéristique essentielle de l'hominisation.

Tableau 1.2 *Le calendrier de l'évolution*

La théorie la plus largement acceptée actuellement pour expliquer l'origine de l'Univers est celle du *big bang*, explosion initiale qui se serait produite, il y a environ 15 milliards d'années, provoquant la formation de galaxies qui depuis s'éloignent les unes des autres à des vitesses prodigieuses. Pour situer l'histoire de l'espèce humaine en rapport avec celle de l'Univers et de la Terre, on pourrait faire l'analogie avec le calendrier d'une année dont la première seconde du premier janvier correspondrait au big bang. À cette échelle, la longueur de vie d'un être humain représente un septième de seconde...

L'être humain dans le temps

Il y a en années :

15 milliards	J	1er janvier	big bang	
	F			
	M			
	A			
10 milliards	M	2 mai	début de la Galaxie	Il y a environ
	J		de la Voie lactée	(en années)
	J			
	A	9 sept.	début du système solaire	
5 milliards	S	14 sept.	formation de la Terre	
	O	20 sept.	début de la vie marine sur la Terre	4 miiliards
	N			
	D	7 déc.	début de la sexualité	1 milliard
		19 déc.	1ers vertébrés	500 millions
		20 déc.	1ers végétaux terrestres	450 millions
		22 déc.	1ers poissons	400 millions
		23 déc.	1ers amphibiens	350 millions
		24 déc.	1ers reptiles	300 millions
		26 déc.	1ers mammifères	195 millions
		27 déc.	1ers oiseaux	150 millions
		29 déc.	extinction des grands reptiles	
			1ers primates	70 millions
		31 déc.	19 h 30	1ers hominidés .... 7,5 millions
			21 h 45	1ers hommes .... 4 millions
			22 h 45	*Homo habilis* .... 2,2 millions
			23 h 07	*Homo erectus* .... 1,5 million
			23 h 42 min 30 s	Domestication du feu 500.000
			23 h 53	1ers *Homo sapiens* 200.000
			23 h 58 min 36 s	1ers hommes en Amérique et en Australie ... 40.000
			23 h 58 min 57 s	1res peintures murales 30.000
			23 h 59 min 18 s	Invention de l'agriculture 20.000
			23 h 59 min 41 s	1res cités au Moyen-Orient 9.000
			23 h 59 min 56 s	Année zéro de notre ère 2.000
			23 h 59 min 59 s	Invention de l'imprimerie — Christophe Colomb débarque en Amérique 400

Le développement du langage

Un groupe ne peut survivre sans un moyen qui permette à ses membres de communiquer entre eux, de guider ou de coordonner les activités de chacun.

La presque totalité des espèces animales possèdent des signaux de communication permettant à chaque individu de signaler un danger à ses congénères, sa présence à un partenaire éventuel ou encore l'interdiction de pénétrer dans son territoire. Ces signaux sont cependant toujours liés à une situation immédiate. Il semble qu'aucune espèce animale autre que l'espèce humaine ne possède de moyen pour communiquer, des informations qui ne relèvent pas du moment présent[6]. Seuls les êtres humains seraient capables, par la parole, de se projeter dans le passé, rendant accessible la connaissance d'événements s'étant produits il y a longtemps, mais aussi d'annoncer certains événements ou activités à accomplir dans le futur et les étapes à franchir alors pour les mener à bien.

Les chercheurs ne s'accordent pas sur le moment où le langage s'est développé. Selon certains auteurs, celui-ci serait extrêmement ancien et son origine pourrait remonter à deux millions d'années, à l'époque où *Homo habilis* fabriquait les premiers outils. La diversité de ces derniers et la transmission des techniques utilisées n'auraient pu exister sans la parole.

Pour d'autres, par contre, cette transmission aurait très bien pu se faire par simple imitation, de la même manière que les jeunes chimpanzés apprennent des aînés la façon de plonger une branche dans une fourmillière pour en ramener les fourmis qu'ils vont ensuite déguster (figure 1.12). Pour ces auteurs, il est plus vraisemblable que le langage se soit développé à une époque où son utilisation s'est imposée avec force, pour la survie de l'espèce. Cette époque correspondrait, selon eux, à la dernière glaciation, lorsque l'avance des glaciers à grandement modifié l'environnement humain, il y a de cela 75.000 ans. La mise au point de nouveaux modes de vie par des groupes humains

Fig. 1.12 *Plusieurs observateurs ont pu noter la façon dont certains chimpanzés utilisaient «l'outil», en l'occurrence une branche; l'animal l'a coupée à proximité d'une termitière, il la dégarnit de ses feuilles puis la plonge, humectée de salive, dans un des orifices; il la retire ensuite pour se délecter de termites engluées. Ce qui distingue cependant le chimpanzé de l'être humain, c'est que même si le premier conserve parfois son outil, il ne tente jamais de le perfectionner. Non seulement l'être humain perfectionne ses outils mais, en plus, il en crée de nouveaux pour le faire.*

---

[6] Les dauphins et les baleines ne nous ont cependant pas encore livré tous leurs secrets à ce sujet.

de plus en plus importants aurait alors nécessité la transmission des informations autrement que par des cris ou des grognements. Mais comment expliquer alors que le langage se soit également développé dans les régions équatoriales ?

La question ne pourra probablement jamais être tranchée puisque l'existence de la parole ne peut être attestée à partir d'ossements fossiles. Il semble cependant que la conformation du cerveau, relevée à partir de crânes très anciens, permette de croire que la zone cérébrale responsable du langage se serait développée relativement tôt dans l'évolution humaine.

L'évolution sociale et culturelle

Comme nous l'avons vu, les premiers êtres humains devaient probablement circuler en groupes dans la savane, se livrant, pour se nourrir, à la cueillette de fruits, à l'arrachage de racines ou à la chasse aux petits animaux tués à coups de pierres.

Cette vie en familles, en groupes puis en tribus apporte bien des avantages, qu'il s'agisse du partage de la nourriture, de la garde qu'il faut monter la nuit pour se préserver des bêtes sauvages ou de l'éducation des enfants, qui exigent des soins pendant de nombreuses années avant de devenir autonomes[7].

Avec la fabrication d'armes telles que la massue en bois, l'épieu et le couteau de pierre et d'os, la chasse va constituer l'occupation la plus importante permettant d'assurer la subsistance du groupe. Dès ce moment, les expéditions de plus en plus longues ne permettent plus à tout le clan de se déplacer ; seuls les membres les plus forts partent, laissant les individus trop âgés et les mères avec leurs enfants au campement ou dans la caverne.

C'est vraisemblablement ceux-ci qui vont perfectionner les outils et la poterie mais surtout développer l'agriculture, il y a 15.000 à 20.000 ans, par essais et erreurs dans les premiers temps, puis par la sélection des plus beaux plants (figure 1.13).

L'organisation sociale n'est pas seulement le propre de l'espèce humaine ; on la retrouve chez de nombreuses espèces animales. L'être humain est pourtant le seul primate qui partage sa nourriture avec ses congénères, comme il est également le seul à former un couple permanent, constiuant le noyau d'une famille[8]. Ces pratiques vont jouer un rôle capital dans l'évolution des groupes humains, notamment en soudant les membres de la famille et en augmentant la qualité des soins et de l'éducation dispensés aux enfants. Pendant la longue période

Néoténie
(du grec *neos* = nouveau et *-ten* = étendue). Retard dans le développement de l'individu maintenu à l'état larvaire chez certaines espèces inférieures. Chez les primates, l'évolution va dans le sens d'une prolongation de la période de développement physique et intellectuel, et donc de dépendance de l'enfant vis-à-vis de la cellule familiale et du groupe social.

---

[7] Le passage du singe à l'être humain semble, en effet, être le résultat de mutations allant dans le sens du prolongement de la période de croissance et de développement de l'enfant et de l'adolescent. Cette *néoténie* va entraîner une plus longue dépendance des jeunes vis-à-vis des adultes. Cette période est actuellement deux fois plus longue pour le petit de l'être humain que pour ceux des autres primates.

[8] Parmi les autres primates, seuls les gibbons forment également des couples permanents ; mais ils ne forment pas de familles, car quelques jeunes seulement demeurent plus d'une année avec les parents.

Fig. 1.13 *Le perfectionnement des outils, l'utilisation du feu et l'organisation sociale vont permettre à l'espèce humaine d'accomplir plus de progrès au cours du dernier million d'années que pendant les six millions d'années qui ont précédé.*

que durera l'éducation des jeunes individus, ceux-ci vont pouvoir assimiler les normes sociales et culturelles, et intégrer les acquis des générations précédentes.

Riche de ces acquisitions, chaque génération pourra pousser plus loin la recherche de nouvelles solutions qu'elle va, à son tour, transmettre à ses descendants.

Ainsi, grâce à l'association de la main et du cerveau, du langage et de la vie organisée en groupes, le champ de la connaissance poursuivra son mouvement en spirale à une vitesse sans cesse grandissante.

L'être humain a progressé plus vite en 10.000 ans qu'il ne l'avait fait au cours des millions d'années qui ont précédé. Durant cette période, il est passé de l'âge de la pierre à celui de la conquête spatiale. Aujourd'hui, un individu apprend plus de choses en un jour que son ancêtre de la savane en apprenait pendant la durée de son existence.

La génération de l'an 2000 connaîtra, pour sa part, quarante fois plus de choses que celle des années 80. Cette génération pourra-t-elle mettre à profit toutes ces connaissances? Lui permettront-elles d'assurer le bien-être physique et psychologique de la population mondiale ou l'amèneront-elles plutôt au point de non-retour auquel elle risque de se condamner si l'agressivité omniprésente entre groupes humains continue non seulement à s'exprimer mais surtout à être encouragée par la fourniture de moyens de destruction de plus en plus sophistiqués?

L'agressivité humaine

Il semble que l'agressivité entre les individus d'une même espèce existe chez la plupart des primates. Des observations effectuées au cours des années 60 par Jane Goodall, ont démontré qu'elle pouvait même déboucher, chez les chimpanzés, sur l'extermination des mâles d'un groupe adverse.

Tout au long du développement de l'espèce humaine, l'agressivité a joué un rôle important dans la survie de ses membres. Les premiers chasseurs devaient parfois être violents, tuant les animaux ou les autres êtres humains qui entraient en concurrence avec eux pour la nourriture, le choix du partenaire sexuel ou le territoire. Mais depuis, les conflits armés entre clans, tribus ou nations jalonnent l'histoire de toutes les civilisations sans que puisse être perçu le lien existant entre eux et la survie proprement dite des individus.

Il existe pourtant des cultures qui ont établi des remparts contre les débordements de cette agressivité en adoptant un système de signaux, des comportements de menace ou des rituels guerriers, comme on en retrouve encore chez des peuplades d'Amazonie ou d'Océanie. Des ethnologues ont même rencontré des sociétés qui semblaient ignorer l'agressivité (Mead, 1969).

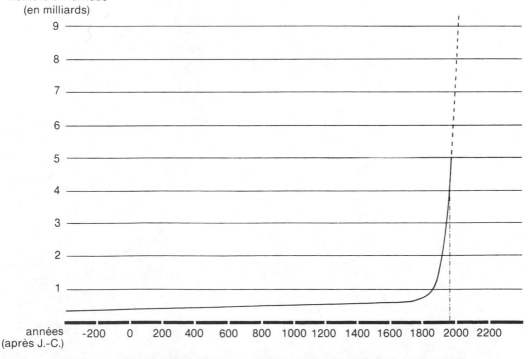

Fig. 1.14 *Courbe de croissance de la population d'*Homo sapiens *depuis l'Antiquité. Depuis 1987, notre planète compte cinq milliards d'individus alors qu'elle n'en comptait seulement qu'un milliard en 1850. La croissance va désormais s'effectuer à raison d'un nouveau milliard d'individus tous les 12 ans.*

Que conclure de ces faits? L'agressivité est-elle innée ou non? Il s'agit sans doute là d'un faux débat; la question essentielle qui doit se poser aux sciences humaines en général consiste bien plus à savoir comment la culture peut maîtriser la violence, à l'heure où les armes de plus en plus sophistiquées menacent de destruction des millions d'individus, à la simple pression d'un bouton.

Les quelques milliers d'*Homo sapiens*, qui ont colonisé la terre 10.000 à 40.000 ans plus tôt, ont assuré une descendance de 5 milliards d'individus, vivant à notre époque, qui seront plus de 6 milliards dans 15 ans... (figure 1.14). Devant les guerres de plus en plus meurtrières qui éclatent dans les différents coins du monde, devant la montée du racisme et celle du terrorisme aveugle, il est temps d'utiliser *individuellement* nos capacités de raisonner et de communiquer, pour apprendre aux autres, et d'abord aux enfants, que les solutions non violentes sont toujours préférables dans le règlement des conflits humains.

Toutes les autres espèces animales ont évolué aveuglément, au gré des changements de leur environnement. Notre espèce est la seule qui, grâce au langage et au potentiel de son cerveau, a commencé à orienter sa propre évolution. Sans pour autant renier notre héritage animal, il est capital que nous utilisions les ressources dont nous disposons pour modeler cet héritage, dans le futur. Ce livre tente modestement de nous aider à progresser dans ce sens en rassemblant les connaissances accumulées par les psychologues.

Document 1.1

Les niveaux de comportement et l'évolution

Traditionnellement, on distingue cinq niveaux de comportement allant des modes d'adaptation innés et stéréotypés, tels que les taxies et les réflexes ainsi que, d'une certaine façon, les comportements instinctifs, jusqu'à des modes acquis et modifiables, tels que l'apprentissage et le raisonnement.

L'importance relative de chacun de ces niveaux de comportement, aux différents échelons de la série animale, peut être synthétisée dans un schéma, comme celui que proposent Dethier et Stellar (1961) et dont la figure ci-contre est une adaptation (figure 1.15).

Ce schéma montre comment, au fur et à mesure qu'on s'élève dans l'échelle animale, les modes acquis remplacent de plus en plus les modes innés et stéréotypés. Ainsi, alors que chez les insectes, par exemple, les comportements instinctifs constituent le mode dominant, ils sont remplacés, chez les mammifères inférieurs tel que le rat, par la faculté d'apprentissage; quant au raisonnement, presque inexistant chez ces derniers, il constitue, avec l'apprentissage, le mode dominant de l'espèce humaine chez laquelle la plupart des comportements stéréotypés ont disparu.

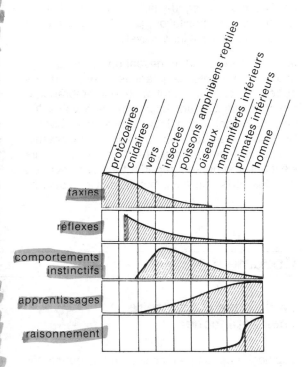

Fig. 1.15 *Schéma présenté par Dethier et Stellar (1961).*

Document 1.2

La migration du saumon de l'Atlantique : comportement instinctif ou apprentissage?

C'est au printemps que l'alevin naît, dans les eaux vives et limpides d'un petit ruisseau du Nord canadien, de Scandinavie ou d'Écosse. Les œufs déposés par les femelles sur le fond de gravier à l'automne précédent sont fertilisés par les mâles et éclosent après une incubation d'environ trois mois.

Après quelques années (deux à sept ans selon les latitudes) passées en eaux douces, l'alevin devenu un *tacon*, descend la rivière pour s'élancer bientôt dans l'océan. Il prend alors le nom de *smolt*.

Mâles et femelles resteront en haute mer pendant deux ou trois années, s'éloignant parfois de près de 3.000 km des côtes.

Ce n'est que lorsqu'ils ont atteint leur maturité que les saumons amorcent leur migration de frai, et c'est là que leur merveilleuse aventure commence.

Ils franchissent des distances de 50 à 100 km par jour pour d'abord retrouver l'estuaire du fleuve ; parmi les dizaines d'embouchures de rivières qui s'y jettent, ils vont ensuite s'engager dans celle qu'ils ont descendue quelques années plut tôt et, de là, réaliser l'exploit de remonter, sans hésitation, jusqu'au ruisseau où ils sont nés pour aller y frayer.

Ils se trouvent pourtant devant un véritable labyrinthe de torrents se jetant les uns dans les autres. Mais, malgré tout, à chaque embranchement où s'impose un choix entre deux voies, les saumons choisissent invariablement la bonne. Si parfois ils se trompent, ils rebroussent chemin rapidement pour reprendre la route là où ils s'étaient trompés ; ils repartent alors, remontant les plus forts courants, bondissant par dessus des chutes qui atteignent parfois plusieurs mètres... pour arriver après des jours d'efforts exténuants sur les lieux de ponte, le terrain ancestral qui les a vu naître et où, pour un grand nombre, ils vont mourir après s'être reproduits.

Il s'agit là d'un sujet d'étude des plus passionnants. Qu'est-ce qui permet à ces poissons après toutes ces années et ces immenses distances qu'ils ont à franchir, de retrouver le cours d'eau où ils ont vu le jour ? Pourquoi précisément ce cours d'eau plutôt qu'un autre, tout aussi accueillant ?
Les scientifiques cherchent toujours la réponse à ces questions. Il semble que l'odorat du saumon, même après tant d'années, joue un rôle important et que la composition chimique, la saveur et l'odeur de l'eau près des côtes constituent des facteurs déterminants. Mais qu'en est-il de la reconnaissance en haute mer et des mécanismes déclencheurs de cette migration ?

Document 1.3

La défense du territoire chez l'épinoche

L'épinoche est un petit poisson d'eau douce qui a fait l'objet d'études par Tinbergen (1953), un des pères de l'éthologie moderne.

Chez cette espèce, c'est le mâle qui veille à la construction du nid, à la défense du territoire, à la surveillance des œufs qu'une femelle est venue pondre dans le nid sur son invitation, ainsi qu'à l'élevage des petits.

Tous ces comportements paraissent largement stéréotypés et programmés de telle façon que les réactions de l'animal sont déclenchées non pas par des situations globales, mais par des stimulations bien précises. Prenons, par exemple, le comportement du mâle dans la défense du territoire.

Au printemps, le mâle choisit un territoire sur un fond sableux de la rivière et entreprend la construction d'un nid en forme de tunnel. À la même époque, sa gorge et son ventre prennent une belle coloration rouge : c'est son « habit de

noce ». Il devient alors très agressif et se met à attaquer tous les mâles de son espèce qui exhibent comme lui un ventre rouge et qui s'approchent de son territoire. Tinbergen a voulu connaître ce qui déclenchait cette agressivité : est-ce la « personnalité » du rival ou tout simple-

Fig. 1.16 *Les leurres utilisés par Tinbergen. Plus la portion de rouge du leurre est importante, plus l'épinoche mâle manifeste d'agressivité envers celui-ci. Un leurre représentant fidèlement l'épinoche mais n'arborant pas de rouge ne provoque aucune attaque de la part du mâle qui défend son territoire.*

ment la couleur rouge dont il est paré. Après avoir isolé un mâle territorial dans un aquarium, il lui a présenté, au bout d'un bâtonnet, différentes représentations en plâtre de mâles d'épinoche, certaines très ressemblantes mais à ventre clair et d'autres très grossières mais à ventre rouge (figure 1.16).

Il a ainsi pu constater que, même s'ils ne ressemblaient que très peu à un poisson, seuls les leurres à ventre rouge déclenchaient l'agressivité de l'épinoche au point que même un simple bout de laine rouge, plongé dans l'aquarium, était systématiquement attaqué. Pourtant, si cette expérience est faite quelques semaines plus tôt ou plus tard, la couleur rouge n'a plus aucun effet sur le déclenchement du comportement agressif. Sa valeur déclenchante est donc étroitement liée à un mécanisme de déclenchement dont l'action est limitée dans le temps.

Document 1.4

Instinct maternel ou apprentissage?

Toutes les espèces inférieures semblent posséder une connaissance innée de ce qui doit être fait dans les différentes circonstances de la vie. Mais ces comportements instinctifs sont-ils dès le départ aussi bien structurés qu'on veut le croire? Qu'en est-il de ces comportements chez les mammifères?

Le comportement maternel de la rate, dans son milieu naturel, est aussi fascinant à observer que le comportement des femelles des autres espèces inférieures. Chaque femelle, à l'approche de la mise bas (même chez la *primipare*), refait les mêmes préparatifs de construction du nid que ceux adoptés par ses ancêtres depuis des milliers de générations. Elle transporte inlassablement des matériaux, qu'elle hache avec les dents afin de les rendre plus souples, puis modèle un nid en boule qui va prendre sa forme définitive au cours des dernières heures. Elle veillera alors à s'occuper de chacun des petits, au fur et à mesure de leur expulsion, sectionnant le cordon ombilical et les transportant un à un dans le nid. Toute cette science de l'accouchement serait-elle inscrite dans son psychisme ou dépendrait-elle, en partie, d'apprentissages préalables?

Comment se comportera une jeune rate élevée dans un milieu où elle ne pourra manipuler des matériaux servant à la construction du nid qu'au moment de la gestation? Il semble que, dans ce cas, l'animal se révèle habituellement incapable de construire le nid ou d'apporter les soins requis à ses petits, au moment de la mise bas.

Ainsi, la rate possède un instinct dit « maternel », mais qui s'exprime toujours en une séquence fort complexe de comportements simples dont les uns sont acquis et les autres sont innés. Ils dépendent cependant tous de l'environnement immédiat et de l'expérience passée. Aussi, si la rate n'a pas eu préalablement l'occasion d'acquérir une habileté simple, comme le maniement des matériaux qui serviront plus tard à la construction du nid, elle peut difficilement exprimer son « instinct maternel ». Même si le besoin est présent, la rate doit, pour arriver à le satisfaire, effectuer les apprentissages préalables qui lui permettent d'atteindre le but fixé héréditairement.

On peut comprendre pourquoi il est possible d'affirmer que l'« instinct maternel » a pratiquement disparu chez l'espèce humaine. De nombreuses enquêtes ont en effet montré que l'attachement de la mère pour son bébé dépend, d'une part, des expériences vécues antérieurement, notamment dans son enfance, mais également de la relation qu'elle établit après l'accouchement, par les soins apportés et selon les réactions du bébé.

Primipare
(du latin *primus* = premier et - *parere* = enfanter). Se dit d'une femelle de mammifère qui accouche pour la première fois.

Document 1.5

Le chien, le singe et le raisonnement

Un chien affamé est enfermé dans une cage (A) (figure 1.17). On place, à quelques mètres de lui, un morceau de viande attaché à une ficelle dont l'autre extrémité aboutit entre ses pattes. Il lui suffirait donc de saisir le bout de cette ficelle avec sa gueule pour amener la viande à sa portée. Pourtant, le chien semble incapable d'établir spontanément un lien entre les deux éléments ;

il va rester là à geindre pendant des heures, sans pouvoir résoudre la difficulté.

Par contre, si on place une banane, dans les mêmes conditions, devant un chimpanzé enfermé lui aussi, ce dernier mettra généralement moins d'une minute à s'approprier la banane en tirant simplement sur la ficelle (B). Comme nous le verrons au chapitre 7, Kohler a même observé un chimpanzé capable de réunir deux cannes emboîtables, placées dans la cage, pour attirer la banane jusqu'à lui (C).

Fig. 1.17 *Problèmes présentés à un chien et à un chimpanzé.*

Document 1.6

L'évolution des grands singes et des hominidés

Depuis la découverte, en 1974, de Lucy, le fossile de la famille des hominidés le plus ancien trouvé à ce jour, plusieurs hypothèses se côtoient pour redéfinir la lignée humaine (Chavaillon, 1985).

Selon trois de ces hypothèses, il y aurait eu :

1. Trois lignées issues d'un tronc commun vieux de 7,5 millions d'années, et Lucy serait une « cousine » directe appartenant à la lignée des

préaustralopithèques (c'est l'hypothèse de Coppens, présentée à la figure 1.18) ;

2. Deux lignées, soit celle des australopithèques et celle du genre *homo* ; Lucy serait une « ancêtre » directe, issue du tronc commun à ces deux lignées (hypothèse de Johanson, White et Tobias) ;

3. Deux branches d'*hominidés* totalement distinctes, et Lucy serait alors une « cousine » éloignée issue de la branche des australopithèques (hypothèse de Leakey).

Début des lignées	Généalogie humaine	Extinction
30 millions	Propliopithèque	
19 millions	Dryopithèque	
14 millions	Kenyapithèque	
7,5 millions	Préaustralopithèque	2,5 millions
5 millions	Australopithèque *africanus*	2 millions
2,5 millions	Australopithèque *robustus*	1 million
4 millions	Début des hominidés	
2,2 millions	*Homo habilis*	1 million
1,5 million	*Homo erectus*	
200.000	*Homo sapiens neanderthalensis* (en Europe et au Proche-Orient, il y a 100.000 ans) . . .	65.000
100.000	*Homo sapiens sapiens* (au Proche-Orient, en Europe puis en Amérique, il y a 40.000 ans)	

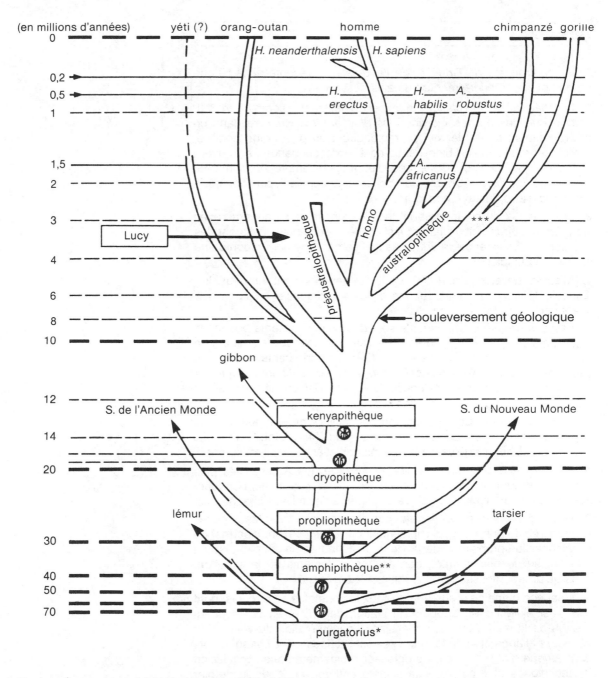

Fig. 1.18 *Évolution de la lignée humaine (d'après l'hypothèse de Coppens).*

* Le purgatorius est le primate fossile le plus ancien retrouvé à ce jour.
** L'amphipithèque est le dernier ancêtre commun aux hommes et aux singes de l'Ancien et du Nouveau Monde. Il s'agit du «chaînon manquant», découvert récemment en Asie, dont la migration de descendants vers l'Afrique aurait été à la base de la lignée humaine (voir Science et Vie, mai 1986, n° 824, pp. 58-61).
*** Époque à laquelle ces espèces auraient divergé su le plan génétique.

Résumé

1. La *controverse de l'inné et de l'acquis* est présente dans l'étude de nombreux comportements humains.

2. La *théorie de l'évolution*, admise actuellement comme un fait, affirme que ce sont les individus *les plus aptes à survivre* dans un environnement particulier qui se reproduiront en plus grand nombre, aux dépens des moins bien nantis dont la descendance se trouvera ainsi peu à peu éliminée. Cette théorie permet de comprendre comment s'est effectuée *l'évolution des comportements* depuis l'apparition de la vie sur la Terre, jusqu'à nos jours.

3. Les niveaux de comportement les plus simples sont apparus avec les premiers êtres unicellulaires; il s'agit des *taxies* qui constituent des réactions globales et mécaniques de tout l'organisme par rapport à une source de stimulation.

4. Avec le développement du système nerveux sont apparus les *réflexes*, définis comme des réponses plus spécifiques et plus précises à la stimulation d'un organe récepteur.

5. Les *comportements instinctifs* sont des comportements beaucoup plus complexes et sont propres à une espèce donnée; leur structure et leur but sont fixés héréditairement. Ces comportements ne peuvent s'exprimer que lorsqu'un *mécanisme inné de déclenchement*, qui leur est associé, détermine s'il y a concordance entre les conditions internes de l'animal et les conditions externes.

6. L'*empreinte* est un phénomène particulier, propre surtout aux espèces nidifuges, qui amène le jeune à s'attacher profondément dès les premières heures de sa vie, au premier objet animé qu'il rencontre.

7. Avec le développement de l'*apprentissage*, les espèces les plus évoluées deviennent capables de modifier leur comportement en fonction des circonstances et, ainsi, de s'adapter à des milieux changeants.

8. Le *raisonnement* est un niveau atteint uniquement par les espèces supérieures de primates, principalement par l'être humain. Il permet de solutionner les problèmes de la vie quotidienne par la simple mise en relation, sur le plan mental, des différents éléments de la situation, sans qu'un apprentissage préalable soit nécessaire.

9. L'espèce humaine a son origine chez les primates arboricoles, dont elle s'est éloignée en adoptant la station debout et en développant l'usage de la main pour la préhension. L'augmentation du volume du cerveau et l'apparition du langage se sont greffées à ces changements pour amener l'être humain à progresser rapidement dans l'acquisition de techniques et à coloniser la planète entière, au cours du dernier million d'années.

10. Grâce au langage articulé, l'être humain peut faire référence tant aux faits passés qu'à ceux à venir; de plus, son organisation sociale facilite la survie de son groupe et l'éducation de ses enfants. Il a ainsi pris définitivement son évolution en mains. Pourtant, les tendances agressives qui font peut-être partie de son héritage animal risquent d'y mettre fin s'il ne parvient pas à les maîtriser par une éducation appropriée.

Guide d'étude

Révision

Compléter les phrases suivantes

1. La façon dont l'hérédité et le milieu environnant interviennent dans le développement de l'individu est au centre de la controverse entre _____ et _____.

2. Selon Darwin, la nature serait amenée à _____ les caractéristiques les mieux _____ à un milieu donné, en favorisant leur transmission aux générations suivantes.

3. L'ouvrage de Darwin qui fut publié en _____ et qui souleva tant de passions, s'intitulait _____.

4. La théorie de l'évolution s'est enrichie, au cours du XXe siècle, des apports de la _____ et de la connaissance des _____.

5. Au bas de l'échelle animale, on rencontre des comportements très primitifs appelés _____ _____.

6. L'aboutissement d'une séquence au cours de laquelle une information provenant d'un _____ est transmise au système nerveux et entraîne le déclenchement d'une réponse automatique, est appelé _____.

7. Les comportements complexes et _____, propres à une espèce donnée, et dont le «patron» et le but sont fixés héréditairement, sont appelés comportements _____.

8. Un mécanisme inné de _____ est un mécanisme permettant à l'individu d'émettre un comportement _____ à un moment précis et selon des conditions internes particulières, compte tenu des informations que cet individu reçoit du milieu.

9. L'empreinte est constituée par l'_____ profond que certains animaux manifestent pour le premier objet _____ perçu dès la naissance.

10. Seuls les individus des espèces chez lesquelles domine la faculté d'_____ et de créer des _____ sont capables de faire face à des situations nouvelles et de façonner de nouveaux comportements leur permettant de s'adapter.

11. Le _____ est la capacité de comprendre la relation entre les divers éléments d'une situation afin de déboucher sur la solution d'un problème. Dans l'échelle animale, il apparaît chez les _____.

12. Les origines de l'espèce humaine remonteraient à _____ millions d'années et se situeraient en Afrique _____.

13. L'adoption de la station debout a favorisé la libération de la _____ et la capacité de fabriquer les premiers _____.

14. La station verticale a également permis à la boîte _____ de se développer dans toutes les directions, entraînant ainsi l'augmentation du _____ du cerveau.

15. Les premières traces d'hominisation apparaissent avec Homo _____, il y a environ _____ millions d'années.

16. La colonisation de l'Europe du Nord et des deux Amériques a été effectuée, il y a _____ ans par notre ancêtre direct, *Homo* _____, ou homme de _____.

17. Le développement du _____ a permis la transmission des informations, à la base des progrès rapides effectués par l'espèce humaine.

18. L'organisation sociale chez les êtres humains se caractérise principalement par le _____ de la nourriture avec les congénères et la formation d'un _____ permanent.

19. Les observations de Jane Goodall, chez les _____, ont montré que l'agressivité des _____ pouvait parfois déboucher sur l'extermination des mâles d'un groupe adverse.

20. Dans certaines sociétés, découvertes dans divers points du globe, l'_____ semble totalement absente, même du vocabulaire utilisé.

Vérification des connaissances

Vrai ou faux?

		V	F
1.	L'enfant sauvage de l'Aveyron semble avoir été élevé par des loups.	☐	☐
2.	Le professeur Itard, qui s'occupa de Victor, était persuadé qu'il s'agissait d'un idiot congénital.	☐	☐
3.	Selon Darwin, la nature agirait comme une force sélective permettant la survie des plus faibles.	☐	☐
4.	Les fondements de la théorie de l'évolution sont, aujourd'hui, largement acceptés par les scientifiques.	☐	☐
5.	Les végétaux présentent déjà des formes très primitives de comportement.	☐	☐
6.	Le réflexe constitue une orientation globale et mécanique de tout l'organisme par rapport à une source de stimulation.	☐	☐
7.	Le mécanisme inné de déclenchement est le même pour tous les comportements de toutes les espèces dotées de comportements instinctifs.	☐	☐
8.	Les apprentissages sont essentiellement le propre des espèces supérieures.	☐	☐
9.	Le raisonnement est une des formes les plus évoluées de résolution de problèmes qu'on ne rencontre que chez les mammifères supérieurs.	☐	☐
10.	Les premières traces d'hominisation remontent à dix millions d'années.	☐	☐
11.	Les premières cités ont été bâties par les *Homo sapiens*, il y a 9.000 ans environ.	☐	☐
12.	Seuls les êtres humains possèdent un langage leur permettant de se projeter dans le passé ou dans le futur.	☐	☐

Questions à choix multiple (Encercler la lettre correspondant à la bonne réponse)

1. On considère comme inné, chez l'être humain, les comportements
   a) agressifs.
   b) de domination.
   c) sexuels.
   d) Aucune de ces réponses.

2. Darwin a élaboré sa théorie de l'évolution
   a) après avoir lu l'ouvrage de Wallace sur le sujet.
   b) afin de confirmer les thèses des créationnistes.
   c) de façon à expliquer les diversité des espèces existantes.
   d) afin de montrer pourquoi les espèces sont immuables.

3. La théorie de l'évolution au sens large
   a) est à présent acceptée par la plus grande majorité des scientifiques.
   b) constitue un fait et non plus simplement une hypothèse.
   c) s'est enrichie par les apports de la génétique et des lois de l'hérédité.
   c) Toutes ces réponses sont bonnes.

4. Une taxie est une réaction d'orientation d'un organisme qui
   a) est globale.
   b) est mécanique.
   c) s'effectue par rapport à une source de stimulation.
   d) Toutes ces réponses sont bonnes.

5. Les réflexes
   a) sont toujours innés.
   b) ne se rencontrent que chez les animaux inférieurs.
   c) n'ont que peu de chose à voir avec la survie.
   d) Aucune de ces réponses.

6. Les comportements instinctifs
   a) obéissent à une programmation innée.
   b) ne sont pas aussi complexes que les réflexes.
   c) ne peuvent être modifiés par l'expérience.
   d) sont plus nombreux chez l'être humain que chez les autres espèces.

7. Les comportements instinctifs prédominent principalement chez
   a) les insectes.
   b) les poissons.
   c) les reptiles.
   d) les mammifères.

8. L'empreinte, chez un oison par exemple, peut s'effectuer
   a) sur tout objet, animé ou non.
   b) à n'importe quel âge de la vie.
   c) grâce à un croisement génétique.
   d) Aucune de ces réponses.

9. Les comportements appris assurent à l'animal une adaptation
   a) parfaite aux conditions du milieu.
   b) à un type de milieu bien déterminé.
   c) à différents types de milieu.
   d) Aucune de ces réponses.

10. Selon la théorie de l'évolution et des informations fournies par les squelettes fossiles, l'être humain
   a) descend du singe.
   b) partage un ancêtre commun avec les chimpanzés et les gorilles.
   c) n'aurait pas une origine animale.
   d) Aucune de ces réponses.

11. L'hominisation est étroitement liée
   a) à la station verticale.
   b) à la libération de la main.
   c) au développement du cerveau.
   d) Toutes ces réponses sont bonnes.

12. Nos ancêtres les plus directs dans la lignée humaine se sont développés il y a
   a) 700.000 ans.
   b) 200.000 ans.
   c) 100.000 ans.
   d) 40.000 ans.

13. L'être humain est le seul animal à pouvoir
    a) communiquer des informations passées et futures.
    b) utiliser un outil.
    c) vivre en société.
    d) Toutes ces réponses sont bonnes.

14. L'organisation sociale propre à l'espèce humaine a notamment permis aux enfants
    a) d'obtenir des soins de plus grande qualité.
    b) d'assimiler les normes sociales et culturelles.
    c) d'intégrer les acquis des générations précédentes.
    d) Toutes ces réponses sont bonnes.

15. L'agressivité humaine
    a) est innée.
    b) peut être facilement maîtrisée.
    c) est absente chez la plupart des peuples.
    d) Aucune de ces réponses.

Médiagraphie

1. Références bibliographiques

CHAPOUTIER, G., KREUTZER, M., MENINI, C., *Psychophysiologie — Le système nerveux et le comportement*, Montréal, Études vivantes, Paris, 1980.

CHAVAILLON, J., Les premiers habitants d'Éthiopie, *La Recherche*, 1985, n° 165, p. 449-451.

CLARKE, R., *De l'univers à nous,* Paris, Seuil, 1985.

COPPENS, Y., *Le Singe, l'Afrique et l'Homme*, Paris, Fayard, 1983.

DETHIER, V.G., STELLAR, E., *Animal Behavior*, Englewood Cliffs, N.J., Prentice-Hall, 1961.

KOHLER, W., *L'intelligence chez les singes supérieurs*, Paris, Alcan, 1927.

LORENZ, K., *Évolution et modification du comportement, l'inné et l'acquis*, Paris, Payot, 1979.

MEAD, M.N., *Mœurs et sexualité en Océanie*, Paris, Plan, 1969.

MOORE, R., (Dir. publ.), *L'évolution*, Nederland, Time-Life (B.V.), 1962.

Ouvrage collectif, *Le Darwinisme aujourd'hui*, Paris, Seuil, 1979.

PIAGET, J., *Le comportement, moteur de l'évolution*, Paris, Gallimard, 1976.

REEVES, H., *L'heure de s'enivrer,* Paris, Seuil, 1986.

SINGH, J.A.L. et ZINGG, R.M., *L'homme en friche — de l'enfant-loup à K. Hauser*, Bruxelles, Éd. Complexe, 1980.

TINBERGEN, N., *L'étude de l'instinct*, Paris, Payot, 1953.

2. Documents audio-visuels

L'enfant sauvage, 1969, 85 min, noir et blanc, réalisé par François Truffaut. United Artists. Truffaut s'est basé sur les écrits du docteur Itard pour établir le scénario de ce film, qui relate les efforts consentis pour tenter de réinsérer Victor dans la société.

La migration des oiseaux, 10 min, 16 mm, couleur. Encyclopédia Britannica.

Le saumon de l'Atlantique, 28 min, 16 mm, couleur. Office national du film du Canada.

Imprinting (L'empreinte), 1968, 37 min, 16 mm, noir et blanc, v. orig. anglaise. Cambridge Univ. and the Wildfowe Trust.
Le mécanisme de l'empreinte étudié en laboratoire à l'aide, notamment d'un arrosoir animé d'un mouvement circulaire sur lequel s'imprègne un poussin.

Miss Goodall and her wild chimpanzees, 1969, 51 min, 16 mm, couleur. National Geographic Society.
Journal filmé de l'expédition réalisée en Tanzanie entre 1960 et 1965 par Jane Goodall alors qu'elle commençait ses études sur les chimpanzés, en milieu naturel.

Les premières secondes de l'Univers, 1982, 13 min, 16 mm, couleur, vendu par CNDP.
Comment la matière est parvenue, en 15 milliards d'années, à un degré d'organisation comme celui du cerveau humain.

Histoire de la vie, série de 8 films (8 × 52 min), 16 mm, couleur, prêtés par l'OCCAV.

> *Il était une fois l'Univers.*
> Comment les conditions physiques se sont trouvées réunies pour que puisse naître, sur notre planète Terre, le phénomène de la vie.
>
> *De la matière naquit la vie.*
> Les grandes théories actuelles sur l'origine du vivant.
>
> *Enfin le sexe vint.*
> Le phénomène de reproduction, de la paramécie aux mammifères. Les recherches de Mendel au XIXe siècle, sur les lois de l'hérédité, celles de Darwin sur le rôle de la sexualité dans l'évolution et celles de Morgan, au début du XXe siècle, sur la théorie chromosomique.
>
> *D'une vie à l'autre.*
> Les bases de la théorie de l'évolution des espèces selon Lamarck (1774-1829), puis selon Darwin (1859).
>
> *L'Homme entre en scène.*
> Où? Quand? Comment? Y. Coppens répond aux trois questions à partir des connaissances actuelles sur le sujet.
>
> *La solitude, ça n'existe pas* (l'Homme et son milieu).
>
> *Le propre de l'Homme* (l'Homme, le cerveau et la pensée).
>
> *L'aventure inachevée* (le devenir de l'espèce humaine).

L'homme : un voyage dans le temps, 1983, 10 min, 16 mm, couleur. Office national du film du Canada.
Film d'animation qui évoque les grands épisodes résumant la façon dont s'est produite, en vingt millions d'années, l'évolution de l'espèce humaine.

chapitre 2

Qu'est-ce que la psychologie?

Introduction

L'évolution de la psychologie

Les premières approches
L'«ombre» comme siège de l'esprit
Les dieux

La psychologie préscientifique
Les premiers philosophes occidentaux
De la fin de l'Antiquité à la fin du Moyen Âge
De la Renaissance au XIXe siècle

La naissance de la psychologie scientifique
L'approche structuraliste
L'approche fonctionnaliste

La psychologie au XXe siècle
L'approche behavioriste
L'approche biologique
L'approche cognitive
L'approche psychanalytique
L'approche humaniste
L'approche sociopsychologique
Conclusion

(annotations manuscrites) début: 1879 — n'est + pratique — PSYCHOLOGUES ONT UNE APPROCHE ECLECTIQUE PUISSE DANS les 6 ÉCOLES DE PENSÉE — 1 2 3 4 5 6

Qu'est ce qui guide les comportements humains?

Introduction

Selon Coppens (1983)[1], le premier homme possédait déjà beaucoup de nos «qualités»; il était bipède, *omnivore*, opportuniste, artisan, social, malin et prudent, conscient et bavard. Et on pourrait ajouter à cela qu'il était curieux.

Ce sont ces qualités qui amèneront le premier homme à s'interroger de plus en plus sur le monde dans lequel il vit. Il va chercher à comprendre la course du Soleil et le cycle des saisons, la neige et le feu, les nuages porteurs de pluies et l'éclair qui foudroie. Mais il va également chercher des réponses aux questions qu'il se pose sur lui-même : sur les expériences qu'il est amené à vivre, sur les rêves qui l'habitent durant son sommeil, sur son devenir après la mort. Il faut sans doute voir là l'origine des *rites* et du comportement religieux qu'il va développer pour se protéger de l'inconnu. C'est là aussi qu'il faut chercher les racines de la philosophie, la «science mère», dont naîtront beaucoup plus tard la physique, la chimie, la biologie, l'astronomie... et la psychologie.

L'évolution de la psychologie

Les premières approches

C'est en premier lieu à des forces qui lui sont extérieures que l'être humain va attribuer les pensées et les désirs qui l'habitent et qui motivent ses comportements.

«L'ombre» comme siège de l'esprit

Nos ancêtres ont d'abord tenté d'expliquer le fonctionnement de l'esprit en supposant qu'un autre être était enfermé dans le corps, et que celui-ci décodait ce que les yeux «voient», ce que les oreilles «entendent» et ce que la peau «sent».

On prêtait à cette âme, ou «ombre», la capacité de se libérer pendant le sommeil pour mener sa propre vie dans le rêve. Au cours de celui-ci, le chasseur réussissait à tuer l'animal convoité, le guerrier devenait courageux, l'amoureux possédait l'être désiré, etc. On croyait que cette âme s'échappait pour toujours, par la bouche de l'individu, au moment de sa mort (voir le document 2.1).

Cette croyance, qui était répandue chez les premiers Grecs (figure 2.1), existe encore chez de nombreux peuples dits «primitifs».

Omnivore
(du latin *omni* = tout et *vorare* = dévorer). Se dit de l'animal qui mange de tout, qu'il s'agisse d'aliments d'origine végétale ou animale.

Rite
Cérémonie ou pratique réglées, à caractère sacré ou symbolique, propre à un culte ou à une culture donnée.

---

[1] Entrevue accordée à l'*Express*, décembre 1983.

Fig. 2.1 À la mort du guerrier l'«ombre» s'échappe de son corps sous une forme humaine. Il s'agit là d'une des premières conceptions de l'esprit, telle qu'on la rencontrait encore chez les premiers Grecs.

Les dieux

Les civilisations anciennes vont alors inventer les dieux et les déesses ; parce que le Soleil, la Lune et les étoiles semblaient dotés d'un pouvoir mystérieux qui leur permettait de se déplacer, ils vont être considérés comme des êtres immortels que les humains se mettront à vénérer.

Pour chacune des pensées ou des actions humaines qu'on ne peut expliquer, on fera intervenir une force mystérieuse et puissante habitant, selon les cultures, l'Olympe, le ciel ou l'enfer. On y trouvera les dieux et les déesses de l'amour, de la guerre, de la fertilité et même de l'ivresse (voir le document 2.2).

Ainsi, la vie et la mort, l'amour et la haine, la hardiesse ou la lâcheté, et tous les autres sentiments ressentis par les mortels dépendront de l'humeur des dieux et des rivalités existant entre eux.

Plus de 800 ans avant Jésus-Christ, le poète grec Homère a décrit, dans l'*Iliade* et l'*Odyssée*, la façon dont les dieux intervenaient dans la vie des humains, les faisant tomber amoureux, leur donnant ou leur retirant le courage de combattre ou encore, guidant leurs colères ou leur esprit de vengeance (figure 2.2).

La psychologie préscientifique

Les premiers philosophes occidentaux

Les premiers philosophes grecs qui ont tenté, au VIᵉ siècle avant Jésus-Christ, de comprendre la nature humaine, n'ignoraient pas que la conception du monde faisant intervenir les dieux et les déesses pour expliquer le comportement était fondée sur des *mythes*. Quant à l'idée primitive d'un être enfermé dans l'individu et responsable de son comportement, elle ne leur paraissait pas plus acceptable.

Iliade et *Odyssée*
Deux grands poèmes épiques composés entre le IXᵉ et le XIIIᵉ siècle av. J.-C., par le poète grec Homère. L'*Iliade* relate le siège de la ville de Troie (sur la côte de l'actuelle Turquie) par les Grecs venus reprendre Hélène, une princesse grecque enlevée par un prince troyen. Quant à l'*Odyssée*, il s'agit d'une narration des péripéties d'Ulysse (un des rois grecs ayant participé à la guerre de Troie) à travers la Méditerranée, au cours de son retour vers sa patrie.

Mythe
(du grec *muthos* = récit, légende). Récit fabuleux qui met en scène des êtres humains ou des dieux incarnant des forces de la nature. La *mythologie* est l'ensemble des mythes propres à un peuple ou à une civilisation.

Fig. 2.2 *Homère, poète grec (IXe siècle avant Jésus-Christ)*. Il est l'auteur présumé de l'Iliade et l'Odyssée, deux épopées de 28.000 vers. Une tradition a prétendu qu'il était aveugle.

Fig. 2.3 *Platon, philosophe grec (428-347 avant Jésus-Christ)*. On l'appelait le «Prince de la Philosophie» et on lui attribue, notamment, la théorie des Idées, selon laquelle les réalités appartiennent à un ordre supérieur possédant la perfection, ainsi qu'une théorie de l'âme immortelle et soumise à des incarnations successives.

Fig. 2.4 *Aristote, philosophe grec (384-322 avant Jésus-Christ)*. Disciple de Platon, il rejeta cependant la théorie des Idées. Pour lui, le monde réel était tel que nos perceptions nous le présentent.

Ils restaient pourtant persuadés que chaque personne doit avoir en elle quelque chose qui lui permette de penser, de décider, de s'émouvoir, de maîtriser ses comportements. Cet «esprit» devait être, selon eux, quelque chose d'immatériel, semblable à la flamme ou à un souffle.

Pour Platon, par exemple, l'esprit, ou «âme», viendrait habiter le corps et le diriger sa vie durant, pour ensuite le quitter après la mort et rejoindre le «monde des Idées» (figure 2.3).

Avec Aristote apparaît une conception de l'esprit qui définit celui-ci comme une fonction du corps et non plus comme un phénomène extérieur à lui. Selon la théorie d'Aristote, l'âme, ou «psyché», est le moteur qui va permettre à un être vivant de *s'actualiser*. Elle aurait son centre dans le cœur, où elle reçoit les impressions qui lui sont transmises par les sens. Ces impressions constituent la source des idées qui, en s'accumulant tout au long de la vie et en se combinant entre elles par raisonnement, vont exercer leur maîtrise sur le comportement (figure 2.4).

De la fin de l'Antiquité à la fin du Moyen Âge

Pour Aristote, la connaissance de l'être humain ne peut s'effectuer qu'à travers la connaissance de l'Univers et de l'ordre qui y préside. Il s'agit là d'une philosophie qui met l'accent sur la pensée, le savoir, l'intelligence et la sagesse. Elle va s'imposer, avec les idées de Platon et celles d'autres philosophes, jusqu'au Ve siècle de notre ère.

Cependant, cette conception va rapidement être contestée par la religion judéo-chrétienne, pour laquelle l'être humain s'explique non plus par la pensée et le raisonnement, mais par un Être suprême qui constitue un mystère inaccessible aux mortels. Le salut ne peut donc se trouver que dans l'ignorance et la foi dans les *dogmes*.

Actualiser (s')
Se réaliser, s'épanouir, passer de l'état potentiel à l'état réel.

Dogme
Élément d'une doctrine ou d'une religion considéré comme une vérité fondamentale ne pouvant être contesté.

Tout au long des onze siècles que va durer le Moyen Âge intellectuel, un grand nombre d'écoles de pensée vont voir le jour et s'opposer sur ces deux conceptions.

D'un côté, on trouve les *théologiens*, aux positions rigides, qui ne veulent le plus souvent voir dans la philosophie qu'une invention du diable et dans les sciences de la nature, une limitation à la puissance divine placée au-dessus de l'esprit humain.

De l'autre côté, on observe l'apparition de courants philosophiques dont le plus connu est celui de la *scolastique*. Abélard (1079-1142) en sera le précurseur mais ce n'est qu'au XIIIe siècle qu'elle triomphera avec Thomas d'Aquin (1228-1274).

Ces philosophes proposent un enseignement fondé à la fois sur la théologie et sur la doctrine d'Aristote. Ils cherchent ainsi à expliquer le monde, à l'aide de la raison «éclairée» par la foi. Le rôle du philosophe consiste à découvrir l'ordre et la hiérarchie du monde créé par Dieu, en tentant de situer chaque chose à sa place véritable.

Le problème de l'âme constitue un de ces sujets qui nourrissent d'éternelles discussions. Comment en effet étudier rationnellement quelque chose qu'on ne peut observer et encore moins décrire ? Dès le IIe siècle avant Jésus-Christ, il a été établi que le siège de l'âme se situait dans le cerveau, mais les philosophes n'en finiront pas par la suite de *spéculer* sur sa nature et sur la façon dont elle influence le comportement. Certains avanceront même l'argument que l'âme ne peut avoir d'existence physique puisqu'elle serait immortelle dans un corps qui ne l'est pas.

Fig. 2.5 *René Descartes, philosophe français (1596-1650). Il a écrit le* Discours de la Méthode *et les* Méditations. *Son fameux «Je pense, donc je suis» a constitué un des piliers de la réflexion philosophique du XVIIe siècle à nos jours.*

De la Renaissance au XIXe siècle

Il faut attendre à la Renaissance, au XVe, au XVIe et surtout au XVIIe siècle, pour voir s'imposer une vision plus scientifique, à la fois mathématique et mécanique, du monde et de l'homme. Elle sera fondée principalement sur la raison, indépendante de la foi.

Ainsi, confrontés à l'hostilité des théologiens, qui sont attachés au dogme du monde créé par Dieu et immobile au centre de l'Univers, Copernic (1543), Képler (1604) et Galilée (1633) vont affirmer tour à tour le double mouvement des planètes, à la fois sur elles-mêmes et autour d'une étoile (le Soleil en ce qui concerne la Terre)[2].

Quant à Descartes, il va se baser sur les connaissances de son époque pour émettre une théorie expliquant le comportement de l'être humain à partir d'un modèle mécanique.

Selon ce modèle, l'information fournie par les organes des sens est acheminée, grâce aux nerfs sensoriels, jusqu'aux orifices du cerveau qu'ils dilatent; ceci permet aux «esprits animaux» contenus dans le cerveau de s'écouler dans de petits tuyaux, les nerfs moteurs, jusqu'aux muscles qu'ils vont gonfler pour provoquer soit le retrait du membre excité soit le mouvement à exécuter (figure 2.5).

Théologien
(du grec *theos* = dieu et -logie). Celui qui étudie des questions religieuses à partir des textes sacrés et des dogmes.

Scolastique
(du grec *skhôlé* = école). Philosophie et théologie enseignées au Moyen Âge par l'université; la scolastique est fondée à la fois sur la doctrine d'Aristote et sur la foi chrétienne.

Spéculer
Méditer, se livrer à une recherche abstraite ou théorique sur un sujet donné.

---

[2] Par crainte de la réaction des théologiens, l'astronome polonais Copernic ne publiera ses découvertes qu'à la veille de sa mort. Quant à l'Italien Galilée, il sera jugé et condamné par le tribunal de l'Inquisition qui l'obligera à abjurer, sans toutefois pouvoir l'empêcher de s'exclamer «Et pourtant, elle tourne!».

Fig. 2.6 *Illustration tirée du Traité de l'Homme de Descartes (1664) dans lequel est exposée sa conception mécanique du fonctionnement de la «machine» humaine. Cette illustration montre comment les «esprits animaux» s'écoulent dans les «tuyaux» à partir de la «glande» du cerveau pour faire tourner en même temps les deux yeux et le bras droit vers l'objet B.*

Dualisme
(du latin *dualis* = composé de deux). Conception faisant intervenir la coexistence de deux éléments différents.

Cartésien
Qui est relatif à Descartes, à sa philosophie, à ses théories.

Moniste
Du grec *monos* = seul). Relatif à la conception selon laquelle l'esprit et le corps n'auraient qu'une seule et même existence, l'esprit n'étant que le produit de l'activité du système nerveux.

Rationalisme
(du latin *rationalis* = doué de raison). Conception selon laquelle toute connaissance certaine vient de la raison, de la pensée, du jugement.

Empirisme
(du grec *empeirikos* = expérimenter). Conception selon laquelle la connaissance ne peut venir que de l'observation des faits et de l'expérience.

Hypothèse
(du grec *hupothesis* = supposition). Proposition qu'on va admettre provisoirement, compte tenu des observations antérieures, en attendant de la vérifier par l'expérimentation.

L'âme n'est donc plus nécessaire pour expliquer la mise en branle du comportement, même si, pour Descartes, la présence d'une «âme raisonnable» ayant son siège dans le cerveau et constituant le propre de l'homme, aide celui-ci à maîtriser ses passions et l'élève ainsi au-dessus des animaux qui, eux, en sont dépourvus (figure 2.6).

Ce *dualisme cartésien* d'un corps fonctionnant de façon mécanique et d'une âme qui le contrôle, va marquer pour très longtemps les conceptions du fonctionnement humain. Et, même si le champ des connaissances anatomiques et physiologiques va en s'élargissant au cours des siècles ultérieurs, il faudra attendre le début du XXᵉ pour que la notion d'«âme», remplacée entre-temps par celle d'«esprit» puis de «conscience», cède la place à une conception *moniste* de l'être humain selon laquelle le comportement est essentiellement régi par le système nerveux (voir le document 2.3).

Il n'en reste pas moins que la vision même rudimentaire du fonctionnement du corps et de l'élaboration des comportements, telle que proposée par Descartes, constitue le point de départ de la psychologie moderne.

La naissance des sciences   Depuis la Grèce antique, nous l'avons vu, les philosophes sont seuls à tenter de comprendre l'être humain et les relations qu'il établit avec son environnement tant physique que social. Parmi eux, les *rationalistes*, de Platon à Descartes[3], soutiennent, nous venons de le voir, que «toute connaissance certaine ne peut venir que de la raison»; c'est donc la raison et elle seule qui doit présider à l'explication des faits tant sur le plan de l'être que sur ceux de la connaissance ou de l'action. Selon ces philosophes, la meilleure façon de cerner un problème et de tenter d'y apporter une réponse consiste à rechercher des arguments logiques. Ceci va les amener à débattre pendant des siècles de *ce qui doit être* sans se préoccuper d'observer *ce qui est* réellement.

Les sciences vont commencer à se développer le jour où la discussion philosophique va cesser d'être le seul outil de la connaissance, pour céder, en partie, la place à des observations précises et systématiques, et surtout à l'expérimentation[4].

Le *courant empiriste*, qui va constituer la base de l'expérimentation, va donc mettre esentiellement l'accent sur l'expérience, s'opposant ainsi radicalement au courant rationaliste qui a dominé jusqu'alors. Cela ne signifie cependant pas que seront méprisées la logique et la raison, ni même le sens commun. Les scientifiques qui adhèrent à ce mouvement vont, eux aussi, émettre des suppositions sur la façon dont fonctionne le monde, et les arguments avancés pour expliquer certains faits soulèveront souvent de violentes controverses. Mais, pour eux, ces suppositions vont constituer des *hypothèses*, c'est-à-dire de nouvelles propositions émises à partir de faits déjà démontrés. Ces hypothèses sont alors vérifiées à l'aide d'expériences ou d'observations

---

[3] Plus tard, Kant et Hegel.

[4] Comme cela avait déjà été le cas, à plusieurs reprises, dans l'Antiquité.

contrôlées, qui vont donner naissance à de nouveaux faits. Si ceux-ci vont dans le sens de ce qui avait été établi préalablement, une *théorie* explicative va prendre de plus en plus forme. Sinon, dans le cas où les faits entrent en contradiction avec la théorie qui avait été élaborée, celle-ci se trouvera modifiée, voire même abandonnée. C'est cette combinaison de l'élaboration d'une théorie et de sa vérification dans la réalité qui va constituer le propre de la *méthode scientifique* (voir le document 2.4).

À compter du XVII\ :superscript? siècle, les différentes sciences vont commencer à se distinguer de la philosophie. Ce sera d'abord le cas de la chimie et de la physique, dont les découvertes sur la lumière et sur les sons vont permettre plus tard à la psychologie de mieux comprendre la façon dont nous décodons la réalité. Au XVIIIᵉ siècle, c'est au tour de la physiologie de s'individualiser; les observations de cette science sur le système nerveux vont apporter des explications sur la manière dont les informations sont transmises dans l'organisme. Puis, à la fin du XIXᵉ siècle, on voit enfin se développer la sociologie et la psychologie scientifique.

La psychologie au XVIIIᵉ et au XIXᵉ siècle   S'il a été relativement facile pour les sciences pures de se détacher de la philosophie, la psychologie, au contraire, a eu beaucoup de difficultés à se définir, en tant que science, par rapport à sa sœur aînée. Partageant le même objet d'étude que la philosophie, à savoir l'être humain, la psychologie devra, pour trouver son identité, se forger des méthodes s'appuyant sur une démarche scientifique rigoureuse.

Dès le XVIIIᵉ siècle, les premiers empiristes vont tenter d'expliquer la vie mentale de façon nouvelle. Laissant à la religion et à la philosophie rationaliste l'approche spirituelle et l'étude des liens existant entre les pensées et l'âme, ils vont s'efforcer de comprendre la façon dont le corps humain réagit à l'information fournie par les sens.

Ainsi, pour Condillac (1754), toutes nos connaissances proviendraient de nos *sensations*. Locke (1690) et Hume (1739) avaient d'ailleurs émis l'hypothèse voulant que les éléments fondamentaux, que constituent ces sensations, se combinent selon le principe de l'*association des idées*. L'idée d'une boule de neige, par exemple, peut ne rien représenter pour un enfant qui n'en a jamais vue. Ce n'est que par les sensations produites par les *qualités* de blanc, de froid, de rond, «telles qu'elles existent dans la boule de neige», avec laquelle l'enfant va jouer pour la première fois, que vont se constituer, par association de ces idées fondamentales, les perceptions à la base de l'idée plus complexe de boule de neige.

Cette psychologie *subjective* se propose donc d'explorer ainsi la vie mentale pour tenter de comprendre comment, par association d'idées, l'individu prend conscience de son environnement.

L'étude des rapports de l'âme avec le corps est alors définitivement abandonnée pour faire place à cette *étude des activités mentales et de la conscience*.

Un grand pas semble donc franchi puisque l'étude de l'esprit se trouve intégrée à celle du fonctionnement de l'organisme dont l'esprit n'est

Théorie
(du grec *theorein* = observer). Ensemble d'idées ou de conceptions sur un sujet particulier. On parle de *théorie scientifique* lorsque ces idées ont été rassemblées de façon méthodique à partir des résultats d'observations ou d'expérimentations.

Subjectif
Qui repose sur l'interprétation de la réalité par le sujet, en tant qu'être conscient; qui dépend de l'affectivité de ce sujet.

Fig. 2.7 *Wilhelm Wundt, physiologiste et psychologue allemand (1832-1920). Il a été le fondateur du premier laboratoire de psychologie expérimentale et de la psychologie structuraliste visant à étudier les «éléments» de la conscience.*

Psychique
Qui concerne l'esprit, la pensée.

Élémentarisme
Doctrine émise par Wundt, selon laquelle la conscience serait constituée d'éléments simples, tels que les sensations, les souvenirs et les sentiments qui se combinent et s'organisent selon les lois de l'association.

Conscience
(du latin *consciencia* = connaissance). Connaissance de son activité psychique, en elle-même, ou face à des événements extérieurs.

Introspection
(du latin *introspicere* = regarder à l'intérieur). Observation, par un individu, de sa propre activité psychique.

plus qu'un prolongement. Cependant, malgré la «couleur» scientifique d'une telle prise de position, il n'en reste pas moins que, dans les faits, ces activités mentales ne sont ni plus visibles, ni plus mesurables que ne l'était l'âme. Or, voir c'est croire. Aussi, tant que la psychologie ne pourra faire porter ses investigations sur des faits concrets, de façon systématique, elle ne pourra prétendre au titre de science.

Naissance de la psychologie scientifique

Les premiers pas vers une psychologie plus objective vont être effectués par des chercheurs tels que Fechner (1860), qui met de l'avant une loi tentant d'exprimer de façon quantitative les rapports entre les sensations et la conscience[5].

Mais ce n'est qu'en 1879, à l'Université de Leipzig, en Allemagne, qu'est fondé le premier laboratoire de psychologie. Il est dirigé par Wilhelm Wundt, un philosophe doublé d'un physiologiste qui se propose d'étudier le contenu et la structure de la conscience, à partir d'une démarche scientifique. Avec lui, se développe l'approche structuraliste de la conscience.

L'approche structuraliste

Les physiciens et les chimistes avaient surtout progressé dans la connaissance de leur science respective par l'étude de la matière décomposée en ses éléments les plus simples. C'est notamment en se rapprochant des structures de base qu'ils ont pu déboucher sur des théories explicatives de l'Univers et ouvrir la voie à de nouvelles expérimentations.

Wundt et ses collaborateurs vont tenté d'utiliser la même approche dans l'analyse de l'expérience consciente, qu'ils vont baptisé «matière mentale» et dont ils vont tâché de découvrir et de décrire les *structures* les plus simples. La conscience sera ainsi décomposée en éléments *psychiques*, de la même façon que la matière se divise en atomes. Il ne fait nul doute, pour les tenants de cette doctrine *élémentariste*, que ce sont les sensations, les images et les sentiments qui constituent le matériel de base de la *conscience*. Le rôle de la psychologie devait donc, selon eux, consister à en faire la description la plus détaillée possible (figure 2.7).

Pour parvenir à ce but, les structuralistes vont alors utiliser la méthode d'*introspection* expérimentale consistant à demander à un sujet, préalablement formé, de décrire ce qu'il ressent face à telle ou telle stimulation (voir le document 2.5).

L'introspection expérimentale constitue, selon les structuralistes, la méthode par excellence de la psychologie, celle qui la distingue des autres sciences. Elle comporte pourtant deux grands inconvénients.

---

[5] La loi émise par Fechner, à partir des travaux du physiologiste Weber, affirme que : «la sensation varie comme le logarithme de la stimulation», ce qui signifie notamment que plus l'intensité de deux stimuli est importante, moins la différence de sensation entre eux est perceptible.

Premièrement, il s'agit là d'une façon très subjective d'examiner le comportement : chaque sujet apporte ses expériences propres, et la description qu'il en fait est rarement la même que celle du sujet suivant. Un bruit perçu comme fort par une personne peut être décrit comme moyen par une autre. Et ce qui paraît agréable à certains peut être considéré comme désagréable pour d'autres.

Deuxièmement, et ceci est plus grave encore, l'expérience consciente varie de jour en jour, chez un même sujet : un son perçu comme agréable le lundi peut se révéler monotone le mardi et franchement ennuyeux le mercredi.

Il va donc falloir se rendre à l'évidence que les «atomes» de la conscience n'offrent que peu de ressemblance avec les atomes de fer, par exemple. La conscience n'est pas un processus constitué d'éléments figés mais, au contraire, un processus évolutif en perpétuel changement. C'est notamment pour cette raison que la psychologie, envisagée comme *science des structures de la conscience,* tombera bientôt en désuétude, après avoir connu quelques années de succès.

Fig. 2.8 *William James, philosophe et psychologue américain (1842-1910). Il a été le fondateur du courant fonctionnaliste. Pour lui, «la vie consciente est un courant continu» et non pas une série d'éléments composés.*

L'approche fonctionnaliste

Pendant que Wundt et ses collègues entreprennent leur étude de la structure de la conscience, d'autres voies commencent à être explorées ailleurs dans le monde. Ainsi, dès 1881, aux États-Unis, William James et particulièrement ses collaborateurs et successeurs, sensibilisés par la théorie de l'évolution de Darwin et ses implications, vont envisager l'étude de l'esprit d'une manière toute différente. Selon eux, la question n'est pas de savoir de quoi est faite la conscience mais plutôt d'en connaître la *fonction* et de comprendre en quoi elle contribue à la survie des individus. Ils vont avancer l'hypothèse selon laquelle la conscience aurait surtout pour rôle de permettre à la personne de s'adapter aux différentes situations qui se présentent à elle du matin au soir, de la naissance à la mort, soit en reproduisant des comportements déjà établis, soit en les modifiant en fonction des circonstances ou en apprenant de nouveaux comportements si la situation l'exige (figure 2.8).

Dès lors, le but de la psychologie doit consister à comprendre comment se mettent en place ces nouvelles façons de faire et de s'adapter. C'est ainsi que ces *fonctionnalistes* vont déboucher sur l'étude de l'acquisition des habitudes et, plus généralement, sur celle du processus de l'apprentissage (voir le document 2.6).

Cependant, même si les fonctionnalistes mettent principalement l'accent sur les comportements extérieurs plutôt que sur les activités internes, telles que les sensations ou les sentiments, ils ne conçoivent ceux-ci que comme des manifestations de l'activité de l'esprit. Ils favorisent d'ailleurs la méthode de l'*introspection*, qui leur permet de prendre connaissance de la façon dont évolue la conscience que le sujet a de l'activité à laquelle il se livre (voir le document 2.7).

Parmi les successeurs de James, plusieurs vont critiquer cette façon d'envisager l'étude du comportement humain. Pour eux, seul ce qui peut s'observer directement doit faire l'objet de l'investigation scientifique. Or, qu'en est-il de l'activité de l'esprit ? On ne peut pas observer les pensées émises devant un problème résoudre, ni mesurer directement les émotions ressenties ; de plus, l'introspection, essentiellement subjective, est impuissante à surmonter cette difficulté.

En revanche, les contestataires avancent qu'il est possible de mesurer la rapidité avec laquelle est solutionné le problème ou de mesurer les réactions physiques déclenchées par la situation, sur le plan émotionnel.

En d'autres termes, seul le comportement visible peut se prêter à une description *objective*. C'est donc à lui, et à lui uniquement, que doit faire appel la psychologie si elle veut progresser selon une démarche réellement scientifique.

Cette prise de position comportementaliste est adoptée, dès 1908, par le psychologue français Piéron. Mais c'est avec la naissance, aux États-Unis, de l'école behavioriste, dont le chef de file est Watson, que la *science des fonctions de la conscience* va définitivement céder la place à la *science du comportement*.

Pendant ce temps, d'autres courants voient le jour en Europe qui vont, eux aussi, marquer la psychologie occidentale, chacun à leur façon, tout au long de ce siècle.

La psychologie au XXᵉ siècle

Avec le XXᵉ siècle et ses développements socio-économiques, toute une série de secteurs de l'activité humaine vont surgir, créant de nouveaux besoins tant dans le milieu scolaire que dans le monde industriel. De plus, les éclairages nouveaux apportés par la psychiatrie ou par les découvertes sur la physiologie du système nerveux vont amener la science naissante qu'est la psychologie à chercher de nouvelles voies d'exploration.

Après les premiers balbutiements du structuralisme et du fonctionnalisme, divers points de vue vont s'exprimer ; ceux-ci sont souvent contradictoires et reposent, la plupart du temps, sur la façon dont le fondateur de chacun de ces mouvements conçoit l'être humain. Pour certains, il s'agit d'un être-objet, modelé par son environnement ou déterminé par ses instincts ou ses expériences au cours de l'enfance ; pour d'autres, il est un être-sujet capable à tout moment de modifier le cours de sa destinée par la prise de conscience de ses potentialités ; pour d'autres encore, il s'agit d'un être social dont chacun des comportements est le fruit des *interactions* avec ses partenaires ou le groupe auquel il appartient. Certains mettront l'accent sur le développement du comportement, d'autres sur celui de l'affectivité et d'autres encore, sur celui de l'intelligence ou de la pensée.

Pour mieux comprendre l'orientation que prend la psychologie en cette fin de XXᵉ siècle, il est utile de passer en revue les apports de chacune de ces approches, qui en constituent les piliers.

Objectif
Qui existe pour lui-même, hors de toute interprétation par l'observateur, (contraire de *subjectif*).

Interaction
Action réciproque exercée par des individus (ou des faits), les uns sur les autres.

c'est un être réactif-réagissant

L'approche behavioriste (ou comportementaliste)

La contestation du fonctionnalisme a débouché, nous venons de le voir, sur le développement du behaviorisme, un courant qui a marqué la psychologie américaine jusqu'à l'époque actuelle. Son fondateur, J.B. Watson, proclamait en 1913 que la psychologie ne pourrait être considérée comme une science qu'à partir du moment où elle aborderait les phénomènes de façon objective (figure 2.9).

Comme le chimiste qui étudie la fusion d'un métal et qui ne s'intéresse qu'au changement d'état de celui-ci lorsqu'il est soumis à une température donnée, le psychologue scientifique doit s'en tenir uniquement à la description et à la quantification des comportements donnés, tels qu'ils sont émis dans une certaine situation.

Le schéma S − R[6], proposé par Watson, traduit le fait qu'à toute situation ou stimulation particulière correspond une réaction de l'organisme ou comportement.

Pour les behavioristes, toute l'activité humaine peut être réduite et expliquée par ce schéma, et toutes les autres notions, comme celles de *conscience*, doivent être bannies du champ de la psychologie scientifique.

Ainsi, dire que «l'enfant a peur du chien» ou que «je suis amoureux de cette personne» ne signifie rien sur le plan scientifique. Selon les behavioristes, la «conscience» que le sujet peut avoir de ces phénomènes est trop subjective et n'est donc d'aucune utilité pour le chercheur. Par contre, des descriptions objectives du comportement telles que «les pleurs et les tremblements d'un enfant augmentent quand un chien s'approche de lui et diminuent lorsqu'il s'en éloigne» ou encore «mes pulsations cardiaques s'accélèrent et mes pupilles se dilatent lorsque je rencontre cette personne» rendent possible une quantification de ces comportements et permettent ainsi de «mesurer» la peur ou le degré d'attirance.

De plus, le physiologiste russe Pavlov et son équipe de collaborateurs, venaient de montrer, quelques années auparavant[7], comment une sonnerie, par exemple, est capable, à elle seule, de déclencher une réaction de salivation chez un chien qui a faim. Cette démonstration allait permettre à Watson d'expliquer de façon objective la formation des habitudes ou l'apparition de nouveaux comportements par *conditionnement*, confirmant par là, selon lui, l'inutilité du concept de conscience (figure 2.10) (voir le document 2.8).

D'un autre côté, Thorndike (1911) avait montré que de nombreux apprentissages sont le résultat d'essais et d'erreurs effectués par les animaux pour déboucher sur la solution d'un problème. Cette mise en lumière des interactions entre l'organisme et son milieu va amener Skinner (1938), un des successeurs de Watson, à prolonger et à étoffer les conceptions behavioristes du conditionnement en affirmant que *tout comportement est déterminé par ses conséquences*. Selon que celles-

Fig. 2.9 *John B. Watson, psychologue américain (1878-1958). Il a fondé l'école behavioriste dont il va énoncer les principes, en 1913, dans un article intitulé : «La psychologie telle que le behavioriste la voit». Il affirme notamment que tout le fonctionnement de l'individu peut être ramené au schéma S-R.*

Nourriture → Salive
  Stimulus   Réponse
N + Cloche → Salive

Cloche → Salive

Fig. 2.10 *Yvan Pavlov, physiologiste russe (1849-1936). Il a été le premier à émettre les principes des réflexes conditionnés à partir de ses expériences célèbres sur la salivation d'un chien à l'audition d'une sonnerie.*

---

[6] S pour *stimulus* et R pour *réaction* ou *réponse*.

[7] L'expérience fut rapportée, pour la première fois, au Congrès international de médecine tenu à Madrid, en 1903.

Fig. 2.11 *Burrhus Frederic Skinner, psychologue américain (1904-1990). Il est un des piliers du courant behavioriste. On lui doit les principes du conditionnement opérant selon lesquels le comportement des organismes vivants serait entièrement déterminé par les conséquences qu'il entraîne.*

ci sont gratifiantes, qu'elles sont sans effet ou encore qu'elles sont déplaisantes, l'organisme aura tendance à reproduire le comportement, à ne pas y prêter attention ou à l'abandonner purement et simplement.

L'individu serait donc entièrement soumis à son environnement et la liberté dont il croit pouvoir disposer ne serait que pure utopie (figure 2.11).

Au cours des années 70, le courant behavioriste va jeter un éclairage nouveau sur ces conceptions; il s'agit de la *théorie de l'apprentissage social*. Celle-ci, bien que d'accord avec les affirmations dont nous venons de parler, met l'accent sur le fait que beaucoup de nos actes seraient modelés par notre environnement social. Selon Bandura (1965) et les théoriciens de l'apprentissage social, une des pricnipales raisons qui ferait de nous ce que nous sommes serait liée à notre tendance à imiter les comportements des autres en fonction des effets favorables ou défavorables que cette imitation du *modèle* peut avoir sur nous. Ainsi, l'individu ne serait donc pas uniquement soumis aux conditions externes, puisqu'il serait constamment amené à anticiper les conséquences de ses actes, par une autoévaluation de son comportement.

L'approche behavioriste a fait du chemin depuis les conceptions strictement mécanistes de Watson jusqu'aux théories proposées par le courant néo-behavioriste. Même si certains aspects de cette approche peuvent parfois paraître simplistes et impuissants à rendre compte du comportement humain dans sa totalité, le mérite principal de cette école réside dans le fait d'avoir introduit la rigueur scientifique dans l'étude de l'activité humaine et d'avoir mis en lumière la façon dont certains contrôles peuvent être exercés sur celle-ci.

L'approche biologique

Une des raisons invoquées, à juste titre, par les behavioristes pour rejeter l'étude de la conscience, concernait le peu de connaissances des mécanismes nerveux qu'on avait à l'époque; en effet, cette situation n'autorisait pas une approche objective du rôle du cerveau dans l'élaboration des phénomènes de conscience.

Or, au cours des trente dernières années, des progrès considérables ont été accomplis par la psychophysiologie, tant au niveau de la connaissance des circuits nerveux qu'à celle des transmetteurs d'informations d'un circuit à l'autre.

D'autre part, l'approche du comportement effectuée en laboratoire sur des animaux s'est très vite heurtée à certaines difficultés d'interprétation liées aux conditions artificielles dans lesquelles se déroulaient les expériences. Ainsi, les affirmations des behavioristes voulant que tout comportement soit uniquement le fait d'apprentissages, seront remises en question par les études « sur le terrain » effectuées par les *éthologistes*. Ceux-ci vont en effet mettre en lumière, comme nous l'avons vu dans le chapitre précédent, le fondement inné de la plupart des comportements rencontrés chez les diverses espèces.

Un courant relativement récent, la *sociobiologie* ira même jusqu'à affirmer que tous nos comportements sociaux auraient pour base des structures innées que nous aurions en propre avec le reste du règne animal. Ainsi, notre façon d'être, que nous croyons personnelle serait au contraire déterminée en grande partie par nos gènes.

Ces nouvelles données vont élargir la connaissance que l'on a déjà du comportement humain et susciter des remises en question parfois fondamentales de la part des psychologues scientifiques.

La psychophysiologie La connaissance du fonctionnement des milliards de cellules constituant notre système nerveux n'en est qu'à ses débuts. Pourtant, grâce à une instrumentation de plus en plus sophistiquée, on est parvenu à mettre en évidence de nombreux liens existant entre certaines structures nerveuses d'une part et le comportement des individus d'autre part.

En étudiant les effets provoqués par l'implantation d'électrodes ou par certaines lésions faites dans différentes régions du cerveau, on a pu déterminer par exemple, le rôle capital des structures primitives propres à tous les animaux, y compris l'espèce humaine, qui sont les centres de processus tels que les émotions, les instincts ou le sommeil. Ces techniques ont également permis la mise à jour des mécanismes de la vision et de l'audition et même de certaines formes de mémoire.

Quant à la connaissance de plus en plus grande des effets des hormones, des transmetteurs chimiques ou des drogues, elle permet de mieux comprendre comment agissent certaines stimulations et de quelle façon le passage des informations à travers le système nerveux peut être facilité ou bloqué.

L'éthologie L'éthologie et la *zoopsychologie* se préoccupent de comprendre comment les mécanismes innés qui président au déclenchement ou au développement du comportement sont modelés par le milieu avec lequel ils entrent en interaction.

Selon cette école, c'est par une connaissance toujours plus approfondie des espèces inférieures que nous arriverons à mieux cerner les fondements du comportement et les filiations au sein du règne animal. L'étude du mécanisme d'empreinte, étudié par Lorenz, ou celle du développement du chant chez le pinson, par exemple, peuvent nous apprendre beaucoup sur l'origine des comportements sociaux ou sur la communication chez les espèces supérieures (figure 2.12).

De plus, la théorie de l'évolution nous apprend que nous ne sommes finalement qu'une espèce appartenant à l'ordre des primates, espèce simplement plus évoluée que les autres. Aussi, depuis une vingtaine d'années, les recherches se sont multipliées dans un secteur particulier de l'éthologie; il s'agit de l'éthologie humaine, dont le but est de mettre en lumière les fondements biologiques de la nature de l'homme (figure 2.13). *INSTINCT*

Une des voies, pour y arriver, consiste à recenser de façon systématique les modes d'expression des émotions, des sentiments et des diverses interactions sociales, dans les différentes cultures. Qu'il s'agisse de comportements de base comme le sourire ou le froncement des sourcils, le baiser ou le poing menaçant, ou des structures sociales présentes dans les relations entre parents et enfants, ou encore de la

Fig. 2.12 *Konrad Lorenz, éthologiste autrichien (1903-1989). Il est un des fondateurs de l'éthologie moderne. Ses études sur l'empreinte chez les oies (voir chap. 1) sont célèbres de même que son ouvrage intitulé l'Agression dans lequel il avance que les êtres humains auraient déviés d'une agressivité «normale» par la possession d'armes sophistiquées qui risque de les entraîner vers leur autodestruction.*

Psychophysiologie
Étude scientifique des rapports entre l'activité physiologique d'une part, et le comportement et les processus mentaux d'autre part.

Zoopsychologie
(du grec *zoo* = être vivant, animal et -psychologie). Branche de la psychologie (proche de l'éthologie) étudiant le comportement animal à l'aide de méthodes propres à cette science.

Fig. 2.13 *Les observations réalisées par Jane Goodall sur des chimpanzés, en forêt, montrent que le baiser est tout aussi courant chez ceux-ci qu'il l'est chez l'homme, comme signe d'affection ou de salutation.*

hiérarchie dans un groupe d'individus, l'éthologie humaine affirme qu'il s'agit là d'«universaux», c'est-à-dire de comportements propres à tous les membres de l'espèce humaine. L'être humain serait donc préprogrammé, comme les autres animaux, et les apprentissages qu'il va faire au cours de sa vie ne peuvent s'effectuer que dans les limites de cette préprogrammation.

La sociobiologie   La sociobiologie est un courant récent popularisé par E. Wilson, aux États-Unis, en 1975. La sociobiologie va beaucoup plus loin que l'éthologie dans sa conception de la nature humaine. Elle se définit comme «la science qui étudie systématiquement les bases biologiques de tous les comportements sociaux». La sociobiologie tente de faire la synthèse des données fournies par l'écologie, l'éthologie et par la théorie de l'évolution enrichie par les acquis de la *génétique*. Elle affirme que les êtres vivants sont en compétition constante pour s'assurer les meilleures chances de succès dans la transmission des gènes, porteurs de leurs caractéristiques héréditaires. En d'autres termes, tous les comportements sociaux présents chez les différentes espèces, et notamment chez l'être humain, n'existeraient que dans la mesure où ils permettent à nos gènes d'être transmis, de façon «égoïste» et en plus grand nombre possible, aux générations suivantes. Ainsi, qu'il s'agisse de la recherche du pouvoir ou du comportement altruiste, de la *xénophobie* ou de l'homosexualité, du comportement religieux ou de la morale, tous ces aspects de l'activité humaine ne se manifesteraient que pour permettre à l'individu de véhiculer son matériel génétique. L'organisme ne serait dès lors qu'une machine à préserver les gènes, et ses divers comportements ne constitueraient que des *stratégies* pour les disséminer le plus efficacement possible.

Xénophobie
(du grec *xenos* = étranger et -*phobos* = crainte). Hostilité vis-à-vis de tout ce qui est étranger.

Stratégie
Pour les sociobiologistes, ensemble d'actions coordonnées et transmises génétiquement, en vue de la plus grande dissémination possible des gènes d'un individu.

Les critiques à l'égard de la sociobiologie sont nombreuses, même si, d'un autre côté, cette approche rallie un bon nombre de partisans. Certains détracteurs mettent l'accent sur les aspects jugés simplistes et parfois même absurdes d'une telle théorie; mais, répondent les partisans, on faisait déjà ce type de reproche à Darwin, et pourtant!... Les reproches les plus véhéments portent sur l'apologie des injustices sociales, inscrites dans l'ordre naturel des choses, qu'impliquerait une telle théorie. D'autres encore stigmatisent les conceptions élitistes et sexistes qu'ils y pressentent (voir le document 2.9).

L'avenir dira si ce courant n'est en fin de compte qu'une mode ou s'il se trouvera justifié par les faits que ses initiateurs tentent d'accumuler. On peut toutefois affirmer que son mérite réside principalement dans le fait d'avoir suscité cette polémique sur les fondements biologiques de notre nature sociale.

L'approche cognitive

Le mot *cognitif* vient du verbe latin «cognoscere» qui signifie «connaître». Les psychologues se ralliant à cette approche affirment que les individus ne sont pas simplement des machines réagissant aveuglément et mécaniquement aux forces internes ou aux événements du monde extérieur. Du point de vue cognitif, l'esprit humain connaît plus de choses que la seule information en provenance de l'environnement. L'approche cognitive consiste principalement à comprendre la façon dont nous décodons la réalité et dont nous organisons cette information pour faire des comparaisons, prendre des décisions ou résoudre les problèmes qui se posent à nous à tout moment.

école de GESTALT d'où le GESTALTISME la psychologie de la forme

Même si la *psychologie cognitive* proprement dite n'a vu le jour qu'au cours des années 60, notamment avec l'ouvrage de Neisser, *Cognitive Psychology*, publié en 1967, il a existé plusieurs courants précurseurs d'une telle vision du fonctionnement humain.

Il y a eu d'abord l'école allemande de la *Gestalt* dont le nom a été traduit en français par «Psychologie de la forme» et dont les racines remontent à Von Ehrenfels (1890). Ce courant a été popularisé par Köhler, aux État-Unis, en réaction aux prises de positions radicales de Watson et de ses disciples.

c'est la forme qui se dégage

De son côté, Piaget a montré, dès 1923, que l'intelligence chez l'enfant se construit par une recherche perpétuelle d'équilibre entre ce qu'il sait et ce qu'il cherche à comprendre.

Au sein même du courant behavioriste, un psychologue nommé Tolman (1948) avait déjà remis en question le simplisme du schéma S-R, en introduisant entre les deux termes la variable, essentielle selon lui, des processus mentaux du sujet[8] en relation avec son hérédité, son état physiologique, son expérience passée et la nature du stimulus. C'est aussi le cas pour Bandura, comme nous venons de le voir, qui attribue une certaine place aux processus cognitifs intervenant dans l'évaluation des conséquences de nos comportements. Nous reviendrons à ces aspects des théories de l'apprentissage au chapitre 7.

Cognitif
(du latin *cognoscere* = connaître). Qui se rattache à la façon de connaître, à la connaissance.

---

[8] Le schéma ainsi modifié par Tolman devient S-I-R (où I signifie individu).

Fig. 2.14 *Wolfgang Kohler, psychologue allemand (1887-1967). Il est le disciple de Wertheimer, fondateur de la théorie de la Forme (Gestalt-théorie) que Köhler tentera de propager aux États-Unis, en opposition au behaviorisme. Il est également l'auteur d'un ouvrage intitulé* L'intelligence des singes supérieurs *(voir chap. 1).*

En attendant, nous allons brosser un bref tableau de ce qui caractérise les écoles s'inscrivant directement dans le courant cognitiviste.

La psychologie de la forme (ou gestaltisme)   Le terme *gestalt* est un mot allemand qui signifie *forme, organisation* ou *configuration*.

Le gestaltisme, ou psychologie de la forme est un courant qui s'est développé en Allemagne au début du siècle. Ses théoriciens prétendent que les objets, qui constituent la réalité environnante, ne parviennent pas à nos sens sous l'aspect d'éléments qui doivent être assemblés par la conscience, comme le disaient les structuralistes, ou par conditionnement, comme l'affirment les behavioristes.

Pour Köhler (1921) et les gestaltistes (figure 2.14), le monde qui nous entoure est constitué de formes organisées, et la perception que nous en avons est elle-même organisée.

Il est vrai qu'une suite de notes de musique produites dans un certain ordre et selon un rythme donné, constitue une mélodie qui est plus qu'une simple succession de sons ; la preuve en est que si on modifie l'ordre des notes ou si l'on en change une seule, toute la mélodie se trouve transformée. L'expérience serait donc un *tout organisé, différent de la somme de ses parties* (figure 2.15).

Une telle organisation existerait peut-être même avant la naissance. Certaines observations semblent en effet confirmer cette hypothèse. Si on présente, par exemple, divers petits objets de formes différentes à des poussins qui viennent d'éclore, on note que ceux-ci picorent beaucoup plus souvent les objets sphériques que ceux présentant d'autres formes ; cette reconnaissance de la forme aurait valeur de survie puisque ainsi, les poussins n'auraient pas à «apprendre» à distinguer une graine parmi d'autres objets plus dangereux ou moins digestes ; cette «forme» s'imposerait à eux dès les premières expériences du choix de nourriture. Il semble qu'il en va de même chez le bébé. Celui-ci marquerait un intérêt plus grand pour la configuration des traits du visage humain que pour tout autre agencement de ces éléments, et cela dès les premières semaines après la naissance.

Même si le courant gestaltiste n'a pas survécu en tant que tel, son apport est loin d'être négligeable ; en effet, un bon nombre de concepts mis de l'avant par ses théoriciens ont imprégné divers domaines de la psychologie, de l'étude de la perception à la dynamique des groupes (un groupe constituant lui aussi un tout différent de la somme des individus qui le composent) (voir le document 2.10).

Le constructivisme   Piaget est un psychologue suisse, connu pour son approche constructiviste du développement mental de l'individu (figure 2.16).

Ses observations sur la façon dont évoluent la pensée et le langage l'ont amené à envisager le développement cognitif comme étant le résultat d'une construction progressive, en paliers successifs ou *stades* (Piaget, 1936).

L'enfant, dans ses tentatives de compréhension de la réalité, est constamment confronté à de nouveaux problèmes qui déséquilibrent la

Fig. 2.15 *Qui peut prétendre qu'il distingue sept points et non une croix, sur cette figure ? Celle-ci s'impose, en effet, de prime abord : le* tout *qu'elle constitue est donc bien différent de la somme des points qui la composent.*

vision qu'il se faisait du monde. Selon Piaget et les constructivistes, c'est par un processus interne d'*équilibration* que l'enfant est poussé à rechercher de nouvelles réponses à ces problèmes. C'est ainsi que l'enfant va être amené à franchir, étape par étape, les échelons de la connaissance dont il va pouvoir aborder les domaines de plus en plus complexes (voir le document 2.11).

Cette progression s'effectue sous l'effet conjugué de la *maturation du système nerveux*, des expériences réalisées par l'enfant sur les objets et des facteurs sociaux tels que le langage ou l'éducation. Elle n'a donc rien d'inné. Pour Piaget, seul le fonctionnement de l'intelligence serait héréditaire et donc propre à tous les êtres humains. Ceci expliquerait que chaque enfant traverse les divers stades dans le même ordre, certains les franchissant tous, d'autres étant freinés ou bloqués au cours de leur développement par la déficience d'un ou de plusieurs des facteurs en cause.

Le point de vue de Piaget diffère donc considérablement de celui des behavioristes, qui affirment que même un très jeune enfant pourrait maîtriser l'algèbre, par exemple, s'il était adéquatement formé et conditionné.

Fig. 2.16 *Jean Piaget, psychologue suisse (1896-1980). C'est en se posant le problème de savoir comment l'individu atteint la connaissance de la réalité qu'il a été amené à étudier la psychologie de l'intelligence et la façon dont elle se construit chez l'enfant.*

La psychologie cognitive   Devant les faiblesses manifestées par le modèle behavioriste pour expliquer des processus tels que le langage, la mémoire, le raisonnement ou les images mentales, un courant s'est épanoui aux États-Unis, principalement au cours des années 70. Il s'agit de la psychologie cognitive, qui affirme, comme l'avait fait Tolman, que toute association entre le stimulus et la réponse se construit d'abord dans le cerveau.

De plus, les apports de la théorie de l'information et ses applications à l'ordinateur, ainsi que les recherches sur l'acquisition du langage, fournissent de nouvelles façons d'expliquer la manière dont s'élaborent les processus mentaux.

Les recherches dans ce domaine sont de plus en plus nombreuses et s'orientent dans toutes les directions. Il n'existe donc pas, comme tel, de chef de file ou de théoricien jouant le rôle de pilier.

Parmi les thèmes les plus prometteurs, notons celui des images mentales telles qu'investiguées notamment par Kosslyn (1975), et celui particulièrement florissant de l'organisation de la mémoire (Tulving, 1972); notons encore le concept de motivation, qui était considéré jusqu'alors comme une «force», un moteur à la base de nos actions, et qui est à présent envisagé par les cognitivistes plutôt comme un «mécanisme sélecteur de comportements» choisissant parmi ceux-ci celui qui répond le mieux à l'état d'esprit ou aux projets de l'individu (Bolles, 1974; Deci, 1975; Nuttin, 1980).

On a l'impression, lorsqu'on regarde l'orientation que prennent ces recherches, que la psychologie cognitive renoue avec les thèmes chers aux structuralistes et aux fonctionnalistes du début du siècle. Pourtant, une différence fondamentale existe entre ces deux époques; elle résulte de l'impact bénéfique que le behaviorisme a eu sur la recherche en psychologie en forçant le chercheur à faire preuve d'une rigueur absolue dans la façon de mener l'expérience et d'effectuer les contrô-

Maturation
Processus de croissance d'un organisme, programmé génétiquement, qui l'amène par étapes successives et de façon ordonnée vers la *maturité*.

Opérationnel
Qui est envisagé de façon objective, en fonction des opérations à effectuer pour mesurer ou évaluer le phénomène étudié.

Fig. 2.17 *Sigmund Freud, psychiatre autrichien (1856-1939). Il est le fondateur de la psychanalyse. Ses études sur les troubles du comportement l'ont amené à bâtir une théorie de l'inconscient reposant sur la dynamique des pulsions.*

théorie de la psychodynamique de la personnalité

stade
1- oral (0-2ans)
la zone de plaisir la bouche
(il porte tout à bouche)
2- anal (2-4ans)
l'apprentissage de la propreté
3- phallique (4-6ans)
l'apprentissage de la sexualité
4- période de latence (6-12)
5- génital

Pulsion
Tendance instinctive qui «pousse» l'individu à agir en vue de sa satisfaction.

Répression
(du verbe réprimer). Action d'empêcher un sentiment, une tendance de se manifester, de se développer, de s'actualiser.

Déviation
Changement d'orientation d'un comportement, par rapport à ce qui est considéré comme «normal».

PHALLUS ⇒ Pénis

les, mais surtout en l'obligeant à rechercher des définitions et des variables qui soient *opérationnelles* et non plus basées sur la simple introspection.

L'approche psychanalytique

C'est à Sigmund Freud que l'on doit la première théorie visant à expliquer la dynamique de la personnalité. Ce médecin psychiatre autrichien, après avoir longuement observé ses patients, en est arrivé à des conclusions qui vont transformer les conceptions qu'on se faisait de l'esprit, au début de ce siècle. Il va affirmer notamment que notre comportement est soumis, en grande partie, à l'action de forces inconscientes, qu'il nomme *pulsions*. Selon Freud, ces pulsions résulteraient d'instincts propres à l'espèce humaine mais surtout de désirs *refoulés*, c'est-à-dire de désirs dont la satisfaction a été empêchée au niveau conscient et qui ont été repoussés dans l'inconscient. Elles continueraient alors à agir à notre insu en se déguisant, dans les rêves, les lapsus, les troubles du comportement mais aussi dans le choix d'une carrière ou dans la production artistique (Freud, 1901) (figure 2.17).

Compte tenu de la répression sociale dont elles font l'objet, les pulsions sexuelles seraient les plus susceptibles d'être refoulées. Or, elles seraient, selon Freud, des pulsions de vie, et c'est leur énergie, appelée *libido*, qui constituerait le moteur permettant à la personnalité d'évoluer, stade après stade, vers la maturité (voir le document 2.12).

Ainsi, bon nombre de traits de personnalité et de déviations sexuelles trouveraient leur explication dans les frustrations et les conflits ayant entraîné le refoulement de ces pulsions dans l'enfance.

La théorie freudienne a souvent été critiquée, et parfois même sévèrement, par le fait qu'il est peu possible d'en vérifier les concepts à l'aide de la démarche expérimentale. Il n'en demeure pas moins que les conceptions avancées par Freud ont bouleversé un nombre considérable d'opinions, particulièrement en ce qui touche à l'enfance et à la sexualité. La psychologie lui est redevable également de toute une série de notions, qui font à présent partie du vocabulaire courant, et qui ont servi de base à l'investigation de nombreux phénomènes.

Chez les successeurs de Freud, l'accent est mis principalement sur la portée sociale des crises que traverse l'individu au cours de son développement. C'est notamment le cas pour Erikson dont nous aborderons la théorie dans le chapitre portant sur le développement de la personnalité.

L'approche humaniste

Il s'agit là d'un courant ayant pris naissance au cours des années 50, sur la côte californienne.

Cette approche est dite humaniste parce qu'elle est centrée sur la foi dans les possibilités d'épanouissement de tout être humain, dès le moment où il a la liberté de choisir et d'orienter lui-même sa destinée. Le point de vue humaniste est donc axé sur une vision optimiste de la nature humaine.

Selon Rogers (1961), tout individu possède en lui une tendance innée à se réaliser pleinement. Pour y arriver, il dispose des forces nécessaires au développement de toutes ses potentialités. Cependant, l'éducation et les normes fixées par la société l'obligent, de façon plus ou moins contraignante, à oublier ses propres sentiments ou ses besoins particuliers pour accepter les valeurs imposées par les autres.

Rogers affirme que cette situation force la personnalité à se développer d'une façon toute différente de celle dont elle devrait le faire idéalement. Il faudrait alors voir dans ce décalage la source des insatisfactions et des troubles du comportement dont souffrent nombre de personnes (figure 2.18).

Quant à Maslow (1962), il avance l'hypothèse selon laquelle, pour des raisons semblables à celles évoquées par Rogers, les gens sont très souvent limités dans leur activité à rechercher la satisfaction des besoins de base, ce qui empêche l'émergence et la satisfaction des besoins supérieurs, tels que celui d'estime ou de réalisation de soi (figure 2.19).

L'approche humaniste est celle qui s'éloigne le plus des voies de la psychologie scientifique en mettant essentiellement l'accent sur l'expérience personnelle. Pour les humanistes, l'individu serait capable de s'autoévaluer et de trouver seul le chemin de son épanouissement (voir le document 2.13).

Le principal reproche fait à cette façon de voir repose sur le fait qu'il est difficile, compte tenu de cette subjectivité, d'établir la distinction entre ce que la personne croit être et ce qu'elle est réellement : un individu peut par exemple avoir le sentiment de se dépasser en avançant et en défendant de grandes idées relatives au bien-être de l'humanité, sans prendre conscience qu'il se comporte en parfait égoïste, dans sa vie de tous les jours.

Fig. 2.18 *Carl Rogers, psychologue américain (1902-1987). Il est un des représentants les plus célèbres du courant humaniste. Sa thérapie centrée sur le client vise à permettre à ce dernier de prendre conscience de ses sentiments véritables afin de progresser, par lui-même, vers son épanouissement.*

L'approche sociopsychologique

L'être humain est un être social qui dépend, pour sa survie, de toute une série d'échanges sociaux. Cette interaction constante avec ses partenaires modèle sa personnalité de façon telle qu'il est impossible d'envisager un aspect qui n'en découlerait pas.

La psychologie sociale est un secteur de la psychologie qui a pris son essor vers le milieu du siècle. Elle vise à comprendre et à expliquer comment un aspect du contexte social plutôt qu'un autre va faciliter l'apparition d'un comportement donné (Zajonc, 1965). Elle étudie, entre autres, le fait que la plupart de nos perceptions sociales dépendent davantage de l'*interprétation* que nous faisons d'une situation, que de la situation elle-même (Kelley, 1967); elle cherche à montrer comment nos sentiments et nos pensées sont le produit de l'influence que les individus exercent les uns sur les autres (Asch, 1951; Festinger, 1957; Schachter, 1959; Moscovici, 1979).

Il ne s'agit donc pas d'une école de pensée proprement dite, et les quelques noms cités sont loin de refléter la réalité multiforme de la recherche sociopsychologique.

Fig. 2.19 *Abraham Maslow, psychologue américain (1908-1970). C'est en étudiant la vie des grands créateurs et des personnages s'étant pleinement accomplis au cours de leur vie qu'il a ébauché sa théorie hiérarchique des besoins et de la réalisation de soi.*

Cette recherche apporte des explications indispensables sur le déco-dage de la nature humaine en précisant la façon dont se forgent les attitudes, s'établit la communication, s'effectue le changement social, s'exerce le leadership de certains individus ou se développent le confor-misme et l'obéissance à l'autorité (voir le document 2.14).

Conclusion

Toutes ces écoles et ces courants aux conceptions le plus souvent contradictoires ont de quoi bouleverser ceux et celles qui abordent la psychologie pour la première fois et qui sont à la recherche de *la* vérité (voir chapitres 10 et 12).

Qui croire? Dans quel camp se ranger?

Pour y voir plus clair, il est possible de situer les différents courants selon leur conception des origines et du devenir de la nature humaine. On pourrait par exemple, pour chacun de ces mouvements, tenter de répondre aux questions suivantes : Le comportement est-il considéré comme inné ou acquis? Est-il déterminé par des forces internes ou externes? Est-il orienté selon certaines directions ou façonné selon les événements?

Le comportement est-il inné ou acquis?   La part de l'inné dans la mise en place des comportements est importante pour plusieurs cou-rants, notamment pour les éthologistes et surtout pour les sociobiologis-tes, mais également pour les gestaltistes.

Les humanistes sont d'avis que nous naissons avec une tendance à développer au maximum nos potentialités.

Les psychanalystes, eux, affirment que même si nous héritons de quelques instincts, ce sont principalement les expériences vécues dans l'enfance qui vont jouer un rôle prépondérant dans la constitution de la personnalité.

Il en va de même en ce qui concerne le constructivisme de l'école piagetienne; selon celle-ci, en effet, seul le fonctionnement de l'intelli-gence serait héréditaire puisque cette dernière ne peut se développer que par une série d'acquisitions provenant de l'action exercée sur les objets, principalement au cours des douze premières années de la vie.

Quant aux sociopsychologues et surtout aux behavioristes, tout ce que nous devenons résulte en grande partie, selon eux, de nos interactions avec notre environnement physique ou social.

Le développement est-il orienté ou non?   Plusieurs approches met-tent de l'avant l'idée que le développement s'effectue par stades par lesquels passent tous les individus, dans un ordre identique. C'est le cas du courant psychanalytique, avec sa conception du développement de la personnalité, et celui du courant constructiviste, avec sa concep-tion du développement de l'intelligence.

Les éthologistes et les sociobiologistes conçoivent le développement en fonction d'une programmation préexistant à la naissance qui imprime des orientations précises aux différents comportements. Les huma-nistes croient également que l'organisme est orienté et qu'il tend vers un seul but : son plein épanouissement. Certains théoriciens parlent même d'*intentionnalité* dans la façon dont se déroulent les différentes étapes de la vie.

Les behavioristes sont les seuls à ne voir dans le développement qu'une suite d'expériences et de conditionnements influencés par les diverses situations auxquelles les individus sont confrontés, peu importe le moment de la vie où elles surviennent.

Sommes-nous soumis au déterminisme ou au libre arbitre ?

Sommes-nous des êtres-objets ou des êtres-sujets ?

Pour les behavioristes et les sociobiologistes, il ne fait aucun doute que nous sommes essentiellement déterminés ; les premiers affirment que nous le sommes par le milieu dans lequel nous vivons et les seconds, au contraire, croient que ce *déterminisme* est inscrit dans nos gènes et dans les mécanismes dont nous héritons.

Pour les psychanalystes, nous serions déterminés par la façon dont notre enfance a été vécue et par les refoulements que ces expériences ont entraînés.

Pour les constructivistes, la construction de l'intelligence s'achève au début de la vie adulte ; nous sommes donc déterminés intellectuellement par la façon dont les structures ont pu s'établir dans l'enfance.

Seuls les humanistes veulent croire l'existence d'un *libre arbitre* permettant chacun de réorienter sa vie en fonction de ses différentes prises de conscience.

Les théories et le contexte socio-économique   Indépendamment de la valeur des arguments avancés et de la rigueur qui a présidé à leur mise en place, il est certain que chacune de ces approches a une histoire, qu'elle s'intègre dans un contexte socio-économique et qu'elle est imprégnée d'une vision philosophique de l'homme.

La science n'en demeure pas moins un secteur de l'activité humaine et, quoi qu'elle fasse pour préserver son indépendance, elle restera tributaire du système en place et de la société dans laquelle elle s'épanouit. La psychologie, peut-être encore plus que les autres sciences, n'échappe pas à la règle.

Le behaviorisme a vu le jour aux États-Unis en même temps que l'essor industriel imprimé par le capitalisme naissant. Ce système ne pouvait qu'applaudir à une conception de l'être humain selon laquelle un comportement peut être façonné dès le moment où survient la situation susceptible de le déclencher ; des applications telles que le travail à la chaîne ou la publicité n'allaient pas tarder à se développer conformément à ce modèle. Dans ce même cadre comportementaliste, les recherches de Pavlov ne pouvaient que séduire le régime communiste qui s'implantait en U.R.S.S. ; l'image, libérée de la notion de conscience, d'un être humain conditionné par son milieu cadrait parfaitement avec l'idée de l'homme nouveau qu'on croyait alors pouvoir créer.

Freud vivait à Vienne, dans l'ambiance étouffante d'un milieu bourgeois et sexiste, où toute expression de la sexualité était sévèrement réprimée ; c'est vraisemblablement ce fait qui explique, du moins en partie,

Intentionnalité
Direction plus ou moins inconsciente qui serait à la base des attentes et des espoirs de chaque individu en vue de le faire tendre vers la réalisation de soi (Buhler).

Déterminisme
(du latin *determinare* = « marquer les limites de »). Conception selon laquelle les actions humaines seraient déterminées par l'hérédité ou par des événements antérieurs.

Libre arbitre
Faculté de choisir ses orientations, d'agir par le seul fait de sa volonté (contraire de *déterminisme*).

que ce soit sur ce terrain qu'aient glissé ses interprétations les plus contestées aujourd'hui.

La psychologie humaniste a surtout pris son essor au cours des années 60, sur la côte californienne. Rien d'étonnant donc à ce que cette vision optimiste de l'être humain ait été accueillie à bras ouverts dans le climat *«peace and love»* de l'époque. De la même façon, la théorie sociobiologique, apparue avec la crise qui débute à la fin des années 70, offrait tout pour séduire les moralistes soucieux d'ordre social et prêts à accepter l'idée que celui-ci soit déjà inscrit dans l'ordre naturel des choses.

L'approche éclectique   Il serait cependant trop simpliste de rattacher de façon systématique la portée ou l'impact d'une théorie à la faveur qu'elle recueille dans un système donné. Les plus grands progrès ont été réalisés par la confrontation des idées émises par les différentes écoles.

Parmi ces courants contradictoires, nombreux sont ceux qui vont, en effet, se heurter de front au cours de la première moitié du XXe siècle. De multiples querelles entre écoles de pensée vont naître et se développer pour atteindre leur paroxysme au cours des années 50; elles vont alors se calmer pour s'éteindre lentement à l'époque actuelle. On assiste, aujourd'hui, à l'établissement de consensus en ce qui touche aux notions essentielles, laissant les différences s'estomper d'elles-mêmes, au fur et à mesure que progressent les connaissances.

Les psychologues sélectionnent et utilisent maintenant les concepts qu'ils considèrent comme étant les plus éclairants dans chacune des théories existantes. Cette approche éclectique les amène à se servir des notions et des pratiques issues du courant behavioriste lorsque la situation s'y prête, mais aussi à décoder d'autres faits à la lumière des théories freudienne ou humaniste. L'important n'est plus tellement de prouver le bien-fondé des idées propres à un courant particulier, mais plutôt de mettre en lumière les façons d'agir les plus appropriées pour solutionner les problèmes de vie en société et pour apporter une aide efficace à ceux qui la réclament.

La psychologie est encore relativement jeune. Elle accuse un retard de près de deux cents ans sur les autres sciences telles que la physique ou la chimie. Il lui reste bien des expérimentations et des vérifications à accomplir avant de prétendre pleinement au titre de science.

Toutefois, si les prédictions de la psychologie sont plus souvent confirmées qu'infirmées, elles pourront, de plus en plus, être utilisées dans la solution des problèmes humains.

Les psychologues sont loin de posséder toutes les réponses, mais celles qu'ils ont apportées jusqu'à maintenant sont déjà capables d'éclairer plusieurs aspects du comportement.

Les psychologues scientifiques continuent de formuler de nouvelles hypothèses, de tester, d'expérimenter, dans l'espoir d'élaborer des théories de plus en plus cohérentes; celles-ci pourront alors être *appliquées* à chaque individu, en fonction des différentes situations vécues et pour le plus grand profit de tous.

Éclectique
(du grec *eklegein* = choisir). Qui emprunte et utilise les éléments qui semblent les meilleurs dans différents systèmes, différents courants ou diverses écoles de pensée.

Nous verrons dans le chapitre suivant, cette double vocation de la psychologie qui consiste, d'une part, à pousser plus loin les connaissances théoriques, mais également, et encore plus que dans les autres sciences, à apporter des réponses adéquates aux problèmes qui se posent, parfois de façon urgente.

En attendant, la vocation de la psychologie nous servira à fournir une définition moderne de cette science qui tienne compte à la fois des apports du behaviorisme et des approches biologique, cognitive, dynamique et sociopsychologique. En ce sens, elle doit être vue comme *l'étude scientifique du comportement et des processus mentaux, ainsi que l'application qui est faite des connaissances acquises.*

Document 2.1

Le culte du crâne

Le rite funéraire est sans doute un des rites les plus anciens pratiqués par les êtres humains. Il était très répandu chez les hommes de Néanderthal, il y a 100.000 ans. On a, en effet, retrouvé des sépultures remontant à cette époque et dans lesquelles les morts étaient couchés dans une position caractéristique, le bras plié sous la tête.

Il semble cependant qu'on puisse faire remonter ce genre d'attention portée aux morts, jusqu'à l'époque à laquelle aurait vécu le sinanthrope, un Homo erectus ayant vécu en Chine, il y a plus de 400.000 ans. Les crânes découverts étaient, en effet, disposés selon un certain ordre mais, surtout, et c'est le fait le plus troublant, la plupart semblaient avoir été l'objet d'un cannibalisme rituel ; ils présentaient un élargissement du trou occipital, ce qui peut laisser supposer qu'on avait extrait et, éventuellement, consommé le cerveau des défunts[9] (figure 2.20).

Ces rites impliquent que les individus qui s'y livraient se posaient des questions sur le devenir de l'être après la mort ; mais ils dénotent surtout un début de questionnement sur l'existence de «l'esprit» par l'incorporation qu'on croyait pouvoir en faire par cette pratique.

TIRÉE DE L'ENCYCLOPÉDIE DE L'HOMME PRÉHISTORIQUE

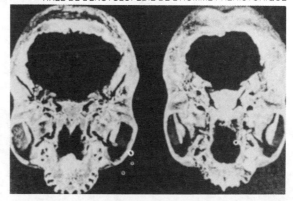

Fig. 2.20 *Quelle signification doit-on attribuer à la trépanation observée sur ces crânes vieux de plusieurs centaines de milliers d'années ? Libération de «l'esprit» après la mort ? Cannibalisme rituel permettant d'incorporer les forces du défunt ? Moyen de guérir en laissant s'échapper les «mauvais esprits» ?*

---

[9] D'après H. Gastaut, «Quelques remarques sur le culte du crâne» dans E. Morin / M. Piatelli-Palmarini, *L'unité de l'homme*, vol. 3, Pour une anthropologie fondamentale, Paris, Seuil, 1974, p. 265.

Document 2.2

L'origine du mot «psychologie»

C'est à la mythologie grecque que la psychologie doit son nom et sa première définition.

Selon la mythologie classique, Psyché était une jeune femme très belle, dont *Éros*, le fils d'*Aphrodite*, était tombé amoureux.

Malheureusement, cette dernière voyait d'un très mauvais œil le fait que son fils, immortel, veuille s'unir à une simple mortelle. Elle mit donc tous ses efforts à séparer les amoureux en imposant à Psyché une série d'épreuves à surmonter. Mais l'amour éprouvé par Psyché était si puissant, et sa détermination à revoir Éros si forte, que les déesses et les dieux en furent impressionnés et décidèrent de l'aider à accomplir les tâches imposées par Aphrodite. Pendant ce temps, Éros réussissait à persuader Zeus, le dieu des dieux, de transformer Psyché en déesse, en la rendant immortelle. Les amoureux furent ainsi réunis pour l'éternité.

Ce mythe constituait, selon les Grecs, la description classique de l'amour véritable, la plus haute réalisation de l'âme humaine. C'est la raison pour laquelle Psyché, mortelle devenue immortelle, devint le symbole de l'âme à la recherche de son idéal.

Quant au mot *psychologie*, formé à partir des deux mots grecs *psuké* (âme) et *logos* (étude),

Fig. 2.21 *Christian von Wolf, philosophe allemand (1679-1754). Il a introduit le terme psychologie pour la première fois dans le langage philosophique, dans ses deux ouvrages* Psychologia rationalis *et* Psychologia empirica, *publiés en 1732-1734.*

il n'est apparu pour la première fois qu'au XVIIIe siècle, dans un ouvrage allemand traitant de ce sujet (figure 2.21).

Aphrodite
Fille de Zeus, déesse de l'amour et de la beauté chez les Grecs. Elle prend le nom de Vénus chez les Romains.
Éros
Fils d'Aphrodite, dieu du désir amoureux chez les Grecs. Il blesse de ses flèches le cœur des humains et des dieux. Il prend le nom de Cupidon chez les Romains.

Document 2.3

Esprit et corps : 1+1=2 ou 1+1=1?

La conception de l'être humain constitué d'un esprit, immatériel, régissant un organisme matériel, est une conception *dualiste* qui remonte à la préhistoire, comme nous l'avons vu.

Avec l'avènement de la psychologie scientifique, cette approche va être remplacée par l'idée que nos perceptions, nos émotions ou nos pensées ne sont que le produit de l'activité de nos cellules nerveuses rassemblées dans un organe, le cer-

veau, lui-même partie intégrante de l'organisme. Il s'agit là d'une conception *moniste* partagée par la plupart des scientifiques modernes; pour ceux-ci, il n'est nullement nécessaire d'aller chercher ailleurs que dans les processus corporels et dans l'activité du cerveau l'explication de son fonctionnement psychologique.

Dans le document 5.2, nous verrons que les théories de la physique moderne amènent certains scientifiques à étendre cette vision moniste à l'univers entier. Celui-ci n'étant constitué que d'ondes et de particules en interrelation constante, il existerait une espèce d'intelligence généralisée à travers la nature qui croîtrait au fur et à mesure que la matière devient plus complexe, de la pierre aux niveaux les plus évolués. Nous ne serions, quant à nous, qu'un maillon dans ce vaste ensemble.

Ces façons de voir ne sont pas incompatibles avec les conceptions religieuses partagées par un grand nombre de ces mêmes scientifiques. Elles n'impliquent en rien nos croyances personnelles. Comme le souligne Hebb (1974), « il n'y a aucun conflit possible entre religion et méthode scientifique. La théorie tente de se rapprocher de la vérité par approximations successives » et ne peut donc, pour cette raison, être dogmatique.

Document 2.4

Les quatre étapes de la méthode scientifique

La démarche scientifique vise à mettre les faits en lumière de la façon la plus *objective* possible, dans le but de les *examiner* et de les confronter, et non de prouver des idées préconçues.

Elle comporte essentiellement quatre étapes qui sont franchies dans un ordre identique par tout scientifique, qu'il soit physicien, psychologue ou astronome.

La *première* étape consiste à identifier et à poser le *problème* qui est au centre des préoccupations du chercheur. Ce problème se présente généralement sous la forme d'une question.

La *deuxième* étape consiste à formuler l'*hypothèse*. Il s'agit d'une proposition constituant une réponse provisoire au problème, construite à partir des données existantes. Elle se présente donc toujours sous la forme d'une déclaration[10].

La *troisième* étape vise à vérifier l'hypothèse. Il s'agit, en d'autres termes, de mettre en lumière, à l'aide d'une démarche expérimentale appropriée, les faits qui vont la confirmer ou l'infirmer.

Enfin, la *quatrième* étape consiste à interpréter les données résultant de l'expérience afin d'élaborer une théorie. Si une théorie existe déjà, les données obtenues permettront de l'améliorer ou de la réviser, ou encore de la rejeter pour peu qu'elles soient suffisamment *probantes*.

Le plus souvent cette quatrième étape amène de nouvelles hypothèses qui permettront à leur tour de pousser plus loin les investigations.

Probant
Qui prouve de façon sérieuse.

---

[10] Lorsqu'il s'agit d'un problème nouveau, pour lequel on ne possède encore aucune observation, on omet la deuxième étape et on entreprend, avec la troisième, une expérience « pour voir ».

Document 2.5

Dans le laboratoire de Wundt, en 1879

Mettons-nous dans la peau d'un observateur qui entre pour la première fois dans ce premier laboratoire de psychologie expérimentale... Qu'y voit-il ?

Selon l'expérimentation en cours, un expérimentateur provoque divers phénomènes : des couleurs apparaissent, leur intensité lumineuse diminue, ou augmente ; elles sont ou non accompagnées de sons...

Un sujet est assis. Il a été d'abord familiarisé avec la méthode d'introspection expérimentale qui consiste à prendre conscience de son vécu et à le décrire, au moment où se produit la stimulation. On va alors lui demander de traduire par des mots ce qu'elle déclenche en lui et, notamment, le lien entre la sensation et le sentiment qu'elle suscite : «la couleur rouge est excitante», «le bleu me semble apaisant», «ce son aigu est plus déplaisant que le son qui l'a précédé», etc.

Pour les expérimentateurs, il s'agit là d'un moyen d'explorer le contenu de la *conscience*, c'est-à-dire les *éléments* de la matière mentale que sont, pour ces structuralistes, les sensations, les sentiments et les images.

Ils tentent ainsi d'identifier les *qualités* de ces éléments et de mettre en lumière la façon dont s'effectuent les associations entre eux.

Document 2.6

Les fonctionnalistes et le rôle de la conscience

C'est surtout à Angell, Hall et Dewey, les collaborateurs et disciples de James, qu'on doit les premières études sur les habitudes et le rôle de la conscience dans la formation de celles-ci.

Prenons un exemple. Lorsqu'une personne apprend à conduire et se trouve pour la première fois au volant d'une voiture, tous ses sens sont aux aguets; ses yeux sont rivés sur la route et sur les différents objets qui la jalonnent. Tous ces muscles sont tendus, ses mains sont crispées sur le volant, sa position sur le siège est

Fig. 2.22 *La Ford modèle T était une des voitures les plus courantes sur les routes des États-Unis, au début du siècle. À cette époque, les collaborateurs de James tentaient de mettre en évidence le rôle de la conscience dans l'apprentissage.*

raide et ses pieds n'ont aucune souplesse sur les pédales; elle a une *conscience* extrême de tout ce qui se passe et des activités auxquelles elle se livre. Mais plus le temps passe et plus ses mouvements s'affinent, se décontractent, s'automatisent : la conscience des gestes à poser en fonction des événements diminue au point que la conduite en devient bientôt quasi automatique. Des dizaines de kilomètres pourront ainsi être parcourus sans que les milliers de mouvements effectués pendant tout ce temps aient réclamé le concours de la conscience. Celle-ci peut alors se mobiliser sur d'autres activités (contemplation du paysage, conversation avec le passager, etc.).

C'est ainsi que les fonctionnalistes expliquent la mise en place d'une nouvelle *habitude* et la façon dont la conscience remplit sa *fonction* en aidant l'organisme à apprendre.

Document 2.7

Structures et fonctions

Même si elles semblent s'opposer, les approches structuralistes et fonctionnalistes sont, d'une certaine façon, complémentaires. Elles sont toutes deux nécessaires et nullement incompatibles. On retrouve d'ailleurs cette double façon d'aborder un phénomène dans toutes les sciences humaines.

Un *ethnologue*, s'il se définit comme appartenant au courant structuraliste, va décrire tous les éléments d'une culture donnée, depuis l'outillage utilisé pour l'agriculture jusqu'aux rites pratiqués par les individus, en tentant d'établir les liens existant entre eux. Par contre, s'il adopte l'approche fonctionnaliste, il va plutôt tenter d'expliquer la raison de la présence d'un rite plutôt qu'un autre, compte tenu de sa fonction dans la culture en question.

Il en va de même de l'économiste cherchant à comprendre un système économique donné, ou du sociologue amené à décoder des phénomènes sociaux.

Les autres sciences, telle la biologie par exemple, explorent également leur domaine à l'aide de ces deux voies d'approche : l'*anatomie* se charge de décrire les différentes parties de l'organisme et les liens qu'elles entretiennent entre elles alors que la *physiologie* vise à étudier leur fonctionnement et les conditions qui président à celui-ci.

On retrouve encore cette dualité dans la plupart des manuels de psychologie (et celui-ci ne fera pas exception) : d'une part, dans la description des différentes facettes du comportement (les sensations, les perceptions, les émotions, les motivations, etc.) et d'autre part, dans la façon d'envisager comment l'individu s'ajuste aux diverses situations, individuellement ou en groupe.

Ethnologue
(du grec *ethnos* = peuple). Spécialiste de l'étude des groupes humains, de leurs caractères anthropologiques, sociaux, culturels, etc.

Anatomie
(du grec *ana* = de bas en haut et *-tomos* = découper). Étude de la structure et de la forme des organes, et des rapports entre eux dans l'organisme (par la dissection ou d'autres méthodes).

Physiologie
(du grec *physio* = nature et *-logie*). Étude des fonctions et des propriétés des organes chez les êtres vivants.

Document 2.8

L'acte de foi behavioriste de Watson

En 1924, dans *Behaviorism*, Watson affirmait sa foi dans la conception behavioriste de l'être humain, en écrivant : «Confiez-moi une douzaine d'enfants en bonne santé, bien conformés, et laissez-moi la possibilité de prendre totalement leur éducation en charge selon la vision que j'ai de celle-ci ; je vous garantis qu'après avoir sélectionné chacun d'eux au hasard, je le formerai pour qu'il devienne ce que j'aurai décidé qu'il deviendrait : médecin, juriste, artiste, négociant, et même mendiant ou voleur, peu importe ses dons, ses habiletés, sa vocation ou la race de ses ancêtres».

Il est clair, pour Watson, que l'hérédité n'a que peu d'importance dans le développement des aptitudes et de la personnalité de l'individu, et que ce qu'il devient dépend essentiellement de l'éducation. C'est la raison pour laquelle il insistait, comme Skinner le fera après lui, pour que cette éducation soit mise entre les mains de spécialistes capables de faire intervenir des conditionnements adéquats et systématiques.

Une prise de position aussi tranchée n'est plus guère soutenue aujourd'hui. Il semble, en effet, que même si le conditionnement joue un rôle important dans les choix effectués par les individus au cours de leur vie, d'autres variables entrent en jeu, et les psychologues d'aujourd'hui, y compris les behavioristes, ont appris à en tenir compte.

Document 2.9

Sociobiologie et reproduction

Afin de mieux comprendre la façon dont les sociobiologistes décodent les comportements sociaux, voici, à titre d'exemple, les hypothèses avancées par l'un d'eux, R. Trivers, sur les stratégies utilisées par l'homme et la femme dans la reproduction et dans l'expression de leur sexualité.

«Dans l'espèce humaine, une copulation, qui ne coûte pratiquement rien au mâle, peut entraîner pour la femelle un investissement de neuf mois, ce qui n'est pas négligeable, suivi, si elle le désire, d'un investissement de quinze ans, ce qui est considérable. S'il arrive souvent que le mâle participe aux soins parentaux au cours de cette période, cela n'a rien d'obligatoire.

«À l'issue d'une grossesse de neuf mois, une femelle est plus ou moins libre, à tout moment, de ne plus investir sur l'enfant ; mais, ce faisant, elle perd ce qu'elle a investi jusque-là. Étant donné l'inégalité des investissements, le mâle peut optimiser ses chances de laisser une nombreuse descendance en copulant avec de nombreuses femelles qu'il abandonne ensuite et dont certaines, seules ou aidées par d'autres, élèveront leur progéniture. Dans les espèces où, par le jeu de la sélection, les mâles doivent assumer une part des soins aux petits, la stratégie *optimale* pour eux résidera vraisemblablement dans un compromis où ils aideront une seule femelle à élever leur progéniture, sans pour autant laisser passer les occasions d'en féconder d'autres qu'ils n'aideront pas».

On comprend qu'avec de telles hypothèses, justifiant *a priori* la polygamie ou d'autres comportements, la sociobiologie ait pu être qualifiée de sexiste par ses détracteurs.

Optimal
(du latin *optimum* = le meilleur). Qui est le meilleur possible.

Document 2.10

Les bébés et la Gestalt

Certains faits, mis en lumière récemment, semblent donner raison aux théoriciens de la forme, mais aussi aux éthologistes, en ce qui concerne une préprogrammation de certains équipements perceptifs et cognitifs.

Au tournant des années 70, Bower et ses collaborateurs de l'Université d'Edimbourg ont réalisé plusieurs démonstrations relatives aux réactions des nouveaux-nés face à des objets physiques simulés. Ils ont ainsi pu montrer qu'un nourrisson de quatorze jours est capable de réagir de façon appropriée à des stimulations présentant des caractéristiques spécifiques (Bower, 1977).

Ainsi, l'enfant va saisir sans hésitation un objet *réel* placé à portée de ses mains. Par contre, si on ne projette que l'*image* en trois dimensions de l'objet au-dessus de son berceau à l'aide d'une technique spéciale, l'enfant manifeste une intense panique, caractérisée par des pleurs et une augmentation du rythme cardiaque, chaque fois que ses mains ne rencontrent que le vide alors qu'il croit « toucher » l'objet apparent.

De la même manière, si on projette une « ombre » se dirigeant vers le visage du bébé devant lequel elle vient « exploser », de façon symétrique, il présente une réaction typique de détournement de la tête, ainsi qu'une accélération du rythme cardiaque. Par contre, si cette « forme » grossit de façon asymétrique, comme si elle allait passer à côté, le bébé n'a pas de réaction.

Il est difficile d'expliquer ces faits par un apprentissage survenu à un âge aussi précoce. On est donc bien obligé de penser à une programmation génétique permettant de réagir dès les premiers moments de la vie à certaines formes ou *patterns* (comme disent les Anglo-Saxons), à certaines *gestalt* (comme disent les Allemands).

Document 2.11

L'enfant de cinq ans et l'équilibration

Voici un entretien avec un enfant semblable à ceux qu'a menés Piaget et qui l'ont conduit à élaborer sa théorie du développement mental.

Deux boulettes de plasticine identiques sont présentées à un enfant de cinq ans à qui l'on pose les questions suivantes :

— Crois-tu qu'il y a autant de plasticine dans une boule que dans l'autre?

L'enfant les regarde, les soupèse, puis déclare :

— Oui, il y en a la même chose.
— Tu es bien sûr?
— Oui.
— Bien... alors, regarde. Je prends une des deux boules et je la roule entre mes mains pour en faire une saucisse. Et voilà!... À présent, crois-tu qu'il y en a autant dans la boule que dans la saucisse?
— Ben non, dit l'enfant, il y en a plus dans la saucisse.

Fig. 2.23 *Pour l'enfant de quatre à cinq ans, la saucisse contient plus de plasticine que la boule, même si elle est faite à partir d'une boule semblable.*

— Tu en es sûr ?

— Ben oui. Tu vois bien qu'elle est plus grande que la boule, alors, il y en a plus.

— D'accord, alors regarde ce que je fais. Je reprends la saucisse et je la roule pour en faire de nouveau une boule... Voilà ! Et maintenant, à ton avis, y en a-t-il autant dans l'une que dans l'autre ?

— Ah oui ! dit l'enfant. Maintenant, il y a la même chose dans les deux.

Ces réactions de l'enfant font sourire. Pourtant, on les retrouve, à peu près semblables, chez la plupart des enfants de cet âge, quelle que soit leur culture, semble-t-il. Ce n'est qu'entre six et huit ans que la quasi-totalité d'entre eux maintiendront qu'il y a égalité, peu importe la forme que prend la boulette.

Comment expliquer ces faits ?

Un premier équilibre s'est constitué lorsque l'enfant de cinq ans a eu l'occasion antérieurement de remarquer qu'il y a *plus* dans ce qui est plus *grand*.

Le déséquilibre apparaît lorsqu'il s'agit de deux objets de *même quantité* mais n'ayant pas la même forme. L'enfant a alors tendance à fournir une réponse correspondante à ce qu'il *sait* déjà et à associer un changement de la quantité au changement de forme.

L'équilibre sera retrouvé, entre six et huit ans, lorsqu'il aura été capable d'établir « la distinction entre les parties communes aux deux objets, et leurs propriétés différentes ». Dans le cas qui vient d'être exposé, l'enfant aura atteint ce stade lorsqu'il sera capable de compenser la longueur de la saucisse par sa grosseur.

Document 2.12

La vie quotidienne et l'inconscient

« La séance est levée... Oh ! pardon... la séance est ouverte » déclare ce président d'assemblée, pressé d'en finir, et qui laisse passer cette envie, « inconsciemment », dans son *lapsus*.

Une jeune femme affirme qu'elle déteste les hommes. Pourtant, la nuit, elle fait souvent les mêmes cauchemars : des hommes velus la poursuivent et elle n'arrive pas à leur échapper, soit parce qu'elle se blesse à la jambe, soit parce qu'elle fait une chute... Seul le réveil en sursaut lui permet de se sortir de ce « mauvais » pas.

Un petit garçon déclare « adorer » sa petite sœur ; on le trouve d'ailleurs toutes les nuits à son chevet, la veillant et surveillant sa respiration... au cas où elle viendrait à mourir durant son sommeil.

Certains créateurs, musiciens ou peintres, sont « habités » par des thèmes à contenu sexuel ou *morbide*, qui se retrouvent dans la plupart de leurs œuvres.

Un chirurgien, qui a une grande réputation, est réellement un « homme d'art » : il manie le scalpel et l'aiguille avec beaucoup de dextérité. Sa mère aime cependant lui rappeler que cette sérénité, qu'il affiche actuellement, cadre mal avec la brutalité et les actes « sadiques » auxquels il aimait se livrer, enfant, sur les animaux et même sur ses frères et sœurs, comportement qu'elle devait sans cesse réprimer.

Tous ces exemples constituent, pour les psychanalystes, des preuves de l'existence de l'inconscient et des pulsions refoulées qui l'habitent et qui, sans cesse, tentent de s'extérioriser par les lapsus, les rêves, les attitudes, l'art ou la profession vers laquelle l'individu s'oriente (en ce sens, le comédien, comme le professeur, lorsqu'ils se donnent à fond à leur métier, ne seraient que des exhibitionnistes qui s'ignorent).

Lapsus
(du latin *lapsus linguae* = faux pas de la langue). Faute commise machinalement et par inadvertance, en parlant.

Morbide
(du latin *morbus* = maladie). Relatif à la maladie, causée par des dérèglements psychiques.

Document 2.13

Vers la réalisation de soi

Selon Maslow, la voie vers la réalisation des potentialités de l'individu, celle de *la réalisation de soi*, ne peut s'ouvrir que lorsque les besoins élémentaires ont été assouvis (voir figure 6.3).

Les *besoins physiologiques* (manger, boire, dormir, etc.) sans la satisfaction desquels rien d'autre n'est possible, émergent toujours en premier lieu. Les *besoins de sécurité* leur succèdent (se mettre à l'abri, éviter le danger, penser au lendemain, etc.) et leur satisfaction va permettre le développement des *besoins d'affection* (être aimé, être accepté, appartenir à un groupe dans lequel on est reconnu, etc.).

Si ces trois types de besoins sont satisfaits, de nouvelles attitudes vont alors pouvoir se développer, ce qui n'aurait pu être possible avant.

Ainsi, au lieu de se plier systématiquement aux avis de la majorité ou de l'autorité, la personne va être de plus en plus à l'écoute de ses sentiments; elle va retrouver le don d'émerveillement face au monde qu'elle avait étant enfant. Elle aura de plus en plus envie de quitter la routine pour tenter de nouvelles choses, s'attaquer à de nouveaux défis, acceptant même de travailler ardemment s'il s'agit d'un travail qu'elle a choisi de faire. Elle cherchera à être de plus en plus objective face aux faits, acceptant d'être impopulaire lorsque ses opinions ne vont pas dans le sens de celles de la majorité. Elle va prendre de plus en plus de responsabilités, évitant de «jouer la comédie» pour sauver la face.

Toutes ces démarches contribuent à développer en elle l'*estime de soi*, mais elles vont surtout l'amener à devenir un être créateur, vivant intensément ce que la vie lui apporte, et un être capable de se préoccuper des autres et du bien-être de l'humanité. Elle accède ainsi au stade de *la réalisation de soi*.

Il s'agit là, bien sûr, du cheminement idéal que seule une infime minorité des individus est capable d'entreprendre. On peut estimer que plus de 90 % des gens se trouvent bloqués au niveau de la recherche de sécurité et d'affection, dans laquelle est engloutie toute leur énergie.

À qui la faute? À personne et à tous.

Il est certain que seule une société égalitaire, offrant des structures favorisant l'épanouissement de chacun, est capable de permettre au plus grand nombre de se réaliser totalement.

S'agit-il là d'une utopie ou existe-t-il un espoir?

Document 2.14

Obéissance et torture

Au cours des années 60, des recherches sur l'obéissance et la confiance en l'autorité ont été menées par le sociopsychologue S. Milgram.

Celui-ci avait annoncé à ses sujets qu'il désirait étudier les effets de la punition sur l'apprentissage de syllabes à mémoriser. Il attendait d'eux qu'ils jouent le rôle de «maître» chargé de punir «l'élève» de plus en plus sévèrement pour chaque erreur commise. Il les plaçait alors devant une série de boutons dont la manipulation déclenchait l'émission de chocs allant de 15 à 450 volts (ce dernier voltage étant capable d'occasionner de grandes souffrances et des dommages physiques importants). Quant à «l'élève», il était assis dans une pièce voisine, sur un siège bardé de fils électriques.

Milgram avait insisté, auprès des sujets «maîtres», sur le fait que l'usage des chocs constituait la partie essentielle de l'expérience, et que celle-ci ne vaudrait rien si ses ordres n'étaient pas suivis.

On vit alors d'honnêtes pères de famille, des gens paisibles, envoyer à l'élève, malgré ses gémissements, des décharges de 75 volts, puis,

CBS INC

Fig. 2.24 *Cette scène, extraite d'une émission de télévision, évoque les expériences de Milgram sur la soumission à l'autorité. On y voit un sujet «maître» continuant à délivrer les décharges électriques à un «élève», même si celui-ci hurle de douleur, simplement parce que l'expérimentateur le lui ordonne.*

malgré les supplications du sujet, des chocs allant de 150 à 300 volts, intensités qui entraî-naient des hurlements de douleur de la part du sujet. Et cela, simplement parce que l'expéri-mentateur, placé à côté du «maître», lui ordon-nait de poursuivre l'administration de décharges électriques.

Les deux tiers des sujets «maîtres» allèrent jusqu'au bout, se soumettant complètement à l'autorité de l'expérimentateur, qui n'avait pour-tant aucune possibilité de les punir ou de les récompenser[11].

Et pourtant, Milgram n'a pas trouvé de différence entre la personnalité de ceux qui sont allés jusqu'au bout et celle des sujets de la minorité ayant refusé de continuer.

De telles observations montrent comment les individus «normaux», moulés dans la discipline qui leur a été inculquée par leur éducation, sont capables d'accomplir des actes inhumains et de commettre les pires crimes par respect de l'auto-rité. Il ne faut vraisemblablement pas chercher beaucoup plus loin pour expliquer les atrocités commises par les nazis au cours de la dernière guere, ou celles qui se pratiquent dans nombre de pays, à notre époque, sous la forme de tor-tures physiques ou psychologiques.

---

[11] En réalité, l'«élève» ne recevait pas de décharge, il s'agissait d'un comparse qui fournissait volontairement des réponses inexactes et simulait la souffrance.

Résumé

1. Il semble qu'on peut remonter très loin dans la *préhistoire*, pour observer les premières préoccupations des êtres humains pour un «esprit» guidant leurs comportements.

2. Les premières théories visant à expliquer ce phénomène ont d'abord fait intervenir des forces extérieures à l'individu, qu'il s'agisse d'une *ombre* habitant le corps et le quittant après la vie, ou de *dieux* auxquels on attribuait la responsabilité de toutes les actions humaines.

3. Avec les philosophes grecs, notamment Aristote, on a vu apparaître l'idée d'une âme *intégrée au corps* et contrôlant les pensées et les sentiments qui se développent, à partir des expériences accumulées au cours de la vie.

4. Les philosophes du Moyen Âge, faute de preuve, n'ont guère pu faire avancer la connaissance de l'esprit. Il faut attendre le XVIIᵉ siècle et les théories de Descartes pour que la *psychologie moderne* prenne naissance, avec une explication du comportement basée sur les relations entre le système nerveux et le comportement. Cependant, pour Descartes, l'âme demeure toujours la responsable de l'activité humaine.

5. La séparation entre les sciences et la philosophie s'est opérée principalement au XVIIᵉ siècle. Avec le courant *empiriste*, on a vu apparaître la *méthode scientifique* et la possibilité d'étudier les faits par l'observation et l'expérimentation à partir *d'hypothèses* qu'il s'agit de vérifier.

6. La psychologie s'est éloignée elle aussi de la philosophie, au cours du XVIIIᵉ siècle, en tentant de remplacer l'étude de l'âme par l'étude de la *conscience* et des activités mentales.

7. C'est seulement à la fin du XIXᵉ siècle, cependant, que naît la *psychologie scientifique*, par l'utilisation qui sera faite, en laboratoire, de la méthode scientifique. Ceci a été le fait de deux écoles importantes à cette époque : l'école *structuraliste*, qui essaye de décrire les structures de base de la conscience, et l'école *fonctionnaliste* qui s'intéresse à son fonctionnement adaptatif. Cependant, la méthode d'introspection utilisée de façon différente par chacune d'elles est encore trop entachée de subjectivité.

8. Au début du XXᵉ siècle, le courant *behavioriste* affirme que pour être réellement scientifique, la psychologie doit se pencher uniquement sur le comportement observable et sur les liens de celui-ci avec la situation qui le provoque. Selon les behavioristes, l'individu est essentiellement déterminé par son environnement, et l'étude du comportement peut ainsi se résumer au schéma S-R.

9. L'approche *biologique*, opérée par les psychophysiologistes vise pour sa part à comprendre la façon dont se mettent en place les comportements en relation avec le fonctionnement des systèmes nerveux et hormonal. Quant aux éthologistes et aux sociobiologistes, leurs recherches portent sur les fondements biologiques de la nature humaine, dont ils tentent d'expliquer le développement à partir d'une préprogrammation innée et propre à l'espèce.

10. L'approche *cognitiviste* met plutôt l'accent sur le fait que les connaissances de l'esprit humain vont au-delà des simples informations qui lui proviennent de l'environnement ou qui sont déjà présentes en lui dès la naissance. Selon les *gestaltistes*, une préprogrammation de certaines structures va orienter les expériences perceptives et cognitives de l'esprit humain, alors que pour les *constructivistes*, le fonctionnement héréditaire de l'intelligence va permettre que celle-ci se construise, par paliers successifs, à la suite des actions exercées sur l'environnement. La psychologie *cognitive*, pour sa part, s'attache à mettre en lumière la façon dont s'élaborent les processus mentaux et le traitement de l'information.

11. Les approches *psychanalytique* et *humaniste* sont, quant à elles, surtout centrées sur le développement de la personnalité. Si pour les psychanalystes, le comportement de l'individu est déterminé par les expériences passées qui ont été refoulées dans l'inconscient, pour les humanistes, par contre, il est orienté vers la réalisation de soi, compte tenu des potentialités présentes en chacun de nous.

12. L'approche *sociopsychologique* ne veut voir dans l'individu qu'un être social qui est constamment en interaction avec les autres, ce qui détermine la plupart de ses comportements, quelles que soient ses caractéristiques individuelles.

13. Chacune de ces différentes approches a une vision particulière de l'être humain, de ses origines et de son devenir. Ceci a donné lieu à bien des querelles d'écoles qui semblent aujourd'hui en voie de s'apaiser. En effet, de plus en plus de psychologues adoptent une approche *éclectique*.

14. Au cours de son évolution, la psychologie s'est vue attribuer bien des définitions. Elle est maintenant considérée comme *l'étude scientifique du comportement et des processus mentaux ainsi que l'application des connaissances acquises.*

Guide d'étude

Révision

Compléter les phrases suivantes

1. Une des premières explications apportées au fonctionnement de l'esprit est l'idée qu'une _____ serait enfermée dans le corps.

2. Pour les premiers Grecs, ce sont les _____ qui sont responsables des pensées et des actions humaines.

3. Selon Platon, _____ viendrait habiter le corps durant la vie pour rejoindre le _____ après la mort.

4. Pour Aristote, l'esprit est une _____ du corps.

5. Au Moyen Âge, l'explication du monde et de l'être humain repose à la fois sur la doctrine d'_____ et sur la _____.

6. Pour Descartes, ce sont les _____ contenus dans le cerveau qui sont responsables des actions de l'organisme.

7. L'idée d'un corps fonctionnant de façon mécanique sous le contrôle d'une âme «raisonnable» est connue sous le nom de _____.

8. Le _____ est le courant philosophique mettant l'accent sur le rôle de la raison pour atteindre la connaissance.

9. Les empiristes prétendent que toute connaissance ne peut être acquise que par l'_____.

10. Les sciences qui vont se développer à partir du XVIIe siècle revendiquent leur appartenance au courant _____.

11. Une _____ est une supposition émise à partir de faits déjà démontrés.

12. Pour les philosophes empiristes du XVIIIe siècle, les sensations se combinent selon le principe de l'_____.

13. Au XVIIIe siècle, l'étude de l'âme est remplacée par l'étude des _____ et de la _____.

14. Le premier laboratoire de psychologie fut fondé en _____ par _____.

15. Pour les structuralistes, la conscience pourrait se décomposer en _____ psychiques.

16. La méthode d'_____ consiste à demander à un sujet de décrire ce qu'il ressent face à une stimulation donnée.

17. L'approche fonctionnaliste débouche sur l'étude de l'acquisition des _____.

18. Selon Watson, fondateur de l'école _____, toute l'activité humaine pourrait être expliquée par le schéma _____.

19. Selon les néo-behavioristes, dont fait partie Skinner, tout comportement est déterminé par ses _____.

20. La théorie de l'apprentissage social avance que nous avons tendance à _____ les comportements des autres qui sont amenés à jouer le rôle de _____.

21. L'étude des liens entre les structures nerveuses et le comportement relève de la _____.

22. L'éthologie humaine vise à mettre en lumière les _____ de la nature humaine.

23. La sociobiologie affirme que les êtres vivants sont en _____ constante pour assurer la transmission de leurs _____.

24. Pour les gestaltistes, l'expérience est un _____ organisé, _____ de la somme de ses parties.

25. Pour Piaget et les constructivistes, le développement cognitif s'effectue par paliers ou _____.

26. L'étude de l'organisation de la mémoire, des images mentales et des autres processus mentaux est le fait de la psychologie _____.

27. Selon la théorie _____, de nombreux traits de personnalité trouveraient leur origine dans le fait que des pulsions sexuelles ont été refoulées lors de l'enfance.

28. Pour les humanistes, tout individu possède en lui une tendance innée à se _____ pleinement.

29. La sociopsychologie met en lumière le fait que l'_____ constante de l'individu avec ses partenaires modèle la plupart des aspects de sa personnalité.

30. L'approche _____ consiste à sélectionner et à utiliser les concepts considérés comme étant les plus éclairants dans chacune des théories existantes.

Vérification des connaissances

Vrai ou faux?

		V	F
1.	Aristote a été un des premiers philosophes à concevoir l'esprit comme partie intégrante du corps.	☐	☐
2.	La vision de l'être humain telle que l'a présentée Descartes relève d'une conception moniste.	☐	☐
3.	La vérification d'hypothèses constitue la base de la méthode scientifique.	☐	☐
4.	La doctrine élémentariste de Wundt visait à découvrir les fonctions de la conscience.	☐	☐
5.	L'introspection expérimentale est une méthode scientifique dont le principal défaut est d'être subjective.	☐	☐
6.	Pour les behavioristes, seul le comportement visible peut se prêter à une description objective.	☐	☐
7.	L'éthologie se préoccupe de comprendre comment les mécanismes innés sont capables de fonctionner indépendamment du milieu	☐	☐
8.	Les gestaltistes prétendent que notre perception du monde s'établit à partir d'éléments que le cerveau apprend à organiser.	☐	☐
9.	Piaget a émis l'idée que seul le fonctionnement de l'intelligence est héréditaire.	☐	☐
10.	La psychologie cognitive prétend qu'à la base de tout comportement, il y a un processus mental qui a préalablement été effectué.	☐	☐
11.	Les hypothèses avancées par la théorie freudienne ont bouleversé un grand nombre d'opinions, notamment en ce qui concerne la sexualité.	☐	☐
12.	Le point de vue humaniste sur le développement de la personne est axé sur une vision plutôt pessimiste de la nature humaine.	☐	☐
13.	Toutes les théories actuelles mettent l'accent sur l'importance des facteurs innés dans le développement psychologique d'un individu.	☐	☐

QU'EST-CE QUE LA PSYCHOLOGIE ?   93

14. La tendance actuelle de la psychologie consiste à bien déterminer les aspects sur lesquels doivent s'affronter les diverses écoles. ☐ ☐

15. Une définition moderne de la psychologie doit exclure l'étude du comportement au profit de l'étude des processus mentaux et de ses applications. ☐ ☐

Questions à choix multiple   (Encercler la lettre qui correspond à la bonne réponse)

1. Dans l'*Iliade*, Homère attribuait le comportement de ses héros
   a) au caprice des dieux.
   b) à des esprits animaux.
   c) à l'âme.
   d) Aucune de ces réponses.

2. La philosophie d'Aristote
   a) met l'accent sur le savoir et la sagesse.
   b) envisage l'âme comme étant une fonction du corps.
   c) vise à la connaissance de l'Univers et de l'Ordre qui y règne.
   d) Toutes ces réponses sont bonnes.

3. Les philosophes du Moyen Âge
   a) rejettent complètement la doctrine d'Aristote.
   b) sont appuyés dans leur recherche par les théologiens.
   c) cherchent à défendre les dogmes de la religion chrétienne.
   d) Aucune de ces réponses.

4. La conception de l'être humain, selon Descartes
   a) est dualiste.
   b) rejette l'idée d'une âme constituant le propre de l'homme.
   c) s'appuie sur la raison éclairée par la foi.
   d) Aucune de ces réponses.

5. Les empiristes du XVIIIᵉ siècle mettent l'accent sur
   a) le rôle des sensations.
   b) l'expérience plutôt que sur la raison.
   c) le principe de l'association des idées.
   d) Toutes ces réponses sont bonnes.

6. La méthode scientifique
   a) est rationaliste.
   b) consiste principalement à vérifier des hypothèses.
   c) est subjective.
   d) Toutes ces réponses sont bonnes.

7. Le premier laboratoire de psychologie a été créé
   a) par Wundt.
   b) en 1732.
   c) pour étudier les fonctions de la conscience.
   d) Toutes ces réponses sont bonnes.

8. L'approche fonctionnaliste du début du siècle
   a) n'a jamais été contestée.
   b) rejette l'utilisation de la méthode d'introspection.
   c) met l'accent sur la fonction d'adaptation de la conscience.
   d) nie l'existence de la conscience.

9. Le schéma S-R met l'accent sur
   a) la description objective du comportement.
   b) l'inutilité du concept de conscience.
   c) la correspondance entre une réponse et une stimulation donnée.
   d) Toutes ces réponses sont bonnes.

10. L'éthologie s'occupe
    a) de l'étude biologique du comportement.
    b) des stratégies utilisées pour la transmission des gènes.
    c) du comportement animal à l'exclusion du comportement humain.
    d) Aucune de ces réponses.

11. L'approche cognitive prétend que
    a) l'individu réagit à la façon d'une machine.
    b) l'esprit humain connaît plus de choses qu'il n'en capte.
    c) les pulsions refoulées régissent notre comportement.
    d) le cerveau fonctionne par association d'idées.

12. Selon Piaget, tous les enfants
    a) passent par les mêmes stades de développement de la pensée.
    b) passent tous les stades de développement de la pensée.
    c) naissent intelligents.
    d) Toutes ces réponses sont bonnes.

13. Pour la théorie freudienne, la libido est l'énergie
    a) correspondant au besoin de réalisation de soi.
    b) issue du refoulement des pulsions sexuelles.
    c) à la base des pulsions de vie.
    d) à la base de l'interaction entre les individus.

14. L'approche humaniste est
    a) déterministe.
    b) centrée sur l'épanouissement de potentialités de l'individu.
    c) axée sur l'étude des comportements acceptables.
    d) Toutes ces réponses sont bonnes.

15. Une approche éclectique vise à
    a) rejeter les apports des différents courants.
    b) sélectionner les concepts et les pratiques les plus utiles.
    c) prouver le bien-fondé de certaines idées.
    d) Aucune de ces réponses.

Médiagraphie

1. Références bibliographiques

Ouvrages généraux

CHATLAN, J., GRATIOT-ALPHANDERY, H., DORON, R. et CAZAYUS, P., *Les grandes psychologies modernes,* Bruxelles, Dessart, 1977.

COSNIER, J., *Clef pour la Psychologie,* Paris, Seghers, 1970.

Ouvrage collectif, *Les 10 grands de la psychologie,* Paris, CEPL, 1972.

REUCHLIN, M., *Histoire de la psychologie* (9ᵉ édition), Paris, P.U.F., Que sais-je? n° 732, 1974.

SAHAKIAN, W.S., *History of Psychology,* Itasca III, F.E., Peacock Publ., 1981.

Documents de référence

ASCH, S.E., « Effects of group pressure upon the modification and distorsion of judgement », dans H. Guptskow (Éd.), *Groups, leadership and men,* Pittsburgh, P.A., Carnegie, 1951.

BANDURA, A., « Influence of Model's reinforcement contingencies on the acquisitions of imitative responses », *Journal of Personnality and Social Psychology,* 1965, I, p. 589-595.

BOLLES, R.C., « Cognition and Motivation : Some historical trends », dans B. Weiner (Éd.), *Cognition views of human motivation,* New York, Academic Press, 1974.

BOWER, T.G.R., *Primer of Infant Development,* San Francisco, Freeman, 1977.

CHAUVIN, R., *L'éthologie, étude biologique du comportement animal,* Paris, P.U.F., 1975.

CONDILLAC de, E.B., *Traité des sensations,* Paris, 1754.

FECHNER, G.T., *Elemente der Psychophysik,* Leipzig, 1860.

FESTINGER, L.A., *A theory of cognitive dissonance,* Stanford, California, Standford University Press, 1957.

FREUD, S., *Psychopathologie de la vie quotidienne,* Paris, Payot, 1976.

HUME, D., *A Treatise of Human Nature,* Londres, 1739.

KOSSLYN, S.M., « Information representation in visual image », *Cognitive Psychology,* 1975, n° 7, p. 341-370.

LOCKE, J., *An essay concerning human understanding,* Londres, 1690.

MASLOW, A.H., *Toward a Psychology of Being,* Princeton, G.J., Van Nostrand, 1962.

MILGRAM, S., *Soumission à l'autorité,* Paris, Calmann-Lévy, 1974.

MOSCOVICI, S., *Psychologie des minorités actives,* Paris, P.U.F., 1979.

NEISSER, U., *Cognitive Psychology,* New york, Appleton Century Crofts, 1967.

NEISSER, U., *Cognitive and Reality,* Principles and implications of cognitive psychology, San Francisco, W.H. Freeman, 1976.

PAVLOV, I.P., *Conditioned Reflexes,* Londres, Oxford University Press, 1927.

PIAGET, J., *La naissance de l'intelligence chez l'enfant,* Neuchatel, Delachaux et Niestlé, 1936.

ROGERS, C.R., *On Becoming a Person,* Boston, Houghton-Mifflin, 1961.

RUWET, J.C., *Éthologie, biologie du comportement,* Bruxelles, Dessart, 1969.

SCHACHTER, S., *The Psychology of Affiliation,* Standford, California, Standford University Press, 1959.

SKINNER, B.F., *The Behavior of Organisms,* Englewood, Cliffs, N.J., Prentice Hall, 1928.

THINES, G., *Psychologie des animaux,* Bruxelles, Dessart, 1966.

THORNDIKE, E.L., *Animal Intelligence,* Experimental Studies, New York, MacMillan, 1911.

TRIVERS, R., « The evolution of reciprocal altruism », *Quarterly Review of Biology,* 1971, n° 46, p. 35-57.

TULVING, E., « Episodic and semantic memory », dans E. Tulving et W. Donaldson (Éds), *Organisation of Memory,* New York, Academic Press, 1972.

WATSON, J.B., « Psychology as the behaviorist views it », *Psychological Review,* 1913, n° 20, p. 158-177.

WATSON, J.B., *Behaviorism,* New York, Norton, 1924.

WILSON, E.O., *Sociobiology : The new synthesis,* Cambridge, Harvard University Press, 1975.

ZAJONC, R.B., « Social Facilitation », *Science,* 1965, n° 149, p. 269-274.

2. Documents audio-visuels

Landsmarcks in psychology, 39 min, couleur, version originale anglaise. Human Relations Media.
Film visant à montrer l'influence des courants behavioriste, psychanalytique, humaniste et sociopsychologique sur l'évolution de la psychologie moderne.

Pavlov's experiment, the conditioned reflex, 1976, 19 min, 16 mm, couleur, version originale anglaise. Coronet.
Reconstitution de façon réaliste de l'expérience de Pavlov sur le réflexe conditionné chez le chien.

Dr. B.F. Skinner, part I, 1966, 50 min, 16 mm, noir et blanc, version originale anglaise. Pennsylvania State University.
Évaluation par Skinner de la théorie freudienne et présentation de sa propre vision du fonctionnement humain.

Classic experiments in behavioral neuropsychology, 22 min, 16 mm, couleur. Associations Films.
Présentation des expériences classiques de neurophysiologie.

La sculpture de l'intelligence, 1978, 28 min, 16 mm, couleur. Educfilm. Office national du film du Canada.
Observations de bébés, puis d'enfants et d'adolescents afin de montrer comment fonctionne l'intelligence aux différents stades décrits par Piaget.

Freud, the hidden nature of man, 1970, 29 min, 16 mm, couleur, version originale anglaise. Indiana University.
Présentation de la théorie psychanalytique (l'inconscient, les instances psychiques, le complexe d'Œdipe, l'analyse des rêves, etc.).

Dr. Carl Rogers, Part 1, 1969, 50 min, 16 mm, noir et blanc, version originale anglaise. Pennsylvany University.
Film présentant la vision rogérienne de la personnalité.

Being : Abraham Maslow, 1972, 30 min, 16 mm, noir et blanc, version originale anglaise. Pennsylvania University.
Présentation par Maslow de sa propre vision de la personnalité.

The Social Animal, 1963, 27 min, 16 mm, noir et blanc, version originale anglaise. Net focus on Behavior series.
Les expériences classiques de la sociopsychologie (Asch, Sherif, Festinger et Deutsch).

Invitation to Social Psychology, 25 min, 16 mm, couleur, version originale anglaise. Harper and Row Media.
Stanley Milgram raconte ses expériences sur l'influence sociale, la soumission à l'autorité, etc.

chapitre 3

Que font les psychologues?

GISÈLE BEAUVAIS

Handwritten notes in left margin:

psychologue:
- bac en psy
- Maîtrise en Ψ
- bientôt doc Ψ

il faut 400 h. de térapie avec une personne

psychiatre:
est médecin d'abord
et psychiatre
Il peut administrer
des médicaments

Introduction

Les champs de la psychologie

Le champ des services
Le psychologue clinicien
Le psychologue-conseil
Les psychologues scolaire et industriel
Le psychopédagogue et le psychologue ergonomiste
Les autres domaines

Le champ de la recherche
La psychologie génétique
La psychologie de la personnalité
La psychologie sociale
La recherche fondamentale

Les méthodes de la psychologie

Les méthodes descriptives
L'observation naturelle
L'observation systématique
Les enquêtes et les tests
La méthode corrélationnelle

La méthode expérimentale
Groupe expérimental et groupe témoin
Les variables en jeu
Les biais possibles
Traitement des résultats
Rédaction d'un rapport

Handwritten notes at bottom:

psychotherapeute, travailleur social
psy pédagogue, ...
psychanalyste

Introduction

Le titre de « psychologue » demeure entouré d'un voile de mystère pour toute personne n'ayant pas eu de contact avec la discipline qu'il représente. Nombreux sont d'ailleurs les étudiants et étudiantes qui assistent pour la première fois à un cours de psychologie dans le but de soulever ce voile. Ils espèrent par là mieux se connaître et surtout, s'approprier des techniques permettant de mieux comprendre les autres et, éventuellement, d'agir sur eux.

Au chapitre précédent, nous avons montré dans quelles voies s'est orientée la psychologie au cours du XXe siècle, et nous avons énoncé les difficultés que l'on rencontre en voulant cerner la nature humaine et l'origine de nos comportements. Nous avons de plus tenté d'effacer ou, tout au moins, de relativiser l'image du psychologue qui le décrit comme un médecin de l'âme, un maître dans l'art de sonder les esprits, capable de voir clair dans les desseins secrets des individus et surtout de les aider à réorienter leur destinée.

Cette image ne correspond que très peu à la réalité. Certes, il existe des individus, femmes ou hommes, possédant au départ ce « don » de la communication et de la disponibilité auprès des autres, leur permettant de demeurer à l'écoute et d'apporter un certain réconfort ou, du moins, un début de réponse à certaines interrogations. Cependant, comment établir objectivement si la satisfaction que retire le « client » de cette relation va dans le sens d'un progrès réel plutôt qu'imaginaire ? Pour un psychologue digne de ce nom, combien existe-t-il de charlatans se targuant d'un titre qui n'est protégé que dans quelques pays ?

La psychologie, nous l'avons vu, ne peut progresser que par une recherche méthodique des mécanismes qui sous-tendent le comportement ; seule une approche scientifique est capable d'apporter une telle information et d'évaluer objectivement les effets d'un certain type d'intervention. Une formation solide de psychologue demeure donc l'unique garantie du sérieux d'une telle entreprise. Cette formation peut cependant emprunter de multiples voies qui sont parfois très éloignées de celle dans laquelle le grand public cantonne le spécialiste du comportement.

Il en va de la psychologie comme des autres sciences ; on y rencontre deux catégories de psychologues : ceux qui cherchent de nouvelles connaissances et ceux qui les appliquent.

Les premiers se placent sur le plan théorique ; ils étudient les phénomènes sur le terrain, ou en laboratoire, tentent d'interpréter les résultats obtenus et de les ordonner, afin d'élaborer les systèmes explicatifs du comportement. C'est surtout d'eux dont il a été question jusqu'à présent.

Quant aux seconds, les plus nombreux, ils sont directement confrontés aux individus présentant des difficultés d'ajustement dans leur vie quotidienne, que ce soit sur le plan intellectuel ou sur le plan affectif.

Certains de ces psychologues sont également appelés à éclairer de leurs conseils la gestion des différents secteurs de l'activité humaine. Ils appuient leur action sur les connaissances théoriques accumulées et dans leur pratique quotidienne, ils vérifient le bien-fondé de ces connaissances ou en détectent les failles.

Les champs de la psychologie

Avant d'aborder le monde de la psychologie théorique et des méthodes de recherche qui lui sont propres, nous nous attarderons tout d'abord à l'espèce de psychologues la plus susceptible d'être rencontrée dans la vie courante, celle des psychologues praticiens.

Le champ des services

Parmi les psychologues œuvrant directement au service de leurs congénères, il en est qui interviennent dans les situations individuelles de crise sur le plan affectif ou social, d'autres qui tentent d'imprimer une orientation positive à une carrière scolaire ou professionnelle, d'autres encore qui se chargent de planifier des programmes de sensibilisation ou d'action sur le plan communautaire.

Il y a ceux qui travaillent en cabinet privé et ceux qui fonctionnent dans les services scolaires, au sein de services communautaires, gouvernementaux ou d'organismes privés. Et puis, il y a tous ceux dont le rôle est d'enseigner la psychologie dans les institutions d'enseignement postsecondaire, collégial et universitaire, tout en se livrant ou non à des activités de recherche ou d'aide à la communauté.

Nous passerons brièvement en revue les fonctions de quelques-uns de ces «professionnels» de la psychologie.

Le psychologue clinicien[1]

Son rôle ne doit pas être confondu avec celui du *psychiatre*. Le *psychologue clinicien* travaille surtout dans les hôpitaux et les centres de santé mentale, ou dans un cabinet de consultation privée. Les patients qu'il y rencontre présentent, le plus souvent, des problèmes d'anxiété qui se traduisent par des troubles de fonctionnement, sur le plan affectif ou sexuel, ou encore par des difficultés à affronter efficacement les obstacles de la vie quotidienne. Il s'agit pour lui de cerner le problème

Psychiatre
(du grec *psukhê* = âme et *-iatre* = médecin). Docteur en médecine qui s'est spécialisé en psychiatrie; sa formation lui permet d'examiner les malades dont les troubles mentaux ont une origine organique, et de prescrire un traitement médical, qu'il s'agisse de chimiothérapie ou d'une chirurgie cérébrale.

Psychologue clinicien
(du grec *klinkos* = qui observe au lit du malade). Docteur en psychologie (ou au minimum détenteur d'une maîtrise); sa formation lui permet de diagnostiquer et de traiter les troubles du comportement de la même façon que le psychiatre (avec lequel on le confond souvent), sauf ceux qui relèvent uniquement de la psychiatrie.

---

[1] Les titres décrivant chaque type de psychologue désignent aussi bien l'homme que la femme qui œuvrent dans ce domaine.

par le biais d'une série d'entrevues ou d'une évaluation psychologique, afin de déterminer et éventuellement d'entreprendre la thérapie la plus susceptible de résoudre le problème (voir le document 3.1).

Le psychologue-conseil

Le psychologue-conseil a surtout pour tâche d'aider les personnes dont le problème ne requiert pas une *psychothérapie*; il s'occupe principalement des personnes qui désirent résoudre un problème relationnel, habituellement sur le plan conjugal ou sur le plan familial. Son rôle consiste alors à faciliter l'établissement d'un dialogue constructif entre les partenaires d'un couple, ou entre parents et enfants, afin de leur permettre de trouver une solution à leurs problèmes (voir le document 3.2).

Le *sexologue* tente d'apporter une aide aux personnes présentant des problèmes sur le plan sexuel. Selon l'importance de ces derniers, il peut simplement aider le client à prendre conscience de certains blocages psychologiques, ou alors envisager une thérapie adaptée dans le cas d'un *dysfonctionnement* plus grave d'origine psychologique.

Le *psychologue communautaire* est un psychologue-conseil qui se préoccupe de l'intervention dans les divers centres de prévention du suicide ou de la délinquance, ou encore dans les organismes implantés dans le milieu et qui visent à solutionner les problèmes de drogue ou de violence faite à des individus, les victimes étant le plus souvent des femmes et des enfants. Son rôle consiste à aider les communautés à prendre conscience des problèmes, à s'y ajuster et à tenter d'y apporter des réponses.

Les psychologues scolaire et industriel

Il s'agit, au fond, de psychologues-conseil spécialisés qui, bien que travaillant chacun dans des domaines différents, ont une fonction relativement semblable. Celle-ci consiste principalement à orienter correctement des individus, étudiants ou employés, dans le choix d'une carrière ou du type de travail leur convenant le mieux, compte tenu de leurs centres d'intérêt et de leurs aptitudes. L'aide apportée s'appuie, le plus souvent, sur les résultats d'entrevues ou de *tests* psychologiques (figure 3.1).

Le *psychologue scolaire* est parfois amené à fournir un support psychologique à un étudiant ou une étudiante en difficulté d'adaptation, soit en l'aidant à cerner son problème, soit en lui conseillant une psychothérapie adaptée à ses besoins.

Quant au *psychologue industriel*, il se voit parfois confier la tâche d'établir des programmes de formation visant à améliorer la productivité et l'implication des employés et des travailleurs. Il peut également agir en tant que consultant auprès de ces derniers et de leurs employeurs, et jouer un rôle important dans le désamorçage des conflits qui pourraient surgir entre eux.

Psychothérapie
(du grec *therapeuein* = soigner). Traitement des troubles du comportement à l'aide de techniques psychologiques (excluant donc le traitement médical qui relève uniquement du psychiatre). Chaque courant possède un type de thérapie qui lui est propre.

Dysfonctionnement
(du grec *dus* = difficulté, mauvais état et -fonctionnement). Trouble dans le fonctionnement d'un organe, d'origine organique ou psychologique.

Test
(mot anglais utilisé pour la première fois en 1895 par McKeen Cattell). Épreuve sous la forme d'une tâche à accomplir, identique pour tous les individus examinés et dont la notation de la réussite ou de l'échec repose sur une technique précise.

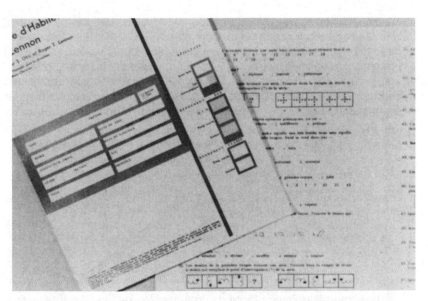

Fig. 3.1 *Les tests psychologiques. Depuis les premiers tests, élaborés au début du siècle et qui tentaient d'évaluer le niveau d'intelligence des enfants d'âge scolaire, bien d'autres ont été conçus pour mesurer notamment les aptitudes et les intérêts des individus. Cependant, il s'agit là d'informations qui doivent être interprétées avec prudence, le comportement humain ne pouvant être expliqué par quelques réponses à un questionnaire papier-crayon.*

Il va d'ailleurs être appelé de plus en plus, dans les années à venir, à éveiller la sensibilité des gens à la répartition et au partage du temps de travail, dans le cadre des restructurations du fonctionnement des entreprises.

D'un autre côté, les connaissances accumulées sur les motivations des consommateurs vont amener les gestionnaires d'entreprises de consommation à faire appel à ces spécialistes pour les aider à créer les conditions optimales de mise en marché des produits, de présentation de ces produits et d'aménagement des espaces de vente.

Le psychopédagogue et le psychologue ergonomiste

Alors que le rôle du psychologue scolaire ou industriel consiste principalement à permettre à l'individu de s'ajuster au monde scolaire ou à celui de l'entreprise, la fonction du psychopédagogue et de l'ergonomiste réside, au contraire, dans l'amélioration des conditions de travail afin de les faire cadrer, le plus possible, avec les besoins et les possibilités des élèves ou des travailleurs.

Le *psychopédagogue* est préoccupé par la mise au point de méthodes d'apprentissage plus efficaces; il s'inspire notamment des découvertes effectuées par les psychologues cognitivistes et les théoriciens de l'apprentissage.

Plus récemment, certains d'entre eux se sont spécialisés dans la «gestion de classe», aidant les enseignants à développer les habiletés tant psychologiques que sociales qui permettent de créer un environnement scolaire agréable et productif.

Psychologue ergonomiste
(du grec *ergon* = travail et *-nomia* = qui distribue, administre). Psychologue chargé d'adapter les machines et les lieux de travail en fonction de leurs usagers.

Fig. 3.2 *Le rôle du psychologue ergonomiste consiste à conseiller les constructeurs de machines ou de moyens de transport, lorsqu'ils conçoivent les différents éléments qui permettront de les utiliser. La complexité du tableau de bord d'un avion qui transporte des passagers est un exemple qui montre en quoi cette collaboration est nécessaire.*

De son côté, le *psychologue ergonomiste* utilise les connaissances réunies sur le comportement humain afin de conseiller les concepteurs de la machinerie et de l'équipement industriel appelés à être manipulés par les travailleurs. En ce sens, il devra aussi bien envisager le meilleur emplacement des leviers d'une rotative que celui des boutons et des cadrans dans la cabine de pilotage d'un avion, ou encore évaluer l'intensité sonore ou lumineuse que l'organisme humain peut supporter dans des conditions données (figure 3.2).

Les autres domaines

Les autres domaines de la psychologie couvrent de plus en plus les divers secteurs de l'activité humaine.

La *psychologie publicitaire* est chargée d'évaluer les besoins ou les attentes des consommateurs, ou des citoyens, et, le cas échéant, de créer ces besoins en fonction du produit à vendre, qu'il s'agisse d'un dentifrice ou du programme électoral d'un homme politique (figure 3.3).

La *psychologie judiciaire* tente d'humaniser les relations entre l'institution pénitenciaire et les détenus, ou entre ceux-ci et leur famille. La connaissance du comportement humain que possèdent ces spécialistes les amène à aider les tribunaux à adopter les mesures les plus appropriées en ce qui concerne les types de peines à imposer aux criminels, en vue de leur réinsertion dans la société.

La *psychologie militaire* envisage notamment la façon d'améliorer les techniques de commandement, ou de renforcer la cohésion des groupes. Elle se préoccupe également de l'étude des techniques de guérilla ou d'infiltration.

Fig. 3.3 *La psychologie a joué un grand rôle dans l'évolution des messages publicitaires; elle a en effet créé des stimulations susceptibles d'éveiller, de façon souvent détournée, les besoins des consommateurs. D'importantes campagnes ont été entreprises contre l'abus de la publicité sexiste qui réduisait souvent le corps féminin au rôle «d'objet» qui fait vendre.*

La *psychologie religieuse* tente de comprendre et d'expliquer le comportement religieux en général, ou celui des différentes sectes (figure 3.4).

La *psychologie de l'environnement* se charge d'étudier les façons les plus appropriées d'aménager les cités et les différents lieux de l'activité humaine. Elle tente notamment de réfléchir aux solutions à apporter aux problèmes de pollution par le bruit, par des agents toxiques et par l'accumulation des déchets propres à notre société de consommation.

Il existe également des spécialistes de la *psychologie artistique* qui cherchent à comprendre l'expérience artistique et la manière dont celle-ci se développe chez l'individu.

Pour chacun de ces domaines, il est difficile de parler de théoriciens ou de praticiens ; il s'agit souvent des mêmes personnes, qui sont amenées à réorienter leur vision du problème ou des techniques utilisées en fonction des résultats obtenus.

Fig. 3.4 *La multiplication des sectes religieuses, qui s'est produite au cours des années 70, pose la question de savoir comment naissent et se développent le sentiment religieux et les attitudes qu'il implique.*

Le champ de la recherche

Chaque jour, de nouveaux faits sont mis en lumière, de nouvelles méthodes sont expérimentées, de nouveaux instruments d'évaluation sont testés. Parmi eux, peu déboucheront sur une utilisation immédiate ; quant aux autres, ils resteront dans l'ombre ou sombreront même dans l'oubli, au gré des modes ou des besoins de la société. C'est le sort de la science d'accumuler les faits, indépendamment des applications qui peuvent en être faites. Les voies de la connaissance sont imprévisibles.

La recherche en psychologie peut s'effectuer dans le cadre de certains thèmes qui lui sont propres : le développement de la personne, les fondements et l'évolution de la personnalité, les interactions sociales et les attitudes interpersonnelles. Il s'agit là de secteurs bien délimités dont la connaissance va s'enrichir à partir des recherches menées, la plupart du temps, « sur le terrain ».

Puis il y a la recherche fondamentale, sans référence à un axe précis de la psychologie. Elle se pratique le plus souvent en laboratoire et uilise généralement la méthode expérimentale sur laquelle nous nous attarderons à la fin de ce chapitre. La variété des sujets de recherche et la nouveauté des hypothèses sont alors à la mesure de la curiosité, de l'imagination et de l'ingéniosité des chercheurs, mais aussi de la liberté laissée par les « patrons » à leurs collaborateurs.

La psychologie génétique

Les chercheurs qui œuvrent dans le domaine de la *psychologie génétique* tentent de comprendre comment s'effectue le développement psychologique de l'être humain, depuis les premières heures de sa vie jusqu'à sa mort.

Psychologie génétique
(du grec *genês* = origine). Branche de la psychologie théorique qui cherche à comprendre la façon dont les différents aspects (intellectuel, affectif, moral et social) de la personnalité se développent, du début à la fin de la vie.

HÉLÈNE SIMARD

Fig. 3.5 *La psychologie génétique cherche à comprendre comment évolue le comportement depuis l'utérus maternel jusqu'aux derniers instants de la vie.*

Jusqu'à récemment encore, l'intérêt se portait principalement sur l'enfance et l'adolescence, qui paraissaient être les étapes capitales dans le développement de l'humain. De plus en plus cependant, l'accent est mis sur les aspects de la vie relatifs à la maturité, la vieillesse et l'approche de la mort, qui constituent autant de périodes génératrices de crises ou de tensions chez ceux et celles qui les traversent. Depuis peu, toute une série de recherches ont également permis de voir que les neuf mois de vie prénatale constituent une étape capitale dans le développement psychologique; une grande partie des perceptions du jeune enfant et de ses liens avec le monde prendraient naissance dans le sein maternel (figure 3.5).

Le chapitre 10 sera entièrement consacré à une synthèse des données accumulées dans ce domaine.

La psychologie de la personnalité

Il s'agit là du secteur dans lequel les chercheurs s'identifient le plus souvent à l'un ou l'autre des courants dont il a été question dans le chapitre 2. En effet, selon que le chercheur adhère au courant behavioriste, psychanalytique ou humaniste, il décodera différemment le rôle de tel ou tel facteur dans l'établissement des différentes caractéristiques de la personnalité.

Le développement de la violence chez un enfant, par exemple, sera vu par les uns comme le résultat de l'imitation de «modèles» adultes ou de «modèles» présentés à la télévision, alors que pour les autres, il s'agira plutôt là d'une «décharge» de tensions accumulées ou encore d'un symptôme du mal d'être de l'enfant dont la croissance psychologique est entravée par l'environnement (voir dossier 6.1).

On peut ainsi multiplier les exemples, qu'il s'agisse de la mise en place des rôles masculins et féminins, des orientations sexuelles, des comportements déviants ou de toute autre facette de la personnalité normale ou considérée comme anormale. Nous y reviendrons à plusieurs reprises dans d'autres chapitres.

La psychologie sociale

En tentant précédemment de situer l'approche sociopsychologique, nous avons décrit le champ couvert par cette branche de la psychologie. Qu'il suffise d'ajouter, pour rendre compte de la complexité des rapports qui s'établissent entre les êtres humains, que la psychologie sociale a développé toute une série de méthodes qui lui sont propres et qui exigent souvent beaucoup d'ingéniosité dans leur utilisation. L'expérience de Milgram en est un exemple évident (voir le document 2.14).

La recherche fondamentale

Lorsqu'ils rencontrent des psychologues se livrant à la recherche fondamentale, les gens que la rentabilité préoccupe se posent toujours la question : «À quoi ça sert ?».

Les recherches les plus nombreuses portent principalement sur des phénomènes tels que l'apprentissage et ses lois, la mise en lumière des facteurs motivationnels, ou sur l'élaboration de processus cognitifs tels que la perception, la mémoire, la pensée, le langage ou la résolution de problèmes.

Effectivement, comme c'est le cas également pour les autres sciences, il existe tout un secteur de la psychologie (entre 5 et 10 %) dans lequel les chercheurs se consacrent à des travaux qui visent uniquement l'approfondissement des connaissances sur le comportement.

Certaines recherches requièrent l'utilisation de techniques ou de méthodes particulières et sont alors le propre de chercheurs plus spécialisés.

Ainsi, le *psychophysiologiste* étudie les changements physiologiques et chimiques qui s'opèrent au niveau du système nerveux. Il tente d'établir le lien entre ceux-ci et les différents aspects de l'activité humaine, qu'il s'agisse du fonctionnement de la mémoire ou du contrôle des émotions, ou encore du sommeil et des rêves. Ses moyens d'investigations sont multiples ; ils vont de l'*implantation d'électrodes* dans le cerveau à l'utilisation d'instruments visant à mesurer le rythme cardiaque, les différentes ondes du cerveau, les réactions au niveau de la peau, etc.

Implantation d'électrodes
Il s'agit de l'introduction d'aiguilles très fines dans les régions bien déterminées du cerveau ; on peut alors stimuler ces dernières électriquement afin d'en déterminer la fonction par les effets que cela entraîne sur le comportement. On implante parfois des électrodes à demeure, dans le cerveau des animaux d'expérience, en les fixant au crâne, ce qui permet d'exciter la région implantée, de façon répétée, par simple branchement du stimulateur.

Le *psychopharmacologue* est amené à tester des médicaments et des principes actifs synthétisés dans les laboratoires pharmaceutiques, afin de décrire l'effet qu'ils entraînent sur le comportement des animaux d'expérience. C'est à la suite d'innombrables essais et de l'analyse des résultats obtenus que l'un ou l'autre de ces produits pourra alors être retenu pour faire l'objet d'expérimentation sur des sujets humains avant d'être éventuellement distribué sur le marché (voir le document 3.3).

Le *zoopsychologue* utilise les méthodes propres à la psychologie pour compléter les connaissances apportées par les éthologistes sur les comportements des différentes espèces. Il cherche ainsi à mieux cerner ce qui fait la spécificité de la nature humaine tout en établissant ses filiations avec le reste du règne animal.

Quant au *parapsychologue*, il s'agit d'un chercheur encore trop souvent obligé de travailler en marge de la psychologie officiellement reconnue. Le but poursuivi par ses recherches consiste à vérifier l'existence de phénomènes psychologiques inexplicables dans l'état actuel des connaissances. Le cas échéant, il va tenter de mettre en lumière les éléments permettant d'intégrer de telles manifestations dans le cadre du fonctionnement normal de l'organisme et d'en établir les conditions d'apparition. Plus que dans n'importe quel autre secteur, l'excellence de la méthodologie et la plus extrême prudence dans l'interprétation des résultats vont être exigées de lui, lors de la conduite de l'expérimentation (voir le dossier 5.1).

Dans ces secteurs particuliers de la recherche fondamentale, on rencontre également, et peut-être de plus en plus, des psychologues spécialisés dans l'étude de l'*intelligence artificielle*. Le but poursuivi consiste notamment à utiliser l'ordinateur afin de mieux comprendre, par analogie, le fonctionnement de la pensée humaine, mais également de développer, chez l'enfant appelé à le manipuler, de nouvelles habitudes de pensée et d'investigation des problèmes (voir le dossier 9.2).

Les méthodes de la psychologie

Comme nous l'avons vu, la psychologie peut être considérée comme une science parce qu'elle utilise des méthodes scientifiques pour décrire et expliquer le comportement. Les méthodes *descriptives*, d'une part, et la méthode *expérimentale*, d'autre part, constituent les deux types de méthode les plus couramment utilisés en psychologie.

Les méthodes descriptives

Parapsychologue
(du grec *para* = à côté de, et -psychologue). Psychologue qui étudie les phénomènes psychiques inexpliqués.

Comme leur nom l'indique, les méthodes descriptives sont celles qui imposent au chercheur un rôle d'observateur. Celui-ci ne s'implique à aucun moment dans le phénomène observé ; il se limite à le décrire le plus objectivement possible.

L'observation naturelle

L'observation naturelle est la méthode la plus simple mais aussi la plus fastidieuse.

Elle consiste, pour l'observateur, à se tenir en retrait de façon à passer inaperçu ou, au contraire, à se mêler au groupe si bien qu'il n'attire plus l'attention; l'observateur doit également noter et classer tous les événements qui ont un rapport avec le phénomène à décrire.

La plus grande difficulté réside dans le fait qu'il est facilement possible de confondre l'essentiel avec l'accessoire, ou encore d'interpréter certains événements en fonction de ce qu'on s'attend à voir plutôt qu'en fonction de ce qui se passe réellement.

Un des remèdes consiste à «s'armer» d'un matériel audio-visuel (magnétophone, caméra ou magnétoscope), qui permettra l'enregistrement des comportements et leur visionnement, à plusieurs reprises et par divers observateurs, si le besoin s'en fait sentir.

L'observation systématique

L'observation systématique consiste à centrer l'attention du chercheur sur une facette particulière du phénomène ou du comportement. Il s'agit donc ici de décrire de façon très précise toutes les caractéristiques, et uniquement celles-ci, de l'aspect qui a été retenu pour fins d'observation.

Pour y arriver, on utilise souvent un *questionnaire* ou une *grille d'observation* comportant les divers éléments sur lesquels on doit centrer l'intérêt : la fréquence du comportement (c'est-à-dire le nombre de fois qu'il apparaît dans un temps donné), son intensité (compte tenu des circonstances dans lesquelles il se présente), la façon dont il prend place et celle dont il disparaît, etc. Ce type d'observation présente l'avantage de concentrer l'attention de l'observateur sur l'essentiel, en lui évitant de sombrer dans le détail anecdotique.

Les enquêtes et les tests

Une façon plus structurée encore de cerner un problème consiste, lorsque celui-ci s'y prête, à utiliser des outils établis en fonction du phénomène qu'on veut étudier.

Les *enquêtes* effectuées à l'aide de questionnaires procurent des informations sur des groupes importants, à partir des réponses fournies par les *échantillons* représentatifs de ces groupes.

Il va sans dire que les résultats d'une enquête ne sont valides que lorsque le questionnaire a été préparé avec soin et que l'échantillon constitue le reflet le plus exact possible de la population. Les grandes maisons de sondage nous ont habitués à des résultats ne s'écartant pas de plus de 3 à 4 %, en plus ou en moins, du résultat obtenu auprès de la population entière (voir le document 3.4).

Quant aux *tests*, ils représentent des instruments *standardisés* chargés de mesurer différentes caractéristiques des sujets faisant l'objet de

Échantillon
Petit nombre de personnes, représentatives d'une population, sélectionnées en vue d'une expérimentation ou d'une enquête.

Standardisé
(du mot anglais *standard* = étalon, type). Qui répond à des conditions types dans la manière d'être présenté.

l'observation. Ils sont censés permettre d'évaluer les aptitudes intellectuelles ou perceptives, les habiletés motrices ou les traits de personnalité, le niveau d'anxiété ou de frustration face à une situation donnée ou encore l'intérêt pour tel ou tel type d'activité.

Comme nous le verrons dans le chapitre 9, l'utilisation de tests soulève cependant de nombreux problèmes qui sont liés à leurs caractéristiques. L'un d'eux, et non le moindre, réside dans la façon dont le test a été *normalisé*. Il est certain que les résultats recueillis auprès d'un sujet ou d'une population ne peuvent être interprétés qu'à partir des résultats provenant d'un échantillon de personnes, soumises préalablement à l'épreuve en question, et qui sont tout à fait représentatives de l'individu ou de la population choisi. Nous verrons cependant, dans le document 9.3 et dans le dossier 9.1, que ce n'est pas toujours le cas. En effet, la méthode des tests, qui s'avère parfois très efficace, est souvent utilisée à des fins de démonstration d'idées relevant plus de la politique que de la science.

La méthode corrélationnelle

L'utilisation des différentes méthodes dont nous venons de parler permet de pousser l'analyse des faits plus loin encore lorsqu'on peut comparer entre elles deux ou plusieurs caractéristiques observées. De cette façon, il est possible d'avancer des réponses à des questions du type : «Les filles de 13 à 14 ans sont-elles plus sociables que les garçons du même âge?», ou encore «Les personnes les plus intelligentes sont-elles également les plus créatives?»

Pour répondre à ces questions, il suffit de mettre en relation les différentes données obtenues par l'observation ou par voie d'enquête, ou en soumettant les sujets à des tests. Dans le premier cas on comparera, par exemple, les *scores* de sociabilité des filles avec ceux des garçons; dans le second, on pourrait confronter les notes obtenues à un test d'intelligence, pour chaque sujet, avec celles obtenues à un test de créativité.

C'est principalement à l'aide de l'analyse statistique que de telles relations sont évaluées. Le calcul le plus couramment utilisé alors est celui du coefficient de corrélation (voir l'appendice B).

Les avantages de la méthode *corrélationnelle* sont évidents; grâce aux techniques utilisées, le chercheur peut obtenir de très nombreuses données en très peu de temps, sur un nombre important de sujets. De plus, cette méthode est utilisée dans les cas particuliers où l'expérimentation se révèle difficile ou impossible (notamment pour des questions d'*éthique*); citons, entre autres, la quête de données relatives au suicide, à l'abus de drogue ou à l'éducation dans un milieu hostile. Enfin, la méthode corrélationnelle permet d'obtenir des informations provenant d'échantillons plus diversifiés et plus proches de la réalité sociale que ce n'est le cas dans l'expérimentation en laboratoire, où on met souvent à contribution la même population étudiante.

Cette méthode pose cependant un problème en ce qui concerne l'interprétation possible de la relation existant entre les variables. Par exemple, dans le cas de l'étude sur l'agressivité chez l'enfant (qui sera traitée

Normalisé
Qui fait l'objet de l'établissement d'une mesure, d'une norme obtenue à partir des résultats d'un échantillon et qui permettra de situer les notes obtenues par les sujets appartenant à la population dont cet échantillon fait partie.

Score
Résultat obtenu à une épreuve ou à un test.

Corrélation
Rapport entre deux phénomènes, deux variables, deux facteurs, qui varient en fonction l'un de l'autre.

Éthique
(du grec *ethos* = mœurs). Ensemble des actes conformes à la morale.

plus à fond dans le dossier 6.1), on peut se demander si le fait observé que les enfants violents regardent plus souvent les films violents à la télévision implique que la vision de la violence engendre celle-ci ou que ce sont plutôt les individus les plus agressifs qui sont attirés par les spectacles violents. Comment déterminer laquelle de ces deux variables constitue la cause et celle qui en est l'effet? La méthode corrélationnelle ne permet pas d'obtenir une réponse à ce genre de question.

Il existe aussi des cas où deux facteurs varient sensiblement sans qu'il y ait nécessairement un lien causal entre eux, les variations étant dues à une troisième variable. C'est le cas avec la constatation qui a été faite, par exemple, que plus un individu était un grand consommateur de marijuana, plus il avait de chance qu'il soit un grand buveur d'alcool. Il semble cependant que le lien causal ne se situe pas entre ces deux facteurs mais plutôt entre la consommation de drogue, de façon générale, et la personnalité de certains jeunes qui se tournent vers elle pour tenter d'oublier leurs problèmes.

L'interprétation donnée à la relation entre deux variables dépend aussi très souvent du sens qui est attribué aux termes utilisés. Il en va ainsi de l'«intelligence». Peut-on, par exemple, affirmer que «plus un individu est intelligent, plus il a de chance de réussir brillamment ses études»? Ce lien de cause à effet n'a de sens que si on entend par «intelligence» l'ensemble des qualités exigées par l'école, comportant notamment la régularité et la docilité (voir le document 9.2). Ainsi Einstein, qui ne put que difficilement s'adapter au système scolaire lorsqu'il était adolescent, constitue un exemple notoire contredisant une telle affirmation.

Certaines expériences classiques, telles que celle de Tryon, relatée dans le document 3.5, entraînent le même type d'interrogation à propos des relations entre l'hérédité, l'intelligence et l'apprentissage de nouvelles tâches.

La méthode expérimentale

Les faiblesses de la méthode corrélationnelle sont liées au fait qu'on ne peut que *constater* l'existence d'un lien entre les facteurs en présence, sans qu'on puisse jamais affirmer qu'il s'agit là d'un lien de cause à effet.

La façon la plus efficace de mettre en lumière la présence d'un tel lien consiste à *intervenir* afin d'observer comment la présence, ou l'absence, d'un de ces facteurs influence ou fait varier l'autre. C'est ce type d'intervention qui est le propre de la méthode expérimentale.

La meilleure manière de comprendre comment se pratique cette intervention de l'expérimentateur est encore de suivre les différentes étapes de son cheminement dans une expérience portant, par exemple, sur l'étude des effets d'une drogue sur le comportement.

Imaginons que vous prenez connaissance du rapport publié en février 1982, par l'Académie Nationale des Sciences des États-Unis, qui rappelle que l'inhalation de marijuana exerce, selon l'importance des doses inhalées, différents effets sur l'organisme (accélération du rythme cardiaque, augmentation de la pression sanguine, détérioration de la coordination motrice et des fonctions perceptives, etc.).

Vous décidez de vérifier en laboratoire l'effet de la drogue sur l'altération de la coordination motrice chez des sujets qui sont amenés à consommer de la marijuana pour la première fois.

L'hypothèse est simple et pourrait se lire comme suit : « Des sujets, n'ayant jamais fait usage de marijuana, auront des temps de réaction plus longs et seront moins précis dans leurs gestes après l'inhalation d'une dose X de cette drogue ».

Vous disposez d'un ordinateur sur lequel vous avez programmé un jeu « électronique », dont le but consiste à détruire des missiles qui se présentent à différents endroits de l'écran, à intervalles irréguliers. Il s'agit là, au fond, d'une épreuve de précision exigeant des temps de réaction très courts. Afin d'obtenir les mesures les plus objectives possible, c'est l'ordinateur qui relèvera et mettra en mémoire les différents intervalles de temps s'écoulant entre l'apparition de la cible sur l'écran et la réponse du sujet, tout en tenant compte des réussites et des échecs. C'est encore lui qui fournira une note finale calculée à partir de ces différents éléments.

La première chose à faire consiste à rassembler un nombre suffisant de volontaires habitués au tabac mais n'ayant jamais consommé de marijuna, et à évaluer, pour chacun, sa performance « à jeun », au cours d'une séance de cinquante essais, par exemple. La note obtenue va constituer la mesure de base qui sera comparée avec la mesure effectuée en cours de l'expérience.

Pour vérifier l'hypothèse, il suffirait alors de soumettre à nouveau nos sujets à la même épreuve, trente minutes après l'inhalation de marijuana, et de comparer les résultats avec ceux obtenus lors de la première séance.

Mais comment interpréter les différences éventuelles entre les résultats?

Si les deuxièmes sont inférieurs aux premiers, on peut attribuer ce fait à l'intervention de la drogue, mais également à la lassitude ou à l'inattention de certains sujets qui se livrent à ce jeu pour la deuxième fois.

Si au contraire ils sont supérieurs, on peut aussi imputer ce résultat, qui contredit l'hypothèse, à l'usage de la drogue, mais également à une familiarisation ou simplement à l'apprentissage, puisqu'il s'agit d'une répétition de la même épreuve.

Nous ne sommes donc guère plus avancés que nous ne le serions avec la méthode corrélationnelle. Comment alors trancher entre toutes ces interprétations? Une méthode simple consisterait à demander à nos sujets de revenir une troisième fois et de se livrer à nouveau à cette épreuve, « à jeun » cette fois. Il serait alors possible de vérifier si un quelconque effet de lassitude ou d'apprentissage se manifeste en s'amplifiant de séance en séance. C'est là une méthode efficace, mais qui peut se révéler fastidieuse pour les sujets contraints à se présenter trois jours de suite (surtout s'ils sont bénévoles).

Groupe expérimental et groupe

Il existe une autre méthode, plus fonctionnelle, qui consiste à scinder le groupe initial en deux groupes répartis au hasard, ou selon certains critères fixés par l'expérimentation (un même nombre de filles et de garçons ou, dans chaque nouveau groupe, une répartition homogène entre forts, moyens et faibles, etc.).

Une précaution aura été prise avant l'arrivée des sujets, pour la séance expérimentale : une partie des cigarettes contiendra effectivement de la drogue alors que l'autre aura été préparée de façon à ce que les cigarettes présentent l'apparence, l'odeur et le goût de la marijuana sans en être.

Le premier groupe se verra offrir les cigarettes de marijuana, qui constitue l'agent dont on veut connaître l'influence sur le comportement. Puisque l'intervention se pratique sur les sujets de ce groupe, on l'appelle le *groupe expérimental*.

Quant aux sujets du second groupe, ils reçoivent les cigarettes « normales » et vont former le *groupe* (qu'on appelle également *groupe contrôle*).

Les variables en jeu

Pourquoi toutes ces précautions? Afin d'être sûr que les *variables* en jeu, qui regroupent tous les éléments que l'on fait varier, qui vont varier ou qui pourraient varier pendant l'expérience, soient bien reliées au phénomène étudié, et non à d'autres facteurs.

Voyons quelles sont ces variables dans l'expérimentation en cours.

Il y a tout d'abord celle qui a été introduite par l'expérimentateur et qui va être manipulée par lui; c'est celle dont il veut évaluer l'effet. Dans ce cas-ci, il s'agit de la drogue elle-même. Le fait qu'elle soit présente dans un groupe et non dans l'autre ne dépend pas des sujets eux-êmes ou de leur attribution à l'un ou l'autre des groupes. C'est la *variable indépendante*.

Il y a aussi toutes les variables liées au comportement des sujets et qui dépendent de l'état dans lequel leur organisme se trouve, selon qu'ils ont inhalé ou non de la drogue; il s'agit des temps de réaction, du nombre de réussites ou d'échecs, de la fatigue ressentie, du degré de concentration, etc., et on les appelle les *variables dépendantes*.

Quant à toutes les autres variables, telles que l'expérience antérieure du tabagisme chez les sujets, l'apparence, le goût et l'"odeur des cigarettes offertes, les informations fournies verbalement, le lieu de l'expérimentation et le moment des séances, etc., elles ont été soumises à un contrôle rigoureux afin d'éviter qu'elles ne varient d'un sujet à l'autre ou d'une séance à l'autre; il s'agit là des *variables contrôlées*.

Il reste les variables que l'on ne peut contrôler parce qu'elles font partie intégrante du sujet. Il peut s'agir de son état psychologique au moment de l'expérience, de son goût ou de son désintérêt pour ce type d'épreuve, du jugement qu'il porte sur la consommation de drogue ou de sa réaction face à l'expérience. Nous nous trouvons ici face à des

Groupe expérimental
Groupe sur lequel on intervient au cours d'une expérience.

Groupe témoin
Groupe sur lequel on ne pratique aucune intervention afin qu'il serve de référence, en cours d'expérience (il est également appelé *groupe contrôle*).

Variable indépendante
Variable manipulée par l'expérimentateur et dont on veut évaluer l'effet.

Variable dépendante
Variable dont les modifications dépendent de l'intervention de la variable indépendante.

Variables contrôlées
Variables maintenues constantes par l'expérimentateur, tout au long de l'expérience.

variables intermédiaires s'insérant entre la variable indépendante et les variables dépendantes, et dont il faudra tenir compte lors de l'interprétation des résultats.

En résumé, *expérimenter* c'est donc étudier les effets, ou les influences, d'une variable manipulée par l'expérimentateur, la *variable indépendante*, sur une ou plusieurs variables dépendant directement des sujets et du phénomène étudiés, les *variables dépendantes*, en maintenant sous contrôle rigoureux toutes les autres variables dites *contrôlées*.

Les biais possibles

Même si tous les contrôles ont été effectués au niveau de l'expérience, il demeure des embûches à surmonter, qui sont liées à l'expérimentateur lui-même et aux sujets de l'expérience.

Dans le document 3.6 sont décrits quelques-uns des effets dont l'intervention peut fausser, ou biaiser, une expérience.

Voyons comment il est possible de les éviter dans l'expérience que nous décrivons dans les pages précédentes.

Un des *artéfacts* les plus courants résulte de l'*effet Rosenthal*, que l'on associe aux attentes de l'expérimentateur. Si ce dernier est intimement persuadé qu'il y aura altération des réactions des sujets, le risque est grand, même si l'expérimentateur s'efforce de demeurer objectif, que ses attentes soient transmises de diverses façons, involontaires et subtiles, aux sujets ayant inhalé la drogue; le comportement des sujets peut alors être influencé.

De la même façon, l'*effet Hawthorne* peut, lui aussi, se manifester chez les sujets. Si ceux-ci connaissent l'hypothèse, ils risquent de se comporter, involontairement ou non, dans le sens attendu, selon le groupe auquel ils appartiennent. Il deviendrait alors difficile de prouver que le seul agent responsable d'une éventuelle modification des temps de réaction soit la drogue.

La parade utilisée par les chercheurs pour éviter l'un ou l'autre de ces biais consiste à expérimenter par la *méthode aveugle*.

Pour pallier l'effet Rosenthal, c'est à l'insu de l'expérimentateur que les sujets seront distribués dans l'un ou l'autre groupe et que les cigarettes contenant ou non de la drogue seront préparées. L'expérimentateur va ainsi pouvoir distribuer les cigarettes en ignorant le contenu de celles-ci et le groupe auquel appartiennent les sujets qui les reçoivent. De plus, l'utilisation de l'ordinateur, chargé de recueillir les données et de les traiter, limite également l'intervention du chercheur et les risques de subjectivité qu'elle entraîne. Quant à l'effet Hawthorne, il suffit, pour l'éliminer, de maintenir les sujets dans l'ignorance des hypothèses et de se contenter de fournir les consignes sur un ton le plus neutre possible.

Lorsque les deux précautions sont prises, et c'est ce qui devrait idéalement toujours se passer, on parle d'une *validation en double aveugle* (voir le document 3.7).

Variable intermédiaire
Variable qui est propre au sujet et qui ne peut donc être contrôlée par l'expérimentateur.

Artéfact
(du latin *artis factum* = fait de l'art). Phénomène ou effet artificiel, d'origine humaine.

Double aveugle
Méthode utilisée lors d'expériences dans lesquelles ni les sujets ni l'expérimentateur ne sont tenus au courant de la façon dont la variable indépendante est manipulée, tant que l'expérimentation n'est pas terminée. On emploie également les expressions double insu ou double contrôle.

Traitement des résultats

Une fois les résultats recueillis, la tâche la plus importante demeure à accomplir. Il va s'agir maintenant, afin de compléter le bilan de l'expérience, de classer ces résultats et de les reporter sur un ou des tableaux qui en faciliteront l'interprétation. Il faudra ensuite en effectuer une représentation graphique, sur laquelle les variations de la variable indépendante seront toujours représentées en abcisse (c'est-à-dire sur l'axe horizontal) et celles de la variable dépendante en ordonnée (c'est-à-dire sur l'axe vertical).

Il restera enfin à soumettre ces divers résultats à l'analyse statistique; celle-ci a pour but de vérifier jusqu'à quel point, compte tenu du nombre de sujets recrutés pour l'expérience et des différences apparues dans les résultats de chacun des groupes, il est possible d'affirmer l'existence d'un effet réel qu'on peut attribuer, sans trop de risque de se tromper, au phénomène étudié (et non à des artéfacts propres à l'expérimentation elle-même).

Rédaction d'un rapport

Toute recherche, dès le moment où elle a été bien menée, devrait faire l'objet d'un rapport. Celui-ci a surtout pour but de permettre à d'autres d'être informés des résultats obtenus, en premier lieu, mais également d'avoir la possibilité de reproduire l'expérience dans des conditions identiques, en vue d'en confirmer les conclusions ou d'en améliorer certains détails.

Outre la description des hypothèses, de la démarche utilisée et du traitement des résultats, un rapport contient une discussion sur ces derniers, susceptible de faire surgir de nouvelles interrogations.

Nombreux sont les chercheurs débutants qui, parce que les résultats infirment l'hypothèse formulée, manifestent leur déception en arrêtant leur démarche au seuil du rapport. Or, en science, il n'y a pas de «mauvais» faits, il n'y a que de mauvaises expérimentations si celles-ci sont mal contrôlées.

Tout ce qu'une expérience met en lumière, que cela confirme ou infirme les attentes ou les hypothèses du chercheur, constitue une pierre supplémentaire à l'édifice de la connaissance et vaut la peine d'être communiqué. Beaucoup de découvertes et de progrès ont été effectués parce que des scientifiques ont pris la peine de s'arrêter et de s'interroger sur des résultats contraires à ceux qui étaient attendus.

peur irrationnel → angoisse

Document 3.1

Le psychologue clinicien et la claustrophobie

Une jeune femme souffre d'un handicap psychologique qui perturbe considérablement sa vie : elle est dans l'incapacité d'utiliser un ascenseur. Le simple fait de se trouver enfermée dans la cabine, une fois la porte refermée, déclenche chez elle une telle angoisse qu'elle est incapable de monter un seul étage. Elle est donc systématiquement obligée de monter et de descendre par l'escalier. Or, l'emploi qu'elle occupe et qu'elle aime beaucoup, l'oblige à se rendre tous les jours au 25e étage d'un édifice du centre-ville.

Fig. 3.6 *Comment venir à bout d'une peur irrationnelle des endroits clos lorsqu'il faut emprunter l'ascenceur plusieurs fois par jour ?*

Il n'est pas difficile d'imaginer l'enfer dans lequel vit cette personne dont la peur irrationnelle des endroits clos, la *claustrophobie*, la force à monter et à descendre à pied ces vingt-cinq étages plusieurs fois par jour.

Le psychologue clinicien va décoder le problème auquel la patiente est confrontée et, surtout, la façon de le solutionner, en se référant à la formation qu'il a reçu et à l'école de pensée à laquelle il adhère.

Ainsi, le thérapeute de formation behavioriste traduira ce problème par une inadaptation née de la formation d'une «mauvaise» habitude. Pour lui, cette *phobie* est le produit d'un conditionnement; elle doit donc disparaître de la même façon qu'elle s'est installée. Il s'agira de procéder par étapes successives à une remise en confiance de la personne face à la situation angoissante. Le traitement pourrait se résumer à la démarche suivante : dans un premier temps, on demandera à la patiente de pénétrer dans la cabine, porte ouverte, et d'y demeurer pendant une minute; puis, le jour suivant, on lui demandera d'accepter d'y rester le même temps, mais la porte fermée cette fois; puis elle devra fermer elle-même la porte en actionnant le bouton, puis monter un étage, etc. Pour les tenants de la thérapie behavioriste, le fait de faire disparaître le comportement aberrant entraîne automatiquement la disparition du problème.

Ce n'est bien sûr pas l'avis du clinicien de formation psychanalytique pour qui ce problème trouve sa source dans certains événements mal vécus dans l'enfance et dont le refoulement du souvenir entraîne les symptômes manifestés par la patiente. Il s'agira donc de fouiller, avec elle, dans son passé, afin de retrouver la trace d'expériences dont l'image reste enfoncée dans l'inconscient. Il peut s'agir d'un sentiment d'impuissance ressenti, un jour dans un endroit clos, vis-à-vis de la mère ou d'une autre personne; cela peut aussi bien provenir du refus de se retrouver dans une situation rappelant le ventre maternel, telle que vécue par le fœtus au cours d'une grossesse non voulue. Le but de la thérapie consiste à amener à revivre cette situation afin de se libérer du poids qu'elle constitue et des symptômes qu'elle engendre.

Pour le thérapeute humaniste, par contre, il ne s'agit pas d'interpréter le trouble à la lumière du passé de cette femme, mais plutôt de lui permettre d'examiner ses sentiments et ses pensées dans le cadre du problème qu'elle cherche à solutionner. Il va donc s'agir d'aider la personne à parler de ses difficultés et d'analyser la situation qu'elle est en train de vivre. Elle va ainsi être amenée à mettre en lumière les moyens qu'elle a déjà utilisés pour lutter contre sa phobie, et les réussites obtenues par elle dans d'autres situations. Au fur et à mesure que la confiance en elle va se développer, elle se sentira de plus en plus capable de mettre de l'avant des solutions plus efficaces, et plus en rapport avec ce qu'elle *est* profondément.

Dans une thérapie de groupe, la jeune femme sera plutôt confrontée à d'autres personnes vivant des problèmes semblables aux siens. Elle devra faire état de ses sentiments et des difficultés qu'elle rencontre. Elle sera alors appelée à commenter le comportement des autres et les solutions qu'elle y apporterait. Le rôle du thérapeute est, cette fois, beaucoup plus limité. Il consiste principalement à favoriser les interactions entre les membres du groupe et à faire les synthèses qui s'imposent à la fin des différents échanges.

Claustrophobie
(du latin *claustrare* = maintenir enfermé et -phobie). Phobie des espaces clos ; angoisse d'être enfermé.

Phobie
(du grec *phobos* = crainte). Peur irrationnelle d'un objet ou d'une situation ne présentant pas un danger réel.

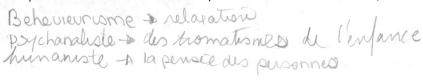

Document 3.2

Le psychologue-conseil et la relation parents-enfant

Le psychologue-conseil se rattache, lui aussi, à l'un ou l'autre courant de la psychologie ; il peut ainsi exister différentes façons d'amener les partenaires d'un couple ou les parents et leur enfant à solutionner leur problème.

Imaginons un conflit qui se prolonge où il est question d'une heure fixée par les parents pour aller au lit et à laquelle l'enfant est incapable de se plier.

Pour le psychologue humaniste, les parents et l'enfant vont être amenés, dans le cadre d'une thérapie familiale, à faire le tour du problème en tentant de définir les responsabilités respectives dans les décisions à prendre, et à négocier la façon de mettre ces décisions à exécution. Les parents découvriront peut-être ainsi que le fait d'aller dans son lit pour se coucher est ressenti par l'enfant comme une façon, pour ses parents, de se debarrasser de lui. Quant à l'enfant, il pourra peut-être mieux comprendre le besoin ressenti par ses parents de se trouver seuls à cette période de la journée, surtout s'il a personnellement eu le loisir de mener à bien les activités qu'il avait commencées.

Pour le psychologue behavioriste, il va s'agir plutôt de trouver les récompenses les plus efficaces dont l'utilisation systématique favorisera le comportement désiré. Une liste de ce qui peut faire le plus plaisir à l'enfant sera donc établie par lui et ses parents. Il peut être question de la soirée du samedi qui sera prolongée d'un quart d'heure, ou d'un certain montant d'argent de poche qui lui sera remis pour chaque soir où il ira se coucher sans problème.

Comme on le voit, tout est dans la conception que chacun se fait de l'être humain et du type de relation à établir avec lui.

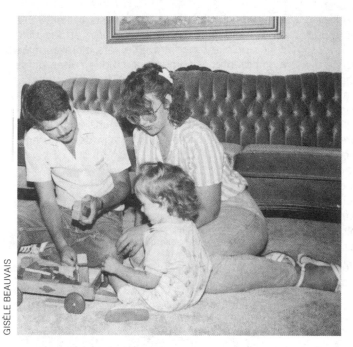

GISÈLE BEAUVAIS

Fig. 3.7 *C'est à partir d'une observation des interactions entre les membres de la famille que le psychologue-conseil pourra suggérer des moyens de rétablir l'équilibre.*

Document 3.3

Expérimentation sur les animaux

L'utilisation d'animaux en laboratoire, qu'il s'agisse de pigeons, de rats, de chiens ou de singes, révolte le plus souvent les sociétés protectrices des animaux et, plus généralement, les amis des bêtes. Il est certain que la souffrance inutile d'êtres vivants n'est pas acceptable et qu'il faut condamner tout excès.

Cependant, nombre de phénomènes ne pourraient être observés en l'absence de ces sujets d'expérience. En effet, pour des raisons d'éthique, sinon en raison du bon sens le plus élémentaire, il n'est pas pensable de tester de nouveaux médicaments sur des humains, de pratiquer des lésions dans certaines parties du cerveau, de maintenir un bébé dans l'isolement total ou encore de séparer des enfants de leur mère pendant des périodes plus ou moins longues. Ces différentes interventions sont cependant capitales pour la compréhension du comportement et la prévention ou la guérison de certains troubles graves de la personnalité. Il est donc néces-

ALAN C. SHANE

Fig. 3.8 *L'implantation à vie d'électrodes dans le cerveau d'un animal ou l'envoi de décharges électriques sous ses pattes constituent des pratiques visant à approfondir l'exploration et les connaissances du comportement. Les souffrances ainsi infligées à un animal ne sont justifiées que lorsqu'il est impossible de procéder autrement.*

saire, si l'on veut progresser dans la connaissance des mécanismes qui sous-tendent le comportement, d'utiliser des animaux, en laboratoire, sur lesquels on testera les effets de ces différentes variables.

Il ne s'agit pas, bien sûr, de transposer automatiquement à l'être humain les connaissances ainsi obtenues. Il faut plutôt y voir de bonnes indications sur les conséquences de telles interventions. Ces hypothèses se trouveront d'autant confirmées que les observations cliniques effectuées auprès d'enfants ou d'individus ayant vécu certaines expériences traumatisantes vont dans le sens de ce qui a été noté en laboratoire.

Document 3.4

Des enquêtes sur les pratiques sexuelles

Dès le début du XXᵉ siècle et après la diffusion des théories de Freud sur la sexualité, beaucoup de gens se posaient des questions sur leur comportement sexuel, se demandant ce qui était «normal» et ce qui ne l'était pas. Quelques conceptions avaient bien été mises de l'avant par des psychologues, mais personne ne savait vraiment ce qui se passait dans la chambre à coucher de la majorité des individus.

Vers 1940, un chercheur américain nommé Kinsey décida que pour en savoir davantage sur le sujet, il suffisait de demander au plus grand nombre possible de personnes de décrire, en détail, leur vie sexuelle. Les membres de son équipe interrogèrent ainsi 5.940 femmes et 5.300 hommes dont ils recueillirent l'histoire sexuelle. Cet échantillon, sans être réellement représentatif de la population américaine, regroupait des individus très différents quant à l'âge, la scolarité, la profession, la religion, la situation matrimoniale ou l'origine géographique[2]. En se livrant à leur enquête, les chercheurs furent surpris de constater la facilité avec laquelle ils recueillaient, dès le départ, les confidences des sujets sur leur vie sexuelle, en leur promettant l'anonymat.

Lorsqu'en 1948, Kinsey publia son premier rapport sur le comportement sexuel des hommes, il provoqua un scandale. Les révélations qu'il contenait bouleversaient les idées qui avaient eu cours jusqu'alors sur ce qu'était une sexualité normale.

On y apprenait d'abord que l'activité sexuelle des jeunes hommes de 21 à 25 ans, blancs, mariés, de la classe moyenne aux États-Unis comprenait trois orgasmes en moyenne par semaine (atteints aussi bien à partir de rapports *hétérosexuels* qu'*homosexuels*, de *comportements masturbatoires*, de rêves à contenu érotique ou encore de rapports avec des animaux).

Il apparaissait également que la sexualité n'était pas vécue de la même manière dans les différentes classes sociales. Les jeunes hommes célibataires, de niveau socio-économique faible, trouvaient plus de plaisir dans les rapports hétérosexuels que ceux de niveau socio-économique plus élevé, qui recherchaient plus souvent une satisfaction dans la masturbation ou à travers des attouchements.

Fig. 3.9 *Alfred Kinsey, zoologiste américain (1894-1956). Il fut le premier à entreprendre une étude statistique systématique du comportement sexuel de ses concitoyens. Il fonda l'institut de Recherche sur la Sexualité.*

---

[2] Il est nécessaire de préciser que les communautés rurales, les groupes moins scolarisés ainsi que les différents groupes raciaux autres que les Blancs étaient largement sous-représentés dans l'échantillon de Kinsey.

Mais la révélation la plus étonnante encore, pour l'époque, fut de constater que les rapports homosexuels étaient beaucoup plus répandus qu'on ne le croyait. Même s'il apparaissait qu'un petit nombre seulement d'individus se déclaraient exclusivement homosexuels, près de 20 % des femmes et 40 % des hommes reconnaissaient avoir eu au moins une expérience homosexuelle dans leur vie. De telles informations devaient dès lors amener les psychologues et les juristes à ne voir qu'une orientation sexuelle différente, dans ce qui était encore pour beaucoup une *perversion* punissable par la loi.

La plupart des conclusions de Kinsey ont été confirmées dans leurs grandes lignes, par des enquêtes plus récentes (notamment celle de Hunt, en 1974). Ces dernières ont toutefois révélé une certaine évolution dans les mœurs sexuelles des individus. Près de la moitié des femmes de moins de 21 ans, par exemple, déclarent actuellement avoir eu des relations sexuelles avant le mariage alors qu'un quart d'entre elles seulement avouaient la même chose, il y a quarante ans. Quant à certaines pratiques telles que les *contacts bucco-génitaux* comme prélude à la relation sexuelle, elles semblent maintenant adoptées par 75 % des individus des deux sexes (contre moins de 30 % au cours des années 40).

Hétérosexuel
(du grec *hétéros* = autre et -sexuel). Se dit de l'attirance ou du désir pour des personnes du sexe opposé.

Homosexuel
(du grec *homos* = semblable, le même). Se dit d'une attirance ou d'un désir pour des personnes de son propre sexe.

Comportement masturbatoire
Comportement provoquant le plaisir sexuel par l'attouchement des organes génitaux.

Perversion
(du latin *pervertere* = retourner, renverser). Déviation pathologique des tendances ou des comportements.

Contacts bucco-génitaux
Pratiques masturbatoires effectuées à l'aide de la bouche sur les organes génitaux du partenaire, soit sur le pénis (fellation) soit sur le clitoris (cunilingus).

Document 3.5

L'hérédité et l'apprentissage

Certains chercheurs ont tenté de savoir s'il existait une relation entre l'hérédité et la facilité à apprendre. C'était le but de Tryon (1942) et de ses recherches; durant sept ans, il travailla avec des générations successives de rats qui devaient apprendre le parcours d'un labyrinthe à allées pour recevoir une ration de nourriture (figure 3.10).

Les recherches de Tryon débutèrent en 1934, avec 142 sujets, mâles et femelles; les performances de ceux-ci étaient établies à partir du nombre total d'erreurs[3] commises au cours de 19 essais de parcours de labyrinthe.

Tryon sélectionna alors les rats qui avaient accumulé le moins grand nombre d'erreurs et les baptisa les «brillants»; ceux qui avaient commis le plus grand nombre d'erreurs furent étiquetés «stupides». Ensuite, il croisa entre eux les individus de chacun des groupes et testa, à nouveau, dans le labyrinthe, les descendants de cette première génération; les «brillants» et les «stupides» furent à nouveau sélectionnés puis croisés à leur tour, et ce croisement sélectif se poursuivit ainsi sur huit générations.

La figure 3.11 présente les performances relevées auprès de la population parentale d'origine, puis des 1re, 3e, 5e et 8e générations. On note que, de toute évidence, les deux lignées se distinguent de plus en plus nettement l'une de l'autre, au point qu'il n'existe quasiment plus de chevauchement chez les individus de la 8e génération.

Il semble donc qu'il y ait une relation très étroite entre certains facteurs héréditaires et la vitesse à laquelle les rats apprennent à parcourir ce labyrinthe. On peut être tenté de conclure que se sont les rats les plus «intelligents» qui réussissent cette performance et, ainsi, qu'il s'agit là d'une preuve de l'hérédité de l'intelligence; Tryon ainsi que plusieurs psychologues l'ont fait dans de nombreux manuels, même très récents (voir dossier 9.1).

---

[3] Dans ce type d'expérience, on considère comme erreur toute entrée de l'animal dans une allée en cul-de-sac, ou tout retour en arrière.

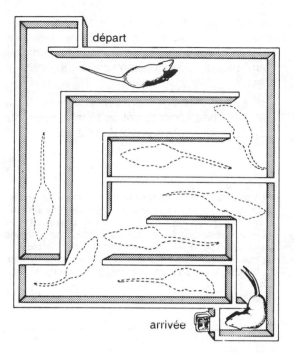
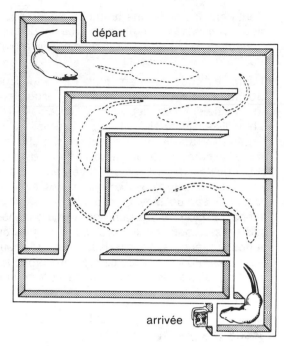

Fig. 3.10 *Le labyrinthe à allées. Le schéma montre la progression d'un rat dans un labyrinthe. Après des hésitations aux bifurcations et l'exploration des culs-de-sac, il va atteindre l'endroit où à été déposée la nourriture et qui constitue le but de l'épreuve (en bas à droite). Après plusieurs essais, il finira par effectuer le parcours sans erreur.*

Pourtant les choses sont loin d'être aussi simples.

En effet, on oublie trop souvent de citer les résultats obtenus notamment par Searle (1949), un élève de Tryon. Celui-ci testa, sept ans plus tard, les sujets de la 22e génération afin de déterminer les caractéristiques psychologiques des « brillants » et celles des « stupides », lorsqu'ils sont placés dans des situations différentes de celle du labyrinthe à allées. La trentaine d'observations faites par Searle l'amenèrent à des conclusions qui relativisaient celles de Tryon.

Tout d'abord, il ne sembla pas possible de mettre en évidence une quelconque supériorité d'un groupe sur l'autre, en ce qui concernait l'intelligence générale. De plus, les rats « stupides » montrèrent une activité spontanée supérieure à celle des « brillants » ; si les « stupides » furent toujours aussi peu pressés de parcourir le labyrinthe à allées, sans faute, il en alla tout autre-

Fig. 3.11 *L'influence de l'hérédité sur la capacité d'apprendre le parcours d'un labyrinthe. Les graphiques ci-dessus présentent une distribution des rats, en pourcentage, à chaque génération, selon le nombre total d'erreurs commises en 19 essais. Le premier graphique concerne la population parentale et les autres, la 1re, la 3e, la 5e et la 8e génération; à chaque génération, les « brillants » étaient regroupés d'une part et les « stupides », d'autre part, puis ils étaient croisés avec leurs congénères. On ne peut nier que la « sélection » de deux lignées ait ainsi été effectuée. La difficulté consiste à savoir ce qui a réellement été sélectionné.*

ment dans les situations de recherche de nourriture en espaces ouverts, ou sur des structures en hauteur, où ils se révélèrent beaucoup moins timides que les «brillants».

Il semblait donc que dans toutes les situations proches du milieu naturel, les rats «stupides» se montraient supérieurs aux «brillants». Un éthologiste ajouterait, à l'heure actuelle, qu'un rat bien «adapté» est sans doute celui qui présente les caractéristiques émotionnelles d'un rat dit «stupide» qui, au lieu de foncer tête baissée vers quelques graines dans le milieu artificiel constitué par un labyrinthe à allées, prend le temps d'explorer et de s'arrêter, même dans les culs-de-sac, pour renifler les traces d'urine ou autres laissées par ses prédécesseurs. Malheureusement pour ces rats, ce type de comportement ne faisait pas partie de la conception que les psychologues de l'époque se faisaient de l'intelligence chez l'animal. Mais n'est-ce pas également le problème de nombreux enfants pour lesquels l'école remplace le labyrinthe à allées?

Cet exemple illustre bien les faiblesses de la méthode corrélationnelle et de l'usage des mots dans la confrontation des différents faits.

Labyrinthe à allées
Appareil utilisé, principalement avec des rats, pour étudier les principes de l'apprentissage; il consiste en une série de galeries aux parois verticales, les unes en culs-de-sac, les autres constituant les étapes d'un trajet débouchant sur une issue, ou sur une récompense (contrairement à d'autres appareils à espace ouvert (*open field*) où l'animal doit découvrir la nourriture placée dans un coin ou l'autre de ce «terrain» libre).

Document 3.6

La recherche et ses artéfacts

Les chemins de la recherche en psychologie sont semés d'embûches qui entraînent le plus souvent des conclusions trompeuses et des interprétations peu conformes à la réalité des faits. Ces pièges dans lesquels le psychologue novice risque de tomber, ou de voir tomber ses sujets, sont nombreux. Nous n'en citerons que quelques-uns parmi les plus célèbres.

L'effet placebo

Il s'agit là d'un effet mis en évidence en médecine. Il prend appui sur la persuasion exercée, volontairement ou non, sur le sujet par le thérapeute ou l'expérimentateur.

Lorsque des sujets sont convaincus de l'efficacité du médicament qu'on leur administre ou du comportement qu'on leur demande d'adopter, alors que la substance ou le comportement sont en réalité absolument inopérants, on observe le plus souvent chez ces sujets le déclenchement des effets espérés (voir document 12.7).

L'effet Hawthorne

L'effet placebo n'est qu'un des aspects particuliers de l'effet Hawthorne. On a montré, lors d'une enquête en psychologie industrielle dans les entreprises Hawthorne de Chicago, que le seul fait pour des sujets de participer à une expérience les influence à un point tel que les comportements émis vont, le plus souvent, dans le sens de ce qu'ils croient que les expérimentateurs attendent d'eux.

L'effet d'audience

La simple présence, même passive, d'un public autour d'un sujet exerce une influence sur son apprentissage ou sa performance. Selon Zajonc (1965), cette présence gênerait plutôt le sujet en cours d'apprentissage d'une tâche, alors qu'elle faciliterait sa performance une fois la tâche acquise ou dans le cas où un effort physique est demandé.

L'effet Pygmalion (ou effet Rosenthal)

Pygmalion était un sculpteur grec qui, selon la mythologie, modela une statue si belle qu'il en tomba amoureux et implora les dieux de lui donner vie (ce qu'ils lui accordèrent). Le psychologue américain Rosenthal (1966) a donné ce nom à l'effet selon lequel un expérimentateur, convaincu du bien-fondé d'une hypothèse ou d'une information, va agir, involontairement, de façon à ce que celle-ci se vérifie dans les faits.

en neuve

L'effet de primauté

Cet effet se manifeste par une fréquente tendance, au moment de décrire la personnalité d'un individu ou des traits de son caractère, à accorder une plus grande importance à notre première impression sur lui. Cela est vrai au point que toute information ultérieure, qui contredirait cette image, sera très souvent considérée comme accidentelle et non représentative.

L'effet Barnum

« À chaque minute, naît un gogo[4] », affirmait Phinéas T. Barnum. C'est en hommage au fonda-teur du célèbre cirque que son nom a été donné à la tendance des gens à accepter des descriptions ou des évaluations générales, comme des portraits exacts de leur personnalité, lorsqu'elles leur sont présentées sous le couvert de la science, de la magie ou d'un rituel quelconque. Cet effet est bien connu des astrologues responsables d'une rubrique quotidienne dans les journaux.

---

[4] Gogo : Personne crédule, facile à tromper.

Document 3.7

Placebo, Pygmalion et double aveugle

Depuis une trentaine d'années, la *chimiothérapie* a profondément modifié la façon de traiter les personnes présentant des troubles du comportement. Dans certains cas, on peut cependant se demander quel est celui, du médicament, du médecin ou du patient lui-même, qui joue le plus grand rôle dans ce type de traitement.

Voici l'aventure survenue, en 1954, à un médecin psychiatre du nom de W. Mendel, alors qu'il travaillait à l'hôpital Saint-Elizabeth de Washington, un des plus grands établissement psychiatriques des États-Unis. Mendel y était responsable d'une unité de soins dont les bénéficiaires étaient des immigrés, originaires principalement de Porto Rico et des Îles Vierges. La plupart d'entre eux avaient été internés à cause de comportements hostiles ou agressifs ; quelques-uns étaient même considérés comme des individus si dangereux qu'on les maintenait dans une *camisole de force*, et Mendel se faisait accompagner de deux gardes du corps à chacune de ses visites auprès d'eux. Le contact était d'autant plus difficile que les malades ne parlaient presque pas anglais, et que Mendel, de son côté, ne comprenait pas l'espagnol.

Or, un nouveau tranquillisant appelé *réserpine* venait d'être mis sur le marché et donnait, sem-blait-il d'excellents résultats. Les autorités de l'hôpital Saint-Elizabeth décidèrent donc de tester ce médicament dans leur institution et d'utiliser pour cela, la méthode de validation en double aveugle.

Ainsi, les responsables des services concernés reçurent des pilules à distribuer à leurs patients sans savoir que certaines contenaient effectivement le médicament et que d'autres contenaient une simple substance sucrée. En d'autres termes, ils ignoraient s'ils avaient été choisis comme responsables d'un groupe expérimental auquel on administrait réellement la réserpine, ou d'un groupe témoin, chargé de vérifier l'existence éventuelle d'un effet placebo.

L'expérience dura plusieurs mois, mais, très vite, Mendel fut persuadé de l'excellent effet du médicament sur ses patients. L'agressivité de ceux-ci diminua de façon spectaculaire, en quelques jours, au point que des contacts entre eux et le psychiatre devinrent de plus en plus chaleureux, et qu'on put retirer la camisole de force à ceux qui en portaient une.

Pour Mendel, il ne faisait plus aucun doute que la réserpine allait révolutionner le traitement de ce type de « malades », et il attendait avec impatience les résultats obtenus dans les autres unités. Or, qu'elle ne fut pas sa surprise d'apprendre, une fois l'expérience terminée, que ses patients étaient parmi ceux qui n'avaient reçu, durant tout ce temps, que des pilules sucrées et non de la réserpine.

Que s'était-il alors passé qui puisse expliquer les transformations du comportement de ses malades? Mendel se mit à réfléchir sur ses propres attitudes et dut reconnaître qu'elles étaient seules responsables du changement apparu chez les patients. Dès le début du traitement, Mendel s'était en effet imaginé que ceux-ci avaient absorbé le médicament et qu'ils allaient forcément devenir plus paisibles; il s'était donc mis à les traiter en conséquence, cherchant dans leurs gestes, leur regard ou leur sourire les signes annonciateurs de ce mieux-être (contrairement au décodage antérieur où, seuls les

signes d'agressivité étaient mis en évidence). Les patients, de leur côté, répondirent à ce changement d'attitude en devenant plus paisibles, simplement pour avoir été traités comme des individus à part entière. Leur état s'était donc amélioré, non par l'effet du médicament, mais par la façon dont on s'était mis à se comporter vis-à-vis d'eux.

Chimiothérapie
Traitement d'un trouble à l'aide de substances chimiques.

Camisole de force
Camisole à manches nouées dans le dos et garnie de liens, éliminant ainsi toute possibilité de mouvement.

Réserpine
Antihypertenseur utilisé dans le traitement d'états d'anxiété, de manie et d'hypertension.

Résumé

1. La seule garantie de sérieux du travail de psychologue repose sur une *formation scientifique* dans l'un ou l'autre des champs de la psychologie, qu'il s'agisse de celui de la recherche ou de celui des services à la communauté.

2. Le *psychologue clinicien* et le *psychologue-conseil* apportent un support psychologique aux personnes qui en ont besoin. Le premier s'adresse plutôt aux personnes présentant des troubles du comportement qu'il va tenter de diagnostiquer et de solutionner à l'aide d'une psychothérapie appropriée. Quant au second, il aide surtout des individus préoccupés par un problème au niveau de leur relation familiale ou au niveau du couple. Le *sexologue* cherche à identifier les blocages psychologiques à la base de problèmes sexuels et d'y répondre par une thérapie appropriée. Le *psychologue communautaire* aide des organismes ou des communautés à répondre aux problèmes auxquels ils sont confrontés.

3. *Les psychologues scolaire et industriel* sont des psychologues-conseils spécialisés dans l'orientation appropriée des étudiants ou des travailleurs, dans le choix d'une carrière ou d'un poste de travail. Quant aux *psychopédagogues* et aux *psychologues ergonomistes*, ils visent plutôt à ajuster les méthodes d'apprentissage et de travail ainsi que l'environnement scolaire ou industriel en fonction des individus qui y vivent.

4. La psychologie intervient dans un nombre grandissant de secteurs de l'activité humaine. Il se développe actuellement une psychologie publicitaire, judiciaire, militaire, religieuse, environnementale et même artistique.

5. La *psychologie génétique* est l'un des domaines de la psychologie théorique qui tente d'expliquer le développement psychologique des individus ainsi que les mécanismes qui le sous-tendent, de la fécondation à la mort.

6. La *psychologie de la personnalité* vise à comprendre comment s'établissent, chez l'individu, les caractéristiques qui lui sont propres. La *psychologie sociale*, par contre, cherche à mettre en lumière la façon dont les individus s'influencent les uns les autres.

7. La *recherche fondamentale* en psychologie porte principalement sur la découverte des lois de la perception et de l'apprentissage ainsi que sur l'étude des motivations, de la résolution de problèmes, etc. Le *psychophysiologiste* s'intéresse particulièrement aux relations entre le système nerveux et le comportement, alors que le *psychopharmacologue* tente d'évaluer l'effet de nouveaux médicaments sur le comportement. Le *zoopsychologue* cherche à comprendre le comportement des espèces inférieures afin de mieux établir les filiations avec notre espèce. Le *parapsychologue* tente de vérifier l'existence de phénomènes encore inexpliqués afin de voir comment ils s'intègrent dans le fonctionnement normal d'un individu. Quant aux spécialistes de l'*intelligence artificielle*, ils cherchent à approfondir notre connaissance des processus cognitifs en établissant des analogies avec le fonctionnement des ordinateurs.

8. Les méthodes utilisées en psychologie sont de deux types : les *méthodes descriptives* et la *méthode expérimentale*. À partir d'observations naturelles ou systématiques ainsi que d'enquêtes et de tests, la *méthode corrélationnelle* permet la comparaison, entre elles, des caractéristiques obtenues, grâce à ces méthodes descriptives ; elle présente cependant certaines faiblesses dans l'interprétation qui est faite des résultats. Quant à la *méthode expérimentale*, permettant d'établir un *lien de cause à effet* entre les variables, elle demeure la méthode scientifique par excellence.

9. L'établissement d'un ou plusieurs *groupes expérimentaux* et *témoins* permet de vérifier l'effet de la *variable indépendante*, dont on veut évaluer l'impact, sur les *variables dépendantes* constituées par le comportement des sujets, après que toutes les autres variables aient été *contrôlées* et qu'aient été identifiées les *variables intermédiaires* (propres aux sujets) pouvant influencer les résultats.

10. Les *biais* de l'expérimentation, provoqués par différents effets artificiels que les chercheurs ont appris à connaître, peuvent être évités par l'utilisation de la technique de *validation en double aveugle*.

11. Le *traitement des résultats* et la *rédaction d'un rapport* constituent les deux dernières démarches obligatoires pour que la recherche trouve son plein aboutissement.

Guide d'étude

Révision

Compléter les phrases suivantes

1. Seule une formation _____ du psychologue lui permettra d'évaluer objectivement les effets de tel ou tel type d'intervention.

2. Le psychologue _____ travaille surtout dans les hôpitaux et les centres de santé mentale où il envisage et entreprend la _____ la mieux adaptée au problème du malade.

3. Le psychologue-conseil aide principalement des personnes désireuses de résoudre un problème _____, principalement sur le plan _____ ou _____.

4. Le rôle du psychologue _____ consiste à aider les communautés à prendre conscience de certains problèmes et de les aider à y trouver des solutions.

5. Le psychologue _____ comme le psychologue _____ ont pour tâche d'orienter les étudiants ou les employés vers le type de carrière ou de travail le plus approprié à leurs aptitudes.

6. Le psychopédagogue a pour rôle de mettre au point des méthodes d'_____ plus efficaces.

7. Le psychologue _____ est notamment chargé de conseiller les concepteurs de machinerie et d'équipement industriel.

8. La psychologie génétique tente de comprendre comment s'effectue le _____ de l'être humain.

9. Le rôle du psychopharmacologue consiste à tester l'effet de nouveaux _____ sur des animaux.

10. La parapsychologie vise à vérifier l'_____ de phénomènes psychologiques encore inexpliqués à ce jour.

11. Le _____ utilise les méthodes propres à la psychologie pour compléter l'éclairage apporté par les _____ sur le comportement animal.

12. La plus grande difficulté que pose l'utilisation de l'observation naturelle réside dans l'_____ qui peut être faite des événements en fonction de ce qui se passe réellement.

13. L'utilisation du questionnaire ou d'une grille d'observation est le propre de l'observation _____.

14. Les résultats d'une enquête seront d'autant plus _____ que l'_____ constituera un reflet le plus exact possible de la population.

15. La _____ d'un test permet l'interprétation des résultats obtenus par un individu à partir de ceux provenant d'un groupe de personnes _____ de cet individu.

16. La méthode _____ pose un problème en ce qui concerne l'interprétation de la relation existant entre deux _____.

17. La méthode expérimentale consiste à _____ afin d'observer comment un facteur en fait varier un autre.

18. La variable _____ est la variable qui est manipulée par l'expérimentateur.

19. Le groupe des sujets chez lesquels on introduit la variable indépendante est le groupe _____.

20. Les variables contrôlées sont toutes les variables soumises à un _____ rigoureux afin de les empêcher de _____ d'un sujet à l'autre.

21. L'effet Rosenthal est un _____ par lequel les _____ de l'expérimentateur risquent d'être transmises aux _____ .

22. L'effet _____ est le biais par lequel les sujets mis au courant de l'hypothèse risquent de se comporter dans le sens _____ par l'expérimentateur.

23. La validation en _____ permet d'éviter au maximum que des _____ éventuels viennent perturber les résultats.

24. Lors de la représentation graphique des résultats, les variations de la variable _____ sont toujours représentées en abcisse.

25. En sciences, il n'y a pas de _____ faits, il n'y a que de mauvaises _____ lorsqu'elles ne sont pas contrôlées de façon appropriée.

Vérification des connaissances

Vrai ou faux ?   V   F

1. Seule une formation solide de psychologue peut garantir le sérieux d'une thérapie.   ☐   ☐

2. Les psychologues qui ne se livrent pas à la recherche ou à l'enseignement se retrouvent surtout dans des cabinets de consultation privée.   ☐   ☐

3. Le psychologue clinicien joue le même rôle que le psychiatre.   ☐   ☐

4. Le psychologue-conseil entreprend rarement une thérapie avec la (ou les) personne(s) qui le consulte(nt).   ☐   ☐

5. Le psychologue scolaire est parfois amené à apporter un support psychologique à certains étudiants.   ☐   ☐

6. La psychologie génétique étudie la façon dont agissent les gènes.   ☐   ☐

7. Il n'existe plus qu'une seule théorie de la personnalité acceptée par la majorité des psychologues.   ☐   ☐

8. Le psychophysiologiste étudie les liens existant entre les structures nerveuses et le comportement.   ☐   ☐

9. La zoopsychologie diffère de l'éthologie principalement par les méthodes qu'elle utilise.   ☐   ☐

10. La méthode d'observation naturelle est une des méthodes les plus fastidieuses à utiliser.   ☐   ☐

11. L'utilisation des tests constitue une méthode éprouvée qui n'est plus contestée de nos jours.   ☐   ☐

12. La méthode corrélationnelle permet d'établir le lien de cause à effet existant entre deux variables.   ☐   ☐

13. Les variations de la variable dépendante sont déterminées par l'expérimentateur.   ☐   ☐

14. Le groupe témoin est celui chez lequel on introduit la variable indépendante.   ☐   ☐

15. Expérimenter, c'est étudier les effets de la variable indépendante sur la ou les variables dépendantes.   ☐   ☐

Questions à choix multiple   (Encercler la lettre qui correspond à la bonne réponse)

1. Le titre de psychologue
   a) est protégé dans la plupart des pays.
   b) ne peut être pris par n'importe qui.
   c) ne peut se concevoir sans une formation sérieuse.
   d) n'est attribué qu'au psychologue clinicien.

2. Le psychologue clinicien
   a) joue le même rôle que le psychiatre.
   b) travaille toujours en cabinet de consultation privée.
   c) n'accepte que les cas exigeant une thérapie.
   d) Aucune de ces réponses.

3. Le psychologue communautaire
   a) travaille auprès des communautés.
   b) est surtout confronté à des problèmes tels que le suicide ou la drogue.
   c) aide les organismes à trouver des réponses adéquates à des problèmes humains.
   d) Toutes ces réponses sont bonnes.

4. Le psychopédagogue
   a) peut parfois apporter un support psychologique à des étudiants.
   b) réalise des entrevues et fait passer des tests.
   c) vise à mettre au point des méthodes d'apprentissage efficaces.
   d) Toutes ces réponses sont bonnes.

5. La psychologie génétique
   a) étudie la façon dont s'effectue le développement psychologique de la personne.
   b) met surtout l'accent sur l'étude de l'enfance.
   c) se rattache à la biologie.
   d) ne s'intéresse que peu au développement prénatal.

6. L'étude des liens existant entre le système nerveux et le comportement est principalement le fait de la
   a) zoopsychologie.
   b) parapsychologie.
   c) psychopharmacologie.
   d) psychophysiologie.

7. La méthode des enquêtes
   a) utilise des questionnaires structurés.
   b) doit être utilisée auprès d'échantillons représentatifs.
   c) peut fournir un portrait assez précis d'une population donnée.
   d) Toutes ces réponses sont bonnes.

8. Les avantages de la méthode corrélationnelle résident dans la possibilité
   a) d'établir un lien de cause à effet entre deux variables.
   b) de mettre en lumière le rôle d'une troisième variable.
   c) de permettre une clarification des termes utilisés.
   d) Aucune de ces réponses.

9. Une hypothèse est toujours formulée sous la forme d'une
   a) question que le chercheur se pose.
   b) déclaration reposant sur des faits préalablement démontrés.
   c) théorie basée sur des idées préconçues.
   d) Aucune de ces réponses.

10. La variable indépendante est toujours introduite auprès du groupe
    a) expérimental.
    b) témoin.
    c) contrôle.
    d) Aucune de ces réponses.

11. Dans l'hypothèse suivante : «Des rats élevés dans l'isolement total apprendront moins vite à parcourir un labyrinthe que ceux élevés dans un milieu normal», la variable indépendante est constituée par
    a) le labyrinthe.
    b) le type de milieu.
    c) la vitesse d'apprentissage.
    d) Aucune de ces réponses.

12. Suite à l'émission de l'hypothèse suivante : «Le nombre de tours effectués par des rats dans une roue à activité augmente en fonction de la quantité de drogue X injectée», la ou les variables à contrôler sont
    a) la quantité de drogue X.
    b) le nombre de tours à effectuer.
    c) le sexe des sujets.
    d) Toutes ces réponses sont bonnes.

13. Dans une expérience portant sur l'étude de la mémoire, la facilité avec laquelle le sujet étudie le texte qu'on lui demande de retenir constitue une variable
    a) indépendante.
    b) dépendante.
    c) contrôlée.
    d) intermédiaire.

14. La validation en double aveugle permet d'éviter
    a) l'effet Rosenthal.
    b) l'effet Hawthorne.
    c) les interprétations subjectives.
    d) Toutes ces réponses sont bonnes.

15. La rédaction d'un rapport après expérimentation
    a) n'est nécessaire qu'en cas de résultats concluants.
    b) ne doit pas comprendre l'exposé de la méthode utilisée.
    c) ne doit pas faire surgir de nouvelles interrogations.
    d) Aucune de ces réponses.

Médiagraphie

1. Références bibliographiques

Ouvrages généraux

COHEN, D., *Psychologists on Psychology*, New York, Taplinger, 1976.

FOURASTIE, J., *Les conditions de l'esprit scientifique*, Paris, Gallimard, 1966.

FRAISSE, P. et PIAGET, J., *Traité de psychologie expérimentale*, I — *Histoire et méthodes*, Paris, P.U.F., 1963.

HENNEMAN, R.H., *La psychologie et son champ d'action*, Montréal, Les Éditions HRW Ltée, 1975.

REUCHLIN, M. et HUTEAU, M., *Guide de l'étudiant en psychologie*, Paris, P.U.F., 1973.

RICHELLE, M., *Pourquoi des psychologues?*, Bruxelles, Dessart, 1968.

Documents de référence

HUNT, M., *Sexual behavior in the 1970's*, Chicago, Playboy Press, 1974.

KINSEY, A.C., POMEROY, W.B. et MARTIN, C.E., *Sexual behavior in the human male*, Philadelphia, Saunders, 1948.

ROSENTHAL, R. et JACOBSON, L., «Teachers expectancies — Determinants of pupils I.Q. gain», *Psychological reports*, 1966, n° 19, p. 115-118.

SEARLE, L.V., «The organisation of hereditary maze — brightness and maze — dullness», *Genet, Psychol. Monogr.*, 1949, n° 39, p. 279-325.

TRYON, R.C., «Individual differences» dans F.A. Moss, *Comparative Psychology*, Englewood Cliffs, N.J., Prentice Hall, 1942.

ZAJONC, R.B., «Social facilitation», *Science*, 1985, n° 149, p. 269-274.

2. Documents audio-visuels

Three approaches to psychotherapy, 1964, 3 × 50 min, 16 mm, noir et blanc, version originale anglaise. Psychological Films.
Démonstration de trois types de thérapie : thérapie centrée sur le client (Rogers), thérapie de Gestalt (Perls) et thérapie rationnelle-émotive (Ellis).

Behavioral therapy demonstration, 32 min, 16 mm, noir et blanc, version originale anglaise. Psychological Cinema Register.
Utilisation des techniques behaviorales sur un sujet très anxieux.

Methodology : the psychologist and the experiment, 1975, 31 min, 16 mm, noir et blanc, version originale anglaise. CRM Productions.
Film présentant les principes de base et les méthodes de la recherche psychologique par le biais de deux expériences classiques : une expérience de Riesen sur le développement de la coordination oculo-motrice et l'expérience de Schachter sur les liens existant entre la peur et le besoin d'affiliation (chapitre 6).

Search and research : Psychology in perspective, 1962, 30 min, 16 mm, noir et blanc, version originale anglaise. Psychological Films.
Une brève introduction sur les problèmes posés par la recherche en psychologie (avec entrevues de Harlow, Rogers et R. May).

Animals and Psychology, 12 min, 16 mm, noir et blanc, version originale anglaise. Contempory Mc Graw-Hill.
Une description de la place des animaux dans les expériences de laboratoire.

Conscience
et activation

4. Le monde intérieur
et les états de conscience
5. Notre perception du monde
6. L'activation motivationnelle
et affective

L'existence de l'être humain ne diffère pas fondamentalement de celle des autres organismes vivants. Elle consiste en une interaction constante avec le monde environnant permettant à l'individu d'assurer son adaptation et, par là, sa survie, depuis sa naissance jusqu'à sa mort. À tout instant, l'être humain se trouve confronté à des situations dont l'importance varie en fonction de ses besoins ou des objectifs visés.

En ce sens, le *déclenchement d'un comportement* ne constitue que la dernière étape d'une série de trois. La première de celles-ci consiste en l'*activation* de l'organisme telle qu'elle résulte de la confrontation des conditions internes de la personne et *des objets* ou *des situations* présentes dans l'environnement. La deuxième étape est constituée par le traitement que le cerveau fait subir à ces deux types d'informations, internes et externes, afin de mettre en place le comportement le plus adéquat, compte tenu des éléments en présence et des expériences antérieures. Ce *traitement de l'information* s'effectue de façon relativement automatique et stéréotypée lors du déclenchement d'un réflexe ou d'un comportement instinctif (voir chapitre 1). Avec la mise en place d'apprentissages complexes et notamment dans le cas du raisonnement, il fait intervenir des processus supérieurs tels que la mémoire et la pensée. Il en sera question dans la 3e partie.

Les trois prochains chapitres seront consacrés à l'étude de l'activation et à la façon dont l'organisme «construit» le milieu environnant en fonction de ses besoins et de ses attentes.

Il est tout d'abord important de distinguer l'activation, au sens où les psychophysiologistes l'entendent, de l'activation psychologique proprement dite.

L'*activation physiologique* a son foyer dans les centres situés à la base du cerveau. Ces centres abritent les mécanismes de l'éveil; c'est également à ce niveau que les informations en provenance du monde extérieur et du monde intérieur de l'individu sont centralisées et triées avant d'être acheminées, par le biais de la formation réticulée, vers le cortex, lorsqu'elles sont jugées suffisamment importantes. L'activation des centres supérieurs qui en résulte permet ainsi à l'organisme de demeurer vigilant et attentif aux messages de l'environnement, assurant le maintien de son équilibre tant biologique que psychologique.

L'*activation psychologique* constitue le prolongement de l'activation physiologique. Elle dépend du décodage qui est fait de la réalité extérieure en fonction du niveau d'éveil ou de l'état de conscience de la personne ainsi que de ses besoins, de ses goûts, de ses intérêts et de ses projets.

Un caillou brillant trouvé sur le chemin signifie tout autre chose pour le géologue que pour le promeneur. Un paysage de prairies et de forêts est forcément perçu différemment par un peintre, un ingénieur chargé d'y construire une autoroute, un conducteur qui vient de tomber en panne d'essence ou le fermier qui y habite. La 9e symphonie de Beethoven éveille des émotions bien différentes chez la personne anxieuse, chez celle qui est sous l'effet d'une drogue ou, *a fortiori,* chez celle qui est endormie et, indépendamment de l'état de conscience, selon qu'il s'agit d'un amateur de musique classique ou de musique rock.

L'individu qui a faim est amené à ne sélectionner que les indices de ce qui pourrait combler le «creux» qu'il ressent à l'estomac. Quant à celui qui est rassasié, il choisira peut-être de se mettre à la recherche d'un bon livre ou d'assister au visionnement d'un match de football ou encore d'écouter le concert retransmis à la radio.

Ainsi, le niveau et la qualité de l'activation vont dépendre de trois sources indissociables les unes des autres.

Il s'agit tout d'abord du niveau de conscience et d'éveil dans lequel se trouve le cerveau. Une information offre peu d'utilité lorsque l'organisme n'est pas dans un *état d'éveil*, un état de vigilance, un état de conscience suffisant pour la recevoir et être capable de l'intégrer. Cet éveil est notamment lié aux cycles naturels de veille et de sommeil. Il peut être modifié par la méditation ou altéré par l'usage de certaines drogues.

La *perception* que nous avons du monde nous est fournie grâce à l'interprétation des informations captées par les antennes sur le monde extérieur que sont nos récepteurs : les yeux, les oreilles, le nez, la bouche et la peau. Nous sommes également sensibles aux productions de notre monde intérieur, aux images mentales et aux souvenirs stockés en mémoire à un niveau plus ou moins conscient.

Cependant, la recherche et le choix des informations vont dépendre d'un autre niveau d'activation qui les oriente constamment. C'est celui des *besoins* innés et des *motivations* acquises au cours de l'existence, ainsi que de tout un tissu affectif fait *d'émotions* et de *sentiments* qui les habille.

Il est certain que les choses sont loin d'être aussi simples dans les faits. L'activation comporte toujours, en partie, un traitement préalable de l'information permettant de décoder de manière intelligible les données des mondes extérieur et intérieur. De plus, comme nous allons le voir dans les chapitres qui suivent, chacun de ces aspects de l'activation implique souvent les deux autres. Ce n'est que pour la clarté de l'exposé qu'ils sont ainsi présentés séparément.

chapitre 4

MARILYN SILVER STONE, MAGNUM

Le monde intérieur et les états de conscience

Conscience et vigilance active

Les états modifiés de conscience

Le sommeil
Le sommeil à ondes lentes
Le sommeil paradoxal

La méditation

Diversité des états modifiés

L'usage des drogues et les états altérés

Les stimulants
Les stimulants mineurs
Les amphétamines
La cocaïne

Les neurodépresseurs
L'alcool
Les barbituriques et les tranquillisants

Les narcotiques
Les opiacées

Les hallucinogènes et les psychédéliques
Le LSD
La marijuana et le haschich

L'usage des drogues et l'assuétude

Les drogues et l'espace intérieur

rythme circadien
—jour
—nuit *≈ 25heures*

Conscience et vigilance active

Traditionnellement, la psychologie occidentale reconnaît deux états de conscience propres à tous les individus : le sommeil d'une part, considéré comme une période de repos, et l'état d'éveil ou de vigilance active, d'autre part. Ce dernier correspond à une activation de tout l'organisme qui permet à celui-ci de capter, de sélectionner et de traiter les informations du monde extérieur, d'en stocker certaines en mémoire ou de réagir à d'autres par des comportements appropriés ou non, selon les expériences ou les apprentissages antérieurs. L'état de vigilance est donc celui de l'adaptation à la réalité extérieure.

Cet état de conscience normal est cependant un état qui n'a pas de réalité en soi. C'est en effet un état idéal qui se traduit essentiellement par notre capacité de décoder et de répondre efficacement aux stimulations du milieu, d'une façon acceptée par la plupart des membres du groupe social auquel nous appartenons. Cette manière de réagir, on nous l'a inculquée dès notre plus tendre enfance. Ainsi, comme le note le neurophysiologiste Lilly (1980), les pensées que nous croyons posséder en propre sont prédéterminées et conditionnées à 99 % par des pensées étrangères. Nous croyons que la conscience que nous avons des choses et la façon dont nous y réagissons sont personnelles ; mais elles sont en fait un ensemble de structures mentales élaborées par d'autres depuis des générations. Nous ne faisons, la plupart du temps, que les reproduire et les répéter, afin de rester en harmonie avec la réalité extérieure physique et sociale.

La façon dont nous prenons conscience à la fois du monde extérieur et de notre monde intérieur se transforme, elle aussi, au cours de la journée. Notre façon de décoder les événements sera en effet très différente selon que nous sommes détendus ou anxieux, excités ou près de l'endormissement. Le traitement des informations varie donc, de façon parfois importante, en fonction du niveau d'éveil et en fonction de la vigilance de l'organisme.

Hebb (1955) a tenté d'illustrer cet état de fait par le graphique reproduit à la figure 4.1. Celui-ci montre que le niveau de vigilance augmente avec le niveau d'activation de l'organisme et que l'ajustement que permet la vigilance de l'organisme risque de se détériorer à partir d'un certain point si l'activation de l'individu se trouve augmentée de façon trop importante. Ce peut être le cas suite à une motivation trop forte ou à une grave perturbation émotionnelle. L'étudiante qui doit à *tout prix* réussir un examen risque de perdre la concentration nécessaire à la compréhension des questions. Le sportif qui vient d'apprendre la fin de sa liaison amoureuse risque pour sa part de perdre tout intérêt pour le match de championnat qu'il va disputer.

Jusqu'à tout récemment, cette « *conscience de surface* », comme l'appelle Etevenon (1984), était considérée par la psychologie scientifique comme le seul aspect normal digne d'être étudié. Selon cette concep-

Conscience de surface
État de conscience correspondant à l'état de vigilance active. Il permet une adaptation de l'organisme à son environnement par l'établissement et le contrôle des liens entre les mondes extérieur et intérieur.

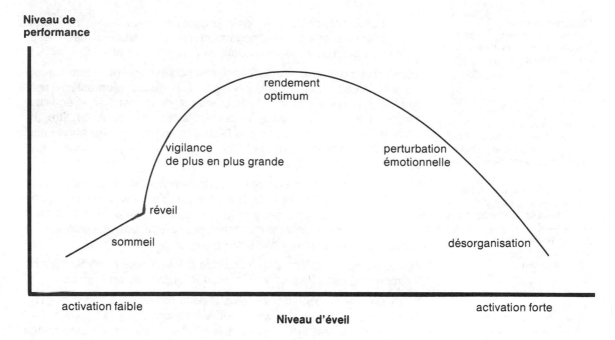

Niveau de performance

rendement optimum

vigilance de plus en plus grande

perturbation émotionnelle

réveil

sommeil

désorganisation

activation faible

activation forte

Niveau d'éveil

Fig. 4.1 *Selon la loi de Yerkes-Dodson, reprise et adaptée par Hebb, un individu va émettre des comportements d'autant plus efficaces que son niveau d'éveil n'est ni trop faible, ni trop élevé. Sous ce niveau optimal, la vigilance de l'individu diminue progressivement pour faire place bientôt à l'endormissement; au-dessus, l'individu est de plus en plus perturbé et ses comportements risquent alors de se désorganiser complètement.*

tion classique, une faible activation entraînerait l'individu dans l'endormissement et l'état de sommeil et une activation trop forte provoquerait l'apparition de comportements désorganisés, considérés comme pathologiques dès le moment où l'individu se montre incapable d'assurer un retour à l'équilibre.

Chaque jour, toutefois, on accumule de nouvelles connaissances sur le fonctionnement du cerveau et de ses neurotransmetteurs (voir appendice A), ainsi que sur la façon dont se modifie constamment l'activité électrique cérébrale (voir le document 4.1).

De plus, certains chercheurs, psychologues et physiciens manifestent un intérêt grandissant pour la façon dont la culture orientale envisage la vie dans sa totalité, non pas comme une série de phénomènes à expliquer, mais bien plus comme une partie intégrante de l'Univers, à l'unité duquel elle participe.

L'attention des Occidentaux se porte donc de plus en plus sur la manière dont cette expérience mystique de l'*unité globale* est ressentie, à travers la *méditation* et l'état de *transe*, par les maîtres de la philosophie orientale.

En Occident, des expériences comme celles que des sujets ont vécues dans un caisson d'isolation sensorielle permettent, notamment, d'envisager par ce détour l'exploration de l'espace intérieur (voir le document 5.10).

Méditation
(du latin *meditari* = s'exercer). Technique, ou état de conscience, permettant un ralentissement de l'activité cérébrale par la concentration de l'attention sur un objet ou une pensée. Elle entraîne la relaxation de l'organisme et peut déboucher sur des expériences mystiques.

Transe
(de l'anglais *trance* = exaltation, transport). État d'exaltation intense, qui entraîne une activation cérébrale extrême.

De son côté, l'étude de l'effet des drogues, à usage *thérapeutique* ou non, progresse et permet d'approfondir la connaissance des mécanismes du cerveau et la façon dont ils peuvent être altérés.

Même des comportements considérés habituellement comme anormaux, tels que ceux liés à la *schizophrénie* ou à la dépression, sont de plus en plus envisagés comme une façon de rechercher un équilibre interne face aux pressions de la réalité extérieure. À ce titre, ils devraient donc être compris davantage comme une manifestation « normale » du monde intérieur plutôt qu'une anomalie de la conscience de surface qu'il faudrait à tout prix éliminer.

Mais, plus simplement encore, un phénomène comme le sommeil, et les rêves qui l'accompagnent, se révèle être bien plus complexe qu'on ne le pensait. On sait à présent qu'il constitue un état de conscience de première importance dans notre vie, autant par la place qu'il y occupe que par l'activité cérébrale qui le sous-tend.

La conscience est donc une mosaïque d'états, jouant un rôle plus ou moins grand dans l'équilibre tant externe qu'interne de l'individu.

Aux extrêmes, l'être humain existe à deux niveaux qui s'excluent l'un l'autre. D'une part, il doit s'intégrer à un monde objectif dans lequel son *moi* est contraint de s'ajuster à la réalité extérieure. C'est le niveau de la conscience de surface et des fonctions de perception et de prise de décision qu'elle suppose. D'autre part, il plonge dans le monde subjectif des états modifiés de conscience dont est exclue toute référence à la réalité extérieure et au temps, et où s'enracine le *soi profond* qui constitue, selon certains, l'état « d'union océanique avec l'Univers » (voir le document 4.2).

Les états modifiés de conscience

Le sommeil

Il n'est pas nécessaire de chercher bien loin pour rencontrer un *état modifié de conscience* qui nous coupe de tout contact avec notre environnement physique et social; le sommeil en est un, en effet, que chacun de nous vit quotidiennement et tout naturellement, et qui occupe un tiers de la durée de la vie.

Notre organisme fonctionne en moyenne selon une alternance de 16 heures de veille et de 8 heures de sommeil. On sait, de plus, que ce cycle de plus ou moins 24 heures est régi par un mécanisme interne de contrôle connu sous le nom d'*horloge biologique*. C'est cette dernière qui est responsable de l'excitation du centre du sommeil, situé dans le tronc cérébral, et de celui de l'éveil, constitué par la formation réticulée elle-même (voir le document 4.3).

On a longtemps cru que le sommeil consistait simplement en une mise au repos totale de l'organisme permettant à celui-ci de récupérer les forces perdues lors des efforts consentis à l'état de veille. On a effec-

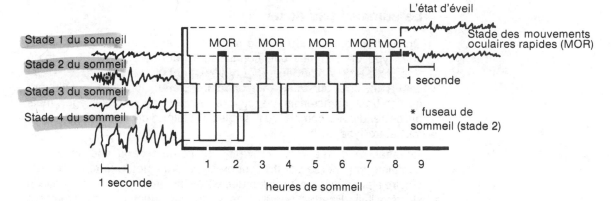

Fig. 4.2 *Les stades du sommeil. À gauche : Les ondes lentes caractéristiques des quatre stades du sommeil. À droite : Les ondes rapides caractéristiques de l'état de vigilance (éveil) ainsi que du sommeil paradoxal (stade MOR). Au centre : Les cinq cycles du sommeil d'une durée approximative de 90 minutes. On remarque que, chez l'adulte, le stade 4 n'est guère atteint plus de deux fois, et seulement au début de la nuit. On note également la faible durée des passages par le stade 3 ainsi que l'allongement progressif de la durée des passages au stade 2 et dans le sommeil paradoxal (stade MOR).*

tivement montré qu'un manque de sommeil entraînait des effets parfois considérables sur le comportement des individus : certains dorment littéralement debout, présentent des hallucinations ou se mettent à *délirer* après deux ou trois jours de privation ; d'autres deviennent même incapables de ressentir normalement les stimulations tactiles, visuelles ou sonores.

Mais, on sait à présent que le sommeil n'est pas uniquement une période de récupération pour l'organisme et, surtout, qu'il n'est pas un état homogène (figure 4.2). Au contraire, il passe par différents stades au cours d'un *sommeil à ondes lentes* auquel succède un autre type de sommeil, le *sommeil paradoxal*. Cette succession entre ces deux types de sommeil se reproduit au cours de chacun des cinq cycles d'environ 90 minutes qui constituent une nuit normale de sommeil (voir le dossier 4.1).

Le sommeil à ondes lentes

Il représente près de 80 % de la durée totale de sommeil. À l'aide d'un électroencéphalographe (EEG), qui enregistre l'activité cérébrale du dormeur, les scientifiques ont pu détecter quatre stades au cours desquels l'activité cérébrale se présente sous la forme d'ondes de plus en plus lentes jusqu'au stade 4, correspondant au *sommeil profond*.

Pendant que le dormeur s'enfonce ainsi dans le sommeil, les rythmes cardiaque et respiratoire ralentissent en devenant de plus en plus réguliers. Même s'il subsiste une légère *tension musculaire*, le corps se détend au point d'atteindre le stade de sommeil profond où il semble que l'organisme effectue une récupération physique maximale.

Une certaine vigilance persiste pourtant pendant le sommeil et il semble que bon nombre d'individus soient capables de s'éveiller à une heure fixée ou au simple appel de leur nom.

Sommeil à ondes lentes
Sommeil qui se caractérise par un ralentissement de l'activité cérébrale provoqué par la décharge de plus en plus synchrone des cellules nerveuses du cerveau. On y distingue quatre stades succédant à l'endormissement et allant jusqu'au sommeil profond.

Sommeil paradoxal
(du grec *paradoxos* = contraire à l'opinion commune). Phénomène succédant au sommeil profond, environ toutes les 90 minutes. Il se caractérise par une intense activité cérébrale contrastant cependant avec une absence totale de tension musculaire. C'est au cours du sommeil paradoxal que se structurent les rêves.

Sommeil profond
Sommeil propre au stade 4 du sommeil à ondes lentes. C'est au cours de celui-ci que la récupération est maximale pour l'organisme.

Tension musculaire
Tension présente la plupart du temps dans les muscles du corps permettant à celui-ci d'éviter l'affaissement et d'adopter au contraire certaines postures.

Le sommeil paradoxal

On avait longtemps cru que le sommeil à ondes lentes constituait le seul type de sommeil que connaisse le dormeur, jusqu'au jour où Azerinsky et Kleitman, en 1953, découvrirent un autre tracé, apparaissant après celui du stade 4 de sommeil profond. On pensa tout d'abord que ce tracé caractérisait un retour au stade 1 du sommeil léger, mais on se rendit vite compte qu'il s'agissait plutôt d'un stade propre à un tout autre type de sommeil.

(note manuscrite : avec ① EEG Électro Encéphalo Graphe)

En effet, le dormeur se trouve à ce moment dans une immobilité complète engendrée par une suppression brusque de la tension musculaire alors que l'activité cérébrale, elle, s'intensifie, comme si l'individu se réveillait. Pourtant, seuls ses yeux effectuent des mouvements rapides sous les paupières.

C'est le *stade MOR* (*m*ouvements *o*culaires *r*apides), correspondant au sommeil dit «paradoxal», compte tenu de cette opposition entre l'état du corps et celui du cerveau.

Au cours du stade MOR, il est très difficile d'éveiller le dormeur, mais, si on y parvient, on pourra l'entendre raconter un rêve dont la richesse et la précision des détails contrastent avec ce qui se passe au cours du sommeil à ondes lentes (dossier 4.1).

Les rêves étant étroitement associés au sommeil paradoxal, on peut déduire que leur durée est probablement comparable à celle de ce dernier, soit environ 20 % du temps total du sommeil.

De plus, on a noté que si le premier rêve de la nuit ne présente pas, en général, une grande originalité, il semble que plus on avance dans les périodes MOR, plus les rêves deviennent colorés[1].

Il apparaît en outre que si le sommeil profond est nécessaire à l'organisme, le sommeil paradoxal l'est tout autant. Au cours de différentes études, des chercheurs ont systématiquement réveillé les sujets au moment où l'activité cérébrale et les mouvements des yeux révélaient qu'ils entraient dans la phase de sommeil paradoxal. On leur permettait alors de se rendormir et de bénéficier du même nombre total d'heures de sommeil que d'habitude ; de cette façon, on supprimait les périodes de sommeil paradoxal.

Les chercheurs découvrirent alors que dès qu'ils permettaient à ces mêmes sujets de dormir sans interruption, ceux-ci montraient une augmentation considérable du taux de sommeil paradoxal. Et ce n'est qu'après quelques jours que tout revenait alors à la normale (Dement, 1960).

Plusieurs hypothèses ont été émises sur l'utilité du sommeil paradoxal.

Certains croient qu'il constitue une période de restauration des cellules ; d'autres estiment qu'il s'agit d'une soupape de sûreté permettant au trop-plein d'énergie de se décharger alors que le corps est totalement privé de mouvement ; d'autres encore croient qu'il favorise la *rétention*

Stade MOR
Autre nom donné au sommeil paradoxal qui se caractérise notamment par l'apparition de mouvements oculaires rapides (MOR) sous les paupières.

Rétention
Conservation en mémoire. Le fait de retenir, de conserver en mémoire une information ou un apprentissage.

---

[1] Un rêve sur trois environ serait en couleurs ; cela semble cependant n'avoir aucune signification particulière par rapport aux rêves en noir et blanc.

des apprentissages effectués avant l'endormissement. Certaines recherches ont même établi une relation étroite entre un niveau élevé de quotient intellectuel et la quantité importante de sommeil paradoxal présentée par certains individus.

Quant aux rêves eux-mêmes et à leur contenu, plusieurs hypothèses ont été émises, qui sont, pour l'instant, en cours de vérification (voir le dossier 4.1).

La méditation

Avec la méditation, nous abordons un état de conscience modifié volontairement par le sujet. Cette technique, connue depuis des siècles en Orient, a attiré l'attention des chercheurs occidentaux à cause du parallèle qui pouvait être établi avec la *rétroaction biologique*, mise au point en laboratoire à la fin des années 60 (voir le document 4.4).

Toutes les techniques de méditation poursuivent le même but : focaliser l'attention afin de rétrécir le champ de la conscience de surface, jusqu'à ce que le cerveau soit amené à réagir de façon rythmique avec le stimulus sur lequel le sujet se concentre. Il existe plusieurs manières d'y parvenir : en centrant son attention sur des pensées ou sur les sensations physiques, comme le font les adeptes du *zazen*, ou à l'aide de danses rythmées, comme chez les *derviches tourneurs*, ou encore par la pratique du *yoga*, qui met l'accent sur la maîtrise des attitudes corporelles et de la respiration. Dans tous les cas, le cerveau est ainsi amené à produire un tracé d'ondes cérébrales de plus en plus synchrones, le plus souvent de type alpha, ou encore de type thêta, comme c'est le cas chez certains maîtres zen.

Certains méditants atteignent même un niveau de contrôle tel qu'il leur est possible de ralentir leur rythme cardiaque à volonté ou de diminuer leur consommation d'oxygène de près de 20 % (figure 4.3).

Une technique de méditation a été largement popularisée en Occident. Il s'agit de la *méditation transcendantale* (ou MT) qui s'appuie sur l'utilisation d'un mot particulier, un *mantra*. Celui-ci, généralement choisi par le «maître» pour le disciple, est constitué de sons, tels que o, m, n, qui entrent aisément en *résonance* avec la boîte crânienne. Le sujet est appelé à répéter son mantra — OM, ENG, SHIRIM... d'abord à haute voix, puis en silence, jusqu'à atteindre la détente totale et l'état de «conscience pure» dont toutes les perceptions du monde extérieur se trouvent exclues, et qui toucherait, selon certains adhérents, à un «sentiment d'éternité».

Il est certain que s'il est possible d'objectiver les changements physiologiques entraînés par la pratique de la méditation, il est par contre difficile de vérifier les impressions subjectives que rapportent les sujets.

Rétroaction biologique
(traduction de l'anglais «bio-feedback»). Il s'agit d'une technique permettant d'obtenir une information sur certaines fonctions physiologiques, à l'aide d'instruments tels que l'EEG, l'EKG, le GSR, et d'agir en retour sur cette fonction en tentant de la contrôler ou de la modifier.

Zazen
(du japonais *za* = assis et *-zen* = en méditation). Technique japonaise de méditation, enseignée par les maîtres zen et qui consiste à se détacher des choses en se concentrant sur elles de façon passive, c'est-à-dire sans y être réceptif.

Derviche tourneur
Religieux musulman (perse ou syrien) appartenant à une confrérie dont les chants psalmodiés et les danses rythmées provoquent un «dérapage» de la conscience de surface et font entrer le sujet dans un état modifié.

Yoga
Technique indienne de méditation qui consiste à se détacher totalement de la réalité extérieure en concentrant l'attention sur un objet ou une pensée unique. Les yogis sont notamment capables, par cette technique, d'excercer un contrôle total sur leur organisme.

Transcendantal
(du latin *trans* = par-delà et *-ascendere* = monter). Qui dépasse le niveau de conscience ordinaire pour atteindre celui de la «conscience pure» dégagée de toute référence à la réalité externe autant qu'interne.

Mantra
(mot sanskrit qui signifie esprit). Mot ou son que l'adepte de la méditation transcendantale reçoit du maître et qu'il va répéter inlassablement afin de se détacher de la réalité extérieure et d'élargir le champ de la conscience.

Résonance
Phénomène par lequel l'émission d'une vibration extérieure se rapprochant d'une «fréquence naturelle» du cerveau augmente l'amplitude de celle-ci.

Fig. 4.3 *L'entrée dans un état modifié de conscience peut s'effectuer de diverses manières. Il peut s'agir de danses rythmées s'accompagnant de la répétition incessante d'un même vocable, comme c'est le cas dans certaines sectes (photo du haut) ou d'un repli total vers l'intérieur, comme chez les yogi. Dans les deux cas, le principe est le même : rétrécir le champ de la conscience jusqu'à se couper du monde extérieur.*

De plus, nous verrons dans le chapitre suivant que l'expérience en caisson produit des effets similaires en un peu plus d'une heure et qu'elle entraîne notamment la production d'ondes thêta en quelques minutes chez l'individu éveillé, alors que cela demande des années de pratique de la méditation chez la plupart des maîtres zen.

Quoi qu'il en soit, la méditation comme telle semble constituer une technique apportant un bien-être réel, notamment par la relaxation qu'elle procure. Il s'agit sûrement là d'un outil qui, comme le souligne Benson (1973), peut permettre à de nombreux individus de combattre le stress sans devoir nécessairement adhérer pour autant à une quelconque secte (voir le document 4.5).

Diversité des états modifiés

Il n'est toutefois pas indispensable de devenir maître de la méditation ou de plonger dans un état de transe pour vivre un état modifié de conscience autre que le sommeil.

Chacun de nous, un jour ou l'autre, a éprouvé pendant une courte période cette sensation d'exaltation entraînant la dilatation de la conscience et un sentiment de fusion avec l'Univers, à côté de laquelle la réalité semble terne. Il peut s'agir d'un spectacle dont la beauté nous surprend, ou du mouvement d'une œuvre musicale dont l'audition suscite toujours le même émoi ; cela peut être l'émotion accompagnant les premiers contacts amoureux vers lesquels deux êtres tendaient depuis des jours, ou les sensations liées à l'orgasme, ou encore celles ressenties par l'alpiniste ayant atteint seul le sommet d'un pic, après des heures d'efforts. Ce sont là des moments privilégiés, des expériences de pointe ou *paroxystiques*, comme les appelle Maslow (1970), qui contribuent au maintien de notre équilibre émotionnel.

Mais, bien que de tels états fassent partie de notre hérédité humaine, il semble que l'éducation dispensée aux individus dans notre société vise à limiter les occasions de les vivre. Le but ainsi poursuivi consiste essentiellement à canaliser l'énergie en vue de l'adaptation à la réalité extérieure, physique et sociale, et du développement de la conscience de surface.

Quant aux expériences vécues par certains individus sous hypnose (voir le document 4.6) ou, dans un autre ordre d'idées, celles que semblent effectuer de nombreuses personnes au moment de la mort (voir le document 4.7), elles font actuellement l'objet d'investigations qui risquent de remettre en question la vision quelque peu simpliste qu'on a le plus souvent du fonctionnement de l'esprit humain.

L'usage des drogues et les états altérés

Les *états altérés de conscience*, induits à l'aide de drogues, sont de loin les plus connus. Chacun a entendu parler des conséquences qu'ils peuvent entraîner : l'enfer que constitue la dépendance à l'héroïne, les dangers d'une *overdose*, les risques de la conduite d'une voiture en état d'ivresse, la perte des esprits de l'individu ayant fait un usage prolongé de drogues psychédéliques ou les risques de cancer qui sont liés à l'usage du tabac.

Dans une certaine mesure, la plupart de ces histoires sont vraies. Et pourtant, les gens continuent à consommer des *psychotropes*. Certains le font pour supprimer la douleur, d'autres pour retrouver le sommeil, d'autres encore pour se stimuler dans les moments d'effort. Mais beau-

Paroxystique
(du grec *-oxy* = pointu). Le plus haut degré atteint par une sensation, un sentiment, un symptôme.

État altéré de conscience
(du latin *alterare* = rendre autre). État modifié de conscience atteint à l'aide d'un agent extérieur ou d'une substance psychotrope.

Overdose
(mot anglais qui signifie dose excessive). Se dit de la dose mortelle de drogue exigée pour atteindre l'effet recherché, suite à la trop grande tolérance développée par l'organisme du toxicomane.

Psychotrope
(du grec *psukhê* = âme, esprit, et *-tropos* = direction). Se dit de toute substance qui agit sur le psychisme. Ce terme est préféré à celui de *drogue*, jugé trop péjoratif.

coup le font simplement pour se sentir « autre », pour rechercher un état de bien-être intérieur qui les aide à affronter, mais souvent aussi à fuir, les difficultés de la vie.

Le tabac, le café et l'alcool sont sans doute les drogues les plus courantes et les plus consommées dans notre société. Cependant, la marijuana, le haschich, le LSD, la mescaline, les amphétamines, la cocaïne ou même l'héroïne, bien qu'illégales, sont largement utilisées.

Quelle que soit la drogue, elles agissent toutes au niveau du cerveau, soit en accélérant le passage d'informations sensorielles, soit en le bloquant ou en le modifiant, soit en empêchant certains centres nerveux d'accomplir normalement leur fonction.

On sait, à présent, que c'est l'action qu'elles exercent au niveau de la synapse sur les neurotransmetteurs qui est responsable de ces modifications dans la transmission de messages d'un neurone à l'autre (voir appendice A).

Certains psychotropes sont en effet capables de se substituer à ces neurotransmetteurs en déclenchant des effets plus importants ou simplement différents ; d'autres ont pour effet de bloquer la sécrétion de ces substances, d'autres encore accélèrent celle-ci ou perturbent à ce point la transmission des informations que le cerveau n'est bientôt plus capable de leur attribuer un sens.

La consommation répétée d'une drogue crée le plus souvent une *accoutumance* vis-à-vis de celle-ci. La *toxicomanie*, elle, constitue un état d'intoxication *chronique* ou périodique dont les effets sont dramatiques pour l'organisme, puisqu'il engendre une *dépendance* de l'individu vis-à-vis de la drogue.

À ce sujet, il faut distinguer la *dépendance physique* de la *dépendance psychologique*. Dans les deux cas, il existe un état de besoin. Lorsqu'il y a une dépendance physique, on observe que le fonctionnement des neurotransmetteurs se transforme au point que l'organisme ne peut plus fonctionner sans la drogue et qu'un *syndrome d'abstinence*, aux conséquences parfois mortelles, peut apparaître au moment du *sevrage*.

Quant à la dépendance psychologique elle se traduit par une tendance à la recherche de consommation d'une drogue pour le sentiment de plaisir ou de satisfaction qu'elle procure. La privation peut alors entraîner un syndrome d'abstinence d'origine affective.

Certains auteurs emploient le terme *assuétude* pour rendre compte de l'état d'asservissement que crée chez le sujet la relation de dépendance physique ou psychologique.

De plus, certains psychotropes entraînent une *tolérance* de l'organisme qui, en devenant de plus en plus résistant à leur action, est amené à exiger des doses de plus en plus fortes pour produire l'effet recherché.

Le tableau présenté au document 4.8 montre les diverses conséquences de l'usage des différents types de psychotropes.

Accoutumance
Processus par lequel l'organisme s'habitue à la consommation d'une drogue donnée.

Toxicomanie
(du latin *toxicum* = poison et du grec *-mania* = folie). Tendance pathologique à rechercher la consommation d'une substance, d'un médicament ou d'une drogue toxique.

Chronique
(du grec *kronos* = temps). Se dit d'un trouble ou d'une maladie qui s'installe lentement ou qui dure longtemps (à l'opposé d'un trouble aigu).

Dépendance
État de besoin d'éveloppé vis-à-vis d'une drogue. Elle peut être physique, si c'est l'organisme qui en exige la consommation pour fonctionner, ou psychologique, si le besoin est d'origine affective.

Syndrome d'abstinence
Ensemble de symptômes (syndrome) manifestés par l'organisme à la suite de l'arrêt de la consommation d'une drogue.

Sevrage
Interruption progressive ou totale de la consommation d'une substance.

Assuétude
(du latin *assuetudo* = habitude). Terme employé pour traduire le mot anglais *addiction*. Relation de dépendance qui lie un individu à une drogue et qui oriente les divers aspects de sa vie.

Tolérance
Aptitude de l'organisme à résister aux effets d'une drogue, ce qui exige que les doses de celle-ci soient augmentées pour que ses effets se produisent à nouveau.

Les stimulants

Les stimulants mineurs

Chaque jour de nombreuses personnes utilisent une drogue, sans en prendre réellement conscience, afin de se donner un «coup de fouet» pour démarrer la journée : c'est la *caféine* présente dans le café, le thé ou le *cola*. Il s'agit cependant d'un *stimulant* mineur.

La *nicotine* est un autre stimulant qui, cette fois, est beaucoup moins inoffensif.

Ses effets sont connus. Il semble que ce stimulant aide tout d'abord à surmonter le stress. En effet, en accroissant la sécrétion de sérotonine, la nicotine provoque une réduction de l'activité cérébrale se traduisant par une sensation d'apaisement. Ce n'est qu'ensuite qu'elle entraîne une augmentation de la quantité de noradrénaline et, avec elle, un accroissement de l'activité cérébrale (voir appendice A).

Hélas, cet effet ne dure que quelques dizaines de minutes, et le fumeur est alors tenté de recommencer presque immédiatement. On comprend alors qu'il soit si difficile, sans parler pour autant de dépendance psychologique, de se défaire de cette habitude nocive pour la santé.

Les amphétamines

Les *amphétamines* sont des stimulants beaucoup plus puissants. Elles agissent en augmentant considérablement la concentration de la *noradrénaline* dont elles stimulent la libération tout en empêchant l'inactivation (voir appendice A). Elles accroissent ainsi l'état d'excitation générale pouvant conduire à l'effondrement de l'organisme.

La consommation d'amphétamines crée donc, dans un premier temps, un sentiment de bien-être, la sensation d'être en forme, d'être sûr de soi. L'*injection intraveineuse* d'amphétamine en dose massive déclenche chez le toxicomane un «flash» immédiat, correspondant à une jouissance extrême qui se compare le plus souvent à un orgasme des plus intenses. Suit alors un état d'exaltation intellectuelle, un besoin impérieux de parler et le sentiment illusoire de se dépasser, de dominer le monde, d'être un créateur.

La consommation d'amphétamines de façon durable entraîne souvent des manifestations *psychotiques* de type *paranoïaque* : le sujet se sent bientôt traqué et le moindre geste d'un partenaire est vite interprété comme une menace. Le délire s'accompagne aussi d'hallucinations auditives. On se souviendra de l'aventure de ce chauffeur de camion américain qui conduisait sans arrêt depuis 48 heures, «soutenu» par une consommation excessive d'amphétamines. Il raconta, lorsqu'il fut retrouvé dans le fossé parmi les débris de son camion, qu'il avait confié le volant à un copilote, qui n'existait que dans son esprit halluciné, pendant qu'il allait se reposer sur sa couchette.

Stimulant
Drogue ou médicament qui excite, qui augmente l'énergie ou l'ardeur de quelqu'un.

Caféine
Substance d'origine végétale contenue dans le café, le thé et le cola.

Cola
(mot soudanais). Produit stimulant extrait de la noix d'un arbre africain appelé kolatier (ou colatier).

Amphétamine
(contraction de amphéthylamine). Drogue excitante du système nerveux central.

Injection intraveineuse
Injection qui se fait directement dans une veine afin de provoquer immédiatement les effets du produit sur le cerveau par le biais de l'irrigation sanguine.

Psychotique
Se dit d'un comportement traduisant une désorganisation de la personnalité mais dont l'individu ne reconnaît pas le caractère morbide (anormal).

Paranoïaque
(du grec *paranoïa* = folie). Se dit d'un comportement caractérisé notamment par une méfiance sans aucun fondement, reposant sur une fausseté dans le jugement.

La cocaïne

La *cocaïne* est extraite des feuilles du cocaïer, un arbuste d'Amérique du Sud. Elle se présente sous la forme d'une poudre blanche («la neige») utilisée, dans les pays occidentaux, en prises nasales ou en injection.

La cocaïne est avant tout un stimulant, mais l'euphorie qu'elle procure, projetant parfois le sujet vers des sommets de «jouissance pure» et pour laquelle elle est principalement recherchée, la classe également parmi les narcotiques.

C'est d'ailleurs dans cet état d'euphorie que l'utilisateur se sent des plus efficaces; il voit la vie avec lucidité et se sent plein de vigueur et sûr de lui.

Cet état est cependant assez vite suivi d'un sentiment d'angoisse et parfois d'hallucinations auditives aux effets désagréables. Aussi, si la cocaïne ne crée une dépendance physique qu'à long terme, elle crée rapidement une dépendance psychologique importante chez le cocaï-nomane à la recherche de l'effet premier.

Les neurodépresseurs

Les *neurodépresseurs* ont une action inverse de celle des stimulants. En ralentissant l'activité des centres respiratoires du tronc cérébral, ils freinent l'arrivée de l'oxygène au cerveau en diminuant ainsi l'activité de celui-ci. Cela entraîne alors une mauvaise coordination des gestes, un langage embrouillé, des idées confuses ainsi que la fermeture progressive des mécanismes de l'éveil et de l'attention dans la formation réticulée.

L'alcool

Bien des gens ne se rendent pas compte que l'alcool est un neurodé-presseur. Son premier effet, après un verre ou deux, est effectivement à l'opposé : il libère la personne de certaines inhibitions sociales, la rendant bruyante et excitée et l'amenant parfois à faire des choses qu'elle ne se permettrait probablement pas dans d'autres circonstan-ces. Cependant, plus cette personne boit, plus l'activité de son orga-nisme ralentit, et plus l'effet neurodépresseur se fait sentir dans sa façon de parler et de se comporter. Sa capacité de penser logiquement et de prendre des décisions justes diminue, au point qu'elle devient bientôt incapable d'apprécier l'état dans lequel elle se trouve, tout en restant persuadée de pouvoir encore effectuer des tâches aussi com-plexes que la conduite d'une voiture. Les dizaines de milliers de per-sonnes tuées, chaque année, par des conducteurs ivres sont les vic-times de cette «erreur d'appréciation».

L'abus d'alcool a, de plus, des effets irréversibles sur l'organisme; il entraîne la coagulation du sang qui bloque ainsi les *capillaires* sanguins et les fait éclater : ceci explique la coloration rouge du nez chez l'alcoo-lique, mais également la destruction des cellules du cerveau que le sang ne peut plus alimenter en oxygène.

Cocaïne
Substance stimulante extraite des feuilles du cocaïer, mâchées telles quelles par les Indiens d'Amérique du Sud, mais transformées en poudre blanche en vue de l'exportation vers les pays occidentaux.

Neurodépresseur
(du grec *neuron* = nerf et -dépresseur). Drogue ou médi-cament entraînant le ralentisse-ment d'activité de certains cen-tres nerveux et par là même l'af-faiblissement ou la désorganisa-tion de certaines fonctions.

Capillaire
Vaisseau sanguin le plus fin assurant le passage du sang, au niveau des organes, du système artériel au système veineux.

Les barbituriques et les tranquillisants

Il existe plus de deux mille variétés de *barbituriques* sur le marché, vendus principalement pour leur pouvoir *sédatif* et *soporifique*. Cependant, les effets recherchés sont parfois bien différents.

Une intoxication par de faibles doses entraîne des symptômes semblables à ceux présents dans l'ivresse alcoolique, tels qu'ils viennent d'être décrits.

À des doses plus fortes, ils provoquent un *coma* plus ou moins profond, selon la dose et le produit ingéré. La moitié des tentatives de suicide est liée à une intoxication *aiguë* aux barbituriques et près de 10 % des victimes ne s'en réveillent pas.

Dans les cas de toxicomanie, les effets vont de l'altération de la mémoire et du jugement à une diminution de l'activité intellectuelle et de l'intérêt pour le travail ou les événements de la vie courante. Ils se traduisent également par une perte du contrôle des émotions, ce qui entraîne des passages de l'optimisme béat au désespoir le plus profond.

La plupart des psychotropes perturbent le sommeil paradoxal, mais les neurodépresseurs, eux, semblent le supprimer presque totalement. Si bien que l'alcoolique ou le *barbituromane*, lorsqu'ils se trouvent en période de sevrage, vont passer la presque totalité de leur temps de sommeil dans un sommeil paradoxal. C'est un peu comme si le cerveau tentait par là de compenser la privation dont il a été l'objet jusqu'alors, et qui a empêché ce type de sommeil de jouer son rôle dans la reconstitution des fonctions vitales.

Quant aux *tranquillisants*, ou pilules du bonheur, ils ont surtout pour effet de diminuer l'anxiété en bloquant le passage de l'influx au niveau des synapses. Cependant, même s'il s'agit de tranquillisants mineurs tels que le Valium ou le Librium[2], leur consommation durant des périodes prolongées entraîne le plus souvent une tolérance de l'organisme et peut engendrer une dépendance tant physique que psychologique.

Les narcotiques

Depuis les temps les plus reculés, les êtres humains connaissent la vertu de certaines plantes capables de les transporter dans un état d'apesanteur, hors du temps et de l'espace, inondés d'une euphorie incomparable. C'est le cas du pavot, originaire d'Asie et dont sont extraits l'*opium* et ses dérivés.

Les opiacées

Cocteau écrivait : « Tout ce qu'on fait dans la vie, même l'amour, on le fait dans un train express qui roule vers la mort. Fumer l'opium c'est quitter le train en marche... ».

Barbiturique
(d'un mot allemand créé par la compagnie de produits pharmaceutiques Bayer en 1865). Acide dont les dérivés sont utilisés comme sédatifs ou comme somnifères.

Sédatif
(du latin *sedare* = calmer). Se dit d'un médicament ou d'une drogue qui a un effet calmant sur l'organisme.

Soporifique
(du latin *sopor* = sommeil profond et *-facere* (ficus) = faire). Se dit d'un médicament ou d'une drogue qui provoque le sommeil.

Coma
(du grec *koma* = sommeil profond). État de non-conscience et de perte de la sensibilité et de la mobilité suite à une lésion ou à l'absorption d'une drogue.

Aigu
Se dit d'un trouble ou d'une maladie s'installant brusquement et évoluant rapidement (contraire de chronique).

Barbituromanie
Toxicomanie caractérisée par la consommation de barbituriques.

Tranquillisant
Drogue ou médicament provoquant la baisse de l'anxiété par son action sur le système nerveux.

Opium
(du grec *opion* = suc). Latex obtenu après incision des capsules du pavot, avant leur maturité, et utilisé comme stupéfiant.

---

[2] Il s'agit là de marques de commerce des tranquillisants les plus connus.

Le prix de cette sensation merveilleuse est malheureusement élevé : les opiacées sont en effet des drogues qui entraînent rapidement une dépendance tant physique que psychique, ainsi qu'une tolérance de plus en plus grande.

Les opiacées sont d'ailleurs les seules drogues à porter le nom de « *stupéfiants* » ou de « *narcotiques* ».

La *morphine* est, avec la *codéine*, l'ingrédient actif de l'opium. Elle a tout d'abord été utilisée pour calmer la douleur. En effet, on sait maintenant qu'elle agit sur le cerveau en bloquant la transmission des informations se dirigeant vers les centres de la douleur, tout en stimulant les voies nerveuses impliquées dans l'excitation des centres du plaisir (voir appendice A et document 6.4).

Il s'agit pourtant là du rôle qu'assurent les endorphines, des substances naturelles présentes dans le cerveau en petite quantité (voir appendice A). Mais celles-ci agissent beaucoup plus lentement que la morphine. Aussi, quand cette dernière se trouve administrée en dose massive, elle bloque la production des endorphines, ce qui a pour conséquence de créer une dépendance à l'opiacée.

À la fin du XIXᵉ siècle, on crut avoir découvert, dans un dérivé de la morphine, le « héros » qui pourrait supprimer la dépendance à cette drogue et qu'on baptisa pour cette raison du nom d'*héroïne* (figure 4.4).

Prise par voie intraveineuse, l'héroïne procure tout d'abord le « flash », une sensation brutale et profonde de plaisir total, d'orgasme généralisé, qui dure au plus une dizaine de secondes et auquel succède l'état de bien-être du « fœtus baignant dans le liquide amniotique ».

Aussi les espoirs fondés sur l'héroïne s'évanouirent vite lorsqu'on s'aperçut qu'elle engendrait une dépendance physique en moins de 21 jours, chez 91 % des usagers.

À la fin des années 70, les scientifiques mirent alors tous leurs espoirs dans les *endorphines artificielles* qui venaient d'être synthétisées, jusqu'à ce qu'on se rende compte que ces dernières entraînaient une dépendance plus grande encore que la dépendance à l'héroïne.

Les hallucinogènes et les psychédéliques

Le LSD

Le LSD (*l*ysergic acid *d*iethylamide 25), la mescaline et la psilocybine ont surtout pour effet de modifier la perception de l'environnement par le sujet, en amplifiant notamment les formes et les couleurs.

Ces drogues offrent la particularité d'avoir une structure très proches de certains neurotransmetteurs du cerveau. Ainsi, la *mescaline*, provenant des boutons du cactus peyotl, est très proche de la noradrénaline, et la *bufoténine*, extraite de crapauds ou de champignons, est métabolisée par la sérotonine.

Quant au LSD, qui s'apparente à la sérotonine, il empêche celle-ci d'agir sur les sites récepteurs en prenant sa place sur ceux-ci (voir

Stupéfiant

(du latin *stupefacere* = qui engourdit). Drogue ou médicament qui engourdit les centres nerveux.

Narcotique

(du grec *narkê* = engourdissement). Drogue ou médicament qui provoque l'assoupissement et l'engourdissement de la sensibilité.

Morphine

(de *Morphée* = dieu grec du sommeil). Substance extraite de l'opium, dotée de propriétés soporifiques et calmantes.

Codéine

(du grec *kôdéia* = pavot). Substance extraite, comme la morphine, du pavot mais dont les effets sont moindres.

Heroïne

(du grec *heros*, par allusion au fait que cette drogue devait remplacer avantageusement la morphine). Stupéfiant dérivé de la morphine mais beaucoup plus toxique, se présentant sous la forme d'une poudre blanche cristalline.

Endorphines

(contraction du grec *endo* = en dedans et de morphine). Neurotransmetteurs ayant une action assez semblable à celle de la morphine en réaction à la douleur physique. Elles semblent jouer en plus un rôle important contre le stress.

appendice A) : les synapses privées de leur frein naturel laissent alors passer tous les messages, entraînant un état de surexcitation et de surcharge informationnelle.

Les perceptions deviennent anormalement aiguës : les sons paraissent plus harmonieux et les couleurs plus chatoyantes. La pièce peut sembler se rapetisser ou, au contraire, s'agrandir démesurément. Ces illusions demeurent cependant sous le contrôle du sujet. Les hallucinations, elles, ne se développent en effet que lors de l'absorption de doses trop fortes. Dans ce cas, l'individu peut par exemple se sentir devenir oiseau et se comporter comme tel. La notion de temps se trouve, elle aussi, considérablement modifiée, s'accélérant ou ralentissant selon le type de « voyage » effectué par l'usager. Le tout s'accompagne, le plus souvent, d'idées de grandeur ou de persécution.

La consommation du LSD, comme celle des autres *hallucinogènes*, n'entraîne pas de dépendance physique mais, cependant, la tolérance augmente avec l'habitude.

Finalement, le danger le plus grave que représente la consommation de LSD réside dans le risque d'effectuer un mauvais « voyage » (un *bad trip*) avec ce que cela comporte de dérèglements sur le plan émotionnel, notamment chez la personne dont la santé mentale est déjà fragile.

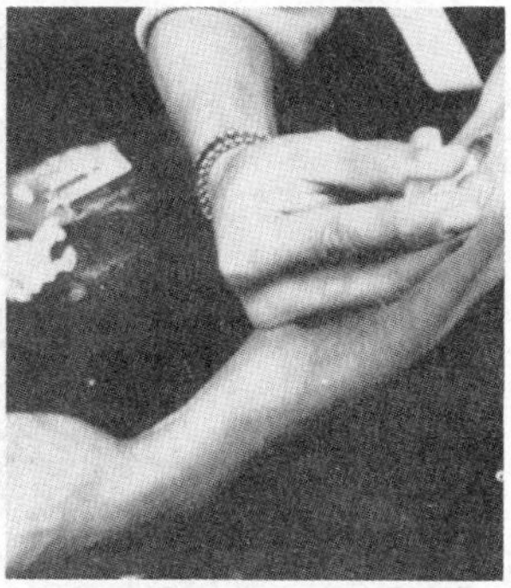

Fig. 4.4 *La prise de drogues « dures » par voie intraveineuse s'effectue, le plus souvent, dans des conditions d'hygiène propices à l'infection et responsables, parfois, de la mort du toxicomane.*

La marijuana et le hachisch

Ces *psychédéliques* sont deux dérivés du chanvre (le cannabis), qui pousse à l'état sauvage dans la plupart des coins du monde. La marijuana est produite à partir des feuilles et des fleurs de la plante, alors que le hachisch est constitué de la résine extraite de ses extrémités. L'élément actif du cannabis, le 9-T.H.C. (9-tétrahydrocannabinol) est contenu dans une proportion de 1 % à 3 % dans la marijuana et de 5 % dans le hachisch.

Presque uniquement fumé en pipe, ou sous forme de cigarettes, le cannabis constitue vraisemblablement la drogue la plus populaire. Elle est de plus inclassable, étant à la fois hallucinogène, stimulante et euphorisante. C'est la raison pour laquelle, certains voient en elle « l'axe de la toxicomanie », pouvant amener de jeunes consommateurs en mal de sensations fortes à s'orienter, selon leurs goûts, vers l'une ou l'autre de ces catégories de drogues « dures ». Il semble cependant qu'une telle évolution ne soit pas le fait du psychotrope lui-même, mais bien plus de la personnalité du sujet et des besoins qu'il cherche à combler.

Les *effets hallucinogènes*, surtout obtenus avec le hachisch, sont progressifs. Comme c'est le cas pour le LSD, le sujet reste cependant maître de ses pseudo-hallucinations, qui ont leurs racines dans le réel : un son se trouve amplifié ou déformé, une tache de couleur sur le mur prend la forme d'un visage, etc.

Les *effets excitants* du cannabis sont connus depuis longtemps. C'est d'ailleurs la secte arabe des guerriers haschischins, grands utilisateurs de cette drogue, qui a donné le mot « assassin ». Toutefois, seules des doses très élevées, prises dans un contexte particulier, peuvent déclen-

Hallucinogènes
Drogues produites artificiellement ou extraites de substances naturelles et offrant une grande analogie avec les neurotransmetteurs dont ils occupent ou empêchent la fonction. La production d'hallucinations est une de leurs caractéristiques.

Psychédélique
(du grec *psuke* = esprit et -*délique* = qui fait se manifester). Drogues qui ont pour effet de modifier les perceptions de l'environnement en intensifiant les sensations visuelles, auditives et tactiles.

Fig. 4.5 *Les effets euphorisants de la marijuana sont connus depuis la plus haute antiquité.*

cher un comportement violent : celui-ci est alors souvent le résultat d'impulsions irrésistibles ou d'une conviction délirante d'être persécuté.

À faibles doses, c'est avant tout pour ses *effets euphorisants* que le cannabis est consommé. Ce que rapporte surtout le consommateur, c'est le sentiment de mieux se comprendre et de comprendre les autres, d'être en accord avec la nature et le monde. L'imagination se trouve soudain libérée et fait naître des associations d'idées. Mais les effets de la marijuana et ceux de l'alcool se distinguent surtout dans le fait qu'avec la marijuana, le temps et l'espace se trouvent modifiés au point qu'une minute peut paraître un siècle ou que la pièce où se trouve l'utilisateur peut sembler s'agrandir brusquement de façon démesurée (Oughourlian, 1974).

Il ne semble pas que l'usage du cannabis cause des dommages irréversibles. Le rapport de l'Académie des Sciences des États-Unis publié en 1982, juge que les recherches sont encore insuffisantes pour conclure aux effets dommageables de la marijuana sur le fonctionnement physique et mental. On sait qu'elle provoque une accélération du rythme cardiaque et une augmentation de la pression sanguine. Elle semble, de plus, perturber l'acquisition et l'enregistrement des souvenirs (Institute of Medicine, 1982). Quant à l'existence éventuelle d'une perte de motivation chez les gros fumeurs, il s'agit là d'une affirmation à considérer avec prudence ; il y a tout lieu de croire que c'est plutôt une absence de motivation pour le travail ou les études qui pousse certains individus à aller à la recherche d'autres émotions. Finalement, le danger le plus évident, lié toutefois à la quantité consommée, est constitué par les troubles de coordination motrice, notamment lors de la conduite d'un véhicule.

Depuis une dizaine d'année, cependant, la consommation de marijuana a progressivement diminué au point de ne plus toucher à présent qu'un peu plus de 5 % à 10 % des étudiants. Il est très difficile d'obtenir des données relatives aux autres milieux, mais le phénomène paraît se stabiliser de façon générale. Il semble malheureusement faire place au phénomène plus grave de la montée de l'alcoolisme chez les jeunes.

L'usage des drogues et l'assuétude

L'usage courant de psychotropes fait partie du mode de vie de nombreux peuples. Notre société, quant à elle, ne tolère que l'alcool et le tabac, et proscrit la plupart des autres drogues, même si les effets de certaines d'entre elles sont souvent moins dommageables pour la santé. Szasz (1974), dans son livre portant sur les *Rituels de la drogue*[3], émet l'hypothèse qu'un tel rejet viserait notamment à maintenir la cohésion du groupe en délimitant ce qui est «nous» et ce qui est «autre», et entraînerait dès lors la punition, la rééducation ou le traitement de tous ceux qui désobéissent à la norme.

---

[3] Cité par L. Nadeau dans l'avant-propos de l'adaptation française de l'ouvrage de Peele.

Car l'abus des drogues ne semble pas dépendre de la plus ou moins grande facilité de s'en procurer, et ne peut donc être supprimé par la prohibition ou la répression que tentent d'exercer les États. Selon Peele (1977), le problème n'est en effet pas tellement le psychotrope comme tel, quel qu'il soit, que l'*expérience* qui est recherchée à travers lui. En ce sens, la consommation de drogues et l'assuétude qui peut en découler dépendraient essentiellement «des caractéristiques de l'individu, de sa façon d'envisager la vie, que ce soit en ayant recours aux stupéfiants, à l'alcool, aux barbituriques ou à d'autres choses qui n'ont rien à voir avec les psychotropes» (comme la nourriture pour le boulimique — voir le document 12.3 —, le jeu pour le joueur, un partenaire abusif ou surprotecteur ou même la consommation intensive d'émissions de télévision...). Cette attitude de l'individu face à lui-même et à la vie dépendrait largement des expériences de son enfance, de sa personnalité ainsi que du contexte social. Cela expliquerait pourquoi certains n'éprouvent pas le besoin de rechercher ces «paradis artificiels» même en ayant la possibilité de se procurer facilement le «laissez-passer», que d'autres puissent demeurer des consommateurs modérés ne devenant jamais dépendants, alors que certains restent, eux, «accrochés» en étant, de plus, capables de passer d'un type de drogue à un autre.

En ce qui concerne ces derniers, les effets procurés par les psychotropes leur permettraient, selon Peele, de remplacer les satisfactions qu'ils ne peuvent obtenir dans la «vraie vie» parce qu'ils manquent d'assurance ou encore de détermination. Contrairement à ce qui se passe lorsqu'il faut s'engager dans une tâche importante ou se mêler aux autres, avec les difficultés et l'anxiété que cela entraîne, c'est un effet instantané et garanti qui est produit par la drogue, pour peu qu'elle soit administrée en quantité suffisante. De plus, «la toxicomanie permettrait d'excuser les échecs ou encore de s'abstenir de faire l'effort nécessaire pour affronter la vie...».

La plupart du temps, les assuétudes «servent à remplir les vides dans la vie et, en particulier, à combler les temps morts». Aussi, toujours selon Peele, seuls des centres d'intérêt qui peuvent rendre l'individu content de lui-même et qui font ressortir ses capacités d'une façon qui provoque une reconnaissance de la part des autres, tout en lui faisant prendre conscience de sa propre valeur, sont capables de lui procurer des satisfactions telles qu'il puisse résister aux attraits de l'assuétude. Cela sera d'autant plus facile à réaliser que la personne sera confrontée à des défis suscités par une société dans laquelle elle se sentira intégrée. Mais n'est-ce pas justement là le problème de la société actuelle?

Les drogues et l'espace intérieur

Quoi qu'il en soit, l'usage des *drogues «dures»* constitue toujours un danger réel pour l'individu et la société. Des doses élevées de ces drogues font perdre au cerveau le contrôle de son activité, et l'état second rencontré n'est alors le fait que d'une conscience perturbée, dépendant de plus en plus de cet agent extérieur pour fonctionner.

Drogues «dures»
Drogues entraînant très rapidement une dépendance physique et un danger d'overdose.

D'un autre côté, la connaissance grandissante des états modifiés ou altérés ainsi que la façon dont interagissent les drogues et les neurotransmetteurs est en train de modifier les attitudes des scientifiques et du public en général, à l'égard de ces phénomènes.

L'utilisation des drogues peut parfois aider à ouvrir une fenêtre sur les trésors enfouis dans les recoins de notre esprit. De faibles doses de ces drogues peuvent créer les conditions favorables au glissement vers la détente et la méditation chez les personnalités trop rigides, ou, encore, permettre un envol dans le domaine de l'imaginaire et de la création (voir le document 4.9).

Il n'en reste pas moins que le cerveau humain possède à lui seul suffisamment de capacités pour gérer les informations en provenance tant de son monde intérieur que de la réalité environnante. L'important est de pouvoir conserver, sinon de retrouver, à l'égard des choses de la vie et des faits de conscience même les plus anodins, le don d'émerveillement ainsi que la disponibilité et la sensibilité de l'enfant qui continue à dormir en nous.

Document 4.1

L'activité électrique du cerveau

Le cerveau est composé de plus de dix milliards de cellules (voir appendice A) et chacune d'elles constitue une petite centrale capable de produire un potentiel électrique lorsqu'elle est excitée.

Cette activité électrique du cerveau a été mesurée, pour la première fois, en 1875 ; ce n'est toutefois qu'en 1924 que Berger parvint à l'enregistrer graphiquement, mettant ainsi en évidence les variations dans le fonctionnement du cerveau.

L'enregistrement des ondes s'effectue à l'aide d'un *électroencéphalographe* (EEG). Il s'agit d'un appareil capable de recueillir les potentiels électriques provenant de l'activité des cellules nerveuses. Cela se fait à partir d'une dizaine d'électrodes placées sur le crâne du sujet. Ces faibles potentiels ainsi captés sont alors amplifiés et transformés en graphiques, ayant la forme d'ondes, par la mise en action de petits stylets sur un papier qui se déroule (figure 4.6).

Les ondes lentes

Lorsque l'activité du cerveau est faible, de grands groupes de cellules nerveuses déchargent alors en même temps leur potentiel électrique. Cette *synchronicité* se traduit au niveau des stylets de l'EEG par des trains d'*ondes lentes* (c'est-à-dire à *fréquence* faible) de grande *amplitude*.

Les ondes lentes les plus connues sont :

– Les ondes *alpha* (α) dont les fréquences se situent entre 8 et 12 cycles par seconde (ou 8 à 12 Hz) ; elles caractérisent un état de relaxation ou de détente chez un sujet ayant les yeux fermés.

– Les ondes *thêta* (θ), dont les fréquences varient entre 4 et 7 Hz, apparaissent dans le tracé du premier stade de sommeil, mais également chez certains méditants chevronnés, ou encore au cours du séjour dans le caisson d'isolation sensorielle.

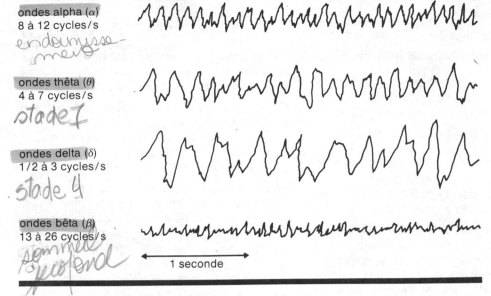

ondes alpha (α)
8 à 12 cycles/s

endormisse-ment

ondes thêta (θ)
4 à 7 cycles/s

stade I

ondes delta (δ)
1/2 à 3 cycles/s

stade 4

ondes bêta (β)
13 à 26 cycles/s

sommeil profond

1 seconde

*éveil hypnagogique (quelque min) stade I
" 2
" 3*

Fig. 4.6 *Les différents types d'ondes cérébrales. Plus l'activité des cellules nerveuses du cerveau est synchrone, plus la fréquence des ondes est faible et plus leur amplitude est grande. Comparez les ondes delta, à faible fréquence (3 cycles/s) et à grande amplitude, aux ondes bêta à fréquence élevée (20 cycles/s) et à très faible amplitude.*

— Les ondes *delta* (δ) (0,5 à 3 Hz), sont associées au sommeil profond, mais également à certains états pathologiques (comme ceux provoqués par la présence d'une tumeur) ou chez un patient éveillé, à l'approche de la mort.

Les ondes rapides

Par contre, lorsque le cerveau est activé en état de vigilance, chaque petit circuit nerveux décharge son potentiel selon un rythme qui lui est propre. Il en résulte une activité d'ensemble totalement *asynchrone*, qui se traduit par des *ondes rapides* (à fréquence élevée) et de faible amplitude (les divers potentiels s'annulent les uns les autres, au niveau du tracé).

Ces ondes rapides sont connues sous le nom d'*ondes bêta* (β), dont la fréquence varie de 13 à 26 Hz, mais dont l'amplitude va en diminuant au fur et à mesure de l'augmentation de l'activité cérébrale.

L'électroencéphalogramme d'un sujet fournit de bonnes indications sur l'état de conscience dans lequel il se trouve. Il est certain, cependant, que les données ainsi recueillies à partir d'un aussi petit nombre d'électrodes sont loin de rendre compte de la complexité de l'activité produite par les dix milliards de cellules nerveuses.

Comme l'indiquait déjà Grey Walter en 1949, «nous ne parvenons probablement à comprendre que moins de 1 % de l'information totale contenue dans un EEG. Nous sommes un peu dans la situation d'un martien sourd-muet n'ayant pas la moindre notion de ce qu'est un son, et qui tenterait de déterminer la structure des langues en examinant le sillon d'un disque de phonographe».

Synchronicité
(du grec *syn* = avec, ensemble et -*krônos* = temps). Caractéristique de ce qui se produit ou se déclenche en même temps. La synchronicité dans la décharge des potentiels des cellules nerveuses entraîne la production d'ondes de grande amplitude et de faible fréquence (ondes lentes).

Fréquence
Nombre de cycles d'une onde qui se succèdent en une seconde. L'unité de fréquence (soit 1 cycle/s) est le hertz (Hz).

Amplitude
Éloignement maximal du pic d'une onde par rapport à sa valeur d'équilibre.

Asynchrone
(du grec *a* = sans, pas et -synchrone). Se dit d'événements qui ne se produisent pas en même temps. Une activité asynchrone des cellules nerveuses entraîne la production d'ondes de faible amplitude et de fréquence élevée (ondes rapides).

Document 4.2

Cartographie de l'espace intérieur

La figure 4.1 nous donnait une représentation des différents niveaux de l'état d'éveil, qui est celui du moi et de sa conscience de surface.

Il restait à compléter cette carte du monde intérieur en y intégrant les connaissances, encore fragmentaires, relatives aux états modifiés de conscience. C'est ce qu'a tenté de faire Fischer (1977), professeur de psychiatrie expérimentale à l'Université de l'Ohio (figure 4.7).

Selon lui, les plongées vers le soi profond peuvent s'effectuer à partir des deux versants de la conscience et de la perception : d'une part, celui placé sous le contrôle du système parasympathique et orienté vers la détente, selon un *continuum* relaxation-méditation ; d'autre part, celui placé sous le contrôle du système sympathique et orienté vers l'activation du système nerveux, selon un continuum sensibilité-hallucination et allant de l'explosion créatrice à l'extase mystique.

L'activité cérébrale qui sous-tend ces divers états est traduite par les variations de fréquence et d'amplitude des ondes cérébrales. Ainsi, au fur et à mesure que la détente augmente, de la relaxation à la méditation profonde (ou yoga samādhi), on assiste à l'émergence, après les ondes bêta (26 à 13 Hz), des ondes alpha, puis des ondes thêta avec leurs fréquences caractéristiques respectives de 12 à 8 Hz et de 7 à 4 Hz.

Par contre, au fur et à mesure que le cerveau s'active, de la relaxation à la catatonie, l'activité des cellules nerveuses se désynchronise, ce qui se traduit par une amplitude de plus en plus faible des ondes bêta, passant de 35 à 7 (selon le coefficient de variation de Goldstein).

Le continuum perception-méditation

Les différents types de méditation correspondent à différents niveaux d'activité cérébrale qui passe progressivement du rythme alpha au rythme thêta.

La méditation zen se caractérise par la production d'ondes alpha, jusqu'à une région limite où alpha et bêta se côtoient. Cette production d'ondes alpha peut être interrompue par des stimuli externes, tels que des clics sonores (Kasamatsu et Hiraï, 1966), ce qui montre qu'il ne s'agit pas d'un niveau de détente très profond.

Chez les maîtres indiens du yoga, par contre, ni un flash lumineux, ni un coup de gong, ni le contact avec un objet chaud sur la peau ne parvient à bloquer ni même à altérer la production d'ondes alpha et thêta (Anand et coll., 1961).

Cette différence d'intensité semble tenir au fait que le zazen vise principalement le détachement de la conscience pour se maintenir à un niveau sous-cortical «flottant» où plus rien n'est perçu ou apprécié pour ce qu'il représente. Dans le cas du yoga samādhi, il s'agit bien plus d'une coupure totale avec la réalité, tant externe qu'interne, «un vide où il n'existe ni forme, ni son, ni odeur, ni saveur, ni objets, ... où il n'y a ni connaissance, ni ignorance, ni affaiblissement, ni mort. C'est le soi» (Cowell et coll., 1969).

Le continuum perception-hallucination

La sensibilité esthétique éveillée par un paysage, une musique, une couleur... ou une équation, correspond à une augmentation de l'activation du cerveau.

Ces émerveillements élèvent l'individu au-dessus du niveau de la routine quotidienne et constituent pour certains, le seuil du jaillissement créateur.

Marilyn Ferguson (1974) rappelle que les individus créateurs «se trouvent presque constamment dans un état modifié» et que «leur conscience banale, leur conscience d'éveil, est comme un port franc où se déchargent à tout moment les riches cargaisons venues de l'inconscient».

La plupart des gens ne dépassent pas ce niveau. Chez certains, cependant, lorsque l'activation du cerveau s'accroît à la limite de rupture avec la réalité, entraînant une tension constante, on touche au domaine de l'angoisse.

Van Gogh ou Schumann, ou tant d'autres, devaient glisser d'un pôle à l'autre de ce continuum, arrivant parfois à la coupure avec le monde environnant lors d'accès aigus de schizophrénie. À ce niveau de surexcitation mentale,

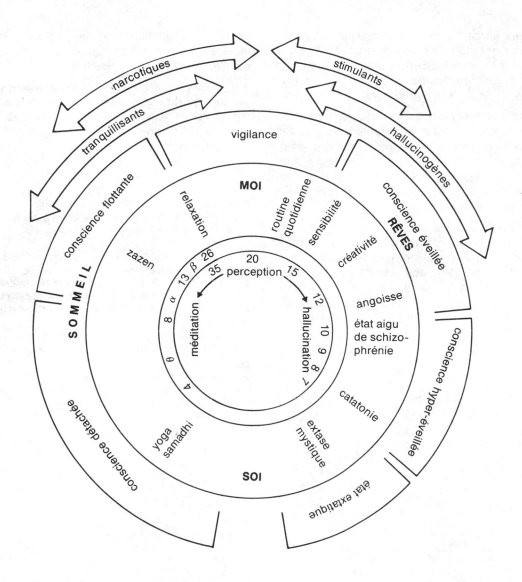

Fig. 4.7 *Carte de l'espace intérieur (selon Fischer, 1971-1975). Représentation des divers états de conscience, le long d'un continuum perception-méditation (à gauche) et d'un continuum perception-hallucination (à droite). La représentation, selon Hebb, de la conscience active (voir figure 5.1) comprend les secteurs allant de la conscience flottante à la conscience éveillée, en passant par la vigilance. C'est le monde du moi de la psychologie traditionnelle. Cependant, lorsqu'on poursuit l'exploration de chaque continuum, on plonge vers les racines du soi (selon la conception orientale). Le continuum perception-méditation mène à un état de conscience totalement détachée de toute référence au réel, avec le yoga samādhi (passant des ondes bêta — 26 à 13 cycles/s — jusqu'aux ondes delta — 4 cycles/s et moins). Quant au continuum perception-hallucination, se prolongeant jusqu'à l'extase mystique, il se caractérise par la production d'ondes bêta, de plus en plus asynchrones (ce qui se traduit par une amplitude de plus en plus faible, passant de 35 à 7 ou 8). Le soi du yoga samādhi et de l'extase est le même. Le passage de l'un à l'autre peut s'effectuer par un rebond qui porte le nom d'expérience kundalini. Quant au retour vers le moi, il peut s'effectuer par le même chemin ou par le chemin du continuum opposé, ou encore en zigzag, d'un continuum à l'autre. Pour compléter cette cartographie, nous avons situé le sommeil à ondes lentes sur le continuum perception-méditation et le sommeil paradoxal ainsi que les rêves qui l'accompagnent, sur le continuum perception-hallucination. Nous avons également ajouté, à titre indicatif, la façon dont les différentes classes de drogues intervenaient, principalement dans l'altération de l'état de conscience active.*

le sujet se sent effectivement rempli d'énergie, comme électrisé, le sommeil est agité. Dans la phase initiale toutefois, l'individu a la sensation de s'éveiller du monde, de sentir pour la première fois que sa vie a un sens.

Quant à la *catatonie*, qui est une des formes de la schizophrénie, elle se caractérise par le fait que le sujet peut demeurer complètement immobile durant des heures, ce qui contraste de façon dramatique avec le bouillonnement de son esprit sur lequel il tenterait, par cette attitude, de maintenir le contrôle.

Pour beaucoup de ces individus, lorsque ces états, souvent renforcés par une chimiothérapie maladroite, ne s'installent pas de façon chronique, cette plongée peut constituer un apport important dans la connaissance qu'ils peuvent avoir d'eux-mêmes et dans la réorganisation de leur personnalité. Nous en rediscuterons au chapitre 12.

Avec l'*extase mystique*, on aborde un état où l'être entier est tourné vers le dedans, immobile et hors du temps, canalisé par la prière ou l'oraison et focalisé vers un centre, un feu intérieur, une illumination. Il s'agit là d'une expérience de « certitude absolue », refusant toute vérification, telle qu'ont pu la vivre Thérèse d'Avila, Pascal ou Ramakrishna.

À ce stade, un phénomène de rebond peut faire passer l'individu de l'extase à un état de méditation profonde et vice-versa. Il lui est d'ailleurs possible de revenir de son « voyage » par l'un ou l'autre chemin.

Continuum
(mot latin qui signifie « le continu »). Ensemble d'éléments homogènes s'enchaînant les uns aux autres.

Extase
(du grec *extasis* = action d'être hors de soi). État par lequel un individu se trouve comme transporté hors de soi. Cet état est provoqué chez les mystiques par la prière et l'oraison. L'activation cérébrale extrême qui le caractérise contraste avec l'immobilisation du corps et l'expression de joie sublime.

Mystique
(du grec *mustikos* = relatif au mystère). Qui se donne pour objet une union intime avec le divin (ou la divinité).

Catatonie
(du grec *kata* = en dessous et *-tonie* = tension). État constituant une forme de la schizophrénie et caractérisé par un immobilisme de tout le corps contrastant avec le bouillonnement de l'activité cérébrale.

Document 4.3

Les horloges biologiques

La vie de la plupart des organismes sur terre est soumise à des rythmes qui modulent leur activité quotidienne, saisonnière ou annuelle.

Ces rythmes sont, bien entendu, synchronisés par des repères temporels tels que les périodes de lumière et d'obscurité, le rythme des marées ou la succession des saisons.

Mais on sait aujourd'hui qu'indépendamment de ces facteurs externes, ces rythmes sont soustendus par des rythmes internes, inscrits dans le psychisme des individus et contrôlés par des « horloges biologiques » (Aschoff, 1965).

Il en va ainsi notamment pour le cycle veille-sommeil, face auquel un individu est capable de maintenir un rythme d'activité normal de plus ou moins 24 heures, sans qu'aucun repère temporel ne lui indique à quel moment de la journée ou de la nuit il se trouve. On croit savoir, depuis peu, que l'horloge biologique responsable de ce rythme circadien serait régie par un noyau de la partie antérieure de l'hypothalamus. L'ablation de celui-ci supprime en effet une telle périodicité dans l'activité des rats (Zucker, 1980).

L'existence du *rythme circadien* a été vérifiée notamment par le spéléologue français Michel Siffre, qui a passé près de 60 jours dans un gouffre, à plusieurs centaines de mètres sous

Fig. 4.8 *Ce sont des horloges biologiques qui contrôlent la plupart des grands phénomènes de la nature, tels que l'activité quotidienne et saisonnière des différentes espèces animales.*

terre. Il ne gardait qu'un contact radio avec la surface, pour signaler ses périodes d'activité et de sommeil. Les variations de l'activité de son cerveau étant contrôlées à l'aide de divers appareils de mesure, les observateurs pouvaient ainsi vérifier, objectivement, le moment de l'endormissement ou du réveil. Ils calculèrent que la moyenne des périodes veille-sommeil, relevées au cours de cette expérience, était de près de 25 h (Siffre, 1963). (Chez d'autres espèces, elle peut cependant être inférieure à 24 h).

Chez certains individus, ce décalage peut accuser parfois une différence plus importante. Ceci les amène, au cours de la semaine, à se coucher de plus en plus tard même s'ils se lèvent tous les jours à une heure fixe, déterminée par le départ au travail. Les grasses matinées du week-end auraient alors pour rôle de permettre à l'organisme de récupérer le temps de sommeil perdu.

C'est également ce rythme circadien qui permet aux voyageurs de l'Arctique de continuer à fonctionner normalement, au cours des journées ou des nuits perpétuelles. Mais c'est aussi lui qui est responsable des perturbations dues au décalage horaire et ressenties par ceux qui voyagent

en avion d'un continent à l'autre; l'horloge interne de ces voyageurs prendra une dizaine de jours avant de se resynchroniser sur le rythme jour-nuit du lieu d'arrivée.

Des chercheurs américains ont montré, par ailleurs, qu'il existait d'autres rythmes, et que des périodes de 90 à 100 minutes, par exemple, n'étaient pas exclusives aux cinq cycles de sommeil se succédant au cours de la nuit. Ce *rythme ultradien* serait également à la base de phénomènes aussi différents que les contractions de l'estomac ou les productions de notre imagination. En d'autres termes, l'individu privé de repère temporel aurait tendance, inconsciemment, à grignoter toutes les heures et demie, ou à avoir des pointes d'humour ou encore à d'autres moments, à être sujet à la rêverie, selon cette même périodicité.

Il existe également des rythmes dont la période est voisine d'une année. Ces rythmes *circanniens* permettent à diverses espèces de programmer leurs activités en relation avec la reproduction, les migrations ou l'hibernation (Godefroid, 1986).

On ne peut donc parler d'une horloge biologique unique mais plus vraisemblablement de plusieurs horloges, en rapport les unes avec les autres, ayant chacune son propre type de périodicité.

Il est vraisemblable que de tels rythmes existent également chez l'être humain et qu'ils lui permettent notamment de s'adapter aux cycles des saisons. Mais la vie moderne et l'uniformité des conditions de vie qu'elle engendre ont tendance de plus en plus à étouffer cette sensibilité de notre organisme au temps qui passe et aux grandes pulsations de la nature.

Rythme circadien
(du latin *circum* = autour et -*diem* = jour). Cycle biologique d'une périodicité de plus ou moins 24 h qui régit l'activité quotidienne de l'organisme.

Rythme ultradien
Cycle biologique d'une périodicité de plus ou moins 90 minutes propre aux cycles du sommeil et, semble-t-il, à d'autres activités de l'organisme liées tant à l'alimentation qu'à la créativité.

Rythme circannien
Cycle biologique d'une périodicité de plus ou moins une année régissant les activités dont la programmation s'étale sur de longues périodes au cours des saisons. (On dit aussi circannuel).

Document 4.4

La rétroaction biologique

La pratique du yoga et de la méditation exige de longues années avant que la personne ne soit capable d'exercer un contrôle sur l'organisme.

Cependant à l'aide d'instruments tels que l'électroencéphalographe (EEG) dont nous avons parlé, de l'électromyographe (EMG), qui mesure la tension musculaire, ou de certains autres instruments qui permettent de rendre compte du rythme cardiaque, de la pression artérielle ou de la température du corps, des psychologues ont montré qu'il était possible d'apprendre à maîtriser les diverses fonctions de l'organisme.

À la fin des années 60, Miller et son équipe montrèrent qu'on pouvait en effet apprendre à des rats à accélérer ou à décélérer leur rythme cardiaque, en leur fournissant une récompense chaque fois que l'organisme allait dans le sens désiré (Miller, 1978).

Depuis, d'autres chercheurs ont appris à des animaux à maîtriser, de la même façon, leur pression sanguine, leur transpiration, leur salivation, leur production d'urine ou leurs contractions stomacales.

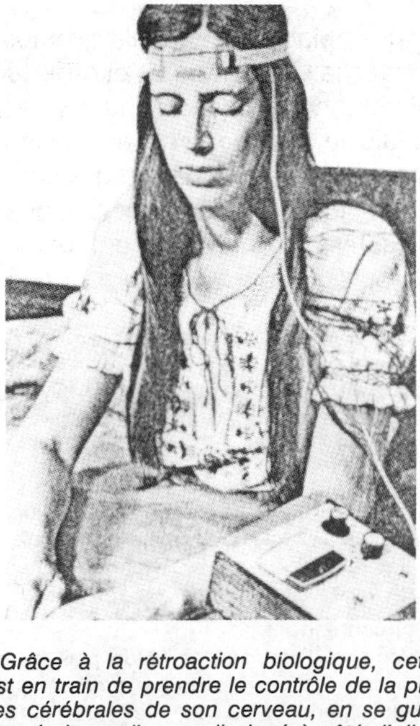

Ainsi il devint clair que des fonctions, considérées jusqu'alors comme autonomes, pouvaient être contrôlées de façon volontaire par l'individu.

Cette technique fut rapidement transposée aux humains. Les électrodes, placées sur le crâne, ou sur une autre partie du corps, selon le type de mesure effectuée, furent raccordées à un appareil électronique fournissant un signal visuel ou sonore, une *rétroaction*, chaque fois que l'organisme allait dans le sens recherché. Ainsi, il suffisait au sujet de se guider sur l'intensité du signal produit pour augmenter la production d'ondes alpha ou pour diminuer l'activité cardiaque (figure 4.9). On montra même qu'il était possible à un enfant de faire fonctionner un train électrique par la production contrôlée et amplifiée de ses ondes alpha (Brown, 1974).

Les applications actuelles les plus courantes de la rétroaction biologique sont constituées par des programmes de contrôle des migraines (par «envoi» du sang des vaisseaux de la tête vers les parties inférieures du corps), de régularisation du rythme cardiaque et de la pression sanguine, mais également de prévention de crises d'*épilepsie* (par le maintien sous contrôle de certains rythmes du cerveau).

On remet cependant en question, depuis quelques années, l'efficacité et même la validité de la méthode, dont les résultats ne différeraient pas fondamentalement de ceux pouvant être obtenus à l'aide de techniques de relaxation plus simples et beaucoup moins coûteuses. Sans pour autant rejeter les acquis de la recherche sur la rétroaction biologique, de nombreux chercheurs sont à présent d'avis qu'il importe de pousser plus avant l'exploration afin de mettre en évidence les facteurs éventuels intervenant dans de tels phénomènes.

Fig. 4.9 *Grâce à la rétroaction biologique, cette jeune femme est en train de prendre le contrôle de la production des ondes cérébrales de son cerveau, en se guidant sur les signaux émis par l'appareil placé à côté d'elle.*

Épilepsie
(du grec *epilepsia* = attaque). Trouble caractérisé par des attaques convulsives apparaissant de façon brusque et auxquelles succède une perte de connaissance.

Document 4.5

La méditation à la portée de tous

Si vous désirez tenter l'expérience de la méditation, il suffit, selon Benson (1975) de vous installer confortablement, assis ou couché, dans un endroit calme et pas trop éclairé, un coin agréable où vous vous sentez bien.

Fermez les yeux puis, en respirant profondément par le nez, prononcez le mot *one* (wan), lors de chaque inspiration, d'abord à voix haute, puis de plus en plus doucement.

L'important, c'est que vous trouviez l'expérience agréable, que vous ne pensiez à rien d'autre qu'au mot[4] qui s'échappe de vos lèvres. Mais ne forcez rien. Il est possible que des distractions viennent perturber la séance ou que des pensées indésirables s'imposent à votre esprit. Ne tentez pas de les chasser. Continuez comme si de rien n'était. Avec le temps, vous devriez arriver à vous concentrer de plus en plus et à ignorer ce qui vous entoure.

De telles séances, d'une durée de 20 minutes, répétées assidûment, à des heures éloignées des repas et de l'absorption de boissons stimulantes, devraient produire des résultats semblables à ceux obtenus à l'aide de la méditation transcendantale. Il n'est pas certain que vous atteigniez le *nirvāna*, mais si cela ne vous amène pas à un niveau supérieur de conscience, vous aurez du moins appris à vous relaxer... et cela ne peut pas faire de mal.

---

[4] Si vous désirez vous rapprocher encore plus des techniques orientales, choisissez un mantra correspondant à votre groupe d'âge : de 16 à 18 ans : EMA, de 18 à 20 ans : EANG, de 20 à 22 ans : AEM, etc. (De Launière et Gagnon, 1978).

Nirvāna
(du mot sanskrit qui signifie « évasion de la douleur »). Pour les bouddhistes, état de sérénité suprême, de fusion de l'âme avec l'Univers.

Document 4.6

L'hypnose : état modifié ou trait de personnalité?

Après avoir connu une vogue auprès des scientifiques du XIXe siècle, les études sur l'hypnose tombèrent en désuétude au cours de la première moitié du XXe siècle. C'est vers les années 50 que quelques chercheurs se passionnèrent à nouveau pour le sujet et, si la controverse est loin d'être éteinte, de nombreux faits ont été rapportés qui méritent qu'on considère sérieusement le phénomène.

De prime abord, l'hypnose présente des points communs avec le sommeil et la méditation. Comme c'est le cas dans ces états modifiés de conscience, l'état d'hypnose est atteint par une diminution des messages envoyés au cerveau. Le sujet doit en effet se concentrer sur une stimulation sensorielle déterminée : fixer l'expérimentateur dans les yeux, ou un point sur le mur, tandis qu'il lui est suggéré de ne plus penser à rien d'autre et de s'endormir progressivement. Mais là s'arrêtent les ressemblances. Contrairement aux états modifiés, l'hypnose ne présente pas de différences sur le plan physiologique, avec l'état de veille : les ondes cérébrales demeurent le plus souvent celles d'un individu éveillé et le taux d'oxygène ou de bioxyde de carbone dans le sang n'est pas modifié, comme cela se passe au cours du sommeil ou de la méditation.

La focalisation très étroite de l'attention permet au sujet de se relaxer et, pour peu qu'il soit aisément hypnotisable et qu'il ait une entière confiance en l'hypnotiseur, de prêter une attention particulière aux suggestions de ce dernier.

À partir de ce moment, il ne porte plus d'intérêt qu'aux événements qu'on lui demande de vivre, indépendamment de tout autre se déroulant dans les lieux. Il accepte d'accomplir des activités parfois très chargées émotivement ou d'autres auxquelles il ne se serait jamais livré à l'état de veille : se gratter le genou ou le crâne à l'audition du mot clé ou raconter certains souvenirs pénibles qu'il n'aurait jamais dévoilés autrement.

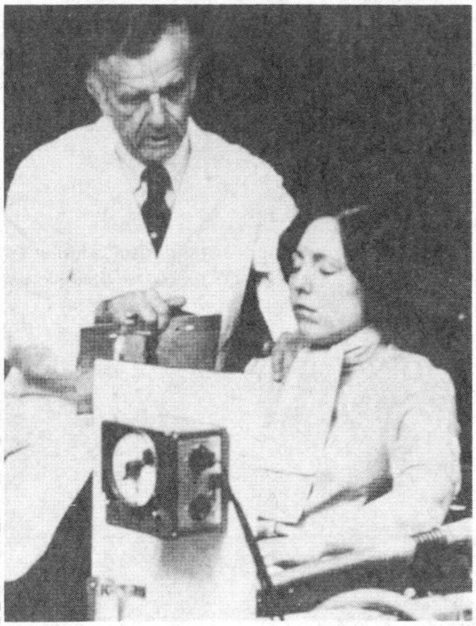

Fig. 4.10 *Ce sujet, hypnotisé par le docteur Hilgard, plonge son bras gauche dans l'eau glacée, sans ressentir aucune douleur apparente. Cependant, si on lui demande d'écrire de la main droite ce que l'organisme ressent réellement, l'«observateur caché» de son psychisme va utiliser ce moyen pour signifier la douleur ressentie.*

Tout se passe donc comme si le sujet avait accepté de renoncer à son propre bon sens. On note cependant qu'il n'a jamais été possible de faire exécuter à un sujet sous hypnose des actes qu'il n'approuverait pas en temps normal.

Une fois réveillé, le sujet oubliera tout, ou presque, de la séance qu'il vient de vivre, ou se la rappellera dans le détail, selon que la suggestion lui aura été faite d'oublier ou de se remémorer.

De même, s'il lui est suggéré de se livrer à un comportement donné, une fois réveillé, il peut alors émettre des comportements tout aussi bizarres qu'ouvrir un parapluie au milieu de la salle ou être saisi d'une quinte de toux irrépressible, sans être capable d'expliquer la raison exacte de tels agissements.

Mais comment peut-on expliquer qu'un sujet hypnotisé soit pourtant capable de traverser une pièce en évitant les obstacles, ou encore d'écrire de la main droite les sensations douloureuses ressenties par la main gauche, alors qu'il affirme à voix haute ne rien ressentir (figure 4.10)?

Hilgard (1977) a émis l'hypothèse de l'existence d'un «observateur caché», pour décrire cette partie du psychisme du sujet, qui semble au courant de ce que l'autre partie «vit» sans en avoir conscience. Il avance l'idée que la conscience serait une réalité multiple dans laquelle l'hypnotisme introduirait des «barrières» entre les différents éléments intervenant dans le comportement, à des degrés divers et selon les circonstances. Ceci n'est pas sans rappeler l'hypothèse émise par Fischer (voir le document 4.9) qui envisage la vie psychique comme une série de couches correspondant à des niveaux d'éveil plus ou moins élevés, à travers lesquels certains d'entre nous pourraient voyager plus facilement que d'autres. Un tiers de la population en serait capable, selon Fischer, mais le tiers seulement de ceux-ci présenteraient une «susceptibilité hypnotique».

Les individus qui constituent ce neuvième de la population ont peut-être simplement la possibilité de pousser plus loin des capacités présentes en chacun de nous, ce qui leur permet de vivre dans un même temps à des étages différents, après s'être placés sous le contrôle d'un agent extérieur.

Hypnose
(du grec *hupnoein* = endormir). Technique amenant des individus, après la focalisation de leur attention en vue du rétrécissement de la conscience, à se placer sous le contrôle d'un agent extérieur et à répondre à ses suggestions.

Hypnoïde
(du grec *hypnos* = sommeil et *-oïde* = semblable). Se dit d'une stimulation monotone qui engendre un rétrécissement de la conscience.

Document 4.7

L'état de conscience accompagnant la mort

Depuis une vingtaine d'années, un intérêt particulier s'est manifesté pour la façon dont sont vécus les derniers instants de la vie. Elizabeth Kübler-Ross (1969), psychiatre à l'Université de Chicago, a beaucoup fait pour aider à la compréhension de ce qui se passe au cours de cette étape capitale pour chacun de nous. Elle a notamment montré comment le mourant passait par différents stades l'amenant progressivement, pour peu qu'il soit compris et aidé par son entourage, à passer du refus à l'acceptation de l'ultime expérience. Nous y reviendrons au chapitre 10.

Moody (1976), un collaborateur de Kübler-Ross et médecin comme elle, s'intéressa particulièrement à ce que racontaient des malades qui, après avoir été déclarés cliniquement morts, étaient revenu à la vie suite aux efforts de réanimation tentés sur eux.

Selon lui, beaucoup parlaient d'*expériences hors-corps*. Ils disaient qu'après avoir entendu le médecin prononcer le verdict fatidique, ils s'étaient élevés au-dessus de leur enveloppe charnelle et ils pouvaient contempler celle-ci d'un des coins du plafond de la chambre. Ils rapportaient des paroles prononcées ou des gestes effectués par les proches entourant la dépouille. Certains parlèrent alors d'un long tunnel par lequel ils se sentirent aspirés, pour déboucher sur un paysage aux couleurs éclatantes. Plusieurs dirent avoir rencontré là des amis décédés ou des personnages ayant eu une importance pour eux, de leur vivant. Pendant ce temps, ils voyaient défiler les images des événements les plus marquants de leur vie. Et quelques-uns eurent même la sensation d'approcher d'une lumière éclatante... avant d'être ramenés brutalement dans le réel, par les soins du personnel hospitalier.

Pour plusieurs, cette expérience semblait tellement extraordinaire qu'ils regrettèrent, dans un premier temps, d'avoir été arrachés à ce « voyage ». Mais la plupart reconnaissaient qu'après l'avoir vécue, ils appréciaient d'autant plus la vie tout en se sentant prêts pour un nouveau départ, « de l'autre côté du miroir ».

Lorsque ce livre parut, il fit grand bruit auprès du public, mais fut reçu avec indifférence, sinon avec hostilité, par les milieux scientifiques. Il s'agissait là, selon eux, de rapports totalement subjectifs, sans aucune donnée sur la constitution de l'échantillon, qui semblaient n'être que le reflet de croyances religieuses des sujets et de leurs préjugés sur la vie dans l'au-delà.

Depuis, les études sur les états modifiés ainsi que sur la façon dont agissent les drogues ont fait leur chemin. De plus, la découverte des endorphines, morphine naturelle du cerveau, qui sont secrétées dans tous les moments critiques de la vie, permet d'expliquer l'état de félicité dans lequel se trouvent de nombreux individus à l'instant de la mort. On sait d'ailleurs qu'il n'y a pas plus de 6 % d'entre eux qui souffrent en rendant leur dernier soupir. Les scientifiques durent donc admettre qu'il existait peut-être là un objet d'étude à approfondir.

D'autant plus que d'autres recherches ont confirmé depuis les données de Moody, notamment en comparant des sujets de différentes cultures ou de différentes religions (Osis et Haraldsson, 1977). L'une d'entre elle a été conduite par Ring (1982), et les données recueillies de la façon la plus objective possible semblent aller dans le sens des précédentes.

Sur plus de 200 sujets interrogés, après leur retour d'une mort clinique, la moitié ont déclaré avoir vécu une expérience semblable à celle des sujets de Moody. Plus d'un tiers d'entre eux rapportaient avoir vécu une expérience hors-corps, le quart disait avoir passé leur vie en revue, dont plus de la moitié disait avoir vu une « lumière » dans laquelle plusieurs étaient entrés.

Peut-être n'est-ce là, comme le pensent certains, qu'une prédisposition innée, propre à l'espèce humaine. Cependant la « sensibilité » manifestée par certains mammifères supérieurs à l'approche de leur mort ou de celle d'un de leurs proches, fait penser qu'il pourrait peut-être s'agir d'une adaptation plus généralisée.

Expérience hors-corps
Sensation, provoquée par certains états modifiés ou altérés, de sortir de son enveloppe corporelle et de se regarder de l'extérieur.

Document 4.8

Classification des psychotropes

Catégories	Origine naturelle	Effet	Dépendance physique	Dépendance psychologique	Tolérance	Danger mortel d'overdose
Stimulants Amphétamines (Benzédrine* Méthédrine*)	—	Défatigant	—	Oui	Oui	Oui
Caféine	Café, thé, cola	Léger stimulant	—	Oui (?)	—	—
Cocaïne	Coca	Euphorisant et stimulant	À la longue	Oui	—	—
Nicotine	Tabac	Légèrement apaisant puis stimulant	—	Oui (?)	—	—
Neuro-dépresseurs Barbituriques (Luminal* Veronal*)	—	Sédatif	Oui	Oui	Oui	—
Tranquillisants (Valium*)	—	Calmant	Oui	Oui	Oui	—
Alcool	Diverses plantes	Stimulant puis dépresseur	Oui	Oui	Oui	—
Narcotiques Opium	Pavot	Analgésique et narcotique	Oui	Oui	—	—
Morphine			Oui	Oui	Oui	—
Heroïne			Oui	Oui	Oui	Oui
Codéïne			Oui	Oui	Oui	—
Méthadone	—		Oui	Oui	Oui	—
Hallucinogènes et psychédéliques LSD	**	Hallucinogène	—	Oui	Oui	—
Psilocybine	Champignons « sacrés »	Hallucinogène	—	Oui	Oui	—
Mescaline	Boutons du peyotl	Hallucinogène	—	Oui	Oui	—
PCP	—	Hallucinogène et anesthésique	—	Oui	Oui	Parfois mortel
Marijuana et Haschich	Chanvre	psychédélique	—	Oui (?)	—	—

* Marque de commerce.
** Originellement extrait de champignons du riz.

Analgésique
(du grec *an* = pas et -*algia* = douleur). Se dit d'une substance qui supprime ou qui atténue la sensibilité à la douleur.

Anesthésique
(du grec *an* = pas et -*aisthésis* = sensation, sensibilité). Se dit d'une substance employée pour obtenir la suppression de la sensibilité à la douleur.

Document 4.9

Les apprentissages dépendant de l'état de conscience
(State Dependant Learning)

Dans le film «Lumières de la ville», Chaplin raconte notamment l'histoire d'un millionnaire complètement ivre que Charlie sauve du suicide.

Chaque fois que le millionnaire est saoûl et qu'il rencontre Charlie, il le traite comme son meilleur ami et l'invite chez lui. Mais lorsqu'au petit matin il redevient sobre, le millionnaire ne voit en Charlie qu'un intrus indésirable, qu'il jette alors à la porte.

Il s'agit là d'un exemple classique, cité par Fischer (1971), de la façon dont fonctionne la conscience qui semble ne se rappeler de certaines expériences que lorsque l'individu se retrouve dans l'état dans lequel il était, quand elles se sont produites pour la première fois.

Levinson (1967) a rapporté le cas de malades qui, sous hypnose, étaient ramenés à une situation vécue sous anesthésie, et qui étaient alors capables de se rappeler ce que le médecin avait prononcé comme paroles alors qu'ils étaient profondément endormis.

De nombreuses confirmations expérimentales ont été rapportées à ce sujet.

Goodwin et ses collaborateurs (1969) ont fait mémoriser des syllabes sans sens à 48 sujets ivres. Ils se sont aperçus que si ceux-ci avaient de grandes difficultés à se souvenir des syllabes lorsqu'ils étaient sobres, ils fournissaient par contre de très bonnes performances une fois redevenus ivres.

D'autres chercheurs (Bustamante et coll., 1970) ont comparé deux groupes ayant appris à reconnaître des figures géométriques, le premier après avoir absorbé des amphétamines, et le second un barbiturique. Ils s'aperçurent que les sujets n'étaient capables de bien se rappeler des figures que lorsqu'ils étaient à nouveau sous l'effet de la même drogue que celle ingérée au moment de l'apprentissage.

Overton (1974) a montré qu'il en allait de la même façon chez les rats qui avaient appris à tourner à droite dans un labyrinthe alors qu'ils étaient sous l'effet d'une drogue. Ces rats n'étaient capables d'accomplir à nouveau cette tâche que si la drogue était injectée. Sinon, ils se comportaient comme s'ils n'avaient jamais rien appris.

Fischer compare les différentes couches de la conscience à différents ports dans chacun desquels vit une femme, aimée d'un capitaine au long cours, chaque femme ignore l'existence des autres et chacune d'elles ne se met à exister pour le marin, qu'au moment de l'escale. Ainsi, plusieurs existences seraient possibles et pourraient se poursuivre, de rêve en rêve, d'une crise psychologique à une autre crise, d'une situation de vigilance extrême à une autre situation de même type, d'une expérience créatrice à l'autre, d'un accès de schizophrénie à un accès ultérieur, etc.

Résumé

1. On ne reconnaît traditionnellement que deux états de conscience propres à tous les individus : le sommeil et l'état de vigilance active caractérisant la conscience de surface. Cependant, l'apport de la culture orientale, l'étude de l'action des drogues et la remise en question de la notion de « maladie » mentale amènent la psychologie occidentale à envisager l'être humain dans sa totalité, à travers la *variété des états de conscience.*

2. La *période de sommeil* est constituée de cinq cycles, d'une durée moyenne de 90 minutes, au cours desquels se produit un sommeil à ondes lentes conduisant, en quatre stades, au sommeil profond. Le sommeil à ondes lentes est suivi d'un sommeil paradoxal au cours duquel se structurent les rêves.

3. Les *techniques de méditation* visent à focaliser l'attention du sujet afin de rétrécir le champ de sa conscience. Il s'agit par là d'amener l'organisme à se détendre et à se centrer sur son monde intérieur.

4. Les *occasions de vivre des états modifiés* de conscience sont nombreuses, de l'orgasme à l'émotion suscitée par la beauté d'un paysage ou par un geste créateur. Cependant, l'éducation a tendance à limiter la recherche de tels états afin de maintenir l'organisme dans la voie de l'adaptation à la réalité physique et sociale.

5. L'*usage des drogues* crée le plus souvent une accoutumance. Certaines entraînent une tolérance de l'organisme qui oblige l'utilisateur à augmenter les doses. Quant à la toxicomanie proprement dite, elle est caractérisée par la dépendance physique et/ou psychologique à la drogue, qui peut entraîner un grave syndrome d'abstinence, en cas de sevrage.

6. À côté de *stimulants* mineurs, comme la caféine ou la nicotine, on retrouve les amphétamines, dont la consommation prolongée peut entraîner des conséquences dramatiques pour l'équilibre mental.

7. Les *neurodépresseurs*, comme l'alcool, les barbituriques et les tranquillisants, freinent l'oxygénation du cerveau en provoquant ainsi l'assoupissement. Ils ont cependant un effet inverse sur le sommeil paradoxal qu'ils suppriment totalement.

8. Les *narcotiques* du groupe des opiacées, tels l'opium, la morphine et l'héroïne, ont sur le cerveau un effet semblable à celui des endorphines. Les opiacées constituent les drogues les plus dangereuses par la rapidité avec laquelle elles engendrent une dépendance physique et psychologique aliénant totalement l'individu. La cocaïne est à la fois un stimulant et un euphorisant qui engendre le plus souvent une dépendance psychologique.

9. Les *hallucinogènes*, tels le LSD et la mescaline, ainsi que les *psychédéliques*, tels le haschich ou la marijuana sont des drogues plus courantes utilisées pour leur effet d'élargissement du champ de la conscience. Le fait que leur consommation entraîne des effets nocifs ou des dommages irréversibles n'a pas encore été démontré de façon définitive.

Dossier 4.1

Comment dormons-nous? Pourquoi rêvons-nous?

À l'insu de notre conscience de surface, notre cerveau, tourné vers son monde intérieur, entreprend chaque nuit une nouvelle aventure. Les cycles se succèdent au cours desquels s'opèrent, de l'endormissement au sommeil profond, un glissement vers la détente totale, bientôt suivie d'une période d'activité cérébrale intense pendant laquelle se structurent les rêves. Quelles sont les caractéristiques de ces différents stades? Que sait-on des rêves? Que connaît-on de la pathologie du sommeil?

1. L'endormissement

Lorsque l'individu s'étend, les yeux fermés, en vue d'un sommeil réparateur, l'activité du cerveau se met, elle aussi, au ralenti. Les ondes bêta font alors place à des volées de plus en plus nombreuses d'ondes alpha, pendant que se développent des images fugaces, mais aussi précises que celles d'un film sur un écran. C'est le stade *hypnagogique*, entre veille et sommeil, qui ne dure que quelques minutes (voir figure 4.3).

2. Le sommeil à ondes lentes (stade NMOR)

Non-Mouvement Oculaire Rapide

Chacun des cinq cycles de sommeil à ondes lentes, que comporte une nuit normale de sommeil, permet de distinguer quatre stades. Au cours de ceux-ci, les rythmes cardiaque et respiratoire deviennent plus réguliers et de plus en plus lents, au fur et à mesure que s'accroît la profondeur du sommeil.

– Le stade 1

L'accès à ce stade est caractérisé par l'apparition d'ondes thêta qui remplacent peu à peu les ondes alpha. Le stade 1 correspond à un état de somnolence, de rêverie qui peut durer de une à neuf minutes. Il semble jouer un rôle important chez les créateurs, qui lui attribuent certains intuitions ou des idées ayant amené la solution à leur problème.

– Le stade 2

C'est au cours de ce stade qu'apparaissent, dans le tracé, des «fuseaux de sommeil», de fréquences plus élevées (12 à 14 Hz) que les ondes alpha. La durée de ce stade varie de 30 à 45 minutes.

– Le stade 3

Il s'agit d'une période de transition qui dure quelques minutes. Pendant celle-ci, les «fuseaux de sommeil» disparaissent et des ondes de plus en plus lentes de type delta s'installent.

– Le stade 4

C'est le stade de sommeil profond, réparateur, qui peut durer près d'une 1/2 heure, et duquel il est difficile de sortir le dormeur. Il se caractérise par une production accrue d'ondes delta. C'est au cours

Hypnagogique
(du grec *hypnos* = sommeil et *-gogos* = qui conduit à, qui mène à). Qui précède immédiatement le sommeil.

de ce stade que près de 80 % des rêves à haute voix, ainsi que les crises de *somnanbulisme*, et les terreurs nocturnes entraînant un réveil brutal, se produisent. Le sujet n'en conserve cependant presque aucun souvenir.

3. Le sommeil à ondes rapides (stade MOR)

↑ sommeil paradoxal

Environ 80 minutes se sont passées depuis l'endormissement lorsque, brusquement, l'activité du cerveau se modifie et que s'effectue une remontée à travers les différents stades. Les ondes delta sont bientôt remplacées par des ondes bêta ; le rythme cardiaque s'accélère, le sang afflue au cerveau, la respiration devient rapide, des hormones sont secrétées comme si l'organisme devait faire face à un stress. Sous les paupières se produisent des *mouvements oculaires rapides* (MOR), absents lors du sommeil à ondes lentes (NMOR), et qui n'atteignent jamais cette rapidité à l'état de veille. Et pourtant, le corps reste flasque et sans tonus ; c'est le stade de *sommeil paradoxal* qui va durer de 15 à 20 minutes.

Lorsqu'on éveille le dormeur à ce moment, il est généralement capable de raconter un rêve assez cohérent.

À la fin de ce stade, l'activité cérébrale ralentit de nouveau, et un deuxième cycle commence, qui amènera encore, et pour la dernière fois, le sujet au stade 4. Au cours des cycles suivants, il ne dépassera plus les stades 3 ou 2. Mais chaque fois, après 70 minutes environ, l'activité cérébrale s'accélérera de nouveau pour déboucher sur un autre stade MOR, d'une durée moyenne de 20 minutes.

Les rêves

Il semble que le sommeil paradoxal soit une acquisition récente chez les mammifères. Ainsi, chez les mammifères inférieurs, comme le mouton ou la vache, il disparaît au moment du sevrage, alors qu'il est présent durant la vie entière chez le chat.

Chez les animaux, les rêves s'accompagnent généralement de mouvements de chasse ou d'alimentation qui se produisent autant au cours du sommeil à ondes lentes que pendant le sommeil paradoxal.

Chez l'être humain, par contre, c'est presque uniquement au cours du sommeil paradoxal que se développe l'activité *onirique*, qui s'accompagne d'une importante imagerie visuelle. Cette imagerie n'apparaît toutefois pas pendant le sommeil à ondes lentes au cours duquel l'activité est presque essentiellement motrice ou verbale et revêt un caractère répétitif.

Les rêves ont toujours fasciné les humains, et les questions que ceux-ci se posent à leur sujet sont nombreuses. Que signifient les rêves ? Comment expliquer qu'en l'absence de tout mouvement, on puisse ressentir des sensations de tournoiement ou de chute brutale ? Comment comprendre la présence d'autres personnes agissant « dans la tête » du rêveur ?...

La psychanalyse, avec Freud, nous avait habitué à des réponses de type psychologique. Ainsi, l'idée qui prévalait était que les rêves constituaient l'expression déguisée de nos désirs. En ce sens, Freud consi-

Somnambulisme
(du latin *somnus* = sommeil et -*ambulare* = marcher, se promener). État apparaissant chez certains individus au cours du sommeil profond pendant lequel ceux-ci effectuent des actes coordonnés et automatiques tels que la marche.

Onirique
(du grec *oneiros* = rêve). Qui est relatif aux rêves.

dérait les rêves comme étant la «voie royale» vers l'inconscient. Selon lui, il suffisait d'interpréter les symboles contenus dans le rêve pour accéder aux pulsions et aux conflits refoulés dans l'inconscient. Ainsi, le fait qu'un individu rêve, par exemple, qu'il casse le soc de sa charrue en labourant son champ, pourrait être interprété en terme d'impuissance sexuelle ou de problèmes inconscients de relation avec sa partenaire[5].

Pour sa part, Jung postula l'existence d'un inconscient collectif que les membres de l'espèce humaine auraient en commun depuis les débuts de l'humanité. Celui-ci serait constitué «d'archétypes», c'est-à-dire d'images primordiales telles que celles du père, de la mère, du vieillard plein de sagesse, de la sorcière, etc.

Pour ces auteurs, le cerveau, peu connu à l'époque, était considéré comme un organe passif dont les productions, telles que les rêves, étaient régies par une énergie d'origine externe qui n'était libérée que lors de la découverte des problèmes refoulés dans l'inconscient et l'acceptation de leur existence par le sujet.

Les progrès de la psychophysiologie permettent, à présent, d'émettre d'autres idées qui complètent parfois ces explications, mais qui le plus souvent, vont à l'encontre de celles-ci.

C'est à partir de ces nouvelles données que des chercheurs (Hobson et Mc Carley, 1977; Mc Carley, 1979) ont formulé d'autres hypothèses plus en accord avec nos connaissances actuelles du fonctionnement du cerveau.

Selon eux, les rêves auraient plutôt une origine biologique. Ils constitueraient le résultat de la synthèse effectuée par le cortex des informations en provenance des différentes zones du cerveau, activées par les mécanismes à la base du sommeil paradoxal.

On sait à présent que le siège de celui-ci se situe dans la protubérance annulaire qui constitue la partie centrale du tronc cérébral. Jouvet (1965), de l'Université de Lyon, a montré qu'un animal auquel on supprime la plus grande partie du cerveau, en ne laissant subsister que la formation réticulée de cette zone, continue à présenter des phases de sommeil paradoxal.

À cet endroit, la formation réticulée est principalement constituée de cellules géantes dont les ramifications se prolongent loin dans les régions avoisinantes (figure 4.11). Elles sont ainsi connectées avec les cellules des régions supérieures du tronc cérébral, responsables de la production des ondes typiques du sommeil paradoxal, avec les cellules des régions responsables des mouvements oculaires ainsi qu'avec les cellules situées dans la région inférieure, qui sont à l'origine de l'atonie musculaire, propre au stade MOR. De plus, comme on le sait, la formation réticulée a surtout comme fonction d'exciter de façon sélective les centres sensoriels supérieurs, ainsi que les centres responsables des pulsions et des émotions (voire chapitre 6).

Archétype

(du grec *arkhaios* = ancien et *-tupos* = empreinte, marque). Selon Jung, les archétypes sont des images primitives et fondamentales présentes dans l'inconscient collectif des membres de l'espèce humaine depuis l'aube de l'humanité.

---

[5] Les symboles les plus courants, selon Freud, sont les symboles sexuels qui ont rapport soit aux organes génitaux masculins et sont donc de type phallique comme le poignard, l'arbre, le soc, la main, le serpent, etc. ou se rattachent aux organes génitaux féminins tels une blessure, la terre, une poche, un four, une porte, etc.

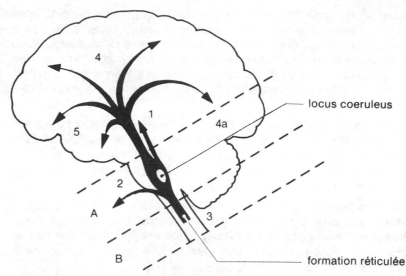

locus coeruleus

formation réticulée

Fig. 4.11 *Les structures nerveuses et le rêve. Le siège du sommeil paradoxal se situe dans un noyau de la formation réticulée, le locus coeruleus. À cet endroit du pont (A), la formation réticulée est en contact avec les cellules des régions supérieures du tronc cérébral qui sont responsables de la production d'ondes rapides (1), avec celles des régions responsables des mouvements oculaires rapides (2) et celles de la région inférieure du bulbe (B) responsables de l'atonie musculaire (3). La formation réticulée provoque également l'activation des diverses aires sensorielles du cortex (4) et particulièrement de l'aire visuelle, dans le lobe occipital (4a) ainsi que celle des centres responsables des pulsions et des émotions (5).*

Le point de départ du processus résiderait dans le fait que la formation réticulée est activée de façon cyclique, lors de chaque stade MOR. Ceci aurait alors pour effet de provoquer l'activation des diverses *aires sensorielles*. Il s'agit principalement de celles de la vision mais également de celles de l'ouïe et du toucher, ainsi que des centres vestibulaires, chargés de rendre compte de la position du corps dans l'espace. Des images visuelles, auditives ou tactiles vont ainsi être produites de l'intérieur, de la même façon que seront ressenties des impressions de légèreté, de tournoiement ou de perte d'équilibre.

Quant à l'*activité motrice* parfois intense vécue par le rêveur« se promenant », « courant » ou « escaladant », elle proviendrait des structures du tronc cérébral responsables, à l'état de veille, de diriger et de coordonner les activités motrices programmées par les centres supérieurs. L'action de ces structures est plus ou moins automatique et donc relativement peu contrôlée par le cortex. Bien qu'au cours du sommeil paradoxal cette action soit bloquée par la formation réticulée, la «programmation», elle, demeurerait intacte et se traduirait dans les mouvements ressentis par le rêveur.

L'intervention d'*autres personnages* dans le rêve pourrait être le fait d'un amalgame entre l'activation interne, les stimulations externes ainsi que les traits de caractère du rêveur, ses souvenirs et les problèmes rencontrés à l'état de veille. Ces différents éléments se trouveraient alors projetés sur l'environnement physique, sur un animal ou sur un individu apparaissant dans la production onirique.

Il reste à tenter d'expliquer le *symbolisme* du rêve. Selon McCarley, il traduirait clairement les motivations du rêveur. Celles-ci émergeraient dans le rêve suite à l'excitation des centres pulsionnels et instinctifs par les ramifications des cellules de la formation réticulée. Les symboles qui habillent les rêves ne constitueraient simplement qu'une espèce de «grammaire» pulsionnelle facile à décoder.

Ainsi, ce seraient les pulsions instinctives qui seraient déclenchées par les mécanismes responsables du sommeil paradoxal, et non l'inverse, comme le prétendaient les psychanalystes. Elles s'intégreraient dans le «tissu» du rêve avec le produit de l'activation sensorielle et motrice[6]. C'est au cortex qu'il reviendrait alors d'effectuer la synthèse entre ces divers éléments et d'établir un rapport entre eux et les émotions, les souvenirs, les expériences antérieures ainsi que les attitudes du rêveur. Le tout se traduirait finalement par un rêve plus ou moins structuré.

D'autres chercheurs ont mis l'accent sur la relation qui pouvait être établie entre la façon dont le rêveur vit les événements de la journée et son activité onirique. Hall (1966) prétend qu'un grand nombre de rêves auraient pour cadre les pièces les plus utilisées de la maison.

Pour Foulkes (1971), la quantité de rêves angoissants de l'enfant serait proportionnelle aux difficultés rencontrées à l'état de veille. Il semble que cette règle s'applique aussi chez les adultes.

Cartwright (1977) note qu'un grand nombre de sujets se rappellent plus souvent leurs rêves après une période de tension ou de dépression que lorsque la journée s'est déroulée sans problème. Or, pour que le contenu d'un rêve puisse s'inscrire dans la mémoire, il faut que le sujet se réveille immédiatement après que le rêve se soit déroulé[7], ou alors qu'il soit à ce point marquant pour que s'inscrive une trace, même durant le sommeil.

L'observation effectuée par Cartwright doit-elle dès lors signifier que des sujets soucieux dorment plus mal et se réveillent plus facilement, se souvenant alors plus aisément de leurs rêves? Ou alors que le «travail» consacré à la production du rêve serait à ce point important que celui-ci demeurerait plus longtemps gravé dans la mémoire? Dans le second cas, et c'est ce que pense Cartwright, ce travail accru aurait pour but d'aider le sujet à résoudre ses problèmes par le biais de l'activité onirique.

Certaines recherches semblent lui donner raison. On a noté que des sujets se sentaient mieux au réveil après avoir rêvé à des scènes faisant intervenir de nombreux personnages. Ils étaient, de plus, capables d'évoquer plus aisément des événements vécus à caractère menaçant, ou encore d'aborder certains problèmes avec plus de réalisme après avoir rêvé, qu'après en avoir été empêchés (Hartmann, 1973).

Le rêve constituerait donc une espèce «d'atelier de réparation» dans lequel l'individu viendrait, au cours du sommeil, puiser l'énergie nécessaire à la résolution de ses problèmes, ainsi qu'à la restauration de sa propre image et de l'estime de soi.

---

[6] De la même façon que la sonnerie du réveil-matin peut être confondue avec celle d'un téléphone intervenant dans le rêve, ou que les gouttes d'eau dont on asperge le visage du dormeur vont se transformer en pluie battante dans la production onirique en cours (Dement et Wolpert, 1958).

[7] En général, on se souvient beaucoup facilement du rêve produit au cours de la dernière période de sommeil paradoxal, juste avant le réveil.

4. Les troubles du sommeil

Les troubles du sommeil sont multiples. Ils peuvent concerner autant l'endormissement que le sommeil profond ou le sommeil paradoxal. Certains sont mineurs, d'autres peuvent entraîner la mort. Nous allons en énumérer quelques-uns en fournissant pour chacun les explications, encore très fragmentaires, telles qu'elles sont avancées par les chercheurs.

Les cauchemars

Les cauchemars sont des rêves angoissants produits au cours du sommeil paradoxal. Compte tenu de leur charge émotive, ils sont plus facilement mémorisés que d'autres et sont donc plus souvent racontés par le sujet au réveil.

Compte tenu du lien qui semble exister entre les cauchemars et les problèmes rencontrés à l'état d'éveil, les parents devraient inciter l'enfant à leur raconter plus souvent ces épisodes afin de l'aider à identifier et, éventuellement, à résoudre les difficultés dont les rêves sont les symptômes.

Les terreurs nocturnes

Les terreurs nocturnes, elles, se développent généralement au cours du sommeil à ondes lentes. Elles provoquent alors un réveil brutal dans un état de frayeur et de délire.

Il semblerait qu'on doive les considérer comme un réflexe de panique intense déclenché en réaction au ralentissement de la respiration et du rythme cardiaque, tel qu'il se produit au cours des stades 3 et 4 (Foulkes, 1979).

Contrairement à ce qui se passe pour les cauchemars, le sujet ne conserve que très peu de souvenirs de ces instants de terreur, après lesquels il se rendort d'ailleurs presque immédiatement.

Le somnambulisme

Le somnambulisme est également propre au sommeil à ondes lentes. Près d'un enfant sur six est susceptible, au moins une fois, de quitter ainsi son lit pour déambuler, endormi, dans la chambre ou dans la maison.

Pendant cette «promenade», qui peut parfois durer des heures, le sujet est la plupart du temps capable de répondre aux questions qu'on lui pose. Pourtant, à son réveil, il ne conservera aucun souvenir de son aventure nocturne. Et s'il se rappelle certaines choses, elles n'ont en général aucun rapport avec ce qui a pu lui arriver durant son excursion.

La narcolepsie et la catalepsie

La *narcolepsie* est un trouble du sommeil qui touche plus d'un individu sur mille. Elle se caractérise par le fait que le sujet peut tomber endormi n'importe où et n'importe quand durant la période d'éveil. Cela peut tout aussi bien se produire pendant qu'il est en grande conversation qu'au cours d'une relation sexuelle.

Narcolepsie
(du grec *narkê* = engourdissement et *lêpsis* = prise, saisie). Tendance irrésistible à sombrer dans le sommeil à un quelconque moment de la journée et quelle que soit l'activité en cours.

Catalepsie
(du grec *kata* = en dessous et *-lepsis* = prise, saisie). Tendance à sombrer dans un sommeil s'accompagnant de la suppression totale de tension musculaire.

L'épisode dure en général une quinzaine de minutes pendant lesquelles il peut continuer certaines activités, en somnambule, comme celle par exemple de conduire un véhicule. Il ne gardera cependant aucun souvenir, à son éveil, de ce qu'il a pu faire durant cette période.

Il semble que la narcolepsie soit causée par le fait que le cerveau saute les premiers stades du sommeil pour passer directement au stade de sommeil profond.

La *catalepsie* est une forme de narcolepsie se caractérisant par un affaissement brusque du sujet, à la manière d'une poupée de chiffon. Cet affaissement est provoqué par un relâchement soudain de toute la musculature du sujet et une perte du contrôle postural.

Dans ce cas, ce sont les quatre stades du sommeil à ondes lentes qui seraient sautés, faisant passer la personne directement de l'état d'éveil à l'état lié au sommeil paradoxal, dont l'atonie musculaire est une des caractéristiques.

L'insomnie

La plupart des gens peuvent décider du moment de leur endormissement. Ce n'est pas le cas pour près de 10 % d'entre eux qui souffrent d'insomnie.

L'insomnie est étroitement liée à l'anxiété. Elle est souvent le fait de personnes angoissées par leurs problèmes de santé, réels ou imaginaires, ou par les ennuis quotidiens qui finissent par prendre toute la place dans leur vie et débordent sur le temps de sommeil.

Pour s'endormir, il est capital qu'on se laisser aller, qu'on s'abandonne au sommeil. Or c'est tout le contraire qui se produit pour la personne souffrant d'insomnie. L'anxiété de ne pouvoir s'endormir augmente la tension de l'organisme, ce qui confirme et augmente la crainte de ne pas trouver le sommeil.

Le sujet tente alors de briser ce cercle vicieux par l'usage de tranquillisants ou de barbituriques. Mais il s'agit là d'une béquille qui se révèle bientôt plus dangereuse que l'absence de sommeil elle-même, par la tolérance qui se développe à ces drogues et la dépendance qu'elles entraînent chez leurs utilisateurs.

L'apnée

Certains individus n'arrivent parfois plus à respirer au cours de leur sommeil. Ce trouble qui frappe près de 5 personnes sur 1.000 peut être causé par l'obésité ou par une malformation de la trachée artère ou encore par une déficience de fonctionnement du centre de contrôle respiratoire, situé dans le tronc cérébral.

Le sujet souffrant d'apnée doit, s'il veut survivre, être capable de se réveiller parfois plusieurs centaines de fois par nuit afin de pouvoir retrouver son souffle, en expulsant le gaz carbonique contenu dans ses poumons.

Le syndrome de mort subite

Ce trouble constitue une des principales causes de mortalité chez les enfants de moins d'un an. On ne sait presque rien des raisons qui le

Apnée
(du grec *apnoia*). Suppression plus ou moins prolongée de la respiration.

provoquent, compte tenu qu'il survient brusquement sans aucun signe avant-coureur. On couche le bébé en bonne santé dans son lit, il s'endort comme tous les soirs, mais cette fois, il ne se réveille plus.

On a pu constater que ce syndrome apparaissait plus fréquemment chez les enfants prématurés, ou ceux dont la mère avait beaucoup fumé au cours de la grossesse, ou encore chez des nourrissons vivant dans un foyer familial à l'atmosphère polluée par l'usage du tabac.

Pour ces raisons, certains chercheurs attribuent ce trouble à une immaturité du système nerveux et notamment à une carence dans le fonctionnement des centres de contrôles de la respiration, qui rendrait l'enfant plus vulnérable à l'action de ces agents nocifs.

Le coma

Le coma n'est pas, à proprement parler, un trouble du sommeil. Il constitue en soi une espèce de sommeil profond de type pathologique, dont l'individu, bien que demeurant vivant, ne se réveille pas.

Il est provoqué par la détérioration ou la destruction de la formation réticulée, suite à une maladie, une blessure au cerveau ou encore à l'usage de certaines drogues ou de poisons.

Le cerveau continue à recevoir des informations mais, n'étant plus activé par la formation réticulée, il n'est plus à même de les traiter. Le malade est donc plongé dans un état de non-conscience, d'insensibilité profonde et de perte totale de la mobilité, dont il ne peut sortir. L'organisme n'est alors maintenu en vie que lorsque l'environnement peut entièrement satisfaire tous ses besoins physiologiques.

BIBLIOGRAPHIE

CARTWRIGHT, R.D., *Night Life : Explorations in dreaming*, Englewood Cliffs, N.J., Prentice-Hall, 1977.
CARTWRIGHT, R.D., « Des rêves sur commande : ce n'est pas un rêve », *Psychologie*, 1979, n° 110, p. 24-31.
DEMENT, W. et WOLPERT, E., « The relation of Eye Movements, Body Mobility and External Stimuli to Dream Content », *Journal of Experimental Psychology*, 1958, n° 55, p. 543-553.
FOULKES, D., « Longitudinal studies of dreams in children », Y. Masserman (Ed.), *Science and Psychoanalysis*, New York, Grune and Stratton, 1971.
FOULKES, D., « Les rêves des enfants : simples et heureux », *Psychologie*, 1979, n° 110, p. 32-36.
FREUD, S., *L'interprétation des rêves*, Paris, P.U.F., 1976.
HALL, C., *The Meaning of Dreams*, New York, McGraw-Hill, 1966.
HARTMANN, E., *Biologie du rêve*, Bruxelles, Dessart, 1971.
HOBSON, J.A. et McCARLEY, R.W., « The brain as a dream state generator : an activation, synthesis hypothesis of the dream process », *American Journal of Psychiatry*, 1977, n° 134, p. 1335-1348.
JOUVET, M. et DELORME, R., « Locus coeruleus et sommeil paradoxal », *Comptes rendus de la Société Biologique*, Paris, 1965, n° 159, p. 895-899.
JUNG, C.G., *L'homme et ses symboles*, Paris, Del Duca-Laffont, 1964.
McCARLEY, R.W., « Les rêves : une nouvelle théorie », *Psychologie*, 1979, n° 110, p. 18-23.

Guide d'étude

Révision

Compléter les phrases suivantes

1. L'excitation des centres du sommeil et de l'éveil sont placés sous le contrôle d'une _____.

2. Le sommeil _____ correspond au stade 4 du sommeil à ondes _____.

3. Le sommeil _____ se caractérise par l'immobilité du corps contrastant avec une augmentation de l'activité cérébrale.

4. Le stade MOR apparaît au cours du _____ et est caractérisé par des _____.

5. La méditation se caractérise par la production, au niveau du cerveau, d'ondes de type _____ et _____ .

6. Certains méditants atteignent un tel niveau de contrôle qu'ils deviennent capables, semble-t-il, de _____ leur rythme cardiaque et de diminuer leur consommation d'_____ de près de 20 %.

7. Afin de maintenir l'adaptation de l'individu à la _____, il semble que l'éducation vise à _____ les occasions de vivre des états modifiés.

8. On sait à présent que les drogues agissent au niveau de la _____ sur les _____ responsables de la transmission des messages d'un neurone à l'autre.

9. Le processus par lequel un organisme s'habitue à la consommation d'une drogue donnée est connu sous le nom de _____.

10. La dépendance vis-à-vis d'une drogue peut entraîner un _____ en cas de sevrage.

11. La dépendance psychologique est une tendance à rechercher la consommation de drogue pour le _____ qu'elle procure.

12. L'alcool est principalement classé comme _____.

13. L'héroïne engendre une dépendance _____ en moins de _____ jours, chez la plupart des utilisateurs.

14. Le danger le plus grave qu'entraîne la consommation de LSD réside dans le risque d'effectuer un _____.

15. La consommation de marijuana semble avoir _____ au cours des dernières années.

Vérification des connaissances

Vrai ou faux?   V   F

1. Il n'existe véritablement que deux états de conscience : le sommeil et l'état de veille.   ☐   ☐

2. L'organisme peut fonctionner selon un cycle de 16 h de veille, et de 8 h de sommeil, sans l'intervention d'aucun repère temporel.   ☐   ☐

3. Les ondes bêta sont typiques du sommeil paradoxal.   ☐   ☐

4. Les terreurs nocturnes et les crises de somnambulisme se produisent principalement au cours du sommeil profond.   ☐   ☐

5. La méditation, telle qu'elle est pratiquée par les maîtres orientaux, entraîne toujours une activité cérébrale intense. ☐ ☐

6. Un syndrome d'abstinence est toujours le signe qu'il existe une dépendance vis-à-vis de la drogue. ☐ ☐

7. Les stimulants, mêmes majeurs comme les amphétamines, n'entraînent pas de conséquences graves pour l'organisme. ☐ ☐

8. L'alcool est un stimulant qui peut se révéler très efficace. ☐ ☐

9. Sur le plan médical, l'héroïne peut très avantageusement remplacer la morphine. ☐ ☐

10. L'usage du cannabis provoque un ralentissement du rythme cardiaque. ☐ ☐

Questions à choix multiple (encercler la lettre qui correspond à la bonne réponse)

1. Le stade de sommeil profond est atteint
   a) sitôt après l'endormissement.
   b) pendant que s'élaborent les rêves.
   c) cinq fois par nuit.
   d) Aucune de ces réponses.

2. Les rêves
   a) se produisent au cours du stade MOR.
   b) ne durent que quelques secondes.
   c) n'ont semble-t-il, que peu d'utilité.
   d) Toutes ces réponses sont bonnes.

3. Au cours du sommeil paradoxal, on assiste à
   a) la production des rêves.
   b) l'apparition de mouvements rapides des globes oculaires.
   c) l'immobilisation totale du corps.
   d) Toutes ces réponses sont bonnes.

4. Les techniques de méditation consistent à
   a) focaliser l'attention du sujet.
   b) rétrécir le champ de la conscience de surface.
   c) ralentir le métabolisme.
   d) Toutes ces réponses sont bonnes.

5. Le besoin de consommer des doses toujours plus importantes pour atteindre l'effet recherché est connu sous le nom
   a) d'accoutumance.
   b) de tolérance.
   c) de dépendance physique.
   d) Aucune de ces réponses.

6. La dépendance psychologique à une drogue entraîne
   a) la consommation de doses plus importantes pour atteindre l'effet recherché.
   b) la modification du fonctionnement des neurotransmetteurs.
   c) l'usage de drogues plus fortes.
   d) Aucune de ces réponses.

7. Parmi les drogues suivantes, quelles sont celles qui entraînent une dépendance physique?
   a) La cocaïne.
   b) Le haschich.
   c) Les amphétamines.
   d) Le LSD.

8. L'alcool est un
   a) euphorisant.
   b) neurodépresseur.
   c) stimulant.
   d) hallucinogène.

9. Les endorphines du cerveau exercent naturellement sur celui-ci des effets semblables à ceux
   a) de la cocaïne.
   b) des amphétamines.
   c) du LSD.
   c) Aucune de ces réponses.

10. L'usage de la marijuana entraîne
    a) des troubles de la coordination motrice.
    b) une perte de motivation pour le travail et les études.
    c) un ralentissement du rythme cardiaque.
    d) un risque de stérilité chez la femme.

Médiagraphie

1. Références bibliographiques

ASCHOFF, J., «Circadian rhythms in man», *Science*, 1965, n° 148, p. 1427-1432.

ANAND, B., CHINA, G. et SINGH, B., «Some aspects of electroencephalographic studies in yogis», *Electroencephallography and Clinical Neurophysiology*, 1961, n° 13, p. 452-456.

ARKIN, A.M., TOTH, M.F., BAKER, J. et HASTEY, J.M., «The frequency of sleep talking in the laboratory among chronic sleep talkers and good dream recallers», *Journal of Nervous and Mental Disease*, 1970, n° 151, p. 369-374.

AZERINSKY, E. et KLEITMAN, N., «Regularly occuring periods of eye mobility and concomitant phenomena during sleep», *Science*, 1953, n° 118, p. 273-274.

BENSON, H., *The relaxation response*, New York, Morrow, 1975.

BROWN, B., *New mind, new body*, New York, Harper et Row, 1974.

BUSTAMANTE, J., JORDAN, A., VILA, M., GONZALES, A. et IUSUA, A., «State dependent learning in humans», *Physiology and Behavior*, 1970, 25, 275-280.

COWELL, E.B., MÜLLER, F.G. et TAKAKUSU, T., (Eds), *Budhist Mahâyâna texts*, 1969.

DE LAUNIÈRE, C. et GAGNON, P., «Le marketing transcendantal», *Québec-Science*, 1978, vol. 3, n° 17, p. 36-40.

DEMENT, W., «The Effect of Dream Deprivation», *Science*, 1960, n° 131, p. 1705-1707.

ETEVENON, P.R., *Les aveugles éblouis*, Paris, Albin Michel, 1984.

FERGUSON, M., *La révolution du cerveau*, Paris, Calmann-Lévy, 1974.

FISCHER, R., A cartography of the ecstatic and meditative states», *Sciences*, 1971, n° 174, p. 897-904.

FISCHER, R., «Les différents états de conscience», *Psychologie*, n° 86, p. 39-42.

GODEFROID, J., L'évolution du point de déclenchement des rythmes circanniens, chez les rongeurs, en relation avec le retrait des glaciers (en préparation).

GOODWIN, D., POWELL, B., BREMER, D., HOINE, H. et STERN, J., « Alcohol and recall : State dependent effects in man », *Science*, 1969, n° 163, p. 1358-1360.

HILGARD, E.R., *Divided Consciousness : Multiple controls in Human Thought and Action*, New York, Wiley-Interscience, 1977.

Institute of Medicine, *Marijuana and Heath*, Washington, D.C., National academy Press, 1982.

KASAMATSU, A. et HIRAI, T., « An electroencephalographic study on the Zen meditation (Zazen) », *Folia Psychiatrica Neurologica Japonica*, 1966, n° 20, p. 315-336.

KÜBLER-ROSS, E., *Les derniers instants de la vie*, Genève, Labor et Fidès, 1975.

LEVINSON, B.W., « States of awareness during general anesthesia » dans J. Lassner (Ed.), New York, Springer, 1967.

LILLY, J., *Les simulacres de Dieu*, Paris, Retz, 1980.

MILLER, N.E., « Biofeedback and visceral learning », *Animal Review of Psychology*, 1978, n° 29, p. 375-404.

MOODY, R., *La vie après la vie*, Paris, Laffont, 1977.

OSIS, K. et HARALDSSON, E., *Au seuil de la mort*, Montréal, Québec/Amérique, 1981.

OUGHOURLIAN, J.M., *La personne du toxicomane*, Toulouse, Privat, 1974.

OVERTON, D.A., « Experimental methods for the study of state-dependent learning », *Federation Proceedings*, 1974, n° 33, p. 1800-1813.

PEELE, S. (1977), *L'expérience de l'assuétude*, Montréal, Presses de l'Université de Montréal, 1982.

RING, K., *Sur les frontières de la vie*, Paris, Laffont, 1982.

SIFFRE, M., *Hors du temps*, Paris, Julliard, 1963.

TART, C., *Altered states of consciousness*, New York, Wiley, 1969.

VAN EERSEL, P., *La source noire : révélations aux portes de la mort*, Paris, Ed. Grasset et Fasquelle, 1986.

WEIL, A.T., *The National Mind : a new way of looking at drugs and the higher consciousness*, Boston, Houghton Mifflin, 1972.

ZUCKER, I., « Behavior and biological rhythms » dans D. Krieger (Ed.), *Neurendocrinology*, Sunderland, Massachusetts, Sinauer, 1980.

2. Documents audio-visuels

Les mystères de l'esprit, 1979, 57 min, 16 mm, couleur. National Geographic Society. Document apportant de nombreuses informations sur le cerveau et les neurotransmetteurs, mais également sur la découverte des centres du plaisir (voir chapitre 6), sur le sommeil et la narcolepsie, la méditation, l'acupuncture, l'hypnose et les expériences de Hilgard, etc.

Les prisons de l'esprit, 1983, 55 min, 16 mm, couleur. Office national du film du Canada. Ce film explore le pouvoir de la suggestion et l'influence qu'il peut avoir sur le comportement humain. Après avoir traité de l'hypnose et de la façon dont sont menées certaines thérapies individuelles et de groupe, il révèle la similitude des méthodes d'endoctrinement propre à un Indien, à un camp d'entraînement des Marines américains et à un monastère.

Le corps, cette merveilleuse machine. National Geographic Society. Grâce à des prouesses techniques, une caméra voyage dans différents organes du corps. Ce film est intéressant dans le cadre du présent chapitre, pour l'entrevue menée auprès de la neurologue B. Brown, dont les expériences de rétroaction biologique (dont la commande d'un train à distance par un enfant) sont filmées.

The sleeping brain, 23 min, 16 mm, couleur, version originale anglaise. Pennsylvania State University.
Illustration par Jouvet des techniques utilisées pour étudier la physiologie du sommeil.

Sleep and dreaming in humans, 14 min, 16 mm, couleur, version originale anglaise. Films et frontiers and psychological inquiries series. Indiana University.
Film illustrant les diverses techniques utilisées dans l'étude du sommeil : fixation des électrodes, utilisation du polygraphe, etc.

Mind of man, Reel I, 30 min, 16 mm, noir et blanc, version originale anglaise. Net.
Tour d'horizon des recherches sur la méditation, (notamment chez un yogi réduisant son rythme cardiaque et sa consommation d'oxygène), ainsi que sur les états altérés par l'usage des drogues.

Involuntary control, 19 min, couleur, version originale anglaise.
Film passant en revue les recherches sur la rétroaction biologique («biofeedback»), des expériences de Miller aux applications portant sur le contrôle du rythme cardiaque, de la pression sanguine, des ondes alpha, etc.

La méditation : un voyage spirituel, 1976, 18 min, vidéo 3/4 po, couleur. Document Assoc. S-T. (Entreprises Internationales Télé-Film Ltée, Montréal).
Entrevue de spécialistes du zen, du yoga et d'autres méthodes orientales de méditation.

U.S., 28 min, 16 mm, couleur, version originale anglaise. Churchill Films.
L'abus des drogues dans la vie quotidienne de la ménagère, de l'homme d'affaires ou de certains jeunes.

The problem of amphetamine abuse, 17 min, 16 mm, couleur, version originale anglaise. Médicine Films.

Les pilules de l'angoisse, 30 min, 16 mm, noir et blanc. Office national du film du Canada.

L'alcool : quand faut-il s'arrêter?, 1977, 10 min, 16 mm, couleur, prod. Mont-Royal Synchro. Office national du film du Canada.
Comment l'alcool affecte le pouvoir de décision, la volonté, la vision, l'élocution, l'équilibre et qu'il peut même conduire à la mort.

L'émotion dissonante, 1984, 81 min, 16 mm, couleur. Office national du film du Canada.
Une nouvelle interprétation du «phénomène drogue» cherchant à dédramatiser, démystifier et cerner le vrai problème, selon une démarche renouvelée, positive, privilégiant la prévention, le dialogue et une information facilitant un «choix éclairé».

L'après-cours, 1984, 16 min, 16 mm, couleur. Office national du film du Canada.
Témoignages de jeunes à propos de la drogue, ce qu'on en pense, les raisons qui font qu'on en consomme.

chapitre 5

Notre perception du monde

Introduction

Les limitations sensorielles

Le rôle de nos expériences antérieures

L'organisation de nos perceptions

Nos perceptions demeurent constantes

Une image du monde en trois dimensions

Adaptation et accoutumance

Attention et perception

Les déterminants de l'attention

L'attention sélective

Seuil physiologique et seuil de perception

La défense perceptive

La perception subliminale

La perception extrasensorielle

L'isolation sensorielle

Introduction

L'image que nous avons du monde est une image stable. C'est l'image d'un monde fait d'éléments solides et matériels : une pierre est une pierre, un arbre est un arbre et un chat est un chat. Il nous paraît tout à fait inconcevable qu'il puisse en aller autrement.

Et pourtant, notre image du monde se situe à l'échelle humaine, modelée à partir de l'équipement sensoriel propre à notre espèce. Il s'agit donc d'une image relative et essentiellement différente de celle que peut avoir une paramécie, un ver de terre, une chauve-souris ou un éléphant. Pour certaines espèces, la réalité est surtout constituée d'odeurs dont la plupart nous sont inconnues ; pour d'autres, le monde est principalement formé de sons que nous sommes en grande partie incapables de percevoir. Chaque espèce possède les récepteurs permettant à l'organisme d'obtenir les informations les plus utiles pour son adaptation à un environnement donné ; ainsi, chacune d'elles a une perception de la réalité qui lui est propre (voir le document 5.1).

De plus, la physique moderne est en train de nous révéler un monde ressemblant de moins en moins à un monde d'objets stables et régi par des lois strictes, tel que l'envisageait la conception mécaniste de Descartes et de Newton.

Les principes de la mécanique *quantique* forcent de plus en plus de physiciens à remettre en question des relations aussi solidement établies que celles existant entre l'espace et le temps, la cause et l'effet ou le sujet et l'objet. On ne sait plus très bien si la matière est constituée de *particules* ou d'*ondes*, ou des deux à la fois. Certains chercheurs se sont mêmes aperçus que le fait d'observer une particule en modifie le comportement. C'est suffisant, selon certains, pour poser de nouveau le problème des liens entre la pensée et la matière, afin de savoir si ce qu'ils observent est la matière elle-même ou leur propre expérience.

Lors d'un colloque réunissant des psychophysiologistes et des physiciens, l'astrophysicien Hubert Reeves a posé le problème en imaginant le dialogue suivant entre les deux disciplines. Aux spécialistes de la première qui disent aux physiciens : « Aidez-nous à trouver dans l'électron les racines de la conscience », ces derniers sont de plus en plus amenés à répondre : « Mais nous en sommes à chercher les racines de l'électron dans la conscience. Nous avons exploré jusqu'au bout le rapport du sujet et de l'objet, et nous l'avons trouvé manquant ! » (Science et Conscience, 1980).

Mais tout ceci est une autre histoire qui ne sera vraisemblablement développée que dans les livres à venir, dans un futur peut-être plus proche qu'on ne le pense (voir le document 5.2).

Restons donc au niveau actuel des connaissances, pour tenter de comprendre comment le cerveau humain et les récepteurs qui en sont les informateurs fonctionnent pour nous donner une image cohérente de la réalité.

Mécanique quantique
Mécanique fondée sur la théorie des quanta (voir document 4.2). Elle part du principe qu'un rayonnement n'est pas une quantité continue mais est plutôt constitué de « grains d'énergie », ou quanta (dans le rayonnement électromagnétique, le quantum = un photon).

Particule
Partie de la matière considérée dans l'état actuel de la science comme non dissociable en éléments plus petits (un électron ou un proton sont des particules élémentaires).

Onde
Vibration périodique de l'air (onde sonore) ou de l'espace (onde électromagnétique).

Les limitations sensorielles

Notre environnement nous envoie à tout moment des milliers d'informations de toutes sortes, et pourtant, nous ne pouvons capter qu'un minimum d'entre elles. Nos sens sont en effet limités dans leur capacité d'être stimulés, et le meilleur organe sensoriel ne peut détecter qu'un nombre restreint de messages, parmi ceux qui proviennent du monde qui nous entoure (voir appendice A).

L'oreille humaine ne peut capter les sons aux fréquences trop élevées, alors que ces *ultrasons* sont facilement entendus par un chien, un dauphin ou une chauve-souris. L'espace est parcouru par un nombre infini d'ondes, constituant le spectre électromagnétique, qui vont des *rayons cosmiques* aux rayons X pour les faibles longueurs d'ondes, jusqu'aux ondes radioélectriques pour les plus grandes. Pourtant, nos yeux ne sont sensibles qu'à la mince tranche du spectre située entre ces deux ensembles et qui constitue la lumière visible. (Voir les pages annexées en couleur).

Comment nous apparaîtrait la réalité si nous étions capables de détecter les autres formes d'énergie? Il nous suffit de regarder une photo prise à l'aide d'un appareil à rayons infrarouges pour voir qu'elle renvoie une image toute différente de l'environnement. On sait, par exemple, que les individus chez lesquels on a enlevé le cristallin de l'œil sont sensibles aux rayons ultraviolets. Que deviendrait notre vision du monde si nos yeux étaient capables de capter les rayons X, rendant ainsi translucide ce qui nous paraît opaque? Mais surtout, de quel type de cerveau devrions-nous être dotés pour qu'il soit capable de donner un sens à un environnement dont nous recevrions une telle quantité d'informations?

Le rôle de nos expériences antérieures

En ce qui concerne les êtres humains, les sens de l'enfant sont en état de fonctionner dès la naissance et même avant celle-ci, selon des recherches récentes. Mais on sait surtout que le cerveau humain est doté de mécanismes qui vont orienter ses perceptions. Dès les premiers instants, le nouveau-né se trouve assailli par une foule de stimulations qui, une fois véhiculées vers le cerveau, sont triées, organisées et classées par catégories, avant d'être stockées en mémoire (voir le document 5.3).

Ultrasons
Son se propageant par ondes dont les fréquences sont supérieures à la limite d'audibilité de l'oreille humaine.

Rayons cosmiques
Rayonnement comprenant d'une part des particules de haute énergie, d'origine extra-terrestre et, d'autre part, les *gerbes* engendrées par ces particules quand elles entrent dans l'atmosphère.

Ainsi, à tout moment, les stimulations sont interprétées en fonction de ces catégories d'images qui s'établissent depuis la naissance.

Dès lors, certaines informations, devenant plus familières que d'autres, entraînent une reconnaissance automatique et quasi immédiate. Dans d'autres cas cependant, lorsque les informations sont nouvelles ou incomplètes, ou encore ambiguës, notre cerveau fonctionne par *hypothèses*, qu'il vérifie une à une afin d'admettre celle qui lui semble la plus plausible ou la plus adaptée. On peut donc affirmer, comme l'a fait Gregory (1966), que «tout objet perçu *est* une hypothèse» (voir le document 5.4).

La façon dont nous catégorisons la réalité est donc étroitement liée aux expériences préalables vécues par chacun de nous.

Ainsi, de jeunes chatons élevés dans une cage où ils n'étaient exposés qu'à des lignes verticales furent incapables, plus tard, de reconnaître des lignes horizontales (Blackemore et Cooper, 1970).

Il en va de même, semble-t-il, des êtres humains. Nous avons déjà vu comment Victor, l'enfant sauvage, avait développé une perception des choses qui différait beaucoup de la nôtre. On sait également que si des personnes aveugles de naissance recouvrent la vue à l'âge adulte, elles vont pouvoir distinguer les objets se détachant sur un arrière-plan, ou suivre des yeux un objet en mouvement ou encore différencier les couleurs. Elles seront cependant incapables d'identifier des objets particuliers ou certaines formes géométriques, ou même un visage, ou encore de donner un nom aux couleurs qu'elles voient.

Fig. 5.1 *Un groupe de guerriers zoulous (Afrique du Sud), devant une de leurs huttes aux contours arrondis. Le fait de vivre dans un environnement exempt de lignes verticales et horizontales peut modifier considérablement la perception chez les membres de ces cultures «en rond». Gregory a notamment montré que des illusions comme celle de Müller-Lyer étaient presque inexistantes dans de telles cultures.*

Les anthropologues ont montré, de leur côté, que les membres des sociétés vivant dans des habitats circulaires avaient une perception différente de la nôtre d'un environnement à lignes horizontales et verticales, comme celui auquel nous sommes habitués depuis la naissance (figure 5.1). Certaines cultures ne possèdent pour leur part que deux noms de couleurs, là où nous avons appris à en reconnaître au moins six.

Toutes ces perceptions sont le fait de la pratique et de l'expérience. Ce n'est que par celles-ci que le cerveau est capable de structurer et d'organiser les éléments de l'environnement afin de leur donner une signification précise (voir le document 5.5).

L'organisation de nos perceptions

C'est l'école de la Gestalt qui a le mieux décrit et analysé les phénomènes perceptifs et notamment, la façon dont les perceptions s'organisent en unités cohérentes, selon certains principes.

Le plus important de ces principes est celui qui fait que toute image ou tout objet est vu comme une *figure* se détachant sur un *fond*. Notre cerveau a en effet une tendance, innée semble-t-il, à structurer les informations de façon à ce que tout ce qui est plus petit, ou qui est plus régulier, ou encore, et surtout, tout ce qui a une signification pour nous, soit perçu comme une *figure*. Celle-ci se projette alors en avant d'un *fond*, perçu comme moins bien structuré et moins précis (figure 5.2).

Ceci est vrai pour la vision mais aussi pour les autres sens. C'est le cas, par exemple, lorsque dans le brouhaha d'une réunion, notre nom est prononcé par quelqu'un et s'impose ainsi brusquement comme figure sur le fond sonore. Il en va de même lorsque nous devinons l'odeur d'une rose dans une assemblée de fumeurs ou celle de la fumée de cigarette dans un parterre de roses.

Cet effet se renverse cependant à partir du moment où un autre élément du fond devient, à son tour, significatif. Dès lors, ce qui était considéré comme figure l'instant d'avant perd de sa précision pour rejoindre le fond.

C'est ce qui se passe lorsque vous regardez attentivement le dessin figurant sur la page titre des 1re et 2e parties de cet ouvrage. Vous devriez y distinguer les têtes de Descartes, Freud, Pavlov et d'autres «grands» de la psychologie. Cependant, une fois que vous y serez parvenus, tous les autres éléments qui constituaient jusqu'alors des figures distinctes vont s'estomper pour ne plus former que le fond sur lequel ces visages vont se détacher. Il en sera ainsi tant que vous ne déciderez pas de regarder à nouveau les petits détails du dessin (pour un décodage plus précis, voir la reproduction du dessin au complet, à la page 764).

Fig. 5.2 *Le vase de Rubin. Dans cette figure, le fond est constitué par le noir ou par le blanc, selon qu'on perçoive un vase ou deux visages. La figure peut devenir le fond et le fond peut devenir la figure.*

Figure
Forme se détachant, de façon plus structurée et plus précise, du reste du champ perceptif, considéré comme fond.

Fond
Arrière-plan du champ perceptif constitué d'éléments peu précis et peu structurés, par le fait que l'attention est surtout centrée sur la figure.

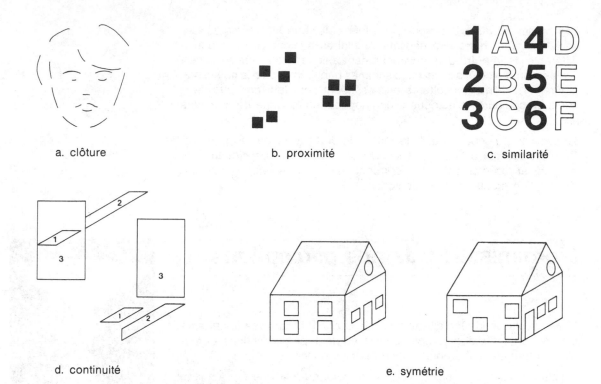

a. clôture   b. proximité   c. similarité

d. continuité   e. symétrie

Fig. 5.3 *Illustration de quelques principes à la base de l'organisation perceptive. Le cerveau reconnaît (en a) un visage à partir de quelques traits; en b, il reconnaît trois groupes de carrés et non un ensemble de neuf carrés; en c, il perçoit des symboles en colonnes à gauche et en ligne à droite; en d, il reconnaît un rectangle vertical «traversé» par un rectangle horizontal plutôt qu'un rectangle, un losange et un parallélogramme. En bas (en e), laquelle des deux maisons est la plus susceptible d'être considérée comme une «bonne» forme par le cerveau?*

Un deuxième principe est celui de la *clôture*, s'appuyant sur le fait que notre cerveau vise toujours à donner à un tracé, visuel ou sonore, un contour simple et complet. Aussi, lorsqu'un objet, une figure, une mélodie, un mot ou une phrase présente un aspect ou un contour constitué d'éléments disjoints, le cerveau va systématiquement tenter de les rassembler et de compléter les parties manquantes. Dans la figure 5.3a, ce n'est pas un ensemble discontinu de traits qui est perçu mais bien la silhouette d'un visage. Et, lorsqu'à la radio une chanson connue ou un message publicitaire mille fois entendu est brusquement interrompu, notre cerveau en complète machinalement la partie amputée.

Le *regroupement* d'éléments est un autre aspect de l'organisation perceptive. Il peut s'effectuer selon différents principes tels que ceux de proximité, de similarité, de continuité ou de symétrie.

Selon le principe de *proximité*, notre cerveau regroupe, dans une même forme, les éléments qui sont proches ou qui vont ensemble. Dans la figure 5.3b, on perçoit plus facilement trois groupes de carrés que huit carrés distincts les uns des autres.

Le principe de *similarité* nous amène à regrouper plus facilement des éléments présentant des caractéristiques semblables. Ainsi, les chiffres et les lettres de la figure 5.3c nous apparaissent davantage sous forme de colonnes que de rangées. Quant à la poursuite d'une conversation dans le brouhaha d'une foule, elle est rendue possible par le fait que c'est la même voix qui prononce sur le même ton les mots que nous entendons. Nous verrons plus loin que le cerveau éprouve cependant plus de problèmes lorsque deux messages différents, émis par la même voix, lui sont envoyés simultanément.

Des éléments vont également s'organiser en une forme, dans la mesure où ils conservent la même direction. C'est le principe de *continuité* qui fait que dans la figure 5.3d, nous percevons un élément plat traversant un rectangle et non trois éléments disparates tels qu'ils sont représentés sur le côté.

Enfin, une forme sera davantage perçue comme une « bonne » forme lorsqu'elle présente un ou plusieurs *axes de symétrie* (figure 5.3e).

Ainsi, face à différentes interprétations possibles qui pourraient être faites à partir d'une série d'éléments, notre cerveau choisit le plus souvent l'interprétation la plus simple, la plus complète et celle qui regroupe le plus de caractéristiques en accord avec les principes qui viennent d'être énoncés.

Quant à l'organisation de la perception du *mouvement* et du *temps*, c'est également à l'aide de points de repère utilisés par nos récepteurs et à certaines caractéristiques propres à notre espace qu'elle va pouvoir s'effectuer (voir le document 5.6).

Nos perceptions demeurent constantes

Le monde dans lequel nous nous déplaçons est perçu non seulement comme un monde organisé, mais également comme un monde stable et constant. Nous conservons aux objets, une fois structurés, leur dimension, leur forme ou leur couleur, quelle que soit la distance à laquelle ils se trouvent ou l'angle sous lequel nous les observons.

Si nous regardons, par exemple, nos deux mains, la gauche à 20 cm du visage et la droite au bout du bras tendu, elles nous paraissent avoir la même taille (il suffit pourtant de les placer dans le prolongement l'une de l'autre pour qu'apparaisse la différence de dimension des images projetées sur la rétine de l'œil). La démonstration photographique proposée par Boring (figure 5.4) est encore plus nette à cet égard.

De la même façon, une porte conserve sa forme, peu importe qu'elle soit ouverte ou fermée (figure 5.5), et une chemise blanche reste

Fig. 5.4 *Les dimensions de la femme au second plan sur l'illustration du haut sont les mêmes que dans l'illustration du bas. Votre cerveau va-t-il l'accepter?*

blanche à nos yeux, qu'elle se trouve en pleine lumière ou dans l'ombre (il suffit cependant, dans le second cas, qu'on n'en aperçoive qu'une partie, à travers une petite ouverture, pour qu'elle nous paraisse plutôt grise).

Nous ne prenons réellement conscience de ces corrections automatiques effectuées par notre cerveau que lorsque nous visionnons les photos de monuments, ou de personnes placées dans certaines positions et dont l'image nous est renvoyée objectivement par un appareil photographique (figure 5.6).

Fig. 5.5 *Lorsque la constance est établie, la forme d'une porte demeure inchangée, bien que l'image qu'elle projette sur l'œil soit différente selon son degré d'ouverture.*

Il existe cependant des cas où les informations extérieures sont contradictoires ou encore des cas où la réalité est transformée en illusion (voir le document 5.7).

GISÈLE BEAUVAIS

Fig. 5.6 *La vision du monde telle qu'elle nous est renvoyée par la photographie permet de prendre conscience de la façon dont l'œil effectue constamment des corrections.*

Une image du monde en trois dimensions

Dans les adaptations propres à notre mode de vie en tant qu'espèce, il en est une qui nous rapproche de la plupart des *prédateurs*, mammifères carnivores ou oiseaux rapaces. Il s'agit de la vision *binoculaire*, permettant une meilleure perception des proies, par le fait que les deux yeux, en position frontale, se trouvent orientés dans la même direction et peuvent converger vers un même point.

Les espèces comme les herbivores ont, au contraire, les yeux situés de chaque côté de la tête. Ceci a pour effet d'élargir leur champ visuel et de pouvoir ainsi détecter l'arrivée d'un éventuel prédateur, mais rend beaucoup moins précise la perception de la distance et de la profondeur et, surtout, la perception d'un monde en trois dimensions qui caractérise la vision binoculaire.

En effet, la rétine de chaque œil ne capte qu'une image en deux dimensions ; mais nos globes oculaires n'étant que peu écartés l'un de l'autre, ils font parvenir simultanément au cerveau deux visions légèrement différentes d'un même objet. C'est alors le cerveau qui, en fusionnant ces deux images bidimensionnelles, en produit une autre en trois dimensions, nous offrant ainsi une vision *stéréoscopique* du monde (figure 5.7).

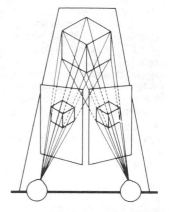

Fig. 5.7 *La vision binoculaire. Le fait que chaque œil capte une image bidimensionnelle légèrement différente va permettre au cerveau de recomposer les deux images pour en produire une seule, en trois dimensions.*

Fig. 5.8 *Sur cette photo se reconnaissent les différents indices qui rendent compte de l'espace en trois dimensions : la perspective linéaire faisant converger les lignes, la perspective aérienne qui rend les immeubles plus éloignés moins nets et l'effet d'interposition, produit par le fait que les objets les plus proches cachent partiellement les plus éloignés.*

Prédateur
(du latin *proeda* = proie). Animal qui se nourrit de proies.

Vision binoculaire
(du latin *bis* = deux et *-oculus* = œil). Formation simultanée de deux images d'un même objet sur la rétine des deux yeux.

Stéréoscopique
(du grec *stereos* = solide et *-skopein* = observer, examiner). Se dit d'un procédé permettant à l'aide de deux images simultanées d'un même objet, de donner à celles-ci, une sensation de profondeur, de relief.

Stéréophonique
(du grec *stéréos* = solide et *-phônê* = voix, son). Se dit d'un procédé permettant, à l'aide de deux «images» d'une même source sonore, décalées dans le temps ou dans l'espace, de fournir une impression de relief acoustique.

Monoculaire
(du grec *mono* = seul, unique et du latin *oculus* = œil). Qui n'utilise qu'un seul œil.

Le même phénomène existe également au niveau de notre audition. Nos deux oreilles captent chacune les caractéristiques de la source sonore. Mais ces informations n'arrivent pas en même temps au cerveau, compte tenu de l'écartement existant entre les pavillons. C'est grâce à cette différence d'une fraction de millième de seconde dans le temps d'arrivée du message au cerveau, que celui-ci va pouvoir recomposer un monde sonore, *stéréophonique*, en trois dimensions.

Dans le cas de la vision, une personne qui a perdu l'usage d'un œil se trouve dans la situation d'un peintre cherchant à traduire sur sa toile la profondeur du paysage qu'il tente de reproduire : elle est obligée d'utiliser des *indices monoculaires*. Ainsi, les *objets éloignés* paraîtront plus petits, selon une perspective linéaire, le long de lignes fictives convergeant vers un point de l'horizon. Selon la perspective aérienne, les même objets paraîtront plus estompés, parce que la lumière qu'ils réfléchissent est absorbée, en partie, par la poussière et l'humidité de l'atmosphère. Quant aux *objets proches*, ils semblent, pour l'observateur qui tourne la tête, même légèrement, se déplacer plus vite et dans le sens contraire des objets éloignés : c'est l'effet de parallaxe. De plus, ils s'interposent entre notre œil et l'arrière-fond, masquant une partie de celui-ci et indiquant ainsi leur proximité (figure 5.8).

Chez l'individu possédant une vision binoculaire, la convergence cesse d'exister pour les objets éloignés de plus d'une quinzaine de mètres. Ce sont donc ces mêmes indices de perspective, de parallaxe et d'interposition qui vont lui permettre de situer la position relative des objets éloignés.

Adaptation et accoutumance

Surcharge informationnelle
Situation dans laquelle se trouve le cerveau lorsqu'il est confronté à un nombre trop important de stimulations qu'il n'est plus capable de trier.

Adaptation sensorielle
Phénomène se produisant au niveau des récepteurs sensoriels et des centres inférieurs qui, en s'adaptant à une stimulation constante, cessent d'envoyer au cerveau le message correspondant à cette stimulation.

Nous avons vu que nos sens sont limités dans le type d'informations qu'ils peuvent capter. Il n'en demeure pas moins qu'à tout moment, ils se trouvent assaillis par un flot de stimulations, au point que le cerveau, responsable du traitement de ces données, risque souvent d'être en état de *surcharge informationnelle*. À ce moment, s'il n'existait pas de mécanismes régulateurs maintenant la quantité de stimuli à un niveau plus ou moins constant et acceptable pour l'organisme, le cerveau serait incapable de trier et d'organiser ces informations.

Le premier de ces mécanismes se situe au niveau des récepteurs eux-mêmes. Il s'agit de l'*adaptation sensorielle* qui s'effectue au niveau des cellules réceptrices de nos yeux, de nos oreilles, de notre peau ou des autres sens, et qui entraîne une diminution de leur sensibilité, lorsqu'elles sont exposées pendant un certain temps à la même stimulation. Ainsi, au moment où nous quittons une salle de cinéma, un après-midi d'été, l'afflux brutal de lumière va temporairement nous empêcher de distinguer les différents éléments composant le décor du hall d'entrée ou des abords de la salle. Cependant, après quelques secondes, nous serons en mesure de concentrer notre vision sur les éléments importants, qui se détacheront sur un fond constitué des éléments auxquels nos yeux se seront adaptés[1].

De la même façon, les oreilles du travailleur «n'entendent» plus le bruit des machines, quelques minutes à peine après son entrée à l'usine. Quant au parfum du savon ou de l'eau de toilette utilisé sur la peau le matin, il cesse très vite d'exciter les cellules de notre nez ou de celui des gens vivant à nos côtés. Il en va de même pour la peau qui s'adapte instantanément au contact des vêtements enfilés le matin, ou à la pression des lunettes sur le nez, ou encore à une bague portée au doigt.

Ainsi, dès qu'une stimulation devient constante, les récepteurs sont amenés à l'ignorer, et cela d'autant plus vite qu'elle est de faible intensité. Par contre, une stimulation trop puissante entraîne difficilement une adaptation. Une lumière trop vive, un froid ou une chaleur extrême ou encore une odeur trop forte ou un son intense demeurent le plus souvent capables de prolonger l'excitation du récepteur concerné ; c'est alors à l'organisme d'entreprendre une démarche qui vise à freiner ou à transformer cette situation à laquelle il ne peut s'adapter.

L'autre mécanisme a son centre à la base du cerveau, dans la formation réticulée (voir appendice A). Il intervient dans le cas de stimulations plus complexes qui, bien que captées par les récepteurs, sont cependant de moindre importance pour la survie de l'organisme, ou pour l'action dans laquelle celui-ci se trouve engagé. Il s'agit de l'*accoutumance*, ou *habituation*, qui se manifeste lorsque des événements deviennent à ce point familiers qu'ils ne sont plus nécessaires à l'activation du cerveau ; la formation réticulée bloque donc ces messages afin qu'ils «n'encombrent» pas notre conscience. Ainsi, le vert des prairies et du feuillage qui semble éclatant à l'arrivée du printemps, suite à un long hiver blanc, paraît tout à fait anodin après quelques jours, au point même de ne plus être remarqué. Le même phénomène s'observe chez les personnes résidant près d'un aéroport, ou d'une autoroute, et qui «n'entendent» plus le bruit des avions qui décollent, ou des poids lourds qui défilent. C'est aussi le cas pour le citadin qui ne «goûte» plus la saveur chimique de l'eau qu'il boit, et qui, dans la rue, reste insensible aux odeurs des gaz d'échappement des voitures ou au bruit des klaxons.

Il s'agit là d'un mécanisme des plus utiles pour l'organisme qui devient ainsi plus apte à détecter et à se concentrer sur tout changement ou tout élément nouveau apparaissant dans son environnement, afin d'y faire face éventuellement. C'est également grâce à ce type de mécanisme que nous pouvons concentrer toute notre *attention* sur une tâche importante, en ignorant les bruits et les mouvements habituels qui se produisent autour de nous.

Accoutumance
(ou habituation). Phénomène se produisant au niveau du cerveau lorsque celui-ci ne prête plus d'attention à un message provenant d'un événement se répétant de façon plus ou moins systématique.

---

[1] Il faut noter que le mécanisme inverse est survenu en entrant dans la salle alors que, dans ce qui nous paraissait être d'une noirceur totale, nos yeux s'efforçaient de distinguer chaque élément du décor.

Attention et perception

Les déterminants de l'attention

Pour qu'un événement soit perçu, il faut qu'il soit capable de déclencher ou de maintenir une *réaction d'orientation* permettant à l'individu de concentrer ses sens sur lui. Sans attention, il ne peut y avoir perception.

Un événement ou un objet aura d'autant plus de chance d'être perçu que notre attention sera attirée par sa *nouveauté*, sa *complexité* ou son *intensité*. Ce mécanisme est déjà actif chez l'enfant, dès sa naissance (voir le document 5.4). L'effet de *répétition* est un autre déterminant bien connu ; un message publicitaire entendu à la radio ou à la télévision est capable, à la centième reprise, d'amener encore l'auditeur à tendre l'oreille ou de provoquer une réaction d'orientation chez un enfant, même (et peut-être surtout) si le message est particulièrement ridicule dans sa conception.

Ce sont cependant les *besoins* et les *intérêts* du sujet qui déterminent en grande partie la façon dont le cerveau sélectionne les informations en provenance du milieu. La personne qui a faim détectera les enseignes des restaurants plus facilement que toutes les autres, en traversant une ville. L'individu motivé sexuellement percevra plus rapidement les signaux — personnes, images ou objets — à contenu sexuel, que celui qui ne l'est pas. Le passionné de voitures distinguera plus facilement un détail de carrosserie que celui pour qui l'automobile n'a qu'une valeur utilitaire. Quant à la façon dont les gens feuillettent un journal, en s'arrêtant à tel ou tel titre, elle en dit long sur leurs intérêts ou leurs préoccupations (voir le document 5.8).

Nous avons en outre tendance à ne prêter attention qu'aux détails qui vont dans le sens de nos *attentes*. Rappelez-vous, à ce sujet, l'aventure arrivée à Mendel (document 3.7) qui ne remarquait, dans un premier temps que les comportements hostiles de ses patients, étiquetés comme antisociaux, jusqu'au jour où la recherche des effets d'une drogue, qui était sensée avoir un pouvoir calmant, l'amena à ne percevoir, inconsciemment, que les mimiques et les regards amicaux dirigés vers lui. La plupart de nos attitudes vis-à-vis des autres proviennent de ce type d'erreur de perception liée à nos attentes.

L'attention sélective

Des chercheurs ont tenté de savoir jusqu'à quel point notre capacité d'attention se trouvait limitée par cette sélection constante opérée par le cerveau. Dans une réunion d'amis, par exemple, nous n'entendons tout d'abord qu'un brouhaha produit par les diverses conversations échangées. Il suffit cependant qu'une de nos connaissances s'adresse tout-à-coup à nous pour que son discours soit entièrement perçu, malgré les autres conversations qui se croisent autour de nous. Cette

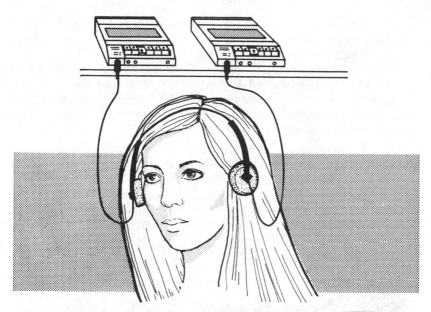

Fig. 5.9. *Effet cocktail party. Lorsqu'un message différent est envoyé à chaque oreille, un seul d'entre eux est «entendu» par le cerveau. Il suffit cependant que l'autre message comporte un mot familier pour que se produise automatiquement un changement de canal.*

particularité, baptisée «effet cocktail party» a été étudiée par Cherry (1953).

À l'aide d'une bande enregistrée sur magnétophone, Cherry envoyait un message différent dans chacune des oreilles d'une personne munie d'un casque d'écoute. Lorsqu'il demandait au sujet d'être attentif à l'un des messages, c'est sans difficulté que celui-ci arrivait à répéter les mots entendus. Mais rien cependant, ou presque, n'était alors perçu de l'autre message (figure 5.9).

Il semble donc qu'on ne puisse ainsi écouter qu'une conversation à la fois, et qu'il existerait un «filtre», au niveau du cerveau, qui limite notre capacité de capter des informations en provenance de sources différentes (Broadbent, 1958).

Le même phénomène d'attention sélective a également été démontré à propos de la vision. Lorsque deux scènes filmées différentes étaient projetées sur chacune des rétines du sujet, ce dernier n'était capable d'en percevoir qu'une seule à la fois (voir le document 5.4).

On a cependant pu montrer que ce filtre n'était pas infaillible. En effet, dans le cas de l'audition, il suffit qu'un mot ayant une signification particulière pour le sujet, comme son nom par exemple, soit prononcé dans l'autre oreille, pour qu'automatiquement s'effectue le changement de canal. De plus, s'il est relativement facile de capter les informations d'un des deux canaux, lorsqu'elles sont émises par des voix différentes, il n'en va plus ainsi lorsque c'est la même voix qui envoie des messages plus ou moins semblables dans chacune des oreilles. L'attention passe alors d'une oreille à l'autre, et le sujet finit par perdre le fil de chacun des deux messages.

Cette limitation de notre capacité d'attention existe également lorsque le système auditif et le système visuel sont simultanément impliqués. Ainsi, je peux lire un bon livre pendant que le professeur fournit des explications à la classe. Cependant, même si mon attention saute d'un canal à l'autre, il y a très peu de chances que je puisse capter suffisamment d'informations en provenance de chacune des deux sources pour que mon cerveau soit capable d'intégrer correctement l'un ou l'autre des messages, et encore moins les deux.

Mais que deviennent alors toutes les informations qui, pour toutes ces raisons et d'autres dont nous allons parler, n'ont pas franchi le seuil de la perception? Disparaissent-elles purement et simplement ou bien laissent-elles une trace à un niveau auquel la conscience n'a pas directement accès? Afin d'y voir plus clair, il est important, à ce point de l'exposé, de définir tout d'abord cette notion de *seuil*.

Seuil physiologique et seuil de perception

Comme nous l'avons vu plus haut, la prise d'information s'échelonne sur deux niveaux.

À l'étage inférieur, l'énergie qui nous environne bombarde à tout instant nos récepteurs et, dès le moment où elle atteint une intensité suffisante pour exciter l'un d'entre eux, elle est transformée en message codé qui va être transmis au cerveau. On appelle *seuil physiologique* cette limite de sensibilité de chacun des organes des sens sous laquelle l'excitation ne peut avoir lieu.

Au niveau supérieur, pour être perçue, l'information doit ensuite franchir l'autre seuil appelé *seuil perceptif*, qui est celui de la reconnaissance consciente et qui est contrôlé, nous le savons, par la formation réticulée (voir appendice A). Gregory a montré, par exemple, qu'un seul photon suffisait pour exciter la rétine, mais qu'il fallait cinq à huit de ces quanta d'énergie pour que notre cerveau perçoive le point lumineux (figure 5.10).

On se rend bien compte que si le seuil physiologique est déterminé génétiquement et n'est appelé à se modifier qu'avec l'âge ou d'autres facteurs physiologiques, le seuil perceptif est, quant à lui, beaucoup plus variable. Il dépend du niveau d'éveil du cerveau ainsi que de l'attention portée par ce dernier à l'information qui a franchi le seuil physiologique.

Il existe donc une zone de sensibilité entre ces deux seuils, au niveau de laquelle l'excitation des récepteurs a entraîné l'émission d'un message sans que celui-ci soit enregistré par la conscience. Que devient-il alors? On a émis l'hypothèse voulant que dans cette zone sous le niveau de la conscience, qui constitue la *zone subliminale*, les informa-

Seuil
Zone de transition au-dessus de laquelle se produit l'excitation d'un récepteur ou la perception d'un stimulus par le cerveau. Dans le premier cas, on parle de *seuil physiologique* et dans le second, de *seuil perceptif*.

Subliminal
(du latin *sub* = sous et *-limen* = seuil). Qui se trouve sous le seuil de la conscience.

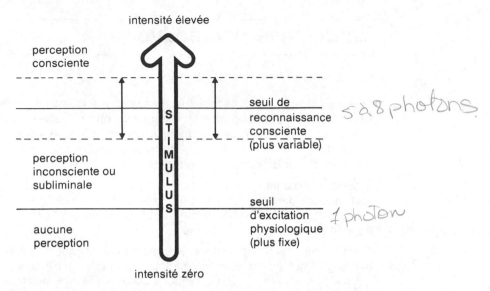

Fig. 5.10 *Il existe, entre le seuil physiologique et le seuil perceptif (variable), une zone de la conscience où des stimuli sont captés par les récepteurs sans être pour autant reconnus. Que deviennent-ils?*

tions captées par nos sens soient peut-être traitées par les centres inférieurs de notre cerveau. S'il en était ainsi, il existerait donc, à tout moment, des centaines d'informations dont nous ne prenons pas conscience mais qui seraient pourtant enregistrées à des niveaux plus primitifs (Dixon, 1971).

Une telle hypothèse permet d'envisager l'explication de plusieurs phénomènes controversés. Il s'agit notamment de la défense perceptive et de la perception subliminale, mais également de la perception extra-sensorielle ainsi que de la prise de conscience de la réalité intérieure, à partir d'un caisson d'isolation sensorielle ou d'une technique de méditation.

Il s'agit là, bien entendu, de domaines aux frontières de la psychologie scientifique, et dont l'exploration fait sourciller plus d'un représentant de la science officielle. Pourtant, combien d'hypothèses n'ont-elles pas été rejetées par celle-ci, en leur temps, parce qu'elles paraissaient trop improbables ou parce qu'elles étaient associées à du charlatanisme? Leur bien-fondé a pourtant été démontré depuis, grâce à l'utilisation de nouveaux outils et à la mise en lumière de faits nouveaux.

C'est le rôle de la science d'exiger une rigueur absolue dans toute démarche visant à la connaissance, mais c'est aussi son rôle de permettre et d'encourager, des sauts dans l'inconnu, afin d'en ramener des matériaux autour desquels se bâtiront de nouveaux plans de recherche. C'est ce que font, à présent, de plus en plus de chercheurs qui ne veulent *a priori* rejeter aucune de ces hypothèses, avant de les avoir vérifiées. La longue recherche de preuves de l'existence ou de l'inexistence de tels phénomènes laisse parfois l'impression de perdre du temps. Mais en science comme ailleurs, perdre du temps, c'est souvent en gagner...

La défense perceptive

Le seuil perceptif est étroitement lié au niveau d'activation du cerveau. Chez l'individu éveillé et attentif, il peut être abaissé afin de faciliter l'entrée et le décodage des informations. Il peut aussi être élevé, lors de l'endormissement ou lors de certains états de conscience au cours desquels le flot d'informations est alors filtré et la perception réduite.

Il semble également, nous l'avons vu, que le cerveau est capable à tout moment de faire varier le seuil, même chez l'individu attentif, en fonction du type d'information qu'il reçoit, selon que celle-ci est jugée importante ou non pour sa survie.

C'est le cas pour les messages provenant de l'environnement et dont la charge émotionnelle est difficilement supportable (McGinnies, 1949). On peut ainsi noter qu'un mot tabou, à contenu sexuel, comme *vagin*, par exemple, est plus difficilement reconnu, lorsqu'il est présenté très rapidement au tachistoscope, que des mots courants comme *vague* ou *matin*, qui comportent pourtant le même nombre de lettres et la même structure. Alors que 1/10 de seconde suffit, en moyenne, pour reconnaître ces derniers, il faut parfois doubler et même tripler ce temps d'exposition du mot tabou, pour qu'il puisse franchir le seuil de la conscience.

Certains ont mis en doute ce phénomène de *défense perceptive* face aux mots jugés inacceptables. Ils avancent que certains mots sont moins courants, et donc plus difficiles à reconnaître, que d'autres qui sont plus souvent employés. Ce serait également le cas pour les mots utilisés fréquemment dans le langage parlé, mais qu'on ne rencontre que rarement dans le langage écrit. Mais comment alors expliquer l'enregistrement de réactions émotionnelles, mesurées à l'aide d'un *polygraphe*, alors que les sujets se déclarent incapables de décoder le mot tabou. On note en effet qu'une légère sudation perle sur leur peau et que leurs battements cardiaques s'accélèrent, et cela même si l'intensité du stimulus visuel se situe très en-dessous du seuil perceptif. Cela prouve simplement, avancent d'autres critiques, qu'un mot tabou, même reconnu, est toujours difficile à exprimer à haute voix, en public, surtout si on n'est pas sûr d'avoir bien lu. Mais comment alors interpréter le fait que chez certains sujets, ce sont ces mots et ces mots seulement qui sont reconnus bien avant les autres, même sous le seuil de perception, mettant en évidence, cette fois, un mécanisme de *vigilance perceptive*?

Les explications de tels phénomènes s'appuient sur l'idée déjà formulée par Freud de l'existence d'une censure, exercée au niveau de la conscience, qui empêcherait certaines images ou certains désirs, non acceptables socialement, d'en franchir le seuil.

Bien qu'encore parcellaire, la connaissance que nous avons actuellement du fonctionnement du cerveau permet d'avancer certaines hypothèses à ce sujet.

Défense perceptive
Suppression ou répression par la conscience de messages qui seraient considérés comme menaçants ou inacceptables.

Polygraphe
(du grec *probes* = nombreux et *-graphein* = écrire). Instrument permettant d'effectuer et d'enregistrer simultanément différentes mesures portant sur des réactions physiologiques telles que le rythme cardiaque (à l'aide de l'électrocardiographe — ECG) la pression artérielle (à l'aide du pléthysmographe), du réflexe psychogalvanique ou réponse électrodermale (à l'aide du psychogalvanomètre — RPG). Le polygraphe est principalement utilisé pour l'étude des émotions et du stress et celle de la rétroaction biologique (voir chapitre 6).

Vigilance perceptive
Phénomène contraire à celui de la défense perceptive. Il intervient à propos de stimuli spécifiques dont la perception se trouve facilitée par l'abaissement du seuil perceptif.

Préconscient
Se dit du niveau auquel des informations se trouvent entreposées mais ne sont pas directement accessibles à la conscience.

L'une d'elles fait intervenir le premier palier de mémoire, celui de la mémoire sensorielle. Il s'agit du mécanisme grâce auquel (nous le verrons au chapitre 8) les informations sont gardées en mémoire un très court instant (1/4 de seconde) au niveau des récepteurs, avant que la décision ne soit prise de les stocker ou non dans la mémoire à court terme. Cette décision relèverait d'un niveau supérieur, cognitif, qui pourrait ainsi constituer le lieu de censure dont parlait Freud.

Ce lieu pourrait être l'hémisphère droit qui, en réagissant émotivement et plus globalement au stimulus, en percevrait plus vite le sens que l'hémisphère gauche, plus rationnel. Il empêcherait alors celui-ci de poursuivre le décodage du mot.

Selon Dixon (1971), toutes ces informations, exclues de la conscience par les mécanismes de censure, seraient ainsi traitées, à un niveau *préconscient*, par un système plus rudimentaire. Elles constitueraient alors le réservoir à la base de l'imagerie spontanée et des associations libres, et joueraient ainsi, à leur tour, un rôle d'activation de l'organisme, comme c'est le cas dans les rêves (dossier 4.1) ou pour les intuitions fulgurantes des créateurs ou encore, comme nous allons le voir, lors de l'expérience vécue dans un caisson d'isolation sensorielle.

La perception subliminale

Il faut à présent tenter d'expliquer ce qu'il advient de toutes les informations dont l'intensité est insuffisante pour leur permettre d'atteindre le seuil de la représentation consciente.

Ces informations seraient captées et traitées dans la zone subliminale, échappant ainsi à tout contrôle d'origine corticale.

Cette *perception subliminale* serait dès lors capable d'induire au niveau de l'organisme des réponses qui ne pourraient être émises si les informations avaient été perçues et évaluées par la conscience.

Cette hypothèse a malheureusement tout d'abord été utilisée à des fins publicitaires. On fit valoir, par exemple, qu'il était possible d'amener les spectateurs d'un film à consommer plus de boissons gazeuses ou de maïs soufflé de marques données, après la projection répétée pendant 1/24 de seconde, d'une image vantant les mérites de ces produits ; ou encore qu'il était possible de provoquer une attirance plus grande de la part du public pour des produits dont l'image publicitaire dissimulait des messages subliminaux, sonores ou visuels, à contenu sexuel ou menaçants (figure 5.11).

Ceci fit la fortune des agences responsables de ce battage publicitaire. Cependant, la crainte de l'abus de telles pratiques d'une part et le fait

Perception subliminale
Phénomène par lequel des messages, ayant franchi le seuil physiologique mais non le seuil perceptif, seraient cependant capables de provoquer des réponses de la part de l'organisme.

Fig. 5.11 *Certains publicitaires, responsables de montages photographiques tels que celui-ci, paru dans les magazines américains, prétendent qu'un message subliminal (ici le mot* sex *camouflé dans les glaçons et mis en évidence pour la démonstration) aurait le pouvoir d'orienter nos perceptions et nos motivations vers le produit qu'ils doivent faire vendre.*

qu'aucune preuve scientifique n'ait été apportée quant à leur efficacité réelle d'autre part, jetèrent le doute puis le discrédit sur la validité de telles hypothèses.

Depuis quelques années cependant, un regain d'intérêt s'est manifesté pour les applications thérapeutiques qu'elles pouvaient générer, notamment auprès des fumeurs et des sujets alcooliques ou obèses. De tels programmmes ont également été mis sur pied auprès de patients schizophrènes ou déprimés (Silverman et coll., 1982). Des résultats positifs ont été obtenus chez des patients à qui on présentait un message subliminal du type : « Maman et moi ne formons qu'un »[2] ; mais ce fut également le cas pour de jeunes sujets, considérés comme normaux, et qu'on exposa à ce même message. Leur rendement à certains tests fut supérieur à celui de sujets d'un groupe témoin qui était soumis à une stimulation ne comportant pas cette information subliminale (Ariam et Siller, 1982).

Rien de définitif n'a cependant encore été établi au sujet de telles pratiques, mais les recherches dans ce sens vont en se multipliant.

---

[2] Ce genre de message serait ressenti comme rassurant parce qu'il traduit, selon l'hypothèse psychanalytique, le désir inconscient de se retrouver dans la situation antérieure à la naissance.

La perception extrasensorielle

Plusieurs chercheurs mettent également l'accent sur le parallèle existant entre la perception subliminale et la *perception extrasensorielle*. Dans les deux cas, il s'agit de la perception de stimuli trop faibles pour être identifiés par la conscience, mais capables cependant de laisser une trace qui serait perçue par certains individus, à certains moments, dans un certain état de relaxation et de réceptivité.

Il semble donc que la perception extrasensorielle, dont on ne peut pour l'instant que constater les manifestations éventuelles, ne doit pas être envisagée ailleurs que dans le cerveau, contrairement à ce que prétendent les tenants des *sciences occultes* et les voyants de toutes sortes.

La perception extrasensorielle regroupe trois types de phénomènes : la capacité de «deviner» des faits non disponibles aux sens, ou *clairvoyance*; la capacité de capter une information connue d'une personne éloignée dans l'espace, ou *télépathie*; la capacité de deviner un fait qui ne se produira que dans le futur, ou *précognition*.

Pour plusieurs chercheurs, il s'agirait là non de pouvoirs extraordinaires mais plutôt de facultés normales qui seraient *latentes* en chacun de nous. Contrairement à de nombreuses espèces animales, nous ne saurions ou ne voudrions simplement pas les utiliser. Selon ces mêmes chercheurs, c'est surtout la peur qui empêcherait que de telles facultés puissent s'extérioriser et se développer en nous. Cela risquerait en effet de nous entraîner vers des domaines éloignés de la réalité extérieure et de l'adaptation à celle-ci vers laquelle nous fait tendre toute notre éducation (Targ et Harary, 1985).

Il reste à découvrir, et ce n'est pas la moindre tâche, la forme d'énergie responsable de la transmission de ce type d'informations, ainsi que les structures physiques capables de les détecter. C'est à cette recherche que des psychologues et des physiciens se consacrent depuis de nombreuses années. Les premiers explorent les différentes possibilités avec les instruments et les techniques de la psychophysiologie (EEG, *pléthysmographe, psychogalvanomètre*, etc.). Quant aux seconds, ils théorisent à partir des nouvelles voies qu'ouvrent les recherches sur le monde des particules.

Le secteur, encore marginal, de la psychologie se préoccupant de ce type d'étude est celui de la parapsychologie, ou psilogie. Même si la recherche en laboratoire, ou sur le terrain, existe depuis les années 30, notamment en U.R.S.S. avec L. Vassiliev, et aux États-Unis avec J.B. Rhine, ce n'est que depuis une vingtaine d'années que ces travaux sont discutés et critiqués ouvertement sur la scène scientifique. Depuis cinq ans à peine, ils ont droit de cité dans les manuels de psychologie nord-américains, et il ne reste à présent que peu de chercheurs qui refusent encore de voir en de tels phénomènes un sujet légitime de recherches scientifiques (figure 5.12).

Perception extrasensorielle
Perception d'événements ne provenant pas d'une stimulation des organes sensoriels ordinaires. Les parapsychologues la considèrent soit comme une anomalie de la perception, soit comme un phénomène normal dont les mécanismes sont encore inconnus.

Sciences occultes
(du latin *occultare* = cacher, rendre peu visible). Doctrines et pratiques secrètes qui font intervenir des «forces» non reconnues par la science et mettent l'accent sur l'existence de «réalités» non accessibles aux sens.

Latent
(du latin *latere* = être caché). Qui demeure caché, qui ne se manifeste pas, qui ne s'est pas encore déclaré.

Pléthysmographe
(du grec *plethyein* = augmenter et *-graphein* = écrire). Appareil servant à mesurer à une extrémité digitale le degré de dilatation (correspondant à la détente) ou de constriction (correspondant à l'activation) des vaisseaux sanguins.

Psychogalvanomètre
(du nom du physicien italien Galvani). Instrument servant à mesurer les modifications de résistance de la peau sous l'effet d'une émotion (réflexe psychogalvanique ou réponse électrodermale; en anglais : *galvanic skin response* ou *GSR*).

Fig. 5.12 *La parapsychologie, plus que les autres secteurs de la psychologie, se doit de rester extrêmement vigilante afin d'être capable de distinguer les faits véritables de la supercherie. Uri Geller est un des cas autour desquels la controverse fut la plus vive. On n'a jamais su véritablement quelle était, chez lui, la part de «pouvoirs» réels lui permettant d'«agir» sur la matière et la part relevant de la simple prestidigitation.*

Les problèmes demeurent cependant nombreux. En effet, si l'existence de certains faits a été démontrée, de grandes difficultés méthodologiques persistent encore, empêchant par exemple la mise sous contrôle en laboratoire de phénomènes qui surviennent dans la vie courante. Et même lorsque cela est possible et que des résultats positifs sont obtenus, ceux-ci ne sont pas toujours reproductibles. L'utilisation d'une technique et d'un équipement identiques, par le même expérimentateur, et avec le même sujet peuvent même parfois entraîner des résultats diamétralement opposés (voir dossier 5.1).

L'isolation sensorielle

Nous venons de voir comment le cerveau procède pour maintenir un niveau constant d'informations dirigées vers la conscience, et comment il retient de ces informations celles qu'il juge acceptables ou importantes pour la survie de l'organisme.

Mais qu'arrive-t-il lorsque l'individu est maintenu dans un état d'*isolation sensorielle* qui réduit au maximum l'excitation des récepteurs?

Une expérience dans ce sens a été menée, en 1956, à l'Université McGill, par un groupe de psychologues. Ces chercheurs demandèrent à des volontaires de demeurer immobiles le plus longtemps possible dans une chambre où ils étaient coupés au maximum des stimulations du monde extérieur (figure 5.13).

Ils furent frappés par le fait que la majorité des sujets étaient incapables d'endurer cette situation plus de deux ou trois jours. Ils en conclurent que cela traduisait le besoin fondamental de l'organisme d'être soumis à des stimulations provenant d'un environnement varié. Quant aux hallucinations dont étaient victimes les plus endurants, elles étaient simplement le signe, selon eux, que sans stimulation, les fonctions mentales et la personnalité ne pouvaient qu'être amenées à se dégrader.

Or à la même époque, un autre chercheur, J.C. Lilly, expérimentait sur lui-même les effets de l'isolation sensorielle. Il le fit à l'intérieur d'un caisson étanche dans lequel il pouvait flotter dans une solution salée, à la température du corps, de façon telle que même les sensations de pesanteur se trouvaient supprimées. Ce n'est que récemment, après plusieurs années d'expérimentation, que Lilly (1977) a décidé de commenter son expérience dans le caisson d'isolation sensorielle. Or, ses conclusions s'opposent diamétralement à celles de l'équipe de McGill. Pour Lilly, l'expérience d'isolation sensorielle, telle qu'elle est vécue dans le caisson, *accroîtrait* au contraire l'expérience sensorielle et cela, sans l'intervention de sources extérieures connues.

Lilly note qu'au-delà du stade de tension, ressentie par lui et par la plupart des sujets de l'expérience réalisée à McGill, émerge peu à peu

Isolation sensorielle
Situation expérimentale dans laquelle l'organisme est privé au maximum de stimulations en provenance du monde extérieur.

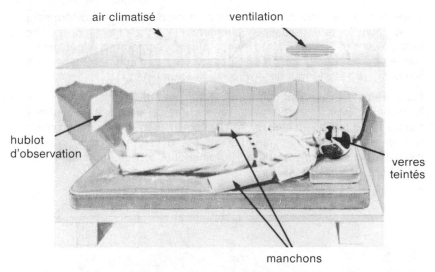

air climatisé   ventilation

hublot
d'observation

verres
teintés

manchons

Fig. 5.13 *Lors de l'expérience sur l'isolation sensorielle, menée à l'Université McGill, les sujets étaient coupés des stimulations du monde extérieur, en vivant couchés dans un petit cubicule. Tous les bruits étaient couverts par celui d'un climatiseur; leurs bras étaient entourés de manchons et des lunettes opaques ne laissaient passer qu'une lumière diffuse.*

un nouvel état de conscience qui s'accompagne de toute une imagerie visuelle. Celle-ci se traduirait sous la forme d'hallucinations et d'illusions de toutes sortes. Lorsque ces phénomènes sont acceptés par le sujet plutôt que d'être envisagés comme des productions pathologiques, ils permettent de déboucher alors sur un sentiment de « vague océanique » d'une telle intensité qu'au moment de sortir du caisson, quelques heures plus tard, le sujet semble vivre une nouvelle naissance.

Cette vision des choses nous rapproche des expériences vécues par les maîtres orientaux de la méditation. Mais, contrairement à la façon dont procèdent ceux-ci, l'expérience du caisson d'isolation constitue pour sa part une rupture brutale avec le milieu ambiant. C'est alors à l'organisme d'en assumer les conséquences lorsqu'il se trouve confronté à son monde intérieur ainsi qu'à toute l'imagerie qui se développe et s'extériorise à l'abri de la réalité à laquelle il est confronté en temps normal.

La découverte de ce monde intérieur, libre de toute censure, et l'enrichissement qu'il semble procurer à l'individu va donc à l'encontre des conclusions formulées par les chercheurs de l'Université McGill. Cela s'explique notamment par le fait que ces scientifiques considèrent notre champ d'expériences comme étant limité à la réalité extérieure. Or il s'agit là, comme le souligne Lilly, d'une réalité qui a été modelée à travers nos pensées et nos apprentissages par le groupe social auquel nous appartenons et dont nous ne pouvons nous échapper sans angoisse (voir le document 5.9).

C'est pourtant dans cette réalité extérieure, il ne faut pas l'oublier, que l'individu est appelé à vivre, à se développer, à s'adapter en fonction notamment de ses besoins, qu'il va chercher à combler à partir d'elle.

Dans le chapitre suivant, nous tenterons donc de comprendre comment et pourquoi l'organisme est constamment à la recherche d'informations susceptibles de l'aider à retrouver un équilibre, compromis à tout instant par les exigences de son propre fonctionnement d'une part, et par ses interactions avec le monde environnant d'autre part.

Nous verrons également combien cet équilibre est fragile et comment le niveau d'évolution atteint par l'être humain l'amène à utiliser des mécanismes tels que les émotions qui vont lui permettre, contrairement aux espèces inférieures, de nuancer et de colorer la réaction aux messages en provenance du milieu ainsi que les démarches à entreprendre pour y faire face.

Document 5.1

Le monde de la tique

La tique est un acarien, à peine plus gros qu'une tête d'épingle, qui parasite les chiens ou d'autres mammifères en s'incrustant dans leur peau pour en sucer le sang (figure 5.14).

Cette description ne nous inspire pas l'image d'un spectacle très ragoûtant. Pourtant, quand on se met à la place de la tique, on découvre le monde tout à fait stupéfiant de cet animal aveugle et sourd, mais pourvu d'une grande sensibilité olfactive et tactile.

C'est Jakob von Uexküll (1956) qui a raconté le mode de vie de cet être étonnant. Voyons à quoi ressemble l'existence d'une tique femelle à partir du moment où elle vient d'être fécondée.

Elle grimpe dans les branches d'un arbuste en trouvant son chemin grâce à la sensibilité de sa peau à la lumière... et elle attend que passe une « proie ». Celle-ci est détectée par l'odeur que dégagent les *glandes sébacées* des mammifères. Lorsque la tique juge que cette « odeur » est à sa portée, elle se laisse tomber.

Elle a un sens très développé de la température. Aussi, si elle atterrit sur quelque chose de chaud, elle cherche, sans perdre de temps et grâce à son sens tactile, un endroit sans poil. Elle enfonce alors la tête dans les tissus pour en aspirer le sang et, une fois gorgée, elle se laisse tomber sur le sol, elle pond ses œufs puis meurt.

Si sa chute l'amène accidentellement sur quelque chose de froid, il ne lui reste qu'à monter de nouveau sur la branche d'un arbuste et à attendre, pendant 18 ans s'il le faut, dans le jeûne le plus total.

Une vraie vie de tique...

Glandes sébacées
(du latin *sebum* = suif). Glandes de la peau sécrétant une matière grasse et onctueuse).

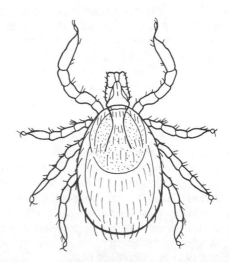

Fig. 5.14 *La tique est un acarien qui se fixe sur les mammifères à l'aide de son rostre et de ses pattes pourvues de ventouses et de griffes, afin de sucer leur sang. La salive venimeuse de certaines espèces de tiques peut entraîner la paralysie et la mort notamment chez l'enfant (Grassé).*

Document 5.2

Physique moderne, neuroscience et psychologie : le tourbillon

Qu'est-ce que la matière? Qu'est-ce que l'Univers? Qu'est-ce que le réel?

Il s'agit là de questions auxquelles la science et, avant elle la philosophie occidentale, nous avaient habitués à rechercher des réponses de type mécaniste. Ainsi, le monde ne pouvait être perçu que comme un ensemble d'éléments distincts, entretenant entre eux des relations de cause à effet.

La physique moderne, et notamment les théories des quanta et de la relativité, ainsi que des modèles plus récents qui tentent de les unifier, bouleversent cette image rassurante du monde.

La *théorie de la relativité* s'appuie sur la célèbre formule d'Einstein, $E = mc^2$, selon laquelle l'énergie (E) est proportionnelle à la masse (m) des particules et au carré de la vitesse de la lumière (c). Elle implique donc que masse et énergie sont équivalentes et qu'elles peuvent se transformer l'une en l'autre[3]. Ainsi, un corps n'est pas seulement un ensemble de particules avec une masse qui le situe dans l'espace et ses trois dimensions, mais il est également une énergie. Or, toute énergie implique l'activité, qui ne peut elle-même être envisagée sans qu'intervienne la dimension temps. Tout est donc relatif et, comme le souligne Einstein, «la distinction entre passé, présent et avenir n'est qu'une illusion... même si c'est une illusion tenace».

Quant à la *théorie des quanta*, elle implique l'idée d'un monde «flou» dans lequel s'estompe la différence entre particules et ondes et où la matière n'est jamais au repos mais, au contraire, en agitation constante. Au niveau de l'*atome*, les électrons autour du noyau et, à l'intérieur de celui-ci, les particules telles que les protons, les neutrons, etc. sont en perpétuel mouvement, se déplaçant à des vitesses fantastiques, sans que

puissent être envisagées, avec certitude, les causes et les conséquences de ces déplacements. Ces particules n'existent donc pas en tant qu'«éléments» isolés, mais à partir des relations qu'elles établissent entre elles; elles ne sont pas des «choses», mais plutôt des *relations* entre des choses qui vont, à leur tour, établir des relations avec d'autres choses... et ainsi de suite de l'infiniment petit à l'infiniment grand, des particules de l'atome jusqu'à l'unité fondamentale de l'Univers (F. Capra, 1979 et 1983).

Dans ce continuum, l'être humain ne serait donc qu'un maillon qui donne une réalité aux objets par sa décision consciente de leur attribuer des propriétés; sans lui, une rose ou une pierre ne seraient que des «*patterns*» de radiations, une enveloppe de forces organisant ces «choses» au niveau matériel.

Il en va de même en ce qui concerne la distinction entre corps animés et inanimés, entre vivant et mort. Selon Max Born, prix Nobel de physique en 1954, il s'agit là de points de vue primitifs. «Ce qui nous apparaît mort, dit-il, mort comme un caillou, est en réalité en mouvement éternel. Nous sommes simplement habitués à juger sur les apparences extérieures, sur les impressions fallacieuses transmises par nos sens. Il va nous falloir apprendre à décrire les choses par des voies neuves et meilleures».

L'*holographie* est une autre découverte de la physique dont les implications sont peut-être justement en train de permettre un rapprochement entre science pure et science humaine en entrouvrant une porte sur les phénomènes psychologiques encore inexpliqués.

L'holographie permet d'obtenir une image en trois dimensions d'un objet. Cette méthode part du principe qu'une lumière[4] diffusée par l'objet à reproduire et projetée sur une plaque photographique, sans être concentrée par une lentille, produit une image «floue» sous forme de tourbil-

---

[3] Les rayons cosmiques, par exemple, transportent l'énergie sous la forme de photons. Ceux-ci sont le produit du choc de particules, et leur énergie est égale à la masse de celles-ci. Mais si cette énergie est grande, ces photons peuvent à leur tour se matérialiser en électrons dont la masse est égale à l'énergie qui les a produits. Il y a donc transformation perpétuelle de particules en ondes et d'ondes en particules.

[4] Les meilleurs résultats sont obtenus à l'aide de la lumière cohérente d'un laser, qui n'est composée que d'une seule longueur d'onde contrairement à la lumière blanche qui est constituée d'un grand nombre d'entre elles (voir pages en couleur).

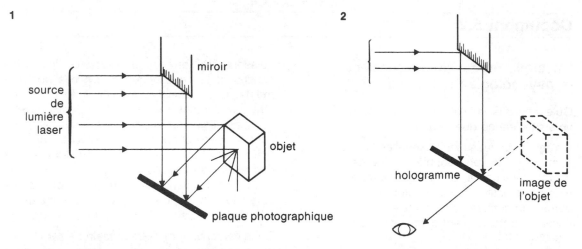

Fig. 5.15 *Le procédé holographique. 1. À l'aide d'un jeu de miroirs, une partie de la lumière cohérente d'un laser est envoyée directement sur la plaque photographique (A) alors que l'autre partie est détournée vers l'objet avant de l'impressionner à son tour. 2. C'est ce «pattern d'interférence» qui permet l'élaboration d'une image en trois dimensions lorsque la plaque est éclairée et qui fait que chaque point de l'image contient la totalité de l'information sur l'objet reproduit.*

lons. L'image proprement dite de l'objet n'apparaît, en trois dimensions, que si ce *«pattern d'interférence»* ayant impressionné la plaque est lui-même éclairé par un faisceau lumineux (figure 5.15).

Cependant, la particularité la plus surprenante de ce procédé, c'est que chaque partie de la plaque photographique reproduit la totalité de l'image, l'information en provenance de l'objet étant distribuée sur toute la surface de la plaque. Que l'on découpe cette plaque en autant de morceaux qu'on le veut, on aura toujours l'information complète sur chaque portion.

Selon Pribram (1971), professeur de neuroscience à l'Université Stanford, le cerveau fonctionnerait selon le même modèle. L'information en provenance des particules constituant la matière qui nous entoure, se trouverait projetée dans tous les points du cerveau. C'est celui-ci qui, en interprétant les fréquences des données qu'il reçoit, construirait mathématiquement la réalité «concrète» à partir du pattern d'interférence généré à tout moment. De plus, comme dans le cas de l'hologramme, l'information complète serait présente dans chaque point du cerveau.

Mais Pribram va plus loin. Comme Bohm (1973), professeur de physique à l'Université de Londres, il croit que l'Univers entier est lui-même holographique. Notre cerveau constituerait simplement l'hologramme qui l'interprète. Ainsi, tout cerveau individuel serait une parcelle du grand hologramme, ayant accès à toute l'information.

Selon Bohm, les relations qui s'établissent entre les particules pourraient constituer l'énergie vivante dans toute la matière, «une espèce d'intelligence généralisée à travers la nature». La matière contiendrait ainsi l'essence même de l'esprit et celui-ci croîtrait avec le niveau de complexité de la matière. Les patterns d'interférence pourraient être de la même nature que le principe organisateur qui régit l'Univers depuis le *big bang*. Entre la «conscience» présente dans la pierre et notre propre conscience, il n'y aurait qu'une question de degré.

Il ne s'agit donc pas là d'un retour à une explication dualiste, mais plutôt d'une vision moniste plus fondamentale encore que la vision axée sur l'interaction pure et simple entre les neurones (voir le document 2.3). Selon Pribram, l'hologramme généré par l'interaction des ondes dans le cortex serait lui-même fondé sur un hologramme à ondes courtes provenant de l'interaction des particules à la base de la matière des neurones. Il y aurait ainsi «un hologramme à l'intérieur de l'hologramme», lui-même relié à l'Univers par un courant invisible formant le lien au niveau de la *réalité subatomique*.

Pour Pribram, si nous étions capables de voir la réalité sans les calculs effectués par le cerveau, nous connaîtrions un monde de fréquences, sans temps ni espace, un monde où n'existent que des événements. C'est le cerveau qui établit les notions d'avant et d'après, d'ici et de là, de cause et d'effet.

Comment expliquer cependant que nous percevions tous la même chose? Simplement parce que la culture se charge, dès la naissance, de régler le fonctionnement du cerveau de telle façon qu'il apprenne à effectuer les mêmes calculs que ceux de l'ensemble des membres du groupe. Les différences de perception entre les cultures, en ce qui concerne le monde, la vie, la mort, etc., constituerait une preuve de l'existence de ce modelage culturel.

Une telle approche a de nombreuses implications dans divers domaines de la psychologie, parfois très éloignés les uns des autres.

Ainsi, les états mystiques dont il a été question dans le chapitre 4 correspondraient peut-être simplement à une plongée dans le domaine des fréquences, établissant une harmonie avec la source de la réalité. Quant à la vision modifiée du monde sous l'effet de certaines drogues, elle serait la conséquence d'une interprétation des fréquences différente de l'interprétation effectuée par la conscience ordinaire. L'inconscient, de son côté, serait le «flou» de base dont le contenu ne pourrait être révélé que par l'entrée en résonance avec le thérapeute qui faciliterait le décodage des fréquences.

D'autres processus tels que l'apprentissage, l'attention ou la mémoire (voir le dossier 8.1) peuvent également trouver une explication cohérente grâce à ce modèle. Il en va de même pour les phénomènes paranormaux qui se trouvent ainsi placés sous un éclairage nouveau. Il ne serait donc plus nécessaire d'invoquer l'existence d'une énergie inconnue parcourant l'espace et responsable de la perception extrasensorielle ou de la psychokinésie. En effet, une information n'a pas à aller du point A au point B : elle est déjà à la fois en A et en B (voir le dossier 5.1).

Pribram (1971) est d'avis que cette nouvelle vision des choses devrait modifier profondément notre compréhension de la réalité. De la même façon que la psychologie cognitive prend de plus en plus le pas sur la psychologie behavioriste, trop simplificatrice, il est à prévoir qu'on verra bientôt émerger une nouvelle façon de décoder l'Univers qui englobera toute la science. Cela ne veut nullement dire que les anciens modèles seront rejetés. Ils se trouveront plutôt intégrés dans une vision plus large et plus riche nous permettant d'expliquer l'Univers, dont nous sommes partie intégrante, en tant que tout unifié.

Théorie de la relativité
Théorie émise par Einstein (1905 et 1915) selon laquelle les relations entre temps et espace, masse et énergie sont relatives à certains systèmes mais non à tous. Le temps, par exemple, ne s'écoule pas de la même façon selon qu'un observateur reste au repos ou se déplace à une vitesse voisine de celle de la lumière.

Théorie des quanta
Ensemble de théories et de procédés de calcul issu de l'hypothèse de Max Planck (1900) affirmant qu'un rayonnement est constitué d'un ensemble de fragments d'énergie (les quanta) le long desquels il progresse par sauts.

Quantum
(mot latin = combien, au pluriel = quanta). «Grain d'énergie» émis ou absorbé par un rayonnement. Les photons constituent les quanta de la lumière.

Atome
Système formé d'un noyau, composé de protons et de neutrons, autour duquel gravitent les électrons, chargés d'électricité négative.

Pattern
(mot anglais). Modèle simplifié d'une structure, d'une forme.

Holographie
(du grec *holos* = entier et -*graphein* = écrire). Procédé photographique (décrit par Gabor en 1947) permettant la formation d'une image en trois dimensions. La plaque photographique impressionnée par ce procédé contient l'information entière en chacun de ses points.

Pattern d'interférence
Structure générée par la rencontre d'ondes de même direction qui se détruisent lorsque la crête de l'une rencontre le creux d'une autre) ou se renforcent (lorsque les deux crêtes se superposent). Un pattern d'interférence ressemble à l'image d'un étang dans lequel on a jeté une poignée de grains de sable créant chacun une onde qui se reproduit en cercles concentriques, se renforçant ou se détruisant au contact des autres. Le tout paraît flou et pourtant toute l'information se trouve ordonnée et présente en chaque point.

Réalité subatomique
(du latin *sub* = sous et -atomique). Réalité correspondant au monde des particules (protons, neutrons, électrons...) et des ondes constitutives de l'atome.

Document 5.3

De la stimulation à la perception

Pour que nous prenions conscience d'un élément quelconque de notre environnement, il faut que l'énergie thermique, chimique, mécanique, électrique ou électromagnétique qui s'en dégage soit tout d'abord suffisamment puissante pour constituer un *stimulus*, c'est-à-dire, qu'elle soit capable d'exciter un de nos *récepteurs*.

Ce n'est qu'à partir du moment où une impulsion électrique se trouve ainsi déclenchée au niveau des extrémités nerveuses d'un de nos organes sensoriels, que débute le processus de perception. Une première analyse du stimulus et un codage de l'information s'effectuent au niveau des cellules des récepteurs, et c'est cette *information codée* qui va alors être véhiculée à travers les *nerfs sensoriels* vers un centre nerveux, la moelle épinière ou le cerveau (figure 5.16).

Si l'information provient de l'action d'un stimulus dommageable pour l'organisme, ou si elle s'adresse à notre système végétatif, elle risque

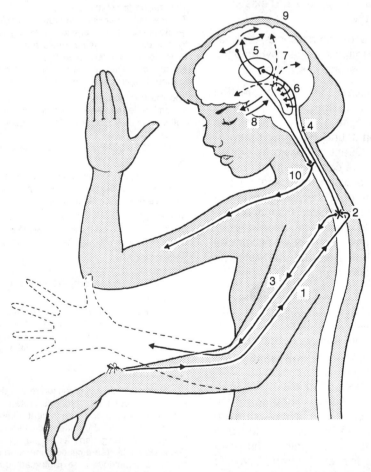

Fig. 5.16 *Suite à la piqûre d'un moustique, l'information en provenance du récepteur (1) est envoyée vers la moelle épinière (2), et un arc-réflexe peut amener la main à se retirer (3). L'information poursuit cependant son chemin vers le cerveau (4) où elle emprunte une voie directe vers le thalamus et le cortex (5) ainsi qu'une voie indirecte par des collatérales vers la formation réticulée (6). Celle-ci alerte le cerveau (7) et l'amène à s'intéresser au stimulus dont il vient d'être informé de la présence. Cette attention portée au stimulus s'accompagne de mouvements de la tête et des yeux (8) et va entraîner la reconnaissance de l'objet de la stimulation (9) puis la programmation de la réaction de l'autre main visant à chasser l'hôte indésirable (10).*

d'entraîner, dans un premier temps, l'émission d'une *réponse réflexe* à partir de la moelle épinière ou d'un autre centre inférieur, et cela avant même que nous ne prenions conscience de cette excitation. Notre bras se retire suite à une brûlure de cigarette, notre pupille se contracte sous l'effet d'une lumière vive, les glandes salivaires se mettent à sécréter de la salive lors de l'introduction d'un bonbon acidulé dans la bouche, avant même que notre cerveau n'ait décodé l'information et donné des ordres dans ce sens. La survie de l'organisme dépend souvent de ce court-circuitage que constitue l'arc-réflexe (voir appendice A).

L'information poursuit alors son chemin à travers la moelle, puis va emprunter deux voies différentes : l'une par laquelle elle se rend au cortex en passant par le thalamus (voir appendice A), et l'autre, plus diffuse, qui passe par le filtre de la *formation réticulée*, chargée de maintenir le cerveau en alerte et de décider si l'information véhiculée par la voie directe est suffisamment importante pour être décodée par le cerveau.

Si c'est le cas, plusieurs événements vont alors se produire pour aboutir à la *perception* proprement dite. Ils supposent la modification de l'activité de milliers de neurones du cortex chargés de structurer l'information sensorielle et de l'organiser afin de lui attribuer une signification.

Tout d'abord, l'*attention* que porte à présent le cortex au stimulus va entraîner une série de mouvements des yeux, de la tête ou du corps. Ceux-ci vont permettre une exploration plus poussée et l'obtention de détails plus précis en provenance du même organe sensoriel, et de certains autres éventuellement concernés.

Au fur et à mesure de l'accumulation de nouveaux renseignements, ceux-ci sont mis en rapport avec d'éventuelles traces d'expériences du même type conservées en *mémoire*. Si l'information se révèle semblable à quelque chose de connu, la perception débouche alors sur une *reconnaissance* de l'objet. Sinon, elle constitue une *prise de connaissance* de ce nouvel aspect de la réalité, entraînant son stockage en mémoire et la création de nouvelles traces qui seront à leur tour renforcées par d'autres reconnaissances.

Ainsi, du début à la fin de la vie, le cerveau se construit une image de la réalité débarrassée de tout élément qui ne serait pas lié aux intérêts ou aux besoins de l'individu.

Le philosophe français Bergson (1907) comparait d'ailleurs notre cerveau à un filtre réducteur conçu de telle façon que l'organisme porte une attention sélective et ne laisse passer au niveau de la conscience que les informations nécessaires à notre survie.

Stimulus
(mot latin signifiant aiguillon). Tout agent physique, chimique ou électrique capable d'exciter un organe sensoriel.

Document 5.4

Hypothèses et expérience antérieure

Dans le dessin qui suit (figure 5.17), élaboré par Boring (1948), certains reconnaissent le profil d'une jeune femme, alors que d'autres y voient celui d'une vieille mégère au nez crochu. Qu'en pensez-vous ? Lesquels se trompent, selon vous ? Personne, bien sûr, car tout dépend de la façon dont le cerveau organise les différents éléments du dessin. Pour chacun d'eux, une *hypothèse* est émise ; le cerveau tente alors de confirmer cette hypothèse en utilisant des indices différents ou les mêmes indices de façon différente. Il va ainsi reconnaître un nez mignon ou, au contraire, une verrue ; une oreille ou bien un œil ; un petit menton ou un gros nez ; un collier ou une bouche édentée...

C'est en rassemblant les détails les moins contradictoires qu'un sens va être donné au tout, de façon à rattacher cet ensemble de traits de crayon à quelque chose de connu. Il suffit d'ailleurs de montrer préalablement un profil de jeune femme pour que la totalité des sujets reconnaissent une jeune femme dans la figure

Fig. 5.17 *Dans le dessin du haut, voyez-vous une mégère ou une jeune femme élégante? Reportez-vous aux deux autres dessins pour retrouver l'une et l'autre.*

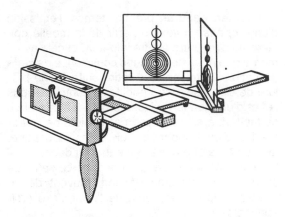

Fig. 5.18 *Le stéréoscope est un appareil ancien permettant une vision en trois dimensions à partir de deux images bidimensionnelles, légèrement différentes dans les angles de vue. Si deux images totalement différentes sont présentées et qu'elles ne le sont qu'un court instant, le cerveau n'en reconnaît qu'une : celle qui lui est la plus familière.*

ambiguë; ou que soit préalablement présenté le dessin d'une vieille dame, pour que s'organise, chez la majorité, le profil d'une mégère.

Bagby (1957) a démontré l'importance de l'expérience antérieure dans la perception, à partir d'une étude effectuée auprès d'enfants originaires du Mexique et des États-Unis. Il avait préalablement constitué une série de paires d'images comprenant l'une, une scène de la vie mexicaine, et l'autre, une scène de la vie américaine. Il les présenta alors aux enfants à l'aide d'un stéréoscope (figure 5.18), permettant de projeter, pendant un court laps de temps, une image différente sur chaque rétine. Un tel procédé entraîne ainsi la réception simultanée par le cerveau de deux types d'informations qu'il ne peut intégrer; grâce au phénomène d'attention sélective, le cerveau n'en reconnaît alors qu'une seule.

Bagby nota que lorsque deux images telles que, par exemple, celle d'un torero et celle d'un joueur de base-ball, étaient présentées simultanément, les petits Mexicains avaient tendance à ne voir que la première image, alors que les petits Américains ne percevaient que la seconde. Chaque cerveau captait l'image la plus familière, compte tenu du milieu et des expériences de chacun.

Document 5.5

L'équipement sensoriel du nouveau-né

Longtemps, on a cru que l'enfant qui venait au monde ne possédait qu'un maigre bagage sensoriel insuffisant pour décoder les divers éléments de son environnement. Mais au fur et à mesure que progresse la connaissance du fœtus et du nouveau-né, on est obligé d'admettre que celui-ci possède dès la naissance un cerveau relativement programmé et des organes des sens déjà bien efficaces.

Il est cependant également acquis que les premières expériences vécues par l'enfant jouent un rôle critique dans le développement de la

Fig. 5.19 *L'acuité visuelle du nouveau-né ne serait-elle pas liée à la fixation et à la reconnaissance du visage maternel?*

perception et que, sans elles, une atrophie de certaines cellules des récepteurs risque d'entraîner des dommages irréversibles, comme on a pu le noter chez les aveugles de naissance ayant recouvré la vue.

La perception visuelle

L'*acuité visuelle* du bébé n'atteint le niveau de celle de l'adulte qu'à l'âge d'un an. On a en effet montré qu'à la naissance, sa perception est optimale pour les objets situés à 19 cm seulement de son visage (Haynes et coll., 1965). Il s'agirait peut-être là d'un facteur jouant un grand rôle au cours de l'allaitement, dans la reconnaissance du visage maternel (figure 5.19).

Cette hypothèse est d'autant plus plausible qu'un autre chercheur a constaté que le nouveau-né manifeste, dès l'âge de quatre jours, une préférence innée pour le *visage humain* (Fantz, 1970) (figure 5.20).

Dès l'âge de quatre mois, l'enfant est capable de distinguer les *couleurs* bleue, verte, jaune et rouge tout en marquant une préférence pour le bleu et le rouge.

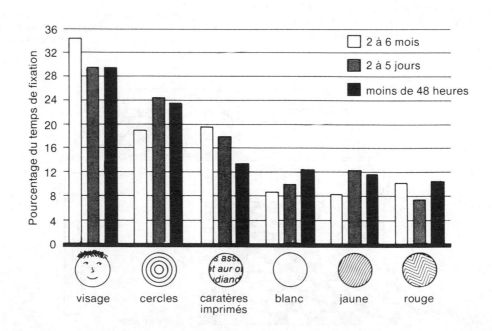

Fig. 5.20 *Lorsqu'on mesure le temps passé par le nouveau-né à fixer différentes figures, colorées ou non, c'est au visage humain que va sa préférence dès les premières heures après la naissance.*

De plus, on a noté que, quoiqu'en pensent les parents anxieux, les jeunes enfants ne s'aventurent que rarement près des endroits escarpés. Gibson et Walk (1960) ont montré, à l'aide d'une «falaise» visuelle (figure 5.21) que la *perception de la profondeur* est déjà présente dès le plus jeune âge et fait hésiter le bébé à s'aventurer sur la partie vitrée surplombant le vide. Il ne semble pas ici non plus que cette réaction soit apprise puisqu'elle se manifeste chez de jeunes animaux âgés de quelques heures. On observe également, chez des nouveau-nés de moins de deux mois, incapables encore de ramper, que leur cœur bat plus vite lorsqu'ils sont déposés à plat ventre sur la vitre, à plus d'un mètre du sol.

Cette perception de la profondeur est d'ailleurs elle-même étroitement liée à l'établissement de la *vision binoculaire*. Or celle-ci n'est présente que lorsque les deux yeux sont capables de converger vers un même point; ce mécanisme est établi dès les premiers mois chez la plupart des enfants. Il est donc important d'agir rapidement par une opération correctrice des muscles des yeux chez les enfants présentant encore un *strabisme* après l'âge de six mois. Sinon, passé cet âge, non seulement la vision binoculaire a peu de chance de se développer mais, en plus, le cerveau va peu à peu sacrifier les informations en provenance de l'œil défectueux, faisant de l'enfant un borgne «fonctionnel» à plus ou moins long terme.

La perception auditive

Le nouveau-né est capable de décoder, dès les premières heures, des sons distincts d'intensité variable. Il serait même capable de reconnaître la voix de sa mère parmi celle d'autres personnes l'appelant par son nom, ce qui fait remonter au séjour dans le sein maternel le développement de cette capacité (on sait que l'oreille, comme l'œil, sont fonctionnels chez le fœtus de sept mois).

Les perceptions olfactives et gustatives

L'odorat du nouveau-né est relativement bien développé. Dès les premiers jours, il peut percevoir des odeurs différentes. Ainsi, il détournera la tête en présence d'odeurs fortes ou désagréables, par exemple, mais la tournera par contre vers un tampon imprégné de lait maternel.

Quant au goût, il ne semble que peu développé à la naissance. Même si le bébé peut distinguer l'eau sucrée de l'eau pure et faire la grimace devant des solutions au goût trop prononcé, il semble que les perceptions gustatives soient les perceptions les plus liées à l'apprentissage.

Acuité visuelle
(du latin *acutus* = aigu). Degré de précision, de netteté, de finesse dans la vision des objets.

Strabisme
(du grec *strabos* = louche). Défaut dans la convergence des deux yeux qui les rend incapables de fixer un même point et de permettre au cerveau la constitution d'une *seule* image en trois dimensions.

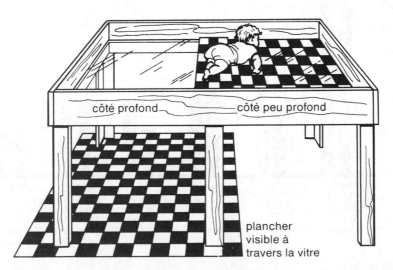

côté profond — côté peu profond

plancher visible à travers la vitre

Fig. 5.21 *Les enfants, comme les autres jeunes animaux, semblent avoir une perception innée de la profondeur, qui leur fait éviter les endroits escarpés, même si leur protection est assurée par une vitre.*

Document 5.6

Mouvement et temps

Toute activité est un mouvement dans l'espace et tout mouvement implique une durée. Les deux sont reliés, et la façon dont ces dimensions sont perçues dépend à la fois de nos capacités sensorielles et des points de repère que nous établissons pour les évaluer.

Perception du mouvement

Nous percevons principalement le mouvement d'un objet par le fait qu'en se déplaçant sur un fond, celui-ci entraîne l'excitation successive de cellules de la rétine.

Si le fond est uniforme, nous sommes limités dans la perception du mouvement par la vitesse de l'objet : l'œil humain ne peut en effet observer le déplacement d'un point lumineux progressant de moins de 1/3 de degré à la seconde (ce qui correspond à une durée de 6 secondes pour parcourir la largeur du pouce, bras tendu). C'est pourquoi il est impossible de percevoir le mouvement de l'aiguille des minutes sur une montre ou une horloge : elle ne progresse que de 1/10 de degré à la seconde.

Même en l'absence de fond, comme c'est le cas dans une chambre noire, il est cependant possible de suivre les mouvements d'un point lumineux (comme le bout d'une cigarette allumée, par exemple). Gregory (1966) avance à ce sujet l'idée que le cerveau interpréterait alors les mouvements des yeux comme un indice de mouvement de l'objet.

Cependant, le fond est le plus souvent présent et rarement uniforme. Nous pouvons ainsi compléter notre perception du mouvement, grâce à des indices en provenance du fond lui-même, en fonction des éléments devant ou derrière lesquels l'objet se déplace.

Perception du temps

Le temps est une construction humaine qui nous permet de jalonner notre activité. Nous ne pouvons cependant percevoir, avec certitude, que des durées très brèves comprises entre 1/18 de seconde et 2 secondes.

En effet, en dessous de la limite inférieure, les moments ne sont plus perçus comme tels : 18 images à la seconde ne sont plus perçues comme une succession de moments, mais comme un seul mouvement[5] ; 18 vibrations de l'air par seconde deviennent un seul son (le plus grave) pour le tympan, et 18 chocs sur la peau à la seconde sont ressentis comme une seule pression (von Uexküll, 1956). C'est là, semble-t-il, une dimension propre aux êtres humains ; elle varie d'une espèce à l'autre.

Au-dessus de la limite supérieure de 2 secondes, nous ne pouvons plus qu'*estimer* les durées à partir des repères liés à notre activité.

Différents facteurs sont cependant susceptibles de modifier l'estimation qui est faite du temps qui passe. Ainsi, certains changements biologiques, comme les variations dans la température du corps, peuvent entraîner une surestimation des durées en cas d'augmentation de la température corporelle et, au contraire, une sous-estimation, lorsque celle-ci se met à baisser (Baddeley, 1966).

Il en va de même en ce qui concerne l'effet de la motivation ou de l'intérêt manifesté pour certaines tâches, mais également de l'action des différents types de drogues. Les tranquillisants qui provoquent un ralentissement du fonctionnement organique sont responsables d'une sous-estimation du temps (Fraisse, 1957), alors que les excitants ou les drogues psychédéliques, qui provoquent une accélération de l'activité mentale en augmentant le nombre d'informations captées par le cerveau, entraînent, au contraire, une surestimation de celui-ci.

Estimation de la durée
La surestimation du temps consiste dans l'impression de voir celui-ci passer rapidement (une heure semble passer en quelques minutes). La sous-estimation se traduit au contraire par une impression de vie au ralenti (quelques minutes paraissent avoir duré une heure).

---

[5] Ainsi, une scène aussi « statique » pour l'œil humain que l'éclosion d'une fleur, nous donne, lorsqu'elle est filmée au ralenti (1 image/ minute) puis visionnée à vitesse normale (18 images/seconde), le spectacle d'un organisme en mouvement dont la grâce et le synchronisme n'ont rien à envier au plus grand danseur étoile. Temps, mouvement, espace, tout est relatif.

Document 5.7

Les illusions visuelles

L'organisation perceptive et les constances que nous établissons nous permettent d'avoir une perception cohérente du monde.

Il existe cependant des cas où celle-ci est faussée, lorsque des informations contradictoires nous arrivent des objets eux-mêmes, ou lorsqu'elles sont le fait d'une mauvaise interprétation des indices monoculaires qu'ils nous fournissent.

Dans le premier cas, il s'agit surtout de *figures ambiguës* qui paraissent acceptables, au premier coup d'œil mais qui se révèlent bientôt incompréhensibles lorsqu'on prend conscience du fait qu'elles présentent deux perceptions contradictoires, sans qu'aucun indice de profondeur nous permette de distinguer laquelle correspond au fond et laquelle constitue la forme (figure 5.22a).

Dans le second cas, ce sont certains indices de perspective, de profondeur, de forme ou de grandeur qui, en entrant en contradiction, sont responsables de certaines illusions visuelles.

Une des explications les plus plausibles du phénomène d'illusion visuelle repose sur notre tendance à percevoir comme plus grand ce qui se trouve plus loin, compte tenu de l'effet de perspective. Ceci amène notre cerveau à agrandir de façon erronée celui de deux éléments égaux qui est le plus éloigné.

C'est le cas des illusions comme celle de Müller-Lyer qu'on peut rapprocher de la perception que nous avons de coins extérieurs ou de coins intérieurs des habitations. Il en va de même pour l'illusion de Ponzo ou celle de la lune à l'horizon qui sont renforcées par le contexte du paysage et de sa perspective. C'est aussi le cas de la ligne bissectrice et perpendiculaire à une autre,

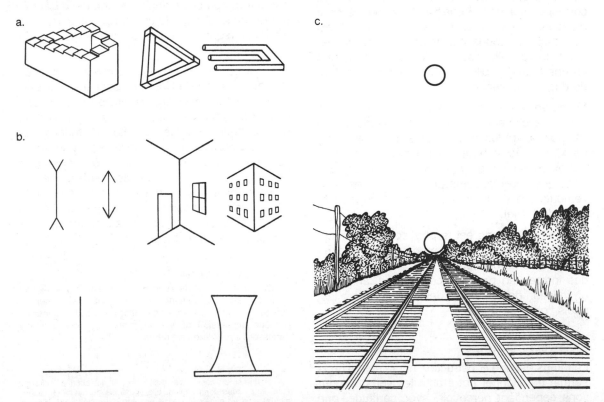

Fig. 5.22 *Les figures ambiguës, à la fois possibles et impossibles, à la fois figure et fond (a). En b, l'illusion visuelle de Müller-Lyer et celle des lignes bissectrices. En c, l'illusion de Ponzo qui fait paraître plus grande la bûche la plus éloignée et l'illusion de la Lune, qui paraît, pour beaucoup de gens, plus grosse à l'horizon qu'en plein ciel.*

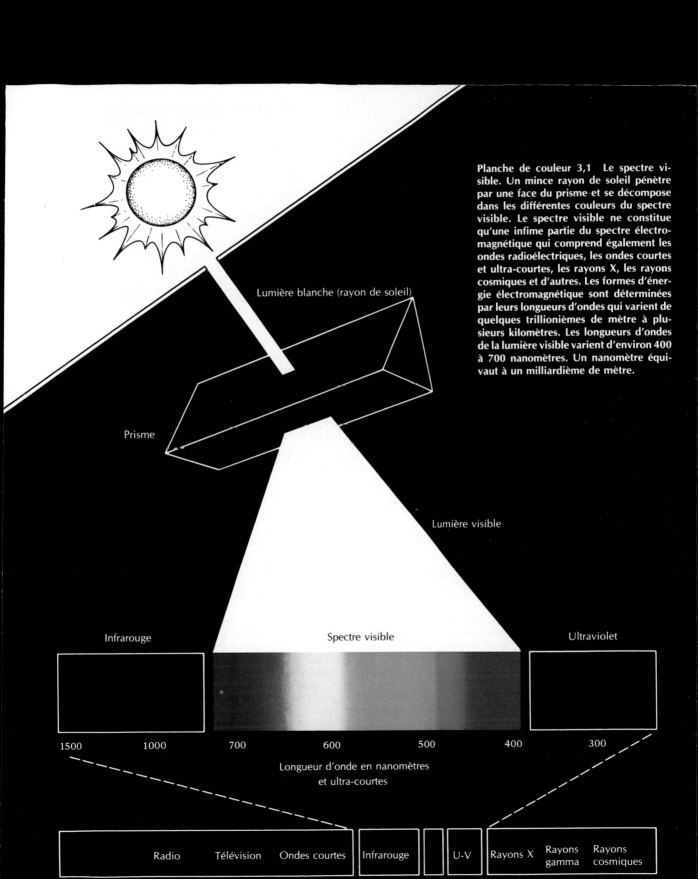

Lumière blanche (rayon de soleil)

Prisme

Planche de couleur 3,1 Le spectre visible. Un mince rayon de soleil pénètre par une face du prisme et se décompose dans les différentes couleurs du spectre visible. Le spectre visible ne constitue qu'une infime partie du spectre électromagnétique qui comprend également les ondes radioélectriques, les ondes courtes et ultra-courtes, les rayons X, les rayons cosmiques et d'autres. Les formes d'énergie électromagnétique sont déterminées par leurs longueurs d'ondes qui varient de quelques trillionièmes de mètre à plusieurs kilomètres. Les longueurs d'ondes de la lumière visible varient d'environ 400 à 700 nanomètres. Un nanomètre équivaut à un milliardième de mètre.

Lumière visible

Infrarouge

Spectre visible

Ultraviolet

1500   1000   700   600   500   400   300

Longueur d'onde en nanomètres
et ultra-courtes

| Radio | Télévision | Ondes courtes | Infrarouge | | U-V | Rayons X | Rayons gamma | Rayons cosmiques |

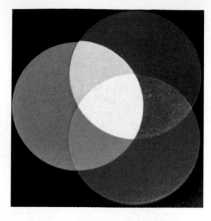

Planche de couleur 3,2   Mélanges de couleurs additifs produits par des lumières de trois couleurs, le rouge, le vert et le bleu. Au début des années 1800, le scientifique anglais Thomas Young a découvert qu'il était possible de produire la lumière blanche et toutes les autres couleurs du spectre visible en combinant de différentes façons les trois couleurs primaires et en variant leur intensité.

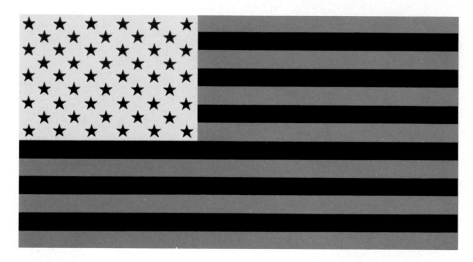

Planche de couleur 3,3   Trois hourras pour le . . . vert, le noir et le jaune? Soyez sans inquiétude, nous pouvons vite redonner au drapeau américain ses couleurs. Vous n'avez qu'à fixer le centre de cette illustration pendant 30 secondes. Refermez ensuite le volume et fixez une page blanche; vous verrez une figure beaucoup plus familière. C'est ce qu'on appelle une image consécutive. En clignant des yeux quelquefois, vous pourrez maintenir l'image consécutive un peu plus longtemps.

Ces phénomènes d'images consécutives ont amené Edwald Hering à douter de la théorie trichromatique de la vision des couleurs et à proposer en remplacement la théorie du processus antagoniste. Comme le texte le fait ressortir, les faits actuels semblent indiquer que les deux théories offrent un certaine validité.

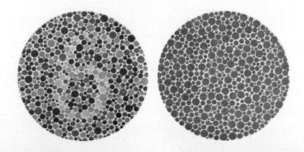

Planche de couleur 3,4   Voyez-vous les chiffres dans ces illustrations? Une personne souffrant de daltonisme rouge-vert ne pervevrait pas le 6, une autre souffrant de daltonisme bleu-jaune ne percevrait pas le 12.

et qui semble s'éloigner de son point d'origine (figures 5.22b et 5.22c).

Une autre illusion curieuse est celle du visage, photographié ou peint, dont les yeux nous suivent quel que soit l'angle sous lequel on le regarde. Cette illusion n'est cependant créée que si le sujet fixait l'objectif ou le regard du peintre au moment de la conception du portrait (rien de tel ne se passe, en effet, si le sujet regardait légèrement de côté). Sans qu'on puisse encore bien l'expliquer, il semble que cette illusion soit liée au fait que l'image des globes oculaires n'est fournie qu'en deux dimensions (figure 5.23). En effet, l'illusion ne se produit pas dans le cas d'une sculpture.

L'*illusion* se caractérise donc par la présence de messages sensoriels mal décodés par un individu et même, dans certains cas, par la plupart des gens.

Dans le cas de l'*hallucination*, par contre, les sensations visuelles, auditives ou autres, ressenties par le sujet en l'absence de tout stimulus sensoriel, ne sont perçues comme réelles que par lui seul; elles font partie de sa réalité intérieure. Nous en verrons des exemples à propos des expériences d'isolation sensorielle (document 5.9).

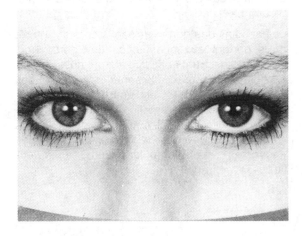

Fig. 5.23 *Tout œil, photographié alors que le regard fixait l'objectif, semble suivre l'observateur quel que soit l'endroit où il se trouve devant la photographie. C'est aussi le cas pour la peinture comme en témoigne le regard de la Joconde.*

Figure ambiguë
(du latin *ambo* = tous les deux). Figure qui présente deux ou plusieurs interprétations possibles.

Illusion
(du latin *ludere* = moquer). Erreur de perception causée par une mauvaise interprétation des relations existant entre les messages sensoriels en provenance d'un objet ou d'un événement.

Hallucination
Perception éprouvée par un individu en l'absence de toute stimulation externe. L'hallucination est une production en provenance du monde intérieur.

Document 5.8

La nudité et la dilatation de la pupille

Lorsqu'un individu est particulièrement attentif et intéressé par une stimulation donnée, tout son organisme se trouve activé et mis en alerte : son rythme cardiaque augmente, ses vaisseaux sanguins se dilatent provoquant ainsi une légère rougeur, notamment au niveau du visage; un peu de sueur perle sur la peau et la pupille des yeux s'agrandit. Ce sont là les effets de la mise en branle du système nerveux sympathique, responsable de la mise en alerte de l'organisme (voir appendice A).

Hess (1965) a voulu savoir jusqu'à quel point il était possible de détecter l'intérêt que portaient les gens à certaines images, par la simple observation des réactions de leurs pupilles.

Il présenta donc, à un groupe d'étudiants et d'étudiantes, une série de photos représentant

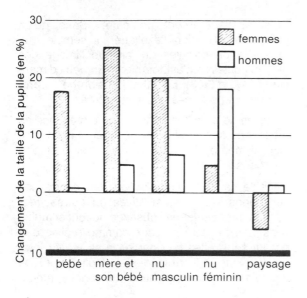

Fig. 5.24 *Le degré de dilatation de la pupille peut rendre compte du niveau d'intérêt d'un individu pour un objet ou une personne donnée. Il semble que les intérêts des femmes soient relativement différents de ceux des hommes, si on en croit les résultats de l'expérience de Hess.*

des bébés, des mères avec leur bébé, des hommes nus, des femmes nues ainsi que des paysages.

La vue des paysages ne déclencha de réaction chez aucun des sujets des deux sexes. Il en alla de même, chez les hommes, en ce qui concerne la vue des bébés, alors que la pupille de la plupart d'entre eux se dilatait principalement à la vue des femmes nues. Quant à la réaction des femmes, Hess nota qu'elle était surtout provoquée par les images de mères avec leur bébé, ainsi que par les nus masculins et les bébés (figure 5.24).

Les besoins des gens, les sentiments et l'intérêt qu'ils portent aux choses, ou aux personnes, seraient ainsi trahis par des signes aussi imperceptibles que ceux-là. Ne serait-ce pas là un des filons exploités par les diseuses de bonne aventure, en quête « d'informations » qui leur permettraient de répondre aux attentes du client ? À votre prochain rendez-vous chez une de ces « voyantes », mettez des lunettes noires et vérifiez...

Document 5.9

Isolation sensorielle, hallucinations et espace intérieur

L'expérience d'isolation sensorielle la plus connue dans le monde scientifique est celle menée par Heron et ses collaborateurs (1956), à l'Université McGill.

Ces chercheurs demandèrent à des volontaires, payés 20 dollars par jour (une somme importante, à l'époque), de passer le plus de temps possible, complètement isolés dans une chambre spécialement conçue à cet effet. Tout ce qu'ils avaient à faire pour toucher ce salaire était de demeurer dans cette pièce, allongés sur un petit lit les bras encastrés dans de longs tubes de carton (pour éviter le plus possible les stimulations tactiles). Les yeux, eux, ne percevaient qu'une lumière diffuse grâce à l'utilisation de lunettes spéciales. Quant aux stimulations auditives, elles étaient annulées par le ronflement

incessant d'un climatiseur et d'un ventilateur (voir figure 5.13).

Les sujets étaient nourris et abreuvés et pouvaient s'occuper de leurs soins de toilette lorsque cela se révélait nécessaire. Mais le reste du temps, ils devaient rester le plus immobiles possible.

La plupart d'entre eux étaient persuadés, en débutant l'expérience, qu'il s'agissait là d'un moyen facile de gagner de l'argent, tout en prenant un long repos. C'est ce qui se passa effectivement, au cours des premières heures d'isolement. Mais une fois le corps reposé, la situation est bien vite devenue telle que peu de sujets furent capables de vivre dans ces conditions plus de deux ou trois jours. Seul un petit groupe de sujets put tenir un peu plus longtemps et encore, le temps maximal ne dépassa pas six jours.

Que s'était-il donc passé pour que la situation devienne à ce point insupportable ?

Au début, la plupart tentèrent de se concentrer sur leurs problèmes personnels, mais ils s'aperçurent bientôt que leur esprit partait à la dérive. Ils perdirent très vite la notion du temps, puis vécurent de longues périodes au cours desquelles ils n'étaient plus capables du tout de penser. Pour vaincre la monotonie, les sujets acceptèrent d'écouter des histoires enfantines et se mirent même à réclamer qu'on les leur fasse réentendre encore, et encore.

Plus de 80 % des sujets affirmèrent avoir été victimes d'hallucinations visuelles : les murs ondulaient, le plancher tournait, les angles s'arrondissaient, les couleurs devenaient éclatantes et insupportables à la vue. Un sujet rapporta même avoir « vu » un cortège d'écureuils défilant d'un pas décidé avec un sac sur l'épaule.

Quant au corps, il paraissait se dédoubler; l'esprit s'en détachait et flottait dans le cubicule, contemplant son enveloppe matérielle étendue sur le lit.

Les sujets subirent des tests mentaux avant, pendant et après leur séjour dans le cubicule d'isolement. Presque tous obtinrent des résultats médiocres, en cours d'expérience. Plusieurs étaient devenus incapables de résoudre de simples problèmes de raisonnement ou de petits calculs mathématiques et beaucoup présentaient des troubles de la mémoire. Cependant, les sujets retrouvèrent leurs capacités mentales normales quelque temps après avoir quitté la chambre d'isolement.

Pour les chercheurs responsables de cette expérience, il ne faisait donc aucun doute que l'absence de stimulation amenait à brève échéance un dérèglement total de l'organisme, faisant perdre à celui-ci tout pouvoir de contrôle sur lui-même et sur le monde environnant.

Or, depuis 1953, Lilly, un neurophysiologiste devenu célèbre pour ses recherches sur le langage des dauphins, tentait de vérifier sur lui-même ce qu'un organisme, plongé dans un milieu aquatique, peut vivre comme expériences lorsqu'il n'a plus à interagir avec son environnement. Lilly passa ainsi des heures, isolé dans un caisson destiné, habituellement, à tester des équipements sous-marins. Il s'agit d'un grand réservoir, rempli d'eau fortement concentrée en sel et dont la température est voisine de celle du corps humain. Une fois enfermé dans le « caisson » (figure 5.25), l'organisme se trouve totalement isolé du monde extérieur. Le sujet vit dans le noir total, n'entend rien et surtout se trouve dans un quasi état d'apesanteur dans un liquide que sa peau, à température semblable, ne peut détecter (Gerome, 1985). Lilly a noté qu'au début de l'expérience, il existe une montée de tension intérieure qui peut devenir si peu supportable qu'elle pousse l'individu à vouloir sortir. Ce n'est que s'il décide de rester que va alors émerger un nouvel état de conscience. L'attention du sujet va graduellement se fixer sur une sensation légère qui va bientôt envahir l'être tout entier. Les pensées, centrées jusqu'alors sur les problèmes quotidiens, vont peu à peu céder la

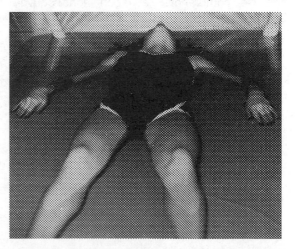

INSTITUT RENAISSANCE

Fig. 5.25 *Caisson d'isolation sensorielle. La personne flotte dans un liquide saturé en sel et maintenu à la température du corps. Autour d'elle, l'obscurité est totale et les parois insonorisées suppriment tout bruit extérieur. Ce sont là des conditions propices à la relaxation et, éventuellement, à la plongée dans le monde intérieur.*

place à des rêveries et à des fantasmes très personnels dont la charge émotionnelle devient bientôt extrême. C'est ainsi que le sujet atteint la phase la plus avancée de l'expérience, l'amenant à se tourner vers l'intérieur de lui-même pour projeter au-dehors ses propres contenus. Il survient alors une rupture avec l'espace et le temps et des ponts sont lancés entre des lieux éloignés ou des moments différents. « L'esprit » voyage à des vitesses phénoménales pour se retrouver dans d'autres endroits, avec des personnages connus ou non du sujet, où il vit des scènes au moment même où elles semblent se passer, ou encore se met à « flotter » au-dessus de la ville. Il a la sensation d'être capable de tout voir, de tout entendre, de tout sentir, d'être un point de conscience pure.

Lilly ne publia rien à l'époque, conscient que la science officielle ne serait pas capable d'accepter des « divagations » d'une telle envergure de la part d'un des siens. Depuis, cependant, Lilly a fait partager l'expérience à d'autres explorateurs des mondes du dedans aussi éminents que Bateson, Jodorowski, Grof, etc. Les 77 récits d'expériences qu'il a recueillis de leur bouche l'ont amené, dans son ouvrage *Le Soi profond*, publié en 1977, à établir une cartographie des espaces intérieurs dont la structure est proche de celle qu'a établie Fischer et qui est présentée dans le document 4.2.

Depuis, plusieurs caractéristiques du caisson ont été étudiées, notamment au Standford Institute, afin de comprendre la façon dont pouvait émerger cette réalité intérieure.

Il semble tout d'abord que l'absence de gravité joue un rôle primordial, puisqu'en flottant, le sujet récupère plus de 90 % de l'énergie consacrée dans la vie quotidienne à lutter contre sa propre pesanteur pour maintenir son corps en équilibre. Cette énergie va ainsi pouvoir être canalisée vers la production d'une activité intérieure.

De plus, cette relaxation engendrée par l'état d'apesanteur a également pour effet d'harmoniser les différentes parties du cerveau. Les tracés de l'EEG montrent que l'hémisphère droit, intuitif et habituellement dominé par l'hémisphère gauche, plus rationnel, se met à fonctionner au même rythme que celui-ci. Cette activité rééquilibrée du cerveau supérieur entraîne, de ce fait, une plus grande harmonie entre lui et les deux autres cerveaux : le reptilien et le cerveau des émotions (voir appendice A).

De son côté, la formation réticulée, n'ayant plus à jouer le rôle de sélecteur d'informations externes, permet le passage d'une multitude de messages internes, complètement ignorés dans la vie courante. Le cortex se met ainsi à l'écoute des battements du cœur, de la circulation sanguine dans les vaisseaux, ou du fonctionnement des viscères, qui sont tous habituellement contrôlés, de façon automatique, par le cerveau reptilien.

Quant au cerveau des émotions, qui n'a plus à maintenir l'organisme en alerte face à la réalité extérieure, il remplace alors la sécrétion d'hormones responsables de la vigilance et du stress, par la production de substances telles que les endorphines (voir appendice A). Celles-ci permettraient ainsi au cortex, tout en restant éveillé, de sombrer dans un état proche de celui rencontré lors du premier stade de sommeil et caractérisé par la production d'ondes thêta (voir le dossier 4.1). Il s'agit là d'un état propice à la créativité ainsi qu'à la production de l'imagerie intérieure, en provenance, comme nous l'avons vu, du niveau préconscient dont parle Dixon.

Résumé

1. Chaque espèce possède les récepteurs et le cerveau permettant à l'organisme d'obtenir les informations les plus utiles pour son adaptation à un environnement donné. Chacune a donc une *perception de la réalité* qui lui est *propre*.

2. Nos sens sont limités dans leur capacité d'être stimulés. Ils ne peuvent donc détecter qu'un nombre restreint de messages en provenance de l'environnement.

3. Les stimulations en provenance du monde environnant sont constamment interprétées en fonction des *catégories d'images* établies depuis la naissance. S'il s'agit d'une information nouvelle ou incomplète, notre cerveau fonctionne alors par *hypothèses*.

4. Nos perceptions sont *organisées* de telle façon que tout objet est vu comme une figure se détachant sur un fond. Notre cerveau a de plus tendance à suivre le principe de clôture qui consiste à donner à tout tracé un contour simple et complet. L'organisation perceptive s'effectue également par le regroupement d'éléments selon les principes de proximité, de similarité, de continuité et de symétrie.

5. Notre perception du monde est également *stable* et *constante*. Nous conservons aux objets leurs dimensions, leur forme ou leur couleur quelle que soit la distance à laquelle ils se trouvent et l'angle sous lequel nous les observons.

6. Grâce à notre *vision binoculaire*, notre cerveau nous renvoie une image tridimensionnelle du monde. À plus d'une quinzaine de mètres, ce sont cependant les *indices monoculaires*, basés sur les perspectives linéaires et aériennes ainsi que sur l'effet de parallaxe et d'interposition, qui lui permettent de traduire la profondeur et la position relative des objets.

7. Le cerveau est en état de *surcharge informationnelle* lorsqu'il n'est plus capable d'effectuer le tri parmi un trop grand nombre d'informations. Cette situation est le plus souvent évitée grâce à des mécanismes tels que *l'adaptation sensorielle* au niveau des récepteurs et l'*accoutumance* au niveau de la formation réticulée.

8. L'*attention* consiste en une réaction d'orientation vers un objet. Elle est d'autant plus facilement déclenchée que l'objet est nouveau, complexe, intense ou sujet à la répétition. Nos besoins, nos intérêts et nos attentes jouent cependant aussi un rôle important.

9. Il existerait un *filtre*, au niveau du cerveau, qui limiterait notre capacité de capter les informations en provenance de sources différentes.

10. Avant de se rendre au cerveau, une information doit tout d'abord franchir le *seuil physiologique* au niveau des récepteurs, puis le *seuil perceptif* qui est celui de la reconnaissance consciente. Entre les deux, il existerait une *zone subliminale* dans laquelle les informations pourraient être traitées sans que nous en prenions conscience.

11. La *défense perceptive* consiste en une élévation du seuil perceptif face à des messages de l'environnement dont la charge émotionnelle est difficilement supportable.

12. La *perception subliminale* concerne les informations qui seraient traitées dans la zone subliminale. Elles seraient captées et alors capables d'induire des réponses au niveau de l'organisme sans que celles-ci soient évaluées consciemment.

13. La *perception extrasensorielle* consiste en la perception d'informations non directement disponibles aux organes des sens. Il s'agit des phénomènes de télépathie, de clairvoyance et de précognition.

14. Un individu maintenu en état d'*isolation sensorielle* est confronté à un monde intérieur ainsi qu'à l'imagerie qu'il renferme; ce monde s'exprime alors sous forme d'illusions et d'hallucinations de toutes sortes.

Dossier 5.1

La science et les phénomènes paranormaux

De tous temps, les êtres humains ont été troublés par certains événements «bizarres» se produisant dans leur vie: des coïncidences, des *rêves prémonitoires*, un sentiment de «déjà vu»... La plupart du temps, on justifiait ces phénomènes en les attribuant au hasard. Or le hasard ne signifie rien en soi. Il s'agit là d'une façon commode d'expliquer ce qu'on ne comprend pas ou ce qui est difficilement explicable. Depuis quelques dizaines d'années, des scientifiques tentent de voir plus clair dans la réalité de ces manifestations et, par diverses approches, d'apporter des éléments de réponses.

De l'anecdote à la reconnaissance officielle

«Dans le Wisconsin, une femme, qui ne peut trouver le sommeil, décide de commencer la lecture d'un livre qui se trouve sur la table de nuit. Il s'agit d'une histoire inquiétante où il est question d'une bande de voyous qui attaquent une jeune fille et l'entraînent dans un garage. La femme ferme le livre et tente une nouvelle fois de s'endormir. À ce moment même, sa fille, une adolescente qui couche dans la chambre contiguë, arrive bouleversée, dit-elle, par un horrible cauchemar: elle vient de rêver qu'elle était attaquée par une bande de voyous qui l'entraînaient dans un garage pour la violer. Son rêve était la copie conforme de la scène que la mère venait de lire» (Rhine, 1975).

Rêve prémonitoire
(du latin *pré* = devant et *-monere* = avertir). Rêve contenant des éléments qui permettent de connaître un événement à l'avance.

«Dans les années 60, à Anderson, en Californie, la famille W. déménage pour aller s'établir en Oklahoma, à plusieurs centaines de kilomètres de là. Au moment de partir, ils cherchent en vain leur chat Lugar. Ils demandent alors à des amis d'en assurer la garde au cas où l'animal reviendrait.

En Oklahoma, 14 mois plus tard, un chat ressemblant à Lugar saute brusquement sur l'épaule de Madame W. On constate que ce chat présente la même difformité d'articulation à la hanche gauche que Lugar, une anomalie rare selon les vétérinaires consultés. De plus, on apprend peu de temps après, de la bouche même des amis restés en Californie, que Lugar a disparu quelques semaines après le déménagement...» (Rhine, 1975).

«En 1967, en Allemagne, monsieur Wilsner meurt des suites d'une blessure à la tête infligée lorsque sa voiture a percuté contre un arbre tombé en travers de la route, pendant un ouragan. Or, les semaines précédentes, il s'était réveillé à de nombreuses reprises, en pleine nuit, en proie à une grande peur liée au pressentiment que quelque chose allait lui tomber sur la tête» (Bender, 1976).

Il ne s'agit là que de quelques exemples parmi les expériences qui sont couramment rapportées. Que signifient-elles? Sont-elles le fait du «hasard», d'associations d'idées résultant de perceptions inconscientes, d'espérances d'accomplissement amenant le sujet à faire en sorte qu'un événement correspondant à la situation prédite se produise réellement, ou bien s'agit-il de phénomènes paranormaux?

Pour répondre à ces questions, il était nécessaire de passer à l'étape de la vérification. Entre 1880 et 1890, des chercheurs s'étaient déjà regroupés afin de créer les premières sociétés de «recherche psychique». Elles comptaient dans leurs rangs des noms aussi prestigieux que C. Richet et C. Flammarion, en France, F.W.H. Myers et E. Gurney en Angleterre et W. James aux États-Unis.

Au début, la méthode utilisée s'inspirait du *spiritisme*. On avait recours aux «talents» de médiums spirites qui produisaient des effets psychiques et «communiquaient» avec les «esprits» de défunts. Cependant, malgré l'utilisation d'instruments de mesure et la mise en place de contrôles astucieux, imaginés notamment par G. Geley, J.F. Brugmans, Marie et Pierre Curie ou R. Tocquet, cette démarche demeurait très controversée. Il était effectivement difficile de discerner les véritables phénomènes des habiles manipulations. On dut donc abandonner cette approche au profit d'une démarche plus rigoureuse. C'est ainsi que l'étude des phénomènes «paranormaux» fit son entrée dans le laboratoire.

Ces *phénomènes psi*, comme ils sont à présent appelés, furent séparés en deux catégories distinctes: la perception extrasensorielle (PES) d'une part et la psychokinésie de l'autre. La *perception extrasensorielle* consiste en la prise d'information sans le concours des sens; elle regroupe des phénomènes tels que la vision «à distance» ou *clairvoyance*, la transmission de pensée ou *télépathie*, ainsi que la *précognition* qui est la connaissance d'événements qui ne se produiront que dans le futur. Quant à la *psychokinésie*, il s'agit d'une action directe

Spiritisme
(de l'anglais *spirit* = esprit). Doctrine qui croit en une survie après la mort et à la possibilité d'entrer en contact avec les défunts (les «esprits») par l'intermédiaire d'un médium.

Phénomènes psi
Ensemble des phénomènes paranormaux, c'est-à-dire des phénomènes qui demeurent inexpliqués dans l'état actuel des connaissances (télépathie, clairvoyance, précognition, psychokinésie).

Fig. 5.26 *Cartes de Zener.*

et non musculaire exercée par un sujet sur un système matériel (déplacement ou torsion d'objet à distance).

C'est par le biais de la méthode expérimentale et l'analyse statistique qu'on allait dorénavant tenter d'isoler cette supposée « faculté psi ».

Une association de parapsychologie, la *Parapsychological Association* (PA), fut mise sur pied ; sa raison d'être n'était pas de « prouver » la réalité des phénomènes psi mais plutôt de favoriser l'investigation des phénomènes dits « anormaux ». En 1969, le sérieux des expérimentateurs et la vigueur de leur démarche permirent à la P.A. d'être admise, sous le parrainage de l'anthropologue M. Mead, au sein de l'American Association for the Advancement of Science (AAAS).

Plusieurs termes ont été proposés pour définir ce domaine qui venait d'être reconnu en tant que discipline scientifique. On parlait de parapsychologie en Allemagne et aux États-Unis, de métapsychique en France, de bioinformation en U.R.S.S., etc. Récemment, le terme *psilogie* a été mis de l'avant afin de permettre d'unifier sous un même titre l'information relative aux phénomènes psi proprement dits (Bélanger, 1978).

La recherche en laboratoire

Les deux grands pionniers de la recherche en laboratoire sont Vassiliev, de l'Université de Moscou et Rhine, de l'Université Duke, aux États-Unis. Le premier tenta principalement de mettre en évidence l'existence de liens entre hypnose et perception extrasensorielle ; ses collaborateurs rassemblèrent également un certain nombre d'observations sur les phénomènes de psychokinésie.

Rhine, lui, donna un cadre scientifique à la recherche en mettant au point une méthode, des outils et en soumettant les résultats à une analyse statistique systématique. C'est un de ses collaborateurs, le psychologue Zener, qui se chargea de produire un matériel « émotionnellement neutre » constitué de 25 cartes sur lesquelles figurait un des cinq symboles imaginés par lui (figure 5.26).

Le principe de l'expérimentation était fort simple : un « *agent* » se voyait présenter une à une les cartes de Zener pendant que, dans un autre local, un « *percipient* » était chargé d'indiquer le symbole qui, selon lui, se trouvait sur la carte proposée au même moment à l'agent. Si les réponses étaient uniquement le fait du hasard, le percipient avait ainsi une chance sur cinq (ou 20 %) de fournir une réponse « exacte ». Par contre, on était d'autant plus en mesure de conclure qu'autre chose que le hasard était intervenu que la proportion de réponses concordantes était supérieure à 20 %.

Des résultats significatifs

Depuis ces premières expérimentations effectuées par Rhine, à la fin des années 20, la recherche qui s'est poursuivie dans ce sens, ou par d'autres voies, a permis d'accumuler un nombre important de données. Elles sont parfois loin d'être spectaculaires pour le profane, mais le résultat de l'analyse statistique obtenu pour plusieurs d'entre elles ne peut laisser personne indifférent (voir Thouless, 1972).

Psilogie
Domaine scientifique qui a pour sujet l'étude des phénomènes psi. Il existe de nombreuses autres appellations en fonction des hypothèses qui ont été formulées. La plus courante est celle de *parapsychologie* ; les autres sont celles de métapsychique, de bioinformation, de psychotronique, etc.

Agent
Terme utilisé, lors d'expériences de PES, pour définir le sujet qui essaie « d'agir », de transmettre, de communiquer quelque chose à un percipient.

Percipient
Terme utilisé, lors d'expériences de PES, pour définir le sujet qui tente de « percevoir » ce que l'agent essaie de lui communiquer.

Résultat significatif
Résultat qui signifie nettement quelque chose, qui a une signification autre que celle attribuée au hasard, qui dépasse ce que le hasard permet d'attendre.

L'étude sur la *télépathie* de Pearce-Pratt (1934), par exemple, comptait quatre séries d'expériences au cours desquelles les sujets se trouvaient isolés dans des locaux distants de 90 à 230 m. On présenta 74 fois la série de 25 cartes de Zener, soit un total de 1.850 présentations. Les résultats indiquèrent la présence de 558 réponses concordantes, c'est-à-dire 188 au-dessus de ce qu'on pouvait attendre si le hasard seul avait joué. L'analyse statistique d'un tel résultat montre qu'il y avait une chance sur des milliards de milliards ($p < 10^{-22}$)[6] que ce soit le hasard qui explique une telle performance.

Dans une expérience portant sur l'étude de la *précognition*, Schmidt (1969) utilisa un appareil qui permettait une automatisation complète. Parmi les quatre signaux lumineux qui pouvaient être présentés, l'appareil en sélectionnait un au hasard. Il enregistrait ce choix ainsi que la réponse fournie par le sujet chargé de deviner quel signal avait été choisi avant que celui-ci ne s'allume.

Lors d'une première série, trois sujets effectuèrent au total 63.066 essais, puis 20.000 autres lors d'une seconde série. Les résultats furent tels qu'il n'y avait qu'une chance sur des milliards qu'ils soient le fait du simple hasard ($p < 10^{-9}$ pour la première série et $p < 10^{-10}$ pour la seconde).

D'autres expériences ont porté sur les *rêves* et sur la possibilité d'en modifier le contenu grâce à l'influence exercée par un agent, au cours du sommeil du percipient. La plupart de ces expériences furent menées au Maimonides Medical Center de New York par Krippner et Ullman (1964). Ceux-ci demandaient à un sujet, étendu dans une pièce insonorisée, de se détendre et de s'endormir. Ils avaient préalablement fixé des électrodes sur son crâne afin de détecter le début des périodes de sommeil paradoxal. Dès que le sujet entrait dans la phase MOR, un agent tentait alors de lui «transmettre» le contenu d'une image sélectionnée au hasard, en concentrant toute son attention sur elle. On réveillait ensuite le percipient en lui demandant de raconter son ou ses rêves. Sur 12 études, 9 donnèrent des résultats significatifs (il faut souligner cependant que les chercheurs travaillèrent avec des sujets dits «*sensitifs*» et que peu de laboratoires purent répéter leurs expériences).

Voici, à titre d'exemple, les éléments présents dans les rêves d'un des sujets pour lequel on avait choisi la «Sainte Cène», de Salvador Dali, comme «*cible*» (figure 5.27). «Il y avait une scène avec une mer. Elle était d'une très grande beauté... une barque de pêcheur, assez petite... un tableau se trouvant dans un restaurant... il s'agit d'un très grand tableau et très impressionnant... on y voit une douzaine d'hommes qui tirent un bateau de pêche vers la plage... un catalogue de Noël (Christmas catalogue), ... un médecin... qui doit devenir médecin... un guérisseur assis à côté d'un enfant... une sorte de cuisine... un restaurant... des condiments et des épices... des aliments de diverses sortes...» (Bender, 1976).

Ce sont cependant les expériences réalisées sous *hypnose* qui constituent l'un des piliers les plus importants de la recherche parapsycho-

Sensitif
Personne qui vit fréquemment des expériences psi de façon spontanée ou provoquée (Bélanger). (Anciennement appelé *médium*, c'est-à-dire celui dont on se servait pour communiquer avec les «esprits»).

Image-cible
Image choisie au hasard dans un lot et sur laquelle l'agent se concentre pour en transmettre le contenu au percipient. Elle est ensuite réinsérée dans le lot afin de vérifier si des juges, fonctionnant en aveugle, vont établir un lien entre cette image et le compte rendu du percipient.

Fig. 5.27 *Image-cible utilisée lors de l'étude menée par Krippner et Ullman portant sur la perception extrasensorielle durant le rêve. Il s'agit ici de «La Sainte Cène» de Salvador Dali.*

---

[6] Voir l'appendice B, encadré 3, pour l'explication du seuil de probabilité.

logique. Dès les années 1880, des chercheurs français (Janet, Richet) avaient tenté de mettre en évidence le lien existant entre la PES et l'hypnose. Il fallut pourtant attendre les années 50 pour que la recherche dans ce domaine devienne systématique, avec Vassiliev en U.R.S.S.; avec Fahler en Finlande, Ryzl en Tchécoslovaquie ainsi que Casler et Honorton aux États-Unis. Différentes techniques et méthodes furent utilisées afin de comparer la performance de sujets sous hypnose ou à l'état d'éveil. Van de Castle (1969) a rassemblé à ce sujet les résultats de 14 études effectuées, avec les cartes de Zener, par 11 équipes différentes. En ce qui concerne les résultats obtenus sous hypnose, on compte 9.785 réponses concordantes sur 44.400 essais (soit 905 réponses de plus que ce que le hasard permettait d'attendre). À première vue, cela ne semble guère concluant. Pourtant, l'analyse statistique révèle qu'un tel résultat n'a qu'une chance sur des milliards de milliards ($p < 10^{-20}$) d'être due au hasard. Cela devient d'ailleurs évident lorsqu'on compare ces données à celles obtenues à l'état d'éveil. Dans ce cas, on n'obtient plus, sur 34.525 essais, que 6.946 réponses exactes, soit 41 réponses de plus qu'une distribution au hasard. De plus, l'analyse statistique montre que la différence entre les résultats obtenus sous hypnose et ceux obtenus à l'état d'éveil est des plus significatives, avec une chance sur 10 milliards qu'il s'agisse d'une différence due au hasard ($p < 10^{-10}$).

Comme c'est le cas pour le rêve, il semble que la facilitation d'apparition des phénomènes psi sous hypnose soit due à l'abaissement des barrières présentes à l'état d'éveil. En se plaçant sous la dépendance de l'hypnotiseur, le sujet deviendrait ainsi plus réceptif.

Plusieurs chercheurs, dont Tart (1963), Targ et Puthoff (1977) et d'autres, ont tenté des expériences afin de vérifier si la perception extrasensorielle ne se manifestait pas inconsciemment chez les individus sous la forme de *modifications physiologiques*. Ils cherchèrent à objectiver celles-ci à l'aide d'instruments tels que le psychogalvanomètre, l'EEG ou le pléthysmographe. Dans l'expérience de Tart (1963), par exemple, l'agent était branché à un appareil à électrochocs qui lui envoyait des décharges électriques à des moments choisis au hasard. Dans un autre local, le percipient était branché à un psychogalvanomètre et à un pléthysmographe. Il ignorait que son partenaire recevait des chocs électriques; on lui demandait simplement de pousser sur un bouton chaque fois qu'il croyait percevoir un son subliminal. Ce son n'existait pas : il s'agissait là d'une tâche de PES déguisée, chargée de vérifier si les pressions sur le bouton correspondaient ou non à l'administration des chocs électriques. Les résultats furent concluants. On nota des modifications physiologiques correspondant de façon significative aux moments où le partenaire recevait des décharges. Par contre, les pressions sur le bouton ne correspondaient pas aux moments où les chocs étaient administrés.

Un bon nombre d'autres recherches donnèrent des résultats significatifs allant dans le même sens et suggérant l'existence d'une PES enregistrée inconsciemment par l'organisme lui-même.

L'analyse de nombreux cas spontanés chez les *animaux* a amené des chercheurs à vérifier l'existence de la PES chez les espèces inférieures.

Différentes méthodes furent utilisées avec des chats, des souris, des lézards, des crapauds, etc. On procéda notamment par récompense (de l'eau, par exemple) lorsque la tâche à accomplir avait été «devinée», ou par punition (chocs électriques) dans le cas contraire. On se livra également à l'observation du comportement d'animaux au moment où un certain nombre d'entre eux, sélectionnés au hasard, allaient être sacrifiés. Duval[7] et Montredon (1968) obtinrent, pour leur part, des résultats significatifs dans une expérience de précognition chez les souris. Celles-ci étaient placées dans des cages à deux compartiments, dont le plancher était électrifiable. À des moments déterminés au hasard, une décharge électrique était envoyée dans l'un ou l'autre des compartiments. De façon significative, les souris évitèrent les chocs électriques en se plaçant dans la partie de la cage qui n'allait pas être électrifiée.

Des observations effectuées en laboratoire semblent, pour leur part, avoir confirmé la réalité des phénomènes de *psychokinésie*. Toutefois, les expériences dans ce domaine consistent très souvent à vérifier des effets spectaculaires produits par des sujets «doués». Il faut en outre considérer que la fraude est toujours possible de la part d'habiles illusionnistes. C'est la raison pour laquelle, à la suite des travaux de Rhine, en 1934, des équipes de chercheurs ont tenté de démonter cette faculté en expérimentant avec des sujets «ordinaires». Il semble que là encore, on obtienne des résultats significatifs, bien que cela reste, toutefois, un sujet très controversé, même parmi les parapsychologues.

Les facteurs personnels

Il semble que les caractéristiques et les attitudes des individus jouent un grand rôle dans la réceptivité manifestée vis-à-vis des phénomènes psi.

Schmeidler a mis en évidence le phénomène «brebis-bouc». Elle a montré qu'il existait une différence significative entre les résultats obtenus par les individus persuadés de la réalité des phénomènes paranormaux (les «brebis» qui se laissent facilement convaincre en abandonnant leur sens critique) et ceux obtenus par des personnes sceptiques (les «boucs» qui bêlent constamment les mêmes critiques, les mêmes sarcasmes). Les résultats des «brebis» sont en général supérieurs à ce que le hasard permet d'attendre alors que ceux des «boucs» sont le plus souvent inférieurs à cette norme. Tout se passe comme si les premiers faisaient tout pour faciliter la réception du psi alors que les seconds voulaient inconsciemment en bloquer l'effet.

D'un autre côté, les sujets *extravertis*, ouverts aux échanges, aux nouvelles théories et à d'autres visions du monde seraient plus sensibles que les *introvertis*, plus rationalistes, plus critiques et plus conservateurs.

Extraverti
(du latin *extra* = en dehors et -*vertere* = tourner). Individu qui est tourné vers le monde extérieur et la vie sociale, qui communique facilement.

Introverti
(du latin *intro* = dedans et -*vertere* = tourner). Individu qui se tourne le plus souvent vers son monde intérieur en évitant les échanges et les contacts avec les autres.

---

[7] C'est le surnom qu'emprunta, à l'époque, l'éthologiste Rémi Chauvin afin de publier les résultats de ce type de recherches sans avoir à «rendre des comptes» à la communauté scientifique pour l'intérêt qu'il portait aux phénomènes psi.

Il semble de plus que les rôles d'agent et de percipient ne soient pas interchangeables. Ainsi, certains individus réussiraient mieux comme agent alors que d'autres fourniraient de meilleures performances en tant que percipient. Il semble d'ailleurs que ce choix s'effectue naturellement lorsqu'on laisse les sujets en décider.

On a également démontré que certains facteurs tels que la détente, le succès ou la fatigue jouent un rôle important. Les deux premiers favoriseraient une meilleure performance de la part du percipient alors que la fatigue la diminuerait à partir d'un certain niveau.

Explications et modèles

Les parapsychologues restent perplexes lorsqu'il s'agit de comprendre la réalité des facultés psi et de la PES. Pour certains, ces facultés devraient être considérées comme une *anomalie* (Morris, 1983). Elles ne seraient pas présentes chez tous et en même temps mais représenteraient plutôt des cas d'exception. Pour d'autres, qui pensent comme le neurophysiologiste J. Eccles (1976), elles feraient partie de la vie quotidienne.

Le modèle de Brand (1975) et Honorton (1978) s'appuie sur les recherches portant d'une part sur l'hypnose, le rêve, la méditation, etc., et d'autre part, sur les réactions physiologiques constituant des PES inconscientes. Il s'agit du *syndrome des conditions propices au psi*. Selon ce modèle, tout individu pourrait utiliser la PES de façon optimale en réunissant une ou plusieurs des conditions suivantes : se relaxer, se couper le plus possible de toute stimulation et activité externe (imagerie, impressions), se mettre dans un état de réceptivité, « s'ouvrir » à une conception différente du monde et avoir besoin de recourir au psi au moins momentanément. Ce serait donc par des moyens facilitant la concentration sur son univers intérieur, dans une attitude d'ouverture, que l'expérience psi peut s'effectuer chez l'individu.

Dans le même ordre d'idée, Stanford soutient que les fonctions psi correspondraient à une dimension normale de l'être humain. Ainsi, les cas spontanés de PES ne représenteraient que la pointe de l'iceberg. Sous la surface se dissimuleraient une foule de comportements, d'événements attribuables à l'utilisation du psi. Stanford les appelle des *réponses instrumentales par la médiation du psi*. Il en va ainsi d'événements heureux qui pourraient passer pour des coïncidences : on manque un autobus parce qu'on s'est attardé ; en attendant l'autobus suivant, on pense à un ami perdu de vue depuis longtemps puis, en montant à bord, on se retrouve nez à nez avec cet ami qui lui, avait décidé de prendre l'autobus exceptionnellement cette journée-là. Heureux hasard ? Pas pour Stanford. Selon lui, notre organisme, cherchant à satisfaire ses besoins, balaierait constamment l'environnement en quête de moyens pour y arriver. Ce balayage se ferait aussi bien par la faculté psi que par les processus sensoriels et cognitifs habituels.

Dès que le moyen est identifié par l'organisme, celui-ci met en œuvre le comportement qui va permettre de satisfaire ce besoin. Ainsi, dans l'exemple précédent, l'individu désirant rencontrer son ami a fait, inconsciemment, ce qu'il fallait pour y arriver.

On a également tenté de fournir une explication sur la réalité du psi lui-même et sur la façon dont il agit sur l'organisme. S'agit-il d'une force énergétique ou électromagnétique transmise d'un point à l'autre de l'espace ou est-ce une composante intégrante de l'Univers, omniprésente et toujours disponible?

Les recherches visant à mettre en évidence l'action des ondes électromagnétiques comme support du psi ont jusqu'à présent échoué. Vassiliev a montré que la «communication» continuait à s'établir malgré la présence, entre agent et percipient, d'un écran capable de bloquer le passage des ondes radioélectriques.

Le modèle holographique (document 5.2) permettrait par contre de comprendre comment la perception extrasensorielle s'effectue en dehors des limites du temps et de l'espace. Comme le souligne Krippner (1978), on n'aurait pas à s'interroger sur la façon dont l'information peut se rendre d'un point X à un point Y puisque cette information serait présente à la fois en X et en Y. De la même façon, dans les cas de psychokinésie, une force présente au point A pourrait agir sur un objet placé en B, puisque l'information nécessaire pour y arriver serait déjà présente en ce point.

Nous appartenons à un univers dans lequel tous les éléments sont interreliés. Afin que nous restions adaptés à la réalité extérieure, notre conscience de surface divise le tout en parties qu'elle peut ainsi aisément identifier. Les phénomènes qui n'appartiennent pas à ces catégories ne seraient alors perçus que lorsque la vigilance des centres supérieurs se trouverait diminuée.

Il ne s'agit encore là que d'hypothèses. Les quelques données dont dispose la science sont insuffisantes pour permettre de voir clair dans la façon dont ces phénomènes pourraient être mis à jour de façon irréfutable et, surtout, dont ils pourraient être utilisés pour le mieux-être et l'épanouissement de la personne et de ses relations avec les autres.

La critique des sceptiques

Bien que la recherche en parapsychologie ait acquis un statut officiel et que plusieurs études semblent indiquer qu'il existe une réalité des phénomènes psi, des critiques de toutes sortes ne cessent d'être émises par les plus sceptiques[8].

On a tout d'abord mis sur le compte de la fraude les résultats des expériences significatives. Il est vrai que l'histoire de la parapsychologie est parsemée de cas douteux. Des sujets furent pris en train de tricher ou avouèrent, après des années de travail, les trucs qu'ils avaient utilisés. Des chercheurs eux-mêmes falsifièrent leurs résultats d'expériences. Même si ces cas sont malheureux, ils ne sont vraisemblablement pas plus nombreux que ceux découverts (ou non) à propos d'expériences relevant de la science «orthodoxe» (voir le cas de Sir Cyril Burt dans le dossier 9.1). La présence de quelques brebis galeuses ne peut en aucun cas jeter le discrédit sur l'ensemble de la recherche.

---

[8] Voir notamment Kurtz, P. (Éd.) (1985).

Par la suite, on découvrit des erreurs dans la méthodologie des expériences. On exerçait un mauvais contrôle des informations sensorielles; les sujets n'étaient pas isolés de façon suffisante les uns des autres; le matériel, comme par exemple les cartes de Zener, comportaient des défauts permettant de les identifier; la sélection des images-cibles n'était pas effectuée au hasard; les chercheurs se trompaient dans l'enregistrement des résultats, etc. Là encore, cependant, rien n'est bien différent de ce qui se passe dans le champ traditionnel de la psychologie où la moindre expérience est à la merci d'un contrôle mal effectué ou d'un biais qui n'a pas été évité ou encore d'une donnée mal enregistrée. Mais de plus en plus l'automatisation de la procédure, à l'aide de l'ordinateur par exemple, permet d'éliminer un grand nombre de problèmes inhérents à ce type de recherche.

On attaqua aussi l'utilisation qui était faite des statistiques; on avança que les psilogues en faisaient un mauvais usage. L'utilisation du calcul des probabilités pour l'observation des phénomènes « fluctuants » a été préconisée par Richet (1850-1935), membre de l'Académie des Sciences de Paris, et en 1936, l'Institute of Mathematical Statistics a reconnu la fiabilité des méthodes utilisées par les parapsychologues. Le reproche le plus couramment adressé réside dans le fait que plus le nombre de données est grand, moins l'écart entre les résultats obtenus et une distribution au hasard a besoin d'être important pour être significatif. Nous en avons fait la remarque à propos des expériences de PES sous hypnose. Cependant, comme nous l'avons également noté, cette objection ne tient plus dès le moment où on obtient, sans l'intervention de la variable, des résultats aussi nombreux mais qui ne sont pas significatifs.

Mais le problème le plus souvent soulevé concerne la possibilité de répéter les expériences. Un expérimentateur reprenant une expérience avec les mêmes sujets, dans les mêmes conditions, n'est pas assuré d'obtenir les mêmes résultats. Un ensemble de facteurs liés aux sujets, au matériel, à l'expérimentateur et aux phénomènes psi eux-mêmes interviennent et n'ont pas pu être isolés encore.

Finalement, il existe beaucoup d'autres critiques mettant en évidence l'absence de théorie, le manque d'application ou encore l'impossibilité de l'existence du psi à cause de son incompatibilité avec les théories scientifiques orthodoxes (Bauer, 1984).

Bien que les psilogues aient pu tenir compte de toutes ces critiques en faisant surtout preuve de plus de vigilance et en s'imposant de plus grandes exigences sur le plan de l'analyse statistique, la parapsychologie continue à être traitée en pseudoscience par certains qui demandent à ce titre son exclusion de l'AAAS (American Association for the Advancement of Science). Quant à la majorité de la communauté scientifique, elle demeure attentive aux données qui sont fournies par les recherches lorsque celles-ci sont menées de façon rigoureuse. Aujourd'hui, l'attitude la plus généralement adoptée est la vigilance face aux pseudo-découvertes et aux prétendus médiums. On conserve toutefois un esprit ouvert vis-à-vis de tout fait susceptible de jeter un nouvel éclairage sur le comportement humain. Les pistes sont encore minces mais elles ont au moins le mérite d'exister.

BIBLIOGRAPHIE

BAUER, E., « Criticism and controversies in parapsychology. An overview », *European Journal of Parapsychology*, 1984, vol. 5, n° 2, p. 141-165.

BÉLANGER, L., *Psi au-delà de l'occultisme*, Montréal, Québec-Amérique, 1978.

BENDER, H., *L'univers de la parapsychologie*, Paris, Dangles, 1976.

CHILD, I., « Psychology and anomalous observations. The question of ESP in dreams », *American Psychologist*, 1985, vol. 40, n° 11, p. 1219-1230.

DUVAL, P., MONTREDON, E., « ESP experiments with mice », *Journal of Parapsychology*, 1968, 32, p. 155-166.

KRIPPNER, S., *Advances in Parapsychological Research : 2 — Extraversory Perception*, New York, Plenum Press, 1979.

KRIPPNER, S., « Holonomie et parapsychologie », dans K. WILBER, *Le paradigme holographique*, Montréal, Le Jour Éditeur, 1984 (article repris de *Revision Journal*, 1978).

KURTZ, P., (Éd.), *A skeptic's handbook of parapsychology*, Buffalo, NY, Promotheus Books, 1985.

MORRIS, R., « The evidence for parapsychology : Some strategies for research and evaluation ». Communication présentée au premier congrès international du « Committee for the Scientific Investigation of Claims of the Paranormal » tenu à Buffalo, NY, les 28 et 29 octobre 1983.

RHINE, J.B., « A review of the Pearce-Pratt distance series of ESP tests », *Journal of Parapsychology*, 1954, 18, 165-177.

RHINE, L.E., *Initiation à la parapsychologie*, Paris, Presses de la Renaissance, 1975.

SCHMIDT, H., « Clairvoyance Test with a Machine », *Journal of Parapsychology*, 1969, 33, p. 300-306.

SCHMIDT, H., « Precognition of a Quantum Process », *Journal of Parapsychology*, 1969, 33, p. 99-108.

TARG, R. et PUTHOFF, H., *Mind Reach : Scientists look at psychic ability*, New York, Delacorte, 1977.

TART, C.T., « Physiological correlates of psi cognition », *International Journal of Parapsychology*, 1963, 5, p. 375-386.

THOULESS, R.H., *From anecdote to experiment in psychical research*, Londres, Routhledge, 1972.

ULLMAN, M., KRIPPNER, S., VAUGHAN, A., *La télépathie par le rêve*, Paris, Tchou, 1977.

VAN DE CASTLE, R.L., « The facilitation of ESP throw hypnosis », *American Journal of Clinical hypnosis*, vol. 12, n° 1, 1969, p. 37-56.

WOLMAN, B.B., *Handbook of Parapsychology*, New York, Van Nostrand Reinhold Company, 1977.

Guide d'étude

Révision

Compléter les phrases suivantes

1. Nos sens sont _____ dans leur capacité d'être stimulés.

2. Les sens de l'enfant sont en état de fonctionnement dès la _____ et son cerveau est doté des mécanismes qui vont _____ ses perceptions.

3. Lorsque les informations sont nouvelles ou incomplètes, le cerveau fonctionne alors par _____.

4. Toutes nos perceptions sont le fait de la pratique et de l'_____.

5. Tout ce qui est petit, plus régulier et, surtout ce qui a une _____ pour nous, va être perçu comme une _____ se détachant sur un fond considéré comme moins _____ et moins _____.

6. Le principe de _____ consiste dans le fait que le cerveau vise toujours à rendre le contour d'une figure _____ et _____.

7. La tendance à regrouper les éléments, qui est à la base de l'organisation perceptive, s'effectue selon les principes de _____, de _____, de _____ et de _____.

8. Notre perception des objets demeure _____ et _____ quelle que soit leur distance et l'angle sous lequel nous les observons.

9. La position frontale de nos yeux est caractéristique d'une vision de _____.

10. La vision binoculaire est à la base de la vision _____ du monde qui nous entoure.

11. Les indices monoculaires intervenant dans la vision des objets éloignés s'appuie sur les effets de perspective _____ et _____.

12. L'effet de parallaxe nous fait voir les objets _____ comme se déplaçant plus vite que les objets _____, lorsque nous tournons la tête.

13. Lorsque le cerveau n'est plus capable de trier les informations qui lui parviennent de l'environnement, il est en état de _____.

14. L'adaptation sensorielle consiste en la _____ de la sensibilité des récepteurs soumis à une stimulation _____.

15. L'_____, ou habituation, apparaît lorsque les événements deviennent à ce point _____ que la formation réticulée en _____ le passage vers le cerveau.

16. La réaction d'attention est liée au fait qu'un événement ou un objet soit _____, _____, _____ ou _____.

17. Les _____, les _____ ainsi que les _____ du sujet déterminent en grande partie la façon dont le cerveau va sélectionner les informations en provenance du milieu.

18. Il semble qu'il existe un _____ au niveau du cerveau qui limite sa capacité de capter des informations en provenance de différents canaux.

19. On appelle _____ la limite de sensibilité de chacun des organes des sens, sous laquelle l'_____ ne peut avoir lieu.

20. Le seuil perceptif dépend du _____ du cerveau et de l'_____ portée par ce dernier à l'information ayant franchi le seuil _____.

21. La zone _____ est la zone située entre le seuil physiologique et le seuil perceptif.

22. La _____ consiste en une élévation du seuil _____ face aux informations jugées _____ par les centres du cerveau.

23. La perception _____ serait capable d'induire des réponses qui ne pourraient l'être si les informations avaient été perçue par la _____.

24. La perception _____ constituerait, selon certains chercheurs, une faculté normale qui serait _____ en chacun de nous.

25. L'isolation sensorielle entraîne très rapidement l'émission par le cerveau d'ondes _____ ainsi que la production d'_____ et d'_____ de toutes sortes.

Vérification des connaissances

Vrai ou faux?   **V   F**

1. Chez toutes les espèces, les récepteurs sont limités dans leur capacité de capter les informations.   ☐   ☐

2. La perception que nous avons des choses est, en partie, fonction de notre culture et de nos expériences.   ☐   ☐

3. Lors de l'interprétation des éléments à la base d'une perception, notre cerveau choisit en général l'interprétation la plus complexe.   ☐   ☐

4. Notre perception des objets varie constamment en fonction de la distance à laquelle ils se trouvent et de l'angle sous lequel on les observe.   ☐   ☐

5. Notre vision stéréoscopique du monde ne dépend plus de la vision binoculaire dès le moment où les objets sont situés à plus de 15 mètres.   ☐   ☐

6. L'adaptation sensorielle et l'accoutumance sont des phénomènes qui se produisent tous deux au niveau des récepteurs.   ☐   ☐

7. Le cerveau est le plus souvent capable de décoder, de façon consciente, les informations en provenance de différents canaux.   ☐   ☐

8. Le seuil perceptif est beaucoup plus variable que le seuil physiologique.   ☐   ☐

9. La vigilance perceptive peut s'expliquer par une élévation du seuil perceptif. ☐   ☐

10. Les effets de la perception subliminale ont été démontrés de façon irréfutable. ☐   ☐

11. La perception extrasensorielle n'est pas encore considérée comme un sujet de recherche légitime.   ☐   ☐

12. Les dernières expériences ont confirmé les effets pathologiques de l'isolation sensorielle.   ☐   ☐

Questions à choix multiple (encercler la lettre qui correspond à la bonne réponse)

1. La façon dont fonctionnent les récepteurs
   a) est propre à chaque espèce.
   b) dépend du niveau d'évolution du cerveau.
   c) est la même pour toutes les espèces.
   d) est la plus développée chez l'être humain.

2. Les sens de l'enfant sont en état de fonctionnement
   a) avant la naissance, pour la plupart d'entre eux.
   b) dès la naissance.
   c) au cours des premières semaines après la naissance.
   d) au cours du 2e mois après la naissance.

3. La perception que nous avons du monde est liée à
   a) la culture à laquelle nous appartenons.
   b) la pratique.
   c) l'expérience.
   d) Toutes ces réponses sont bonnes.

4. Selon les gestaltistes, une figure est, par rapport au fond, plus
   a) régulière.
   b) structurée.
   c) significative.
   d) Toutes ces réponses sont bonnes.

5. Le principe de clôture s'appuie sur le fait que le cerveau a tendance à
   a) compléter un contour mal défini.
   b) regrouper les éléments proches.
   c) regrouper les éléments semblables.
   d) Toutes ces réponses sont bonnes.

6. Le fait que des éléments s'organisent en une forme, lorsqu'ils conservent la même direction, relève du principe de
   a) clôture.
   b) similarité.
   c) continuité.
   d) symétrie.

7. La vision binoculaire
   a) permet de percevoir la profondeur.
   b) n'est plus efficace au-delà de 15 mètres.
   c) peut être remplacée par des indices monoculaires.
   d) Toutes ces réponses sont bonnes.

8. Afin de préserver une image stable du monde, le cerveau
   a) effectue constamment des corrections.
   b) tient compte de la distance à laquelle se trouvent les objets.
   c) modifie la perception selon l'angle d'observation.
   d) Aucune de ces réponses.

9. L'effet de parallaxe
   a) permet de situer les objets éloignés.
   b) fait partie des indices monoculaires.
   c) est lié aux mouvements de la tête de l'observateur.
   d) Toutes ces réponses sont bonnes.

10. Lorsque notre cerveau devient incapable d'effectuer le tri parmi le flot trop important d'informations, il est en état
   a) d'adaptation sensorielle.
   b) d'accoutumance.
   c) d'attention sélective.
   d) Aucune de ces réponses.

11. L'accoutumance caractérise le fait qu'on oublie vite
   a) le contact des vêtements sur la peau.
   b) le bruit du réfrigérateur se mettant périodiquement en route.
   c) l'odeur de la soupe aux choux dans une cuisine.
   d) Toutes ces réponses sont bonnes.

12. Un objet a d'autant plus de chance d'attirer notre attention qu'il est
   a) nouveau.
   b) complexe.
   c) intense.
   d) Toutes ces réponses sont bonnes.

13. Notre cerveau
   a) est capable de décoder diverses informations en même temps.
   b) filtre constamment les informations.
   c) intègre plus facilement les informations visuelles.
   d) peut être attentif simultanément à des informations visuelles et sonores.

14. Le seuil physiologique
   a) constitue la limite de sensibilité d'un récepteur.
   b) est déterminé génétiquement.
   c) peut se modifier avec l'âge.
   d) Toutes ces réponses sont bonnes.

15. La reconnaissance consciente est fonction
   a) du seuil perceptif.
   b) du contrôle effectué par la formation réticulée.
   c) de l'action des centres supérieurs.
   d) Toutes ces réponses sont bonnes.

16. Le phénomène de défense perceptive
   a) est lié à l'abaissement du seuil perceptif.
   b) est provoqué par l'aspect inhabituel de certains stimuli.
   c) facilite la reconnaissance de certains mots.
   d) Aucune de ces réponses.

17. La perception subliminale
   a) serait capable d'induire des réponses non contrôlées par la conscience.
   b) est un phénomène démontré de façon irréfutable.
   c) ne semble fonctionner qu'auprès de sujets normaux.
   d) Aucune de ces réponses.

18. La perception extrasensorielle
   a) fait à présent partie du champ d'étude de la psychologie.
   b) est considérée par plusieurs comme une faculté normale.
   c) intéresse autant les physiciens que les psychologues.
   d) Toutes ces réponses sont bonnes.

19. Les expériences d'isolation sensorielle, menées à l'Université McGill, débouchèrent sur la conclusion que sans stimulation,
   a) les fonctions mentales se dégradent rapidement.
   b) l'expérience sensorielle est accrue.
   c) l'imagerie mentale s'appauvrit de plus en plus.
   d) les troubles intellectuels deviennent irréversibles.

20. Les expériences dans le caisson d'isolation sensorielle ont amené Lilly à conclure que
   a) notre champ d'expérience doit se limiter à la réalité extérieure.
   b) la réalité extérieure est essentiellement modelée par l'individu lui-même.
   c) la réalité intérieure est difficilement accessible.
   d) Aucune de ces réponses.

Médiagraphie

1. Références bibliographiques

ARIAM, S. et SILLER, J., «Effets of subliminal oneness stimuli in Hebrew on academic performance of Israeli high school students», *Journal of Abnormal Psychology*, 1982, n° 91, p. 343-349.

BARDELEY, A.D., «Time — estimation at reduced body temporative», *American Journal of Psychology*, 1966, n° 79, p. 475-479.

BLACKEMORE, C. et COOPER, G.F., «Development of the brain depends on the visual environment», *Nature,* 1970, n° 228, p. 477-478.

BORING, E.G., LANGFELD, H.S. et WELD, H.P., *Foundations of psychology*, New York, John Wiley and Sons Inc., 1948.

BORING, E.G., «Size-constancy in a picture», *American Journal of Psychology*, 1964, n° 77, p. 494-498.

BROADBENT, D.E., *Perception and communication,* Londres, Pergamon Press, 1958.

CAPRA, F., *Le tao de la physique*, Paris, Tchou, 1979.

CAPRA, F., *Le temps du changement*, Monaco, Éd. du Rocher, 1983.

CHERRY, E.C., «Some experiments on the recognition of speech with one and the two ears», *Journal of the Acoustical of Society of America*, 1953, n° 25, p. 975-979.

DELORME, A., *Psychologie de la perception*, Montréal, Éd. Études vivantes, 1982.

DIXON, N.F., *Subliminal perception — the nature of controversy*, Londres, McGraw-Hill, 1971.

FANTZ, R.L., «Visual perception and experience in infancy : Issues and approaches», dans *Early experience and visual information processing in perceptual and reading disorders*, New York, National Academy of Science, 1970.

FRAISSE, P., *Psychologie du temps*, Paris, P.U.F., 1957.

GEROME, P., *Le vaisseau d'isolation sensorielle*, Paris, Sand, 1985.

GIBSON, E.J. et WALK, R.D., «The visual cliff», *Scientific American*, 1969, n° 202, p. 2-9.

GREGORY, R.L., *L'œil et le cerveau*, Paris, Hachette, 1966.

HAYNES, H., WHITE, B.L. et HELD, R., «Visual accomodation in human infants», *Science*, 1965, n° 148, p. 528-530.

HERON, W., «The pathology of boredom», *Scientific American*, 1957, n° 196, p. 52-69.

HESS, E.H., «Attitude and pupil size», *Scientific American*, 1965, n° 212, p. 46-54.

LILLY, J., *The deep Self*, New York, Warner Books, 1977.

LILLY, J., *Les simulacres de Dieu*, Paris, Retz, 1980.

McGUINNIES, E., «Emotionality and perceptual defense», *Psychological Review*, 1949, n° 56, p. 244-251.

PRIBRAM, K., *Languages of the Brain*, Englewoods Cliffs, Prentice-Hall, 1971.

RHINE, J.B., *La double puissance de l'esprit*, Paris, Payot, 1979.
Science et conscience, Colloque de Cordoue, Paris, Stock, 1980.

SILVERMAN, L.H., LACHMANN, F.M. et MILICH, R.H., *The search of oneness*, New York, International Universities Press, 1982.

TARG, R. et HARARY, *L'énergie inconnue*, Paris, Flammarion, 1985.

VASSILIEV, L.L., *La suggestion à distance*, Paris, Vigot, 1963.

VON UEXKÜLL, J., *Mondes animaux et monde humain*, Paris, Gonthier, 1956.

WILBER, K., *Le paradigme holographique* — Montréal, Le Jour Éd. 1984.

2. Documents audio-visuels

Démonstration en perception, 30 min, 16 mm, noir et blanc. Institut canadien du film.
Chambre déformée, fenêtre trapézoïdale, influence de la luminosité et du volume, etc.

Gateway to the mind, 60 min, 16 mm, version originale anglaise. Bell Téléphone.
Aspects psychologiques de la perception.

The sensory world, 33 min, vidéocassette, couleur, version originale anglaise. CRM Productions.
Les organes des sens et la perception de l'environnement. Démonstration de nombreux phénomènes et illustrations des fonctions cérébrales par un procédé d'animation.

La perception et l'imaginaire, 1966, 31 min, 16 mm, couleur. Science Film.
Essai d'approches de la perception par diverses techniques expérimentales : tests projectifs, isolement sensoriel, drogues hallucinatoires, etc.

Perception, 1979, 25 min, vidéo 3/4 po, couleur. CRM Productions.
Comment la perception du monde extérieur est influencée par l'éducation, la culture.

Visual Cliff, 1959, 15 min, 16 mm, version anglaise. Psychological Film Register.
Film synthétisant les recherches sur le développement de la perception de la profondeur au cours des premiers mois.

An introduction to visual illusions, 1970, 12 min, 16 mm, version anglaise. Pennsylvania State University.

Perception, 15 min, 16 mm, version anglaise.
Présentation de nombreuses démonstrations concernant différents phénomènes : phi, autocinétique, etc.

La forme, 1982, 28 min, vidéo, couleur. Société Radio Canada (distribué par SGME).
Explication du processus de perception à partir de différents exemples d'images stables et d'images réversibles.

L'école de Rhine, 30 min, 16 mm, couleur. Office national du film du Canada.

Les grands médiums, 30 min, 16 mm, couleur. Office national du film du Canada.

Influence de la pensée sur la croissance des plantes, 30 min, 16 mm, couleur. Office national du film du Canada.

Le comportement de la matière, 16 min, 16 mm, couleur. Multimédia.

Voyage au centre de l'atome, 15 min, 16 mm, couleur. (Film français).

chapitre 6

L'activation motivationnelle et affective

Introduction

Motivation et émotion

La motivation

Théorie des pulsions biologiques

Théorie de l'activation optimale

Théories cognitives de la motivation

Hiérarchie des besoins
La faim
La soif
L'évitement de la douleur
La sexualité
Le comportement maternel
L'attachement
Le comportement exploratoire
L'estime de soi
La réalisation de soi

Les émotions

Les aspects de l'émotion

Les déterminants de l'émotion
L'émotion et les informations
L'émotion et le niveau d'éveil
L'émotion et la perception
L'émotion, l'évolution et l'intelligence

Le stress

Introduction

Jusqu'à présent, nous avons vu que, parmi les divers états de conscience qui constituent la toile de fond de notre vie mentale, l'état de vigilance active, propre à la conscience de surface, représente celui qui assure le lien de l'individu avec le monde extérieur en intégrant à tout moment les données qui en proviennent.

Ce décodage de la réalité ne s'effectue cependant pas au hasard. L'attention que nous portons aux choses ou à certains événements peut, bien sûr, être liée aux caractéristiques mêmes de ceux-ci, comme nous l'avons vu dans le chapitre précédent. Mais, le plus souvent, elle répond à un besoin de «faire» quelque chose. Ce besoin peut parfois être lié à la survie; nous sélectionnons alors les informations susceptibles de déboucher sur l'apaisement de la faim, de la soif ou sur l'évitement d'un danger. Parfois, il ne s'agit que d'occuper le temps et notre attention se porte alors sur les stimulations de l'environnement les plus susceptibles de répondre à cette motivation. La plupart du temps cependant, nous orientons nos comportements en fonction des perceptions susceptibles de nous permettre de mener à bien un projet en cours, ou planifié à plus ou moins long terme.

L'activation de notre organisme repose donc sur ces deux processus, la motivation et la perception, indissociables l'un de l'autre au niveau de la conscience de surface. Sans la motivation, toute perception devient inutile. C'est le cas pour les individus en état de méditation profonde, dans le coma ou ayant atteint le seuil de la mort.

D'un autre côté, sans la perception et la conscience que nous avons de la réalité extérieure, nous serions dans l'incapacité d'orienter les comportements susceptibles de satisfaire nos besoins d'êtres vivant en interaction constante avec le monde.

De plus, il faut noter que cette prise de conscience du monde extérieur en fonction de nos motivations n'est pas neutre. Elle est constamment teintée par les émotions et les sentiments provoqués par l'interprétation que nous faisons des informations et du contexte dans lequel se déroule l'action. Il n'est donc pas possible de parler d'activation motivationnelle sans tenir compte de la dimension *affective* qui l'accompagne et la colore.

Dans ce chapitre, nous allons donc nous livrer à l'exploration de cette dimension de notre vie psychique, en tentant de comprendre les mécanismes à la base de nos motivations et de nos émotions ainsi que la manière dont elles s'expriment en fonction des données du monde extérieur.

Affectif
(du latin *affectus* = état, disposition). Qui concerne les états de plaisir ou de déplaisir liés à des sensations, des émotions, des passions, des sentiments, des pensées.

Motivation et émotion

Traditionnellement, ces deux aspects sont envisagés séparément. Pourtant, on sait à présent que des structures très proches dans le cerveau des mammifères en constituent les sièges respectifs (voir appendice A). Des pulsions, comme la faim ou la soif, sont programmées dans des noyaux de l'hypothalamus, et des émotions, comme la colère par exemple, ont leur siège dans des zones bien particulières du système limbique qui est étroitement lié à l'hypothalamus.

Et que dire de l'amour, ou de la recherche du pouvoir, ou encore de ce qui pousse un alpiniste à entreprendre l'ascension d'une montagne?

S'agit-il d'émotions, de besoins ou d'un besoin d'émotions?

En fait, ici encore, plus on monte dans l'échelle animale et plus ces domaines deviennent complexes et s'interpénètrent.

Étymologiquement, les deux termes proviennent d'ailleurs du même verbe latin *movere* qui veut dire « mouvoir »; en effet, si nos besoins nous poussent à agir, nos émotions, elles aussi, sont bien souvent à la base de nos comportements.

Pour faciliter et clarifier l'exposé, nous continuerons toutefois à envisager la motivation et les émotions indépendamment l'une de l'autre. Mais nous garderons à l'esprit que l'exploration des mécanismes de notre cerveau, et des neurotransmetteurs qui en constituent la base, permettra vraisemblablement dans un avenir plus ou moins proche, d'établir les relations étroites existant entre conscience, émotion, motivation et comportement.

La motivation

Il existe tout un vocabulaire de la motivation (voir le document 6.1). De plus, comme nous venons de l'esquisser plus haut, il faut distinguer les motivations primaires, ou pulsions biologiques, nécessaires au bon fonctionnement de l'organisme, des besoins n'ayant plus que de lointains rapports avec la survie.

Plusieurs théories ont été mises de l'avant afin d'expliquer ces deux différents types de motivation.

Trois tentatives d'explication retiendront particulièrement notre attention parce qu'elles semblent les plus appropriées à la majorité des comportements humains. Il est certain, cependant, que ce ne sont là que des théories et que bien des failles sont encore à combler avant de pouvoir tout expliquer.

Théorie des pulsions biologiques

La faim, la soif ou le besoin d'oxygène sont des besoins primaires dont la satisfaction est essentielle à la survie de tous les animaux.

Tout déséquilibre en sucre, en eau, en oxygène ou en un quelconque élément de base nécessaire à l'organisme, entraîne automatiquement un état de besoin et l'apparition d'une pulsion biologique, qui «pousse» l'individu à combler ce besoin (figure 6.1).

L'*état pulsionnel primaire* ainsi créé va alors engendrer une série d'activités coordonnées, en vue du rétablissement de l'équilibre.

Plus l'état pulsionnel se prolonge, plus la motivation augmente et plus l'activation de l'organisme s'accroît. Et ce n'est qu'une fois le besoin satisfait que l'équilibre se rétablit, entraînant la disparition de l'état pulsionnel et de l'activation que ce besoin avait provoqués.

On appelle *homéostasie* cet état d'équilibre dans lequel se trouve l'organisme en l'absence de tout besoin à satisfaire. Un *comportement homéostatique* est donc un comportement visant à réduire un état pulsionnel en satisfaisant le besoin qui l'a provoqué.

Pour mieux comprendre la façon dont fonctionne le processus homéostatique, on pourrait le comparer au système thermostatique chargé de maintenir une température stable dans les différentes pièces d'une maison. Dans ce cas, c'est le thermostat qui se charge de mettre le chauffage en marche lorsque la température tombe sous le seuil fixé, et de l'arrêter lorsque la température atteint à nouveau ce seuil. Les psychophysiologistes pensent que ce sont des «*homéostats*» internes qui détectent les besoins et nous aident à les satisfaire afin de maintenir l'organisme en état d'équilibre.

État pulsionnel primaire
(du latin *impellere* = pousser vers). État lié à la recherche de satisfaction des besoins physiologiques de base (faim, soif, besoin d'oxygène, évitement de la douleur, etc.).

Homéostasie
(du grec *homoios* = semblable et *-stasis* = position, état). État d'un organisme en équilibre.

Homéostat
Structure qui règle elle-même son fonctionnement d'après un niveau d'équilibre préalablement fixé.

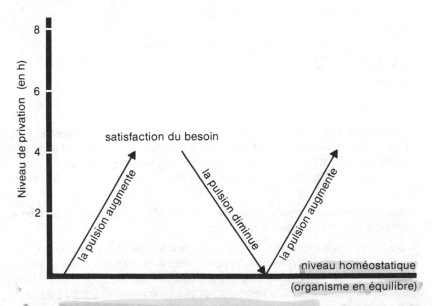

Fig. 6.1 *Représentation schématique de la théorie des pulsions.*

La théorie des pulsions constitue donc une théorie de la motivation simple et directe permettant d'expliquer la façon dont les besoins biologiques sont satisfaits. Elle est cependant loin d'expliquer tous les types de motivations humaines. Comment expliquer, par exemple, qu'une personne, même rassasiée, se laisse encore tenter par un morceau de gâteau alléchant, ou qu'elle continue à boire, au cours d'une soirée, bien qu'elle ait depuis longtemps étanché sa soif?

Il semble évident que, dans ces cas, la stimulation provoquée par certains objets du monde environnant tient un rôle d'*incitateur* qui peut être aussi important que l'état pulsionnel lui-même. Il faut donc beaucoup plus parler d'une interaction entre les deux. Le modèle «hydromécanique» proposé par Lorenz pour expliquer les comportements instinctifs, peut rendre compte, bien qu'imparfaitement, des liens existant entre l'état physiologique et les stimulations de l'environnement (voir le document 6.2).

Mais d'un autre côté, comment expliquer le besoin d'allumer le poste de radio ou de télévision sans but précis? Ou, mieux encore, comment comprendre la prédilection de certains pour les films d'horreur, pour les sensations fortes ressenties dans les montagnes russes d'un champ de foire ou lors d'un saut en parachute?

Il semble, dans ces cas, que l'individu privé de stimulation soit poussé à rechercher des situations lui apportant certaines informations ou certaines excitations. Ce besoin de stimulation n'est pas expliqué par le modèle homéostatique proposé par la théorie pulsionnelle puisque selon celle-ci, nous serions poussés uniquement par le besoin de *réduire* les stimulations associées à la faim, la soif, la douleur, etc.

Théorie de l'activation optimale

Il fallait donc élaborer une théorie qui permette d'expliquer le fait que notre organisme soit parfois amené à réduire le niveau d'activation provoqué par l'apparition d'un besoin ou d'une surcharge informationnelle, mais également à l'*augmenter* lorsqu'il est trop bas pour maintenir un niveau d'éveil suffisant.

Une telle théorie a été proposée, dans les années 50, par des psychologues tels que Duffy et Hebb, à partir notamment de la loi de Yerkes-Dodson (voir la figure 4.1).

Cette théorie postule que l'organisme tenterait de maintenir constant un *niveau optimal d'activation* lui permettant de fonctionner de la façon la plus efficace (figure 6.2).

Ce niveau ne correspondrait pas, dès lors, à un zéro absolu, comme c'est le cas dans la théorie pulsionnelle, mais serait relatif à l'état physiologique d'une personne donnée, à un moment donné. Certains individus auraient ainsi besoin d'une quantité plus importante de stimulations que d'autres, qui n'en toléreraient qu'un nombre réduit.

Incitateur
(du latin *incitare* = pousser à faire quelque chose). Stimulation externe capable de déclencher un comportement orienté vers elle (incitateur positif) ou dans la direction opposée (incitateur négatif).

Niveau optimal d'activation
Niveau d'activation de l'organisme lui permettant de fonctionner de la façon la plus efficace. Il varierait selon les personnes, le moment, la situation et l'état de conscience.

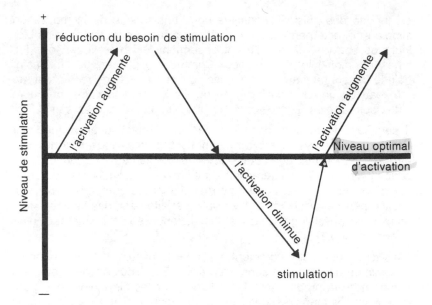

Fig. 6.2 *Représentation schématique de la théorie de l'activation.*

Ce besoin de stimulation varierait également avec l'état de conscience de la personne. Le niveau optimal d'activation d'un individu endormi ou en état de méditation est, bien entendu, différent de celui de l'individu en pleine «fièvre» créatrice.

Nous avons également vu, à propos des expériences d'isolation sensorielle (chapitre 5), la façon dont le cerveau réagit lorsqu'il se trouve privé de stimulation. On comprend que, pour les tenants d'une théorie comme celle de l'activation optimale[1], il ne doit s'agir là que d'un état que l'organisme cherche à éviter.

Quoi qu'il en soit, la théorie de l'activation optimale est une théorie qui demeure mécaniste dans sa conception. En effet, si elle permet d'expliquer ce qui *déclenche* le comportement, elle ne fournit par contre aucune indication sur ce qui détermine la *direction* que celui-ci prend. Elle ne permet pas, par exemple, d'expliquer pourquoi, lorsque votre niveau d'activation baisse, vous tentiez de retrouver le niveau optimal en feuilletant ce manuel de psychologie plutôt qu'en regardant un match à la télévision ou qu'en écoutant un disque de musique classique...

Cela tient en partie au fait que la plupart des recherches sont effectuées sur des animaux dans les conditions artificielles du laboratoire. Les théories qui découlent de tels travaux ne peuvent donc qu'imparfaitement rendre compte de ce qui se passe au niveau des êtres humains, dans leur vie de tous les jours, avec la possibilité qu'ils ont de *choisir* les comportements auxquels ils vont se livrer.

C'est cet aspect cognitif de la motivation, propre surtout aux mammifères supérieurs, qui est souligné par un troisième groupe de théories.

---

[1] Comme c'était le cas pour les chercheurs de l'Université McGill, collaborateurs de Hebb.

Théories cognitives de la motivation

Pour les cognitivistes, les théories des pulsions ou de l'activation sont considérées comme trop grossières pour rendre compte de la diversité des comportements humains car, notent-ils, c'est à tout moment que notre organisme est activé. Nous sommes toujours en train de faire «quelque chose» et la plupart du temps nous avons choisi de le faire.

Ce n'est, par exemple, que dans des cas très rares que la faim nous «pousse» à agir de façon pressante. La plupart du temps, nous choisissons au contraire de manger ou non, de grignoter ou de nous attabler devant un repas copieux, après avoir choisi, parmi les aliments disponibles, ceux qui nous plaisaient le mieux.

On pourrait parler de la même façon du choix de nos fréquentations ou de nos distractions ou encore de l'occupation à laquelle nous décidons de nous livrer à un moment donné. Pour tous ces choix, nous utilisons donc à tout moment nos *processus de pensée*.

En ce sens, tous nos comportements sont motivés. Il n'existerait donc aucune «force» particulière, agissant uniquement à des moments de crise ou de déséquilibre, comme le prétendent les deux autres théories.

Bolles (1974) voit plutôt la motivation comme un «mécanisme sélecteur de comportements». Celui-ci répond aux stimulations externes lorsque c'est nécessaire, mais il choisit, la plupart du temps, la possibilité qui répond le mieux, à un moment donné, à un état physiologique, une émotion, un souvenir ou à une pensée se présentant à l'esprit, ou encore à une personne ou à un objet faisant partie de notre environnement immédiat.

Pour Deci (1975), tous nos comportements seraient même *intrinsèquement* motivés et cela, de façon innée. Selon lui, nous sommes davantage attirés par une activité qui nous permet de développer un sentiment de compétence. À preuve, affirme Fischer (1978), que les meilleures performances sont souvent attribuables aux personnes ayant le sentiment d'effectuer un choix dans la façon d'organiser leur travail, et d'exercer un contrôle sur la manière de le mener à bien.

Selon ces théoriciens, les récompenses externes (bonbons, argent, etc.) ne feraient le plus souvent que diminuer cette *motivation intrinsèque* (Deci, 1975). Ainsi, un enfant récompensé chaque fois qu'il sort les ordures, aura de moins en moins envie d'agir sans récompense ou simplement pour le plaisir de se sentir utile (voir le document 6.3).

Quant à Nuttin (1980), il avance, en plus, que ce sont souvent les buts qu'on s'est donnés et les projets d'avenir qui *orientent* le choix de nos comportements actuels. Ils le feraient avec d'autant plus de force qu'ils représentent quelque chose d'important pour nous. En ce sens, comme le souligne Deci, ce ne sont pas tellement les buts eux-mêmes qui motivent nos comportements mais bien plus l'*intention* de les atteindre.

Motivation intrinsèque
(du latin *intrinsecus* = au dedans). Motivation qui amène l'individu à agir afin de se sentir plus compétent et autodéterminé, contrairement à la **motivation extrinsèque** qui amène l'individu à faire des choses en fonction d'un but extérieur à lui (récompense, évitement d'une punition, etc.).

Hiérarchie des besoins

Même si, en apparence, ces différentes visions de la motivation semblent contradictoires, on s'aperçoit en les relisant, qu'elles se complètent plus qu'elles ne s'opposent. Elles s'adressent simplement à des niveaux de motivation différents et, surtout, à des motivations différentes.

Le choix des activités cognitives ne peut être effectué adéquatement que par un organisme activé de façon optimale et dont les besoins de base sont comblés. L'être humain qui meurt de faim ne cherche pas «quelque chose» à faire et encore moins une activité dans laquelle il pourrait exprimer un sentiment de compétence. Il ne pense qu'à trouver de la nourriture, n'importe laquelle, qu'il dévorera, peu importe le contexte.

Il existe donc une hiérarchie dans les différents besoins dont l'organisme réclame la satisfaction, qui va des plus primitifs aux plus sophistiqués. C'est ce que Maslow avait déjà tenté de montrer dans sa théorie hiérarchique des besoins, dont il a été question dans le chapitre 2 (voir le document 2.13).

Rappelons que, selon cette approche humaniste, tout être tend vers son épanouissement, à travers les comportements répondant le mieux à ses compétences et à ses aspirations; la théorie de Maslow précise surtout que ces besoins supérieurs ne peuvent émerger si les besoins plus primitifs n'ont pas d'abord été satisfaits.

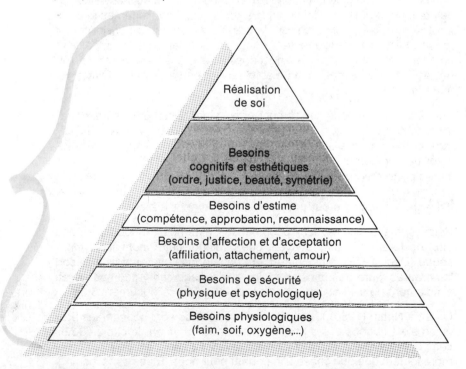

Fig. 6.3 *La pyramide hiérarchique des besoins. Le niveau des besoins cognitifs et esthétiques (partie grise) a été ajouté à la structure originale imaginée par Maslow.*

À partir de la classification effectuée par Maslow, nous allons tenter de faire le tour de quelques motivations qui tiennent une place importante dans la vie des êtres humains (figure 6.3).

Elles vont des pulsions biologiques telles que la faim, la soif ou le comportement d'évitement de la douleur jusqu'à des besoins évolués tels que l'attachement aux autres, la recherche de l'estime et le besoin de se réaliser pleinement.

La faim

La faim est autant déclenchée par des stimulations internes, comme les contractions de l'estomac, que par des signaux externes comme la vue ou l'odeur des aliments. Manger peut également constituer une activité permettant à une personne qui s'ennuie d'élever son niveau d'activation. Mais, la plupart du temps, nous mangeons à heures fixes, selon des habitudes de vie greffées sur les rythmes biologiques.

Dans les cas extrêmes, ce sont des capteurs signalant la hausse ou la baisse du taux de sucre dans le sang, ou dans le foie, qui régissent le fonctionnement du centre de contrôle de la faim siégeant dans l'hypothalamus (Friedman et Stricker, 1976).

C'est dans la région latérale de l'hypothalamus que se trouvent les capteurs du système de déclenchement de la consommation de nourriture. Leur action va entraîner la libération du glucose par le foie ou la recherche de nourriture par l'organisme. Lorsque ce noyau est

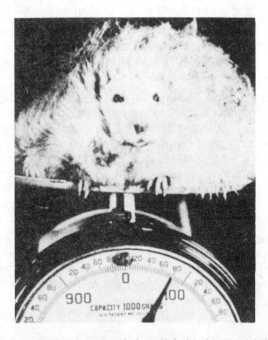

Fig. 6.4 *Lorsqu'on supprime le centre de la satiété chez le rat, celui-ci ne tarde pas à devenir obèse; il peut atteindre un poids jusqu'à trois à cinq fois supérieur à son poids normal.*

détruit, un rat cesse de se nourrir et se laisse mourir de faim s'il n'est pas alimenté artificiellement, auquel cas il va se maintenir à un poids constant inférieur à son poids normal.

Quant aux capteurs de satiété, ils sont situés dans le système digestif, au niveau de la bouche, de l'intestin et du foie, et sont chargés d'indiquer à l'hypothalamus, dès le moment où la quantité de sucre et de graisse ingérée est jugée suffisante, que l'activité de manger peut cesser. La région ventro-médiane de l'hypothalamus joue un rôle important dans le contrôle de la satiété. L'individu chez lequel ce centre est détruit va continuer à manger tant que la nourriture est accessible, sans pouvoir s'arrêter, jusqu'à ce qu'il atteigne un niveau d'« obésité normale » (représentant 3 fois le poids de départ dans le cas des rats) auquel il va alors se maintenir (figure 6.4).

Des lésions d'égale importance pratiquées à la fois dans l'hypothalamus latéral (HL) et l'hypothalamus ventro-médian (HVM) ne semblent modifier ni la consommation de nourriture, ni le poids de l'animal. Ces deux régions de l'hypothalamus constituent donc vraisemblablement des systèmes de contrôle de la masse corporelle autour d'un poids idéal déterminé génétiquement.

La soif

L'organisme humain, comme la plupart des autres organismes, est constitué de 80 % d'eau. Il ne peut donc pas se permettre de déséquilibre sans risquer des conséquences graves pour les cellules qui le constituent. Aussi, la soif constitue une pulsion de première importance qui, une fois déclenchée, domine de plus en plus le comportement.

Ce n'est pourtant que suite à l'insuffisance de l'intervention de certains mécanismes physiologiques que le besoin va s'exprimer sur les plans motivationnel et comportemental.

La soif est contrôlée, à court terme, par le degré d'assèchement de la bouche. Mais ce sont surtout certaines cellules de l'hypothalamus, les *osmorécepteurs*, qui constituent les mécanismes régulateurs de ce besoin. La diminution d'eau dans l'organisme entraîne en effet une déshydratation de ces cellules qui, en se déformant, provoquent la *libération d'une hormone* spécifique[2] de l'hypophyse. Cette hormone se rend alors jusqu'aux reins qu'elle oblige à récupérer l'eau contenue dans l'urine et à la réinsérer dans le réseau sanguin. Tout ceci s'effectue automatiquement, sans que nous en prenions conscience.

Lorsque la récupération ainsi effectuée se révèle incapable de combler le déficit, les reins libèrent une *enzyme* dont l'action provoque indirectement l'excitation de l'hypothalamus et, à ce moment, fait naître le besoin psychologique qui nous amène à rechercher quelque chose à boire.

Satiété
(du latin *satis* = assez). État d'un organisme dont le besoin est pleinement satisfait.

Osmorécepteurs
Cellules qui seraient situées dans l'hypothalamus et dont la déshydratation entraînerait la libération d'une hormone chargée d'amener les reins à récupérer l'eau pour la réintroduire dans le réseau sanguin.

Diurétique
(du grec *dia* = à travers et *-ourein* = urine). Qui fait uriner. Une hormone antidiurétique est une hormone qui empêche le rein d'excréter l'eau dans l'urine.

Enzyme
(du grec *en* = dans et *-zumê* = levain). Substance produite par l'organisme qui rend possible ou accélère certains changements chimiques.

---

[2] Il s'agit de l'hormone *antidiurétique* (HAD), appelée également vasopressine (voir appendice A).

L'évitement de la douleur

La douleur constitue une sensation que l'organisme cherche à faire disparaître. De ce fait, l'évitement de la douleur est une motivation des plus importantes.

La douleur est à la fois un signal et un état qui engendre une réaction de l'organisme.

En tant que *signal*, la douleur rend compte de tout dommage provoqué aux tissus. C'est donc un signal d'alarme qui a tendance à prendre une place prépondérante par rapport aux autres informations transmises vers la moelle par les divers récepteurs[3].

Mais on sait aujourd'hui que le cerveau est capable de bloquer l'information en provenance de la zone lésée. C'est ce qui arrive lorsque la personne est concentrée sur une activité particulière (comme c'est le cas pour les sportifs engagés totalement dans la partie qu'ils jouent et qui ne «ressentent» pas les coups qu'ils reçoivent) ou lorsqu'elle se trouve dans un état de stress intense (c'est le cas du soldat montant à l'assaut et qui ne prend pas conscience, sur le coup, qu'un de ses membres vient d'être emporté par un éclat d'obus). Le même phénomène peut également survenir chez certains individus suite à l'ingestion d'un placebo ou lors d'une séance d'acupuncture ou encore sous hypnose (voir le document 5.4).

Des recherches récentes suggèrent que la transmission de la douleur est attribuable à des neurotransmetteurs, tels que, d'une part, la *substance P,* qui en faciliteraient le passage et, d'autre part, aux enképhalines qui pourraient freiner ces mêmes messages ou encore les bloquer, selon la quantité sécrétée, en empêchant la libération de la substance P (voir appendice A). Le mécanisme qui provoque la sécrétion de ces transmetteurs antagonistes demeure toutefois inconnu.

Quoi qu'il en soit, ce n'est qu'une fois la douleur perçue au niveau du cortex que des structures sous-corticales entrent en jeu pour amplifier l'activation. C'est notamment le cas pour le système limbique qui va alors engendrer un état motivationnel entraînant une *réaction* éventuelle de l'organisme.

Il faut tout d'abord noter que la réaction à la douleur n'apparaît que très tard dans l'évolution des espèces et qu'elle semble être une caractéristique propre surtout aux mammifères.

De plus, l'ampleur de cette réaction dépend en grande partie des expériences douloureuses vécues par l'individu, dans le passé. En effet, si on élève de jeunes chiens dans un environnement restreint où il n'existe qu'un minimum de stimulations, on observe que, contrairement aux chiots élevés en milieu normal, ils deviennent incapables de manifester de la douleur suite à une stimulation nociceptive. S'ils se brûlent le museau sur un cigare allumé, par exemple, ils se retirent un bref instant, pour le renifler sitôt après en se brûlant une deuxième fois, puis une troisième. Et il en va de même si on leur plante un outil

---

[3] Les stimulations douloureuses d'origine interne sont notamment provoquées, suite à une tension ou à une lésion, par la production de la prostaglandine E_2, dont la synthèse peut être bloquée par l'aspirine.

Substance P
Neuromodulateur qui est le transmetteur principal des messages douloureux, dans le système nerveux.

pointu dans la chair : ils ont une réaction de retrait, mais ne manifestent aucun comportement d'échappement, ni d'effort pour se débarrasser de l'instrument qui reste accroché à leur flanc. Pour ces animaux, le signal douloureux ne se distingue pas des autres stimulations ; autrement dit, il n'a pas *acquis* la capacité de déclencher une réaction nécessaire à la survie.

La réaction à la douleur n'est donc pas comme on l'a cru longtemps, un comportement inné. Elle serait, au contraire, largement tributaire des premiers apprentissages réalisés dès la naissance, qui assureraient la mise en place des mécanismes motivationnels.

La sexualité

Chez les animaux inférieurs, la reproduction constitue l'élément central de la vie. Certains d'entre eux ne vivent d'ailleurs que le temps de se reproduire, pour mourir une fois cette tâche accomplie.

Chez de telles espèces, la reproduction est étroitement régie par des mécanismes internes, nerveux et hormonaux. Ceux-ci sont notamment responsables du *cycle œstral* qui détermine la période pendant laquelle la femelle est réceptive. Ce sont également eux qui sont à la base de la production des comportements permettant au mâle de se livrer à la *copulation*, de façon efficace, sans qu'aucune expérience antérieure n'ait été effectuée.

Chez les mammifères supérieurs, par contre, et plus particulièrement chez les primates, l'apprentissage prend de plus en plus le pas sur les comportements prédéterminés.

Ainsi, lors d'expériences au cours desquelles de jeunes chimpanzés avaient été maintenus en isolation *partielle* depuis leur naissance (en étant surtout privés de contacts physiques avec d'autres jeunes), Harlow (1966) a pu observer que ces animaux étaient incapables de se livrer à l'accouplement, une fois arrivés à l'âge adulte. De plus, les comportements inadaptés manifestés vis-à-vis de femelles réceptives devenaient quasiment hostiles dans le cas de mâles dont l'enfance s'était passée en isolation *totale* (figure 6.5).

De pareilles anomalies peuvent également se manifester chez les êtres humains. Il suffit pour cela de se rappeler le cas de Victor, décrit précédemment. Mais pour des raisons d'éthique faciles à comprendre, cela n'a toutefois jamais pu être démontré de façon rigoureuse.

Quoi qu'il en soit, la façon dont vont s'effectuer les apprentissages de comportements sexuels chez les adolescents et les jeunes adultes s'établit en fonction des expériences qu'il leur sera donné de vivre, compte tenu de l'éducation reçue dans le cadre d'une culture donnée. Les modèles proposés par la famille jouent en effet un rôle particulièrement important dans la manière dont le jeune va vivre sa sexualité. Il en va, semble-t-il, de la sexualité comme des autres aspects du comportement humain. De la même façon que les parents violents ont, la plupart du temps, été des enfants maltraités, on note que les adultes plus ou moins inhibés sur le plan sexuel sont souvent des individus qui ont été élevés dans un contexte où la sexualité était fortement réprimée.

Fig. 6.5 *Le singe mâle (à gauche) ayant été privé de contacts sociaux depuis la naissance se trouve dans l'impossibilité de répondre de façon appropriée aux sollicitations d'une femelle réceptive.*

Cycle œstral
(du grec *oistros* = fureur). Ensemble des modifications physiologiques qui s'effectuent périodiquement au niveau de l'utérus et du vagin. L'*œstrus* est la phase du cycle qui correspond à l'ovulation ; chez les espèces inférieures, il correspond à la période des « chaleurs » (ou du rut), c'est-à-dire la période où la femelle est la plus réceptive.

Copulation
(du latin *copulatio* = union). Accouplement d'un mâle et d'une femelle. Synonyme : **coït** (du latin *coire* = aller ensemble).

Mais, à travers la famille, ce qui caractérise le mieux la manière dont s'expriment les comportements sexuels humains, c'est le contrôle que la culture exerce sur eux. C'est elle qui est notamment à l'origine des tabous, communs à toutes les sociétés, comme l'*inceste*, par exemple. Quant aux autres expressions de la sexualité, chaque culture possède sa façon d'envisager ce qui est permis et ce qui ne l'est pas. Certaines approuvent la pratique de la masturbation ou de comportements homosexuels, d'autres les proscrivent. Les unes favorisent l'initiation sexuelle avant le mariage ou encore tolèrent l'adultère, les autres les punissent sévèrement.

Ces « codes » culturels sont cependant appelés à se modifier dans le temps. Ce qui était prohibé hier, est accepté et même encouragé aujourd'hui. Ainsi, les attitudes changent-elles sans cesse et avec elles, le comportement (voir le document 3.3).

Dans la culture occidentale, la relation sexuelle continue à être motivée, en partie, par le besoin de procréer. Mais elle est de plus en plus considérée comme une source de plaisir et comme un moyen d'exprimer de l'amour ou de la tendresse pour le partenaire.

Les diverses enquêtes menées depuis celles de Kinsey montrent que les jeunes adultes mâles vivent, en moyenne, un peu plus de trois orgasmes par semaine. Ce chiffre passe à un orgasme hebdomadaire chez les personnes de 45 ans et plus. Toutefois, en ce qui concerne ce dernier groupe, il faut noter que l'activité sexuelle manifestée au cours de la maturité et de la vieillesse des individus dépend grandement de celle qui a caractérisé leur vie de jeune adulte. La sexualité, comme d'autres aspects du fonctionnement humain, ne peut s'épanouir et se maintenir que si elle a fait, et continue à faire, l'objet d'un intérêt soutenu.

La femme et la sexualité   Une des grandes différences existant entre les êtres humains et leurs cousins les grands singes réside dans la façon dont s'exprime la sexualité féminine. La femme semble en effet être la seule à connaître l'expérience orgasmique qui serait, selon certains auteurs, un phénomène relativement récent, étroitement lié au développement de la sexualité chez les êtres humains. De plus, la femme est la seule qui puisse être sexuellement active tout au long de l'année et le rester au-delà de la *ménopause*[4], alors que s'est effectué l'arrêt des sécrétions hormonales responsables du cycle menstruel. On sait aussi que, contrairement aux femelles des autres espèces qui ne sont presque uniquement réceptives que lors de la période de l'ovulation, la femme l'est de façon constante et peut-être davantage au cours des jours qui précèdent ou qui suivent immédiatement les *menstruations* (Bancroft, 1981). Certaines recherches semblent d'ailleurs montrer que cette activation psychologique est sous-tendue par une activation physiologique facilitée au cours de ces périodes. On a en effet pu observer que, suite à des stimulations érotiques visuelles ou sonores, l'engorgement sanguin des parois du vagin, constituant un signe manifeste de l'excitation, se produisait plus rapidement à ces moments du cycle qu'à d'autres.

Inceste
(du latin *incestus* = non chaste). Relation sexuelle entre proches parents.

Ménopause
(du grec *menioia* = menstrues et *-pausis* = cessation). Fin de la période de reproduction chez la femme caractérisée par certains changements physiologiques.

Menstruation
(du latin *mensis* = mois). Saignement périodique qu'entraîne, chez la femme non enceinte, l'élimination du revêtement utérin qui devait servir à l'implantation de l'œuf fécondé.

---

[4] Il semble d'ailleurs que la ménopause constitue également un mécanisme propre uniquement à la femme. Les femelles des autres espèces demeurent fertiles pendant toute leur vie.

De plus, de nombreuses données ont récemment confirmé l'existence de similitudes entre les deux sexes en ce qui concerne la réponse sexuelle, ce qui a amené des chercheurs à proposer de nouvelles hypothèses relatives à la nature de l'expérience orgasmique. Le document 6.5 tente de faire le point à ce sujet.

L'homosexualité   L'homosexualité semble être une autre caractéristique qui est propre essentiellement à l'espèce humaine. Les comportements homosexuels sont en effet inexistants chez la plupart des espèces animales. Lorsqu'on les y rencontre, il s'agit seulement de jeux dont toute excitation sexuelle est absente. Celle-ci n'est présente dans les contacts entre mâles que chez les singes en captivité.

Dans l'espèce humaine, il s'agit de pratiques qu'on retrouve dans toutes les sociétés et dont la proportion demeure stable quelle que soit la culture ou l'époque (Whitman, 1983). Le plus souvent, elles sont tolérées sinon admises. Les deux tiers des 76 sociétés étudiées par Ford et Beach dans les années 40 se montraient effectivement permissives à l'égard de ces pratiques.

L'enquête de Kinsey (voir le document 3.3) ainsi que des études plus récentes montrent qu'il y aurait 2 à 4 % d'individus exclusivement homosexuels dont la plupart se sentiraient relativement bien à l'aise socialement. Une enquête effectuée par Bell et Weinberg (1978) révèle en effet qu'il n'y aurait que 13 % d'hommes et 5 % de femmes parmi eux qui manifesteraient une certaine culpabilité et de la confusion face à leur orientation sexuelle.

L'activité sexuelle propre aux couples homosexuels est la même que celle rencontrée dans les couples hétérosexuels. Elle se traduit par

Fig. 6.6 *L'homosexualité est, de nos jours, de plus en plus acceptée comme un «style de vie», au même titre que la relation hétérosexuelle.*

des baisers, des caresses, des contacts bucco-génitaux, une masturbation mutuelle et plus rarement, chez les hommes, par le coït anal. Il semble, de plus, que la relation soit plus satisfaisante, avec un plus grand nombre d'orgasmes, chez les lesbiennes que chez les femmes hétérosexuelles. Ceci s'expliquerait par la meilleure connaissance qu'aurait une femme de l'anatomie de sa partenaire, contrairement à la méconnaissance manifestée en général par l'homme à ce propos.

La plupart des homosexuels ont eu leur premier contact avec un jeune de leur âge, et non avec un adulte « pervers », comme on le croit trop souvent. Des recherches ont cependant montré que l'orientation sexuelle est déjà déterminée au cours de l'enfance et que la « sensibilité » homosexuelle semble donc présente bien avant cette première rencontre. Les deux tiers des lesbiennes[5] interrogées au cours d'enquêtes rapportent le fait qu'elles se sentaient plus « garçon » que fille pendant leur enfance, manifestant une préférence nette pour les jouets et les jeux masculins. L'inverse est vrai également pour les deux tiers des homosexuels mâles.

Même si de telles constatations laissent supposer la présence d'une éventuelle influence hormonale dès les débuts du développement de l'organisme, on n'a pu jusqu'ici mettre aucun facteur biologique en lumière. Il est évident, par contre, que les expériences vécues dans l'enfance jouent un grand rôle dans l'orientation que va prendre un enfant présentant certaines prédispositions. Les contacts étroits entre l'enfant et un parent du même sexe aussi bien que la surprotection maladroite d'un parent du sexe opposé, ou encore le fait que l'enfance se soit déroulée uniquement au contact d'enfants du même sexe ou, au contraire, uniquement auprès d'enfants du sexe opposé peuvent tout autant contribuer à l'épanouissement des tendances homosexuelles.

Depuis le début des années 70 seulement, l'homosexualité n'est plus punie par la loi, ni étiquetée comme « maladie » ou « perversion ». À notre époque, elle est de plus en plus acceptée, en théorie du moins, comme un « style de vie » propre à une « minorité » de plus de cent millions d'humains.

Le comportement maternel

Chez les espèces inférieures, le comportement maternel est régi par des mécanismes innés de déclenchement qui le placent à la fois sous la dépendance de facteurs hormonaux et sous celle de la stimulation provoquée par la vue des jeunes.

De jeunes rates vierges, par exemple, commencent à adopter un comportement maternel par le simple fait d'être mises en contact de façon prolongée avec une nichée de petits. Mais ce comportement devient tout à fait effectif lorsqu'on leur injecte le plasma sanguin de la mère avec les hormones qu'il véhicule.

Nous avons vu que certaines activités étroitement reliées à la maternité, telle que la construction du nid, par exemple, sont cependant influen-

[5] Comparativement à 20 % des femmes à orientation hétérosexuelle.

HARRY F. HARLOW

Fig. 6.7 *Contrairement aux mères élevées parmi leurs congénères (photo de gauche), des guenons élevées dans des conditions d'isolement social se révèlent incapables de s'occuper de leur petit, qu'elles maltraitent le plus souvent de façon dramatique (photo de droite).*

cées par les expériences antérieures effectuées par l'animal sur les matériaux qui doivent servir à cette activité (voir chapitre 1).

Plus on monte dans l'échelle animale et plus ce rôle des apprentissages antérieurs est important. De jeunes guenons, maintenues dans l'isolement au cours de leur enfance, se révèlent incapables, à l'âge adulte, de s'occuper adéquatement de leurs petits. Elles manifestent pour eux un manque d'intérêt évident, allant jusqu'à des gestes d'impatience chargés d'agressivité (figure 6.7). Tout semble cependant reprendre une tournure normale, pour la plupart d'entre elles, après les naissances ultérieures, comme si «l'apprentissage» réalisé avec le premier petit avait permis une structuration du comportement.

Chez les humains, la culture a pris définitivement le pas sur un éventuel «instinct maternel», au point qu'on puisse affirmer qu'un tel instinct n'existe plus dans notre espèce.

Lors d'une enquête effectuée auprès de cinquante-quatre mères, près de la moitié d'entre elles affirmaient avoir éprouvé des sentiments positifs lors de leur premier contact avec leur bébé, mais le quart d'entre elles seulement identifiait ces sentiments à de l'amour; un tiers des mères révélaient n'avoir éprouvé aucun sentiment (Robson et Moss, 1970). Il suffit en plus d'évoquer le cas de centaines de milliers d'enfants dans le monde, victimes de la violence de leurs parents à leur égard, pour se convaincre du bien-fondé d'une telle affirmation.

L'attachement

Nous avons vu précédemment que chez les oiseaux nidifuges, un lien avec un premier objet animé s'établit de façon irréversible dès la sortie de l'œuf. Même si cette *empreinte* reste le propre des espèces inférieures, il n'en demeure pas moins qu'un besoin de contact semble exister dès la naissance chez tous les animaux. Klaus et Kennel (1976) croient que chez les êtres humains, les premières heures de la vie sont capitales dans la création de ce lien qui s'effectue entre l'enfant et les parents, à partir des mouvements du corps, des mouvements des yeux et surtout du sourire.

Les recherches de Harlow ont montré que, chez les singes, ce contact doit s'accompagner d'un réconfort physique (comme peut le faire un tissu chaud et douillet — voir le document 6.6). C'est la condition minimale pour que le jeune singe se mette à explorer son environnement physique et social. En l'absence d'un tel réconfort, le petit animal se révèle incapable non seulement d'explorer, mais surtout de créer des liens avec les jeunes singes de son âge. De plus, il lui sera impossible, comme nous l'avons vu, d'adopter, à l'âge adulte, un comportement sexuel adapté : dans le cas de la femelle, elle sera incapable de s'occuper adéquatement de sa progéniture. Chez les êtres humains, il semble que les premières années soient également déterminantes dans la façon dont vont s'intégrer les rôles sexuels chez le garçon ou la fille (voir le document 6.7).

Schachter (1959) a montré que les premiers-nés d'une famille, ayant été l'objet de beaucoup plus de sollicitude et d'attention de la part des parents que les enfants suivants, développent de ce fait un besoin d'*affiliation* plus fort que ces derniers dans les différentes circonstances de la vie. De plus, ce besoin semble particulièrement fort chez des gens ayant à traverser, ensemble et de la même manière, une épreuve pénible.

Quant à l'amour, il s'agit là d'un type particulier d'attachement dans lequel le besoin sexuel se mêle étroitement au besoin de prendre soin de l'autre en l'aidant à se sentir en sécurité. Le glissement vers l'une ou l'autre de ces composantes peut transformer l'amour soit en passion, soit en tendresse.

Le comportement exploratoire

Le besoin d'exploration est un besoin inné, semble-t-il, qui est à la base de nombreux comportements. En ce sens, il a valeur de survie pour l'animal. C'est lui qui amène l'individu à découvrir les endroits du territoire où la faim et la soif pourront être satisfaites, ainsi que ceux où il pourra trouver la sécurité, ou rechercher un partenaire lors de la période des amours. C'est également ce naturel curieux qui amène le jeune animal à expérimenter et à apprendre à éviter les situations douloureuses.

Pourtant, au fur et à mesure que l'on monte dans l'échelle animale, on s'aperçoit que le développement du comportement exploratoire est de plus en plus lié aux expériences vécues par l'individu, au cours de son enfance. Des rats, élevés dans un milieu riche en stimulations (lumières, sons, échelles, etc.) développent une plus grande curiosité, arrivés à l'âge adulte, que ceux ayant grandi dans un milieu « appauvri ».

C'est chez les primates que le rôle des premières expériences est le plus grand. Ainsi, les singes élevés en isolation totale, lors des expériences effectuées par Harlow, manifestaient une peur panique lors-

Affiliation
(du latin *filius* = fils). Action de se rattacher à un groupe, à une société.

qu'ils étaient placés dans un nouveau local, surtout s'ils y étaient confrontés à des objets bruyants ou en mouvement. Rien de tel n'apparaissait chez les jeunes singes élevés auprès de leur mère.

Chez l'être humain, ce même besoin d'exploration trouve très tôt un prolongement dans les *besoins cognitifs d'information et de connaissance*. À travers ses contacts avec les autres et avec les différents médias, l'enfant, puis l'adulte qu'il devient, écoute, regarde, lit, en cherchant constamment à comprendre la réalité sinon à l'expliquer, sur le plan concret d'abord puis, de plus en plus, sur le plan abstrait des idées et des principes. Ses choix sont toutefois limités par ses expériences passées et par le contexte social dans lequel il évolue; ils l'obligent à ne s'intéresser qu'à tel aspect ou tel domaine plutôt qu'à d'autres. Le type de questions que se posent le garagiste ou le médecin diffère nécessairement du type de celles qui préoccupent le savant atomiste ou le bûcheron. Mais, fondamentalement, ils se rejoignent sur un besoin, plus profond, de connaissance de soi et du sens à attribuer à leur existence, de réflexion sur la place qu'ils occupent dans le groupe social, dans la société en général et, ultimement, dans l'Univers. La satisfaction de tels besoins est donc étroitement liée au développement de l'estime de soi.

L'estime de soi

Il s'agit là d'un besoin élevé dans la hiérarchie, qui peut constituer une force des plus puissantes à la base de nombreux comportements humains.

Il peut aussi bien se traduire par la quête de l'approbation sociale et de la reconnaissance par d'autres d'un travail bien fait, que par celle de l'indépendance et de la liberté. Il peut être à la base d'une recherche de la compétence ou du succès dans le cadre des activités professionnelles ou artistiques, aussi bien qu'à celle d'une lutte pour le pouvoir ou le prestige.

Le fait que ce type de besoin s'exprime selon l'une ou l'autre de ces façons est, là encore, étroitement associé aux expériences vécues par l'individu dans sa jeunesse. Il dépend de la manière dont a pu se développer un sentiment d'autonomie chez l'enfant. Selon que ce sentiment aura été encouragé et récompensé par les parents ou, au contraire, empêché par une surprotection maladroite ou des réprimandes pour tout mouvement d'indépendance, il permettra le développement d'individus confiants en eux-mêmes, ou alors dépendants des autres et de leur avis pour mener à bien leurs activités, en ne se lançant que dans celles dont le succès est assuré.

Ceci permet, par exemple, de comprendre partiellement pourquoi tant de femmes doivent souvent faire face à un conflit entre un fort besoin d'estime de soi et la peur du succès auquel la société ne s'attend pas de leur part. Ce conflit serait notamment issu du type d'éducation que reçoivent traditionnellement les filles qui les confine beaucoup plus dans les attitudes de *conformisme* social que dans celles susceptibles de développer, en elles, un sentiment réel d'indépendance.

Conformisme
Attitude de celui qui adapte son mode de vie, ses pensées, ses sentiments, en fonction de ceux qui ont cours dans son groupe social.

Quoi qu'il en soit, la manière dont le besoin d'estime de soi va se développer est liée à la façon dont vont s'élaborer les valeurs supérieures telles que celles de justice, d'équité, de solidarité, de non-violence, de respect de soi et des autres. Elle débouche également sur la recherche de satisfaction des besoins esthétiques d'ordre, de beauté et d'équilibre (figure. 6.3).

La réalisation de soi

Selon Maslow, la tendance innée à l'épanouissement, présente en chaque personne, amènerait ainsi celle-ci à chercher à exploiter et à réaliser toutes les potentialités dont elle a hérité. Il s'agirait là d'une motivation fondamentale qui ne pourrait s'exprimer dans toute sa plénitude que chez les êtres ayant atteint un niveau suffisant d'estime de soi.

L'essentiel des idées de Maslow sur la réalisation de soi a été présenté au chapitre 2 et, notamment, dans le document 2.13. Nous ne nous y attarderons donc pas plus longuement ici.

À travers ce tour d'horizon des motivations humaines, on a pu prendre conscience de la façon dont les différentes théories peuvent expliquer l'une ou l'autre d'entre elles. Ainsi, si la théorie des pulsions permet assez facilement de comprendre des motivations comme la faim, la soif ou l'évitement de la douleur, c'est la théorie de l'activation optimale et surtout les théories cognitives qui sont les plus à même d'expliquer des comportements liés à des besoins comme celui d'exploration ou d'attachement ainsi qu'aux besoins humains les plus élevés.

Cependant, comme nous l'avons noté au début de ce chapitre, il n'est pas possible de parler des motivations à la base des comportements sans envisager ce qui les colore, les amplifie, les bloque ou même, parfois, les provoque. En un mot, la motivation est indissociable de l'émotion.

Les émotions

Une façon de décrire les émotions consiste à les situer selon certains axes ou certains attributs. Ainsi, les émotions peuvent être classées par paires : l'amour et la haine, l'attirance et le dégoût, la sécurité et la peur, la joie et le désespoir, etc., selon qu'elles présentent une coloration positive ou négative.

Comme le note Hebb, les premières sont aimées et recherchées par le sujet, alors que celui-ci tente d'éviter ou de faire disparaître les secondes, lorsqu'il en a la possibilité. Cette façon de voir indique immédiatement le rôle motivationnel joué par chacune d'elles.

Cependant, un tel éventail n'est constitué que de mots, qui sont toujours pauvres pour traduire ce qui est réellement ressenti par la personne. Peut-on affirmer, lorsqu'une personne dit «j'aime les pommes», «j'aime ma mère» ou «j'aime cet homme», ou encore «j'aime ma ville», qu'elle parle là d'émotions identiques?

Les aspects de l'émotion

Une première difficulté dans la description de l'émotion tient au fait que celle-ci se traduit à la fois par un vécu intérieur et par un comportement, qui sont tous deux sous-tendus par une activation physiologique.

Le *vécu psychologique* est essentiellement subjectif, et la seule façon d'en prendre connaissance est de demander au sujet ce qu'il ressent. Mais nous venons cependant de voir combien l'utilisation des mots rend difficilement compte de ce qui est véritablement ressenti.

Fig. 6.8 *Que penser de l'émotion qui habite cette jeune femme? Est-ce de la peine, de l'intérêt, de la colère, de la pitié? Sans le contexte, il est quasi impossible de le dire.*

Le *comportement* pourrait, à première vue, constituer un élément objectif. Mais il s'agit là encore d'un indice peu fiable. Lorsqu'une personne se met à pleurer, il nous est difficile de discerner si c'est de joie, de peine ou de rage, si nous ne connaissons pas la cause de son comportement (figure 6.8).

De plus, l'expression d'une émotion donnée est très souvent liée à la culture à laquelle appartient un individu: le froncement du sourcil ou le sourire, par exemple, ne signifient pas nécessairement la même chose en Orient qu'en Occident.

Quant à l'*activation physiologique*, c'est par elle et par la modification subite qu'elle provoque au niveau des structures nerveuses et de l'organisme en général, que l'émotion est ressentie par le sujet. Elle peut être mesurée objectivement à l'aide d'un polygraphe. Nos instruments sont cependant encore bien grossiers pour en détecter la signification des minces variations existant entre les différents niveaux d'activation, tel que les traduisent, par exemple, la sudation sur la peau ou l'augmentation du rythme cardiaque.

Les mêmes manifestations constituent souvent les symptômes d'émotions très différentes. Elles peuvent donc difficilement servir à en identifier une en particulier. C'est là une des raisons pour lesquelles le «détecteur de mensonge» ne peut être utilisé qu'avec circonspection (voir le document 6.8).

Les déterminants de l'émotion

Le fait qu'une émotion soit déclenchée, de façon plus ou moins intense et dans un sens plutôt que dans l'autre, est déterminé par le niveau d'activation dans lequel se trouve l'organisme ainsi que par le décodage qui est effectué des informations en provenance du milieu. Il dépend de plus du niveau intellectuel de l'individu et de sa capacité à intégrer ces différents éléments.

Émotion et informations

L'émotion est étroitement reliée aux données qui nous sont fournies par l'environnement. Elle est déclenchée, en général, par la soudaineté d'un événement pour lequel nous n'avons pas eu le temps de recueillir toutes les informations nécessaires nous permettant d'assurer un contrôle immédiat de la situation. Un piéton qui débouche devant notre véhicule, un bruit violent qui retentit, la rencontre inattendue d'un être cher... sont toutes des situations susceptibles de déclencher l'activation de l'organisme et de créer l'état d'alerte chargé de l'amener à accélérer la prise d'informations qui vont lui permettre de réagir le plus efficacement possible.

Ainsi, l'émotion serait absente de situations pour lesquelles nous possédons suffisamment d'informations. Lorsque le bruit violent se répète, lorsque nous voyons le piéton à temps ou lorsque la rencontre de l'être aimé est devenue une habitude, l'organisme n'a plus à être activé.

On pourrait traduire de la façon suivante la manière dont se déclenche, ou non, une émotion en fonction de la quantité d'informations fournies par l'environnement.

ÉMOTION = INFORMATIONS NÉCESSAIRES - INFORMATIONS DISPONIBLES

Ce modèle permet de comprendre que les émotions négatives naissent du fait que le sujet dispose d'un nombre insuffisant d'informations, alors que les émotions positives résulteraient d'une surabondance d'informations disponibles.

Ceci est particulièrement évident pour les émotions associées à la satisfaction d'un besoin. Si la faim pousse une personne vers le garde-manger où elle trouve le morceau de gâteau qu'elle y avait elle-même déposé, il est vraisemblable que toute émotion sera absente d'une telle «découverte». Il en ira tout autrement si la pâtisserie a disparu, contrairement à son attente ou, à l'inverse, si c'est un gâteau entier, déposé à son insu, qu'elle découvre à la place du morceau.

On pourrait expliquer de la même manière le dégoût manifesté pour un aliment dont la saveur est nouvelle ou inattendue.

On observe également ce processus dans le cas de la colère d'un enfant qui n'obtient pas le bonbon réclamé. Cette émotion a d'autant plus de chance de se déclencher que les informations qui pourraient être fournies sur la raison de la non-satisfaction du besoin sont insuffisantes ou inexistantes.

La peur des rats chez des étudiants et des étudiantes en psychologie qui doivent manipuler pour la première fois ces animaux dans le but de mener une expérimentation, peut également s'expliquer à l'aide de ce schéma. La peur continuera d'exister tant que le nombre d'informations rationnelles (assurance de l'absence de danger, manipulation par le responsable de l'animalerie, etc.) n'aura pas atteint et dépassé le nombre d'informations nécessaires[6], après les premières manipulations par les étudiants eux-mêmes. C'est d'ailleurs pour la même raison qu'une couleuvre inoffensive traversant le chemin déclenche la peur du promeneur naïf, mais fait la joie du zoologiste spécialisé dans l'étude des reptiles.

Les émotions négatives apparaissent donc le plus souvent suite à une mauvaise information et, surtout, à une information insuffisante; quant aux émotions positives, elles résultent d'une information adéquate ou mieux, qui dépasse les prévisions (voir le document 6.9).

À travers les déséquilibres perpétuels entraînés par les besoins, les êtres vivants marqueraient leur préférence pour les situations où la satisfaction est la plus probable, compte tenu des informations en leur possession.

De plus, il est à noter que l'émotion positive résulte davantage du fait de savoir que le besoin peut être satisfait que de la satisfaction elle-même. En effet, une fois le besoin satisfait, l'émotion s'estompe rapidement du souvenir.

Qu'est-ce qui fait cependant que, face à la situation inattendue ou celle engendrée par le besoin, nous réagissions plus ou moins fortement par de la colère plutôt que par de la déception, par du dégoût plutôt que par la peur, par de l'amour plutôt que par du plaisir? Il semble que l'intensité de nos émotions et l'orientation particulière qu'elles prennent soient étroitement reliées au niveau d'éveil dans lequel nous nous trouvons ainsi qu'à la perception que nous avons du contexte.

Émotion et niveau d'éveil

L'*intensité* de nos émotions dépend de notre niveau d'éveil. Il nous est en effet bien plus difficile de nous mettre en colère au réveil, qu'après la tension d'une journée de travail.

Zillman et ses collaborateurs (1972) ont d'autre part montré que lorsqu'un individu se situe à un niveau d'activation trop élevé, le résidu se transfère sur une émotion subséquente dont elle augmente l'intensité. Ainsi, lors du visionnement d'un film érotique, les sujets qui venaient de fournir un effort violent ont manifesté une excitation sexuelle plus grande que les individus demeurés au repos ou qui ne visionnaient le film que longtemps après les efforts fournis (Cantor et coll., 1975).

On a pu, de la même façon, démontrer que des individus mâles manifestaient beaucoup plus «d'intérêt» pour une intervieweuse, si celle-ci les interrogeait dans une situation dangereuse, comme celle de se trouver sur un pont suspendu à une très grande altitude, que si elle le faisait dans une situation normale, ou lorsqu'elle était remplacée dans la situation périlleuse par un interviewer mâle (Dutton et Aron, 1974).

---

[6] C'est dans ce sens qu'on pourrait comprendre le rôle du «modèle», dans le cadre de la théorie de l'apprentissage social.

Émotion et perception

Selon Schachter et Singer (1971), c'est ce que nous percevons du monde qui nous entoure, tout autant que l'activation physiologique qui joue un rôle important dans l'*orientation* que va prendre une émotion.

Ainsi, des sujets activés, suite à une injection d'adrénaline dont ils ignorent les effets excitateurs, réagissent différemment, selon qu'ils sont placés dans une ambiance où règne la gaieté ou dans celle où règne la tension.

Dans le premier cas, ils se sentent détendus et heureux, alors que dans le deuxième, ils se laissent envahir par un *sentiment* de colère.

Pour Schachter, il est donc évident que l'activation physiologique est nécessaire au déclenchement de l'émotion mais que c'est la perception du contexte qui détermine son orientation.

Valins (1966) a cependant contesté en partie ce fait, objectant qu'il suffit de *croire* qu'il y a activation pour que s'opère l'orientation de l'émotion en fonction du contexte. Ainsi, des sujets auxquels on fait entendre des battements de cœur, rapides ou lents, pendant qu'ils regardent des photos de femmes nues, ont tendance à montrer une préférence pour les photos correspondant aux battements rapides, s'ils sont persuadés que ceux-ci sont les leurs.

Émotion, évolution et intelligence

Le rôle joué par l'émotion dans la vie des êtres vivants est donc capital puisqu'il constitue le mécanisme de mobilisation de l'organisme permettant de faire face à toute situation ambiguë ou inattendue.

On note que plus on monte dans l'échelle animale et plus les comportements émotionnels stéréotypés des animaux inférieurs font place à des comportements complexes et diversifiés. Ainsi, chez les primates et plus particulièrement chez les êtres humains, la sensibilité émotive revêt des nuances innombrables. On observe également qu'elle augmente avec l'âge et les expériences vécues (Hebb, 1974).

De plus, la réaction émotionnelle dépend du niveau d'intelligence de l'individu. Il est évident en effet, que plus le niveau de raisonnement d'un individu est élevé, plus il devient capable d'expliquer le désaccord existant entre ce qu'il perçoit et ce à quoi il s'attendait, et de limiter ainsi la perturbation émotionnelle. Mais ce contrôle que le niveau d'intelligence d'un individu lui permet d'exercer sur ses comportements émotionnels n'est pas toujours constant. Peu de personnes sont en effet capables de maintenir un calme imperturbable en toutes circonstances. Leur attitude est le plus souvent liée au contexte social dans lequel la situation apparaît. Un être peut ainsi se montrer d'une extrême délicatesse dans un milieu donné et au contraire se laisser systématiquement déborder par ses émotions dans un autre. La situation peut sembler la même, mais les informations en provenance du contexte, telles qu'il les décode, ont changé. L'épouse de l'employé contraint de sourire toute la journée ou les enfants de l'enseignante imperturbable dans sa classe en savent souvent quelque chose.

Sentiment
État affectif complexe qui, contrairement à l'émotion, est relativement stable et durable.

Le stress

La vie est faite d'événements attendus ou non. Certains sont plaisants, d'autres le sont moins et certains, pas du tout. Nous y réagissons en fonction de nos besoins et de la connaissance que nous avons de la situation. Nous avons vu que, lorsque l'information dont nous pouvons disposer est suffisante, nous sommes capables de réagir de façon sereine. Pour peu qu'elle soit supérieure en quantité à ce qu'il est nécessaire de connaître d'une situation, des émotions positives peuvent même se développer. L'organisme est alors détendu et ouvert à de nouvelles expériences.

Trop peu d'informations, par contre, vont perturber le sujet et entraîner l'activation de l'organisme. Le déclenchement d'une émotion négative est alors une des réactions possibles.

Mais la personne doit parfois faire face à un événement par trop inattendu et important pour sa survie, et sur lequel elle ne possède que très peu ou pas d'information. La réaction de l'organisme risque alors de s'amplifier, si la situation se prolonge, au point d'entraîner des désordres graves tant sur le plan physiologique que sur le plan psychologique. Le répertoire normal d'émotions cède alors la place à un sentiment d'insécurité et de malaise généralisé qui caractérise l'*anxiété* : la personne est en état de *stress* (figure 6.9).

Stress
(mot anglais = effort intense, tension). Action brutale provoquée sur un organisme par une stimulation violente, une émotion forte, une frustration importante, etc.

Fig. 6.9. *La vie dans la société moderne, au sein des grandes villes, est particulièrement génératrice de situations stressantes.*

On connaît de nombreux exemples de situations génératrices de stress. Elles vont des séparations mère-enfant, dans les premières années de la vie (voir les expériences de Harlow sur les jeunes singes) aux maladies graves chez les personnes d'âge mûr. Un des événements les plus perturbants chez l'adulte, à notre époque, est constitué par la perte d'un emploi. À ce sujet, on a montré, ici encore, que le stress chez le travailleur est bien moins lié au fait d'avoir perdu son emploi qu'à la crainte de le perdre, qui précède l'événement. Le stress se trouve d'autant plus renforcé que des bruits contradictoires courent sur la fermeture éventuelle de l'entreprise. Quant à celui qui cherche un emploi, ce qui le stresse n'est pas tant le fait de se faire refuser un poste espéré, que l'attente de la réponse et l'absence d'informations qui l'accompagne.

Des expériences pratiquées sur les singes ou sur des rats ont donné des résultats allant dans le sens de telles constatations (voir le document 6.10).

Selye (1974) a montré comment le stress était lié à l'épuisement progressif des ressources de l'organisme qui s'efforce de réagir de façon adaptative aux nouvelles conditions. Il a baptisé cet ensemble de réactions du nom de *syndrome général d'adaptation* et il en a décrit les trois étapes.

La première étape constitue la *réaction d'alarme*. Elle est principalement caractérisée par les modifications physiologiques qui préparent l'organisme à affronter la nouvelle situation, le mettant dans un état accru de vigilance, générateur d'anxiété.

Si la situation se prolonge, l'individu va alors donner l'impression qu'il a retrouvé un comportement normal, même si ses réactions ne sont pas toujours logiques. C'est la *phase de résistance* au cours de laquelle, cependant, l'organisme continue à puiser dans ses ressources, pour se maintenir à un tel niveau sur le plan externe.

Mais les ressources ne sont pas illimitées, et si le stress se poursuit, elles vont bientôt diminuer de façon dramatique. C'est la *phase d'épuisement*, entraînant parfois la mort, mais le plus souvent de grands désordres mentaux. Nous aborderons plus en détail les réactions de l'individu qu'entraîne un tel état lorsque nous traiterons, dans le chapitre 12, des mécanismes d'ajustement de la personnalité.

Selye (1978) a apporté, par la suite, un nouvel éclairage à sa théorie en émettant l'idée que tout stress est loin d'être nuisible. Le stress fait partie de l'existence et ne peut être évité. Ce qui est important, selon Selye, c'est que chacun de nous, compte tenu de ce qu'il est et des risques qu'il est prêt à prendre dans la vie, soit capable de se maintenir à un niveau optimal de stress, permettant à l'individu de fonctionner de la façon la plus efficace. Pour reprendre les termes de Selye, si les «tortues», que sont certains et certaines d'entre nous, peuvent difficilement affronter des situations qui les privent de leur quiétude et d'un environnement paisible, les «pur-sang», de leur côté, réclament des activités et un espace vital plus large dans lesquels ils peuvent prendre la pleine mesure de leurs possibilités en apprenant à surmonter les dangers que cela suppose (voir le document 6.11).

Syndrome général d'adaptation
Réponse au stress qui s'effectuerait en trois phases, selon Selye.

Nous venons de faire le tour d'horizon de la façon dont notre organisme est activé, tant par les perceptions que notre cerveau a du monde extérieur que par les besoins qu'il va tenter de combler en traitant au mieux les informations qui lui sont fournies.

Dès son entrée dans la vie, l'enfant va ainsi apprendre la façon de catégoriser la réalité afin de se créer des cadres rassurants, lui permettant d'orienter son activité.

Chaque comportement auquel il va se livrer, chaque expérience qu'il va mener, ou vivre, vont constituer autant de points de référence qui l'aideront à pousser plus loin l'exploration du monde environnant. Ce seront là les jalons d'un long entraînement dans lequel l'enfant sera aidé et encadré par les structures sociales. Ainsi, le traitement de l'information va lui permettre de générer des apprentissages qui seront stockés en mémoire et à partir desquels vont s'élaborer les processus supérieurs tels que la pensée et le langage. Ceux-ci distingueront définitivement l'être humain du reste du monde animal, par la conscience réfléchie qu'il pourra alors avoir de lui-même et de sa place dans l'Univers. C'est là l'objet d'étude de la prochaine partie du livre.

Document 6.1

Le vocabulaire de la motivation

Bien avant que les psychologues ne tentent d'expliquer le pourquoi de nos actes de façon scientifique, le langage courant avait développé un nombre important de termes permettant de rendre compte des divers aspects ainsi que des nuances intervenant dans l'expression de la motivation. À partir des définitions comme celles que fournit un dictionnaire, il est possible d'évaluer à quelle dimension les différents termes font référence et ainsi de les utiliser à bon escient.

Il y a tout d'abord les termes généraux :

La *motivation* est l'ensemble des facteurs qui déterminent le comportement. Ce concept rend compte de la relation existant entre un acte et les raisons qui l'expliquent ou le justifient.

L'*envie* est associée au fait qu'un besoin est ressenti, qu'il soit d'ordre biologique et lié à la survie de l'organisme, ou d'ordre purement intellectuel ou esthétique.

Le *motif* est la raison qu'un organisme a d'agir. En général, le motif est d'ordre intellectuel.

Le *mobile* lui, constitue la raison ou le but pour lequel un acte a été effectué. Il ne peut donc être identifié qu'après la manifestation du comportement.

Certains termes font référence plus directement aux aspects physiologiques de la motivation :

Le *besoin* constitue un état de manque, une insuffisance ou l'absence d'un élément nécessaire à l'équilibre de l'organisme. Bien qu'il s'agisse le plus souvent d'une nécessité d'ordre biologique, ce terme peut également désigner une exigence.

La *tendance* est ce qui amène l'individu à être ou à se comporter d'une façon déterminée (ce mot traduit, en français, le terme *drive* utilisé par les Anglo-Saxons).

La *pulsion* fait intervenir une dimension dynamique pour traduire certaines tendances instinctives ou innées, déclenchées suite à l'apparition du besoin, qui «poussent» l'individu à agir.

Quant à l'*attirance*, elle laisse sous-entendre l'existence d'un *incitateur*. En ce sens, elle rend compte d'une force qui attire vers quelqu'un ou vers quelque chose.

La dimension cognitive de la motivation n'est pas non plus oubliée. Les termes qui s'y rapportent mettent l'accent sur l'aspect raisonné ou réfléchi de certains comportements.

Le *désir* constitue la prise de conscience d'une tendance vers un objet connu ou imaginaire. Dans un sens plus restrictif, il constitue la base normale du comportement sexuel.

L'*aspiration* (du latin *aspirare* = souffler vers) consiste en un élan, un mouvement vers un but donné, qui est le plus souvent d'un niveau élevé.

L'*inclination* fait intervenir la dimension affective. Il s'agit du goût pour un objet ou pour une fin donnée.

L'*intention* consiste dans le fait de simplement se proposer ou de se fixer un certain but.

Document 6.2

Un modèle hydromécanique de la motivation

Afin d'expliquer la façon dont s'extériorisent les comportements instinctifs, Lorenz a proposé un modèle qui tente de montrer la façon dont les pulsions biologiques dépendent à la fois de facteurs internes et de facteurs externes.

Les *facteurs internes* seraient liés à la quantité d'énergie disponible dans le système nerveux et utilisée pour certaines actions, celles-ci correspondant à des moments bien précis du cycle annuel chez une espèce donnée[7].

Quant aux *facteurs externes*, ils sont constitués par les incitateurs, ou stimuli de déclenchement, associés à un besoin donné.

Le modèle imaginé par Lorenz (figure 6.10) met en jeu un réservoir (1) dans lequel s'accumule l'énergie en provenance du système nerveux ainsi qu'un plateau (2) dont la tige maintient fermée, à l'aide d'un ressort, la sortie du réservoir, et sur lequel peuvent être disposés des poids de masse variable représentant les stimuli externes plus ou moins importants.

Plusieurs cas peuvent se présenter :

— L'énergie accumulée est telle qu'à elle seule, elle peut déclencher l'ouverture du réservoir et entraîner l'émission d'un comportement (3). C'est le cas pour des singes confinés en solitaires dans les cages d'un zoo, et qui vont se livrer à des comportements masturbatoires ou à des tentatives de copulation sur un mannequin de paille.

— Le stimulus externe est à ce point attirant qu'en l'absence de réserves énergétiques, un comportement peut quand même s'extérioriser. Un gâteau appétissant pourrait alors entraîner un regain d'appétit chez un individu pourtant parfaitement rassasié.

Cependant, la plupart du temps, c'est l'effet conjugué des deux éléments du système qui

---

[7] Il n'est cependant pas spécifié ce que serait ni d'où viendrait cette énergie ; peut-être pourrait-elle être associée au concept plus moderne de l'*activation*, provoquée par l'augmentation d'excitabilité des mécanismes nerveux.

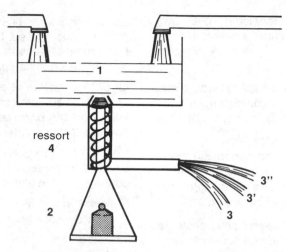

Fig. 6.10 *Modèle hydromécanique de Lorenz. 1. Réservoir «d'énergie» alimenté par l'excitation des mécanismes nerveux. 2. Stimulations externes (incitateurs). 3. Production d'un comportement (plus ou moins intense selon la force des facteurs internes et externes). 3. Seuil de déclenchement d'un comportement.*

intervient, soit lorsque les deux facteurs sont de forces égales, soit quand l'un compense par sa puissance la faiblesse de l'autre.

Si on simplifie à l'extrême la théorie freudienne, on constate qu'elle repose sur un modèle semblable. Pour le père de la psychanalyse, c'est l'énergie sexuelle, présente dès la naissance dans l'organisme et qu'il appelle *libido*, qui serait à la base des *pulsions de vie*.

Ces pulsions et les éléments refoulés feraient partie du «grand réservoir» du *ça*, constituant la source de tous les désirs. Ceux-ci ne pourraient cependant être satisfaits que si le *moi* ne s'y oppose pas, du fait que leur réalisation pourrait avoir des conséquences dommageables pour l'adaptation de l'individu au monde, ou que la pression de la conscience morale, le *surmoi*, ne s'exerce trop fortement sur lui (voir chapitre 12).

Dans une société totalement permissive, les divers comportements devraient en effet s'exprimer sans contrainte, à chacune des périodes de la vie, dès que l'accumulation d'énergie se révèle suffisante ou que la situation externe est suffisamment excitante. Ce n'est toutefois pas la réalité en ce qui concerne la plupart des cultures; les contraintes imposées par l'éducation et la vie en société renforcent au contraire les verrous de la censure. Elles empêchent ainsi l'énergie de se dissiper librement, engendrant parfois un malaise relativement inconscient, générateur d'anxiété et d'agressivité[8]. L'individu va alors se tourner vers des stimulations et des comportements plus acceptables afin de permettre la libération du trop-plein d'énergie. Ce mécanisme de *déplacement* sera étudié ultérieurement (chapitre 12).

Il suffit pour l'instant de l'illustrer par l'exemple de l'enfant empêché de jouer avec ses excréments qui va éprouver un plaisir évident à manipuler de la boue et, plus tard, devenir peut-être un potier de renom. Un autre exemple est celui de l'amoureux déçu qui va reporter toute son affection sur son chien ou la mettre au service d'une cause humanitaire, ou encore la transformer en agressivité vis-à-vis de ses proches.

Libido
(mot latin = désir). Énergie sexuelle présente dès la naissance, selon Freud, et qui est à la base du développement de la personnalité.

---

[8] C'est à partir de l'interprétation freudienne qu'un des disciples de Freud, Wilhem Reich, avança l'idée, dans les années 20, qu'un individu capable de dissiper normalement le trop-plein d'énergie vitale, perdait de ce fait toute raison de se montrer agressif. Cette idée se retrouva plus tard dans un slogan repris par les jeunes des années 60 : «Faites l'amour... pas la guerre!».

Document 6.3

Les sectes et la motivation intrinsèque

Parmi les théories cognitives se rapportant à la motivation, il en est une qui s'appuie sur la façon dont les individus prennent conscience de leur comportement et la justification qu'ils tentent de donner à ceux-ci. C'est la *théorie de l'attribution* (Kelley et Michela, 1980).

Le principe qui sous-tend cette théorie affirme que lorsque les gens analysent les motifs de leurs actions, ils les attribuent soit à l'influence de situations externes, soit à leurs caractéristiques propres et, notamment, à une motivation intrinsèque (voir chapitre 11).

Ainsi, lorsqu'une organisation (secte, parti politique ou autre) qui prétend défendre un idéal ou un principe quelconque, veut obtenir l'adhésion et l'investissement maximal d'énergie de la part des membres, elle a deux moyens à sa disposition.

Le premier consiste à les payer grassement ou à les louanger pour leur performance. Dans ce cas, c'est la situation elle-même qui amène les individus à agir. Ils fonctionnent pour l'argent, ou sont persuadés que la faveur qu'ils font en participant est ainsi reconnue. Que la louange disparaisse ou que les caisses se vident, et l'enthousiasme a de grandes chances de fondre rapidement.

Le deuxième moyen part du principe contraire. Il consiste à ne payer que très peu, ou pas du tout, les participants au projet et à les amener à travailler durement et sans relâche. En effet, plus le travail est harassant et plus les individus sont persuadés que s'ils s'y livrent, ce ne peut être que parce que la cause est juste et noble. Sinon, pourquoi le feraient-ils ? En donnant ainsi à des individus l'occasion d'attribuer à leurs qualités personnelles le fait de se vouer pleinement à une cause, on les amène à s'investir totalement dans celle-ci (Lindsay et Norman, 1980).

Cette motivation intrinsèque peut se révéler des plus utiles dans bien des occasions où une aide humanitaire est sollicitée. Elle est malheureusement trop souvent détournée au profit de sectes ou de cellules plus ou moins secrètes exigeant une implication maximale de la part de leurs disciples.

Les intérêts en jeu qui se cachent derrière de telles manipulations, relèvent, bien entendu, d'une tout autre histoire... (figure 6.11).

Théorie de l'attribution
Théorie selon laquelle nous attribuons à la situation, à nous-mêmes ou aux autres, la cause de nos actions ou de celles d'autres personnes, afin de donner un sens à ces actions.

Fig. 6.11 *La fascination qu'exerce Moon sur les dizaines de milliers d'adeptes de son église n'est pas étrangère aux fortunes colossales que cette organisation amasse et investit dans des entreprises rentables dont les buts sont souvent loin d'être humanitaires. Les adeptes abandonnent tout ce qu'ils possèdent pour suivre les préceptes de Moon.*

Document 6.4

Quand des chocs électriques engendrent le plaisir

Une des découvertes les plus surprenantes réalisées sur le cerveau, au cours des trente dernières années, est celle de l'existence de «centres de plaisir», répartis à différents endroits du système limbique. On doit cette découverte à Olds, qui «tomba» sur eux par hasard (Olds et Milner, 1954).

En 1952, Olds travaillait à une recherche de doctorat, auprès de Milner, professeur à l'Université McGill. Ce dernier était spécialisé dans l'étude des fonctions du cerveau qu'il explorait à l'aide d'électrodes implantées dans différentes zones. La recherche d'Olds consistait à vérifier si l'excitation d'un centre impliqué dans la vigilance, et situé en arrière de l'hypothalamus, pouvait amener un rat à éviter certains coins d'un enclos.

Cela semblait être le cas pour tous les rats testés sauf un qui, au lieu de s'éloigner de ces endroits, y revenait systématiquement après chaque choc. Olds, croyant qu'il s'agissait d'un animal moins sensible que les autres, se mit alors à augmenter l'intensité des décharges électriques. Mais, plus les chocs étaient intenses et plus le rat revenait rapidement à l'endroit où ils étaient administrés, pour en recevoir un autre, plus

intense encore. Il fallait se rendre à l'évidence : le rat semblait rechercher systématiquement la stimulation électrique au lieu de l'éviter.

Après dissection du cerveau de l'animal, Olds s'aperçut que l'électrode avait été implantée, par erreur, à côté de l'endroit où elle aurait dû se

Fig. 6.12 *Un rat dans le cerveau duquel est implanté une électrode, au niveau d'un «centre du plaisir», va s'autostimuler à une fréquence telle qu'aucun autre besoin ne pourra rivaliser avec cette activité.*

DR. JAMES OLDS

JOSÉE M.R. DELGADO

Fig. 6.13 *Armé simplement d'un stimulateur à distance, Delgado affronte un taureau qui le charge; en pressant le bouton, Delgado bloque net la course du taureau furieux dont le «centre de la douleur» se trouve excité par l'électrode implantée.*

trouver, provoquant, suite à la stimulation, une réaction inattendue de « plaisir ».

Le chercheur systématisa alors l'expérience en implantant à plusieurs rats une électrode dans ce nouvel endroit ; il plaça ensuite les rats dans des cages où ils pouvaient s'autostimuler en appuyant eux-mêmes sur un levier qui commandait la distribution des chocs (figure 6.12).

Les résultats furent stupéfiants. Très vite, les rats atteignirent des scores jamais connus auparavant, quelle que soit la récompense. À certains moments de pointe, on vit des sujets fournir plus de 100 réponses sur le levier, en une minute, leur activité moyenne étant de 200 pressions à l'heure, pendant 24 heures. Les rats semblaient, de plus, être capables de supporter les chocs les plus intenses. Certaines décharges étaient même tellement fortes que les animaux se trouvaient propulsés contre les parois de la cage ; pourtant, sitôt leurs esprits recouvrés, ils se précipitaient à nouveau sur le levier pour s'envoyer une nouvelle décharge d'une intensité semblable à la précédente...

Si le sommeil devenait nécessaire, ils s'assoupissaient quelques instants pour reprendre aussitôt leur activité d'autostimulation. Ils préféraient même se priver de manger plutôt que d'abandonner le levier. On a vu également des mères abandonner leur nichée pour se livrer à l'excitation de leur « centre du plaisir » (Sonderegger, 1970).

Depuis, de nombreux autres centres ont été découverts dans cette région du cerveau. Certains d'entre eux sont liés à un plaisir généralisé tandis que d'autres semblent être associés au soulagement de la faim ou de la soif ou à la jouissance sexuelle [9]...

Par ailleurs, il existe d'autres zones dont l'excitation semble, au contraire, entraîner une sensation de douleur intense chez l'animal, bloquant l'activité en cours. Elles furent dénommées « centres de douleur », ou plus scientifiquement « centres d'aversion ». On vit ainsi le psychophysiologiste Delgado descendre dans l'arène et arrêter la charge d'un taureau simplement en stimulant à distance le cerveau de l'animal auquel on avait préalablement implanté une électrode à cet endroit (Delgado et coll., 1954) (figure 6.13).

Il est certain que la proximité entre ces centres et ceux responsables de la faim, de la soif ou d'autres pulsions, dans l'hypothalamus, laisse supposer l'existence d'un lien entre eux dont la connaissance permettra éventuellement d'expliquer des émotions comme le dégoût ou l'attirance, ou encore pourquoi le plaisir que procure un verre d'eau glacée par une chaude journée d'été diffère tellement du plaisir procuré par le même verre, par un froid après-midi d'hiver.

Aversion
(du latin *avertere* = détourner). Répugnance, évitement.

---

[9] Chez l'être humain, de tels centres demeurent cependant sous le contrôle des centres supérieurs et du décodage cognitif qui accompagne l'excitation (voir les observations de Goy et McEwen dans le document 6.5).

Document 6.5

L'orgasme : tout dans la tête

Les discussions vont toujours bon train sur le fait de savoir si l'orgasme féminin est, ou non, le propre de l'espèce humaine. Ce débat a refait surface avec la sortie du livre de la sociobiologiste S. Blaffer Hrdy (1985) qui penche plutôt pour la deuxième hypothèse. Il existe cependant peu de preuves démontrant que nos cousines les guenons connaissent ce genre d'expérience.

Il est, d'autre part, difficile (et pour cause) d'en trouver des indices sur les ossements fossiles de nos ancêtres.

Depuis Master et Johnson (1966), on sait que la façon dont est vécu l'orgasme sur le plan psychologique est relativement semblable pour l'un et l'autre sexe. Ces deux chercheurs ont notamment déterminé quatre moments dans la progression de la réponse sexuelle (figure 6.14).

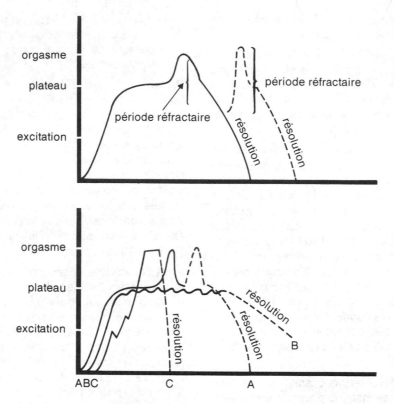

Fig. 6.14 *Les phases de la réponse sexuelle. Chez l'homme, une période réfractaire suivie de la phase de résolution succède la plupart du temps à l'orgasme. Chez la femme, par contre, différents scénarios peuvent se présenter. Comme l'indique le tracé A, elle peut connaître des orgasmes multiples, suite à une stimulation continue; dans l'éventualité représentée par le tracé B, l'excitation prolongée pendant la phase du plateau débouche sur la phase de résolution, sans que l'orgasme ait été atteint; dans le tracé C, l'excitation entraîne assez vite un orgasme auquel succède très rapidement la phase de résolution. Il semble que certains hommes connaîtraient des expériences semblables à ce qui se passe dans le cas B, à savoir des orgasmes multiples atteints avant l'éjaculation. – Source : Masters et Johnson (1966).*

La *phase d'excitation* correspond à l'érection du pénis et à la tumescence du clitoris. Chez la femme, ce phénomène s'accompagne d'une dilatation et d'une lubrification du vagin ainsi que d'une rougeur, surtout au niveau du thorax, due à la *vasocongestion*, qui est à la base de tous ces phénomènes.

La deuxième phase est la *phase en plateau*. Elle se caractérise, chez l'homme, par une augmentation de volume et une élévation des testicules. Chez la femme, la vasocongestion entraîne un engorgement maximal des parois du vagin dont le diamètre se trouve ainsi réduit d'un tiers. Le clitoris, lui, se retire sous son capuchon.

L'*orgasme* constitue la troisième phase. Il s'agit là d'une décharge totale de tension. Chez l'homme, le sperme est expulsé suite aux con-

tractions des muscles à la base du pénis. Chez la femme, ce sont les muscles entourant le tiers extérieur du vagin qui produisent des contractions rythmiques.

Une *période réfractaire* succède alors à l'orgasme, suivie de la *phase de résolution*, au cours de laquelle les différents organes et tissus reviennent à des conditions normales de fonctionnement. Les femmes diffèrent cependant des hommes à ce sujet. Pour la plupart de ces derniers, en effet, l'éjaculation est suivie d'une période, plus ou moins longue selon l'âge, au cours de laquelle ils ne peuvent être réactivés sexuellement. Quant aux femmes, pour peu que la stimulation sexuelle soit prolongée, elles peuvent expérimenter plusieurs orgasmes consécutifs avant d'entrer dans la phase de résolution. Il semble cependant que ce soit également le

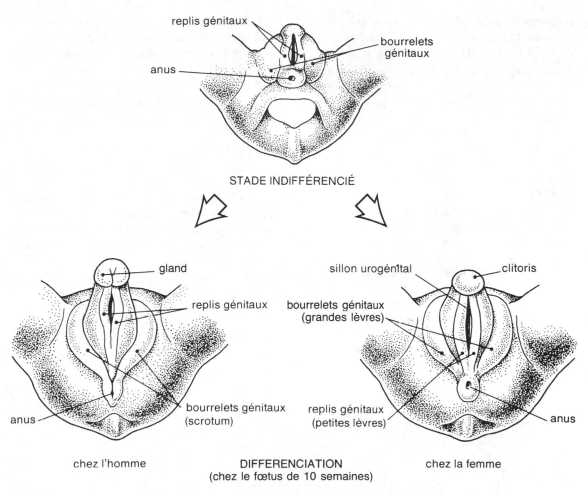

replis génitaux

bourrelets génitaux

anus

STADE INDIFFÉRENCIÉ

gland

replis génitaux

bourrelets génitaux
(scrotum)

anus

chez l'homme

sillon urogénital

clitoris

bourrelets génitaux
(grandes lèvres)

replis génitaux
(petites lèvres)

anus

chez la femme

DIFFERENCIATION
(chez le fœtus de 10 semaines)

Fig. 6.15 *Les organes génitaux mâles ou femelles présentent de très grandes similitudes au cours des premiers stades du développement prénatal.*

cas de certains hommes ayant rapporté qu'ils étaient capables de vivre plusieurs orgasmes avant que ne se produise l'éjaculation.

Outre ces ressemblances sur le plan psychologique, des données récentes semblent montrer qu'il existe, entre l'homme et la femme, du point de vue sexuel, d'énormes ressemblances sur le plan physiologique.

On sait en effet que le développement embryonnaire de l'appareil génital s'effectue à partir d'une base commune pour l'un et l'autre sexe. La différenciation ne se produit chez l'embryon mâle que sous l'effet d'hormones sécrétées par son organisme (figure 6.15). Chaque partie de l'appareil génital masculin possède donc un homologue, même à l'état *vestigial*, chez la femme.

Ces données renforcent l'idée de la présence, chez la femme, de tissus *érectiles* semblables à ceux du pénis et différents de ceux du clitoris (qui est l'homologue du gland). Il s'agit là d'une hypothèse qui avait déjà été proposée, en 1950, par Grafenberg. Après être tombée dans l'indifférence pendant près de trente années, elle suscite aujourd'hui un regain d'intérêt et reçoit un début de confirmation, suite à l'avancement des techniques d'observation et des connaissances sur le fonctionnement de l'appareil génital féminin.

Selon Grafenberg, il existerait une zone très excitable dans la paroi antérieure du vagin, sur le parcours de l'*urètre* et à environ 5 cm de l'orifice vaginal. Sous l'excitation provoquée par le frottement du gland, cette zone s'élargirait et deviendrait proéminente. On lui a donné le nom de point G (G comme Grafenberg).

Grafenberg a de plus émis l'hypothèse de la production d'une grande quantité de fluide qui s'écoulerait de l'urètre durant l'orgasme, au point de donner parfois l'impression à la femme qu'elle perd le contrôle de sa vessie. Or, des observations filmées ont été effectuées depuis mettant effectivement en évidence l'existence de tels phénomènes «d'éjaculation» chez certaines femmes[10].

On sait de plus que c'est le même nerf qui contrôle l'émission du sperme chez l'homme et les contractions de l'utérus chez la femme. Un rapprochement a donc été établi entre ces deux phénomènes, en mettant en parallèle les contractions de l'utérus, dont la nature et l'intensité varient d'une expérience orgasmique à l'autre, et les contractions des muscles à la base du pénis qui constituent le prélude à l'éjaculation.

Selon Davidson (1980), c'est à ce niveau qu'il faut chercher l'explication de la production d'orgasmes multiples propres à la femme ainsi qu'à certains hommes.

Cet auteur postule l'existence d'un double mécanisme faisant appel à des circuits nerveux différents. Il s'agit d'une *hypothèse bipolaire de l'orgasme* (figure 6.16).

Le premier circuit activerait le cerveau en y déclenchant l'état de conscience modifié, le «flash», caractéristique de l'orgasme, pendant qu'il provoquerait les contractions des *muscles pelviens*. Ce circuit pourrait être réactivé à plusieurs reprises, entraînant le déclenchement d'orgasmes consécutifs suite à une excitation sexuelle prolongée.

Un deuxième circuit prendrait alors la relève, entraînant les contractions, responsables de l'éjaculation chez l'homme, et celles de l'utérus chez la femme. Il provoquerait d'autre part la perte temporaire de l'éveil sexuel et l'entrée dans une période réfractaire.

Ceci permettrait d'expliquer pourquoi, selon les circonstances, l'orgasme peut revêtir l'aspect

---

[10] Ce fluide pourrait hypothétiquement être sécrété par les cellules d'une prostate vestigiale.

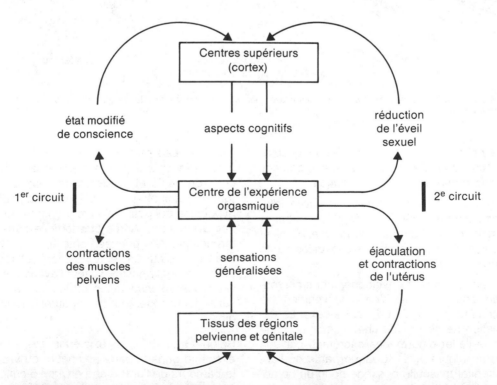

Fig. 6.16 *Hypothèse bipolaire de l'expérience orgasmique chez l'homme et la femme (Davidson, 1980).*

d'une expérience mystique, tel que le rapportent de nombreuses femmes qui parlent notamment d'expériences hors-corps vécues à cette occasion (Hite, 1976; Solignac et Serrero, 1980) et, d'autres fois, ne constituer qu'un simple soulagement bien que dans les deux cas, l'individu se trouve dans un état physiologique semblable. Tout serait dans la façon dont est vécue la relation sexuelle et les fantasmes qui lui sont associés, au moment de l'excitation du premier circuit.

Une autre preuve de ceci a pu être apportée suite à l'excitation directe des centres de plaisir chez des volontaires humains. Ceux-ci rapportèrent qu'il s'agissait là de sensations agréables, dont la coloration sexuelle était évidente, mais qui était cependant loin de se comparer à l'expérience orgasmique telle qu'elle pouvait être « ressentie » au cours d'une relation sexuelle (Goy et McEwen, 1980).

De telles constatations et hypothèses, si elles se trouvaient confirmées, éclairciraient de nombreuses questions. Elles mettraient tout d'abord fin à la querelle sur l'existence de deux types d'orgasmes chez la femme, l'un clitoridien et l'autre vaginal, puisque, chez celle-ci comme chez l'homme, l'excitation irradierait du clitoris, homologue du gland, jusqu'aux muscles responsables de la contraction de l'utérus, correspondant à ceux situés à la base du pénis. Mais elles montreraient surtout que l'expérience orgasmique, telle qu'elle est vécue à travers la relation sexuelle ou la masturbation, demeure sous le contrôle des centres supérieurs, aussi bien en ce qui concerne la levée ou le maintien des inhibitions, qu'en ce qui a trait à l'amplification des sensations qui précèdent l'entrée dans l'état modifié de conscience.

Source : H.A. KATCHADOURIAN, *Fundamentals of human sexuality*, New York, Holt, Rinehart and Winston, 1985.

Vasocongestion
Engorgement des vaisseaux sanguins et augmentation du débit du sang survenant pendant la phase d'excitation sexuelle dans certaines parties du corps (notamment les petites lèvres, le pénis, la poitrine, etc.).

Période réfractaire
Laps de temps durant lequel il est impossible pour un organe qui vient d'être stimulé de répondre à nouveau à une excitation semblable.

Vestigial
Se dit de ce qui demeure d'un organe qui a disparu ou qui ne s'est pas développé.

Érectile
(du latin *erigere* = dresser). Qui peut entrer en érection, devenir dur et gonflé.

Urètre
Canal allant de la vessie vers l'extérieur et par lequel s'écoule l'urine (ainsi que le sperme chez l'homme).

Muscles pelviens
(du latin *pelvis* = bassin). Muscles de la partie inférieure du bassin que traversent le rectum, l'urètre et le vagin.

Document 6.6

Des bébés singes amoureux d'un mannequin

Une des expériences les plus célèbres sur le développement de l'attachement, a été conduite par Harlow (1959) sur des bébés singes. Il s'agissait de mettre en évidence les facteurs intervenant dans l'établissement du lien entre l'enfant et sa mère.

Traditionnellement, on croyait que cet attachement était lié au fait que la mère constituait la source de tous les soins et notamment de la nutrition.

Harlow voulut vérifier cette hypothèse en remplaçant la mère de jeunes singes, maintenus dans l'isolement depuis la naissance, par deux mannequins aux caractéristiques particulières (figure 6.17).

Le premier était constitué d'un manchon de fil de fer muni d'un biberon et surmonté d'une tête grossièrement taillée. Le second, lui, était recouvert d'un tissu de peluche douillet et muni d'éléments chauffants afin de le maintenir à une température proche de la température corporelle. Les chercheurs mesuraient alors le temps passé respectivement sur l'un ou l'autre mannequin,

HARRY F. HARLOW

Fig. 6.17 *Un bébé singe élevé par deux mères-mannequins va passer le plus clair de son temps sur celle qui offre un contact «chaleureux» et n'ira à l'autre que pour se nourrir.*

mais également les réactions des jeunes élevés avec l'un ou l'autre de ceux-ci, lorsqu'ils se trouvaient dans des situations nouvelles, génératrices d'anxiété.

Les résultats allèrent tout à fait à l'encontre de l'hypothèse traditionnelle. Les bébés s'attachèrent uniquement au mannequin de peluche, ne passant sur l'autre que le temps nécessaire à se nourrir. Il paraissait donc évident que le bien-être provoqué par un contact chaleureux même s'il était seulement physique, constituait le facteur le plus important dans le lien créé par le bébé[11].

De plus, la différence la plus marquante observée entre un jeune singe élevé auprès d'un mannequin de peluche et un autre élevé auprès d'un mannequin en fil de fer, résidait dans leur attitude face à une situation nouvelle. Le premier se mettait relativement vite à explorer les environs, accourant vers sa «mère» chaque fois qu'il était effrayé; le second était pour sa part incapable de bouger, ne fût-ce que de quelques pas.

Le contact chaleureux semblait donc jouer un rôle sécurisant permettant de réduire le stress provoqué par les situations inattendues. Ce n'était pas le cas pour le bébé à la mère «fil de fer» chez qui les perturbations émotionnelles allèrent en augmentant de jour en jour.

Les comportements des jeunes élevés avec la mère de peluche n'égalèrent cependant jamais, en équilibre, celui des bébés élevés avec leur mère naturelle. De nombreuses difficultés apparurent notamment dans les contacts sociaux que ces jeunes, élevés dans l'isolement, eurent à expérimenter par la suite.

Elles se manifestèrent surtout par une relation perturbée avec les autres jeunes, par de grandes difficultés dans l'ajustement sexuel avec le partenaire et, chez les femelles, par une incapacité de se comporter «normalement» avec leurs petits.

Pour Harlow, la peur, la curiosité et l'agressivité seraient innées, et les mécanismes qui les sous-tendent se développeraient selon certaines séquences, à des moments précis du développement. Toute perturbation intervenant au cours de ces périodes critiques aurait des effets parfois irréversibles sur le comportement.

---

[11] Des recherches ultérieures ont montré que le bercement constituait une autre variable importante se greffant sur celle-ci.

Document 6.7

Les rôles sexuels et «l'image» du père

Les motivations, les attitudes, les valeurs ainsi que les comportements que l'enfant va être amené à adopter dès le plus jeune âge dépendent largement de la façon dont la culture définit les rôles sexuels qu'elle attribue aux hommes et aux femmes.

Cette différenciation s'effectue immédiatement après la naissance avec le nom qui est donné au nouveau-né et les couleurs choisies pour ses vêtements et la décoration de sa chambre[12]. L'endoctrinement se poursuit à travers la manière dont l'enfant sera habillé et coiffé ainsi que par le choix de ses jouets et des diverses activités récréatives auxquelles il va participer (Bandura, 1969).

Traditionnellement, la majorité des cultures humaines s'attendent à ce qu'un homme soit indépendant, dominant, dynamique, compétent et en compétition constante sur le plan des relations sociales et sexuelles. Quant à la femme, elle se doit d'être passive, aimante, affectueuse et jouant principalement un rôle efficace au sein de la famille et dans l'éducation des enfants. Les choses sont en train de changer dans notre société où de plus en plus de femmes s'affirment à l'extérieur du foyer, tant sur le plan intellectuel que professionnel, en exigeant en retour un partage des tâches ménagères de la part du partenaire. Aujourd'hui de nombreux enfants sont ainsi confrontés à une image moins définie et plus souple de la masculinité et de la féminité. Il n'en reste pas moins qu'un nombre considérable de facteurs interviennent dans la façon dont le rôle sexuel va s'imposer au garçon ou à la fille. Parmi ces facteurs, un des plus importants semble être constitué par la présence du père et son niveau d'implication dans l'éducation de l'enfant (Biller et Meredith, 1975).

Plusieurs études montrent que les mères mettent en général moins l'accent sur les différences sexuelles que ne le font les pères. On remarque en effet que la plupart de ceux-ci insistent très tôt sur le maintien d'une différenciation sexuelle, et cela dès la deuxième année de vie de l'enfant (Fagot, 1973) (figure 6.18).

La masculinité, chez le garçon, semble d'autant plus développée que le père est dominant et répressif, intervenant dans l'éducation en distribuant punitions et récompenses. Par contre, la féminité de la fille ne paraît aucunement liée à une telle attitude éducative, pas plus d'ailleurs qu'à la féminité de la mère. Elle semble beaucoup plus être le fait de la masculinité manifestée par le père, de l'appréciation qu'il porte à l'égard de la féminité de la mère ainsi que de l'approbation pour toute participation de la fille à des activités féminines. Le désir chez la femme, d'avoir des enfants et d'établir des relations hétérosexuelles satisfaisantes reposerait sur le fait que les relations avec son père aient été empreintes d'affection et d'attention. Un manque d'implication de la part de ce dernier, une certaine inefficacité ou encore de l'hostilité vis-à-vis de la petite fille pourraient ainsi être à la base de problèmes plus ou moins importants lors de l'établissement par l'adolescente de relations avec des partenaires masculins.

Les cinq premières années de la vie sont donc déterminantes dans l'orientation que vont

Fig. 6.18 *La manière dont le père va établir la relation avec son enfant est déterminante pour ses orientations futures et l'adoption des rôles sexuels.*

---

[12] Il faut d'ailleurs noter que la couleur bleue est attribuée aux garçons en Amérique du Nord, alors qu'elle est réservée aux filles en Europe.

prendre la masculinité du garçon et l'établissement de relations hétérosexuelles futures par la fille. Des difficultés risquent de se présenter avec d'autant plus de gravité que l'enfant sera confronté, au cours de cette période, à l'absence définitive du père, provoquée par le décès de celui-ci ou par le divorce des parents, sans qu'aucun modèle masculin ne vienne le remplacer de façon efficace.

En ce qui a trait aux garçons élevés par leur mère, on assiste soit au développement de caractéristiques «féminines» telles qu'une agressivité peu importante et plus verbale que physique, une plus grande dépendance et une préférence pour des jeux et des activités traditionnellement réservés aux filles[13], soit, au contraire, au développement d'une masculinité compensatoire caractérisée par un mélange de comportements exagérément virils et d'attitudes de dépendance, comme c'est souvent le cas chez les jeunes délinquants (Drake et McDougall, 1977).

En ce qui concerne les filles, les études de Hetherington (1972) ont montré que les adolescentes privées de leur père au cours de l'enfance manifestaient un manque d'assurance marqué dans leurs rapports avec les hommes, surtout lorsque la perte ou la séparation s'était produite avant l'âge de cinq ans. Hetherington étudia le comportement de 72 adolescentes issues soit de familles biparentales, soit de familles monoparentales dans lesquelles n'existait aucun modèle masculin. Aucune de ces jeunes filles ne présentait de troubles de comportement et toutes réussissaient normalement leurs études. Trois groupes de 24 adolescentes furent ainsi observés. Celles du premier groupe avaient été élevées par les deux parents; celles composant le deuxième groupe avaient été séparées de leur père suite à un divorce; quant au troisième groupe, il se composait de jeunes filles dont le père était décédé.

Hetherington nota que si la façon de se comporter de la majorité d'entre elles était relativement semblable lorsque l'entrevue était menée par une femme, il n'en allait plus ainsi lorsqu'elle l'était par un homme. De plus, les attitudes différentes, observées à cette occasion, trouvaient un prolongement dans la plupart des rapports sociaux de la vie courante que les adolescentes pouvaient entretenir avec des garçons de leur âge.

Lors de l'entrevue avec le psychologue masculin, les jeunes filles étaient invitées à s'asseoir dans un des trois fauteuils mis à leur disposition. Les filles issues de familles biparentales se montrèrent relativement détendues au cours de l'entretien; les autres, par contre, manifestaient un certain malaise, tortillant une mèche de cheveux autour de leur doigt, rajustant constamment leurs vêtements ou pianotant sur le dossier du fauteuil ou sur la table.

De plus, on nota des différences d'attitudes entre les jeunes filles dont la mère était divorcée et celles dont le père était décédé. Les premières choisissaient en général le fauteuil le plus rapproché et s'y prélassaient. Elles se penchaient souvent vers l'intervieweur, le fixant dans les yeux, lui souriant à de nombreuses reprises et se montrant très volubiles. Ces comportements se retrouvaient d'ailleurs dans leur vie quotidienne. Ces jeunes filles usaient de leur charme physique pour attirer l'attention et les éloges des hommes, cherchant les occasions de rencontrer des jeunes gens, au gymnase, à la salle de danse de l'école, etc., flirtaient plus souvent que les filles des autres groupes et avaient des rapports sexuels plus précoces et plus fréquents.

Le comportement des filles dont le père était décédé allait à l'opposé de celui qui vient d'être décrit. Au début de l'entretien, elles se tenaient raides. Elles avaient tendance à se détourner légèrement de l'intervieweur, s'abstenant de lui sourire et ne parlant que très peu. Dans leur vie de tous les jours, elles évitaient tout contact avec les hommes. Elles avaient entrepris leur première fréquentation relativement tard. Plusieurs d'entre elles présentaient des inhibitions sexuelles. Lors des soirées dansantes, elles avaient tendance à s'isoler et à éviter les garçons, bien qu'elles aient été sollicitées tout autant que les autres.

La différence de comportement entre ces deux types d'adolescentes correspondait à l'image différente que chacune d'elles avait de son père. Les filles de mère divorcée gardaient un attitude

---

[13] Ces caractéristiques s'atténuent cependant le plus souvent lors de l'entrée à l'école et de l'apprentissage des rôles masculins.

critique vis-à-vis de celui-ci, soit parce qu'elles s'étaient senties abandonnées par lui, soit parce qu'elles avaient adopté l'attitude négative de leur mère à son égard. Les insatisfactions et les anxiétés maternelles face à la vie les amenaient à rechercher la sécurité auprès d'un homme ou, du moins, à s'éloigner d'un foyer à l'atmosphère parfois pesante, pour vivre d'autres aventures.

Quant aux filles dont la mère était veuve, elles avaient de leur père une image idéalisée avec laquelle peu d'hommes pouvaient rivaliser. Cette image se trouvait d'ailleurs le plus souvent renforcée par le souvenir qu'entretenait la mère. Le foyer dans lequel l'adolescente était élevée était relativement heureux et séduisant, ce qui constituait un frein à d'éventuels engagements à l'extérieur pouvant se révéler perturbants sur le plan émotionnel.

Source : HETHERINGTON, E.M. et PARKE, R.D., *Child Psychology : A Contemporary Viewpoint*, New York, McGraw-Hill, 1979.

Document 6.8

Peut-on détecter les mensonges?

Nous avons vu précédemment, à propos de la dilatation de la pupille, (document 5.8), que les réactions de l'organisme provoquées par le système sympathique trahissaient souvent un intérêt ou une émotion ressentie par le sujet.

Certains chercheurs se sont demandé si on ne pouvait pas, de la même façon, rendre compte de la sincérité des déclarations faites par un individu, en observant les réactions émotionnelles qui accompagnent éventuellement celles-ci.

Pour enregistrer ces modifications physiologiques, on se sert d'un polygraphe, qui traduit de façon graphique les données fournies à partir d'électrodes captant les rythmes cardiaque et respiratoire, la pression artérielle ainsi que les modifications de résistance de la peau (figure 6.19).

Après avoir établi une ligne de base de ces différents paramètres, lorsque le sujet est au repos, on lui présente une série de questions auxquelles il doit répondre par « oui » ou par « non ». La plupart de ces questions sont anodines, alors que certaines sont plus critiques et associées à une situation sur laquelle on veut obtenir la lumière (à l'occasion d'un vol de banque, de la mise en cause de l'honnêteté d'un commis de magasin, etc.).

Le sujet n'ayant rien à se reprocher va répondre aux questions critiques en manifestant le même calme que celui dont il fait preuve pour les questions « normales ». Alors que le coupable éventuel, en voulant mentir pour ne pas se trahir, va être victime d'une perturbation émotionnelle facilement détectable sur le polygraphe.

Il semble cependant que la méthode soit loin d'être infaillible, même si ses défenseurs affirment qu'elle l'est à 90 %.

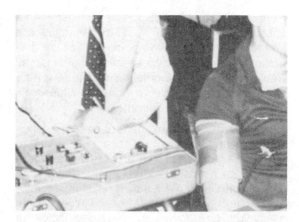

Fig. 6.19 *Le détecteur de mensonge. Un polygraphe, ou détecteur de mensonge, est un appareil permettant de capter les modifications des rythmes cardiaque et respiratoire, de la tension artérielle et de la résistance de la peau, à l'aide d'électrodes placées sur le bras, la poitrine et les doigts du sujet.*

Il est certain qu'un sujet tendu, ou celui qui ignore ce qui l'attend, risque de donner l'impression qu'il ment parce qu'il réagit à certaines questions dont il ne sait que penser. À l'opposé, un menteur chevronné peut être capable de contrôler ses émotions, quelque embarrassante que soit la situation.

On a d'ailleurs pu montrer qu'il suffisait qu'un sujet contracte certains muscles ou pense intensément à certaines choses pendant l'établissement de la ligne de base, pour en compliquer le tracé et brouiller les pistes par la suite. De tels sujets n'ont laissé que 10 à 25 % de chances au « détecteur » de découvrir les perturbations correspondant réellement à un mensonge.

Ce sont notamment ces raisons qui font que les données fournies par cet instrument ne sont pas acceptées en guise de preuve devant les cours de justice.

Document 6.9

Quand l'information est elle-même chargée émotivement...

Une émotion négative est plus susceptible de se former chez le sujet qui manque d'information lui permettant de décoder objectivement un événement.

Parfois, l'information disponible est elle-même chargée d'émotivité par le fait qu'elle ressuscite le souvenir de situations douloureuses ou dramatiques vécues antérieurement par le sujet. Ceci risque alors d'augmenter encore le niveau d'émotion générée par la nouvelle situation à laquelle il se trouve confronté.

Ce fait est démontré dans une expérience menée par Speisman et ses collaborateurs (1964). Celle-ci consistait à présenter à quatre groupes de sujets un film relatant la façon dont une certaine tribu d'Australie pratiquait la *subincision* chez les adolescents, lors de la cérémonie d'initiation. La subincision consiste à inciser la surface inférieure du pénis sur toute sa longueur à l'aide d'une pierre tranchante, pendant que le jeune homme est solidement maintenu par quatre adultes.

Le film était présenté de quatre façons différentes. Un premier groupe visionnait le document qui n'était accompagné d'aucune bande sonore. Le deuxième groupe entendait un commentaire mettant l'accent, de façon pathétique, sur les aspects cruels et traumatisants d'une telle pratique. Au troisième groupe, on fournissait un commentaire cherchant, au contraire, à dédramatiser la scène en niant le plus possible l'existence d'un traumatisme chez le jeune homme. Quant au quatrième groupe, il prenait connaissance du document accompagné cette fois d'un commentaire présenté de façon neutre et décrivant le plus objectivement possible les détails des différentes phases d'une telle pratique.

Après avoir analysé les enregistrements du rythme cardiaque et de la réponse psycho-galvanique des sujets, les chercheurs notèrent que la réaction émotive la plus basse s'observait chez les individus des deux derniers groupes. Par contre, elle était relativement élevée chez ceux du groupe n'ayant reçu aucune information que le document visuel et elle était maximale chez ceux ayant reçu une information chargée émotivement (figure 6.20).

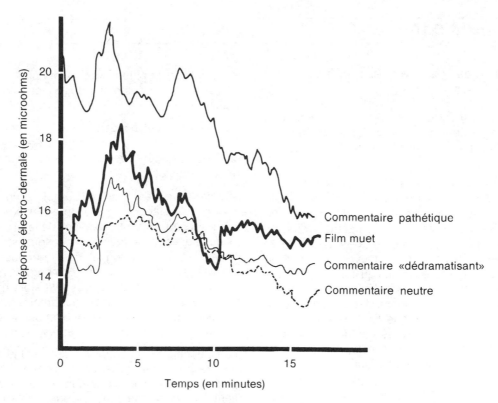

Fig. 6.20 *Ce schéma représente la réponse émotionnelle de sujets, mesurée à l'aide du psychogalvanomètre, pendant le visionnement d'un film présentant des scènes chargées émotivement. On note que les sujets chez lesquels la présentation des images a été accompagnée d'un commentaire mettant l'accent sur la cruauté des scènes manifestent une réaction émotionnelle plus importante que ceux chez lesquels le commentaire visait à nier le côté dramatique des images ou à le présenter de la façon la plus objective possible (d'après Speisman et coll., 1964).*

Les résultats d'une telle expérience peuvent être rapprochés de la réaction d'un enfant entrant pour la première fois à l'école maternelle, dans le cabinet d'un dentiste ou dans celui d'un médecin. Le fait que cette prise de contact se traduise par des hurlements, une certaine appréhension ou soit vécue dans le calme dépend très souvent du niveau et de la qualité de l'information qui a été fournie antérieurement à l'enfant.

Mais, dans un autre ordre d'idées, c'est également pour cette raison que, lors des campagnes d'aide humanitaire, il est tellement nécessaire de mettre un accent particulièrement pathétique sur les conséquences dramatiques dans lesquelles vivent certaines populations du globe. Il s'agit ainsi de contrer la «désensibilisation» provoquée par une surcharge de faits présentés «objectivement» au cours des émissions d'informations habituelles. On sait aussi que l'émotion générée au cours de ces campagnes ne dure que peu de temps et que, si le téléspectateur ne pose pas immédiatement le geste de soutien financier, il y a d'autant moins de chance qu'il s'y livre que le souvenir de l'émotion suscitée s'estompe avec le temps.

Document 6.10

Des singes, des rats et l'ulcère à l'estomac

Brady (1958) est un des premiers chercheurs à avoir tenté de mettre en évidence les facteurs responsables du développement d'*ulcères* à l'estomac.

Il plaça un singe dans un appareil dont les carcans le maintenaient à la taille et au cou, puis il lui administra un choc électrique toutes les 20 secondes. Le singe avait cependant la possibilité, en appuyant sur un levier, de retarder de 20 secondes l'émission d'un nouveau choc. Il ne recevait ainsi que les chocs qu'il n'avait pas évités, en n'actionnant pas le levier au moins une fois toutes les 20 secondes. De plus, le rythme des séances était tel que l'animal était soumis à 6 heures de «travail» suivies de 6 heures de repos, de façon continue et cela, 24 heures sur 24 pendant des semaines (figure 6.21).

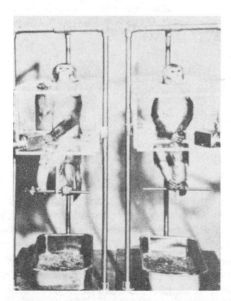

Fig. 6.21 *Les singes et l'ulcère à l'estomac. Dans l'expérience de Brady, le singe de gauche peut retarder l'émission d'un choc électrique s'il appuie sur un levier toutes les 20 secondes au maximum. Quant au singe de droite, il reçoit «passivement» les chocs que son collègue n'a pu éviter. Lequel des deux risque-t-il le plus de développer un ulcère? (Brady et coll., 1958).*

À ce rythme, la plupart des sujets présentèrent vite un ulcère à l'estomac auquel certains succombèrent.

La question était posée : était-ce le choc électrique lui-même ou la tension générée en tentant de l'éviter, qui était responsable de l'apparition de tels troubles?

Afin de le vérifier, Brady utilisa alors un singe témoin qu'il plaça à côté du premier, dans les mêmes conditions que celui-ci; la seule différence était que le levier placé sous sa main n'avait aucune fonction et que les chocs qu'il recevait étaient ceux que son compagnon n'avait pas réussi à éviter. Brady observa alors que ce singe «passif» était beaucoup moins victime d'ulcères que le singe «actif» bien que les deux singes aient reçu le même nombre de chocs.

Il était donc clair, selon Brady, que seul le stress était responsable de la production de lésions *gastriques*. De plus, on démontrait ainsi expérimentalement qu'une perturbation au niveau psychique peut entraîner des séquelles sur le plan physique, qu'on appelle pour cette raison *troubles psychosomatiques*.

Weiss (1972) obtint cependant des résultats différents avec des rats placés dans une situation semblable. La démarche utilisée présentait une seule différence : un signal avertisseur indiquait au rat «actif» qu'il était temps d'actionner une roue s'il voulait éviter le choc. Weiss observa alors que les rats «passifs» développaient relativement plus d'ulcères que les rats «actifs».

Ces résultats contradictoires peuvent surprendre, à première vue. Ils s'expliquent cependant lorsqu'on compare le vécu du singe «actif» de Brady, ne possédant aucune information sur l'efficacité des réponses qu'il fournissait, à celui du rat «actif» de Weiss disposant de toute l'information utile pour arriver à éviter au maximum la situation aversive.

Dans l'expérience de Weiss, le rat «passif» était le moins informé des deux sujets. Alors que dans l'expérience de Brady, c'est l'inverse qui se produisait; la tension à laquelle le singe «actif» était soumis était donc relativement plus importante que celle du singe «passif».

Il s'agit là, une fois encore, d'une application du principe relatif à la quantité d'informations fournies qui régit l'apparition des émotions et dont il a été question dans le texte.

Un examen scolaire serait, de la même façon, moins stressant et plus productif si le sujet était informé immédiatement de la validité des réponses qu'il émet, plutôt que d'être contraint de vivre dans l'expectative tout au long de l'épreuve et pendant la période de correction requise par l'examinateur. Les techniques d'enseignement programmé, mises au point notamment par Skinner ou celles développées grâce à l'utilisation de l'ordinateur, vont dans ce sens. Nous en parlerons plus loin.

Ulcère
Plaie d'une muqueuse qui a tendance à ne pas se cicatriser.

Gastrique
(du grec *gastros* = estomac). Propre à l'estomac.

Psychosomatique
(du grec *psukhê* = âme, esprit et *-sôma* = corps). Se dit des troubles ou des maladies physiques dont les causes sont psychologiques (généralement des conflits psychologiques inconscients).

Document 6.11

La vie, le stress et vous

Chacune des situations de la vie a un impact différent sur notre organisme et sur les réactions au stress qu'elles peuvent susciter chez lui.

L'être humain est un être essentiellement social. Il est donc certain que les liens affectifs qu'il tisse, tout au long de sa vie, revêtent pour lui une importance parfois capitale. Aussi, toute création de relations stables, mais surtout toute rupture, que ce soit au niveau du couple, de la famille ou des proches, risque d'entraîner, chez de nombreuses personnes, des perturbations émotionnelles aux conséquences parfois dramatiques pour leur équilibre.

La vie professionnelle ou scolaire des jeunes adultes est également, bien qu'à un degré moindre, une source de stress. Nous en faisons tous l'expérience, un jour ou l'autre.

Quant à nos attitudes personnelles et les modifications dans notre conception de la vie, elles sont, elles aussi, très souvent en mesure d'occasionner des tensions coûteuses pour notre organisme.

Enfin, notre façon d'occuper nos temps de loisirs, ainsi que les ennuis de la vie quotidienne ou les troubles de la santé (lorsqu'ils ne sont pas provoqués par le stress lui-même) peuvent parfois exiger que l'individu aille puiser dans ses ressources pour être à même de les surmonter.

Il ne faut pas oublier, cependant, que chacun de nous a sa façon propre de réagir au stress et que certaines personnes semblent être plus prédisposées que d'autres, sur le plan physiologique, à répondre de cette façon aux difficultés de la vie.

Marx et ses collaborateurs (1975) ont adapté une liste des situations stressantes qui avait été établie précédemment par Anderson (1972). Les différents éléments de cette liste ont été regroupés ci-dessous, selon qu'ils se rapportaient à l'une ou l'autre des facettes de la vie, dont nous venons de parler. De plus, nous les avons classés selon leur importance relative et évalués en unités de changement de vie.

Des études antérieures ont montré que dans un échantillon d'étudiants et d'étudiantes de 17 et 18 ans, les résultats de la moitié d'entre eux se situaient en dessous de 767 unités alors que ceux de l'autre moitié étaient supérieurs à ce score.

Si vous désirez connaître votre propre niveau, encerclez la valeur en unités de chaque item qui se rapporte à votre vie, au cours des 12 derniers mois (en n'oubliant pas de multiplier cette valeur par le nombre de fois qu'une même situation a été vécue pendant cette période).

Additionnez alors ces différentes valeurs et comparez le résultat au chiffre-charnière de l'étude, cité plus haut.

Expériences vécues au cours des 12 derniers mois	Unités de changement de vie	Votre score
A. Au niveau des *liens affectifs*		
1. Décès du conjoint	87	
2. Mariage ou prise d'engagements conjugaux	77	
3. Décès d'un proche parent	77	
4. Divorce	76	
5. Séparation des conjoints	74	
6. Expérience de la grossesse (par l'un ou l'autre des conjoints)	68	
7. Décès d'un(e) ami(e) intime	68	
8. Rupture d'une relation stable (ou des fiançailles) avec un(e) partenaire	60	
9. Réconciliation entre conjoints	58	
10. Difficultés sur le plan sexuel	58	
11. Changement important dans la santé ou dans le comportement d'un membre de la famille	56	
12. Fiançailles	54	
13. Changement dans les rapports avec le ou la partenaire (en mieux ou en moins bien)	50	
14. Accueil d'un nouveau membre dans la famille (naissance, adoption, prise en charge d'une personne âgée)	50	
15. Ennuis avec la famille du (ou de la) partenaire	42	
16. Modification dans les habitudes de sortie en couple	41	
17. Début ou cessation d'emploi du conjoint	41	
18. Changements importants dans les rencontres avec la famille (beaucoup plus ou beaucoup moins de contacts)	26	
Sous-total		
B. Au niveau de la *vie scolaire*		
1. Inscription à des études postsecondaires (collège, université, institut, etc.)	50	
2. Changement d'institution scolaire	50	
3. Difficultés scolaires (avec professeur(s), administration, programme)	44	
4. Occupation d'un emploi pendant les études	43	
5. Changement d'orientation ou de programme	41	
6. Changement important dans le degré de participation aux activités scolaires	38	
Sous-total		
C. Au niveau de la *vie professionnelle*		
1. Congédiement d'un emploi stable	62	
2. Changement de métier ou d'emploi	50	
3. Changement important dans les responsabilités au travail (promotion, rétrogradation, etc.)	47	
4. Changement important dans l'horaire et les conditions de travail	42	
5. Ennuis avec l'employeur (en baisse ou en hausse)	48	
Sous-total		
D. Au niveau des *attitudes personnelles*		
1. Changement important dans la conception ou la connaissance de soi	57	
2. Changement d'attitude face à la consommation de drogue (favorable ou défavorable)	52	
3. Conflit grave ou changement important au niveau des valeurs	50	
4. Changement important au niveau de l'indépendance personnelle et de la prise de responsabilité	49	
5. Changement important dans la consommation d'alcool (favorable ou défavorable)	46	
6. Changements d'habitudes personnelles (amis, vêtements, manière d'être, etc.)	45	
7. Changement important dans les pratiques religieuses	36	
Sous-total		

E. Au niveau de la _santé_		
1. Maladie ou blessure grave	65	
2. Changement dans les habitudes de sommeil (en quantité ou dans le moment où s'effectue le repos)	34	
3. Changement important dans les habitudes alimentaires (en quantité ou dans les heures des repas)	30	
	Sous-total	
F. Au niveau de la _vie quotidienne_		
1. Emprunt d'argent ou hypothèque pour un montant inférieur à 15.000 $ US	52	
2. Changement de domicile ou de conditions de logement	42	
3. Réalisation personnelle d'un niveau exceptionnel	40	
4. Changement important dans la situation financière (en mieux ou en moins bien)	33	
5. Déclaration de culpabilité pour une infraction mineure à la loi (excès de vitesse, passage sur un feu rouge...)	22	
	Sous-total	
G. Au niveau des _loisirs_		
1. Changement important dans les activités sociales	43	
2. Changement important dans le type ou la qualité des loisirs	37	
3. Voyage d'agrément	33	
	Sous-total	
	TOTAL	

Résumé

1. Plus on monte dans l'échelle animale, plus les motivations et les émotions deviennent complexes et tendent à s'interpénétrer.

2. La _théorie des pulsions biologiques_ avance que l'organisme recherche constamment un état d'équilibre, appelé homéostasie, amenant l'individu à satisfaire ses besoins de façon à _réduire_ et faire disparaître l'_état pulsionnel_ qu'ils engendrent.

3. La _théorie de l'activation optimale_ postule que l'organisme tenterait de maintenir _constante_ la quantité des stimulations soit en réduisant le nombre, soit en l'augmentant, de façon à rester à un _niveau d'éveil optimal_.

4. Les _théories cognitives_ de la motivation s'appuient sur le fait que tous nos comportements sont _intrinsèquement_ motivés. Plutôt que comme une «force» qui agirait pour rétablir l'équilibre, la motivation devrait être vue comme un sélecteur de comportements nous amenant à agir en fonction d'états, d'émotions et de pensées, mais également de buts et de projets dans lesquels nous développons un sentiment de compétence.

5. La _faim_ est déclenchée à la fois par des stimulations internes et des stimulations externes. Dans les cas extrêmes, c'est la baisse du taux de sucre dans le sang ainsi que la régulation effectuée par le centre de contrôle de la faim, situé dans l'hypothalamus, qui sont responsables de la recherche de nourriture par l'organisme.

6. La *soif* n'est provoquée que lorsque l'action des mécanismes récupérateurs d'eau, au niveau des reins, s'avère insuffisante pour combler le déficit. La recherche de boisson est alors déclenchée suite à l'action d'un enzyme débouchant sur l'excitation de l'hypothalamus.

7. La *douleur* est tout d'abord un *signal* qui dépend de l'action antagoniste de la substance P et des endorphines. Elle est également une *réaction* acquise dès les toutes premières expériences de vie.

8. La *sexualité*, chez les êtres humains, est largement tributaire de l'éducation reçue dans le cadre d'une culture donnée. Il existe, de plus, des caractéristiques qui sont essentiellement le propre de l'espèce humaine. Ainsi, par rapport aux femelles des autres espèces, la femme se distingue par le fait qu'elle peut être sexuellement active toute l'année. Elle est également la seule à connaître l'expérience orgasmique. Les comportements homosexuels sont également typiques de l'espèce humaine. Il s'agit plus, à proprement parler, d'un style de vie qu'adoptent certains individus qu'une «anomalie» d'origine biologique ou sociale.

9. Plus on monte dans l'échelle animale et plus le *comportement maternel* dépend des apprentissages, au point que chez les humains, la culture a définitivement pris le pas sur «l'instinct maternel».

10. L'*attachement* de l'enfant à ses partenaires sociaux est lié aux expériences vécues au cours des premières années de la vie. Il sera d'autant plus fort que le lien avec les parents a été étroit et réconfortant.

11. Le *comportement exploratoire* est inné chez toutes les espèces de mammifères. Chez l'être humain, il se traduit par un besoin d'information et de connaissance tant de la réalité extérieure que de soi-même et du sens à donner à sa vie.

12. L'*estime de soi* est un besoin élevé dans la hiérarchie qui est étroitement associé aux expériences vécues dans l'enfance; celles-ci vont permettre ou non le développement d'un sentiment d'autonomie.

13. La *réalisation de soi* est, selon les humanistes, la tendance innée qui amène tout individu à exploiter pleinement ses potentialités pour peu que les besoins physiologiques, les besoins de sécurité, d'affiliation et d'estime aient été satisfaits.

14. Une *émotion* a comme base une activation physiologique qui est responsable du vécu psychologique et du comportement émotionnel proprement dit. Il s'agit cependant là d'aspects qui peuvent difficilement être mis en évidence de façon objective.

15. L'*intensité* d'une émotion est liée au niveau d'éveil de l'individu et c'est la perception du contexte qui imprime l'*orientation* qu'elle va prendre. Mais c'est tout d'abord la quantité d'informations dont dispose le sujet au moment où se produit un événement, ou lorsqu'un besoin doit être satisfait, qui détermine le *déclenchement* de l'émotion et la coloration positive ou négative qu'elle va alors adopter.

16. Le *stress* est provoqué par une situation brutale qui agresse l'organisme. La réaction au stress a été baptisée «syndrome général d'adaptation» et se déroule en trois étapes : la réaction d'alarme, la phase de résistance et la phase d'épuisement.

Dossier 6.1

L'agressivité : motivation innée ou acquise?

Répondre à cette question est des plus difficiles, comme nous l'avons déjà noté dans le premier chapitre. Trop de facteurs sont impliqués pour pouvoir trancher dans l'un ou dans l'autre sens.

D'une part, des facteurs biologiques ont été mis en évidence portant sur l'existence de mécanismes nerveux impliqués dans les comportements agressifs. Mais, d'autre part, les enquêtes menées au cours des dix dernières années accordent un rôle de premier plan aux facteurs sociaux dans la mise en place de tels comportements.

De plus, divers types de théories se côtoient et avancent chacun des arguments en faveur de l'une ou l'autre thèse. Leur aspect contradictoire n'aide pas à la compréhension du phénomène.

Nous allons cependant tenter d'exposer les différents points de vue.

Les facteurs en cause

Aspects biologiques   On sait à présent qu'il existe des centres, au niveau du système limbique (voir appendice A), dont l'excitation déclenche automatiquement des réactions agressives de la part d'animaux tels que les chiens ou les singes. La violence excessive manifestée par certains individus pourrait ainsi s'expliquer par des dommages infligés au noyau amygdalien logé dans chaque lobe temporal du cerveau (Mark et Ervin, 1970).

Certains chercheurs ont voulu vérifier le rôle du système limbique en en pratiquant l'*ablation* chez des singes. Ils s'aperçurent alors que ceux-ci devenaient doux comme des moutons, conservant un calme imperturbable, même lorsqu'ils étaient attaqués (Kluver et Bucy, 1939). Des études plus récentes ont cependant montré que seules certaines parties du système limbique étaient concernées (Smith et coll., 1970).

D'autres recherches avaient de leur côté, montré qu'un chat *décorticalisé*, dont le système limbique était ainsi mis « à nu », continuait à se comporter normalement, mais qu'il entrait dans une fureur soudaine et incontrôlée dès qu'il était victime de la moindre *frustration* ou de la moindre douleur.

Ces deux types de données montrent donc le rôle capital joué par le système limbique comme moteur du comportement agressif, mais également la fonction du cortex dans le contrôle de son expression. Comme nous le verrons plus loin, avec le modèle proposé par Karli, la façon dont le cortex va exercer ce contrôle dépend principalement des expériences de vie de l'individu et notamment des facteurs sociaux intervenant lors de son développement.

Aspects sociaux   Après avoir mené une importante enquête dans la ville de Chicago, Eron (1982) a mis en évidence les caractéristiques des enfants réputés violents, mais également celles de leurs parents et de l'environnement dans lequel ils sont appelés à vivre.

Ablation
Action d'enlever.

Décorticalisé
Se dit du cerveau lorsque le cortex a été enlevé laissant les structures sous-corticales « à nu ».

Frustration
Privation, blocage ou empêchement d'une activité orientée vers un but.

Il a noté que les enfants violents étaient en général des enfants peu aimés des autres et peu intéressés aux activités scolaires. Ils se laissent facilement aller à des fantaisies agressives qu'ils alimentent notamment à l'aide de films violents présentés à la télévision et aux héros desquels ils s'identifient.

Quant aux parents de tels enfants, il s'agit surtout d'individus très souvent agressifs, favorisant les punitions corporelles (dans 96 % des cas) et n'exprimant uniquement que leurs insatisfactions à l'égard des comportements sociaux de leurs enfants. Ils aiment la violence qu'ils recherchent dans les films projetés à la télévision et découragent, chez leurs enfants, toute compassion vis-à-vis des victimes.

Il semble, de plus, que plus le père est jeune et peu éduqué et plus son fils risque d'être agressif. Quant à l'agressivité chez la fille, elle semble d'autant plus présente que le salaire du père est moins élevé.

Les théories

Théories nativistes   Certains éthologistes ont avancé que l'agressivité serait le propre de toutes les espèces animales en lutte pour la possession et la défense du territoire, y compris l'espèce humaine. Il ne semble exister que très peu de sociétés où la haine et l'agressivité soient totalement absentes (Eibl-Eibesfeldt, 1974).

Toutefois, la plupart du temps, l'agressivité animale se trouverait ritualisée dans des comportements de dominance ou de soumission (comme on le voit chez le loup, par exemple, qui va exposer sa gorge aux crocs d'un congénère dominant, en guise de soumission). Selon Lorenz (1969), ce n'est plus le cas des êtres humains qui ont mis au point, en quelques milliers d'années, des armes efficaces, allant de l'arc et du fusil, à la bombe atomique. Il s'agit là d'instruments qui tuent à distance, sans que ce type d'interaction ait le temps de s'exprimer entre les individus.

Freud avait préalablement énoncé une théorie allant également dans le sens d'une innéité de l'agressivité. Selon lui, l'être humain possèderait en lui une tendance, qu'il baptisa « instinct de mort », qui le pousserait à détruire et à s'autodétruire.

Pour ces deux auteurs, cet instinct destructeur ne pourrait être apprivoisé que par une multiplication des échanges entre individus, groupes sociaux et cultures différentes.

Théories intrapsychiques   D'autres auteurs, de tendance behavioriste, croient au contraire que ce qui est inné, ce n'est pas l'agressivité elle-même mais le fait qu'elle constitue une réponse possible à la frustration ou à la douleur.

Dollard et Miller (1939) ont ainsi émis l'idée qu'un individu, empêché d'agir, risque d'être d'autant plus frustré qu'il est motivé à atteindre un but donné. Sa réaction à la frustration se traduirait alors par une réaction agressive vis-à-vis de l'objet ou de la personne responsable de l'empêchement. Il s'agit là de l'*hypothèse frustration-agressivité*.

Quant au lien existant entre douleur et agressivité, il a été mis en évidence, chez le rat, par Azrin et ses collaborateurs (1965). Ceux-ci ont montré qu'un rat, placé dans une cage avec un congénère, réagissait par un comportement agressif vis-à-vis de celui-ci, chaque fois qu'un courant électrique était envoyé dans le sol de la cage. Rien de tel ne se manifestait pourtant en l'absence de tout compagnon. Ils notèrent également que plus le choc était intense ou répété, plus l'agressivité manifestée était importante.

Même si ces hypothèses sont séduisantes et peuvent expliquer de nombreux comportements, il est cependant certain que ce ne sont pas tous les individus qui réagissent à la frustration ou à la douleur par un comportement agressif, et que l'agressivité n'est pas essentiellement liée à ces facteurs, même si c'est souvent le cas. S'il est vraisemblable que des prédispositions innées soient à la base de l'agressivité humaine, il est tout aussi probable que les apprentissages et les expériences vécues par l'individu jouent un rôle important dans son expression.

Théorie neurobiologique   Karli (1982) propose un modèle qui rejette l'idée, présente dans les deux types précédents de théories, de l'existence d'une motivation agressive unique qui serait sous-tendue par un ensemble unique de mécanismes physiologiques.

Karli s'est en effet livré à de nombreuses observations sur des rats tueurs de souris qui l'ont amené à conclure que ce comportement, comme bien d'autres, subit l'influence tant de l'environnement actuel que des expériences antérieures de l'animal.

Ainsi, le simple fait, pour un rat tueur, de changer de milieu entraîne pendant un certain temps une baisse de l'agressivité. De même, si deux rats tueurs sont placés dans une même cage, c'est le rat dominant et lui seul qui va attaquer les souris qui s'y trouvent.

D'un autre côté, si de jeunes rats sont élevés avec des souris, l'agressivité vis-à-vis de celles-ci se révèle quasi inexistante à l'âge adulte. Par contre, lorsque l'élevage a été pratiqué dans un milieu où les jeunes rats étaient obligés d'entrer en compétition entre eux pour se nourrir, le nombre de rats tueurs augmente considérablement, une fois atteint l'âge adulte (sans toutefois que soient mangées les souris tuées).

Selon Karli, tout comportement agressif est donc adapté à l'état physiologique présent ainsi qu'aux expériences passées, vécues par l'animal. Ce sont ces deux dimensions qui fournissent à une information sensorielle ses propriétés « énergétisantes » et « directionnelles ».

Théorie de l'apprentissage social   Selon des théoriciens, tels que Bandura (1973), la plupart de nos comportements se développeraient surtout par imitation de *modèles*. Pour cet auteur, si les éducateurs d'un enfant, parents et professeurs, se montrent agressifs, celui-ci va apprendre à devenir agressif par imitation de leurs comportements. Par contre, le fait que le modèle soit puni pour son agressivité diminuerait la fréquence des comportements agressifs. Selon ces auteurs, l'agressivité serait donc une affaire d'apprentissage pure et simple. Elle se développerait, se maintiendrait ou s'éliminerait par le simple visionnement de scènes d'agression et de leurs conséquences pour l'agresseur.

Qu'en est-il, alors, du rôle de la télévision à ce sujet?

GISÈLE BEAUVAIS

Fig. 6.22 *Jusqu'à quel point les spectacles violents présentés à la télévision jouent-ils un rôle dans le développement du comportement agressif chez l'enfant?*

Télévision et violence

Depuis une vingtaine d'années, l'intérêt s'est porté, principalement en Amérique du Nord, sur l'impact des émissions de télévision comportant des actes violents[14].

Felsenthal (1976) a tenté de regrouper les données de différentes recherches dans trois catégories d'hypothèses, se référant à l'une ou l'autre des théories énoncées précédemment.

Hypothèse du modèle L'hypothèse du modèle s'appuie sur la théorie de l'apprentissage social dont il vient d'être question et selon laquelle les héros violents des films et des dessins animés serviraient de modèles dans la vie réelle (McCarthy et coll., 1975). Si on veut voir baisser la violence, il serait donc important, selon les tenants de cette théorie, de réduire le nombre de ces scènes et de les remplacer par des productions axées plutôt sur la coopération entre individus.

Hypothèse du catalyseur Pour les tenants de l'hypothèse du *catalyseur*, les spectacles violents serviraient de déclencheurs des pulsions agressives auprès de certains individus chez lesquels ces scènes de violence lèveraient les inhibitions (selon le principe du catalyseur dont la présence est capable de déclencher une réaction chimique).

Hypothèse de la catharsis L'hypothèse de la *catharsis* découle de certaines recherches (Kaplan et Singer, 1976, Gorney et coll., 1977) qui tentent au contraire de prouver que l'exposition de l'enfant à des scènes de violence entraînerait chez lui une diminution de l'agressivité.

Catalyseur
(du grec *kataliesis* = dissolution). Agent qui rend possible une réaction par sa simple présence.

Catharsis
(mot grec = purification). Libération de tension ou réduction d'une impulsion chez la personne qui exprime directement une émotion ou qui observe les autres en train de le faire.

---

[14] On en comptait près de 9 sur 10, en 1969. En 1981, on en comptait encore 2 sur 3.

Ainsi, un soulagement de la tension agressive, une *catharsis*, s'effectuerait devant le spectacle de comportements agressifs. Ceci provoquerait, dans un premier temps, une augmentation de l'activation de l'organisme (élévation des rythmes cardiaque et respiratoire). Elle se traduirait cependant à long terme par une désensibilisation à la violence, marquée par une baisse des réactions physiologiques ainsi qu'une indifférence aux actes violents contre lesquels on devrait normalement réagir[15].

Le débat est donc loin d'être tranché. Même si certains experts du National Institute of Mental Health des États-Unis ont conclu récemment (NIMH, 1982) que la présentation de scènes de violence contribue au développement de l'agressivité chez les consommateurs de ce genre de spectacle, il semble que les données obtenues jusqu'à présent doivent être vues davantage comme des données corrélationnelles (voir le chapitre 3) plutôt que des données établissant un lien de cause à effet. La violence présentée dans la fiction ne serait peut-être finalement que le reflet des conceptions de vie de la société contemporaine et non l'initiatrice de celles-ci.

---

[15] L'indifférence manifestée généralement par les témoins de scènes de violence, dans les stations de métro des grandes villes, trouve peut-être là un début d'explication (voir chapitre 11).

BIBLIOGRAPHIE

AZRIN, N.H.R., HUTCHINSON, R.R. et McLAUGHLIN, R., « The Opportunity for Aggression as an Operant Reinforcer during Adversive Stimulation », *Journal of Experimental Analysis of Behavior*, 1965, n° 8, p. 171-180.

BANDURA, A., *Aggression : A social learning analysis*, Englewood Cliffs, New Jersey, Prentice-Hall, 1973.

DOLLARD, J., DOOB, L.W., MILLER, N.E., MOWRER, O.H. et SEARS, R.R., *Frustration and aggression*, New Haven, Yale University Press, 1939.

EIBL-EIBESFELDT, I., *Contre l'agression*, Paris, Stock, 1972.

ERON, L.D., « Parent-child interaction, television violence, and aggression of children », *American Psychologist*, 1982, n° 37, p. 197-211.

FELSENTHAL, N., *Orientations to mass communication*, Chicago, Science Research Association, 1976.

GORNEY, R., LOYE, D. et STEELE, G., « Impact of dramatized television entertainment on adult males », *American Journal of Psychiatry*, 1977, n° 134, p. 170-174.

KAPLAN, R.M. et SINGER, R.D., « Television violence and viewer aggression : A reexamination of the evidence », *Journal of Social Issues*, 1976, n° 32, p. 35-70.

KARLI, P., *Neurobiologie des comportements d'agression,* Paris, PUF, 1982.

KLUVER, H. et BUCY, P.C., « Psychic blindness and other symptoms following bilateral temporal lobectomy in rhesus monkey », *American Journal of Psysiology*, 1937, n° 119, p. 352-353.

LORENZ, K., *L'agression : une histoire naturelle du mal*, Paris, Flammarion, 1969.

MARK, V.H. et ERVIN, F.R., *Violence and the brain*, New York, Harper and Row, 1970.

McCARTHY, E.D., LANGNER, T.S., GERSTEN, J.C., EISENBERG, J.G. et ORZECK, L., « The effects of television on children and adolescents : Violence and behavior disorders », *Journal of Communication*, 1975, n° 25, p. 71-85.

National Institute of Mental Health, *Television and behavior : Ten years of scientific progress and implications for the eighties*, Washington D.C., Author, 1982.

SMITH, D., KING, M. et HOEBEL, B.G., « Lateral hypothalamic control of killing : Evidence for a cholinoreceptive mechanism », *Science*, 1970, n° 167, p. 900-901.

Guide d'étude

Révision

Compléter les phrases suivantes

1. Motivation et émotion proviennent d'un même verbe latin qui signifie _____.

2. On appelle _____ l'état d'équilibre dans lequel se trouve l'organisme en l'absence de tout besoin à satisfaire.

3. La stimulation provoquée par certains objets du monde environnant semble tenir un rôle d'_____.

4. Le niveau _____ d'activation serait relatif à l'état _____ d'une personne donnée, à un moment donné.

5. Selon les _____, c'est à tout moment que notre organisme est activé.

6. Bolles voit la motivation comme un « mécanisme _____ de comportement ».

7. Les récompenses externes feraient le plus souvent baisser la motivation _____.

8. La destruction du centre de la _____, dans l'hypothalamus, amène l'individu à manger sans pouvoir s'arrêter.

9. Ce n'est que lorsque la récupération de l'eau par les _____ se révèle incapable de combler le déficit qu'une _____ va entraîner l'excitation de l'_____ et provoquer la recherche de boisson.

10. La façon dont sont transmis les messages douloureux serait le fait de neurotransmetteurs, tels que la substance P qui en _____ le passage et, d'autre part, les _____ qui pourraient les _____ ou les _____ selon la quantité produite.

11. La réaction à la douleur semble être en grande partie _____ au tout début de la vie.

12. Chez les animaux inférieurs, la reproduction est étroitement régie par des mécanismes _____ alors que chez les mammifères supérieurs, l'_____ prend de plus en plus le pas sur le comportement _____.

13. La sexualité ne peut s'épanouir et se maintenir, à l'âge mûr, que si elle a fait l'objet d'un _____ au cours des années antérieures.

14. Selon Masters et Johnson, les quatre phases de la réponse sexuelle sont _____, _____, _____ et _____.

15. Il semble que chez les humains, la _____ a pris le pas sur « l'instinct maternel ».

16. Des rats élevés dans un milieu _____ développent une plus grande curiosité, à l'âge adulte, que ceux ayant grandi dans un milieu _____.

17. Selon Schachter, les _____-nés d'une famille développeraient un besoin d'affiliation plus fort que les enfants _____.

18. Les enfants n'ayant pas développé un sentiment d'_____ risquent de demeurer plus dépendants des avis d'autrui.

19. La traduction d'une émotion s'effectue à la fois par un _____ psychologique, un _____ et une _____ physiologique.

20. L'_____ de nos émotions dépend de notre niveau d'éveil.

21. L'orientation que prend une émotion dépend en grande partie de la _____ que nous avons du contexte.

22. Les émotions négatives naissent du fait que le sujet dispose d'un nombre _____ d'informations lors de la satisfaction d'un _____.

23. Chez les êtres humains, la sensibilité émotive augmente avec l'_____ et les _____.

24. Selon Selye, les trois phases à la base du syndrome d'adaptation générale sont _____, _____ et _____.

25. Ce qui est surtout important, selon Selye, c'est que chacun de nous soit capable de se maintenir à un niveau _____ de stress.

Vérification des connaissances

Vrai ou faux?   V   F

1. Un comportement homéostatique est un comportement visant à réduire un état pulsionnel en cherchant à satisfaire le besoin qui l'a provoqué.   ☐   ☐

2. La théorie de l'activation optimale permet d'expliquer ce qui déclenche un comportement ainsi que la direction que prend celui-ci.   ☐   ☐

3. Selon certains cognitivistes, tous nos comportements seraient extrinsèquement motivés.   ☐   ☐

4. La faim et la soif sont étroitement contrôlés par des centres situés dans des noyaux de l'hypothalamus.   ☐   ☐

5. La réaction à la douleur est innée.   ☐   ☐

6. La plupart des femelles de mammifères connaissent l'expérience de l'orgasme.   ☐   ☐

7. Les femmes, comme les hommes, semblent passer par les mêmes phases de la réaction sexuelle.   ☐   ☐

8. Chez les humains, la culture a définitivement pris le pas sur un éventuel « instinct maternel ».   ☐   ☐

9. Chez les primates, il ne semble pas que les contacts physiques soient indispensables pour que se développe l'attachement avec les partenaires sociaux.   ☐   ☐

10. Le comportement exploratoire se développe surtout chez les jeunes élevés en milieu appauvri.   ☐   ☐

11. Beaucoup de femmes doivent faire face à un conflit entre un fort besoin d'estime de soi et la peur du succès.   ☐   ☐

12. L'intensité de nos émotions dépend de notre niveau d'éveil alors que l'orientation qu'elles prennent dépend de la perception du contexte.   ☐   ☐

13. Les émotions négatives naissent le plus souvent du fait que le sujet dispose d'un nombre insuffisant d'informations.   ☐   ☐

14. Chez les êtres humains, la sensibilité émotive diminue avec l'âge.   ☐   ☐

15. Selon Selye, tout stress n'est pas nécessairement nuisible.   ☐   ☐

Questions à choix multiple (encercler la lettre qui correspond à la bonne réponse)

1. Un état pulsionnel primaire
   a) entraîne l'émission de comportements homéostatiques.
   b) constitue la base des besoins primaires.
   c) est généré par tout déséquilibre dans l'organisme.
   d) Toutes ces réponses sont bonnes.

2. L'homéostasie est
   a) un état de déséquilibre de l'organisme.
   b) la diminution de l'état pulsionnel.
   c) le maintien d'un niveau optimal d'activation.
   d) Aucune de ces réponses.

3. La recherche de stimulation est provoquée par un niveau d'activation
   a) trop bas.
   b) trop élevé.
   c) optimal.
   d) Toutes ces réponses sont bonnes.

4. La théorie de l'activation optimale permet d'expliquer ce qui _____ un comportement
   a) déclenche.
   b) oriente.
   c) entraîne le choix d'
   d) Aucune de ces réponses.

5. Selon les cognitivistes, tous nos comportements sont
   a) intrinsèquement motivés.
   b) le fait d'une «force» agissant dans les moments de crise.
   c) essentiellement motivés par le but à atteindre.
   d) Aucune de ces réponses.

6. Le centre du contrôle de la faim
   a) est situé dans le cortex.
   b) est également appelé centre de la satiété.
   c) bloque le besoin de se nourrir, lorsqu'il est excité.
   d) Aucune de ces réponses.

7. La recherche de boisson est provoquée
   a) dès qu'un déséquilibre en eau apparaît.
   b) par l'action d'un enzyme agissant sur les reins.
   c) par l'incapacité des reins à combler le déficit en eau.
   d) Aucune de ces réponses.

8. L'évitement de la douleur est
   a) inné.
   b) automatique dès qu'un tissu est endommagé.
   c) provoqué par la sécrétion d'endorphines.
   d) tributaire des premiers apprentissages.

9. L'expression du comportement sexuel, chez les humains, est
   a) étroitement régi par des mécanismes internes.
   b) fonction de la culture.
   c) relativement semblable dans les différentes cultures.
   d) peu modifiable dans de nombreuses cultures.

10. La femme est, par rapport aux femelles des autres espèces, la seule à
   a) connaître l'orgasme.
   b) être active sexuellement toute l'année.
   c) pouvoir demeurer active sexuellement après la ménopause.
   d) Toutes ces réponses sont bonnes.

11. Les hommes, par rapport aux femmes
   a) ne passent pas par les mêmes phases, lors de la relation sexuelle.
   b) seraient également capables de vivre des orgasmes multiples.
   c) ne sont plus guère actifs sexuellement après 50 ans.
   d) Toutes ces réponses sont bonnes.

12. L'instinct maternel
   a) est encore très présent dans l'espèce humaine.
   b) est propre à tous les primates, excepté l'être humain.
   c) n'existe plus, à proprement parler, dans l'espèce humaine.
   d) Aucune de ces réponses.

13. Le comportement exploratoire
   a) est inné chez la plupart des espèces.
   b) se développe au cours de l'enfance.
   c) a valeur de survie pour l'animal.
   d) Toutes ces réponses sont bonnes.

14. L'attachement de l'enfant pour ses semblables
   a) est moins fort chez les premiers-nés d'une famille.
   b) s'effectue de façon irréversible après la naissance.
   c) semble dépendre du contact très précoce avec les parents.
   d) Toutes ces réponses sont bonnes.

15. La plupart des femmes développent
   a) un besoin important d'estime de soi.
   b) une peur du succès.
   c) des attitudes de conformisme social.
   d) Toutes ces réponses sont bonnes.

16. Selon Maslow, le besoin de réalisation de soi s'exprime
   a) en même temps que d'autres besoins.
   b) chez les individus à la recherche de l'estime de soi.
   c) chez la plupart des gens.
   d) Aucune de ces réponses.

17. Parmi les aspects de l'émotion, celui qui est le plus à même d'en permettre la description de façon certaine est
   a) le vécu psychologique.
   b) le comportement émotionnel.
   c) l'activation physiologique.
   d) Aucune de ces réponses.

18. L'intensité de nos émotions dépend principalement
   a) de la perception d'un contexte donné.
   b) du niveau d'éveil.
   c) de l'analyse qui est faite des informations.
   d) de l'importance du besoin.

19. Une émotion négative résulte du fait que le nombre d'informations disponibles est _____ à celui des informations nécessaires
    a) supérieur.
    b) inférieur.
    c) égal.
    d) semblable.

20. Le stress est lié à
    a) l'épuisement progressif des ressources de l'organisme.
    b) une situation inattendue et violente.
    c) à la capacité de chacun de prendre des risques.
    d) Toutes ces réponses sont bonnes.

Médiagraphie

1. Références bibliographiques

BANDURA, A., « Social learning theory and identificatory processus », dans D.A. Goslin (Éd.), *Handbook of socialization theory and research*, Chicago, Rand McNally, 1969.

BANCROFT, J., « Hormones and human sexual behavior », *British Medical Bulletin*, 1981, n° 37, p. 153-158.

BELL, A.P. et WEINBERG, M.S. (1978), *Homosexualités*, Paris, Albin Michel, 1980.

BILLER, H. et MEREDITH, D., *Father power*, New York, Doubleday, 1975.

BLAFFER HRDY, S., *Des guenons et des femmes*, Paris, Tierce, 1984.

BOLLES, R.C., « Cognition and motivation : Some historical trends », dans B. Weiner (Éd.) *Cognitive views of human motivation*, New York, Academic Press, 1974.

BRADY, J.V., « Ulcers in 'executive' monkeys », *Scientific American*, 1958, n° 199, p. 95-100.

CANTOR, J.R., ZILLMAN, D. et BRYANT, J., « Enhancement of experienced sexual arousal in response to erotic stimuli trough misattribution of unrelated residual excitation », *Journal of Personnality and Social Psychology*, 1975, n° 32, p. 69-75.

CHENARD, J.R., *Les relaxations*, Montréal, Presses de l'Univerité du Québec, 1987.

DAVIDSON, J.M., « The psychology of sexual experience », dans Davidson, J.M. et Davidson, R.J. (Éds), *The psychobiology of consciousness*, New York, Plenum Press, 1980.

DECI, E.L., *Intrinsic motivation*, New York, Plenum Press, 1975.

DELGADO, J.M.R, *Le conditionnement du cerveau et la liberté de l'esprit*, Bruxelles, P. Mardaga, éd., 1979.

DRAKE, C.T. et McDOUGALL, D., « Effects of the absence of a father and other male models on the development of boys' sex roles », *Developmental Psychology*, 1977, n° 13, p. 537-538.

DUTTON, D.C. et ARON, A.P., « Some evidence for heightned attraction under conditions of high anxiety », *Journal of Personality and Social Psychology*, 1974, n° 80, p. 510-517.

FAGOT, B.I., « Sex-related stereotyping of toddler's behaviors », *Developmental Psychology*, 1973, n° 9, p. 429.

FISHER, C.D., « The effects of personal control, competence, and extrinsic reward systems on intrinsic motivation », *Organisational Behavior and Human Performance*, 1978, n° 21, p. 273-288.

FORD, C.S. et BEACH, F.A., *Le comportement sexuel chez l'homme et l'animal*, Paris, Robert Laffont, 1970.

FRIEDMAN, M.I. et STRICKER, E.M., « The physiological psychology of hunger : a physiological perspective », *Psychological Review*, 1976, n° 83, p. 401-431.

GOY, R.W. et McEWEN, B.S., *Sexual differenciation in the brain*, Cambridge, Mass., MIT Press, 1980.

GRAFENBERG, E., « The role of urethra in femal orgasm », *International Journal of Sexology*, 1950, n° 3 (3).

HARLOW, H.F. et HARLOW, M.K., « Learning to love », *American Scientist*, 1966, n° 54, p. 244-272.

HEBB, D.O., *Psychologie, science moderne*, Montréal, HRW, 1974.

HETHERINGTON, E.M., « Effect of father absence on personality development in adolescent daughters », *Developmental Psychology*, 1972, n° 7, p. 313-326.

HITE, S., *The Hite Report*, New York, Bell books, 1976.

KELLEY, H.H. et MICHELA, J.L., « Attribution theory and research », *Annual Review of Psychology*, 1980, n° 31, p. 457-501.

KLAUS, M. et KENNELL, J., *Maternal infant - bonding*, St-Louis, Mosby, 1976.

LINDSAY, P.H. et NORMAN, D.A., *Traitement de l'information et comportement humain*, Montréal, Éd. Études vivantes Ltée, 1980.

MANDLER, G., *Mind and emotion*, New York, Wiley, 1975.

MARX et coll., London, Pergamon Press Ltd., 1975.

MASTERS, W.H. et JOHNSON, V.E., *Les réactions sexuelles*, Paris, Laffont, 1968.

NUTTIN, J., *Théorie de la motivation humaine*, Paris, P.U.F., 1980.

OLDS, J. et MILNER, P., « Positive reinforcement produced by electrical stimulation of the septal area and other regions of the rat brain », *Journal of Comparative and Physiological Psychology*, 1954, n° 47, p. 419-427.

ROBSON, K.S. et MOSS, H.A., « Patterns and determinants of maternal attachment », *Journal of Pediatrics*, 1970, n° 77 (6), p. 976-985.

SCHACHTER, S., *The Psychology of affiliation*, Stanford, California, Stanford University Press, 1959.

SCHACHTER, S. et SINGER, J.E., « Cognitive, social and physiological determinants of emotional state », *Psychological Review*, 1962, n° 69, p. 379-399.

SELYE, H., *Stress sans détresse*, Montréal, La Presse, 1974.

SELYE, H., *Le stress de la vie*, Ottawa, Lacombe, 1975.

SOLIGNAC, P. et SERRERO, A., *La vie sexuelle et amoureuse des Françaises*, Paris, Ed. Trévise, 1980.

SONDEREGGER, T.B., « Intentional stimulation and maternal behavior », *APA convention proceedings*, 78ᵉ congrès, 1970, p. 245-246.

SPEISMAN, J.C., LAZARUS, R.S., MORDKOFF, A.M. et DAVIDSON, L.A., « The Experimental Reduction of Stress Based on Ego-Defense Theory », *Journal of Abnormal and Social Psychology*, 1964, n° 68, p. 367-380.

VALINS, S., « Cognitive effects of false heart rate feedback », *Journal of Personality and Social Psychology*, 1966, n° 4, p. 400-408.

WEISS, J.M., « Psychological factors in stress and desease », Scientific American, 1972, n° 226, p. 106.

WHITMANN, F., « Culturally invariable properties of male homosexuality : Tentative conclusions from cross-cultural research », *Archive of sexual Behavior*, 1983, 12 (3).

ZILLMANN, D., KATCHER, A.H. et MILAVSKY, B., « Excitation transfer from physical exercice to subsequent aggressive behavior », *Journal of Experimental Social Psychology*, 1977, n° 35, p. 587-596.

2. Documents audio-visuels

Mother love, 26 min, 16 mm, noir et blanc, version anglaise. Institut canadien du film.
Les recherches de H.F. Harlow sur les effets de la privation maternelle chez les bébés
singes.

Hypothalamic control of feeding and self-stimulation, 1964, 9 min, 16 mm, version
anglaise. Psychological Cinema Register.
Les effets de la stimulation électrique de l'hypothalamus sur le comportement alimentaire.

Need to achive, 1973, 30 min, 16 mm, version anglaise. Indian University.
Recherches de Mc Clelland sur le besoin de réalisation.

What happens in emotion, 30 min, 16 mm, version anglaise. Indiana University.
Changements physiologiques liés à l'émotion, ainsi que l'identification des émotions à
partir des expressions faciales.

Face, 1975, 17 min, 16 mm, noir et blanc. Office national du film du Canada.
Portrait d'un visage où, à travers ses multiples expressions, on découvre toutes les
émotions de l'être humain.

Les héritiers de la violence, 1977, 57 min, 16 mm, couleur. Office national du film du
Canada. Distribué par Entreprises Internationales Télé-Film Ltée, Montréal.
Regard sur le problème de la violence physique et psychologique à l'intérieur du milieu
familial. Témoignages de parents qui vivent cette situation. Caractère répétitif de la
violence.

La violence aurait-elle une fin?, 1976, 30 min, couleur. Document assoc. S-T. (distribué
par Entreprises Internationales).
Les causes de la violence et les manières de la contrôler. Recherches menées à l'Université Yale où on cherche à contrôler le cerveau à distance en implantant des électrodes
dans la région du cerveau contrôlant la violence.

Selye et le stress, 10 min, 16 mm, noir et blanc. Office national du film du Canada.

Le stress et les émotions, document n° 4 de la série *Le cerveau* (voir filmographie de
l'appendice A).

troisième
partie

Processus supérieurs et traitement de l'information

7. Apprendre
8. Retenir, penser et communiquer
9. S'adapter et créer

Introduction

Dans la partie précédente, nous avons envisagé la façon dont l'organisme se trouve activé tant par la prise d'information qu'il effectue à partir du monde environnant que par l'état de conscience et de motivation dans lequel il se situe à un moment donné.

L'activation est cependant indissociable du traitement de cette information, d'origine externe et interne, qui est effectué à tout moment par le cerveau. Il faut d'ailleurs noter que c'est pour la clarté de l'exposé que nous n'avons pas introduit plus tôt le concept de *traitement de l'information.* Il est évident que celui-ci est présent du niveau le plus simple au niveau le plus complexe. Il survient dès qu'un circuit nerveux se trouve activé et que l'information est acheminée dans telle voie plutôt que dans telle autre. À un niveau supérieur, c'est lui qui permet que s'effectuent la perception et la prise de conscience de nos besoins et de nos motivations. À un niveau plus élevé encore, c'est par le traitement de l'information, ainsi décodée, que sont programmés et mis en forme les comportements plus ou moins adaptés qui permettent l'interaction de l'individu avec son environnement. C'est de ce dernier type de traitement dont il sera question dans cette partie de l'ouvrage.

Nous avons vu, dans le premier chapitre, que nombre de réponses sont déjà établies, de façon innée, afin de permettre à l'organisme de réagir rapidement aux situations d'urgence. C'est notamment le cas des réflexes, qui constituent des réactions automatiques à des stimulations spécifiques et qui ne requièrent de ce fait qu'un minimum de traitement. C'est aussi le cas des comportements instinctifs pour lesquels le traitement de l'information est étroitement associé au déclenchement de mécanismes innés permettant qu'un comportement spécifique s'exprime dans des conditions optimales.

Avec l'évolution des espèces et celle de leur cerveau, ce type de réactions plus ou moins stéréotypées ainsi que le type de traitement qu'elles supposent, vont faire de plus en plus place à des comportements adaptés à chaque situation exigeant de ceux-ci qu'ils soient plus souples mais aussi, bien souvent, plus complexes. C'est le cas des *apprentissages*, qui peuvent être élaborés de façon relativement mécanique, par association avec les réflexes ou des situations spécifiques, ou à partir des processus supérieurs, par une intégration constante des données provenant du milieu à celles qui découlent des expériences antérieures.

Parmi ces processus, la *mémoire* joue un rôle capital. Sans elle, nous ne pourrions conserver le souvenir d'aucune expérience et aucun apprentissage ne pourrait se maintenir dans le temps. Elle est, de plus, à la base de la *pensée*, le processus propre aux espèces supérieures sans lequel aucune intégration des informations ni aucune programmation nouvelle des actes à oser ne pourraient s'effectuer. Quant au *langage*, spécifique à l'espèce humaine, il constitue à la fois le prolongement et le support de la pensée. Grâce à lui, la transmission rapide d'informations d'un individu à l'autre accélère le traitement des données fournies par l'environnement et permet une souplesse toujours accrue dans les apprentissages.

Enfin, le niveau de performance de ces différents processus et la qualité des apprentissages qui en découlent relèvent du degré d'*intelligence* de chacun ainsi que du *potentiel créateur* qu'il a été capabble de développer.

Au cours des prochains chapitres, nous tenterons de mieux cerner la réalité de ces différents processus en dégageant ce qui caractérise l'espèce humaine et qui permet à ses membres d'apprendre, de retenir, de penser, de communiquer afin d'être capable de s'adapter et de créer.

chapitre 7

Apprendre

Adaptation et apprentissage

Types d'apprentissage

Apprentissage de comportements répondants

L'habituation et la sensibilisation

L'empreinte

Les réflexes conditionnés

Apprentissage de comportements opérants

Apprentissage par essais et erreurs

Façonnement des comportements

Les facettes du processus de renforcement

Extinction, discrimination et généralisation

Apprentissage par observation

Apprentissages cognitifs

Apprentissage latent

Apprentissage d'habiletés psychomotrices complexes

Apprentissage par *insight*

Apprentissage par raisonnement

Apprentissage perceptuel

Apprentissage des concepts

Apprentissage et maturation

Apprentissage et performance

Adaptation et apprentissage

La vie de tout organisme consiste essentiellement en une perpétuelle adaptation aux conditions d'un environnement en changement constant.

Comme nous venons de le voir dans les chapitres précédents, l'existence se résume à une continuelle mise en place de comportements permettant de compenser des déséquilibres ou de réaliser des projets. C'est une loi générale qui régit l'atome aussi bien que l'Univers tout entier. Pour ce dernier, l'atteinte d'un équilibre, qui se traduirait par la fin de l'expansion, signifierait la mort thermique. Pour les «poussières d'étoiles» que nous sommes, l'équilibre ne pourrait être que le signe de la mort organique, ou tout au moins de la mort psychique, pour ceux ou celles qui refuseraient de continuer à s'adapter.

Cette adaptation constante au monde environnant s'effectue, dans le règne animal, à l'aide de processus de plus en plus complexes, qui vont des réflexes au raisonnement.

on cherche l'état d'équilibre

Ainsi, comme nous l'évoquions dans le premier chapitre, on assiste, au fur et à mesure qu'on s'élève dans l'échelle animale, à un remplacement progressif des comportements stéréotypés, prédéterminés ou programmés, régissant la vie des animaux primitifs, par des comportements plus souples, plus plastiques et donc capables de s'adapter aux diverses situations que l'organisme affronte quotidiennement.

Si les comportements réflexes et instinctifs n'acceptent aucune modification majeure dans leur expression, les *comportements appris* sont par contre des comportements *modifiés*, de façon parfois *importante* et relativement *permanente*, par des expériences ou un ensemble d'expériences effectuées par l'individu, à un moment ou l'autre de sa vie.

C'est cet aspect *permanent* de la modification qui est le propre des comportements acquis par l'individu. La maladie, la fatigue ou un choc cérébral modifient parfois, eux aussi, certains comportements. Mais contrairement à l'apprentissage, ils ne les modifient que de façon *temporaire*.

Types d'apprentissages

Apprentissage
Processus entraînant la modification parfois importante et relativement permanente d'un comportement, suite à la pratique ou à l'expérience effectuée par l'organisme.

Tous les *apprentissages* ne se situent pas au même niveau ; ils diffèrent quant à la façon dont ils se mettent en place et quant à l'importance ou la complexité des structures nerveuses impliquées.

Certains d'entre eux peuvent déjà s'effectuer au niveau des récepteurs ou de la moelle épinière. D'autres, au contraire, impliquent les structures sous-corticales ou encore font intervenir des milliards de circuits du cortex cérébral.

Certains se produisent de façon automatique et involontaire. D'autres, par contre, exigent une programmation qui ne peut être effectuée que par le cerveau évolué des espèces supérieures, notamment celui des êtres humains.

On peut ainsi reconnaître trois catégories d'apprentissages qui se distinguent les unes des autres par le niveau d'implication de l'organisme, au moment de la mise en place du processus.

Il s'agit respectivement de l'apprentissage de comportements répondants, de celui de comportements opérants, et, enfin, de l'apprentissage de comportements issus d'une organisation cognitive de l'information.

Dans le cas de l'apprentissage des *comportements répondants*, l'organisme subit passivement l'impact de l'environnement, et le cerveau est ainsi amené de façon imperceptible, plus ou moins hors du contrôle de la conscience, à modifier les circuits existants et à créer de nouvelles traces. Les apprentissages de comportements répondants sont, par ordre croissant de complexité, l'*habituation* et la *sensibilisation*, l'*empreinte* et les *réflexes conditionnés*.

Les *comportements opérants* sont des comportements dont l'apprentissage exige, pour s'instaurer, qu'une expérimentation active du milieu environnant soit effectuée par l'organisme, entraînant ainsi la création de liens entre diverses situations. Ces comportements constituent la conséquence d'apprentissages par *essais et erreurs*, par *façonnement des réponses* ou par *observation*.

Dans tous ces cas, l'organisme est amené à modifier son comportement en fonction de l'environnement avec lequel il interagit. Ce sont les informations en provenance de celui-ci qui déterminent la réponse à répéter, en fonction des conséquences qu'elle entraîne à l'égard de la satisfaction des besoins ou de l'évitement d'une situation désagréable.

Le troisième groupe réunit les *comportements issus d'apprentissages cognitifs*. Il ne s'agit donc plus ici du fruit de l'association pure et simple entre deux situations ou entre une situation et une réponse, mais bien d'une évaluation de la situation en fonction des expériences antérieures et des possibilités existantes, afin de déterminer le type de solution le plus approprié.

Dans cette catégorie d'apprentissages, on peut classer l'*apprentissage latent*, l'*apprentissage d'habiletés psychomotrices*, l'*apprentissage par «insight»* et, surtout, l'*apprentissage par raisonnement*.

Dans les lignes qui vont suivre, nous allons nous arrêter à chacun de ces types d'apprentissages afin d'en approfondir la connaissance et d'en mesurer les implications.

Apprentissage de comportements répondants

Le comportement répondant peut se définir comme étant la réponse d'un organisme déclenchée par un stimulus, ou par une situation-stimulus, spécifique (Malcuit et Pomerleau, 1977). C'est à ce titre que nous pouvons intégrer dans cette catégorie, outre le conditionnement répondant, des apprentissages plus primitifs tels que l'habituation et la sensibilisation.

L'habituation et la sensibilisation

Il s'agit là d'apprentissages très primitifs amenant l'organisme à réagir de façon relativement stable et permanente à des stimuli présentés de façon répétitive.

Ces deux formes rudimentaires d'apprentissages se traduisent par une diminution du pouvoir de déclenchement de la réaction d'attention de l'organisme, dans le cas de l'habituation, et par une augmentation de ce pouvoir, dans le cas de la sensibilisation.

L'*habituation* (ou accoutumance) se produit, comme nous l'avons vu au chapitre 4, lorsque l'organisme «apprend», par le biais des récepteurs ou de la formation réticulée, qu'une stimulation donnée, répétée ou constante, ne présente pas une signification particulière pour l'activité à laquelle il est en train de se livrer, à un moment donné. L'effet de ce processus se distingue de l'effet provoqué par la fatigue par le fait que, dans le cas de celle-ci, la baisse d'attention se trouve généralisée à tous les stimuli.

La *sensibilisation* est le processus inverse de l'habituation. Dans ce cas, la répétition du stimulus entraîne l'activation croissante de l'organisme. Elle le rend de plus en plus «sensible» à ce stimulus de sorte qu'il devient capable de déclencher un comportement particulier, alors qu'il ne provoquait aucune réponse, à l'état isolé. Le vol d'une grosse mouche dans une pièce où l'on travaille ou l'eau s'échappant d'un robinet mal fermé et tombant goutte à goutte dans l'évier sont des stimulations qui deviennent de moins en moins tolérables pour l'organisme, au fur et à mesure qu'elles se répètent dans le temps. Il en va de même pour la rayure sur le disque dont on appréhende l'arrivée, à chaque audition, ou pour les tics verbaux — du type «n'est-ce pas», «si vous voulez», «effectivement» — dont certains professeurs émaillent leur discours et qui deviennent tellement présents, une fois qu'on les a remarqués, qu'ils finissent par capter toute l'attention de certains étudiants, aux dépens du reste du discours.

Comportement répondant
Réponse de l'organisme qui subit une stimulation. Un comportement répondant peut être acquis suite à un conditionnement répondant au cours duquel l'association entre deux stimulations peut amener l'une d'entre elles, n'ayant aucun lien avec le comportement, à déclencher celui-ci de façon stable et permanente.

Habituation
(ou accoutumance) Processus entraîné par la répétition ou la persistance d'une stimulation qui amène l'organisme à diminuer ou à faire disparaître le comportement provoqué normalement par cette stimulation.

Sensibilisation
Processus par lequel une stimulation n'entraînant aucune réponse acquiert par sa répétition ou sa persistance le pouvoir de déclencher un comportement.

L'empreinte

Chez les vertébrés inférieurs, on peut également inclure dans le groupe d'apprentissages répondants le phénomène de l'*empreinte*, dont il a été question dans le premier chapitre et sur lequel nous ne nous attarderons pas. Il suffit de se rappeler que, dans ce cas, il s'agit d'une programmation innée de l'attachement, dont l'expression est déterminée, de façon irréversible, par la perception du premier objet animé se présentant dans le champ visuel du jeune animal, au cours des premières heures de sa vie.

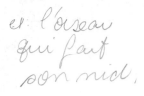

ex. l'oiseau qui fait son nid.

Les réflexes conditionnés

Les *réflexes conditionnés* sont le produit d'une association entre un stimulus spécifique, déclenchant un réflexe inscrit dans le répertoire de l'animal, et un stimulus neutre. Cette association rend alors le stimulus neutre capable, à son tour, de déclencher ce réflexe.

Nous possédons, à la naissance, une série de *réflexes naturels*. Ils vont de la salivation, provoquée à la vue de nourriture, au clignement des paupières à l'audition d'un bruit violent. Ce sont également eux qui sont à la base du retrait de la main sous l'effet d'une stimulation désagréable ou encore, dans le cas du réflexe rotulien, de l'extension de la jambe suite à un coup porté sur le tendon du genou. Ces réflexes naturels ne demandent, pour s'exprimer, aucune expérience préalable ni aucune *condition* autre que la présence d'un stimulus spécifique. Ce sont donc des *réflexes inconditionnels* se déclenchant de façon automatique chaque fois que se présente ce stimulus, inconditionnel lui aussi. Ainsi, une sonnerie retentissant violemment va provoquer une réponse de sursaut, mais non la salivation; un choc électrique appliqué sur un membre va en provoquer le retrait mais non le clignement des paupières, etc.

par rapport des situations bien particulières

Il peut arriver, cependant, qu'un stimulus n'ayant aucun lien avec un réflexe inconditionnel se présente en même temps que le stimulus spécifique à ce réflexe. Cette association des deux stimuli, pourvu qu'elle soit répétée ou suffisamment puissante, va alors amener le stimulus neutre à devenir capable, à lui seul, d'entraîner l'émission du réflexe.

Cette découverte fut effectuée par le physiologiste russe Pavlov (1903) qui remarqua, au cours de ses expériences, que le bruit d'écuelle accompagnant la distribution de nourriture à un chien, arrivait bientôt à lui seul à entraîner la salivation de l'animal. Ainsi, à la simple *condition* d'avoir été associé à un stimulus inconditionnel de nourriture, le *stimulus neutre,* constitué par le bruit, devenait efficace à son tour. Pavlov donna donc à ce stimulus, le nom de *stimulus conditionnel* et nomma *réflexe conditionnel* le réflexe de salivation, déclenché cette fois par ce stimulus non spécifique (figure 7.1).

La preuve fut d'ailleurs vite faite qu'il s'agissait bien d'un lien qui était conditionnel à l'association avec le stimulus naturel. Pavlov montra

Réflexe inconditionnel
(ou réponse inconditionnelle) Réflexe naturel ou réponse fixée génétiquement qui est déclenché, sans condition préalable, par une stimulation spécifique appelée stimulus inconditionnel.

Stimulus neutre
(SN) Stimulus qui ne déclenche aucune réponse spécifique de la part de l'organisme tant qu'il n'est pas associé à un stimulus inconditionnel déclenchant cette réponse spécifique.

Réflexe conditionnel
(ou réponse conditionnelle) Réflexe ou réponse déclenché par un stimulus, neutre au départ, à la *condition* que celui-ci ait été associé un certain nombre de fois à un stimulus inconditionnel. Ce stimulus neutre devient, de ce fait, un stimulus conditionnel.

effectivement qu'il suffisait de supprimer celui-ci pour que l'effet du stimulus conditionnel s'éteigne rapidement. Ainsi, si la nourriture ne succédait plus au bruit, l'animal arrêtait bien vite de saliver à la seule audition de ce dernier. Mais nous reviendrons plus loin à ce phénomène d'*extinction* propre à la plupart des apprentissages par conditionnement.

Physiologiquement parlant, le conditionnement peut s'expliquer par le fait qu'une connexion avec un nouveau message vient ainsi se greffer sur la connexion directe existant entre un message sensoriel spécifique et un réflexe naturel. En s'insérant dans ce lien inné, la nouvelle information devient alors capable d'entraîner à elle seule, l'émission du réflexe.

Fig. 7.1 *Pavlov et son équipe de collaborateurs. La photo nous montre aussi un des chiens célèbres sur lesquels Pavlov a, dès 1901, étudié le conditionnement classique.*

En reprenant les exemples cités plus haut, il est donc possible qu'une sonnerie soit capable, à condition d'être associée à de la nourriture, de déclencher la salivation. De la même façon, on peut arriver à ce qu'un choc électrique, associé à un bruit violent, provoque le clignement des paupières, ou à l'inverse, qu'un bruit violent, associé à un choc électrique, entraîne le retrait d'un membre, etc.

Extinction
Opération qui consiste à cesser de faire suivre le stimulus conditionnel du stimulus inconditionnel. Elle entraîne ainsi la diminution progressive de la réponse conditionnelle jusqu'à sa disparition (mais non son effacement).

Pour Pavlov, la plupart des comportements acquis pourraient s'expliquer par cette forme de conditionnement par association. Ce sera également l'avis du behavioriste Watson qui démontrera, quelques années plus tard, comment, selon lui, peuvent se développer certaines réactions émotionnelles non inscrites au départ dans le répertoire naturel des individus (voir le document 7.1).

Apprentissage de comportements opérants

Comme on a pu s'en rendre compte, les comportements répondants sont le fait d'apprentissages dans lesquels l'individu est essentiellement *passif* et où il subit les conditions que le milieu impose à son organisme en agissant sur des structures prédéterminées.

Pourtant, c'est par l'*activité* que se caractérise surtout la vie, puisque, à tout moment, l'organisme est appelé à interagir avec son milieu pour la recherche de satisfaction de ses besoins ou pour l'évitement de situations dangereuses.

De nombreux comportements se trouvent ainsi modelés par les circonstances dans lesquelles est placé l'organisme, et face auxquelles il est amené à s'adapter en agissant dans tel sens plutôt que dans tel autre.

Les behavioristes ont appelé *comportements opérants* ces comportements exigeant qu'une action soit préalablement *opérée* sur l'environnement pour que les conséquences qu'elle entraîne amènent l'organisme à la reproduire ou à l'abandonner.

L'apprentissage de tels comportements s'effectue donc par la reproduction des actions dont les conséquences sont recherchées par l'organisme et par l'abandon de celles dont l'organisme cherche à éviter les conséquences.

Trois types d'apprentissages peuvent être, à ce titre, considérés comme opérants : l'apprentissage par essais et erreurs, le conditionnement par façonnement et l'apprentissage par observation.

Apprentissage par essais et erreurs

L'*apprentissage par essais et erreurs* est celui par lequel l'individu arrive à adopter le comportement adéquat face à un obstacle à surmonter, à force d'essais dont vont s'éliminer progressivement les erreurs.

C'est à Thorndike (1890), un des premiers chercheurs à s'intéresser au processus d'apprentissage, que l'on doit sa mise en évidence (figure 7.2). Pour y arriver, Thorndike utilisa des boîtes-problèmes (« puzzlebox ») dans lesquelles il enfermait un chat affamé (figure 7.3).

Certaines de ces cages pouvaient s'ouvrir si l'animal tirait sur une corde, d'autres s'il soulevait la clenche d'un loquet. Thorndike mesurait alors le nombre d'essais nécessaires et le temps passé par le chat pour solutionner le problème, et obtenir, une fois sorti, la nourriture placée à l'extérieur.

En observant les démarches des animaux, Thorndike remarqua que, dans un premier temps, ceux-ci se livraient à des comportements « au hasard », les amenant à accrocher accidentellement la corde ou le

Apprentissage par essais et erreurs
Apprentissage au cours duquel le nombre d'erreurs diminue au fur et à mesure que le nombre d'essais augmente.

Fig. 7.2 *Edward Lee Thorndike, psychologue américain (1874-1949). Il est le premier à avoir introduit des animaux dans un laboratoire afin d'étudier la façon dont ceux-ci résolvent les problèmes. À partir de ces expériences, il émettra la théorie de l'apprentissage par essais et erreurs et la loi de l'effet qui est associée à celle-ci.*

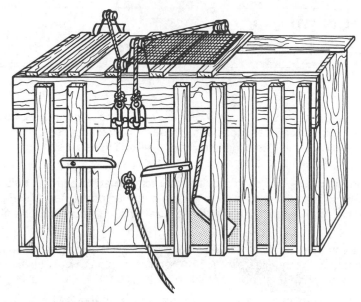

Fig. 7.3 *Boîte-problème imaginée par Thorndike, en 1911. Le chat enfermé à l'intérieur de la boîte devait trouver, à force d'essais et d'erreurs, comment actionner la pédale de bois qui, par un jeu de cordes et de poulies, ouvrait la porte à glissière.*

verrou, et à obtenir ainsi leur libération en même temps que leur pitance. Cependant, au fur et à mesure que se multipliaient les essais, Thorndike nota que les mouvements des animaux se concentraient de plus en plus autour de l'endroit stratégique, entraînant ainsi une diminution rapide du nombre d'erreurs et du temps passé dans la boîte. Il traduisit cela sur des courbes (figure 7.4) et élabora des lois pour expliquer cet apprentissage par «essais et erreurs». La plus célèbre d'entre elles, la *loi de l'effet*, établissait qu'une réponse est plus susceptible d'être reproduite si elle entraîne une satisfaction pour l'organisme, et d'être abandonnée s'il en résulte une insatisfaction (voir le document 7.2).

L'apprentissage par essais et erreurs possède cependant peu d'efficacité en soi. En effet, si c'est le hasard seul qui est responsable de la découverte de nouveaux comportements, il est difficile d'expliquer l'acquisition rapide de nouveaux comportements par les membres de l'espèce humaine et par les espèces animales domestiquées par eux.

Il est sans doute probable que, pendant des millions d'années, c'est ce processus qui a présidé au développement de différentes techniques chez nos ancêtres. Mais il est aussi certain qu'avec le raffinement de ces techniques et le développement d'une plus grande maîtrise de l'environnement, de nouvelles conditions de mise en place et de transmission de comportements se sont peu à peu élaborées.

Skinner, le chef de file du behaviorisme américain des trente dernières années, systématisa la théorie de Thorndike en tentant d'expliquer la façon dont se développent un grand nombre de comportements, dans

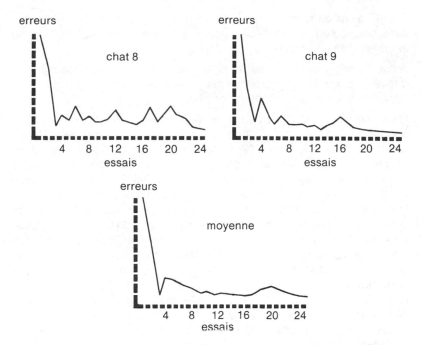

Fig. 7.4 *Courbes d'apprentissages par essais et erreurs. Ces courbes sont similaires à celles qu'a obtenues Thorndike en transposant les données recueillies de ses expériences avec des chats. Plus le nombre d'essais augmente, plus celui des erreurs diminue.*

un environnement structuré. Il mit ainsi en évidence les principes du *conditionnement opérant* et de la technique de *façonnement d'une réponse* par approximations successives.

Le façonnement des comportements

Pour Skinner, en effet, la mise en place des comportements n'est pas toujours le seul fait du hasard. Elle est souvent, selon lui, le fruit d'une sélection effectuée suite à l'action d'un *agent de renforcement*.

Cet agent, appelé parfois *renforçateur*, est constitué par tout événement ou toute stimulation qui, en apparaissant ou en disparaissant après un comportement donné, augmente les chances de voir celui-ci se reproduire afin de retrouver la situation renforçante.

Cela expliquerait la mise en place, étape par étape, de comportements parfois très complexes, dès le moment où chacune de ces étapes se trouvent sanctionnées par un renforcement.

C'est à partir de ce principe que Skinner a élaboré la technique de *façonnement* du comportement par *approximations successives* qui est au cœur du processus de conditionnement opérant.

Il s'agit là d'une technique consistant à programmer une série d'étapes entre le comportement de base, tel qu'il existe avant tout apprentissage, et *la réponse terminale* qu'on cherche à faire émettre par l'organisme.

Façonnement
Technique utilisée lors d'un conditionnement opérant. Elle consiste à récompenser les réponses se rapprochant de plus en plus du comportement qu'on veut faire acquérir. Celui-ci se trouve ainsi façonné par approximations successives.

Renforcement
Opération qui consiste à ajouter ou à supprimer une stimulation à la suite d'un comportement qu'on veut faire acquérir afin d'augmenter les chances de voir celui-ci se reproduire.

Renforçateur
(ou agent de renforcement) Stimulation ou événement qui, lorsqu'il est ajouté ou supprimé à la suite de l'émission d'un comportement, augmente les chances de voir celui-ci se reproduire.

Fig. 7.5 *Un pigeon, placé dans une cage de Skinner, réagit au signal placé sur la paroi face à l'animal. Ce signal, un disque de plastique qui s'allume, amène l'animal à donner un coup de bec sur ce point lumineux afin de faire descendre une graine dans le distributeur.*

Fig. 7.6 *Un rat, dans une cage de Skinner, actionne un levier qui lui permet de recevoir une boulette de nourriture pour peu que sa réponse soit émise dans des conditions précises.*

Renforcement social
Renforcement obtenu suite à l'intervention d'un renforçateur résultant d'une interrelation personnelle (ex. : sourire, compliment, approbation par la parole ou par le geste, etc.).

Il suffit alors de renforcer progressivement et systématiquement chacune de ces séquences d'action, jusqu'à amener l'organisme à adopter le comportement désiré.

Ainsi, l'organisme se trouve amené, peu à peu, à fournir la réponse désirée, grâce à une «récompense», associée à chaque acte allant dans le sens de cette réponse terminale.

C'est de cette façon qu'on peut procéder lorsqu'on veut, par exemple, obtenir d'un pigeon qu'il donne un coup de bec sur un petit disque lumineux chaque fois qu'il désire obtenir une graine (figure 7.5). Dans un premier temps, l'animal reçoit une graine chaque fois qu'il occupe la moitié de la cage où est situé le disque. Puis, dans un deuxième temps, la graine n'est fournie que lorsque l'animal se trouve non seulement dans cette partie de la cage, mais qu'il a, de plus, la tête tournée vers la cloison sur laquelle est fixé le disque. Lors de la troisième étape, on peut alors décider que le renforçateur ne sera distribué que si le pigeon se trouve placé dans ces conditions, mais avec, en plus, le bec pointé vers le disque éclairé. Les séquences suivantes consisteront à faire toucher le disque avec le bec, et, enfin, à exiger qu'un coup de bec soit donné sur celui-ci, pour que le comportement soit suivi de la récompense. Comme on le voit, cette technique implique qu'on ne passe à une étape ultérieure que lorsque le comportement exigé lors de l'étape précédente est acquis (figure 7.6).

La plupart des comportements humains se façonneraient de cette manière, selon Skinner et les behavioristes. On pourrait d'ailleurs citer plusieurs exemples qui semblent leur donner en partie raison.

Sans vouloir généraliser à l'acquisition comme telle du langage, on peut expliquer de cette manière certains progrès très rapides, effectués par l'enfant, lors de l'apprentissage des premiers mots. Si, par exemple, dans un premier temps, un «mememe» fait applaudir l'entourage et, notamment, la mère qui se croit déjà interpelée, ce type de son ne va bientôt plus intéresser personne dès qu'un «ma...ma» aura été prononcé, pour la grande joie de tous. Ces sons eux-mêmes ne seront plus renforcés, au moment où un «momo», se rapprochant plus de la forme attendue, apparaîtra. Celui-ci sera bientôt remplacé, pour les mêmes raisons, par un «moman» jusqu'à ce qu'enfin un «maman» passe les lèvres du bambin. Tout le reste, n'étant plus dès lors considéré que comme un babillage puéril par l'entourage, va disparaître du répertoire de l'enfant. Par ces réactions sélectives de la famille, le nourrisson a ainsi été amené à délaisser les formes incorrectes pour lesquelles le *renforcement social* a disparu, au profit de structures de plus en plus proches de la forme attendue.

Le façonnement intervient aussi bien dans l'éducation de l'enfant que dans les relations de couple ou dans les divers aspects de la vie en société. Chaque fois qu'un individu ou une institution veut obtenir l'apparition d'un comportement de la part d'un partenaire ou d'un groupe de citoyens, il est possible d'imaginer et de mettre en place les renforçateurs qui augmentent les chances de les voir se produire. Il est clair cependant qu'une telle pratique est souvent à un doigt de la manipulation, pas toujours effectuée pour le seul bien de l'individu qui en est l'objet.

De plus, comme nous l'avons vu au chapitre 6, les tenants de l'approche cognitive de la motivation avancent que la motivation extrinsèque, constituée par le renforcement, entraîne le plus souvent la disparition de la motivation intrinsèque, présente au départ dans bon nombre de comportements humains (voir le document 7.3).

Afin de voir plus clair dans les exemples cités plus haut, il est temps de revenir à quelques notions relatives au concept de renforcement.

Les facettes du processus de renforcement

Le *renforcement* est donc l'opération par laquelle un agent de renforcement, ajouté ou retranché suite à un comportement, en augmente la probabilité d'émission. Ainsi, si chaque fois qu'un animal affamé se présente dans le coin d'un enclos il y reçoit une récompense, il aura tendance à retourner de plus en plus souvent dans ce coin (la découverte des centres du plaisir par Olds est une bonne illustration de ce fait-voir le document 6.4). À l'opposé, si le fait de sauter d'un côté de la cage à l'autre chaque fois qu'une lampe rouge s'allume permet à l'animal d'éviter un choc électrique, il y a de plus en plus de chances qu'il reproduise ce comportement lors de l'allumage de la lampe.

Dans le premier cas, l'ingestion de nourriture ou le plaisir ressenti lors de l'excitation électrique du cerveau sont des *renforcements positifs*. Dans le second cas, l'évitement du choc électrique constitue un *renforcement négatif*[1].

On a souvent tendance à confondre renforcement négatif et punition. Or, nous venons de le voir, le renforcement *augmente* toujours les chances de voir se produire un comportement, alors que la *punition* vise, au contraire, à *faire disparaître* un comportement existant jugé indésirable. Elle consiste donc, à l'inverse du renforcement, soit à faire intervenir un stimulus aversif (un choc électrique ou une fessée, par exemple), soit à supprimer une stimulation agréable (un dessert ou une caresse) chaque fois que le comportement qu'on tente de faire disparaître se présente.

Skinner et de nombreux psychologues rejettent fondamentalement l'usage de la punition en tant que moyen d'éducation. Ils lui préfèrent, de loin, l'utilisation de renforçateurs positifs permettant l'adoption par l'enfant de comportements socialement acceptables, plutôt que le blocage de comportements indésirables. Selon eux, ces dernières pourraient facilement disparaître si l'éducateur était cohérent et ne renforçait pas d'abord, involontairement, ce qu'il se sentira obligé de punir par la suite.

Les behavioristes font de plus la distinction entre le renforcement primaire et le renforcement secondaire. Le *renforcement primaire* est

Renforcement positif
Renforcement obtenu par l'*addition* d'une stimulation ou d'un événement à la suite d'un comportement et qui augmente de ce fait les chances de voir celui-ci se reproduire. Le renforçateur peut être, dans ce cas, de la nourriture, de l'eau, une friandise, un sourire, etc., pour l'obtention desquels l'organisme va produire le comportement qu'on veut voir acquérir.

Renforcement négatif
Renforcement obtenu par la *suppression* d'une stimulation ou d'un événement à la suite d'un comportement et qui augmente de ce fait les chances de voir celui-ci se reproduire. Le renforçateur peut être dans ce cas un choc électrique ou tout autre stimulus aversif, la désapprobation, la bouderie, etc., pour le retrait desquels l'organisme va produire le comportement qu'on veut faire acquérir.

Punition
Opération qui consiste à ajouter ou à supprimer une stimulation à la suite d'un comportement qu'on veut faire disparaître, afin de diminuer les chances de voir celui-ci se reproduire. L'agent de punition peut être, dans ce cas, un choc électrique, une fessée, l'absence de dessert, etc.

Renforcement primaire
Renforcement obtenu par l'addition ou la suppression d'une stimulation interne inconditionnelle, c'est-à-dire qui est inscrite dans l'organisme (ex. : la faim, la soif, le besoin de sommeil, etc.)

---

[1] Ce dernier terme est cependant relativement mal choisi, car tout renforcement a, par définition, un effet positif sur l'élaboration d'un comportement. Il serait vraisemblablement plus judicieux de conserver le terme générique de renforcement, dans les deux cas, et de parler plutôt de renforçateur positif et de renforçateur aversif, en fonction de leur effet respectif sur l'organisme. Mais les modes et les conventions sont tenaces, surtout dans le domaine scientifique, et nombreux seront encore les étudiants ou étudiantes qui continueront à se demander comment un renforcement négatif peut être recherché avec autant d'avidité par un organisme.

constitué par la satisfaction des besoins physiologiques tels que la faim, la soif, le sommeil, etc. Quant au *renforcement secondaire,* il s'agit d'une satisfaction obtenue par association avec d'autres renforcements, primaires ou non. Recevoir un salaire ou un certificat pour un travail fourni, obtenir un hochet, pour un enfant, ou une médaille, pour un général ou un quelconque personnage[2], ou encore se voir attribuer le prestige associé à un poste important sont autant de renforcements secondaires qui permettent la satisfaction des besoins sociaux en consolidant l'estime de soi des individus chez lesquels elle serait en expansion ou deviendrait chancelante.

Extinction, discrimination et généralisation

Que ce soit à propos du conditionnement répondant ou du conditionnement opérant, nous avons vu que la réponse acquise était conditionnelle, dans le premier cas, au maintien de la présence d'un stimulus inconditionnel et au maintien de la présence d'un renforcement, dans le second cas. Lorsque ceux-ci sont supprimés, on observe que le comportement acquis par le biais de cette association s'affaiblit pour s'éteindre après quelques essais. Ainsi, si la nourriture ne suit pas le son de la cloche, le chien arrêtera bientôt de saliver à l'audition de celle-ci. Si l'entourage d'un enfant arrête de s'intéresser à ses productions vocales, il y a peu de chance pour que son vocabulaire se développe rapidement et de façon adéquate. Il s'agit là du processus d'*extinction*.

Il faut noter qu'on parle d'extinction, et non de disparition ou d'effacement, afin de signifier que la réapparition du stimulus inconditionnel ou du renforcement entraîne un *recouvrement* quasi immédiat du comportement qui avait été éteint.

Le processus de *discrimination* est étroitement lié à celui de l'extinction. Il consiste, en effet, en l'abandon par l'organisme des comportements non suivis du stimulus inconditionnel ou du renforcement pour ne reproduire que ceux pour lesquels ces conditions sont présentes.

Ainsi, si brusquement la distribution de nourriture ne succède plus au tintement de la cloche mais au bruit d'un vibreur, l'organisme arrêtera de saliver à l'audition du premier bruit et ne produira ce comportement que lors de l'apparition du second. Il en va de même pour l'enfant de l'exemple cité précédemment qui cessera peu à peu d'émettre les sons non renforcés pour ne reproduire que ceux suivis d'un renforcement social.

Le processus qui joue un rôle capital dans l'apprentissage par conditionnement est celui de la *généralisation*. C'est par lui que l'organisme est amené à étendre l'association effectuée à tout ce qui ressemble au stimulus conditionnel ou à la situation entraînant l'émission du renforcement. Ainsi, le petit Albert, dans l'expérience de Watson et Rayner (voir le document 7.1), acquit bien vite une peur de tout ce qui arborait

Renforcement secondaire
Renforcement obtenu par l'association de l'agent qui en entraîne l'obtention avec un ou des agent(s) de renforcement déjà établi(s). L'argent, une médaille, un diplôme, le prestige social, etc., sont des renforçateurs secondaires.

Recouvrement
Phénomène de réapparition partielle ou totale de la réponse conditionnelle, suite à son extinction, soit après une période de repos (recouvrement spontané), soit lors de la réapparition du stimulus inconditionnel ou du renforçateur.

Discrimination
Processus par lequel l'organisme ne répond plus aux stimuli non suivis du stimulus inconditionnel ou du renforcement, pour ne plus fournir de réponse qu'aux stimuli répondant à cette condition.

Généralisation
Processus par lequel l'organisme émet une réponse conditionnelle pour tous les stimuli ou les situations similaires au stimulus conditionnel ou à la situation dans laquelle un renforcement a été obtenu.

---

[2] Le rapprochement est de Napoléon, le fondateur de la légion d'honneur et le «meneur d'hommes», dont les renforçateurs sont demeurés célèbres : du pincement d'oreille du grognard qui va bientôt se faire tuer sur le champ de bataille à l'attribution de titres de noblesse au premier traîneur de sabre venu, en récompense pour les services rendus.

du poil blanc, de la barbe du Père Noël à la fourrure du manteau de sa mère. Quant à l'enfant pleurnicheur, il généralisera très vite son expérience concernant les bonbons à tout ce qui suscitera son envie, du jouet vu dans un grand magasin au visionnement d'une émission à la télévision, au moment où les parents regardent leur émission préférée sur une autre chaîne (voir le tableau 7.1).

De nombreuses applications des techniques de conditionement ont été proposées, dans divers domaines, par le courant behavioriste.

C'est principalement en psychothérapie qu'on retrouve la plus grande utilisation des apprentissages répondants et opérants pour tenter de solutioner les problèmes présentés par certaines personnes. Les documents 3.1 et 3.2 en donnent des exemples. Nous y reviendrons de façon plus approfondie dans le chapitre 12.

En matière d'éducation, Skinner avait notamment conçu l'idée qu'un *enseignement programmé* pourrait libérer l'élève et le professeur de l'aspect fastidieux de l'ingestion pure et simple des connaissances.

Enseignement programmé
Système d'enseignement par lequel chaque étudiant apprend selon son propre rythme. La «machine à enseigner» propose la matière fragmentée en petites unités qui sont présentées par ordre de difficulté croissante. Chaque bonne réponse est renforcée par un signal lumineux, un son ou un encouragement verbal et permet le passage à l'unité suivante. Toute mauvaise réponse entraîne le retour vers une unité préalablement réussie pour diriger ensuite l'étudiant vers des unités plus «explicites»; celles-ci doivent lui permettre de mieux comprendre la matière et de pouvoir ainsi franchir la difficulté.

Tableau 7.1   *Parallèle entre le conditionnement répondant et le conditionnement opérant*

	Conditionnement répondant	Conditionnement opérant
Autres dénominations	Pavlovien ou classique	Skinnérien ou instrumental
Type d'apprentissage	*Par association*	
	entre un stimulus spécifique (à un réflexe naturel) et un stimulus neutre (2a).	entre un comportement et sa conséquence (2b).
Niveaux de comportements concernés	Comportements réflexes et émotionnels.	Comportements volontaires.
Degré de participation de l'organisme	L'organisme subit passivement l'association entre un stimulus inconditionnel (SI) et un stimulus conditionnel (SC) (2a).	L'organisme doit être actif et agir sur le milieu pour que s'effectue le lien entre la réponse et le renforcement (2b).
Contingence	L'apparition du stimulus neutre (SN) précède celle du stimulus inconditionnel (SI) la plupart du temps (3a).	La réponse précède *toujours* le renforcement (3b).
Types de liens	Existence d'un lien physiologique entre un SI et un RI (réflexe inconditionnel) (1a).	Existence d'un lien entre la réponse et le répertoire naturel de l'organisme (1b).
	Aucun lien physiologique entre le SN et le RC (réflexe conditionnel) (2a).	Aucun lien physiologique entre réponse et renforcement (2b).
Extinction	par suppression du SI (4a).	par suppression du renforcement (4b).
Généralisation	du Rc à tous les stimuli semblables au SC.	de la réponse à toutes les situations semblables à la situation renforçante.
Discrimination	seulement des stimulations semblables au SC, et suivies du SI.	seulement des réponses associées à un renforcement contingent.

Tableau 7.1   (suite)

Schémas

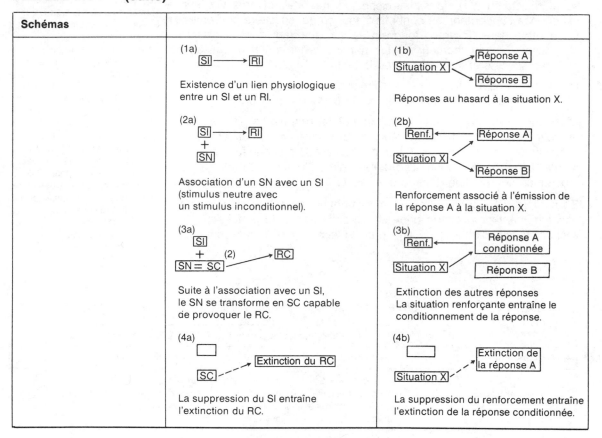

(1a)

$$SI \longrightarrow RI$$

Existence d'un lien physiologique
entre un SI et un RI.

(2a)

$$SI \longrightarrow RI$$
$$+$$
$$SN$$

Association d'un SN avec un SI
(stimulus neutre avec
un stimulus inconditionnel).

(3a)

$$SI$$
$$+ \quad (2) \longrightarrow RC$$
$$SN = SC$$

Suite à l'association avec un SI,
le SN se transforme en SC capable
de provoquer le RC.

(4a)

$$SC \dashrightarrow \text{Extinction du RC}$$

La suppression du SI entraîne
l'extinction du RC.

(1b)

Situation X → Réponse A
Situation X → Réponse B

Réponses au hasard à la situation X.

(2b)

Renf. ← Réponse A
Situation X → Réponse B

Renforcement associé à l'émission de
la réponse A à la situation X.

(3b)

Renf. ← Réponse A conditionnée
Situation X → Réponse B

Extinction des autres réponses
La situation renforçante entraîne le
conditionnement de la réponse.

(4b)

Situation X ⇢ Extinction de la réponse A

La suppression du renforcement entraîne
l'extinction de la réponse conditionnée.

Selon cette méthode, l'étudiant est amené à progresser dans la matière, à son rythme et par petites étapes renforcées[3], constituant autant d'approximations successives (Skinner, 1969). On s'est cependant rendu compte que ce type d'enseignement atteignait assez vite ses limites par le fait justement que l'effort exigé y est minimal et que le renforcement perd alors rapidement de son efficacité; l'élève se lasse donc rapidement du procédé. De plus, il semble qu'une relation personnalisée avec un enseignant est nécessaire pour que le niveau de motivation demeure élevé et que la transmission s'effectue de façon cohérente. Cet aspect de l'enseignement s'explique peut-être à l'aide des principes qui sont à la base de l'apprentissage social, particulièrement de l'apprentissage par observation mais plus vraisemblablement encore par ceux qui sous-tendent l'apprentissage cognitif proprement dit dont nous traiterons plus loin.

---

[3] Le renforcement se traduit par une lampe s'allumant à chaque bonne réponse donnée, par un «bravo» apparaissant sur l'écran, par l'accumulation de points, etc.

Apprentissage par observation (ou par modèle)

Même si beaucoup de comportements, parfois relativement complexes, peuvent être expliqués à la lumière des principes du conditionnement opérant et de sa technique du façonnement, nombreux sont les comportements sociaux qui ont principalement pour base l'observation des actes produits par l'entourage immédiat de l'individu, servant ainsi de *modèle*. Il peut s'agir d'*imitation* pure et simple ou d'*apprentissage vicariant*.

L'*imitation* est une forme d'apprentissage, propre surtout aux primates, par laquelle un organisme reproduit les comportements du modèle sans nécessairement en assimiler la signification.

Des éthologistes japonais ont observé des bandes de singes dans leur milieu naturel. Après avoir été capables d'approcher les plus jeunes, ils se sont mis à laver des patates douces devant eux avant de les manger. Ils s'aperçurent vite que ces jeunes imitaient ce comportement et que, quelque temps plus tard les mères de ces jeunes reproduisaient, à leur tour, cette façon de faire. Il ne resta bientôt plus que les singes les plus vieux qui demeuraient, eux, complètement réfractaires à l'acquisition de ce nouveau comportement. Il s'agit bien là d'imitation puisque les animaux ne pouvaient juger des conséquences que ce comportement pouvait avoir pour les humains.

Dans le cas de l'*apprentissage vicariant*, par contre, le comportement observé est intégré par le sujet, compte tenu des conséquences qu'il entraîne pour le modèle. Les expériences menées en laboratoire par Bandura (figure 7.7) et ses collaborateurs montrent que de nombreux facteurs président à la mise en place d'un tel apprentissage. Ainsi, les gens ont surtout tendance à imiter quelqu'un qui est célèbre ou qu'ils admirent. Cependant, cette intégration des comportements du modèle est d'autant facilitée que celui-ci demeure « accessible », tant dans les rapports qui peuvent être établis avec lui que dans le degré d'élaboration de ses comportements. De plus, un modèle récompensé, même pour un acte agressif qu'il vient de commettre, a plus de chance d'être imité que s'il est puni. On sait aussi que les modèles vivants ont toujours plus de chances d'être imités que les modèles filmés ou présents dans des dessins animés (figure 7.8).

À ce sujet, il est bon de rappeler combien les tenants de cette théorie de l'apprentissage social mettent malgré tout l'accent sur le rôle de la télévision et de ses « héros », dans le développement de la violence chez les jeunes (voir le dossier 6.1).

L'observation et l'évaluation, par le sujet, des conséquences que le comportement entraîne pour le modèle font intervenir certains processus cognitifs qui pourraient faire inclure ce type d'apprentissage dans la catégorie suivante. Il demeure cependant limité à des situations spécifiques qui ne peuvent souvent être que difficilement transposées à celles de la vie quotidienne. On ne possède, en effet, que peu de preuves que l'imitation du modèle pratiquée dans le contexte artificiel du laboratoire, ou d'une circonstance précise de la vie, entraîne la reproduction du comportement dans toutes les situations présentant des caractéristiques semblables.

Fig. 7.7 *Albert Bandura, psychologue américain. Bandura est un des principaux behavioristes actuels à mener des recherches tentant de vérifier la théorie de l'apprentissage par observation, également appelée théorie de l'apprentissage social.*

Modèle
Personne ou personnage dont les comportements sont imités par le sujet, pour eux-mêmes (imitation) ou en fonction des conséquences qu'ils entraînent pour le modèle (apprentissage vicariant).

Imitation
Reproduction pure et simple d'un comportement du modèle.

Apprentissage vicariant
(du latin *vicarius* = suppléant, remplaçant). Reproduction d'un comportement du modèle, dans des circonstances déterminées et en fonction des conséquences qu'il entraîne pour celui-ci. Il y a plus de chance que le comportement, même agressif, du modèle soit reproduit s'il se trouve récompensé.

A. BANDURA ET COLL. (1963)

Comme l'indique Bandura lui-même (1977), le modèle « enseigne » mais l'utilisation qui est faite de cet enseignement dépend largement du niveau d'activation émotionnelle de la personne à un moment donné ainsi que de l'évaluation qui est faite de la situation dans laquelle elle se trouve. En d'autres mots, l'apprentissage vicariant ne fait que créer une trace dans le cerveau, mais ce sont les processus cognitifs intervenant constamment dans l'analyse du contexte de la vie quotidienne qui amènent l'organisme à y faire appel ou non, selon les circonstances. C'est la raison pour laquelle nous avons préféré classer ce type d'apprentissage parmi ceux qui ont trait aux comportements opérants ; il s'agit en effet de la simple reproduction d'un comportement en fonction de ses conséquences et non, comme c'est le cas dans les apprentissages cognitifs proprement dits, d'une restructuration des informations en vue de la programmation d'un nouveau comportement.

Fig. 7.8 *Apprentissage par observation. Après avoir observé le «modèle» en train de brutaliser une poupée en caoutchouc (en haut), un petit garçon (au centre) ainsi qu'une petite fille (en bas) reproduisent ce comportement lorsque l'occasion leur en est fournie.*

Apprentissages cognitifs

Il est facilement concevable qu'on puisse expliquer, à l'aide de l'apprentissage par façonnement ou par observation, l'adoption de comportements émotionnels ou sociaux ou la mise en place de certaines habiletés. Cela devient cependant difficile lorsqu'il s'agit de comprendre la façon dont on apprend à maîtriser l'usage d'une machine à écrire, par exemple, ou d'un instrument de musique tel qu'une guitare ou une clarinette. Ceci devient encore plus malaisé lorsqu'on tente de comprendre comment un individu apprend à circuler dans une métropole, et la tâche est quasiment impossible lorsqu'il faut mettre en évidence la manière dont nous structurons notre environnement à l'aide de concepts, ou la façon dont nous apprenons à raisonner et à exprimer nos pensées par le langage.

C'est par le biais de l'approche cognitiviste que nous tenterons de décrire, ou mieux de comprendre, l'acquisition de comportements découlant de l'établissement de « cartes cognitives », comme c'est le cas dans l'*apprentissage latent*, de « stratégies cognitives » propres surtout à l'apprentissage d'habiletés motrices, ou encore de comportements résultant de l'intuition ou du raisonnement.

Apprentissage latent

Apprentissage latent
(du latin *latere* = être caché). Apprentissage qui s'effectue sans renforcement apparent et ne se manifeste sous la forme de comportements que lorsque la situation l'exige.

Nous avons vu, au chapitre 5, que l'organisme est bombardé à tout moment par les stimulations du milieu auxquelles il est appelé à réagir. Certaines d'entre elles sont perçues de façon nette, d'autres sont moins évidentes, d'autres encore ne semblent pas atteindre le niveau de la conscience vigilante, même si elles sont stockées en mémoire au niveau de centres inférieurs.

Pour Tolman (1948), (figure 7.9) un des pionniers de l'approche cognitive de l'apprentissage, toutes ces informations seraient élaborées et transformées par le cerveau. Celui-ci établirait ainsi des cartes de l'environnement, ou «*cartes cognitives*», permettant à l'organisme de déteminer quelles sont les réponses les plus appropriées, au moment où une situation nouvelle se présente ou lorsqu'une situation habituelle se trouve brusquement modifiée.

Tolman en est arrivé à cette conclusion après avoir montré qu'un rat n'apprend pas à parcourir un labyrinthe de façon mécanique, comme le prétendaient les behavioristes de l'époque (Hull, 1943).

Si cela était le cas, l'animal devrait réapprendre une nouvelle façon d'atteindre le but, au moment où le trajet habituel se trouve bloqué ou lorsque les conditions sont modifiées. Or, Tolman nota qu'au contraire, un rat ayant appris à trouver sa nourriture par le chemin le plus court changeait *spontanément* de route lorsque la voie habituelle du labyrinthe avait été coupée. Il empruntait alors, sans nouvel apprentissage et sans erreurs, un autre chemin, plus long, le menant également à la nourriture.

Dans une autre expérience, il montra que si on innondait les allées du labyrinthe, le rat retrouvait son chemin, à la nage cette fois, faisant alors intervenir un tout autre type de réponse.

Ainsi, selon Tolman, ce qu'un animal apprend n'est pas une liaison entre un stimulus et une réponse, mais bien plus la *signification* du stimulus, en tant que «poteau indicateur». Pour reprendre la formule de Tolman, il apprend «ce qui mène à quoi». Dans le cas d'un labyrinthe, ce qui est intégré, ce sont les odeurs, la particularité d'un tel coin ou de telle cloison ainsi que les relations existant entre différents éléments; l'animal va situer ces éléments dans l'espace de façon à transformer un ensemble de stimulations, relativement hétéroclite, en un tout structuré.

Dans le cas des apprentissages complexes, le renforcement serait donc surtout nécessaire non pas pour apprendre mais plutôt pour *utiliser* ce qui a été appris. C'est notamment le cas pour l'*apprentissage d'habiletés psychomotrices complexes.*

Fig. 7.9 *Edward Chace Tolman, psychologue américain (1886-1961). Il a appartenu au courant behavioriste dont il a enrichi la théorie grâce à la notion de «variables Intermédiaires» dans la liaison S-R. Il s'agit là, selon lui, de processus mentaux, produits de l'hérédité et des apprentissages antérieurs, qui peuvent modifier la façon dont une réponse est émise en réaction à un stimulus donné. Les «cartes cognitives» figurent parmi les variables intermédiaires.*

Apprentissage d'habiletés psychomotrices complexes

Toute personne ayant tenté d'apprendre à jouer d'un instrument, tel que le piano ou la guitare, sait combien les premières étapes sont grisantes, grâce aux progrès rapides effectués, par façonnement ou par observation, sur le contrôle des doigts et de leur position sur l'instrument.

Il n'en va malheureusement plus ainsi lorsqu'il s'agit de s'attaquer à l'apprentissage proprement dit.

La plupart des abandons se situent à ce stade critique où doivent se mettre en place des *stratégies cognitives* visant à produire les différents

Carte cognitive
Représentation en mémoire des différents éléments d'un environnement donné et des relations qu'ils entretiennent entre eux.

Apprentissage psychomoteur
Apprentissage débouchant sur la formation d'habitudes automatiques qui exigent, pour s'élaborer, un haut niveau de coordination et d'intégration des séquences de réponses motrices.

Stratégie cognitive
Stratégie visant à établir les relations entre les différentes séquences de réponses permettant de déboucher sur une programmation de la performance.

Fig. 7.10 *L'apprentissage et la maîtrise d'un instrument de musique, comme tout apprentissage moteur, exige la mise en place de «stratégies cognitives» permettant la coordination et l'intégration des différentes composantes.*

mouvements dans un ordre donné et à programmer la performance en fonction de la tâche (Fitts et Posner, 1967). C'est le *stade cognitif* au cours duquel le sujet porte toute son attention au décodage de la portée, au doigté, au rythme et au phrasé mélodique.

Au fur et à mesure que progresse la formation du lien entre ces différentes composantes, les stratégies vont tendre à se modifier. La préoccupation de savoir quel comportement doit être mis en place, et dans quel ordre, s'atténue de plus en plus en entraînant par le fait même une diminution des activités cognitives qui lui étaient associées. Il s'agit là du *stade d'association*, caractérisé par un progrès croissant de la coordination et de l'intégration des diverses facettes du comportement (figure 7.10).

C'est alors que l'étudiant persévérant atteint le *stade autonome*, correspondant à un niveau élevé de performance. Celle-ci est devenue automatique. Les erreurs s'estompent de plus en plus. L'attention sur la tâche devient de moins en moins nécessaire et peut céder la place au mariage de l'intelligence et de l'émotion. La main, ou la bouche, et l'instrument ne forment plus qu'un seul et même support à la fantaisie, la griserie et l'inspiration.

Il en va ainsi, bien entendu, pour des activités telles que le ski, la natation, la bicyclette ou la dactylographie. On se rappelle (chapitre 2) que les fonctionnalistes du début du siècle avaient déjà décrit l'apprentissage de cette façon en tentant de mettre en évidence le rôle joué par la «conscience». Après le passage du raz-de-marée behavioriste et son rejet en bloc des conceptions mentalistes, ce type de description, tombé en désuétude, se retrouve à nouveau pris en considération par le courant cognitiviste.

Apprentissage par *insight*

L'*apprentissage par insight* se situe à mi-chemin entre l'apprentissage latent et la créativité, dont nous reparlerons dans le chapitre 9. Il partage avec l'apprentissage latent le fait d'organiser des informations éparpillées dans la mémoire et de les utiliser face à une situation nouvelle. Comme la créativité, il se caractérise par l'originalité et la spontanéité de la solution apportée au problème posé par cette situation.

C'est à Köhler (1925) qu'on doit la mise en évidence de ce type d'apprentissage. Cette découverte est issue de ses observations sur les singes (chapitre 1, figure 1.11) effectuées en 1917, alors que son école de pensée, la Gestalt, s'opposait farouchement aux conceptions behavioristes.

Selon la conception de Köhler, la plupart des apprentissages effectués par les animaux supérieurs ne sont pas liés à des associations mécaniques entre stimuli ou entre stimuli et réponses, mais sont dus essentiellement à une intégration des informations présentes en mémoire avec celles dont dispose le sujet au moment où se pose le problème.

Insight
Solution nouvelle à un problème apparaissant brusquement après qu'aient été intégrées les informations présentes en mémoire et dans l'environnement immédiat du sujet.

Le singe de Köhler (figure 7.11), après avoir manipulé un premier bâton, puis le second, s'arrête pendant de longs instant en scrutant les environs et les éléments qui s'y trouvent et amorce alors, soudainement, une démarche dont les différentes étapes s'enchaînent de façon logique. Il saisit les deux bâtons, les emboîte l'un dans l'autre, et, à travers les barreaux de la cage, ramène à lui la banane convoitée.

Cet agencement intériorisé des éléments de la solution a été dénommé *insight* (vision en dedans) par les Anglo-Saxons, ce qui a parfois été traduit par « intuition » en français.

Ces deux termes rendent compte, bien qu'imparfaitement, du fait que la réponse surgit spontanément, sans l'intervention d'essais et d'erreurs ou d'un quelconque façonnement, ni même d'un raisonnement articulé de façon systématique. C'est l'étincelle, l'« eurêka » d'Archimède bondissant de sa baignoire...

Ce qui distingue ce type d'apprentissage de la créativité pure, c'est que, contrairement à celle-ci, il ne peut s'effectuer que si le sujet a déjà résolu des problèmes à l'aide de certains des éléments intervenant dans la solution, ou qu'il a précédemment rencontré des situations similaires (voir au chapitre 9).

Fig. 7.11 *Sultan, un des singes de Köhler (1917), découvre par intuition le moyen d'atteindre une banane hors de portée de main en utilisant deux bâtons qu'il emboîte l'un dans l'autre.*

Apprentissage par raisonnement

Le *raisonnement* est un processus de pensée sur lequel nous reviendrons dans les prochains chapitres.

Il intervient dans les situations où un problème ne peut être résolu de la manière habituelle ou pour lequel on ne dispose d'aucune solution satisfaisante et utilisable sur-le-champ.

Le raisonnement est présent dans la plupart des aspects de notre vie. Il peut s'agir du choix à effectuer, au moment du repas, entre la cafétéria et l'appartement, compte tenu du temps disponible et de la situation financière ; des implications de l'emprunt d'une somme importante ; de la façon de régler les problèmes occasionnés par une panne de voiture, à 3 heures du matin, sur une route de campagne ; de la démarche expériementale suivie par le chercheur dans son laboratoire (chapitre 3) ou, enfin, tout simplement de la résolution du problème de mathématique dont le professeur attend la solution dans la demi-heure qui suit.

Lorsque la technique primitive des essais et des erreurs ne peut être appliquée sans risque, ou a échoué, et que l'étincelle de l'*insight* ne jaillit pas, il reste à aborder la difficulté à l'aide du raisonnement. Celui-ci s'effectue généralement en deux temps.

La première étape de la démarche consiste à recenser les différentes données du problème et à établir les rapports qui existent entre elles.

Puis vient l'étape des hypothèses : « et si je faisais ceci ? » ou « je pourrais commencer par cela, puis... ». Celles-ci vont ainsi être testées mentalement de façon plus ou moins systématique. Nous reparlerons, dans le chapitre suivant, des diverses façons dont peut s'effectuer ainsi la « focalisation » de la pensée.

Ces hypothèses sont, le plus souvent, rattachées aux expériences antérieures vécues par l'individu. Plus ces dernières sont nombreuses, plus les hypothèses seront diversifiées et plus il y a de chances de trouver celle qui mène à la solution.

Comme c'est le cas pour toute autre forme d'apprentissage, les acquisitions effectuées par raisonnement sont, en général, reproduites par le sujet dans toutes les occasions où la même situation se présente. Mais elles peuvent aussi être aménagées si la situation est légèrement modifiée ou si les éléments du problèmes sont transposés. Elles vont, de plus, servir à leur tour de base à de nouvelles hypothèses.

Parmi les cas d'apprentissage par raisonnement, il en existe deux qui constituent des piliers de la pensée. Ce sont l'apprentissage perceptuel et l'apprentissage des concepts.

Apprentissage perceptuel

Dans le chapitre 5, nous avons largement traité de la façon dont nous percevons le monde et des mécanismes que nous utilisons pour y arriver.

La perception avait surtout alors été abordée sous l'angle de la prise de conscience de la réalité qu'elle permet et surtout de l'activation de l'organisme à laquelle elle contribue.

Il est certain cependant que la façon dont elle se met en place constitue un apprentissage au sens propre du terme. Hebb (1974) définit l'apprentissage perceptuel comme étant «un changement durable dans la perception d'un objet ou d'un événement résultant des perceptions antérieures des mêmes choses ou des choses qui lui sont ‹reliées›». Les premières perceptions chez l'enfant ou chez le jeune animal relèvent de processus d'apprentissage primitifs tels que la sensibilisation ou le conditionnement classique, comme c'est le cas vraisemblablement lors de la reconnaissace du visage de la mère par le nourrisson. Cependant, plus les expériences s'accumulent et que s'accroît le nombre d'informations nouvelles, plus l'enfant est amené, comme le suggère Gregory (chapitre 5), à poser des *hypothèses* en fonction de ce qu'il connaît afin de déterminer celle d'entre elles qui est la plus susceptible de permettre l'étiquetage de l'objet. En ce sens, toute perception implique donc une forme de raisonnement et permet de classer ce type d'apprentissage parmi les apprentissages cognitifs.

Apprentissage des concepts

La formation de concepts est le processus par lequel un individu dégage, à partir des perceptions qu'il a élaborées, les similitudes entre des objets, des êtres vivants, des situations ou des idées, afin de les fondre en une notion abstraite.

Concept
(du latin *concipere* = concevoir). Représentation mentale des caractéristiques et des propriétés d'une catégorie d'objets ou d'événements.

Les concepts «chien», «arbre», «accident» ou «justice», sont des catégories permettant d'ordonner nos expériences et nos perceptions du monde, en les condensant en une seule idée. De tels concepts regroupent ainsi ce qui a été appris sur les propriétés et les relations existant entre des choses ou des événements aussi différents qu'un berger allemand et un chihuahua, un palmier et un chêne, une collision frontale entre deux véhicules et la chute d'une échelle dont un barreau s'est cassé, ou le partage équitable des bonbons entre frères et sœurs et la condamnation d'un individu à la prison à vie pour le meurtre qu'il a commis. Il s'agit là, comme le souligne Munn (1966), d'un apprentissage qui implique l'intervention de deux processus : l'*abstraction* et la *généralisation*.

L'*abstraction* consiste à découvrir ce qu'il y a de commun ou de ressemblant entre deux choses ou deux événements, et à étiqueter cette caractéristique commune sous un même vocable, ou *concept*.

Quant à la *généralisation*, elle consiste à rattacher à ce concept tout nouvel objet ou événement présentant des similitudes ou se caractérisant par une propriété commune, avec ceux ayant servi à élaborer le concept.

Nous reviendrons plus en détail sur les mécanismes qui sous-tendent ce type de manifestation de la pensée lorsque nous aborderons l'étude de celle-ci dans le chapitre suivant.

Apprentissage et maturation

On sait, depuis une cinquantaine d'années, qu'aucun apprentissage ne peut s'effectuer de façon efficace si l'organisme n'a pas atteint un certain niveau de développement tant sur le plan musculaire et osseux que sur celui de l'organisation des tissus nerveux et des liaisons sensori-motrices.

Ce développement est régi par le processus de *maturation*, inscrit dans les gènes de tout individu d'une espèce donnée, et qui l'amène, par étapes successives et semblables pour tous, vers un niveau de *maturité* spécifique à chaque organe ou à chaque fonction de l'organisme.

À cette maturation sont étroitement associées des périodes, appelées *périodes critiques*, au cours desquelles l'organisme est le plus « sensible » et le plus apte à intégrer, dans son expérience, l'influence du milieu environnant. C'est donc au cours de ces périodes que les apprentissages vont s'effectuer de façon optimale : *avant* ces périodes, tout exercice intensif n'a que peu d'effet ; *après* ces périodes, l'organe, ou la fonction, perd peu à peu de sa plasticité ce qui tend à rendre l'apprentissage de plus en plus malaisé au fur et à mesure qu'on s'éloigne de ce moment privilégié.

Dans le document 7.4, nous passerons en revue les différents types d'apprentissages qui viennent d'être envisagés afin d'indiquer, pour chacun, la période critique qui lui est propre.

Maturation
(du latin *maturare* = mûrir). Processus interne programmé génétiquement qui détermine les étapes successives du développement d'un organisme de la fécondation jusqu'à la maturité.

Maturité
(du latin *maturus* = mûr). État atteint par un organisme à la fin de la période de développement.

Période critique
(ou période sensible). Période du développement au cours de laquelle un organe ou une fonction a atteint un niveau de maturité permettant l'acquisition d'un apprentissage de façon optimale.

Apprentissage et performance

Avant de clore ce chapitre, il est bon de s'arrêter à la façon dont se vérifie le niveau d'intégration d'un apprentissage.

Il est évident que le processus comme tel ne peut être évalué. Il n'est possible d'en effectuer une mesure que par le biais de la *performance* fournie par un individu, suite à un apprentissage spécifique.

Or, cette évaluation est bien souvent fragile. Elle dépend de nombreux facteurs d'ordre perceptif, motivationnel ou affectif, ou encore liés à l'état de conscience actuel du sujet, qui viennent se greffer au processus de restitution.

Capacité et performance   Il faut tout d'abord garder à l'esprit le fait que certains comportements acquis dans un état de conscience particulier (chapitre 4) peuvent paraître inexistants dans l'état de vigilance active. Il suffit cependant, comme on s'en rappelle, que l'organisme se retrouve dans l'état duquel dépend le comportement pour que celui-ci s'exprime à nouveau, dans sa totalité.

À l'inverse, un apprentissage effectué dans un état normal de conscience risque d'être perturbé par l'apparition d'un état émotionnel particulier, ou suite à l'altération de la conscience provoquée par l'absorption d'une drogue, médicamenteuse ou non. Dans ce cas, même si la *capacité* relative à un apprentissage donné continue d'exister en tant que telle, l'expression du comportement constituant la *performance* risque, elle, de se trouver modifiée, ce qui, bien entendu, rend caduque la mesure effectuée à cette occasion.

Nombreux sont les étudiantes et étudiants qui, en situation d'examen, se trouvent handicapés par le stress que celle-ci engendre. Et, bien qu'ils soient conscients de connaître la matière, ils sont parfois incapables d'utiliser ces connaissances adéquatement. Malheureusement pour eux, c'est la performance effectuée dans ces conditions artificielles qui sert traditionnellement d'étalon afin d'évaluer l'apprentissage effectué. (C'est d'ailleurs la même conception qui prévalait pour décréter quels rats étaient brillants, dans l'expérience de Tryon, exposée dans le chapitre 3).

Le contraire peut également se produire. Il existe de nombreuses situations où un état d'euphorie ou de motivation particulier peut entraîner la réalisation d'une performance maximale. Cet état particulier est à la base de l'*effet d'audience* mis en évidence par Zajonc et dont il a été question dans le document 3.6.

Le transfert   Mais c'est principalement de l'expérience et des connaissances accumulées antérieurement par le sujet que va dépendre la qualité d'un apprentissage et de la performance qui en découle. Cet effet de *transfert*, comme l'appellent les psychologues, peut alors soit faciliter, soit retarder les apprentissages à effectuer.

Il y a transfert *positif*, en général, lorsque les situations dans lesquelles les comportements sont appelés à se mettre en place sont relativement

Performance
(du latin *parformer* = accomplir, exécuter). Comportement observable constituant le produit d'un apprentissage préalable.

Capacité
Qualité d'un organisme en état de faire quelque chose soit de façon innée, soit suite à un apprentissage.

Transfert
Effet d'un apprentissage effectué antérieurement sur un nouvel apprentissage. Le transfert peut être *positif* lorsque l'apprentissage antérieur entraîne une facilitation ou une amélioration dans l'acquisition du nouveau comportement. Le transfert est *négatif* quand l'apprentissage du nouveau comportement est rendu plus difficile par l'apprentissage antérieur.

semblables. Il est, par exemple, plus facile pour un francophone que pour un anglophone d'apprendre une langue latine telle que l'italien ou l'espagnol. Cependant, comme nous le verrons au chapitre 8, l'acquisition d'un matériel donné peut parfois interférer avec un autre matériel *trop* semblable, en voie d'acquisition, et entraîner de ce fait, un transfert *négatif*. Un transfert négatif peut également intervenir lorsque, pour deux situations semblables, des comportements différents ou opposés sont exigés. Il suffit de penser à la difficulté existant pour un novice à faire pénétrer la remorque d'une voiture en marche arrière, dans un garage. Dans ce cas, la tâche se trouve compliquée par le fait que les mouvements du volant doivent être effectués dans le sens contraire de ceux exigés pour la conduite normale. Ce n'est là, bien entendu, qu'un exemple des interférences pouvant exister entre les apprentissages effectués antérieurement et celui qui doit être mis en place.

Comme nous le voyons, il est impossible de parler d'apprentissage et encore moins d'apprentissage cognitif, sans se référer aux informations stockées en mémoire. La mémoire est à l'origine de tout processus adaptatif. Sans mémoire, l'organisme n'est rien. La *mémoire génétique* est, pour sa part, à la base du fonctionnement des processus vitaux et elle plonge ses racines, pour chacun de nous, dans les débuts de la vie sur la Terre. Quant à la *mémoire individuelle*, elle accumule, tout au long de l'existence, les perceptions, les apprentissages et les « idées » forgées à chaque instant et dont le rappel est souvent de première importance pour la survie et l'adaptation de l'individu.

Ainsi, pour que se mettent en branle les processus de la pensée, ou que soit déclenché un comportement donné, il ne suffit pas seulement qu'une situation se présente et soit perçue. Il faut également, comme nous l'avons vu, que les conditions d'activation émotionnelle et motivationnelle, ainsi que l'état de conscience du sujet, se prêtent au traitement de ce type d'information et, surtout, au rappel en surface du souvenir des expériences ou des apprentissages antérieurs.

C'est donc à l'étude du processus de la *mémoire* que nous allons consacrer une partie du chapitre suivant. Nous y aborderons aussi le processus du *langage*. Ils sont chacun le support et le prolongement du phénomène qui caractérise principalement les espèces supérieures, et particulièrement l'espèce humaine, à savoir la *pensée*.

Mémoire génétique
Ensemble de l'information contenue dans le matériel génétique d'un individu qui s'est transmise depuis le début de la vie sur la terre, en se transformant au cours de l'évolution des espèces.

Mémoire individuelle
Ensemble de l'information accumulée par un individu au cours des expériences et des apprentissages qu'il effectue tout au long de sa vie.

Document 7.1

Pavlov, Watson et le conditionnement classique

Rien au départ ne prédisposait Pavlov à devenir un des chercheurs les plus célèbres de la psychologie occidentale.

Lorsqu'en 1980, il fonda, à Léningrad, l'Institut de médecine expérimentale, il s'intéressait, en tant que physiologiste, à l'étude des mécanismes de la digestion. Comme animaux d'expériences, il utilisait des chiens qu'il attachait à une cage à l'aide d'un harnais. Après avoir pratiqué sur leur corps des incisions à divers endroits correspondant aux organes de la digestion, il introduisait des *fistules* chargées de recueillir les sécrétions des différentes glandes impliquées dans cette fonction pendant l'ingestion de nourriture. Il voulait de cette façon déterminer les quantités et la qualité des sécrétions ainsi que le type de connexions existant entre les récepteurs de la bouche et de l'estomac, d'une part et les organes sécréteurs de salive ou de suc gastrique, d'autre part. Ses travaux furent d'ailleurs couronnés par l'obtention du prix Nobel, en 1904 (figure 7.12).

Pourtant, un événement vint quelque peu contrarier le déroulement de ses recherches. Alors qu'il étudiait, avec ses assistants, le processus de la salivation, il nota que ses chiens, après quelques jours d'expérience, se mettaient à saliver avant même que la nourriture ne soit distribuée dans l'écuelle. Il semble, en effet, que le simple fait que l'assistant vienne déposer celle-ci avec le bruit que cela suppose, suffisait à déclencher la salivation du chien. Cette «stimulation psychique», comme l'a appelée Pavlov, n'était pas prévue au programme. Pourtant au lieu de l'ignorer, le chercheur se mit au contraire à explorer le phénomène de façon systématique. On était en 1901.

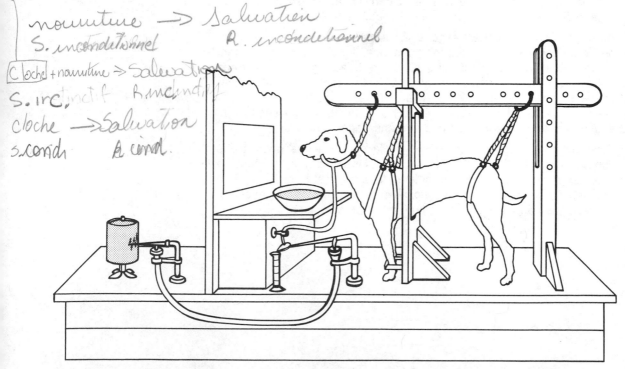

Fig. 7.12 *Dispositif expérimental de Pavlov pour l'étude du conditionnement classique. Le chien est maintenu immobile à l'aide d'un harnais. Une incision pratiquée dans la joue du chien permet d'introduire une fistule afin de recueillir la salive de l'animal. Une cloche ou une lampe (non représentée sur le croquis) constitue le stimulus conditionnel signalant la distribution de nourriture (stimulus inconditionnel) dans l'écuelle. La quantité de salive sécrétée à cette occasion est évaluée à l'aide d'un tambour enregistreur.*

Dans un premier temps, il remplaça le bruit peu contrôlable de l'écuelle par celui d'une cloche qu'il faisait tinter avant chaque distribution de nourriture. Le résultat ne se fit pas attendre : l'animal se mit bientôt à saliver dès l'audition de la cloche dont le son précédait la distribution de nourriture.

Ainsi, à *condition* d'avoir été associé au stimulus inconditionnel de nourriture, un simple tintement de cloche devenait capable, contre toute logique, de faire saliver un chien.

Pavlov venait ainsi de mettre à jour les principes de conditionnement dit classique[4].

Peu après, Betcherev montra qu'il était également possible de conditionner un organisme à partir d'un stimulus inconditionnel aversif. Il effectua la démonstration en amenant un chien à retirer la patte à la simple vision d'un signal lumineux après que celui-ci ait été préalablement associé à l'émission d'une décharge électrique.

Toutes ces recherches sont à la base de la *réflexologie* soviétique selon laquelle tout comportement acquis pourrait s'expliquer par la mise en place de telles associations entre des stimulations spécifiques et d'autres n'ayant aucun lien au départ avec le réflexe.

Mais, entre-temps, le behaviorisme avait pris de l'ampleur aux États-Unis et il était à la recherche de démonstrations prouvant le bien-fondé de ses prises de position. En 1920, Watson et sa collaboratrice, Rosalie Rayner, ayant pris connaissance des recherches menées par l'école russe, allaient montrer comment peuvent être acquises par conditionnement des émotions telles que la peur, par exemple. Watson partit du principe qu'il existe une connexion directe dans le système nerveux entre la réaction de peur et certains stimuli spécifiques tels qu'un bruit soudain et violent ou la perte de support. Que se passerait-il alors si un stimulus neutre se trouvait associé à l'un ou à l'autre de ceux-ci? Watson et Rayner tentèrent l'expérience sur un jeune enfant de six mois, le petit Albert. Celui-ci, comme tous les enfants, n'éprouvait aucune crainte pour les animaux à fourrure. La manipulation d'un rat blanc de laboratoire, faisait au contraire, sa plus grande joie. Les deux chercheurs firent alors retentir un bruit terrifiant chaque fois qu'ils pré-

Fig. 7.13 *Watson crée chez le petit Albert la peur du rat en associant la présentation de celui-ci à un coup de gong violent (en haut). Cette peur conditionnée va bientôt être généralisée à tous les stimuli à «fourrure blanche», y compris le Père Noël.*

sentaient le rat à l'enfant, déclenchant ainsi les pleurs et les cris de ce dernier (on ne se préoccupait pas trop de problèmes d'éthique, à l'époque). Tel que prévu, après quelques essais de ce type, la seule présence du rat arriva bientôt à déclencher les pleurs de l'enfant. Celui-ci venait ainsi de développer une peur conditionnée (figure 7.13).

Mais, si vous avez bien compris la matière qui précède, vous devriez pouvoir à brûle-pourpoint désigner le stimulus conditionnel dans cette expérience. (Vous savez, celui qui, à *condition* d'avoir été associé au stimulus inconditionnel, suffit bientôt à lui seul à déclencher le comportement...).

Fistule

(du latin *fistula* = tuyau, tube). Tube inséré à proximité d'un organe (glande ou cavité naturelle) afin de permettre l'écoulement d'une sécrétion recueillie pour fins de mesure ou d'analyse.

---

[4] Cette appellation lui sera donnée plus tard afin de le distinguer d'autres formes de conditionnement.

Document 7.2

Les lois du conditionnement

Les comportements répondants et opérants obéissent à des lois qui sont caractéristiques de chacun d'eux.

Le conditionnement peut généralement s'expliquer par la *loi de l'association* entre deux stimuli ou entre un comportement et sa conséquence.

La *loi de l'effet* s'applique principalement à l'apprentissage par essais et erreurs ainsi qu'au conditionnement opérant. Mais en ce qui concerne ce dernier, on préfère cependant avancer le *principe du renforcement*, considéré comme plus *opérationnel*.

Loi de l'association (ou de la *contiguïté*)

Si deux stimulations excitent le système nerveux en même temps, elles ont de grandes chances de se trouver associées l'une à l'autre par ce dernier.

Dans le cas du *conditionnement classique*, si l'une des stimulations entraîne naturellement l'émission d'un réflexe, l'autre risque d'en être capable à son tour, même si elle n'a aucun lien spécifique avec lui.

Loi de l'effet (Thorndike)

Parmi les différentes réponses émises par le sujet, dans une situation donnée, ce sont celles qui entraînent une satisfaction pour l'organisme qui seront probablement reproduites dans des conditions semblables.

En termes plus scientifiques, cela signifie que la liaison entre une action et le résultat de cette action sera d'autant plus forte que ce résultat apporte une satisfaction à l'organisme. Au contraire, elle s'affaiblira d'autant plus que cette action entraîne une conséquence désagréable ou n'entraîne aucun effet.

Principe du renforcement (Skinner)

La loi de l'effet utilisait des notions non opérationnelles de satisfaction et d'insatisfaction. Les néo-behavioristes lui préfèrent le *principe de renforcement* qui tient uniquement compte du fait qu'un comportement risque de se reproduire plus souvent en présence d'une situation donnée, qui constitue ainsi une situation renforçante.

On peut donc dire qu'un agent de renforcement est un événement qui augmente les chances de voir se reproduire un comportement donné[5].

Contiguïté
(du latin *contigere* = toucher). Situation de deux ou plusieurs événements qui sont proches les uns des autres dans le temps ou dans l'espace.

Opérationnel
Qui permet la mesure ou l'analyse scientifique.

---

[5] En langage plus scientifique : «Tout événement qui augmente la probabilité d'émission d'un comportement».

Document 7.3

La conduite de la société selon Skinner

Dans un de ses ouvrages, intitulé *Par delà la liberté et la dignité* (1973), Skinner nous fait part de sa vision de la conduite humaine.

Selon lui, toute idée de liberté ou d'autonomie de la part des individus n'est qu'illusion. Nous sommes, au contraire, sous le contrôle total de notre environnement exercé par le biais des contingences de renforcement de nos comportements. Cette notion de contingence est capitale pour Skinner. Elle indique qu'il n'existe aucune possibilité d'apprentissage d'un comportement si celui-ci n'est pas immédiatement suivi d'un renforcement.

L'idée d'un «être autonome», disposant d'un libre arbitre et décidant par lui-même du sens à donner à sa destinée, n'est donc qu'un leurre, produit de notre ignorance des causes véritables de nos comportements. Notre esprit ne contrôle rien; c'est l'environnement qui est responsable de tout.

Il est donc important que cette responsabilité et ce contrôle soient exercés de façon rationnelle. Skinner croit que ce sont les spécialistes de la science du comportement humain qui sont les plus à même de planifier un développement cohérent et optimal des individus au sein de leur société. Ces «planificateurs» auraient pour tâche de sélectionner les comportements pouvant assurer la survie et l'épanouissement des groupes humains et de créer des conditions nécessaires à l'apparition de ces comportements ainsi qu'à leur maintien.

Ainsi, selon lui, il serait tout d'abord nécessaire d'abandonner toutes les techniques punitives mises en place par les divers paliers de la société, pour les remplacer par des contrôles positifs du comportement. Quant à l'argent englouti dans la fabrication et l'utilisation du matériel de guerre, il devrait plutôt être utilisé pour la création des structures permettant à cette planification de s'élaborer et de mettre à jour les techniques les plus efficaces, pour le plus grand bien de tous.

Il s'agit là d'une vision de l'être humain essentiellement axée sur l'idée que seule la motivation *extrinsèque* est à la base de chacun de nos actes. Sans celle-ci, l'individu serait incapable de progresser en s'engageant dans des activités productives. Cette conception va, bien entendu, à l'encontre de celle des cognitivistes persuadés de la primauté de la motivation *intrinsèque* (voir le document 6.2) et, plus encore, de celle mise de l'avant par le courant humaniste selon lequel ce serait l'environnement social, au contraire, qui aurait tendance à étouffer les potentialités de l'individu par des planifications réductrices.

Quoi qu'il en soit, il semble que Skinner manifeste une certaine naïveté en misant sur l'objectivité et la neutralité des «planificateurs». Toute action humaine s'inscrit à l'intérieur d'une idéologie, d'une certaine conception de la vie, du monde et de la société. Aux États-Unis, par exemple, un leader républicain ne peut décoder les besoins culturels et économiques de ses concitoyens de la même façon que le ferait un leader démocrate et, *a fortiori*, un leader noir, qu'il soit démocrate ou républicain. Ces différences de sensibilité imprègnent la société entière, et les scientifiques, même les plus «objectifs», ne peuvent y échapper.

Faudra-t-il, par exemple, faire davantage confiance à un planificateur croyant en l'hérédité de l'intelligence qu'à celui misant sur le rôle essentiel d'une démocratisation totale des conditions d'éducation? Faudra-t-il choisir un spécialiste qui croit que les inégalités sociales sont inéluctables et qu'il vaut mieux faire d'un balayeur un balayeur heureux, ou faudra-t-il au contraire chercher, avec un autre, à créer les conditions permettant à chacun, peu importe son origine sociale, de trouver, dès le plus jeune âge, le type d'activités correspondant à ses goûts et à ses capacités réelles?

Ces questions ont déjà été posées dans le premier chapitre. Skinner, dans son livre, comme dans les entrevues qu'il a accordées par la suite, demeure dans les généralités et n'a jamais fondamentalement répondu aux interrogations que son projet de société suscite.

De toute façon, les communautés fondées au début des années 70 sur le modèle skinnérien se sont soldées par un échec aussi retentissant que les autres bâties sur d'autres modèles. Il semble, selon des témoins participants (Kinkade, 1974), que le «libre arbitre» de certains d'entre eux soit rapidement entré en conflit avec la programmation de l'emploi du temps et des conditions d'éducation élaborées par les planificateurs.

Document 7.4

Maturation, apprentissage et périodes critiques

Il n'y a pas si longtemps que le petit de l'humain n'est plus considéré comme un petit homme, un adulte en miniature sur lequel pourrait se greffer n'importe quel apprentissage pour peu qu'il soit injecté en doses proportionnelles à la taille de l'enfant. Aujourd'hui, cette conception est désormais bannie (ou presque) des méthodes d'éducation.

Par la mise en évidence du processus de maturation et des périodes critiques qui lui sont associées, on sait à présent qu'aucun comportement ne peut se développer, ou alors très difficilement, si l'organisme n'a pas franchi les étapes de croissance nécessaires à la mise en place de l'apprentissage qu'il nécessite.

Il est certain que, selon le degré de complexité de celui-ci, ces périodes sensibles peuvent différer considérablement dans leur moment d'apparition. Ainsi, l'habituation, la sensibilisation et même le *conditionnement classique* s'effectuent déjà chez le foetus. Ceci peut être démontré à partir de bruits violents dont la répétition finit par ne plus faire sursauter l'enfant dans le sein maternel ou, au contraire, lors du conditionnement à l'aide d'un vibreur, associé à un bruit violent, qui finit bientôt, à lui seul, à provoquer la réaction de sursaut.

Nous avons également vu que la période critique pour l'*empreinte* se situe, chez les oiseaux nidifuges, au cours des premières heures après la naissance. Récemment, des pédiatres ont prétendu qu'il existait une période critique correspondant aux premières minutes et aux premières heures suivant la naissance d'un enfant. Il serait, selon eux, primordial pour les parents de l'enfant d'avoir avec lui, au cours de cette période, un contact étroit. Ce contact effectué à l'aide du corps, de la voix et des yeux serait capital pour que s'opère le processus d'attachement nécessaire à un développement équilibré de la personnalité (Ainsworth, 1979).

En ce qui concerne les *apprentissages de comportements opérants*, ils ne peuvent bien entendu se développer que lorsque le développement sensori-moteur permet une coordination suffisante des mouvements. Certains apprentissages par essais et erreurs, par façonnement ou par imitation peuvent déjà s'effectuer dès les premiers jours après la naissance. Ainsi, des enfants de deux jours suceront d'autant plus une tétine qu'une musique est associée, en guise de renforcement, à la tétée (Butterfield et Siperstein, 1972). De leur côté, Moore et Meltzoff (1975) ont montré qu'un bébé de deux semaines

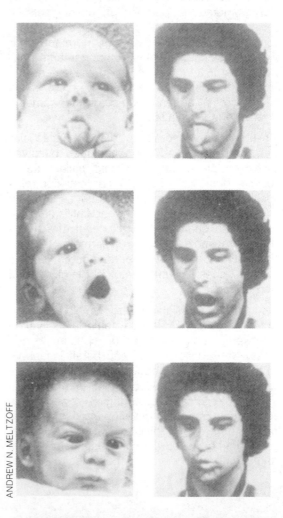

ANDREW N. MELTZOFF

Fig. 7.14 *Dès les premières semaines de vie, le bébé se montre capable d'imiter les expressions faciales de l'adulte.*

ZIMBEL/MONKMEYER

Fig. 7.15 « *Hors de la vue, hors de l'esprit* », *disait Piaget pour signifier qu'avant l'âge de cinq mois, l'enfant ne conserve pas le souvenir d'un objet qu'on soustrait à sa vue par un écran.*

que la maturation nerveuse rend possible un décodage et une représentation du monde permettant l'établissement de relations entre les éléments qui le composent. Piaget situe le début du processus de représentation du monde, sous forme d'idées ou d'images, vers l'âge de cinq mois, âge auquel l'enfant conserve le souvenir d'un jouet retiré de sa vue, pour être caché derrière un écran. C'est alors le signe, selon le psychologue suisse, que l'enfant a acquis la notion de *permanence de l'objet*.

Le *premier acte intelligent*, au sens propre, toujours selon Piaget, est constitué par l'invention d'un moyen nouveau chez l'enfant d'un an et demi à deux ans. Il cite le cas d'un enfant de cet âge qui, après avoir tenté sans succès de faire entrer une chaînette assez lourde dans une boîte d'allumettes par un bout puis par l'autre, s'arrête, observe l'objet et la boîte et, brusquement, ramasse la chaînette en boule dans sa main pour l'introduire sans difficulté dans la boîte. Il s'agit donc là d'un premier apprentissage intériorisé, vraisemblablement par *insight*, qui couronne une série d'étapes préparatoires s'étant succédées tout au long des deux premières années. Nous reviendrons d'ailleurs aux caractéristiques de ce stade sensori-moteur dans le chapitre 10.

En ce qui concerne l'*apprentissage du langage*, c'est vers la fin de la première année que l'enfant est non seulement capable de distinguer les sons propres à la langue maternelle mais également de prononcer les premiers mots par lesquels il tente d'exprimer des idées complètes. La période sensible pour l'apprentissage de la langue maternelle se situe entre un an et demi et trois ans. Elle se situe vers trois ans pour s'étendre jusqu'à cinq ou six ans en ce qui concerne l'apprentissage des langues étrangères, une fois intégrées les structures de la langue maternelle. Passé cette période, le cerveau perd peu à peu de sa plasticité, et les acquisitions linguistiques effectuées plus tardivement vont paraître plutôt « collées » qu'intégrées.

En ce qui concerne enfin le *raisonnement,* ce n'est que vers 12 ans, toujours selon Piaget, que l'individu commence à être capable de traiter un problème de façon abstraite, en procédant systématiquement à la vérification d'hypothèses et aux déductions que celle-ci implique (voir le document 8.6).

pouvait imiter un adulte en sortant la langue, en poussant les lèvres en avant ou en bougeant les doigts, comme le faisait ce dernier (figure 7.14). Quant à l'*apprentissage vicariant*, il demande en plus l'établissement d'une identité propre à l'individu, permettant à celui-ci de se distinguer du modèle dont il va intégrer les comportements en fonction des conséquences. Or, ce n'est pas avant deux ou trois ans que s'effectue pleinement le processus d'individualisation de l'enfant. Il y a donc peu de chances pour qu'un tel apprentissage remplace la simple imitation, avant cet âge.

Les *apprentissages cognitifs*, eux, ne se mettent en place que très lentement, au fur et à mesure

Résumé

1. Contrairement aux réflexes et aux comportements instinctifs qui sont peu modifiables, les *comportements appris* sont des comportements *modifiés* de façon parfois importante et *persistante*.

2. On peut distinguer *trois grandes catégories* d'apprentissages : ceux de comportements répondants, ceux de comportements opérants et les apprentissages cognitifs.

3. Les *apprentissages de comportements répondants* consistent dans le fait que le cerveau subit passivement l'impact de l'environnement, ce qui entraîne la modification de circuits nerveux existants et la création de nouvelles traces.

4. L'*habituation* et la *sensibilisation* se traduisent par une modification du pouvoir de déclenchement de la réaction d'attention de l'organisme qui diminue dans le premier cas et augmente dans le second. L'*empreinte* constitue une trace permanente qui s'inscrit dans le cerveau du jeune animal de certaines espèces suite à la perception du premier objet animé. Quant aux *réflexes conditionnés*, il s'agit de comportements produits suite à l'association d'un stimulus inconditionnel avec un stimulus neutre qui devient capable de ce fait de provoquer le réflexe et porte, dès lors, le nom de stimulus conditionnel.

5. Les *apprentissages de comportements opérants* sont des apprentissages résultant de l'action de l'organismes sur l'environnement dont la conséquence en entraîne la reproduction ou l'abandon.

6. L'*apprentissage par essais et erreurs* consiste dans le fait que l'organisme a tendance à reproduire les comportements qui lui apportent une satisfaction, et à abandonner les autres. L'*apprentissage par façonnement* constitue une systématisation de l'apprentissage par essais et erreurs en ce sens que l'organisme est amené à produire la réponse terminale par le renforcement de chacun des actes allant dans le sens de celle-ci.

7. Le *renforcement* est l'opération par laquelle l'addition ou la soustraction d'une stimulation ou d'un événement donné augmentent les chances qu'un comportement soit reproduit. Le renforcement est dit *positif* ou *négatif* selon que cette stimulation ou cet événement est additionné ou supprimé suite au comportement. Un *renforcement primaire* est lié à la satisfaction d'un besoin physiologique alors que le *renforcement secondaire* constitue une satisfaction obtenue par association avec d'autres renforcements.

8. Le renforcement (positif ou négatif) sert à *augmenter* la probabilité qu'un comportement soit reproduit, alors que la *punition*, au contraire, consiste à *faire disparaître* un comportement par la production d'un événement désagréable chaque fois que ce comportement est émis. Quant à l'*extinction*, elle consiste dans le fait qu'un organisme cesse d'émettre un comportement suite à la disparition du stimulus inconditionnel ou du renforcement.

9. Le processus de *discrimination* consiste en l'extinction des comportements qui ne sont plus suivis du stimulus inconditionnel, ou qui ne sont plus renforcés, pour ne maintenir que ceux qui répondent à ces conditions. Le processus de *généralisation*, au contraire, consiste dans la production du comportement en réaction à tous les stimuli dont les caractéristiques sont semblables à celles du stimulus conditionnel ou dans toutes les situations semblables à la situation ayant engendré le renforcement.

10. L'*apprentissage par observation* peut soit déboucher sur l'*imitation* pure et simple du comportement du modèle, soit constituer un *apprentissage vicariant* selon lequel le comportement du modèle est imité en fonction des conséquences qu'il entraîne pour celui-ci.

11. Les *apprentissages cognitifs* sont des apprentissages faisant intervenir des processus supérieurs dans l'évaluation de la situation, en fonction des expériences antérieures et des possibilités existantes, de façon à déterminer le type de solution le plus adéquat à adopter.

12. L'*apprentissage latent* est une forme d'apprentissage cognitif qui consiste en l'élaboration de cartes cognitives s'appuyant sur la signification des stimuli et des relations qu'ils établissent entre eux. L'*apprentissage d'habiletés psychomotrices* complexes fait intervenir l'élaboration de stratégies cognitives permettant la programmation de la performance.

13. L'*apprentissage par «insight»* consiste dans le fait que la solution à un problème est découverte soudainement suite à l'intégration des informations présentes en mémoire avec celles dont dispose le sujet dans son environnement immédiat. L'*apprentissage par raisonnement* comprend deux étapes : la première consiste dans le recensement des données du problème et des rapports existant entre elles; la seconde est celle de l'élaboration des hypothèses qui vont être testées pour déboucher sur une solution. L'*apprentissage de concepts* est l'apprentissage par lequel un individu dégage les similitudes entre des objets, des êtres vivants, des situations ou des idées afin de les fondre en une notion abstraite qui peut alors être généralisée à d'autres éléments présentant les mêmes similitudes.

14. L'apprentissage est étroitement lié à la *maturation* de l'organisme. Il s'agit d'un processus inscrit dans les gènes de chaque individu d'une espèce donnée qui l'amène, par étapes successives et semblables pour tous, vers un niveau de maturité spécifique à chaque organe ou à chaque fonction de l'organisme. Les *périodes critiques* sont des périodes de développement de l'individu au cours desquelles certains apprentissages s'effectuent le plus aisément.

15. L'évaluation de la *performance* fournie suite à un apprentissage spécifique dépend de nombreux facteurs d'ordre perceptif ou affectif ou encore est liée à l'état de conscience dans lequel se trouve le sujet. Elle ne constitue donc que très rarement le reflet de sa *capacité* réelle. La qualité d'un apprentissage et la performance qui en découle sont, de plus, étroitement liées aux expériences antérieures du sujet dont le *transfert* peut soit faciliter, soit retarder l'acquisition d'un comportement.

Dossier 7.1

L'apprentissage : la part de l'inné et celle de l'acquis

L'idée que tout comportement pourrait être acquis par un organisme, dès le moment où les conditions sont présentes dans l'environnement pour le faire apparaître, est une idée fondamentale émise par le courant behavioriste, à la suite de Watson.

Il fallut cependant se rendre à l'évidence qu'il existait des limites à cette capacité de mettre en place un comportement.

Des contraintes biologiques empêchent, en effet, de nombreux comportements de s'inscrire dans le répertoire de certaines espèces. Ces contraintes sont, bien sûr, liées à la constitution physique de l'animal, mais également à ses rythmes biologiques, à ses tendances instinctives ainsi qu'à l'impact sur l'organisme de certaines expériences antérieures.

La constitution physique

Un animal ne peut apprendre à émettre n'importe quel type de réponse. Il est limité dans ses capacités à la fois par la façon dont ses membres sont constitués, mais également par le niveau d'évolution de son cerveau. En caricaturant à l'extrême, on ne peut apprentdre à un poisson, dans un aquarium, à appuyer sur un levier à l'aide d'une de ses nageoires, comme on ne peut apprendre à un ver de terre à circuler sans faute, dans un labyrinthe quelque peu compliqué (on se rappelle les difficultés rencontrées par Yerkes en apprenant simplement à cet animal à tourner à droite dans un labyrinthe en T).

Mais il existe des contraintes moins évidentes. Tout chercheur qui a tenté d'apprendre à un rat à appuyer sur un levier afin d'échapper à un choc électrique connaît la très grande difficulté de faire produire ce comportement par l'animal. La raison en est simple : face à un danger, un rat se prépare au combat ou fuit, ou encore s'agite avec frénésie ou, tout simplement, adopte une attitude figée. Mais il ne s'approche pas d'un levier afin de l'actionner pour faire disparaître une situation désagréable. Ce schème d'action face à un danger ne fait pas partie de son répertoire.

Il en va d'ailleurs ainsi pour le pigeon. Suite à la réception d'un choc électrique, la réaction naturelle de cet animal est de rejeter la tête en arrière. Il ne peut donc être question que le coup de bec vers une clé soit la réponse adoptée pour éviter la stimulation désagréable (Smith et coll., 1972).

Les rythmes biologiques

Nous avons parlé précédemment de ces rythmes qui synchronisent les différentes fonctions de l'organisme (voir le document 4.2). L'apprentissage n'échappe pas à leur impact.

Un rat est spécifiquement un animal nocturne. Son activité est donc maximale la nuit. Or, les recherches dans les laboratoires s'effectuent presque uniquement le jour.

Même si on désynchronise l'organisme en maintenant la lampe allumée dans l'animalerie ou en inversant les heures d'éclairement, on ne peut jamais dire à quoi correspond l'activité déployée par rapport au rythme circadien.

La relation entre l'activité et le rythme circadien a été étudiée sur des périodes de plusieurs années, notamment chez le hamster et le suisse, un écureuil terrestre d'Amérique du Nord (Godefroid, 1968, 1979). Il s'agissait, en l'occurrence, de mesurer l'activité d'amassage de nourriture, typique de ces espèces, en laissant un levier-réponse raccordé à un distributeur de nourriture à la disposition de l'animal, 24 heures sur 24. On note alors que l'activité est absente pendant la journée entière chez le hamster, animal nocturne, et qu'elle se manifeste, par pointes, seulement au début et au milieu de la nuit. Quant au suisse, animal diurne, son activité ne débute qu'avec le lever du soleil, manifestant une pointe vers le milieu de la matinée.

Si on observe la façon dont cette activité se distribue tout au long d'une année chez des suisses élevés en terrarium et disposant à tout moment d'un levier-réponse, on s'aperçoit que l'activité sur le levier qui se limite à l'émission d'une cinquantaine de réponses quotidiennes au printemps, passe à plus d'une centaine au cours de l'été et à près de 2.000 réponses par jour pendant la période qui précède l'entrée en hibernation. À partir de ce moment, l'animal cesse alors toute activité pendant les mois que dure la torpeur hibernale. Il est certain qu'un expérimentateur naïf, voulant tenter des expériences à court terme sur de telles espèces, risque de rencontrer des variations considérables dans les performances des animaux, qu'il lui sera difficile d'expliquer s'il ne tient pas compte des rythmes de l'animal[6].

Les tendances instinctives

Nombreux sont les exemples illustrant le fait que des animaux de diverses espèces, placés dans des conditions d'apprentissage interférant avec des tendances instinctives, laissent très vite ces dernières reprendre le pas sur le comportement acquis.

La prééminence du répertoire spécifique Au cours des années 50, un couple de chercheurs (Breland et Breland, 1961), amenèrent des représentants de différentes espèces, tels que les ratons-laveurs, des cochons, des poules, etc. à produire diverses performances résultant d'un apprentissage par conditionnement opérant. Au début, tout se déroula très bien. Les ratons-laveurs ramassaient une pièce de monnaie et la transportaient dans une boîte en métal. Les cochons en faisaient autant avec une pièce de monnaie en bois qu'ils poussaient avec leur groin jusqu'à une grosse tirelire en forme de cochon. Quant aux poules, elles devaient libérer une capsule, après avoir tiré sur un anneau en caoutchouc, et la pousser à coup de bec hors de la cage. Bien entendu, chacune de ces performances était suivie d'un renforcement.

---

[6] D'autres rythmes, tel que le cycle œstral chez les femelles de rongeurs, risquent aussi de créer d'importantes variations sur des périodes de quatre ou cinq jours, dans les performances que ces femelles sont amenées à produire.

Mais au bout de quelque temps, les ratons-laveurs allèrent de moins en moins volontiers déposer la pièce de monnaie, préférant les conserver et les manipuler en les frottant avec les pattes antérieures et en les plongeant dans la boîte pour les retirer aussitôt. Les cochons eux, au lieu de continuer à transporter au plus vite la pièce de bois vers la tirelire pour recevoir la récompense, se mirent à flâner en chemin avec elle, la lançant en l'air ou tentant de l'enfouir dans le sol pour la reprendre ensuite. Quant aux poules, elles finirent par passer plus de temps à picorer les capsules qu'à les pousser dehors à coups de bec.

Il est donc évident que les représentants de chacune de ces espèces se comportaient avec les objets, dans des conditions artificielles, comme ils l'auraient fait avec de la nourriture, dans des conditions naturelles : le raton-laveur «lave» sa nourriture avant de l'ingurgiter, le porc, comme le sanglier, fouille le sol avec le groin à la recherche de racines, et la poule se sert généralement de son bec pour picorer, non pour pousser des objets en dehors d'une cage.

La prééminence d'un comportement instinctif sur un comportement acquis peut également être illustrée par les recherches sur l'amassage de nourriture, citées plus tôt. Il est en effet impossible pour un hamster ou pour un suisse de se contenter d'actionner le levier uniquement pour se nourrir. Selon la période de l'année, ce comportement débouche automatiquement sur un remplissage plus ou moins fréquent des abajoues de l'animal et sur le transport de la nourriture vers sa cage d'habitation.

Un comportement semblable a été observé chez le rat de laboratoire lorsqu'on exige de lui qu'il se procure la nourriture placée au bout d'une allée éloignée de sa cage d'habitat. Dans ce cas, cependant, le fait que le rat ramène la nourriture à sa cage plutôt que de la consommer sur place, doit davantage être rattaché à une recherche de sécurité qu'à la constitution d'une réserve (Godefroid, 1979).

L'autofaçonnement   Il s'agit là d'un autre exemple tout aussi frappant de la contrainte qu'imposent les tendances instinctives.

Si un pigeon reçoit des graines dans un distributeur, à certains intervalles fixés par l'expérimentateur, et qu'on fait précéder la distribution de graines par l'allumage d'une pastille lumineuse, on note bien vite que l'animal se met alors à picorer de plus en plus souvent la pastille lumineuse, sans pourtant que cette réponse ait un quelconque effet sur l'obtention de la nourriture (Brown et Jenkins, 1968).

On tenta tout d'abord d'expliquer cet autofaçonnement comme étant le résultat d'un conditionnement classique au cours duquel signal lumineux et nourriture se trouvant associés, le réflexe de picorage de l'animal sur la pastille pouvait alors être considéré comme un réflexe conditionné. Mais, si c'était le cas, une extinction devrait se pratiquer lorsque la distribution de nourriture n'est plus effectuée après l'apparition du signal lumineux. Or, ce n'est pas ce qui se passe. L'animal continue, au contraire, de donner de plus belle des coups de bec à la pastille, et cela même lorsque chaque coup donné retarde d'autant la distribution de nourriture. Selon Jenkins (1973), il semble que la réponse de l'animal soit étroitement liée à l'état de besoin dans lequel celui-ci se trouve. Ainsi, si le pigeon a faim, il va réagir en picorant la pastille. S'il a soif, par contre, et que le « renforcement » est constitué par une ration d'eau, la réponse de l'oiseau va ressembler à un mouvement de succion. Enfin, si le signal lumineux est associé à la possibilité d'accès auprès d'une femelle réceptive, on s'aperçoit que l'animal se met alors à « courtiser » le disque lumineux en roucoulant.

Ainsi, la réponse, loin d'être arbitraire, est en rapport direct avec la nature du renforcement. L'autofaçonnement semble donc basé sur le lien entre un conditionnement classique et un conditionnement opérant selon lequel l'illumination du disque constituerait le stimulus conditionnel déclenchant une réponse conditionnelle en rapport avec le *type* de renforcement à venir[7].

Influence des expériences antérieures

Lorsqu'on ignore l'histoire expérimentale d'un sujet, il est souvent impossible d'interpréter l'orientation que peuvent prendre certains apprentissages.

Les deux exemples suivants permettent d'illustrer ce fait.

Les aversions gustatives   Garcia et ses collaborateurs (1966) ont exposé des rats qui venaient de manger à des radiations ayant pour effet de les rendre malades. Ils s'aperçurent que les rats manifestaient, dès lors, une aversion pour la nourriture qui pouvait durer pendant plusieurs semaines. Il nota qu'il en allait également ainsi pour toute nourriture empoisonnée.

Plusieurs tendances instinctives viennent d'ailleurs se greffer sur ce phénomène. Ainsi, on sait que lorsqu'un rat est confronté à un aliment auquel il n'a jamais goûté, il n'en absorbe tout d'abord qu'une faible quantité, laissant à l'organisme le temps d'en vérifier les effets, avant d'en poursuivre la consommation. Garcia a également démontré que le conditionnement classique ne pouvait s'effectuer que de façon limitée dans le cas d'aversion gustative. Il a pu remarquer ainsi que si des stimuli neutres, visuels ou sonores (lumière, vibreur ou métronome) n'entraînaient pas d'aversion après avoir été associés à une nourriture empoisonnée, il suffisait par contre de coupler une odeur avec celle-ci pour qu'à elle seule cette odeur entraîne le refus de la nourriture chez l'animal conditionné.

L'apprentissage de l'impuissance   Si un chien est placé dans une cage à double compartiment et qu'on provoque l'émission d'un choc électrique dans un de ceux-ci, il a tôt fait de sauter dans l'autre. Il s'agit là d'un comportement inscrit dans le répertoire naturel de l'animal et qui peut dont être aisément conditionné.

Seligman (1975) a pourtant montré que si des chiens sont bloqués dans un des compartiments où ils sont soumis, de façon répétée, à des chocs électriques modérés, il devient impossible d'amener un grand nombre d'entre eux à se sauver dans l'autre compartiment lors-

---

[7] Jenkins note d'ailleurs que l'animal cesse de répondre lorsque la nourriture est distribuée aussi bien en présence qu'en l'absence de l'illumination du disque.

GISÈLE BEAUVAIS

Fig. 7.16 *La patience du pêcheur se compare aisément à la passion du chasseur ou aux plaisirs que recherche celui qui fréquente les clubs de vacances.*

qu'on lève la barrière et qu'un choc est à nouveau émis. Ces chiens demeurent dans le premier compartiment, incapables de bouger, recevant les chocs sans broncher. Même une nourriture appétissante placée dans l'autre compartiment ou le fait de tenter de tirer les animaux dans l'autre compartiment à l'aide d'une laisse, ne donnent des résultats qu'après de très nombreux essais. Les animaux ont donc appris à devenir impuissants face à une stimulation aversive, empêchant ainsi tout apprentissage ultérieur associé à celle-ci.

À la lumière de tous ces exemples, on peut se demander jusqu'à quel point notre hérédité animale, mise en veilleuse par l'éducation et la vie en société, ne demeure pas à la base de nombreuses difficultés rencontrées dans la vie quotidienne.

L'être humain a pu contourner la majorité des problèmes posés par sa constitution physique grâce à l'invention et au perfectionnement continuel de l'outil. Par contre, les rythmes biologiques exercent encore une emprise très grande sur la qualité de l'activité déployée à certaines heures du jour ou à certaines périodes de l'année. On connaît d'ailleurs les conséquences parfois désastreuses, sur le plan physique aussi bien que psychologique que peuvent avoir, sur les travailleurs, des horaires les contraignant à œuvrer la nuit. D'un autre côté, il suffit d'être un tant soit peu à l'écoute de son organisme pour savoir que son fonctionnement est étroitement lié aux cycles des saisons.

Les tendances «instinctives» de la cueillette, de la chasse ou de la pêche, constituent des réminiscences auxquelles plus d'un humain se laisse volontiers aller sans qu'un renforcement lié à la survie n'y soit plus associé. La joie du chasseur, qui peut parfois se transformer en passion ou en rage, ou la patience déployée par le pêcheur à la ligne ont vraisemblablement les mêmes racines que les plaisirs recherchés par les habitués des clubs de vacances en quête du «paradis perdu»[8].

---

[8] Il est à noter que ce n'est que chez les individus pour lesquels le travail s'est transformé en passion, devenant ainsi une «seconde nature», que ce retour aux sources, sous forme de loisirs, ne semble plus nécessaire.

Nous ne chercherons pas trop loin un exemple d'autofaçonnement. Le succès rencontré par les loteries de toutes sortes montre qu'il existe nombre de comportements humains étroitement associés à des signaux n'ayant qu'un rapport (très) hypothétique avec le renforcement espéré[9] (un lotofaçonnement?!).

Il est également inutile de s'attarder aux aversions gustatives chez les humains. Les cas sont légion, chez les enfants surtout, où une association fortuite entre un aliment donné et son aspect particulier, un malaise soudain n'ayant rien à voir avec son ingestion ou encore une tension familiale s'exprimant lors du repas, est à la base du rejet, voire de la répulsion à l'égard de ce type de nourriture. Il faut cependant noter que les aversions sont plus fréquentes s'il s'agit d'aliments amers ou ayant une odeur inhabituelle (c'est pourquoi il est plus efficace de punir un enfant en le privant de dessert plutôt que d'épinards).

Quant à l'impuissance acquise, on ne connaît que trop les cas des enfants maltraités qui demeurent «accrochés» à des parents abusifs, ou des femmes ou des maris battus qui, souvent, refusent obstinément de réagir soit en déposant une plainte en justice, soit en tentant de modifier leurs conditions de vie. Mais, plus simplement, on peut expliquer de cette façon le sentiment d'échec perpétuel ou de dépression que vivent certains individus dont les revers qu'ils ont connus dans le passé les amènent à croire qu'il est devenu inutile de lutter (Seligman, 1975).

----

[9] Il est difficile, en effet, d'expliquer le maintien d'un tel comportement comme étant associé à un renforcement lorsqu'on sait qu'il n'existe, la plupart du temps, qu'une chance sur plusieurs milliards de remporter le gros lot pour l'individu qui achète un billet.

Bibliographie

BRELAND, K. et BRELAND, M., «The misbehavior of organisms», *American Psychologist*, 1961, n° 61, p. 681-684.
BROWN, P.L. et JENKINS, H.M., «Auto-shaping of the pigeons keypeck», *Journal of the Experimental Analysis of Behavior*, 1968, n° 11, p. 1-8.
GARCIA, J., ERWIN, F.E. et KOELLING, R.A., «Learning with prolonged delay of reinforcement», *Psychonomic Science*, 1966, n° 5, p. 121-122.
GODEFROID, J., *L'amassage de nourriture chez les rongeurs,* Thèse de doctorat, Liège (ronéo), 1979.
JENKINS, H.M., «Effects of the stimulus reinforcer relation on selected and unselected responses», dans R.A. Hinde et J. Stevenson Hinde (Éds), *Constraints on learning : Limitations and predispositions,* Londres, Academic Press, 1973.
SELIGMAN, M.E.P., *Helplessness : On depression, development and death*, San Francisco, Freeman, 1975.
SMITH, R.F., GUSTAVSON, C.R. et GREGOR, G.L., «Incompatibility between the pigeon's unconditioned response to shock and the conditioned keypeck response», *Journal of the Experimental analysis of Behavior,* 1972, n° 18, p. 147-153.

Guide d'étude

Révision

Compléter les phrases suivantes

1. On peut distinguer trois grandes catégories d'apprentissages : les apprentissages de comportements _____, ceux de comportements _____ et les apprentissages _____.

2. Dans le cas des apprentissages de comportements _____, l'organisme subit l'_____ de l'environnement.

3. Lors de l'apprentissage de comportements _____, ce sont les informations en provenance de l'_____ qui déterminent quelle réponse va être répétée en fonction des _____ qu'elle entraîne pour la satisfaction des besoins.

4. Les apprentissages _____ sont le fruit d'une _____ de la situation en fonction des expériences _____ et des _____ existantes, afin de déterminer le type de solution le plus _____ à adopter.

5. L'_____ et la _____ sont des apprentissages primitifs amenant l'organisme à réagir de façon _____ à des stimuli présentés de façon _____.

6. Le conditionnement classique a pour base des comportements inscrits dans le _____ de l'animal.

7. Les réflexes naturels sont également appelés réflexes _____ parce qu'ils ne réclament pour s'exprimer aucune _____ autre que la présence d'un stimulus _____.

8. Un stimulus conditionnel est un stimulus _____ au départ qui devient capable de déclencher un réflexe _____ à la _____ d'avoir été _____ un certain nombre de fois au stimulus _____.

9. Les comportements opérants sont des comportements exigeant qu'une _____ soit préalablement _____ sur l'environnement.

10. L'apprentissage par _____ et _____ consiste en la répétition des comportements entraînant une _____ pour l'organisme et en l'_____ de ceux entraînant une _____.

11. Un _____ est constitué par tout événement qui _____ les chances de voir un comportement se reproduire.

12. Le _____ d'un comportement opérant s'effectue par _____ successives.

13. L'évitement d'une situation _____ constitue un renforcement _____ qui _____ la probabilité que le comportement qui le permet soit _____.

14. La punition vise à faire _____ un comportement par la production d'un événement _____ chaque fois que ce comportement est émis.

15. La satisfaction d'un besoin _____ constitue un renforcement primaire.

16. L'_____ d'un comportement découle de la suppression du stimulus _____ ou du renforcement.

17. La _____ consiste en l'_____ par l'organisme des comportements non suivis du stimulus _____ ou du renforcement pour ne les produire que dans les situations où ceux-ci sont présents.

18. La généralisation consiste dans la _____ du comportement en réaction à tous les stimuli dont les caractéristiques sont semblables à celles du stimulus _____ ou dans toutes les situations semblables à celle ayant engendré le _____.

19. L'apprentissage _____ est un apprentissage par observation par lequel le sujet reproduit le comportement du _____ en fonction des _____ qu'il entraîne pour celui-ci.

20. L'apprentissage _____ se caractérise par la constitution des cartes _____ s'appuyant sur la _____ du stimulus plus que sur la _____ entre stimulus et réponse.

21. C'est au cours du stade cognitif de l'apprentissage des habiletés _____ complexes que se développent des _____ cognitives.

22. L'agencement intériorisé des éléments d'un problème débouchant sur une solution _____ de celui-ci est connu sous le nom d'*insight*.

23. Le _____ s'effectue généralement en deux temps : le premier consiste à _____ les données du problème et le second à tester les diverses _____ qui vont alors être émises.

24. La formation des concepts implique l'intervention de deux processus : l'_____ et la _____.

25. La _____ est le processus de développement propre à une espèce donnée qui amène l'organisme par _____ successives et _____ pour tous vers un niveau de _____ spécifique à chaque organe ou à chaque fonction.

26. Les périodes _____ sont des périodes durant lesquelles un organisme est le plus _____ à l'impact du milieu environnant.

27. Un apprentissage ne peut être évalué que par la mesure de la _____.

28. Suite à l'altération de la conscience par absorption d'une drogue, la _____ de produire un comportement appris continue à exister même si la performance risque d'être _____.

29. Le _____ d'expériences antérieures sur un nouvel apprentissage peut soit _____, soit _____ ce dernier.

30. Le fait que deux matériels soient relativement semblables entraîne le plus souvent un transfert _____.

Vérification des connaissances

Vrai ou faux?   V   F

1. Les comportements appris sont des comportements qui ont été modifiés de façon relativement permanente.   ☐   ☐

2. Les comportements répondants sont des comportements dont l'apprentissage exige pour s'instaurer qu'une expérimentation active du milieu soit effectuée.   ☐   ☐

3. La sensibilisation se produit lorsque l'organisme cesse d'être activé par une stimulation qui se répète ou qui demeure constante.   ☐   ☐

4. L'empreinte peut être considérée comme un comportement opérant.   ☐   ☐

5. Le réflexe inconditionnel fait toujours partie du répertoire de l'organisme.   ☐   ☐

6. Un stimulus inconditionnel est un stimulus neutre devenu efficace à condition d'avoir été associé à un stimulus conditionnel.   ☐   ☐

7. La loi de l'effet avance qu'une réponse risque d'être ou non reproduite selon qu'elle entraîne une satisfaction ou une insatisfaction pour l'organisme.   □   □

8. Un renforçateur est constitué par tout événement qui augmente les chances de voir se reproduire un comportement.   □   □

9. Le façonnement consiste à faire répéter un certain nombre de fois la réponse qu'on veut voir acquérir.   □   □

10. Un renforcement négatif vise à faire disparaître un comportement jugé indésirable.   □   □

11. L'extinction d'un comportement résulte de la disparition du stimulus inconditionnel ou du renforcement.   □   □

12. La discrimination est le processus par lequel l'organisme pratique l'extinction des comportements non renforcés pour ne plus produire que ceux qui répondent à cette condition   □   □

13. L'apprentissage vicariant consiste en l'intégration d'un comportement en fonction des conséquences qu'il entraîne pour le sujet lui-même.   □   □

14. L'apprentissage latent consiste en l'établissement de stratégies cognitives visant à programmer la performance à accomplir.   □   □

15. L'*insight* consiste en une intégration des informations présentes en mémoire et dans l'environnement du sujet afin de déboucher sur l'émission d'hypothèses.   □   □

16. Plus les expériences antérieures d'un individu sont nombreuses, plus les hypothèses seront diversifiées et plus il aura de chances de trouver celle qui lui permet d'apporter une solution à un problème.   □   □

17. Les concepts sont des catégories permettant d'ordonner nos expériences et nos perceptions du monde en les condensant en une notion abstraite.   □   □

18. La maturation est le niveau atteint par un organisme à la suite d'un développement par étapes successives et semblables pour tous les membres d'une espèce donnée.   □   □

19. Une période critique est une période du développement au cours de laquelle un apprentissage s'effectue très difficilement.   □   □

20. Un transfert négatif risque de s'opérer lorsque deux matériels trop semblables interfèrent l'un avec l'autre.   □   □

Questions à choix multiple   (Encercler la lettre qui correspond à la bonne réponse)

1. Parmi les apprentissages suivants, encerclez celui ou ceux correspondant à des comportements répondants.
   a) Essais et erreurs.
   b) Apprentissage latent.
   c) Sensibilisation.
   d) Toutes ces réponses sont bonnes.

2. Un signal lumineux, capable à lui seul de provoquer le retrait d'un membre, s'il est suivi d'un choc électrique administré sur celui-ci, constitue
   a) le stimulus conditionnel.
   b) le stimulus inconditionnel.
   c) un réflexe inconditionnel.
   d) un stimulus neutre.

3. Dans le cas d'un enfant dont la peur des chiens s'est développée le jour où un de ces animaux se mit à aboyer brusquement alors qu'il était en train de le caresser, le stimulus inconditionnel est constitué par
   a) la peur du chien.
   b) le chien.
   c) l'aboiement.
   d) la caresse.

4. Lors de l'apprentissage de comportements opérants
   a) l'organisme est relativement passif.
   b) l'individu élabore des stratégies cognitives.
   c) le stimulus inconditionnel doit succéder au stimulus conditonnel.
   d) Aucune de ces réponses.

5. L'apprentissage par essais et erreurs
   a) repose sur la loi de l'effet.
   b) s'effectue à partir de comportements exécutés au hasard.
   c) consiste en la diminution du nombre d'erreurs en fonction du nombre d'essais.
   d) Toutes ces réponses sont bonnes.

6. Le façonnement d'un comportement s'effectue toujours par
   a) association d'un stimulus neutre à un stimulus inconditionnel.
   b) approximations successives.
   c) hasard.
   d) observation d'un modèle.

7. Le fait, pour un animal assoiffé, de boire l'eau distribuée dans un godet après qu'il ait exercé une pression sur un levier constitue
   a) l'agent de renforcement.
   b) le renforcement.
   c) la réponse conditionnelle.
   d) le façonnement.

8. Un renforcement négatif est un renforcement qui entraîne _____ d'un comportement
   a) l'extinction rapide.
   b) la production.
   c) la disparition.
   d) l'inhibition.

9. La punition
   a) a un effet semblable à celui du renforcement négatif.
   b) facilite le développement d'autres initiatives.
   c) bloque l'apparition d'un comportement.
   d) Aucune de ces réponses.

10. Le fait qu'un organisme soit amené à fournir la même réponse face à toutes les situations ressemblant à la situation ayant entraîné l'émission d'un renforcement, constitue le processus
    a) de généralisation.
    b) de discrimination.
    c) d'imitation.
    d) de reproduction.

11. Dans l'apprentissage vicariant, le modèle
    a) est toujours purement et simplement imité.
    b) doit produire des comportements très simples.
    c) a plus de chance d'être imité s'il est récompensé à la suite d'un comportement donné.
    d) Toutes ces réponses sont bonnes.

12. L'apprentissage vicariant est un apprentissage qui s'effectue
   a) par simple imitation du modèle.
   b) compte tenu des conséquences qu'il entraîne pour le modèle.
   c) après restructuration de la situation par les processus supérieurs.
   d) Toutes ces réponses sont bonnes.

13. Dans l'apprentissage latent, l'organisme apprend
   a) la signification du stimulus.
   b) à élaborer des cartes cognitives.
   c) à utiliser ce qu'il a appris en fonction du renforcement.
   d) Toutes ces réponses sont bonnes.

14. Lors de l'apprentissage d'habiletés psychomotrices complexes, une stratégie cognitive vise à
   a) porter l'attention sur les divers aspects de la tâche.
   b) programmer la performance en fonction de la tâche.
   c) produire les divers éléments dans un ordre donné.
   d) Toutes ces réponses sont bonnes.

15. L'*insight* se caractérise par
   a) la façon dont sont élaborées les hypothèses.
   b) l'originalité de la solution apportée.
   c) l'élaboration de stratégies cognitives.
   d) Aucune de ces réponses.

16. Lors de l'apprentissage par raisonnement, l'élaboration d'hypothèses
   a) succède au recensement des données du problème.
   b) permet d'établir les rapport existant entre les données du problème.
   c) n'est que rarement rattachée aux expériences antérieures.
   d) Toutes ces réponses sont bonnes.

17. La première étape de l'apprentissage de concepts est constituée par
   a) la généralisation.
   b) la discrimination.
   c) l'abstraction.
   d) Aucune de ces réponses.

18. La façon dont s'effectue le développement d'un organisme est
   a) inscrite dans les gènes de tout individu.
   b) spécifique à chaque espèce.
   c) sous la dépendance du processus interne de maturation.
   d) Toutes ces réponses sont bonnes.

19. Les périodes critiques sont des périodes du développement au cours desquelles
   a) les apprentissages s'effectuent avec le plus de difficultés.
   b) l'individu atteint sa maturité.
   c) l'organisme est le plus apte à intégrer un apprentissage donné.
   d) la maturation progresse le plus vite.

20. La performance relative à un apprentissage donné dépend
   a) de l'état de conscience.
   b) du stress.
   c) du contexte dans lequel elle s'effectue.
   d) Toutes ces réponses sont bonnes.

Médiagraphie

1. Références bibliographiques

AINSWORTH, M.D.S., «Infant - mother attachment», *American Psychologist,* 1979, n° 34(10), p. 932-937.

BUTTERFIELD, E. et SIPERSTEIN, G., «Influence of contingent auditory stimulation upon non-nutritional suckle», *Oral sensation and perception - perception - the mouth of the infant,* Springfield, Illinois, C.C. Thomas, 1972.

FITTS, P.M. et POSNER, M.I., *Human performance,* Belmont, California, Brooks - Cole, 1967.

HULL, C.L., *Principles of behavior,* New York, Appleton - Century - Crofts, 1953.

KINKADE, K., «J'ai vécu cinq ans dans une communauté», adaptation française par M.-R. Delorme, *Psychologie,* 1974, n° 43, p. 29-35.

KÖHLER, W., *The mentality of apes,* New York, Harcourt, Brace and World, 1925.

LE NY, J.F., *Le conditionnement,* Paris, PUF, 1969.

MALCUIT, G. et POMERLEAU, A., *Terminologie en conditionnement et apprentissage,* Montréal, Les Presses de l'Université du Québec, 1977.

MOORE, K. et MELTZOFF, A., «Neonate imitation : A test of existence and mechanism», *Society for Research in Child Development,* Denver, 1975.

MUNN, N.L., *Traité de Psychologie,* Paris, Payot, 1966.

PAVLOV, I.P., *Conditioned Reflexes* (traduction G.V. Anrep), New York, Oxford University Press, 1927.

RICHELLE, M., *Le conditionnement opérant,* Neufchâtel, Paris, Delachaux et Niestlé, 1972.

SKINNER, B.F., *La révolution scientifique de l'enseignement,* Bruxelles, Dessart et Mardaga, 1969.

SKINNER, B.F., *Par-delà la liberté et la dignité,* Bruxelles, Dessart, 1973.

THORNDIKE, E.L., *Animal Intelligence,* New York, Macmillan, 1911.

TOLMAN, E.C., «Cognitive maps in cats and men», *Psychological Review,* 1948, n° 55, p. 189-208.

WATSON, J.B. et RAYNER, R., «Conditioned emotional reactions», *Journal of Experimental Psychology,* 1920, n° 3, p. 1-14.

2. Documents audio-visuels

Learning, 30 min, 16 mm, couleur, version anglaise. CRM Production.
Le processus de l'apprentissage : les comportements propres à l'espèce, l'empreinte, le renforcement, le stimulus-signal, le façonnement, le conditionnement aversif, la société utopique de Skinner...

Who did what to whom, 30 min, 16 mm, couleur, version anglaise. Colwell System.
Les techniques de modification du comportement appliquées à différents types de relations humaines : parents-enfants, maître-élèves, patron-employés, ...

Dynamique de l'alcoolisme, 30 min, 16 mm, couleur (disponible à l'OPTAT).
Production d'une névrose expérimentale chez le chat à l'aide de techniques de conditionnement opérant. Application aux causes et au traitement de l'alcoolisme.

Learning and behavior, 1960, 26 min, version anglaise. New York University.
Film rendant compte des techniques de conditionnement classique et opérant.

Pavlov'experiment. The conditionned reflex, 1976, 19 min, 16 mm, couleur, version anglaise. Coronet.
Reconstitution de l'expérience classifiée de Pavlov portant sur le conditionnement d'un chien.

chapitre 8

Retenir, penser et communiquer

La mémoire

Structure de la mémoire
La mémoire sensorielle
La mémoire à court terme
La mémoire à long terme

Le processus de mémorisation
L'encodage
L'entreposage
Le recouvrement

L'oubli
Les facteurs de l'oubli

Mémoire et pensée

La pensée

Les processus de la pensée
La formation et l'acquisition de concepts
La solution des problèmes

Stratégies de la pensée

Théories du développement cognitif
L'approche behavioriste
L'approche cognitiviste

Langage et pensée

Le langage

Communication et langage

Théories sur le développement du langage
Théories de l'apprentissage
Théorie préformiste
Théories relativistes
Théorie constructiviste

La mémoire

Comme le note Chapouthier (1973), si «l'apprentissage est le processus qui permet la *rétention* d'informations par le système nerveux», on peut définir la *mémoire* comme étant «l'ensemble de l'information acquise par le cerveau et guidant le comportement».

Nous avons vu comment les récepteurs, et surtout la formation réticulée, jouaient le rôle de filtres en extrayant, à tout instant, l'information jugée importante pour l'organisme. C'est seulement à ce moment que le cerveau porte attention à cette information essentielle et qu'il décide de son traitement et de son stockage éventuel.

Ainsi, les événements de la vie passent dans la mémoire comme dans un tamis. Certains éléments demeurent coincés entre les mailles, les autres n'y restent que le temps de passer à travers elles. Sans ce système de rétention sélective, aucun apprentissage ne pourrait s'effectuer parce qu'il serait incapable de laisser une trace permettant la création d'habitudes nécessaires à la survie. Mais, d'autre part, sans cette fuite perpétuelle d'informations non pertinentes, les circuits nerveux seraient à ce point encombrés que le cerveau ne pourrait finalement plus distinguer l'essentiel de l'accessoire et demeurerait complètement paralysé. La mémoire constitue donc la faculté de retenir autant que celle d'oublier.

Rétention
(du latin *retinere* = retenir). Conservation en mémoire (synonyme de mémorisation).

Mémoire sensorielle
(ou immédiate). Maintien momentané (moins d'une seconde) d'une information au niveau d'un récepteur alors que la stimulation a disparu.

Mémoire à court terme
Mémoire de courte durée permettant de maintenir l'attention sur une information en attendant que le cerveau décide de la conserver ou non.

Mémoire à long terme
Mémoire dans laquelle les informations sont stockées après avoir été analysées et organisées; elles demeurent ainsi disponibles pour de très longues périodes de temps.

Image consécutive
(en anglais : *afterimage*). Image qui subsiste pendant une courte période sur la rétine après la disparition du stimulus; elle peut être positive ou négative, selon le temps d'exposition du récepteur à la stimulation.

Structure de la mémoire

La plupart des psychologues sont d'accord sur l'existence de trois niveaux de mémoire déterminés par le stockage plus ou moins prolongé de l'information que ces derniers permettent.

On distingue ainsi la *mémoire immédiate ou sensorielle*, la *mémoire à court terme* et la *mémoire à long terme*.

La mémoire sensorielle

Il s'agit, comme son nom l'indique, d'un processus primitif déclenché au niveau des récepteurs. Sperling (1960) a montré que ce mécanisme fonctionne pendant un instant très court, de l'ordre du 1/4 de seconde, pendant lequel le matériel peut être conservé en attendant que la formation réticulée amène le cerveau à y prêter attention. Si ce n'est pas le cas, l'effet disparaît alors en moins d'une seconde pour laisser la place à de nouveaux messages (voir le document 8.1).

Les *images consécutives* sont un cas particulier de mémoire sensorielle. Elles sont la conséquence de l'exposition du récepteur à un stimulus de forte intensité ou à la prolongation de l'exposition à une stimulation donnée (voir le document 8.2).

La mémoire à court terme

Si l'attention a été portée sur l'information transmise par le récepteur, cette information peut alors être stockée pendant une courte période de temps, nécessaire au cerveau pour la traiter et l'interpréter. Le cerveau pourra alors décider si l'information est suffisamment importante pour être conservée de façon permanente.

Ce type de mémoire est non seulement caractérisé par la *durée* du maintien de l'information à la disposition de l'organisme, mais également par sa *capacité* à retenir un certain nombre d'informations différentes en même temps.

Durée   Des chercheurs (Peterson et Peterson, 1959) ont trouvé que ce mécanisme fonctionne pendant une vingtaine de secondes, lorsqu'il s'agit de ce souvenir d'une information très courte, comme un numéro ou des syllabes de trois ou quatre lettres, par exemple.

Figure 8.1 *Hermann Ebbinghaus, psychologue allemand (1850-1909). Il est le premier à avoir entrepris des recherches sur la mémoire en utilisant la méthode scientifique.*

Passé ce délai, si aucun rappel ou aucune répétition n'est effectué, le matériel disparaît sans apparemment laisser de trace. C'est le cas, par exemple, lorsque, après avoir composé le numéro de téléphone qu'on vient de repérer dans l'annuaire, on constate que la ligne est occupée. Si on n'a pas pris la peine de répéter mentalement le numéro, il faudra le chercher de nouveau lorsque, quelques minutes plus tard, on voudra le composer une deuxième fois.

Capacité   Dès 1885, Ebbinghaus (figure 8.1) se livrait sur lui-même à des expériences afin de découvrir ce que sa mémoire était capable de retenir, dans un même temps et sans technique particulière.

Il s'aperçut alors que cette capacité était plafonnée à sept chiffres ou sept lettres ou encore sept noms d'objets.

La réalité de ce chiffre magique, véritable *empan* de la mémoire, a été vérifiée par Miller (1956), qui a montré que selon la complexité du matériel, la mémoire ne peut effectivement retenir, en moyenne, plus de sept éléments à la fois (ce nombre pouvant varier entre 5 et 9).

Lorsqu'il est nécessaire de retenir à court terme une information de plus de sept éléments, le cerveau pratique de façon quasi inconsciente des regroupements qui permettent de ramener sous le chiffre limite le nombre d'éléments à conserver en mémoire. Ainsi, le numéro de compte 30637402710 se lira vraisemblablement 30 63 740 27 10, ramenant à 5 groupes de chiffres, ou à 9 mots (trente, soixante, trois, sept, cent, quarante, vingt, sept, dix), les onze éléments le composant.

Notons également que si, dans un tel cas, le mécanisme de stockage est principalement de nature acoustique, la composante visuelle peut intervenir elle aussi, notamment lorsqu'il s'agit d'un matériel non verbal. Les *procédés mnémotechniques* utilisés afin de fixer le souvenir pour une plus longue période de temps, peuvent d'ailleurs faire intervenir l'une ou l'autre de ces composantes (voir le document 8.3).

Le calcul mental est un bon exemple de la façon dont la capacité limitée de la mémoire à court terme peut handicaper le fonctionnement cognitif d'un individu. Par exemple, multiplier 32 par 64 est relativement facile. Pourtant, plusieurs personnes se déclarent incapables d'effectuer cette opération sans l'aide d'un papier et d'un crayon. Elles justifient le plus

Empan
(de l'ancien allemand *spanna* = mesure de la main étendue). Espace qui se trouve entre les extrémités du pouce et du petit doigt écartés. Désigne plus généralement une mesure-étalon.

Procédé mnémotechnique
(du grec *mnaoma* = se souvenir et *-teknê* = art). Procédé d'associations mentales qui aide la mémoire en facilitant l'acquisition et la restitution des souvenirs.

souvent leur échec en avouant qu'elles ne sont pas «fortes» en calcul, alors qu'elles sont plus probablement victimes de l'accumulation des opérations à effectuer et des résultats partiels à retenir qui créent vite une surcharge dans la mémoire à court terme.

La mémoire à long terme

C'est parmi les quelques éléments qui sont retenus temporairement dans la mémoire à court terme que le cerveau va choisir les informations qui seront stockées dans la mémoire à long terme.

On peut comparer la mémoire à court terme aux rayons d'une librairie sur lesquels les livres vont et viennent, selon l'intérêt du moment. Pour sa part, la mémoire à long terme ressemblerait plutôt à une bibliothèque centrale dans laquelle certains éléments, retirés de la mémoire à court terme, seraient codés sous plusieurs rubriques avant d'être déposés et conservés pour un temps plus ou moins long.

La *capacité* de la mémoire à long terme et la *durée* de rétention des informations qui y sont entreposées sont, en principe, illimitées. Elles dépendent de la signification et de l'importance que revêt pour le sujet le matériel à retenir, ainsi que de la façon dont il va l'encoder, l'entreposer et, finalement, être capable de le restituer.

Rôle de certains facteurs

La familiarité avec le matériel   Un événement répété de nombreuses fois se grave plus facilement et pour plus longtemps qu'un événement accidentel. Il en va ainsi du chemin emprunté chaque matin aussi bien que des tables de multiplication et de tout ce qui est «appris» plus ou moins volontairement, lors des années d'enfance et tout au long de notre vie.

Ainsi, les premières chansons ou les premiers poèmes appris à l'école et que l'on a chantées ou récités, à la grande joie de la famille, chaque fois qu'un proche nous rendait visite, sont des événements qui, avec d'autres du même type, restent gravés dans notre mémoire pendant toute notre vie.

C'est d'ailleurs de la même façon qu'on peut expliquer la précision de certains souvenirs rapportés par les personnes âgées. La mémoire à long terme de nos aïeuls étonne toujours. En réalité, les faits rapportés sont, en général, des faits marquants dont les racines affectives sont souvent très profondes; ils ont été racontés un tel nombre de fois par le sujet lui-même ou par son entourage, qu'ils demeurent gravés de façon indélébile. Au fond, ils représentent un tout petit nombre par rapport aux milliers d'événements qui ont jalonné les dizaines d'années d'existence et qui, eux, ont été oubliés (figure 8.2).

Le contexte   Le contexte dans lequel un événement se produit revêt parfois plus d'importance pour la mémorisation que l'événement lui-même. La même matière, qu'il s'agisse de mathématique ou de psychologie, risque d'être plus facilement assimilée lorsqu'elle est enseignée par tel professeur plutôt que par tel autre.

Tulving et ses collaborateurs (1966) avancent, à ce sujet, le *principe de l'encodage spécifique* selon lequel ce qui est stocké en mémoire

Encodage spécifique (principe de l') Principe selon lequel tout matériel stocké en mémoire est toujours associé au contexte existant lors de son entreposage. C'est également par le rappel du contexte qu'un souvenir peut le plus facilement être restitué.

Fig. 8.2 *Les personnes âgées étonnent toujours par la façon dont elles sont capables de se remémorer des faits anciens. Il ne s'agit peut-être là que des faits qu'elles ont eu l'occasion de raconter ou d'entendre raconter à maintes reprises.*

est toujours étroitement associé aux conditions présentes lors de la mise en mémoire. Ceci implique en plus que la restitution du matériel est toujours facilitée lorsqu'elle se passe dans le même contexte que celui dans lequel il a été entreposé.

Il faut d'ailleurs relier ce phénomène au fait déjà souligné à plusieurs reprises que l'apprentissage est le plus souvent lié à l'état de conscience ou à l'état émotionnel existant au moment de sa mise en mémoire.

Il faut de plus se souvenir que, sous le coup d'une forte émotion, certains événements impriment une trace parfois indélébile, même si aucune répétition n'intervient par la suite.

La motivation   On mémorise toujours mieux ce qu'on a envie d'apprendre que ce qui ne présente aucun intérêt pour nous. L'étudiant, amateur de sport, peut très bien être capable de se rappeler le nom de tous les joueurs des équipes de football sans pouvoir retenir le nom de trois psychologues célèbres. C'est également le cas du mélomane qui connaît par cœur l'œuvre de plusieurs compositeurs mais qui ne peut se rappeler la mélodie de la dernière chansonnette à la mode, ni le nom de celui qui la chante. C'est aussi pour cette raison que, dans une discussion ou un débat, nous retenons plus facilement les arguments allant dans le sens de nos idées que ceux étayant les idées adverses.

Mais la motivation joue encore à un autre niveau. Zeigarnik (1927) a en effet montré que nous gardons plus longtemps en mémoire le souvenir d'une tâche inachevée que celui d'un travail que nous avons eu le temps de terminer[1].

L'approfondissement   Un matériel restera d'autant plus présent dans la mémoire qu'il aura préalablement fait l'objet de rapprochements nombreux avec d'autres faits, dans différents contextes et sous divers éclairages. Ainsi s'explique l'intérêt des exemples tant dans un cours donné en classe que dans un manuel. Cependant, l'approfondissement n'égalera jamais celui où l'étudiant prend lui-même le temps de «travailler» la matière, en établissant des relations entre les différents aspects ou en tentant d'illustrer certains principes à l'aide de faits tirés de la vie quotidienne.

Ainsi l'utilisation de procédés mnémotechniques tels qu'ils sont décrits dans le document 8.3, constituent une façon de pratiquer la gymnastique intellectuelle nécessaire à la mémorisation de listes ou des éléments d'un discours.

Il n'existe pas de «truc» proprement dit qui permette d'acquérir une bonne mémoire. Le secret de son amélioration réside principalement dans la façon dont est organisée l'information lors de sa mise en mémoire.

En ce qui concerne l'étude, une chose est cependant très claire : c'est que la mémorisation de dernière minute, avant un examen, est relativement inutile en ce qui a trait à l'acquisition de connaissances. Nombreux sont les étudiants qui étudient la veille d'un examen uniquement pour la note qui sera attribuée par l'enseignant. Une telle attitude, favorisée par un système traditionnel d'éducation, est des plus nuisibles pour l'assimilation et l'intégration des connaissances. En effet, seule une organisation prenant racine dans différents contextes et intervenant aux différents niveaux du traitement de l'information à mémoriser, peut être garante du maintien et de la disponibilité de l'information dans la mémoire à long terme.

Le processus de mémorisation

Il existe trois processus intervenant lors de la rétention d'un matériel. Le premier est l'*encodage*, au cours duquel s'effectue l'extraction des informations qui vont être stockées en mémoire. Le second est l'*entreposage*, qui consiste dans le stockage proprement dit des informations et la mise en relation de celles-ci avec les autres qui ont déjà été entreposées. Enfin, la troisième étape est le *recouvrement*, sans lequel nous ne pourrions jamais savoir ce qui a été réellement retenu.

L'encodage

Ce processus agit dès la mise en action de la mémoire sensorielle, entraînant la reconnaissance des caractéristiques physiques du stimu-

Encodage
Extraction de l'information, à partir d'événements, effectuée par la mémoire sensorielle qui est consolidée par la mémoire à court terme puis organisée par la mémoire à long terme.

Entreposage
Action consistant à structurer et à organiser les informations dans la mémoire à long terme.

Recouvrement
Processus de rappel de l'information entreposée dans la mémoire à long terme et qui demande le plus souvent le rappel de la structure organisationnelle qui a servi lors de l'entreposage.

---

[1] Les parents devraient s'en souvenir lorsqu'ils interrompent brusquement les jeux de leurs enfants au moment de la mise au lit. Il est vraisemblable que de nombreuses insomnies ou des endormissements difficiles pourraient être évités si l'activité commencée pouvait être menée à bien en un temps raisonnable, convenu d'avance avec l'enfant.

lus. Il se trouve ensuite consolidé lors du passage de l'information dans la mémoire à court terme au cours duquel est pratiqué un premier regroupement des différents éléments. Mais c'est dans la mémoire à long terme que l'encodage s'effectue enfin en profondeur grâce à l'analyse et à l'identification des différentes caractéristiques de l'information.

L'entreposage

Celui-ci correspond à la consolidation du matériel en mémoire. Il se produit de façon différente selon que ce matériel relève de la *mémoire épisodique* ou de la *mémoire sémantique*. C'est Tulving (1972) qui a introduit cette importante distinction au niveau du processus *mnémonique*.

La *mémoire épisodique* traite toute l'information relative aux différents événements de notre vie. Elle est de nature *autobiographique*. La *mémoire sémantique*, de son côté, est constituée de toutes les structures, propres à une culture donnée, qui permettent d'organiser la connaissance du monde. Elle comprend de plus l'ensemble des règles qui sont à la base du langage et des diverses opérations mentales. La mémoire sémantique sert donc de trame, de canevas aux faits de la vie courante qui sont stockés dans la mémoire épisodique. Ainsi, grâce à la mémoire sémantique, nous savons ce qu'est *un* examen, *un* ami, *l'*adolescence ou *la* justice, mais c'est la mémoire épisodique qui nous permet, à travers les expériences vécues, de recourir à la réalité de ces divers concepts (Ehrlich et Tulving, 1976).

Ces deux fonctions, distinctes dans leur nature, sont cependant complémentaires et vont toutes deux intervenir à des degrés divers dans la façon dont l'information va être organisée en vue de son entreposage.

Comme nous le signalions plus tôt, tout stockage à long terme demande, comme c'est le cas dans une bibliothèque centrale, qu'un système organisé permette non seulement le classement mais aussi, et surtout, une récupération facile de l'information.

Plusieurs types d'organisation peuvent ainsi être identifiés lorsque s'effectue la «mise en rayon». Elles diffèrent selon les caractéristiques et la complexité du matériel à mémoriser.

Il existe d'abord les formes d'organisation qui nous sont imposées de l'extérieur par la nature même des choses ou des événements. Il s'agit tout d'abord de l'*organisation spatiale* qui nous permet d'établir les relations et les points de repère dans notre environnement physique et social. C'est ce type d'organisation qui est à la base de la constitution des «cartes cognitives». L'*organisation sérielle* nous permet pour sa part de retrouver un mot dans le dictionnaire ou un nom dans l'annuaire téléphonique, grâce à la connaissance de l'alphabet. C'est elle aussi qui nous permet de nous situer à travers les jours de la semaine et les mois de l'année, ou encore de retrouver la page numérotée d'un livre.

Puis il y a les formes d'organisation qui se constituent de «l'intérieur», de façon plus ou moins volontaire. On peut tout d'abord postuler l'existence d'une *organisation associative* qui nous amènerait à regrouper

Mémoire épisodique
(du grec *épeisodion* = partie du drame). Mémoire traitant les aspects spatiaux et temporels des événements de nature autobiographique.

Mémoire sémantique
(du grec *semainein* = signifier). Mémoire traitant de la connaissance générale du monde, des structures et des règles qui sont à la base des différentes opérations mentales.

Autobiographique
(du grec *autos* = soi-même, *-bio* = vie et *-graphein* = écrire, décrire). Qui concerne la vie du sujet, ses expériences et ses souvenirs personnels.

Mnémonique
(du grec *mnaomai* = se souvenir). Qui a rapport à la mémoire.

Organisation sérielle
Organisation fondée sur la constitution de séries (de chiffres, de lettres, de jours, etc.).

Organisation associative
Organisation fondée sur le regroupement d'éléments ayant des caractéristiques communes.

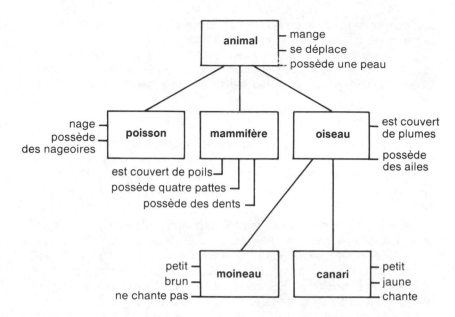

Fig. 8.3 *Organisation hiérarchique dans la mémoire sémantique qui permet d'établir différentes catégories à différents niveaux selon les propriétés et les relations qu'ils établissent entre eux.*

les éléments ayant des caractéristiques communes : la même lettre initiale (quel est donc le nom de ce collaborateur de Pavlov dont le nom commence par B? Non, ce n'est pas Bandura...) la même nature grammaticale (les noms avec les noms, les verbes avec les verbes, etc.) ou les mêmes attributs (selon qu'il s'agit de vêtements, d'aliments, d'instruments de musique, etc.).

Il semble cependant qu'une *organisation hiérarchique* telle qu'analysée par Collins et Quillian (1969) soit celle qui permette le fonctionnement le plus cohérent de la mémoire sémantique. Ce type d'organisation nous amène à classer chaque élément dans un niveau différent selon qu'il correspond à une catégorie générale ou à une autre plus spécifique. Ainsi, un «moineau» est d'abord vu comme un oiseau (ce qui le distingue d'un poisson ou d'un mammifère), qui est petit et brun et qui ne chante pas (ce qui le distingue, par exemple, d'un canari, qui est lui-même un oiseau mais qui est jaune et sait chanter). La figure 8.3 rend compte d'une telle hiérarchie effectuée par la mémoire sémantique.

Des recherches ultérieures montrent pourtant que la mémoire ne fonctionne pas toujours aussi rationnellement en allant, comme c'est le cas pour les sciences, du général au particulier. Ainsi, on a pu vérifier que si des sujets reconnaissaient une proposition telle que «un chien est un animal» plus vite que la proposition «un chien est un mammifère»[2],

Organisation hiérarchique
Organisation en catégories allant des plus générales aux plus spécifiques permettant de classer les éléments ayant des caractéristiques communes.

[2] Dans cette expérience, le temps de réaction était mesuré grâce à la pression sur un bouton par le sujet, qui devait ainsi indiquer si la proposition était vraie ou fausse.

ils reconnaissaient par contre plus rapidement l'affirmation «le canari est un oiseau» que celle qui dit «le canari est un animal». Il est clair que la familiarité plus ou moins grande avec certains termes ainsi que les acquis de la mémoire épisodique sont largement responsables de la forme que va prendre l'organisation hiérarchique.

Le recouvrement

La qualité du recouvrement est étroitement liée à l'efficacité de l'organisation mnésique. En effet, une information est toujours extraite de la mémoire à partir de la structure qui a servi à son entreposage. Qu'il s'agisse de trouver le 5e mois de l'année ou qui est Freud ou encore ce qu'est la théorie de la relativité, il faut dans chaque cas recourir au cadre dans lequel a été inséré l'élément à restituer. Ainsi, il va vraisemblablement falloir recompter les mois depuis janvier (ou rétrograder à partir de juin, si on sait que celui-ci constitue le 6e mois). De la même façon, il faudra restituer l'époque, le pays d'origine et le type de recherche du chercheur dont le nom a été avancé, ou encore, parmi les diverses théories, cerner les caractéristiques de celle sur laquelle des éclaircissements sont demandés.

À tout ceci vient se greffer, bien entendu, le contenu de la mémoire épisodique comportant les événements vécus ou les souvenirs d'expériences antérieures qui ont été suscités au moment de l'entreposage de ces éléments.

Le fait que, lors du recouvrement, le contexte auquel l'information est associée se révèle si important explique pourquoi il est toujours plus facile d'effectuer la *reconnaissance* d'un matériel parmi d'autres, présentés en même temps, que le *rappel* pur et simple d'une information sans aucun point de référence ou de comparaison. Ceci est vrai à tout âge, et particulièrement chez les personnes âgées. Chez ces dernières, l'affaiblissement apparent de la mémoire, surtout celle à court terme, qui leur fait souvent craindre un début de sénilité, ne serait souvent dû qu'à une diminution de la capacité à repêcher l'information contenue dans la mémoire et non à une déficience de la mémoire elle-même (Hultsch, 1971). Le fait que la capacité de reconnaissance du matériel demeure quasiment intacte en constitue une preuve évidente.

C'est également une des raisons pour lesquelles la reconnaissance plus que le rappel, est considérée comme une mesure plus sensible de ce qui a été réellement retenu. Aussi, du point de vue pédagogique, un test à choix multiple se révèle être un instrument d'évaluation reflétant avec plus de justesse l'état des connaissances qu'une question ouverte qui n'exige, parfois, que la restitution pure et simple du message magistral.

L'oubli

Comme cela a déjà été dit, on ne peut parler de la mémoire sans parler de l'oubli et des raisons pour lesquelles on oublie.

Reconnaissance
Processus par lequel une information présentée au sujet est reconnue comme ayant déjà fait l'objet d'une expérience antérieure.

Rappel
Processus par lequel un souvenir est extrait directement de la mémoire.

L'oubli est lié à diverses circonstances. Il peut s'agir de l'*âge* auquel se produit l'événement ou du *non-usage* du matériel mémorisé ou encore du *type de matériel* entreposé. Les *interférences* provoquées par les événements qui suivent ou qui ont précédé celui qui a été retenu ainsi que certaines *motivations inconscientes* jouent aussi un rôle important. Enfin, les *dégradations* du système nerveux suite à un choc ou à la perte de fonction de certains tissus entraînent parfois l'effacement de pans entiers de la mémoire (voir le document 8.4).

Les facteurs de l'oubli

L'âge   Nous avons déjà vu que les personnes âgées semblent oublier plus vite des événements récents ou des démarches qu'elles ont à effectuer. La difficulté qu'elles ont à se rappeler est surtout due à celle qu'elles ont d'*organiser* le matériel à restituer. C'est notamment évident lorsqu'il s'agit de techniques, d'expériences ou de façons de faire auxquelles elles sont confrontées pour la première fois. Il est donc important qu'elles prennent et, surtout, qu'on leur laisse le temps d'intégrer ces nouveaux éléments. L'utilisation d'aide-mémoire ou de procédés mnémotechniques leur permettant d'aménager leur vie de façon fonctionnelle, pourrait d'ailleurs grandement les y aider.

Mais l'oubli est également présent au début de la vie. Peu d'entre nous sont en effet capables de se rappeler les événements s'étant déroulés avant l'âge de trois ans. Il ne semble pas que cela soit le fait de l'éloignement dans le temps de tels souvenirs. L'enfant de deux ou trois ans n'a pas de souvenir. Il ne se souvient pas de ses rêves et n'attribue presque aucune signification à des notions telles que « hier » ou « demain ». Cela pourrait être lié au fait, notamment, que l'enfant de cet âge ne possède qu'un langage réduit et peu d'expériences, mais surtout qu'il ne se distingue pas encore comme un individu, qu'il n'ait pas encore un *moi* suffisamment structuré pour lui permettre de *se* regarder agir par rapport aux autres.

Cette hypothèse pourrait cependant être mise en doute, puisqu'il semble que dans d'autres états de conscience, sous l'effet de certaines drogues ou encore sous hypnose, on puisse voir ressurgir des souvenirs antérieurs à cette période.

Quoi qu'il en soit, les recherches montrent une amélioration importante de la mémoire à court terme entre l'âge de 5 et 11 ans. Elle demeure stable jusqu'à l'âge de 30 ans. Les performances peuvent ensuite augmenter ou se détériorer lentement, entre 30 à 70 ans (Inglis et coll., 1968).

Le non-usage et le type de matériel   Il paraît logique d'associer l'oubli à l'absence de répétition d'une information ou d'un comportement. C'est sans doute vrai pour nombre de données et de faits, ingérés notamment au cours de la scolarisation et dont l'importance, réelle ou relative, a échappé à l'étudiant rendu passif par les méthodes pédagogiques traditionnelles.

Selon la définition bien connue qui avance que la culture, c'est « ce qui reste lorsqu'on a tout oublié », il semble que ce soit surtout l'intérêt sinon la passion, plus que la répétition pure et simple, qui soient les meilleurs garants du maintien en mémoire et du développement de certains aspects de la connaissance.

Il faut également se rappeler que les apprentissages moteurs semblent échapper à cette règle. On peut remonter sur une bicyclette ou se remettre à jouer du piano, après avoir abandonné ces pratiques pendant 20 ou 30 ans.

C'est aussi le cas pour la plupart des apprentissages effectués dans la petite enfance, au moment où la plasticité du cerveau est la plus grande. Ainsi, par exemple, plus une langue étrangère est apprise tôt et moins elle risque d'être oubliée. On pourrait ainsi multiplier les exemples, à propos de l'apprentissage d'un instrument de musique, de la pratique de jeu d'échecs, etc.

Mais plus encore que le non-usage, il semble que le facteur le plus important à la base de l'oubli soit l'*interférence* provoquée par d'autres informations ou d'autres apprentissages stockés antérieurement et qui sont responsables ainsi d'un transfert négatif.

L'interférence   L'*interférence* est notamment à la base du transfert négatif d'apprentissage dont il a été question au chapitre 7. Elle peut être le fait d'événements s'étant produits *avant* que le matériel ne soit stocké en mémoire. Il s'agit là d'une *interférence proactive*. De mauvaises nouvelles apprises avant de débuter l'étude d'une matière d'examen ne peuvent qu'en perturber l'intégration. Mais c'est également le cas lorsque deux matériels semblables sont appris à la suite l'un de l'autre. Ainsi, il est relativement plus difficile d'apprendre l'espagnol sans accroc, après avoir étudié l'italien.

Cependant, plus encore que l'interférence proactive, c'est l'*interférence rétroactive* qui semble jouer un rôle capital dans l'oubli. En effet, si une nouvelle activité est pratiquée immédiatement après un apprentissage, elle risque d'en amoindrir la performance. Les chercheurs ont cependant noté que si deux tâches sont très semblables, ou très dissemblables, l'interférence rétroactive joue peu. Ce n'est que si les deux tâches sont *relativement* semblables que l'interférence agit aux dépens de la première. Ainsi, dans l'exemple cité précédemment, il est vraisemblable que si l'apprentissage de l'espagnol finit par s'effectuer, il y a fort à parier que l'italien, appris antérieurement et non pratiqué, pose de plus en plus de problèmes de restitution, en cas de besoin.

Il en va ainsi lorsque plusieurs matières doivent être étudiées en vue d'examens se déroulant le même jour. L'étude de notions de psychologie générale enrichiront celles de psychologie du développement, surtout si les deux matières sont dispensées par le même professeur. Elles ne perturberont pas non plus la mémorisation de la matière du cours de chimie, mais, par contre, elles risquent d'entraîner une interférence avec la matière d'un cours de philosophie ou de sociologie traitant du même sujet.

De plus, on sait, que l'interférence se manifeste de façon plus marquée dans le cas du rappel que dans celui de la reconnaissance.

Le refoulement   Une autre forme d'oubli, mise en évidence par Freud, est constituée par le refoulement. Celui-ci peut, par exemple, se manifester par le fait « d'oublier » de signer un chèque qu'on envoie à la

Interférence
(du latin *interi* = entre et *-ferire* = frapper). Fait, action ou souvenir qui rend plus difficile ou empêche la rétention d'un matériel donné. L'interférence *proactive* est le fait d'événements se produisant avant la mémorisation; l'interférence *rétroactive* est le fait d'événements intervenant immédiatement après l'entreposage du matériel.

date limite d'une échéance, d'avoir «oublié» d'étudier la matière qui fait l'objet de l'examen ou encore «d'oublier» de se présenter à un rendez-vous important mais désagréable à cause de ses conséquences éventuelles.

Le père de la psychanalyse parlait, à ce sujet, d'*oubli actif*. Il associait ainsi ce phénomène non pas à un hasard, mais bien à un étouffement de la trace mnésique consciente et au renvoi de celle-ci à un niveau sous-conscient, où elle serait maintenue au prix d'une dépense considérable d'énergie.

Les psychologues modernes parlent plutôt d'*oubli motivé*, mettant ainsi l'accent sur l'évitement des aspects désagréables d'une situation que l'organisme s'efforce d'effectuer à l'aide de ce mécanisme.

Nous reviendrons sur les aspects parfois pathologiques d'un tel fonctionnement lorsque nous aborderons ultérieurement l'étude des mécanismes de défense (chapitre 12).

Mémoire et pensée

Sans mémoire aucun apprentissage ne serait possible. On peut ajouter à cela que sans la mémoire, il ne peut y avoir de pensée.

La pensée est en effet l'aptitude à se représenter, à imaginer, à combiner des images, ou des concepts, se rapportant à des événements, des personnes ou des objets, qui ne sont pas présents physiquement. Ceci implique, bien sûr, qu'ils sont donc présents en mémoire.

Ainsi, la mémoire intervient dans le simple rappel d'un *souvenir* comme dans les autres processus de pensée que sont la *rêverie* ou le *rêve éveillé*, ou encore, à des niveaux plus structurés, dans la *planification*, la *solution de problèmes* ou les *prises de décision*.

Dans le cas du souvenir ou celui de la rêverie, lorsque nous nous laissons aller à la fantaisie, ou encore au cours de certains rêves nocturnes, ce sont surtout les *images mentales* qui interviennent. Des associations s'effectuent alors sans qu'une structure ou un ordre prédéterminé ne soient imposés dans la façon dont elles se présentent à l'esprit.

Parfois aussi, face à la dure réalité de la vie, nous pouvons avoir tendance à élaborer des *souhaits* ou à faire des rêves éveillés, au cours desquels nous évoquons le souvenir d'expériences, arrivées le plus souvent aux autres qu'à soi, et qui constitueraient une solution aux problèmes du moment. C'est ainsi que va se structurer l'idée, peu réaliste, que le gros lot de la loterie nous appartient à l'achat du billet, ou que l'examen du lendemain sera probablement reporté pour une raison ne reposant que sur l'imagination de l'étudiant ou de l'étudiante.

Le reste du temps, cependant, nous devons procéder à un traitement et à une organisation de l'information afin d'être capables d'affronter de la façon la plus logique possible les difficultés qui se présentent quotidiennement.

La pensée consiste alors en une mise en place de *stratégies mentales* faisant intervenir les processus symboliques. C'est le cas pour l'acquisition de concepts, la planification de nos activités, le jugement que nous portons sur les choses, les personnes ou les événements, la solution que nous cherchons à divers problèmes, les décisions qu'il nous faut prendre.

Aspects positifs de la mémoire   Toutes ces activités impliquent qu'un *raisonnement* soit effectué, afin qu'à partir d'informations stockées en mémoire et relatives à la situation, ainsi que de celles en présence dans l'environnement immédiat, nous soyons en mesure de déboucher sur de nouvelles combinaisons.

Ainsi, si je suis amoureux de quelqu'un qui ne le sait pas, je peux très bien me laisser aller à la rêverie et me contenter d'élaborer des souhaits, ou de vivre des rêves éveillés, au cours desquels la rencontre fatale a lieu dans des conditions idylliques. Mais ce n'est là que fantaisie.

Il est bien sûr plus réaliste de songer à la façon d'organiser une rencontre sur un terrain commun. Je peux, par exemple, penser à inviter l'être aimé au cinéma. Il s'agit là d'une première décision qui va en générer d'autres, exigeant planification et jugement, mais aussi, à tout moment, un rappel d'informations spécifiques. Quel est le type de film susceptible de l'intéresser? Lesquels m'a-t-on recommandé? Combien puis-je dépenser? Quelles sont les salles les plus accessibles? Sont-elles loin d'où j'habite ou du centre-ville? Comment nous y rendre? À pied ou en autobus? Où fixer le lieu de rendez-vous? Comment vais-je m'habiller? etc.

Ce n'est bien sûr que le tout début et je vous laisse le soin d'imaginer la suite des événements et les stratégies mentales (et autres...) qui vont être mises sur pied pour déboucher sur une solution satisfaisante et honorable.

Cet exemple, très simple, nous permet cependant de comprendre à quel point la mémoire à long terme est nécessaire pour que puisse s'effectuer la moindre démarche de la pensée. Il est incontestable qu'elle joue la plupart du temps un rôle extrêmement positif dans la recherche d'une solution nouvelle à un problème.

Aspects négatifs de la mémoire   Il existe cependant des cas où, au lieu d'aider dans ce sens, la mémoire à long terme risque d'empêcher ou de retarder la découverte de la solution. Ceci est notamment vrai lorsque les idées préconçues que nous avons, soit sur les fonctions des objets, soit sur les manières de faire d'une personne ou encore sur la façon dont risque de se produire tel ou tel événement, nous rendent incapables de les concevoir autrement qu'à la lumière des informations que nous possédons sur eux.

Cette *rigidité fonctionnelle* intervient lorsqu'il s'agit par exemple de serrer une vis sans l'aide d'un tournevis, et qu'on ne pense pas à utiliser la pointe d'un couteau qui se trouve sur la table (figure 8.4). Mais elle agit également lorsque sont effectués des changements de dénominations ou que survient la modification d'un système de mesure ou d'un système monétaire. Les difficultés que posent à beaucoup de

Rigidité fonctionnelle
Difficulté (et parfois incapacité) à reconnaître les différents usages qui peuvent être faits d'un objet autres que l'usage qui en est fait habituellement.

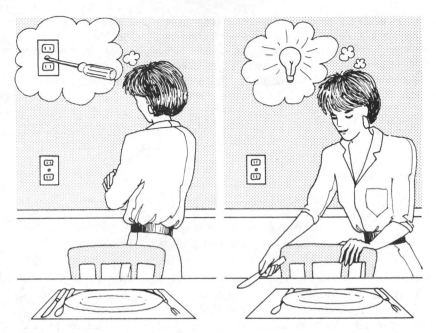

Fig. 8.4 *Une certaine rigidité fonctionnelle empêche souvent de découvrir une solution de rechange capable de régler un problème pratique.*

gens, en Amérique du Nord, le passage du système de mesures anglais au système métrique, ou, en France, le calcul du prix en «nouveaux francs» alors qu'il y a plus de trente ans qu'on ne parle plus, officiellement en tout cas, des anciens francs, en sont deux preuves manifestes.

La pensée

Les processus de la pensée

Nous nous attarderons particulièrement à deux manifestations de la pensée qui jouent un grand rôle dans notre effort quotidien d'adaptation à la réalité.

Il s'agit de la formation de concepts et de la solution de problèmes, qui prend appui sur elle.

La formation et l'acquisition de concepts

Comme cela a été vu dans le chapitre précédent, un *concept* est la représentation symbolique d'objets, de personnes ou d'événements présentant entre eux au moins une propriété commune qui les caractérisent, indépendamment des situations particulières dans lesquelles ils se trouvent.

Pour Bruner (1956), il faut tout d'abord distinguer la formation de concepts de leur acquisition. La *formation de concepts* consiste simplement à discriminer «ce qui va ensemble» de «ce qui ne va pas ensemble» : ainsi, un berger allemand est plus proche d'un chien basset que d'un chat siamois. Quant à l'*acquisition de concepts*, elle fait intervenir l'apprentissage de la reconnaissance des attributs propres à chacun d'eux. Elle constitue, de ce fait, une démarche plus complexe. Dans l'exemple précédent, elle consiste notamment à se demander : Quelles sont les propriétés communes aux chiens par rapport aux chats, ou celles que partagent les chiens et les chats par rapport aux vaches et aux girafes, ou encore les propriétés propres à tous ces animaux par rapport aux kangourous?

Bruner établit une distinction entre les *concepts simples*, comme «carré», «bleu», etc., qui ne font intervenir qu'une seule propriété commune, et les *concepts complexes* qui se définissent par plus d'un attribut et qui seraient de trois types :

— Les *concepts conjonctifs*, tout d'abord, qui exigent d'être définis par au moins deux attributs. Ainsi, le concept «table» demande, en plus de l'attribut «pieds», que soit présent l'attribut «surface horizontale sur laquelle on dispose des objets» qui permet de le distinguer du concept «siège» ou du concept «armoire».

— Les *concepts disjonctifs* qui se définissent par l'une ou l'autre propriété commune, ou les deux. Ainsi, le concept «justice» peut s'appliquer à la «pénalisation des coupables» comme en «une aide aux plus démunis», mais il peut également s'agir de la «pénalisation des mieux nantis afin d'aider les plus démunis».

— Les *concepts relationnels*, enfin, qui comprennent toutes les relations existant entre certains éléments d'un ensemble. Ainsi, pour appartenir à une catégorie donnée, il faut être plus grand que... ou plus petit que... ou moins lourd que...

Dans la vie courante, ce sont les concepts disjonctifs qui sont les moins utilisés. Ceci est peut-être dû au fait qu'ils sont les plus difficiles à acquérir.

L'acquisition des concepts s'effectue progressivement au cours de l'enfance. On sait cependant que, contrairement à ce que l'on croit, les enfants ne progressent pas en allant d'un concept simple à un *concept générique* ou, à l'inverse, d'une catégorie globale à un concept spécifique. Ils partent, la plupart du temps, d'une généralité intermédiaire pour progresser vers des catégories plus restreintes ou plus vastes. Ainsi, tout jeune félin, qu'il s'agisse d'un chat, d'un lionceau ou d'une jeune panthère, sera tout d'abord considéré comme un «minou» avant d'être reconnu en tant qu'espèce puis en tant que race (chat européen, persan ou siamois), ou alors avant d'être classé dans la catégorie des félins puis dans celle des carnivores et enfin, dans la classe des mammifères (Mervis et Rosch, 1981).

De plus, cette acquisition progressive des concepts, propre aux enfants et aux adultes d'un niveau intellectuel normal, semble faire place, chez certains, à un apprentissage s'effectuant de façon subite, comme si, par *insight*, les propriétés communes en arrivaient à s'extraire d'elles-mêmes (Bower et Trabasso, 1963).

Générique
(du latin *genes* = origine, naissance). Qui est commun à beaucoup d'éléments, qui est général.

La solution des problèmes

La solution des problèmes, comme les autres processus cognitifs, fait largement appel à la mémoire à long terme et aux concepts acquis qui y sont conservés. Celle-ci peut cependant constituer un handicap, comme nous l'avons vu précédemment, par la rigidité fonctionnelle qu'elle engendre souvent et qui peut empêcher l'individu de déboucher sur une solution nouvelle.

Wallas (1926) a observé la façon dont les chercheurs célèbres procédaient avant d'aboutir à une découverte ou à la solution d'un problème au centre de leur recherche. Il a ainsi décrit les quatre étapes du cheminement suivi par la plupart d'entre eux.

La *préparation* constitue la première étape. Au cours de celle-ci, l'individu tente de faire le tour du problème, en recueillant toute l'information pertinente à son sujet.

La deuxième étape est la plus longue. Il s'agit de l'*incubation* qui peut prendre plusieurs heures ou plusieurs jours pendant lesquels la recherche de solution est provisoirement abandonnée. Cependant, pendant que le chercheur se livre à d'autres activités, les faits et les concepts qu'il accumule alors peuvent souvent lui permettre de voir le problème sous un jour nouveau, soit en y ajoutant certains éléments, soit en retranchant d'autres. Nous avons vu que plusieurs «découvreurs» notent que c'est au cours du sommeil hypnagogique que surgissent parfois les combinaisons ou les relations qui mènent à une solution.

Puis, c'est soudain l'*inspiration*, le moment où la solution s'impose d'elle-même, subitement, selon un processus proche de l'*insight*.

Les éléments du problème semblent alors s'organiser d'eux-mêmes, comme si un fil conducteur inconscient les assemblaient de façon cohérente.

Il se peut cependant que ce ne soit là qu'une impression. D'où la nécessité d'une quatrième étape, qui est celle de l'*évaluation*. Au cours de celle-ci, la solution va être soumise à l'épreuve des faits ou formulée et éventuellement transmise à l'aide de la parole ou de l'écriture afin d'en tester la logique et la solidité. C'est seulement lorsque sa validité se trouvera confirmée que le chercheur va pouvoir pousser plus loin son exploration. Sinon, c'est le retour au point de départ et la recherche de nouvelles voies d'accès.

Cette démarche en quatre étapes constitue la voie royale suivie par les créateurs, les artistes ou les mathématiciens, les informaticiens ou les chercheurs dans les divers domaines de la science.

Un grand nombre de problèmes quotidiens ne permettent cependant pas que la personne se paie le luxe «d'incuber» pendant une semaine. Il est souvent nécessaire que la solution soit apportée rapidement, même si ce n'est que de façon provisoire.

Des problèmes du type de celui qui consiste à trouver l'origine de l'odeur désagréable qui règne dans la cuisine, ou à imaginer les combinaisons les plus efficaces permettant, au cours d'une partie d'échecs, de mettre en danger le roi de l'adversaire, ou de savoir si un champignon est vénéneux ou encore, après avoir soulevé le capot de la voiture, de tenter d'expliquer le refus obstiné du moteur à vouloir démarrer, demandent que l'individu utilise des procédures ou des *stratégies* lui permettant de continuer à fonctionner.

Stratégies de la pensée

Bruner (1956) ainsi que Levine (1975) ont étudié les différentes tactiques mises de l'avant par les sujets qu'ils ont pu observer. Celles-ci peuvent se résumer à trois options de valeur et de niveau de complexité différents.

Focalisation aléatoire *(Focus gambling)*   Cette stratégie consiste à émettre une hypothèse ou à effectuer un choix au hasard, à en vérifier la validité et, si celle-ci n'est pas confirmée, à passer à une autre supposition jusqu'à atteindre la solution.

C'est là une stratégie par «essais et erreurs» utilisée, en général, par les enfants et les individus peu structurés. Elle présente surtout le désavantage d'une exploration non systématique qui risque donc d'être incomplète et d'en entraîner l'abandon ou des conséquences fâcheuses... (surtout dans le cas de champignons vénéneux!).

Focalisation raisonnable *(Conservative gambling)*   Elle consiste à entreprendre l'exploration d'une supposition centrale, intermédiaire ou présentant un moindre risque, puis d'éliminer les possibilités incorrectes, en modifiant un élément ou un attribut à la fois.

RANDY TAYLOR/SYGMA

Fig. 8.5 *Il n'y a pas de secret au jeu d'échecs. Tout est dans le type de stratégie employée : si le débutant pratique le plus souvent une focalisation aléatoire, le maître, par contre, se distingue par l'utilisation de focalisations raisonnables et, surtout, de focalisations les plus systématiques possible, qui lui permettent de prévoir le jeu plusieurs coups à l'avance.*

Focalisation
(du latin *focus* = foyer). Stratégie consistant à concentrer l'attention et la pensée sur une hypothèse ou un groupe d'éléments en vue d'acquérir un concept ou de solutionner un problème.

Focalisation aléatoire
(du latin *aléa* = jeu de dés, hasard). Concentration de l'attention sur des éléments ou une hypothèse déterminés au hasard.

Focalisation raisonnable
Concentration de l'attention sur une hypothèse centrale ou sur un groupe d'éléments intermédiaires, ou présentant le moindre risque, afin d'éliminer les possibilités incorrectes, en modifiant un élément à la fois. En «intelligence artificielle», on appelle cette stratégie, la *méthode heuristique* (voir dossier 9.2).

Pour prendre un exemple très simple, il est certain que si on me demande de deviner une lettre de l'alphabet à l'aide d'indices qui me sont fournis par oui ou par non, la façon la plus logique consiste à demander tout d'abord si elle se trouve entre a et m ou entre n et z. Si la lettre appartient à la deuxième série, je demanderai si elle se situe entre n et s ou t et z, etc. En procédant de la sorte, le champ des possibilités se rétrécit systématiquement jusqu'à se centrer sur les éléments clés de la catégorie à découvrir ou du problème à solutionner. La reconnaissance d'un animal entrevu pendant une promenade ou la découverte de l'origine d'une panne de moteur découlent le plus souvent de ce type de stratégie. Nous verrons dans le dossier 9.2, que cette stratégie est aussi celle qu'utilise «l'intelligence artificielle» des ordinateurs.

Focalisation systématique (*Global focusing*)   Cette stratégie implique que le sujet dispose de toutes les hypothèses possibles, présentes à l'esprit, et qu'il entreprenne de les analyser une à une de façon systématique, en tentant d'en déduire les attributs ou les implications.

Il s'agit là, bien entendu, de la stratégie la plus rigoureuse, mais également la plus fastidieuse dans son application. Il n'est donc pas étonnant qu'elle soit peu utilisée dans la vie quotidienne. C'est pourtant la seule qui permette réellement d'adopter une attitude cohérente dans le développement d'activités à long terme ou dans l'élaboration de catégories complexes.

En recherche, par exemple, nombre d'expériences sont vouées à l'échec par le fait que le chercheur n'a pas envisagé, au départ, toutes les implications des différentes manipulations et la mise sous contrôle de *toutes* les variables autres que la variable indépendante. D'un autre côté, on voudrait espérer que le diagnostic posé par le médecin soit davantage le fruit d'une focalisation systématique que d'une focalisation raisonnable... ou aléatoire.

Il en va ainsi pour les différents aspects de la vie. C'est le cas par exemple de l'étudiant qui «décide», avant un examen, de ce qui est important à retenir après avoir passé en revue les différentes possibilités de questions qui pourraient être posées. C'est le fait également des parents qui adoptent une certaine attitude dans l'éducation des enfants sans en avoir évalué les implications pour l'avenir du futur adulte dont ils sont responsables. Faute de posséder tous les éléments ou d'envisager toutes les conséquences qu'implique un choix, l'être humain émet relativement peu de comportements, dans sa vie quotidienne, qui soient réellement cohérents. Mais c'est peut-être cela justement qui donne de la couleur à l'existence, diront les optimistes.

Focalisation systématique
Concentration de l'attention sur tous les éléments ou groupes d'éléments envisagés séparément ou encore sur toutes les hypothèses pouvant être formulées, et déduction pour chacun des attributs ou des implications afin d'évaluer laquelle est la plus susceptible d'induire la solution du problème. En «intelligence artificielle», on appelle cette stratégie la *méthode des algorithmes* (voir dossier 9.2).

Théories du développement cognitif

La connaissance des mécanismes, présidant à la mise en place de la pensée et du phénomène de cognition, constitue une des préoccupations les plus anciennes de la psychologie. Après les structuralistes, les tenants de divers points de vue se sont affrontés, mettant notamment face à face la vision des behavioristes et celle des cognitivistes.

L'approche behavioriste

Dès le début du siècle, Watson émettait l'hypothèse voulant que la pensée émane de la même activité motrice que le langage. Selon lui, la seule différence entre ces deux fonctions résidait dans le fait que la pensée constitue un *dialogue intérieur*, alors que le langage serait plutôt une *pensée à haute voix*.

Certains faits semblent donner raison, en partie, à une telle supposition. En effet, lorsqu'on place des électrodes sur la langue ou la lèvre inférieure d'un sujet en train de résoudre mentalement une multiplication de deux nombres, on est capable de détecter des modifications de potentiel à ces niveaux. Il en va également ainsi lorsqu'on place des électrodes sur le bout des doigts de malentendants habitués au langage par gestes et qu'on leur demande de se livrer à une activité intellectuelle du même type.

Il est donc clair que des mouvements implicites accompagnent la pensée. Mais il a cependant été démontré que ceux-ci n'étaient pas nécessaires, comme le témoigne cette expérience de Smith et de ses collaborateurs (1947), citée par Morgan (1976). Elle fut effectuée sur un sujet consentant à être complètement paralysé par l'administration d'une dose de curare et qui fut, malgré tout, capable de raisonner et de se rappeler tout ce qui s'était passé pendant l'expérience, une fois l'effet de la drogue dissipé.

Quant à la relation entre la pensée et le langage, il n'est pas sûr, comme nous le verrons plus loin, que la parole soit toujours la reproduction fidèle de notre pensée. Il existe de nombreuses circonstances où nous trouvons nos mots bien pauvres pour traduire ce qui bouillonne dans notre tête.

L'approche cognitiviste

Selon la position cognitiviste, le développement de la pensée est associé à celui des processus symboliques, tels que les concepts. Ce sont ceux-ci qui permettent à l'enfant d'organiser les informations et de prévoir les conséquences de ses actions sur le monde environnant.

Cette approche vise donc essentiellement à voir comment s'élaborent, se développent et se transforment ces processus de pensée, de l'enfance à la vie adulte.

Nous nous attarderons à deux points de vue, dans le cadre des théories cognitivistes : celui de Bruner (1966) et celui de Piaget (1966).

La conception de Bruner Bruner s'attache principalement à la connaissance du *contenu* de la vie mentale, selon une optique plus structuraliste que celle de Piaget.

Selon Bruner et ses collaborateurs, notre expérience du monde est tout d'abord sensorielle et motrice. Rien ne peut être intégré en pensée qui ne passe d'abord par le canal des sens et, surtout, par l'*activité motrice* exercée sur le milieu, depuis la manipulation d'un hochet jusqu'aux apprentissages les plus complexes.

En ce sens, ce *mode de représentation sensori-motrice* ne se limite pas seulement aux premières années de la vie. Il est présent tout au long de l'existence de l'individu, lors de l'apprentissage de la marche ou de la pratique du ski, de la reconnaissance des qualités d'une bière ou d'un vin ou encore de l'exploration de l'Univers à l'aide du télescope et de l'ordinateur.

Un deuxième mode vient très vite se greffer sur le premier. Il s'agit du *mode de représentation iconique* par lequel l'enfant intériorise et stocke en mémoire les images des objets perçus dans la réalité. Cette représentation du monde, à l'aide d'images mentales, constitue un premier palier vers la représentation symbolique. Il caractérise la prériode préscolaire.

Au cours de la 3e enfance et de l'adolescence, ce monde d'images cède de plus en plus la place à des concepts qui sont, comme nous le savons, des représentations symboliques de ces objets. Le moteur de ce *mode de représentation symbolique* serait notamment constitué par le langage.

C'est en effet, selon Bruner, par le biais du langage et plus particulièrement des mots qui le constituent et qu'il entend prononcer autour de lui, que l'enfant tenterait d'élaborer les concepts véhiculés par eux. Il ne fait donc aucun doute, pour Bruner, que le langage constitue un outil de première importance pour le développement cognitif.

La conception de Piaget La conception que Piaget propose est une conception plus dynamique du développement de la pensée, basée sur l'*interaction* entre l'organisme et l'environnement.

Le développement cognitif constitue, selon cette optique, le résultat de l'effort d'adaptation effectué par l'organisme pour compenser le déséquilibre qu'entraînent, chez lui, les modifications de l'environnement (voir chapitre 2).

Celles-ci l'amènent ainsi à modifier les structures de fonctionnement existantes lorsqu'elles ne sont plus adaptées ou alors à en développer de nouvelles, si la nécessité s'en fait sentir.

Ainsi, selon Piaget, ces structures, ou *schèmes*, s'organisent en s'amplifiant ou en se transformant. C'est cette *organisation* qui permet une emprise grandissante sur la réalité et une connaissance de plus en plus cohérente des mécanismes et des lois qui la sous-tendent.

Parmi les schèmes présents, dès le début de la vie, les réflexes tiennent une place importante et permettent à l'enfant de faire face à un certain nombre de situations. Toutefois, ils se révèlent assez vite insuffisants, et l'organisme est bientôt amené à les transformer pour donner naissance à des structures plus complexes. Le réflexe de préhension et le réflexe de succion, par exemple, vont alors se combiner pour permettre au nourrisson de porter les objets à la bouche. Ce nouveau schème s'accompagnant du guidage visuel va, à son tour, permettre la manipulation du biberon par l'enfant lui-même, puis le remplacement de ce type d'alimentation par celui effectué à l'aide de la cuillère. Ainsi, à chaque étape s'élaborent et s'organisent de nouvelles structures se greffant sur les anciennes, dans un mouvement en spirale permettant une adaptation toujours plus grande à l'environnement.

Iconique
(du grec *eikôn* = image). Qui a trait aux images.

Schème
(du grec *skhêma* = manière d'être, figure). Selon Piaget, ensemble organisé de mouvements (sucer, tirer, pousser...) ou d'opérations (sérier, classer, mesurer...) dont l'enfant dispose (dans le premier cas), ou qu'il acquiert et développe par son interaction avec le monde environnant (dans le second cas).

Cette *adaptation* s'effectue donc, selon Piaget, à l'aide de deux mécanismes :

– l'*assimilation*, d'une part, qui pousse l'organisme à tenter d'intégrer la nouvelle situation aux structures existantes ;

– l'*accommodation*, d'autre part, qui, au contraire, consiste à modifier les anciens schèmes afin de les adapter à la nouvelle situation.

Ainsi, l'enfant qui, par assimilation, va tenter de sucer le contenu de la cuillère se verra contraint, pour être efficace, de modifier ce schème et d'accommoder les mouvements de ses lèvres et ceux de sa langue afin d'être capable de « happer » la nourriture (figure 8.6).

Par ces deux mécanismes, aussi nécessaires l'un que l'autre, l'organisme s'enrichit en exploitant au maximum les structures existantes tout en augmentant le nombre de conduites disponibles.

Il en ira bien entendu ainsi pour tous les secteurs de l'activité humaine et notamment lors de l'acquisition des concepts dont les catégories vont s'enrichir par assimilation et dont le nombre va s'accroître par accommodation.

Piaget met, de plus, l'accent sur l'existence de trois stades principaux du développement cognitif. Nous les décrirons plus en détail lorsque nous aborderons, dans le chapitre 10, l'étude du développement. Qu'il suffise de savoir que le premier stade, le *stade sensori-moteur*, se caractérise principalement par la mise en place et le développement

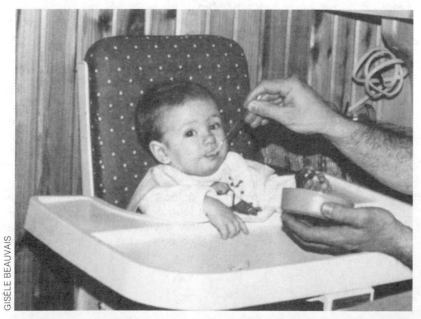

GISÈLE BEAUVAIS

Fig. 8.6 *L'enfant nourri pour la première fois à la cuillère va devoir apprendre à* accommoder *les mouvements de sa bouche et de ses lèvres afin de s'adapter à ces nouvelles exigences du milieu.*

Assimilation
Mécanisme consistant à intégrer un nouvel objet ou une nouvelle situation à un ensemble d'objets ou une situation pour lesquels il existe déjà un schème.

Accommodation
Mécanisme consistant à modifier un schème existant afin de pouvoir intégrer un nouvel objet ou une nouvelle situation.

des structures sensorielles et motrices. Au cours des deux premières années de la vie, l'enfant va surtout regarder, écouter, toucher, goûter, sentir, manipuler, déchirer, exploitant au maximum chacune de ces modalités et multipliant les possibilités au contact du milieu changeant. À la fin de ce stade, vers l'âge de deux ans, l'enfant a suffisamment intégré d'éléments pour être à même aborder l'activité symbolique.

C'est celle-ci qui domine le *stade des opérations concrètes* s'étendant de l'âge de 2 à 11 ou 12 ans[3]. Au cours de ce stade se développe la pensée symbolique à travers les gestes (salut de la main, etc.), les concepts et le langage. Les mots illustrent de plus en plus des objets concrets et les actes s'intériorisent peu à peu. Ainsi se développe la pensée. Au départ, il ne s'agit cependant encore que d'une pensée subjective, centrée sur ce que l'enfant voit ou sait, et non sur ce qui *est*. Cette pensée est donc *égocentrique* (voir les documents 2.11 et 10.2) mais elle va permettre à l'enfant de manipuler les objets en étant de plus en plus apte à les comparer, à les classer, les sérier, c'est-à-dire à effectuer concrètement des opérations sur ces objets. L'enfant va ainsi devenir capable peu à peu d'adopter différents points de vue, de devenir plus objectif. Ce type de pensée ne permet toutefois pas d'effectuer ces opérations uniquement par la pensée, par la mise en relation intériorisée des différents concepts. Cette activité mentale, qui caractérise le raisonnement, ne se développe qu'au stade suivant, avec le développement de la pensée abstraite.

À la fin du stade précédent, l'enfant était de plus en plus capable de décoder objectivement la réalité concrète. Cette tendance va s'accentuer au *stade des opérations formelles*, la pensée procédant de plus en plus par hypothèses et déductions. Il va sans dire que la pensée conceptuelle prend alors tout son essor, permettant au jeune adolescent de se représenter des nombres aussi éloignés du concret que «un milliard» ou des faits remontant à un passé lointain, ou encore d'intégrer les grandes classifications propres à la biologie ou aux autres sciences (voir le document 8.6).

Selon Piaget, ce stade devrait atteindre son plein épanouissement entre l'âge de 14 et 15 ans. Diverses études ont depuis montré qu'il n'existe qu'une partie de la population, évaluée entre 25 % et 50 %, qui soit réellement capable de fonctionner de façon abstraite. Il semble cependant que le développement de la pensée formelle soit tout autant lié aux expériences vécues par la personne, à sa motivation et à ses intérêts qu'à son niveau de scolarité. Ainsi, entre une mère chef de famille qui fait ses prévisions de dépenses afin d'être capable de boucler son budget, le mécanicien qui détecte une panne de moteur à partir des «symptômes» qui lui sont fournis verbalement et le mathématicien résolvant une équation, il n'y a vraisemblablement qu'une question de degré et de spécialisation qu'il est quasi impossible de détecter par des «tests de pensée formelle».

Égocentrique
(du latin *ego* = moi et *-centrique* = centré sur). Se dit de la tendance à tout rapporter à soi sans faire de distinction entre la réalité personnelle et la réalité objective.

---

[3] Les âges ne sont là qu'à titre indicatif, Piaget n'ayant jamais mis l'accent que sur l'ordre de succession des stades, non sur leur chronologie.

Langage et pensée

La supériorité de l'être humain sur les autres espèces réside dans sa très grande capacité de penser. Mais cette pensée, ainsi que les perceptions et la mémoire qui la sous-tendent, seraient grandement réduites si notre espèce n'avait développé, parallèlement à ces autres outils, l'instrument qui les prolonge et les complète : le langage.

Pour Bruner, nous l'avons vu, il s'agit là d'un outil indispensable au développement de la pensée. Piaget, lui, considère le langage comme une activité symbolique parmi d'autres, qui évolue au rythme du développement cognitif de l'enfant en rendant compte des progrès effectués.

Quoi qu'il en soit, il est certain que le langage présente une utilité réelle lorsqu'une argumentation cohérente s'impose à l'égard de divers problèmes rencontrés dans la vie courante.

Cette utilisation du langage n'est toutefois que secondaire. Peu de gens (heureusement, peut-être) passent leur vie à penser logiquement et à ne transmettre que le fruit de leurs cogitations. Pour la plupart, le langage constitue surtout un moyen de communiquer des informations, des réflexions sur les choses de la vie, des états d'âme, ou tout simplement un plaisir de parler.

En ce sens, le langage est un outil de communication utile avant tout à la socialisation. C'est par lui que se scellent les premiers liens entre la mère et son bébé ; c'est par lui que s'établissent les bases du comportement social entre enfants ; enfin, c'est par lui que la culture imprègne, en grande partie, notre façon de penser et de réagir.

Le langage

Communication et langage

La plupart des animaux possèdent des signaux de communication. Les oiseaux émettent des cris en cas de danger et un chant d'appel et de reconnaissance quand vient le temps de rechercher un partenaire. Les abeilles exécutent une danse, sur le rayon de la ruche, que certains éthologistes ont identifiée comme étant l'indication donnée aux autres de la distance et de la direction de la source de nectar (figure 8.7). Certaines espèces de singes, vivant en bandes, possèdent plus de vingt signaux dont la signification est précise. Certains cris sont utilisés lorsqu'un danger vient des airs, et d'autres, s'il vient du sol. Chacun de ces signaux a valeur de survie pour le groupe.

Cependant, pour tous ces animaux, les sons émis se sont que des signaux déclencheurs de réponses innées. Ils sont donc liés à une situation actuelle à laquelle le groupe réagit plus ou moins « mécaniquement ». Ce type de signaux est également présent dans l'espèce humaine ; les cris de douleur ou les exclamations spontanées, pour

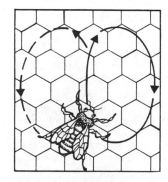

Fig. 8.7 *L'éthologiste K. Von Frisch (1950) a montré comment une abeille qui retourne à la ruche indique aux autres abeilles, par une «danse» particulière, la direction et la distance de la source de nectar qu'elle vient de découvrir.*

prévenir un partenaire du danger qui le menace, en constituent la preuve évidente.

Le langage humain se caractérise et se distingue du langage des autres espèces par le fait qu'une situation ou un contexte particulier n'est pas indispensable pour qu'il puisse s'exprimer. En ce sens, il peut tout aussi bien traduire des événements présents que passés ou futurs n'ayant même aucun rapport avec le vécu du *locuteur*.

Mais surtout, ce qui place le langage humain au-dessus de tous les autres moyens de communication, c'est la capacité que possède l'enfant, très tôt, de comprendre et de construire à partir de quelques dizaines de sons propres à la langue de sa culture, un nombre illimité d'énoncés qu'il n'a la plupart du temps jamais prononcé ni entendu auparavant et qui ont tous une signification pour lui et pour les autres.

Cette *compétence linguistique* implique une connaissance *implicite* des règles de fonctionnement du langage, sur laquelle les spécialistes continuent de s'interroger.

Ces règles touchent à trois aspects majeurs du langage : la *phonologie*, qui est la connaissance des sons d'une langue ; la *syntaxe*, qui est la connaissance des relations et des combinaisons qui existent entre les mots composant une phrase et la *sémantique*, qui est la connaissance de la signification des mots et des phrases (voir le document 8.7).

La tâche du *psycholinguiste* consiste à comprendre comment, à travers ces trois aspects, le langage est acquis, perçu, compris et produit par les membres de l'espèce humaine. Quant au *psychologue du langage*, il s'attache plus particulièrement à la façon dont un individu utilise le langage de façon plus ou moins efficace, dans une langue propre à une culture donnée. Son rôle consiste notamment à intervenir pour solutionner les difficultés qui peuvent se présenter sur le plan individuel ou sur le plan de l'élaboration de méthodes d'apprentissage.

Au cours des années 70, une autre voie d'approche de la compréhension du phénomène linguistique a été empruntée par plusieurs équipes de chercheurs américains. Il s'agit des nombreuses études qui ont été menées auprès de primates non humains, afin de déterminer jusqu'à quel point et par quelles méthodes il était possible de faire intégrer à nos proches cousins un langage semblable au nôtre. Ces recherches ont montré les limites d'une telle tentative, mais elles ont enrichi notre connaissance sur la façon dont le langage se met en place et, surtout, sur la facilité avec laquelle l'enfant acquiert la compétence linguistique (voir le document 8.8).

Théories sur le développement du langage

Les théories explicatives du développement du langage sont multiples. Comme dans les autres secteurs de l'étude du comportement, elles divergent notamment sur la question de savoir si le langage constitue une acquisition proprement humaine et dans ce cas, si ses structures sont universelles et dictées par l'hérédité ou si elles sont plutôt acquises et propres à chaque culture.

Locuteur
(du latin *loqui* = parler). Personne qui parle, qui utilise le langage.

Compétence linguistique
Capacité implicite et inconsciente de produire une quantité illimitée de phrases dans une langue donnée.

Implicite
(du latin *implicare* = plier dans). Se dit de ce qui est potentiellement contenu, sans être nécessairement exprimé comme tel.

Phonologie
(du grec *phônê* = son, voix et *-logie*). Science qui étudie les sons d'une langue (les phonèmes) relativement à leur fonction dans la langue.

Syntaxe
(du grec *sun* = avec et *-taxis* = ordre, arrangement). Étude des relations existant entre les diverses parties du discours (mots ou groupes de mots).

Sémantique
(du grec *semainein* = signifier). Étude de la signification des mots d'une langue.

Psycholinguistique
Étude de la manière dont les individus acquièrent et développent la compétence linguistique.

D'un autre côté, la question de savoir si c'est le développement de la pensée qui est responsable du développement du langage ou si, au contraire, le langage constitue le support du développement cognitif, est au centre de plusieurs controverses, comme nous l'avons déjà vu à propos des conceptions de Bruner et de Piaget.

Nous allons tenter de résumer la façon dont les différentes écoles répondent à ces questions.

Les théories de l'apprentissage

Nous avons déjà souligné comment Watson établissait un rapport étroit entre langage et pensée. Selon lui, l'enfant apprend à parler par conditionnement et les comportements linguistiques ainsi *acquis* se trouvent alors peu à peu intériorisés afin de développer le «dialogue intérieur» que constituerait la pensée.

Il ne faisait donc pas de doute, pour les behavioristes de la première génération, que le langage devait être attribué uniquement à l'environnement dans lequel était placé l'enfant. Selon cette hypothèse, l'environnement social amènerait l'enfant à intégrer la langue «maternelle» par approximations successives simplement en renforçant certains sons plutôt que d'autres. Nous avons illustré cette hypothèse en abordant les principes du conditionnement opérant, dans le chapitre précédent.

Si de tels mécanismes semblent effectivement jouer un rôle au cours des premiers mois d'acquisition du langage, il est difficile d'imaginer qu'ils soient à la base de l'infinité de phrases qu'un individu construit et émet tout au long de sa vie.

D'autres tenants du courant behavioriste mirent plutôt l'accent sur le rôle de l'imitation du langage des parents (Mowrer, 1960), réduisant ainsi, du même coup, le rôle du renforcement social et l'intervention active de l'entourage dans le façonnement du comportement linguistique.

Il est peut-être possible d'expliquer ainsi l'adoption de certaines tournures de phrases ou l'accent propre aux individus de diverses régions parlant la même langue. Cependant, si l'imitation était réellement le moteur de l'acquisition du langage, les phrases de l'enfant se calqueraient sur le modèle parental, lequel possède une grammaire correcte (du moins, en théorie). Or, il n'en est rien. Le plus souvent, l'enfant émet d'abord des phrases originales et souvent incorrectes, mais dont il va corriger lui-même la grammaire, indépendamment des pressions exercées par ses proches. Des propositions comme «j'ai tombé» ou «j'ai peindu» sont bâties à partir des règles que l'enfant a élaborées par généralisation, indépendamment du modèle proposé par les adultes (figure 8.8).

La théorie préformiste

Les psycholinguistes modernes, comme Chomsky (1968), notent que la plupart des langues ont une structure de base semblable (voir le document 8.6). Les phrases ont toutes un sujet, un verbe et des com-

Fig. 8.8 *Les parents jouent un rôle important dans l'acquisition des premiers mots du vocabulaire de l'enfant. Il semble toutefois de la façon dont s'élabore la syntaxe des phrases soit beaucoup plus le propre de l'enfant lui-même.*

Théorie préformiste
(du latin *proe* = devant, avant et *-former*). Théorie avançant l'idée que certaines structures sont déjà présentes avant la naissance. La théorie préformiste du développement du langage prétend qu'il existerait une structure inscrite dans les gènes de tous les membres de l'espèce humaine, qui serait responsable de l'habileté *innée* à transformer le sens d'une phrase et de la capacité de construire un nombre illimité de phrases significatives.

pléments. Chaque langue ne serait dès lors qu'une variation culturelle d'un modèle propre à tous les êtres humains.

Il existerait ainsi une structure imposée génétiquement au cerveau. Celle-ci serait responsable de l'habileté *innée* de chacun à transformer la signification ou le sens d'une phrase donnée, ainsi que de la capacité de construire un nombre illimité de phrases significatives. C'est cette compétence linguistique innée qui serait à la base du développement cognitif et intellectuel de l'enfant.

Cette *théorie préformiste* s'oppose donc diamétralement à la conception behavioriste et, par de nombreux points, à la conception constructiviste de Piaget, sur laquelle nous allons revenir.

En effet, même si pour les préformistes l'accent est mis sur le rôle de l'environnement avec lequel l'enfant doit interagir pour que ce potentiel se développe, la primauté revient aux structures innées qui le prédisposent à intégrer très tôt les règles grammaticales propres à sa langue.

Lenneberg (1967) note, de plus, que la période critique pour l'intégration des bases est la même dans toutes les cultures et se situe entre 1 1/2 et 3 ans. Les enfants, victimes de sévices et élevés en privation sensorielle dans des placards ou des chambres murées, par des parents abusifs, éprouvent donc d'autant plus de difficultés à apprendre à parler qu'ils sont libérés tardivement (certains entre l'âge de 11 et 13 ans seulement).

S'ils parviennent à parler, leur langage ne possède aucune souplesse et il est systématiquement gouverné par des règles apprises (Curtiss, 1977). Ce fut également le cas, on se le rappelle, pour Victor, tel que le rapporte Itard dans son journal.

Les théories relativistes

Suite à des observations effectuées dans différentes sociétés, des théoriciens tels que Sapir (1921) ont avancé l'idée que toute langue est *relative* à une culture donnée. Chaque culture possèderait un système linguistique qui lui est propre et qui sert de moule à la pensée des individus qui en font partie.

Selon Whorf (1956), on pourrait même affirmer que nos perceptions elles-mêmes, notre «image de l'Univers», sont influencées par le langage. Ainsi, les enfants esquimaux, dont la langue possède plusieurs mots pour caractériser diverses sortes de neige, auraient alors une perception plus précise de celle-ci (figure 8.9). À l'opposé, les Danis de Nouvelle-Guinée, qui ne possèdent que deux mots pour désigner les couleurs (*mili* pour le sombre et *mola* pour le clair), auraient une perception réduite du spectre de la lumière.

Des recherches ultérieures ont cependant montré que, même si le vocabulaire se trouve ainsi limité, les sujets étaient pourtant capables de discriminer et de reconnaître les différentes nuances de couleurs parmi un choix qui leur était présenté. De la même façon que tout habitué des sports d'hiver, même s'il ne possède pas le vocabulaire propre à la langue *inuit*, est vite capable de distinguer une neige pou-

Fig. 8.9 *Chaque culture développe un vocabulaire en rapport avec les problèmes d'adaptation auxquels sont confrontés les individus. Les Inuit, par exemple, disposent le plus de dix mots pour désigner les différents types de neige.*

Théorie relativiste
Théorie avançant l'idée que les structures présentes dans les comportements des invididus sont en relation étroite avec la culture à laquelle ils appartiennent. La théorie relativiste du langage prétend que toute culture possède un système linguistique qui lui est propre et qui sert de moule à la pensée de ses membres.

Inuit
(mot esquimau = être humain). Qui est relatif à la société et à la culture esquimaudes.

dreuse d'une neige collante ou glacée, ou possédant des caractéristiques intermédiaires. Pour le préformiste Lenneberg, opposé à la conception relativiste, la différence entre les langues prouve simplement que les langues sont différentes dans leur *structure de surface* (voir le document 8.7) et que chacune développe un système adapté aux besoins particuliers des membres de la culture.

Il n'en reste pas moins que la langue constitue la base de la communication et que les peuples diffèrent dans leur façon de se souvenir et de raconter les expériences vécues par les individus qui les constituent. Un Français ne réagit pas de la même façon ni aux mêmes choses qu'un Anglais ou même qu'un Québécois avec lequel il partage pourtant, officiellement, la même langue.

Dans la mesure où c'est la culture qui détermine les concepts, véhiculés par la langue qui lui est propre, il est vraisemblable que la façon dont s'exprime la pensée en est largement tributaire.

La théorie constructiviste

Pour Piaget, le langage ne se développe pas différemment de la perception ou de la mémoire, ni même de la pensée, contrairement à ce que croient les préformistes.

Seul le fonctionnement de l'intelligence serait héréditaire, et c'est par l'interaction de l'enfant avec son milieu que l'enfant développerait sa connaissance du monde dont le langage ne constitue, parmi d'autres, qu'un mode de représentation. Il ne jouerait en soi aucun rôle dans le développement de la pensée et de l'intelligence, comme cela a déjà été dit précédemment.

Ce point de vue qui, sans rejoindre les extrêmes, permet d'intégrer les apports majeurs des autres conceptions, semble aujourd'hui être partagé par un grand nombre de psychologues.

Avant de clore ce chapitre, il reste encore un point important à aborder. Il est clair, en effet, que la plupart des gens perçoivent les mêmes choses, qu'ils conservent en mémoire un nombre important d'informations, qu'ils sont capables d'articuler une grande quantité de concepts et de solutionner les problèmes qui se présentent à eux. Ils ont, de plus, un langage suffisamment élaboré pour pouvoir transmettre les informations qu'ils jugent important de communiquer.

Pourtant, dans tout cela, il existe une question de degré. Certains perçoivent moins rapidement que d'autres, mémorisent moins bien, organisent plus difficilement leur pensée, ont un langage plus réduit. D'autres, au contraire, vont mémoriser sans effort, acquérir avec facilité un grand nombre de concepts, déboucher rapidement sur la solution des problèmes, utiliser un langage riche et varié. D'autres encore vont résoudre des problèmes pratiques sans difficulté mais seront incapables d'articuler correctement un raisonnement abstrait; l'inverse est aussi vrai chez bien des représentants de «l'élite» intellectuelle. Parfois, un langage brillant peut cacher une pensée creuse ou mal structurée, alors que certaines productions qui ont exigé un haut niveau

Structure de surface
Structure qui se situe au niveau du discours et qui se greffe ou se développe à partir des structures profondes constituées par les éléments implicites propres à tous les membres de l'espèce humaine.

d'élaboration de la pensée de la part de leur auteur, peuvent n'être que difficilement transmises à l'aide de la parole.

Toutes ces variations dépendent du niveau d'*intelligence* des individus, c'est-à-dire, de leur capacité à accomplir l'une ou l'autre, ou chacune de ces fonctions qui sont à la base de leur adaptation au monde.

De plus, il existe des individus qui sont capables d'apporter systématiquement *la* solution attendue à un problème, dans un temps record. Il en est d'autres, par contre, dont les solutions seront la plupart du temps originales et parfois même opposées aux attentes du milieu et notamment, du milieu scolaire.

Quels rapports entretiennent entre elles, dans ce cas, l'intelligence et la créativité? S'excluent-elles mutuellement ou sont-elles complémentaires? Toutes ces capacités sont-elles innées ou sont-elles le fruit des expériences que l'individu a été appelé à vivre depuis le plus jeune âge?

C'est à ces questions et à bien d'autres soulevées par ce problème que nous tenterons de répondre dans le chapitre suivant.

Document 8.1

La mémoire sensorielle

Afin de vérifier l'existence de la mémoire sensorielle au niveau visuel, Sperling (1960) mit au point un matériel composé de cartes sur lesquelles figuraient 12 symboles (figure 8.10).

Lorsqu'il présentait ces cartes pendant un temps très bref, de l'ordre de 1/20 de seconde, à l'aide d'un tachistoscope, les sujets ne se rappelaient pas plus de quatre éléments, en moyenne, parmi ceux figurant sur la carte.

Sperling prévint alors les sujets qu'un signal sonore, différent pour chaque ligne qu'ils avaient appris à distinguer, serait envoyé immédiatement *après* la présentation de la carte entière. Ainsi, si c'était le signal sonore correspondant à la 2e rangée qui était émis après la disparition de l'image, le sujet devait indiquer les symboles qui figuraient sur cette rangée, et ainsi de suite.

Or, dans ce cas, les sujets étaient capables de se rappeler les quatre symboles (ou au moins trois d'entre eux) composant la rangée à laquelle le son était associé.

Puisqu'ils ne pouvaient savoir d'avance quelle serait la ligne signalée par le son, on peut donc conclure qu'ils avaient ainsi la *capacité* de se rappeler 9 éléments au moins (puisqu'ils pouvaient énoncer, au minimum, 3 éléments par rangée), des 12 figurant sur la carte.

Selon Sperling, on ne peut attribuer une telle capacité qu'au fait que le matériel complet demeure accessible pendant un très court laps de temps, d'une durée inférieure à une seconde.

C'est cette trace très brève, au niveau des récepteurs et des centres inférieurs, qui est appelée *mémoire sensorielle*.

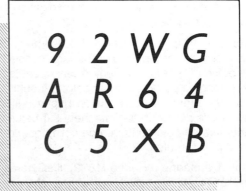

Fig. 8.10 *Type de cartes utilisées par Sperling pour mettre en évidence l'existence d'une mémoire sensorielle.*

Document 8.2

Les images et la mémoire

Toute information laisse une trace sous forme d'images, pendant un certain laps de temps si court soit-il.

La plupart de ces images ne vont demeurer disponibles que pendant 1/4 de seconde, d'autres vont prendre place pour toute la vie dans un des tiroirs de la mémoire.

Trois types d'images ont particulièrement retenu l'attention des chercheurs. Il s'agit des *images consécutives*, des *images éidétiques* et des *images mentales*. Les premières se situent au niveau des récepteurs; les secondes sont un cas particulier de mémoire à court terme; quant aux troisièmes, elle sont des productions de la mémoire à long terme et constituent notre banque personnelle de données, notre cinémathèque intérieure.

Les images consécutives *(after-images)*

Il s'agit des images qui subsistent pendant un court laps de temps après qu'on ait fixé un objet pendant quelques secondes. Il faut, à ce sujet, distinguer les images consécuties positives des images négatives.

Les premières apparaissent lorsqu'on bouge la tête après avoir fixé une source lumineuse, comme le soleil. Lorsque les yeux se ferment, plusieurs points lumineux apparaissent alors et subsistent pendant quelques secondes. Ce phénomène est dû à une persistance de l'excitation des cônes de la rétine, suite à l'exposition brève (voir appendice A).

Lorsque l'exposition dure plus longtemps, on assiste à la formation d'une image consécutive *négative*. C'est notamment le cas lorsqu'on fixe trop longtemps un stimulus coloré. Il suffit alors que le regard se pose sur un papier uniformément gris pour que se détachent sur celui-ci les couleurs complémentaires de celles qui composaient le stimulus.

Selon la théorie d'Hering (1872), il existerait, sur la rétine, trois types de cônes chargés de décoder les couleurs : des cônes captant le rouge et le vert, d'autres le bleu et le jaune, d'autres enfin chargés de distinguer le clair et le sombre. Aucun d'eux ne peut cependant transmettre en même temps les deux informations qu'il peut décoder (le rouge et le vert ne peuvent être transmis en même temps par le même cône, par exemple).

Lorsqu'une couleur est fixée, le cône connaît tout d'abord une phase constructive qui entraîne le décodage de la couleur. Mais lorsque l'exposition se trouve prolongée, le processus s'inverse et la phase destructive débute alors. Au cours de celle-ci, la couleur du stimulus est remplacée par sa couleur complémentaire. Ainsi, si les yeux fixent pendant 30 secondes le drapeau vert, noir et jaune, sur la planche couleur, en annexe, puis se portent sur une surface grise, le vert du drapeau apparaît rouge, le jaune devient bleu et le noir est remplacé par le blanc.

La théorie de Hering, toujours valable après plus d'un siècle, a cependant été légèrement modifiée par une version plus moderne qui situe les phénomènes non plus dans les cônes, mais dans le système optique, quelque part dans les centres inférieurs du cerveau.

Les images éidétiques

Ce nom savant définit un phénomène qu'on ne rencontre que chez certains sujets, surtout des enfants, capables de se rappeler une image avec une précision exceptionnelle, même dans ses moindres détails[4].

Il s'agit là de ce qu'on a appelé, de façon impropre, la mémoire photographique. Ce terme est incorrect surtout parce que ce dont les sujets rendent compte n'est pas le fait d'un souvenir, mais de ce qu'ils *continuent de voir* après la disparition du stimulus. En réponse aux questions qu'on leur pose, devant un écran vide, ils se mettent à compter le nombre de fenêtres sur la façade d'une maison ou le nombre de fleurs dans un bouquet ou encore ils épellent les lettres de l'enseigne d'un magasin qui figurait dans le dessin présenté. Les yeux des sujets bougent, comme si la scène était encore concrètement devant leurs yeux. Le phénomène peut ainsi

---

4 Ces sujets constitueraient 5 % de la population enfantine, selon les évaluations.

Fig. 8.11 *Les images éidétiques ont été étudiées chez les enfants à l'aide, notamment, d'illustrations de livres de contes. Après avoir retiré de leur vue un dessin présenté pendant un certain temps (ici on a choisi la rencontre d'Alice et du chat de Chester, au pays des merveilles), certains enfants sont encore capables de «voir» des détails très précis tels que le nombre de rayures sur la queue du chat.*

durer, sans que l'image ne se modifie d'aucune façon, de plusieurs minutes à plusieurs heures (parfois même plusieurs années) (figure 8.11).

Les images mentales

Les images mentales, elles, sont des productions du cerveau qui lui permettent d'engranger l'information pour de longues périodes.

La recherche dans ce domaine fut longtemps exclue du champ de la psychologie scientifique, au nom de l'objectivié et de la mesure considérées pendant un bon moment comme les seuls critères acceptables.

Il est vrai qu'il s'agit là d'un sujet qui se prête peu à une approche expérimentale, notamment par la difficulté qu'il présente dans la mise en évidence même du phénomène.

Les images mentales constituent pourtant un des piliers de la pensée dans la mesure où c'est à partir de leur contenu que s'effectuent, du simple souvenir au raisonnement abstrait, les manipulations mentales à la base de la plupart des processus cognitifs. Qu'il s'agisse de se rappeler le chemin que l'on empruntait, petit, pour se rendre à l'école ou de tenter de résoudre mentalement une équation, ce sont des images qui se présentent à notre esprit et que nous faisons évoluer au rythme de notre pensée.

On se rappelle qu'à la fin du siècle dernier, les structuralistes avaient déjà cherché, mais sans grand résultat, à cerner le contenu de la pensée. Ils tentaient alors d'étudier, à l'aide de l'introspection, la façon dont les images s'intégraient les unes aux autres.

Plus tard, Davis (1932) demanda à des sujets ayant appris à parcourir un labyrinthe les yeux bandés, de reproduire sur un papier le parcours correct. Même şi la plupart d'entre eux arrivaient à retracer ces «cartes cognitives», quelques-uns s'en montraient incapables, se contentant de retenir «le parcours» à l'aide de repères verbaux («là, je tourne à droite, puis là à gauche, puis encore à gauche», etc.). Les images mentales ne s'élaborent donc pas de la même façon chez tout le monde.

Piaget et Inhelder (1966) ont montré que les premières images mentales se développent chez l'enfant vers l'âge d'un an et demi à deux ans, mais que ce n'est qu'à l'âge de sept ou huit ans qu'il devient capable de les rendre suffisamment mobiles pour résoudre mentalement les problèmes que posent les transformations de forme ou de volume, propres à la pensée opératoire concrète (voir plus loin, dans le présent chapitre et au chapitre 10).

Tout le problème est de savoir comment se forment ces images dans notre cerveau.

Sont-elles fixées, une fois pour toutes, à la manière d'une photographie? Ou se reconstruisent-elles au fur et à mesure des besoins? Tiennent-elles compte de la dimension réelle des objets ou seulement des rapports entre ceux-ci et d'autres objets?

Kosslyn (1975 et 1978) a demandé à des sujets d'imaginer un animal, tel un chien ou un lapin. Puis, il leur a suggéré de placer, à côté de celui-ci, un éléphant. Les sujets indiquèrent alors que l'éléphant remplissait toute la pièce. Cependant, si c'était une mouche qu'on demandait de placer à côté du lapin, c'est ce dernier qui, brusquement, se mettait à occuper tout l'espace.

De plus, il fallait beaucoup plus de temps pour fixer l'attention sur le nez du lapin lorsqu'il était à côté de l'éléphant, que lorsqu'il était à côté de la mouche.

Kosslyn demanda également à ces sujets d'effectuer une «promenade mentale» vers un objet ou un animal donné, et de s'arrêter lorsque celui-ci occupait tout l'espace. Il nota alors qu'ils «s'arrêtaient» plus vite lorsqu'il s'agissait d'une maison plutôt que d'une cabane, ou d'un chêne plutôt que d'une fleur.

De telles observations démontrent que nous sommes donc capables d'organiser mentalement les informations stockées en mémoire, en vue de reconstituer les images qui se rattachent à des souvenirs ou à des concepts.

Il ne s'agit cependant là que des tout premiers pas dans l'exploration de l'univers mental, dans lequel grouillent les millions d'informations parcellaires, qui se structurent au gré des besoins de l'individu. C'est là une des tâches majeures de la psychologie cognitive que de mettre en évidence la façon dont mémoire et pensée organisent ainsi notre représentation intérieure du monde.

Image éidétique
Forme relativement rare de la mémoire (appelée communément mémoire photographique) qui se caractérise par le rappel de façon extrêmement vivante des détails d'une image qui ne pourrait s'effectuer à partir du seul souvenir.

Image mentale
Représentation visuelle numérique ou construite en l'absence de stimulation sensorielle qui accompagne et facilite le souvenir.

Document 8.3

Les procédés mnémotechniques

Il est souvent difficile de se rappeler des listes de mots ou de chiffres ou la composition d'un chapitre ou d'un exposé en ses différentes parties.

Depuis toujours, les êtres humains ont tenté de mettre au point des méthodes leur permettant de se remémorer ce genre de matériel. Toute une série de procédés mnémotechniques ont ainsi été élaborés allant de la chansonnette rimée à des méthodes très sophistiquées.

Il est clair cependant que l'utilisation de tels procédés n'entraîne pas une mémorisation automatique et qu'elle demande au préalable que l'attention soit portée sur le matériel à mémoriser. Celui-ci doit être, de plus, organisé de façon à être stocké en mémoire en unités structurées.

Nous allons passer quelques-uns de ces procédés en revue.

Méthode de regroupement

Nous avons vu dans ce chapitre qu'il est plus facile de retenir une numéro de téléphone ou de compte bancaire si on regroupe les différents chiffres en blocs plus importants.

Il en va de même lorsqu'il s'agit, par exemple, de mémoriser une liste d'achats à effectuer. Cet effort est facilité par le regroupement des aliments à l'épicerie selon qu'il s'agit de légumes, de fruits ou de viande, par exemple, ou qu'il s'agit d'ingrédients pour le petit-déjeuner, le déjeuner ou le dîner.

Méthode des rimes et du rythme

Il s'agit là d'une méthode bien connue des enfants apprenant les chiffres; elle est à la base de petites *comptines* du type :

«Un, deux, trois — je m'en vais au bois — quatre, cinq, six — cueillir des cerises — sept, huit, neuf», etc.

La rime sert de point de repère aux regroupements effectués grâce au rythme de la chanson.

Méthode des acronymes et des acrostiches

Il s'agit d'une méthode très répandue (trop, peut-être) consistant à fabriquer des termes à l'aide des premières lettres d'un matériel plus ou moins complexe. Il s'agit d'une méthode utilisée notamment pour dénommer un grand nombre d'organisations et d'institutions qui ne sont plus, à présent, connues que par leur *acronyme* : l'URSS, l'UNICEF, l'OTAN, l'OPEP...

Qui peut dire ce qu'est réellement l'UNESCO?

Quant aux *acrostiches*, il s'agit de poèmes dont les premières lettres de chaque vers, lues verticalement, forment un mot clé. Par extension, il peut s'agir de phrases.

Ainsi, en prenant la première lettre de chacun des mots qui composent la phrase : «oh oh, mon phono, tu m'as fait aimer Gounod[5] pendant six hivers», on peut se rappeler dans l'ordre, la liste des nerfs crâniens, de la 1re paire constituée par le nerf *o*lfactif jusqu'à la 12e, qui est celle des nerfs *h*ypoglosses (voir appendice A).

Méthode de la chaîne

Il s'agit là d'une méthode plus sophistiquée selon laquelle on tente d'associer, les uns aux autres, les éléments de la liste à retenir en créant des images mentales dans lesquelles il s'établit des liens. Ainsi, imaginons que vous ayez à retenir une liste d'achats à effectuer dans une épicerie, comprenant du café, du beurre, du jambon, des œufs, du pain, un poulet et une laitue. Partez de la première image qui vous vient à l'esprit. Ce peut être le poulet en train de picorer des graines de café. Il sort d'un œuf qui se trouve placé au cœur d'une laitue dont les feuilles sont placées en sandwich, avec les tranches de jambon, entre deux tranches de pain. Une fois cette image surréaliste mémorisée, vous pouvez partir tranquille. Vous reviendrez sans n'avoir rien oublié.

---

[5] Si vous ne pouvez supporter l'opéra, il vous est loisible de remplacer le nom de ce musicien par celui de Gerschwin, de Garfunkel ou de Gainsbourg.

Méthode des «loci»

Les anciens orateurs grecs et romains utilisaient un procédé mnémotechnique particulier lorsqu'ils préparaient leurs discours. Ils se remémoraient les différents lieux (les loci) jalonnant le chemin qu'ils parcouraient quotidiennement dans la ville. Puis, à chacun de ceux-ci, ils associaient un élément important du discours ou un des arguments de leur péroraison. Ainsi, tel argument correspondait à telle boutique, tel autre au bac du coin de rue, tel autre encore à la fontaine de la place, etc. En prononçant leur discours, ils repassaient ainsi mentalement par chacun de ces endroits en y «décrochant» l'élément qui lui était associé.

Une utilisation plus terre à terre peut être faite de cette méthode lors de la mémorisation de la liste d'un des exemples précédents. On peut ainsi retracer mentalement un parcours dans la maison en plaçant dans chaque pièce un des éléments de la liste : le pain dans la cuisine, le poulet dans le salon, le jambon dans la baignoire, la laitue sur le lit de la chambre à coucher, les œufs dans l'escalier, etc. (figure 8.12).

Méthode des couplages

Il s'agit là d'une méthode qui utilise à la fois les rimes et les images mentales des deux méthodes précédentes. Elle demande tout d'abord que les neuf chiffres (on pourrait même aller jusqu'à vingt si on le voulait) soient associés à des mots qui riment plus ou moins avec chacun d'eux : un, main; deux, feu; trois, roi; quatre, boîte; cinq, singe; six, cerise; sept, chouette; huit, truite; neuf, œuf; dix, disque.

Fig. 8.12 *La méthode des loci peut être utilisée de façon plus terre à terre lorsque vient le temps de mémoriser la liste d'épicerie, par exemple.*

Reprenons la liste d'épicerie du premier exemple et jouons à associer chacun des éléments à un de ces points de repère en nous concentrant sur l'image mentale que le couple présente. Ainsi, nous pouvons imaginer la laitue dans la main, le poulet dans le feu, le roi assis sur le beurre etc. Il suffit alors de se remémorer dans l'ordre, les images mentales, pour que défilent la liste des éléments qui doit être restituée.

Ces procédés qui semblent enfantins à première vue ont fait leurs preuves. Lorsqu'elles sont bien organisées et bien intégrées, les images mentales issues de ces associations sont un moyen sûr de remettre à jour les éléments ou les listes d'éléments n'ayant que de faibles rapports entre eux.

Et même si l'effort demandé vous semble disproportionné par rapport au rendement que cela peut procurer, le jeu vaut à lui seul la peine, pour le simple fait qu'en exigeant des efforts d'imagination, il permet ainsi de développer votre créativité.

Comptine
(de compter). Chanson enfantine, chantée ou parlée, basée le plus souvent sur la série des premiers nombres et qui permet d'attribuer les différents rôles dans un jeu.

Acronyme
(du grec *akros* = extrême et -*onuma* = nom). Mot composé à partir des initiales d'un groupe de mots désignant une organisation, un pays ou une institution.

Acrostiche
(du grec *akros* = extrême et -*stikhos* = vers). Poème dans lequel les lettres initiales de chaque vers, lues verticalement, composent un nom ou un mot clé.

Document 8.4

Quand un individu perd la mémoire des événements, des perceptions, des gestes ou de la parole...

Le cerveau est un organe fragile. Des centaines de milliards de circuits nerveux le composent, constitués chacun de plusieurs centaines de synapses. Ces circuits sont à la merci du moindre ébranlement dû à un choc, ou d'une lésion provoquée par un accident ou encore d'une hémorragie cérébrale. Ils peuvent également être gravement perturbés par l'abus de certaines drogues ou tout simplement par le vieillissement plus ou moins accéléré du système nerveux.

Un des premiers symptômes de ces atteintes est souvent l'effacement de la mémoire, de façon plus ou moins importante et plus ou moins spécifique, de certains apprentissages. Il peut s'agir, comme dans le cas de l'*amnésie*, de la perte du souvenir de certains événements. Dans le cas des *agnosies*, il s'agit de troubles de la perception visuelle, auditive ou tactile entraînant la perte de reconnaissance des objets ou des personnes. Quant aux *apraxies*, elles se traduisent par des troubles de la reproduction de certains

gestes. Enfin, on parle d'*aphasie* lorsque c'est une des zones responsables du langage qui est touchée.

Les amnésies (ou troubles de la mémoire des événements)

Nous avons vu qu'une période de 15 minutes à une heure est nécessaire afin que le souvenir puisse être stocké dans la mémoire à long terme. Il s'agit là de la période de consolidation. Un choc traumatique, qui survient pendant cette période, peut donc empêcher que soit retenu ce qui a été acquis au cours des minutes qui l'ont précédé.

On appelle *amnésie rétrograde* cette incapacité de se rappeler les événements *antérieurs* au traumatisme. Elle ne touche pas, en général, ce qui a été consolidé dans la mémoire à long terme. Pourtant, dans certains cas d'intoxication alcoolique chronique ou de sénilité provoquée par un vieillissement nerveux précoce[6], des pans entiers de la mémoire s'effondrent, entraî-

---

[6] Comme c'est le cas pour la maladie d'Alzheimer (voir chapitre 12).

nant l'incapacité même de se rappeler son propre nom ou l'usage qui peut être fait d'un ustensile aussi courant qu'une fourchette, par exemple.

L'*amnésie antérograde*, par contre, consiste en l'incapacité de faire passer les souvenirs de la mémoire à court terme dans la mémoire à long terme. Le sujet se trouve ainsi dans l'impossibilité d'apprendre de nouvelles informations ou de nouveaux comportements. Ce type de trouble peut, lui aussi, être lié soit à un traumatisme crânien ou à la *sénilité*.

Les agnosies (ou troubles de la perception)

Les *agnosies* sont des troubles de la perception. Dans ce cas, les récepteurs continuent à être stimulés normalement et l'information est bien envoyée à l'aire du cerveau réservée à son décodage. Mais, suite à une lésion de cette partie du cortex, ce décodage ne s'effectue pas ou s'effectue mal (voir appendice A).

Dans le cas de l'*agnosie visuelle*, le sujet voit l'objet ou l'image ou le visage, mais est incapable de l'identifier. Ainsi, il ne peut reconnaître visuellement une fourchette mais, si on lui demande d'apporter l'ustensile, l'ordre est immédiatement exécuté (puisque la perception auditive est demeurée intacte).

L'*agnosie auditive*, au contraire, peut par exemple amener un éminent musicien ayant subi un traumatisme à ne plus reconnaître la mélodie qu'il entend pourtant et qu'il a jouée mille fois, alors qu'elle conserve tout son sens sur la partition qu'il lit.

L'*agnosie tactile* se traduit par l'incapacité pour le patient de reconnaître à l'aide des mains, lorsqu'il a les yeux bandés, un objet qu'il a manipulé précédemment à de nombreuses reprises. Une fois les yeux découverts, la reconnaissance est cependant immédiate.

Les *apraxies* (troubles de la programmation du mouvement)

L'incapacité d'effectuer certains gestes peut souvent dépendre du fait que la lésion touche des zones où s'effectue normalement leur programmation ou leur coordination. Certains symptômes permettent cependant de les rattacher à des troubles de la mémoire.

C'est le cas lorsque l'individu devient incapable d'effectuer des gestes aussi simples que d'enfiler correctement ses vêtements sur son corps ou de manipuler adéquatement certains objets usuels, comme c'est le cas pour ce patient qui, pour allumer une bougie, la frottait sur la boîte d'allumettes.

Les aphasies (ou troubles du langage)

Il existe deux aspects du langage, qu'il soit parlé ou écrit : un aspect *expressif* lié à la tansmission des messages par la parole ou l'écriture, et un aspect *réceptif* qui se rapporte à ce qui est entendu ou lu, et décodé. Toute atteinte des centres nerveux responsables des fonctions linguistiques et, par conséquent, des mécanismes de la communication, risque de perturber considérablement l'un de ces aspects chez l'individu qui en est victime.

Cette perturbation appelée *aphasie* est considérée par Goodglass (1980) comme une détérioration de l'habileté à utiliser ou à se souvenir du langage.

Selon la région du cerveau atteinte (voir figure 8.13 et appendice A), il va donc résulter soit des troubles de l'articulation (lobe frontal), soit des troubles de l'écriture (lobe pariétal), soit des troubles de la compréhension (lobe temporal) ou des troubles de la lecture (lobe occipital). Il est

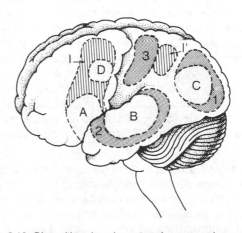

Fig. 8.13 *Disposition dans le cortex des zones de perception (1, 2 et 3), de programmation des gestes (I et I') ainsi que du langage (A, B, C, et D). Des lésions dans ces zones peuvent entraîner une agnosie visuelle (1), une agnosie auditive (2), une agnosie tactile (3), une apraxie (I et I'), un trouble de l'articulation de la parole (A), de l'écriture (D et I'), de la compréhension de la parole (B) ou de la lecture (C).*

à noter que dans la plus grande majorité des cas, ces troubles surviennent à la suite de lésions de l'hémisphère gauche.

Troubles de l'expression du langage

Les troubles de l'articulation (aphasie de Broca)   Si la région située dans le lobe frontal et constituant le centre du langage parlé est touchée, le sujet présente de graves troubles caractérisés par une incapacité de nommer des lettres ou des nombres, mais surtout, il manifeste une énorme difficulté à prononcer un mot qu'il reconnaît pourtant assez facilement.

Les troubles de l'écriture (agraphie)   Il s'agit là, fondamentalement, d'une apraxie associée au langage écrit et qui se traduit par une incapacité pour le cerveau de se souvenir de la programmation et de la coordination des gestes de la main à la base de l'écriture. L'atteinte cérébrale se situe dans la partie supérieure du lobe frontal ainsi qu'à l'arrière du lobe pariétal.

Troubles de la réception du langage

Les troubles de la compréhension de la parole (aphasie de Wernicke)   Ils sont causés par une lésion du cortex auditif dans la partie postérieure du lobe temporal. Le patient parle à peu près normalement, mis à part le fait qu'il se met parfois à radoter ou à utiliser un mot pour un autre ou encore à en forger un nouveau de toutes pièces. Mais ce qui caractérise surtout ce type d'aphasie réside dans le fait que le sujet entend la plupart des choses qui lui sont communiquées mais éprouve d'énormes difficultés à reconnaître ce qu'il entend, parce qu'il est incapable de le décoder adéquatement. Ce trouble, qui est un cas particulier d'agnosie auditive, peut devenir total et représenter alors une *surdité verbale* pure.

Les troubles de la lecture (alexie)   Dans le cas des lésions du cortex visuel, dans le lobe occipital, certains individus peuvent présenter une difficulté à reconnaître les caractères écrits qu'ils sont pourtant capables de voir. Lorsque le trouble empêche toute lecture, on parle de *cécité verbale* pure. Le sujet se trouve alors confronté à un matériel écrit comme le serait un Allemand devant une page écrite en français, alors qu'il ne connaîtrait pas les rudiments de cette langue.

La différence, dans le cas de ces patients, c'est qu'il s'agit de leur langue maternelle, la langue qu'ils ont pratiquée depuis leur plus tendre enfance et dont l'usage se dérobe brutalement.

Ces troubles se présentent rarement sous une forme pure, les limitant au seul secteur de l'activité linguistique. La difficulté qui existe à comprendre et à cerner l'aphasie réside justement dans le fait que la lésion n'entraîne pas uniquement ce type de trouble, mais que celui-ci est le plus souvent associé à d'autres perturbations perceptives ou motrices, telles que les agnosies ou les apraxies, dont les aphasies ne sont, au fond, que des formes particulières.

Amnésie
(du grec *a* = pas de et *-mnaomai* = se souvenir). Perte partielle ou totale de l'usage de la mémoire.

Agnosie
(du grec *a* = pas de et *-gnosis* = connaissance). Incapacité pour le cerveau de décoder une information alors que les récepteurs sont intacts.

Apraxie
(du grec *a* = pas de et *-praxis* = mouvement). Incapacité d'exécuter des mouvements adaptés à un but, en l'absence de troubles intellectuels ou des fonctions motrices ou sensorielles.

Amnésie rétrograde
(du latin *rétro* = en arrière et *-gradi* = marcher). Amnésie touchant les événements s'étant passés avant le traumatisme.

Amnésie antérograde
(du latin *ante* = avant et *-gradi* = marcher). Amnésie touchant les événements qui se passent après le traumatisme et que le cerveau n'est plus capable de faire passer de la mémoire à court terme dans la mémoire à long terme.

Sénilité
(du latin *sens* = âgé, vieillard). Ensemble de caractéristiques d'un vieillissement s'effectuant de façon pathologique (par opposition à la sénescence qui caractérise le vieillissement normal).

Surdité verbale
Incapacité totale ou partielle de comprendre le langage parlé.

Cécité verbale
Incapacité totale de reconnaître les lettres ou le sens des mots dans un texte écrit. (Syn. : alexie).

Document 8.5

Faux témoignage
ou simple interférence
entre mémoire et langage?

Le témoignage d'une personne, devant un tribunal, peut parfois entraîner des conséquences dramatiques pour l'accusé.

Pourtant rien ne semble plus fragile qu'un témoignage. De nombreuses études ont en effet montré que la plupart des descriptions effectuées après coup d'un événement dont on a été témoin, étaient, la plupart du temps, peu précises, souvent inexactes et même parfois complètement fausses. De nombreux détails sont souvent ajoutés ou omis et les faits sont involontairement exagérés.

Leippe et ses collaborateurs (1978) ont par exemple noté que, lorsqu'il s'agit de reconnaître un visage à partir de photos, seulement 1/3 des sujets identifient correctement le visage, un autre tiers ne fait aucune identification et le reste effectue carrément une fausse identification.

On s'aperçoit également que la façon dont le souvenir est restitué est très souvent associée aux intérêts, aux attitudes ou aux attentes du témoin ; le raciste aura reconnu un « étranger », l'obsédé risque de « voir » partout des agressions sexuelles, l'anxieux sera persuadé que « cela » devait arriver.

Parfois, le souvenir d'un événement présente trop de lacunes pour être cohérent dans l'esprit du témoin. Celui-ci, par l'effort de réflexion qu'il effectue de bonne foi pour donner un sens à l'histoire, va souvent combler les trous à l'aide de détails provenant de souvenirs antérieurs. Il va ainsi structurer une histoire n'ayant plus qu'un lointain rapport avec la réalité, mais qui, à ses yeux, représente la façon dont cela a « dû » se passer.

Le témoin, ou plutôt sa mémoire, n'est pas toujours le seul responsable de la distorsion des faits. Souvent, la façon dont les questions sont posées peut pousser à la manipulation du souvenir qu'il peut avoir des événements. Loftus (1979) a montré comment l'intervention du langage pouvait influencer après coup nos perceptions et comment certaines suggestions, involontaires ou non, qui sont présentes dans les questions, risquent très souvent d'influencer le contenu de la mémoire.

On montra à des sujets des films dans lesquels survenaient des accidents de voitures. Loftus s'aperçut que les témoins auxquels on demandait « À quelle vitesse roulaient les voitures lorsqu'elles sont entrées en collision ? » estimaient que les véhicules roulaient beaucoup plus vite que ceux à qui on demandait « À quelle vitesse roulaient les voitures lorsqu'elles se sont heurtées ? ». De plus, lorsqu'une semaine plus tard, elle demanda aux sujets s'il y avait du verre brisé sur les lieux de l'accident, beaucoup plus de sujets du premier groupe se « rappelèrent » en avoir vu effectivement. Cela est d'autant plus frappant qu'il n'y avait pas de verre brisé dans la scène présentée.

Loftus présenta à un groupe un film dans lequel une voiture s'approchait d'un carrefour signalé

ELIZABETH LOFTUS

Fig. 8.14 *Type de scènes présentées par Loftus à des sujets. Nombreux parmi ceux à qui on a montré la photo du bas et à qui on demanda, après la présentation, si la voiture s'était arrêtée au signal STOP, affirmèrent, une semaine plus tard, que le signal qu'ils avaient vu sur la photo était bien un STOP (alors qu'il s'agissait d'un signal « céder le passage »).*

par un panneau «STOP». Un autre groupe visonnait un film semblable dans lequel la voiture arrivait au même carrefour signalé, cette fois, par un panneau «Céder le passage». Après le visionnement, les sujets des deux groupes devaient dire ce qu'avait fait la voiture en arrivant au signal «STOP»; Loftus s'aperçut qu'une semaine après le visionnement, plus de la moitié des témoins du second groupe rapportaient que le panneau signalant le carrefour portait l'inscription «STOP» (figure 8.14).

À un des groupes, on demandait, après le visionnement d'un autre film : «À quelle vitesse roulait la voiture lorsqu'elle passa devant la grange, sur la route de campagne?». À l'autre groupe, on posa la question sans mentionner la grange, inexistante dans le film. Une semaine plus tard, 17 % des sujets du premier groupe se souvenaient avoir «vu» la grange, contre 3 % des sujets du second groupe.

La mémoire est une banque de données bien fragile dont le contenu peut facilement être modifié par l'arrivée de nouvelles informations et il semble que le langage, plus que tout autre, joue un rôle important dans la perturbation du souvenir.

Document 8.6

Hypothèses, déductions et pensée formelle

Chaque jour, nous sommes amenés à solutionner des problèmes demandant qu'intervienne la pensée formelle. Afin d'illustrer la manière dont s'effectue un raisonnement dans l'abstrait, voici un petit problème de logique tel qu'il pourrait se poser dans la vie quotidienne (en forçant un peu la réalité...).

«Monique, Nicole et Odette sont trois amies. Au moment de se rendre à une soirée, elles décident, pour s'amuser, d'échanger entre elles des éléments de leur tenue vestimentaire, plus particulièrement leur robe et leurs chaussures. Elles partent du principe qu'aucune d'elles ne portera pas plus d'un vêtement appartenant à la même personne ni la robe ou les chaussures lui appartenant en propre. D'emblée, Monique décide de porter la robe de Nicole et les souliers d'Odette. Comment les deux autres doivent-elles alors se répartir les vêtements restants?»

Il ne fait nul doute que la résolution d'un tel «problème» vous semble un jeu d'enfant et que, déjà, vous avez envie de tourner la page. Arrêtons-nous cependant quelques instants afin d'analyser la façon dont vous avez procédé pour arriver à la solution.

Afin de faciliter les choses, nous allons construire un tableau à double entrée dans lequel les colonnes nous permettront d'habiller chacune des jeunes filles, et les rangées, de voir comment se répartissent les vêtements entre chacune d'elles. Notons que la colonne de Monique peut être complétée puisqu'elle a déjà fait son choix.

	Monique	**Nicole**	**Odette**
robe de	Nicole		
chaussures de	Odette		

À partir d'ici, on pourrait bien sûr avancer par tâtonnements, par «essais et erreurs». La seule façon logique de procéder consiste cependant à poser des *hypothèses* dont on déduit les conséquences qui conduisent à la solution.

Compte tenu des principes établis au départ et des vêtements restants après que Monique ait effectué son choix, il n'existe en fait que deux hypothèses que nous allons tester successivement.

Nicole va porter la robe de Monique, ou
Nicole va porter la robe d'Odette.

Un coup d'œil sur le tableau nous indique que la première de ces hypothèses doit être rejetée, car si Nicole porte la robe de Monique, elle doit chausser les souliers d'Odette... qui sont déjà au pieds de Monique, et Odette devrait alors porter sa propre robe.

Nous en déduisons donc que seule la deuxième hypothèse peut être retenue, et que Nicole *doit* porter la robe d'Odette. Il ne reste plus qu'à vérifier si le tout est cohérent, après avoir complété la deuxième colonne du tableau.

	Monique	Nicole	Odette
robe de	Nicole	Odette	
chaussures de	Odette	Monique	

Il suffit en effet d'attribuer à Odette la robe de Monique et les chaussures de Nicole pour que la répartition s'effectue selon les principes établis. Tout se tient. Bravo! Vous avez effectivement atteint le stade du *raisonnement hypothético*-déductif, caractéristique de la pensée formelle.

Mais, pour en être vraiment certain, il vaut peut-être mieux vérifier la façon dont vous abordez vos problèmes quotidiens... et surtout la façon dont vous vous en sortez.

En attendant, vous pouvez vous concentrer sur le problème suivant qui a surtout le mérite de vous faire jongler avec des hypothèses et des déductions, tout en contribuant à l'enrichissement de votre culture psychologique[7].

Parmi les grands noms de la psychologie figurent Wundt, Watson, Piaget, Freud et Binet.

Un étudiant en psychologie a mélangé les renseignements qu'il avait recueillis à leur sujet, notamment en ce qui concerne leurs dates de naissance et de décès, le nom de leur ouvrage principal ainsi que la date de sa publication.

Voici ces renseignements présentés par ordre chronologique et alphabétique.

Dates de naissance et de décès

1832-1920
1856-1939
1857-1911
1878-1958
1896-1980

Ouvrages

Behaviorisme
Éléments de psychologie physiologique
L'Étude expérimentale de l'intelligence
Introduction à la psychanalyse
Psychologie de l'intelligence

Dates de publication

1873
1903
1916
1924
1947

En reproduisant la grille suggérée ci-dessous, tentez de restituer à chacun de ces chercheurs les éléments de sa biographie, sachant que :

1. Piaget, qui publia son ouvrage en 1947, a vécu 30 ans de plus que l'auteur de *L'Étude expérimentale de l'intelligence*, cette œuvre n'ayant pas été écrite par Wundt.

2. *L'Introduction à la psychanalyse* de Freud n'a pas été publiée en 1903.

3. L'ouvrage *Éléments de psychologie physiologique* a été publié en 1873. Son auteur a vécu 4 ans de plus que celui, parmi les cinq, à s'être éteint le dernier.

4. L'auteur de *Psychologie de l'intelligence* est né 18 ans après Watson, qui a publié son ouvrage 23 ans avant le sien.

	Binet	Freud	Piaget	Watson	Wundt
Dates de naissance et de décès					
Ouvrage					
Date de publication					

Remarque

Il s'agit bien entendu de tester votre capacité de raisonner et non votre mémoire.

---

[7] Vous trouverez la réponse dans tout bon dictionnaire ou dans les traités d'histoire de la psychologie.

Document 8.7

L'enfant et la psycholinguistique

Ce qui fascine depuis longtemps les psychologues et, plus particulièrement les psycholinguistes, c'est la facilité avec laquelle un enfant semble acquérir le langage.

Comment, au cours des quelques mois qui suivent l'apparition des premiers mots, devient-il capable de posséder les structures nécessaires pour non seulement percevoir la langue des adultes, mais également pour la comprendre et, surtout, pour produire à son tour des phrases suffisamment correctes pour être comprises par eux?

Les linguistes répondent que l'enfant possède très tôt les connaissances phonologiques, sémantiques et syntaxiques nécessaires à l'apprentissage d'une langue. Voyons d'un peu plus près de quoi il s'agit.

La *phonologie* comprend l'étude des phonèmes et celle des morphèmes.

Les *phonèmes* sont les structures sonores, les sons d'une langue. Ainsi, les 141 langues dans le monde parlées par au moins un million de personnes possèdent chacune entre 15 et 85 phonèmes.

Or, tout être humain est capable, au cours de sa première année d'existence, de prononcer sans difficulté plus de 75 phonèmes différents. Il a donc toute la compétence voulue pour apprendre n'importe quelle langue. Il peut tout aussi bien produire le *th* anglais, que le «clic» des Bochimans ou le «coup de glotte» de la langue arabe. Mais, par le fait qu'il n'est généralement en contact qu'avec une seule langue, il cessera peu à peu d'émettre les phonèmes qui n'appartiennent pas à la langue propre à sa culture.

Par la suite, il va devenir bien vite capable de comprendre le sens d'un *morphème* ayant plusieurs significations tel *lɛ* (lait, laid, les, ...) ou *mɛ* (mais, mets, mes, ...). Le fait de pouvoir ainsi reconnaître le sens à attribuer à un morphème, à l'aide du contexte dans lequel il est prononcé, indique que la mise en place de la fonction *sémantique* s'est effectuée et constitue le signe

manifeste que le processus de la pensée s'est enclenché.

Même si le dictionnaire de la langue française comporte près de 50.000 mots, un peu plus de 1.000 seulement sont utilisés dans le français fondamental. Lorsqu'on sait que, parmi ces derniers, les 50 mots les plus usités constituent 60 % de tous les mots composant notre discours quotidien, on ne peut douter de la compétence de l'enfant qui en possède près d'un millier, dès l'âge de trois ans.

La *syntaxe* est l'ensemble des règles qui régissent les relations entre les mots et les combinaisons de ceux-ci, dans la formation des phrases.

C'est dès l'âge d'un an et demi à deux ans que l'enfant se montre capable d'émettre une première phrase. Même s'il ne s'agit encore que d'une phrase de deux mots, le fait que ceux-ci soient placés dans un ordre donné démontre la présence d'une compétence syntaxique. Lorsque l'enfant dit : «kien... mener» il ne dit pas «mener... kien» et l'adulte a tôt fait de comprendre que l'enfant indique que «le chien veut aller se promener» et non que l'enfant a envie de promener l'animal.

Ces structures existent dans toutes les langues. De plus, dans les différentes cultures où chacune d'elles est parlée, les enfants progressent de façon identique.

Ceci a amené le linguiste Chomsky (1965) à émettre l'hypothèse que chaque langue ne constitue qu'une variation à partir d'un modèle commun, caractérisé par des phrases qui comprennent toutes un sujet, un verbe et des compléments.

Il existerait donc une *structure profonde*, commune à toutes les langues, sur laquelle viendrait se greffer, pour chacune d'entre elles, une *structure de surface* correspondant aux éléments qui composent les énoncés.

Ainsi, même si les phrases «Jean promène le chien», «le chien est promené par Jean» ou «John takes the dog out» ont une structure de surface différente, leur structure profonde demeure la même. C'est celle-ci, dont la présence est implicite dans chacune d'elles, qui nous permet de comprendre ce qui est réellement exprimé sous trois formes différentes.

Chomsky et les psycholinguistes préformistes ne nient aucunement le rôle de l'expérience dans la mise en place des structures de surface. Mais, ce qui est fondamental selon eux, c'est l'existence de la structure profonde et des règles de transformation de celle-ci en structure de surface, qui seraient innées chez tous les membres de l'espèce humaine.

Ingram (1975) a cependant montré que le système de règles permettant de transformer la structure profonde en structure de surface est quasiment absent jusqu'à l'âge de 2 ans, pour ne se mettre en place que peu à peu, notamment entre 6 et 12 ans. Ce genre d'observation semble donc donner plutôt raison à Piaget et aux constructivistes, qui voient le langage comme un prolongement de la pensée et un signe de son évolution, plutôt que comme une activité en soi.

Phonème

(du grec *phonêma* = son de la voix). Élément sonore du langage articulé considéré comme une unité distincte de telle ou telle langue.

Morphème

(du grec *morphê* = forme et suffixe de phonème). La plus petite unité significative d'un énoncé linguistique. (Dans « je marchais », *march*- et -*ais* constituent chacun un morphème).

Document 8.8

Et si les singes pouvaient parler?

D'après les plus récentes hypothèses, il y a six à dix millions d'années que notre rameau humain a bourgeonné, avec ses différentes caractéristiques. Or, comme nous l'avons vu dans le premier chapitre, le langage ne serait apparu qu'il y a tout au plus deux millions d'années (peut-être même seulement 75.000 ans, selon certains). Comment et sous quelles pressions de l'environnement s'est-il développé? Nul ne le sait.

Mais, si l'homme a été capable de mettre en place cette habileté, pourquoi ses proches cousins, les grands singes, n'en ont-ils pas fait autant? Que se passe-t-il si on donne l'occasion à de jeunes singes de vivre les mêmes expériences que les petits humains? Ces animaux possèdent-ils les capacités cognitives leur permettant d'apprendre le langage?

C'est ce genre de questions que se sont posées, depuis longtemps, certains psychologues (des couples, dans la plupart des cas).

Les Kellog (1933) ont été les premiers à avoir l'idée d'élever une jeune guenon du nom de Gua, de la même façon qu'ils élevaient leur petit garçon, Donald. Gua était soignée, habillée et dorlotée comme lui, mangeant et dormant selon les mêmes horaires. Pourtant, bien qu'à 16 mois, Gua comprenne le sens de plus de 90 mots, elle ne put jamais prononcer un seul son qui puisse être comparé au langage humain. Donald, lui, y parvenait dès la première année.

Une expérience semblable fut tentée par les Hayes (1951), qui élevèrent une guenon du nom de Vicky, mais toute seule, cette fois. Après des mois d'efforts, Vicky parvint à prononcer 3 mots : « maman », « papa », et « cup », mais de façon tellement peu intelligible que les personnes étrangères à la famille avaient du mal à les reconnaître.

On chercha les raisons qui pouvaient expliquer ces échecs. On crut pouvoir les attribuer au fait que l'appareil vocal des singes n'est pas adapté pour pouvoir émettre les sons variés qui sont le propre du langage humain.

C'est ainsi que les Gardner (1969) eurent l'idée d'utiliser le langage par gestes, enseigné aux malentendants. Ce langage se caractérise par le fait qu'il utilise un signe différent pour chaque concept. La guenon Washoe fut ainsi élevée en recevant une récompense chaque fois qu'elle produisait un signe se rapprochant de celui que les chercheurs voulaient lui faire acquérir (vous avez évidemment reconnu là la technique de façonnement par approximations successives!).

Grâce à cette méthode, Washoe fut bientôt capable de comprendre plusieurs signes. Mais, en plus, il lui fut possible, à l'âge de cinq ans, d'en combiner plus de 160 afin de former des phrases de deux ou trois mots telles que « viens », « donne brosse à dents », etc. (figure 8.15).

Fouts (1973), un des collaborateurs des Gardner, montra que les quatre chimpanzés dont il avait la charge étaient même capables d'apprendre une dizaine de signes dans une période aussi courte qu'une heure à deux heures et demie, selon les animaux.

Les Premack (1976) utilisèrent avec Sarah, une centaine de formes de plastique représentant différents symboles. À l'aide de ce matériel, Sarah fut non seulement capable de reconnaître les objets représentés par les symboles, mais encore de les combiner entre eux. Elle pouvait même indiquer ce qui était semblable et ce qui était différent.

Rumbaugh et ses collaborateurs (1977) se servirent d'un ordinateur pour l'apprentissage de Lana. Cette guenon pouvait ainsi composer des phrases sur un clavier dont les touches étaient illustrées par des symboles arbitraires. Cette fois, le renforcement était obtenu chaque fois que les mots étaient placés dans un ordre correct. Lana fut bientôt capable de composer toute une série de phrases et, notamment, des phrases interrogatives du type : « Tu donnes une

pomme à Lana ? ». Puisqu'elle apprit également à lire les symboles projetés sur un écran par les expérimentateurs, il lui fut ainsi possible d'établir avec eux des « conversations » suivies.

L'originalité de Patterson (1978) fut de tenter l'expérience avec une jeune femelle gorille, nommée Koko. Patterson apprit à celle-ci le langage par signes, utilisé précédemment par les Gardner, mais cette fois, elle guidait la main de Koko pour lui apprendre à effectuer correctement les signes. Après 29 mois, Koko possédait un vocabulaire de 200 mots, qui atteignit 400 mots, à l'âge de 7 ans. Bien qu'un enfant de cet âge possède de 2.000 à 3.000 mots, Patterson prétendit que les résultats des tests qu'elle fit subir à son élève indiquaient que celle-ci possédait un quotient intellectuel à peine inférieur à la moyenne des petits êtres humains de son âge.

Il ne faisait donc plus de doute que toutes ces expériences qui semblaient concluantes allaient permettre qu'un pont soit lancé entre les grands singes et nous, lien grâce auquel ces animaux pourraient peut-être, un jour, nous livrer leurs états d'âme.

À la fin des années 70, et après plus de 13 ans de recherche dans ce sens, la porte semblait grande ouverte à cette nouvelle façon d'observer comment se mettent en place les structures du langage.

Pourtant, bien vite, les critiques déferlèrent. On fit remarquer que, même si les grands singes semblent posséder quelques rudiments de syntaxe, il ne semblait pas exister chez eux un potentiel réellement créateur de langage.

Ils pouvaient, bien sûr, substituer un mot à un autre, comme le ferait un enfant de deux ans. Ainsi, Sarah pouvait exécuter des ordres comme « place la pomme dans l'assiette », et « place l'orange dans le panier ». Mais elle était incapable, à partir de là, de construire une phrase du type « la pomme n'est pas dans le panier », ce qu'un enfant de 3 ans fait sans difficulté.

Un coup (peut-être) fatal fut surtout porté par les conclusions auxquelles aboutit Terrace (1980), après cinq ans d'observation auprès d'un chimpanzé, qu'il avait baptisé Nim Chimpsky[8].

PAUL FUSCO, MAGNUM

Fig. 8.15 *L'étude du langage chez les singes. Washoe, la guenon des Gardner, montre par des signes qu'elle a reconnu la brosse à dents et l'usage qu'on en fait.*

---

[8] Pour rappeler avec humour le nom du linguiste Noam Chomsky, qui était persuadé, comme nous l'avons vu, que le langage ne peut être le propre que des êtres humains.

Terrace, très impressionné par les expériences antérieures effectuées sur les chimpanzés, fut lui aussi surpris par les progrès rapides effectués au début par son élève.

Pourtant, en analysant la façon dont Nim fonctionnait, il se rendit vite compte que 90 % des expressions produites par lui n'étaient, au fond, que des reproductions de signes effectués par le maître ou des réponses à des demandes bien précises de sa part.

Quant aux 10 % d'expressions spontanées, elles ne pouvaient pas davantage constituer une preuve d'épanouissement linguistique. En effet, après avoir passé des heures à observer, sur vidéo, les réactions de Nim, mais aussi celles de Washoe ou de Koko, Terrace fit différentes découvertes.

Tout d'abord, beaucoup de phrases spontanées n'étaient, au fond, que de subtiles imitations de gestes effectués involontairement par l'expérimentateur ou d'autres partenaires. De plus, l'animal donnait très souvent l'impression de produire de nouvelles phrases, alors qu'il s'agissait simplement de répétition de séquences, dans des ordres différents. Un biais était alors évident : le chercheur ne retenait, inconsciemment, que les associations les plus intéressantes, ignorant toutes celles, nombreuses, qui ne présentaient pas de valeur. Ainsi, on s'extasia devant Washoe produisant la combinaison « oiseau-eau » à la vue d'un cygne, ou devant Koko appelant un masque « chapeau-œil », mais personne ne souffla mot des centaines de combinaisons qui avaient été produites sans qu'un sens puisse leur être attribué.

Selon Terrace, on ne peut donc véritablement envisager la possibilité de langage chez les singes. Tout au plus sont-ils capables, selon lui, d'assimiler les rudiments correspondant aux éléments du langage d'un enfant de moins de deux ans. Mais, alors que chez ce dernier ce langage rudimentaire constitue le tremplin d'une explosion de phrases spontanées, les singes demeurent, eux, incapables de dépasser ce stade primitif et de développer cette activité créatrice.

Il s'agirait donc, tout au plus, d'un dressage comme celui d'un chien ou d'animaux de cirque, qui vont développer une série de comportements leur permettant d'obtenir une récompense qu'ils ne pourraient se procurer autrement.

D'un autre côté, on attendait beaucoup de la façon dont les guenons « parlantes », devenues mères, allaient transmettre leur savoir à leur rejeton.

Au printemps 85, Fouts a fait, à ce sujet, un exposé au congrès de l'Association américaine pour l'avancement de la science. Cet exposé portait particulièrement sur la façon dont un jeune chimpanzé de 10 mois, adopté par Washoe (13 ans), avait appris de celle-ci le langage par gestes[9].

Washoe, dont le vocabulaire s'étendait à plusieurs centaines de mots enseignés par les Gardner, amena assez vite, semble-t-il, son jeune compagnon à adopter plusieurs de ces signes soit en lui tenant le bras, soit en associant de façon répétitive certains gestes aux actions qu'ils symbolisent.

Deux ans plus tard, le jeune élève avait intégré 28 mots et, après cinq ans, il possédait un vocabulaire de 47 signes qu'il utilisait lors de ses interactions avec d'autres singes.

Fouts en conclut que, chez nos cousins, la transmission d'une génération à l'autre d'un langage artificiel, ainsi que son utilisation spontanée, est donc également possible en l'absence de toute récompense extérieure. Toutefois, même si ces observations répondent en partie à certaines interrogations, elles ne semblent pas, compte tenu du faible bagage transmis en autant d'années, remettre fondamentalement en question les conclusions de Terrace ni surtout la critique portant sur l'impossibilité pour les anthropoïdes de manipuler la syntaxe.

---

[9] Voir l'article de F. Harrois-Monin, « Washoe enseigne à son fils la langue humaine », *Science et Vie*, mars 1986, n° 822, p. 50-53.

Résumé

1. La plupart des psychologues admettent l'existence de *trois niveaux de mémoire*, à savoir la mémoire immédiate ou sensorielle, la mémoire à court terme et la mémoire à long terme.

2. La *mémoire sensorielle* est un mécanisme permettant à l'information captée par les récepteurs d'être disponible pendant 1/4 de seconde afin que le cerveau puisse décider d'y prêter attention ou non.

3. La *mémoire à court terme* est un mécanisme qui conserve l'information pendant une vingtaine de secondes. Sa capacité est limitée à sept éléments pouvant être retenus simultanément.

4. La *mémoire à long terme* a une durée et une capacité qui sont, en principe, illimitées. Cependant, certains facteurs tels que la familiarité avec le matériel, le contexte dans lequel s'effectue son encodage, la motivation du sujet ainsi que l'approfondissement qui est fait de la matière à mémoriser, jouent un rôle important dans la manière dont l'information va se maintenir et demeurer disponible dans la mémoire à long terme.

5. Il existe trois processus principaux intervenant lors de la rétention du matériel. L'*encodage* permet tout d'abord l'analyse et l'identification des différentes caractéristiques de l'information. La consolidation du matériel s'effectue au moment de son *entreposage* et est liée à la manière dont va être organisée l'information à mémoriser. Lors du *recouvrement*, le contexte auquel l'information est associée se révèle des plus importants et explique pourquoi la reconnaissance d'un matériel est toujours plus aisée que son rappel pur et simple.

6. Plusieurs facteurs peuvent contribuer à l'*oubli* d'un matériel. Il peut s'agir de l'âge du sujet, du non-usage ou du type de matériel mémorisé, des interférences qui peuvent se produire avec des événements se présentant juste avant ou après l'entreposage, ou encore de motivations inconscientes entraînant un oubli «actif».

7. La mémoire intervient dans tous les *aspects de la pensée*, qu'il s'agisse de souvenirs, de rêverie, de fantaisies, de rêves nocturnes ou éveillés ou encore, et surtout, du raisonnement. Dans ce dernier cas, la mémoire peut jouer un rôle positif tout autant que négatif par la rigidité fonctionnelle qu'elle risque d'entraîner.

8. Parmi les *processus de la pensée*, il en existe deux qui jouent un rôle important pour notre adaptation. Ce sont la *formation et l'acquisition de concepts* d'une part et la *solution de problèmes*, d'autre part.

9. L'*acquisition de concepts* est plus ou moins facilitée selon qu'il s'agit de concepts simples ou de concepts complexes, parmi lesquels on distingue les concepts conjonctifs, les concepts disjonctifs et les concepts relationnels.

10. La *solution de problèmes* s'effectue en quatre étapes : la préparation, l'incubation, l'inspiration et l'évolution. Elle implique le plus souvent l'utilisation de *stratégies* consistant à pratiquer une focalisation raisonnable ou, mieux encore, une focalisation systématique.

11. Les *théories du développement cognitif* divergent parfois grandement. L'approche behavioriste considère la pensée comme étant un dialogue intérieur qui aurait les mêmes bases motrices que le langage. Quant à l'approche cognitive, elle prétend, selon Bruner, que la pensée s'élabore à partir de l'activité motrice, des images mentales et du langage. Selon Piaget, par contre, c'est l'adaptation à l'environnement qui constitue le moteur du développement cognitif et qui amène l'individu à intérioriser peu à peu son action, en passant des opérations concrètes aux opérations formelles pouvant être appliquées à n'importe quel contenu.

12. La plupart des sociétés animales possèdent des signaux de communication mais l'espèce humaine est la seule à produire un *langage articulé* permettant de communiquer des événements présents, passés ou futurs. De plus, la *compétence linguistique* dont semble hériter tout enfant lui permet de comprendre et de construire un nombre illimité d'énoncés.

13. Le *psycholinguiste* tente de comprendre la façon dont s'établissent les règles qui sont à la base d'une langue. Quant à la tâche du *psychologue du langage*, elle consiste principalement à intervenir auprès des individus présentant des difficultés sur le plan linguistique. Des recherches menées sur les primates non-humains ont, quant à elles, mis l'accent sur la facilité avec laquelle le petit humain acquiert la compétence linguistique.

14. Il existe autant de *théories sur le développement du langage* qu'il existe d'écoles de pensée en psychologie. Les théories de l'apprentissage mettent l'accent sur le rôle de l'environnement social dans le façonnement linguistique. Selon la théorie préformiste, au contraire, l'habileté linguistique serait innée et se développerait à partir d'une structure imposée génétiquement au cerveau. Les théories relativistes prétendent que toute langue est relative à une culture donnée et qu'elle sert de moule à la pensée. Selon la théorie constructiviste, enfin, le langage ne constituerait qu'un mode de représentation du monde élaboré à partir de l'interaction de l'enfant avec son milieu.

Dossier 8.1

Les recherches sur la mémoire

Où se trouve le siège de la mémoire? Comment celle-ci fonctionne-t-elle?

Il s'agit de questions qui ont passionné et continuent de passionner nombre de psychophysiologistes. Les recherches se poursuivent depuis plus d'un demi-siècle dans ce domaine et pourtant, on ne possède encore que peu d'éléments de réponse qui permettent d'éclairer le problème de façon précise.

Fondamentalement, les recherches sur la mémoire tentent de repérer l'empreinte laissée dans le cerveau par un événement ou un apprentissage spécifique.

Mais cet *engramme*, comme l'appellent les scientifiques, est-il constitué par des circuits nerveux ou par des substances biochimiques? Et dans ce dernier cas, s'agit-il de molécules existantes dont la quantité ou la localisation varient avec le type d'apprentissage, ou tout simplement de molécules nouvelles «fabriquées» par l'organisme selon les besoins? Ce sont là autant de directions empruntées par les chercheurs et que nous allons passer en revue.

Localisation du siège de la mémoire

Hypothèse de l'existence d'un centre de la mémoire   Lashley fut l'un des pionniers de ce type de recherche vers la fin des années 20. Il consacra une grande partie de sa vie à tenter d'isoler la zone pouvant constituer le centre de la mémoire. Mais après avoir détruit diverses régions du cerveau de centaines de rats d'expérience, il dut reconnaître, au début des années 60, que même en prélevant de 15 % à 20 % de matière cérébrale, il était impossible de retirer du cerveau ce qui avait été appris. Il lui fallut donc admettre que la mémoire se trouve répartie dans l'ensemble du système nerveux et qu'il n'y avait vraisemblablement pas qu'un engramme, mais des quantités innombrables réparties dans plusieurs parties du cerveau.

À la fin des années 50, W.G. Penfield, de l'Institut neurologique de Montréal, fit des observations intéressantes chez des patients qui devaient subir une intervention chirurgicale au cerveau. Il remarqua que, si la plupart des stimulations dans diverses régions du cerveau éveillaient surtout des impressions de son ou de lumière, quelques-unes, par contre, ressuscitaient certains souvenirs, parfois très complexes. La plupart du temps, il s'agissait d'événements passés dont le sujet semblait avoir perdu la trace, mais qui étaient, dès lors, conservés en mémoire une fois l'opération terminée.

D'un autre côté, l'idée que l'*hippocampe*, cette structure du système limbique logée dans le lobe temporal, puisse constituer un siège éventuel de la mémoire chez les humains, surgit à son tour après d'autres observations. On s'aperçut en effet que chez les patients auxquels on avait enlevé cette structure dans les deux hémisphères, les nouveaux souvenirs ne pouvaient plus être stockés dans la mémoire à long

Engramme
(du grec *en* = dans et *-gramma* = trait, écriture). Trace laissée en mémoire dans le cerveau par un événement ou un apprentissage effectué par la personne.

Hippocampe
(du grec *hippo* = cheval et *-kampê* = courbure). Circonvolution cérébrale située dans la couche profonde du lobe temporal (en coupe, elle présente la forme d'un hippocampe). Il s'agit d'une structure du système limbique (voir appendice A) qui semble jouer un rôle important dans l'entreposage et le recouvrement d'un matériel en mémoire.

terme. L'individu présentait ainsi une amnésie antérograde, conservant le souvenir des événements s'étant produits avant l'opération mais se montrant incapable, une fois l'opération pratiquée, de consolider les traces laissées dans le cerveau par la mémoire à court terme. Comme le signale Hebb (1974), il semble donc que l'hippocampe joue un rôle important dans le mécanisme de la mémoire, mais qu'il ne le contrôle pas à lui seul. Cela indique surtout que les régions sous-corticales, et notamment le système limbique qui est responsable de l'activation affective et motivationnelle, sont largement impliquées dans le processus de conservation des apprentissages.

Hypothèse holographique   La découverte des particularités de l'holographie amena des chercheurs à émettre l'idée d'une mémoire à plusieurs dimensions répartie dans tous les circuits nerveux du cerveau.

Dans le document 5.2, nous avons expliqué la façon dont on peut produire un hologramme et nous avons décrit le parallèle effectué par Pribram entre l'hologramme et le fonctionnement du cerveau. On se rappelle que le propre de l'holographie est de créer sur une plaque photographique un «pattern d'interférence» capable de générer une image en trois dimensions lorsqu'il est éclairé par un rayon de lumière cohérente. On se souvient également que *chaque* partie de la plaque impressionnée contient toute l'information et est donc capable de restituer l'image complète de l'objet. On sait, de plus, qu'il est possible de surimpressionner plusieurs patterns d'interférence sur un même hologramme (on a ainsi pu stocker des milliards d'unités d'informations (bit) sur une même plaque).

C'est à partir de ces connaissances qu'une théorie holographique de la mémoire a été émise. Selon celle-ci, toute nouvelle information ne peut être stockée par et pour elle-même. Elle interagit et interfère avec les expériences passées du sujet qui ont déjà été stockées en mémoire. Ces dernières constituent la plaque photographique sur laquelle la nouvelle information est projetée simultanément dans tous les points du cerveau, d'une part par le système d'éveil de la formation réticulée et, d'autre part, par le cortex, une fois l'objet perçu. Ainsi, selon le récepteur concerné, l'aire corticale correspondante va impressionner la plaque de la mémoire de façon plus spécifique (tout comme l'image qui peut paraître plus brillante à certains endroits qu'à d'autres dans le cas d'un hologramme).

Un individu croquant une pomme rescussite donc non seulement les souvenirs visuels, tactiles, olfactifs et gustatifs qu'il a accumulés à l'égard de ce fruit, mais il y greffe la sensation du moment liée à l'acidité du fruit, à son odeur particulière ou aux raisons qui l'ont amené à le consommer. La mémoire se trouve ainsi globalement transformée chaque fois que «l'hologramme mental» se trouve exposé et réexposé aux changements de l'environnement en entraînant une reconstruction constante de la réalité.

De quoi est faite la mémoire?

Hypothèse synaptique   Selon Hebb (1974), la différence entre la mémoire à court terme et la mémoire à long terme correspondrait essentiellement à une différence de structure des circuits nerveux.

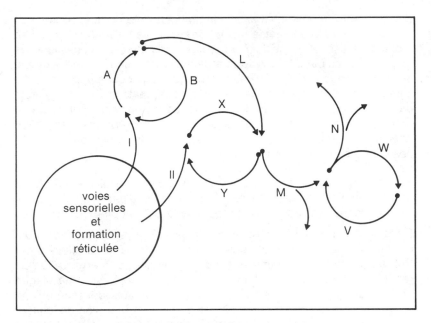

Fig. 8.16 *Diagramme illustrant la théorie synaptique. Les informations en provenance des récepteurs peuvent être véhiculées plus ou moins directement vers des centres de décision immédiate ou des voies motrices par les voies A, L, M ou N, ou encore par les voies X, M ou N. Mais, entre temps, elles peuvent être «réverbérées» à l'aide de boucles dans lesquelles A excite B qui excite A à son tour, etc., ou X excite Y qui excite X, etc. C'est la persistance de l'information véhiculée en I ou en II ainsi que le niveau d'activation de l'organisme qui vont déterminer si la trace va s'établir à court ou à long terme.*

Dans le cas de la mémoire sensorielle et à court terme, il émet l'hypothèse que de nombreuses voies du système nerveux forment des boucles, grâce auxquelles l'information se trouve réverbérée. Ainsi, puisque l'information revient «continuellement sur elle-même autour de la boucle», l'excitation peut être maintenue pendant un certain temps, tout en permettant que des influx puissent être envoyés vers d'autres centres ou à une voie motrice (figure 8.16).

En ce qui concerne la mémoire à long terme, il y aurait une modification durable des connexions synaptiques provoquée par la répétition de la stimulation génératrice d'informations. Ainsi, une trace de plus en plus profonde se créerait, constituant la base du souvenir. Il faudrait cependant que la structure demeure inactivée pendant un certain temps pour permettre à la trace de se consolider. On appelle période de consolidation cette période d'une durée de 15 minutes à une heure qui serait nécessaire pour permettre aux nouveaux apprentissages de se fixer. C'est ce qui explique qu'après un accident qui a ébranlé la boîte crânienne d'un individu, celui-ci ne soit plus capable de se souvenir des événements qui ont immédiatement précédé la *commotion cérébrale*, et que les autres souvenirs soient d'autant moins altérés qu'ils sont éloignés dans le temps.

Commotion cérébrale
(du latin *commotio* = mouvement). Ébranlement des structures nerveuses du cerveau, suite à un choc, un coup ou une émotion violente.

Hypothèses biochimiques   On sait que l'ADN (acide désoxyribonucléique) constitue les molécules de la mémoire génétique d'une espèce. Il est contenu uniquement dans les noyaux de toutes les cellules du corps, dans lesquels il constitue le composant essentiel des gènes. Il est responsable de la production d'un acide, l'ARN (acide ribonucléique) qui, pour sa part, assure les fonctions de la cellule. Ce dernier est de plus à la base de l'élaboration des protéines, qui sont les molécules de première importance dans la structure des tissus et dans diverses fonctions de l'organisme (voir appendice A).

Étude des modifications chimiques   Il était donc logique de se poser la question de savoir si une substance comme l'ARN, si proche de l'ADN, n'était pas l'élément clé qui produit les protéines spécifiques des divers apprentissages.

C'est ce que tenta de démontrer, au cours des années 50, le pionnier des recherches biochimiques sur la mémoire, le Suédois Hyden (1969). Il provoqua divers apprentissages chez des souris et des rats en les amenant à modifier leur comportement habituel; pour y parvenir, il les forçait, par exemple, à prendre leur nourriture en équilibre sur un fil ou en se servant d'une patte inappropriée. Il nota, à la suite de ces modifications du comportement, qu'il se produisait non seulement une nette augmentation de la quantité d'ARN dans le cerveau, mais également une modification de sa composition. Il existait donc bel et bien des variations moléculaires, tant sur le plan quantitatif que sur le plan qualitatif. Il parvint même à isoler une molécule, qu'il dénomma S 100, qui lui semblait être la molécule de mémoire responsable de la rétention des nouveaux apprentissages. Mais bien que ces résultats aient pu être reproduits à de nombreuses reprises, ils ne permettaient pas de savoir s'il y avait réellement production d'une nouvelle molécule ou si cette augmentation et ces modifications moléculaires n'accompagnaient pas tout simplement l'activation du cerveau en situation d'apprentissage.

Étude de l'effet des «effaceurs» chimiques   Le fait que les antibiotiques empêchent la production des protéines à la base des micro-organismes est bien connu en médecine. Cet effet est obtenu par l'action inhibitrice des antibiotiques sur la synthèse de l'ARN. Il en va de même de la *ribonucléase,* une enzyme qui détruit l'ARN et en supprime la production. Il était donc tentant de vérifier si, en injectant ces inhibiteurs dans le cerveau, il était possible de faire disparaître ou d'empêcher les apprentissages.

C'est là l'objet des recherches qu'entreprirent plusieurs chercheurs. Certains, comme Agranoff, testèrent l'hypothèse sur des poissons ayant appris à éviter un compartiment de leur aquarium. John (1967) injecta de la ribonucléase dans le cerveau d'un chat capable d'effectuer une discrimination visuelle. Flexner (1967) introduisit des antibiotiques dans le cerveau d'une souris ayant appris à éviter une branche d'un labyrinthe en T. Ces expériences débouchèrent à peu près toutes sur les mêmes conclusions. Il se produisait bien un «effacement» de la mémoire lorsque ces substances étaient injectées après l'apprentissage, et l'animal devait alors tout réapprendre. Mais la substance n'avait aucun effet sur la mémoire immédiate si elle était injectée juste

ADN et ARN
(Voir définition dans l'appendice A.)

Ribonucléase
(du latin *nucleus* = noyau et *-ase* = ferment, enzyme). Enzyme sécrétée par le pancréas qui catalyse l'hydrolyse des acides ribonucléiques présents dans le cytoplasme et le nucléole et qui jouent un rôle important dans la synthèse des protéines.

après l'apprentissage, ni sur la mémoire à long terme, lorsqu'elle était administrée longtemps après. Elle avait sans nul doute un effet sur la période de «consolidation», dont nous avons parlé plus tôt. Mais était-ce, là encore, suffisant pour parler d'un *codage moléculaire* qui aurait été effacé?

Étude des transferts de «molécules» de mémoire   L'engouement pour ces recherches sur la biochimie de la mémoire poussa certains chercheurs à franchir le pas qui les amenait à vérifier s'il était possible d'effectuer le transfert du savoir d'un animal à un autre. Au cours des années 60, McConnell et ses collaborateurs furent parmi les premiers à tenter ce genre d'expérience sur des planaires. Il s'agit là des petits vers plats, dont nous avons parlé dans le premier chapitre, et qui sont parmi les animaux les plus simples à être dotés d'un cerveau.

Ils conditionnèrent donc ces planaires à réagir à l'allumage d'une lampe après que celui-ci ait été associé au déclenchement d'un choc électrique. Les planaires sont cannibales. Ils broyèrent donc ces animaux entraînés et les firent ingurgiter à des planaires «naïves». Ils notèrent alors que celles-ci augmentaient, dès ce moment, leur taux de réaction à la lumière de façon beaucoup plus rapide que d'autres congénères ayant ingurgité des planaires non entraînées.

Forts de ces résultats, McConnell et son équipe allèrent même jusqu'à extraire l'ARN des planaires «donneuses» pour l'injecter à des planaires «receveuses» et ils obtinrent là encore un effet de transfert. Il semble que des résultats similaires furent obtenus avec des rats (McConnell et coll., 1970).

Cependant, ces résultats prometteurs ne firent pas l'unanimité parmi les scientifiques qui émirent de nombreuses critiques à l'égard de ce transfert de «molécules du savoir». L'une d'entre elles soulevait le fait que le conditionnement à la lumière n'était peut-être qu'une «sensibilisation» à ce stimulus, accrue par l'ingestion d'un congénère déjà sensiblisé.

En effet, lorsque des apprentissages plus compliqués (l'apprentissage d'un labyrinthe en Y, par exemple) étaient pratiqués sur les planaires, le transfert ne se manifestait plus. Il semble donc peu probable que l'ARN soit, comme tel, le facteur principal.

Ungar (1970), un chercheur hongrois travaillant aux États-Unis étudia principalement l'apprentissage de l'évitement de certains endroits, par des rats et des souris. Ces animaux, dont la tendance innée consiste à se réfugier dans les endroits obscurs, recevaient une décharge électrique chaque fois qu'ils pénétraient dans une boîte noire. Il ne fallut pas beaucoup de temps avant qu'ils ne développent une réelle aversion pour les endroits sombres. Ungar injecta alors des extraits du cerveau broyé de ces animaux à des «receveurs naïfs» et il s'aperçut alors que ceux-ci passaient beaucoup moins de temps dans la boîte noire que les animaux ayant reçu le broyat de sujets non conditionnés. Il parvint même, après avoir accumulé et broyé des centaines de cerveaux de rats entraînés, à obtenir une protéine pure, un *peptide*, qu'il dénomma *scotophobine* (littéralement: «ce qui engendre la peur de l'obscurité»). Par la suite, il parvint également à reproduire ce peptide de façon artificielle, en obtenant toujours le même type de résultats.

Peptide
(du grec *pepsis* = digestion). Produit de la digestion de protéines, constitué par une molécule composée d'un très petit nombre d'acides aminés.

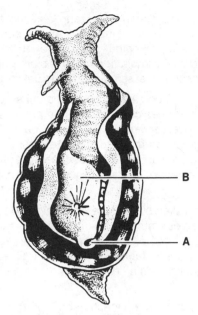

Fig. 8.17 *L'aplysie ou «lièvre de mer». Le siphon de ce gros mollusque (A) aspire l'eau pour la faire passer par le mantelet (B) où sont filtrés les petits organismes lui servant de nourriture.*

Pourtant, il ne semblait pas s'agir là non plus de «molécules de savoir» au sens où McConnell l'entendait. Selon Ungar, l'action de telles molécules se manifesterait plutôt au niveau de la synapse, où elles joueraient un rôle de «poteau indicateur», permettant à l'influx nerveux d'emprunter les voies nécessaires à la consolidation des circuits nerveux.

Nouvelle approche neurophysiologique Toutes ces recherches posaient des problèmes majeurs par le fait qu'elles s'attaquent d'emblée à des apprentissages relativement évolués : elles entraînaient ainsi des interprétations prêtant facilement le flanc à la critique.

Au cours des années 70, une autre voie de recherche a été tracée par des chercheurs, comme Kandel (1976), qui ont entrepris d'étudier de façon systématique un apprentissage aussi simple que l'*habituation*.

Kandel utilisa comme animal d'étude l'aplysie, une espèce de gros mollusque appelé également «lièvre de mer», qui peut atteindre une longeur d'environ 30 cm (figure 8.17).

L'aplysie possède un siphon qui aspire l'eau et la fait passer sous le mantelet afin de la filtrer et de la débarrasser des organismes qu'elle contient et qui lui servent de nourriture. Il suffit de toucher le siphon pour que le mantelet se rétracte. Cependant, si cette stimulation est répétée, il se crée alors une habituation qui se traduit par une diminution puis un arrêt de la réponse de retrait.

Le choix s'est principalement porté sur cet animal parce que son système nerveux fonctionne de façon similaire à celle des vertébrés et qu'il présente en plus l'avantage d'avoir un nombre relativement faible de fibres nerveuses aboutissant aux ganglions ; celles-ci ont de plus une taille assez importante, allant jusqu'à 1 mm, et sont donc facilement identifiables quant à leur origine sensorielle ou à leur destination motrice. Kandel put ainsi y implanter sans problème des électrodes qui lui indiquaient l'intensité des stimulations ou des réponses motrices.

Kandel étudia alors de façon systématique ce qui se passait au niveau des synapses des neurones concernés par le processus d'habituation. Il put notamment observer que la diminution de la réponse motrice, associée à l'habituation, correspondait à une diminution de la quantité des neurotransmetteurs libérés dans l'espace synaptiques et que ceci avait pour effet d'entraîner un ralentissement du passage de l'influx nerveux.

Ce genre d'étude est bien sûr encore très éloigné de ce que l'exploration du système nerveux humain exigera comme raffinements sur le plan des techniques de détection. Mais il a l'avantage d'avancer des résultats clairs et peu discutables en ce qui a trait au fonctionnement de la mémoire à court terme, du point de vue cellulaire, chez les animaux primitifs.

De plus, il constitue un point de jonction entre la quête de l'engramme tel que l'envisageait Lashley, la théorie synaptique et l'étude des mécanismes facilitateurs ou inhibiteurs du passage de l'influx nerveux par le biais de médiateurs chimiques (voir appendice A).

BIBLIOGRAPHIE

CHAPOUTHIER, G., «Les bases physiologiques de l'apprentissage et de la mémoire», dans *Psychophysiologie*, Paris, Éd. Études Vivantes, 1980.
HEBB, D.O., *Psychologie, science moderne*, Montréal, Éd. HRW, 1974.
KANDEL, E., *Cellular basis of behavior. An introduction to behavioral neurobiology*, San Francisco, Freeman, 1976.
KIMBLE, D.F., (sous la direction de), *The Anatomy of Memory*, Palo Alto, Calif., Science and Behavior Books, 1965.
LASHLEY, K., *Brain Mechanisms and Intelligence*, Chicago, University of Chicago Press, 1929.
McCONNELL, J.V. «Memory transfer through Cannibalism in Planarians», *Journal of Neuropsychiatry*, 1962, n° 3 (suppl. 1), p. 542-548.
McCONNELL, J.V., SHIGEHISA, T., et SALIVE, H., «Attempts to transfer approach and avoidance responses by RNA injections in rats», dans K.H. Pribram et D.E. Broadbendt (Eds.), *Biology of Memory,* New York, Academic Press. 1970.
PENFIELD, W., *The Mystery of the Mind : A Critical Study of Consciousness and the Human Brain*, Princeton, N.J., Princeton University Press, 1975.
PRIBRAM, K., *Languages of the Brain*, Englewood Cliffs, N.J., Prentice-Hall, 1969.
UNGAR, G., (sous la direction de), *Molecular Mechanisms in Memory and Learning*, Plenum Press, 1970.

Guide d'étude

Révision

Compléter les phrases suivantes

1. On distingue trois niveaux de mémoire : la mémoire _____ ou sensorielle, la mémoire à _____ et la mémoire à _____.

2. La mémoire _____ est un mécanisme qui fonctionne pendant une période de _____ seconde et dont l'effet _____ en moins d'une seconde.

3. La _____ de la mémoire à court terme ne permet pas de stocker plus de _____ éléments à la fois.

4. La capacité et la durée de _____ des informations entreposées dans la mémoire à long terme sont en principe _____.

5. Plus un matériel est _____ suite à un nombre important de répétitions, plus il risque de demeureur gravé dans la mémoire.

6. Le principe de l'_____ spécifique met l'accent sur l'importance du _____ dans lequel s'est effectué la mise en mémoire.

7. Selon Zeigarnik, nous conservons plus longtemps en mémoire le souvenir d'une tâche _____.

8. Un matériel restera d'autant plus présent en mémoire qu'il aura préalablement fait l'objet de _____ nombreux avec d'autres faits, dans différents _____ et sous divers éclairages.

9. Les trois processus principaux intervenant lors de la rétention d'un matériel sont l'_____, l'_____ et le _____.

10. L'_____ s'effectue dès la mise en action de la mémoire sensorielle, pour être consolidé dans la _____ et s'effectue en profondeur dans la _____.

11. L'entreposage se produit différemment selon que le matériel relève de la mémoire _____ ou de la mémoire _____.

12. La mémoire _____ est de nature _____.

13. La mémoire _____ est constituée de toutes les structures qui permettent d'_____ la connaissance du monde.

14. Il existe plusieurs formes d'organisation. L'organisation _____ et l'organisation _____ nous sont imposées de l'_____ par la nature même des choses.

15. L'organisation _____ nous amène à regrouper les éléments ayant des caractéristiques _____ alors que l'organisation _____ entraîne la classification de chaque élément selon qu'il correspond à une _____ générale ou plus spécifique.

16. Le fait que lors du _____, le contexte auquel l'information est associée se révèle si _____ explique pourquoi il est toujours plus facile d'effectuer la _____ d'un matériel que le _____ pur et simple.

17. Les facteurs de l'oubli sont multiples; il peut s'agir de l'_____ du sujet, du _____ du matériel mémorisé ou encore du type de matériel qui a été entreposé.

18. L'_____ est à la base du transfert d'apprentissage. Elle est dite _____ lorsqu'il s'agit d'événements s'étant produits avant que le matériel ne soit stocké et elle est appelée _____ lorsqu'elle est le fait d'une activité pratiquée immédiatement après un apprentissage.

19. Le refoulement est plutôt appelé oubli _____ par les psychologues modernes qui indiquent par là la tendance de l'organisme à s'efforcer d'oublier les aspects _____ d'une situation.

20. La mémoire intervient dans tous les aspects de la pensée, que ce soit par le biais des images _____ à la base des souvenirs, de la rêverie ou des rêves _____ ou sous forme de _____ évoquant le souvenir d'expériences heureuses ou encore dans la mise en place de _____ mentales impliquant qu'un _____ de l'information soit effectué.

21. La _____ fonctionnelle constitue un aspect _____ de la mémoire par le fait qu'elle retarde la _____ de la solution à un problème.

22. Deux manifestations de la pensée jouent un rôle important dans notre adaptation à la réalité; il s'agit de la _____ et de l'acquisition de _____, ainsi que de la _____.

23. La _____ de concepts consiste discriminer «ce qui va ensemble» de «ce qui ne va pas ensemble».

24. Il est plus facile d'_____ des concepts conjonctifs que des concepts _____.

25. Les quatre phrases de la solution de problème, chez les grands chercheurs, semblent être la _____, l'_____, l'_____ et l'_____.

26. La focalisation aléatoire constitue une _____ de la pensée qui fonctionne par _____ émises au hasard.

27. La focalisation _____ est toujours préférable à la focalisation _____ même si elle est utilisée moins souvent parce qu'elle est jugée trop fastidieuse.

28. Selon l'approche behavioriste de Watson, la pensée constituerait un _____ intérieur alors que le langage serait une pensée à _____.

29. La conception cognitiviste de Bruner s'attache principalement à la connaissance du _____ de la vie mentale constitué à partir de l'_____ motrice, des _____ mentales, et surtout du _____ au moment de la mise en place du mode de représentation _____.

30. Selon Piaget, les _____ sont des structures qui s'_____ en se greffant les unes aux autres dans un mouvement en _____ permettant une _____ toujours plus grande à l'environnement.

31. L'adaptation s'effectue par le biais de deux mécanismes : l'_____ qui pousse l'organisme à tenter d'_____ la nouvelle situation aux structures _____, et l'accommodation qui consiste à _____ les anciens schèmes afin de les adapter à la _____ situation.

32. Les trois stades principaux du développement cognitif sont, selon Piaget, le stade _____, le stade des opérations _____ et enfin le stade des opérations _____.

33. Beaucoup d'animaux sont capables de communiquer avec leurs congénères à l'aide de _____ mais ceux-ci sont liés à une situation _____ à laquelle le groupe réagit «mécaniquement».

34. Le langage humain se différencie de celui des autres espèces par le fait qu'il peut traduire des événements présents tout autant que _____ ou _____.

35. La _____ linguistique implique une connaissance _____ des règles de fonctionnement du langage.

36. La tâche du _____ consiste à comprendre comment le langage est acquis et produit, alors que celle du _____ consiste à agir sur le plan individuel afin d'aider à solutionner certains problèmes de langage.

37. Les théories sur le développement du langage peuvent se regrouper en quatre grands groupes : les théories de l'_____, la théorie _____, les théories _____ et la théorie _____.

38. Les théories de l'_____ mettent principalement l'accent sur le rôle de l'_____ dans la manière dont serait façonné le langage.

39. La théorie préformiste avance que les structures du langage humain sont _____, alors que, selon les théories relativistes, chaque culture posséderait un système _____ qui lui serait propre et qui servirait de _____ à la pensée des individus qui en font partie.

40. Selon Piaget, le langage ne jouerait aucun rôle dans le développement de la _____ et de l'_____ ; il ne constituerait qu'un mode de _____ du monde parmi d'autres en la possession de l'individu.

Vérification des connaissances

Vrai ou faux?   **V**   **F**

1. La mémoire à court terme permet à l'information de rester disponible pendant moins d'une seconde.   ☐   ☐

2. Lorsqu'il est nécessaire de retenir à court terme une information de plus de quatre éléments, le cerveau pratique automatiquement des regroupements.   ☐   ☐

3. La capacité de la mémoire à long terme et la durée de la rétention dépendent de la signification et de l'importance du matériel à retenir.   ☐   ☐

4. Les personnes âgées n'ont pas une mémoire à long terme plus développée que les individus plus jeunes.   ☐   ☐

5. La restitution d'un matériel est toujours facilitée lorsqu'elle se passe dans le même contexte que celui dans lequel ce matériel a été entreposé.   ☐   ☐

6. On garde toujours plus longtemps en mémoire le souvenir d'une tâche qu'on a eu le temps de bien terminer.   ☐   ☐

7. Une étude sérieuse de la matière à mémoriser, effectuée en un court laps de temps, est de toute façon préférable à une étude dispersée sur une longue période.   ☐   ☐

8. La mémoire épisodique est constituée de toutes les structures, propres à une culture donnée, qui permettent d'organiser la connaissance du monde.   ☐   ☐

9. L'organisation associative et l'organisation hiérarchique du matériel à mémoriser ne nous sont pas imposées de «l'extérieur» comme le sont les organisations spatiale et sérielle.   ☐   ☐

10. Il est toujours plus facile de se rappeler un fait que de le reconnaître parmi d'autres.   ☐   ☐

11. La mémoire à court terme connaît une amélioration surtout entre l'âge de 5 et 11 ans.   ☐   ☐

12. L'interférence proactive améliore la mémorisation alors que l'interférence rétroactive, au contraire, la détériore.   ☐   ☐

13. La mémoire est étroitement liée à la plupart des manifestations de la pensée.   ☐   ☐

14. La rigidité fonctionnelle constitue un des aspects négatifs de la mémoire par le fait qu'elle retarde souvent la découverte d'une solution à un problème.   ☐   ☐

15. La formation des concepts consiste en l'apprentissage des attributs propres à chacun d'eux. ☐ ☐

16. La focalisation aléatoire est toujours préférable à la focalisation systématique. ☐ ☐

17. Selon l'approche behavioriste du développement cognitif, la pensée et le langage seraient le produit d'une même activité motrice. ☐ ☐

18. Selon Bruner, la représentation du monde que l'enfant se fait à l'aide d'images mentales constitue un premier palier vers la représentation symbolique. ☐ ☐

19. Par l'assimilation, l'organisme s'enrichit en exploitant au maximum les structures existantes tout en augmentant, par accommodation, le nombre de conduites disponibles. ☐ ☐

20. La fin du stade des opérations concrètes se caractérise notamment par le fait que l'enfant est devenu capable de décoder objectivement la réalité concrète. ☐ ☐

21. Le langage humain se différencie de celui des autres espèces par le fait qu'il ne possède pas de signaux déclencheurs permettant au groupe de réagir à une situation actuelle. ☐ ☐

22. La compétence linguistique implique une connaissance implicite des règles de fonctionnement du langage. ☐ ☐

23. Selon la théorie préformiste, chaque langue ne serait qu'une variation culturelle d'un modèle propre à tous les êtres humains. ☐ ☐

24. Selon les théories relativistes, les langues sont surtout différentes dans leur structure de surface. ☐ ☐

25. Pour les constructivistes, le langage se développe de la même façon que la perception, la mémoire ou la pensée. ☐ ☐

Compléter les phrases suivantes (encercler la lettre appropriée)

1. La mémoire sensorielle
   a) se situe au niveau des récepteurs.
   b) fonctionne pendant une période inférieure à 1 seconde.
   c) est notamment à la base du phénomène des images consécutives.
   d) Toutes ces réponses sont bonnes.

2. La mémoire à court terme
   a) est d'une durée limitée à 2 minutes.
   b) possède une capacité ne dépassant pas 11 éléments.
   c) permet de conserver longtemps un numéro en mémoire.
   d) Aucune de ces réponses.

3. La mémoire à long terme
   a) a une capacité limitée.
   b) a une durée, en principe, illimitée.
   c) est plus développée chez les personnes âgées.
   d) Toutes ces réponses sont bonnes.

4. Le principe de l'encodage spécifique se rapporte
   a) au contexte dans lequel s'effectue l'encodage.
   b) à la motivation du sujet.
   c) au nombre de répétitions effectuées du même matériel.
   d) au temps mis pour intégrer la matière.

5. Zeigarnik a montré qu'on se souvient d'autant plus d'une tâche qu'elle
   a) a pu être menée à bien.
   b) est restée inachevée.
   c) a été volontairement abandonnée.
   d) a permis l'obtention d'une récompense.

6. La mémoire sémantique est celle qui
   a) traite l'information au moment de l'encodage.
   b) est constituée des structures permettant d'organiser la connaissance.
   c) traite l'information relative aux événements de la vie.
   d) Aucune de ces réponses.

7. Le fait de pouvoir situer un jour dans la semaine ou un mot dans le dictionnaire relève de l'organisation
   a) spatiale.
   b) sérielle.
   c) associative.
   d) hiérarchique.

8. L'organisation hiérarchique
   a) permet un fonctionnement cohérent de la mémoire sémantique.
   b) entraîne le classement de chaque élément dans une catégorie donnée.
   c) dépend de la familiarité avec certains termes.
   d) Toutes ces réponses sont bonnes.

9. Lors du recouvrement, il est toujours plus facile de
   a) se rappeler une information isolée.
   b) reconnaître une information parmi d'autres.
   c) répondre à des questions ouvertes.
   d) ne pas tenir compte du contexte.

10. Les personnes âgées
    a) ont une meilleure mémoire que nous des événements anciens.
    b) conservent une grande facilité à organiser le matériel.
    c) ont plus de facilité à se rappeler qu'à reconnaître.
    d) Aucune de ces réponses.

11. L'interférence rétroactive est
    a) le fait d'événements s'étant produits avant la mémorisation.
    b) à la base du transfert positif d'apprentissage.
    c) renforcée si les tâches sont très dissemblables.
    d) Aucune de ces réponses.

12. Le fait d'oublier de se présenter à un rendez-vous important serait la conséquence d'un
    a) refoulement.
    b) oubli actif.
    c) oubli motivé.
    d) Toutes ces réponses sont bonnes.

13. La mémoire
    a) joue toujours un rôle positif dans le fonctionnement de la pensée.
    b) peut être la cause d'une certaine rigidité fonctionnelle.
    c) facilite toujours la découverte d'une solution.
    d) Toutes ces réponses sont bonnes.

14. Lorsqu'un concept est défini par deux de ses attributs,
   a) il s'agit d'un concept disjonctif.
   b) il est appelé concept simple.
   c) il est en voie de formation.
   d) Aucune de ces réponses.

15. Lors de la solution d'un problème, la préparation
   a) constitue la première étape du processus.
   b) peut prendre plusieurs jours.
   c) permet de recueillir toute l'information pertinente sur le sujet.
   d) Toutes ces réponses sont bonnes.

16. Découvrir la solution d'un problème par tâtonnements est
   a) le fait d'une focalisation aléatoire.
   b) une stratégie par essais et erreurs.
   c) souvent la cause de conséquences fâcheuses.
   d) Toutes ces réponses sont bonnes.

17. La focalisation systématique est la stratégie de pensée
   a) la plus fastidieuse.
   b) la plus rigoureuse.
   c) la moins utilisée.
   d) Toutes ces réponses sont bonnes.

18. L'approche behavioriste du développement cognitif avance que
   a) la pensée est un dialogue intérieur.
   b) le langage est une pensée à haute voix.
   c) des mouvements implicites accompagnent toujours la pensée.
   d) Toutes ces réponses sont bonnes.

19. L'approche cognitive de Bruner, en ce qui concerne le développement de la pensée, met l'accent sur le rôle
   a) de l'activité motrice.
   b) des images mentales.
   c) du langage.
   d) Toutes ces réponses sont bonnes.

20. Selon Piaget, le développement de la pensée est surtout lié
   a) au développement du langage.
   b) à l'interaction entre l'organisme et l'environnement.
   c) à la disparition du processus d'assimilation.
   d) Aucune de ces réponses.

21. Le stade des opérations formelles est
   a) atteint par tous les individus entre 14 et 15 ans.
   b) caractérisé par la formulation d'hypothèses et de déductions.
   c) caractérisé par le développement d'une pensée subjective.
   d) Toutes ces réponses sont bonnes.

22. Le langage humain est caractérisé par
   a) la présence de signaux déclencheurs de comportements.
   b) la possibilité de transmettre des informations passées et futures.
   c) une compétence linguistique limitée.
   d) Toutes ces réponses sont bonnes.

23. La théorie de l'apprentissage avance que le langage se développe par
   a) intériorisation du langage appris.
   b) approximations successives.
   c) imitation du modèle parental.
   d) Toutes ces réponses sont bonnes.

24. La théorie préformiste du développement du langage met l'accent sur le fait que le langage se développe par
   a) conditionnement.
   b) l'interaction de l'enfant avec son environnement.
   c) la pression que la culture exerce sur ses membres.
   d) Aucune de ces réponses.

25. Les théories relativistes font valoir que tout langage est relatif à
   a) notre perception du monde.
   b) une culture donnée.
   c) aux apprentissages effectués par conditionnement.
   d) Aucune de ces réponses.

Médiagraphie

1. Références bibliographiques

BRONCKART, J.P., *Théories du langage*, Bruxelles, Pierre Mardaga, 1977.

BRUNER, J.S., GOODNOW, J.J., et AUSTIN, G.A., *A Study of Thinking*, New York, John Wiley and Sons, 1956.

BRUNER, J.S., « On cognitive growth : II », dans J.S. Bruner, R.R. Olver et P.M. Greenfield, *Studies in cognitive growth*, New York, Wiley, 1966.

BOWER, G.H., et TRABASSO, T., « Reversals prior to solution in concept identification », *Journal of experimental Psychology*, 1963, n° 66, p. 409-418.

CHOMSKY, N. (1965), *Aspects de la théorie de la syntaxe*, Paris, Seuil, 1971.

CHOMSKY, N. (1968), *Le langage et la pensée*, Paris, Payot, 1970.

COLLINS, A.M., et QUILLIAN, M.R., « Retrieval time from semantic memory », *Journal of Verbal Learning and Verbal Behavior*, 1969, n° 8, p. 240-247.

CURTISS, S., *Genie : A psycholinguistic study of a modern - day « wild child »*, New York, Academic Press, 1977.

DAVIS, F.C., « The functional significance of imagery differences », *Journal of experimental Psychology*, 1932, n° 15, p. 630-661.

EHRLICH, S. et TULVING, E., « La mémoire sémantique », *Bulletin de Psychologie*, 1973-1976, n° 29 (numéro spécial).

EHRLICH, S., *Apprentissage et mémoire chez l'homme*, Paris, PUF, 1975.

FOUTS, R.S., « Acquisition and testing of gestual signs in four young chimpanzees », *Science*, 1973, n° 180, p. 978-980.

GARDNER, R. et GARDNER, B., « Teaching sign Language to a Chimpanzee », *Science*, 1969, n° 165, p. 664-672.

HAYES, C. *The ape in our house*, New York, Harper and Row, 1951.

HERING, E. (1872), *Theory of Light Sensation*, Boston, Houghton Mifflin, 1912.

HULTSCH, D.F., « Organisation and memory in adulthood », *Human Development*, 1971, n° 14, p. 12-29.

INGLIS, J., ANKUS, M.N., et SYKES, D.H., « Age-related differences in learning and short-term-memory from childhood to the senium », *Human Development*, 1968, n° 11, p. 42-52.

IINGRAM, D., « Surface contrasts in children's speech », *Journal of Child Language*, 1975, n° 2, p. 287-292.

KELLOGG, W.N., et KELLOGG, L.A., *The Ape and the Child*, New York, McGraw-Hill, 1933.

KOSSLYN, S.M., « Information representation in visual images », *Cognitive Psychology*, 1975, n° 7, p. 341-370.

KOSSLYN, S.M., « Measuring the visual angle of the mind's eye », *Cognitive Psychology*, 1978, n° 10, p. 356-389.

LEIPPE, M.R., WELLS, G.L., et OSTROM, T.M., « Crime seriousness as a determinant of accuracy in eyewitness identification », *Journal of Applied Psychology*, 1978, n° 63, p. 345-351.

LENNEBERG, E.H., *Biological foundations of language*, New York, John Wiley, 1967.

LEVINE, M., *Hypothesis testing : A cognitive theory of learning*, Hillsdale, N.J., Lawrence Erlbaum Associates, 1975.

LIEURY, A., *La mémoire*, Bruxelles, Dessart, 1975.

LIEURY, A., *Les procédés mnémotechniques*, Bruxelles, P. Mardaga éd., 1980.

LOFTUS, E.F., « The malleability of human memory », *American Scientist*, 1979, n° 67, p. 321-320.

MERVIS, C.V., et ROSCH, E., «Categorization of natural objects», *Annual Review of Psychology*, 1981, n° 32, p. 89-115.

MILLER, G.A., «The magical number seven, plus or minus two : Some limits of our capacity for processing information», *Psychological Review*, 1956, n° 63, p. 81-97.

MORGAN, C.T., *Introduction à la psychologie*, Montréal, McGraw-Hill, 1974.

MOWRER, *Learning theory and behavior*, New York, John Wiley, 1960.

PATTERSON, F.G., «The gestures of a gorilla : Language acquisition in another pongid», *Brain and Language*, 1978, n° 5, p. 72-97.

PETERSON, L.R. et PETERSON, M.J., «Short-term retention of individual verbal items», *Journal of Experimental Psychology*, 1959, n° 58, p. 193-198.

PIAGET, J. et INHELDER, B., *La psychologie de l'enfant*, Paris, P.U.F., 1966.

PIAGET, J. et INHELDER, B., *L'image mentale chez l'enfant - Étude sur le développement des représentations imagées*, Paris, P.U.F., 1966.

PREMACK, D., «Language and intelligence in ape and man», *American Scientist*, 1976, n° 64, p. 674-683.

RICHELLE, M., *L'acquisition du langage*, Bruxelles, Dessart et Mardaga, 1971.

RUMBAUGH, D.M., *Language Learning by a Chimpanzee : the Lana project*, New York, Academic Press, 1977.

SAPIR, E., *Language*, New York, Harcourt, 1921.

SERON, X., *Aphasie et neuropsychologie*, Bruxelles, P. Mardaga éd., 1979.

SPERLING, G., «The Information available in brief visual perceptions», *Psychological Monographs*, 1960, n° 74, (11, intégral n° 498).

TERRACE, H.S., *Nim : un chimpanzé qui a appris le langage gestuel*, Bruxelles, P. Mardaga éd., 1980.

TULVING, E., et PEARLSTONE, Z., «Availability versus accessibility of information in memory for words», *Journal of Verbal Learning and Verbal Behavior*, 1966, n° 5, p. 381-391.

TULVING, E., «Episodic and semantic memory», dans E. Tulving et W. Donaldson (Eds), *Organization of memory*, New York, Academic Press, 1972.

WALLAS, G., *The art of thought*, New York, Harcourt, Brace and World, 1926.

WHORF, B.L., *Language, thought, and reality*, New York, John Wiley, 1956.

ZEIGARNIK, B.V. (1927), «On finished and unfinished tasks», dans W.D. Ellis (Ed.), *A source Book of Gestalt Psychology*, Londres, Kegan Paul, French, Trubner, 1938, p. 300-302, 312-314.

2. Documents audio-visuels

Memory, 30 min., vidéo 3/4 po, couleur, version anglaise. CRM Productions.
Description des structures de la mémoire : mémoire sensorielle, à court terme et à long terme et des méthodes d'encodage et de recouvrement.

The organization of language, 34 min, 16 mm, version anglaise. New York University.
Film sur la nature et l'apprentissage du langage.

The first signs of Washoe, 1974, 60 min, version anglaise. WGBH - TV.
Le développement du langage chez la guenon Washoe sous la conduite des Gardner.

La sculpture de l'intelligence, 1978, 30 min, 16 mm, couleur. Educfilm. Office national du film du Canada.
Description et illustration des stades de développement de l'intelligence selon Piaget : stade sensori-moteur, représentatif, opératoire et formel.

Moi, je pense, 1979, 27 min, 16 mm, couleur. Office national du film du Canada.
Film réalisé auprès d'enfants, qui donne un aperçu de leur vision du monde, de la nature des mystères de la vie et de la mort, de leur propre existence et de la place qu'ils occupent dans l'univers.

chapitre 9

S'adapter et créer

GISÈLE BEAUVAIS

L'intelligence

La nature de l'intelligence

La structure de l'intelligence
Le facteur g
Les aptitudes mentales primaires
L'activité intellectuelle spécifique à chaque tâche
Les niveaux d'intelligence

Les racines de l'intelligence
L'évolution de l'intelligence
Les facteurs du développement intellectuel

La mesure de l'intelligence
Le premier test et la notion d'âge mental
La notion de quotient intellectuel (Q.I.)
Les autres tests d'intelligence
La distribution de l'intelligence

Intelligence, solution de problèmes et créativité

La pensée créatrice

Caractéristiques de la pensée créatrice

Créativité et adaptation

Personnalité des créateurs

L'intelligence

«Toute personne intelligente sait ce qu'est l'intelligence,... c'est ce que les autres n'ont pas!» disait McNemar (1964). Cette boutade montre bien qu'il existe sans doute autant de définitions de l'*intelligence* qu'il y a d'individus qui s'attardent à la définir.

La nature de l'intelligence

On a longtemps nourri deux croyances en ce qui a trait à l'intelligence.

La première avançait que l'intelligence ne pouvait être qu'héréditaire : on naissait brillant ou non. La seconde associait l'intelligence à la vitesse de perception ou de réaction des individus face aux stimulations de l'environnement.

Dès 1816, un astronome allemand nommé Bessel prétendait qu'il pouvait ainsi déterminer le niveau d'intelligence chez ses assistants par la vitesse à laquelle ils réagissaient à un éclair lumineux.

En 1884, le savant anglais Galton, cousin de Darwin, fit subir une série d'épreuves aux visiteurs de l'Exposition de Londres. Galton était persuadé que certaines familles étaient biologiquement et intellectuellement supérieures aux autres, et de plus, que les femmes étaient, sur ces plans, nettement inférieures aux hommes.

Il demanda donc à chacune des 10.000 personnes rencontrées à cette occasion, de se prêter à différentes mesures portant sur la taille, le tour de tête, etc., ainsi qu'à différents exercices de discrimination visuelle et de contraction musculaire. À son grand étonnement, les résultats ne lui permirent pas de distinguer d'éminents hommes de science de l'homme de la rue. Mais ces données lui permirent surtout de constater que, dans ces domaines, les femmes se montraient supérieures aux hommes sur bien des points.

En 1885, James McKeen Cattell mit au point une dizaine d'épreuves présentant un aspect plus «psychologique». Il les baptisa *tests mentaux*.

Ces tests visaient à déterminer la vitesse des réflexes, les temps de réaction, ou le temps mis à percevoir certains stimuli, la pression qu'il fallait exercer sur la peau pour provoquer la douleur, le nombre de lettres retenues après l'audition d'une série, etc. Cattell recueillit alors des mesures pour différentes intensités de chacun des stimuli. Il nota, par exemple, que la moyenne des temps de perception d'un son se situe autour de 0,1 seconde, alors que le temps moyen de réaction à ce son est de l'ordre de 0,2 seconde. Mais surtout, il mit en évidence le fait que si la plupart des sujets obtenaient des temps se rapprochant de la moyenne, il y en avait un certain nombre, moins important, qui réagissait plus lentement ou plus rapidement et qui se répartissait de

Intelligence
(du latin *intelligere* = comprendre, de *inter* = entre et *-legere* = choisir). Capacité d'un individu de comprendre et de s'adapter à des situations nouvelles.

Test
(du latin *testum* = pot de terre utilisé par les alchimistes lors de leurs essais). Épreuve définie proposant une tâche à remplir, identique pour tous les sujets examinés, et utilisant une technique précise pour évaluer le succès ou l'échec ou pour noter la réussite.

part et d'autres des valeurs centrales. En reportant ces données sur un graphique, McKeen Cattell obtint une courbe en forme de cloche, semblable à celle obtenue en sciences relativement à certains phénomènes physiques ou chimiques (voir appendice B).

Les notions mises en avant au cours de ces différentes recherches allaient être à la base de la création d'outils servant à mesurer l'intelligence. Elles figeaient ainsi pour de nombreuses années la conception qu'on pouvait se faire de cette dimension de l'esprit humain.

Les tests mis au point par la suite utilisèrent, pour la cotation des épreuves, le temps mis par les sujets pour réussir ce qui leur était demandé. Le chronomètre devint l'élément clé ; plus le sujet était rapide, plus il accumulait des points.

Quant à la courbe obtenue par Cattell lors de la mesure des temps de réaction, elle fut transposée à la mesure de l'intelligence effectuée grâce à ces mêmes tests, afin de montrer comment se répartissaient les niveaux d'intelligence dans une population ; on retrouvait ainsi de part et d'autre de la moyenne, les «arriérés» d'un côté et les «surdoués» de l'autre.

Enfin, la croyance selon laquelle l'intelligence ne peut être qu'héréditaire et appartenir principalement aux individus de «*race*» blanche continua à rejaillir épisodiquement. Elle alimente toujours les débats dans des revues scientifiques de renom.

Les premiers concepteurs de tests d'intelligence, tels que Binet et Simon (1905), partaient pourtant d'une vision large du concept d'intelligence. Selon eux, l'individu intelligent était celui «qui juge bien, qui comprend bien, qui raisonne bien» et dont le «bon sens» et «l'esprit d'initiative» lui permettent de «s'adapter aux circonstances de la vie».

Cette opinion était aussi partagée par Wechsler, dont la première échelle d'intelligence pour adultes fut construite en 1939. Pour Wechsler, «l'intelligence est la capacité globale d'agir de façon réfléchie, de penser rationnellement, de maîtriser son environnement». En un mot, la capacité «de se mesurer au monde».

La plupart des psychologues admettent à présent cette définition de la nature de l'intelligence, considérée comme *la capacité de l'individu de s'adapter à son environnement*.

Mais, face à de telles conceptions, on est en droit de s'étonner du fait que ces mêmes concepteurs de tests aient alors subordonné la mesure de l'intelligence à celle de la rapidité d'exécution des épreuves proposées dans ceux-ci. Ce type de mesure, ainsi d'ailleurs que la constitution d'une courbe d'intelligence, cadrent mal avec la notion large d'adaptation contenue dans ces définitions. Seules les racines historiques dont nous avons parlé précédemment et une certaine conception du système scolaire peuvent expliquer pareil paradoxe. Nous y reviendrons dans ce chapitre.

Quant à la nature des épreuves elles-mêmes, elle dépend en grande partie de la façon dont chacun des concepteurs conçoit la structure de l'intelligence. Or si les psychologues s'entendent à présent sur une définition de l'intelligence, les choses se compliquent lorsqu'il s'agit d'en identifier les composantes et la façon de les mettre en lumière.

Race
(de l'italien *razza* = sorte, espèce). Notion sans fondement scientifique qui vise à réunir en groupes «naturels» des individus possédant certaines caractéristiques physiques ou culturelles communes.

La structure de l'intelligence

L'intelligence est-elle une capacité unique, générale? Ou est-elle composée d'une série de capacités correspondant à des aptitudes spécifiques? S'agit-il plutôt d'un ensemble d'aptitudes dont le nombre et l'importance varient selon le type de tâches que l'individu doit affronter? Existe-t-il, enfin, différents types d'intelligence selon le niveau de difficulté de la tâche à effectuer?

Depuis le début du siècle, diverses théories ont été émises sur ces sujets. Nous allons tenter de les résumer.

Le facteur g

Au début du siècle, Spearman (1904) crut déceler, à partir du comportement émis par un individu, une capacité d'intelligence générale qui lui était propre. Il donna à celle-ci le nom de *facteur g* .

Il fallait cependant reconnaître qu'on ne fonctionne pas de la même façon lorsqu'on résout un problème d'arithmétique et lorsqu'on répare un moteur ou qu'on apprend une langue étrangère. Pour une capacité intellectuelle générale semblable, certaines personnes semblent plus douées pour un type d'activité plutôt que pour un autre.

Spearman introduisit donc, parallèlement au facteur g, la notion de *facteur s* qui rend compte de ces aptitudes spécifiques.

Ainsi, selon Spearman, chacun se trouverait caractérisé par un certain niveau d'intelligence générale qui orienterait sa façon de résoudre les problèmes d'adaptation au milieu. Chaque être se caractérisait de plus par des capacités, plus ou moins développées selon les individus, relatives aux diverses aptitudes qui interviennent dans cette adaptation.

L'intelligence et les aptitudes primaires

Il apparut à plus d'un psychologue qu'une conception unitaire de l'intelligence ne reflétait pas suffisamment la réalité ainsi que la diversité des démarches qu'exige l'adaptation.

Chaque personne fonctionne différemment dans la vie quotidienne, et l'intelligence qui caractérise cette personne est le reflet de ses *capacités* perceptives, mnémoniques, linguistiques, numériques, etc.

Thurstone (1938) utilisa la méthode statistique afin de mettre en évidence ces différentes facettes de l'intelligence générale auxquelles il donna le nom d'*aptitudes mentales primaires*. Il en dénombra sept :
– l'*aptitude numérique*, constituée par la capacité de manipuler des nombres et d'effectuer des opérations arithmétiques;
– la *fluidité verbale*, qui correspond à la facilité de s'exprimer en utilisant les mots corrects;
– la *compréhension verbale*, se rapportant à la capacité de comprendre le langage oral et écrit;
– l'*aptitude spatiale*, consistant à se représenter les objets et les formes dans l'espace;

Facteur g
Facteur commun à différentes opérations mentales qui constituent l'intelligence générale, selon Spearman.

Facteur s
Facteur propre à une aptitude spécifique.

Aptitude
Structure potentielle permettant le développement d'une capacité de façon naturelle ou par l'exercice; elle ne peut être évaluée directement mais seulement à partir de la façon dont s'exprime la capacité.

Capacité
Qualité conditionnée par l'existence d'une aptitude et qui rend un organisme en état de faire quelque chose.

Aptitudes mentales primaires
Sept facteurs fondamentaux qui sont à la base de l'intelligence humaine, selon Thurstone.

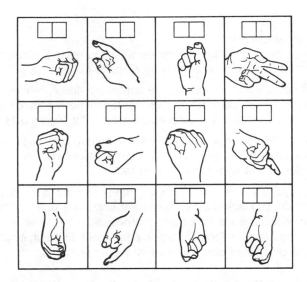

Fig. 9.1 *Un exemple d'épreuve conçue par Thurstone afin d'évaluer l'habileté spatiale. Il s'agit ici d'indiquer si la main représentée dans chaque cas est une main droite ou une main gauche.*

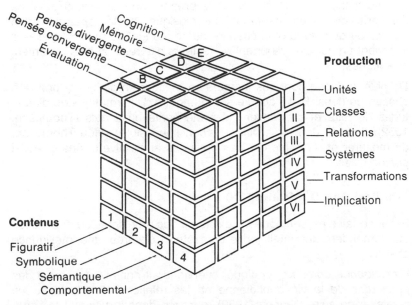

Fig. 9.2 *La structure de l'intelligence, selon Guilford. Son modèle cubique tente de rendre compte de la façon dont chacune des 120 habiletés spéciales est déterminée par trois dimensions du fonctionnement de la pensée. À quoi pensons-nous (contenu)? Comment y pensons-nous (opération)? Sur quoi débouche cette action de la pensée (production)? Ainsi, ce n'est pas le même type d'intelligence qui intervient dans la connaissance d'unités symboliques telles que les signaux morses (El2), par exemple, que lors de la mémorisation des transformations sémantiques impliquées dans la conjugaison d'un verbe à un temps donné (DV3), ou encore de l'évaluation d'une transformation comportementale, lorsqu'un nouveau chemin est emprunté pour se rendre au travail (AV4).*

– la *mémoire* ;
– le *raisonnement* ;
– la *vitesse de perception* des ressemblances ou des différences ou encore de certains détails, au niveau d'objets ou d'images.

Il suffisait donc, selon Thurstone, de construire des épreuves permettant la mesure de chacune de ces aptitudes pour être capable de dresser le profil du potentiel intellectuel d'un sujet (figure 9.1).

Il apparut cependant que ces aptitudes n'étaient pas aussi indépendantes les unes des autres que Thurstone l'avait cru, et qu'il fallait pousser plus loin la décomposition en facteurs.

Certains psychologues, tel Guilford (1959), allèrent jusqu'à postuler l'existence de 120 facteurs se rapportant chacun à une *opération* de la pensée, effectuée sur une de ses *productions*[1] et dont le *contenu* peut être, comme nous l'avons vu précédemment, figuratif, symbolique, sémantique ou encore comportemental (figure 9.2).

L'activité intellectuelle spécifique à chaque tâche

À l'inverse des psychologues que l'on vient de citer, Thomson (1939) ne s'arrêta pas à l'analyse des aptitudes ou des facteurs grâce auxquels des tâches de certains types peuvent être remplies. Il envisagea plutôt l'analyse des tâches elles-mêmes et des facteurs multiples que chacune exige pour déboucher sur une solution. Il fit remarquer que pour chaque tâche — qu'il s'agisse de la préparation d'un plat cuisiné, de l'apprentissage d'un instrument de musique, de la réparation d'un moteur ou de l'étude d'un chapitre de ce manuel de psychologie — il intervient un nombre important de facteurs différents et habituellement spécifiques.

De plus, la façon dont ces facteurs se mettent en place est propre à chacun de nous. Elle s'appuie sur le bagage d'informations ou d'habitudes de faire et de penser qui a été hérité ou acquis (Thompson, 1952). Il serait donc très difficile sinon impossible, selon Thompson, de mesurer et de comparer des aptitudes aussi diversifiées et aussi personnelles.

Les niveaux d'intelligence

Selon certains psychologues, il existerait des problèmes ou des tâches qui demandent une intelligence concrète et d'autres, une intelligence abstraite.

L'*intelligence concrète*, pratique, interviendrait dans le règlement des problèmes de la vie quotidienne et des relations établies avec les objets. À ce sujet, Jensen (1969) regroupe dans le niveau I les *aptitudes associatives* qui permettent la reproduction de certaines tâches ou le rappel de connaissances ou d'informations stockées en mémoire.

Intelligence concrète
Intelligence pratique intervenant dans la solution des problèmes de la vie quotidienne par l'utilisation de connaissances ou d'apprentissages stockées en mémoire (selon Jensen).

---

[1] On utilise ici «productions» pour traduire le terme anglais «product» ; la traduction habituelle de ce mot par le terme «produit» prête à confusion, compte tenu des sens multiples que peut prendre ce mot en français.

Quant à l'*intelligence abstraite*, elle interviendrait au niveau de la manipulation des mots ou des concepts. Jensen la situe au niveau II, qui est celui des *aptitudes cognitives*.

Pour Jensen, il ne fait aucun doute que la répartition de ces deux types d'aptitudes en chacun de nous est déterminée par l'hérédité.

Nous reparlerons de cet auteur et de ses opinions très tranchées sur la question qui consiste à savoir si les racines de l'intelligence sont héritées ou acquises (voir le dossier 9.1).

Les racines de l'intelligence

Comment se développent les diverses aptitudes et comment s'effectue, grâce à elles, l'adoption de comportements plus ou moins intelligents?

L'évolution de l'intelligence

Selon Cattell (1967), il y aurait en chacun de nous une intelligence potentielle, l'*intelligence fluide*, présente dès la naissance. C'est elle qui serait à la base de notre capacité de penser, d'abstraire, de raisonner. Elle atteindrait son plein épanouissement vers la vingtaine. L'*intelligence cristallisée* serait pour sa part constituée des différents apprentissages et des acquisitions multiples réalisées, tout au long de la vie, sur les plans linguistique, numérique, social, etc.

L'intelligence fluide serait donc l'ensemble des aptitudes et des talents dont l'individu hérite et qu'il va être amené à utiliser pour affronter les problèmes posés par son adaptation à l'environnement. Ce serait alors le résultat de cet affrontement permanent, permettant le développement de certaines capacités aux dépens d'autres ainsi que l'acquisition d'aptitudes particulières, qui constituerait l'intelligence cristallisée.

Dans un sens un peu différent, Hebb (1974) parle d'intelligence A et d'intelligence B. L'*intelligence A* est le potentiel présent dans l'œuf, lors de la fécondation, qui va servir de matériau de base au développement des aptitudes intellectuelles de l'individu. Quant à l'*intelligence B*, elle constitue le produit de l'interaction de ce potentiel avec le milieu. Seul ce résultat, traduit par la façon dont la personne fonctionne intellectuellement, peut être évalué. On ne peut donc jamais savoir de quoi était faite l'intelligence A. Tout au plus pourrait-on en avoir une indication si on était certain que l'individu, depuis les tout premiers moments de la vie, ait baigné dans un environnement idéal permettant le plein développement du potentiel hérité, ce qui, bien entendu, est complètement utopique.

Les facteurs du développement intellectuel

Les facteurs qui interviennent dans le développement intellectuel sont du même ordre que ceux qui interviennent pour les autres aspects du développement. Il s'agit des facteurs génétiques, des facteurs congénitaux et des facteurs environnementaux.

Intelligence abstraite
Intelligence faisant intervenir les aptitudes cognitives nécessaires à la capacité de raisonner et de manipuler les concepts (selon Jensen).

Intelligence fluide
Intelligence héritée qui est à la base de notre capacité de penser, de raisonner et d'abstraire, selon Cattell; elle atteint son plein épanouissement vers l'âge de 20 ans pour décroître rapidement par la suite.

Intelligence cristallisée
Intelligence qui se développe à partir des aptitudes fluides, de l'apprentissage et de l'expérience; selon Cattell, elle évolue jusqu'à la fin de la vie.

Intelligence A
Intelligence potentielle constituée de toutes les aptitudes héritées par l'individu, selon Hebb.

Intelligence B
Intelligence constituée des capacités de l'individu se développant suite aux interactions avec le milieu.

Les facteurs génétiques

Ce sont ceux qui constituent le potentiel dont l'enfant hérite de ses parents, à travers les gènes. Ils forment le réservoir de talents dans lequel l'organisme va puiser, au cours de la croissance, afin d'agir efficacement sur le milieu.

On ne sait presque rien d'eux. Les quelques centaines de milliers de gènes présents au niveau des chromosomes cachent encore bien des secrets. Seuls quelques-uns ont été identifiés dont ceux responsables de certaines caractéristiques physiques ou de certaines carences dramatiques pour le développement de l'organisme. Mais la plupart du temps, on ne décèle qu'après la naissance la présence ou l'absence d'un facteur génétique donné[2]. De plus, on est loin de savoir si ce sont des gènes particuliers ou des ensembles de gènes qui sont à la base de telle ou telle aptitude, et on ignore les conditions qui président à la mise en place de ces dernières au niveau du système nerveux.

Tout ce dont on est sûr, c'est que ces facteurs interviennent pour une certaine part dans les orientations que va prendre le développement intellectuel d'un individu. Mais si on peut affirmer sans aucun doute que celui-ci hérite de certains «outils» ou, du moins, du matériel et des matériaux nécessaires à la constitution de ceux-ci, on ne peut avancer qu'il puisse hériter d'un niveau donné d'intelligence «pure» qui serait le reflet de celle dont sont dotés ses parents.

Les facteurs congénitaux

Les *facteurs congénitaux* sont les facteurs qui interviennent lors du développement de l'individu, depuis la fécondation de l'ovule par un spermatozoïde donné jusqu'à la naissance.

Il peut tout autant s'agir d'anomalies chromosomiques, antérieures à la fécondation, que de carences alimentaires ou de certaines maladies contractées par la mère durant la grossesse ou encore de l'ingestion par elle de drogues, médicamenteuses ou non, aux effets dommageables pour le fœtus.

La période prénatale est une période du développement où l'enfant vit essentiellement au rythme de la mère. Des perturbations importantes dans l'équilibre physique ou psychique de celle-ci peuvent donc entraîner des conséquences parfois irréversibles sur l'expression du potentiel génétique et handicaper l'individu dans ses actions ultérieures sur le milieu.

Les anomalies chromosomiques   Certaines anomalies chromosomiques sont héréditaires. Mais de nombreuses autres sont provoquées par des accidents qui se produisent au moment de la formation du spermatozoïde ou de l'ovule. C'est notamment le cas pour le mongolisme ainsi que pour certaines anomalies liées aux chromosomes sexuels.

Facteur congénital
Facteur dont l'action se manifeste au cours de la vie intra-utérine.

Phénylcétonurie
Affection héréditaire (un cas sur dix mille) provoquée par l'absence d'un enzyme chargé de brûler la phénylalanine présente dans les végétaux. La phénylalanine s'accumule alors dans le sang où elle se transforme en acide phénylpyruvique qui provoque la détérioration de certains noyaux du cerveau et entraîne de ce fait un retard mental.

---

[2] C'est le cas pour la *phénylcétonurie* (PCU) provoquée par l'absence d'une enzyme dans l'organisme du nouveau-né. Cette carence empêche la dégradation de certains composants contenus dans les végétaux et provoque la fabrication par l'organisme d'un acide qui va endommager gravement les cellules du cerveau. Si ce trouble n'est pas détecté dès la naissance, il peut entraîner une arriération mentale plus ou moins profonde. Une analyse d'urine faite à temps et la prescription d'un régime alimentaire particulier peuvent cependant prévenir ces conséquences graves.

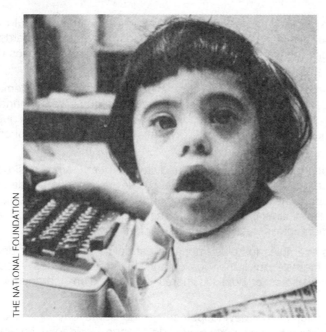

THE NATIONAL FOUNDATION

Fig. 9.3 *La trisomie 21, provoquée par une anomalie chromosomique, entraîne certains déficits intellectuels qui sont en partie compensés par la sociabilité de l'enfant présentant ce syndrome.*

On a donné le nom de *mongolisme* au *syndrome de Down*[3] à cause des caractéristiques physiques que celui-ci développe chez celui ou celle qui en est victime. Mais ce sont les conséquences que cette anomalie entraîne sur le développement intellectuel de l'enfant qui fait d'elle une affection grave.

Cette anomalie ne serait héréditaire que dans 3 % ou 4 % des cas. Dans la majorité des autres cas, on croit que c'est le vieillissement des parents qui est un des principaux facteurs responsables. En effet, cette anomalie, qui frappe un enfant sur 700 en moyenne, est présente chez un nouveau-né sur 2.000 dont la mère n'est âgée que de 25 ans, mais chez un individu sur 40 si elle a plus de 45 ans[4].

La *débilité légère* qui caractérise généralement le fonctionnement intellectuel de ces enfants, est compensée en partie par leur grande sociabilité, qui constitue un atout important de l'adaptation chez les humains (figure 9.3).

Les *anomalies liées aux chromosomes sexuels* correspondent, pour leur part, à l'absence, dans le noyau de l'œuf, d'un chromosome X ou Y, ou à l'adjonction d'un de ces chromosomes à la paire initiale[5].

Syndrome de Down
Anomalie congénitale caractérisée par la présence d'un chromosome supplémentaire sur la 21e paire (d'où le nom de «trisomie 21»). Elle entraîne la formation de traits du visage de type oriental (d'où le nom de «mongolisme») ainsi que le développement d'une débilité légère.

Débilité légère
(du latin *dis* indiquant le manque et *-habilis* = qui est bien portant). Retard mental (rencontré chez 2 % de la population environ) qui se caractérise par une difficulté à fonctionner sur le plan intellectuel mais par une bonne adaptation sociale.

---

[3] Elle porte également le nom de trisomie 21 parce qu'elle est le résultat de la présence d'un troisième chromosome sur la 21e paire (voir appendice A).

[4] On sait cependant que dans un cas sur quatre, le mongolisme est attribuable à la présence de l'anomalie dans le spermatozoïde du père vieillissant.

[5] Ce qui entraîne, à la 23e paire, des combinaisons du type XO, XXY, XYY, XXX, etc.

En plus de modifier les caractères sexuels des individus qui en sont victimes, ces anomalies entraînent le plus souvent des retards dans le développement intellectuel qui peuvent parfois être la cause d'une arriération mentale (voir appendice A).

Les carences alimentaires chez le fœtus   C'est principalement au cours de la période prénatale que les cellules du cerveau connaissent leur développement le plus important, requérant des réserves nutritives diversifiées pour constituer l'ADN nécessaire à leur bon fonctionnement.

Les données sont encore contradictoires quant aux liens pouvant exister entre l'alimentation maternelle et le développement de l'enfant qu'elle porte. Il y a cependant de grandes chances que des déséquilibres alimentaires importants entraînent des conséquences sur le fonctionnement intellectuel ultérieur de l'enfant.

Un des exemples les plus frappants est celui du *crétinisme*, une déficience mentale qui frappe les enfants habitant dans des villages de montagne isolés et dont les mères souffrent d'une carence en iode marin[6].

Les problèmes de développement et de santé que connaissent la grande majorité des défavorisés du monde occidental ou du tiers-monde, sont vraisemblablement liés à la malnutrition qui accompagne la pauvreté. Mais peut-être sont-ils aggravés par la conséquence de cette malnutrition des mères sur le développement intellectuel des enfants qu'elles engendrent. Ainsi, le potentiel nécessaire à la recherche de solutions individuelles efficaces se trouverait affaibli bien avant même que l'enfant se trouve confronté à son environnement physique.

Les maladies de la mère durant la grossesse   Différentes maladies dont la mère serait atteinte au cours de la grossesse risquent d'entraîner des conséquences dramatiques pour le développement de l'enfant.

C'est le cas du diabète, de la syphilis ou de la rubéole, pour ne citer qu'elles.

On sait par exemple que si la rubéole constitue une maladie bénigne pour la mère, elle entraîne, lorsqu'elle intervient au cours des premiers mois de la grossesse, des dommages irréversibles qui touchent la vue, l'ouïe et, surtout, le fonctionnement intellectuel de l'enfant.

La prise de médicaments ou de drogues par la mère   Nombreux sont les médicaments dont l'ingestion par la mère peut avoir des conséquences graves pour le développement de l'enfant. On sait à présent qu'un retard mental considérable peut être entraîné par l'abus, au début de la grossesse, de certains antibiotiques de même que par l'absorption de tranquillisants, tels que le librium, ou même d'aspirine. D'autres drogues, telles que le tabac ou l'alcool, risquent également de perturber le développement intellectuel de l'enfant à naître.

Crétinisme
(de crétin = variante de « chrétien innocent » en français valaisan). Forme de débilité mentale et de dégénérescence physique en rapport avec une absence de développement de la glande thyroïde, associée à une carence en iode chez la mère.

---

[6] C'est notamment la raison pour laquelle, dans de nombreuses contrées, le sel de table est « iodé ».

Les facteurs environnementaux

Il est certain que, peu importe le potentiel avec lequel le petit d'êtres humains vient s'ancrer au port de la vie, les comportements intelligents qu'il va être obligé d'émettre pour survivre ne peuvent se développer et s'amplifier qu'au contact de l'environnement auquel il va être confronté tout au long de son existence.

En effet, si au départ le bagage génétique semble être seul à prendre en charge le fonctionnement intellectuel, il en sera très vite autrement dans les mois qui suivent. Dès l'âge de un ou deux ans, l'enfant devient capable de réagir plus ou moins efficacement à son entourage physique et social. La confrontation à un ensemble de circonstances ou de situations, de plus en plus complexes, risque alors de jouer un rôle déterminant dans les orientations que va prendre son existence.

L'alimentation La malnutrition d'un enfant, lorsqu'elle est grave, semble surtout jouer un rôle au cours des six premiers mois de la vie. Mais si, par la suite, l'enfant retrouve des conditions normales d'alimentation, au sein d'un milieu stimulant et stable, il peut alors parvenir à compenser le retard accumulé. Dès l'âge de quatre à cinq ans, il pourrait fonctionner à nouveau comme d'autres enfants alimentés normalement depuis la naissance (Lloyd-Still, 1976). Il va sans dire que ce n'est jamais le cas pour les enfants de Calcutta ou d'Éthiopie, ni même pour ceux des ghettos occidentaux, et que les risques présents au cours de la grossesse, dont il était question précédemment, ne peuvent être qu'accentués et concrétisés par une malnutrition quotidienne (figure 9.4).

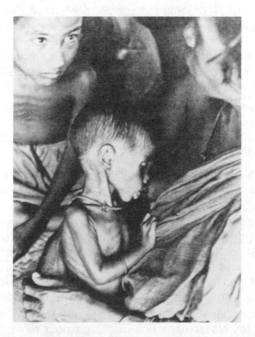

Fig. 9.4 *La malnutrition de la mère pendant la grossesse et de graves carences alimentaires au cours de l'enfance risquent d'avoir des conséquences irréversibles sur le développement intellectuel des enfants de milieux défavorisés, notamment dans le tiers-monde.*

La stimulation   Plus peut-être qu'une saine alimentation et des soins corporels adéquats, la stimulation semble avoir une influence déterminante, dès les premiers mois de la vie, sur l'évolution de l'intelligence.

On a montré, par exemple, que des enfants élevés dans une institution où le nombre des contacts étaient réduits au minimum (une infirmière pour 10 enfants), accusaient un retard moteur et linguistique important au cours de la deuxième année et des années ultérieures.

À l'inverse, les enfants élevés par des parents qui les stimulent, en multipliant les contacts et les occasions de découvrir de nouveaux objets et de développer de nouvelles aptitudes, progressent régulièrement et de façon harmonieuse (Elardo et coll., 1976).

En 1967, Heber et ses collaborateurs (1972) ont sélectionné 40 nouveau-nés noirs, de la banlieue la plus défavorisée de Milwaukee, dans le Missouri. Les mères présentaient toutes des carences sur le plan intellectuel. Quant aux pères, ils avaient quitté le foyer, dans la plupart des cas.

La moitié de ces enfants furent laissés avec leur mère sans qu'il y ait intervention des expérimentateurs. Les vingt autres furent soumis à un programme spécial au cours duquel leur famille reçut un entraînement sur les soins à apporter aux enfants, ainsi qu'une aide professionnelle intensive. Dès l'âge de deux ans et demi, ces enfants furent ensuite placés dans un centre où ils reçurent une éducation spéciale, à raison de 35 heures par semaine, jusqu'à leur entrée à l'école, à l'âge de 6 ans.

Lorsque les enfants furent testés, trois ans plus tard, Heber nota que ceux ayant suivi le programme spécial obtenaient des notes supérieures ou égales à celles des enfants de leur âge (indépendamment de la couleur de leur peau), alors que les enfants demeurés dans leur famille, et qui avaient servi de groupe témoin, se situaient largement en dessous de la moyenne. On notait des différences de 20 à 30 points de Q.I. (quotient intellectuel) entre les deux groupes.

On pourrait croire qu'avec de tels programmes, on s'éloigne énormément de la réalité quotidienne et qu'il est peut-être normal que cette somme d'efforts investis de façon systématique débouchent sur des résultats positifs.

Pourtant, des résultats plus stupéfiants encore ont été obtenus par Skeels et ses collaborateurs (1966) avec des moyens beaucoup moins sophistiqués.

Au cours des années 30, Skeels s'occupait d'enfants en bas âge dans un orphelinat de l'Iowa. Ces nourrissons, considérés comme arriérés mentaux, restaient cloîtrés dans leurs berceaux la journée entière. Ils étaient séparés les uns des autres par de longs rideaux et, par manque de personnel, ne recevaient comme stimulation que quelques contacts de la part des infirmières au moment des soins et lors des repas.

Skeels eut alors l'idée de soustraire 13 de ces enfants à ces conditions de vie, pour les placer dans une institution pour femmes déficientes mentales, se disant qu'au moins ils seraient assurés d'être bercés et cajolés par elles. C'est ce qui se passa. Les bébés furent très vite considérés par ces femmes comme « leurs » enfants.

Mais, à partir de ce moment, une transformation s'opéra de jour en jour dans l'évolution de ces nourrissons. Leur langage se mit à se développer et ils acquirent bientôt une intelligence normale.

Une assistante de Skeels, qui conserva des contacts avec eux pendant près de 40 ans, nota qu'ils s'étaient tous intégrés à la société. Plusieurs étaient mariés et avaient des enfants, et quatre d'entre eux avaient complété des études postsecondaires.

Par contre, 12 autres individus qui étaient restés à l'orphelinat sans vivre cette expérience, n'acquirent jamais un fonctionnement intellectuel normal. Un tiers d'entre eux vivaient encore en institution, il y a quelques années de cela.

La place de l'enfant dans la fratrie   On pourrait croire qu'un enfant connaîtra un développement intellectuel d'autant plus harmonieux qu'il est entouré d'un grand nombre de frères et de sœurs.

Il n'en serait rien, selon une enquête menée par deux collaborateurs de Zajonc (1975). Ceux-ci découvrirent que plus il y avait d'enfants dans une famille, plus le quotient intellectuel de l'ensemble des enfants était bas.

Ils notèrent, de plus, que les premiers-nés avaient toujours des résultats plus élevés que les cadets. Les notes les plus hautes étaient obtenues par les aînés de familles de deux enfants, et les plus basses par le benjamin de familles de neuf enfants. Un écart de près de 10 points de quotient intellectuel séparait ces deux extrêmes. Une discussion plus détaillée sur les implications de tels résultats figure dans le document 9.1.

Il semble donc exister une relation étroite entre la croissance intellectuelle d'un enfant et ses possibilités de côtoyer le monde adulte et d'interagir avec lui pendant des périodes de temps suffisamment longues. Cette situation n'est, bien sûr, possible que dans des familles restreintes, qui sont surtout le propre des classes moyenne et privilégiée.

La classe sociale d'origine   Des études ont démontré que si des enfants issus de milieux pauvres présentent certaines déficiences intellectuelles ou motrices au cours de la première année, ils sont, par la suite, moins capables que des enfants de la classe moyenne se trouvant dans le même cas de retrouver un fonctionnement normal (Rubin et Balow, 1979).

Par contre, Scarr et Weinberg (1976) ont observé que des jeunes Noirs ou de jeunes métis, issus de milieux défavorisés mais élevés, dès les premiers mois de la vie, par des familles de Blancs appartenant à un milieu aisé, avaient un rendement scolaire largement supérieur à celui d'autres enfants noirs demeurés dans leur milieu d'origine.

Une recherche menée en France par Schiff et ses collaborateurs (1980) a également montré que des enfants issus de la classe défavorisée et adoptés par des familles de la classe privilégiée, développaient un quotient intellectuel de près de 20 points supérieur à celui de leurs frères et sœurs élevés par leurs parents naturels.

Fratrie
Ensemble des frères et sœurs d'un individu.

Classe sociale
Ensemble d'individus de même condition ou de même niveau social qui partagent des intérêts communs et un même mode de vie. Sur le plan psychologique, l'appartenance à une classe sociale se caractérise notamment par le fait qu'un individu détienne ou non le pouvoir, d'une part de gérer son travail ou le travail collectif, de prendre des initiatives sur le plan économique, technologique ou professionnel et, d'autre part de fixer ses honoraires ou le montant de son salaire. Alors que tous ces critères constituent le propre de la *classe privilégiée* (patrons, cadres, supérieurs, professions libérales...) qui représente 10 à 12 % de la population, ce n'est que l'un ou l'autre d'entre eux qui caractérise la *classe moyenne* (techniciens, cadres d'atelier, fonctionnaires, infirmières, professeurs, artisans, petits commerçants et agriculteurs) constituant 30 à 40 % de la population. Quant aux *classes populaires* (ouvriers, employés subalternes, personnel de service,...) qui représentent 50 à 60 % de la population, elles ne possèdent pas de liberté ni dans la façon de régler la marche ou le rythme de leur travail ni dans celle de négocier un salaire autrement que par conventions collectives. Les mentalités, la vision du monde et le niveau d'estime de soi des individus appartenant à l'une ou l'autre de ces classes sont, bien entendu, étroitement liés à l'impact psychologique qu'entraînent de telles conditions de travail et de gestion de l'existence.

De plus, il semble manifeste qu'il existe un lien étroit entre le milieu social dans lequel un enfant est élevé et sa réussite scolaire. Quels sont alors ces facteurs qui sont à la base de la formation de ce lien?

Classe sociale et éducation scolaire Jusqu'au début de ce siècle, dans la plupart des pays occidentaux, l'enfant a toujours été considéré comme un adulte en miniature qui accédait, plus ou moins rapidement selon ses origines sociales, au monde des adultes.

S'il était issu d'un milieu aisé, son enfance se poursuivait sous la conduite d'un *précepteur* ou de maîtres chargés de l'instruire sur les choses du monde et de le familiariser avec les manières correctes d'y prendre sa place.

S'il était, au contraire, issu des milieux populaires, il s'insérait progressivement, dès l'âge de sept ou huit ans, dans le monde du travail, aux champs, dans la forêt, à l'atelier ou à l'usine. Au sein de ce monde, le développement de l'intelligence était étroitement lié aux apprentissages effectués dans la vie professionnelle. Il dépendait en grande partie de l'ambiance et des relations qui s'établissaient avec le patron et les compagnons de travail. Il était surtout le fait du type d'occupation auquel l'enfant était amené à se livrer, exigeant une réflexion constante sur les étapes à franchir ou, au contraire, constituant une tâche répétitive et abrutissante.

Comme c'est encore le cas pour les trois quarts de l'humanité, le passage de la vie d'enfant à celle d'adulte s'opérait ainsi imperceptiblement. Le moulage de la pensée et des démarches intellectuelles s'effectuait dans un cadre donné, propre au milieu social dans lequel le futur adulte aurait un rôle à jouer.

Ainsi, dans les classes privilégiées, l'intelligence était «abstraite» et coïncidait avec le niveau de culture. Elle était «pratique» et correspondait à l'habileté manuelle, dans les milieux populaires.

Compte tenu de la condition réservée traditionnellement aux femmes, la distinction était encore moins nette dans leur cas. Ce que la société attendait d'elles, c'était qu'elles développent une bonne intelligence pratique leur permettant d'assumer leur rôle dans la tenue d'une maison. Le tout était agrémenté ou non d'un peu de culture, selon le milieu social d'origine.

La *démocratisation* de l'enseignement élémentaire puis secondaire qui se produisit se fixa pour but de permettre à chacun de développer au maximum ses aptitudes afin qu'il puisse fonctionner selon ses capacités réelles.

L'école partit cependant du modèle existant et continua à véhiculer des valeurs et une conception de la culture et de l'intelligence qui étaient, et sont encore, le propre des classes privilégiées. Elle espérait ainsi transformer les mentalités populaires en les faisant accéder à la culture de «l'élite».

On avait négligé l'impact de la réalité sociale, qui ne pouvait se transformer au même rythme, avec le résultat que, cent ans plus tard, elle demeure quasiment inchangée.

Précepteur
(du latin *proeceptor* = maître qui enseigne). Personne chargée de l'éducation, de l'instruction d'un enfant (de famille noble ou riche) qui ne fréquente pas une école ou un collège.

Démocratisation
(du grec *demos* = peuple et *-kratos* = force, pouvoir). Action d'introduire la démocratie dans un système, de l'ouvrir à toutes les couches sociales.

Le milieu familial des classes populaires et des minorités ethniques défavorisées continue à percevoir la réalité davantage comme un combat quotidien pour la survie que comme une possibilité d'épanouissement esthétique et intellectuel. Il demeure, de ce fait, peu perméable à une culture éloignée de ses besoins réels (Caouette, 1979).

Ainsi, l'enfant issu de la classe défavorisée se trouve en porte-à-faux entre, d'une part, un message véhiculé par l'école et qui ne trouve que peu de prolongement dans le milieu familial, et, d'autre part, la vie vécue au présent, propre à ce milieu qui le pousse à s'insérer au plus vite dans le monde du travail afin d'acquérir son autonomie (Snyders, 1976).

Et même si, profitant de conditions favorables sur le plan familial, cet enfant parvient à s'insérer dans le système qui doit le mener à un hypothétique diplôme, il lui faudra alors faire face aux contraintes imposées par l'éducation traditionnelle, qui font de l'école un milieu dont la vie est le plus souvent absente (voir le document 9.2).

Il est évident que, dans un tel contexte, seuls les traits de personnalité spécifiques et une motivation intrinsèque forte, peuvent amener un tel enfant à traverser les obstacles qui jonchent la route menant à « l'intelligence » et à l'université.

C'est à partir d'un tel système scolaire et de ses critères d'évaluation des performances que se sont constitués les tests d'intelligence.

La mesure de l'intelligence

L'histoire des tests d'intelligence débute en effet au tournant du siècle, lorsque Binet fut chargé par le gouvernement français d'établir une échelle d'intelligence, afin de classer les enfants des écoles.

L'instruction était devenue obligatoire pour tous, depuis 1881. Cela avait brusquement eu comme conséquence de voir coexister dans des classes surchargées, des enfants « brillants » et des enfants apparemment « retardés », regroupés à partir du seul critère de l'âge.

La tâche de Binet consistait donc à permettre une plus juste répartition des élèves dans les différents degrés, en fonction de leur « intelligence ».

La qualité que le système scolaire exigeait et qu'il exige toujours, comme nous venons de le voir, c'est la rapidité d'exécution d'exercices faisant intervenir la mémoire et portant sur la formation des concepts ainsi que sur la solution de problèmes n'ayant souvent qu'un lointain rapport avec le vécu des enfants. Pour les enseignants, le « drame » c'était la lenteur de certains enfants qui « retardaient » ainsi la bonne marche de l'ensemble de la classe.

Il fallait donc trouver un moyen pour que les plus lents soient placés avec les plus jeunes afin que les « moyens » et les « rapides » puissent fonctionner selon les critères pédagogiques établis.

C'est à partir de cette conception de l'instruction et du type d'intelligence qu'elle exige que Binet construisit son échelle, qu'il publia en 1905.

Le premier test et la notion d'âge mental

Binet rassembla, dans un premier temps, une série impressionnante d'informations et d'habiletés caractéristiques de la culture générale dispensée à l'école. Il s'agissait aussi bien de savoir nommer les parties du corps que de répéter des phrases, ou des chiffres, ou encore de comparer deux lignes ou deux points, de copier un carré ou un losange, de compter à rebours, de décrire des gravures, etc.

Après avoir proposé ces différents *items* à un échantillon d'enfants de différents âges, il retint, pour chaque tranche d'âge, les épreuves réussies par 50 à 80 % des enfants de chacun des groupes d'âge. Il obtint ainsi, après quelques révisions ultérieures, dix séries de six épreuves, correspondant chacune à un âge donné, de 3 à 12 ans (voir le tableau 9.1A).

Il suffisait alors de présenter à un enfant d'un *âge chronologique* (A.C.) donné, calculé d'après sa date de naissance, les épreuves pour enfants de 3 ans, puis de 4 ans, et ainsi de suite, jusqu'à ce qu'il ne soit plus capable de répondre, dans un temps limité (comme à l'école), à trois d'entre elles consécutivement.

En ne proposant que six épreuves par tranche d'âge (de 12 mois), il suffisait alors d'attribuer 2 mois par épreuve réussie pour obtenir, au bout du compte, un nombre de mois reflétant, selon Binet, l'*âge mental* (A.M.) du sujet[7].

Ainsi, un enfant de 7 ans, c'est-à-dire d'un âge chronologique de 84 mois, qui réussissait toutes les épreuves pour enfants de 3, 4 et 5 ans, puis seulement 4 de celles pour enfants de 6 ans et 2 autres pour enfants de 7 ans, obtenait un score de 24 mois + 12 mois + 12 mois + 12 mois + 8 mois + 4 mois = 72 mois, ou 6 ans d'âge mental. On considérait de ce fait que son intelligence accusait donc un retard d'un an sur celle des enfants de son âge.

La notion de quotient intellectuel (Q.I.)

Il fallut bien vite se rendre compte, cependant, qu'une différence de 30 mois, ou 2 ans 1/2, par exemple, entre l'âge mental et l'âge chronologique, ne signifiait pas la même chose chez un enfant de 5 ans que chez un préadolescent de 12 ans 1/2. Dans le premier cas, cette différence représentait la moitié de l'âgre chronologique alors que dans le second, elle n'était plus que le 1/5.

Le psychologue allemand Stern eut l'idée, en 1912, d'établir une formule mathématique permettant, quel que soit l'âge chronologique, de situer un enfant par rapport aux enfants «normaux» de son âge. Il donna le nom de *quotient intellectuel* au résultat du calcul très simple qui consistait à mettre en rapport l'âge mental et l'âge chronologique.

Partant du principe qu'un enfant normal est un enfant dont l'âge mental est identique à l'âge chronologique, le quotient intellectuel d'un tel enfant, âgé par exemple de 10 ans, était calculé de la façon suivante :

Item
Élément ou question d'une épreuve ou d'un test, dont la réussite intervient dans la notation générale, le plus souvent par l'apport d'un point.

Âge chronologique (AC)
Âge légal, déterminé par la date de naissance d'un individu.

Âge mental (AM)
Niveau mental d'un individu déterminé par ses réussites et ses échecs dans les tests pour enfants de son âge chronologique ou pour enfants d'un âge supérieur.

Quotient intellectuel (Q.I.)
Rapport de l'âge mental à l'âge chronologique exprimés en mois, le résultat étant multiplié par 100. Par définition, un Q.I. moyen ou normal est de 100 points puisqu'il correspond au rapport d'un âge mental égal à l'âge chronologique.

---

[7] Sans oublier d'attribuer d'office, à chaque enfant testé, 24 mois pour les deux premières années qui ne sont pas comprises dans l'évaluation.

$$Q.I. = \frac{A.M.}{A.C.} = \frac{120 \text{ mois}}{120 \text{ mois}} = 1 \times 100 = 100 \text{ points}[8]$$

100 constituait donc la norme, le quotient intellectuel «normal».

Si un enfant de 10 ans d'A.C. avait un âge mental de 5 ans, son Q.I. était calculé ainsi :

$$\frac{A.M.}{A.C.} = \frac{60 \text{ mois}}{120 \text{ mois}} = 0,5 \times 100 = 50 \text{ points}$$

Dans le cas, cité plus haut, des deux enfants de 5 ans et de 12 ans 1/2, dont la différence entre le A.M. et le A.C. était la même, la transformation en Q.I. s'effectuait de la façon suivante :

– pour l'enfant de 5 ans :

$$\frac{A.M.}{A.C.} = \frac{2 \text{ ans } 1/2}{5 \text{ ans}} = \frac{30 \text{ mois}}{60 \text{ mois}} = 0,5 \times 100 = 50 \text{ points}$$

(soit un écart de 50 points par rapport à un enfant «normal» de 5 ans), et

– pour le préadolescent de 12 ans 1/2 :

$$\frac{A.M.}{A.C.} = \frac{10 \text{ ans}}{12 \text{ ans } 1/2} = \frac{120 \text{ mois}}{150 \text{ mois}} = 0,8 \times 100 = 80 \text{ points}$$

(soit un écart de 20 points par rapport à la «normale»).

Cette méthode comportait cependant encore un désavantage, car à partir d'un certain âge, que représente encore l'âge mental? Ainsi, à quoi correspondrait un âge mental de 37 ans 1/2 pour un individu de 40 ans? Après l'âge de 20 ou 25 ans, le calcul du quotient intellectuel d'après l'âge mental n'est plus discriminatif.

Afin de pallier cet inconvénient, les concepteurs de tests établirent, au cours des années 40, des tables de Q.I. à partir des résultats obtenus par les sujets de chaque tranche d'âge de leurs échantillons. Il devint ainsi possible de «situer» directement un sujet à partir de ses résultats en les comparant à ceux obtenus par la population de référence.

Les autres tests d'intelligence

Le test de Binet, que ce dernier perfectionna avec l'aide de Simon, fut vite adapté aux États-Unis par Terman (1916) où il prit le nom de test Stanford-Binet[9] (voir le tableau 9.1A).

L'armée américaine était alors à la veille de s'engager dans la Première Guerre mondiale de 1914-1918. La nécessité des tests pour sélectionner les soldats devint évidente. L'armée fit donc appel à Yerkes[10] afin qu'il construise un test à cet usage. Ainsi naquirent les premiers tests pour adultes, à passation collective : l'*Army test Alpha*, pour les individus qui savaient lire, et l'*Army test Bêta*, pour les illettrés.

---

[8] La multiplication par 100 permet une lecture plus facile du résultat, grâce à l'élimination de la décimale.

[9] Stanford étant l'université où travaillait Terman.

[10] Nous avons parlé de lui et de ses expériences sur l'apprentissage d'un labyrinthe par un ver de terre.

Le premier ressemblait d'assez près au test que Binet avait conçu pour les enfants. Il comprenait diverses *épreuves verbales*, dont une de jugement pratique, une de recherche de synonymes, une d'informations et une comprenant des séries de nombres à compléter. Le second test, qui s'adressait à des illettrés, mesurait la performance non verbale face à des épreuves d'aptitudes, telles qu'assembler des cubes selon un modèle donné, compléter des images, trouver son chemin dans des labyrinthes sur papier, construire des figures géométriques, etc.

Comme on le voit, selon qu'un individu savait ou non lire et écrire, son intelligence et, forcément la mesure de celle-ci, étaient conçues de façon tout à fait différente.

On attribue à Wechsler l'idée de réunir les deux mesures dans un même test, dont le but est d'évaluer ces deux facettes de l'intelligence chez un même individu. Wechsler construisit une *Échelle d'intelligence pour adultes* (WAIS) en 1939, puis une *Échelle d'intelligence pour enfants* (WISC) [11], en 1949. Elles comprenaient toutes deux une série d'épreuves verbales et une autre d'épreuves non verbales, (dites «de performance») relativement proches de celles des Army tests.

Toutefois, contrairement au test Stanford-Binet, les épreuves demeuraient les mêmes pour toutes les tranches d'âges. La cotation s'effectuait alors en tenant compte du nombre de bonnes réponses qu'un sujet d'un âge donné était capable de fournir. Ce résultat, comparé à celui des enfants de cet âge composant l'échantillon, permettait une transformation rapide en termes de Q.I. (voir le tableau 9.1B).

Avec le test Stanford-Binet, les échelles de Wechsler sont celles qui sont les plus utilisées lors des études d'évaluation de l'intelligence.

Il est cependant nécessaire de savoir de quel type d'intelligence il s'agit et jusqu'à quel point il existe un rapport étroit entre, d'une part, la façon de résoudre les problèmes posés dans la vie quotidienne, à la maison, sur les lieux de travail ou dans le cadre des relations sociales et, d'autre part, la découverte d'analogies ou la réussite d'un casse-tête ou de constructions géométriques, surtout lorsque ces épreuves doivent être effectuées dans un temps limité.

Il faut pourtant attendre les années 70 pour qu'une remise en question de l'utilité réelle des tests, dans l'évaluation de l'intelligence au sens large, les fasse peu à peu tomber en désuétude auprès des psychologues scolaires (voir le document 9.3).

À l'heure actuelle, ces tests sont surtout utilisés par certains chercheurs qui tentent de prouver, en se basant sur les résultats obtenus auprès de diverses populations, que l'intelligence est héréditaire et que les inégalités sociales pourraient facilement s'expliquer par les carences intellectuelles, innées, propres à certaines races ou aux classes peu privilégiées (voir le dossier 9.1).

De telles hypothèses, qui vont à l'encontre des évidences soulignées plus haut, se fondent notamment sur le fait que les résultats obtenus à ces tests se répartissent de part et d'autre de la moyenne, selon la même loi que celle qui préside à toute mesure effectuée sur de grands échantillons. Pour ces chercheurs, la place occupée sur la courbe serait fixée génétiquement.

Épreuve verbale
(du latin *verbum* = parole). Épreuve faisant intervenir le langage ou les connaissances acquises antérieurement par le sujet, par opposition à une *épreuve non verbale* basée uniquement sur l'observation, le raisonnement et la manipulation (celle-ci est dite «de performance»).

---

[11] WAIS : Wechsler Adult Intelligence Scale ; WISC : Wechsler Intelligence Scale for Children.

Or, que sait-on de la distribution de l'intelligence dans la population et la signification des différences existant entre les individus dont le Q.I. se situe à un quelconque endroit de la courbe?

Tableau 9.1   *Exemples d'épreuves incluses dans les tests d'intelligence*

A. Épreuves du Test Stanford-Binet

---

4 ans (2 mois par épreuve réussie)

1. Comparer des lignes de longueurs différentes.
2. Discriminer des formes.
3. Compter 4 sous.
4. Copier un carré.
5. Montrer une bonne compréhension de «Que doit-on faire quand on a sommeil? quand on a froid? quand on a faim?»
6. Répéter 4 chiffres.

9 ans (2 mois par épreuve réussie)

1. Indiquer la date du jour (jour de la semaine, jour du mois, mois, année).
2. Classer 5 points.
3. Rendre la monnaie.
4. Répéter 4 chiffres à rebours.
5. Construire une phrase à partir de 3 mots (garçon, rivière, balle; travail, argent, hommes; désert, rivières, lacs).
6. Fournir une rime à trois mots différents (ex. : le nom d'un animal qui rime avec «pierre», le nom d'une fleur qui rime avec «chose», etc.).

B. Épreuves de l'échelle d'intelligence de Wechsler pour enfants (WISC)

Échelle verbale	Échelle de performance (non verbale)
1. Connaissances (6e question d'une série de 30) «Dans quelle sorte de magasin achète-t-on le sucre?»	**1. Images à compléter :** 20 dessins pour chacun desquels il faut découvrir le détail manquant (ex. : une oreille à un renard, le ruban à un chapeau.)
2. Jugement (5e question d'une série de 14) «Que dois-tu faire si tu vois un train s'approcher d'un rail brisé?»	**2. Histoires en images :** Arranger des images pour qu'elles racontent une histoire (ex. : un match de boxe, un incendie, une partie de pêche).
3. Arithmétique (8e question d'une série de 16) «À 7 cents chacun, combien coûtent 3 cigares?»	**3. Dessins avec blocs :** Reproduire des figures géométriques avec des blocs multicolores, à partir de modèles en deux dimensions.
4. Similitudes (11e question d'une série de 16) «En quoi des ciseaux et une chaudière se ressemblent-ils?»	**4. Assemblage :** Arrangement des pièces d'un casse-tête.
5. Vocabulaire (19e question d'une série de 40) «Nitroglycérine... qu'est-ce que la nitroglycérine?»*	**5. Substitution :** Faire correspondre certains signes avec des symboles dans une série de 45 figures.
6. Mémoire (6e série de 9) «Répète ceci : 3-8-9-1-7-4. Cette fois j'aimerais que tu répètes les chiffres en commençant par le dernier 1-6-5-2-9-8.»	

* ou diamant, épée, microscope, espionnage, strophe, etc.

La distribution de l'intelligence

La première recherche sur la façon dont se répartissent les résultats obtenus aux tests d'intelligence est due à Terman. En 1937, celui-ci rassembla les résultats de 2.904 enfants dont l'âge variait entre 2 et 18 ans. Il nota alors que ceux-ci se répartissaient plus ou moins également, sous la forme d'une *courbe «en cloche»*, autour de la note 100 qui constitue le Q.I. moyen (figure 9.5).

Les Q.I. les plus bas étaient proches de 0 et les plus élevés atteignaient 200, soit un écart maximal de 100 points par rapport à la moyenne, de part et d'autre de celle-ci. Le calcul de la moyenne de tous les écarts par rapport à la note 100 révéla que cet *écart type* [12] était de 16 points [13].

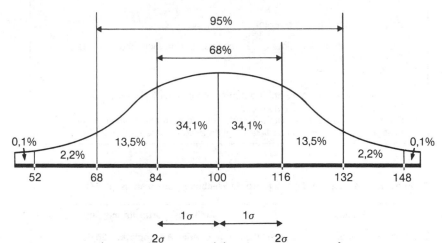

Courbe en cloche
Courbe qui illustre, en sciences, la plupart des distributions «normales» de données ou de résultats. La courbe normale d'intelligence témoigne de la distribution des résultats d'un grand nombre d'individus à un test d'intelligence. Dans une telle courbe, on remarque que la plus grande partie des sujets se regroupent autour de la moyenne, alors que leur nombre va en diminuant au fur et à mesure qu'on s'éloigne, dans un sens ou dans l'autre, du milieu de la courbe, d'où la forme caractéristique de celle-ci et le nom qui lui est donné (voir appendice B).

Écart type
Indice permettant d'illustrer la façon dont se dispersent les données d'une distribution, autour de la moyenne (un écart type de 15 points, par exemple, indique une dispersion moins grande qu'un écart type de 20 points) (voir apprendice B).

Fig. 9.5 *Courbe «normale» d'intelligence. Elle montre que près de 70 % des individus ont un Q.I. moyen situé entre 84 et 116 points (à plus ou moins 1 écart type (σ) du Q.I. de 100) et qu'il existe à peine 2 % de la population présentant un retard mental (Q.I. inférieur à 70).*

Or les statistiques nous apprennent que toutes les données situées à un écart type ou moins de la moyenne, représentant 68 % de l'ensemble de la population (soit 34 % en dessous et 34 % au-dessus).

Ainsi, les 1.974 enfants formant ces 68 % et dont les résultats étaient compris entre 84 (100 points − 16 points) et 116 (100 points + 16 points), pouvaient être considérés, selon Terman, comme des individus dotés d'une *intelligence moyenne*.

---

[12] L'écart type correspond, plus exactement, à la *racine carrée* de la moyenne des *carrés des écarts*,

ou $s = \sqrt{\dfrac{\text{somme des carrés des écarts}}{\text{nombre de sujets}}}$ (voir appendice B).

[13] Une étude semblable menée à l'aide du test de Wechsler (WISC) révéla un écart type de 15 points.

Quant au reste, qui se répartissait, en moins grand nombre, à chaque extrémité de la courbe, on leur attribuait une intelligence moyenne inférieure ou un retard mental s'ils étaient situés en dessous, et une intelligence moyenne supérieure ou supérieure, s'ils se trouvaient au-dessus.

Les tableaux 9.2 et 9.3 indiquent la façon dont une répartition plus «raffinée» fut effectuée afin de fournir les étiquettes permettant d'attribuer à chaque individu une place déterminée.

Le document 9.4 montre cependant que la répartition des individus selon ces critères en catégories «moyens», «retardés» et «surdoués», n'apporte que peu d'informations sur la valeur réelle des individus. De plus, en ce qui concerne l'étude à long terme menée par Terman et son équipe sur un groupe d'individus dotés d'un Q.I. élevé, une chose est frappante : aucun d'eux ne devint un Mozart, un Einstein ou un Picasso. Aucun ne laissa une trace marquante dans l'histoire de son pays. Comme le notent les Goertzel (1962), les sujets «brillants» de Terman devinrent d'honnêtes citoyens dont la réussite sociale était marquante, mais aucun parmi eux ne devint un créateur de génie.

Que leur manquait-il pour que leur production se distingue de celle des autres? Se pouvait-il qu'il existe une autre dimension intervenant lors de la solution de problème, de l'élaboration d'une théorie ou de la conception d'une œuvre d'art, une dimension qui serait différente de l'intelligence proprement dite, telle qu'elle était mesurée par les tests?

Tableau 9.2 *Distribution de l'intelligence selon les tests de Q.I.*

Q.I.	Test Stanford-Binet	%	Échelle d'intelligence de Wechsler (WAIS)	%	Entre	%
au-dessus de 139	Très supérieur	1	Très supérieur	2,2	+ de 2σ	2,5
130 - 139 120 - 129	Supérieur	11	Supérieur	6,7	1 et 2σ	13,6
110 - 119	Moyen sup.	18	Brillant normal	16,1	0 et 1σ	34,1
100 - 109 90 - 99	Moyen	46	Moyen	50,0	0 et − 1σ	34,1
80 - 89	Moyen inf.	15	Médiocre	16,1	− 1 et − 2σ	13,6
70 - 79	Marginal	6	Cas limite	6,7		
en dessous de 70	Arriéré mental	3	Arriéré mental	2,2	− 2σ et 3σ	2,5

Interprétation et désignation verbale des niveaux de quotient intellectuel (Q.I.) obtenus au test Stanford-Binet et sur l'échelle d'intelligence de Wechsler (WAIS) ainsi que leur répartition en pourcentage dans la population; cette répartition est comparée, à droite, avec celle de la courbe d'intelligence (1σ = 15 points de Q.I.).

Tableau 9.3   *Distribution des individus retardés mentaux*

Désignation	Q.I. évalué à l'aide du test Stanford-Binet	Q.I. évalué à l'aide du test de Wechsler	Pourcentage de la population	
			retardée	totale
Retardé léger	52 - 68	55 - 69	90,0	2,00
Débilité moyenne	36 - 51	40 - 54	6,0	0,13
Débilité grave	20 - 35	25 - 29	3,0	0,06
Arriération profonde	en dessous de 20	en dessous de 25	1,0	0,02

Interprétation et désignation verbale des niveaux de quotient intellectuel (Q.I.) évalués à l'aide du test Stanford-Binet et sur l'échelle d'intelligence de Wechsler, leur répartition dans la population de Q.I. inférieur à 70 et dans la population totale.

Intelligence, solution de problème et créativité

Deux courants de recherche allaient contribuer à élargir l'idée qu'on se faisait jusqu'alors de l'individu «brillant» et de sa capacité à fonctionner efficacement.

Au cours des années 40, le psychologue allemand Karl Duncker (1945) analysait, avec ses étudiants, la façon dont ils s'y prenaient pour découvrir la solution à certains problèmes. Un de ceux-ci consistait, par exemple, à trouver le moyen de détruire une tumeur à l'estomac chez un patient, à l'aide de rayons d'une intensité suffisamment élevée, sans détériorer pour autant les tissus sains environnants. Duncker nota que la plupart des sujets restaient «accrochés» à ce qu'ils savaient[14], multipliant les propositions de type «chirurgical» (extraire la tumeur, endormir le sujet, utiliser une plaque de plomb, etc.) qui ne réglaient cependant pas le problème de la destruction des autres tissus. Or, la découverte de la solution à un tel problème demande que l'individu soit capable d'établir des relations entre ce problème et des expériences passées n'ayant, en apparence, aucun rapport avec la situation actuelle (en se rappelant, par exemple, comment il arrivait à brûler un bout de papier en focalisant sur lui les rayons du soleil, à l'aide d'une loupe). Une des solutions «intelligentes» consistait ainsi à concentrer des rayons de faible intensité sur la tumeur, de façon à ce qu'ils soient inoffensifs en avant ou en arrière de celle-ci (figure 9.6). Nous avons vu au chapitre 7 le cheminement que suit la pensée avant de parvenir à une telle solution, découverte par *insight* ou par raisonnement.

À la même époque, se multipliait les recherches visant à mettre en évidence les caractéristiques de la pensée des créateurs. Les tâches proposées aux sujets consistaient, par exemple, à leur faire chercher le moyen d'augmenter de 50 points le Q.I. des citoyens ou encore de leur demander de trouver une utilisation aux millions de pneus usagés s'accumulant chaque année...

---

[14] Nous avons déjà considéré ce risque de *rigidité fonctionnelle*, mis en évidence également par Duncker.

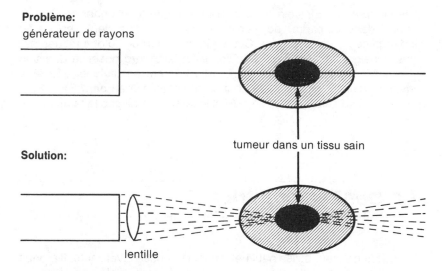

Problème:

générateur de rayons

Solution:

tumeur dans un tissu sain

lentille

Fig. 9.6 *Le problème consiste à détruire une tumeur à l'aide de rayons, sans détériorer les tissus environnants.*

De telles recherches révélèrent notamment que la pensée «créatrice» se caractérisait par une préférence pour les solutions complexes et inhabituelles plutôt que par celles s'imposant de prime abord.

C'est à Guilford (1959) que revient le mérite d'avoir intégré les diverses données issues de ces investigations dans une conception élargie du fonctionnement intellectuel. Il fut notamment amené à distinguer deux types de pensée : la *pensée convergente*, d'une part, qui intervient dans la recherche d'une solution précise à un problème et la *pensée divergente*, d'autre part, intervenant dans la découverte de solutions originales (voir le modèle proposé par Guilford, à la figure 9.2).

Pensée convergente et pensée divergente

Lorsqu'un problème se pose, il existe effectivement deux manières d'aborder la recherche de sa solution.

Certains présument qu'il n'existe *qu'une* réponse correcte et définie, et ils sont tentés de la découvrir à l'aide des connaissances acquises antérieurement et du raisonnement logique. Il s'agit là d'une *pensée convergente*, selon laquelle tous les efforts se focalisent sur la mise à jour de *la* solution appropriée.

D'autre individus, par contre, vont partir dans toutes les directions, afin de faire le tour du plus grand nombre possible de solutions acceptables. Cette recherche en éventail, qui débouche le plus souvent sur des solutions originales, est le propre d'une *pensée divergente*.

Il est clair que la plupart d'entre nous avons été habitués, dès la plus tendre enfance et, *a fortiori*, une fois intégrés dans le système scolaire, à n'utiliser presque uniquement que la *pensée convergente*. Cette tendance du système scolaire a toujours fait le malheur des enfants à

Pensée convergente
Selon Guilford, production visant à découvrir *la* meilleure solution à un problème.

Pensée divergente
Selon Guilford, production d'un nombre important de solutions *possibles* à un problème.

l'esprit créateur. Einstein et Churchill ne purent fonctionner que difficilement dans les cadres de l'école, non parce qu'ils étaient dissipés ou indisciplinés au sens propre. Cette étiquette leur fut plutôt attribuée par des enseignants excédés de toujours les entendre poser la question «à côté», au lieu de répondre à celle figurant au tableau. «Et si le triangle était renversé...?», «Et si on remplaçait l'eau par...?», «Et si on pouvait voir à l'envers...?», «Et si le temps n'était pas le temps...?», etc.

La pensée créatrice

L'individu créateur utilise habituellement la pensée divergente. Il produit constamment de nouvelles combinaisons à partir d'éléments connus et utilisés d'une certaine façon par la majorité des gens, ou il crée des associations entre deux éléments n'ayant, *a priori*, aucun rapport entre eux.

Les caractéristiques de la pensée créatrice

Cette pensée est *fluide*, amenant le créateur à proposer un grand nombre de solutions là où la plupart des gens ne sont capables de n'en trouver qu'une ou deux.

Elle est *flexible*, en ce sens qu'elle peut passer facilement d'un aspect du problème à un autre, au lieu de se limiter à un seul point de vue.

Mais la *pensée créatrice* est surtout *originale*, par le fait qu'elle engendre la découverte de solutions inattendues, peu banales et peu courantes (Guilford, 1967).

L'individu créateur verra une tête de crocodile se dessiner dans un paysage montagneux, il va comparer une bibliothèque vide aux «yeux vacants d'un idiot» (Barron, 1958) ou il va être capable de trouver vingt usages différents à un cure-dent ou à un journal (figure 9.7).

Picasso disait : «Je ne cherche pas, je trouve». C'est vraisemblablement là la différence fondamentale qui existe entre l'individu intelligent et l'individu créateur. Il est cependant évident que ces deux dimensions se recouvrent en partie et qu'un certain niveau d'intelligence est requis pour que puisse être mis en forme le jaillissement de l'esprit.

Ainsi, intelligence et *créativité* se confondent chez la personne d'intelligence moyenne : un individu normalement intelligent présente souvent un niveau normal de créativité. Ce n'est qu'à partir d'un certain palier que créativité et intelligence empruntent des voies différentes. Ce seuil, qui semble se situer autour de 120 points de Q.I., est celui à partir duquel il n'existe plus de corrélation entre le travail créateur et le travail intelligent (Getzels et Jackson, 1962).

Pensée créatrice
Pensée caractérisée par l'originalité et l'ingéniosité de ses productions.

Créativité
Aptitude à produire un nombre important de solutions (fluidité) à partir de catégories variées (flexibilité) et présentant un aspect inhabituel ou peu banal (originalité).

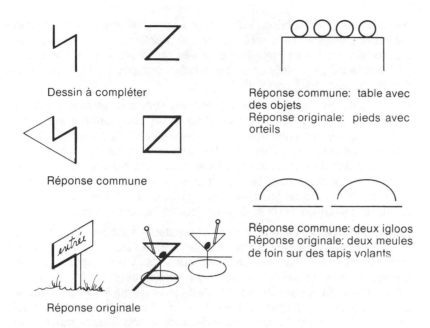

Fig. 9.7 *Comparaison entre les réponses communes et des réponses originales à des épreuves de créativité (Barron, 1958, à gauche; Wallach et Kogan, 1968, à droite). On note dans les secondes la préférence pour une solution complexe et peu habituelle.*

D'un autre côté, les chercheurs n'ont pas trouvé de différence entre femmes et hommes, en ce qui concerne la créativité. On peut alors se demander pourquoi il n'existe pas plus de femmes dont le nom est attaché à une œuvre marquante par son originalité. Il faut tout d'abord noter que la société sexiste a toujours eu tendance à renforcer l'originalité et l'indépendance chez le garçon alors qu'elle maintenait la fille dans un conformisme étroit. De plus, la créativité est souvent entendue comme le synonyme de grandes réalisations techniques ou artistiques qui sont des domaines dans lesquels on n'a laissé que peu de chance aux femmes de s'exprimer. Les choses sont, heureusement, en train de changer. Malgré tout, il faut souligner que la créativité fait partie de tous les actes de la vie. De ce point de vue, en dépit de la condition réservée traditionnellement aux femmes, les actes créateurs qu'elles posent quotidiennement dans la vie familiale et l'éducation des enfants, mais également sur les lieux de travail, dans des emplois souvent subalternes, ont tout autant et parfois plus d'importance pour l'équilibre et le progrès de la société que certaines grandes idées ou des réalisations de prestige qui ne durent souvent que le temps d'une mode.

Créativité et adaptation

Wallach et Kogan (1965) tentèrent d'établir des corrélations entre l'intelligence et la créativité chez des enfants de 11 à 12 ans.

Après avoir déterminé chez eux le niveau de ces deux composantes, ils effectuèrent une série d'entrevues et d'observations. Celles-ci permirent d'établir une description de la façon dont ces enfants affrontent la vie (et notamment la vie scolaire) et ses problèmes, selon qu'ils sont considérés comme très intelligents et très créateurs, très intelligents et peu créateurs, peu intelligents et très créateurs, peu intelligents et peu créateurs (voir le tableau 9.4)

Les enfants du premier groupe (très/très) sont des enfants confiants en leurs capacités. Ils semblent exercer un bon contrôle sur leurs activités tout en se sentant libres vis-à-vis d'elles. Ils savent aisément passer d'attitudes comportementales enfantines à des façons de faire adultes, selon les circonstances. Ils sont bien intégrés socialement et, même s'ils passent volontiers pour des chahuteurs dans les cadres conformistes de l'enseignement traditionnel, ils démontrent une grande capacité d'attention et d'intérêt pour tout ce qui est nouveau.

Les enfants très intelligents mais peu créateurs sont des enfants dont toute l'énergie est axée vers la réussite. Tout échec est perçu comme une catastrophe. C'est la raison pour laquelle ils évitent, le plus souvent, de prendre des risques ou d'émettre une opinion personnelle, ne répondant que lorsqu'ils sont interrogés. Cette retenue qui imprègne chacun de leurs actes les empêche ainsi de s'ouvrir sur les autres, vis-à-vis desquels ils marquent une certaine distance. L'angoisse ne transparaît que lorsqu'ils sont livrés à eux-mêmes pour juger leur production ou les conséquences de leurs actes.

Tableau 9.4   *Niveau d'intelligence et niveau de créativité*

		Niveau d'intelligence	
		Très élevé	**Peu élevé**
Niveau de créativité	**Très élevé**	– confiance dans leurs capacités – bon contrôle sur l'activité – bonne intégration sociale – grande capacité d'attention et d'intérêt pour la nouveauté	– conflit constant entre leur vision des choses et les exigences de l'école – manque de confiance et d'estime de soi – manque de concentration – peur de l'évaluation par les autres
	Peu élevé	– énergie tendue vers la réussite scolaire – échec perçu comme étant une catastrophe – peur du risque ou d'émettre une opinion personnelle – distance sociale – peur de l'autoévaluation	– apparemment bien adaptés et contents de leur sort – compensation des déficiences intellectuelles par des contacts sociaux ou une certaine passivité

Caractéristiques personnelles d'enfants de niveau scolaire selon leur niveau d'intelligence et de créativité (d'après Wallach et Kogan, 1965).

Les enfants peu intelligents mais très créateurs paraissent les plus malheureux dans le système scolaire traditionnel. Ils vivent constamment dans l'angoisse engendrée par le conflit entre leur propre vision des choses et les exigences de l'école qu'ils ne se sentent pas à même de satisfaire. La conscience qu'ils ont de cette faiblesse les amène à souffrir de plus en plus d'un manque d'estime d'eux-mêmes, de confiance dans leurs possibilités. Ils « dérangent » par leur manque de concentration, ce qui contribue à les isoler encore plus. Contrairement aux précédents, ils redoutent par-dessus tout l'évaluation effectuée par les autres, en ne se sentant jamais aussi à l'aise que lorsqu'ils sont laissés libres de mener une activité à leur rythme et selon leur fantaisie.

Les enfants peu intelligents et peu créateurs semblent, extérieurement en tout cas, les mieux adaptés et les plus contents de leur sort. Ils se montrent confiants en eux-mêmes, compensant leurs déficiences intellectuelles par la multiplication des contacts sociaux ou par une certaine passivité pouvant passer pour de l'indifférence.

Des quatre groupes, ce sont donc les enfants appartenant aux deux groupes intermédiaires qui risquent d'être les moins bien adaptés, compte tenu des contraintes exercées sur eux plus ou moins ouvertement.

Personnalité des créateurs

On ne naît pas plus créateur qu'on ne naît intelligent. Tout réside dans la façon dont le milieu va nous permettre de réaliser les potentialités présentes en chacun à des degrés divers et selon des modalités multiformes.

Comme l'indique Ferguson (1974), « on ne crée pas la créativité, on la libère ». C'est donc tout autant, sinon plus, à la personnalité du créateur et à la façon dont celle-ci s'est constituée, qu'à l'intelligence de base nécessaire pour mener à bien la démarche créatrice qu'il faut faire appel, pour comprendre comment celle-ci est enclenchée.

Tout le système d'éducation mis en place par la société est axé sur le conformisme. C'est le moyen le plus sûr d'assurer la cohésion entre les membres du groupe, mais c'est aussi la façon la plus radicale d'empêcher tout épanouissement de la pensée créatrice.

L'individu créateur est, en effet, essentiellement anticonformiste. C'est son indépendance de jugement qui lui assure la possibilité d'explorer des voies dans lesquelles les autres n'osent se risquer par crainte du ridicule.

Sur le plan social, il ne s'intègre pas aisément à la vie d'un groupe bien qu'il soit ouvert aux autres et relativement populaire. De la même façon, il n'accepte de partager les valeurs des autres que si elles correspondent à celles qu'il défend. Il est pourtant peu dogmatique et possède une conception toute relative de la vie et du monde ainsi que du sens à donner à ses actes.

C'est une personne éclectique, toujours curieuse et soucieuse d'intégrer des données glanées dans différents domaines. Le créateur aime

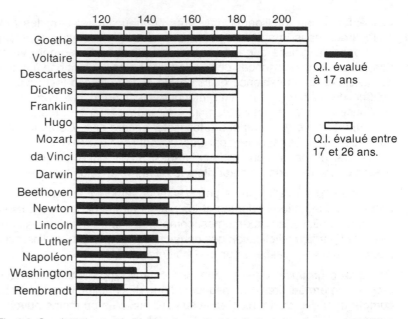

Fig. 9.8 *Cox (1926) a tenté d'évaluer le quotient intellectuel de personnages célèbres en se basant sur leurs réalisations à 17 ans puis entre 17 et 26 ans. Il est certain que, chez la plupart, c'est tout autant la créativité que l'intelligence qui a ainsi été évaluée et qu'il est difficile de départager les deux.*

s'amuser, ayant toujours la tête remplie d'idées farfelues. Il préfère, nous l'avons vu, ce qui est complexe et nouveau à ce qui est simple et habituel. Ses perceptions des choses sont sans cesse renouvelées.

Il a le plus souvent conservé le don d'émerveillement propre à l'enfance et est capable de s'émouvoir devant une fleur comme devant une découverte révolutionnaire. C'est, le plus souvent, un rêveur qui peut passer pour fou par le fait qu'il peut exprimer son vécu affectif tout en acceptant et en intégrant les aspects irrationnels de son comportement.

Tout cela, direz-vous, est bien loin de ce à quoi ressemble la majorité des gens et, à n'en point douter, il ne doit exister que bien peu d'individus créateurs sur terre.

Et pourtant, si vous relisez ces lignes en pensant que c'est d'un enfant dont il est question, tout paraît simple. C'est, au contraire, l'enfant ne cadrant pas avec ce portrait, qui paraîtrait bizarre.

St-Exupéry disait qu'en beaucoup d'enfants, il y a «un Mozart qu'on assasine». Que se passe-t-il donc pour que toutes les conditions en place, dès le début, pour permettre à la plupart de s'épanouir selon leurs potentialités propres, transforment généralement l'enfant en un adulte lucide, conservateur, calculateur et conformiste?

Les remarques que nous avons faites à propos du rôle que joue le milieu social, tant familial que scolaire, sur le développement intellectuel, apportent une partie de la réponse. Nous y reviendrons au chapitre 11.

Mais il est d'autres dimensions de la personnalité qui sont, elles aussi, le produit de cet impact social. Elles interviennent pour une grande part dans la manière dont l'individu s'insère socialement et se réalise totalement ou en partie seulement.

Le chapitre suivant va tenter de tracer les grandes lignes du développement de l'être humain sur les plans physique, intellectuel, affectif et social.

Nous tenterons de voir comment, idéalement, tout pourrait concourir à permettre la pleine réalisation de chacun, mais aussi comment, à chaque pas, surgit une embûche, prévisible ou non, qui risque de perturber, de freiner ou même de bloquer de façon parfois irréversible le développement de la machine fragile qu'est un petit d'êtres humains.

Document 9.1

Q.I. : deux enfants, c'est bien. Neuf, c'est (peut-être) trop!

Deux collaborateurs de Zajonc, Belmont et Marolla (1973), menèrent une enquête auprès de 386.114 jeunes Hollandais âgés de 19 ans en moyenne et effectuant leur service militaire obligatoire. Cet « échantillon » regroupait donc la totalité de la population mâle des Pays-Bas née entre 1944 et 1947.

Les chercheurs étudièrent notamment la relation entre le Q.I. et la place occupée par chacun des sujets au sein de leur fratrie, selon leur ordre de naissance.

Après avoir reporté les résultats sur un graphique, ils constatèrent que, en *moyenne*, le Q.I. de l'ensemble des enfants était d'autant plus bas que ceux-ci étaient nombreux dans la famille (figure 9.9).

De plus, la meilleure note était, en général, obtenue par l'aîné et, plus particulièrement par l'aîné d'une famille de deux enfants.

Quant aux benjamins, leur Q.I. était d'autant plus éloigné de celui du premier-né de la famille qu'il y avait un grand nombre d'enfants nés entre celui-ci et eux.

Zajonc et Markus (1975) avancèrent une explication à un tel état de fait. Selon eux, le nombre de membres dans la famille déterminerait le « climat » intellectuel de celle-ci.

Ils proposèrent alors une façon de calculer l'index caractérisant ce climat. Ils partirent, pour cela, du principe que chaque individu, parent ou enfant, possède un certain niveau intellectuel déterminé par son âge et par les expériences auxquelles il a été confronté au cours de sa vie.

On pourrait donc attribuer à chacun une valeur arbitraire correspondant à ce niveau. Elle serait, par exemple, de 30 pour chaque parent et de 0 pour un nouveau-né. Les autres enfants se verraient attribuer des valeurs intermédiaires relatives à leur âge.

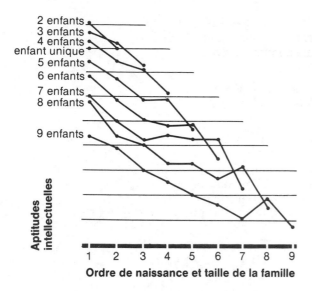

2 enfants
3 enfants
4 enfants
enfant unique
5 enfants
6 enfants
7 enfants
8 enfants

9 enfants

Aptitudes intellectuelles

1   2   3   4   5   6   7   8   9

Ordre de naissance et taille de la famille

Fig. 9.9 *L'étude de Belmont et Marolla montre que les aptitudes intellectuelles des aînés d'une famille sont, en moyenne, supérieures à celles des benjamins. Elle a amené Zajonc à formuler l'hypothèse que le «climat» intellectuel d'une famille est proportionnel au nombre des membres qui la composent.*

Ainsi, l'index pour les membres d'un couple sans enfant étant de :

$$(30 + 30) \div 2 = 30$$

passerait avec la naissance d'un enfant à :

$$(30 + 30 + 0) \div 3 = 20$$

et quelques années plus tard lors de la naissance du 4e enfant à :

$$(30 + 30 + 6 + 4 + 2 + 0) \div 6 = 11$$

Cet index illustrerait le fait que plus le nombre d'enfants est important, plus le niveau intellectuel diminue, et plus s'amincit la possibilité, pour les derniers-nés, d'avoir un contact direct et prolongé avec des individus expérimentés.

Zajonc suggère, afin de pallier cet inconvénient des grandes familles, d'espacer les naissances afin d'enrichir l'environnement culturel des enfants à naître. Ainsi, dans l'exemple de la famille de 4 enfants, l'index pourrait devenir :

$$(30 + 30 + 12 + 8 + 4 + 0) \div 6 = 14$$

Il est certain cependant, comme le notent Zajonc et Marcus, qui si la constitution de grandes familles semble entraîner ce désavantage sur le plan du développement intellectuel, elle apporte

par contre bien d'autres avantages sur le plan du développement de la personnalité des membres qui la composent. Ils ont observés, notamment, la constitution d'un moi plus fort ainsi qu'un sentiment de compétence sociale et un sens de la responsabilité morale plus développés chez les enfants issus de grandes familles que chez les autres. Il est évident que de tels facteurs jouent un rôle au moins aussi important que l'intelligence dans l'adaptation des individus à leur environnement social.

Mais, un autre aspect du phénomène a également été relevé. Diverses études ont mesuré régulièrement le Q.I. des jeunes Américains à l'aide d'un *test d'aptitude scolaire*, le SAT[15]. Les résultats indiquent que l'intelligence des individus, évaluée à l'aide de cet outil, avait baissé de façon sensible entre 1962 et 1974.

Partant de leur hypothèse, Zajonc et Marcus ont suggéré que cet abaissement puisse être lié à l'augmentation de la taille des familles, provoquée, dans la plupart des pays occidentaux, par le *baby-boom* de l'après-guerre. De plus, le rapprochement entre les naissances qui caractérisent cet accroissement familial en aurait encore accentué les conséquences.

On ne devrait plus attendre longtemps pour obtenir la confirmation de la justesse d'un tel modèle. Depuis 20 ans, le nombre d'enfants a en effet sensiblement diminué, et cette baisse de natalité devrait faire sentir ses effets au cours de la fin des années 80, en ce qui concerne les jeunes âgés de 18 à 20 ans.

Il faut cependant remarquer qu'un test d'aptitude scolaire n'est peut-être pas l'instrument le plus valide pour la mesure de l'intelligence.

De plus, les qualités caractéristiques des enfants de familles nombreuses, notées précédemment, risquent d'être beaucoup moins présentes chez les enfants de familles restreintes.

Des résultats supérieurs au SAT et de meilleures performances scolaires ne traduiraient alors peut-être qu'une plus grande adaptabilité scolaire entraînée par des attitudes plus dociles et plus conformistes face aux exigences de l'école traditionnelle.

---

[15] Scholastic Aptitude Test.

Document 9.2

Quelle école et pour qui?

La plus grande partie de la vie de l'enfant et de l'adolescent est centrée sur l'école. Il s'agit donc là d'un environnement dont l'impact risque d'être considérable pour son développement intellectuel.

On est de ce fait en droit de s'attendre à ce que tout y soit tenté pour permettre à chacun de s'épanouir le plus possible. Or, qu'en est-il exactement?

Le plus souvent, le milieu scolaire traditionnel est conçu à l'envers d'un milieu de vie. Tout y est figé, codifié. L'enfant qui entre à l'école découvre un monde «d'élèves qui apprennent tout sans s'interroger sur la signification de ce qu'ils ingurgitent pour peu qu'ils soient récompensés par la délivrance d'un diplôme, et qui sont heureux le jour où ils ne sont pas obligés d'étudier; des examens n'apprenant strictement rien à personne et lors desquels chacun parle de ce que, de toute façon, il a déjà compris et assimilé; des enseignants qui surveillent leurs élèves au lieu de les aider à trouver la solution des problèmes posés et qui se conduisent avec une mentalité de braconniers, dressant des pièges et glissant partout des difficultés qui, dans la vie quotidienne, ne surgiraient jamais avec une telle fréquence» (extrait de «Lettre à une maîtresse d'école», 1968)[16].

Mais ce que l'école traditionnelle valorise pardessus tout, c'est la docilité. Un bon élève est un élève calme, qui ne parle pas sans autorisation, qui ne répond qu'aux questions qu'on lui pose et dans le sens dans lequel on désire qu'il réponde. Nous avons noté les problèmes que de telles attitudes peuvent déclencher chez des enfants créateurs mais peu «intelligents».

Cet état de fait, à peine caricaturé, est-il inéluctable? Non, ont répondu plusieurs psychologues et pédagogues qui ont tenté depuis le début du siècle de mettre de l'avant des systèmes d'éducation «ouverts», dans lesquels les enfants fonctionneraient selon leur propre rythme.

BETTMANN ARCHIVE, INC.

Fig. 9.10 *L'alignement des bancs dans une classe ainsi que le silence et l'ordre qui y sont de rigueur demeurent encore les caractéristiques de l'enseignement à l'heure actuelle. Les expériences se multiplient cependant pour transformer l'école en un authentique milieu de vie.*

C'est le cas notamment de la méthode proposée par une éducatrice italienne, Maria Montessori (1870-1952)[17]. Celle-ci décida de laisser aux enfants qui lui étaient confiés une très grande liberté de mouvements, leur permettant d'aller et de venir, et d'interagir les uns avec les autres, selon leurs besoins.

Mais surtout, Montessori créa un milieu des plus stimulants en entourant les enfants de jouets et de matériels capables de capter et de retenir leur attention.

Comme dans toutes les autres écoles où cette conception de l'enseignement fut implantée, les enfants «travaillèrent» avec ardeur, en étudiant de leur plein gré, sans pourtant qu'il y ait d'examens ou de bulletins qui sanctionnent leurs «efforts» (ce mot étant, de toute façon, inconnu dans un tel milieu).

---

[16] Cité par Ueckert et coll., *La psychologie*, Solar, 1977.

[17] On retrouve l'équivalent de cette méthode, en France, avec Freinet; en Angleterre, à Summerhill, avec A.S. Neill; en Italie, à l'école de Barbiana, etc.

On peut se demander pourquoi de telles méthodes ne sont pas monnaie courante, de nos jours, si elles ont fait leurs preuves.

Il semble que les sociétés humaines soient difficilement capables d'accepter que leurs membres fonctionnent de façon autonome.

Tout système social est le reflet de la culture et du milieu socio-économique dominants dans une société donnée. Il en va ainsi, *a fortiori*, pour l'éducation des enfants, chargés de prolonger et, surtout, de reproduire les structures en place. Un contrôle exercé plus ou moins systématiquement en constitue une garantie.

École et culture dominante

Dans tous les pays où existent une ou plusieurs minorités, ce sont (presque) toujours les valeurs de la culture dominante qui servent de point de référence. De plus, dans le monde occidental, les valeurs autour desquelles tourne toute l'activité de la société sont celles de la classe moyenne.

Ce sont donc ces deux facteurs qui vont concourir à mettre en place les méthodes éducatives, le type de connaissances devant être transmises, ainsi que les manières de sanctionner la réussite.

Ainsi, dans un pays comme les États-Unis, par exemple, où vivent des minorités importantes, l'école n'en est pas moins conçue principalement pour les Blancs parlant anglais, issus de familles composées en moyenne de cinq personnes, où le père ou la mère (ou les deux) occupent un emploi stable, plus ou moins valorisant, et sont propriétaires de leur maison.

Il s'agit là de la famille modèle dont l'image est présente dans la plupart des séries télévisées. On pourrait tracer un profil semblable au Canada, en France, en Allemagne ou dans tout autre pays occidental.

Dans un tel système, il existe peu de place pour d'autres sensibilités ou d'autres visions de la vie.

Les traits dominants de l'école dont va devoir s'imprégner l'enfant s'il veut s'adapter sont le respect de l'autorité, le travail remis à temps et selon les normes fixées, la compétition et l'individualisme. Le tout est sanctionné par un diplôme et par la promesse, pour le détenteur de ce diplôme, d'obtenir un travail plus valorisant qui va permettre au jeune adulte de rêver à son tour à la constitution d'une famille de trois enfants, à l'achat d'une maison, etc.

Bien que le système scolaire obligatoire se déclare, de bonne foi, démocratique, il n'est donc pas étonnant de ne trouver au niveau postsecondaire qu'une faible proportion d'enfants des couches peu privilégiées[18]. Si on tient compte de la façon dont les facteurs environnementaux interviennent dès la naissance, qu'il s'agisse de la faible stimulation intellectuelle s'appuyant sur des jeux peu variés, du rang occupé dans une fratrie souvent nombreuse ainsi que des valeurs qui sont propres aux classes populaires, l'école telle qu'elle est conçue ne peut constituer qu'un carcan dont les exigences correspondent peu aux attentes et aux besoins de ces enfants.

Et pourtant, ceux-ci appartiennent à la même culture que leurs condisciples des autres couches sociales. Que dire alors d'un enfant, membre d'une minorité ethnique, dont la vie de tous les jours l'amène à se sentir « étranger », à cause de la couleur de sa peau ou de ses manières d'être, ou de faire, qui diffèrent de celles propres à la culture dominante ?

Il est compréhensible dès lors qu'un grand nombre d'individus soient moins sensibles au message véhiculé pour d'autres qu'eux dans un cadre correspondant peu à celui dans lequel pourraient s'exprimer leurs motivations et les valeurs propres à leur milieu.

Attribuer l'inaptitude scolaire à la couleur de la peau est donc une erreur grossière. Tous ceux et celles qui ont contribué à l'éducation de petits Amérindiens, Inuits, Sud-Américains ou Africains, au sein même de leur milieu de vie, rejettent en bloc cette vision ethnocentrique.

Dès le moment où les apprentissages correspondent aux motivations et au rythme de vie des enfants en harmonie avec celui des adultes, les progrès s'effectuent aussi rapidement chez les petits Noirs de la brousse zaïroise que chez les petits Blancs de Paris ou de New York (Godefroid, 1966).

---

[18] Il existe une constante, à ce sujet. Dans la plupart des pays occidentaux, la proportion d'enfants des classes populaires franchissant le seuil de l'enseignement postsecondaire ne dépasse pas 8 à 12 %, alors qu'ils constituent près de 60 % de la population du niveau élémentaire, et cela est vrai aussi bien en France qu'aux États-Unis ou qu'au Québec (Godefroid, 1977).

Document 9.3

Faut-il abandonner l'usage des tests d'intelligence?

Après avoir connu une vogue importante au cours de la première moitié du siècle, les tests d'intelligence sont, à présent, de moins en moins utilisés pour la sélection, qui constituait pourtant leur principale raison d'être.

De multiples explications peuvent être apportées pour justifier cette chute dans la désuétude. Il n'en reste pas moins que c'est grâce à leur utilisation, aux critiques que leur abus a suscitées et aux recherches faites pour en améliorer la qualité, que les psychologues sont arrivés à mieux comprendre la nature et le fonctionnement de l'intelligence.

Dès la construction des tout premiers tests, deux qualités furent exigées pour que ceux-ci puissent être considérés comme de «bons» tests. Il s'agissait qu'ils soient *valides* et *fidèles*.

La *validité* d'un test consiste dans le fait qu'il doit mesurer exactement ce qu'il prétend mesurer. Ainsi, un test d'aptitude musicale qui n'évaluerait que l'habileté à reconnaître les notes sur une portée ne pourrait d'aucune manière prétendre prédire les chances de réussite d'un débutant dans l'apprentissage du piano.

Binet, le concepteur du premier test d'intelligence, avait lancé la boutade : «l'intelligence?... mais c'est ce que mesure mon test!». Cela faisait sourire et pourtant, il avait malheureusement raison. Son test avait été construit pour évaluer les chances de réussite scolaire d'un enfant et avait été validé en établissant une corrélation entre les résultats obtenus au test d'une part, et les résultats scolaires, ainsi que l'appréciation des professeurs d'autre part. C'est donc uniquement dans ce cadre qu'il était valide. Longtemps, on réduisit l'intelligence et la mesure qui pouvait en être faite à cette seule dimension.

Nous avons vu qu'il est quasiment impossible de fournir une définition claire, unifiée et surtout, opérationnelle de l'intelligence. Il est donc peu probable que quelqu'un parvienne à mettre au point un outil qui ne soit pas imprégné de la conception qu'il se fait de l'intelligence.

Il est évident que la culture occidentale privilégie la pensée rationnelle, la vitesse de résolution des problèmes et le raisonnement verbal exigeant la possession d'un certain vocabulaire. Ce sont donc vraisemblablement ces critères qui serviront encore longtemps de base à l'évaluation de l'intelligence par les scientifiques, membres de cette culture dominante à l'échelle mondiale.

La *fidélité* est la qualité d'un test dont les résultats peuvent être reproduits chez un même individu, en se maintenant constants. Ceci est possible si les conditions existant au moment d'une passation antérieure peuvent être reproduites intégralement. Il existe cependant un grand nombre de facteurs pouvant perturber cette constance. Des modifications dans les conditions de vie, tant sur le plan physique (maladie, etc.) qu'affectif (divorce ou décès des parents) ainsi que la motivation ou l'état d'esprit du sujet au moment où il est soumis à l'épreuve, peuvent engendrer des résultats relativement différents.

Il faut également considérer que le test mesure l'intelligence B (selon Hebb), c'est-à-dire la façon de fonctionner d'un individu, à un moment donné, en fonction de son hérédité mais également de sa croissance et de ses expériences passées et présentes. L'intelligence qui est évaluée est donc une faculté en constante évolution. De cette façon, on a pu montrer des variations de plus de 15 points de Q.I. chez un même individu, entre l'enfance et l'adolescence.

On pourrait donc avancer que la trop grande fidélité d'un test risque plus de constituer un défaut qu'une qualité.

Il faut, de plus, que la manière dont le test est administré soit *standardisée*, c'est-à-dire qu'elle soit la même pour tous. Ceci exige que les consignes et le type de matériel utilisé pour les fins du test soient rigoureusement semblables à chaque passation. Ainsi, les «testeurs» doivent être bien entraînés et ne pas se laisser aller, en expliquant la consigne, à des réactions subjectives provoquées par exemple, par l'apparence extérieure du sujet testé[19], qu'il s'agisse de son habillement ou de la couleur de sa peau.

Enfin, et il s'agit là d'une exigence de première importance, il faut qu'un test soit *etalonné*, c'est-à-dire que des normes aient été établies à partir d'un groupe-étalon, ou groupe de référence. Cette *normalisation* permet ainsi de définir clairement la population à laquelle le test s'adresse tout en fournissant la possibilité de situer les résultats obtenus, lors de la passation du test par des sujets, par rapport à ceux du groupe de référence distribués sur une courbe normale.

Il serait par exemple ridicule de se servir des normes établies auprès d'une population de niveau universitaire pour évaluer, à l'aide du même test, l'intelligence d'un enfant d'école primaire. De la même façon, il serait inacceptable, compte tenu des différences de culture et de valeurs, d'utiliser les normes établies auprès de groupes d'enfants du monde occidental comme critère d'évaluation des capacités intellectuelles de jeunes Africains ou de jeunes Asiatiques.

Pourtant, ce qui semble logique lorsqu'il s'agit de populations éloignées dans le temps ou dans l'espace, n'est pas toujours pris en considération lorsqu'il est question d'évaluer le niveau intellectuel d'individus appartenant à des classes sociales ou à des groupes ethniques différents, coexistant sur le même territoire.

En ce qui concerne les États-Unis, il est évident que les tests ont été construits pour mesurer l'intelligence des jeunes Blancs anglophones de la classe moyenne. Il n'est donc pas étonnant que plusieurs épreuves constituant ces tests présentent des *biais culturels*.

Ainsi, dans la WISC, l'enfant à qui on pose la question « qui a découvert l'Amérique ? » et qui

répondrait, avec raison, « les Amérindiens » se trouverait pénalisé puisque, comme chacun le sait, c'est à Christophe Colomb et à la culture européenne que l'Amérique doit son existence. C'est donc la seule réponse que le guide de correction du test tolère[20].

De la même façon, on trouve de nombreuses questions auxquelles les petits citadins de milieux privilégiés sont capables de répondre. Il n'est cependant pas évident qu'un enfant issu d'un milieu défavorisé sache qui a écrit Faust (*a fortiori*, s'il vit dans un ghetto noir), ni en quoi consiste « l'honneur », ni pourquoi « il vaut mieux donner de l'argent à une association charitable qu'à un mendiant dans la rue »...

D'un autre côté, que répondraient les enfants des villes à des questions du type « quelle est la meilleure époque de l'année pour labourer la terre ? » ou « qu'est-ce qu'une herse ? » ou encore « combien de petits la portée d'une truie compte-t-elle en moyenne ? ». Ce genre de question permettrait à plus d'un enfant des régions rurales de démontrer qu'il possède des connaissances aussi utiles pour la survie de l'espèce que peut l'être le fait d'identifier l'auteur du *Cid*. Malheureusement pour lui, elles ne font pas partie de la notion d'intelligence qu'ont, en général, les concepteurs de tests. Pas plus d'ailleurs que n'en font partie la sensibilité, les valeurs ou le vocabulaire des minorités et notamment de la population noire aux États-Unis ou maghrébine en France.

Les seuls critères sont, une fois de plus, ceux de la culture dominante, qui est celle de la société occidentale d'origine européenne; peu importe que les autres n'aient pas reçu la même éducation familiale, qu'ils ne soient pas exposés aux mêmes expériences, qu'ils aient des perceptions différentes (notamment sur l'utilité d'un test) ou encore, dans certains cas, qu'ils possèdent une connaissance moins approfondie de la langue de la majorité.

Cependant, cette iniquité sur le plan culturel ne serait qu'un demi-mal si les tests n'étaient uti-

---

[19] Pourtant, même si c'est dans l'objectivité la plus stricte que sont effectués la passation et le décodage de l'épreuve, il n'en demeure pas moins que la prédiction de réussite professionnelle et les conseils d'orientation que cela va permettre sont largement influencés par l'origine sociale du sujet. On connaît, en effet, très peu d'enfants très intelligents et habiles de leurs mains mais issus de la classe défavorisée, à qui il ait été conseillé d'entreprendre une carrière de chirurgien.

[20] La « découverte » du continent par les Vikings est également acceptée à condition que ce soit le nom de leur « chef » qui soit cité, à savoir Leif Ericson.

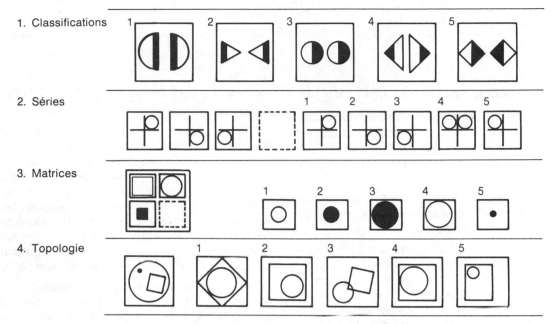

Fig. 9.11 *Échantillon d'un test indépendant de la culture* (culture-free test), *construit par R.B. Cattell.*
1. Lequel des dessins est différent des quatre autres?
2. Laquelle des cinq figures situées à droite suivrait normalement les trois figures situées à gauche, c'est-à-dire qui remplirait le carré vide?
3. Quelle est la figure située à droite que l'on devrait mettre dans le carré situé à gauche pour le compléter?
4. Dans la figure de gauche, le point est situé en dehors du carré, mais à l'intérieur du cercle. Dans laquelle des figures situées à droite pourriez-vous mettre un point hors du carré et à l'intérieur du cercle?

Solutions : n° 1 : 3 — n° 2 : 5 — n° 3 : 2 — n° 4 : 3

lisés que pour aider les individus à évaluer leurs possibilités de réussite, au sein de la société[21]. Ce qui est plus grave, c'est lorsque les différences de résultats entre les groupes ou les classes sociales sont interprétées en termes de traits héréditaires permettant de classer les différents groupes humains sur une échelle de l'intelligence, érigée en critère absolu, alors qu'elle n'est relative qu'à une culture donnée et à une certaine conception du fonctionnement de la société. Nous y reviendrons dans le dossier 9.1.

Validité
(du latin *valere* = être efficace). Qualité d'un test qui mesure exactement ce qu'il est censé mesurer.

Fidélité
(du latin *fides* = foi). Qualité d'un test dont les résultats demeurent constants chez un même individu, tant que les conditions sont inchangées.

Standardisé
(du mot anglais d'origine francique *standhart* = inébranlable). Rendu uniforme, conforme à une manière de procéder établie une fois pour toutes.

Étalonné
(d'un mot de l'ancien picard *estel* = poteau). Se dit d'un test qui a été appliqué à un groupe de référence, ce qui permet ainsi d'établir des normes dans l'emploi du test.

Normalisé
(du latin *norma* = équerre). Se dit d'un test dont les résultats du groupe de référence ont été distribués sur une courbe normale de façon à permettre de situer les résultats obtenus par les sujets lors de l'utilisation du test.

Biais culturel
Défaut présent dans la plupart des tests d'intelligence, constitué entre autres par les valeurs culturelles qu'ils véhiculent et le langage qu'ils utilisent; ceux-ci favorisent, lors de la passation, les individus qui, compte tenu de leur origine, partagent ces mêmes valeurs et utilisent ce langage depuis leur naissance.

Test indépendant (ou peu dépendant) de la culture
(*culture-free* ou *culture-fair test*) Test dans lequel les concepteurs ont tenté d'éliminer le maximum de références à une culture donnée en n'utilisant que des formes perceptuelles devant être arrangées ou complétées par le sujet.

---

[21] On a proposé la construction de tests libres de toute influence culturelle (*culture-free test*) ou peu dépendants d'elle (*culture-fair test*) (fig. 9.11). Mais il s'agit encore là d'une utopie, car l'idée elle-même de test fait partie de la culture. D'un autre côté, des chercheurs anglais ont cherché à mettre sur pied un test duquel était absente la notion de «performance» en fonction du temps. Ce genre de test insiste davantage sur la pensée divergente et les capacités requises dans la vie quotidienne (certaines épreuves visent par exemple, à vérifier si l'enfant sait «bien» mentir...). Même s'il peut s'agir là d'améliorations, on s'aperçoit que les chercheurs continuent quand même à préférer les tests traditionnels tels que le Stanford-Binet où l'échelle d'intelligence de Wechsler.

Document 9.4

L'intelligence «normale» et l'autre

L'étude de la distribution de l'intelligence, entreprise par Terman puis par Wechsler, indique que l'intelligence telle qu'elle est mesurée par les tests se distribue inégalement dans la population.

Mais que représentent exactement les catégories ainsi déterminées et quelles sont les caractéristiques des individus qui les composent?

Notons tout d'abord qu'en dehors d'un groupe constitué par plus de 80 % d'individus moyens, moyens inférieurs et moyens supérieurs, il n'existe, à une extrémité, qu'une petite catégorie regroupant 6 % d'enfants légèrement déficients ainsi que 2 à 3 % d'enfants retardés et, à l'autre extrémité, un groupe de 9 à 12 % d'individus d'intelligence supérieure dont 1 à 2 % sont considérés comme étant d'intelligence «très» supérieure.

Les individus «moyens»

Parmi cette immense catégorie de gens, dont le Q.I. varie entre 80 et 119 points, près de la moitié de la population totale se situe dans une mince fourchette de 20 points, entre 90 et 110 points[22].

Plusieurs études ont tenté d'établir des relations entre réussite professionnelle des individus d'une part, et leur quotient intellectuel, d'autre part. Ainsi, on a montré qu'il existait des différences entre le Q.I. moyen des ouvriers non spécialisés, évalué à 90 ou 95 points, et celui des professions libérales, se situant autour de 120 points.

Il faut cependant noter, à ce sujet, l'importance des chevauchements entre les différents groupes. Si certains avocats ou certains médecins, par exemple, ont effectivement un Q.I. de 135, d'autres par contre ne dépassent pas 95. De la même façon, s'il est vrai que certains agriculteurs n'ont qu'un Q.I. de 70, il n'est pas rare d'en

rencontrer qui ont obtenu plus de 120 points aux tests.

De plus, lorsqu'on connaît le contenu des tests, relativement proche de celui proposé par le système scolaire, il n'est peut-être pas étonnant qu'on obtienne un nombre de points qui augmente en fonction du temps qu'on a fréquenté l'école ou l'université. Pour un potentiel intellectuel équivalent, c'est le milieu socio-économique dont est issu l'individu qui accentue alors les écarts, ce milieu ayant permis ou non la poursuite de la scolarité (voir le document 9.2).

Si nous nous en tenons à la définition de l'intelligence donnée plus haut, qui décrit celle-ci comme la capacité d'un individu de s'adapter à son environnement, il va de soi que toute évaluation du potentiel intellectuel ne peut se concevoir que par rapport au milieu et à la culture dans lesquels s'inscrit un individu, ainsi qu'aux situations auxquelles il se trouve confronté[23].

En ce sens, vaut-il mieux être un mathématicien avec un Q.I. de 125 ou un bûcheron avec un Q.I. de 85, lorsqu'il s'agit de survivre après l'écrasement d'un avion en forêt? Chez un éducateur, un quotient de 130 est-il meilleur garant de la qualité de l'éducation d'un enfant qu'un quotient de 95? Un professeur possédant un Q.I. de 145 est-il pour autant un meilleur pédagogue que celui dont les capacités sont évaluées à 110 mais pour qui l'enseignement est une passion? Le Q.I. de 135 d'un médecin le rend-il obligatoirement plus efficace que celui d'un confrère se situant à 105 mais dont le contact avec le patient est empreint de compréhension et de chaleur humaine? Rien n'est moins sûr. Nous vivons dans une société qui privilégie les valeurs axées sur l'intelligence abstraite, l'individualisme, la compétition et la réussite scolaire et professionnelle. Les tests de Q.I. n'en sont que le reflet. Une autre société mettant l'accent sur d'autres valeurs posséderait sans doute une

---

[22] Lorsqu'on sait que le Q.I. d'un individu peut subir des variations de plus de 15 points au cours de l'enfance et de l'adolescence, la signification de telles différences se trouve grandement diminuée.

[23] Voir la conception de la structure de l'intelligence, selon Thompson, au début du chapitre.

notion très différente de l'intelligence « normale ».

Les retardés mentaux

En dehors des cas limites, constituant 6 % de la population, et caractérisés par une légère déficience, il existe 2 % de gens dont le développement intellectuel a été entravé par une anomalie génétique ou chromosomique, par les conséquences d'un problème de la mère ou cours de la grossesse ou, par une lésion ou une détérioration du cerveau au cours des premiers mois de la vie, ou enfin par une carence en stimulation liée à une privation sensorielle ou à une absence d'affection au cours des premières années (voir le tableau 9.2).

Longtemps, les individus qui accusaient un retard dans leur développement mental furent tenus à l'écart de la société. Ils étaient alors confiés à des institutions dans lesquelles on ne s'inquiétait que de leur bien-être physique, se contentant de les aider à passer le temps en les soumettant à des activités répétitives telles que fabriquer des boîtes, coller des enveloppes ou enfiler des perles.

On s'est aperçu qu'en agissant de cette façon, la famille d'abord, puis l'institution, « apprenaient » à ces enfants présentant quelques difficultés au début de leur vie, à devenir réellement déficients.

En les surprotégeant et en les empêchant de prendre des initiatives, on les privait, dès le départ, de ce qui constitue, chez les autres enfants, la base même du développement intellectuel. Ainsi, de ces individus ne souffrant parfois que d'un simple retard, on faisait de réels arriérés mentaux ; on les affublait d'une étiquette qu'ils allaient conserver tout au long de leur vie.

On sait à présent qu'avec les techniques adéquates et la foi dans les possibilités de l'enfant, il est possible de compenser le retard mental ou du moins de permettre à l'enfant retardé d'acquérir une autonomie plus ou moins grande. L'exemple rapporté par Skeels, et cité plus haut, le prouve abondamment. Cette insertion sociale est d'ailleurs facilitée par la grande sociabilité dont font preuve la plupart des retardés légers. Elle constitue, tout autant que la capacité de raisonner et d'acquérir des concepts, un atout important pour l'adaptation de l'individu.

Les intelligents précoces

Terman entreprit, dès 1921, une étude portant sur 1.528 enfants fréquentant une école primaire. Il s'agissait de 857 garçons et de 671 filles de 8 à 12 ans et dont le Q.I. était d'au moins 135 points. Ceux-ci furent suivis pendant plus de 50 ans par des équipes de l'université de Standord chargées d'examiner la façon dont ces individus s'intégraient à la société (Sears, 1977).

L'étude visait principalement à établir les relations existant entre l'intelligence et la réussite. Elle tentait surtout de vérifier jusqu'à quel point une trop grande intelligence constitue un handicap sur le plan social, et visait à démystifier la croyance existant à l'époque qui prétendait que les enfants précoces étaient plus disposés que d'autres aux troubles mentaux.

Les enfants sélectionnés par Terman se caractérisaient pour la plupart par une grande précocité tant sur le plan physique qu'intellectuel. En général, ils avaient marché et parlé plus tôt que les autres et ils avaient appris à lire bien avant d'entrer à l'école. Ils étaient, d'ailleurs, pour la plupart, dans des degrés scolaires supérieurs à ceux fréquentés par les enfants de leur âge[24].

Les observations effectuées ultérieurement par les enquêteurs allèrent à l'encontre des mythes existants. Presque tous les sujets terminèrent en effet des études secondaires. Deux tiers d'entre eux obtinrent un diplôme d'un collège universitaire ; parmi ceux-ci deux cents reçurent un grade universitaire (Terman et Oden, 1959).

Beaucoup des sujets affichaient de plus une grande réussite sociale et financière. En effet, en 1955, la moyenne des revenus pour tout le groupe était quatre fois plus élevée que la moyenne nationale.

Quel était le rôle joué par l'hérédité dans l'éveil intellectuel précoce de ces individus ? Jusqu'à quel point cette précocité n'avait-elle pas bénéficié d'un milieu accueillant, où l'on envisageait favorablement les apprentissages et les performances ?

---

[24] Il s'agit donc là d'enfants en avance sur leur âge et non d'enfants différents qui auraient « reçu » quelque chose de plus à la naissance. C'est la raison pour laquelle nous préférons l'expression *intelligent précoce* à celle de « surdoué » qu'on accole en général à ces enfants, telle qu'elle a notamment été proposée par Jacquard.

Il semblait que cette même précocité se manifestait d'ailleurs chez les enfants de ces individus, dont le Q.I. moyen fut évalué à 133 points. Ici encore, cela était-il le fait de l'hérédité ou celui du milieu enrichissant dans lequel ils étaient amenés à s'épanouir ? Lorsqu'on sait que le Q.I. de ces enfants était compris entre 200 et... 65 points, on ne peut de toute évidence pencher de façon catégorique pour le rôle prépondérant de l'hérédité.

Une étude plus poussée de la façon dont se répartissait la réussite parmi les membres du groupe observé, amena d'ailleurs l'équipe de Terman à conclure que l'intelligence elle-même n'était qu'un des facteurs de réussite parmi d'autres et que le milieu familial avec ses caractéristiques affectives et socio-économiques, ainsi que les traits de personnalité propres à l'enfant, intervenaient de manière au moins aussi importante (voir le document 9.5).

Document 9.5

Intelligence et créativité ; l'enfant, sa personnalité et sa famille

Au cours de la première enfance, l'enfant baigne dans le milieu familial au sein duquel les conditions de vie et les attitudes éducatives, mises de l'avant par les parents, vont être déterminantes pour son avenir et pour le développement de ses potentialités intellectuelles et créatrices.

L'école constitue le second relais dans la prise de confiance en soi et du développement chez l'enfant de son goût pour l'étude et l'élargissement des connaissances.

La façon dont vont réagir les parents et les éducateurs est en partie liée à des caractéristiques personnelles de l'enfant, telles que son sexe, son tempérament ou son caractère, dont les bases, innées, entrent très tôt en interaction avec le milieu. De plus, le rang de l'enfant dans la fratrie et le type de relations qu'il va établir avec elle sont également susceptibles, comme nous l'avons vu, de jouer un rôle important dans son développement cognitif.

La place de l'enfant dans la fratrie

L'hypothèse de Zajonc (document 9.1) suggère que l'intelligence d'un enfant a plus de chance de se développer de façon optimale s'il grandit auprès d'un nombre réduit de frères et sœurs.

Il semble, par contre, que le développement de la créativité ne soit pas associé à ce facteur. L'important, dans ce cas, est d'être suivi de près par un autre enfant, peu importe la place occupée et la dimension de la famille. La situation la plus dramatique est celle des benjamins nés longtemps après les autres et qui n'ont personne de plus jeunes qu'eux avec qui inventer des jeux (Miller et Gérard, 1979).

Le rôle du sexe de l'enfant

Il semble que les différences entre filles et garçons se situent principalement au niveau des aptitudes verbales et spatiales. Ainsi, alors que la lecture et l'écriture semblent être le secteur dans lequel les filles brillent le plus fréquemment, le goût pour les mathématiques et l'apparente facilité de visualisation en trois dimensions dans l'espace, à partir d'un plan en deux dimensions, par exemple, paraissent plus être le propre des garçons.

Mais ces différences sont-elles génétiques et dues, comme certains le pensent (Waber, 1977), à une maturation plus lente, chez le garçon, qui favoriserait le développement des aptitudes spatiales ? Ou sont-elles simplement le fait de la culture, encore très imprégnée de sexisme, qui continue à orienter différemment l'éducation de l'un et de l'autre sexe ? Nous allons revenir à cet aspect de la question en abordant plus loin la façon dont s'établissent les relations entre parents et enfants.

La personnalité de l'enfant

Le *tempérament* et le *caractère* d'un enfant jouent très souvent un rôle important dans la façon dont vont s'établir les liens avec l'entourage, et notamment avec le milieu scolaire.

Certains se caractérisent par une lenteur à intégrer la matière qui vient d'être exposée; d'autres manifestent une hyperactivité qui les empêche de tenir en place; d'autres encore sont dans l'incapacité de concentrer leur attention sur une même tâche sans se laisser distraire (Chess, 1968).

Cela n'implique pas nécessairement qu'ils soient incapables d'assimiler la matière exposée par l'adulte. Leur «style» ne cadre tout simplement pas avec celui qui est de rigueur dans le système scolaire traditionnel. Ils se trouvent, de ce fait, relativement vite «marginalisés» et considérés comme peu capables de réussir.

Mais indépendamment de ces caractéristiques personnelles liées au tempérament de l'enfant, il en existe d'autres se rapportant à sa façon de réagir sur le plan cognitif et à sa façon de solutionner un problème ou d'accomplir des tâches scolaires. Kagan (1965) observe notamment qu'il existe des enfants réfléchis et des enfants impulsifs.

Les enfants *réfléchis* s'attachent à un problème, même difficile, en prenant tout le temps nécessaire pour en trouver la solution. Il semble cependant que le but qu'ils poursuivent ainsi est principalement d'éviter l'échec. Leur participation sociale est souvent faible; ils se mêlent peu aux autres, se méfiant particulièrement des situations sociales auxquelles ils ne sont pas familiarisés.

Les enfants *impulsifs*, eux, sont bien insérés socialement. Ils ne craignent pas de prendre des risques et recherchent surtout des succès rapides. Ils se contentent souvent du provisoire, n'hésitant pas à donner la première réponse qui leur passe par la tête. Cela entraîne parfois des problèmes au niveau scolaire, notamment en ce qui concerne la lecture : le fait de sauter une ligne de texte ou de substituer un mot à un autre sont choses courantes chez beaucoup d'entre

eux. Leur comportement est le même lorsqu'ils recherchent la solution de problèmes, auxquels ils apportent parfois des réponses ambiguës.

Cela ne veut nullement dire que leurs performances soient globalement inférieures à celles des enfants réfléchis. Leur attitude est simplement moins bien acceptée que celle de ces derniers, dans un système d'éducation qui met principalement l'accent sur la docilité.

Kagan note également que les enfants impulsifs proviennent plus souvent des milieux défavorisés. Le fait que certaines études indiquent que le Q.I. moyen des enfants qui appartiennent à ces milieux soit plus bas que celui des autres, relèverait davantage selon lui, de cette impulsivité à répondre aux questions des tests, que d'une infériorité dans les aptitudes fondamentales.

S'il est aisé de distinguer, parmi ces deux types d'enfants, celui dont l'intelligence risque le plus facilement d'être reconnue, il est par contre difficile de déterminer celui chez lequel la créativité s'épanouit le plus aisément. Kagan suggère qu'un enfant réfléchi a plus de chance de devenir un créateur grâce à sa faculté d'envisager les diverses solutions possibles à un problème. Cependant, la tolérance de l'ambiguïté et la spontanéité dans la formulation des réponses garantissent autant une production divergente et originale de la part de l'enfant impulsif.

Tout est dans la manière dont on laissera à l'enfant la chance d'exploiter ses talents et dans la façon dont les productions seront accueillies et encouragées.

La personnalité des parents

Les enfants intelligents ou créateurs possèdent des parents qui ont une attitude positive face à la vie. Ceux-ci aiment généralement leur travail, ils sont énergiques et font preuve de beaucoup de disponibilité. De plus, il semble que les parents d'enfants créateurs aient, pour la plupart, un passe-temps culturel ou artistique. Il s'agit surtout, dans leur cas, d'individus anticonformistes, ne se préoccupant pas de l'opinion des autres ni des conventions ou des pressions sociales. Ils ont une grande confiance en eux-mêmes et fonctionnent sans inhibition, ne se souciant que peu de leur réputation.

Les relations parents-enfants

Le type de relations que les parents établissent avec leurs enfants semble déterminant dans le fait que ceux-ci développent plus leur intelligence que leur créativité ou l'inverse, lorsque la chance leur est donnée de le faire.

Dans les deux cas, il est important que l'enfant reçoive une certaine dose d'affection et surtout, qu'il se sente respecté par les adultes.

Mais le climat qui règne autour d'enfants développant surtout leur intelligence est, comme nous allons le voir, relativement différent de celui dans lequel baignent les enfants créateurs. Un dosage subtil des deux ambiances peut parfois se rencontrer mais, compte tenu de la différence existant entre les attitudes éducatives de l'un ou de l'autre type, il y a peu de chances pour qu'il en soit ainsi dans de nombreux cas.

Les enfants *intelligents* sont caractérisés par le lien étroit existant entre eux et leurs parents, au cours de la petite enfance, et la grande attention manifestée par ces derniers pour les succès scolaires.

Il faut cependant distinguer les réactions qui prévalent vis-à-vis d'enfants brillants sur le plan verbal, par rapport à celles manifestées envers les enfants supérieurs sur les plans numérique et spatial (Bing, 1963).

En effet, les enfants dont les aptitudes sont supérieures au niveau verbal ont, en général, des parents qui créent avec eux des liens émotifs très forts, ce qui renforce des comportements de dépendance. Lors de la petite enfance, ces parents manifestent beaucoup d'intérêt pour le développement intellectuel de leurs enfants, leur achetant des jouets instructifs et des livres de contes, et les faisant souvent participer à leur conversation. À l'âge scolaire, ces parents resserrent cependant le contrôle et les pressions sur eux, attachant une grande importance au rendement scolaire et n'hésitant pas à les critiquer sévèrement en cas de baisse dans leurs résultats.

Quant aux enfants manifestant une plus grande intelligence sur le plan numérique et spatial, il semble qu'ils soient laissés beaucoup plus libres de mener à bien leurs expériences. Cette relative indépendance leur permettrait d'apprendre plus à travailler par eux-mêmes, tout en leur permettant d'interagir avec leur environnement physique. Ils pourraient ainsi se concentrer sur les tâches qu'ils ont décidé de mener à bien mais également développer une meilleure perception spatiale et le goût pour la manipulation des chiffres.

On observe tout de suite le rapprochement qui peut être fait entre l'éducation traditionnelle des filles et celle des garçons, d'une part, et ces orientations différentes qui peuvent être imprimées au développement intellectuel, d'autre part. La dépendance qui caractérise l'éducation des filles, face à l'indépendance qui est souvent le propre de celle des garçons, n'est vraisemblablement pas étrangère au fait qu'elles soient supérieures à ces derniers sur le plan verbal, mais qu'elles montrent moins de goût pour les tâches numériques et spatiales.

Par ailleurs, en ce qui concerne les enfants *créateurs* et les relations qui ont été généralement identifiées entre eux et leurs parents, on relève l'absence d'attitude autoritaire ou surprotectrice. Celles-ci font plutôt place au renforcement par les parents de la spontanéité et de la confiance en soi ainsi qu'au sens des responsabilités qui sont essentielles à l'épanouissement des aptitudes créatrices chez l'enfant. Les chercheurs notent cependant que, contrairement à ce qui ce passe pour les enfants intelligents, il règne souvent dans le foyer des enfants créateurs une certaine distance émotive, une certaine froideur, qui peut même aller jusqu'à un désaccord profond entre les parents, sans toutefois que cela n'entraîne de l'hostilité ou certaines formes de rejet envers les enfants.

Tempérament
Ensemble des caractéristiques physiologiques d'un individu qui agissent sur son caractère.

Caractère
Manière d'être relativement stable ; façon habituelle de réagir aux conditions du milieu propre à chaque individu.

Impulsif
Qui agit de façon spontanée, irréfléchie ou hors du contrôle de la volonté.

Source : PAPALIA, D.E. et OLDS, S.W., *Le développement de la personne*, Montréal, Les Éditions HRW ltée, 1983.

Résumé

1. Pendant longtemps, on a cru que la *vitesse* de perception et de réaction permettaient d'évaluer l'intelligence d'un individu et que celle-ci était *héréditaire*.

2. Les premiers concepteurs de tests proposèrent une *définition* de l'intelligence conçue comme la capacité de *s'adapter* à son environnement, en pensant et en agissant de façon rationnelle.

3. Plusieurs théories ont été proposées afin de cerner la *structure* de l'intelligence. Spearman avança l'idée de l'existence d'un facteur d'intelligence générale et de facteurs spécifiques à des aptitudes particulières. Thurstone distingua plutôt sept aptitudes mentales primaires rendant compte selon lui du fonctionnement intellectuel dans son ensemble. D'autres chercheurs comme Guilford allèrent jusqu'à proposer l'existence de 120 facteurs. Thomson envisagea au contraire l'activité intellectuelle comme étant spécifique à chaque tâche entreprise par l'individu. Quant à Jensen, il distingue l'intelligence concrète de l'intelligence abstralte.

4. Cattell distingue l'*intelligence fluide*, héritée, constituée des aptitudes sur lesquelles va se développer l'*intelligence cristallisée* dont le développement va se poursuivre jusqu'à la fin de la vie. Quant à Hebb, il fait valoir que seule l'*intelligence B*, issue de l'*intelligence potentielle A* et de l'expérience, peut être évaluée.

5. Les *facteurs du développement intellectuel* sont de trois types. Les facteurs génétiques constituent le potentiel hérité par l'enfant. Les facteurs congénitaux interviennent entre la fécondation et la naissance; il peut s'agir d'anomalies chromosomiques responsables notamment du syndrome de Down, de carences alimentaires chez le fœtus ou de maladies de la mère au cours de la grossesse. Les facteurs environnementaux sont de natures diverses; les plus importants sont constitués par l'alimentation équilibrée ou non du nourrisson, la stimulation dont il est l'objet, sa place dans la famille, la classe sociale à laquelle appartient celle-ci et enfin, l'éducation scolaire.

6. La première tentative de *mesure de l'intelligence* à l'aide d'un test remonte au début du siècle et est attribuable à Binet. Ce dernier a également introduit la notion d'âge mental permettant de situer le fonctionnement intellectuel d'un individu par rapport à celui des enfants de son âge. Le rapport entre l'âge mental et l'âge chronologique a permis d'établir par la suite une mesure moins relative qui porte le nom de *quotient intellectuel* (Q.I.).

7. Après celui de Binet, d'autres tests d'intelligence ont fait leur apparition. Les plus célèbres sont le Stanford-Binet, les Army-tests et les échelles d'intelligence de Wechsler pour adultes et pour enfants. Leur utilité réelle a été cependant remise en question au cours des années 70, et ils sont peu à peu tombés en désuétude. Certains chercheurs continuent toutefois à les utiliser dans le cadre de recherches sur l'hérédité de l'intelligence.

8. L'utilisation des tests d'intelligence a notamment donné lieu à l'établissement de *courbes* tentant d'illustrer la distribution de l'intelligence dans la population. Selon celles-ci, 2 à 3 % des individus présenteraient un retard mental et 1 à 2 % posséderaient un niveau très supérieur d'intelligence.

9. Compte tenu des diverses façons existantes d'apporter une solution à un problème, Guilford fut amené à distinguer la *pensée convergente* de la *pensée divergente*. Cette dernière est à la base de la *pensée créatrice* qui se caractérise par la fluidité, la flexibilité et surtout l'originalité des réponses apportées. Il semble que l'intelligence et la créativité soient deux aptitudes indépendantes l'une de l'autre lorsqu'on atteint 120 points de Q.I. ; il semble également qu'il n'existe pas de différence entre les sexes en ce qui concerne l'une et l'autre de ces aptitudes.

10. Wallach et Kogan ont montré que les enfants très intelligents et très créateurs ainsi que les enfants qui ne sont ni l'un ni l'autre ne connaîssent que peu de problèmes d'adaptation, contrairement à ceux chez qui une de ces dimensions seulement est présente.

11. Plusieurs auteurs ont tenté de cerner la personnalité de l'individu créateur. Il semble que l'anticonformisme, l'éclectisme, le goût pour ce qui est complexe et nouveau, ainsi qu'une capacité d'émerveillement constituent les caractéristiques qui le décrivent le mieux.

Dossier 9.1

Naît-on intelligent ou le devient-on?

Tout au long de ce chapitre, nous avons vu combien le débat sur l'hérédité de l'intelligence est toujours vif à notre époque.

Cela tient, bien sûr, au fait que la réponse à cette question a des implications importantes tant sur le plan philosophique que politique.

Plus que pour d'autres problèmes, les idées préconçues des chercheurs jouent ici un rôle important. Elles prennent même parfois le pas sur la prudence dont devrait faire preuve tout scientifique. Surtout lorsque, comme dans le cas présent, sa responsabilité sociale est engagée.

En effet, affirmer que la preuve est faite que l'intelligence est héréditaire est lourd de conséquences. Cela permet notamment une justification quasi automatique des inégalités sociales, la réussite sociale étant toujours le propre de ceux qui sont *nés* pour réussir, parce que nés «intelligents». Ceci permettrait dès lors d'avancer, comme le faisait Galton, que si les conditions de vie et l'environnement des classes privilégiées sont supérieurs à ceux des classes défavorisées, cela serait essentiellement dû au fait que l'intelligence des individus qui les composent leur a permis de créer un tel environnement.

De surcroît, prétendre avoir démontré que l'intelligence est non seulement héréditaire mais, en plus, dire qu'elle est répartie inégalement entre les groupes humains, permet ainsi de justifier les positions racistes établissant des clivages entre ces groupes. Cela risque notamment d'entraîner la constitution de castes dont certaines regrouperaient des citoyens de seconde zone. Ces derniers seraient alors occupés aux basses besognes et verraient leurs droits civiques limités, puisqu'ils seraient moins capables, génétiquement parlant, de prendre part aux affaires publiques exigeant un certain niveau d'intelligence[25].

Au pire, cela pourrait aller jusqu'à l'interdiction de «croisements» susceptibles de diminuer le potentiel génétique du groupe «supérieur».

Il ne s'agit malheureusement pas là de science-fiction. L'Allemagne nazie des années 30 et certains États où, actuellement, une minorité blanche se maintient au pouvoir en s'appuyant sur de telles conceptions racistes sont des preuves indéniables que le danger a existé et qu'il est toujours présent.

Dans nos pays démocratiques, de telles affirmations pourraient également avoir d'énormes conséquences. Elles signifieraient notamment l'arrêt de la démocratisation de la scolarité, puisqu'il serait alors évident que les sommes dépensées, entre autres pour ce rattrapage des enfants issus de milieux défavorisés, seraient gaspillées en vain.

Il est donc important de clarifier le débat et d'analyser certaines assertions ainsi que les données sur lesquelles elles se fondent.

---

[25] Ces idées avaient déjà cours chez les Grecs et les Romains.

Les thèses héréditaristes et l'eugénisme

La thèse « héréditariste » plonge des racines profondes jusqu'aux débuts de la vie en société. Elle possède évidemment l'avantage de permettre à certains la justification de privilèges auxquels d'autres, reconnus comme inférieurs, ne peuvent prétendre[26].

Cette thèse est présente dès la naissance de la psychologie scientifique. En effet, en 1869, Galton publie *Le génie héréditaire*, un ouvrage où certaines observations et l'optique de la théorie de l'évolution « justifient », selon lui, le fait que les hommes éminents naissent le plus souvent de familles éminentes. L'année suivante, Galton fonde l'Eugénique scientifique qui doit « entraver la multiplication des inaptes » et « améliorer la race ».

Une telle conception fait vite tache d'huile tant en Angleterre qu'aux États-Unis. Entre 1905 et 1928, des lois sont même votées dans une vingtaine d'États américains et des mesures sont prises afin que des individus, souffrant de débilité mentale ou d'épilepsie, ou présentant des tendances à la criminalité, ne puissent pas procréer. Il s'agit, par ces mesures, d'éviter le risque d'une baisse du niveau intellectuel moyen de la population. Au cours de cette période, près de 8.000 *stérilisations* sont pratiquées.

Entre-temps, les tests ont aussi fait leur apparition. Ils vont, dès 1905, constituer l'outil permettant non seulement d'effectuer la sélection, mais également de mener des recherches visant à rassembler les preuves qui confirmeraient la thèse héréditariste.

L'utilisation des tests

La première de ces deux fonctions des tests va s'exercer dans le milieu scolaire et auprès de la population américaine en général, mais également, avec l'appui de psychologues aussi éminents que Terman et Yerkes, dans la sélection des émigrants, dont le nombre annuel a été limité par l'*Immigration Act* de 1924. Il s'agit surtout de Juifs polonais et russes qui tentent, au début des années 20, de s'installer aux États-Unis. Le psychologue Goddart estimera, à l'époque, que près de 85 % de ces émigrants sont des faibles d'esprit !... Il semble toutefois qu'il n'ait pas tenu compte du fait que les épreuves étaient rédigées en langue anglaise et que cela constituait, de toute évidence, un handicap pour un Européen de l'Est fraîchement débarqué (!).

La montée du nazisme et les conséquences de ses fondements racistes donnent cependant un coup de frein à la pratique de l'eugénisme et à la théorie héréditariste qui le justifie.

De plus, les thèses environnementalistes, mettant en évidence le rôle du milieu dans le développement de l'intelligence, prennent de plus en plus d'ampleur et vont contraindre les héréditaristes à avancer d'autres raisons pour préconiser ces pratiques. Ils proposent alors la stérilisation afin d'éviter aux enfants éventuels d'être élevés par des parents présentant des troubles mentaux ou des tendances « néfastes ».

Eugénisme
(du latin *eu* bien et -*genos* = race). « Science » fondée par Galton visant à créer les conditions les plus favorables à l'amélioration de la « race » humaine en empêchant la multiplication des inaptes et en facilitant au contraire celle des plus doués.

Stérilisation
Action consistant à rendre un individu inapte à la reproduction.

---

[26] L'aristocratie (littéralement : « le pouvoir au meilleur ») qui a dominé le monde féodal européen, tout au long du Moyen Âge, de même que la caste des brahmanes en Inde et celle des mandarins en Chine, sont des exemples célèbres d'un tel système social.

Cela n'empêchera cependant pas l'eugénisme d'être de plus en plus décrié, au nom des droits de la personne, pour être finalement banni de façon quasi définitive.

Au cours des années 60, l'accent seras mis, au contraire, sur des programmes éducatifs permettant de compenser les déficits culturels des enfants issus des classes défavorisées. D'énormes budgets vont alors être consacrés à la mise au point de différents types d'interventions, dont notamment des émissions télévisées du type «Sesame Street».

Quant à l'autre fonction des tests, elle consistera à servir d'instrument de mesure pour les recherches axées sur l'importance de l'hérédité dans le développement de l'intelligence. Entre le début du siècle et le milieu des années 60, près de 120 recherches de ce type seront menées, portant principalement sur la comparaison de l'intelligence entre jumeaux identiques, élevés ensemble ou séparément. On tentera ainsi d'évaluer, à partir de différences existant entre ces jumeaux, l'impact de l'environnement sur des individus ayant un potentiel génétique semblable par rapport à d'autres n'ayant que des liens familiaux «normaux».

Les résultats de telles études sont parfois contradictoires et souvent difficiles à interpréter. Pourtant, un psychologue aussi renommé que l'Anglais Sir Cyril Burt n'hésitera pas à proclamer, jusqu'en 1966, que la part d'héritabilité de l'intelligence, telle qu'il prétendait avoir pu la calculer suite à ses observations, serait de 80 %, alors que celle de l'environnement ne serait que de 20 %.

La dernière poussée héréditariste remonte à 1969. Cette même année, Jensen publie un article dans une importante revue d'éducation américaine dans lequel il réaffirme, dans la foulée de Galton et de Burt, que les différences d'intelligence sont essentiellement innées et que les classes sociales ne sont fondamentalement que des classes génétiques.

Il ajoute que, selon ses observations, ce serait entre les «races» noire et blanche que la différence serait la plus nette avec un écart moyen de 15 points de Q.I., au profit de la deuxième.

La corrélation positive qui existe, selon lui, entre le quotient intellectuel et des variables, telles que le succès scolaire, la réussite professionnelle ou le revenu familial, confirmerait ce point de vue.

Il en conclut qu'il est dès lors parfaitement inutile de gaspiller les deniers publics pour créer des programmes de «rattrapage». Pour Jensen, ceux-ci seront toujours voués à l'échec.

Afin de voir plus clair dans le débat, il est sans doute bon de faire, à présent, l'analyse des données sur lesquelles s'appuient les arguments avancés par les tenants de la thèse héréditariste ainsi que celles fournies par leurs adversaires.

Les recherches

Il y a d'abord les recherches menées sur des animaux, notamment en ce qui concerne la vitesse d'apprentissage d'un labyrinthe par des rats de laboratoire issus de lignées différentes.

Puis, il y a les études effectuées auprès d'enfants ayant un lien de parenté plus ou moins étroit; l'objet de ces études consiste à comparer les résultats obtenus à des tests de Q.I. par des enfants élevés ensemble ou séparément.

Enfin, il y a les recherches réalisées auprès de groupes humains différents, afin d'évaluer les différences moyennes de Q.I. existant entre eux.

1. Les études sur les animaux   Nous avons déjà fait part, au chapitre 3 (document 3.4), de la recherche de Tryon et de sa façon de sélectionner des souches de rats «brillants» et de rats «stupides», par croisements successifs selon que les sujets apprenaient rapidement ou lentement le parcours d'un labyrinthe. À cette occasion, nous avons vu la critique qui pouvait être formulée concernant ces résultats dès le moment où ils étaient décodés sous l'angle plus objectif de l'éthologie et des connaissances sur le comportement naturel du rat.

De plus, de nombreuses autres recherches mettent en évidence le rôle de l'environnement dans le développement des facultés d'apprentissage des animaux.

Cooper et Zubek (1958) reprirent l'expérience de Tryon en modifiant l'environnement où était élevée chacune des lignées; l'une était élevée dans un environnement physique «enrichi», à la façon d'un parc d'attractions, l'autre dans un milieu «appauvri», représenté par une cage vide dans laquelle l'animal vivait seul en recevant le moins de stimulations possible. Ils s'aperçurent alors que les différences notées par Tryon, telles qu'elles se manifestaient dans un environnement «normal» pour des rats de laboratoire, disparaissaient complètement lorsque les rats vivaient dans ces deux environnements particuliers. Qu'ils appartiennent à la lignée des «brillants» ou à celles des «stupides», les rats faisaient, en moyenne, un même nombre d'erreurs. Celui-ci était réduit chez les rats qui avaient grandi en milieu «enrichi» et il était élevé chez les rats vivant en milieu «appauvri».

La stimulation à laquelle certains rats avaient été soumis, ou dont les autres été privés, constituait donc un élément décisif dans l'évolution de facteurs (tels que l'émotivité ou l'habituation à une situation de laboratoire) qui jouent un rôle capital dans la performance à l'intérieur du labyrinthe.

D'autres travaux, plus importants encore, furent menés à l'université de Berkeley par Rosenweig et ses collaborateurs (1971). Ces travaux portèrent, eux aussi, sur les conséquences d'un élevage en milieu «enrichi» ou «appauvri». Mais, cette fois, on étudia les modifications que de telles conditions entraînaient sur le développement du cerveau. Les chercheurs notèrent que la vie dans un milieu riche en stimulations faisait augmenter considérablement l'épaisseur et le poids du cortex des rats[27], ainsi que l'activité de deux enzymes d'une importance considérable pour le fonctionnement du cerveau.

---

[27] Notamment par l'allongement des neurones et l'augmentation du nombre de cellules gliales chargées de les alimenter.

Il semble, de plus, qu'un cerveau stimulé au cours de l'enfance entraîne, au niveau des glandes surrénales, une libération plus importante de *corticostérone*. L'action de cette hormone viendrait, à son tour, modifier l'activité de l'hypothalamus, en rendant ainsi l'individu moins émotif et donc moins vulnérable au stress provoqué par de nouveaux apprentissages (Denenberg, 1970).

Plusieurs hypothèses ont été avancées et sont en voie de vérification. Certaines d'entre elles consistent à penser que la quantité et la qualité des neurotransmetteurs, produits au niveau des synapses, augmenteraient en fonction du niveau d'activité des tissus nerveux, au cours de l'enfance. Il en irait ainsi également pour la myéline, qui recouvrirait plus vite les neurones les plus souvent activés. Ceci permettrait une accélération de la maturation qui créerait, par un effet d'entraînement, de plus grandes possibilités d'exploration et d'action sur le milieu[28].

2. Les études sur les jumeaux   Pour des raisons évidentes, il est impossible d'obtenir sur les humains les informations que peuvent fournir des études sur les animaux.

Il existe heureusement un « matériel » privilégié, constitué par les cas de jumeaux *identiques* ou *fraternels*, élevés ensemble ou séparément. Puisque les premiers possèdent le même stock génétique, toute différence de Q.I. entre eux doit être théoriquement attribuée à l'action du milieu ou, tout au moins, à l'interaction entre hérédité et milieu. Quant aux jumeaux fraternels, ils présentent l'avantage, sur de simples frères et sœurs, de vivre au même moment des expériences identiques ou différentes, selon l'impact des circonstances de la vie.

Les chercheurs utilisent le seul outil dont dispose la psychologie dans de tels cas, à savoir les tests de Q.I. Il s'agit alors, après avoir rassemblé les résultats obtenus par un nombre assez important de paires de sujets, d'en faire l'analyse statistique par le calcul du coefficient de corrélation. Comme cela est expliqué dans l'appendice B, un coefficient de corrélation positive se situe entre 0 et +1, et on considère qu'une corrélation est élevée lorsqu'elle est égale ou supérieure à 0,70[29].

En ce qui concerne l'étude de l'origine de l'intelligence, une corrélation élevée entre des individus ayant un lien de parenté étroit, par exemple, indiquerait, dans ce cas, que le rôle joué par l'hérédité est important.

La figure 9.12 réunit les résultats fournis par 52 études regroupant 99 groupes différents. Elle montre qu'il existe une grande variabilité entre les résultats obtenus aux différents niveaux de parenté mais, qu'en général, la corrélation moyenne augmente avec le resserrement des liens. Il faut cependant noter que, dans la plupart des cas de parenté directe, la corrélation moyenne n'est guère supérieure à 0,50. Ce n'est qu'en ce qui concerne les jumeaux identiques qu'elle dépasse 0,70 (voir remarque 6).

Corticostérone
Une des hormones sécrétées par la glande cortico-surrénale (partie périphérique de la glande surrénale, située sur la partie supérieure du rein). Elle joue un rôle important dans le métabolisme des sucres.

Jumeaux identiques
Jumeaux provenant du même œuf et ayant donc le même potentiel génétique ainsi que l'occasion de vivre la plupart du temps des expériences semblables au cours de leur éducation. Autres appellations : *jumeaux monozygotes, univitellins, uniovulaires, vrais jumeaux.*

Jumeaux fraternels
Jumeaux issus d'œufs différents. La seule chose qui les distingue de frères ou de sœurs ordinaires consiste dans le fait d'avoir vécu une vie intra-utérine commune et de connaître, la plupart du temps, des expériences semblables au cours de leur éducation.

---

[28] Pour une revue plus complète, voir M. Ferguson, *La révolution du cerveau*, chapitre XVIII, Paris, Calmann-Lévy, 1974.

[29] En effet, un coefficient de corrélation n'est pas un pourcentage. Si on veut en obtenir un, on doit multiplier le carré du coefficient de corrélation par 100. Ainsi, un coefficient de 0,50 signifie que $(0,50)^2 \times 100 = 25$ % seulement des éléments corrélés varient dans le même sens (à 0,70, il y en a 49 % ; à 0,10, il n'y en a que 1 %, etc.)

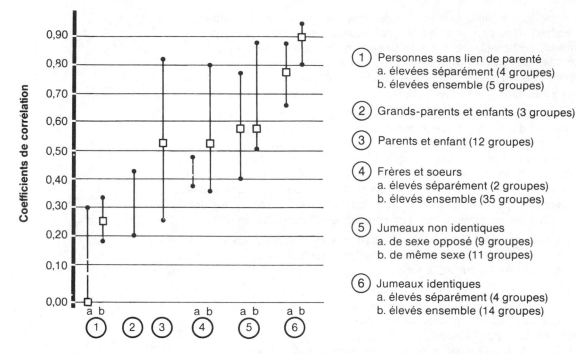

Fig. 9.12 *Coefficients de corrélation moyens (□) obtenus à partir de 52 études ayant porté sur 99 groupes différents. On note que le coefficient de corrélation n'est très élevé que dans le cas des jumeaux identiques élevés ensemble, et très faible pour les personnes sans aucun lien de parenté (voir cependant la remarque infra-paginale 30 du dossier 9.1 au sujet de certaines fraudes qui auraient été constatées à propos de plusieurs de ces recherches). Dans les autres cas, relatifs à des individus ayant un lien étroit de parenté, il se situe autour de 0,50, ce qui ne permet pas de trancher en faveur du rôle de l'hérédité ou de l'environnement (d'après Erlenmeyer, Kimpling et Jarvik, 1963).*

Les tenants de la thèse héréditariste mettent principalement l'accent sur la faible différence existant, dans ces cas, entre les jumeaux identiques élevés ensemble (0,87) et ceux élevés séparément (0,75). Ce faible écart signifierait, selon eux, que malgré les conditions environnementales différentes, la façon dont s'exprime l'intelligence demeure relativement semblable, ce qui ne pourrait s'expliquer que par le poids de l'hérédité.

Or, comme le souligne Hebb (1974), on ne peut pas réellement parler de milieu différent. En effet, on s'aperçoit, lorsqu'on observe la réalité des faits, que peu de jumeaux identiques, élevés séparément, se retrouvent dans des milieux très dissemblables. Ce sont très souvent des membres de la famille ou du voisinage qui recueillent les orphelins ou celui des jumeaux qui doit quitter, pour une raison quelconque, le toit familial. Il s'agit donc, dans la plupart des cas, de familles d'accueil ayant le même niveau socio-économique. Les différences attribuables au milieu sont dès lors considérablement réduites et il est difficile alors d'invoquer le fait que, *malgré* la séparation, les jumeaux conservent une façon relativement semblable de fonctionner.

C'est cependant sur de telles interprétations que Galton, Burt puis Jensen vont baser la plus grande partie de leur argumentation en faveur de l'héritabilité de l'intelligence. Leur conviction est d'ailleurs tellement bien ancrée qu'ils se contenteront souvent de petits échantillons, comme c'est le cas pour Jensen, ou, dans le cas de Burt, de publier des chiffres dont l'origine se révèlera plus que douteuse et donc, comme le souligne Kamin (1976), qui ne sont «pas dignes d'attention scientifique»[30].

3. Les comparaisons entre groupes humains   Fort de la conclusion qu'ils tirent, en l'occurrence que l'intelligence est héritée dans sa presque totalité, Jensen et d'autres héréditaristes (Vernon, 1979) ne vont pas hésiter à expliquer en termes d'hérédité toutes les différences apparaissant entre groupes humains.

Jensen (1976) mène une recherche sur 600 jeunes Blancs, et 600 jeunes Noirs, qu'ils soumet à la WISC, l'échelle d'intelligence de Weschler. Il obtient une différence de 12 points de Q.I. entre les moyennes de chacun des groupes.

Cela confirme le fait, pour lui, que les Noirs sont inférieurs sur le plan intellectuel. Il ajoute comme preuve que la passation du même test à des Amérindiens entraîne l'obtention d'un Q.I. moyen de 7 à 8 points supérieur au leur.

Comme le note Guthrie (1976) dans son livre *Même le rat était blanc*, lorsqu'on est convaincu que l'intelligence est un trait fondamentalement hérité, on ne peut expliquer les différences que par la présence de «mauvais gènes» et non par un «mauvais environnement». Or, la comparaison entre Blancs et Noirs ou tout autre groupe humain ne peut être valide que si ceux-ci ont des expériences passées et un environnement social actuel qui sont similaires.

Mettre sur le même pied, d'une part, la population noire des États-Unis, descendante d'esclaves transplantés sur un sol que les Blancs continuent à considérer comme le leur, avec, d'autre part, des Amérindiens, spoliés de ce même sol après des luttes acharnées et contraints de vivre sur des réserves misérables, mais chez eux, avec des structures sociales qui leur sont propres, c'est nier que les motivations ainsi que les conditions d'assimilation des deux ethnies sont essentiellement différentes les unes des autres.

L'approche épigénétique

Peu de scientifiques accordent encore aujourd'hui leur appui à la thèse héréditariste de l'intelligence. Il n'y en a pas plus d'ailleurs qui appuient la thèse environnementaliste prétendant, comme le faisait déjà Watson (document 2.8), que le développement intellectuel est uniquement le fait du milieu.

---

[30] En 11 ans, Burt publia en effet quatre études sur des paires de jumeaux dont le nombre variait de 21 à 53 pour les cas de jumeaux élevés séparément, et de 83 à 95 pour ceux de jumeaux élevés ensemble. Pourtant, malgré ces différences importantes dans la proportion des échantillons, Kamin fut stupéfait de remarquer que les résultats de trois des études de Burt ne présentaient aucune modification du coefficient de corrélation, et cela à la troisième décimale : à trois reprises, il était de 0,771 pour les jumeaux élevés séparément et à trois reprises également, il était de 0,994 pour les jumeaux élevés ensemble. La découverte de ce qui est ressemblait fort à une supercherie ayant été effectuée après la mort de Burt, il fut impossible d'exiger de lui des éclaircissements (même les noms de certains collaborateurs semblaient avoir été imaginés!). Toutes ces données qui étaient jusqu'alors considérées comme étant de première importance, compte tenu de la crédibilité de Sir Cyril Burt, durent dès lors être rejetées en bloc. Cela réduit la valeur de la corrélation moyenne, en ce qui concerne l'intelligence des jumeaux, présentée à la figure 9.12; dans cette corrélation intervenaient les résultats de ces huits groupes «étudiés» par Burt.

Approche épigénétique
(du grec *epi* = sur et *-geneira* = naissance). Approche mettant l'accent sur l'existence de contraintes tant biologiques qu'environnementales intervenant à des degrés divers dans le développement de l'individu.

Des chiffres raisonnables, comme ceux avancés par Jencks (1972) par exemple, situent la part de l'hérédité à 45 %, celle de l'environnement à 35 % et attribuent les 20 % restants à l'interaction entre les deux.

Cependant, quels que soient les chiffres avancés, ils n'ont pas beaucoup de sens. Car l'un et l'autre facteur ne peuvent jamais intervenir en partie seulement. Ils contribuent toujours chacun à 100 % au développement de l'individu. Sinon, ce serait, selon Hebb (1974), comme si on tentait de savoir laquelle de la largeur ou de la longueur intervient le plus dans l'établissement de la surface d'un champ. Il est certain que les deux sont interreliées et que l'une ne peut être envisagée sans l'autre.

De plus, dans le cas de l'intelligence, l'interaction entre les deux est souvent complexe au point qu'on pourrait trouver deux enfants élevés dans la même famille dont l'un, présentant un certain type de gènes, serait élevé d'une façon donnée par les parents, alors que l'autre, présentant une autre combinaison génétique, serait élevé d'une autre manière. Il s'agirait pourtant de gènes provenant de mêmes parents, chargés tous deux de pourvoir à l'éducation des deux enfants au sein du même milieu.

Un accord quasi unanime se fait aujourd'hui autour d'une approche impliquant l'existence de contraintes, tant génétiques qu'environnementales, qui s'exercent sur tout être en devenir. C'est l'*approche épigénétique*.

Afin de bien comprendre cette approche et de quelle façon agissent ces contraintes, on peut établir une comparaison entre le développement intellectuel et une partie de cartes, jouée par l'enfant, dès la fécondation, opposé à d'autres partenaires représentant le milieu.

Lors de la donne de 10 cartes, par exemple, l'«enfant-joueur» peut aussi bien avoir en main un jeu médiocre qu'un jeu moyen ou un très beau jeu. Mais cela n'influence en rien la suite de la partie. Tout va dépendre de la façon dont celle-ci va se dérouler.

Un très beau jeu peut tout aussi bien ne rien rapporter si les partenaires orientent la partie dans un sens imprévu, alors qu'un jeu médiocre peut rapporter un maximum de plis, pour peu que la façon de jouer des autres s'y prête.

Il en va de même du potentiel hérité. Même si, au départ, celui-ci est riche de possibilités diverses et donne ainsi plus de chances de réussite à son détenteur, de mauvaises conditions de milieu risquent d'empêcher leur épanouissement ; au contraire, un autre individu n'ayant reçu que quelques maigres talents dans son bagage génétique, pourra voir, au sein d'un milieu stimulant, s'épanouir au maximum ses possibilités et pourra même dépasser largement, au niveau des performances, la personne favorisée au départ.

Une autre comparaison peut être faite avec la construction d'une bibliothèque, représentant les structures mentales, qui sont mises en place par l'enfant, puis l'adolescent, et qui vont constituer la base de son fonctionnement intellectuel à l'âge adulte.

Certains peuvent recevoir, à la naissance, de magnifiques planches d'acajou poli, des clous dorés et un outillage perfectionné, sans toutefois se trouver suffisamment appuyés, conseillés et stimulés, lors de la construction du meuble.

D'autres, par contre, peuvent très bien n'avoir à leur disposition, au départ, que quelques mauvaises planches de pin, mal rabotées, et une poignée de clous tordus, mais avoir la chance de naître dans un milieu privilégié où pas un appui n'est épargné pour permettre la construction d'un meuble dans lequel les tiroirs coulissent bien et les étagères sont spacieuses.

Dans le premier cas, la bibliothèque construite tant bien que mal ne permettra pas un stockage facile des connaissances et risque même de présenter un aspect tellement rebutant qu'elle sera, peut-être, laissée à l'abandon, surtout si le milieu n'attache que peu d'importance à son entretien.

Dans le second cas, le jeune adulte aura à sa disposition un outil performant qu'il pourra plus facilement utiliser pour le traitement et le stockage des connaissances, surtout si le milieu fait tout pour que celles-ci soient à sa mesure.

Comme on le voit, le facteur milieu joue un rôle capital dans l'expression du potentiel génétique. En effet, les talents hérités, qu'ils soient fabuleux ou médiocres, ne peuvent se révéler et s'épanouir que si les conditions de stimulation et de soutien sont présentes pour qu'il puisse en être ainsi. C'est malheureusement moins souvent le cas dans les classes défavorisées que dans les classes privilégiées.

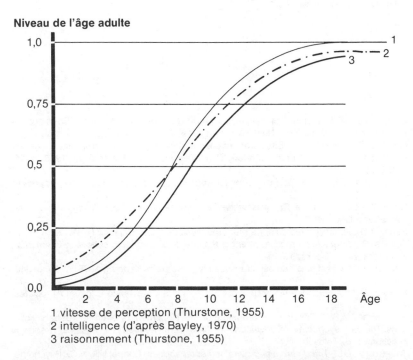

Niveau de l'âge adulte

1 vitesse de perception (Thurstone, 1955)
2 intelligence (d'après Bayley, 1970)
3 raisonnement (Thurstone, 1955)

Fig. 9.13 *Le développement intellectuel de l'enfant et de l'adolescent. On remarque la similitude dans l'évolution de ces trois aspects du développement et le fait que la moitié de celui-ci soit déjà effectué à 8 ans et les trois quarts à 12 ans.*

Il y a cependant encore un autre élément, tout aussi important, qui se greffe sur le premier et qui doit être pris en considération par les éducateurs. C'est le fait que le développement intellectuel s'effectue au cours des vingt premières années de la vie, à des cadences différentes selon les âges.

En effet, la théorie piagétienne ainsi que les données fournies par Thurstone (1955) ou Bayley (1970) (figure 9.13), indiquent que le développement est déjà effectué pour plus d'un tiers à 6 ans, à mi-chemin à 8 ans et aux trois quarts à 12 ans[31]. Ainsi, ces années sont capitales et constituent une période critique au cours de laquelle se joue tout l'avenir de l'individu.

La façon dont l'adulte sera à même de percevoir, de connaître, de raisonner, de juger ou de s'exprimer dépend en grande partie de la manière dont les structures mentales se sont mises en place au cours de l'enfance.

Nous avons vu un peu plus tôt ce qu'il fallait penser de l'école. Il ne reste qu'à espérer que de telles notions finiront par toucher les responsables de l'éducation, aux différents niveaux, afin que tout soit tenté pour supprimer les différences d'environnement, où que ce soit, et permettre à chacun de développer au maximum les talents hérités. C'est là une question de dignité humaine.

---

[31] Pour reprendre notre comparaison avec un jeu de cartes, c'est comme si, sur 10 cartes, 3 étaient déjà jouées à 6 ans, 5 cartes à 8 ans, 7 cartes à 12 ans, sans qu'on puisse revenir sur le fait qu'elles ont été bien ou mal jouées.

BIBLIOGRAPHIE

BAYLEY, N., «Development of mental abilities», dans Mussen, P. (Ed.), *Carmichael's manual of child psychology*, New York, Wiley, 1970.
COOPER, R. et ZUBEK, J., «Effects of enriched and restricted early environments on the learning ability of bright and dull rats», *Canadian Journal of Psychology*, 1958, n° 12, p. 159-164.
DENENBERG, V.H., *Education of the infant and the Young Child*, New York, Academic Press, 1970.
GUTHRIE, R.V., *Even the Rat was white : a historical view of psychology*, New York, Harper and Row, 1976.
HEBB, D.O., *Psychologie : science moderne*, Montréal, Les Éditions HRW ltée, 1974.
JENCKS, C., *Inequality; a reassessment of the effects of family and schooling in America*, New York, Basic Books, 1972.
JENSEN, A.R., «Test bias and construct validity», *Phi Delta Kappan*, 1976, n° 58, p. 340-346.
KAMIN, J.L., *The science and politics of I.Q.*, New York, Lawrence Erlbaum Associates, 1974.
ROSENWEIG, M.R., «Effects of environment on developpment of brain and of behavior», dans *The Biopsychology of development*, New York, Academic Press, 1971, sous la direction de E. Tolbach.
THURSTONE, L.L., *The differential growth of mental abilities*, Chapel Hill, N.C., Psychometric Laboratory, University of North Carolina, 1955.
VERNON, P.E., *Intelligence : Heredity and environment*, San Francisco, W.H. Freeman, 1979.

Dossier 9.2

L'intelligence des ordinateurs et la nôtre

Un des chocs culturels les plus importants de la dernière décennie est vraisemblablement celui provoqué par l'intégration massive des ordinateurs dans la vie quotidienne.

L'apparition de claviers informatiques derrière les guichets de banques, des agences de voyage ou des administrations a modifié le fonctionnement de ces institutions et leurs rapports avec le consommateur. Ces mêmes guichets seront d'ailleurs assez vite remplacés, comme c'est déjà le cas pour les banques, par des guichets automatiques dans lesquels on communique directement avec l'ordinateur. Quant aux jeux électroniques, ils se sont multipliés à une vitesse effrénée; il existe de plus en plus de jeux d'échecs programmés capables de battre des maîtres de ce jeu. De plus, l'ordinateur personnel se vend actuellement à un prix tellement bas qu'il constitue un cadeau dont un enfant peut rêver pour Noël.

Mais c'est surtout dans les milieux du travail et de l'éducation que se situe l'impact le plus considérable de l'informatique sur la population.

La place de plus en plus grande occupée par la *robotique* et la cybernétique dans la plupart des industries est en train de révolutionner la vie des travailleurs manuels. Et il devient chaque jour plus évident que «l'*intelligence artificielle*» jouera un grand rôle dans l'éducation des nouvelles générations.

Plusieurs questions se posent alors, ou du moins sont en train de se préciser et celles-ci sont souvent liées à certains mythes. Quelle place va prendre l'ordinateur dans la vie des individus? Restera-t-il un esclave des programmes conçus par les humains, ou sera-t-il un jour capable de s'autogérer, de détruire et de s'autodétruire, comme nous le montrent certains films de science-fiction? Va-t-il pouvoir remplacer les travailleurs ou les professeurs? Ces supercerveaux risquent-ils un jour de dépasser et de dominer ceux qui les ont engendrés?

Rien ne permet de le penser, à l'heure actuelle. Un ordinateur n'a que la valeur des programmes qui lui permettent de fonctionner.

On a souvent voulu établir une analogie entre l'ordinateur et le cerveau humain. Il est certain qu'un tel rapprochement peut être effectué puisque les programmes sont conçus sur le modèle de la pensée humaine. Cependant, les possibilités offertes par les milliers de circuits, présents dans l'ordinateur le plus performant, ne sont rien à côté du potentiel des milliards de circuits nerveux existant dans le cerveau d'un être humain.

On a avancé l'idée que les individus les plus intelligents n'utiliseraient qu'un dixième à peine de leurs possibilités cérébrales. Il reste donc une réserve considérable à développer, si le besoin s'en fait sentir et surtout si les méthodes d'éducation se transforment pour qu'il puisse en être ainsi.

Robotique
Science et technique qui étudient les méthodes scientifiques et les moyens technologiques utilisés pour la conception et la construction des robots.

Intelligence artificielle
Discipline qui cherche à augmenter la capacité des machines à réaliser des performances qui seraient considérées comme étant «intelligentes» si elles étaient accomplies par des êtres humains. Pour y arriver, les chercheurs partent des connaissances de la psychologie permettant de comprendre le fonctionnement de la pensée humaine.

Programme
Ensemble de données et d'instructions introduites dans l'ordinateur et nécessaires à l'exécution d'une suite d'opérations.

Comme nous allons le voir, l'ordinateur peut cependant constituer un outil nous permettant, d'une part, de mieux comprendre le fonctionnement de la pensée et donc d'en élargir le champ, mais d'autre part, de développer de nouveaux environnements d'apprentissage pour les enfants qui permettraient à ceux-ci de multiplier les expériences à l'infini, dès un âge très précoce.

Intelligence artificielle et pensée humaine

1. Le traitement de l'information   Un parallèle peut facilement être établi entre la façon dont l'information est traitée par l'ordinateur et par notre cerveau.

Comme le cerveau, le fonctionnement de l'ordinateur repose sur quatre niveaux respectivement responsables du décodage, du stockage, du traitement et de l'exécution.

La première étape consiste dans l'*entrée* de l'information qui s'effectue à l'aide d'un clavier ou d'une «disquette», sur laquelle a été enregistré un *programme* ou encore, avec les dernières techniques mises au point, à l'aide de la voix ou de l'œil électronique d'une caméra.

Le deuxième processus, aussi capital pour l'ordinateur que pour le cerveau, est la *mémoire*. Dans le cas de l'ordinateur, elle dépend de la puissance de ce dernier et peut comprendre de quelques milliers d'unités de mémoire à quelques millions[32].

La mémoire de l'ordinateur est de deux types. La «mémoire morte» contient tous les mécanismes de fonctionnement de l'ordinateur (le langage de base, les *instructions*, le dessin des caractères d'écriture, etc.); elle s'apparente aux mécanismes hérités par les membres d'une même espèce, qu'il s'agisse des sons qui peuvent être produits ou de la façon dont l'intelligence fonctionne au niveau de cette espèce. La «mémoire vive» est, comme chez l'être humain, celle dans laquelle vont s'inscrire, ou s'effacer, selon la commande du programmeur, les données nécessaires à l'élaboration et à l'exécution d'un programme.

La troisième partie est essentielle et correspond au *processeur*. Il s'agit de la série de circuits constituant le «cortex» de l'ordinateur. C'est à ce niveau que s'effectuent les opérations prévues dans le programme, en fonction des instructions et des données en mémoire ou de celles fournies par les mécanismes d'entrée.

Enfin, on trouve les mécanismes de *sortie*, chargés de livrer le résultat des opérations, soit en les affichant sur l'écran, soit en les inscrivant à l'aide d'une imprimante ou encore en les traduisant de façon sonore, à l'aide d'un synthétiseur de voix. Ces mécanismes peuvent également être reliés à des appareils ou à des robots chargés d'exécuter les ordres élaborés par le processeur.

---

[32] L'unité de base, dans la théorie de l'information et en informatique, est le *bit*. Il s'agit d'une unité binaire (1 ou 0) correspondant au fait qu'un circuit peut être fermé ou ouvert laissant ainsi passer (1) ou non (0) le courant. Ces unités sont cependant regroupées par huit, formant des *octets*. Une calculatrice de poche comprend 1.000 ou 2.000 octets (1 kilo-octet, 1 K ou 2 kilo-octet, 2 K). Les ordinateurs très puissants peuvent posséder des milliers de kilo-octets. Quant aux ordinateurs personnels, ils possèdent généralement 128 K ou 256 K.

Comme on le voit, l'analogie au niveau des structures est évidente, bien que caricaturale. Elle l'est aussi au niveau du fonctionnement. Nous prendrons deux exemples pour illustrer ce fait : celui de la *cybernétique* et celui de la solution de problèmes.

2. La cybernétique Il s'agit là de l'autorégulation qu'effectue l'ordinateur, comme le cerveau, grâce à la rétroaction (feedback) en provenance de l'environnement.

Cette autorégulation fait partie de notre vie de tous les jours. C'est en effet grâce aux informations que nous recevons de l'environnement que nous sommes amenés à poursuivre, à stopper ou à réorienter notre action. La loi de l'effet ou le principe de renforcement ne disent d'ailleurs rien d'autre.

Comme exemple encore plus simple, prenons la façon dont l'homme se rase le menton, à l'aide d'un rasoir électrique. Dans ce cas, c'est le passage de la main sur la partie rasée qui va constituer le mécanisme d'entrée indiquant si l'opération doit se poursuivre ou non. On pourrait donc comparer le fonctionnement du cerveau et de la main à celui d'un ordinateur.

En langage Basic, qui est un langage simple utilisé par les ordinateurs domestiques, l'autorégulation est commandée par l'instruction anglaise «IF... THEN...». Le programme pourrait alors s'inscrire en cinq lignes [33] (dont les trois premières formeraient une «*boucle*») de la façon suivante :

1. passage du rasoir sur la peau ;
2. passage de la main sur la peau ;
3. IF contact rugueux THEN 1 ;
4. IF contact doux THEN 5 ;
5. arrêt du rasage.

Il en va ainsi pour de nombreuses activités de la vie quotidienne. Ce programme est utilisé par la ménagère lavant des verres, par le guitariste accordant son instrument, par le conférencier (ou le professeur) observant le niveau d'intérêt de son auditoire, etc. Mais c'est aussi ce type de programme qui intervient lors de l'émission d'hypothèses permettant la perception ou la reconnaissance d'un objet ou d'un animal. Il n'est pas difficile d'imaginer le programme amenant le cerveau d'un jeune enfant à distinguer un chat d'un chien ou même d'un lionceau, en fonctionnat à l'aide de l'instruction «IF... THEN...».

Il existe, bien entendu, une foule d'autres intructions permettant l'établissement de «boucles» et les amenant même à s'imbriquer les unes dans les autres. Mais notre propos n'est pas d'en faire ici le détail.

3. La solution de problèmes Comme nous l'avons vu dans le chapitre 8, la solution de problèmes exige la mise en relation et le traitement des informations contenues en mémoire et celles fournies par l'environ-

Instruction
Groupe de caractères selon lesquels l'ordinateur doit exécuter une ou plusieurs opérations.

Cybernétique
Science qui étudie les mécanismes de communication et de régulation chez l'être vivant et dans les machines.

Boucle
Séquence d'instructions, dans un programme, qui est exécutée de façon répétée jusqu'à la réalisation d'une condition de sortie.

---

[33] Dans la pratique, l'instruction 4 est superflue, puisque le passage à l'instruction suivante s'effectue automatiquement lorsque l'information diffère de celle contenue dans l'instruction en question. Si la peau n'est plus rugueuse, l'arrêt du rasage est automatique.

nement. Plusieurs procédures peuvent être utilisées selon le degré d'utilisation qui est fait de la mémoire, par rapport à la manipulation des informations elles-mêmes (Norman et Lindsay, 1980).

Types de procédures

Prenons un exemple simple. Si nous devons multiplier 12 par 12, il existe au moins trois types de procédures pouvant être utilisées.

La première est la procédure par *transformations successives*. Ainsi, le calcul peut s'effectuer à l'aide d'une série de 11 additions :

$$12 + 12 = 24, \quad 24 + 12 = 36, \quad 36 + 12 = 48, \text{ etc.}$$

Ce procédé exige très peu de mémoire, mais beaucoup de traitement.

La deuxième procédure consiste à utiliser des *tables*. Il suffit de stocker en mémoire le plus grand nombre possible de tables de multiplication avec le plus grand nombre possible de mutliplicateurs pour qu'automatiquement, dans notre exemple, la réponse extraite de la table par 12 se présente instantanément à l'esprit ou apparaisse sur l'écran. À l'inverse du premier, ce procédé exige peu de traitement de l'information, mais énormément de mémoire.

Une troisième procédure constitue un compromis entre les deux premières. C'est la procédure utilisant des *règles*. Elle exige une utilisation moyenne de la mémoire et du traitement de l'information. Dans le cas de la multiplication en question, il suffit de connaître les tables de multiplication des 10 premiers nombres pour qu'automatiquement puisse s'effectuer le calcul, en quelques opérations. Le calcul pourrait être le suivant :

$$(10 \times 10) + (2 \times 10) + (10 \times 2) + (2 \times 2) = 144$$

Selon les expériences antérieures ou la répétition plus ou moins grande du même type d'opération, ou selon les capacités de la mémoire, l'une ou l'autre de ces procédures sera appliquée à la résolution d'un problème.

Afin de savoir quel type de vin se marie le mieux avec un plat donné, nous pouvons goûter plusieurs vins successivement pour découvrir celui qui convient ou nous servir d'une table des vins s'alliant avec chaque mets, ou plus simplement, utiliser la règle d'accompagnement des vins selon les différents types de viandes.

Qu'il s'agisse d'un ingénieur chargé de construire un pont ou d'un astronome cherchant à repérer une étoile, le choix de la procédure s'effectuera de la même façon.

À propos de la résolution de problèmes, un autre parallèle peut également être établi entre l'ordinateur et le cerveau humain. Il s'agit de l'utilisation des stratégies dont il a été question au chapitre 8.

L'ordinateur ne pouvant agir qu'en fonction d'un programme, il est inutile d'envisager le cas de la focalisation aléatoire. Lorsqu'il s'agit d'un jeu où cette stratégie n'est pas requise, il est peu économique de l'utiliser pour faire chercher, par l'ordinateur, la solution à un problème.

Les deux autres stratégies se retrouvent aussi bien chez l'ordinateur que chez l'être humain.

La focalisation raisonnable constitue une *méthode heuristique* qui consiste à centrer l'activité du processeur sur la recherche de solutions partielles afin de maximiser les chances de parvenir à une solution acceptable, en minimisant le temps et l'effort exigés pour sa recherche.

La focalisation systématique est la *méthode des algorithmes* qui consiste à envisager systématiquement toutes les possibilités de solutions, à partir des données en présence, afin de découvrir *la* solution la plus efficace.

Cependant, pas plus que pour le cerveau humain, cette dernière stratégie n'est utilisée par l'ordinateur dans la résolution de problèmes complexes. Dans le cas du jeu d'échecs, par exemple, la méthode des algorithmes exigerait que l'ordinateur envisage 10^{120} possibilités pour être sûr, à tout coup, de gagner la partie. Il est alors plus rentable d'utiliser la méthode heuristique qui permet, à l'aide de sous-programmes, de limiter la recherche de solution à des problèmes précis et limités, tels que le contrôle du centre de l'échiquier ou l'attaque du roi de l'adversaire.

L'ordinateur et l'éveil de l'intelligence

La théorie du développement mental de l'enfant, formulée par Piaget, est purement descriptive. Elle indique les étapes par lesquelles l'enfant doit passer pour atteindre la pensée adulte. Cependant, elle demeure relativement muette en ce qui concerne la façon dont l'intelligence en soi peut être développée chez tout individu, dès son plus jeune âge.

C'est à cette recherche des principes de base de l'intelligence que se sont attachés Papert et l'équipe de recherche sur l'intelligence artificielle qu'il dirige au M.I.T. (Massachusetts Institute of Technology).

Partant du principe qu'on apprend mieux et plus lorsqu'on doit enseigner à quelqu'un d'autre, ces chercheurs proposent aux enfants de «faire faire des choses» à l'ordinateur en le programmant adéquatement. On utilise ainsi l'ordinateur pour donner à l'enfant l'habitude de penser.

La véritable révolution pédagogique ne consiste donc pas, selon eux, à remplacer les professeurs par des machines. Elle devrait, au contraire, permettre que celles-ci aident les enseignants à ouvrir de nouveaux champs d'apprentissage permettant aux enfants de développer leurs capacités mentales au rythme de l'apparition des périodes critiques.

En ce sens, l'ordinateur pourrait ainsi être largement utilisé pour la résolution de problèmes auxquels l'enfant est confronté dans sa vie quotidienne.

Papert et son équipe ont donc mis au point un *langage* très simple, le logo; ils ont également développé différents systèmes capables de générer de la musique, de produire des dessins animés, de composer de petites histoires ou des poèmes, ou encore, à l'aide d'une «tortue robot» se déplaçant dans la salle de classe, de tracer différentes formes géométriques ou de suivre des pistes préalablement tracées sur le sol.

Méthode heuristique
(du grec *heuriskein* = trouver). Procédure utilisée lors de la solution de problèmes qui vise à employer des stratégies maximisant les chances de trouver une solution adéquate tout en minimisant la perte de temps et l'effort pour la découvrir.

Méthode des algorithmes
(du surnom donné à un mathématicien arabe du IXe s., al - khārezmi). Procédure utilisée lors de la solution de problème qui vise à envisager de façon systématique toutes les possibilités de solution.

Langage des ordinateurs
Langage qui permet de communiquer avec un ordinateur pour lui faire exécuter un ensemble d'instructions.

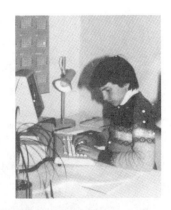

Fig. 9.14 *Avec l'entrée de l'ordinateur à l'école, l'enfant «apprend à apprendre».*

Pour l'enfant, il s'agit alors d'analyser son propre déplacement s'il veut être capable de faire avancer la «tortue», d'étudier ses propres phrases s'il veut faire construire des phrases correctes à l'ordinateur, de développer une notion claire des sons et du rythme, s'il veut produire une mélodie agréable à l'oreille.

Ainsi, en élaborant les programmes nécessaires à l'exécution par l'ordinateur de ces différentes tâches, l'enfant apprend à structurer le temps et l'espace en intégrant pleinement la signification de ces deux notions.

Les recherches se poursuivent afin de développer une technologie qui permettrait d'aborder de la même façon des domaines tels que la physique, la biologie ou les sciences humaines et, notamment, la psychologie...

BIBLIOGRAPHIE

LINDSAY, P.H. et NORMAN, D.A., *Traitement de l'information et comportement humain*, Montréal, Ed. Études Vivantes, 1980.
PAPERT, S., *Le jaillissement de l'esprit : ordinateur et apprentissage*, Paris, Flammarion, 1981.

Guide d'étude

Révision

Compléter les phrases suivantes

1. En reportant les temps de _____ et de _____ d'un grand nombre d'individus, sur un graphique, McKeen Cattell obtint une courbe en forme de _____.

2. L'intelligence est définie par la plupart des psychologues modernes comme étant la _____ de l'individu à _____ à son environnement.

3. Selon Spearman, chacun se trouverait caractérisé par un certain niveau d'intelligence _____ représenté par le facteur *g*, et par des capacités _____ dont rendraient compte les facteurs *s*.

4. Pour Thurstone, il existerait sept attitudes mentales _____ : l'aptitude _____, la _____ verbale, la compréhension _____, l'aptitude _____, la _____, le _____ et la vitesse de _____.

5. Guilford proposa un modèle dans lequel _____ facteurs pouvaient être identifiés à partir de trois dimensions de l'intellect, à savoir une _____ effectuée sur une _____ d'un _____ donné.

6. Thompson montra qu'il intervient un nombre _____ de facteurs qui sont _____ à chaque tâche et qui sont _____ à chacun de nous.

7. Selon Jensen, l'intelligence _____ regrouperait les aptitudes associatives, alors que l'intelligence abstraite serait constituée des aptitudes _____.

8. Cattell distingue l'intelligence _____, dont l'individu _____, de l'intelligence cristallisée constituée des différents _____ réalisés au cours de la vie.

9. Hebb considère que seule peut être évaluée l'intelligence _____, qui constitue le produit de l'_____ entre l'intelligence _____ et le milieu.

10. Dans l'état actuel des connaissances, ce n'est qu'après la _____ qu'on est capable de déceler la _____ ou l'_____ d'un facteur génétique donné par les conséquences que cela entraîne sur le développement intellectuel.

11. Le syndrome de Down, ou _____, est provoqué par la _____ d'un _____ chromosome sur la _____ paire.

12. Le crétinisme est une forme de _____ mentale qui frappe les enfants dont la mère souffre d'une _____ en _____.

13. Parmi les maladies dont peut souffrir la mère durant la grossesse, il en est certaines comme le _____, la _____ ou la _____ qui peuvent avoir des conséquences dramatiques pour le développement de l'enfant.

14. La malnutrition d'un nourrisson semble surtout jouer un rôle dans le développement intellectuel au cours des _____ premiers mois de la vie.

15. Les enfants élevés par des parents qui les _____, en _____ les contacts, progressent de façon _____.

16. Zajonc et ses collaborateurs ont montré que _____ il y avait d'enfants dans la famille, plus le quotient intellectuel des enfants était _____.

17. Il semble qu'il existe un _____ étroit entre le milieu _____ dans lequel un enfant est élevé et sa _____ scolaire.

18. L'école véhicule le plus souvent des _____ et une conception de la _____ et de l'_____ qui sont le propre des classes _____.

19. Le premier test d'intelligence a été conçu en _____ par _____ afin de permettre une _____ des élèves dans les différents degrés de scolarité en fonction de leur _____.

20. L'âge _____ est déterminé à partir de la date de naissance d'un individu alors que l'âge _____ est établi par rapport au nombre d'épreuves réussies dans un test.

21. Le quotient intellectuel est le rapport de l'âge _____ à l'âge _____ d'un individu, exprimés en _____.

22. Les échelles d'intelligence de Wechsler comprennent des épreuves _____ et des épreuves _____ dites « de performance ».

23. Lorsqu'on calcule la _____ de tous les écarts de Q.I. d'une population par rapport au Q.I. moyen, évalué à _____ points, on obtient un écart type de _____ points.

24. La distribution des Q.I. d'une population permet d'obtenir une _____ intelligence indiquant qu'il existe _____ % d'individus présentant un retard intellectuel et _____ % d'individus considérés comme étant d'intelligence très supérieure.

25. Guilford distingue la pensée _____, qui intervient lors de la recherche d'une réponse précise à un problème, de la pensée _____ caractérisant la recherche de solutions _____.

26. La pensée créatrice possède trois caractéristiques : elle est _____, _____ et _____.

27. Il semble qu'il n'existe plus de _____ entre intelligence et créativité au-delà d'un seuil de _____ points.

28. Il semble que les femmes soient _____ créatrices que les hommes.

29. Selon l'étude de Wallach et Kogan, les enfants les moins bien adaptés à l'école sont ceux qui sont _____ intelligents et _____ créateurs.

30. L'individu créateur possède une grande _____ de jugement, toujours soucieux d'_____ les données glanées dans différents domaines et possédant une conception toute _____ de la vie et du monde.

Vérification des connaissances

Vrai ou faux ?   **V**   **F**

1. Les psychologues modernes s'entendent à présent sur une définition de l'intelligence.   ☐   ☐

2. La plupart des psychologues rejettent l'idée d'une intelligence générale qui serait présente chez chaque individu à des degrés divers.   ☐   ☐

3. Les sept aptitudes mentales isolées par Thrustone constituent la décomposition en facteurs la plus poussée qui ait été effectuée de l'intelligence.   ☐   ☐

4. L'intelligence cristallisée serait l'intelligence acquise tout au long de la vie, à partir de l'intelligence fluide et des expériences vécues.   ☐   ☐

5. Selon Hebb, l'intelligence A constituerait l'intelligence potentielle qu'on ne peut jamais évaluer.   ☐   ☐

6. On connaît à présent beaucoup de choses sur le rôle des gènes dans le développement intellectuel.   ☐   ☐

7. Le syndrome de Down est une anomalie dont l'origine est le plus souvent héréditaire. ☐ ☐

8. La rubéole est une maladie bénigne chez la mère, dont les conséquences sont heureusement réversibles chez l'enfant qu'elle porte. ☐ ☐

9. Le niveau de stimulation de l'enfant au cours des premiers mois de la vie semble jouer un rôle capital pour son développement intellectuel. ☐ ☐

10. C'est le dernier-né d'une famille qui a le plus de chance de se développer intellectuellement de façon harmonieuse. ☐ ☐

11. Même si on les change de milieu, les enfants de classes défavorisées ne peuvent que difficilement compenser une éventuelle déficience intellectuelle. ☐ ☐

12. L'âge mental constitue une mesure précise du niveau intellectuel d'un individu quel que soit son âge chronologique. ☐ ☐

13. Le Q.I. moyen dans une population est le plus souvent de 100 points. ☐ ☐

14. Un enfant dont l'âge chronologique est supérieur d'un an à son âge mental possède un Q.I. inférieur à la moyenne des enfants de son âge. ☐ ☐

15. Selon les évaluations effectuées à l'aide des tests d'intelligence, on dénombre 9 % de retardés mentaux dans la population globale. ☐ ☐

16. La pensée convergente intervient dans la recherche d'une solution précise à un problème. ☐ ☐

17. La pensée créatrice est flexible en ce sens qu'elle amène l'individu créateur à proposer un très grand nombre de solutions ☐ ☐

18. Un individu normalement intelligent possède en général un niveau normal de créativité. ☐ ☐

19. Les enfants intelligents sont le plus souvent bien adaptés au milieu scolaire, qu'ils soient très créateurs ou non. ☐ ☐

20. L'individu créateur n'accepte en général de partager les valeurs des autres que si elles correspondent à celle qu'il défend. ☐ ☐

Questions à choix multiple (encercler la lettre correspondant à la bonne réponse)

1. Les premières conceptions de l'intelligence considéraient celle-ci comme étant
   a) héréditaire.
   b) liée à la vitesse de perception et de réaction.
   c) répartie inégalement entre les individus.
   d) Toutes ces réponses sont bonnes.

2. La définition moderne de l'intelligence met l'accent sur le fait qu'il s'agit là d'une capacité
   a) héréditaire.
   b) d'adaptation à l'environnement.
   c) essentiellement acquise.
   d) distribuée différemment selon les races.

3. Selon Spearman, l'intelligence est principalement constituée
   a) d'un facteur d'intelligence générale.
   b) de sept aptitudes mentales primaires.
   c) de 120 facteurs.
   d) de 2 niveaux.

4. Cocher l'aptitude qui n'est pas considérée par Thurstone comme une aptitude mentale primaire.
a) La mémoire.
b) Le raisonnement.
c) L'aptitude spatiale.
d) Aucune de ces réponses.

5. Selon Thompson, chaque tâche exige l'intervention de facteurs
a) spécifiques à la tâche.
b) peu nombreux.
c) rattachés à des aptitudes primaires.
d) Toutes ces réponses sont bonnes.

6. Selon Jensen, l'intelligence abstraite
b) regroupe les aptitudes associatives.
c) se situe au niveau I.
d) intervient dans les relations avec les objets.
d) permet la manipulation des concepts.

7. L'intelligence fluide est
a) acquise.
b) issue de l'intelligence cristallisée.
c) amenée à se développer jusqu'à la fin de la vie.
d) Aucune de ces réponses.

8. Selon Hebb, l'intelligence B est
a) une intelligence potentielle.
b) présente lors de la fécondation.
c) la seule à pouvoir être évaluée.
d) Toutes ces réponses sont bonnes.

9. Les facteurs génétiques constituent
a) le potentiel hérité des parents.
b) l'élément essentiel à la base du développement intellectuel.
c) un domaine relativement bien connu.
d) Toutes ces réponses sont bonnes.

10. Le syndrome de Down est
a) également appelé trisomie 23.
b) lié au vieillissement des parents.
c) héréditaire dans 30 % des cas.
d) Toutes ces réponses sont bonnes.

11. Le crétinisme est lié à
a) un manque de sel dans l'alimentation.
b) l'absence d'un chromosome à la 21e paire.
c) une carence en iode chez la mère.
d) l'ingestion de certaines drogues par la mère.

12. Parmi les maladies dont la mère peut être victime au cours de la grossesse, quelle est celle n'entraînant pas de conséquences graves pour le fœtus ?
a) La rubéole.
b) La syphillis.
c) Le diabète.
d) Aucune de ces réponses.

13. Parmi les facteurs environnementaux suivants, quel est celui qui joue le rôle le plus important dans le développement intellectuel du nourrisson?
   a) L'alimentation.
   b) Des soins corporels adéquats.
   c) Le fait d'être élevé par la mère biologique.
   d) La stimulation.

14. Dans certaines études au cours desquelles des enfants de milieux défavorisés avaient subi une éducation spéciale, on a pu noter des augmentations de Q.I. de l'ordre de
   a) 5 à 10 points.
   b) 10 à 20 points.
   c) 20 à 30 points.
   d) 30 à 50 points.

15. Un enfant a plus de chance de se développer harmonieusement sur le plan intellectuel s'il est
   a) enfant unique.
   b) l'aîné de deux enfants.
   c) le second de deux enfants.
   d) le dernier-né d'une famille nombreuse.

16. L'éducation scolaire, dans nos pays occidentaux,
   a) favorise les enfants des classes défavorisées.
   b) s'appuie sur des valeurs universelles.
   c) assure les mêmes chances de réussite pour tous.
   d) Aucune de ces réponses.

17. L'âge mental est déterminé, selon Binet, à partir
   a) de la date de naissance d'un individu.
   b) de l'âge moyen des individus de l'échantillon.
   c) du nombre d'épreuves réussies.
   d) de sa position sur la courbe d'intelligence.

18. Quel est le quotient intellectuel d'un enfant dont l'âge chronologique est de 6 ans et 3 mois et l'âge mental de 5 ans?
   a) 12,5.
   b) 33.
   c) 55.
   d) 80.

19. Parmi les divers tests d'intelligence, celui qui propose à la fois des épreuves verbales et non verbales permettant d'évaluer l'intelligence des adultes est le
   a) Stanford-Binet.
   b) Army test A.
   c) WISC.
   d) WAIS.

20. Un individu est considéré comme étant d'intelligence moyenne lorsqu'il se situe
   a) entre 80 - 85 points et 115 - 119 points.
   b) à plus ou moins un écart-type de la moyenne.
   c) parmi les 70 % de personnes ayant plus ou moins 100 points de Q.I.
   d) Toutes ces réponses sont bonnes.

21. Dans la population globale, le pourcentage de retardés mentaux souffrant de débilité moyenne ou grave et d'arriération profonde est de
   b) 9 %.
   c) 5 %.
   d) 2 à 3 %.
   d) moins de 0,3 %.

22. La découverte de solutions originales relève de
   a) l'établissement de relations avec des expériences passées.
   b) la pensée convergente.
   c) l'apprentissage par *insight*.
   d) Aucune de ces réponses.

23. Parmi les caractéristiques suivantes, quelle est celle qui n'est pas spécifique de la pensée créatrice ?
   a) La fluidité.
   b) La fidélité.
   c) La flexibilité.
   d) L'originalité.

24. Les enfants dont toute l'énergie est tendue vers la réussite et qui évitent de prendre des risques ou d'émettre une opinion personnelle sont, le plus souvent, des enfants
   a) très intelligent et peu créateurs.
   b) peu intelligents et très créateurs.
   c) peu intelligents et peu créateurs.
   d) très intelligents et très créateurs.

25. Les caractéristiques de la personnalité du créateur sont le plus souvent
   a) le conformisme.
   b) une bonne intégration au groupe.
   c) une conception bien établie de la vie et du monde.
   d) Aucune de ces réponses.

Mediagraphie

1. Références bibliographiques

BARRON, F., « The psychology of imagination », *Scientific American*, 1958, p. 150-166.

BELMONT, L. et MAROLLA, F.A., « Birth order, family size and intelligence », *Science*, 1973, n° 182, p. 1096-1101.

BINET, A. et SIMON, Th., « Méthodes nouvelles pour le diagnostic du niveau intellectuel des anormaux », *Année Psychologique*, 1905, n° 11, 191-244.

CATTELL, J., « Mental tests and measurements », *Mind*, 1890, n° 15, p. 373-380.

CAOUETTE, C.E., « Psychologie de l'enfant de milieu défavorisé », *Santé mentale au Canada*, 1979, n° 27 (3), p. 10-14.

CHESS, S., « Temperament and learning ability of school children », *American Journal of Public Health*, n° 58 (12), p. 2230-2239.

DUNCKER, K., « On problem-solving », *Psychological Monographs*, 1945, 58, n° 270.

ELARDO, R., BRADLEY, R. et CALDWELL, B., « The relation of infants' home environments to mental test performance from six to thirty-six months : A longitudinal analysis », *Child Development*, 1975, n° 46, pp. 71-76.

FERGUSON, M., *La révolution du cerveau*, Paris, Calmann-Lévy, 1974.

FREINET, C., *Les techniques Freinet de l'École Moderne*, Paris, Colin-Bourrelier, 1964.

GALTON, F., *Hereditary Genius : an Inquiry into its Laws and Consequences*, Londres, 1869.

GETZELS, J.W. et JACKSON, P.W., *Creativity and intelligence : Explorations with gifted students*, New York, Wiley, 1962.

GODEFROID, J., *Alphabétisation, coopérative et paysannat scolaire en milieu rural africain*, Rapport de recherches (1963-1965), Liège, FULREAC (Université de Liège), 1966.

GODEFROID, J., « Rôle de l'appartenance sociale et du niveau socio-économique dans l'orientation, les résultats et les perceptions des étudiants du Collège du Nord-Ouest », dans *De l'Abbittibbi-Temiskaming*, Cahiers du département d'Histoire et de Géographie, Collège du Nord-Ouest, n° 4, 1977, p. 190-240.

GOERTZEL, V. et GOERTZEL, M.G., *Cradles of eminence*, Boston, Little Brown, 1962.

GUILFORD, J.P., « Three faces of intellect », *American Psychologist*, 1959, n° 14, p. 469-479.

GUILFORD, J.P., *The nature of human intelligence*, New York, McGraw-Hill, 1967.

HEBB, D.O., *Psychologie, science moderne*, Montréal, Les Éditions HRW ltée, 1974.

HEBER, R., *Proceedings of the Second Congress of the International Association for the Scientific Study of Mental Deficiency*, Varsovie, 1970.

JENSEN, A.R., « How much can we boost IQ and scholastic achievement ? », *Harvard Educational Review*, 1969, n° 39, p. 1-23.

KAGAN, J., « Impulsive and reflective children : Significance of conceptual tempo », *Learning and the Educational process*, Chicago, Rand McNally, 1965.

LLOYD-STILL, J., HURWITZ, I., WOLFF, P. et SHACHMAR, H., « Intellectual development after severe malnutrition in infancy », *Pediatrics*, 1974, n° 54 (3), p. 306-311.

McNEMAR, Q., « Lost : Our intelligence. Why ? », *American Psychologist*, 1964, n° 19, p. 871-882.

MILLER, B. et GERARD, D., « Family influences on the development of creativity in children : An integrative review », *The Family Coordinator*, 1979, n° 28 (3), p. 295-312.

NEILL, A.S., (1966), *Libres enfants de Summerhill*, Paris, Maspero, 1970.

RUBIN, K. et BALOW, B., « Measure of infant development and socio-economic states as predictors of later intelligence and school achievement », *Developmental Psychology*, 1979, n° 15 (2), p. 225-227.

SCARR, S. et WEINBERG, R., « I.Q. performance of black children adopted by white families », *American Psychologist*, 1976, n° 31 (10), p. 726-734.

SCHIFF, M., « L'échec scolaire n'est pas inscrit dans les chromosomes ! », *Psychologie*, 1980, n° 131, p. 51-56.

Scuola di Barbiana (1968), *Lettre à une maîtresse d'école*, par les élèves de l'école de Barbiana, Paris, Mercure de France, 1972.

SEARS, P., « Life satisfaction of Terman's gifted women : 1927-1972 ; Comparaison with the gifted men and with normative samples », School of Education, Université du Wisconsin, Madison, 1977.

SKEELS, H.M., « Adult status of chidren with contrasting early life experience », *Monographs of the Society of Research in Child Development*, 1966, n° 31 (3), p. 1-65.

SNYDERS, G., *École, classe et lutte des classes*, Paris, P.U.F., 1976.

SPEARMAN, C., « ‹ General intelligence › objectively determined and measured », *American Journal of Psychology*, 1904, n° 15, p. 201-293.

TERMAN, L.M., *The Measurement of Intelligence*, Boston, Hawghton Mifflin, 1916.

TERMAN, L.M. et ODEN, M.H., *Genetics studies of genius, V. The gifted group at midlife*, Stanford, CA, 1959.

THOMSON, G.H., *The factorial analysis of human ability*, Londres, University of London Press, 1939.

THOMPSON, G.H., « Autobiography », dans C. Nurchinson (Ed.), *A history of psychology in autobiography* (vol. IV), Worcester, Mass. University Press, 1952.

THURSTONE, L.L., «Primary mental abilities», *Psychometric Monographs*, 1938, n° 1.

WABER, D., «Sex differences in mental abilities, hemispheric lateralization and rate of physical growth at adolescence», *Developmental Psychology*, 1977, n° 13 (1), p. 29-38.

WALLACH, M.A. et KOGAN, N., *Modes of thinking in young children*, New York, Holt, Rinehart and Winston, Inc.

ZAJONC, R.B. et MARKUS, G.B., «Birth order and intellectual development», *Psychological Review*, 1975, n° 82, p. 74-88.

2. Documents audio-visuels

Aspects of individual mental testing, 1960, 33 min, 16 mm, version anglaise. Psychological Cinema Register.
Film présentant le test de Standford-Binet, ses items et la façon dont il est administré.

The exceptional child, 51 min, 16 mm, version anglaise. Time-Life.
Synthèse des recherches sur les enfants mentalement retardés et ceux qui sont intellectuellement précoces.

I.Q. Myth, 1975, 51 min, version anglaise. Carousel (CBS News Productions).
Manière dont on use et abuse du concept de Q.I., notamment lorsqu'un jugement est porté sur les habiletés mentales d'un enfant à partir des résultats qu'il obtient à un test d'intelligence.

L'autre face de l'arriération mentale, 44 min, 16 mm, couleur (disponible au Consulat des Pays-Bas).

Genèse, 17 min, 16 mm, noir et blanc. Office national du film du Canada.

Le poème d'exister, 16 min, 16 mm, noir et blanc. Office national du film du Canada.
Deux films sur la méthode Freinet.

Summerhill, 28 min, 16 mm, ou 1/2 po, couleur, version anglaise. Office national du film du Canada.

La leçon des mongoliens, 77 min, 16 mm, couleur. Multimedia audiovisuel.

Comment savoir, 3e partie, la notion de programme, 30 min, 16 mm, noir et blanc. Office national du film du Canada.
Illustration de l'enseignement programmé et sensibilisation à l'usage de l'ordinateur.

L'ordinateur en tête, 28 min, 16 mm, couleur. Office national du film du Canada.

Mercredi : «Petits souliers, petit pain», 1977, 34 min, 16 mm, couleur. Office national du film du Canada.
Mise en parallèle du monde de la bourgeoisie et de celui de la classe ouvrière.

Premiers pas, 1976, 24 min, 16 mm, couleur. Office national du film du Canada.
Sensibilisation aux efforts accomplis en vue de fournir aux enfants victimes d'arriération mentale l'occasion de vivre à la mesure de leurs possibilités et de participer à la vie qui les entoure.

quatrième partie

Le moi, les autres et l'«autre»

10. Le développement du moi
11. L'individu et les autres
12. L'«autre»

Introduction

Au cours des six précédents chapitres, nous avons passé en revue les différents processus qui permettent à l'individu de s'adapter à la réalité ou de modeler celle-ci en fonction de ses besoins.

La manière dont chacun réagit varie toutefois en fonction de son âge, de son sexe, de sa constitution physique, de ses possibilités intellectuelles et, plus généralement, de son histoire personnelle. C'est à travers les diverses phases de son développement et ses expériences de vie que la personne va être amenée à forger son identité et à développer ses manières de réagir qui vont la différencier des membres de son entourage.

Toutefois, ces variations interindividuelles ne sont pas illimitées. Nous vivons dans un groupe social, au sein d'une société ayant ses codes culturels propres. Cette interaction constante entre les individus va dès lors imprégner en profondeur leur façon de percevoir, de communiquer et de se comporter entre eux ou envers les membres des autres groupes.

Ainsi, tout au long de leur vie, les êtres humains se trouvent limités dans leurs tentatives d'expression du moi par les pressions diverses qui s'exercent sur eux depuis la naissance et qui visent à les amener à se comporter «normalement» au sein des cadres mis en place par la société. La plupart d'entre eux s'adaptent relativement facilement et traversent l'existence sans heurt majeur en utilisant, dans les moments de tension, les diverses «soupapes» acceptées socialement. Quelques-uns cependant se révèlent incapables d'affronter les situations stressantes de la vie, soit à cause de la fragilité de leur constitution, soit parce qu'il leur a été impossible, au cours de l'enfance, de mettre en place les mécanismes leur permettant de «faire face». Ils se condamnent ainsi à devenir «autre» parmi les leurs.

Dans cette dernière partie, nous envisagerons successivement chacun de ces trois volets de la réalité humaine : l'évolution de la personne de la naissance à la mort, son insertion sociale et la façon dont le groupe influence ses manières d'agir et, enfin, la difficulté d'être, ressentie par chacun, qui peut conduire certains à l'éclatement de leur personnalité.

chapitre 10

Le développement du moi

GISÈLE BEAUVAIS

Introduction

Différents aspects du développement

Les étapes de la vie

Les limites de la vie

Les axes du développement

Le développement du système nerveux

Le développement physique

Le développement sexuel

Sexualité et reproduction

Comportement sexuel et développement

Le développement cognitif

Les étapes du développement mental chez l'enfant et l'adolescent

Les périodes du développement intellectuel (Piaget)

Les âges successifs de l'enfance (Wallon)

Les capacités intellectuelles chez l'adulte

Le développement moral

Le jugement moral chez l'enfant

Le développement de la conscience morale

Les niveaux de moralité (Kohlberg)

Conception féminine de la moralité (Gilligan)

Le développement de la personnalité

Les approches descriptives

Les typologies

Les théories des traits

L'approche behavioriste

L'approche cognitive

Les approches psychodynamiques
La théorie psychanalytique (Freud)
La psychologie individuelle (Adler)
La psychologie analytique (Jung)

L'approche humaniste
Les théories de l'actualisation de soi (Rogers-Maslow)
La théorie de l'intentionnalité (Bühler)

Le développement social

Les étapes de la socialisation

Les crises de la vie
La théorie du développement psychosocial (Erikson)

La mort

L'approche de la mort

Les paliers de la mort

Introduction

Chaque individu est unique. À partir de la cellule née de l'union d'un ovule et d'un spermatozoïde va se dessiner une trajectoire de vie constituée d'une multitude de comportements résultant de l'impact de trois facteurs en interaction constante : le patrimoine génétique, le milieu culturel et, surtout, les circonstances de vie qui contribuent plus encore que les deux autes à l'unicité de la personne.

Chaque âge possède ses caractéristiques particulières. On peut donc aborder le développement de l'être humain en s'attardant à décrire, pour chaque période de la vie, le niveau atteint par les différentes fonctions. C'est de cette manière que sont habituellement conçus les manuels de psychologie génétique. Ceux-ci tentent de donner une image, la plus précise possible, de chacune des périodes de la vie en l'envisageant sous ses aspects physique, intellectuel, affectif et social avant d'aborder la période suivante selon un schéma semblable. Si une telle façon de présenter les transformations de la personne offre l'avantage de fournir une vue d'ensemble du développement propre à chaque âge, elle permet difficilement de saisir la continuité existant pour chacun des types de développement.

C'est la raison pour laquelle nous avons préféré envisager, dans le présent chapitre, la façon dont les différents aspects de la personne évoluent de la naissance à la mort, en mettant l'accent sur les périodes critiques qui jalonnent cette évolution. Nous considérerons donc, tout d'abord, la manière dont le développement physique s'effectue d'un bout à l'autre de la vie, ainsi que le développement sexuel; nous procéderons de la même façon pour le développement intellectuel et le développement moral, avant de passer en revue les diverses façons d'envisager le développement de la personnalité et, enfin, le développement social de la personne. Nous terminerons en abordant la manière dont est franchie l'ultime étape de la vie que constitue la mort.

Cependant, quelle que soit la méthode utilisée, l'important est de ne jamais perdre de vue que l'individu est un *tout* en évolution constante, chez lequel toute fonction ne peut être conçue indépendamment des autres auxquelles elle est étroitement liée pour son évolution. Le développement physique harmonieux d'un enfant aura un impact sur son entourage qui sera différent de celui d'un autre enfant dont les problèmes de santé perturbent la croissance ou dont l'apparence extérieure est moins attirante. Les conséquences de telles interactions vont à leur tour rejaillir sur le développement affectif de l'être en évolution, sur son image de soi et sur sa confiance dans ses capacités; elles vont, de ce fait, imprimer une certaine direction à son développement intellectuel et social. Quant au développement de la personnalité, il s'effectue, dès le début de la vie, dans ce creuset où le bagage héréditaire se trouve modelé par les influences diverses exercées par le milieu, compte tenu de l'interdépendance étroite existant entre les divers aspects du développement.

Différents aspects du développement

Les étapes de la vie

Traditionnellement, on considère que le cycle vital se partage en quatre grandes périodes : la période prénatale, l'enfance, l'adolescence et la vie adulte. Chacune de ces étapes est cependant constituée d'une série de stades présentant un certain nombre de caractéristiques particulières.

1. La période prénatale

Ellé est d'une durée de 266 jours et comprend trois stades correspondant aux phases du développement de l'organisme, de la fécondation à la naissance.

Le *stade germinatif* s'étend de 0 à 2 semaines. Il se rapporte à l'évolution de l'œuf, ou *zygote*, pendant sa descente et son implantation dans l'utérus jusqu'à la formation du cordon ombilical.

Le *stade embryonnaire* correspond à la période allant du début de la troisième semaine jusqu'à deux mois. À ce stade, les divers organes se différencient sur les plans anatomiques et physiologiques.

Le *stade fœtal* est celui qui commence avec le 3e mois et s'étend jusqu'à la naissance. Il se caractérise par l'acquisition et le développement des fonctions et des systèmes qui lui permettent de survivre après la naissance. Ce n'est cependant qu'à partir du début du 7e mois que le *fœtus* est viable dans un milieu aérien. C'est pourquoi on lui donne souvent à partir de cette date le nom de *fœtus-enfant*.

On ignore encore quels sont les mécanismes déclencheurs de la *naissance*. On croit que des changements hormonaux s'opérant tant chez la mère que chez le fœtus, arrivé à un niveau de maturation optimal, seraient à la base du processus.

2. L'enfance

Elle comprend trois stades.

La *première enfance* s'étend de la naissance à l'âge de trois ans et correspond à la période du développement de l'autonomie et du langage.

La *deuxième enfance* va de trois à six ans. Elle se caractérise par le développement de la personnalité et des processus cognitifs.

La *troisième enfance* s'étale de 6 à 12 ans. C'est l'âge scolaire ainsi que celui de l'insertion dans le groupe social.

La *puberté* marque la rupture avec l'enfance et l'entrée dans l'adolescence.

Zygote
(du grec *zugon* = couple). Œuf fécondé, produit de l'union de l'ovule et du spermatozoïde.

Embryon
(du grec *en* = dans et *-bruô* = germer). Organisme en voie de développement, depuis l'œuf fécondé jusqu'au fœtus, au cours de la période s'étalant, chez l'être humain, entre la 2e et la 8e semaine de la vie intra-utérine.

Fœtus
(mot latin = grossesse). Organisme en voie de développement n'étant plus au stade embryonnaire et commençant à présenter les traits distinctifs et les formes de l'espèce (à partir du 3e mois chez l'être humain).

Puberté
(du latin *puber* = pubère, adulte). Ensemble des modifications physiologiques et psychologiques qui se produisent lors du passage de l'enfance à l'adolescence.

3. L'adolescence

Elle se divise en deux sous-périodes.

La *période pubertaire* va de la puberté jusqu'à l'âge de 15 ou 16 ans et correspond à l'impact des modifications corporelles sur l'image de soi de l'adolescent.

La *période juvénile*, allant de 16 à 18 ou 20 ans, est celle de l'ajustement de l'adolescent et de l'adolescente au milieu familial et scolaire ainsi qu'à celui de ses pairs.

La *jeunesse* constitue une étape de transition entre l'adolescence et l'âge adulte et se caractérise par un sentiment d'autonomie sur le plan psychologique bien qu'aucun engagement social ne soit encore entrepris.

4. L'âge adulte

Il se répartit, de façon relativement arbitraire, en trois stades.

Le *stade du jeune adulte* couvre la période de 20 à 40 ans. Il correspond à la prise d'engagement de l'individu sur les plans affectif et professionnel.

L'*âge mûr* qui va de 40 à 60 ans est celui de la stabilité et de la productivité, notamment sur les plans professionnel et social.

La *fin de l'âge adulte* débute vers 60 ou 65 ans et correspond le plus souvent au retrait de la vie active. Jusqu'à 75 ans, on parle de *première vieillesse* alors qu'au-delà de cet âge, il s'agit de *vieillesse avancée*.

Si la connaissance du développement psychologique pendant l'enfance et l'adolescence est relativement approfondie, l'exploration des autres âges ne fait par contre que débuter. Les années à venir vont vraisemblablement nous révéler de nombreux aspects de la vie prénatale et de la vie adulte qui n'ont été, jusqu'à présent, qu'effleurés par la recherche.

Les limites de la vie

Le développement débute avec la première division cellulaire de l'œuf fécondé. Elle sera suivie d'autres divisions en nombre tel qu'au moment de la *nidation* dans la paroi de l'utérus, le cinquième jour, le petit organisme comprend déjà 128 cellules ; il en possèdera 800 milliards à la naissance et près de 50.000 milliards au sommet de la maturité, entre 20 et 30 ans.

Selon Hayflick (1973), le nombre de divisions cellulaires chez l'être humain serait limité à 50, au cours de l'existence. Compte tenu du rythme qu'adopte le processus de division, on doit admettre que la vie humaine ne peut, sauf pour quelques exceptions, se prolonger au-delà de 110 ans. En cette fin de XXᵉ siècle, dans le monde occidental, la

Juvénile
(du latin *juvenus* = jeune). Qui est propre à la jeunesse.

Nidation
(du latin *nidus* = nid). Implantation de l'œuf fécondé (zygote) dans la paroi de l'utérus.

Longévité
(du latin *longus* = long et -*œvum* = âge). Durée de la vie, de la naissance à la mort.

Espérance de vie
Durée moyenne de vie, à partir d'un âge déterminé.

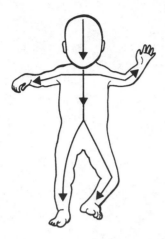

Fig. 10.1 *Le développement physique de l'enfant s'effectue selon deux axes : l'axe céphalo-caudal (1), selon lequel les parties supérieures du corps se développent avant les parties inférieures, et l'axe proximo-distal, selon lequel les parties proches du centre du corps se développent avant les parties éloignées.*

Axe céphalo-caudal
(du grec *kephalê* = tête et du latin *cauda* = queue). Axe selon lequel, au cours de la croissance, les parties supérieures se développent avant les parties inférieures.

Axe proximo-distal
(du latin *proximus* = très près et *distare* = être éloigné). Axe selon lequel, au cours de la croissance, les parties proches du centre du corps se développent avant les parties éloignées.

Myénilisation
(du grec *muelos* = moelle et du latin *-ine* = suffixe indiquant l'origine, la nature). Processus selon lequel certaines fibres du système nerveux s'entourent d'une gaine constituée d'une substance molle et grasse (la myéline).

Cellules gliales
(du grec *glios* = glu). Cellules formant le tissu conjonctif qui est mêlé au tissu nerveux et dont il semble assurer la nutrition.

longévité moyenne de la femme est de 80 ans et celle de l'homme, de 72 ans. Il semble cependant qu'à moins de découvertes spectaculaires, il soit peu possible de dépasser ce plafond[1].

Les axes du développement

Tout au long du développement intra-utérin ainsi qu'au cours de l'enfance, le développement suit un *axe céphalo-causal*, selon lequel les parties supérieures du corps se développent avant les parties inférieures, et un *axe proximo-distal* selon lequel les parties centrales se développent avant les extrémités. Ces axes vont cependant s'inverser lors de la puberté pour prendre une direction caudo-céphalique et disto-proximale, les extrémités se mettant alors à grandir avant les parties supérieures et centrales (figure 10.1).

Le développement du système nerveux

Parmi les 200 variétés de cellules qui vont se différencier et se développer au cours de la vie prénatale, il en est une dont le stock sera complet ou presque dès la naissance, sans remplacement possible. Il s'agit des cellules nerveuses, ou neurones. Leur différenciation s'effectue au stade embryonnaire pour former, à partir de la 3e semaine, la moelle épinière, le cerveau ainsi que le réseau de nerfs sensoriels et moteurs.

La première réaction de l'embryon, à la 8e semaine, indique que le système nerveux est devenu fonctionnel. À partir de ce moment, les mouvements du fœtus vont s'amplifier à un point tel que la mère pourra s'en rendre compte au milieu du 4e mois.

Lors de la naissance, le cerveau a atteint un poids équivalent au cinquième de celui de l'adulte. Son développement sera achevé vers l'âge de six ans, mais il ne sera pleinement fonctionnel qu'à la fin de l'adolescence[2].

Après l'âge de 25 ans et, plus encore après 45 ans, les cellules nerveuses vont mourir quotidiennement par dizaines de milliers, sans toutefois que cela n'entraîne de conséquences graves pour un cerveau vieillissant normalement, puisque celui-ci continue à en compter des dizaines de milliards en état de fonctionnement[3].

---

[1] La longévité moyenne a augmenté de 15 à 20 ans, au cours de ce dernier demi-siècle. Mais, contrairement à ce qu'on pourrait en penser, cela ne signifie nullement que la vie s'est trouvée d'autant prolongée (un homme qui atteint l'âge de 60 ans aujourd'hui, dans la société occidentale, peut espérer vivre encore 17 ans, soit seulement un an de plus que celui d'il y a 50 ans). L'augmentation doit plutôt être attribuée à la baisse considérable de la mortalité infantile, entraînée par les campagnes de vaccination, ce qui a permis à un plus grand nombre de survivre, augmentant de ce fait la moyenne de longévité de la population globale.
Notons que chez notre ancêtre vivant dans la savane, à l'état «naturel», la longévité moyenne était d'environ 20 ans.

[2] Le stock de neurones étant complet dès le début, ces modifications sont liées à l'augmentation des ramifications de chacune des cellules, à la *myélinisation* des fibres nerveuses ainsi qu'au développement des *cellules gliales* qui jouent notamment un rôle nutritif auprès des neurones.

[3] De nouvelles estimations permettent de penser que le cortex serait composé de près de 40 milliards de cellules (voir appendice A).

Le développement physique

Le développement physique concerne les divers aspects du fonctionnement physiologique, sensoriel et moteur de l'organisme. Il débute dès les premiers instants de la vie pour atteindre un sommet entre 20 et 30 ans.

La période néo-natale

Dès le 3ᵉ mois de la vie intra-utérine s'étaient déjà développés les mouvements du corps et des yeux. Au 7ᵉ mois, le fœtus possède de nombreux réflexes (succion, réaction aux bruits violents, etc.) qui vont devenir pleinement fonctionnels après la naissance et permettre au nouveau-né d'assurer sa survie (figure 10.2).

Nous avons déjà décrit, dans le document 5.5, le bagage sensoriel du nouveau-né. Il suffit de se rappeler que la plupart des sens sont déjà fonctionnels chez le fœtus de 7 mois, qui est capable, à ce moment, de percevoir la lumière et les sons.

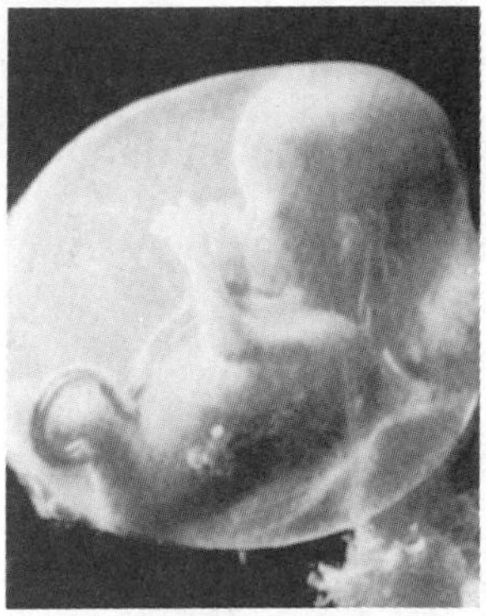

Fig. 10.2 *Dès le 7ᵉ mois de vie prénatale, la plupart des réflexes et des organes des sens du fœtus sont fonctionnels. Il suce son pouce, réagit aux bruits violents et peut même entendre la voix de sa mère ou celle des personnes avec qui celle-ci converse.*

L'enfance

Au cours de cette période, le développement moteur suit, lui aussi, un axe de développement *céphalo-caudal* selon lequel le contrôle de la tête s'effectue en premier lieu, suivi par le redressement du tronc (à 4 mois), la position assise (vers 7 mois), la locomotion en rampant (vers 9 à 10 mois), la station debout (vers 13 ou 14 mois) et enfin la marche (vers 14 ou 15 mois) (figure 10.3).

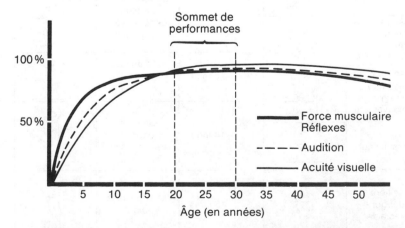

Fig. 10.3 *Évolution de quelques aspects du développement physique de la naissance à l'âge mûr. Avant la soixantaine, la diminution des capacités sensorielles et psychomotrices ne dépassent pas 10 % en moyenne.*

Quant au développement de la motricité fine, il suit un axe *proximo-distal* selon lequel au mouvement global des bras succède l'utilisation de la main pour la préhension volontaire. Celle-ci débute vers 5 mois pour s'affiner grâce à l'utilisation du pouce s'opposant aux autres doigts (vers 9 mois), puis à la coordination des doigts en vue d'un mouvement déterminé. Ce n'est cependant qu'entre 3 et 5 ans que cette motricité fine s'améliore de façon sensible (figure 10.4).

La force de l'enfant double entre 3 et 11 ans. Les performances sportives du garçon s'accroissent entre 5 et 17 ans ; il en va de même chez la fille, chez laquelle toutefois la force musculaire se stabilise vers 13 ans ; ce phénomène semble cependant plus relié à l'image que se fait l'adolescente occidentale de la féminité qu'à des différences physiologiques entre les deux sexes (figure 10.5).

Sur le plan sensoriel, c'est vers 6 ou 7 ans que l'acuité visuelle et la vision binoculaire achèvent leur développement.

0 mois	Position foetale	
1 mois	Relève le menton	
2 mois	Relève la poitrine	
3 mois	Cherche à atteindre, mais manque	
4 mois	S'assoit avec appui	
5 mois	S'assoit sur les genoux de quelqu'un, saisit les objets	
6 mois	S'assoit sur une chaise haute, saisit un objet en mouvement	
7 mois	S'assoit seul	
8 mois	Se tient debout avec aide	

9 mois	Se tient debout en se tenant à un meuble	
10 mois	Se traîne	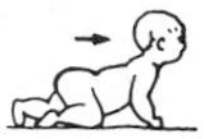
11 mois	Marche avec aide	
12 mois	Se lève pour se tenir debout avec appui	
13 mois	Monte les marches d'un escalier	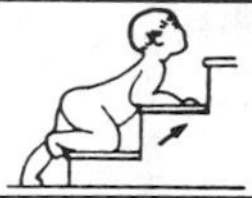
14 mois	Se tient debout sans aide	
15 mois	Marche sans aide	

Fig. 10.4 *Séquences du développement moteur de la position fœtale à la maîtrise de la marche.*

Fig. 10.5 *Au cours de l'enfance, filles et garçons réalisent des performances semblables sur le plan physique. Ce n'est qu'après la puberté que plusieurs adolescentes délaissent les activités sportives pour des raisons qui sont vraisemblablement plus culturelles que physiologiques.*

L'adolescence

Le développement physique à l'adolescence est marqué par deux changements importants : les transformations corporelles d'une part, et de l'autre, l'apparition des caractères sexuels primaires et secondaires.

Le *développement corporel* se manifeste notamment par une croissance accélérée et une augmentation notable du poids. Les différentes parties du corps ne se développent cependant pas en même temps et de façon harmonieuse ; il en résulte parfois des problèmes psychologiques plus ou moins importants liés à l'acceptation de la nouvelle image corporelle. Une fois que la croissance d'une partie du corps est amorcée, elle prend en général trois ans avant d'atteindre son aspect adulte. Quant à la *taille,* elle atteint son maximum vers l'âge de 17 ans, chez la jeune femme, et vers l'âge de 21 ans, chez le jeune homme.

Les *caractères sexuels primaires* propres aux organes génitaux internes et externes tels que les *vésicules séminales* et la prostate chez l'homme, ou la *glande de Bartholin* chez la femme, se développent également à la puberté ; l'utérus s'élargit et les ovaires ou les testicules deviennent fonctionnels. Quant aux *caractères sexuels secondaires,* ils apparaissent au cours de la période pubertaire. Chez la fille, le développement des seins s'effectue en même temps qu'apparaissent les premières menstruations, à l'âge de 13 ans environ. Chez le garçon, les premières éjaculations se produisent, en général, entre 13 et 14 ans[4] ; la voix se transforme vers 14 ou 15 ans et la barbe se met à pousser vers 17 ou 18 ans, c'est-à-dire 2 ou 3 ans après l'apparition des poils axillaires et pubiens.

Caractères sexuels
Ensemble des caractéristiques anatomiques, physiologiques et psychologiques qui différencient les deux sexes. On appelle *caractères sexuels primaires* les organes génitaux externes et internes ainsi que leurs annexes, et *caractères sexuels secondaires* les particularités anatomiques et physiologiques extra-génitales.

Vésicules séminales
(du latin *vésicula* = diminutif de « vessie » et *semen* = semence). Petit réservoir se trouvant dans les canaux de l'appareil reproducteur masculin (en arrière de la vessie et au-dessus de la prostate) dont les sécrétions contribueraient à donner leur mobilité aux spermatozoïdes.

Glandes de Bartholin
Paire de petites glandes situées dans la partie inférieure du vagin (derrière les bulbes du vestibule) qui sécrètent quelques gouttes d'un liquide clair vers la fin de l'excitation ou même pendant le plateau, sous l'action en va-et-vient du pénis.

---

[4] Le plus souvent, on note une absence de spermatozoïdes lors des premières émissions de sperme.

L'âge adulte

Le début de l'âge adulte, entre 20 et 30 ans, constitue la période au cours de laquelle les performances sont maximales sur tous les plans, qu'il s'agisse de la force musculaire, de la rapidité des réflexes, de la dextérité manuelle ou de l'endurance. Ces capacités vont diminuer légèrement jusqu'à 60 ans, âge à partir duquel la baisse va se faire sentir de façon plus marquée.

La plupart des capacités sensorielles atteignent leur plein développement vers l'âge de 20 ans pour ne diminuer que lentement jusqu'à l'âge de 40 ans. Ansi, l'ouïe perd seulement 10 % de son efficacité entre 20 et 40 ans, alors que la vision, le goût, l'odorat et le toucher n'accusent une baisse semblable qu'après 40 ans. Parmi les personnes de 65 à 74 ans, 13 % présentent certains problèmes auditifs ; ce chiffre double après 75 ans. Pourtant, malgré ce que l'on pense généralement, une diminution sérieuse de l'audition n'est constante que chez 10 % des personnes âgées, et des troubles importants de la vue ne sont observés que chez 2 % d'entre elles.

Le développement sexuel

La sexualité humaine est une fonction présente tout au long de la vie de l'individu. Le comportement sexuel existe bien avant que ne se développe la capacité de reproduction et, chez la femme, il continue de le faire bien après que cette capacité ait disparu.

Sexualité et reproduction

Comme nous allons le voir, des phénomènes tels que l'érection du pénis et la lubrification vaginale, qui constituent des signes manifestes d'excitation sexuelle, peuvent déjà être observés au cours de la période prénatale et continuent d'exister jusqu'à la fin de la vie. Ils constituent les piliers de l'activité sexuelle, dans ses aspects les plus divers, qu'il s'agisse de la masturbation, des rêves érotiques, des caresses ou du *coït*. En ce sens, ils dépassent l'activité reproductrice proprement dite, qui n'est rendue possible qu'à partir de l'adolescence.

À l'autre extrémité de la période de reproduction, la *ménopause,* qui se caractérise par la disparition du cycle menstruel, survient, en moyenne, vers l'âge de 49 ans. Elle marque la fin de la période de fécondité chez la femme, sans pour autant entraîner la fin de l'activité sexuelle.

Coït
(du latin *coire* = aller ensemble). Accouplement du mâle avec la femelle.

Quant à l'homme, bien qu'il conserve la capacité de se reproduire jusqu'à un âge avancé, son niveau d'activité sexuelle diminue, à partir de la quarantaine pour accuser une baisse sensible au cours de la vieillesse.

Comportement sexuel et développement

La période prénatale

La capacité d'érection chez le garçon est présente plusieurs mois avant la naissance et, si l'*échographie* ne peut révéler l'existence de la lubrification du vagin chez le fœtus-fille, on sait qu'elle se produit souvent dès les premiers jours de la vie extra-utérine (Martinson, 1976). Il ne s'agit bien entendu que d'une activité réflexe mais qui s'accompagne toutefois de sourires et de roucoulements constituant un indice de satisfaction évident.

L'enfance

Au cours de la *1re enfance*, la masturbation est relativement fréquente chez l'un et l'autre sexe. L'observation d'orgasmes a été rapportée chez des bébés de 5 à 7 mois et, de façon plus courante, chez des enfants de 3 ans [5] (figure 10.6).

Au cours de la *2e enfance*, l'intérêt sexuel va en augmentant. Selon plusieurs chercheurs, la masturbation serait pratiquée par 1/3 environ des enfants de 3 à 8 ans. Les jeux hétérosexuels sont déjà présents dès l'âge de 2 ans et deviennent plus fréquents au cours des années suivantes.

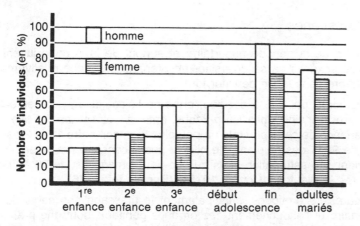

Fig. 10.6 *La pratique de la masturbation selon les âges et selon le sexe (en pourcentage d'individus).*

---

[5] L'orgasme observé ne s'accompagne pas, bien entendu, d'éjaculation, puisque la prostate, responsable de la sécrétion du liquide spermatique, ne se développe qu'à la puberté. Il se traduit plutôt par des mouvements saccadés des membres ainsi que par des signes manifestes d'un état modifié de conscience.

Échographie
(du grec *êkho* = son et *-graphein* = écrire). Technique d'exploration utilisant la réflexion des ultrasons dans les organes.

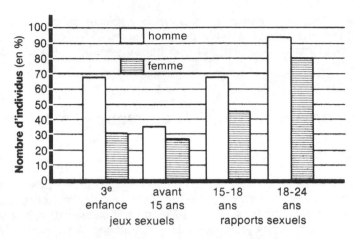

Fig. 10.7 *Les jeux sexuels dans l'enfance et les rapports sexuels après la puberté (en pourcentage d'individus).*

Au cours de la *3e enfance*, la masturbation serait pratiquée par la moitié des garçons et par un tiers des filles. Si à cette période du développement les jeux hétérosexuels sont relativement peu nombreux, compte tenu du peu de relations entre les sexes, les relations homosexuelles, par contre, sont courantes. Elles sont le fait des 2/3 des garçons et du 1/3 des filles (figure 10.7). Ces jeux homosexuels ne dépassent cependant que peu souvent le cap de la puberté. Ils ne trouvent un prolongement au cours de la vie adulte que chez les individus dont l'orientation homosexuelle était déjà présente, de façon latente, avant que ne s'effectuent les premiers contacts (voir chapitre 6).

L'adolescence

Au cours de la période pubertaire, et surtout de la période juvénile, l'activité sexuelle va se diversifier en prenant une place relativement importante dans la vie de l'individu.

La masturbation, qui, à cet âge, entraîne l'éjaculation, augmente de façon très sensible chez les garçons, entre 11 et 14 ans. La fille fait l'expérience de cette pratique un peu plus tard, soit entre 12 et 20 ans. Plus de 90 % des étudiants de niveau postsecondaire pratiquent couramment la masturbation alors que ce pourcentage est de 60 à 75 % chez les étudiantes[6] (Cotton, 1975 ; Miller et Lief, 1976).

Les *caresses* érotiques, principalement le massage des seins de la partenaire et l'attouchement des organes génitaux, sont une pratique dont deux adolescentes sur trois font l'expérience. Une fois sur trois, ce type de caresses entraîne l'orgasme. Il semble que ces expériences

---

Caresses érotiques
Caresses sexuellement stimulantes qui n'aboutissent pas au coït.

[6] Le plus souvent, la masturbation s'accompagne de fantasmes sexuels alimentés par le visionnement de scènes ou de photographies érotiques et cela, tant chez les adolescents que chez les adultes célibataires ou mariés. Selon l'enquête de Hunt (1974), 11 % seulement des hommes déclarent ne pas recourir aux fantasmes lorsqu'ils se masturbent, alors que 36 % des femmes adultes déclarent pouvoir facilement s'en passer.

soient importantes tant pour le partenaire masculin, à qui elles permettent une connaissance du corps féminin, que pour le développement
sexuel proprement dit de la femme.

Les *rapports sexuels prémaritaux* seraient le fait de 2/3 des garçons
et du 1/3 des jeunes filles à la sortie de l'enseignement secondaire.
Chez ces dernières, le pourcentage passerait à 80 % entre 18 et 24
ans alors qu'il serait de près de 95 % chez les jeunes hommes appartenant à la même tranche d'âge. Selon les recherches américaines
récentes, l'âge moyen du premier coït chez les jeunes filles serait de
17 ans (Weis, 1983). Dans la moitié des cas, aucun moyen contraceptif
n'est utilisé. C'est ce qui explique qu'aux État-Unis, par exemple, un
million d'adolescentes deviennent enceintes chaque année, et une
femme sur 10 devient mère avant 18 ans (Nye, 1976).

Âge adulte

Les *relations sexuelles maritales* semblent être, aujourd'hui, plus excitantes et plus satisfaisantes qu'autrefois, notamment pour la femme.
L'enquête réalisée par Kinsey, en 1948, indiquait que les jeux préliminaires au coït ne duraient, à l'époque, qu'une douzaine de minutes en
moyenne et que le coït lui-même ne dépassait pas une durée moyenne
de deux minutes. Des enquêtes plus récentes (Hunt, 1974) rapportent
que les jeux préliminaires prennent actuellement une quinzaine de
minutes en moyenne et que le coït lui-même peut se prolonger pendant
une dizaine de minutes, permettant ainsi à la femme d'atteindre plus
facilement l'orgasme[7] (voir document 6.5).

Une plus grande variété de comportements et de positions enrichissent
à présent la relation sexuelle. La pratique de la stimulation bucco-géni-
tale est passée de 45 % lors de l'enquête de Kinsey à 90 % chez les
couples de moins de 25 ans dans l'échantillon de Hunt (1974). On
observe également que la position traditionnelle dans laquelle l'homme
est allongé sur sa partenaire est de plus en plus remplacée par celle
dans laquelle c'est la femme qui occupe cette place, au cours du coït[8].

L'excitation sexuelle se trouve amplifiée par la présence de *fantasmes*
qui sont, à présent, de moins en moins perçus comme une « infidélité »
au partenaire (document 10.1), dès le moment où ils permettent à la
relation d'être vécue de la façon la plus satisfaisante possible.

La pratique de la masturbation par l'un ou l'autre des partenaires d'un
couple a considérablement augmenté au cours des 40 dernières
années. Elle est à présent le fait de 70 %, tant des hommes que des
femmes, auxquels elle procure ainsi un supplément d'activité sexuelle
lorsque le partenaire n'est pas disponible ou peu disposé à s'y livrer.
De plus, des enquêtes révèlent que, chez la femme, la réponse sexuelle
orgasmique serait généralement plus intense lorsqu'elle est obtenue
par la masturbation que lors du coït.

Fantasmes sexuels
(du grec *phantasma* = fantôme).
Activité mentale, consciente ou
inconsciente, sous forme
d'images ou de pensées, de
souvenirs sexuels ou de rêve
d'avenir.

---

[7] On note qu'à notre époque, la moitié des femmes vivant une relation de couple stable atteignent
l'orgasme lors de chaque coït.

[8] Actuellement, ce serait le cas pour 3 femmes sur 4, contre 3 femmes sur 10, au cours des années 40.

La croyance dans le fait que les capacités sexuelles s'éteignent avec l'âge de la retraite est profondément ancrée chez les individus plus jeunes mais également chez beaucoup de personnes âgées.

Ainsi des enquêtes ont révélé que l'arrêt de l'activité sexuelle s'effectuait vers 68 ans environ chez les hommes et vers 60 ans chez les femmes qui reconnaissaient cependant, pour leur part, être surtout obligées de cesser faute de partenaire.

Sur le plan physiologique, il n'existe pourtant rien qui puisse justifier cet état de choses. Chez l'homme, l'érection et l'éjaculation existent encore à un âge avancé, même si elles s'effectuent plus lentement. Il en va de même chez la femme dont la lubrification des parois vaginales tend à diminuer sans pour autant que le clitoris ne perde de sa sensibilité. Ainsi, le coït se trouvant prolongé par le ralentissement des réactions corporelles peut permettre à la tendresse de compenser largement la baisse de la puissance sexuelle.

Toutefois, comme c'est le cas à tous les âges de la vie adulte, le niveau d'activité sexuelle chez la personne âgée dépend de celui qui a prévalu au cours des années antérieures.

Le développement cognitif

La plupart des théories du développement mettent en avant la notion de stades par lesquels l'enfant puis l'adolescent passent avant d'atteindre la maturité.

En ce qui concerne le développement intellectuel, plusieurs descriptions ont été proposées. Certaines l'envisagent comme étant constitué d'une suite continue et immuable de stades, chacun de ces stades étant préparé par celui qui l'a précédé et préparant à son tour le stade suivant. C'est le cas de la théorie élaborée par Piaget. D'autres, comme Wallon, voient plutôt les étapes de l'évolution psychologique de l'enfant comme une suite discontinue de remaniements, de suppressions ou d'additions d'activités ponctuant la croissance. Dans les lignes qui suivent, nous allons nous attarder à décrire chacune de ces visions du développement cognitif en cherchant à voir en quoi elles s'opposent et en quoi elles se complètent.

Les étapes du développement mental chez l'enfant et l'adolescent

Les périodes du développement intellectuel (selon Piaget)

Piaget distingue, rappelons-le, trois stades principaux dans le développement intellectuel de l'enfant. Il s'agit du stade de développement sensori-moteur (de la naissance à 2 ans), du stade des opérations concrètes (de 2 à 11 ou 12 ans) et du stade des opérations formelles (à partir de 12 ou 13 ans).

Le stade sensori-moteur

C'est le stade au cours duquel l'enfant prend possession de ses capacités sensorielles et motrices. Il écoute, regarde, crie, frappe, froisse, plie, jette, pousse, tire, verse... Ainsi, à partir des montages héréditaires, tels que les réflexes et les processus sensoriels, et les premières habitudes motrices, va s'effectuer peu à peu l'articulation des différentes actions entre elles, permettant la mise en place de nouveaux moyens pour atteindre certains buts.

Le stade sensori-moteur comprend six sous-stades qui correspondent à cette intégration toujours plus poussée des *schèmes* (voir chapitre 8).

1. Les *réflexes innés* (0 à 1 mois) de succion, d'agrippement, etc., sont déclenchés par les stimulations de l'environnement et, à force d'être répétés, deviennent de plus en plus efficaces.

2. Les *habitudes motrices* (1 à 4 mois) se forment par conditionnement des réflexes suite aux interactions avec l'environnement (mouvements de succion à la vue du biberon, agrippement du biberon, etc.).

3. Les *réactions circulaires* (4 à 8 mois) s'établissent grâce au développement de la coordination entre les systèmes perceptifs et les schèmes moteurs (agrippement du cordon permettant d'agiter le hochet afin de lui faire produire des sons, etc.).

4. La *coordination moyens-buts* (8 à 12 mois) va permettre à l'enfant d'agir de plus en plus de façon intentionnelle en fonction d'un but à atteindre (enlever la main de l'expérimentateur pour s'emparer d'une poupée cachée derrière celle-ci, etc.).

5. La *découverte de moyens nouveaux* (12 à 18 mois) s'effectue par hasard mais va amener l'enfant à établir la relation entre l'activité et son résultat (amener à lui une poupée en tirant le tapis sur lequel elle est déposée, etc.).

L'*invention de moyens nouveaux* (18 à 24 mois) constitue la première manifestation de la *pensée* intériorisée (de type *insight*) par la combinaison des schèmes existants en vue de déboucher sur une solution originale (trouver le moyen d'ouvrir une boîte d'allumettes afin d'en retirer le bonbon qu'elle contient ou pour y introduire une longue chaînette de métal, etc.).

Le stade des opérations concrètes

C'est le stade où les actions *s'intériorisent* peu à peu pour devenir des *opérations* qui permettent à l'enfant de comparer, d'évaluer, de classer, de sérier, de dénombrer, de mesurer... Il découvre ainsi, à partir d'un support concret, que ce qu'il vient de faire peut se défaire pour se refaire à nouveau de la même façon, ou sous d'autres formes. En d'autres termes, il apprend qu'il existe un type particulier d'actions qui sont *réversibles* et qui peuvent se coordonner entre elles dans des *structures d'ensemble* faisant intervenir la quantité, la grandeur, le nombre, la contenance, le poids, le volume, etc. L'enfant ne maîtrisera

Fig. 10.8 *Après l'âge de 8 mois, l'enfant a acquis la permanence de l'objet et contourne à présent l'obstacle afin de retrouver le jouet dérobé à sa vue.*

Intériorisé
Qui n'a pas besoin d'être effectué réellement mais seulement pensé.

Opération
Action intériorisée qui est réversible et qui peut se coordonner avec d'autres dans une structure d'ensemble.

Réversibilité
Propriété de certaines actions dont l'effet peut être renversé, qui peuvent être envisagées de deux points de vue différents.

Structure d'ensemble
Système d'opérations s'articulant entre elles selon des lois précises de combinaisons, de classifications, de transformations, etc.

Fig. 10.9. *À partir du stade opératoire, l'enfant devient capable de classer et de sérier les objets et les images. C'est le temps des «collections».*

cependant ces structures qu'après un long cheminement allant d'un niveau préopératoire au deuxième niveau des opérations concrètes.

1. Le *niveau préopératoire* (2 à 5 ans) est la première étape dans l'intériorisation des actions. Il se caractérise par le développement de la *pensée symbolique* permettant à l'enfant de se représenter des objets ou des stimulations à l'aide d'images mentales et de les désigner par leur nom ou à l'aide de symboles, plutôt que par l'action directe[9] (voir le document 10.2).

Les opérations qu'il tente à présent d'effectuer sont cependant limitées par le champ encore étroit de sa pensée et par son caractère égocentrique. L'enfant de cet âge se révèle en effet peu capable de tenir compte à la fois de plusieurs aspects d'une même situation. Ainsi, dans le cas de la saucisse de plasticine, décrit dans le document 2.11, l'enfant reste centré sur la longueur, et cette *centration* l'empêche d'effectuer les *compensations* nécessaires du type : «C'est plus long *mais* c'est plus mince» qui lui permettraient d'affirmer l'égalité entre la saucisse et la boulette. Quant à l'*égocentrisme* de l'enfant, qui l'empêche d'envisager le monde en utilisant un autre point de vue que le sien, il l'amène par exemple à penser : «D'habitude, quand quelque chose est plus long, j'en ai plus à manger, ou à sucer ; donc puisque la saucisse est plus longue, c'est qu'il y en a plus».

2. Le *premier niveau des opérations concrètes* (5 ou 6 ou 7 ou 8 ans) est atteint lorsque l'enfant devient capable de comprendre que deux éléments tels que la forme et la quantité, par exemple, sont indépendants l'un de l'autre (le fait que la saucisse soit longue et mince ne modifie pas la quantité de plasticine qui la constitue). Cette notion de *conservation* de certaines propriétés des objets va s'étendre également à la substance et à la longueur puis, au niveau suivant, au poids et au volume. Entre-temps, l'enfant acquiert la capacité de *sérier* des objets (du plus grand au plus petit, etc.) et de les *classer* (les bleus avec les bleus, les oiseaux avec les oiseaux, etc.).

3. Le *deuxième niveau des opérations concrètes* (8 à 11 ans) est celui auquel l'enfant acquiert, en plus de la notion de conservation du poids et du volume[10], la notion du temps et de vitesse ainsi que celle de la mesure à l'aide d'un étalon.

À la fin de ce niveau, l'enfant est de plus en plus à même de comprendre les relations entre les éléments; ceci lui permet de situer des objets dans l'espace, de résoudre des problèmes de perspective ou des expériences simples de physique, et indique son passage vers la pensée logique, propre à l'adolescence et à l'âge adulte.

Centration
Fixation sur un seul élément d'un ensemble en négligeant les autres dimensions.

Égocentrique
(du mot latin qui signifie «je» et -centre). Attitude subjective dont la perception du monde a pour point de départ sa propre personnalité.

---

[9] Mireille Mathieu (1986), de l'Université de Montréal, a soumis de jeunes chimpanzés à des épreuves permettant de les situer en termes de développement cognitif, selon la conception piagétienne. Elle a montré, après des années d'observations, que les petits de nos cousins possédaient une avance de près de 6 mois sur le plan sensori-moteur par rapport à un enfant humain de 18 à 24 mois. Cependant, alors que pour l'enfant le stade sensori-moteur, une fois franchi, constitue le tremplin vers le stade des opérations concrètes, le jeune chimpanzé, lui, plafonne au début du niveau préopératoire. Il sera tout au plus capable d'imiter des choses qui ne sont pas présentes mais il demeurera toujours dans l'impossibilité de «faire semblant» comme le petit de l'être humain, accédant à la pensée symbolique, est déjà capable de le faire au cours de sa troisième année.

[10] Beaucoup d'adolescents et d'adultes se laissent toutefois encore prendre à la devinette du type : «Que vaut-il mieux porter sur une distance de dix kilomètres : 10 kg de plumes ou 10 kg de plomb?», de même qu'ils hésitent lorsqu'il s'agit de savoir ce que devient le niveau d'une tasse de café après qu'un morceau de sucre y ait été introduit, puis après que le sucre ait fondu.

Le stade des opérations formelles   (11 ou 12 ans à 14 ou 15 ans)

À ce stade, la pensée se caractérise par la possibilité d'effectuer des opérations en l'absence de tout support concret. Comme nous l'avons vu au chapitre 8 ainsi que dans le document 8.6, il s'agit effectivement d'une pensée abstraite, fonctionnant par hypothèses et par déductions.

Comme le soulignent Droz et Rahmy (1972), l'œuvre de Piaget est consacrée presque uniquement à l'étude du développement des structures cognitives, laissant dans l'ombre des relations existant entre l'affectivité et la cognition. La conception de l'enfant, selon Piaget, est celle d'un être individuel ne se socialisant, après une longue période marquée par l'égocentrisme, que par la nécessité devant laquelle il est placé de partager avec les autres des «moyens objectifs de mesure et de rapport» entre les choses (Wallon, 1959).

Pour Wallon, au contraire, l'enfant est un être voué, dès le départ, à la socialisation par l'incapacité dans laquelle il se trouve de faire quelque chose par lui-même. Comme le rappelle Zazzo (1972), le successeur de Wallon dans cette ligne de pensée, l'enfant vit «en association étroite, en *symbiose* avec la mère» dès les premiers mois de la vie. Les étapes du développement constituent donc, à travers la relation avec les autres, une série de remaniements, de chevauchements et de progrès dans lesquels l'acte moteur, l'affectivité et le langage jouent un rôle prépondérant[11].

Fig. 10.10 *Henri Wallon, médecin et psychologue français (1879-1962). Il est l'auteur d'importantes études sur l'enfant rapportées, notamment, dans ses deux principaux ouvrages :* Les origines du caractère *(1934)* et Les origines de la pensée *(1945).*

Les âges successifs de l'enfance (selon Wallon)

Bien que Wallon se refuse à déterminer un rythme de développement qui serait identique pour chaque enfant, il note cependant l'existence d'ensembles ayant chacun «sa marque, son orientation spécifique et qui sont une étape originale dans le développement de l'enfant».

1. *Le stade impulsif* (0 à 6 mois) est celui des réflexes de déchargeant de façon automatique en réponse à une excitation. Ils vont de plus en plus faire place à des mouvements ordonnés et à des comportements nouveaux qui constituent une grande part de l'occupation du nourrisson.

2. *Le stade émotif* (6 à 10 mois) est caractérisé par le développement du répertoire des émotions (peur, colère, joie, dégoût, etc.) qui va permettre l'établissement d'un contact étroit avec l'environnement social. Les émotions, traduites notamment par le sourire ou les sanglots, constituent un véritable prélangage permettant à l'enfant de rendre ses gestes efficaces mais aussi de prévoir ceux des autres.

3. *Le stade sensori-moteur* (10 à 14 mois) constitue le début de l'*intelligence pratique*. Par le renforcement du lien entre le geste et les effets perceptifs qui en résultent, l'enfant réagit de plus en plus aux choses par des gestes dirigés vers elles. Des activités circulaires telles que celles où «la voix affine l'oreille et l'oreille assouplit la voix» vont permettre le développement de la reconnaissance des sons puis des mots.

Symbiose
(du grec *sum* = avec et *-bios* = vie). Association de deux organismes différents qui leur fournit des avantages réciproques.

[11] Le psychologue russe Vygotsky (1978) a également mis l'accent sur le rôle important joué par les autres dans le développement cognitif de l'enfant.

4. *Le stade projectif* (14 mois à 3 ans) se développe avec la marche, puis le langage; l'enfant peut explorer et agir sur les objets dont il apprend à connaître le nom en même temps que les caractéristiques. Il va ainsi acquérir une autonomie de plus en plus grande face aux objets qu'il peut à présent pousser, traîner, entasser ou classer par catégories. Cette indépendance va permettre la diversification des relations avec l'entourage et entraîner une affirmation plus grande de l'individu.

5. *Le stade personnaliste* (3 à 6 ans) comprend trois périodes caractérisées par le développement de l'indépendance ainsi que par un enrichissement du *moi*.

À trois ans débute la *période d'opposition*. C'est l'époque où se développe le «je». En même temps que l'enfant apprend à se distinguer d'autrui, il devient de plus en plus capable de distinguer les objets selon leur forme, leur couleur ou leur dimension.

À quatre ans, l'enfant connaît son prénom, son nom, son âge, son domicile. C'est la période *narcissique* au cours de laquelle le moi tend à se faire valoir. L'enfant s'observe, se regarde agir, persévère dans la tâche qu'il a entreprise. En même temps, sa perception des objets devient de plus en plus abstraite, le rendant capable de distinguer les lignes, les directions, les positions, les signes graphiques.

À cinq ans, l'attention qu'il manifeste vis-à-vis de lui-même et de son entourage l'amène à entrer dans une période *d'imitation* pendant laquelle il apprend à imiter un rôle, à se créer un personnage.

Tout au long de ce stade, la pensée de l'enfant est cependant marquée par le *syncrétisme* qui l'amène à décoder globalement une situation à partir d'un détail ou par juxtaposition de détails sans être capable d'établir de relation de cause à effet entre eux (voir le document 10.2).

6. *Le stade scolaire* (6 à 12-14 ans) est celui où l'enfant se tourne vers le monde extérieur. Sa pensée devient plus objective, l'amenant à approfondir sa connaissance des choses, de leurs propriétés et de leur emploi. Il se familiarise avec les combinaisons et les catégories non seulement d'objets mais également d'activités (en classe, à la maison, au jeu, etc.) dans lesquelles il apprend à s'intégrer. Son évolution se poursuit dans le sens d'une autonomie croissante.

7. *Le stade pubertaire* recentre l'attention de l'adolescent sur sa propre personne et sur les besoins du moi. Cette crise l'amène à une recherche plus grande encore d'autonomie et d'originalité, mais elle l'entraîne également à la découverte de la raison d'être des choses et des lois qui les régissent. Ainsi vont se développer la capacité de raisonnement et le pouvoir de combinaison de notions abstraites.

Comme on le voit, les différences entre la conception de Piaget et celle de Wallon se situent principalement dans la façon dont est abordé le développement cognitif de l'enfant. Piaget cherche à comprendre par quelles voies l'enfant aboutit à la pensée adulte, alors que Wallon met principalement l'accent sur les origines du comportement et de la personnalité dont la cognition n'est qu'une des composantes. De plus, alors que Piaget tente, en biologiste qu'il est, de mettre en lumière les

Narcissique
(de Narcisse, personnage de la mythologie grecque qui tomba amoureux de lui-même). Qui porte une attention exclusive à sa personne.

Syncrétisme
(du grec *sun* = avec, réunion de, et *-krêtismos* = crêtois. Fait référence à une tradition qui veut qu'il n'existe pas deux habitants de l'île de Crète qui soient du même avis et qu'on débouche donc sur quelque chose de peu cohérent lorsqu'on tente d'obtenir d'eux une vision globale). Perception confuse et indifférenciée de différents éléments appréhendés de façon globale, qui précède la pensée chez l'enfant.

lois générales qui régissent le développement de l'organisme dans sa recherche constante d'équilibre, Wallon, de son côté, insiste sur le caractère complexe du développement qui serait le produit d'une interaction constante entre l'individu et son environnement social.

Les capacités intellectuelles chez l'adulte

Il n'existe que très peu d'études permettant de déterminer la manière dont évolue l'intelligence au cours de l'âge adulte. Il semble cependant qu'on ne puisse pas parler de déclin avant la soixantaine et que de nombreux individus continuent même à s'améliorer jusqu'à un âge avancé, notamment en ce qui concerne le vocabulaire et la maîtrise de notions abstraites.

Comme nous l'avons vu au chapitre 8, la pensée formelle se spéciali-serait, pour sa part, avec le mode de vie et les occupations profession-nelles de chacun. Il n'existe cependant aucune épreuve qui permette d'évaluer le niveau atteint par une personne, à un âge donné, compte tenu de ses aptitudes particulières.

En ce qui concerne les *personnes âgées*, les différences notées dans le rendement intellectuel entre elles et les sujets plus jeunes ne sont sensibles que dans le cas où la rapidité de la réponse constitue le critère d'évaluation principal.

De plus, si la mémoire à court terme semble touchée, la mémoire à long terme, par contre, demeure intacte. Ainsi que cela a été noté au chapitre 8, l'affaiblissement de la mémoire à court terme serait cepen-dant lié davantage à une difficulté d'organiser le matériel au moment de son entreposage qu'aux structures responsables de l'entreposage lui-même.

Certaines études ont montré qu'une baisse soudaine du fonctionne-ment intellectuel se manifestait chez les personnes dont la mort était proche (Riegel et Riegel, 1972). Cette *chute finale* ne semble cepen-dant pas être le propre des personnes âgées uniquement puisqu'elle a été notée de la même façon chez de jeunes adultes qui étaient, eux-aussi, confrontés à la mort. Elle pourrait s'expliquer, comme nous le verrons à la fin du chapitre, par le retrait psychologique qui s'effectue chez le mourant, par rapport au monde extérieur.

Le développement moral

Le développement de la moralité est étroitement associé au développe-ment cognitif. Il est en effet nécessaire que celui-ci ait atteint un certain niveau pour qu'un jugement moral puisse être effectué par l'enfant. Piaget (1932) fut un des précurseurs dans l'étude du développement moral. Ses travaux ont plus tard été repris et approfondis par Kohlberg (1963). Les conclusions de ce dernier ont toutefois été contestées par Carol Gilligan (1977) qui fait valoir le point de vue féministe selon lequel la conception de la morale chez la femme serait différente de ce qu'elle est chez l'homme.

Le jugement moral chez l'enfant

Au cours de son développement moral, l'enfant passe d'un point de vue *égocentrique*, selon lequel il juge tout acte comme étant bon ou mauvais en fonction de ce qu'il a intégré des règles des adultes, à un point de vue plus souple qui l'amène à accorder de plus en plus de valeur à ses critères personnels dans les jugements qu'il porte sur les autres. C'est cette évolution qui explique le fait qu'avant l'âge de 7 ans, l'enfant a tendance à juger les actes selon l'importance de leurs *conséquences* alors qu'après cet âge, les actes seraient plutôt jugés d'après l'*intention*.

Ainsi, pour un jeune enfant, si Pierre a cassé dix assiettes en aidant sa mère à faire la vaisselle, il mérite une punition plus grande que Jean qui n'en a cassé qu'une en prenant sans permission un bonbon dans l'armoire.

Piaget parle, à ce propos, d'une *morale hétéronome*, qui serait peu à peu remplacée par une *morale autonome* chez l'enfant plus âgé qui en arrive à considérer que l'intention est plus importante que les effets de l'acte posé.

Le développement de la conscience morale

Les niveaux de moralité (selon Kohlberg)

Kohlberg, pour sa part, s'est plutôt attaché à étudier les façons dont les individus justifient leur position morale que la position elle-même. Il en arrive à déterminer trois niveaux de développement moral : le niveau prémoral, le niveau conventionnel et le niveau postconventionnel. Chacun de ces niveaux comprendrait deux stades (voir le document 10.3).

1. *Niveau prémoral* (de 4 à 10 ans)

Il s'agit d'un niveau auquel les actes sont soumis à un contrôle extérieur, sans tenir aucun compte du point de vue d'autrui.

Au stade 1, le jugement sera émis en fonction de la récompense ou du châtiment que l'acte risque d'entraîner.

Au stade 2, un acte est jugé en fonction du bénéfice qui pourrait être retiré en retour.

2. *Niveau conventionnel* (de 10 à 13 ans)

À ce niveau, l'individu se conforme au rôle conventionnel, à partir de principes émis par les autres.

Au stade 3, le jugement repose sur le fait que l'acte recevra ou non l'approbation des autres, qu'il soit posé par une «bonne personne».

Morale hétéronome
(du grec *heteros* = autre, et *-nomos* = loi). Morale dont les règles proviennent des autres et qui ont pour le sujet un caractère sacré et inviolable.

Morale autonome
(du grec *autos* = soi-même, et *-nomos* = loi). Morale dont les règles sont établies par l'individu lui-même et peuvent être modifiées par lui.

Conventionnel
(du latin *con* = avec, et *-venire* = venir). Qui se conforme à des façons de faire, à des conventions sociales.

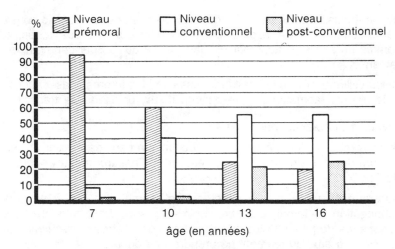

Fig. 10.11 *Variations dans la proportion des niveaux de moralité à différents âges, chez les enfants américains (selon Kohlberg, 1963).*

Au stade 4, le jugement est fondé en fonction de l'ordre établi, du respect de l'autorité en place et des règlements qu'elle édicte.

3. *Niveau post-conventionnel* (à partir de 13 ans)

Ce niveau constitue, selon Kohlberg, le seul niveau de vraie moralité. C'est celui selon lequel l'individu est amené à juger un comportement à partir de ses propres critères, ce qui implique un haut niveau de raisonnement.

Au stade 5, la justification d'un acte repose sur le respect d'une décision acceptée démocratiquement ou, plus généralement, sur les droits humains.

Au stade 6, un acte est jugé juste s'il est dicté par la conscience, indépendamment des contraintes légales ou de l'opinion des autres.

Comme l'indique la figure 10.11, le niveau prémoral se trouve remplacé par le niveau conventionnel, dès l'âge de 13 ans et, de façon moindre, par le niveau postconventionnel. Kohlberg note cependant que de nombreux individus ne dépassent jamais le stade 4 et que moins de 10 % des sujets de 16 ans ou plus atteignent le stade 6[12].

Une critique a été formulée par Gilligan, une des collaboratrices de Kohlberg, qui reproche à celui-ci d'avoir construit une grille à partir des valeurs masculines axées sur l'affirmation de soi et sur les principes d'équité, sans égards pour le jugement moral propre aux femmes, plus centré sur l'attention pour l'autre et sur le sentiment d'abnégation, qui les faisaient «plafonner» en majorité au stade 3.

Conception féminine de la moralité (selon Gilligan)

Plutôt que de s'en tenir aux principes, les femmes seraient davantage portées à juger en fonction des personnes en cause. De ce fait, elles

---

[12] Kohlberg finira par éliminer ce dernier stade jugé trop «élitiste» par les critiques et trop entaché de valeurs propres à la culture occidentale.

auraient plus tendance à croire qu'une personne est davantage considérée comme un être responsable lorsqu'elle se soucie des autres, et comme un être égoïste lorsqu'elle leur cause du tort par son comportement[13].

Selon Gilligan, l'évolution de la moralité chez les femmes passerait par trois niveaux admettant, entre chacun d'eux, un stade de transition.

Niveau 1 : *la préoccupation de soi*

À ce niveau, la femme se préoccupe uniquement de ce qui est en mesure de satisfaire ses propres besoins et d'assurer sa survie individuelle.

Au *stade de transition 1* s'effectue le glissement de l'égoïsme vers l'abnégation. La femme demeure centrée sur son propre bien-être mais commence de plus en plus à tenir compte des autres et des liens qui l'unissent à eux, au moment de prendre une décision.

Niveau 2 : *le sacrifice de soi*

Les conventions sociales ont, la plupart du temps, imposé à la femme de faire passer la satisfaction de ses propres désirs après celle des besoins des autres. Ce rôle de « bonne mère » l'amène ainsi à se voir confrontée à des choix en se comportant conformément aux attentes des autres et en se sentant responsable de leurs actes.

Le *stade de transition 2* la fait passer du niveau de sacrifice de soi à celui du respect de soi, en l'amenant à tenir de plus en plus compte de ses besoins personnels. Elle va ainsi chercher à concilier la satisfaction de ses besoins avec celle des besoins des autres dont elle continue à se sentir responsable.

Niveau 3 : *le respect de soi*

À ce niveau, la femme considère qu'elle est la seule à pouvoir effectuer les choix relatifs à sa propre vie, dès le moment où ces choix ne causent pas de tort à ceux auxquels elle est liée par des attaches familiales ou sociales et, plus largement, par son appartenance à l'espèce humaine. En ce sens, le niveau 3 débouche sur une *morale de la non-violence*.

Le développement de la personnalité

La personnalité d'un individu est constituée d'un ensemble de caractéristiques stables telles que son tempérament, sa sensibilité, ses motivations, ses capacités, ses attitudes, sa moralité, l'amenant à penser et à se comporter d'une façon qui lui est propre lorsqu'il s'adapte aux multiples situations de son existence.

Fig. 10.12a *Peut-on vraiment prédire la personnalité de ces trois personnes en observant simplement leur constitution physique?*

---

13 Gilligan puise dans la Bible deux exemples illustrant ces façons différentes d'envisager la morale chez l'homme et chez la femme. Ainsi, Abraham est prêt à sacrifier son fils afin de fournir une preuve de sa foi en Dieu. Par contre, la mère d'un enfant va préférer le céder à une rivale lorsque le roi Salomon décidera de régler le conflit existant entre elles en coupant l'enfant en deux.

Elle est donc un tout, résultant d'influences tant génétiques que socio-culturelles. De nombreuses théories ont tenté de la décrire ou d'en expliquer les origines, en mettant l'accent sur l'un ou l'autre de ces aspects ou en tentant de tenir compte de chacun d'eux.

Les approches descriptives

Il s'agit de théories qui visent à mettre en évidence des profils de personnalité reposant sur un ensemble de caractéristiques déterminées biologiquement, comme c'est le cas pour les *typologies*, ou résultant du fonctionnement neuropsychique de l'individu, comme le prétendent les *théories des traits*.

Les typologies

Depuis l'Antiquité, des auteurs ont tenté de relier les différents aspects de la personnalité aux caractéristiques physiques présentées par la personne proposant ainsi des types de personnalité et une série de traits qui leur seraient propres.

Parmi les *typologies* récentes, les typologies de Kretschmer (1925) et celle de Sheldon (1954) relient toutes deux la façon de réagir d'un individu à sa *constitution physique* (figure 10.12a).

Ainsi, une personne grande et fragile, du type *ectomorphe*, serait le plus souvent timide, inhibée et préférerait la solitude et les travaux intellectuels. Un individu fort et musclé, du type *mésomorphe*, aurait le plus souvent tendance à se montrer dynamique et dominant. Quant à la personne courte et présentant des signes d'obésité, de type *endormorphe*, elle serait plus portée à être sociable, gaie et détendue.

Jung (1923) avait déterminé deux grands types de personnalité. Selon lui, on avait d'une part les personnalités *extraverties*, caractérisées par le goût de l'aventure, l'ouverture sur le monde et la sociabilité, et, d'autre part, les personnalités *introverties*, timides, repliées sur elles-mêmes et évitant la prise de risques ainsi que les interactions sociales.

De telles typologies sont séduisantes à première vue. Elles sont cependant loin de rendre compte de la diversité et de la complexité des comportements humains. De plus, dans le cas de la typologie de Sheldon, on est en droit de se demander jusqu'à quel point la manière de réagir d'une personne ne serait pas la conséquence de la façon dont celle-ci se perçoit ou est perçue par les autres plutôt que d'un déterminisme biologique. Ainsi, n'est-il pas normal de s'attendre à ce qu'un individu athlétique présente des traits plus dominants ou dynamiques qu'une personne courte et grassouillette ?

Les théories des traits

Les auteurs des typologies envisageaient la personnalité comme un ensemble de caractéristiques propres à des catégories spécifiques d'individus. D'autres chercheurs ont plutôt tenté d'identifier les traits de

Typologie
(du grec *tupos* = manque, caractère, et *-logos* = étude). Système de classification des individus d'après leur type, considéré du point de vue du rapport existant entre les caractéristiques physiques et psychologiques, ou d'après leur type de personnalité.

Ectomorphe
(du grec *ektos* = au dehors, et *-morphê* = forme). Type morphologique propre aux individus grands, à musculature peu développée avec prédominance du développement ectodermique ; il correspondrait au tempérament cérébral (l'*ectoderme* étant, au stade zygote, le feuillet externe qui va notamment être à l'origine du système nerveux).

Mésomorphe
(du grec *mesos* = au milieu et *-morphê* = forme). Type morphologique propre aux individus musclés, grands et assez forts avec prédominance du développement mésodermique ; il correspondrait au tempérament énergique et actif (le mésoderme est le feuillet se développant, au stade zygote, entre l'ectoderme et l'endoderme qui va notamment être à l'origine du squelette, de la musculature et du sang).

Endomorphe
(du grec *endon* = en dedans, et *-morphê* = forme). Type morphologique propre aux individus gros et ronds avec prédominance du développement endodermique ; il correspondrait au tempérament sociable, recherchant l'affection, l'approbation et le confort (l'endoderme étant, au stade zygote, le feuillet interne qui va notamment être à l'origine des viscères).

Extraverti
(du latin *extra* = en dehors, et *-vertere* = tourner). Type d'individu présentant des comportements tournés vers l'extérieur, vers les autres.

Introverti
(du latin *intro* = dedans, et *-vertere* = tourner). Type d'individu replié sur lui-même et fixant son intérêt sur sa vie intérieure et sur des questions abstraites et théoriques.

personnalité propres à chaque individu qui l'amènent à se comporter de façon relativement semblable dans diverses situations, tout en se distinguant des autres.

Selon Allport (1937), une personne posséderait de 2 à 10 *traits centraux*, tels que le goût pour le travail, ou pour l'oisiveté, l'honnêteté, le sens des affaires, le goût pour la musique, etc., qui seraient caractéristiques de sa manière d'être ; elle posséderait aussi de multiples *traits secondaires*, moins distinctifs, correspondant plutôt à certaines attitudes manifestées dans des circonstances déterminées.

Cattell (1956) a déterminé *16 dimensions* à partir desquelles pouvait être évaluée une personnalité (selon que la personne est réservée ou ouverte, sérieuse ou insouciante, timide ou audacieuse, intelligente ou non, etc.). Selon Cattell, les réponses d'un sujet à un questionnaire permettraient de construire le profil de sa personnalité en fonction de sa situation dans chacune de ces dimensions (figure 10.12b).

Eysenck (1963), de son côté, a plutôt tenté de déterminer les différents traits de personnalité d'un sujet à partir de deux axes principaux : celui de l'*introversion-extraversion*, rendant compte du repli sur soi de la personne ou de sa sociabilité, et celui de la *stabilité-instabilité*, reflétant son niveau plus ou moins grand d'anxiété (figure 10.13).

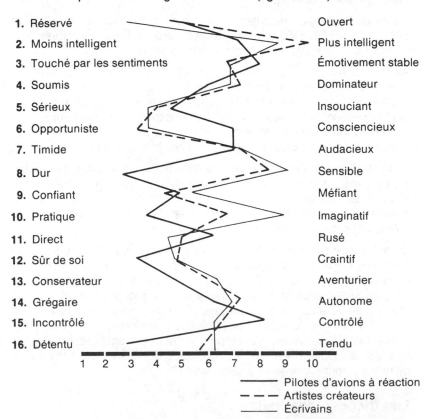

1. Réservé	Ouvert
2. Moins intelligent	Plus intelligent
3. Touché par les sentiments	Émotivement stable
4. Soumis	Dominateur
5. Sérieux	Insouciant
6. Opportuniste	Consciencieux
7. Timide	Audacieux
8. Dur	Sensible
9. Confiant	Méfiant
10. Pratique	Imaginatif
11. Direct	Rusé
12. Sûr de soi	Craintif
13. Conservateur	Aventurier
14. Grégaire	Autonome
15. Incontrôlé	Contrôlé
16. Détentu	Tendu

1 2 3 4 5 6 7 8 9 10

——— Pilotes d'avions à réaction
– – – Artistes créateurs
——— Écrivains

Fig. 10.12b *Profils de personnalité obtenus auprès de groupes d'individus appartenant à des professions différentes, selon les résultats au test de 16 PF de Cattell. On remarque la façon dont le profil des pilotes d'avions s'oppose en grande partie à ceux des deux autres groupes relativement proches l'un de l'autre.*

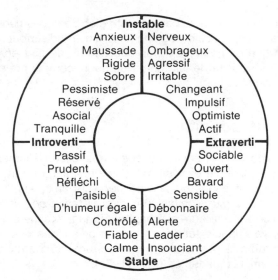

Fig. 10.13 *La distribution des traits de personnalité en fonction des deux axes introversion-extraversion et stabilité-instabilité, tels que définis par Eysenck.*

Il est cependant clair que les traits ainsi mis à jour chez une personne ne constituent que des indications obtenues à partir de l'observation de ses comportements; ils ne peuvent que difficilement prédire ces derniers. Les manières de réagir des gens sont en effet loin d'être constantes. Elles dépendent le plus souvent des circonstances auxquelles ils ont à faire face à un moment donné (voir le document 10.4).

L'approche behavioriste

Les théories des traits fournissent des informations sur la façon habituelle de réagir d'une personne. Elles n'indiquent cependant pas comment ces traits se mettent en place. C'est à cette question que les behavioristes répondent en partie en insistant sur l'influence exercée à tout moment par l'environnement social.

Selon les théoriciens de l'apprentissage social, c'est, rappelons-le, par l'observation de *modèles* tels que les parents, les professeurs, les camarades de jeu, les héros de romans ou de séries télévisées que seraient déterminées les rôles, notamment les rôles sexuels, ainsi que la plupart des comportements sociaux qui vont constituer les bases de notre adaptation à l'environnement.

La personnalité est donc la résultante des *interactions* entre, d'une part, l'organisme avec ses capacités, ses expériences antérieures et ses attentes et d'autre part, l'environnement dont il va apprendre à décoder les situations dans lesquelles un comportement est ou n'est pas approprié, compte tenu des récompenses ou des punitions qui y sont associées.

Ce type de théorie permet donc de comprendre la manière dont nos réactions peuvent se modifier en fonction des conséquences qu'elles entraînent dans des situations spécifiques. Elle ne permet cependant pas de rendre compte de la personnalité globale et des constantes qui la caractérisent chez un individu donné. Elle ne rend surtout pas compte du contrôle que de nombreux individus tentent de conserver sur leur existence en essayant de lui donner un sens, comme prétend le faire l'approche cognitive.

L'approche cognitive

Les êtres humains ne sont pas des êtres essentiellement passifs, placés sous le contrôle exclusif de l'environnement. La façon dont ils réagissent aux situations ou aux événements auxquels ils sont confrontés découle le plus souvent de l'*interprétation cognitive* qu'ils en font. Nous verrons d'ailleurs au chapitre 12 que, lorsque cette interprétation cognitive s'appuie sur des croyances ou sur des idées irrationnelles, elle entraîne le plus souvent des perturbations émotionnelles et des comportements inadaptés (Ellis, 1977).

Selon Rotter (1966), la façon dont nous percevons nos comportements et leurs conséquences dépend largement des caractéristiques de notre personnalité. Ainsi, certains auront le plus souvent tendance à attribuer leurs manières d'agir à des causes *internes*, d'autres les attribueront systématiquement à des causes *externes*. Ces deux catégories d'individus se distinguent donc par le lieu d'où s'effectue, selon eux, le *contrôle* de leurs actes. Rotter distingue ainsi les individus *orientés de l'intérieur* et ceux *orientés de l'extérieur*.

Les premiers sont persuadés qu'ils peuvent agir à tout moment sur leur environnement et, qu'en fin de compte, ils sont toujours responsables de ce qui leur arrive. Il s'agit en général de personnes actives et dynamiques, portées à analyser les tâches à effectuer et à se regarder fonctionner afin de détecter les faiblesses et les points forts à la fois de la situation et de leur action. En cas d'échec, elles n'hésitent pas à se blâmer pour leur manque d'effort ou de ténacité.

Les individus qui croient à un contrôle externe sont, au contraire, persuadés que ce sont les autres ou la chance ou encore le hasard qui sont uniquement à la base des différents événements de leur vie et de la façon dont ils y réagissent. Il s'agit donc de personnalités plus passives et moins compétentes, attribuant facilement leurs échecs à un manque de capacité (voir le document 6.2 et le chapitre 11).

Une telle approche permet de rendre compte de la complexité des interactions entre l'individu et les situations auxquelles il est confronté. Elle n'indique toutefois pas ce qui détermine le choix que fait l'individu d'attribuer à lui-même ou aux autres la cause de ses comportements. C'est cette voie qui est notamment explorée par les théories psychodynamiques, humanistes et psychosociales.

Les approches psychodynamiques

Selon cette approche, le fait qu'un individu soit amené à agir sur son environnement dans un sens plutôt que dans un autre résulte des conflits entre ses forces inconscientes et la réalité extérieure.

Parmi les différentes théories qui relèvent de cette approche, on trouve tout d'abord la *théorie psychanalytique* de Freud, la *psychologie individuelle* d'Adler et la *psychologie analytique* de Jung.

La théorie psychanalytique (selon Freud)

Nous avons abordé, à plusieurs reprises, différents concepts freudiens tels que celui de l'inconscient ou celui de l'énergie sexuelle, appelée *libido*[14]. Cette énergie, à la base de l'instinct de vie, tendrait à s'extérioriser à travers différentes parties du corps, les *zones érogènes*.

Selon Freud, le développement de la personnalité correspondrait au développement psychosexuel de l'individu et chacune de ses étapes serait marquée par la façon dont la libido va pouvoir ou non s'exprimer à travers une zone particulière à chaque âge.

Au cours de l'enfance, la gratification libidinale serait liée, par ordre chronologique, à la zone orale, à la zone anale et à la zone des organes génitaux. Après une période de latence survenant entre l'âge de 5 ou 6 ans et la puberté, l'éveil génital pousserait alors l'adolescent à rechercher les satisfactions libidinales avec un partenaire.

Lorsque la gratification n'est pas obtenue ou l'est de façon inadéquate, la personne risque de rester *fixée* à ce stade en développant certains traits de personnalité caractéristiques.

Au cours du *stade oral* (0 à 1 an), les satisfactions sont obtenues par le contact de la bouche, par le biais de la succion, de la morsure ou de la mastication. Une fixation à ce stade serait à l'origine de défauts mineurs tels que l'usage de la cigarette, la gourmandise, l'agressivité verbale, etc., ou encore de traits de personnalité caractérisés par de la passivité et de la dépendance vis-à-vis de l'entourage.

Au cours du *stade anal* (1 à 2 ans), l'apprentissage de la propreté déplace la source de gratification vers la région anale. Les perturbations, à ce stade, peuvent être provoquées par la peur de perdre le contrôle sur les sphincters ou par l'incohérence des comportements parentaux manifestant leur joie face aux progrès de l'enfant en même temps que du dégoût pour les excréments, ou encore par un apprentissage trop rigide. Une fixation à ce stade serait à l'origine de traits de personnalité tels que la *ponctualité* (bien faire « les choses » au bon moment), l'*avarice* (préférer « tout » garder pour soi), la *propreté excessive* (faire disparaître « tout » ce qui est sale) ou encore l'*entêtement* (s'opposer systématiquement en refusant de faire « ce » qu'on attend) (figure 10.14).

Au cours du *stade phallique* (2 à 5 ans), l'enfant pratique l'exploration et la manipulation de ses organes génitaux et de ceux des autres enfants. Il découvre ainsi les différences existant entre filles et garçons.

C'est également au cours du stade phallique que se développent le *complexe d'Œdipe*, chez le garçon, et le *complexe d'Électre* chez la

Zone érogène
(du grec *erôs* = amour, et *-gennân* = engendrer). Partie du corps dont la stimulation est susceptible d'entraîner une excitation sexuelle.

Fixation
Attachement de la libido à un stade psychosexuel donné qui va perturber l'évolution de la personnalité en diminuant la libido disponible pour l'ajustement à la réalité.

Stade oral
Premier stade de développement psychosexuel au cours duquel la zone érogène dominante est constituée par les lèvres et la bouche, procurant du plaisir lors de la succion.

Stade anal
Stade du développement psychosexuel caractéristique de la 2e et de la 3e année, au cours duquel la zone érogène dominante est constituée par la région anale procurant du plaisir lors de l'expulsion ou la rétention des matières fécales.

Stade phallique
(mot latin qui signifie pénis en érection). Stade du développement psychosexuel au cours duquel domine l'intérêt de l'enfant pour les organes sexuels et se développe le complexe d'Œdipe.

Complexe
(du latin *complexus* = entrelacé). Ensemble de traits personnels, acquis pendant l'enfance et la plupart du temps inconscients, qui sont pourvus d'une puissance affective amenant l'individu à se comporter de façon stéréotypée avec les autres.

Complexe d'Œdipe
Attachement amoureux du garçon pour sa mère en même temps qu'il manifeste de l'hostilité pour son père considéré comme un rival (voir le document 10.5).

Complexe d'Électre
Attachement amoureux de la fille pour son père en même temps que se développe un antagonisme vis-à-vis de la mère (voir le document 10.5).

---

[14] Au chapitre 12, nous envisagerons un autre aspect de la théorie freudienne relatif à la dynamique de la personnalité et à la façon dont l'individu tend à résoudre les conflits entre les différentes structures psychiques que sont le *ça*, le *moi* et le *surmoi*.

Fig. 10.14 *Les expériences et les apprentissages effectués dans l'enfance et la façon dont ils sont vécus joueraient un rôle important, selon Freud, dans l'élaboration de la personnalité.*

fille (voir le document 10.5). Ces *complexes* se caractérisent par un attachement amoureux pour le parent du sexe opposé et une agressivité vis-à-vis du parent du même sexe, considéré comme un rival que l'enfant désire inconsciemment faire disparaître. Le conflit œdipien va se résoudre par l'abandon des sentiments amoureux pour le parent du sexe opposé et par l'*identification*, moins dangereuse que l'agressivité, vis-à-vis du parent du même sexe. L'enfant intégrerait de cette façon les valeurs, les rôles et les attitudes propres à son sexe. Une fixation à ce stade pourrait être à la base de certaines orientations homosexuelles suite à une identification au parent du sexe opposé, ou encore pourrait amener l'individu à rechercher un partenaire qui serait la réplique de ce même parent, etc.

La *période de latence* (5 à 11 ans) se caractérise par une baisse marquée de l'activité et de l'intérêt sexuel au profit de la scolarisation, de la socialisation et de l'apprentissage des comportements liés aux rôles sexuels.

Au cours du *stade génital* (à partir de la puberté), l'adolescent et l'adolescente vont orienter de plus en plus leur recherche de gratifications sexuelles vers les autres, en général des personnes du sexe opposé.

L'individu tend ainsi vers la maturité dont les critères essentiels seraient, selon Freud, le goût pour un *travail* permettant de produire

Période de latence
(du latin *latere* = être caché). Période qui se présente après la résolution du complexe d'Œdipe, au début de la 3e enfance, et qui s'étend jusqu'à la puberté. Elle se caractérise par une certaine inactivité des pulsions sexuelles.

Stade génital
Stade du développement psychosexuel, propre à la maturité sexuelle, qui est atteint au cours de l'adolescence.

quelque chose d'utile et de valorisant, et la *capacité d'aimer*[15] l'autre pour lui ou pour elle-même et non pour ce qu'il ou elle pourrait représenter inconsciemment, compte tenu des fixations éventuelles développées pendant la période du complexe d'Œdipe ou de celui d'Électre.

Une des principales critiques adressées à cette théorie porte sur la place considérable que Freud attribue à la sexualité dans le développement de la personnalité. On lui a surtout reproché d'avoir mis l'accent sur le développement psychosexuel du garçon aux dépens de celui de la fille dont «*l'infériorité*» proviendrait, selon lui, du fait qu'elle se sentirait inconsciemment «privée» des attributs virils. Une telle hypothèse reflétait, en les justifiant, les préjugés sexistes de la bourgeoisie de l'époque qui considérait la supériorité masculine comme allant de soi. Elle ne repose cependant sur aucun fondement scientifique et est de ce fait de plus en plus délaissée aujourd'hui.

La psychologie individuelle (selon Adler)

Adler fut d'abord un disciple de Freud dont il se sépara afin de développer sa propre théorie. Il réduisit considérablement l'importance de la *libido* dans le développement, pour mettre plutôt l'accent sur la «volonté de puissance» qui serait, selon lui, la pulsion fondamentale présente en chaque être humain dès la naissance. Toutefois, dès les premières années de la vie, cette pulsion entrerait en conflit avec les exigences du monde adulte faisant ressentir à l'enfant le poids de son infériorité. C'est à partir de ce sentiment d'infériorité que va se développer un *style de vie*, particulier à chacun, à travers lequel l'individu va chercher à acquérir les compétences nécessaires pour trouver une solution aux problèmes sociaux, professionnels et amoureux qui sont, selon Adler, les problèmes essentiels de l'existence.

Dans le cas de l'enfant souffrant d'une infériorité physique (petite taille, faiblesse ou défaut physique, intelligence peu développée, etc.) ou de l'enfant surprotégé ou négligé par sa famille, il peut résulter le plus souvent le développement inconscient d'un *complexe d'infériorité* rendant l'individu inapte à surmonter les difficultés importantes de la vie. Chez d'autres, un tel complexe d'infériorité pourrait, par surcompensation, faire naître un *complexe de supériorité* qui amène l'individu à vouloir dominer en toute circonstance. Le besoin de séduire à tout prix, les arrivées tardives systématiques ou encore les plaintes répétées sur son état de santé constitueraient, selon Adler, d'autres *stratégies personnelles* adoptées par l'individu qui lui permettent de se rassurer en attirant ainsi l'attention des autres sur l'importance de sa personne.

La psychologie analytique (selon Jung)

Jung est un autre collaborateur de Freud qui se démarqua lui aussi de la psychanalyse pour explorer d'autres voies.

Pour Jung, la libido ne serait pas uniquement une forme d'énergie liée aux pulsions sexuelles. Elle constituerait plutôt une énergie unique à

Fig. 10.15 *Alfred Adler, médecin et psychologue autrichien (1870-1937). Après avoir marqué sa dissidence avec le mouvement psychanalytique auquel il avait adhéré, il développa ses idées sur l'importance du sentiment d'infériorité, ressenti par l'enfant, dans le développement de sa personnalité. Il a fondé l'École de psychologie individuelle.*

Sentiment d'infériorité
Sentiment né de la prise de conscience par l'enfant de son infériorité biologique et qui va l'amener à élaborer un style de vie lui permettant de développer ses compétences et sa supériorité.

Complexe d'infériorité
Croyance d'une personne en son incapacité de résoudre les problèmes de la vie qui inhibe et paralyse son action.

Complexe de supériorité
Complexe se développant, par surcompensation, chez l'individu souffrant d'un complexe d'infériorité et qui, ne pouvant faire face de façon réaliste aux problèmes de la vie, se montre vaniteux et arrogant, avec une opinion exagérée sur ses propres possibilités.

---

[15] Freud résumait ces deux critères de la maturité dans la formule, en langue allemande : «arbeiten und lieben», c'est-à-dire «travailler et aimer».

Fig. 10.16 *Karl-Gustav Jung, médecin et psychologue suisse (1875-1961). Après avoir été un des premiers à adhérer au mouvement psychanalytique, il rompit avec celui-ci pour formuler ses propres hypothèses sur l'existence d'un inconscient collectif et d'archétypes qui résulteraient des expériences accumulées par l'humanité depuis des millénaires. Il a fondé l'École de psychologie analytique.*

la base des processus vitaux, permettant à l'individu d'accomplir les tâches nécessaires à sa survie.

De plus, Jung minimise le rôle de l'inconscient personnel au profit d'un *inconscient collectif*, inné et transmis de génération en génération depuis des millions d'années. L'inconscient collectif recèle notamment les *archétypes*, qui sont des images primordiales s'exprimant principalement dans les rêves (voir le dossier 4.1) et qui amènent l'être humain à réagir à certaines situations d'une manière qui est propre aux individus de toutes les cultures.

Un de ces archétypes, l'*ombre* (qui peut prendre dans les rêves l'allure inquiétante d'un personnage à peau foncée, d'allure barbare), constituerait tout ce que nous avons rejetés de notre personnalité ou qui n'a pu se développer en nous. C'est le cas également pour les images féminines (archétype de l'*anima*) enfouie en tout homme ou pour la partie masculine (archétype de l'*animus*) qui serait présente en toute femme.

Au niveau conscient, il existerait quatre modes de fonctionnement intellectuel présents en chacun de nous à des degrés divers. Deux de ces modes sont de type rationnel : la pensée et le sentiment. Les deux autres sont non rationnels ; il s'agit de la sensation et de l'intuition. Notre culture a malheureusement tendance à ne privilégier que le développement des sensations et de la perception qu'elles permettent, ainsi que le développement de la pensée, à la base du raisonnement. En négligeant le développement de l'intuition et des sentiments, elle nous prive ainsi de possibilités importantes dans notre adaptation au monde qui nous entoure[16].

Pour Jung, l'équilibre de la personnalité ne peut se réaliser qu'après un long processus de maturation psychologique qu'il appelle l'*individuation*, permettant que s'effectuent la reconnaissance et l'intégration de tous ces aspects de nous-mêmes, enfouis ou négligés, tant au niveau inconscient qu'au niveau conscient.

L'approche humaniste

Cette approche est issue, on se le rappelle, de la philosophie humaniste axée sur l'idée que toute connaissance est liée à la nature humaine et à ses besoins fondamentaux ; plus précisément, la connaissance ne peut se concevoir à l'extérieur de la nature humaine. Celle-ci ne peut donc être envisagée en termes rationnels et ne peut qu'être ressentie par l'expérience affective à travers laquelle elle s'exprime « ici et maintenant ».

L'approche humaniste avance également le postulat voulant qu'il existe en chacun de nous une *orientation* poussant l'organisme à réaliser ses potentialités.

Individuation
Processus de réalisation de soi par lequel la personne tend à devenir un être individuel en ce qu'il a « de plus intime, d'unique et d'irrévocable ».

---

[16] La psychologie transpersonnelle est un courant né sur la côte ouest des États-Unis qui vise notamment à revaloriser dans notre vie de tous les jours ces parents pauvres du fonctionnement intellectuel.

Les théories de l'actualisation de soi (selon Rogers et Maslow)

Selon Rogers, tout organisme est animé d'une *tendance* à prendre sa vie en charge en assurant sa conservation et son enrichissement. Il possède en lui toute la *compétence* nécessaire pour résoudre ses problèmes et pour orienter et contrôler ses conduites. Cette capacité ne peut cependant se développer que dans un contexte social valorisant, où l'individu peut établir des relations positives.

C'est en effet à partir des diverses expériences qu'il est amené à vivre avec les autres ainsi que des réactions des autres à son endroit que l'enfant se construit une image de lui-même, un concept de soi, qui va évoluer avec le champ des situations auxquelles il va être confronté et des actions qu'il va poser. Rogers appelle ce concept de soi, le *soi réel*.

Nous possédons, de plus, une vision idéale de nous-mêmes, le *soi idéal*, fait de ce que nous aimerions devenir à partir des potentialités qui sont nôtres. C'est vers lui que tend le soi réel (figure 10.17).

Il existe également en chacun de nous un besoin fondamental d'*estime de soi* qui nous pousse à rechercher un *regard positif* sur ce que nous sommes ou sur ce que nous faisons. Aussi, si le *regard positif* posé par les autres est *conditionnel*, comme c'est souvent le cas, à l'extériorisation par la personne d'émotions, de sentiments, de pensées ou de comportements qui correspondent à *leur* façon de voir ou d'agir, il y a de fortes chances pour que cette personne étouffe ses pensées et ses sentiments véritables afin d'adopter ceux qui lui permettent d'être valorisée par l'entourage. De ce fait, elle en vient à être de moins en moins «elle-même»; ce désaccord entre le soi réel, ainsi modelé par le milieu, et cette partie du psychisme qu'elle a été obligée de rejeter, va alors devenir générateur d'anxiété. Par contre, si la personne se sent acceptée comme elle est, compte tenu du *regard positif inconditionnel* que les autres posent sur ses façons de se comporter, elle aura dès lors plus tendance à développer les émotions, les sentiments et les pensées qui lui sont propres. La personnalité d'un individu sera donc d'autant plus équilibrée qu'il règne un accord, ou *congruence*, entre son soi réel et ses sentiments, ses pensées et ses comportements, lui permettant ainsi de tendre vers le soi idéal qui constitue la clé de l'actualisation.

Soi réel
Concept de soi ou image que la personne a d'elle-même et qu'elle développe à partir de ses propres expériences.

Soi idéal
Ensemble d'images mentales représentant ce que la personne aimerait être ou croit pouvoir être compte tenu des potentialités dont elle est dépositaire.

Regard positif
Expression d'estime pour la valeur d'une personne. Il est dit *inconditionnel* lorsque aucun jugement n'est porté sur les sentiments, les pensées ou les comportements qu'elle émet. Il est par contre *conditionnel* lorsque les sentiments, les pensées ou les comportements sont jugés en fonction de critères extérieurs à la personne.

Fig. 10.17 *Selon la conception de Rogers, le soi réel de l'individu se trouve le plus souvent confronté au désaccord existant entre son soi idéal, représentant ce qu'il aimerait fondamentalement devenir, et les exigences de la société se traduisant le plus souvent par un regard* conditionnel *posé sur ses actes.*

Fig. 10.18 *L'âge de la retraite est celui de la recherche d'un sens à donner à son existence envisagée dans sa totalité.*

Quant à la théorie hiérarchique des besoins, proposée par Maslow, elle a été abordée à plusieurs reprises au cours des chapitres précédents. Il suffit de se rappeler qu'elle avance que la personne ne peut atteindre l'estime de soi et, à travers elle, l'actualisation de soi, qu'après que des besoins plus élémentaires tels que les besoins physiologiques, les besoins de sécurité et les besoins d'affection aient été en grande partie satisfaits.

La théorie de l'intentionnalité (selon Bühler)

Charlotte Bühler a, pour sa part, émis une théorie du développement humain mettant l'accent sur le fait qu'il existerait une « intention » à la base de la nature humaine. Cette *intentionnalité* se manifesterait à travers les choix effectués, au cours de la vie, en vue d'atteindre des objectifs qui ne sont pas toujours nécessairement conscients. Selon Bühler, ce n'est souvent qu'une fois rendu au bout de sa vie que l'individu peut prendre conscience de la nature profonde des attentes qui étaient siennes et qu'il peut alors mesurer jusqu'à quel point elles ont été satisfaites.

Bühler (1968) envisage cinq phases principales dans le cycle vital, en relation avec l'élaboration et la poursuite des objectifs.

La phase I s'étend jusqu'à l'âge de 15 ans. Elle se caractérise par une absence d'objectifs précis. L'enfant vit au présent et n'a qu'une faible idée de l'avenir. Cette période est surtout réservée au développement des capacités physiques et intellectuelles.

La phase II correspond, entre 15 et 25 ans, à l'adolescence et à la jeunesse. Au cours de cette période, l'individu prend conscience de ses besoins, de ses capacités et de ses intérêts. Il caresse de grands projets en rapport avec le choix d'une profession, d'un partenaire et, plus généralement, du sens qu'il veut donner à sa vie. C'est l'époque des premières tentatives lui permettant de mesurer jusqu'à quel point il est capable de maîtriser certaines techniques et d'atteindre des objectifs à court terme.

La phase III s'étale de 25 à 45 ou 50 ans. Elle correspond à l'âge adulte jusqu'à la pleine maturité. C'est la période de la vie la plus riche. Elle se caractérise par l'élaboration d'objectifs clairs et précis qui amènent l'individu à assurer une stabilité dans sa carrière professionnelle ainsi que dans sa vie affective, avec les décisions que cela implique quant à la formation et à l'équilibre du couple ainsi qu'à la venue d'enfants.

La phase IV se situe entre 45 et 65 ans. C'est celle de l'âge mûr, époque au cours de laquelle la personne effectue le bilan de son activité passée et de ses réalisations. Elle va dès lors envisager l'avenir en redéfinissant ses objectifs, compte tenu de son statut professionnel, de sa condition physique ainsi que de la qualité des liens existant au sein du couple.

La phase V débute avec la vieillesse, vers 65 ou 70 ans. Un grand nombre d'individus cessent, à cette période, la poursuite des objectifs qu'ils s'étaient fixés au cours de la jeunesse. Ils profitent des forces qui leur restent pour se livrer à des activités de loisirs, à des voyages ou, plus simplement, à des passe-temps leur permettant de vivre les dernières années de façon détendue. C'est l'époque où la personne est à la recherche d'un sens à donner à son existence, afin de pouvoir l'envisager dans sa *totalité*. La revue des multiples événements de leur vie va procurer à certains le sentiment d'avoir atteint les objectifs fixés. Par contre, cet examen risque d'apporter à d'autres un sentiment d'échec lié au fait que les objectifs n'ont pas été réalisés.

Le développement social

Le développement de l'être humain ne peut se concevoir en dehors de la famille, du groupe social et de la culture dans laquelle il s'insère. Comme nous le verrons dans le chapitre 11, il existe en effet peu de comportements qui, de près ou de loin, ne dépendent pas des autres pour s'exprimer.

Dès les premières heures de la vie intervient le processus de socialisation qui est à la base du lien entre les individus et de l'acquisition des habitudes sociales. Son développement dépend en partie des mécanismes innés, de la maturation du système nerveux, mais aussi, et principalement, des expériences vécues par la personne tout au long de sa vie.

Les étapes de la socialisation

Première enfance

Au chapitre 6, nous avons noté que les premiers instants de l'existence étaient des plus importants pour la création du lien entre l'enfant et chacun des deux parents. Ce lien se construit à partir du regard, des mouvements et, surtout, du sourire de l'enfant (Lebovici, 1983). Nous savons également (voir le document 5.5) que, dès la deuxième semaine, le nouveau-né montre non seulement un intérêt plus grand pour le visage humain mais qu'il est capable de discriminer le visage de sa mère de celui d'un étranger (Carpenter, 1975).

C'est entre 8 et 12 mois que l'attachement de l'enfant devient manifeste. Il se traduit par des pleurs et des cris lorsqu'il est séparé de sa mère (ou du pourvoyeur habituel de soins) pour être placé dans les bras d'un étranger. Cette angoisse ne traduit pas tant la crainte de l'étranger que la non-reconnaissance des traits du visage maternel (Spitz, 1957). Cette étape est étroitement liée au développement de la notion de *permanence de l'objet*, le processus cognitif mis en lumière par Piaget

Permanence de l'objet
Notion acquise par l'enfant qui prend conscience qu'un objet dissimulé continue d'exister même lorsqu'il est hors de sa vue.

Fig. 10.19 *De l'enfance à la vieillesse, l'amitié joue un rôle important pour l'équilibre de la personne.*

et qui consiste, dès le 8ᵉ mois, à rechercher activement un objet dispa-ru[17]. C'est en effet à travers la notion de permanence attribuée à la mère que l'enfant va étendre cette notion aux autres objets et notamment aux autres «objets» sociaux. De plus, la stabilité du partenaire social correspond, vers 8 ou 9 mois, à l'établissement par l'enfant de sa propre permanence.

Des recherches ont montré l'importance d'un attachement social sécurisant tant pour l'exploration de lieux nouveaux, qui se trouve facilitée en présence de la mère (Lieberman, 1977), que dans la précocité des contacts sociaux avec d'autres enfants.

Enfance et adolescence

Les groupes de pairs jouent un rôle important au cours de l'enfance et de l'adolescence, notamment en ce qui concerne le développement de l'identité et des attitudes. Selon Sorensen (1973), les adolescents s'identifient plus facilement à d'autres adolescents qu'à une personne plus âgée, même si cette dernière est du même sexe, de la même race, de la même religion et de la même communauté qu'eux. Amitié et sexualité sont intimement liées au cours de l'adolescence. Même si les adolescents ont proportionnellement moins d'amis qu'aux autres âges de la vie (moins de 5, en moyenne, selon l'étude de Weiss et Lowenthal, 1975), ceux-ci sont plus nombreux qu'aux autres âges à être du sexe opposé et à être définis comme étant de «bons amis» (figure 10.19).

Vie adulte

En général, ce sont les jeunes adultes mariés qui ont le plus d'amis. Ceux-ci sont au nombre de sept, en moyenne, et sont choisis en fonction de la *similitude* des goûts, des intérêts et de la personnalité, de la *réciprocité* au niveau de l'entraide et de l'échange de confidences, de la *compatibilité* à la base du plaisir d'être ensemble, de la *commodité* sur le plan géographique et du *respect mutuel*.

À l'âge mûr, la préoccupation d'atteindre les objectifs fixés ne permet plus de consacrer beaucoup de temps à l'amitié. Seuls les liens solides sont maintenus. Le nombre d'amis redevient inférieur à 5.

Avec la vieillesse et les événements dramatiques qui bouleversent la vie à cette époque, plusieurs personnes perdent leur conjoint et risquent de se trouver un peu à l'écart du cercle d'amis. Les liens se renforcent cependant dès que les amis se retrouvent à leur tour dans une situation semblable (le nombre moyen d'amis après la retraite est environ de 6).

---

[17] Avant l'âge de 7 mois, l'enfant ne cherche pas l'objet avec lequel il était en train de jouer si celui-ci est brusquement soustrait à sa vue par un écran de papier, par exemple. À cet âge, comme l'indique Piaget: «Hors de la vue, hors de l'esprit».

Les crises de la vie

Partant de la théorie freudienne du développement psychosexuel, Erikson (1950) a émis une théorie qui met plutôt l'accent sur les aspects sociaux d'un tel développement. Celui-ci est ainsi envisagé comme étant l'intégration des facteurs biologiques individuels et de l'impact des pratiques éducatives et du contexte socioculturel.

La théorie du développement psychosocial (selon Erikson)

Selon Erikson, la personne traverserait une série de huit *crises psychosociales* caractéristiques de chaque âge de la vie et dont l'issue favorable ou défavorable serait déterminante pour l'épanouissement ultérieur de la personne. Peck (1968), pour sa part, a plus particulièrement insisté sur les deux dernières crises correspondant respectivement à l'âge mûr et à la vieillesse, en décrivant les tâches qui leur sont spécifiques (figure 10.21).

La *1re crise* est vécue au cours de la première année de la vie. Elle correspond à la façon dont les besoins physiologiques de base vont être ou non satisfaits par la personne pourvoyeuse de soins. Selon le cas, l'enfant va alors développer un sentiment de *confiance* fondamentale dans le monde ou, au contraire, une *méfiance* vis-à-vis de celui-ci.

La *2e crise* est liée aux premiers apprentissages et, principalement, à celui de la propreté. Si les parents comprennent l'enfant et l'aident à exercer un contrôle sur son corps, celui-ci va pouvoir faire l'expérience de l'*autonomie*. Par contre, un contrôle trop sévère ou incohérent exercé de l'extérieur ne pourra déboucher que sur la *honte* et le *doute* liés, notamment, à la peur de la perte du contrôle sur son organisme.

Fig. 10.20 *Erick Erickson, psychologue américain d'origine allemande (1902-   ). Après avoir obtenu le titre de psychanalyste auprès de l'école de la Société psychanalytique de Vienne, en 1933, il émigra aux États-Unis. Il a prolongé la théorie freudienne en mettant principalement l'accent sur les problèmes d'adaptation posés à la personne par son environnement social, au cours des huit grandes crises de la vie.*

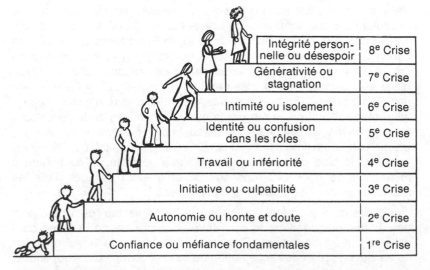

Intégrité personnelle ou désespoir	8e Crise
Générativité ou stagnation	7e Crise
Intimité ou isolement	6e Crise
Identité ou confusion dans les rôles	5e Crise
Travail ou infériorité	4e Crise
Initiative ou culpabilité	3e Crise
Autonomie ou honte et doute	2e Crise
Confiance ou méfiance fondamentales	1re Crise

Fig. 10.21 *Les huit crises psychosociales que doit surmonter l'individu, au cours de sa vie, selon Erikson.*

Crise psychosociale
Crise provoquée par les problèmes sociaux auxquels la personne est confrontée aux différentes étapes de sa vie, correspondant aux stades de développement psychosexuel. La résolution de chacune des huit crises, identifiées par Erikson, peut être orientée vers un pôle positif ou un pôle négatif.

La *3ᵉ crise* correspond à la 2ᵉ enfance. Cet âge est celui de l'affirmation de soi. Les projets que l'enfant fait à tout moment et qu'on va lui laisser réaliser vont lui permettre d'acquérir le sens de l'*initiative*. À l'opposé, le sentiment d'échec répété et de non-responsabilité risquent de le conduire à la résignation et à la *culpabilité*.

La *4ᵉ crise* est celle de l'âge scolaire. À l'école, l'enfant apprend à travailler, se préparant ainsi pour les tâches futures. Il va en résulter, compte tenu du climat existant et des méthodes éducatives utilisées, un goût pour le *travail* bien fait ou, au contraire, un sentiment d'*infériorité* quant à l'utilisation de ses moyens et de ses outils ou quant à son statut face à ses camarades.

La *5ᵉ crise* est celle que traversent l'adolescent et l'adolescente à la recherche de leur *identité*. Celle-ci est liée à l'intégration de leurs expériences antérieures, de leurs potentialités et des choix qu'ils vont devoir effectuer. L'incapacité ou la difficulté de faire naître ce sentiment d'identité peut déboucher sur une diffusion de l'identité ou sur une *confusion des rôles* qu'ils ont ou qu'ils auront à jouer sur les plans affectif, social et professionnel.

La *6ᵉ crise* est propre aux jeunes adultes. Elle correspond à la recherche de l'*intimité* avec un partenaire aimé, dont ils partageront « le cycle de travail, de procréation et de récréation afin d'assurer aux enfants un développement suffisant ». L'évitement d'une telle expérience entraînera, au contraire, l'*isolement* et le repli sur soi.

La *7ᵉ crise* est vécue vers la quarantaine. Elle se caractérise par le développement de la *générativité* qui est essentiellement « l'intérêt pour la génération suivante et pour son éducation ». Elle se traduit par la productivité et la créativité dans différents domaines. Si, au contraire, l'évolution du couple ne se fait pas dans ce sens, il risque d'y avoir *stagnation* dans une pseudo-intimité amenant le couple à vivre pour lui-même, avec le risque d'appauvrissement de la relation interpersonnelle que cela suppose.

Peck a mis en évidence quatre sous-crises qui, selon lui, doivent être résolues pour que se développe une générativité authentique. Il s'agit, en premier lieu, de développer l'*estime de la sagesse* plutôt que de continuer à mettre l'accent sur les prouesses physiques. En second lieu, il est important que la sexualisation des rapports sociaux fasse place à la *socialisation* de ces derniers (entraînant ainsi l'effacement des rôles sexuels). En troisième lieu, il est nécessaire d'éviter l'appauvrissement affectif provoqué par la mort des proches ou le départ des enfants, en maintenant une *flexibilité* sur le plan *émotionnel* qui favorise d'autres investissements affectifs. Enfin, il est capital que l'individu conserve la plus grande *flexibilité mentale* possible en continuant à rechercher de nouvelles réponses plutôt que de se figer dans les habitudes et dans une certaine rigidité mentale.

La *8ᵉ crise* correspond au vieillissement. Elle constitue l'aboutissement des étapes précédentes, et son issue va dépendre de la façon dont celles-ci ont été traversées. C'est à partir du bilan que la personne fait de sa vie passée et de l'acceptation de celle-ci comme d'un tout auquel elle ne peut rien changer qu'elle atteint l'*intégrité personnelle*. Lorsque cette intégration des actions passées ne peut être effectuée, la per-

Générativité
Intérêt pour la génération suivante et pour son éducation se manifestant par une productivité et de la créativité dans divers domaines, chez les individus ayant atteint la quarantaine et qui vivent de façon positive la crise propre à cet âge.

Intégrité personnelle
Acceptation de sa propre vie et de l'imminence de la mort par la personne vivant de façon positive la huitième et dernière crise, au-delà de la soixantaine.

sonne va terminer sa vie dans la peur de la mort et dans le *désespoir* de ne pouvoir recommencer une vie nouvelle.

Peck indique que trois sous-crises doivent être surmontées pour que le sentiment d'intégrité puisse se développer pleinement. La première d'entre elles consiste à *redéfinir son moi en dehors du rôle professionnel*, celui-ci étant, jusqu'à la retraite, la référence essentielle de beaucoup d'individus. La deuxième sous-crise est liée à l'*acceptation du déclin de la santé et du vieillissement du corps* qui va permettre le détachement nécessaire. La troisième sous-crise, enfin, est celle qui doit amener la personne à *cesser de se préoccuper de son moi*, ce détachement étant la condition fondamentale à l'acceptation, sans angoisse, de l'idée de la mort.

La mort

Lorsqu'une personne fait face à la mort, elle passe par différentes phases qui ont été décrites par divers auteurs. Elisabeth Kübler-Ross (1969) fut une des premières à observer le cheminement de mourants entre le moment où ils apprennent leur fin prochaine et celui où ils rendent le dernier soupir.

L'approche de la mort

Selon Kübler-Ross, les mourants traversent habituellement cinq stades.

La *négation* est le premier d'entre eux. C'est le « Non, pas moi ! », le refus qui constitue la réaction habituelle et normale à l'annonce du diagnostic fatal. Ce stade peut être franchi rapidement ou avec difficulté selon le type de contrôle que l'individu exerce sur les événements et selon le support qu'il reçoit de l'entourage.

La *colère*, centrée autour de la question « Pourquoi moi ? » constitue la deuxième phase. Elle est tournée vers le personnel soignant et vers ceux qui sont en santé. Il est important que le mourant soit alors capable d'extérioriser ses sentiments pour progresser.

Le *marchandage* va ensuite débuter ; il consiste à négocier une prolongation de la vie en échange de la promesse d'être un bon patient ou un bon pratiquant, par exemple.

Ces trois phases constituent la période de crise au cours de laquelle elles peuvent se présenter dans cet ordre ou avec de fréquents retours en arrière.

Fig. 10.22 *C'est par paliers que la vie se retire de l'écorce qu'elle a habité jusqu'alors.*

Une fois cette crise résolue, le mourant entre alors dans la phase de *dépression*. Il ne pose plus de questions. Il dit «Oui, c'est moi. C'est bien moi qui vais mourir». Il se replie alors sur lui-même et éprouve souvent le besoin de pleurer en pensant à ceux qu'il laisse. C'est le *chagrin préparatoire* qui l'amène à renoncer aux choses de la vie et à se préparer à affronter la mort, en l'acceptant comme l'étape ultime.

Cette *acceptation* constitue la période finale au cours de laquelle le mourant attend le plus souvent la fin de façon paisible.

Les paliers de la mort

La vie se retire par paliers, à l'inverse de la façon dont elle s'est développée. Pattison (1977) note qu'il existe ainsi quatre niveaux (figure 10.22).

La *mort sociale* est caractérisée par le besoin du mourant de s'isoler, de se replier sur lui-même en prenant de plus en plus de distance par rapport aux vivants.

La *mort psychique* correspond à l'acceptation de l'évidence de la mort. C'est le moment où la conscience de surface disparaît pour céder la place à l'état de conscience caractéristique de cette dernière étape (voir le document 4.7).

La *mort cérébrale* signifie l'arrêt total du fonctionnement du cerveau et du contrôle qu'il exerçait sur les différentes fonctions de l'organisme.

La *mort physiologique*, enfin, constitue le moment où s'éteignent les dernières fonctions permettant la survie des organes vitaux[18].

---

[18] La mort et la décomposition des cellules qui vont suivre ne signifient pas pour autant que tout s'est arrêté. Au niveau atomique, les particules vont continuer indéfiniment leur course vertigineuse, mues par l'énergie présente depuis le début des temps.
Comme le disait Lavoisier : «Rien ne se crée, rien ne se perd, tout se transforme»...

Document 10.1

Les fantasmes sexuels : perversion ou « aphrodisiaque » psychologique ?

Parmi les rêveries auxquelles se laissent aller la plupart des gens, celles dont le contenu provoque généralement une excitation sexuelle occupent une place relativement importante. Le temps consacré à ces fantasmes sexuels évolue avec l'âge. Les adolescents y passent 17 % de leur temps, en moyenne ; ce chiffre passe à 20 % entre 18 et 20 ans pour décliner par la suite, jusqu'à atteindre 8 % entre 28 et 35 ans, et moins de 1 % après 65 ans (Cameron, 1967).

Les fantasmes accompagnant la masturbation sont les plus fréquents ; ils ne sont absents lors de cette pratique que chez 20 % des adolescents et chez 10 % des adolescentes (Sorensen, 1973). Pour plus de la moitié des hommes et le tiers des femmes, l'exposition de photos ou de films érotiques constituent un déclencheur de la masturbation ou sont utilisés comme support aux fantasmes masturbatoires.

Les fantasmes se rencontrent également durant le coït, chez de nombreux hommes ainsi que chez près de 30 % des femmes (Wolfe, 1981).

Fig. 10.23 *Les fantasmes érotiques font partie de la vie de chacun à toutes les époques et sont présents dans toutes les facettes du comportement sexuel.*

Selon les études de Crépault sur « l'imaginaire érotique » des Québécois, il existerait des différences marquées en ce qui concerne la forme que prennent les fantasmes pour l'un et l'autre sexe. Ainsi, les fantasmes seraient sentimentalisés plus souvent chez la femme que chez l'homme. Ils seraient également davantage du type *exhibitionniste*[19] (se déshabiller graduellement) chez la première, alors qu'ils seraient plus souvent du type *voyeuriste*[19] chez l'homme (assister de façon passive à une scène érotique, notamment d'homosexualité féminine, ou encore d'une femme se déshabillant ou se masturbant). Seraient également le propre surtout des femmes les fantasmes du type *narcissique* (imaginer qu'elle possède un grand pouvoir d'attraction sexuelle), ou *masochiste* (subir l'agressivité du ou des partenaires) alors que les fantasmes du type *fétichiste* (imaginer une femme portant certains vêtements ou accessoires excitants) ou de *contrainte active* (attacher la partenaire et la forcer à se livrer à des activités sexuelles) se rencontreraient plus souvent chez l'homme. Chez ce dernier seraient également courants les fantasmes de type *polygamique* (avoir des activités sexuelles avec plusieurs femmes), de type *orgiaque* (avoir des activités sexuelles en groupe), de type *orogénital* (faisant intervenir la fellation, le cunnilingus ou l'éjaculation buccale) ainsi que les fantasmes *initiatiques* (initier sexuellement une jeune fille).

Les fantasmes *homosexuels* se rencontrent dans les deux sexes (chez 7 % des hommes et chez 11 % des femmes, selon Crépault, 1977). Il en va également ainsi des fantasmes impliquant qu'il y ait *contrainte* (être pris de force ou violé, en étant ou non attaché) ou du fantasme de l'*anti-madone* dans lequel la femme s'identifie à une prostituée ou une femme vicieuse alors que l'homme, lui, la transforme en « objet de consommation sexuelle ».

La religion puis la psychanalyse ont, pour des raisons différentes, voulu voir dans le fantasme un acte pervers. Selon Freud, il traduirait l'existence d'un conflit entre les pulsions sexuelles

---

[19] Voir la définition de ces termes au chapitre 12.

refoulées et les interdits familiaux ou sociaux et se rajouterait ainsi, avec les autres perversions[20], « au but sexuel normal ». Pour Stoller, psychiatre et psychanalyste américain, « le rêve diurne résume les relations primordiales de toute l'enfance et tente d'annuler les frustrations, les traumatismes et les conflits qu'elle a entraînés », en permettant que du mal soit fait, en imagination, à l'objet érotique du fantasme. Cette agressivité, qui est évidente dans les fantasmes sadomasochistes, se traduirait ainsi par la « dégradation » de l'autre dans les fantasmes exhibitionniste, voyeuriste ou de l'anti-madone.

D'autres thérapeutes, par contre, pensent que les fantasmes n'ont rien de honteux, mais aideraient, au contraire, de nombreux individus à accepter leur sexualité en cultivant ces pensées secrètes. Ils y voient notamment un accès facile à une source de plaisir, ainsi qu'un substitut permettant de préparer les actions à venir ou de compenser celles qui ont peu de chance de pouvoir s'effectuer. Les fantasmes permettraient ainsi une diminution de la frustration sexuelle par le fait qu'à travers eux puissent s'exprimer de façon partielle et tolérable les souhaits dont la réalisation est interdite.

---

[20] Voir la partie concernant les troubles psychosexuels, au chapitre 12.

Masters et Johnson ont trouvé, à partir d'un petit échantillon de femmes et d'hommes hétérosexuels, homosexuels ou bisexuels, que c'était chez ces derniers que le taux de fantasmes était le plus bas, alors qu'il était le plus élevé chez les lesbiennes. De plus, comme l'indiquent d'autres études, les fantasmes chez les lesbiennes font intervenir la partenaire habituelle, placée dans une situation peu courante, alors que chez la femme hétérosexuelle, c'est un homme peu connu d'elle qui habite le fantasme. Quant aux fantasmes des hommes hétérosexuels, ils sont habituellement construits autour d'une femme spécifique, autre que la partenaire habituelle. La contrainte active constitue le thème le plus commun des fantasmes des femmes et des hommes homosexuels, mais, chez ces derniers, la violence est principalement basée sur la force physique, alors qu'elle est d'ordre plus psychologique chez les lesbiennes.

Mais peut-être après tout les fantasmes ne font-ils que rappeler, comme le rapporte Stoller, que « l'être humain n'est pas très porté à aimer, surtout quand il fait l'amour ».

Sources : KATCHADOURIAN, H.A., *La sexualité humaine*, Montréal, Les Éditions HRW, 1982.
STOLLER, R.J., 1979, *L'excitation sexuelle*, Paris, Payot, 1984.
GOLEMAN, D. et BUSH, S., « Les fantasmes sexuels », *Psychologie*, n° 98, mars 1978, p. 33-38.

Document 10.2

La pensée enfantine

C'est à des psychologues comme Claparède (1873-1940), Piaget, Wallon et plusieurs autres qu'on doit l'idée que la pensée de l'enfant, comme la pensée « primitive » ou celle du « fou », est une pensée essentiellement différente de la pensée adulte, possédant ses caractéristiques propres qui en orientent les opérations et le contenu.

La structure de la pensée de l'enfant de 3 à 7 ou 8 ans, présente deux aspects fondamentaux,

l'*égocentrisme* et le *syncrétisme*, qui vont imprégner sa vision du monde et le décodage qui peut en être fait.

L'égocentrisme

On commet souvent l'erreur de définir l'égocentrisme comme le fait pour l'enfant de tout rapporter à lui. C'est en grande partie inexact car pour l'enfant, ce « tout » n'a pas d'existence en soi. Depuis sa naissance, il perçoit le monde comme un prolongement de lui-même qui n'a de sens qu'en fonction de la satisfaction des besoins qu'il permet. Il s'agit donc d'une perception subjective qui empêche toute distinction d'un lien entre lui et les choses et, surtout, qui ne permet pas l'établissement d'un lien ou de relations entre les choses. Le monde *est* comme il *le* perçoit à travers ses yeux et comme il *le* ressent à travers les satisfactions qu'il en retire ; sa vision de la réalité ne peut être objective.

L'enfant qui téléphone à sa grand-mère en disant : « Regarde, grand-maman, comme ma poupée est belle ! » ou celui qui est persuadé que l'épicier vend des bonbons pour faire plaisir aux enfants, prouvent tous deux qu'ils sont imprégnés d'une vision égocentrique des choses.

Cependant, même si l'égocentrisme s'estompe lentement au cours du stade des opérations concrètes, il n'est pas rare de rencontrer un adulte qui, en entrant dans une pièce, par exemple, va s'exclamer : « Brrr ! Fermez cette fenêtre, il fait froid ici » alors que, jusqu'à preuve du contraire, ce sont ses propres impressions qu'il projette ainsi sur l'environnement au nom de tous.

Le syncrétisme

L'enfant, que l'égocentrisme empêche de saisir le lien existant entre les choses, a cependant une compréhension « obscure et incorrecte » d'ensembles où tout est entassé sans distinction et dont les détails vont émerger en fonction de l'intérêt qu'ils présentent. C'est ce que Claparède a appelé le *syncrétisme enfantin* dont les trois facettes caractérisent la pensée enfantine. En ce sens, celle-ci est *intuitive, globale* et procède par *juxtapositions*.

Elle est *intuitive* par le fait que l'enfant, n'étant pas capable d'établir des liens entre les divers éléments d'une situation, se trouve dans l'impossibilité de justifier ses démarches et encore moins de fournir des preuves de ce qu'il avance.

Ainsi, s'il doit partager 6 bonbons entre sa petite camarade et lui, il va donner 3 bonbons à chacun mais peut tout aussi bien justifier sa façon de partager en disant : « Ben oui ! 3 partagé en 2, ça fait 6 », que « 6 moins 3, ça fait 3 ! ». De la même façon, on peut assister à un dialogue du type suivant, où la confusion entre les termes peut entraîner ces renversements :

— Ils avancent les bateaux ?
— Oui.
— Qui fait avancer les bateaux ?
— L'eau.
— Et qui fait avancer l'eau ?
— Les bateaux.

Elle est *globale*, étant donné que l'enfant est incapable de percevoir l'organisation existant entre les éléments. Il ne voit donc que des ensembles indifférenciés. Ainsi, un enfant de 3 ou 4 ans peut reconnaître facilement la page d'un livre dont il aimerait qu'on lui fasse la lecture même si, ne sachant pas lire, il n'a aucune idée de la signification des lettres et des mots.

Wallon fournit, avec le dialogue suivant un exemple d'entremêlement d'indices, typique du globalisme chez un enfant de 6 ans :

Wallon. — Comment est-on quand on est mort ?
Enfant. — On est mort. On ferme les yeux et puis après, on les amène dans un enterrement, et puis on met des couronnes, et après on vient arroser les fleurs. Des fois on vient en mettre, des fois on vient se promener dans le cimetière. Des fois, il y a des messieurs qui font des trous et puis après, ils remettent le sable.
— Pourquoi font-ils des trous ?
— Pour mettre les morts.
— Comment voit-on que quelqu'un est mort ?
— Ça se voit dans un lit de mort.
— Comment les gens voient-ils qu'ils peuvent mettre quelqu'un dans un lit de mort ?
— Parce qu'il est mort.
— À quoi voit-on qu'il est mort ?
— Quant ils l'enterrent.
— Comment sait-on qu'il est mort ou pas mort ?
— Ça se voit dans le trou.

Elle procède enfin par juxtaposition en ce sens que l'enfant prend des détails au hasard sans qu'il puisse les relier entre eux, ni à l'ensemble. Si on demande à un enfant comment fonctionne un vélo, il va vraisemblablement fournir une réponse du type : « Ben, tu vois, il y a des roues... puis là, il y a les pédales et puis la chaîne... et puis les roues tournent et la chaîne aussi ». Cela entraîne également de nombreuses confusions entre la cause et l'effet. Voici un exemple de cette confusion dans le dialogue qui suit où un enfant de 6 ans répond aux questions d'un adulte.

— Tu sais ce que c'est la nuit?
— C'est quand le soleil s'en va.
— Pourquoi fait-il nuit quand le soleil s'en va?
— Parce qu'il le faut, parce qu'on a fini de travailler. On est fatigués.
— Pourquoi fait-il nuit?
— Pour dormir.

La mentalité enfantine

La façon dont l'enfant explique le monde, ses croyances et ses préjugés découlent directement de la structure de sa pensée, toute imprégnée d'égocentrisme et de syncrétisme. Selon Piaget, la mentalité enfantine se caractérise par le *réalisme*, l'*animisme* et l'*artificialisme*.

Le *réalisme enfantin* se traduit par l'incapacité de l'enfant à voir les choses de façon objective, pour elles-mêmes, comme c'est le cas pour le réalisme adulte. Le fait que la réalité extérieure soit systématiquement envahie par le moi de l'enfant entraîne une confusion systématique entre le moi et les choses. Ainsi, dans la représentation qu'il se fait du monde, l'enfant dessine ce qu'il *sait* et non ce qu'il voit. C'est notamment ce qui explique la *transparence* présente dans ses productions (figure 10.24). C'est également la raison pour laquelle l'enfant de 5 ou 6 ans est persuadé que ses rêves se déroulent réellement dans sa chambre ou encore que le nom d'un objet est aussi réel que l'objet lui-même et qu'il confère à celui-ci des caractéristiques immuables. (Pour l'enfant, un chat qui ne ronronne pas ou qui ne se laisse pas caresser facilement ne peut être un vrai chat!).

L'*animisme* est la conséquence de la projection du moi de l'enfant dans les choses qui l'amènent à prêter conscience et vie tout d'abord à tous les objets animés (voiture, bateau, etc.) qui se meuvent d'eux-mêmes, comme les nuages, le Soleil, la rivière, etc. Cette caractéristique est présente jusqu'à l'âge de 11 ou 12 ans. Ce n'est qu'à partir de cet âge que l'enfant considère uniquement les organismes biologiques comme étant vivants.

L'*artificialisme* découle du fait que l'enfant, se considérant comme le centre du monde, est persuadé que tout ce qui existe n'a pu être créé que par la volonté des êtres humains, qu'il s'agisse des montagnes, des arbres, des étoiles... Cette pensée «artificialiste» se retrouve notamment dans les *définitions «par l'usage»* que l'enfant fournit vers 5 ou 6 ans:

A. Dessin par transparence

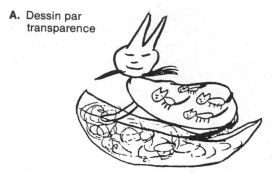

B. Ensemble d'éléments juxtaposés

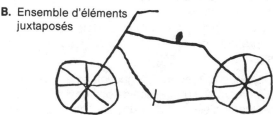

Fig. 10.24 *Dessins d'enfants portant la marque du syncrétisme.*

— Qu'est-ce qu'une chaise?
— C'est pour s'asseoir.
— Qu'est-ce que le Soleil?
— C'est pour nous éclairer.
— Qu'est-ce qu'une maman?
— C'est pour faire à manger.

Juxtaposition
(du latin *juxta* = près de et -position). Aspect du syncrétisme de l'enfant qui l'amène à prendre des détails au hasard sans liens entre eux ni par rapport à l'ensemble.

Globalisme
Aspect du syncrétisme de l'enfant qui lui fait envisager des «ensembles» dont l'essentiel n'apparaît pas, plutôt que des «touts» organisés et systématisés.

Animisme
(du latin *anima* = âme). Attribution d'une âme ou d'une conscience aux choses et aux phénomènes naturels.

Artificialisme
(du latin *artificialis* = «fait avec art»). Tendance de l'enfant à croire que tout ce qui existe a été fabriqué par les humains.

Transparence
Technique utilisée par l'enfant dans un dessin, qui consiste à représenter tout ce qu'il sait indépendamment de ce qu'il voit réellement.

Définition par l'usage
Définition effectuée non pas par rapport aux caractéristiques physiques d'un objet ou d'une personne, mais par rapport à son utilité.

Source : HOTYAT, F., *Cours de psychologie de l'enfant, à l'usage des écoles normales*, Paris, Nathan, 1972.

Document 10.3

Face au dilemme moral

Afin d'analyser la façon dont s'effectue le développement moral chez les enfants et les adolescents, Kohlberg a eu l'idée, en 1958, de composer une série d'histoires posant chacune un dilemme moral, qu'il exposa alors à soixante-quinze garçons et filles de 10 à 16 ans afin de connaître leurs réactions.

Il s'agissait par exemple du cas d'une jeune fille placée devant le choix de dénoncer ou non une amie ayant volé dans un grand magasin, ou de savoir s'il vaut mieux sauver la vie d'une seule personne importante plutôt que celle d'un grand nombre de gens ayant moins d'importance, ou encore de décider si un médecin doit ou non laisser mourir une femme qui le demande parce qu'elle souffre trop.

Mais l'histoire la plus classique, celle qui permet le mieux d'illustrer les différents niveaux du développement moral, est sans nul doute celle de Heinz.

L'histoire : En Europe, une femme risque de succomber d'une forme particulière de cancer. Il existe cependant un médicament qui, selon les médecins, pourrait la sauver. C'est un médicament à base de radium qui vient d'être découvert par un pharmacien habitant la ville. Ce pharmacien a dû débourser 200 $ pour la mise au point du produit en question, mais il réclame dix fois plus que ce qu'il a investi, soit 2.000 $, pour une seule dose du médicament. Heinz a bien essayé de recueillir cette somme en demandant à son entourage de lui prêter l'argent, mais il n'a pu réunir que la moitié du montant nécessaire. Il retourne alors voir le pharmacien en lui demandant de baisser son prix ou alors de lui permettre de régler le solde plus tard. Le pharmacien refuse : « J'ai découvert ce médicament, dit-il, et j'ai l'intention d'en retirer beaucoup d'argent ». Cette nuit-là, Heinz, désespéré, songe à entrer par effraction dans la pharmacie et à voler le médicament. A-t-il tort ou raison ? Pourquoi ?

Différents points de vue peuvent être abordés dans cette histoire selon qu'on juge la situation du mari, l'attitude du pharmacien ou la valeur de la vie humaine. L'important n'est donc pas telle-ment de savoir s'il faut ou non voler mais plutôt de justifier le choix effectué.

Voici une synthèse des réponses obtenues et regroupées selon la valeur de la vie d'une personne, face aux règles de la société, à divers stades correspondant à des âges différents :

Stade 1 : Obéissance et punition

« Heinz devrait acheter le médicament. S'il le vole, il devra aller en prison et, de toute façon, il devra rembourser le médicament ».

ou

« Ce n'est pas très grave pour Heinz de voler le médicament, parce qu'il ne vaut pas vraiment 2.000 $, mais seulement 200 $. Il ne risque pas d'être puni très sévèrement pour ce vol ».

La valeur des personnes n'intervient pas. Le jugement se limite à la récompense ou à la punition qui est attachée à l'acte : plus les conséquences matérielles sont importantes, plus l'acte est jugé répréhensible.

Stade 2 : Intérêt personnel

« Si Heinz ne veut pas perdre son épouse, il doit voler le médicament. On l'enverra peut-être en prison, mais il gardera sa femme. Si votre chien meurt, ce n'est pas pareil, parce qu'un chien, on n'en a pas vraiment besoin. Je ne sais pas s'il devrait faire cela pour un ami, parce que je ne suis pas sûr que l'ami ferait cela pour lui ».

Les personnes n'ont de valeur qu'en fonction de ce qu'elles représentent pour celui qui commet l'acte, dans la mesure de ce qu'elles sont capables de faire pour lui en retour.

Stade 3 : Approbation des autres

« Heinz ne fait pas de mal en voulant sauver sa femme. Il montre par là qu'il est un « bon » mari. L'amour n'a pas de prix. Il n'y a aucun cadeau qui puisse le remplacer. D'ailleurs, vous le blâmeriez sans doute s'il n'aimait pas assez sa femme au point de la sauver ».

Une personne a de la valeur en fonction des sentiments ressentis pour elle. Ceux-ci conduiront à des actes posés afin de lui montrer et de montrer aux autres qu'on est une «bonne» mère, un «bon» mari, une «bonne» personne.

Stade 4 : Autorité, loi et ordre

«Le mariage est un engagement. Comme un contrat. Quand on se marie, on promet d'aimer et de chérir sa femme. Heinz a donc le devoir de la sauver. Par contre, il n'a pas le droit d'aller à l'encontre de la loi. Il faudra qu'il rembourse le pharmacien et peut-être faire de la prison pour expier sa faute».

Une personne a de la valeur par le contrat ou l'engagement qui la lie à nous et qui nous rend responsable vis-à-vis de l'autorité, qu'il s'agisse de la loi, de la Bible, de Dieu, etc.

Stade 5 : Contrat social et démocratie

«Si Heinz ne fait pas tout pour sauver la vie de sa femme, il risque de perdre l'estime des autres. Ce qu'il fait, il le fait pour assurer le bien-être d'une personne. Même s'il vaut toujours mieux respecter les lois, pour le bien de tous, il existe des cas où on est obligé de les violer. C'est à chacun d'envisager les conséquences ultérieures de ses actes».

Une personne a de la valeur au nom des droits humains qui rendent tous les individus égaux, peu importe les liens affectifs ou contractuels qui les lient. Si les circonstances l'exigent, un individu peut décider de transgresser les lois pour porter secours à un autre.

Stade 6 : Principes universels

«Toute vie humaine possède une valeur en soi qui l'emporte sur tout autre principe moral ou juridique. Si une vie est en danger, le fait de voler est moralement justifié, peu importe la loi et les conséquences que la désobéissance à cette loi risque d'entraîner».

La vie d'une même personne a une valeur au nom même de la vie. Il n'existe aucune loi, aucune décision, même prise démocratiquement, ni aucune autorité, qu'elle soit humaine ou divine, qui puisse empêcher le respect de ce principe universel.

Dilemme
(du grec *dis* = deux fois et *-lêmma* = décision prise d'avance). Alternative contenant deux inconvénients entre lesquels on est dans l'obligation de choisir.

Document 10.4

Peut-on évaluer la personnalité ?

Depuis longtemps, les psychologues ont cherché à créer des outils qui pourraient les aider à mettre en évidence les caractéristiques de la personnalité des individus qu'ils devaient conseiller ou orienter.

Plusieurs méthodes ont ainsi été élaborées répondant chacune à des besoins particuliers mais surtout, découlant de l'approche de la personnalité qui est privilégiée par ceux et celles qui les utilisent. Parmi les techniques les plus courantes, on trouve les autoévaluations, les observations comportementales, les inventaires de personnalité et les techniques projectives.

Les autoévaluations

Il s'agit de questionnaires, tels qu'on les rencontre parfois sous forme de quiz, dans certaines revues, où l'on demande au sujet d'indiquer la manière dont il se perçoit lui-même, à propos d'un aspect particulier de sa personnalité. C'est bien entendu là une méthode très subjective qui ne peut se révéler efficace que si la personne possède une profonde connaissance d'elle-même et surtout si elle est réellement sincère dans les réponses qu'elle donne.

Afin de tester ces deux derniers points, on demande parfois à un groupe d'observateurs, formés dans ce sens, d'évaluer la personne à partir du même questionnaire afin de comparer et de déterminer le degré de concordance entre les deux types d'évaluation.

L'observation comportementale

Une méthode plus objective consiste à pratiquer une observation systématiques des réactions du sujet dans diverses situations sociales. Un questionnaire ou une grille très détaillée permet alors à l'observateur de pointer les divers comportements chaque fois que ceux-ci sont émis, afin d'en évaluer la fréquence.

Ainsi l'agressivité d'un enfant, par exemple, peut être évaluée suite à la notation systématique de ses interactions avec l'entourage, à savoir la fréquence et la durée de certaines actions telles que crier, pousser, frapper, tirer les cheveux, menacer, s'isoler, quémander, etc. Une telle observation permet non seulement de dresser un bilan des comportements du sujet, mais également de vérifier les modifications comportementales éventuelles survenues après qu'une intervention ou un traitement psychologique ait été effectué.

Cette méthode ne permet cependant qu'une évaluation superficielle sans que puissent être vraiment dégagés les mobiles profonds ni la dynamique du sujet en fonction des différents environnements auxquels il est confronté.

Les inventaires de la personnalité

On en compte actuellement plus de 300. Ils se présentent sous la forme de tests «papier-crayon» et cherchent à cerner les différentes facettes de la personnalité d'un individu à partir d'un nombre généralement considérable d'énoncé avec lesquels on peut être en «accord» ou en «désaccord». La compilation des réponses permet ainsi d'obtenir un profil de la personnalité du sujet en comparant les données recueillies avec celles fournies par un groupe témoin, comme c'est le cas pour les tests de Q.I. (voir le document 9.3). Le plus connu d'entre eux est l'Inventaire Multiphasique de la Personnalité de l'Université du Minnesota (MMPI).

Le MMPI Il s'agit d'un questionnaire composé de 550 énoncés qui couvrent les divers champs d'activité de la personne, allant de sa vie familiale et professionnelle à ses activités sociales et religieuses en passant par ses habitudes

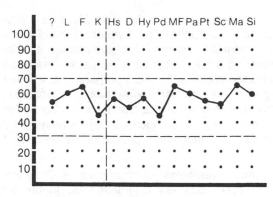

Fig. 10.25 *Profil de personnalité mesuré à l'aide du MMPI. Les quatre premières échelles permettent de vérifier si les réponses sont honnêtes et rationnelles (? = questions sans réponse, L (lie) = tendance à mentir, F = réponses peu courantes, K = réponses évasives). Les échelles cliniques sont étiquetées selon les catégories de troubles psychiatriques (Hs = hypocondrie, D = dépression, Hy = hystérie, Pd = tendance psychopatique, MF = quotient de masculinité - féminité, Pa = paranoïa, Pt = psychosthénie (anxiété), Sc = schizophrénie, Ma = manie, Si = introversion - extraversion). Un profil dont les scores ne dépassent pas la limite supérieure de 70 et la limite inférieure de 30 est considéré comme normal.*

sexuelles. Le test vise à évaluer le sujet à partir de 10 dimensions de la personnalité définies en fonction des catégories pathologiques décrites en psychiatrie (voir le chapitre 12). Pour chacune de ces dimensions, le groupe témoin a été constitué à partir d'individus présentant une nette tendance dans ce sens. Ainsi, la tendance à la dépression ou à la paranoïa, par exemple, va être évaluée en fonction des réponses fournies par des individus dont le diagnostic de dépression ou de paranoïa a été posé de façon nette lors de leur passage dans un hôpital psychiatrique. On peut dès lors mettre en évidence, pour chaque sujet testé, les caractéristiques qui s'éloignent de la normale après qu'ait été comptabilisé le nombre d'énoncés dont les réponses correspondent à celles des sujets des échantillons.

Bien qu'au départ, le MMPI ait été conçu afin d'évaluer le niveau d'adaptation des sujets testés, il est à présent utilisé à grande échelle afin d'évaluer la personnalité des individus dans divers secteurs d'activité : étudiants, candidats à une profession, à l'armée, etc. On peut dès lors se demander, comme nous l'avons fait pour les tests d'intelligence, jusqu'à quel point un test étalonné dans une seule ville des États-Unis, auprès d'une population blanche présentant des problèmes étiquetés selon les critères de la psychiatrie «officielle», peut rendre compte de la personnalité des individus appartenant à différents groupes ethniques et aux différentes classes sociales. Peut-on, par exemple, affirmer que, lors d'une demande d'emploi, l'évaluation qui va être faite à partir d'un tel test accorde des chances égales à chacun, indépendamment de la culture à laquelle la personne est identifiée?

Autres inventaires   Il est impossible de passer en revue tous les inventaires ou toutes les échelles existant à l'heure actuelle. Nous nous contenterons d'en citer quelques-uns en rapport avec les théories de la personnalité qui les sous-tendent et dont il a été question dans le texte.

Le *16 PF* est un questionnaire qui vise à cerner les 16 facteurs identifiés par Cattell afin d'établir un profil rendant compte des traits de surface de la personne. Ainsi, le trait *ouvert-réservé* (A) peut être mesuré à partir d'énoncés du type:

«Je préférerais être: a) ingénieur, b) professeur de sociologie, c) ni l'un ni l'autre».

De la même façon, le trait *confiant-soupçonneux* (L) peut être mesuré à partir d'énoncés du type:

«Si je suis tout à fait sûr que quelqu'un est injuste ou se conduit avec égoïsme, je lui dis ma façon de penser même si je dois me fâcher», etc.

Le *MPI* (*Mandsley Personnality Inventory*) cherche, lui, à évaluer les dimensions isolées par Eysenck, permettant de situer l'individu sur les axes *introversion-extraversion* et *stabilité-instabilité*.

Le *LOC* (Locus of Personal Control Scale) est l'échelle mise au point par Rotter afin d'évaluer comment le sujet localise le contrôle exercé sur ses actes. Les choix proposés au sujet sont du type:

«Croyez-vous que les gens puissent atteindre le but qu'ils se sont fixés s'ils persévèrent, ou cela dépend-il le plus souvent de la chance?».

ou

«Croyez-vous que la plupart des malheurs des gens résultent du mauvais sort ou des erreurs qu'ils ont commises?».

Indépendamment de la critique déjà soulevée pour le MMPI, plusieurs autres objections ont été émises en ce qui concerne les inventaires de la personnalité, en général. Elles portent notamment sur le fait qu'aucun de ces tests n'a encore aujourd'hui fait la preuve de sa validité ni de sa fidélité. On peut même se demander jusqu'à quel point l'effet Barnum (voir le document 3.6) n'intervient pas, étant donné le degré de généralité que comportent de nombreux énoncés. De plus, des facteurs temporaires comme la fatigue ou l'anxiété risquent de jouer un rôle plus grand encore que pour les tests d'intelligence, compte tenu que dans le cas des tests de personnalité, ils font partie des éléments évalués.

Le plus grave, cependant, est le fait que les renseignements qui sont livrés par le sujet en réponse aux questions posées sont souvent très personnels puisqu'ils touchent à ses opinions politiques ou religieuses et à sa vie intime sur le plan familial et sexuel. Il est donc évident qu'un problème d'éthique se pose quant à l'utilisation à grande échelle de tels questionnaires et à l'exploitation qui pourrait être faite des données recueillies, à des fins qui n'auraient que peu de rapport avec l'orientation ou le support à apporter aux personnes.

Les techniques projectives

Lorsque nous sommes placés devant un stimulus ambigu, nous avons tendance à interpréter en fonction de nos sentiments, de nos besoins ou de nos intérêts (voir chapitre 5) que nous *projetons* ainsi sur lui. C'est sur ce principe que sont bâtis les *tests projectifs*. Ils se présentent sous la forme d'une série de planches comportant des figures ou des dessins au contour imprécis que le sujet doit décrire. Le rôle du psychologue consiste alors à *interpréter* les réponses qui ont été fournies afin de cerner la dynamique de la personnalité qui se trouverait ainsi «révélée» à l'insu du sujet. Les deux tests les plus connus et les plus employés parmi toutes les techniques d'évaluation de la personnalité sont les *tests des taches d'encre* de Rorschach et le Test d'Aperception Thématique (T.A.T.).

Le test de Rorschach

Ce test a été conçu en 1911 par un psychiatre suisse, Herman Rorschach (1884-1922). Il comprend 10 planches reproduisant des taches d'encre dont la symétrie a été obtenue par pliage. La moitié d'entre elles sont dans les tons de noir, de blanc et de gris ; le rouge s'ajoute à ces teintes dans deux autres planches ; quant aux trois dernières planches, on y retrouve des tons pastel, en plus des noir, gris et blanc. Rorschach estimait, en effet, que le «choc» aux couleurs traduit la vie émotionnelle de la personne ainsi que le contrôle qui est exercé sur elle. Quant aux formes elles-mêmes, telles qu'elles sont décrites en images par le sujet, elles vont recevoir une interprétation et une cotation différente selon leur *situation* sur la planche, leurs *caractéristiques* ou leur *originalité*. On tient compte également du fait que la description englobe toute la tache ou simplement des détails de celle-ci, ce qui, dans ce cas, va permettre de classer le sujet comme possédant, ou non, un esprit de synthèse et une vision abstraite et théorique des choses.

Même si Rorschach a fourni un système de cotation permettant une codification de l'interprétation, celle-ci repose principalement sur l'ensemble des informations recueillies et la façon dont elles s'organisent entre elles. Elle s'appuie donc largement sur l'intuition et l'expérience clinique de l'évaluateur.

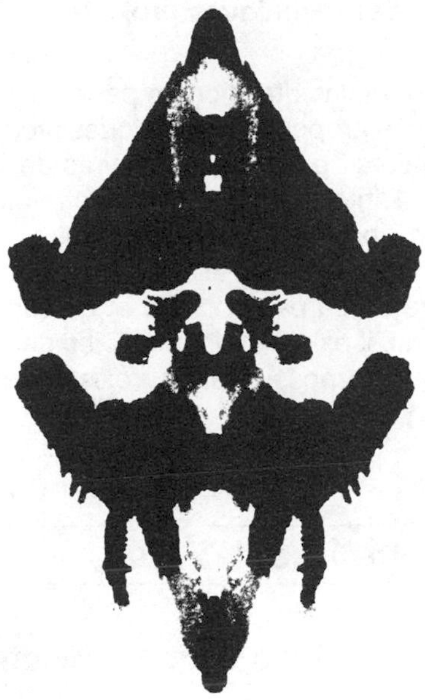

Fig. 10.26 *Tache similaire à celles qui sont utilisées dans le test de Rorschach. Le sujet est laissé libre de dire ce qu'il perçoit dans cette figure.*

Le T.A.T.

Murray a imaginé ce test au début des années 30. Il comprend trente planches comportant chacune une scène avec des personnages, dont le sens est ambigu. On demande alors au sujet de raconter une histoire à partir de la scène qui lui a été présentée pendant quelques instants.

L'interprétation qui va être faite suppose donc, ici encore, que le sujet projette sur un ou plusieurs des personnages ses besoins, ses angoisses, ses attentes tout en fournissant des informations sur l'environnement dans lequel il se situe et sur les conflits que celui-ci engendre.

Après avoir dégagé les thèmes qui reviennent le plus souvent à travers les descriptions des différentes planches, l'évaluateur devrait être plus en mesure de saisir les aspects profonds de la personne, notamment en ce qui concerne ses préoccupations, ses identifications, ses désirs conscients ou inconscients ainsi que les orientations qu'elle aimerait imprimer à sa vie.

Fig. 10.27 *Une des planches du TAT. On demande au sujet de raconter une histoire à partir de ce que le dessin éveille en lui.*

Évaluation des techniques projectives

Il est encore moins question de parler de validité et de fidélité à propos des techniques projectives que ce ne l'était pour les inventaires de la personnalité. L'interprétation qui est faite du contenu livré par le sujet dépend tout autant de la culture de l'évaluateur et de son milieu socio-culturel que de sa personnalité et de son expérience. Aussi, il existe vraisemblablement autant d'interprétations possibles qu'il existe d'évalua-teurs, même si, parfois, certains recoupements peuvent être effectués entre les évaluations.

Le but recherché n'est cependant pas tant d'obtenir un portrait exact et fidèle de la personnalité des individus que de recueillir des indices sur la dynamique qui sous-tend leurs comportements. Les techniques projectives se révèlent alors être des outils permettant d'apporter un complément utile d'information sur les mobiles qui poussent le sujet à agir et dont il ignore lui-même l'existence.

Document 10.5

Mais qui sont donc Œdipe et Électre ?

Œdipe

Œdipe est un héros de la mythologie grecque. Il est le fils du roi de la ville de Thèbes, Laïos, et de son épouse, Jocaste. À sa naissance, un oracle somme le roi de supprimer cet enfant dont la destinée est de le tuer, lui, Laïos, et d'épouser sa mère.

Le nourrisson est donc abandonné sur une montagne, attaché par les pieds afin d'être dévoré par les rapaces. Il est pourtant recueilli par des bergers qui vont le prénommer Œdipe («celui qui est attaché par les pieds») et le confier au roi de la ville de Corinthe auprès duquel il va grandir dans l'ignorance de ses origines. Il apprend cependant un jour la terrible destinée qui pèse sur lui et, persuadé que le roi de Corinthe est son vrai père, il s'enfuit pour échapper à la prophétie.

En chemin, il se prend de querelle avec un vieillard qu'il tue : il ne sait pas qu'il s'agissait de son père Laïos. Arrivé aux portes de la ville de Thèbes, il est pris à partie par le Sphinx qui terrorise la contrée en posant des énigmes qui doivent être résolues sous peine de mort. Œdipe doit solutionner celle-ci : «Quel est l'animal qui progresse à quatre pattes le matin, sur deux pattes à midi et sur trois pattes le soir ?». Ayant répondu qu'il s'agissait de l'être humain aux trois grandes étapes de la vie, il débarrasse ainsi la ville de ce fléau et, porté en triomphe, il est pris pour roi par les Thébains et épouse leur reine, Jocaste. Ils auront deux fils et deux filles et vont vivre un bonheur parfait jusqu'au jour où l'oracle leur révèle le double secret du parricide et de l'inceste commis par Œdipe. Folle de douleur, Jocaste se pend et Œdipe se crève les yeux. Il est banni de Thèbes et va alors errer dans le pays, guidé par sa fille Antigone, pour venir mourir près d'Athènes.

Selon Freud, cette tragédie illustrerait celle qui agite, sur le plan psychologique, le développement du garçon au cours de la deuxième enfance.

Électre

Agamemnon est le roi légendaire de Mycènes et d'Argos, parti pour la guerre de Troie à la tête des généraux grecs. Or, pendant sa longue absence, Clitemnestre, son épouse, prend un amant, Égisthe, et complote avec lui de tuer Agamemnon à son retour afin de prendre sa place sur le trône.

Agamemnon et Clytemnestre ont un fils, Oreste et deux filles, Iphigénie (qu'Agamemnon sacrifiera à la déesse Artémis) et Électre. Cette dernière, mise au courant du projet criminel de sa mère, ne peut rien faire pour empêcher le drame. Elle décide alors de venger la mort de son père en poussant son frère à tuer leur mère Clytemnestre ainsi qu'Égisthe, son complice.

Ce penchant pour l'image du père allant jusqu'à la suppression symbolique de la mère serait au cœur du drame vécu, selon les psychanalystes, par la plupart des petites filles.

Résumé

1. Le *cycle vital* peut être partagé, de façon arbitraire, en quatre grandes périodes : la période prénatale, l'enfance, l'adolescence et la vie adulte, comprenant chacune une série de stades.

2. Dans la société occidentale, la vie de l'être humain est limitée par la capacité décroissante des cellules à se multiplier par division. La *longévité* moyenne actuelle d'une femme est de 80 ans et celle d'un homme est de 72 ans.

3. Le développement de l'organisme au cours de l'enfance suit *deux axes :* un axe céphalo-caudal et un axe proximo-distal. Ceux-ci s'inversent à la puberté.

4. Le *système nerveux* se développe à partir de la 4e semaine de la vie intra-utérine. Le cerveau atteint, à la naissance, un poids équivalent au cinquième du poids du cerveau adulte et devient pleinement fonctionnel à la fin de l'adolescence.

5. Le *développement physique* débute dès les premiers instants de la vie pour atteindre un sommet entre 20 et 30 ans. Les caractères sexuels se développent à la puberté, en même temps que la fonction reproductrice. Les capacités sensorielles atteignent leur développement maximal à 20 ans et les capacités motrices entre 25 et 30 ans. Le déclin ne s'effectue de façon marquée qu'après l'âge de 60 ans.

6. Les premières manifestations de l'*activité sexuelle* existent déjà chez le fœtus et continuent d'exister jusqu'à la fin de la vie. L'intérêt sexuel va croissant au cours de l'enfance pour se traduire au cours de l'adolescence par une pratique accrue de la masturbation, des caresses érotiques et des rapports sexuels qui sont le fait d'un très grand nombre de filles et de garçons entre 18 et 24 ans. À l'âge adulte, les relations sexuelles maritales semblent plus satisfaisantes qu'avant cette période, grâce à un plus grand intérêt manifesté par les partenaires, à la diversification des positions au cours du coït et à une pratique accrue de la masturbation offrant un supplément d'activité sexuelle. Même si les capacités sexuelles continuent d'exister jusqu'à un âge avancé, peu d'individus demeurent actifs au-delà de 70 ans.

7. Selon Piaget, le *développement cognitif* de l'enfant et de l'adolescent passe par une suite continue de trois stades se présentant dans un ordre immuable. Il s'agit du stade sensori-moteur, présentant six sous-stades, du stade des opérations concrètes avec ses trois niveaux et du stade des opérations formelles. Quant à Wallon, il note l'existence de sept stades constituant une suite discontinue de remaniements et de progrès. On ne connaît que très peu la façon dont évolue la pensée au cours de l'âge adulte. Il semble cependant que le rendement intellectuel demeure stable jusqu'à un âge avancé.

8. Au cours de son *développement moral*, l'être humain passe par différents stades. Piaget avait situé, dans l'enfance, le passage d'une morale hétéronome à une morale autonome. Les travaux de Kohlberg indiquent cependant que le jugement moral se modifie avec l'âge et les circonstances. Gilligan, de son côté, tente de plus de mettre en lumière les différences existant à ce propos entre les hommes et les femmes.

9. De nombreuses théories ont été émises afin de tenter d'expliquer le développement de la personnalité. Parmi les approches descriptives, on trouve les *typologies* qui attribuent à des origine biologiques les caractéristiques de la personnalité alors que les *théories des traits* rattachent plutôt celle-ci au fonctionnement nerveux de l'individu. Selon les *behavioristes*, la personnalité serait plutôt le résultat des interactions entre l'organisme et l'environnement dispensateur de récompenses et de punitions. L'*approche cognitive*, quant à elle, cherche à montrer que notre manière d'être découle de la façon dont nous décodons les événements en fonction du contrôle que nous croyons exercer sur eux. L'*approche psychodynamique* met l'accent sur le rôle des forces inconscientes qui entrent constamment en conflit avec la réalité extérieure. Quant aux *théories humanistes*, elles avancent qu'il existe à la base de la nature humaine une tendance à nous actualiser ou encore une intention se manifestant au long de notre vie à travers les choix effectués.

10. Le lien à la base du *développement social* s'établit dès les premiers instants de la vie. Il va se renforcer avec le développement par l'enfant de sa propre permanence et il va devenir particulièrement important pour l'exploration de lieux nouveaux et pour la création de nouveaux liens sociaux. Ceux-ci joueront un rôle important au cours de l'enfance et de l'adolescence dans le développement de l'identité et des attitudes. L'importance de l'amitié varie selon les âges.

11. La théorie du *développement psychosocial* envisage ce dernier comme une succession de huit crises que l'individu doit surmonter pour déboucher à la fin de sa vie sur l'intégrité personnelle permettant d'aborder la mort de façon sereine.

12. L'*approche de la mort* s'effectue à travers une série de stades qui amènent progressivement le mourant à l'acceptation. La mort elle-même survient par paliers où l'on observe quatre niveaux allant de la mort sociale à la mort physiologique.

Guide d'étude

Révision

Compléter les phrases suivantes

1. Les trois stades de développement, au cours de la période prénatale sont le stade _____, le stade _____ et le stade _____.

2. La jeunesse se caractérise par un sentiment d'_____ sur le plan psychologique bien qu'aucun engagement _____ ne soit encore entrepris.

3. Actuellement la longévité moyenne de la femme est de _____ ans et celle de l'homme est de _____ ans.

4. L'axe de développement selon lequel les parties supérieures du corps se développent avant les parties inférieures est appelé l'axe _____.

5. Le développement du cerveau, dont le poids, chez le nouveau-né, constitue le _____ de celui de l'adulte, ne sera achevé que vers l'âge de _____ ans.

6. Le développement physique atteint un sommet entre _____ et _____ ans et il marque une légère diminution jusqu'à l'âge de _____ ans pour n'accuser une baisse sensible qu'à partir de _____ ans.

7. La ménopause chez la femme met fin à la fonction de _____ sans pour autant entraîner la fin de l'_____.

8. Au cours de la troisième enfance, les jeux hétérosexuels sont relativement _____ alors que la masturbation et les jeux homosexuels sont relativement _____.

9. Les relations sexuelles maritales semblent être, aujourd'hui, plus _____ et plus _____ qu'auparavant, compte tenu notamment de l'allongement de la durée des _____ et du _____ et d'une plus grande variété de _____ et de _____.

10. Selon Piaget, la première manifestation de la pensée est constituée par l'_____ d'un moyen _____ par l'enfant de _____ à _____ mois.

11. Au cours du stade des opérations concrètes, l'enfant développe tout d'abord la pensée _____ lui permettant de représenter des objets à l'aide d'images mentales, puis en même temps qu'il acquiert la notion de _____ de la substance, de la _____, du _____ et du volume ainsi que la notion de mesure à l'aide d'un _____, il devient de plus en plus capable de _____ et de _____ les objets.

12. La pensée formelle est une pensée _____, fonctionnant par _____ et déduction qui permet d'effectuer des opérations en l'absence d'un _____ concret.

13. Selon Wallon, les étapes du développement constituent une série de _____, de chevauchements et de _____ dans lesquels l'_____, l'_____ et le langage jouent un rôle prépondérant.

14. Parmi les stades décrits par Wallon, le stade situé entre 3 et 6 ans se caractérise par le développement de l'_____ et de l'_____ du moi.

15. Il ne semble pas que l'intelligence marque un déclin avant l'âge de _____ ans; elle peut même encore s'_____ passé cet âge.

16. Kohlberg appelle niveau _____ le niveau moral atteint par les personnes qui se conforment aux règles et aux principes émis par les autres.

17. Pour Gilligan, le _____ de soi constitue le 3e niveau du développement moral chez la femme et débouche sur une morale de la _____.

18. Parmi les tentatives de description de la personnalité, on trouve notamment les _____ qui relient la façon de réagir d'un individu à sa _____ physique et les théories des _____ qui la relient à son fonctionnement _____.

19. Selon les behavioristes, la personnalité serait la résultante des _____ entre, d'une part, l'organisme avec ses _____, ses _____ et ses _____ et, d'autre part, l'_____ dont il va apprendre à décoder les situations dans lesquelles un comportement est ou n'est pas _____.

20. Pour les _____, la personnalité d'un individu détermine en grande partie la façon dont il _____ une situation, ainsi que le _____ d'où s'effectue le contrôle sur ses actes.

21. Selon la théorie freudienne, le développement _____ se ferait en fonction de la façon dont la gratification _____ est obtenue à travers des zones _____ particulières à chaque âge.

22. Lorsque la gratification n'est pas obtenue ou se révèle _____ à un stade donné, l'individu risque de développer une _____ à ce stade entraînant le développement de certains _____ caractéristiques.

23. Selon Adler, le _____ d'infériorité né de la prise de conscience par l'enfant de son _____ va entraîner l'élaboration d'un _____ de _____ lui permettant de développer les _____ nécessaires pour faire face aux problèmes essentiels de la vie.

24. Pour Jung, une personnalité ne peut atteindre l'équilibre qu'après un long processus d'_____ permettant que s'effectuent la _____ et l'_____ des aspects de nous-mêmes qui ont été _____ ou _____.

25. Selon les humanistes, la nature humaine ne peut qu'être _____ par l'expérience _____ à travers laquelle elle s'exprime « _____ et _____ ».

26. Pour Rogers, la personnalité d'un individu sera d'autant plus épanouie qu'il y a _____ entre son soi _____ et ses _____, ses _____ et ses _____, lui permettant ainsi de tendre vers le soi _____ qui constitue la clé de l'_____.

27. Selon Bühler et la théorie de l'_____, ce n'est souvent qu'une fois rendu au bout de sa vie que l'individu prend conscience de la _____ profonde de ses _____ et peut mesurer jusqu'à quel point elles ont été _____.

28. Le processus de socialisation qui est à la base du _____ entre les individus et de l'acquisition des _____ sociales s'enclenche dès les premiers moments de la vie à partir du _____, des _____ et surtout du _____ de l'enfant.

29. Selon Erikson, le développement s'effectue à travers _____ crises _____ caractéristiques de chaque âge de la vie et dont l'issue _____ ou _____ serait déterminante pour l'_____ ultérieur de la personne.

30. L'approche de la mort amène la personne, après une période de crise, à entrer dans une phase de _____ et de _____ préparatoire lui permettant de se préparer à affronter la mort en l'_____ comme l'étape ultime.

Vérification des connaissances

Vrai ou faux?   V   F

1. Grâce au progrès de la science, il n'est pas impensable qu'on puisse prolonger la vie au-delà de 120 ans.   ☐   ☐

2. Au cours de l'enfance, le développement suit les axes céphalo-caudal et proximo-caudal.   ☐   ☐

3. À la puberté, le développement s'effectue le plus souvent de façon harmonieuse et chaque partie du corps atteint son aspect adulte en quelques mois. ☐ ☐

4. Il existe un très grand nombre de personnes âgées dont l'audition et la vue sont gravement atteints. ☐ ☐

5. On a observé des orgasmes obtenus à l'aide de la masturbation chez des enfants de moins d'un an. ☐ ☐

6. Les rapports sexuels prémaritaux sont le fait de la plupart des jeunes femmes et des jeunes hommes de 18 à 24 ans. ☐ ☐

7. Bien que rien ne le justifie sur le plan physiologique, l'arrêt de l'activité sexuelle s'effectue avant 70 ans chez la plupart des personnes âgées. ☐ ☐

8. Le niveau des opérations concrètes se caractérise par le champ étroit de la pensée et par son caractère égocentrique. ☐ ☐

9. La notion de conservation est acquise lorsque l'enfant comprend que les caractéristiques d'un même objet sont dépendantes les unes des autres. ☐ ☐

10. La différence entre la conception de Wallon et celle de Piaget réside notamment dans le fait que le premier met l'accent sur les origines du comportement dont la cognition est une composante, alors que le second cherche à comprendre comment l'enfant aboutit à la pensée adulte. ☐ ☐

11. La plupart des adultes atteignent le niveau post-conventionnel du développement moral. ☐ ☐

12. La morale de la non-violence constitue l'aboutissement normal du développement moral, tant chez les hommes que chez les femmes. ☐ ☐

13. Les typologies tentent de décrire la personnalité en associant aux caractéristiques physiques de la personne des traits de personnalité qui leur seraient propres. ☐ ☐

14. L'approche cognitive et l'approche behavioriste ont en commun l'accent mis sur l'interprétation cognitive d'une situation ou d'un événement plutôt que sur des conséquences de nos comportements. ☐ ☐

15. Certains traits de la personnalité seraient la conséquence d'une fixation à un stade libidinal mal résolu. ☐ ☐

16. Le sentiment d'infériorité rend le plus souvent l'individu inapte à surmonter les difficultés de la vie. ☐ ☐

17. Le processus d'individuation vise à la reconnaissance et à l'intégration des divers aspects de notre psychisme, notamment de ceux qui ont été rejetés ou négligés lors du développement. ☐ ☐

18. Le fait que les autres posent sur nos actes un regard positif conditionnel va nous permettre de développer pleinement les sentiments et les pensées qui nous sont propres ☐ ☐

19. Selon Bühler, il existerait une intention à la base de la nature humaine qui détermine les objectifs et les attentes de chacun face à son existence. ☐ ☐

20. L'épanouissement de la personne reposerait, selon Erikson, sur la façon dont elle va traverser chacune des huit crises psychosociales qui jalonnent son existence. ☐ ☐

Questions à choix multiple (encercler la lettre qui correspond à la bonne réponse)

1. Parmi les périodes de la vie énumérées ci-dessous, quelle est celle dont la connaissance est la moins approfondie sur le plan du développement psychologique?
   a) La période pré-natale.
   b) L'enfance.
   c) L'adolescence.
   d) Aucune de ces réponses.

2. Il ne semble pas sur le plan purement biologique que la vie humaine puisse être prolongée au-delà de
   a) 90 ans.
   b) 100 ans.
   c) 110 ans.
   d) 120 ans.

3. L'axe de développement, suivi par l'organisme au cours de l'enfance, selon lequel les parties centrales se développent avant les extrémités porte le nom d'axe
   a) céphalo-caudal.
   b) disto-proximal.
   c) caudo-Céphalique.
   d) proximo-distal.

4. Le stock des neurones constituant le système nerveux est complet
   a) dès le 8e semaine de vie intra-utérine.
   b) à la naissance.
   c) vers l'âge de 6 ans.
   d) à la fin de l'adolescence.

5. Les performances de l'individu sont maximales sur tous les plans, entre l'âge de
   a) 15 et 25 ans.
   b) 20 et 30 ans.
   c) 25 et 35 ans.
   d) 30 et 40 ans.

6. Les rapports sexuels prémaritaux sont le fait de plus de 80 % des jeunes femmes et des jeunes hommes âgés de
   a) 15 à 18 ans.
   b) 18 à 24 ans.
   c) 21 à 25 ans.
   d) 22 à 27 ans.

7. Sur le plan physiologique, les capacités sexuelles de l'homme et de la femme s'éteignent vers
   a) 50 ans.
   b) 60 ans.
   c) 70 ans.
   d) Aucune de ces réponses.

8. Parmi les caractéristiques suivantes d'une action, quelle est celle qui ne s'applique pas à l'*opération*, au sens où Piaget entend ce terme?
   a) L'intériorisation.
   b) La réversibilité.
   c) La coordination dans des structures d'ensemble.
   d) Aucune de ces réponses.

9. Wallon voit les étapes de l'évolution psychologique de l'enfant comme étant
   a) une série de remaniements, de chevauchements et de progrès.
   b) une suite continue de stades.

c) relativement indépendantes de l'affectivité et du langage.
d) Toutes ces réponses sont bonnes.

10. Selon Kohlberg, une personne posant ses actes en fonction de l'approbation qu'ils recevront de la part des autres a atteint le niveau
a) pré-moral.
b) conventionnel.
c) post-conventionnel.
d) du respect de soi.

11. Selon Gilligan, le rôle de « bonne mère » adopté traditionnellement par la femme correspondrait au
a) niveau du sacrifice de soi.
b) plus haut niveau de développement moral.
c) passage vers une morale de la non-violence.
d) Toutes ces réponses sont bonnes.

12. Selon la typologie de Sheldon, un individu de type ectomorphe est un être
a) grand, timide et aimant les travaux intellectuels.
b) fort, musclé et se montrant dynamique et dominant.
c) gros, rond et porté à être gai et sociable.
d) petit, fragile et le plus souvent extraverti.

13. Les théories des traits tentent de décrire la personnalité des gens à partir
a) de leur constitution physique.
b) des modèles qu'ils imitent.
c) du lieu de contrôle de leurs actes.
d) Aucune de ces réponses.

14. L'approche behavioriste conçoit la personnalité comme résultant
a) du décodage des conséquences de nos comportements.
b) de l'interprétation cognitive des situations.
c) des conflits entre les forces inconscientes et la réalité.
d) des interactions entre les individus.

15. Selon Rotter, les personnes attribuant leur manière d'agir à des causes internes ont tendance à
a) avoir une opinion exagérée de leurs capacités.
b) analyser les tâches à effectuer.
c) se considérer comme peu compétentes.
d) attribuer leurs échecs à un manque de capacités.

16. Le complexe d'Œdipe, tel qu'envisagé par Freud, se développerait au stade
a) oral.
b) anal.
c) phallique.
d) génital.

17. Selon la théorie freudienne, des traits de personnalité tels que la propreté excessive, l'avarice ou l'entêtement résulteraient d'une fixation au stade
a) oral.
b) anal.
c) phallique.
d) génital.

18. Pour Adler, la plupart des stratégies telles que des arrivées tardives systématiques ou le besoin de séduire à tout prix seraient les conséquences d'un
a) sentiment d'infériorité.
b) complexe d'infériorité.

c) complexe de supériorité.

d) complexe d'Œdipe mal résolu.

19. Les archétypes, selon Jung, constituent des images primordiales présentes en chacun de nous et appartenant

a) à l'inconscient personnel.

b) à l'inconscient collectif.

c) au soi idéal.

d) Aucune de ces réponses.

20. Selon Rogers, le regard positif inconditionnel posé par autrui va _____ la congruence entre le soi réel de la personne et les sentiments et les pensées qui lui sont propres.

a) Diminuer.

b) Augmenter.

c) Équilibrer.

d) Modeler.

21. Pour les humanistes, l'actualisation de soi est étroitement reliée

a) à l'estime de soi.

b) à la valorisation de soi.

c) au complexe de supériorité.

d) à la capacité d'aimer.

22. Selon Bühler, l'intention qui serait à la base de la nature humaine et qui guide le choix de nos objectifs ne serait le plus souvent perçue comme telle qu'à la fin de

a) l'adolescence.

b) la trentaine.

c) la vie.

d) Aucune de ces réponses.

23. La reconnaissance des autres en tant «qu'objets sociaux» ne peut s'effectuer qu'après que l'enfant ait développé la notion de

a) sa propre permanence.

b) permanence de l'objet.

c) permanence de la mère, ou de son substitut.

d) la crainte des étrangers.

24. Selon Erikson, la deuxième crise psychosociale, correspondant aux premiers apprentissages chez l'enfant, peut se solder par le développement de l'autonomie ou, au contraire, par celui de

a) la méfiance.

b) la culpabilité.

c) l'infériorité.

d) Aucune de ces réponses.

25. La période de dépression que traverse la personne qui approche de la mort est précédée par une période de crise comprenant

a) la négation.

b) la colère.

c) le marchandage.

d) Toutes ces réponses sont bonnes.

Médiagraphie

1. Références bibliographiques

ALLPORT, G.W., *Personality : A psychological interpretation*, New York, 1937.

ADLER, A., « The course of human life as a psychological problem », *Human Development*, 1968, n° 11, p. 184-200.

BÜHLER, C. et MASSARIK, F. (Éd.), *The Course of Human Life : a Study of Goals in the Humanistic Perspective*, New York, Springer, 1968.

CARPENTER, G., « Mother's face and the newborn », dans R. Lewin (Éd.), *Child alive*, London, Temple Smith, 1975.

CATTELL, R.B., *La personnalité*, Paris, P.U.F., 1956.

CLAPAREDE, E., *Psychologie de l'enfant et pédagogie expérimentale*, Neuchâtel, Delachaux et Niestlé, 1946.

COTTON, W.L., « Masturbation frequencies of men and women », *Medical Aspects of Human Sexuality*, 1975, n° 9, p. 31.

DROZ, R. et RAHMY, N., *Lire Piaget*, Bruxelles, Dessart, 1972.

DUYCKAERTS, F., *La formation du lien sexuel* (9e éd.), Bruxelles, P. Mardaga éd., 1977.

ELLIS, A., « The basic clinical theory of rational-emotive therapy », dans A. Ellis et R. Griager (Éds), *Handbook of rational-emotive therapy*, New York, Springer, 1977.

ERIKSON, E.H., *Enfance et société*, Neufchâtel, Delachaux et Niestlé, 1959.

EYSENCK, H.J. (1947), *Les dimensions de la personnalité*, Paris, P.U.F., 1956.

GILLIGAN, C., « In a different voice : Women's conceptions of self and morality », *Harvard Educational Review*, 1977, n° 47 (4), p. 481-517.

HAYFLICK, L., « Le vieillissement des cellules humaines », *Triangle*, 1973, n° 12, p. 141-147.

HUNT, M., *Sexual behavior in the 1970's*, Chicago, Playboy Press, 1974, 1943.

JUNG, C., *L'homme à la découverte de son âme*, Paris, Payot, 1969.

JUNG, C., *Essai de psychologie analytique*, Paris, 1931.

KOHLBERG, L., « Moral development and identification », *Child psychology*, University of Chicago Press, 1963, p. 277-332.

KRETSCHMER, E., *Physique and character*, Londres, Keyan Paul, 1925.

KÜBLER-ROSS, E., (1969), *Les derniers instants de la vie*, Genève, Labor-Fides, 1975.

LEBOVICI, S., *Le nourrisson, la mère et le psychanalyste - Les interactions précoces*, Paris, Le Centurion, 1983.

MATHIEU, M., *Intelligence sans lagage : développement cognitif chez le chimpanzé* (à paraître).

MILLER, W.R. et LIEF, H.I., « Masturbatory attitudes knowledge and experience : Data from the sex knowledge and attitude test (SKAT) », *Archives of Sexual Behavior*, 1976, n° 5, p. 447-467.

NYE, F.I., « School-age parenthood. Consequences for babies, mothers, fathers, grandparents and others », *Extension Bulletin 667*, Washington State University, 1876.

PATTISON, E.M., *The experience of dying*, Englewood Cliffs (NJ), Prentice Hall/Spectrum, 1977.

PECK, R., « Psychological development in the second half of life », dans B.L. Neugarten (Éd.), *Middle age and aging*, Chicago, University of Chicago Press, 1968.

PIAGET, J. (1932), *Le jugement moral chez l'enfant*, Paris, P.U.F., 1957.

PIAGET, J., *L'épistémologie génétique*, Paris, P.U.F., 1970.

RIEGEL, K.F. et RIEGEL, R.M., « Developmental Psychology », 1972, n° 6 (2), p. 306-319.

ROGERS, C. et KINGEL, M., *Psychothérapie et relations humaines*, Louvain, Publications universitaires, 1962.

ROTTER, J.B., « Generalized expectancies for internal versus external control of reinforcement », *Psychologic Monographs*, 1966, n° 80.

SHELDON, W.T., *Atlas of men : A guide for somatotyping the adult man of all ages*, New York, Harper and Row, 1954.

SORENSEN, R.C., *Adolescent sexuality in contemporary America*, New York, World, 1973.

SPITZ, R. (1957), *De la naissance à la parole*, Paris, PUF, 1968.

VYGOTSKY, L.S., *Mind in Society*, Cambridge (Mass.), Harvard University Press, 1978.

WALLON, H., *L'évolution psychologique de l'enfant*, Paris, Armand Colin, 1968.

WEIS, D., « Reactions of college women to their first coïtus », *Medical Aspects of Human Sexuality*, n° 17 (2), 1983.

ZAZZO, R., *Conduites et conscience* (2 vol.), Neuchâtel, Delachaux et Niestlé, 1962, 1968.

2. Documents audio-visuels

Le nouveau-né, 28 min, couleur. Ministère de la santé nationale et du bien-être social du Canada. Citéfilm.

Poupées et symboles, 6 min, 16 mm, couleur.

La maison du jeu, 10 min, 16 mm, couleur.

Au seuil de l'opératoire, 1972, 44 min, 16 mm, couleur. Office national du film du Canada. Deux enfants de 6 et 9 ans réagissent à des stimuli opératoires et leurs réactions sont décodées à partir de la théorie de Piaget.

Les six premières années, 9 min, 16 mm, couleur. Entreprises Internationales Télé-Films.

L'enfant fragile, 1980, 83 min, 16 mm, couleur. Office national du film du Canada. A partir d'observations, ce film tente de nous sensibiliser à la fragilité de l'enfant et au besoin d'établir une bonne communication avec lui.

Les vrais perdants, 1978, 93 min, 16 mm, couleur. Office national du film du Canada. Les problèmes posés par l'éducation d'un enfant dans cette société de compétition qui amène souvent les parents à vivre leur propre compétition et leurs propres rêves en « aidant » l'enfant à devenir meilleur.

Être adolescent, 1979, 30 min, 16 mm, couleur. Office national du film du Canada. Des adolescents réfléchissent à haute voix sur les sujets de leurs préoccupations : la solitude, l'amitié, l'amour, la musique et l'argent.

Adolescence, amour et maturité, 11 min, 16 mm, couleur. Entreprises Internationales Télé-Films.

Thetford, au milieu de notre vie, 83 min, 16 mm (copie vidéo 3/4 po), couleur. Vidéo-Femmes.
Au milieu de leur vie, un homme et une femme vivent au sein de leur couple les contradictions d'un système qu'ils ont combattu toute leur vie.

La quarantaine, 1982, 105 min, 16 mm, couleur. Office national du film du Canada. Les problèmes fondamentaux à toutes les femmes et à tous les hommes parvenus à l'âge de la maturité : famille, amour, fidélité, homosexualité, réussite professionnelle et, plus particulièrement, le rapport entretenu avec leur enfance.

Méno tango, 1987, 30 min, 16 mm (ou vidéo 1/2 po), couleur. Office national du film du Canada.
Deux femmes parlent de la transformation profonde de leur corps et de leur vie entraînée par la ménopause.

La naissance de la gérontologie, 1977, 26 min, 16 mm, couleur. Société Radio-Canada. Office national du film du Canada.
Une visite au Percy Andrus Gerontology Center de l'Université de Californie et à la façon dont y sont abordés les phénomènes de vieillissement.

Les personnes âgées et les autres, 1977, 28 min, 16 mm, couleur. Société Radio-Canada. Office national du film du Canada.
Dans ce film, les personnes âgées expriment leur besoin de solidarité affective et l'impossibilité de vivre dans la solitude.

Au bout de mon âge, 1975, 85 min, 16 mm, couleur. Office national du film du Canada.
Le long cheminement de deux êtres entrés en vieillesse dont la vie à deux va se briser et se terminer pour celui qui reste entre les murs aliénants d'une institution.

La mort, 1987, 27 min, 16 mm, couleur. Société Radio-Canada. Office national du film du Canada.
Les propos sereins de personnes âgées sur les vieillissement, la mort, l'au-delà...

chapitre 11

L'individu et les autres

Introduction

La vie en société

Le territoire et l'espace personnel

Les facteurs d'environnement

Position sociale et rôle

Pouvoir et soumission

Le conformisme

Altruisme et apathie

Interaction et communication

L'attraction interpersonnelle

La communication
Le langage non-verbal
La métacommunication

Perception sociale

Les impressions

L'attribution causale
Critères d'attribution

Les stéréotypes
Acquisition des stéréotypes

Les attitudes

Les composantes des attitudes

La formation des attitudes

Le changement des attitudes
La communication persuasive
Le maintien de la cohérence

Les préjugés

Introduction

Depuis les premières lignes de cet ouvrage, une constatation s'impose de chapitre en chapitre : rien ou presque du comportement de l'être humain ne peut se développer, s'exprimer ou se comprendre indépendamment des autres membres du groupe auquel il appartient, de la société ou encore de l'espèce.

Il semble que rien dans l'Univers n'existe sans appartenir à un système organisé. L'atome, produit de l'organisation des particules entre elles, ne constitue qu'un des éléments au sein de l'organisation de la molécule qui, par son interaction avec d'autres, est elle-même à la base de la constitution de la cellule. Des cellules spécifiques forment les tissus des organes, qui, en coordonnant leur action, vont permettre à un être vivant de prendre sa place au sein d'un système, végétal ou animal, en recherche perpétuelle d'équilibre. Cette coexistence assure à son tour l'équilibre de la planète au sein d'un système solaire qui gravite, avec des centaines de milliards d'autres étoiles, dans une galaxie n'étant elle-même qu'un simple élément au sein de l'organisation de l'Univers (voir le document 11.1).

Dans ce continuum, l'être humain constitue donc un chaînon dont la survie n'est assurée qu'à travers un groupe appartenant à la société humaine, elle-même inscrite parmi les autres sociétés animales. L'être humain se distingue bien sûr de ces dernières par un niveau de conscience plus élevé qui lui permet notamment de se percevoir dans le temps et dans l'espace ; mais cette position le rend en même temps responsable, qu'il le veuille ou non, de son avenir et de celui de l'espèce à laquelle il appartient et au sein de laquelle il évolue, en interaction constante avec les autres.

Le but de la psychologie sociale consiste à rechercher et à expliquer comment s'établissent et s'exercent les rapports entre les individus au sein du groupe, et entre les groupes au sein de la société.

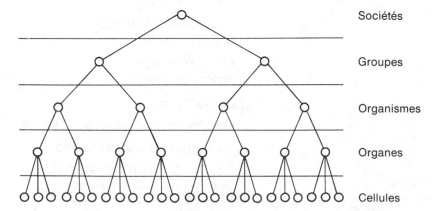

Sociétés

Groupes

Organismes

Organes

Cellules

Fig. 11.1 *D'après la théorie générale des systèmes, la vie est organisée en systèmes constitués d'éléments établissant des liens les uns avec les autres. Chaque système, de l'atome à la société, est toujours plus important que la somme des sous-systèmes qui le composent.*

La vie en société

La plupart des espèces possèdent des règles de vie et des systèmes de signaux permettant à leurs membres de mettre en place les conditions optimales pour procréer et pour élever les jeunes, en se ménageant un espace personnel au sein d'un territoire.

Le territoire et l'espace personnel

À l'intérieur d'un *domaine vital*, qu'il partage avec d'autres et qui lui procure sécurité et nourriture, l'animal va circonscrire un *territoire* délimité d'une certaine manière. C'est au sein de ce territoire que l'abri, le gîte, le nid ou le terrier va constituer l'*espace personnel* qui sera farouchement défendu contre tout intrus (y compris parfois le mâle, une fois que l'accouplement a eu lieu) (figure 11.2).

Chez les êtres humains, on ne connaît que peu de choses sur les caractéristiques du territoire ou de l'espace personnel exigé par chacun. La dimension et la défense du territoire varient avec les individus, l'âge, la position sociale, etc. Quant à l'espace personnel, il représente un

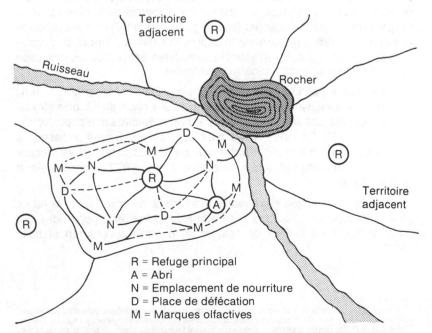

R = Refuge principal
A = Abri
N = Emplacement de nourriture
D = Place de défécation
M = Marques olfactives

Fig. 11.2 *Le domaine vital constitue une zone neutre qui n'est pas défendue activement par l'animal, comme c'est le cas pour le territoire qui s'y trouve inclus. Celui-ci est, au contraire, délimité par un marquage effectué à l'aide de substances olfactives (sécrétions glandulaires, urine, matières fécales) ou de signaux visuels ou auditifs. Outre le refuge principal situé au centre, le territoire comprend des abris ainsi que des emplacements pour la nourriture, la défécation, etc.*

Domaine vital
Espace qui est parcouru par un individu ou un groupe organisé au cours de son existence, qu'il partage avec d'autres et dans lequel il trouve sa nourriture.

Territoire
Surface faisant partie du domaine vital qui est délimitée et marquée d'une manière spécifique et qui est défendu contre les congénères.

Espace personnel
Espace invisible que chacun exige autour de lui et dans lequel il ne tolère la présence d'aucun intrus.

Fig. 11.3 *L'urbanisation et le surpeuplement peuvent entraîner des effets psychologiques parfois dramatiques pour les individus.*

espace invisible que chacun exige autour de lui et dans lequel il accepte difficilement la présence des autres[1]. La *distance interpersonnelle* répond à des règles *implicites* et varie selon les cultures. Ainsi, les sociétés nordiques exigent plus d'espace entre les membres que les sociétés africaines et arabes ou sud-américaines.

En ce qui concerne les sociétés occidentales, Hall (1966) a identifié quatre zones de base variant selon le degré d'intimité qui existe entre les individus. Ainsi, il y aurait :

– la distance *intime* allant du contact intime à une vingtaine de centimètres du corps du partenaire ;
– la distance *personnelle* variant de 45 cm à 1,20 m, qui est celle permettant aux individus de demeurer à portée de bras les uns des autres ;
– la distance *sociale*, allant de 1,20 m à 3,50 m et dans laquelle la voix remplace la possibilité de contact personnel ;
– la distance *publique* de plus de 3,50 m qui est celle que l'on observe dans les réunions publiques, les tribunaux, les salles de cours, etc.

Les facteurs d'environnement

De nombreuses études tentent d'évaluer les effets du *surpeuplement* dans les villes (figure 11.3). La plupart des recherches montrent qu'une *densité* de population très élevée accroît chez les individus le sentiment de solitude ou d'anonymat, le repli sur soi, l'apathie et, le plus souvent, l'apparition de gestes hostiles (voir le document 11.2). Il semble toutefois que dans des pays comme le Japon, la Chine ou l'Inde, où subsistent des codes culturels régissant le comportement social, les difficultés de ce type surviennent moins fréquemment.

Le *bruit* peut également entraîner des perturbations importantes dans l'équilibre des individus. Des enfants exposés chez eux à une atmosphère bruyante obtiendraient de moins bons résultats scolaires (voir le document 11.3). On observe de plus que les personnes exposées à un niveau de bruit important ont tendance à se montrer moins secourables et à se mettre plus vite en colère (Page, 1977 ; Donnerstein et Wilson, 1976).

La *pollution* qu'elle soit automobile, industrielle ou causée par le tabac joue également un rôle dans l'aptitude à percevoir et à apprendre tout en constituant un facteur de tension et d'irritabilité (Zilman et coll., 1981).

Implicite
(du latin *implicare* = plier dans, envelopper). Qui est présent chez la personne ou dans un comportement sans être formulé comme tel. (Contraire de *explicite* = déplier, qui est formulé, exprimé).

Densité sociale
Nombre d'individus dans un espace donné (à ne pas confondre avec la *densité spatiale* qui est représentée par la dimension d'un espace dans lequel vit un nombre d'individus donné).

---

[1] On ne pénètre pas de la même façon dans la chambre d'un enfant que dans celle d'un adolescent ou d'une adolescente ou dans celle des parents. Certains territoires sont nettement limités, comme c'est le cas pour la « propriété privée » clôturée, ou pour le territoire d'un club de chasse ou de pêche. Parfois, les limites sont plus floues ; c'est le cas du territoire de la « bande » du quartier, ou celui d'une cafétéria dont certaines tables sont occupées par des groupes d'étudiants et d'étudiantes alors que d'autres le sont habituellement par les professeurs, le personnel de soutien ou le personnel administratif. Quant à l'espace réservé, il varie selon la position sociale ; on constatera par exemple que le bureau d'un directeur général a des dimensions beaucoup plus généreuses que les bureaux de professeurs et, *a fortiori*, que le casier que doivent se partager les étudiants pour leurs effets personnels.

Position sociale et rôle

Dans la plupart des sociétés animales existent des hiérarchies permettant à chaque membre d'un groupe de connaître son *rang social*.

Chez les poules, le rang d'un individu est associé au nombre de congénères auxquels il peut donner des coups de bec. Ainsi, la poule dominante peut administrer des coups de bec à toutes les autres poules alors qu'au bas de cette «*hiérarchie de becquetage*»[2], l'animal le moins dominant qui n'a personne à becqueter, reçoit, au contraire, des coups de bec de tous, ne pouvant manger qu'après les autres et éprouvant de grandes difficultés à s'accoupler (Schjelderup-Ebbe, 1913).

Chez les mammifères inférieurs, c'est par des signaux visuels que les individus reconnaissent leur rang social. Ainsi, même lorsqu'elle change de troupeau, une vache semble savoir immédiatement si son rang est supérieur ou inférieur à celui de sa voisine (Beilharz et Mylrea, 1963).

Chez la plupart des espèces de mammifères, l'animal dominant est celui qui est le plus âgé ou le plus fort, ou celui dont la progéniture est la plus importante. Il en va ainsi dans beaucoup de sociétés de singes. Pourtant chez les gorilles et les chimpanzés, ce type de relations sociales semble tout à fait facultatives. Jane Goodall a montré par exemple que chez les chimpanzés, la recherche de dominance existait davantage entre les groupes qu'entre les individus.

Les êtres humains, eux, font en général partie de différents groupes. Ainsi, une personne peut à la fois occuper un emploi, être membre d'un club sportif, participer à des activités sociales et s'impliquer politiquement dans la vie de sa communauté tout en tenant son rôle de mère ou de père de famille.

Dans chacun des groupes où il s'insère, l'individu occupe une *position sociale* à laquelle est associé un *rôle* que les autres membres escomptent lui voir tenir et qui va leur permettre d'anticiper des comportements spécifiques. Les attentes sont en effet différentes selon qu'on a affaire à un médecin, à une étudiante, à un joueur de football, à une directrice d'entreprise ou à un fonctionnaire du gouvernement.

L'adoption d'un rôle par un individu s'effectue rarement de façon volontaire. Il lui est généralement imposé par un concours de circonstances ou de pressions éducatives et sociales. C'est notamment par le biais subtil du processus de socialisation que l'enfant va intégrer les caractéristiques propres aux rôles de pouvoir ou à ceux exigeant, au contraire, la soumission. Mais c'est également, et surtout, le cas pour les *rôles sexuels* qui vont être inculqués aux filles et aux garçons sur la simple base des différences physiques détectées à la naissance. C'est en effet en s'appuyant sur ces différences que vont s'orienter le choix, les intérêts, les tâches familiales et professionnelles et le rôle social de chacun (figure 11.4).

GISÈLE BEAUVAIS

Fig. 11.4 *Les rôles sexuels sont inculqués très tôt aux filles et aux garçons sur la base de différences physiques détectées par les parents à la naissance. L'identification de l'enfant au parent du même sexe accentue à son tour la tendance.*

Rang social
Situation occupée par un individu dans une hiérarchie sociale.

Hiérarchie sociale
Hiérarchie qui s'établit entre les individus d'un groupe. La *hiérarchie de becquetage* est la hiérarchie qui s'établit à coups de bec chez certains oiseaux et qui détermine l'ordre dans lequel les animaux prennent leur nourriture. Chez les autres animaux, la hiérarchie s'établit à l'aide de luttes occasionnelles au cours desquelles chacun apprend à identifier ceux qui lui sont supérieurs ou inférieurs. Parfois, le rang social d'un animal est déterminé par celui que détient sa mère, comme c'est le cas chez certains singes et dans plusieurs sociétés humaines.

Position sociale
Situation occupée par un individu dans la société.

---

[2] Les chercheurs anglo-saxons donnent à cette organisation sociale le nom de *peck order* ou *pecking order*.

Pouvoir et soumission

French et Raven (1959) ont identifié cinq types de pouvoir social dont l'enfant fait l'expérience dès le plus jeune âge. Le *pouvoir de récompense* consiste en la capacité de récompenser un individu pour tout comportement allant dans le sens des attentes; il est utilisé par les parents et les enseignants et, plus tard, dans le milieu de travail. Le *pouvoir coercitif* repose sur la pratique de châtiments corporels et de menaces allant de la fessée à la prison ou à la torture; pour maintenir la soumission des individus à une telle forme de pouvoir, il est cependant nécessaire qu'un contrôle constant soit exercé sur le moindre de leurs comportements. Le *pouvoir de l'expert* est celui qui est conféré par la connaissance dans un domaine précis ou le fait de posséder de l'information nécessaire pour mener à bien une entreprise; c'est celui du scientifique, du professionnel ou encore du politicien. Le *pouvoir de référence* repose sur le respect et l'admiration vis-à-vis d'une personne, vedette ou personnage public, dont les comportements servent de point de référence aux autres individus (figure 11.5). Quant au *pouvoir légitime*, il est détenu par toute personne représentant l'ordre social établi et se maintient, le plus souvent, par l'utilisation des autres formes de pouvoir (voir le document 11.4).

Plusieurs recherches ont tenté en vain de mettre en évidence les caractéristiques de la personnalité du leader. Il semble que l'établisse-

Rôle social
Ensemble d'attitudes et de comportements rattachés à certaines situations sociales et jugés appropriés dans un environnement donné. Les *rôles sexuels* sont les rôles différents qui ont été inculqués depuis l'enfance aux hommes et aux femmes et qu'ils adoptent dans des contextes déterminés.

Pouvoir coercitif
(du latin *coercere* = contraindre). Pouvoir qui s'exerce par la force, la contrainte, la punition.

Pouvoir légitime
(du latin *lex* = loi). Pouvoir qui est juridiquement fondé et conforme aux lois.

Fig. 11.5 *Dans de nombreux pays, les revendications des minorités sont souvent sauvagement réprimées au nom du «maintien de l'ordre».*

ment d'une forme de *pouvoir* entre un individu et un groupe dépend des circonstances et repose même parfois sur le hasard. Elle est très souvent liée à la capacité d'une personne, qui a accès à certaines ressources ou qui présente des qualités particulières, de se mettre en évidence au moment où le groupe se trouve dans une situation réclamant qu'une direction soit imposée à son action (voir le document 11.5).

Le conformisme

Le pouvoir se maintient d'autant plus facilement que le groupe lui-même exerce constamment une pression sur les individus afin de les amener à faire coïncider leurs comportements, leurs idées ou leurs valeurs avec celles des autres (voir le document 11.6).

Face à l'incertitude et à l'ambiguïté de la réalité sociale, la solution la plus simple pour les individus consiste en effet à s'en tenir à une vérité collective grâce à laquelle chacun devient capable de comprendre le monde dans lequel il évolue. Dès lors, tout individu déviant va être considéré comme une menace et doit de ce fait subir le poids des pressions de la majorité afin qu'il retrouve le droit chemin en redevenant conforme. Cette *pression de conformité* va notamment s'exprimer à travers la moquerie, la désapprobation sociale ou même le rejet pur et simple de la personne déviante. Elle aura un impact d'autant plus grand sur la personne que celle-ci éprouve un besoin d'approbation et de structure ou qu'elle manifeste de l'anxiété ou peu de confiance en elle-même (figure 11.6). Par contre, selon Crutchfield (1955), une per-

Fig. 11.6 *Lorsque la pression du groupe se fait sentir sur un peuple tout entier, le conformisme devient tel qu'il débouche sur la dépersonnalisation des individus et l'adoption de comportements de masse qui modifient les façons de penser et d'agir. Ce fut notamment le cas du peuple allemand sous le régime nazi.*

Conformisme
(du latin *conformis* = semblable). Attitude qui consiste à se plier aux normes, aux usages, aux modes, aux valeurs ayant cours dans un groupe ou une société donné.

Pression de conformité
Pression explicite ou non qui s'exerce sur chaque individu d'un groupe ou d'une société afin de l'assimiler aux valeurs, aux normes, aux usages ayant cours dans le groupe ou la société.

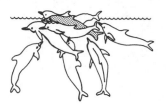

Fig. 11.7 *Des comportements altruistes ont pu être observés chez plusieurs espèces. C'est notamment le cas des dauphins qui vont s'épauler pour permettre la survie d'un membre du groupe en difficulté.*

sonne non-conformiste pourra plus aisément résister aux pressions du groupe si elle est relativement intelligente, créatrice, tolérante et dotée du sens des responsabilités, et si de plus elle a confiance en elle et se révèle capable de résister au stress. C'est le plus souvent à travers elle que vont s'exprimer l'innovation et les forces de transformation de la société.

L'influence des minorités

Moscovici (1979) a tenté de comprendre comment en effet s'effectue le changement social au sein d'un groupe ou d'une société dans lesquels la conformité est conçue comme «une exigence du système social».

Ses recherches et celles de ses collaborateurs ont notamment mis en lumière le fait qu'une minorité active est capable d'exercer une influence sur la majorité même à l'insu de celle-ci dès le moment où elle dispose d'une solution de rechange cohérente. Il faut cependant, pour y arriver, qu'elle présente celle-ci de façon résolue en manifestant son refus de changer de point de vue ainsi que sa volonté d'action, mais sans toutefois que ce comportement puisse être interprété comme de l'entêtement ou de la rigidité.

Il semble donc que, plus encore que la compétence du groupe minoritaire, ce soit le *style de comportement* affiché par celui-ci qui soit le plus en mesure de modifier le point de vue majoritaire, en faveur de l'innovation. Cet impact sera cependant d'autant plus important que les idées proposées correspondent à «l'esprit du temps», que le groupe est sensible à l'originalité et, surtout, qu'il cherche à éviter à tout prix le risque d'un émiettement de son unité (voir le document 11.7).

Altruisme et apathie

Ces dernières années, de nombreuses recherches ont porté sur la place qu'occupent les comportements altruistes dans notre société ; ceux-ci se traduisent par l'aide bénévole apportée à autrui malgré le risque ou le sacrifice que cela comporte.

De tels comportements existent chez de nombreuses espèces animales. Des éthologistes ont observé des comportements altruistes chez les corbeaux, mais on en rencontre surtout chez les dauphins ainsi que chez les singes (figure 11.7).

L'histoire de l'humanité est émaillée de cas d'*altruisme* où des individus ont risqué leur vie pour en sauver d'autres. Des observations récentes font cependant état de nombreuses situations d'urgence où des dizaines de témoins ont été incapables de s'impliquer. Nous avons parlé précédemment des effets néfastes que pouvaient avoir la vie moderne sur les individus habitant des villes surpeuplées et bruyantes. Plusieurs chercheurs s'inquiètent du fait que ce mode de vie est peut-être en train de transformer le conformisme social en passivité pure et

Altruisme
(du latin *alter* = autre). Disposition à s'occuper ou à se dévouer pour autrui de façon désintéressée.

simple et que l'apathie manifestée par beaucoup de personnes les réduisent très souvent au rôle de témoins impuissants devant des situations dramatiques (voir le document 11.8).

Latané et Darley (1970) ont tenté d'apporter plusieurs explications à cette *apathie du témoin* que les psychologues sociaux appellent «l'*effet de spectateur*». La première s'appuie sur la diffusion de la responsabilité reliée au fait que la présence d'un nombre plus ou moins grand de témoins diminue la prise d'initiative personnelle. La deuxième explication avance que la présence d'un grand nombre de personnes n'intervenant pas entraîne la *minimisation de la situation*. Quant à la troisième explication, elle suppose plutôt que les gens craignent de prendre une décision en présence des autres.

La plupart des auteurs s'accordent cependant à dire que l'apathie des témoins ne peut être confondue avec l'indifférence. L'indécision que ces personnes manifestent serait le plus souvent le fait du dilemme devant lequel elles sont placées; doivent-elles laisser la victime continuer à souffrir ou lui venir en aide, sans savoir comment le faire?

Apathie
(du grec *a* = pas de et *-pathos* = ce qu'on éprouve). Incapacité de manifester une émotion ou de réagir face à un événement ou à une situation donnée.

Effet de spectateur
Phénomène selon lequel des individus qui sont témoins d'une situation critique se révèlent incapables d'offrir leur assistance ou d'intervenir d'une façon quelconque.

Interaction et communication

La psychologie sociale se pose une autre question importante : celle de savoir *comment* les individus entrent en interaction les uns avec les autres.

L'attraction interpersonnelle

De nombreux facteurs interviennent dans l'attirance qu'un individu exerce sur un autre. Selon Aronson (1969), il semble cependant que ce sont surtout des caractéristiques extérieures, plus que des qualités intrinsèques, qui sont à la base de l'attraction qui s'exerce entre deux personnes (voir le document 11.9).

La proximité physique

Plus les contacts sociaux avec une personne sont fréquents, plus il y a de chances que se créent avec elle des liens amicaux ou amoureux. Contrairement à ce que peut penser l'adolescente ou l'adolescent romantiques, les chances sont donc plus grandes pour qu'elle ou qu'il épouse quelqu'un de son voisinage plutôt qu'un être idéalisé vivant à l'étranger.

Fig. 11.8 *L'apparence phy-sique d'une personne ou la similitude entre ses manières d'être et nos propres comporte-ments constituent très souvent les seuls critères sur lesquels nous basons nos choix.*

L'attirance physique

Lors de la prise de connaissance, une personne physiquement attirante est la plupart du temps considérée comme étant plus honnête, plus intelligente et plus spirituelle que les autres[3]. Cette tendance à attribuer des traits de personnalité enviables à une personne «belle» existe déjà chez les enfants d'âge préscolaire. Ceux-ci sont par exemple davantage portés à étiqueter comme agressifs et moins fréquentables les petits garçons au physique ingrat.

On a cependant constaté que les personnes dont le succès, au cours de l'adolescence, était lié à l'apparence physique, éprouvaient plus de difficultés à s'insérer socialement à l'âge mûr que les personnes ayant dû s'imposer par leurs qualités intrinsèques.

La similarité et la complémentarité

En général, les gens sont plus attirés par les personnes qui présentent des caractéristiques physiques semblables aux leurs, qui sont de la même origine sociale, qui ont les mêmes intérêts et qui adoptent les mêmes attitudes qu'eux.

Il est plus rare de rencontrer des gens dont l'attirance mutuelle repose sur des caractéristiques opposées. Toutefois, la complémentarité dans les besoins se révèle être un facteur important dans la stabilité des liens entre les individus qui s'étaient d'abord choisis pour leurs similitudes. Ainsi, si la similarité est importante pour démarrer une relation, la complémentarité semble indispensable pour que celle-ci dure.

La compétence

Les personnes talentueuses ou présentant une compétence dans un domaine qui rejoint nos besoins sont toujours plus attirantes que celles dont les capacités sont moyennes ou dont les compétences sont loin de nos préoccupations.

La gratification réciproque

Une relation est rarement gratuite. Il faut qu'elle se révèle profitable pour les deux partenaires, à plus ou moins long terme (voir le document 11.10).

La communication

Comme nous l'avons vu au chapitre 8, une des caractéristiques essentielles de l'espèce humaine consiste dans la possibilité de communiquer aux autres, par le langage, des informations relatives à des événements

---

[3] Hess (1965) a observé qu'un détail tel que la largeur des pupilles constituait en soi un facteur d'attirance. Les hommes trouvaient en effet beaucoup plus attirante et plus douce une femme présentée en photo lorsque les yeux avaient été retouchés pour en agrandir les pupilles.

parfois très éloignés dans le temps et dans l'espace. C'est aussi par le langage que nous pouvons transmettre à notre entourage nos états d'âme ou nos sentiments.

Mais la communication s'effectue également, sans que nous en prenions conscience, à travers tout notre comportement non-verbal y compris le regard, l'expression du visage, les attitudes corporelles, l'espace interpersonnel, l'intonation de la voix. Comme l'indiquent Watzlawick et ses collaborateurs (1967) : « On ne peut pas ne pas communiquer » car « tout comportement en présence d'une autre personne *est* communication ».

Fig. 11.9 *Plus encore que la parole, le contact visuel et l'expression du corps sont à la base de la communication.*

Le langage non-verbal

L'expression faciale est surtout soulignée par les commissures des lèvres, le froncement ou l'élévation des sourcils, le plissement du front. Toute une gamme d'émotions et de sentiments, allant de la surprise à la déception, peuvent ainsi être exprimés par ces divers indicateurs (figure 11.9).

Le regard est un élément clé de la communication non-verbale. C'est notamment par lui que s'exprime l'intérêt manifesté pour l'interlocuteur. Un regard qui fuit indique le plus souvent l'ennui ou le désir de prendre à son tour la parole, à moins qu'il n'exprime la crainte ou la culpabilité. Un regard soutenu fixant l'interlocuteur dans les yeux est souvent perçu comme un signe d'agressivité.

La fonction du regard varie cependant avec les cultures. Ainsi, dans les cultures africaines et orientales, le respect pour une personne se marque par l'abaissement des yeux par l'auditeur pendant que la personne parle.

Une grande valeur est également attachée aux gestes. Ainsi, pointer du doigt, par exemple, est un geste perçu comme étant plus agressif que celui où les paumes sont ouvertes et dirigées vers l'autre. Un hochement de la tête ou son inclinaison sur l'épaule ou vers l'interlocuteur sont toujours ressentis comme des signes évidents d'intérêt. Quant aux mains posées sur les hanches, elles traduisent le plus souvent une attitude d'autorité ou de dominance.

Les mouvements du corps trahissent, eux aussi, nos sentiments. Ainsi, l'orientation du corps marque plus l'ouverture vers l'autre lorsqu'elle est de face que lorsqu'elle est de côté. L'antipathie pour une personne se manifeste par une raideur du corps en position assise, alors qu'au contraire, un corps décontracté et penché vers l'avant exprime la sympathie.

Le toucher a une importance variable selon les cultures. Il fait partie intégrante de la communication en Afrique, au Moyen-Orient ainsi que dans la plupart des cultures latines. Un observateur a noté que des couples mangeant dans un restaurant se touchaient en moyenne cent dix fois par heure à Paris contre zéro fois à Londres et huit fois à Jacksonville, aux États-Unis. Dans ce dernier pays, par contre, le toucher semble avoir une vertu particulière : une femme réclamant une pièce de 25 cents à des passants en récoltait beaucoup plus lorsqu'elle

Langage non-verbal
Fonction d'expression et de communication entre les individus par les autres canaux que celui de la parole (regard, corps, gestes, toucher, voix...).

leur touchait le bras que lorsqu'elle leur formulait la demande de façon exclusivement verbale (Kleinke, 1977).

La voix trahit, elle aussi, les sentiments. Ainsi, autant une voix calme et posée entraîne la détente et suscite l'intérêt, autant une voix haut perchée est perçue comme étant chargée d'agressivité.

La métacommunication

«La communication est un tout intégré». Comme l'indique Birdwhistell, «les individus ne communiquent pas. Ils prennent part à une communication» dans laquelle on ne peut distinguer le langage verbal du langage non-verbal. Le second s'ajoute au premier en l'amplifiant. Mehrabian (1972) a évalué que lorsque nous communiquons, 7 % seulement du contenu du message est fourni par le sens des mots, alors que 38 % l'est par la façon dont les mots sont prononcés et 55 % par l'expression du visage. À tout moment, la façon de communiquer constitue elle-même un message indiquant comment comprendre ce qui est communiqué. Il s'agit là d'une *métacommunication*, c'est-à-dire «d'une communication sur la communication».

Il arrive souvent que les niveaux du message soient contradictoires. Les enfants apprennent cependant très tôt «les règles permettant de *changer* les règles». Ainsi, l'enfant rira en présence de messages affectueux émis avec une grosse voix. De la même façon, il ressentira une réprobation plus forte lorsqu'un reproche est émis avec un large sourire plutôt qu'avec un froncement de sourcils.

Bateson[4] (1972) a montré que nous pouvons parfois être pris dans une «*double contrainte*», où aucun choix n'est possible (voir le document 11.11). C'est le cas de l'enfant dont la mère lui manifeste en public de grandes marques d'affection alors qu'elle ressent de l'hostilité à son égard. Elle le place ainsi devant une double contrainte où il doit choisir de se comporter avec elle comme si elle était une mère affectueuse en sachant que toute marque de tendresse de sa part ne rencontrera que la froideur, ou de ne pas réagir au comportement affectueux de la mère, en public, en risquant alors de passer pour un enfant insensible (figure 11.10). «L'enfant est ainsi puni parce qu'il interprète correctement ce que sa mère exprime et il est également puni parce qu'il l'interprète mal[5].» Selon Bateson, le comportement du schizophrène proviendrait de son incapacité à distinguer les deux niveaux du message, ce qui l'empêche ainsi de métacommuniquer. Nous y reviendrons dans le chapitre suivant.

Métacommunication
(du grec *méta* = ce qui dépasse, ce qui englobe et -communication). Ensemble des aspects de la communication entre des individus permettant de comprendre ce qui est communiqué.

Double contrainte
Situation dans laquelle un individu ne peut pas *ne pas réagir* à un message qui est émis dans le contexte d'une relation intense avec une autre ou plusieurs personnes, ce message étant structuré de manière à ce que ce qu'il affirme et l'affirmation de quelqu'un sur sa propre affirmation s'excluent l'un l'autre.

---

[4] Birdwhistell, Bateson et Watzlawick sont des auteurs appartenant au courant de la «Nouvelle communication» qui envisage la communication comme *un orchestre* où tout le monde joue avec tout son corps plutôt que comme un *télégraphe* servant à la simple transmission d'un message verbal entre un émetteur et un récepteur. (Voir à ce sujet *La nouvelle communication*, Paris, Éd. du Seuil, 1981.)

[5] Il ne faut cependant pas interpréter cet exemple comme celui d'une mère «bourreau» et d'un enfant «victime». Le comportement de la mère ne peut lui-même être compris qu'en le resituant dans le système qui amène la mère à être confrontée elle aussi à des «doubles contraintes».

Fig. 11.10 *Dès le plus jeune âge, l'enfant apprend à décoder le double message constitué par ce qui est dit et la façon dont cela est dit. Ce ne serait pas le cas de l'enfant schizophrène, selon Bateson.*

Perception sociale

L'interaction et la communication avec les autres est d'autant plus difficile que la perception que nous avons d'eux est rarement objective. Cette perception ne repose le plus souvent que sur des impressions ainsi que sur l'interprétation et l'évaluation des causes de leurs comportements, en fonction de ce que nous croyons être leurs caractéristiques ou en fonction de la situation dans laquelle ils se trouvent.

Les impressions

En général, notre perception de l'autre se base sur la recherche des impressions reflétant les caractéristiques essentielles de sa personnalité. Une fois celles-ci mises à jour, elles vont nous permettre d'expliquer ses divers comportements en les rendant compatibles avec cette impression. Dans le cadre d'une expérience menée par Asch (1946), une personne, considérée comme «intelligente, habile, travaillante, déterminée, pratique et prudente», a été présentée tantôt comme un être froid, tantôt comme un être chaleureux. Les sujets, qui devaient donner leurs impressions sur cette personne, ont fait d'elle deux portraits totalement différents, l'un rapprochant toutes ses caractéristiques de celles d'un être froid et l'autre, au contraire, de celles d'un être chaleureux. C'est ce que l'on a appelé l'*effet de halo*.

De plus, notre première impression est très souvent la plus durable. Il s'agit là de l'*effet de primauté*. Les élèves qui obtiennent d'excellentes notes au début de l'année, et qui ne travaillent plus par la suite, ont plus de chances que le professeur conserve d'eux une impression favorable que les élèves dont les résultats médiocres du début ont fait place à des progrès constants jusqu'à la fin de l'année.

L'attribution causale

En plus de tenter de déterminer les traits de personnalité des autres, à partir de nos impressions premières, nous cherchons souvent à attribuer la *cause* de leur comportement soit à des dispositions qui leur seraient propres soit, au contraire, aux éléments de la situation à laquelle ils sont confrontés.

Nous pouvons ainsi attribuer la réussite d'un examen par une étudiante soit à ses capacités intellectuelles et à un travail acharné, soit au fait qu'il s'agissait d'un examen facile ou encore au fait qu'elle était assise à côté d'une amie complaisante. Une mésentente conjugale peut être attribuée au mauvais caractère de l'un ou des deux partenaires ou aux difficultés financières auxquelles ils doivent faire face. Le crime commis par un individu peut être attribué à sa personnalité «violente» ou «agressive», ou à la situation qui l'a amené à appuyer sur la gâchette. Comme nous l'avons vu au chapitre 9, les héréditaristes vont attribuer les conditions de vie des classes défavorisées à un manque de «dons» ou d'esprit d'initiative plutôt qu'à des conditions de milieu et d'une inégalité dans la répartition des chances. De la même façon, la plus grande réussite scolaire des enfants blancs sera attribuée à leur intelligence plutôt qu'aux caractéristiques des tests et du système scolaire.

On peut donc toujours attribuer à un comportement des causes qui sont soit internes, soit externes. Jones et ses collaborateurs (1971) parlent à ce sujet d'*attribution «dispositionnelle»* et d'*attribution «situationnelle»*.

Critères d'attribution

En l'absence d'arguments permettant d'inférer l'existence de causes internes, l'attribution est en général liée à la situation. En ce qui concerne les autres cas, Kelley (1967) a mis en évidence trois critères que nous utilisons lorsque nous tentons de comprendre la cause des comportements d'autrui.

Effet de halo
(mot grec signifiant cercle lumineux autour d'un astre). Tendance à rapprocher les différentes caractéristiques d'un individu de celles jugées subjectivement comme le décrivant le mieux.

Effet de primauté
Tendance à rapprocher ultérieurement les différentes caractéristiques d'un individu de celles mises en évidence lors du premier contact avec lui.

Attribution causale
Fait d'attribuer la cause d'un comportement à des dispositions internes de la personne (attribution «dispositionnelle») ou à des facteurs externes (attribution «situationnelle»).

Tableau 11.1   *Critères d'attribution interne ou externe du comportement*
(selon Kelley, 1967)

CIRCONSTANCE

constant		souvent?	la *personne* agit-elle de cette façon?	Dans des situations semblables*	la *personne* agit-elle de cette façon?	souvent?		constant
peu distinct	C O M P O R T E M E N T	souvent?		Dans d'autres occasions		peu souvent?	C O M P O R T E M E N T	distinct
peu commun		peu souvent?	les *autres* agissent-ils de cette façon?	Dans cette situation	les *autres* agissent-ils de cette façon?	souvent?		commun

attribution interne «dispositionnelle»   **attribution externe «situationnelle»**

* Si dans des situations semblables, la personne n'agit que peu souvent de cette façon, on peut attribuer la cause de son comportement à une cause externe très spécifique.

Il s'agit, selon lui, de déterminer si le comportement est, ou non, constant, distinct et commun[6].

Le comportement est *constant* s'il s'exprime toujours de la même façon dans des conditions semblables. Il est *distinct* lorsqu'il s'exprime différemment dans d'autres occasions. Enfin, le comportement est *commun* quand il est émis par la plupart des gens dans des circonstances semblables.

Comme l'indique le tableau 11.1, nous aurons tendance à attribuer un comportement à des causes internes lorsque la personne agit toujours de cette façon dans des circonstances semblables (*comportement constant*), lorsqu'elle se comporte de cette façon dans d'autres occasions (comportement peu distinct) et lorsque peu de gens agissent de cette façon (comportement peu commun). Par contre, le comportement sera attribué à des *causes externes* lorsque la personne agit de cette manière dans des situations semblables (comportement constant), lorsqu'elle se comporte de façon différente dans d'autres occasions (*comportement distinct*) et lorsque beaucoup de gens agissent de la même façon (*comportement commun*).

Comportement constant
Comportement souvent présent chez une personne lorsqu'elle se trouve dans une situation donnée (Kelley parle de *consistency*).

Comportement distinct
Comportement qui n'est que peu souvent présent chez une personne lorsqu'elle se trouve dans une situation autre que la situation donnée.

Comportement commun
Comportement propre à beaucoup de gens lorsqu'ils se trouvent dans une situation donnée.

[6] Traduction et adaptation des termes anglais *consistency*, *distinctiveness* et *consensus* utilisés par Kelley pour définir les trois critères.

Selon Kelley, nous procéderions de cette façon pour décoder les comportements agressifs, amicaux, amoureux, etc., de ceux et celles que nous côtoyons quotidiennement (voir le document 11.12).

Les stéréotypes

Notre perception des autres repose également sur la manière dont nous les cataloguons : les adolescents, les femmes, les professeurs, les Noirs, les homosexuels, les chômeurs, les hommes politiques, etc. De la même façon que nous formons des concepts à partir d'objets ou d'événements présentant des caractéristiques semblables (voir le chapitre 8), nous avons tendance à classer les gens en fonction de leur appartenance à un groupe, à une classe socioéconomique, ou à partir d'une caractéristique physique (le sexe, l'âge, la couleur de la peau, etc.). Il existe cependant une différence capitale entre ces deux types de catégorisation puisque le second cas fait référence, lui, à la réalité sociale et à l'infinie variété de caractéristiques propres aux individus qui composent la société.

Les *stéréotypes* qui sont ainsi élaborés offrent donc des autres une image souvent conventionnelle et relativement simpliste qui, si elle nous permet d'entrer en contact avec eux en ayant le sentiment de savoir à quoi nous attendre de leur part, nous prive souvent, par la même occasion, des avantages de la découverte.

Acquisition des stéréotypes

Nos stéréotypes sont rarement le fruit de notre expérience personnelle. Ils proviennent le plus souvent du groupe auquel nous appartenons et, plus particulièrement, des individus qui les possèdent déjà : les parents, les enseignants, les camarades, mais également les médias qui nous proposent généralement une image simplifiée des groupes humains sur lesquels nous ne possédons aucune autre information.

Il est certain que le maintien de la *ségrégation* entre les groupes ne peut que renforcer les stéréotypes alors que l'éducation, la fréquentation et surtout l'intégration de l'autre groupe ont souvent comme conséquence de les modifier et parfois même de les faire disparaître. On a pu montrer que les stéréotypes se maintiennent et se renforcent lorsque, dans un même immeuble, des groupes raciaux vivent sur des étages distincts. Par contre, ils s'estompent rapidement lorsque les membres des différents groupes cohabitent sur les mêmes étages en partageant les mêmes difficultés et en s'appuyant mutuellement lors de revendications communes (figure 11.11).

Cependant, ce qui risque de poser un problème n'est pas tellement le stéréotype lui-même mais plutôt l'attitude qui s'y rattache et qui nous amène à adopter tel ou tel type de comportement. Dans ce cas, comme nous le verrons plus loin, le stéréotype devient un préjugé.

Stéréotype
(du grec *stéréos* = solide et *-tupos* = modèle). Conception rigide et ultrasimplifiée d'un groupe qui remplace l'effort de connaissance par une idée toute faite.

Ségrégation
(du latin *segregare* = « séparer du troupeau »). Action de séparer. La *ségrégation raciale* consiste dans la séparation organisée et réglementée de populations appartenant à des groupes « raciaux » différents.

Fig. 11.11 *Les relations entre groupes humains sont souvent détériorées par la présence de stéréotypes qui figent l'image que chacun se fait de l'autre et accélèrent de ce fait le développement des conflits.*

Les attitudes

Notre façon d'interpréter et d'évaluer le monde repose sur les *attitudes* que nous avons forgées tout au long de notre vie. Celles-ci constituent les points de repère qui nous permettent à tout moment de nous situer face à une personne, à un événement ou à une information.

Les composantes des attitudes

Les attitudes possèdent trois dimensions : cognitive, affective et comportementale. La dimension *cognitive* implique les *opinions* et les *croyances* que nous avons au sujet des choses et des gens et qui nous permettent de déterminer ce qui, à nos yeux, est vrai, vraisemblable ou possible. La dimension *affective* est faite des sentiments positifs ou négatifs qui accompagnent la croyance; elle colore notre attitude et oriente l'action que nous allons éventuellement entreprendre. Il s'agit là de la dimension *comportementale* qui consiste à réagir en fonction de ce que nous croyons et de ce que nous ressentons.

Ainsi, par exemple, si ce professeur me paraît sévère (composante cognitive) et que je n'aime pas me faire imposer des choses (composante affective), il y a de fortes chances que je participe peu à son cours dans lequel je m'attends à ce que soient posés des gestes d'autorité (composante comportementale).

De la même façon, si je trouve cette fille cultivée (composante cognitive) et que j'aime aborder différents sujets sur lesquels elle semble être renseignée (composante affective), j'aurai tendance à rechercher sa

Attitude
Disposition plus ou moins constante de la personne à réagir favorablement ou non à quelque chose ou à quelqu'un à partir de jugements émis, compte tenu des opinions ou des croyances qui sont siennes.

Opinion
Avis, manière de penser sur un sujet, proposition tenue pour vraie (en admettant une possibilité d'erreur).

Croyance
Affirmation sur les choses ou les gens considérée comme vraie, vraisemblable ou possible.

Fig. 11.12 *Il y a fort à parier que les attitudes de ces deux hommes face à la vie sont fondamentalement opposées. Mais quelles seraient les vôtres vis-à-vis de chacun si vous étiez amenés à les rencontrer, sans rien savoir d'eux?*

compagnie (composante comportementale). Mon attitude sera évidemment bien différente si je suis de ceux que fait fuir le mot «culture».

On pourrait multiplier les exemples à l'infini à partir des opinions et des croyances des gens, qu'elles soient, par exemple, relatives à la nécessité de construire des centrales nucléaires, à la manipulation génétique, à la foi en l'astrologie, etc.

La formation des attitudes

Toutes nos opinions, nos croyances, nos valeurs sont acquises au contact de la famille, de la classe sociale, de l'école, des pairs, etc. Les attitudes qui en découlent sont donc, elles aussi, essentiellement le produit des influences que nous subissons depuis l'enfance, à travers nos expériences personnelles et les interactions avec les autres.

Au cours de l'enfance, un grand nombre d'attitudes se développent au contact des modèles parentaux. C'est cependant entre 12 et 30 ans qu'elles vont acquérir leur forme définitive. Après s'être structurées au cours de l'adolescence, elles vont se «cristalliser» entre 20 et 30 ans. Passé cette période, il deviendra alors très difficile de les modifier.

Il convient toutefois de distinguer les *attitudes centrales*, qui sont au cœur du système de croyance à partir duquel nous effectuons le décodage de la société, des *attitudes périphériques* s'appuyant sur des opinions ou des croyances de moindre importance pour notre adaptation sociale. Parce qu'elles nous impliquent moins, les deuxièmes sont appelées à se modifier plus facilement que les premières. Il est, par exemple, plus facile d'amener un individu à changer la marque de son dentifrice que son allégeance politique ou ses attitudes éducatives.

Le changement des attitudes

Nous sommes constamment soumis à l'influence de la télévision, de la radio, des journaux, de notre famille, des professeurs, de nos amis et amies qui cherchent, consciemment ou non, à modifier nos attitudes. Il s'agit là d'une *communication persuasive* qui fait intervenir différents facteurs. Mais compte tenu de nos propres attitudes, nous sommes également amenés à exercer une influence sur les autres ou à modifier notre perception des faits afin de *maintenir une cohérence* entre eux et nos comportements.

Communication persuasive (du latin *per* = par et *-suadere* = donner un conseil, conseiller). Action de communiquer à quelqu'un un message afin de l'amener à croire, à penser, à faire quelque chose.

La communication persuasive

Le fait que la persuasion réussisse ou non à changer nos attitudes dépend de plusieurs facteurs qui se rattachent aux qualités du communicateur, à celles du message lui-même et enfin, au type de récepteur que nous sommes.

Fig. 11.13 *Certaines campagnes publicitaires tentent de modifier le comportement des gens à l'aide de messages simples et logiques. Mais est-ce suffisant?*

Le communicateur   Plus le communicateur est crédible, plus il est susceptible de convaincre et de provoquer un changement d'attitude. C'est le cas de celui qui est reconnu comme expert ou qui jouit d'un certain prestige. Un médecin est plus susceptible d'amener une personne à réduire l'usage abusif qu'elle fait du tabac que ne le pourrait un camarade de classe. C'est aussi la raison pour laquelle une vedette du sport ou du spectacle est souvent utilisée par les publicitaires pour faire vendre du maïs soufflé ou du détersif[7].

Il semble cependant important que le communicateur ne parle pas trop vite et que son vocabulaire, s'il s'agit d'un expert, demeure accessible (Miller et coll., 1976; Carbone, 1973).

On sait aussi que le porteur du message risque d'exercer d'autant plus d'influence sur nos attitudes qu'il est attrayant et aimable, et qu'il nous ressemble.

Le message   Une attitude peut se modifier plus vite lorsque le message est convainquant. Toutefois, son contenu ne doit pas trop s'éloigner de l'opinion du récepteur. D'un autre côté, le message aura plus d'impact s'il parvient à montrer les conséquences dramatiques qu'entraînerait une absence de changement dans l'attitude. En ce sens, l'utilisation de la peur par certains publicitaires est souvent efficace à condition cependant que les conséquences soient vraisemblables et, surtout, que de nouvelles solutions réalistes soient proposées. La faiblesse de l'un ou l'autre de ces éléments peut expliquer l'échec relatif des campagnes antitabac ou celles qui prônent le port de la ceinture de sécurité en voiture, par exemple.

Quoi qu'il en soit, le facteur le plus efficace pour qu'un message porte des fruits semble encore être sa répétition fréquente, par le biais de la radio ou de la télévision.

---

[7] Il n'en demeure pas moins que la crédibilité de l'expert (scientifique ou professionnel) a toujours plus d'impact et des effets à plus long terme que ne peut avoir l'image d'une vedette chez qui la crédibilité repose uniquement sur la popularité dont elle jouit auprès du public.

Fig. 11.14 *Selon Festinger, une personne qui décide d'arrêter de fumer va tout faire pour réduire la dissonance cognitive qu'entraîne le choix à effectuer.*

Le récepteur   Nous sommes plus réceptifs à un message qui nous touche de près, compte tenu de la situation dans laquelle nous sommes impliqués, de nos besoins réels ou des buts que nous poursuivons.

Ainsi, une campagne antipollution entraînera plus facilement un changement d'attitude chez les personnes dont les plantations ont été détériorées par les pluies acides, ou dont l'eau de consommation est devenue imbuvable, ou encore qui sont impliquées dans un mouvement écologiste.

Des chercheurs ont toutefois noté que le récepteur a toujours plus tendance à renforcer ses attitudes qu'à les changer. Il semble en effet que nous soyons portés à ne considérer que l'information allant dans le sens de nos attitudes et à ignorer celle qui ne leur correspond pas. Ce mécanisme de *perception sélective* permet ainsi à l'individu de maintenir la stabilité et la cohérence dans ses attitudes mais elle le rend, par le fait même, peu souvent objectif.

Le maintien de la cohérence

Nous sommes parfois appelés à modifier, malgré tout, notre façon de nous comporter face à certains faits.

Que se passe-t-il chez la personne qui veut arrêter de fumer ? Comment va réagir le jeune homme dont les principes sont ébranlés par l'annonce de l'orientation homosexuelle de son jeune frère ? Que va décider la jeune femme qui milite en faveur de la liberté de l'avortement et qui tombe amoureuse d'un homme dont les convictions religieuses lui interdisent de reconnaître ce droit ?

Devant la difficulté que nous éprouvons à modifier radicalement nos attitudes lorsque nous y sommes ainsi contraints par des informations ou par des faits nouveaux, nous cherchons plutôt divers moyens de réduire l'état de malaise et de déséquilibre entre nos attitudes et les comportements à adopter. Plusieurs théories ont été proposées afin de montrer comment les gens vont tenter, dans ce cas, de maintenir une certaine cohérence dans leur système de croyance. Nous en retiendrons d'eux : celle de la *dissonance cognitive* et celle de l'*équilibre cognitif*.

La dissonance cognitive   Il s'agit là de la théorie émise par Festinger (1957) qui suggère que lorsque nous sommes placés devant un choix à effectuer entre deux choses qui présentent le même attrait (fumer ou arrêter de fumer) ou qui sont en opposition (aimer quelqu'un dont les opinions ou les comportements divergent des nôtres), nous allons tout faire pour réduire la dissonance en trouvant mille raisons pour nous persuader que le choix que nous allons faire est le meilleur.

Ainsi, si la personne décide de continuer à fumer, elle va avancer des arguments du type : « Arrêter de fumer fait grossir » ou « Je suis tellement irritable quand je ne fume pas qu'il vaut mieux pour les autres que je continue » ou encore « Ce n'est pas pour les deux ou trois ans de moins à vivre que je vais me priver toute ma vie de ce plaisir ». Par contre, si la personne a décidé d'arrêter, elle va de plus en plus s'intéresser aux statistiques sur le cancer du poumon, militer dans les

Dissonance cognitive
(du latin *dis*, indiquant une différence, un défaut et *sonus* = son). Absence de cohérence entre les éléments d'une pensée, d'une situation entraînant la personne à produire un effort pour réduire cette dissonance.

campagnes contre le tabagisme, être très fière d'être une «non-pollueuse», etc.

De la même façon, le jeune homme va se convaincre que c'est parce qu'il aime vraiment beaucoup son frère qu'il l'accepte avec ce «défaut» ou dans le cas de la jeune femme, que l'homme qu'elle aime possède tellement d'autres qualités, qu'elle peut laisser passer ce «léger» point de désaccord. Dans le cas contraire, le jeune homme risque de trouver que son frère manque de force de caractère et qu'il ne semble pas vouloir qu'on «l'aide» si bien qu'il est préférable de s'en éloigner, ou, dans l'exemple de la jeune militante pro-avortement, que la cause qu'elle défend est trop importante pour qu'elle risque ainsi de se laisser distraire par une liaison amoureuse problématique.

Dans tous les cas, la dissonance entre les attitudes de la personne et les comportements à adopter va se trouver réduite, ce qui lui permet de se sentir à nouveau cohérente.

L'équilibre cognitif   Heider (1958) a proposé une théorie basée sur notre tendance à rechercher les attitudes qui maintiennent un haut niveau de cohérence et d'équilibre entre nous et les autres et à éviter, au contraire, celles qui entretiennent un déséquilibre dans nos relations avec eux. Ainsi, une personne sera d'autant plus en équilibre dans son système de croyances que les liens d'affection qu'elle entretient avec une autre s'accompagnent d'une communauté d'opinion.

Dans les cas où le lien affectif est perturbé par l'existence d'opinions divergentes, nous avons dès lors tendance à minimiser ou même à nier la portée de la divergence ou encore à nous convaincre que l'autre est, malgré les apparences, fondamentalement d'accord avec nos propres attitudes.

Le jeune homme dont le frère est homosexuel va poursuivre le type de relation qu'il entretenait précédemment avec lui en évitant par exemple, de façon systématique, toute discussion sur le sujet ou en se disant que le frère doit être terriblement affligé par ce qui lui arrive et qu'il va sûrement tout faire pour changer d'orientation. Quant à la jeune femme, elle peut trouver que le combat qu'elle mène est moins important que l'amour qu'elle ressent pour son partenaire et se dire que celui-ci serait sûrement favorable à la cause qu'elle défend si ce n'était de ses convictions religieuses.

Les préjugés

Une des difficultés majeures rencontrées lorsque nous sommes amenés à devoir changer une attitude est liée au fait que bon nombre de ces attitudes découlent de *préjugés* que nous avons sur les choses ou sur les gens et que nous acceptons difficilement d'en discuter de façon rationnelle.

Comme cela a été dit plus haut, le préjugé se distingue du stéréotype. Alors que ce dernier constitue une généralisation partagée par les membres d'un groupe sur un autre groupe, le préjugé implique en plus un jugement, en termes de «bon» ou de «mauvais», que nous portons sur les autres avant même de les connaître ou de connaître leur raison d'agir.

Équilibre cognitif
État vers lequel tend la personne qui l'amène à conserver les attitudes partagées par les autres et à minimiser ou à éviter celles qui ne le sont pas.

Préjugé
(du latin *prae* = à l'avance, et *-judare* = juger). Opinion préconçue, jugement probable ou non que l'on porte à l'avance sur quelque chose ou quelqu'un et qui est le plus souvent imposé par le milieu familial, scolaire ou professionnel.

Fig. 11.15 *Les stéréotypes utilisés dans la vie courante possèdent des composantes négatives constituant la base de nombreux préjugés.*

Xénophobie

(du grec *xenos* = étranger et *-phobie*). Hostilité, haine vis-à-vis des étrangers ou de tout ce qui vient de l'étranger.

Racisme

Ensemble de réactions ou d'attitudes s'appuyant sur la croyance qui affirme la supériorité d'une «race» sur une autre.

Bouc émissaire

(chez les Hébreux, bouc chargé par le prêtre de tous les péchés d'Israël, le jour de l'Expiation). Personne ou groupe de personnes à qui on fait porter les torts ou les fautes de tous.

L'acquisition de préjugés repose le plus souvent sur le besoin de nous situer par rapport aux autres, principalement en termes de supériorité, nous rassurant ainsi sur notre propre valeur. C'est le cas pour les préjugés qu'ont certains Blancs sur les Noirs, que les habitants des grands centres urbains ont sur les personnes vivant en périphérie, que les membres d'une culture dominante ont sur ceux de la culture minoritaire, que les jeunes ont sur les vieux, que les hommes ont sur les femmes et vice versa[8]. Il est à noter que nous avons tendance à ne sélectionner, parmi les informations en provenance du groupe visé, que celles qui concordent avec nos attentes. De cette façon, nous pouvons renforcer nos généralisations abusives à partir de cas individuels, ce qui enracine d'autant le préjugé. Ainsi, si sur dix conducteurs de voiture commettant une maladresse au volant il y a une femme, celle-ci «confirme» automatiquement le préjugé voulant que *les* femmes ne savent pas conduire. De la même façon, il suffit qu'un individu en chômage refuse un emploi pour renforcer le préjugé voulant que *les* chômeurs soient tous des fainéants. C'est également le cas pour les «Nègres» aux États-Unis ou les «Arabes» en France dont tout comportement délinquant sera attribué à l'appartenance raciale même si le nombre d'actes répréhensibles est, proportionnellement, aussi important chez les membres du groupe majoritaire vivant dans les mêmes conditions.

Le préjugé permet notamment de canaliser l'agressivité des individus vers le groupe cible. Ainsi, en période de crise, par exemple, la *xénophobie* et le *racisme* vont permettre d'attribuer à des groupes minoritaires la cause des problèmes économiques en leur faisant ainsi jouer le rôle de «*bouc émissaire*». Le cas le plus célèbre et le plus dramatique est celui des Juifs; les persécutions dont des millions d'entre eux

---

[8] Certains préjugés sont parfois tellement répandus et si solidement établis que les individus qui en sont victimes sont souvent amenés à les partager et à les entretenir, au point d'en arriver parfois à en perdre leur identité, d'où la grande difficulté à modifier les attitudes de part et d'autre.

furent victimes, dans l'Allemagne nazie des années 30, et qui allèrent jusqu'à l'*holocauste* final, étaient approuvées de façon tacite par une majorité fanatisée du peuple allemand. Quant aux autres génocides, ils sont le plus souvent «justifiés» par le frein au progrès que représente la présence de «sauvages» récalcitrants. C'est au nom de ces préjugés que toutes les cultures autochtones des deux Amériques ont ainsi été décimées ou ont été purement et simplement exterminées.

On a pu montrer que ce sont les individus présentant une *personnalité autoritaire*, modelée par le milieu et l'éducation, qui sont les plus susceptibles de développer des préjugés. Une telle personnalité implique une certaine rigidité, une difficulté à entrer en contact avec les autres, une tendance à simplifier les situations à l'extrême et, surtout, une foi dans la supériorité de son groupe social ou de sa culture. Ces individus ont une tendance marquée à cataloguer tous ceux qui diffèrent d'eux et de leurs schèmes de pensée.

Ainsi se dégage la notion relative de *normalité* que la science elle-même utilise trop souvent à partir de critères subjectifs. La pratique de l'étiquetage, qui caractérise notamment la psychiatrie traditionnelle, est bien souvent, elle aussi, à la base de préjugés; ceux-ci empêchent de voir derrière l'étiquette, accolée à celui qui est différent, toute la complexité de sa dynamique interne et des voies qu'il emprunte pour tenter de s'insérer dans le monde. C'est là l'objet du dernier chapitre.

Holocauste
(du grec *holos* = entier et -*kaustos* = brûlé). Sacrifice total à caractère religieux ou politique d'une personne, d'une population ou d'un groupe humain.

Personnalité autoritaire
Ensemble de caractéristiques d'une personne qui, par souci de consolider son statut social, considère les membres de son entourage comme des instruments pour atteindre ce but, d'où sa rigidité, son besoin du maintien de l'ordre et de la discipline et son opposition à tout changement social.

Document 11.1

La galaxie intérieure

Loren Eiseley est anthropologue et écrivain; il dirige le département d'anthropologie de l'université de la Pennsylvanie. Voici un extrait d'une des nouvelles réunies sous le titre de *L'univers inattendu*, ouvrage dans lequel il cherche «le visage d'un immense amour à l'échelle planétaire».

«Il y a plusieurs années, dans une petite ville de Californie, un homme fut victime d'un étrange accident. En lui-même, l'accident était banal. Mais l'épisode psychologique qui l'accompagnait semble si étrange, que je vais le raconter.

«Je travaillais depuis longtemps à un livre que j'étais impatient de terminer. C'était l'après-midi, je marchais seul, perdu dans mes pensées, et me pris le pied dans une petite rigole mal placée.

Je tombai, avec une extraordinaire violence, un craquement effroyable se répercuta dans mes oreilles. Lorsque j'ouvris les yeux, j'étais allongé sur le trottoir, face contre terre, le nez écrasé d'un côté. Le sang coulait sur mon visage, provenant d'une entaille au front.

«À contrecœur, j'explorai plus avant, passant prudemment la langue sur ma bouche et mes dents. Sous ma tête, un petit ruisseau de sang s'élargissait, régulièrement. Ce fut là, dans tout l'éclat du soleil, que la chose arriva. Confusément, douloureusement, indifférent aux pieds qui s'agitaient autour de moi, aux cris d'anxiété, j'élevai une main humide de sang et murmurai pitoyablement: «Non, ne partez pas. Je suis désolé de ce que je vous ai fait».

«Ces mots ne s'adressaient pas à la foule autour de moi. C'était à l'intérieur, pour une partie de moi-même. J'étais parfaitement lucide, d'une lucidité complètement détachée, car je m'adressais à mes cellules, à mon sang, aux phagocytes, à tout ce qui en moi vivait sa propre vie et qui maintenant, à cause de sa négligence, mourait comme un poisson échoué sur le pavé. Mon esprit fut envahi par une vague de contrition, d'adoration même, comme la sensation de l'amour à l'échelle cosmique, car cette expérience était, en son genre, une catastrophe aussi vaste que celle dont serait victime une galaxie privée de ses systèmes solaires.

« J'étais fait de millions de ces minuscules créatures. C'est par leur travail, leurs sacrifices qu'elles réparaient l'accroc dans ce vaste être à la fabrication duquel elles participaient inconsciemment, mais avec amour. Et moi, pour la première fois de mon existence de mortel, je ne les voyais plus comme d'étranges sujets sous le microscope. Un écho de la force qui les mouvait vint jusqu'à moi, de la source même de mon être, et submergea les circuits ébranlés de mon cerveau. J'étais eux — leur galaxie, leur création. Pour la première fois, je les aimais consciemment, même lorsque des mains secourables essayèrent de me relever. Il me semblait alors, et rétrospectivement il me semble toujours, que j'avais provoqué dans l'univers que j'habitais autant de morts que l'explosion d'une nébuleuse dans le cosmos.

Quelques semaines plus tard, je rendis visite au lieu de l'accident. Une faible coloration marquait toujours la place, sur le trottoir. Je me penchai sur la tache, vaguement troublé. Ils avaient disparu, complètement détruits — tous ces êtres minuscules — mais l'entité dont ils avaient fait partie existait toujours. Je secouai la tête, conscient du mystère qu'envisageait Dante lorsqu'il parlait de « l'amour qui fait mouvoir le Soleil et les étoiles. »

Comme Loren Eiseley, on ne peut effectivement que rester émerveillé devant le spectacle que nous offre un film au ralenti montrant l'activité

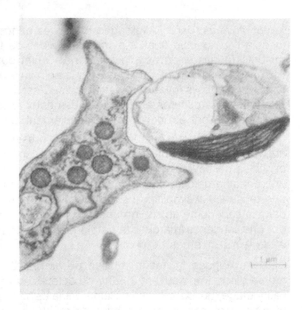

Fig. 11.16 *C'est par l'activité de milliards d'organismes poursuivant inlassablement leur tâche que la machine humaine peut conserver l'équilibre qui lui permet de s'acquitter de sa propre tâche au niveau d'organisation qui est le sien.*

des globules blancs *phagocytant* inlassablement les bactéries et les microbes qui circulent dans notre sang, ou le travail des colonies de cellules de notre estomac, ou encore le fabuleux voyage des spermatozoïdes partant à la conquête de l'ovule... Nous avons trop souvent tendance à oublier que sans la vie organisée de ces différents systèmes fonctionnant à notre insu, de façon autonome, l'être que nous sommes si fier et fière d'être ne serait rien ou, en tout cas, ne pourrait que peu de choses.

Phagocyte
(du grec *phagein* = manger et *kutos* = cellule). Cellule de l'organisme absorbant et digérant les microbes et les éléments usés des tissus et du sang.

Source : EISELEY, L., L'*univers inattendu*, Paris, Éditions EP/Denoël, 1971, p. 163-164.

Document 11.2

Plus on est nombreux, moins on est serviable...

Il semble que plus la densité sociale est élevée dans un endroit donné, moins le sens des responsabilités et de la coopération est développé.

Bickman et ses collaborateurs (1973) ont mené, à ce sujet, une étude dans les résidences d'étudiants de deux institutions américaines. La première de celles-ci comprenait deux types de bâtiments : certains étaient des tours de 22 étages pouvant loger chacune 500 étudiants et les autres de petits immeubles de 4 ou 5 étages pouvant héberger chacun 165 étudiants. Quant à l'autre institution, elle possédait des résidences de 2 à 4 étages pouvant desservir 58 étudiants, en moyenne.

Les expérimentateurs voulurent tester le niveau d'entraide à l'intérieur de ces différents types d'habitat. Ils utilisèrent une technique ingénieuse consistant à laisser traîner dans les endroits passants des couloirs une enveloppe contenant une simple lettre de remerciements qui était adressée, cachetée, timbrée mais sur laquelle ne figurait pas le nom de l'expéditeur. Il s'agissait donc de voir le nombre de ces enveloppes « perdues » qui seraient postées par ceux ou celles qui les trouveraient.

On aurait pu s'attendre à ce que plus le nombre de passants était grand, plus il y avait de chance que la lettre soit découverte et glissée dans une boîte aux lettres. Ce fut tout l'inverse qui se produisit. Les expérimentateurs notèrent que seulement 63 % des lettres déposées dans les résidences à forte densité furent postées, alors que 87 % le furent dans les résidences à densité

Fig. 11.17 *Le degré de solidarité que manifestent les individus les uns envers les autres semble être en fonction inverse de leur nombre dans un lieu donné.*

moyenne et 100 % dans les résidences à faible densité. La même expérience répétée dans une autre université permit d'obtenir des résultats très comparables.

Afin d'identifier les facteurs responsables d'un tel état de fait, on envoya des questionnaires aux étudiants vivant dans ces différents complexes. Les réponses confirmèrent que ceux et celles qui vivaient dans des résidences à haute densité manifestaient un sens beaucoup moindre des responsabilités au sein de la communauté. Ceci pouvait notamment s'expliquer par le plus grand sentiment de solitude et d'anonymat ressenti par la plupart. Que dire alors des institutions scolaires elles-mêmes dans lesquelles circulent parfois des milliers d'étudiants, entre deux cours donnés dans des classes surchargées ? La mutation observée dans le comportement des jeunes plonge peut-être certaines de ses racines dans de tels milieux de vie...

Document 11.3

Le bruit et la réussite scolaire

Nous avons vu[9] qu'un des rôles joués par la formation réticulée consiste à bloquer systémati-

quement les informations non nécessaires à l'activation du cerveau. Il s'agit là du mécanisme d'accoutumance, ou d'habituation, dont les effets positifs à court terme permettent d'éviter une surcharge informationnelle du cerveau. On a cependant pu montrer qu'une exposition pro-

[9] Voir chapitre 5 et appendice A.

longée à certaines stimulations, telles que le bruit par exemple, entraîne un effet négatif, à long terme, sur les performances scolaires des enfants qui y ont été exposés.

Cohen, Glass et Singer (1973) menèrent une étude à partir d'un laboratoire naturel constitué par un immeuble de 32 étages construit aux abords de l'autoroute rapide du centre de New York. Ils mesurèrent soigneusement le niveau de bruit présent aux différents étages, montrant notamment qu'il était dix fois plus élevé au 8e étage qu'au 32e. Ils testèrent alors les enfants habitant l'immeuble depuis au moins quatre ans en les soumettant tout d'abord à une épreuve de discrimination auditive dans laquelle il s'agissait de distinguer des mots présentant une similitude sur le plan sonore tels que pierre-bière, cour-pour, cochon-coton, etc. Ils s'aperçurent que les enfants obtenaient des résultats d'autant moins bons qu'ils habitaient dans les étages inférieurs. Or, on connaît le lien existant entre la discrimination auditive et les habiletés à la lecture. Les résultats à un test de lecture montrèrent effectivement que les enfants soumis aux plus hauts niveaux sonores obtenaient les moins bons résultats.

Fig. 11.18 *C'est dans un de ces immeubles du centre de New York que Cohen, Glass et Singer menèrent leur recherche visant à établir la relation entre le bruit et la performance scolaire des enfants résidant aux différents étages.*

Document 11.4

Dominance, pouvoir et leadership

Dans la plupart des sociétés animales s'établissent des hiérarchies au sommet desquelles on trouve le plus souvent un ou plusieurs individus dominants. Chez les primates, la structure sociale diffère toutefois selon qu'il s'agit des singes arboricoles ou des singes terrestres.

Chez les premiers, comme c'est le cas pour nos cousins les chimpanzés et les gorilles, on trouve une structure sociale remarquablement égalitaire, alors que chez les singes terrestres, comme les babouins africains ou les macaques asiatiques, confrontés constamment aux dangers du terrain à découvert, on observe une organisation sociale à la tête de laquelle se

retrouve un seul mâle hautement dominant et quelques mâles adultes de rang légèrement inférieur[10].

Qu'en est-il de l'être humain si proche des grands singes, sur le plan génétique, mais dont le style de vie des ancêtres dans la savane devait se rapprocher considérablement de celui des singes terrestres? Existe-t-il encore des

---

[10] Chez les babouins, le mâle dominant monopolise plusieurs femelles alors que les autres mâles adultes n'en possèdent qu'une seule. Lorsque la troupe se déplace à la recherche de nourriture, les jeunes adultes se placent en tête alors que les mâles plus puissants marchent au milieu du cortège afin d'apporter aide et protection aux mères et aux jeunes. En cas de menace extérieure, seuls les mâles adultes font face, en demi-cercle, tandis que les jeunes adultes et les mères se sauvent.

traces de ce lointain passé, dans sa façon de vivre en société, ou la culture a-t-elle définitivement pris le pas sur sa nature animale?

Afin d'y voir plus clair, il faut tout d'abord distinguer les caractéristiques de la personnalité dominante de celles qui sont propres à l'exercice du pouvoir proprement dit.

Le comportement dominant

Chez les primates organisés hiérarchiquement, la dominance est étroitement liée à une haute stature et à une force supérieure à celle des autres membres du groupe. Une fois sa dominance établie, le chef va devoir la maintenir par un étalage constant de sa supériorité se manifestant notamment par un air outrecuidant et fanfaron ainsi que par une démarche fière. La décontraction de ses comportements tranche avec la nervosité et l'agitation de ses subordonnés. Il est le seul à pouvoir se consacrer entièrement à ce qu'il fait; les autres, eux, passent une grande partie de leur temps à l'observer et, lorsqu'il se déplace, ils s'empressent de changer de côté.

Ce portrait n'est pas tellement éloigné de celui qui décrit, chez les humains, ce qu'il est convenu d'appeler une forte personnalité, qu'il s'agisse d'un homme ou d'une femme [11]. Chez ceux-ci, cependant, la grande taille et la force physique, même si elles favorisent la possibilité d'imposer sa volonté, n'assurent pas nécessairement un ascendant sur le plan social. Par contre, le regard joue un rôle indéniable: calme, il traduit la maîtrise de soi; soutenu, il marque la détermination; perçant et se posant sur un congénère tentant de se distinguer, il peut signifier la mesure ou le rappel qu'il est bon de demeurer à sa place.

Le port droit de la tête, rejetée légèrement en arrière, le menton levé, les commissures des lèvres baissées, donnant un air méprisant ou perdu dans les pensées, sont en général interprétés comme une revendication de dominance.

Quant aux gestes et aux mouvements du corps, ils traduisent le niveau de tension auquel est soumise la personne. Autant une démarche

Fig. 11.19 *L'organisation sociale de certaines espèces de primates, comme celle des babouins par exemple, peut nous apporter des informations sur les mécanismes qui sous-tendent les comportements sociaux au sein de notre propre espèce.*

raide ou guindée et des gestes étriqués ou inutiles sont le plus souvent associés à une faible dominance, autant la décontraction du corps au long duquel se balancent librement les bras ainsi que le déhanchement assurant une démarche souple constituent une caractéristique de l'individu dominant [12].

Dans la situation où elle est impliquée avec d'autres, c'est en général la personne dominante qui prend les initiatives. Elle se sent souvent contrainte de prendre des responsabilités, étant persuadée que si elle n'intervient pas, il ne se passera rien. C'est elle aussi qui impose le ton à l'assemblée, adapté à son humeur du moment et lui permettant ainsi de jouer le rôle qui lui convient. Elle se sent rarement tenue à un scénario établi à l'avance: elle aime improviser. Elle peut, en outre, se permettre de féliciter, d'encourager ou de faire valoir les autres en étant certaine que son compliment sera apprécié. Elle sait, enfin, manifester des égards vis-à-vis des faibles.

---

[11] Il suffit de garder à l'esprit l'image et les attitudes de personnages comme De Gaulle, Indira Gandhi, Mussolini, Margaret Tatcher, Staline ou Pinochet.

[12] Cette attitude a notamment été popularisée par les westerns dans lesquels le «bon» ou le «très méchant» adoptent cette démarche chaloupée et pleine d'assurance (même pour aller à la mort), qui réussit toujours à frapper l'imagination des foules.

Même s'il est indéniable que de telles caractéristiques, lorsqu'elles ne sont pas feintes, sont le propre de nombreux individus occupant un poste de pouvoir, elles ne suffisent pas à assurer automatiquement un tel poste à la personne qui les détient. Il faut encore qu'elle possède un goût et des aptitudes pour le pouvoir et, surtout, que la situation se prête à son accession à celui-ci. On peut même avancer que dans les sociétés humaines, ce sont ces facteurs qui, plus que la personnalité elle-même, interviennent lors de l'accession d'un individu à un poste de commandement. Nombreux sont en effet les chefs de différents groupes humains que des gestes étriqués, une petite taille ou même l'absence d'éclat dans les comportements n'empêchent pourtant pas de s'élever et de se maintenir au sommet de la hiérarchie. Plusieurs chercheurs ont tenté de mettre en évidence les qualités propres aux individus ayant à la fois le besoin impérieux et la capacité de contrôler les autres (Christie, 1970 ; Stagdill, 1974 ; Kaplowitz, 1976).

Pouvoir et légitimité

La soif du pouvoir s'accompagne, le plus souvent, d'un grand désir d'assurer des responsabilités et d'exécuter des tâches. Elle se caractérise surtout par un détachement dans les rapports interpersonnels, le goût pour le marchandage et une grande satisfaction à manipuler les autres (Christie et Geis, 1970).

Le prétendant au commandement sait résister aux pressions sociales : il manifeste de plus une certaine audace et de l'originalité dans la résolution des problèmes ainsi que de l'ardeur et de la persévérance dans la poursuite des objectifs (Stagdill, 1974).

Cette capacité à influencer les autres ne peut cependant s'exprimer que si les membres du groupe ou de la société sont disposés à accepter que certains d'entre eux s'installent au pouvoir et s'y maintiennent. Une telle acceptation est préparée de longue date par le processus de socialisation qui, en soumettant l'enfant, l'adolescent puis le jeune adulte à l'autorité de la famille, de l'école, de la religion, du milieu de travail, va rendre légitime le droit qu'auraient certains à contrôler les autres au nom du bien commun.

À l'échelle des sociétés et des nations, le pouvoir, qu'il soit légitime ou imposé par la force, ne se justifie toutefois que pour maintenir en place un système donné défendant les intérêts d'une partie de la population qui se considère comme l'élite chargée de veiller au bien de tous. Il y a donc peu de chances que, dans ces conditions, les allées du pouvoir puissent facilement être empruntées par les représentants d'autres couches de la population[13]. Elles le sont le plus souvent par une classe politique modelée par le système et dont un des buts plus ou moins avoués est de se maintenir en place le plus longtemps possible.

Afin de comprendre sur quoi repose le leadership, il est donc bon de revenir plus simplement à la façon dont il se met en place et fonctionne dans des groupes restreints au sein desquels tous les membres participent à la poursuite d'objectifs communs, les uns exerçant une influence, les autres acceptant d'être influencés.

Les sociopsychologues ont isolé un certain nombre de facteurs intervenant dans le fait qu'une personne ait plus de chance qu'une autre d'être choisie comme leader d'un groupe, mais également d'être un leader efficace.

Un groupe attend de son chef qu'il sache coordonner les activités, qu'il assure la sécurité des membres et qu'il leur donne confiance en l'avenir. Dans un tel cadre, le leader d'un groupe sera le plus souvent la personne possédant les qualités imposées pour occuper le poste, ayant les aptitudes à diriger, mais surtout étant capable d'apporter une satisfaction aux besoins du groupe.

Il semble également qu'il soit toujours plus facile de diriger un groupe dans des activités précises lorsque le leadership est légitime et que les objectifs sont définis de façon claire.

On distingue deux types de leaders. Le premier est le leader fonctionnel, compétent, *centré sur la tâche* ; c'est lui qui veille à la poursuite des objectifs du groupe. L'autre type de leader est le leader affectif, aimé, *centré sur les relations* entre les membres. Des études ont montré que le leader fonctionnel réussissait toujours plus à s'imposer dans les situations très favorables ou

---

[13] Qu'on pense au peu de place réservée aux femmes, aux ouvriers, aux Noirs des États-Unis, aux immigrants, etc. parmi les rangs du personnel politique à la direction de nos pays démocratiques.

très défavorables alors que le leader affectif y arrivait plus facilement dans les situations intermédiaires. De plus, il a été montré que lorsque le rapport des sexes est équilibré dans un groupe, le leader fonctionnel est le plus souvent un homme alors que le leader affectif est généralement une femme[14].

Source : MACLAY, G. et KNIPE, H., L'homme dominant, Paris, Robert Laffont, 1973.

[14] L'observation des groupes terroristes dans la société occidentale semble d'ailleurs confirmer une telle hypothèse. Le rôle idéologique et rassembleur du leadership y est généralement occupé par une femme, alors que le pôle organisationnel de l'action l'est plus par un homme qui trouve ainsi l'occasion de justifier son penchant pour la violence.

Document 11.5

Les ordres et la vie des autres

Lors de l'expérience menée par Milgram sur l'obéissance à l'autorité (document 2.14), on se rappelle que plus de 65 % des honnêtes citoyens qui avaient été recrutés comme sujets, à cette occasion, se révélèrent capables d'administrer des chocs électriques d'une intensité telle qu'elle aurait pu causer, dans des conditions normales, la mort du « cobaye » humain qu'ils étaient chargés d'éduquer.

Plusieurs critiques furent adressées à Milgram. On lui objecta tout d'abord qu'il était normal que l'homme de la rue soumis au pouvoir de l'expert obtempère aussi facilement aux ordres d'un scientifique qui est sensé savoir ce qu'il fait. Pourtant, le fait de choisir comme sujets, par la suite, des étudiants de l'université de Yale, considérés comme plus critiques et donc moins « manipulables », ne permit pas d'obtenir de différence quant au pourcentage de sujets dociles. Il en alla de même pour les femmes, desquelles on aurait pourtant pu attendre une moins grande agressivité.

Afin de vérifier jusqu'à quel point ce n'était pas le prestige seul de l'expérimentateur qui entrait en ligne de compte, on refit l'expérience dans un immeuble à bureaux d'une ville du Connecticut. L'étude était conduite cette fois par un expérimentateur n'offrant aucune particularité qui puisse inspirer le respect. On obtint 48 % de sujets « obéissants », chiffre qui, bien que moindre, demeurait très proche de ceux obtenus précédemment.

GIL JACQUES

Fig. 11.20 *Il semble que dans les services régis par des règles strictes, la soumission à l'autorité supprime en grande partie l'expression du libre arbitre face à la vie et à la mort des autres.*

Des chercheurs du Moyen-Orient refirent l'expérience à l'université de Jordanie auprès de jeunes sujets de 6 à 16 ans ainsi que d'universitaires et ils trouvèrent, malgré les différences culturelles, un pourcentage de 65 %, identique à celui obtenu à Yale.

Il faut donc accepter l'évidence : près de deux personnes sur trois, lorsqu'elles sont confrontées directement à l'autorité, sont prêtes, semble-t-il, à obéir aveuglément.

Mais qu'advient-il lorsque l'ordre de poursuivre est communiqué non plus directement, mais à l'aide d'un interphone par exemple, ou lorsque l'expérience doit se dérouler en l'absence momentanée de l'expérimentateur? Il apparaît que dans de telles conditions, le pourcentage de sujets «obéissants» tombe à un peu plus de 20 %. Il semble donc que les conditions de soumission se modifient dès le moment où le libre arbitre de l'individu a la possibilité de se manifester.

Qu'en est-il alors des personnes appelées à fonctionner dans des institutions régies par des règles strictes et soumises au pouvoir quasi absolu d'une minorité «d'experts»? Des chercheurs (Hoffling et coll., 1966)[15] tentèrent de l'observer auprès des infirmières responsables chacune d'un des 22 services rattachés à deux hôpitaux, l'un public et l'autre privé.

Dans chaque cas, l'infirmière de garde était appelée au téléphone par un médecin dont elle connaissait le nom sans toutefois avoir jamais été mise en contact direct avec lui. Celui-ci lui disait : «Ici le docteur Dubois, du service de psychiatrie. Je dois voir un de vos patients, ce matin, M. Dufour. J'aurais aimé qu'on lui administre certains médicaments afin que ceux-ci aient commencé à agir avant que je n'arrive. Pourriez-vous vérifier, dans l'armoire, s'il y a de l'Astroten? (Il épelait) «A.S.T.R.O.T.E.N.?» L'infirmière allait à l'armoire et y trouvait effectivement une boîte dont l'étiquette se lisait comme suit :

ASTROTEN
Capsules de 5 mg
Dose normale : 5 mg
Dose quotidienne maximale : 10 mg

Après qu'elle ait confirmé la présence du médicament au médecin, celui-ci poursuivait en disant : «Bien, j'aimerais que vous donniez une dose de 20 mg d'Astroten à M. Dufour. Je serai là dans une dizaine de minutes et je rédigerai alors l'ordonnance.»

Cet ordre donné par le docteur Dubois allait à l'encontre de nombreux points du règlement, qu'il violait même parfois de façon flagrante. Il s'agissait tout d'abord d'un ordre émanant d'une personne que l'infirmière ne connaissait pas personnellement. De plus, le médicament ne faisait pas partie de la liste des médicaments «autorisés» et enfin, et surtout, la dose prescrite était largement supérieure à la dose autorisée.

Pourtant, sur les 22 infirmières qui furent ainsi contactées, 21 se soumirent à l'ordre transmis de cette façon sans manifester une quelconque hésitation (plusieurs d'entre elles s'étant cependant assurées que le médecin n'allait pas tarder). L'expérience prenait fin au moment où, les quatre capsules ayant été prélevées du contenant afin d'être administrées, un psychiatre faisant partie de l'équipe intervenait en informant l'infirmière de la nature de l'expérience à laquelle elle venait de prendre part à son insu. Lors d'une entrevue effectuée par la suite, plusieurs avouèrent avoir obtempéré à de tels ordres dans le passé par crainte de la réaction du médecin en cas de refus.

Milgram a montré, lui aussi, que lorsqu'un sujet sait qu'il n'a qu'un rôle d'intermédiaire et qu'il ne peut donc être directement tenu pour responsable de l'acte posé, le taux de docilité monte à 90 %. Alors, que conclure? Doit-on désespérer devant de telles constatations en se disant que la soumission à l'autorité est bel et bien inscrite dans la nature humaine? Assurément non. Des recherches ultérieures ont montré que lorsque les sujets étaient en présence d'autres individus refusant d'obéir, ils refusaient à leur tour de le faire dans une proportion de 90 %.

Il semble donc que l'espoir repose et continue de reposer sur la présence d'individus ou de groupes œuvrant sans arrêt à dénoncer les abus et l'injustice afin de servir de contrepoids aux tendances à l'apathie et à la soumission qui caractérise la majorité. À ce titre et à un autre niveau, les différents mouvements de solidarité dans le monde ainsi que des organismes tels qu'Amnesty International, par exemple, constituent la conscience de notre société et rappellent notamment à chacun et chacune leur participation, par leur silence, à la souffrance et la mort de milliers de leurs congénères.

---

[15] Cité par Hilgard, E.R., Atkinson, R.L. et Atkinson, R.C., *Introduction to Psychology* (7e éd.), New York, Harcourt — Brace Jovanovitch, 1979.

Document 11.6

Conformisme et transformation de la réalité

La façon dont la pression sociale engendre le conformisme a été mise en évidence pour la première fois, en 1951, avec l'étude classique menée par Asch.

Asch réunit huit sujets dans une salle afin de les soumettre à une expérience sur la perception visuelle. Il s'agissait de comparer la hauteur d'une ligne figurant sur un carton avec trois autres lignes présentées sur un deuxième carton et de déterminer celle des trois qui était semblable à la première (figure 11.21). Chacun des sujets donnait sa réponse à tour de rôle en indiquant le numéro de la ligne ayant, selon lui, la même hauteur.

Un seul des sujets, placé en 7ᵉ position dans la rangée, était «naïf»; les sept autres membres du groupe étaient des complices de l'expérimentateur chargés de donner tantôt une réponse correcte, tantôt une réponse fausse. L'expérience visait donc finalement à voir comment le sujet, ignorant tout de la procédure, allait réagir alors que six personnes avant et une autre après lui affirmaient, de façon unanime, un fait qui contredisait sa propre perception de la réalité.

Asch nota que, dans ce cas, 77 % des individus donnèrent leur assentiment, au moins une fois, à l'affirmation des autres, et que un individu sur trois émettait systématiquement une réponse conforme à celle émise par le groupe, même lorsqu'elle allait à l'encontre de sa propre perception.

Des études ultérieures (Wilder, 1977) montrèrent que la pression de conformité augmentait avec l'importance du groupe. En effet, si la confrontation du «naïf» avec un seul sujet n'entraînait pas de réponse «conforme» aux réponses de ce dernier, la possibilité de conformité augmentait avec le nombre de membres du groupe pour atteindre un maximum en présence de cinq à huit participants.

Les chercheurs mirent cependant en évidence le fait que cette pression jouait principalement lorsque le sujet était privé de tout appui social.

a.
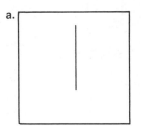

b.

Fig. 11.21 *Dans l'expérience de Asch, les sujets sont appelés à évaluer la longueur d'une ligne parmi trois modèles proposés (a). Le sujet naïf (b), le n° 6, vit un confit réel par le fait que ce qu'il perçoit ne correspond pas à ce que les autres participants, qui sont des complices de l'expérimentateur, déclarent unanimement percevoir. Dans une telle situation, un sujet sur trois préfère se conformer à l'avis des autres.*

Il suffisait effectivement de joindre au groupe un seul complice partageant systématiquement l'avis du sujet pour que celui-ci se sente aussitôt encouragé à émettre son opinion personnelle.

Il semble, selon l'étude de Costanzo (1970), que ce soit au cours de l'adolescence que la pression de conformité dans les petits groupes est maximale. Entre 12 et 13 ans, elle touche un individu sur deux pour voir lentement diminuer ses effets jusqu'à l'âge de 19 à 20 ans où la proportion de un sur trois va s'établir et se maintenir au cours de l'âge adulte.

Devant de tels résultats, obtenus en laboratoire dans des situations anodines, on est en droit de s'interroger sérieusement et de s'inquiéter de la manière dont les individus fonctionnent à l'échelle d'un pays.

Document 11.7

Minorités et changement social

La pression de conformité a pour fonction le maintien de l'équilibre du système social et de la cohésion du groupe, par la normalisation des attitudes qu'elle impose à ses membres. Comme le note Paicheler (1979), il s'agit là du fondement d'un idéal démocratique qui coïncide avec un ordre social basé sur l'uniformité.

Dans un tel cadre, le pouvoir cherche constamment à maintenir le même équilibre et à consolider ses bases : à la limite, il modifie ou réforme, mais il ne transforme pas. Le changement social ne peut donc provenir que d'une opposition à l'ordre existant, entraînant parfois des transformations profondes des mentalités et des attitudes.

Les années 70 se sont caractérisées par l'émergence d'un nombre important de groupes minoritaires — pacifistes, homosexuels, féministes, etc. — affirmant leur différence et refusant de la voir traiter en déviance.

L'étude de cette influence des minorités actives, et des facteurs qui contribuent à sa manifestation, a fait pour la première fois l'objet d'une investigation en profondeur avec une expérience axée sur la perception des couleurs et connue sous le nom d'expérience «bleu-vert» (Moscovici, Lage et Naffrechoux, 1969).

Il s'agit en l'occurrence, pour un sujet placé en présence de cinq autres personnes, d'évaluer à haute voix la tonalité et l'intensité d'une couleur à partir de diapositives projetées sur un écran. Un test préalable, passé collectivement, lui a permis de vérifier que tous les membres du groupe perçoivent bien les couleurs de la même manière.

Ce que le sujet ignore, c'est que les 36 diapositives qui vont être projetées sont toutes de tonalité bleue et que deux des membres du groupe sont des compères chargés de fournir la réponse «vert» jusqu'à la fin de l'expérience.

Rien ne pousse chacun des quatre sujets «naïfs» à fournir une réponse allant à l'encontre de ce qu'il perçoit, puisque, de toute façon, la majorité du groupe répond le plus souvent dans le même sens que lui et, de plus, il sait qu'il ne s'agit pas d'arriver à un consensus.

Pourtant, les chercheurs vont comptabiliser 8,42 % de réponses «vert» sur l'ensemble des réponses fournies par les sujets naïfs (32 % d'entre eux ayant au moins fourni 4 réponses «vert»).

Mieux. Lors d'un test passé après l'expérience, permettant d'évaluer le seuil de discrimination de la tonalité verte dans le continuum du spectre lumineux, les chercheurs vont noter que les sujets expérimentaux perçoivent le «vert» plus tôt que des sujets n'ayant pas été en contact avec les compères, mais surtout qu'ils identifient d'autant plus tôt cette couleur qu'ils ont résisté à l'influence de la minorité, au cours de l'expérience.

Il est donc indéniable que la minorité, constituée par les deux compères présents dans chacun des groupes, a exercé une influence sur les membres de la majorité non seulement au niveau des comportements explicites mais également, et surtout, au niveau des convictions intimes de ceux semblant se soumettre à l'influence majoritaire.

Ceci signifie donc, comme l'indique Moscovici (1984), qu'une minorité peut changer les perceptions et les jugements des individus sans que ce changement se manifeste dans le groupe, ni qu'eux-même en aient conscience.

Ainsi, si la pression de la majorité est plus efficace sur le plan public, il semble qu'il en va tout différemment sur le plan privé où l'influence d'une minorité au comportement cohérent et manifestant de façon visible son indépendance par rapport à l'autorité, peut forcer la majorité à entrer dans le jeu de son influence.

Sources : MOSCOVICI, S., « Influence et changements d'attitudes », dans S. Moscovici, *Psychologie sociale*, Paris, PUF, 1984.
PAICHELER, G., *Psychologie des influences sociales*, Paris, Delachaux et Niestlé, 1979.

Document 11.8

Témoins muets et victimes complaisantes

La peur d'être pris à partie pousse, semble-t-il, de plus en plus de gens à éviter de s'impliquer dans les incidents dont ils sont les témoins.

Nous sommes en 1964. Il est 3 heures du matin. Kitty Genovese, une jeune new-yorkaise, rentre chez elle après une nuit de travail lorsqu'elle se fait brutalement attaquer devant sa résidence par un homme armé d'un couteau. Sauvagement poignardée, elle se débat en hurlant, parvient à s'enfuir, mais est rattrapée. Elle crie, appelle au secours et continue ainsi à lutter pendant près d'une demi-heure, avant de succomber sous les assauts de son agresseur. Des douzaines de témoins étaient à leur fenêtre (ils étaient 38 exactement), mais pas un ne vint en aide ou ne pensa à téléphoner à la police...

En 1985, dans une petite impasse toute proche d'un grand boulevard parisien, une jeune femme se fait agresser et violer par trois hommes, en plein jour, sous le regard des dizaines de passants qui poursuivent leur chemin sans un mot...

De tels actes se produisent régulièrement dans les rues ou dans le métro des grandes métropoles sans que jamais, ou presque, les témoins ne tentent d'intervenir.

On peut se demander si nos cités modernes ne deviennent pas des camps retranchés où chacun vit pour lui-même et où personne n'est plus le gardien de son frère.

Mais si nous sommes si peu portés à protéger le droit des autres, le sommes-nous plus à l'égard de nos propres droits ? Chaque jour, nous subissons de petits affronts, des offenses à nos droits d'êtres humains, sans que, la plupart du temps, nous ne réagissions. Même s'il n'existe aucun danger pour notre sécurité, nous préférons souvent adopter une attitude passive en nous disant qu'au fond, tout cela n'est pas si grave.

Moriarty a voulu savoir dans quelle proportion se retrouve cette absence de récrimination à propos de la violation des droits fondamentaux de la personne. Il s'est donc livré à diverses expériences dans son laboratoire de l'université de New York ainsi que dans divers lieux publics.

La première des expériences consistait à demander à deux sujets placés dans une même salle de se prêter à un test qu'il était impossible de compléter dans les 20 minutes allouées. Un des deux étudiants était un compère ayant pour consigne de monter au maximum le volume de son magnétophone portatif diffusant de la musique rock et de ne le baisser qu'après la troisième demande effectuée éventuellement par le sujet naïf. Or, sur les 20 sujets, un seul exigea que le complice arrête la diffusion sur-le-champ, de façon tellement péremptoire que l'autre obtempéra immédiatement. Trois autres qui réclamèrent une première fois ne revinrent plus à la charge après s'être fait répondre par le « pollueur » qu'il arrêterait après que le morceau serait terminé, une promesse qui ne fut d'ailleurs jamais tenue. Quant aux 80 % restants, aucun d'eux ne souffla mot; même si certains montrèrent quelques signes d'impatience, ils continuèrent à accepter d'être dérangés sans pouvoir se concentrer sur leur tâche.

Quand on leur demanda pourquoi, selon eux, les résultats du test étaient si faibles, peu firent référence à la présence de la musique et, s'ils le faisaient, ils disaient ne pas être sûrs que celle-ci ait eu une influence sur les performances. Ce n'est qu'après qu'on ait insisté pour connaître leurs sentiments réels que les étudiants reconnurent avoir été incommodés et même avoir ressenti de la colère contre le pollueur sonore. Mais, bien qu'ils aient voulu intervenir, ils n'avaient finalement pas osé de faire en se disant que l'épreuve n'était pas suffisamment importante pour entreprendre une telle démarche. Des recherches ultérieures montrèrent pourtant par la suite que même pour des épreuves plus importantes, le nombre de victimes consentantes ne diminuait pas.

Moriarty et son équipe mirent au point d'autres expériences au cours desquelles des complices parlaient à haute voix dans la bibliothèque du collège ou dans une salle de cinéma, dérangeant ainsi manifestement la quiétude des voisins immédiats. Pourtant, pas beaucoup plus du quart d'entre eux ne réagirent, ne fût-ce qu'en changeant de place. Les autres attendirent...

Une autre recherche visa alors à confronter directement la victime au violateur. Celui-ci profitait du moment où un individu allait sortir d'une cabine téléphonique pour lui demander s'il n'avait pas vu la bague qu'il croyait avoir oublié sur la boîte du téléphone. Suite à la réponse du sujet, négative bien entendu, le complice de l'expérimentateur insistait : « Vous êtes sûr ? Parfois les gens prennent des choses sans y penser... Pourriez-vous vider vos poches, s'il vous plaît ? ». Un des sujets ainsi agressé se fâcha,

trois autres refusèrent poliment, les 80 % restants vidèrent leurs poches...

Selon Moriarty, une telle passivité est le signe d'un problème social sérieux. Elle indique que face au stress de la vie moderne et au sentiment de solitude et d'anonymat qu'elle engendre, les gens semblent avoir accepté l'idée que peu de choses valent vraiment la peine d'être défendues, surtout vis-à-vis des étrangers. Et Moriarty de conclure : « Les lois qui ne sont pas appliquées cessent d'être des lois, et les droits qui ne sont pas défendus risquent de se flétrir rapidement ».

Source : MORIARTY, T., « A nation of willing victims », *Psychology Today*, avril 1975, p. 43-50.

Document 11.9

L'attraction interpersonnelle passe (aussi) par le nez

Il n'y a pas que la vue ou l'audition qui interviennent dans notre façon d'entrer en contact avec les autres ; l'olfaction semble jouer, elle aussi, un certain rôle dans l'attirance ou la répulsion que les autres exercent sur nous.

Les éthologistes avaient déjà montré que les membres de nombreuses espèces animales utilisent les sécrétions de certaines glandes afin de communiquer aux autres par le marquage, les limites de leur territoire ou encore pour attirer le ou la partenaire en vue de l'accouplement. Ces sécrétions furent appelées, pour cette raison, « hormones sociales » ou *phéromones*.

On ne connaît encore que peu de choses sur l'olfaction humaine. Pourtant des expressions telles que « avoir quelqu'un dans le nez » (ce qui paradoxalement signifie qu'on « ne peut pas le sentir ») portent à croire que cet organe joue sûrement un rôle plus important qu'on ne le pense sans que nous en prenions nécessairement conscience.

On sait cependant que, chez la femme, la fonction olfactive est principalement développée entre la puberté et la ménopause, alors qu'avant et au-delà de ces limites de la fonction reproductive, elle ne diffère pas de ce qu'elle est chez l'homme. Il existerait également chez elle des variations au sein du cycle oestral la rendant plus sensible aux odeurs au moment de l'ovulation. Des variations existeraient même au sein de la journée, la rendant plus réceptive le matin que le soir. À quoi peut correspondre cette sensibilité ?

Il semble tout d'abord que chacun de nous possède une odeur personnelle qui l'identifie plus ou moins inconsciemment au « nez » des autres. Cette odeur varierait notamment avec la couleur de la peau[16] ou celle des cheveux mais également selon le sexe de la personne : les hommes et les femmes dégagent une odeur différente provenant de sécrétions spécifiques.

---

[16] Dans le roman *Racines* d'Alex Haley, un chef africain enseigne à son fils à reconnaître, de loin, les Blancs à l'odeur de « poulet mouillé » qu'ils dégagent.

Trois types de sécrétions joueraient un rôle particulièrement important dans l'attraction exercée entre les êtres humains. Ce sont les sécrétions produites par les organes génitaux féminins, celles présentes dans l'urine chez l'homme et celles contenues dans la sueur.

En ce qui concerne les sécrétions vaginales, des chercheurs anglais ont découvert l'existence chez les femelles de singes rhésus traitées à l'aide d'oestrogènes, des sécrétions odorantes déclenchant une excitation sexuelle spectaculaire chez leurs partenaires mâles. Or ces substances, baptisées « copulines » par les chercheurs, sont des acides gras qu'on retrouve également dans les sécrétions vaginales humaines.

Quant à l'urine des hommes adultes, elle contient en forte concentration une substance musquée dénommée *exaltolide* à laquelle les femmes seraient beaucoup plus sensibles que les hommes ou les enfants (Le Magnen, 1957).

La sueur, elle, est principalement sécrétée sous les aisselles où elle est retenue par les poils axillaires. Lorsqu'elle est fraîche, elle dégage une odeur légère qui, malheureusement, est assez vite corrompue suite à la fermentation occasionnée par le port des vêtements.

L'héthologiste Eibl-Eibesfeldt a rapporté qu'en Nouvelle-Guinée, dans certaines tribus, on manifeste son amitié envers celui qui va partir en lui passant la main sous l'aisselle pour la sentir ensuite et se frictionner le corps avec l'odeur de l'autre. Aux Philippines, les amoureux qui vont être séparés pendant une longue période s'échangent traditionnellement les vêtements qu'ils ont porté afin de retenir plus longtemps l'odeur de l'être aimé.

Kraff-Ebing (1840-1906), un psychiatre allemand connu pour son célèbre *Psychopathia sexualis*, rapporte la confidence d'un jeune paysan qui attribuait ses nombreuses conquêtes féminines au fait que, durant la danse, il passait « son mouchoir sous ses aisselles pour en essuyer ensuite le visage de sa danseuse ».

Des recherches ont été entreprises à l'aide de *l'alpha-androsténol*, une phéromone extraite de la sueur masculine. Durden-Smith (1980) montra que la vaporisation dans l'air de cette substance amenait les gens à juger des photos d'hommes et de femmes plus attrayantes ou encore à traîner plus longtemps dans les cabines téléphoniques où cette vaporisation avait été effectuée. De plus, dans les salles d'attente ou au théâtre, les femmes avaient plus souvent tendance à s'asseoir sur les sièges qui en étaient imprégnés[17].

Dans notre société, une certaine conception de l'hygiène corporelle a entraîné toute une série de pratiques allant des bains et des douches systématiques à l'utilisation de désodorisants de toutes sortes, amenant ainsi les odeurs naturelles à perdre tout pouvoir. Une revalorisation de la sexualité passe peut-être par une restitution du droit de parole à ces messages corporels...

Phéromone
(du grec *pherô* = « je porte » et *hormôn* = exciter). On dit aussi phérormone. Sécrétions glandulaires propres à certains endroits de la surface corporelle qui jouent un rôle de communication entre les membres d'une espèce donnée.

Source : ELLIOT, M.-F., « Les odeurs de l'amour », *Psychologie*, mars 1977, n° 86, p. 31-34.

---

[17] Cité par Rathus, S.A., *Psychologie générale*, Montréal, Éd. HRW, 1985, p. 124.

Document 11.10

Compliments et critiques

Nous avons toutes et tous besoin d'être complimentés pour les choses que nous avons faites et qui, à nos yeux, en valent la peine. Mais comment acceptons-nous la critique ? Comment réagissons-nous vis-à-vis de ceux et celles qui, pour « notre bien », tentent de mettre l'accent sur les failles de nos comportements ou de nos réalisations ? Les préférons-nous, ou non, à ceux qui encensent notre ego ?

Aronson et Linder (1965) ont tenté de répondre à ces questions par l'expérience suivante. Au cours de sept séances expérimentales, ils firent en sorte que les sujets observés soient tenus au courant des compliments et des critiques formulées par des compères, à propos des tâches auxquelles ils étaient soumis. Ils reçurent des feed-back de quatre types différents selon les compères.

Le premier type d'écho qu'ils recevaient était constitué par des compliments formulés durant les sept séances ; le deuxième type n'était fait que de critiques effectuées pendant toute la durée de l'expérience. Un troisième type était représenté par des critiques distribuées pendant trois semaines et demie, puis uniquement par des compliments le reste du temps. Quant au quatrième type de feed-back, il consistait, à l'inverse, en trois semaines et demie de compliments suivis de trois semaines et demie de critiques systématiques.

On leur demanda par la suite, sans faire référence directement aux critiques et aux compliments reçus, de classer les personnes qui avaient émis leurs commentaires, allant de la plus à la moins aimée.

Les résultats surprirent les chercheurs. Ils notèrent tout d'abord que les individus qui n'avaient émis que des critiques étaient très peu aimés mais que ceux qui, après n'avoir émis que des compliments, se mettaient à critiquer de façon systématique l'étaient encore moins. En revanche, si ceux qui n'avaient cessé d'émettre des compliments étaient très appréciés, ce fut le groupe d'individus chez lesquels la critique de départ avait fait place aux compliments qui obtint la cote d'estime la plus élevée (figure 11.22).

Comment expliquer de tels résultats ? Il est possible que les critiques négatives entraînent une tension telle que les compliments qui viennent

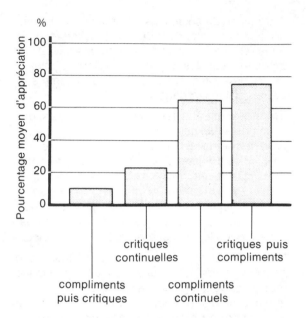

Fig. 11.22 *Selon les résultats obtenus par Aronson et Linder, nous avons tendance à apprécier surtout les gens qui, après nous avoir critiqué, savent reconnaître nos qualités. Nous n'avons, par contre, que peu d'estime pour ceux qui ne savent que critiquer et moins encore pour ceux qui, après nous avoir complimenté, se mettent à nous critiquer de façon systématique.*

par la suite sont accueillis comme un soulagement et prennent donc de ce fait une valeur énorme. À moins que nous ne soyons portés à accorder plus de valeur au jugement provenant d'une personne qui se montre capable de critiquer mais qui sait également, et surtout, reconnaître nos qualités.

Il semble donc que vous passerez pour un être intelligent et perspicace si vous «ne lancez la fleur qu'*après* le pot». En disant exactement les mêmes choses, mais dans l'ordre inverse, vous risquez au contraire de passer pour un individu qui ne sait pas ce qu'il veut, ni ce qu'il dit. L'affection des autres tient à peu de chose...

Document 11.11

Communication paradoxale, double contrainte et schizophrénie

La communication paradoxale, à la base de la double contrainte, représente le plus souvent

une injonction à laquelle «on doit obéir, mais à laquelle il faut désobéir pour obéir». Elle place donc la personne qui y est confrontée dans une «position intenable».

Selon Watzlawick, les injonctions paradoxales sont plus nombreuses qu'on ne le pense, dans la vie quotidienne. En prendre conscience est donc d'une importance considérable pour « la santé mentale des partenaires, qu'il s'agisse d'individus, de famille, de sociétés ou de nations ». En voici quelques exemples, cités par cet auteur dans différents ouvrages.

Tout d'abord une recette de communication paradoxale maternelle proposée par Greensburg :

« Faites cadeau à votre fils de deux chemises sport. La première fois qu'il en met une, regardez-le avec tristesse, et dites-lui d'un ton pénétré : « Alors, et l'autre, elle ne te plaît pas ? »

Un autre exemple montre que la double contrainte ne peut se concevoir qu'au sein d'un système dans lequel non seulement « chaque modèle produit une réaction » mais où « la réaction elle-même perpétue le schéma » :

« Un père alcoolique mystifiera probablement ses enfants en exigeant d'eux qu'ils le voient comme un père aimant et tendre et non comme l'ivrogne effrayant et violent qu'il est effectivement. Dès lors, si ses enfants manifestent leur peur lorsqu'il revient ivre à la maison et les menace, ils sont placés dans l'impasse de devoir nier leur perception afin de se prêter à la mascarade de leur père. Supposons qu'après qu'ils y ont réussi, le père les accuse soudainement de tenter de le tromper en masquant leur peur, c'est-à-dire les accuse de ce comportement-là même qu'il leur a fait adopter sous la terreur. À ce moment, s'ils laissent paraître leur effroi, ils seront punis pour avoir sous-entendu qu'il est un dangereux ivrogne ; s'ils cachent leur peur, ils seront punis pour leur « insincérité » ; et, s'ils étaient capables de protester et de métacommuniquer (disant : « regarde ce que tu nous fais... »), ils risqueraient la punition pour « insolence ». La situation est véritablement intenable. Si l'un d'eux, maintenant, essayait de s'échapper en prétendant qu'il y a « un énorme gorille noir crachant du feu » dans la maison, on pourrait très bien appeler cela une hallucination. Mais, pris dans son contexte, il serait plus intéressant d'y voir peut-être le seul comportement possible. Le message de l'enfant nie : (a) qu'il s'agit d'un message se référant au père, (b) qu'il s'agit même d'un déni ; c'est-à-dire que la crainte de l'enfant a maintenant une raison, mais d'un genre tel qu'elle sous-entend que ce n'est pas une vraie raison. Comme il n'y a manifestement pas de gorille noir aux environs, l'enfant, en fait, dit : « Tu m'apparais comme une bête dangereuse qui sent l'alcool » ; mais en même temps, il nie cette signification en usant d'une métaphore innocente. Un paradoxe est contré par un autre, emprisonnant ainsi le père. Il ne peut plus forcer son enfant à cacher sa peur si ce n'est pas lui que l'enfant craint, mais une figure imaginaire. Et il ne peut interpréter le fantasme, car cela reviendrait à admettre qu'il ressemble effectivement à ce dangereux animal, en fait qu'il est celui-ci. »

Voici enfin un dernier exemple indiquant la façon dont le piège se referme à partir du décodage du message tel qu'il est fait par l'un et l'autre partenaire et qui « réduit le nombre de coups suivants possibles » : « Une mère téléphone au psychiatre au sujet de sa fille schizophrène ; elle se plaint que la jeune fille soit en train de faire une rechute. Par ces paroles, neuf fois sur dix, la mère voulait dire que sa fille s'était montrée plus indépendante et lui avait « répondu ». Par exemple, la fille avait récemment déménagé pour habiter un appartement à elle, ce qui n'avait pas été sans contrarier la mère. Le thérapeute demanda à la mère de lui donner un exemple du comportement soi-disant perturbé de la fille. Elle répondit : « Et bien, par exemple aujourd'hui, je voulais qu'elle vienne dîner, et nous avons eu une grande discussion parce qu'elle disait qu'elle n'en avait pas envie ». Quand le thérapeute demanda qu'elle avait été l'issue de cette discussion, la mère dit avec une certaine colère : « Et bien, je l'ai persuadée de venir, bien sûr, parce que je savais qu'en réalité, elle en avait envie, et elle n'a jamais le courage de me dire « non ». Pour la mère, quand la fille dit « non », cela signifie en réalité qu'elle a envie de venir, parce que la mère sait mieux qu'elle ce qui se passe dans son esprit troublé ; mais qu'arrive-t-il si la fille dit « oui » ? », il signifie seulement que la fille n'a jamais le courage de dire « non ». Mère et fille sont ainsi prisonnière de cet étiquettage paradoxal des messages. »

Aux prises avec l'absurdité intenable de la situation dans laquelle est ainsi placé l'individu incapable de métacommuniquer, ce dernier ne peut qu'adopter l'une ou l'autre des réactions suivantes :

Il a l'impression que certains éléments essentiels lui échappent pour saisir le sens caché de la situation, que les autres semblent trouver logique et cohérente. Il va dès lors être obsédé par le besoin de découvrir des indices pour finir par suspecter les faits les plus anodins et les plus dépourvus de rapport avec la situation.

L'individu peut aussi réagir à la logique déconcertante en se pliant à toutes les injonctions, quelles qu'elles soient, les prenant au pied de la lettre, sans distinction entre ce qui est important et ce qui est accessoire, ce qui est plausible et ce qui est invraisemblable...

Enfin, il peut se retirer complètement du jeu en bloquant toutes les voies de transmission de la communication et en affichant ainsi un comportement renfermé et inaccessible.

Or ces trois tableaux évoquent, comme nous le verrons dans le chapitre suivant, chacune des trois formes de la schizophrénie : paranoïde, hébéphrénique et catatonique. En effet, comme l'indiquent Bateson et ses collaborateurs (1956), lorsqu'un être humain « ne peut, sans recevoir une aide massive, décoder et commenter les messages des autres », il « est semblable à un système autorégulé qui a perdu son régulateur ; il est pris dans un mouvement en spirale qui entraîne des distortions perpétuelles, mais toujours systématiques », ce à quoi Watzlawick ajoute qu'étant donné que la communication du schizophrène est elle-même paradoxale, elle impose à son tour un paradoxe aux autres partenaires, et achève ainsi de boucler le cercle vicieux.

Source : WATZLAWICK, P., HELNICK-BEAVIN, J. et JACKSON, D., (1967), *Une logique de la communication*, Paris, Seuil, 1972, p. 211, 218-220. Ouvrage collectif, *La nouvelle communication*, Paris, Seuil, 1981, p. 249.

Document 11.12

Le jeu de l'amour et de l'attribution d'un sourire

Jean est secrètement amoureux d'Isabelle mais il ignore si ce sentiment est réciproque. Il aimerait savoir si les sourires qu'elle fait lorsqu'ils se rencontrent sont attribuables à la façon d'être d'Isabelle (cause interne) ou s'ils s'adressent expressément à lui (cause externe) et s'ils ont ainsi une signification réelle.

Jean sait que la plupart des gens qui éprouvent des sentiments pour une autre personne le manifestent notamment par un sourire (comportement commun). Il remarque qu'Isabelle lui sourit chaque fois qu'il la rencontre (comportement constant) et, d'autre part, il a pu observer qu'elle est loin de sourire à tout le monde (comportement distinct).

Il semble donc bien, d'après la grille de Kelley, qu'il puisse attribuer le comportement d'Isabelle à la situation (sa présence à lui, en l'occurrence) et non simplement à la personnalité de la jeune fille.

Cependant, avant de conclure que le comportement d'Isabelle est un comportement amoureux, il doit s'assurer de deux choses :

D'abord que le comportement d'Isabelle est constant et que son sourire ne correspond pas seulement aux moments où elle veut lui emprunter ses notes de cours (comportement peu commun attribuable à une cause externe spécifique) (voir la remarque du tableau 11.1).

Ensuite, il est essentiel de bien décoder la signification du comportement constant d'Isabelle. En effet, comme l'observe Abbey (1982), les hommes ont souvent tendance à commettre une erreur d'attribution les amenant à interpréter le sourire ou l'intérêt manifesté par une femme comme un signe de séduction ou de recherche de rapports intimes. Ce qu'Isabelle désire n'est peut-être, après tout, que l'établissement de solides liens d'amitié.

La façon la plus simple de le savoir, finalement, est peut-être de le demander à la jeune fille, avant que son sourire ne cesse d'être distinctif.

Résumé

1. De l'atome à l'Univers entier, les éléments se combinent pour former des *systèmes* qui se structurent eux-mêmes en *organisations* toujours plus complexes. L'être humain est un chaînon de ce continuum qui ne peut assurer son équilibre et sa survie qu'à travers un groupe, partie intégrante de la société humaine.

2. La dimension et la défense du *territoire* varie, chez les humains, selon les cultures, l'âge, la position sociale, etc. Quant au maintien des *distances interpersonnelles*, il diffère selon le degré d'intimité existant entre les individus.

3. *L'environnement* et des facteurs tels que le surpeuplement, le bruit ou la pollution ont parfois des effets dramatiques sur les individus.

4. Dans chacun des groupes dans lesquels il s'insère, l'individu occupe une *position sociale* à laquelle est associé un *rôle* permettant aux autres d'anticiper certains comportements.

5. Il existe différentes *formes de pouvoir*. Quant au *leadership* lui-même, il semble surtout dépendre de la capacité d'une personne à se mettre en évidence au moment où le besoin se fait sentir au sein du groupe.

6. Le *conformisme* se développe principalement sous l'action de la pression sociale et, même si les *comportements altruistes* occupent encore une grande place dans notre société, il risque d'entraîner l'*apathie* pure et simple chez les témoins d'événements dramatiques.

7. De nombreux facteurs interviennent dans *l'attirance* qu'un individu exerce sur un autre. Il s'agit surtout de *caractéristiques extérieures* telles que la proximité physique, la compétence et la gratification réciproque.

8. Dans la communication avec les autres, le *langage non-verbal* tient une place importante à travers l'expression faciale, les mouvements du corps, le toucher et la voix. À tout moment, la façon dont nous communiquons constitue elle-même une *métacommunication* indiquant comment comprendre ce qui est communiqué. Cette métacommunication est à l'origine de la « double contrainte ».

9. Notre *perception* des autres repose le plus souvent sur les *impressions* que nous en avons, ainsi que sur l'*attribution* de la cause de leur comportement à des dispositions qui leur seraient propres ou à la situation dans laquelle ils se trouvent.

10. Les *stéréotypes* consistent en images souvent conventionnelles et relativement simplistes des groupes humains sur lesquels nous ne possédons que peu d'information.

11. Les *attitudes* possèdent trois dimensions : cognitive, affective et comportementale. Elles se forment dès l'enfance pour se « cristalliser » entre 20 et 30 ans.

12. Les attitudes centrales sont toujours plus difficiles à modifier que les attitudes périphériques. Le *changement des attitudes* dépend de plusieurs facteurs qui se rattachent aux qualités du communicateur, à celles du message ainsi qu'aux caractéristiques du récepteur.

13. Lorsque nos croyances et les faits entrent en contradiction, nous sommes dans une situation de *dissonance cognitive* dont nous cherchons à sortir soit en changeant notre attitude, soit en niant ou en minimisant les faits, soit, enfin, en trouvant de bonnes raisons pour justifier le maintien de nos attitudes.

14. Le *préjugé* implique qu'un jugement soit porté sur les autres avant même de les connaître. Il permet de nous rassurer sur notre propre valeur mais également de canaliser l'agressivité des individus vers le groupe cible, en période de crise.

Guide d'étude

Révision

Compléter les phrases suivantes

1. C'est à l'intérieur d'un _____ vital que l'animal va circonscrire un _____ entourant son nid ou son terrier.

2. La distance _____ est celle qui permet aux individus de demeurer à portée de bras alors que la distance _____ est celle observée dans les tribunaux ou les salles de cours.

3. Les facteurs d'environnement pouvant entraîner des perturbations importantes dans l'équilibre de l'individu sont notamment le _____, le _____ et la _____.

4. La position sociale d'un individu est associée à un _____, escompté par les autres et qui va leur permettre d'_____ des comportements spécifiques.

5. Le pouvoir de _____ est celui qui est conféré par la connaissance dans un domaine précis comme c'est le cas pour le _____ ou le _____.

6. Le conformisme se développe davantage lorsque la _____ de conformité est _____ et que la personne éprouve un grand besoin d'_____.

7. Même si l'histoire de l'humanité est émaillée de cas d'_____, des observations récentes font cependant état de nombreux cas d'_____ de la part des témoins confrontés à des situations d'_____.

8. L'attirance que les autres exercent sur nous est le plus souvent reliée à des caractéristiques _____ telles que la _____ _____, l'_____ _____, la _____ et la _____, la _____ ainsi que la _____.

9. Selon Mehrabian, le sens des mots fournirait _____ % du contenu de la communication alors que l'expression du visage en fournirait _____ %.

10. Le langage non-verbal fait intervenir l'_____ _____, le _____, les _____, les _____ du corps, le _____ et la _____.

11. La métacommunication est une _____ sur la _____, c'est-à-dire sur la façon de comprendre ce qui est _____.

12. La _____ _____ est un système dans lequel aucun _____ n'est possible.

13. Nos perceptions reposent sur des impressions soumises le plus souvent à un effet de _____, selon lequel une caractéristique « déteint » sur les autres, ainsi qu'à un effet de _____ rendant plus _____ nos premières impressions.

14. L'attribution causale consiste à _____ la cause des _____ des autres soit à des _____ qui leur seraient propres, soit à la _____ à laquelle ils sont confrontés.

15. Les stéréotypes offrent des autres une _____ souvent conventionnelle et relativement _____.

16. Une attitude possède une dimension _____, une dimension _____ et une dimension _____.

17. Un grand nombre de nos attitudes se développent au contact des _____ parentaux; c'est cependant entre _____ et _____ ans qu'elles vont acquérir leur forme _____.

18. Un changement d'attitude peut être d'autant plus escompté que le communicateur est _____, qu'il ne _____ pas trop vite, qu'il est _____, _____ et qu'il nous ressemble.

19 Le contenu du message ne doit pas trop s'_____ de l'opinion du récepteur et doit montrer les _____ qu'entraîneraient une absence de _____ d'attitude.

20. Nous sommes d'autant plus _____ à un message qui nous _____ de près compte tenu de la situation dans laquelle nous sommes _____, de nos _____ réels ou des _____ que nous poursuivons.

21. Le mécanisme de _____ sélective permet à l'individu de maintenir la _____ et la _____ dans ses attitudes mais le rend ainsi peu souvent _____.

22. La recherche du maintien d'une _____ dans nos attitudes nous amène, selon Festinger, à tout faire pour _____ la _____ en trouvant mille raisons pour nous _____ que le choix effectué est le meilleur.

23. Afin de maintenir un haut niveau d'_____ entre nous et les autres, nous avons tendance à _____ ou même à _____ la portée des divergences entre leurs attitudes et les nôtres.

24. Un préjugé implique l'émission d'un _____ sur un individu ou un groupe avant même de les _____ ou de connaître leur raison d'_____.

25. Le préjugé permet notamment de _____ l'agressivité vers le groupe cible qui joue ainsi le rôle de _____.

Vérification des connaissances

Vrai ou faux?   **V   F**

1. Il existe des différences entre les cultures en ce qui concerne le maintien des distances interpersonnelles.   ☐   ☐

2. Tous les pays surpeuplés connaissent un nombre important de difficultés relatives au sentiment de solitude, de repli sur soi et d'apathie partagés par les habitants des grandes villes.   ☐   ☐

3. La plupart des rôles sociaux sont acquis de façon volontaire.   ☐   ☐

4. La prise de pouvoir par un individu repose plus souvent sur les circonstances et même sur le hasard que sur ses qualités intrinsèques.   ☐   ☐

5. Le style de comportement d'un groupe minoritaire n'a que peu d'importance dans l'influence que ce groupe exerce sur la majorité.   ☐   ☐

6. L'attraction qui s'exerce entre deux personnes repose surtout sur les qualités intrinsèques de chacune d'elles.   ☐   ☐

7. La communication repose sur le comportement tout entier.   ☐   ☐

8. Contrairement à ce qui se passe dans les cultures latines, le toucher joue un rôle important dans les cultures anglo-saxonnes.   ☐   ☐

9. La métacommunication consiste dans la façon de communiquer qui constitue elle-même un message indiquant comment comprendre ce qui est communiqué.   ☐   ☐

10. L'effet de halo est la tendance à rendre compatible diverses caractéristiques d'une personne avec celle qui nous paraît la plus susceptible de la décrire.   ☐   ☐

11. Nous avons tendance à attribuer le comportement d'une personne plus souvent à des causes externes qu'à des causes internes.   ☐   ☐

12. Les stéréotypes sont des images relativement objectives des groupes avec lesquels nous n'avons que peu de contacts.   ☐   ☐

13. Les attitudes se cristallisent entre 12 et 20 ans et elles sont très difficiles à modifier après cet âge. ☐ ☐

14. Si un communicateur est crédible, il n'est pas nécessaire que son vocabulaire soit accessible pour provoquer un changement d'attitude. ☐ ☐

15. L'utilisation de la peur est souvent efficace dans un message visant à faire changer d'attitude. ☐ ☐

16. C'est grâce au mécanisme de perception sélective qu'il utilise que le récepteur d'un message pourra modifier son attitude. ☐ ☐

17. En cas de dissonance cognitive, nous allons nous efforcer de trouver des raisons justifiant le choix effectué. ☐ ☐

18. La recherche d'un équilibre cognitif nous amène souvent à modifier nos liens affectifs avec les autres. ☐ ☐

19. Un préjugé implique toujours qu'un jugement soit porté *a priori* sur un individu ou un groupe. ☐ ☐

20. La personnalité autoritaire est moins susceptible que d'autres de développer des préjugés. ☐ ☐

Questions à choix multiple (encercler la lettre correspondant à la bonne réponse)

1. Chez les animaux, le territoire est
   a) partagé avec d'autres.
   b) farouchement défendu contre tout intrus.
   c) défendu contre les congénères.
   d) limité au nid ou au terrier.

2. Une densité de population trop élevée augmente le plus souvent chez les individus
   a) le sentiment de solitude.
   b) le sentiment d'anonymat.
   c) le repli sur soi.
   d) Toutes ces réponses sont bonnes.

3. Un niveau de bruit trop important peut rendre les individus
   a) de moins en moins agressifs.
   b) plus secourables.
   c) moins brillants sur le plan scolaire.
   d) Toutes ces réponses sont bonnes.

4. Les rôles sociaux sont associés
   a) à une position sociale.
   b) à une façon de se comporter escomptée par les autres.
   c) à une anticipation de comportement par les autres.
   d) Toutes ces réponses sont bonnes.

5. Le pouvoir détenu par une personne représentant l'ordre établi est le pouvoir
   a) légitime.
   b) de référence.
   c) coercitif.
   d) de l'expert.

6. Le conformisme se développe plus particulièrement chez une personne
   a) très structurée.
   b) relativement intelligente.
   c) peu capable de résister au stress.
   d) Aucune de ces réponses.

7. L'apathie des témoins dans des situations d'urgence peut s'expliquer par
   a) la diffusion de la responsabilité.
   b) la minimisation de la situation.
   c) la peur de prendre une décision en présence des autres.
   d) Toutes ces réponses sont bonnes.

8. Nous avons d'autant plus de chance d'être attirés par une personne qu'elle
   a) évolue à proximité de nous.
   b) à des caractéristiques opposées aux nôtres.
   c) est compétente dans des domaines dont nous ne connaissons que peu de choses.
   d) Toutes ces réponses sont bonnes.

9. Dans le langage non-verbal, l'intérêt pour l'autre peut se traduire par
   a) les mains posées sur les hanches.
   b) une voix haut perchée.
   c) un regard soutenu fixant l'interlocuteur.
   d) Aucune de ces réponses.

10. La double contrainte
    a) empêche les gens de métacommuniquer.
    b) constitue un choix impossible.
    c) permet d'éviter l'adoption de comportements schizophréniques.
    d) Aucune de ces réponses.

11. L'explication des divers comportements d'une personne à partir des caractéristiques que nous jugeons essentielles chez elle est connue sous le nom d'effet
    a) de primauté.
    b) de halo.
    c) placebo.
    d) pygmalion.

12. Selon Kelley, nous attribuons le comportement d'une personne à des causes internes lorsqu'il est
    a) constant, peu distinct et peu commun.
    b) constant, distinct et commun.
    c) peu constant, peu distinct et peu commun.
    d) Aucune de ces réponses.

13. Les stéréotypes sont
    a) le fruit de notre expérience personnelle.
    b) renforcés par la fréquentation de l'autre groupe.
    c) toujours des préjugés.
    d) Aucune de ces réponses.

14. Les attitudes sont
    a) constituées uniquement de nos opinions et de nos croyances.
    b) le produit des influences que nous subissons depuis l'enfance.
    c) très difficile à modifier après l'âge de 20 ans.
    d) Toutes ces réponses sont bonnes.

15. Un communicateur peut d'autant plus agir sur nos attitudes qu'il
    a) est crédible.
    b) est aimable.
    c) nous ressemble.
    d) Toutes ces réponses sont bonnes.

16. Pour être convainquant, un message doit avoir un contenu qui
    a) ne s'éloigne pas trop de l'opinion du récepteur.
    b) est souvent modifié en cours de campagne.

c) fait surtout appel à la peur.

d) Aucune de ces réponses.

17. Le récepteur d'un message a tendance à

a) modifier facilement ses attitudes.

b) le décoder objectivement.

c) manifester une perception sélective.

d) Toutes ces réponses sont bonnes.

18. Lorsque nous cherchons à nous persuader que le choix que nous effectuons est le meilleur, c'est que nous tentons

a) d'augmenter une dissonance cognitive.

b) de créer un équilibre cognitif entre nos sentiments et nos comportements.

c) d'augmenter la divergence cognitive.

d) Aucune de ces réponses.

19. La théorie de l'équilibre cognitif suggère que nous avons tendance à

a) nous convaincre que les autres sont d'accord avec notre opinion.

b) minimiser la portée de la divergence entre les opinions des autres et les nôtres.

c) éviter les attitudes qui déséquilibrent notre relation avec les autres.

d) Toutes ces réponses sont bonnes.

20. L'acquisition d'un préjugé

a) est plus souvent le fait d'une personnalité autoritaire.

b) repose sur le besoin de nous rassurer sur notre propre valeur.

c) permet de canaliser l'agressivité des individus vers un groupe cible.

d) Toutes ces réponses sont bonnes.

Médiagraphie

1. Références bibliographiques

ARONSON, E. et LINDER, D.E., «Gain and loss of esteem as determinants of interpersonal attractiveness», *Journal of Experimental Social Psychology*, 1965, n° 1, p. 156-171.

ASCH, S.E., «Effects of group pressure on the modification and distortion of judgments», dans H. Geutskow (Ed.), *Groups, leadership and men*, Pittsburgh (Pa), Carnegie, 1951.

BATESON, G., (1972), *Vers une écologie de l'esprit*, tomes I et II, Paris, Éd. du Seuil, 1977 et 1980.

BEILHARZ, R.G. et MYLREA, P.J., «Social position and movement orders of dairy heifers», *Animal behavior*, 1963, n° 11, p. 533.

BICKMAN, L., TEGER, A., GABRIELE, T., MCLAUGHLIN, C., BERGER, M. et SUNDAY, E., «Dormitory density and helping behavior», *Environment and behavior*, 1973, n° 5, p. 465-490.

CARBONE, T., «Stylistic variables as related to source of credibility : A content analysis approach», *Speech Monographs*, 1975, n° 42, p. 99-106.

COHEN, S., GLASS, D.D. et SINGER, J.E., «Apartment noise, auditory discrimination, and reading hability in children», *Journal of Experimental Social Psychology*, 1973, n° 9, p. 407-422.

COSTANZO, P.R., «Conformity and development as function of self-blame», *Journal of Personality and Social Psychology*, 1970, n° 14, . 366-374.

CRUTCHFIELD, R.S., «Conformity and Character», *American Psychologist*, 1955, n° 10, p. 191-198.

DONNERSTEIN, E. et WILSON, D.W., «Effects of noise and perceived control on ongoing and subsequent aggressive behavior», *Journal of Personnality and Social Psychology*, 1976, n° 34 (5), p. 774-781.

DURDEN-SMITH, J., «How to win the mating game by a nose», *Next*, nov.-déc. 1980, p. 85-89.

FESTINGER, L., *A theory of cognitive dissonance*, Stanford, Cal., Standord University Press, 1957.

FRENCH, J.R.P. Jr. et RAVEN, B., «The basis of social power, dans D. Cartwright (Ed.), *Studies in social power*, Ann Harbor, Mich., Institute of Social Research, 1959, p. 150-167.

HALL, E.T., *The hidden dimension*, New York, Doubleday, 1966.

HEIDER, F., *The psychology of interpersonal relations*, New York, Wiley, 1958.

HESS, E.H., «The role of pupil size in communication», *Scientific American*, 1965, n° 223 (5), p. 110-119.

HOFLING, C.K., BOTZMAN, E., DALRYMPLE, S., GRAVES, N. et PIERCE, C.M., «An experimental study in nurse-physician relationships», *Journal of Nervous and Mental Disease*, 1966, n° 143, p. 171-180.

JONES, E.E., KANDUSE, D.E., KELLY, H.H., NISBETT, R.E., VALIENS, S. et WEINER, B., *Attribution : Perceiving the cause of behavior*, New York, General Learning Press, 1971.

KELLEY, H.H., «Attribution theory in social psychology», dans D. Levine (Ed.), *Nebraska symposium on motivation*, Lincoln, Neb., University of Nebraska Press, 1967.

KLEINKE, C.L., «Compliance to requests made by gazing and touching experimenters in field settings», *Journal of Experimental Social Psychology*, 1977, n° 13, p. 218-223.

LATANE, B. et DARLEY, J.M., *The unresponsive bystander : Why doesn't he help?*, New York, Appleton-Century-Crofts, 1970.

LE MAGNEN, J., «Phénomènes olfacto-sexuels chez l'homme», *Archives de Psychologie*, 1952.

LEYENS, J.P., *Psychologie sociale*, Bruxelles, P. Mardaga éd., 1979.

MEHRABIAN, A., *Nonverbal communication*, Chicago, Aldine Atherton, 1972.

MILLER, N., MARUYAMA, G., BEABER, R.J. et VALONE, K., «Speed of speach and persuasion», *Journal of Personality and Social Psychology*, 1976, n° 34, p. 615-624.

MONTMOLLIN, G. de, *L'influence sociale. Phénomènes, facteurs et théories*, Paris, PUF, 1977.

MOSCOVICI, S., *Psychologie des minorités actives*, Paris, PUF, 1979.

PAGE, R.A., «Noise and helping behavior», *Environment and Behavior*, 1977, n° 9, p. 311-334.

SCHJELDERUP-EBBE, T., (1913), «Social behavior in Birds», *Handbook of Social Psychology*, C. Murchinson (Ed.), Worcester, Mass., Clark University Press, 1935, p. 947-972.

WATZLAWICK, P., BEAVIN, J.H. et JACKSON, D.D., (1967), *Une logique de la communication*, Paris, Éd. du Seuil, 1972.

WILDER, D., «Perception of groups, size of opposition and social influence», *Journal of Experimental Social Psychology*, 1977, n° 13, p. 253-268.

ZILMAN, D., BARON, R.A. et TAMBORINI, R., «Social costs of smoking : Effects of tobacco smoke in hostile behavior», *Journal of Applied Social Psychology*, 1981, n° 11 (6), p. 548-561.

2. Documents audio-visuels

The social animal, 1963, 27 min, 16 mm, noir et blanc, version originale anglaise. Net focus on Behavior series (voir filmographie du chapitre 2).

Initiation to Social Psychology, 25 min, 16 mm, couleur, version originale anglaise. Harper and Row Media (voir filmographie du chapitre 2).

Ratapolis, 57 min, 16 mm, couleur noir et blanc. Office national du film du Canada. Les effets de surpeuplement chez les rats de laboratoire.

The city of the Self.
Film retraçant les expériences de Stanley Milgram sur les effets de la pression sociale.

Distorsion, Office national du film du Canada.
Document sur la distorsion de l'information.

Douze hommes en colère, 1956, 90 min, 16 mm, noir et blanc. Réal. : S. Lumet. United Artists.
Influence de l'émotivité sur douze jurés qui doivent se prononcer sur la culpabilité ou l'innocence d'un adolescent de dix-huit ans.

L'incident, 1967, 99 min, noir et blanc. Réal. : L. Peerce.
Deux voyous terrorisent les passagers d'un wagon de métro. Film sur la déshumanisation amenée par la vie dans les grandes villes et l'apathie qui s'empare des individus, spectateurs ou victimes.

La jeune fille, 1960, 90 min, 16 mm, noir et blanc. Réal. : Louis Bunuel.
Film classique sur les préjugés raciaux et leurs conséquences.

Zoom cosmique, 1968, 8 min, 16 mm, couleur. Office national du film du Canada.
Film d'animation établissant la relation entre l'infiniment grand et l'infiniment petit, du point le plus éloigné de l'univers à l'atome d'une cellule humaine.

Un homme, 1977, 87 min, 16 mm, couleur. Office national du film du Canada.
Drame social et psychologique reflétant une certaine réalité faite de pollution, de manipulation de l'information, de corruption, de violence qu'il s'applique à dénoncer.

chapitre 12

L'autre

Introduction

Anxiété et stress

Qui est anormal?

Les diverses façons d'aborder le comportement anormal

La démonologie

L'approche médicale

L'approche psychanalytique
La structure psychique de la personnalité
Le moi et les mécanismes de défense

L'approche behavioriste

L'approche cognitive

L'approche humaniste

L'approche socioculturelle

Classification des troubles mentaux

Troubles propres à l'enfance et à l'adolescence

Troubles d'origine organique

Troubles fonctionnels

Troubles de la personnalité

L'étiquetage et ses conséquences

Les thérapies

Psychiatrie et traitement médical
Thérapies biologiques
Psychiatrie communautaire

Psychothérapies
Thérapies intra-psychiques
Thérapies behaviorales

Ressources alternatives et action communautaire
Groupes d'entraide
Groupes thérapeutiques
Intervention sociale

Aliéné
(du latin *alienus* = étranger, autre). Personne étrangère à elle-même et aux autres avec lesquels elle ne peut plus communiquer normalement.

Introduction

Nous voici rendus au dernier chapitre de l'ouvrage. Tout au long des pages qui ont précédé, nous avons tenté de comprendre comment l'être humain perçoit, ressent, apprend, pense, parle, crée..., comment ces divers processus se développent et comment ils permettent à l'individu d'interagir avec les autres.

Toutefois, même si l'accent a souvent été mis sur les embûches qui peuvent entraver le développement, celui-ci a toujours été envisagé comme si, dans les grandes lignes, chacun de nous suivait un chemin semblable, idéal et plus ou moins anonyme, le conduisant vers des buts propres à sa nature humaine. En d'autres termes, nous avons jusqu'à présent posé surtout un regard sur *l'*être humain confronté à *la* vie.

Or, répétons-le, tout être est unique et, à chaque instant, c'est de *sa* vie qu'il s'agit, de *sa* perception de la réalité, de *ses* émois, de *ses* besoins, de *ses* projets et des difficultés qu'il rencontre pour s'adapter quotidiennement, bon gré mal gré, à un environnement physique et social, qui lui procure satisfaction mais qui engendre de l'anxiété et du stress.

La plupart des gens parviennent à maintenir un équilibre relatif dans cette perpétuelle négociation avec le monde et les autres. Certains, par contre, trop fragiles ou mal préparés, trébuchent dès le début de la vie ou plus tard, alors qu'ils doivent faire face à des perturbations importantes. Leur comportement différent, mésadapté, anormal va attirer le regard et les marginaliser, les *aliéner*, les rendre « autres ». Il en résultera le plus souvent une prise en charge qui va, au mieux, les aider à cheminer ou au pire, à les isoler ou à leur faire réintégrer de force le chemin de la normalité.

Anxiété et stress

Dans sa lutte constante pour l'adaptation, l'organisme est armé, nous l'avons vu au chapitre 6, de mécanismes tels que les émotions et, plus particulièrement de l'anxiété, qui vont lui permettre d'être dans un état d'alerte suffisant pour aborder toute situation nouvelle ou « de crise ». Ces mécanismes sont le propre des animaux supérieurs et ils ont dû jouer un rôle important chez notre ancêtre dont la survie dépendait essentiellement de sa capacité à « faire face ».

La vie moderne a cependant transformé nos conditions d'existence si bien qu'une préparation de l'organisme se révèle de moins en moins nécessaire à la survie. Le mécanisme demeure cependant et continue à se déclencher dans une multitude de circonstances n'ayant plus que de très lointains rapports avec la survie : séparation, perte d'un être cher, affrontement de nouvelles situations sociales performances à réaliser sur les plans scolaire, professionnel ou autres.

Physiologiquement parlant, l'anxiété ne se distingue pas de la peur. Elle se traduit par une augmentation des palpitations cardiaques et de la pression sanguine, par un blocage du fonctionnement de l'appareil digestif, une légère sudation perlant sur la peau, etc. La différence principale réside dans le fait que l'anxiété entraîne une activation de l'organisme *avant* qu'il ne se produise quelque chose.

Normalement, il s'agit là d'un état passager qui s'estompe au moment où la personne se trouve réellement confrontée à la situation. Il arrive toutefois que l'attente, génératrice d'anxiété, se prolonge et que l'organisme soit, dès lors, amené à investir une quantité considérable d'énergie afin de pouvoir demeurer efficace. Il est alors en situation de *stress* et va traverser les étapes du syndrome d'adaptation, décrites par Selye (voir au chapitre 6).

Hélas, le stress a souvent des conséquences dramatiques par les désordres physiologiques qu'il peut occasionner à l'organisme. Les maux de tête[1] et l'ulcère à l'estomac sont les plus courants (voir le document 6.10), mais il existe bien d'autres symptômes physiques dont les causes sont d'ordre émotionnel : l'hypertension artérielle, l'*arthrite*, l'*asthme* (lorsqu'il n'est pas d'origine allergique), les *colites*, et même certains types d'angine de poitrine. On parle alors de *troubles psycho-somatiques*.

D'autres conséquences du stress sont plus psychologiques. On observe notamment des désordres au niveau de la personnalité pouvant aller jusqu'à une désorganisation complète du comportement et une coupure avec la réalité, amenant les autres à s'interroger sur le sens à attribuer à cette transformation.

Une question, qui est au cœur de toute approche explicative du comportement humain, se pose alors : quel comportement doit être considéré comme *normal*? La réponse va déterminer la façon dont il faut interpréter la « différence », le sens à lui attribuer et, surtout, le droit de la personne à cette différence.

Qui est anormal?

Il n'existe pas de réponse objective à cette interrogation. Elle tient uniquement aux critères utilisés dans le cadre d'une culture donnée, à une époque déterminée. Ce qui était considéré comme anormal hier ne le sera peut-être plus demain et ce qui paraît inacceptable chez nous est parfois très bien intégré dans la vie d'autres peuples.

Arthrite
(du grec *arthron* = articulation). Affection inflammatoire aiguë ou chronique d'une articulation.

Asthme
(du grec *asthma* = respiration, souffle). Affection d'origine allergique ou psychosomatique, caractérisée par des difficultés respiratoires au moment où l'air est expulsé des poumons.

Colite (spasmodique)
(du grec *kôlon* = gros intestin). Affection d'origine psychosomatique se traduisant par des douleurs à l'intestin accompagnées de ballonnements ainsi que de constipation ou de diarrhée.

Troubles psychosomatiques
(du grec *psukhê* = esprit, et *-sôma* = corps). Troubles ou maladies physiques dont les causes sont liées à des conflits psychologiques ou des bouleversements émotionnels.

---

[1] Ils sont provoqués par l'excitation prolongée des fibres nerveuses entourant les vaisseaux sanguins chargés d'irriguer la boîte crânienne ; ceux-ci sont en effet maintenus dilatés par la demande constante de sang oxygéné dans les muscles faciaux sous tension, suite à l'anxiété ou à la frustration. Cette dilatation des vaisseaux entraîne la sécrétion de prostaglandine E_2, responsable du signal douloureux, dont la synthèse peut être bloquée par l'aspirine (voir note 3 du chapitre 6).

Il faut également distinguer les critères définis par les autres pour juger anormal un comportement qui les importune ou qui les questionne, de ceux qui relèvent de l'individu lui-même et de l'incapacité dans laquelle il est de surmonter sa propre détresse ou simplement de la communiquer.

En général, moins un comportement est *fréquent*, plus il a des chances d'être perçu comme anormal. Comme c'est le cas pour l'intelligence (voir chapitre 9), il s'agit là d'un critère statistique qui permet de considérer que 2 à 3 % de la population[2], de part et d'autre d'une majorité de gens adoptant des comportements relativement semblables, sont «trop» ou «pas assez» sociables, agités, communicatifs, organisés, etc.

Le plus souvent, cependant, l'individu anormal est celui qui est «*hors des normes*» et qui, par son comportement, va à l'encontre des valeurs, des habitudes ou des attitudes des autres.

Un comportement sera considéré d'autant plus anormal qu'il se révèle *dangereux* pour l'intégrité de la personne ou celle d'autrui. Il en va ainsi du suicide, de l'usage de drogues «dures» ou des comportements mettant en danger l'existence ou la paix de l'entourage.

Parmi les critères relatifs à la personne elle-même, il y a tout d'abord ceux indiquant que le décodage effectué par le cerveau diffère de celui des autres. Comme nous l'avons vu au chapitre 5, nos *perceptions de la réalité* sont organisées et uniformisées par le cerveau dont le rôle essentiel est de filtrer les informations pertinentes en provenance du milieu. Tout écart dans l'interprétation par rapport au décodage «normal» risque alors de constituer une mésadaptation. C'est le cas de la personne qui entend ou qui sent différemment ou encore qui décode les regards et les gestes d'autrui comme étant dirigés contre elle ou, au contraire, comme étant remplis d'admiration.

Il peut aussi s'agir d'états de conscience s'éloignant de la conscience de surface et qui peuvent générer des *hallucinations* visuelles ou auditives. Ces plongées fréquentes vers le monde intérieur ne sont acceptées que dans certaines cultures dans lesquelles elles sont considérées comme un moyen de communication avec l'«autre monde». Comme nous l'avons vu au chapitre 4, la culture occidentale, elle, ne reconnaît que la conscience de surface comme la seule acceptable sur le plan de la normalité.

Mais plus encore que ces manifestations, ce qui attire l'attention sur une personne, c'est la *détresse* qu'elle va manifester par des sentiments exagérés de tristesse ou de colère, par des peurs sans base réelle ou par une dépression provoquée par un événement traumatisant qu'elle se révèle incapable de surmonter.

Cela peut être, enfin, en l'absence de toute manifestation de détresse, une *incapacité* de la personne à surmonter le stress de la vie, qui l'amène à réagir par un repli ou par un retrait pur et simple, l'éloignant ainsi des voies normales de communication.

---

[2] Aux États-Unis, on considère que 10 % des enfants risquent de présenter, au cours de leur vie, une perturbation sur le plan psychologique. Actuellement, 3 à 4 % des Américains réclament des soins ou un support psychologique.

La notion de normal comporte donc de multiples dimensions et, à bien y regarder, il n'existe pas de frontières nettes entre ce qui est acceptable et ce qui ne l'est pas.

Il n'existe pas non plus une normalité *idéale*. Chacun de nous est, à des degrés divers, plus ou moins anormal. Certains présentent simplement des caractéristiques plus marquantes que d'autres et, à ce titre, ont besoin d'un support qui les aide à s'adapter (voir le document 12.1).

Une controverse surgit lorsqu'il s'agit de décider si ce support doit être d'ordre social, psychologique ou médical. Le choix qui va être effectué découle en effet de l'approche qui est faite lors de la tentative d'explication du comportement déviant mais aussi de l'histoire de la «folie» dans notre société.

Les diverses façons d'aborder le comportement anormal

La démonologie

Pendant tout le Moyen Âge, la folie fut considérée comme le fait de la possession par le Diable. Le comportement anormal de la personne était ainsi attribué à la présence d'un «mauvais esprit» qu'il fallait chasser à tout prix par l'exorcisme et les mauvais traitements. Mais, le plus souvent, cela était inutile, puisque l'Église était convaincue qu'il s'agissait là de sorcières et de sorciers unis au Diable par un pacte et qu'ils devaient dès lors périr brûlés sur le bûcher. En 1484, le pape Innocent VIII émit même une *bulle papale* exhortant tout le clergé à se livrer à une chasse impitoyable aux «sorcières».

Les siècles qui suivirent continuèrent à isoler les «fous», à les éviter ou encore à les exiler. Dans certains pays, ils étaient jetés dans des cachots où ils croupissaient, avec les criminels. Dans d'autres, ils étaient entassés dans des bateaux, la «nef des fous», qui descendaient les fleuves, s'arrêtant de port en port, afin d'être livrés en spectacle au public (Foucault, 1972).

Au XVIᵉ et XVIIᵉ siècle, on vit s'ouvrir des *asiles*, notamment en Angleterre, dans lesquels furent enfermés les individus présentant des troubles mentaux. Leur sort n'y était toutefois pas plus enviable. Très souvent, ils étaient couverts de chaînes ou enfermés dans des cages grillagées dans le but de les calmer (figure 12.1).

Ce n'est qu'à la fin du XVIIIᵉ siècle[3] que la science médicale va prendre en charge le domaine de la folie en l'étiquetant «maladie» au même titre que les maladies organiques. Avec cette consécration naissait la psychiatrie et le concept de «maladie mentale».

Démonologie
Étude des démons et de leur influence présumée sur les êtres humains et les troubles du comportement.

Bulle papale
(du latin *bulla* = boule (de métal) dans laquelle était enfermée le sceau apposé sur les lettres patentes du pape). Lettre du pape contenant une constitution générale ou une ordonnance.

Asile
(du grec *asulon* = lieu inviolable). Établissement d'assistance publique ou privée qui était réservé aux indigents, aux vieillards ou aux «fous».

---

[3] Avec le médecin français Pinel, que les peintures de l'époque montrent en train d'ordonner qu'on débarrasse de leurs chaînes «les fous et les insensés» (figure 12.2).

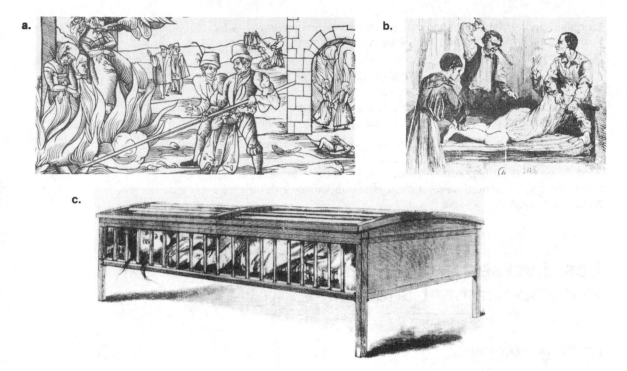

Fig. 12.1 *La croyance que les troubles mentaux étaient dus à une «possession par le démon» amena, au cours des temps, l'utilisation de divers procédés afin de «libérer» la personne. Au Moyen Âge, on brûlait les «sorcières» (a). Il y a moins d'un siècle, certaines médecines préconisaient encore la manière forte (b) ou, comme le relate cette image de 1880, certains prétendaient calmer le fou en l'enfermant dans ce type de cage (c).*

L'approche médicale

Tout au long du XIXe siècle va s'effectuer la différenciation des symptômes, leur description et leur classification ainsi qu'un mode de traitement préconisé pour chacun afin de ramener le patient dans la voie normale.

C'est ainsi qu'en 1883, le psychiatre allemand Kraepelin publie le premier *Manuel de psychiatrie* dans lequel sont recensées, étiquetées et catégorisées les «maladies mentales».

La foi dans le pouvoir médical va, de plus, se trouver renforcée par la découverte de la *vaccination*, effectuée par le médecin français Louis Pasteur, qui montre que la cause de nombreuses maladies est liée à la présence de microorganismes tels que les microbes et les bactéries. Par la suite, la découverte du traitement de la syphillis et du typhus[4], connues pour les séquelles psychologiques qu'elles entraînent chez les individus qui en sont atteints, va renforcer l'idée que pour tout trouble mental il existe une cause organique.

De son côté, la *neurologie* va montrer la façon dont certaines zones du cerveau sont étroitement reliées à des fonctions telles que celle du langage ainsi qu'à des comportements spécifiques.

Fig. 12.2 *C'est Philippe Pinel qui, en 1792, sera le premier médecin à exiger que les «fous» de l'hôpital Bicêtre, à Paris, soient débarrassés de leurs chaînes et considérés plutôt comme des «malades» mentaux. Avec ce geste humanitaire s'ouvre l'ère de la psychiatrie.*

Quant aux recherches portant sur l'*hérédité* de la «maladie mentale», à partir des jumeaux issus de parents présentant des troubles psychologiques graves, elles vont voir leurs résultats interprétés pour la plupart en faveur de la thèse héréditariste[5].

Enfin, le développement de la *psychopharmacologie*, au cours des années 50, et de la découverte des effets calmants ou excitants de certaines drogues va convaincre une fois pour toutes les psychiatres qu'il existe un contrôle possible du comportement par la voie biologique. Ceci va être rendu plus plausible encore par la mise en lumière, au cours des années 70, du rôle des *neurotransmetteurs* dont la carence ou l'excès semblent jouer un rôle important dans le déclenchement de certains troubles du comportement.

L'approche psychanalytique

Un psychiatre allait devenir célèbre pour le modèle psychologique qu'il proposait afin d'expliquer la genèse de la «maladie mentale». Il s'agit de Freud et de la psychanalyse.

On se rappellera que, selon Freud, la plupart de nos pensées et de nos comportements ont des racines inconscientes. Ils naissent, la plupart du temps, de conflits entre d'une part, la conscience en prise sur la réalité et, d'autre part, les impulsions sexuelles ou agressives en provenance de l'inconscient.

Psychopharmacologie
(du grec *psukhê* = âme, esprit, *-pharmakon* = drogue, remède et *-logos* = étude). Étude des médicaments agissant au niveau psychique, de leur effet thérapeutique et de leur mode d'emploi.

---

[4] La syphillis, au stade tertiaire, entraîne notamment la perte du contrôle musculaire et du sens de l'équilibre, la cécité, la surdité ainsi que de sérieux troubles mentaux. Quant au typhus, sa phase terminale est caractérisée par une forte fièvre et du délire.

[5] Nous y reviendrons en abordant les troubles schizophréniques, plus loin dans le chapitre.

Freud avait d'ailleurs montré qu'il était possible de faire disparaître certains symptômes chez des patients après avoir «libéré», sous hypnose, les émotions et les sentiments rattachés à certains événements traumatisants vécus dans l'enfance et refoulés depuis. Ainsi, une de ses patientes retrouva une respiration normale après avoir révélé sous hypnose la culpabilité ressentie le jour où elle voulut sortir, par une soirée étouffante, pour se joindre à une fête, alors qu'elle veillait au chevet de son père mourant. Selon Freud, un tel cas pouvait donc expliquer comment le refoulement des besoins de la jeune fille sous la pression de la conscience, amenait le conflit à se traduire sur le plan physique.

La structure psychique de la personnalité

Les nombreuses observations effectuées par la suite sur ses patients amenèrent Freud à proposer un nouvel aspect de sa théorie permettant de mieux saisir, selon lui, la dynamique des comportements. Il s'agissait d'un modèle selon lequel chacun de nos comportements serait la résultante d'un conflit entre différentes structures mentales[6] : le *ça*, le *moi* et le *surmoi* (figure 12.3).

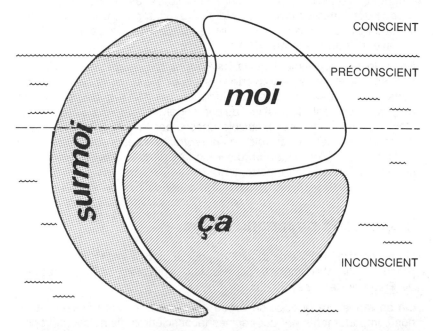

Fig. 12.3 *Les trois structures de la personnalité qui, selon Freud, sont en relation avec les niveaux de conscience. Seule une faible partie du* moi *et du* surmoi *serait consciente, à la manière de la pointe d'un iceberg qui émerge à la surface de la mer. Entre les structures existent des failles constituant des zones de conflits qui risquent de déstabiliser la personnalité si le* moi *n'est pas suffisamment fort pour rétablir l'équilibre de l'ensemble.*

---

[6] Il s'agit là de structures hypothétiques relevant du domaine de la pensée et n'ayant donc pas de base réelle sur le plan physiologique.

Le *ça* est constitué de l'ensemble des pulsions et des besoins biologiques (dont les besoins sexuels) qui font partie du bagage de l'enfant à la naissance et qui ne demandent qu'à s'exprimer et à être satisfaits. Le ça est donc essentiellement inconscient et régi par le *principe de plaisir*.

Le *moi* est une structure qui se dégage petit à petit au contact du milieu. Il va être amené peu à peu à juger parmi les pulsions celles qui peuvent être ou non satisfaites, compte tenu des circonstances. Le moi est donc régi par le *principe de réalité* qui l'amène à tout instant à évaluer l'à-propos ou le réalisme d'actions motivées par les besoins du ça.

Le *surmoi*, enfin, est une structure qui s'édifie à partir du milieu social et de ses interdits. Elle se met en place pendant que s'effectue le processus de socialisation et va de plus en plus jouer un rôle de conscience morale chargée de juger le «bien» ou le «mal» de chacun de nos actes planifiés par le moi sous la pression du ça. C'est notamment le surmoi qui est à la base de la culpabilité ressentie par le moi lorsqu'il s'agit de décider de la satisfaction d'un besoin. C'est le cas, par exemple, du soulagement de la tension par la masturbation qui s'accompagne souvent d'un sentiment de «faute» provenant de l'éducation et de certaines idées fausses rattachées à ce comportement.

Les conflits sont donc inévitables entre ces trois niveaux, et la façon dont ils vont être résolus va donner l'orientation imprimée à nos comportements. Une solution réaliste des conflits est le fait d'un moi fort, capable à tout instant de trancher entre les exigences du ça et les pressions du surmoi, afin de déterminer quel est le comportement le plus efficace et le plus cohérent à adopter. Il s'agit cependant là d'une vision relativement utopique. La plupart d'entre nous n'avons rien de commun avec l'être froid et lucide que sous-entend une telle attitude.

Souvent, au contraire, les frustrations ressenties par le ça, sous les pressions du surmoi, vont amener le moi à liquider les tensions par l'utilisation de diverses «soupapes» telles qu'un *comportement agressif*, par exemple, ou par une fuite dans l'alcool ou dans la drogue (qu'il ne s'agisse que de l'usage du tabac ou de tranquillisants), ou encore par l'adoption de mécanismes de défense.

Le moi et les mécanismes de défense

Lorsque la personne est incapable de contrôler certaines situations de la vie de façon efficace, les *mécanismes de défense* du moi constituent des stratégies qui vont lui permettre de compenser cette incapacité, de façon inconsciente, tout en réduisant le stress et l'anxiété qui l'accompagnent. Ces mécanismes de défense visent effectivement à procurer à la personne des satisfactions, parfois réelles, mais le plus souvent imaginaires ou éloignées de la réalité, par une négation ou une distorsion de la réalité ou par une non-reconnaissance des idées et des pulsions génératrices d'anxiété (voir le document 12.2).

Les mécanismes de défense mis en évidence par Freud, et par sa fille Anna, sont nombreux. Nous passerons simplement les principaux en revue.

Principe du plaisir
Mécanisme qui régit le ça en exigeant la gratification complète et immédiate des besoins, des pulsions ou des désirs (selon Freud).

Principe de réalité
Mécanisme qui régit le moi en évaluant la façon dont les exigences du ça peuvent être satisfaites en fonction de la réalité et des exigences du surmoi (selon Freud).

Mécanismes de défense
Réactions inconscientes du moi afin de réduire la tension et l'anxiété générées par les conflits entre le ça et le surmoi.

Fig. 12.4 *L'art du chirurgien ne serait-il fondamentalement que la sublimation de pulsions sadiques refoulées dans l'enfance?*

Le *refoulement* est le mécanisme de défense le plus courant. Il consiste, nous le savons, à réprimer dans l'inconscient le désir ou la situation conflictuelle. Il s'agit cependant là d'un oubli actif qui conserve à la pulsion refoulée tout son potentiel dynamique. Le souvenir peut ainsi réapparaître sous hypnose ou au cours de certains états somnambuliques.

La *formation réactionnelle* consiste à adopter des sentiments ou des comportements qui sont à l'opposé de ceux qui ont été refoulés, afin de renforcer d'autant le refoulement. Ce mécanisme est à la base de nombreux traits de caractère. Il est notamment le propre de l'individu *trop* doux, *trop* charitable, de la mère *trop* attentive aux dangers que pourrait courir son enfant, etc.

La *négation* et le *déni* se traduisent, au contraire, par un refus inconscient d'admettre l'existence de faits ou par la transformation des données de la réalité afin de les adapter au comportement.

C'est le cas de l'enfant qui chante fort en avançant la nuit sur une route peu éclairée, mais c'est également celui de la personne à laquelle on a appris qu'elle était atteinte d'une maladie incurable et qui continue à vaquer à ses occupations comme par le passé, en évitant toute discussion sur le sujet et en bâtissant, au contraire, des projets à long terme.

Le *déplacement* vise à substituer un but accessible au but initial qui ne l'était pas. Il est illustré par l'exemple classique de l'homme qui donne un coup de pied au chien en rentrant après une journée de travail au cours de laquelle il a supporté sans broncher les réprimandes et les exigences de son patron.

La *sublimation* constitue une forme de déplacement apportant, elle, une satisfaction réelle. Elle consiste en l'adoption de comportements orientés vers un but supérieur au but initial non accessible. Ce serait le cas de tous les individus ayant fait le choix d'une profession dans laquelle ils se sentent tout à fait à l'aise, en étant pleinement productifs et reconnus socialement. Leur occupation est en quelque sorte un substitut pour la satisfaction des pulsions bloquées au cours de l'enfance. Ainsi, l'enfant empêché de jouer dans ses excréments peut s'épanouir dans l'art du potier et celui dont les pulsions sadiques ont été réprimées pourrait devenir boucher ou chirurgien (figure 12.4).

La *projection* consiste à attribuer à autrui nos propres sentiments jugés inacceptables par le surmoi. «Pourquoi ne m'aimes-tu plus?» demande cet homme à sa partenaire qu'il désire inconsciemment quitter.

La *rationalisation*, elle, réside dans le fait de trouver une bonne raison pour justifier l'impossibilité de se livrer à un comportement ou, au contraire, pour expliquer l'adoption d'un comportement inacceptable. «Cette jeune fille n'est pas assez intelligente pour que je perde du temps avec elle», dit le jeune homme dont les avances ont été ignorées...

Cette utilisation inconsciente des mécanismes de défense n'est jamais qu'un pis-aller (sauf dans les cas de sublimation). Il s'agit là de stratégies qui réclament un investissement énorme d'énergie pour ne donner que des satisfactions le plus souvent illusoires. Ils ne soulagent de toute façon qu'en partie, et très provisoirement, de l'anxiété générée par le conflit.

Mais tels qu'ils sont, les mécanismes de défense constituent un moyen de lutter contre l'anxiété en attendant de trouver la manière la plus rationnelle de solutionner le problème ou le conflit.

Ce n'est que lorsque l'un d'eux est utilisé de façon systématique, dans toutes les situations anxiogènes, ou lorsque la personne pratique une distorsion trop grande de la réalité l'amenant à adopter des comportements disproportionnés par rapport à la situation (lavage de mains des dizaines de fois par jour, peur irraisonnée de certains lieux ou d'animaux inoffensifs...) qu'on peut considérer que le glissement s'est opéré sur ce que Freud appelait la *névrose* (voir le document 12.4).

Cependant, il peut parfois arriver que sous la pression trop grande des forces répressives ce soit la personnalité entière qui se désorganise. La coupure avec la réalité qui en résulte et la libération du ça, hors de tout contrôle des deux autres structures, entraînent alors la personne dans une régression, un retrait du monde, caractéristique de la *psychose*.

L'approche behavioriste

L'approche médicale et psychanalytique du comportement anormal mettent l'accent sur les causes internes des troubles du comportement.

Pour les behavioristes, par contre, le comportement anormal, comme n'importe quel autre comportement, est le fruit de l'apprentissage, et ses causes ne peuvent donc être qu'externes. L'exemple de la peur induite chez le petit Albert par Watson et sa collaboratrice est, selon eux, la preuve évidente que le conditionnement classique peut à lui seul expliquer le développement de nombreux troubles (voir le document 7.1).

De son côté, la source de renforcements que constitue l'environnement peut largement expliquer comment certaines manières de se comporter vont s'éteindre pour être remplacées par d'autres, même aberrantes, qui vont être renforcées par le milieu. Il faut d'ailleurs noter que, dans de nombreux cas, l'apprentissage social par observation d'un « modèle » se greffe sur le processus de conditionnement. Ainsi, l'éducation d'un enfant en milieu délinquant a de fortes chances d'entraîner chez lui l'apparition de comportements antisociaux, de la même façon qu'une éducation fortement répressive en ce qui concerne la sexualité risque de provoquer l'apparition de troubles psychosexuels à l'âge adulte. Il faut également se rappeler comment Seligman explique, de son côté, la façon dont se développent par apprentissage les sentiments d'impuissance et d'échec, à la base de la dépression (voir le dossier 7.1).

Les behavioristes expliquent les troubles plus graves de la personnalité, tels que les comportements schizophréniques, comme étant une fuite hors de la réalité qui se révèle être pour certains la solution la plus efficace pour éviter le stress de la vie. Nous verrons plus loin que les thérapies proposées par les behavioristes vont tenter d'agir en conséquence.

L'approche cognitive

Cette approche part du principe que les sentiments et les comportements d'une personne deviennent mésadaptés dès que sa façon de décoder les situations auxquelles elle est confrontée s'appuie sur des pensées inadaptées parce qu'irrationnelles.

Ainsi, le trouble émotionnel, entraînant avec lui l'anxiété et un sentiment d'impuissance, serait principalement provoqué par l'interprétation cognitive erronée que nous faisons des événements plutôt que par les événements eux-mêmes.

Ellis (1962) a mis en évidence une série d'*idées irrationnelles* qui constituent, selon lui, la cause de la plupart de nos comportements inadaptés. En voici quelques-unes :

– Il est capital d'être aimé par toute personne avec laquelle nous entrons en contact.

– Il est des plus importants d'être toujours compétent, adéquat et capable de mener tout ce qu'on entreprend à bon port.

– La vie est une catastrophe lorsque les choses ne vont pas dans le sens où nous voulons qu'elles aillent.

– Les gens qui nous veulent du mal devraient toujours être blâmés et punis.

– Des solutions parfaites devraient toujours exister pour contrer les sinistres réalités de la vie, etc.

De telles idées reposent sur des besoins fondamentaux inscrits en chacun de nous (le besoin d'être sécurisé, le besoin d'être aimé, le besoin d'être compétent...) et dont la satisfaction est nécessaire à notre équilibre. Mais, paradoxalement, c'est parce que nous attribuons de fausses valeurs à ces besoins que nous en rendons la satisfaction difficile ou impossible en nous exposant, dès lors, à des perturbations émotionnelles génératrices d'anxiété.

Ellis (1976) expose, dans sa théorie ABC de la perturbation, la façon dont une *conséquence* émotionnelle (C) est la plupart du temps attribuée à un événement *activant* (A) alors qu'en fait, elle découle de la croyance (B)[7] que la personne émet face à l'événement activant (figure 12.5).

Par exemple, le stress (C), qui risque de faire échouer un étudiant à un examen, provient plus de l'idée qu'il a «qu'il ne pourra jamais passer au travers» (B) que du contenu de l'examen lui-même (A). Le fait de regarder objectivement la situation en abordant chaque question avec l'idée rationnelle que «ce n'est pas là la fin du monde» suffit très souvent à produire une bonne performance. Il en va ainsi pour la plupart des situations de la vie et pour leur implication sur le plan matériel, social ou affectif.

---

7 En anglais : *belief* (B).

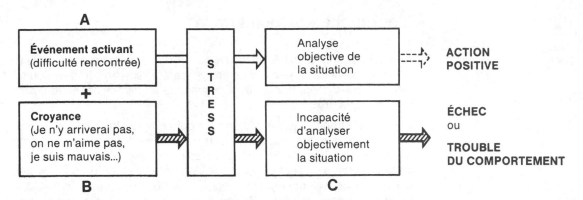

Fig. 12.5 *Selon la théorie A-B-C de Ellis, c'est beaucoup moins la situation elle-même (A) qui est stressante (C) et qui conduit à l'échec ou à un comportement inadapté, que la croyance (B) dont on imprègne l'événement.*

L'approche humaniste

Dans le chapitre 10, nous avons abordé la vision du développement de la personnalité proposée par les psychologues humanistes. On se rappellera que pour Rogers, le concept fondamental à la base de sa théorie de la personnalité est le *soi réel*, c'est-à-dire l'image que la personne a d'elle-même, de ses perceptions, de ses valeurs, de ses sentiments, de ses attitudes.

Selon cet auteur, l'individu tend, d'une part, à faire correspondre le plus grand nombre possible d'expériences qu'il va vivre, dans le monde extérieur, avec son concept de soi, le *soi réel*. D'autre part, il vise à faire se rapprocher son concept de soi des sentiments profonds qui constituent son *soi idéal*, correspondant à ce qu'il est potentiellement. Ainsi, le soi réel risque de ne plus être *congruent* soit lorsque la personne est obligée, sous la pression du milieu, de se refuser certaines expériences, soit parce qu'elle se voit imposer des sentiments et des valeurs ou des attitudes éloignant ainsi son soi réel de son soi idéal.

L'anxiété et des mésadaptations psychologiques plus ou moins importantes seraient la conséquence de la non-congruence entre le soi réel et les expériences de vie d'une part et, d'autre part, entre le soi réel et l'image idéale que la personne a d'elle-même (figure 12.6).

Fig. 12.6 *Selon Rogers, l'anxiété et les comportements inadaptés résultent de la non-congruence du soi réel déchiré entre les pressions du milieu qui imposent certaines expériences de vie, et les sentiments profonds constituant le soi idéal.*

L'approche socioculturelle

Au cours des années 60, un nouveau courant s'est développé, animé principalement par des psychiatres et visant à remettre en question la vision que les gens, et surtout la psychiatrie traditionnelle, se font des troubles mentaux.

Selon cette approche, c'est la société qui crée le «fou» par le regard qu'elle jette sur les comportements délirants et par l'interprétation qu'elle en fait. Or, dit Szasz, la maladie mentale n'est pas quelque chose «qu'on a», c'est plutôt ce «qu'on est», ce «qu'on fait» et qui est voulu inconsciemment par la personne. Pour cet auteur, la maladie mentale est donc un mythe. En étiquetant la personne qui a simplement plus de difficulté à vivre que les autres [8], on lui enlève la responsabilité de ses problèmes pour l'amener à se comporter en «malade».

Comme nous l'avons vu au chapitre 10, la *perception* que nous avons des comportements des autres est plus importante que le comportement lui-même. En ce sens, selon Goffman (1961), l'étiquette qui est accolée à une personne allant à l'encontre des normes en cours ne peut que renforcer l'interprétation que nous allons faire de ses comportements et transformer nos propres comportements à son égard. Il en résulte une solitude et une incapacité de communiquer plus grande encore pour la personne «étiquetée». Cet isolement la conduit le plus souvent à l'hôpital où l'amplification du système va contribuer à pousser la déviance à l'extrême, confirmant de façon plus ou moins définitive l'étiquette qui a été accolée.

Laing [9] rejette lui aussi le savoir médical issu d'une classification de symptômes qui sont, selon lui, de «pures créations de l'esprit» pour tenter de comprendre l'inconnu. Pour Laing, le malade n'est pas le schizophrène lui-même mais la société capable de le rendre tel. C'est donc la société et les rapports qu'établissent les humains entre eux qu'il faut changer. Dans une telle optique, il est donc capital d'interpréter la crise que le patient traverse non comme un symptôme de destruction mais bien comme un signe de guérison. La seule façon d'aider la personne dans sa démarche doit dès lors consister à l'accompagner et à la supporter en cheminant à côté d'elle, afin de l'aider à «se retrouver» de l'autre côté du «tunnel». Il est inutile et aberrant, selon Laing, de vouloir tirer le patient en arrière à l'aide de thérapies-choc afin de le réinsérer dans un milieu qu'il a voulu fuir en se réfugiant dans cette autre manière d'être.

Antipsychiatrie
Mouvement qui rejette le modèle médical utilisé par la psychiatrie ainsi que son fonctionnement actuel, pour lui opposer une conception qui décrit la «folie» comme une expérience que l'individu doit accomplir et où le psychiatre se doit d'accompagner le malade jusqu'au terme de la crise.

---

[8] Voir dans le document 11.10 la façon dont Bateson envisage la situation de l'enfant schizophrène placé face à une double contrainte.

[9] Laing est le chef de file d'un mouvement de contestation parti d'Angleterre, auquel Cooper a donné le nom d'*antipsychiatrie*, et dont le but est d'affirmer qu'il existe une autre façon de s'occuper de la souffrance psychique différente de ce que fait la psychiatrie officielle.

Classification des troubles mentaux

Comme on peut le voir, c'est le concept même de «maladie mentale», et l'étiquetage qui en est fait, qui opposent les psychiatres partant d'un modèle médical et ceux dont l'analyse est plus psychologique et se centre sur la dynamique de la personne elle-même.

L'idée de Kraepelin de répertorier et de classer les «maladies mentales» d'après leurs symptômes, selon le modèle médical, a été reprise par l'American Psychiatric Association. Celle-ci a publié, en 1980, la 3e édition du *Manuel diagnostique et statistique des troubles mentaux*[10] ou DSM III. Le but poursuivi par les auteurs de cet ouvrage est de tenter une uniformisation des catégories de troubles et des symptômes qui les caractériseraient afin d'établir un langage psychiatrique commun à l'échelle internationale.

D'une édition à l'autre, on note une évolution des concepts. Ainsi, la 2e édition du manuel (DSM II), publiée en 1968, était encore imprégnée des grandes divisions opérées notamment par Freud, entre les *névroses*, qui résulteraient d'un conflit interne, et les *psychoses* se traduisant par une incapacité à s'adapter à la réalité. Dans cette deuxième catégorie, le DSM II distinguait les *psychoses organiques*, liées à une détérioration du système nerveux, des *psychoses fonctionnelles*, sans base physiologique connue.

Le DSM III va plutôt privilégier une classification des troubles, non plus à partir d'une explication hypothétique de leur origine, mais plutôt à partir des manifestations observables des comportements anormaux. Ainsi, les deux grandes classes se subdivisent en 17 catégories diagnostiques[11] couvrant tous les aspects du comportement humain (voir le tableau 12.1).

Cependant, afin de mettre en évidence le fait qu'il n'existe des preuves d'une origine organique que pour une minorité d'entre eux, nous répartirons les catégories du DSM III en 4 groupes de troubles de la façon suivante :

I.   Les troubles propres à l'enfance et à l'adolescence (1).
II. Les troubles d'origine organique (2 et 3).
III. Les troubles fonctionnels (4 à 11).
IV. Les troubles de la personnalité.

Névrose
(du grec *neuron* = nerf et *-ôsis* = suffixe pour former les noms de maladies non inflammatoires). Trouble fonctionnel caractérisé par une perturbation émotionnelle dans laquelle le haut niveau d'anxiété amène la personne à adopter des mécanismes de défense rigides ou inhabituels ou encore des comportements défaitistes sans pour autant perdre le contact avec la réalité.

Psychose
(du grec *psuhkê* = esprit). Trouble entraînant la désorganisation de la personnalité et la perte de contact de l'individu avec la réalité.

Trouble organique
Trouble du comportement lié à une lésion ou à une dégradation du système nerveux.

Trouble fonctionnel
Trouble du comportement touchant certaines fonctions somatiques ou psychiques en l'absence de toute atteinte connue du système nerveux.

---

[10] Traduction de *Diagnostic and Statistical Manual of Mental Disorders* dont la première édition remonte à 1952.

[11] À ce premier axe portant sur le diagnostic les auteurs vont en ajouter quatre autres dont l'axe II, qui tente de cerner les traits de personnalité du patient, et l'axe III, qui vise à mettre en lumière les troubles physiques dont il souffre. Enfin, en vue d'un pronostic et d'une action à entreprendre, l'axe IV va chercher à évaluer le niveau de stress auquel a été soumise la personne avant le déclenchement des troubles, et l'axe V, sa capacité à faire face aux difficultés de la vie.

Tableau 12.1 *Catégories diagnostiques selon le DSM III*

A. Troubles mentaux graves (axe 1)

1. Troubles propres à l'enfance et à l'adolescence
   - Retard mental
   - Troubles de l'attention (hyperactivité)
   - Troubles de la conduite (comportements agressifs et sous-socialisés)
   - Troubles de l'anxiété
   - Troubles alimentaires (anorexie et boulimie)
   - Mouvements stéréotypés (tics)
   - Troubles avec manifestations physiques (énurésie, encoprésie)
   - Trouble développemental dominant (autisme)

2. Troubles mentaux d'origine organique
   - Démences séniles et préséniles
   - Troubles induits par l'usage de drogues (intoxications, hallucinations, amnésies...)

3. Troubles liés à l'usage de drogues
   - Dépendance, accoutumance, overdose

4. Troubles schizophréniques
   - Schizophrénie désorganisée
   - Schizophrénie catatonique
   - Schizophrénie paranoïde
   - Schizophrénie indifférenciée

5. Troubles paranoïdes
   - Paranoïa

6. Troubles psychotiques non classifiés ailleurs
   - Réactions psychotiques aiguës, schizophréniformes ou schizoaffectives

7. Troubles affectifs
   - Troubles bipolaires
   - Dépression grave
   - Autres troubles affectifs spécifiques (névrose dépressive)

8. Troubles de l'anxiété
   - Troubles phobiques
   - Troubles paniques
   - Troubles obsessivo-compulsifs
   - Troubles post-traumatiques

9. Troubles somatoformes
   - Troubles de conversion
   - Troubles de somatisation
   - Hypocondrie

10. Troubles dissociatifs
    - Amnésie psychogénique
    - Fugue psychogénique
    - Personnalité multiple
    - Trouble de dépersonnalisation

11. Troubles psychosexuels
    - Troubles de l'identité sexuelle
    - Paraphilies
    - Dysfonctionnement psychosexuel
    - Autres troubles psychosexuels

12. Troubles factices

13. Troubles de contrôle des impulsions
    - Kleptomanie
    - Pyromanie, etc.

14. Troubles d'ajustement
    - Troubles d'ajustement de la conduite au travail, à l'école, etc.

15. Facteurs psychologiques affectant la condition physique

16. Conditions non attribuables à un trouble mental qui sollicitent une attention ou un traitement
- Comportements antisociaux
- Problèmes académiques, conjugaux, parentaux, etc.

B. Troubles de la personnalité (axe 2)

Personnalité :
- paranoïde
- schizoïde
- « évitante »
- passive-agressive
- dépendante
- histrionique
- compulsive
- narcissique
- antisociale

Troubles propres à l'enfance et à l'adolescence

Dans cette catégorie se trouvent regroupés différents troubles du comportement caractéristiques des premières années de la vie. Parmi ceux-ci, on trouve les troubles intellectuels liés à l'*arriération mentale*, les troubles émotifs à la base de l'*hyperactivité* et des *comportements antisociaux*, ou ceux associés à la séparation de la mère ou d'une personne importante de l'entourage, les troubles de l'alimentation (*boulimie* et *anorexie*), les troubles du sommeil et du contrôle des fonctions excrétrices (*énurésie* et *encoprésie*), ainsi que l'*autisme infantile* (voir le document 12.3).

Troubles d'origine organique

Troubles liés à des anomalies physiques ou à des intoxications

1. Les *tumeurs* sont des tissus qui se développent de façon anormale et s'accroissent en comprimant les tissus nerveux environnants (tumeur bénigne) ou en se frayant un chemin à travers eux (tumeur maligne); elles peuvent être la cause de troubles affectifs ou d'aphasies (voir le document 8.4).

2. Les *intoxications* par des substances telles que l'oxyde de carbone, le plomb, l'arsenic, l'alcool ou d'autres drogues sont à la base de certains états de *confusion mentale*[12] se traduisant par de l'angoisse ainsi que par une grande agitation du patient ou, au contraire, par de la stupeur[13].

---

[12] L'alcoolisme aigu est notamment responsable d'une forme particulière de confusion mentale, connue sous le nom de *syndrome de Korsakoff*. Elle se traduit par des troubles amnésiques, une désorientation spatiale et une tendance à inventer des histoires extravagantes pour « boucher » les trous de mémoire. De plus, lorsqu'il est en état de besoin, l'alcoolique chronique est souvent victime de crises de *delirium tremens* caractérisées par un tremblement des mains, de la langue et des lèvres, ainsi que par des hallucinations dans lesquelles il se voit attaqué par des animaux terribles qui l'amènent à « se défendre » par des actes de violence dont l'entourage est souvent la victime.

[13] Les troubles liés à l'usage de drogues ont été abordés au chapitre 4.

Boulimie
(du grec *bous* = bœuf et *-limos* = faim). Faim excessive associée à certains troubles organiques ou fonctionnels.

Anorexie (mentale)
(du grec *anorexia*). Perte de l'appétit entraînant un refus de s'alimenter qui origine d'un conflit psychologique.

Énurésie
(du grec *en* = dans et *-ourein-* = uriner). Émission d'urine de façon involontaire, se produisant le plus souvent au cours de la nuit.

Encoprésie
(du grec *en* = dans et *-kopros* = excrément). Incapacité de contrôler l'expulsion des matières fécales.

Autisme
(du grec *autos* = soi-même). Perte de contact avec le monde extérieur et repli total sur le monde intérieur vécu de façon intense.

Tumeur
(du latin *tumere* = enfler). Formation anormale de tissus se manifestant et se développant sans cause apparente. Elle est dite *bénigne* lorsqu'elle se limite à comprimer les tissus environnants et *maligne* lorsqu'elle se fraie un chemin à travers les tissus et les détruit.

Confusion mentale
Troubles momentanés ou périodiques dont les causes sont variables et qui se caractérisent par l'incohérence et la lenteur de la pensée, la désorientation dans le temps et l'espace, la perception confuse du monde extérieur, la perte de mémoire, etc.

GISÈLE BEAUVAIS

Fig. 12.7 *La maladie d'Alzhei-mer, qui peut débuter entre 40 et 50 ans chez certaines per-sonnes, les amène peu à peu à régresser jusqu'à perdre la mémoire des lieux et des visa-ges, le sens de leur propre iden-tité et même les rudiments du langage.*

Aigu
Se dit d'une maladie ou d'un trouble se déclenchant brusque-ment et évoluant rapidement (opposé à **chronique**).

Sénilité
(du latin *senex* = âgé, vieillard). Ensemble des aspects patholo-giques du vieillissement se manifestant par un affaiblisse-ment des facultés physiques et une régression progressive des facultés mentales.

Démence
(du latin *de* = sans et *-mens* = esprit). Dégradation progres-sive et irréversible des facultés mentales et des activités psychi-ques. Elle est *dégénérative* lors-qu'elle est associée à l'altération et à la dégradation des cellules nerveuses. Elle est *artério-pathique* lorsqu'elle est la conséquence d'une détériora-tion du système vasculaire irri-gant le cerveau.

Plaque névritique
Formation de cellules nerveuses en dégénérescence.

Pathogène
(du grec *pathos* = affection, maladie et *-genos* = origine). Qui peut provoquer un trouble, une maladie.

La confusion mentale est un trouble *aigu* et peut donc s'estomper avec la disparition de la cause lorsque la détérioration des tissus n'est pas trop importante.

Troubles liés au vieillissement

La *sénilité* se caractérise notamment par un vieillissement pathologique du système nerveux. Celui-ci est à la base de ce que la psychiatrie dénomme les *démences*, c'est-à-dire une désorganisation irréversible de la personnalité tant sur le plan intellectuel qu'affectif. On distingue deux types de démences : les démences dégénératives et la démence artériopathique.

– Les **démences dégénératives** sont, comme leur nom l'indique, liées à la dégénérescence d'ensemble de cellules nerveuses formant des *plaques névritiques*. La maladie dégénérative la plus répandue est la maladie d'Alzheimer, qui touche 3 à 5 % des personnes de plus de 65 ans, mais qui peut frapper des individus dès la cinquantaine. Elle se caractérise par des difficultés croissantes à organiser les activités de la vie quotidienne, auxquelles s'ajoutent bientôt des troubles de la perception des lieux et du temps ainsi que de la mémoire à court terme, avant que ne surviennent successivement la perte de contrôle des fonctions cognitives et linguistiques, puis physiologiques (figure 12.7).

Ainsi, après avoir oublié peu à peu la fonction des objets usuels, la personne finira par oublier sa propre identité, puis, une fois le langage disparu, le sourire s'effacera à son tour et il ne subsistera que le réflexe de succion. L'évolution de cette maladie se trouve accélérée par d'au-tres maladies physiques ou par un stress psychologique important. Le seul moyen d'en freiner la progression consiste principalement à per-mettre que soient maintenus un sens à la vie ainsi que des liens étroits avec l'entourage.

– La **démence artériopathique** est liée, elle, aux troubles du système vasculaire irriguant le cerveau. Ceux-ci sont provoqués par une multi-tude de petits infarctus se produisant dans les différentes régions du cerveau. Il s'ensuit une diminution sensible de l'apport de sang au cerveau, ce qui provoque la mort des cellules nerveuses. La personne devient hyperémotive, ses gestes s'accomplissent de plus en plus au ralenti ; elle éprouve de grandes difficultés à maintenir son attention sur une activité tandis que les déficits de la mémoire s'accentuent de jour en jour. La conscience que le patient a de ses troubles ne fait qu'accroître sa souffrance.

Troubles fonctionnels

Les troubles fonctionnels constituent la majeure partie des troubles mentaux. Il s'agit de troubles pour lesquels on n'a pu jusqu'à présent identifier d'agent *pathogène* d'origine organique. Ce sont essentielle-ment des troubles du comportement ou des fonctions psychiques dont l'apparition, vraisemblablement associée à des modifications du fonc-tionnement nerveux, traduit une difficulté ou une incapacité pour le sujet de se confronter à la réalité sociale par les voies normales de l'adaptation. Ces troubles étaient auparavant regroupés dans les catégories des *psychoses* et des *névroses* (voir le document 12.4).

Troubles schizophréniques

Aux États-Unis, plus du quart de tous les patients traités pour des troubles du comportement répondent à un diagnostic de «schizophrène» et, parmi eux, près de 50 % ont moins de 25 ans (Blum, 1978).

Il s'agit d'individus présentant une désorganisation du comportement, au sens où l'entendent ceux qui se sentent «bien adaptés». Les perceptions ainsi que la forme et le contenu de la pensée se trouvent modifiés. Les gestes perdent leur signification et, de ce fait, les relations avec le monde extérieur semblent coupées (figure 12.8).

FRANK SITEMAN

Fig. 12.8 *L'angoisse qui habite cette jeune femme et que traduit son regard la coupe totalement des autres et des circuits de communication normale. C'est ce qui lui vaut être étiquetée de «schizophrène».*

Le problème que rencontre cependant la psychiatrie avec ce type de trouble réside dans la difficulté de parler à son propos d'*une* maladie mentale, et c'est faute de ne pouvoir l'envisager autrement que de nombreux patients se retrouvent classés dans cette catégorie mal délimitée (voir le document 4.6).

Aucune cause biologique n'a encore été identifiée avec certitude qui puisse expliquer cette évolution de la personne. Certaines études effectuées sur les jumeaux ont tenté de mettre en évidence une composante génétique. Cependant, comme c'est le cas dans les études portant sur l'hérédité de l'intelligence, il est toujours malaisé de déterminer si un enfant devient schizophrène parce qu'il a hérité de gènes particuliers de ses parents schizophrènes ou parce qu'il a été élevé par eux[14].

Les causes environnementales ont été mieux cernées, et diverses hypothèses ont été émises. On a ainsi tenté de voir dans le comportement du schizophrène une réaction soit à la présence d'une mère surprotectrice, rejetante ou étouffante, soit à des situations répétitives de «double contrainte» (voir Bateson, chapitre 11), ou encore à une rupture de l'attachement dans l'enfance ou enfin, au contraire, selon les behavioristes, à l'exposition à des renforcements sociaux entraînant la mise en place de comportements bizarres.

Le fait que ce ne soient pas tous les enfants vivant de telles expériences qui se retrouvent à l'hôpital psychiatrique amène à penser qu'il existerait chez certains individus une prédisposition héréditaire ou une fragilité présente à la naissance qui les rendraient plus vulnérables à des facteurs traumatisants du milieu. Ici encore, comme c'était le cas pour l'intelligence (dossier 9.1), c'est donc l'*approche épigénétique* qui prévaudrait pour rendre compte du développement de tels troubles.

Quatre types de schizophrénie apparaissent dans la classification du DSM III :

– Le **type désorganisé**, caractérisé par des incohérences de la pensée, par la présence de délires et d'hallucinations qui ne sont pas

---

[14] Une hypothèse biochimique a été émise incriminant la *dopamine* qui serait en excès au niveau des synapses chez de nombreux sujets schizophrènes, mais sans qu'on sache toutefois ni comment elle agit, ni si l'origine de cet excès est hérité ou acquis (Owen et coll., 1978).

Fig. 12.9. *L'immobilité dans laquelle cet homme peut se maintenir pendant des heures, complètement coupé du monde extérieur, constitue le symptôme principal de la schizophrénie de type catatonique.*

organisées autour d'un thème précis et, enfin, par un vécu émotionnel s'exprimant de façon inappropriée ou bizarre.

– Le **type catatonique**, identifié par les caractéristiques psychomotrices du comportement du sujet capable de conserver la même attitude corporelle pendant des heures ou capable de se livrer à une activité motrice n'étant en rien influencée par des stimulations externes (figure 12.9).

– Le **type paranoïde**, caractérisé par des délires de grandeur ou de persécution s'accompagnant d'hallucinations, sans toutefois qu'il y ait organisation autour d'un thème bien précis.

– Le **type indifférencié**, qui regroupe tous les cas ne correspondant pas à l'un ou l'autre des trois types précédents.

Troubles paranoïdes

Le DSM III inclut dans cette catégorie les délires organisés de façon durable autour d'un thème précis de grandeur, de persécution ou de jalousie tournant à l'idée fixe. On parle alors de **paranoïa**. Il est cependant difficile de distinguer à quel moment la personne s'éloigne du réel dans ses interprétations et jusqu'à quel point les *troubles paranoïdes* qu'elle présente ne sont pas liés à certains handicaps physiques tels que la surdité, par exemple, ou à des situations d'isolement comme celle survenant à la suite d'un déménagement en milieu inconnu.

Troubles affectifs

Les troubles schizophréniques et paranoïdes se situent principalement sur le plan cognitif et sont relativement neutres au niveau émotionnel. On parle de *troubles affectifs* lorsque le comportement de la personne se traduit par une perte de contrôle sur le plan émotif amenant l'individu à être débordant d'énergie jusqu'à l'excès ou, au contraire, le plongeant dans une dépression profonde.

Selon le DSM III, le **trouble bipolaire** est caractérisé par l'alternance des deux états, soit un *épisode maniaque* au cours duquel le patient est agité à l'extrême, parlant sans arrêt et sans qu'il y ait de lien entre les idées, ou étant secoué de rires nerveux, et une *dépression profonde* qui lui succède et qui entraîne le patient dans un état de passivité totale, imprégnée du sentiment de l'inutilité et de la futilité de la vie[15].

La **dépression profonde** peut constituer l'unique pôle du trouble affectif. Il s'agit d'une tristesse touchant au désespoir qui s'accompagne de pensées morbides et d'un refus de s'alimenter ou simplement de quitter le lit.

Trouble paranoïde
(du grec *para* = à côté et *-noïa* = pensée). Trouble caractérisé par un délire chronique systématisé et logique prenant appui sur une distorsion de la réalité.

Trouble bipolaire
Trouble affectif caractérisé par des états alternés d'euphorie extrême et de dépression profonde.

Épisode maniaque
(du grec *mania* = folie). Période au cours de laquelle la personne présente un état de surexcitation permanente et généralisée des facultés mentales.

---

[15] Dans le cas d'épisodes maniaques et de profondes dépression, il semble que le carbonate de lithium puisse jouer un rôle de «stabilisateur de l'humeur» agissant sur le niveau de noradrénaline dans le cerveau. La dose thérapeutique est cependant proche de la dose toxique.

La ***dépression névrotique*** présente un degré de gravité moindre et résulte le plus souvent d'une fatigue ou d'un stress. Elle marque un refus plus ou moins conscient de s'impliquer dans des actions qui perdent leur sens pour la personne.

Troubles de l'anxiété

Avec les troubles somatoformes et dissociatifs dont il va être question dans les prochaines sections, les troubles de l'anxiété constituent le groupe de ce que Freud avait baptisé *névroses*, c'est-à-dire des comportements irrationnels émis, sans perte de contact avec la réalité, en réponse à des situations anxiogènes ne pouvant être surmontées par l'individu par des voies normales. Ce qui caractérise les troubles de l'anxiété, c'est la présence évidente de celle-ci, qu'elle soit généralisée comme dans le cas des *troubles paniques* ou transférée sur un objet, une pensée ou un comportement particulier dans le cas des *troubles phobiques* et des *troubles obsessivo-compulsifs*.

Les troubles phobiques

La phobie est une peur irrationnelle et excessive, sans base réelle, d'un lieu caractéristique comme un grand espace, tel qu'une place, un parc ou un grand magasin (agoraphobie) ou d'un endroit restreint et clos (claustrophobie) ou encore de lieux élevés (acrophobie), d'animaux inoffensifs (zoophobie) ou d'un quelconque «objet», en général vivant, qui ne déclenche ordinairement pas une peur démesurée chez les autres (figure 12.10).

Les troubles paniques

Ces troubles consistent en ce que Freud appelait la névrose d'angoisse et se caractérisent, contrairement aux troubles phobiques, par une

Fig. 12.10 *La phobie est une peur irrationnelle et excessive, sans base réelle, d'un élément qui ne déclenche ordinairement pas de crainte chez les autres. Qu'en est-il de la peur des serpents, qui semble totalement absente chez cette petite fille?*

anxiété *généralisée* en l'absence de toute situation déclenchante. Ils se traduisent par des crises s'accompagnant d'une augmentation des palpitations cardiaques et de la transpiration, allant parfois même jusqu'à la perte de conscience. La personne sait que son angoisse est irrationnelle mais ne peut s'empêcher de se laisser envahir par elle.

Les troubles obsessivo-compulsifs

Ces troubles comportent des *pensées* ou des impulsions qui s'imposent à l'esprit de la personne (obsession) et provoquent souvent en elle le désir irrésistible de s'engager dans une *action* qui doit être entreprise afin d'éviter l'anxiété (compulsion). L'individu est conscient de l'aspect irrationnel et inutile de son comportement et il est donc constamment tiraillé entre le désir de s'y livrer et celui d'y résister. La plupart des comportements compulsifs se rattachent à la peur des microbes et aux rituels de nettoyage de certaines parties du corps qu'elle entraîne.

Troubles somatoformes

Il s'agit de troubles dont le symptôme est physique. Le patient se plaint d'une paralysie ou de douleurs à la poitrine sans toutefois que puisse être décelée une quelconque cause organique.

Les troubles de conversion

Freud rangeait ces troubles sous l'étiquette d'« *hystérie* de conversion ». Il s'agit de la perturbation d'une *fonction* de l'organisme se traduisant par la paralysie d'un membre, un tic nerveux, la perte totale ou partielle de la voix, la raideur du bras ou de la jambe, la perte soudaine de la vision, etc. Bien que de tels symptômes apparaissent en l'absence de toute anomalie sur le plan physique, ils ne sont cependant pas feints. Il faut en chercher la cause sur le plan psychologique en admettant que la personne tente de solutionner son conflit inconscient en le « convertissant » sur le plan somatique.

Les troubles de somatisation

Contrairement aux troubles de conversion, il n'existe pas, dans les troubles de somatisation, de symptôme qui puisse être décelé sur le plan somatique. La personne se plaint de sensations douloureuses non localisées qui l'amènent à consulter divers médecins et à accumuler ainsi une série considérable de prescriptions médicales, dont aucune ne se révèle efficace. La plus grande difficulté avec ce type de trouble, qui est en général bien installé avant 30 ans, réside dans le fait que la personne refuse d'admettre une quelconque explication psychologique à son problème et qu'elle demeure souvent persuadée que seule une intervention chirurgicale pourrait en venir à bout.

L'hypocondrie

Il s'agit de la préoccupation exagérée vis-à-vis de sa santé qui est propre à certains individus ayant atteint l'âge de la maturité. Elle a trait, en général, à un organe bien particulier ou encore à une maladie dont la personne a entendu parler à la télévision ou dans un magazine et

---

Obsession
(du latin *obsidere* = assiéger). Pensée ou croyance irrationnelle qui s'impose à l'esprit de façon persistante et incontrôlée.

Compulsion
(du latin *compulsare* = pousser, contraindre). Acte ou rituel, associé à une obsession, que l'individu ne peut s'empêcher d'accomplir sous peine de voir naître l'angoisse et la culpabilité.

Trouble somatoforme
(du grec *soma* = corps). Trouble caractérisé par la présence réelle et non contrôlable de symptômes physiques dont la cause résulte de conflits psychologiques.

Trouble de conversion
Trouble caractérisé par l'altération ou la perte d'un fonction de l'organisme, sans cause physiologique, qui est plus vraisemblablement due à l'existence d'un conflit psychologique.

Hystérie
(du grec *husteria* = utérus, la cause du trouble étant autrefois attribuée par les Grecs à la remontée de l'utérus dans la gorge de la femme). Ancien nom pour désigner un ensemble de troubles sensoriels et psychiques, accompagnés de crises convulsives, de paralysie ou d'infirmité physique, sans aucune cause physique apparente.

Trouble hypocondriaque
(du grec *hypo* = sous et -*khondros* = cartilage des côtes, le trouble étant considéré autrefois comme étant d'origine abdominale). Trouble caractérisé par une angoisse constante et excessive de la personne pour sa santé.

dont elle est persuadée de présenter tous les symptômes. Certains étudiants en médecine ou en psychologie ont parfois tendance à présenter ce type de «syndrome» au fur et à mesure qu'ils progressent dans la connaissance de la pathologie humaine, physique ou mentale [16].

Troubles dissociatifs

Freud rattachait ce type de trouble à la névrose hystérique, au même titre que les troubles somatoformes. La nouvelle classification du DSM III en a fait une catégorie séparée en mettant l'accent sur le fait que les *troubles dissociatifs* constituent un moyen d'échapper au stress, non pas en convertissant le problème sur le plan somatique, mais en provoquant des modifications soudaines au niveau de la mémoire, du comportement moteur, de l'identité ou de la conscience.

– L'*amnésie psychogénique* est une amnésie apparaissant sans cause physique apparente, à la suite d'un choc psychologique ou d'un stress. Il s'agit ici encore d'un «oubli» actif qui touche sélectivement un ou des événements traumatisants. En d'autres termes, ce que le sujet a oublié, c'est «ce qui est arrivé» indépendamment de tous les autres souvenirs et apprentissages qui, eux, demeurent intacts.

– La *fugue psychogénique* consiste dans le fait qu'une personne quitte brusquement son mode de vie pour en adopter un autre, à un autre endroit, avec une nouvelle identité. Elle aura cependant tout «oublié» de cet épisode lorsqu'elle réintègrera son ancienne identité, quelque temps plus tard.

– La *personne multiple* est le propre d'un individu dominé, par périodes, par des personnalités diverses présentant un haut niveau de complexité et d'intégration. Chacune d'elles lui permet ainsi de vivre des sentiments ou des impulsions que sa personnalité principale réprouve et qu'elle continue à ignorer (Schreiber, 1978). On connaît certains cas où une personne a ainsi «habité» plus de vingt personnalités différentes (figure 12.11).

– La *dépersonnalisation* est caractérisée par une perte de contact avec le quotidien qui amène l'individu à vivre sa vie comme un rêve, avec l'impression que ses pensées et actions sont hors de son contrôle [17].

Troubles psychosexuels

Il existe de nombreuses variations dans l'expression de la sexualité qui enrichissent la vie sexuelle des partenaires. En ce sens, un comportement, même déviant, ne peut être considéré comme pathologique

Fig. 12.11 *La personnalité multiple constitue un trouble qui ne se rencontre que très rarement. Ses symptômes ont surtout fait l'objet de romans ou de films, comme c'est le cas avec* Les trois visages d'Ève.

Trouble dissociatif
Trouble caractérisé par une altération soudaine et temporaire de la conscience, de l'identité ou d'un comportement moteur spécifique.

Amnésie psychogénique
(du grec *psukhê* = esprit et *-geneia* = production, formation). Trouble de la mémoire caractérisé par l'incapacité de se rappeler une information personnelle trop importante pour qu'on puisse expliquer le fait par le processus normal de l'oubli.

Personnalité multiple
Trouble caractérisé par l'existence chez un individu de deux ou plusieurs personnalités différentes, chacune d'elles dominant à un moment particulier.

---

[16] Il faut donc distinguer, parmi les troubles somatiques dont la cause est psychologique :
– les troubles psychosomatiques, dont le symptôme se situe au niveau d'un organe ;
– les troubles de conversion, dont le symptôme touche à une fonction de l'organisme ;
– les troubles hypocondriaques, dont le symptôme est imaginaire (jusqu'à preuve du contraire).

[17] À ne pas confondre avec la schizophrénie où il s'agit d'une coupure avec la réalité. Dans le cas des troubles dissociatifs, la personne fonctionne normalement dans chacun des aspects que sa personnalité adopte.

Fig. 12.12 *Le travestisme consiste à apprécier le fait de s'habiller et de se comporter à la manière des personnes du sexe opposé.*

Transsexualisme
Trouble psychosexuel caractérisé par le fait que la personne, homme ou femme, se sent profondément comme faisant partie du sexe opposé, au point parfois de prendre en horreur tout ce qui a trait à son propre sexe.

Paraphilie
(du grec *para* = à côté et *-philein* = aimer). Déviation sexuelle amenant l'individu à rechercher l'excitation et la gratification sexuelles à travers certains objets ou certaines activités inhabituelles.

Travestisme
Trouble psychosexuel caractérisé par le besoin éprouvé par un individu d'adopter, pour être excité sexuellement, les vêtements, l'allure et la voix du sexe opposé.

Fétichisme
(du latin *factitius* = artificiel). Trouble psychosexuel caractérisé par le fait que l'excitation et la gratification sexuelles sont principalement obtenues par la vue d'un objet tel qu'un soulier, un sous-vêtement ou un article de toilette.

Zoophilie
(du latin *zoo* = animal et *-philein* = aimer). Trouble psychosexuel caractérisé par le fait que l'excitation et la gratification sexuelles sont obtenues à partir d'une relation avec un animal.

dès le moment où il s'exprime entre individus consentants. Le DSM III ne parle donc de troubles psychosexuels qu'en cas de troubles de l'identité sexuelle, de déviations sexuelles portant sur des objets inhabituels, des troubles de la fonction sexuelle ou d'anxiété liée à l'homosexualité.

Les **troubles de l'identité sexuelle** comprennent principalement le *transsexualisme*, qui correspond au désir « d'être » de l'autre sexe. Un traitement hormonal ainsi que la pratique d'une intervention chirurgicale tentant de modeler un pénis chez la transsexuelle désirant devenir homme, ou des organes féminins chez un transsexuel désirant devenir femme, semblent apporter à ceux-ci une vie en général plus satisfaisante.

On observe également les **paraphilies**, qui constituent des déviations sexuelles relatives à l'activité ou à des objets de gratification sexuelle inhabituels ou bizarres. Le *travestisme* est surtout le propre d'hommes éprouvant le besoin de s'habiller et de se comporter en femme sans pour autant éprouver le désir de changer de sexe, ni de s'engager dans des activités homosexuelles (figure 12.12). Le *fétichisme* consiste dans le fait que l'attraction et l'excitation sexuelles sont provoquées par une partie du corps seulement (un orteil, par exemple) ou un objet inanimé tel qu'un bas de nylon ou un soulier ou encore un sous-vêtement féminin. La *zoophilie* est la préférence pour des relations sexuelles avec des animaux. La *pédophilie* se caractérise par l'attirance pour des enfants prépubères en guise de partenaires sexuels. Il semble cependant, dans ce cas, que ce soient plutôt les attouchements que le coït qui fassent l'objet de la relation et, contrairement à ce qu'on pense, qu'il s'agisse surtout d'attirances hétérosexuelles plutôt qu'homosexuelles[18]. Le *voyeurisme* constitue un trouble psychosexuel lorsqu'une personne ne peut plus obtenir une gratification sexuelle que par l'observation, à leur insu, d'étrangers se livrant à une activité sexuelle. L'*exhibitionnisme* se caractérise par le fait que l'individu recherche une excitation sexuelle dans l'effet de surprise suscité, chez une personne étrangère, par l'exposition de ses organes génitaux (sans pour autant, la plupart du temps, rechercher un contact sexuel avec la personne).

Le *sadisme* et le *masochisme* sont deux déviations caractérisées l'une, par le besoin de faire souffrir le partenaire et l'autre, par celui d'être humilié et de souffrir afin d'atteindre la jouissance sexuelle. Comme il a été entendu plus haut, on ne parle de troubles psychosexuels à ce propos que lorsque le partenaire du ou de la sadique n'est pas lui-même masochiste et vice versa.

Le **dysfonctionnement sexuel** est un problème sexuel qui est lié, chez l'homme, à l'incapacité d'atteindre ou de maintenir une érection, complète (impuissance) ou de contrôler le réflexe d'éjaculation (éjaculation précoce) et, chez la femme, à une absence d'excitation sexuelle, l'incapacité d'atteindre l'orgasme (anorgasmie) ou à l'empêchement, partiel ou complet, de la pénétration à la suite de spasmes involontaires du vagin (vaginisme).

---

[18] Dans 85 % des cas, il s'agit d'ailleurs d'un ami de la famille ou d'une connaissance.

MICHEL DUBREUIL

Fig. 12.13 *Depuis le milieu des années 70, un fort mouvement de revendication s'est développé chez les homosexuels afin de faire reconnaître leur droit d'adopter un style de vie correspondant à leur désir profond.*

L'*homosexualité ego-dystonique* est le seul trouble lié à l'homosexualité que le DSM III retienne. Il est le propre des individus chez lesquels le comportement homosexuel s'accompagne d'anxiété et d'un fort sentiment de culpabilité. On peut se demander cependant s'il ne s'agit pas là d'un trouble qui n'aurait que peu de raison d'exister si la société se montrait plus permissive vis-à-vis de l'orientation homosexuelle (figure 12.13).

Troubles de contrôle des impulsions

Il s'agit de comportements pathologiques caractérisés par le besoin irrésistible de commettre certains actes tels que celui de voler sans raison apparente (*kleptomanie*) ou d'allumer des incendies (*pyromanie*) ou encore de tuer ses congénères sans qu'aucune cause ne semble expliquer cet accès de *folie homicide*.

Troubles de la personnalité

On ne parle de troubles de la personnalité que lorsque celle-ci présente des traits peu flexibles et mal adaptés entraînant une certaine détresse chez la personne ou des problèmes dans son fonctionnement social et professionnel.

La *personnalité paranoïde* est le propre d'un individu soupçonneux à l'extrême. La *personnalité schizoïde* se caractérise par une certaine isolation sociale et une distance émotive face aux événements de la

Pédophilie
(du grec *peidos* = enfant, jeune garçon et *-philein* = aimer). Trouble psychosexuel caractérisé par la préférence marquée pour une activité sexuelle avec des enfants.

Voyeurisme
Trouble psychosexuel caractérisé par le fait que l'excitation et la gratification sexuelles sont le plus souvent obtenues à partir de l'observation de personnes étrangères se déshabillant ou se livrant à une activité sexuelle.

Exhibitionnisme
Trouble psychosexuel caractérisé par le fait que l'excitation et la gratification sexuelles sont obtenues par un individu suite à l'effet de surprise provoqué chez une personne par l'exposition de ses organes génitaux.

Sadisme (sexuel)
(du nom du marquis de Sade, écrivain français). Trouble psychosexuel caractérisé par le fait que l'excitation et la gratification sexuelles sont obtenues en infligeant à l'autre une douleur physique ou psychologique.

Masochisme (sexuel)
(du nom de Sacher Masoch, écrivain autrichien). Trouble psychosexuel caractérisé par le fait que l'excitation et la gratification sexuelles sont obtenues en se faisant infliger des souffrances physiques ou psychologiques.

Dysfonctionnement sexuel
(du grec *dus* = difficulté, mauvais état et *-fonctionnement*). Trouble ou défaillance marquée des fonctions sexuelles au niveau du désir, de l'acte ou de la jouissance.

Homosexualité ego-dystonique
Trouble propre à la personne homosexuelle gravement perturbée par les pensées et les comportements relatifs à son orientation sexuelle.

Kleptomanie
(du grec *kleptein* = dérober, voler, et *-mania* = folie). Tendance obsédante à voler (le plus souvent des objets sans utilité).

Pyromanie
(du grec *puros* = feu et *-mania* = folie). Tendance obsédante à jouer avec le feu, à allumer des incendies.

Folie homicide
Impulsion non contrôlable à tuer les congénères se trouvant aux alentours.

Histrionique
(du latin *histrio* = acteur). Qui cherche à attirer systématiquement l'attention des autres sur sa personne.

Sociopathe
(du latin *sociare* = associer et du grec *-pathos* = maladie). Se dit de celui qui est incapable de s'adapter aux normes sociales. Appelé également, anciennement, *psychopathe* ou *inadapté social*.

vie. La *personnalité compulsive* est le fait de personnes méticuleuses et perfectionnistes à l'excès. La *personnalité narcissique* est centrée sur elle-même ; elle manifeste un amour immodéré pour sa personne et marque une extrême arrogance vis-à-vis des conventions sociales et du droit des autres. La *personnalité histrionique* est marquée par le besoin d'attirer systématiquement l'attention sur elle par des comportements et des réactions émotionnelles excessives. La *personnalité instable* est caractérisée par des changements brusques dans son humeur, ses relations sociales et les sentiments qu'elle a sur sa propre identité ; elle est souvent victime de bouffées d'angoisse. La personnalité *passive-agressive* est le propre de la personne dépendante qui, bien que paraissant toujours d'accord, oppose une résistance ou encore une obstruction passive aux demandes de ses proches, qui sont le plus souvent perçues comme le reflet de leur intolérance à son égard.

La *personnalité « évitante »* manifeste une phobie sociale par la peur intense et l'anxiété ressenties au moment d'appréhender des situations sociales. La *personnalité dépendante* éprouve le besoin constant d'être soutenue par les autres et adopte systématiquement une attitude effacée, non compétitive et extrêmement tolérante à la frustration.

La *personnalité antisociale*, elle, se caractérise par l'incapacité à établir des relations sociales stables, le refus d'adhérer aux normes de la société, le peu de loyauté et de conscience à l'égard de ses engagements vis-à-vis des autres et, enfin, l'absence de sentiments de culpabilité face à ses actes même les plus répréhensibles. On n'a toutefois pas pu déterminer encore jusqu'à quel point le comportement du *sociopathe* (également appelé psychopathe) est le fait de l'hérédité, ou plutôt celui d'une enfance au cours de laquelle une situation familiale défavorable ainsi qu'une éducation peu cohérente ont nui au développement d'une conscience morale et sociale structurée (voir le document 12.3).

L'étiquetage et ses conséquences

En traversant les dernières pages, vous n'avez sans doute pas manqué de chercher à vous situer et vous vous êtes sans doute reconnu, peut-être même à plusieurs reprises. En tout cas, vous avez retrouvé, parfois trait pour trait, un de vos parents, une voisine, un ami, votre partenaire, un professeur... car c'est là le propre d'une telle classification où *toutes* les catégories sont envisagées : dès le moment où on accepte les critères de base, il existe toujours un aspect qui correspond à la « réalité ». La question qui se pose, dès lors, est de savoir ce qu'il faut entendre par *santé mentale*.

Si on se fie au DSM III, construit sur le même modèle que celui utilisé pour définir la santé physique, la santé mentale se caractérise par l'absence de symptômes. Il faut dès lors en conclure que, compte tenu que chacun de nous présente l'une ou l'autre caractéristique à des degrés divers, c'est l'individu tout à fait sain qui risque de ne plus être considéré comme normal.

Le DSM III constitue un outil conçu principalement pour les médecins. En utilisant le langage de la psychiatrie, il tente de faire les descriptions les plus précises possible de phénomènes observables qu'il rassemble en catégories déterminées de «maladies». En ce sens, il représente un document dont le rôle est de servir de base de communication entre les psychiatres afin qu'ils offrent des soins similaires pour un même diagnostic, celui-ci reposant sur la mise en lumière de symptômes identifiés de la même façon pour chacun.

Mais c'est là que réside le problème principal posé par une telle conception. En envisageant le trouble du comportement en terme de «symptômes», de «maladie», de «diagnostic» et de «soins», le modèle médical néglige en grande partie l'étude de la dynamique du comportement et du vécu de la personne. L'individu devient ainsi un «malade» et cesse dès lors d'être quelqu'un d'unique, traversant une crise provoquée par des circonstances particulières, tels que tentent de l'envisager les autres modèles. Le DSM III n'aborde pas la personne perturbée comme étant celle qui adopte des comportements phobiques ou schizophréniques pour échapper à l'angoisse; il vise plutôt à découvrir les individus qui «ont» la schizophrénie ou qui «ont» une phobie, considérées comme des maladies à guérir.

L'effet le plus négatif d'un tel étiquetage réside dans le fait qu'une fois que la personne a été étiquetée, elle cesse d'être elle-même en tant qu'individu avec ses particularités, ses émotions, ses manières d'être, pour devenir *une* paranoïaque ou *une* hystérique dont tous les comportements vont être décodés en fonction des caractéristiques reconnues à la «maladie» [19].

Quant au traitement, il s'effectue en fonction de la maladie, en vue d'en atténuer les symptômes et, éventuellement, de les faire disparaître. Le problème de l'individu se trouve transformé en problème médical, lequel, compte tenu des progrès de la chimiothérapie, va être de plus en plus traité à l'aide de médicaments plutôt qu'à partir d'un support psychologique ou social.

Certains vont trouver cette vision un peu trop caricaturale, sinon simpliste. Pourtant, l'expérience menée par Rosenhan et ses collaborateurs, en 1973, la confirme de façon évidente (voir le document 12.5). Ceux-ci vont en effet montrer que même des personnes saines d'esprit risquent de se retrouver étiquetées «psychotiques» et enfermées pour plusieurs semaines simplement pour avoir déclaré entendre des voix parfois, la nuit. Cette recherche révèle également qu'une fois l'admission effectuée, la liberté individuelle de gérer sa vie se trouve supprimée pour être remplacée par la soumission à la discipline de l'hôpital et aux décisions du médecin auxquelles tout «malade» est tenu. C'est à partir de ce moment que risque d'intervenir le processus de psychiatrisation par lequel la personne devient dépendante du système et de l'arbitraire psychiatriques.

---

[19] Le DSM III recommande aux psychiatres de dire qu'une personne *a* une schizophrénie plutôt que de dire qu'elle *est* schizophrène. Une telle distinction ne change cependant rien : ce n'est pas parce qu'on dit qu'une personne *a* le cancer qu'elle n'est pas moins considérée comme cancéreuse. Dans le cas des troubles fonctionnels, ce qui est surtout grave, c'est que le diagnostic et l'étiquetage de la «maladie» ne reposent que sur l'observation d'une manière d'être et de penser, et non sur des symptômes *objectifs*.

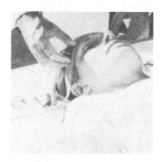

Fig. 12.14 *La technique des électrochocs, qui a heureusement presque disparu de l'arsenal de traitements des psychiatres, consiste à envoyer plusieurs décharges brèves d'un courant intense à travers la boîte crânienne du sujet endormi.*

Les thérapies

À chaque approche explicative du comportement anormal correspond une façon de soigner, ou du moins d'aider, qui découle de la conception même qu'elle se fait du trouble présenté par la personne.

Si cette conception repose sur le modèle médical, il faut s'attendre à ce que la thérapie aille dans ce sens et que les soins apportés à la «maladie» le soient sous forme de traitement biologique.

Si, par contre, la conception est plus psychologique, différents types de thérapies vont être proposés, et les caractéristiques de celles-ci dépendront du courant auquel elles se rattachent. La psychanalyse va partir à la recherche des conflits dont la source est, selon elle, inconsciente; les behavioristes verront à déconditionner la «mauvaise habitude» et à remodeler un comportement acceptable; les cognitivistes chercheront à modifier la façon dont l'individu perçoit la difficulté à laquelle il est confronté; les humanistes tenteront d'éveiller l'individu à ses possibilités qui lui permettront de rechercher lui-même une solution pour mettre fin à sa crise.

Psychiatrie et traitement médical

Compte tenu de l'emprise de la psychiatrie sur le domaine des troubles du comportement, il n'est pas étonnant que la plupart des patients soignés en milieu hospitalier subissent un traitement de type biologique visant à agir sur le système nerveux.

Il est certain qu'un tel type de thérapie s'impose dans le cas des troubles *organiques* qui ne peuvent être soulagés qu'en agissant sur la cause lésionnelle, infectieuse ou liée au vieillissement. Le traitement médical s'est cependant étendu aux autres troubles, purement *fonctionnels* ceux-là, avec des thérapies telles que l'électrochoc, la psychochirurgie et, de plus en plus, la chimiothérapie.

Thérapies biologiques

La thérapie par électrochocs

Dans les années 30, des chercheurs avaient cru découvrir que peu d'*épileptiques* deviennent schizophrènes. Ils en conclurent que des convulsions, typiques de l'épilepsie, provoquées de façon artificielle en ébranlant le cerveau du schizophrène, devraient faire diminuer les symptômes de cette «maladie». Après quelques essais à l'aide de drogues parfois dangereuses, on décida bientôt d'envoyer à travers le cerveau du sujet, pendant quelques secondes, un choc électrique assez fort pour provoquer une augmentation de la tension musculaire suivie d'une crise de convulsions. Celle-ci était cependant tellement violente qu'il fallut endormir les patients pour les empêcher de se briser les côtes ou les dents (figure 12.14).

Électrochoc
Procédure répétée plusieurs fois par semaine consistant à faire passer pendant 0,1 seconde un courant d'une intensité de 110 à 150 volts à travers la boîte crânienne du patient à partir d'électrodes placées sur les tempes.

Épileptique
(du grec *epilêpsia* = attaque). Affection nerveuse caractérisée par des crises convulsives avec perte de connaissance.

Bien qu'on ait montré par la suite qu'il existait de nombreux schizophrènes épileptiques, ce qui contredisait les premières observations, on continua cependant à utiliser cette technique malgré de nombreux effets secondaires : amnésie rétrograde (parfois à long terme), endommagement du cerveau, mais également lésions au cœur et aux poumons. On ne possède toujours aucune preuve, à l'heure actuelle, de son efficacité ni de son mode de fonctionnement. Aussi, après avoir été utilisée de façon quasi systématique au cours des années 50 et 60, elle est à présent réservée aux cas très graves[20].

La psychochirurgie

Une autre technique s'est développée au cours des années 30 qui se trouve, elle aussi, de plus en plus délaissée aujourd'hui. Il s'agit de la chirurgie du cerveau consistant à supprimer certaines parties des lobes frontaux (*lobotomie*) ou à sectionner les faisceaux nerveux reliant certains centres à ces derniers. On avait en effet remarqué que de telles opérations pratiquées chez les singes avaient pour effet de les calmer. Le psychiatre portugais Moniz pratiqua la première lobotomie sur des humains en obtenant des effets semblables. Mais on s'aperçut bientôt qu'en même temps qu'une baisse de l'agressivité, le patient manifestait des modifications de la personnalité se marquant par un désintérêt pour les activités de la vie courante ainsi que par la disparition de toute vie émotionnelle. Or une telle opération est irréversible et les patients étaient ainsi condamnés à une vie d'automate dont toute couleur avait disparu[21].

Aussi, après que des dizaines de milliers d'opérations de ce type aient été pratiquées dans le monde, la psychochirurgie se trouve à présent bannie presque totalement pour ne plus être réservée qu'à des cas irréductibles et après qu'un conseil de médecins ait statué sur le bien-fondé de son utilisation.

La chimiothérapie

La découverte des drogues psychotropes, au début des années 50, va bouleverser le mode des traitements administrés aux patients (figure 12.15).

Des *tranquillisants majeurs* tels la *chlorpromazine* puis la *réserpine* (voir le document 3.7) vont permettre de calmer les sujets les plus agités en plus de réduire les hallucinations et les délires chez les schizophrènes. Si l'action de ces drogues semble efficace, on s'est aperçu depuis qu'elles entraînent de nombreux effets secondaires sur le système moteur, provoquant notamment une rigidité des muscles du visage s'accompagnant de mouvements incontrôlés des lèvres et des joues. De plus, leur effet est limité dans le temps et les patients traités doivent être le plus souvent réadmis pour suivre de nouveaux traitements.

Lobotomie
(du grec *lobos* = lobe et -*temmein* = couper, découper). Section d'un lobe du cerveau ou de certains faisceaux nerveux unissant le cortex préfrontal aux noyaux cérébraux du thalamus.

Chimiothérapie
Traitement à l'aide de substances chimiques.

Chlorpromazine
Première drogue tranquillisante découverte en France, en 1950, par Laborit. Elle fut depuis largement utilisée auprès des patients psychotiques.

Réserpine
[du mot *serpent*, la drogue ayant été extraite pour la première fois d'une plante aux racines en forme de serpent, poussant en Inde (Rauwauflia serpentina)]. Puissant tranquillisant popularisé en 1953 (voir le document 3.7).

---

[20] Il semble cependant qu'elle soit encore (trop) souvent utilisée dans la plupart des pays occidentaux, malgré les campagnes de dénonciation de cette politique par les mouvements de défense des psychiatrisés.

[21] Moniz reçut, en 1949, le prix Nobel de médecine pour ses travaux.

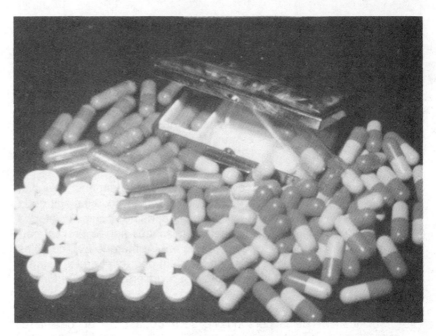

Fig. 12.15 *Les quantités phénoménales de drogues psychotropes de toutes sortes qui sont ingérées chaque jour arrivent peut-être à soulager, mais elles ne guérissent pas.*

Lithium
Métal alcalin qu'on ne trouve que sous forme de sel à l'état brut dans la nature. Le citrate de lithium fut utilisé pour la première fois en 1949 par l'Australien Cade, mais ce n'est que depuis 1969 que le carbonate de lithium est approuvé par la Commission américaine de contrôle des médicaments pour le traitement des états maniaco-dépressifs.

Psoriasis
Maladie de la peau caractérisée par des plaques rougeâtres recouvertes de squames (lamelles d'épiderme) blanchâtres.

Psychiatrisation
Processus par lequel un individu est soumis au système psychiatrique spécialisé dans la compartimentation des individus et de leurs problèmes ainsi que dans l'utilisation des techniques biologiques qu'il doit subir en tant que «malade».

Quant aux *tranquillisants mineurs* tels que le Valium ou le Librium, ils ont des effets semblables, bien que moindres, et sont surtout utilisés pour diminuer l'anxiété du patient. En plus du risque d'accoutumance qu'entraîne l'absorption régulière de tels médicaments (voir chapitre 4), ils peuvent très souvent servir de remède-miracle pour échapper aux problèmes de la vie.

Les *antidépresseurs* agissent dans le sens contraire des tranquillisants. Ils sont administrés aux patients dépressifs afin de leur relever le moral. Certains de ces produits[22] se sont révélés hautement toxiques, s'attaquant surtout au système vasculaire, au foie et au cerveau. C'est aussi le cas du *carbonate de lithium* qui est capable, semble-t-il, de régler l'humeur des individus présentant des troubles affectifs, mais qui est responsable également de nombreux effets secondaires (lésions rénales, atteintes de la glande thyroïde, tremblements, *psoriasis*, etc.) et dont la dose thérapeutique est toute proche de la dose toxique, qui a des conséquences graves.

Malgré les risques liés à l'utilisation de ces médicaments, il est clair qu'ils permettent à court terme d'obtenir une stabilisation du comportement qui constitue souvent la première étape nécessaire pour entreprendre une psychothérapie. Administrés seuls, ils ne peuvent cependant «guérir» et ils risquent alors de créer une dépendance menant le plus souvent à la *psychiatrisation* de la personne (voir le document 12.6).

---

[22] Les inhibiteurs de la MAO (voir appendice A).

La psychiatrie communautaire

Le développement de la chimiothérapie, au cours des années 60, fit pourtant naître l'idée que la «maladie mentale» pouvait enfin être *désinstitutionnalisée* afin d'être gérée et contrôlée de l'extérieur des hôpitaux. On assista ainsi au développement de centres de santé mentale communautaire se caractérisant par des hospitalisations à court terme, des soins en clinique externe, un suivi des patients soutenus par la prescription d'une médication appropriée[23].

Il semble cependant que si cette nouvelle vision a permis effectivement d'écourter les séjours à l'hôpital, elle n'a pas eu pour effet de diminuer le nombre de personnes réclamant des soins. Bien au contraire, le nombre d'admissions ne fit qu'augmenter et celui des réadmissions, se multiplier parfois par 5 ou 6[24]. Cela confirmait le fait que les médicaments étaient éventuellement capables de «soigner» mais non de guérir, tout en mettant l'accent sur le besoin urgent de politiques de prévention et d'éducation.

Psychothérapies

Contrairement à l'approche médicale, qui tente essentiellement de modifier le cours de la pensée et des comportements en agissant directement sur le système nerveux, la psychothérapie, elle, cherche à modifier le mode de fonctionnement de la personne à partir d'une interaction entre elle et un thérapeute ou un groupe d'autres personnes présentant un trouble semblable. Il existe une immense variété de psychothérapies qui se sont principalement développées au cours des années 60 et 70 au point qu'il est impossible de les passer toutes en revue dans ces quelques pages.

Bien que toute classification soit toujours arbitraire, on peut les regrouper en deux grandes catégories : les thérapies intrapsychiques et les thérapies behaviorales.

Les *thérapies intrapsychiques* s'appuient, comme nous l'avons vu précédemment, sur le principe que le comportement anormal provient d'un mauvais décodage par la personne de ses sentiments, ses besoins, ses motivations. Le but de la thérapie consiste ainsi à l'aider à découvrir les causes de son mauvais ajustement à la réalité afin d'être capable de changer ses comportements en vue d'une adaptation.

Quant aux *thérapies behaviorales* (ou comportementales) qui partent du principe que tout comportement est appris, elles vont tenter, à l'aide de techniques de conditionnement ou de *modeling*, de remplacer le comportement inadapté par un autre permettant un fonctionnement plus adéquat.

Thérapies intrapsychiques
Groupe de thérapies qui tentent d'aider le patient à comprendre pourquoi il fonctionne comme il le fait, en lui faisant prendre conscience de ses besoins, de ses pensées, de ses sentiments ou du type de relations qu'il entretient avec les autres.

Thérapies behaviorales (ou comportementales)
Groupe de thérapies s'appuyant sur les principes de l'apprentissage qui visent par les techniques de conditionnement, de façonnement et d'imitation, à modifier le comportement apparent plutôt qu'à agir sur les pensées ou sur les sentiments considérés comme trop subjectifs.

---

[23] Il s'y greffe également des centres de crise chargés d'intervenir dans la désintoxication des drogués, ainsi qu'auprès des personnes suicidaires ou de femmes et d'enfants violentés, par la mise en place de structures d'accueil ou de services téléphoniques directs (*hot line*).

[24] Entrevue accordée par le Dr Lehman à la revue *Actualité*, «La psychiatrie en panne», juin 1986.

Ainsi, alors que les thérapies intrapsychiques visent à agir sur les perceptions, les pensées, les motivations du sujet, les thérapies behaviorales, elles, cherchent uniquement à modifier ou à faire disparaître les comportements considérés comme inadaptés.

L'efficacité de la psychothérapie laisse plus d'un scientifique sceptique. Des études menées au cours des années 50 (Eysenck, 1952) montraient en effet qu'il y avait plus de 70 % des chances qu'un trouble névrotique disparaisse après 2 ans, que la personne ait ou non suivi une psychothérapie.

On a cependant pu reprocher à Eysenck d'avoir fait porter ses observations uniquement sur les comportements plutôt que sur les changements en profondeur de la personnalité tels qu'ils peuvent être ressentis par le patient. Sloane et ses collaborateurs (1975) ont montré que lorsque l'évaluation globale de l'amélioration des patients était effectuée par des observateurs, on notait effectivement un taux d'amélioration de 77 %, qui était semblable chez les patients suivis ou non par un thérapeute. Mais, par contre, lorsqu'on demandait aux patients eux-mêmes de juger les améliorations de leur comportement, 81 % de ceux ayant suivi une psychothérapie se jugeaient mieux adaptés alors que seulement 44 % des patients n'ayant suivi aucun traitement étaient du même avis[25].

Smith et Glass (1977) ont effectué le recensement de 375 études publiées au cours des vingt dernières années; ils ont comparé, en les regroupant, les résultats obtenus auprès de 25.000 personnes traitées à l'aide d'une psychothérapie à ceux de 25.000 autres qui, bien que présentant également des problèmes, n'avaient reçu aucun traitement. Ils arrivèrent à la conclusion que 75 % des personnes ayant reçu une thérapie se sentaient mieux que celles qui n'en avaient reçu aucune (voir le document 12.7).

Thérapies intrapsychiques

Les thérapies intrapsychiques sont de loin les plus nombreuses et elles couvrent à peu près tous les aspects de la dynamique de la personne. Certaines cherchent à mettre en lumière les motivations inconscientes de la personne qui sont à la base de ses comportements; d'autres mettent l'accent sur les forces dont la personne dispose pour résoudre son problème; d'autres encore visent à lui faire prendre conscience de sa façon de décoder la réalité; certaines, enfin, tentent de l'amener à modifier sa façon de fonctionner en groupe ou encore de puiser dans celui-ci les ressources nécessaires pour transformer ses comportements. Le choix et le succès de la thérapie dépendent bien entendu d'un nombre important de facteurs dont le type de problème présenté par le sujet, son degré de réceptivité ainsi que la personnalité du thérapeute ne sont pas les plus négligeables.

Beaucoup de choses ont déjà été dites précédemment sur bon nombre de ces thérapies. Nous n'allons donc passer en revue que les principes

---

[25] En ce qui concerne les thérapies behaviorales, le taux d'amélioration passait de 93 % lorsque le jugement était porté par des observateurs extérieurs, à 74 % lorsque c'était les patients eux-mêmes qui étaient appelés à évaluer leurs progrès.

qui sous-tendent quelques-unes d'entre elles (pour en savoir davantage sur plusieurs des thérapies exposées, voir le document 12.9).

La psychanalyse

La psychanalyse est la première des psychothérapies modernes. Après avoir connu un succès immense sur les deux continents, elle n'est aujourd'hui solidement implantée qu'en Europe, particulièrement en France. En Amérique du Nord, elle est peu à peu remplacée par les thérapies humanistes, cognitivistes et behaviorales[26].

Son but consiste à permettre à la personne de retrouver les racines inconscientes de ses problèmes, nés de conflits refoulés, de telle façon qu'après avoir libéré les émotions qui s'y rattachent, elle soit à même de restructurer sa personnalité sur des bases neuves.

Dans une telle perspective, l'analyste, assis à la tête du divan sur lequel est étendu le patient, est celui qui écoute, guide et interprète les données qui lui sont livrées par l'analysé (figure 12.16).

On peut reconnaître cinq éléments fondamentaux qui caractérisent la thérapie analytique :

— Tout d'abord, le thérapeute doit voir à développer et à encourager l'établissement d'une profonde relation émotionnelle entre lui et le patient afin d'amener celui-ci à effectuer sur lui le *transfert* de sentiments positifs ou négatifs qui peuvent être parfois intenses. Le patient va ainsi projeter sur l'analyste les sentiments ressentis vis-à-vis de l'image plus ou moins mythique du père haï ou adoré, ou de la mère distante ou surprotectrice, par le biais desquels il va pouvoir se confier ou réagir.

— Un deuxième élément est constitué par l'*interprétation des rêves* du sujet que Freud considérait comme la « voie royale vers l'inconscient ». Nous avons vu, dans le dossier 4.1, la façon dont il envisageait cette interprétation à partir des symboles cachés derrière le contenu manifeste de la production onirique.

— Une autre technique consiste à laisser l'analysé libre de dire tout ce qui lui vient à l'esprit, même si cela lui semble insignifiant, douloureux ou incongru. Il est ainsi amené par *associations libres* à laisser aller ses pensées de l'une à l'autre, sans contrainte et sans chercher à y trouver un sens.

— La clef de l'analyse est détenue par le thérapeute qui tente d'interpréter le contenu du discours du patient, en identifiant les moments où celui-ci hésite ou tente d'éviter un approfondissement de ce qu'il est en train de relater comme autant de *résistances* qui constituent la piste permettant d'identifier le problème.

— L'explication fournie par le thérapeute doit alors amener le patient à revivre sur le plan affectif les événements de l'enfance en les mettant en rapport avec ses symptômes actuels. C'est cette *catharsis* qui entraîne la disparition des symptômes et constitue, de ce fait, l'aboutissement de la cure (voir le document 12.8).

Fig. 12.16 *Au cours d'une séance de psychanalyse, la patiente, étendue sur un divan, laisse courir sa pensée et livre tout ce qui lui passe par la tête. Le thérapeute, assis en retrait, hors de sa vue, tente à travers ces associations libres de démêler le fil qui conduit au nœud du conflit.*

Transfert
Mécanisme apparaissant au cours d'une cure psychanalytique par lequel le patient développe vis-à-vis du thérapeute des réactions affectueuses ou hostiles en rapport avec les sentiments ressentis pour certaines personnes de son entourage infantile.

Catharsis
(mot grec = purge, nettoyage). Mécanisme visant à faire disparaître les symptômes du patient en lui faisant extérioriser les émotions et les sentiments associés à des traumatismes refoulés depuis l'enfance.

---

[26] Sauf au Québec où elle semble encore compter de nombreux adeptes parmi les thérapeutes.

Évaluation   La psychanalyse est une thérapie qui peut prendre de nombreuses années[27] avant d'entraîner le mieux-être du patient et de lui offrir la possibilité de prendre sa vie en main de façon réaliste. De plus, elle ne réussit pas de la même façon avec tous. On sait, par exemple, que les chances de succès sont plus grandes chez les sujets de 15 à 50 ans, qui sont dotés d'une bonne intelligence et dont les troubles sont plus de type névrotique que psychotique. Il est en effet important que la personne soit capable de comprendre le processus de l'analyse et qu'elle soit suffisamment motivée pour collaborer étroitement avec le thérapeute. On a également pu noter que plus les patients étaient jeunes ou que plus ils étaient anxieux, plus ils avaient de chances de connaître une amélioration majeure à la fin du traitement.

La cure psychanalytique pratiquée sur un divan dans le cabinet du thérapeute est donc longtemps demeurée fermée au monde des psychotiques et particulièrement à celui des schizophrènes. C'est au mouvement antipsychiatrique que l'on doit les poussées les plus importantes dans ce sens, suite à la création de lieux dans lesquels patients et thérapeute vivent en étroite communauté. Il en sera question plus loin.

La thérapie centrée sur le client

Il s'agit de la thérapie proposée par Rogers dont l'influence parmi les psychologues cliniciens demeure la plus importante en Amérique du Nord.

Contrairement à la psychanalyse où le thérapeute écoute pour comprendre et interpréter, la thérapie rogérienne, elle, est une thérapie *non directive* reposant sur l'idée que la personne concernée (le client, comme l'appelle Rogers) est la plus à même d'identifier les causes et de découvrir la solution à ses problèmes, pour peu qu'elle soit dans des conditions favorables pour le faire. Dans une telle optique, le rôle du thérapeute consiste à permettre au client d'exprimer ses sentiments et ses pensées afin de l'aider à être plus conscient de la manière dont il se perçoit et dont il est perçu par les autres.

Le but de la thérapie consiste à amener la personne à développer une plus grande estime de soi et à envisager les démarches nécessaires afin de rendre son soi réel congruent avec son expérience personnelle et ses sentiments profonds.

Rogers détermine quatre conditions nécessaires pour maintenir l'atmosphère nécessaire à une telle croissance.

En premier lieu, il est important que le thérapeute conserve un *regard positif inconditionnel* envers les sentiments exprimés par le client, même si ceux-ci vont parfois à l'encontre des valeurs qui sont les siennes. Le client ne peut, en effet, s'accepter lui-même que s'il se sent accepté comme une personne importante, libre de parler et d'agir sans être jugée sur ce qu'elle exprime.

---

[27] Certaines ont duré 20 ans à raison de plusieurs séances de 50 minutes par semaine.

L'*empathie* est la deuxième condition. Elle consiste dans le fait que le thérapeute tente de voir le monde à travers les *yeux du client* et qu'il ressente les choses comme celui-ci les ressent.

La troisième condition est l'*authenticité* dont le thérapeute doit faire preuve en refusant de se camoufler derrière le masque du « professionnel » ou derrière une quelconque façade qui détruirait le climat de croissance personnelle qui est à la base de la thérapie.

Le thérapeute doit enfin s'empêcher d'interpréter ou de suggérer une solution. Il se doit d'écouter et de jouer exclusivement le rôle du « miroir » qui reflète en les *reformulant* les pensées et les émotions que le client exprime. C'est ce *reflet* qui va amener ce dernier à poursuivre son exploration intérieure, à se voir de façon plus réaliste et à comprendre la manière dont les autres le perçoivent.

Selon Rogers, c'est en développant une image réaliste de lui-même que l'individu devient peu à peu capable de résoudre les problèmes auxquels il est confronté.

Évaluation   Étant donné que c'est le client lui-même qui décide s'il a atteint les buts qu'il poursuit par le biais de la thérapie, il est donc libre à tout moment d'y mettre fin ou de la poursuivre. La thérapie centrée sur le client peut ainsi ne durer parfois que le temps de quelques séances.

Il est cependant difficile d'évaluer l'impact réel qu'une telle thérapie peut avoir sur le client. Il semble qu'elle soit surtout profitable aux individus capables d'exprimer leurs émotions et d'exposer leurs problèmes. Lorsque c'est le cas, la plupart des clients rapportent que ce type de thérapie les a aidé à aborder la vie avec plus de confiance en soi.

La thérapie de la Gestalt

Selon Perls (1893-1970), le promoteur de l'approche thérapeutique de la Gestalt, les troubles psychologiques que présentent les gens proviennent du fait que leur personnalité ne constitue pas un *tout* intégré, une *gestalt*. Chez la plupart d'entre eux, la détresse personnelle est provoquée par les conflits inconscients qui les empêchent d'être en contact avec certains de leurs sentiments et certaines de leurs pensées.

La thérapie de la Gestalt (ou Gestalt-thérapie), va pousser la personne à vivre ses fantasmes, à jouer certains personnages de ses rêves, à prendre conscience de ses émotions, du ton de sa voix, des mouvements de ses mains et des yeux, à découvrir des sensations physiques ignorées d'elle jusque-là, tout cela de façon à reconnecter ces divers éléments entre eux et faire en sorte que la personne atteigne une pleine conscience de soi.

Le but de la thérapie vise ainsi à amener l'individu à former un tout harmonieux en état d'aborder n'importe quelle situation en sachant ce qu'il *désire* faire et non ce qu'il *faut* qu'il fasse ou ce qu'il *ferait* si... En ce sens, la thérapie de la Gestalt se veut une thérapie visant la libération et l'autonomie de la personnalité.

Évaluation   La thérapie de la Gestalt s'appuie, comme la psychanalyse, sur la prise de conscience et la résolution des conflits internes mais, comme la thérapie centrée sur le client, elle cherche également

Empathie
(du latin *en* = dans et du grec *-pathos* = ce qu'on éprouve). Capacité de communier affectivement avec quelqu'un, de l'écouter, de le comprendre réellement, en regardant le monde avec ses yeux et en ressentant les mêmes sentiments que ceux qui l'habitent.

à amener la personne à affronter les problèmes de la vie de façon consciente et efficace. On ne possède cependant que peu de données permettant d'évaluer de façon objective l'efficacité d'une telle approche.

La thérapie émotivo-rationnelle

Cette thérapie, élaborée en 1962 par Ellis, fut longtemps ignorée des théoriciens. Elle est à présent revendiquée à la fois par les cognitivistes et les behavioristes, et Ellis est aujourd'hui celui dont l'influence est la plus importante après Rogers auprès des cliniciens nord-américains.

Nous avons vu précédemment que, selon Ellis, ce sont les pensées irrationnelles ou catastrophiques émises face à des situations « activantes » qui sont le plus souvent responsables des troubles du comportement.

En ce sens, le but de la thérapie émotivo-rationnelle consiste à analyser avec la personne la situation à laquelle elle est confrontée ainsi que les conclusions qu'elle en tire. La tâche du thérapeute vise donc à mettre en lumière les processus de pensée du client et à lui faire prendre conscience de ce qu'ils ont d'irrationnel. Le fait d'amener le client à avoir une perception plus objective des événements va déboucher sur la recherche de nouvelles solutions susceptibles de faire baisser l'anxiété. Le client va ainsi remplacer peu à peu ses comportements inadaptés par de nouveaux comportements capables de le rendre plus heureux par le fait qu'il devient plus à même de faire le lien entre ses propres besoins, les exigencs de la vie en société et un environnement en perpétuel changement.

Évaluation Il existe de nombreux rapports de recherche suggérant qu'une telle méthode thérapeutique procure très souvent des résultats positifs, surtout auprès des adultes et, notamment, dans les cas de dépression ou de certains troubles de l'anxiété.

Le fait que ce type de thérapie vise à « modifier » la façon de penser a amené les behavioristes à intégrer les thérapies cognitives au sein des thérapies de modification du comportement. Cependant, même si la modification des pensées débouche effectivement sur d'éventuelles modifications de comportement, il n'en reste pas moins que tout le processus visant à évaluer les pensées appartient au domaine de la cognition et résulte d'une démarche exigeant qu'un certain niveau de réflexion soit atteint. Ceci contredit la conception behavioriste orthodoxe qui met l'accent uniquement sur la modification du comportement lui-même par conditionnement, par imitation ou par observation.

Autres thérapies individuelles

Il existe bien d'autres thérapies issues des divers courants de la psychologie. Nous n'en citerons que quelques-unes à titre d'indication.

Les ***thérapies existentielles*** d'origine psychanalytique mais d'orientation humaniste et cognitive, mettent l'accent sur le « libre arbitre » qui amène l'individu à faire des choix et à prendre ses responsabilités vis-à-vis de ceux-ci. La thérapie vise ainsi à faire saisir à la personne le sens qu'elle désire donner à sa vie et la signification de chacun de ses actes en fonction de celui-ci (Frankl, 1961 ; May, 1967).

Existentiel
Se dit d'une philosophie ou d'une thérapie qui met l'accent sur la liberté et la responsabilité que l'être humain a de se choisir, à travers son existence, en tant que réalité vécue.

La ***thérapie de la réalité*** est une thérapie cognitive cherchant à rendre le client apte à évaluer ses actions et ses projets en fonction des valeurs qu'il défend et des conséquences que ses actes risquent d'entraîner pour lui. Le but de la thérapie consiste principalement à amener la personne à prendre des responsabilités «par contrat» et à s'en tenir aux objectifs fixés, une fois que ceux-ci ont été établis de façon réaliste (Glasser, 1965).

L'***analyse transactionnelle*** possède des racines psychanalytiques. Elle est cependant essentiellement différente sur le plan des méthodes. Son fondateur, Berne (1961), a mis en évidence le fait qu'en chacun de nous, il y a une part de l'*enfant* que nous avons été, des *parents* que nous avons eu et de l'*adulte* que nous sommes. Toutes nos transactions avec les autres sont imprégnées par l'un ou l'autre de ces rôles. Comme l'enfant, nous réagissons parfois de façon impulsive et nous quémandons ou cherchons à manipuler pour arriver à nos fins ; comme un parent, nous pouvons traiter les autres en enfants en les contrôlant ou en les critiquant et, comme l'adulte, nous essayons de demeurer réalistes, lucides et logiques face aux difficultés de la vie.

Le but de la thérapie consiste à rendre l'individu plus conscient de ses comportements afin qu'il cesse de jouer plus longtemps un jeu de rôle inconscient de parent ou d'enfant. À travers des interactions au sein d'un petit groupe, la personne va dès lors apprendre à s'accepter et à s'engager, à l'aide d'un «contrat» avec elle-même, à réagir de façon plus consciente et plus réaliste dans le futur.

Le ***psychodrame*** est une technique qui a été mise au point par Moreno, au cours des années 20. Dans le psychodrame, l'individu est invité à jouer le rôle du héros dans un jeu centré sur ses propres problèmes. Il est ainsi amené à libérer ses sentiments dans une improvisation, dirigée par le thérapeute, et dans laquelle des acteurs entraînés jouent les rôles des personnages importants de sa vie. Quant aux autres participants, ils sont appelés à demeurer attentifs afin de rapprocher ce qui se passe sur la scène de leurs problèmes personnels (Moreno, 1965).

Le but d'une telle thérapie est de permettre au patient de se révéler à lui-même ses émotions les plus profondes de façon beaucoup plus intense et efficace, selon Moreno, qu'en les verbalisant simplement, comme c'est le cas dans les autres thérapies.

Les thérapies sociales

La thérapie de la Gestalt, le psychodrame ou l'analyse transactionnelle sont pratiquées en groupe. Il s'agit cependant de techniques centrées sur l'individu en relation avec un thérapeute.

Il existe toutefois un type de thérapie dont le but consiste à permettre à l'individu non seulement de se comprendre mais également de rétablir des relations harmonieuses avec les autres en partageant avec eux ses sentiments et ses idées, dans un climat de respect mutuel.

Les ***groupes de croissance*** ne sont pas, à proprement parler, des thérapies. Ils sont constitués principalement d'individus qui désirent améliorer leurs relations avec les autres. On distingue tout d'abord les

Analyse transactionnelle
Technique par laquelle le client apprend à décoder la façon dont il entre en interaction avec les autres de manière à l'amener à entreprendre le maximum de transactions sur le mode adulte (plutôt que sur le mode enfant ou parent).

Psychodrame
Technique psychothérapeutique utilisant l'improvisation théâtrale pour faire renaître, par l'expression vécue, des aspects de la personne qui ont été figés par l'adoption de rôles imposés par la société.

groupes de sensibilisation dans lesquels les participants apprennent à faire confiance aux autres et à mieux les connaître en restant attentifs à tout ce qui se passe sur le plan non verbal, en entrant en contact avec eux par d'autres canaux que ceux de la parole (la vue, le toucher, etc.). Quant aux *groupes de rencontre*, ils insistent plus particulièrement sur le vécu des individus dans le groupe, «ici et maintenant», sur les émotions qui émergent, sur le masque social que certains participants adoptent et que les autres membres du groupe sont incités à modifier (Dreyfus, 1975).

Il semble cependant que de telles expériences soient difficilement transférables dans la vie de tous les jours et que, si les participants ont l'impression de se sentir mieux après de telles sessions, leurs comportements réels ne varient que très peu une fois qu'ils sont replongés dans les conditions habituelles. Les groupes de croissance sont, de plus, à déconseiller à des sujets présentant des problèmes émotionnels même modérés : ceux-ci risquent en effet de se trouver aggravés par l'implication qui est exigée et par le poids des critiques formulées par le groupe dans le cadre de telles rencontres.

La **thérapie familiale** part du principe que la plupart des problèmes de l'individu proviennent d'un système plus large constitué par la structure familiale et les interactions entre ses membres (Minuchin, 1979). Ceux-ci sont donc invités à s'impliquer dans la thérapie afin que puissent être identifiés le rôle joué par chacun d'eux, les «boucs émissaires» éventuels ainsi que les canaux de communication habituellement utilisés. Les participants sont de plus appelés à faire part des sentiments profonds qu'ils éprouvent les uns pour les autres.

Le rôle du thérapeute consiste alors à attirer l'attention des membres de la famille sur ces points sensibles et à leur suggérer de nouvelles façons de procéder afin d'améliorer le climat familial et la croissance personnelle de chacun (Satir, 1970).

La **thérapie de groupe** s'appuie sur le fait que le rassemblement de personnes présentant des problèmes semblables les amène à se soutenir sur le plan émotionnel, à s'encourager mutuellement et à développer de nouveaux comportements. Elle est principalement utilisée dans les hôpitaux ou les cliniques psychiatriques mais également dans les associations d'aide aux alcooliques, aux drogués, aux personnes obèses, etc. (figure 12.17).

Elle consiste en discussions, animées par le thérapeute, axées sur des thèmes choisis par les participants ou faisant suite à la présentation d'une conférence ou d'un film sur le sujet qui préoccupe les membres du groupe. Chacun est alors appelé à émettre son avis ou à extérioriser ses sentiments face à la situation ainsi exposée. En général, la thérapie sera davantage directive lorsque les patients présentent des désordres profonds de la personnalité et qu'ils sont peu capables d'extérioriser leurs problèmes de façon spontanée.

Évaluation   Le fait que la personne se sente supportée par le groupe semble effectivement faciliter l'expression de ses sentiments ou de ses difficultés. La thérapie de groupe peut ainsi constituer une première étape dans la réintégration de la vie réelle par la confrontation qu'elle permet avec d'autres individus ainsi que par la compréhension et le

Fig. 12.17 *La thérapie de groupe part du principe que des personnes confrontées à un problème semblable peuvent s'entraider par le fait de pouvoir en débattre entre elles.*

respect mutuels qu'elle exige. Ici encore, cependant, la direction imprimée au groupe et l'impact de la thérapie dépendent largement de la personnalité du thérapeute, de sa philosophie et des buts réels qu'il poursuit, consciemment ou non.

Thérapies behaviorales

Les thérapies intrapsychiques visent à aider la personne à découvrir la cause de ses problèmes ou les raisons qui l'empêchent d'en découvrir la solution, que ce soit sur le plan individuel ou sur le plan social. Elles supposent qu'une fois la situation éclaircie, le sujet va être capable d'entreprendre les démarches susceptibles de le faire progresser, en faisant disparaître, par le fait même, les comportements inadaptés.

Les thérapies behaviorales, au contraire, partent du principe que le trouble n'est dû qu'à la présence d'un comportement inadapté, identifié comme tel par la personne, par l'entourage ou par le thérapeute. Les spécialistes de la modification du comportement prétendent donc qu'en agissant directement sur le comportement déviant pour le supprimer ou le corriger, on fait automatiquement disparaître le problème.

Selon une telle conception, la relation avec le thérapeute n'est plus nécessaire que dans la mesure où c'est lui qui établit et contrôle le programme, et qui constitue l'émetteur de renforcement.

On connaît quatre approches visant à modifier le comportement. Ce sont le *contre-conditionnement*, issu des techniques de conditionnement classique, les *techniques opérantes*, s'appuyant sur le principe

Contre-conditionnement
Technique visant à faire apprendre de nouvelles réponses face à un stimulus familier par un processus de reconditionnement.

du renforcement, la *thérapie par présentation d'un modèle*, selon les concepts propres à l'apprentissage social et, enfin, les *procédures d'autocontrôle*.

Le contre-conditionnement

Il s'agit d'une méthode visant à éteindre le comportement indésirable ou à briser le lien entre le stimulus conditionnel et la réponse conditionnée (voir le document 7.4).

La ***désensibilisation systématique*** est une technique de contre-conditionnement par laquelle on associe systématiquement une réponse opposée par ses effets à la réponse inadaptée. En l'occurrence, on cherche à opposer, dans cette technique, un état de relaxation à l'anxiété avec laquelle elle est incompatible.

Pour y arriver, il s'agit, dans un premier temps, d'apprendre au sujet à se relaxer. De plus, on lui a demandé d'établir une liste des situations génératrices d'angoisse, en relation avec le problème, et de les classer par ordre d'importance. Il suffit alors d'évoquer la situation la moins anxiogène tandis que l'individu est en état de relaxation. Lorsque le patient ne ressent plus d'anxiété à l'évocation de cette situation, on passe à la situation provoquant un niveau de stress plus élevé et ainsi de suite jusqu'à évoquer la situation la plus anxiogène en associant toujours celle-ci au relâchement musculaire plutôt qu'à la tension. Une fois placé dans la situation réelle, le sujet devrait dès lors répondre par la détente plutôt que par la crainte. Selon le type de problème, la technique peut être utilisée avec des situations réelles plutôt qu'imaginaires.

La ***thérapie implosive*** court-circuite toutes les étapes présentes dans la désensibilisation systématique pour plonger directement le sujet, en imagination, dans la situation présentée sous son aspect le plus effrayant. En plaçant ainsi la personne dans les pires circonstances, le thérapeute tente de créer, chez elle, une explosion interne d'anxiété, ou *implosion*, à laquelle l'organisme va devoir s'habituer, jusqu'à extinction, suite aux confrontations répétées avec la situation génératrice de panique.

Le ***conditionnement aversif*** est utilisé dans les cas de comportements antisociaux ou d'habitudes nocives pour l'organisme, telles que le tabagisme, l'alcoolisme ou une consommation exagérée de nourriture. Il s'agit d'une technique qui, contrairement à la désensibilisation systématique, consiste à associer une stimulation ou un état désagréable à la situation qui entraîne habituellement une satisfaction pour l'organisme. Ainsi, si chaque fois que l'alcoolique porte un verre d'alcool à ses lèvres il reçoit un choc électrique ou il est saisi de violentes nausées, provoquées par l'ingestion d'une drogue, il y a de fortes chances que la satisfaction, qui était préalablement procurée par la consommation d'alcool, risque d'être considérablement diminuée et, suite à la répétition de l'expérience, de disparaître complètement pour être remplacée par une aversion conditionnée pour la boisson en question.

Évaluation   La technique de désensibilisation systématique ainsi que la thérapie implosive sont principalement utilisées, comme on a pu s'en rendre compte, pour le traitement des phobies. C'est en effet vis-à-vis

Désensibilisation systématique
Type de thérapie par contre-conditionnement par laquelle le client apprend à substituer une nouvelle réponse de relaxation à l'ancienne lors de la visualisation de situations provoquant une dose croissante d'anxiété.

Implosion
Irruption brutale et rapide d'une émotion ou d'un sentiment provoquant une réduction du potentiel déclencheur d'anxiété propre à la situation.

de ce type de trouble du comportement qu'elles se révèlent particulièrement efficaces. Le conditionnement aversif et, dans une certaine mesure, la thérapie implosive, posent, pour leur part, un problème sur le plan de l'éthique. On est, en effet, en droit de se demander si un thérapeute peut aller jusqu'à infliger de la douleur à un patient, même avec son accord, afin de modifier un comportement. Ceci est encore plus douteux lorsque de telles techniques sont utilisées pour « guérir » certains cas d'homosexualité (voir le document 12.9, La thérapie aversive).

Fig. 12.18 *La distribution d'un renforcement pour chaque contact physique établi entre deux enfants autistiques est à la base du programme de modification du comportement visant à les socialiser.*

Les techniques opérantes

Ce sont des techniques découlant des principes mis en évidence par Skinner, notamment en ce qui touche au façonnement d'un comportement par approximations successives.

Elles sont principalement utilisées auprès d'enfants perturbés ou retardés dont on veut structurer le comportement. Elles se sont également implantées dans certaines institutions psychiatriques dans lesquelles des thérapeutes comportementalistes tentent de « rééduquer » des schizophrènes pour les réinsérer dans la vie en société.

La *méthode de façonnement* demande que soit tout d'abord effectuée une analyse des habitudes du sujet afin de sélectionner les renforcements les plus efficaces (bonbons, visionnement d'émission télévisées, renforcements sociaux, etc.) qui permettront de façonner le comportement à acquérir (figure 12.18).

La *méthode d'économie de jetons* est principalement utilisée dans les établissements psychiatriques. Elle cherche à modifier les modes de comportement des individus en accordant des privilèges pour toute amélioration constatée par le thérapeute. Ainsi, pour chaque activité telle que le brossage des dents, le fait de faire son lit le matin ou encore de se laver, on va accorder un jeton de plastique. Un nombre donné de ceux-ci permet alors l'accès à certains droits tels que l'obtention de cigarettes, des visites supplémentaires à la cantine ou l'attribution d'une chambre privée.

Évaluation   Il est évident qu'une telle thérapie est sous-tendue par la philosophie de l'homme propre à l'école behavioriste et, plus particulièrement, à la société nord-américaine, soucieuse d'efficacité et de rentabilité. Le but visé n'est donc pas tellement de transformer la personne de l'intérieur mais bien de la rendre « autonome » et surtout utile, peu importe les raisons profondes pour lesquelles elle a basculé un jour hors des normes. Les tribunaux américains ont cependant été amenés à statuer sur les limites de telles manipulations du comportement afin que les droits fondamentaux de la personne ne servent pas, à leur tour, de monnaie d'échange en vue d'une éventuelle modification de comportement (Stolz et coll., 1975).

La thérapie par présentation d'un modèle

Cette thérapie part du principe que l'anxiété du patient est amenée à disparaître dès le moment où celui-ci peut observer et imiter la façon dont le thérapeute, ou un autre modèle, affronte la situation sans difficulté apparente. La thérapie par présentation d'un modèle est principa-

Économie de jetons
Technique par laquelle le patient reçoit des renforcements positifs sous forme de jetons pour tout comportement allant dans le sens désiré. Ces jetons de plastique pourront plus tard être échangés contre des privilèges ou des objets ayant une valeur pour le patient.

lement utilisée dans les cas de phobie. Il existe cependant des techniques telle que celle de la *répétition comportementale* («behavioral rehearsal») où le thérapeute propose une façon de régler un problème personnel en formulant les réponses «adéquates», qu'il demande alors au patient de répéter ou de reproduire le plus fidèlement possible.

Les procédures d'autocontrôle

Les procédures d'autocontrôle sont des techniques opérantes apparues depuis peu de temps dans le panorama des thérapies comportementales. Mais, contrairement à l'économie des jetons qui est gérée de l'extérieur par le thérapeute administrant les renforcements, la procédure d'autocontrôle implique que le patient effectue son propre renforcement pour tout comportement allant dans le sens désiré, qu'il s'agisse d'arrêter de fumer, de contrôler son poids ou de supprimer une mauvaise habitude comme celle de se ronger les ongles, par exemple.

Cette procédure utilise les mêmes stratégies que celles utilisées en général dans les techniques de conditionnement opérant. Mais c'est le client qui va être appelé à contrôler son environnement de façon à créer les situations les plus favorables à la production du comportement voulu, en supprimant les occasions de se livrer à sa mauvaise habitude ou celles qui éveilleraient la tentation de le faire. Quant au renforcement, le client s'efforcera toujours de le rendre contingent au comportement désiré en ne se livrant à des activités agréables, par exemple, que lorsque le but fixé a été atteint.

Évaluation des thérapies behaviorales

Les thérapies behaviorales présentent l'avantage d'être à la fois de courte durée tout en permettant un contrôle immédat des résultats obtenus. Elles ont été utilisées pour traiter de nombreux troubles tels que le tabagisme, l'alcoolisme, les phobies, le bégaiement, etc. Dans les hôpitaux psychiatriques, l'utilisation de ces thérapies, en fonction des buts qu'elles se fixent et dont nous avons discuté plus haut, a également fourni des résultats. Cependant, pas plus que les autres thérapies, elles ne semblent avoir d'effet sur les troubles d'origine organique.

D'ailleurs, dans l'ensemble et selon les diverses recherches menées au cours des dernières années, il semble qu'on n'ait jamais pu établir qu'elles soient plus, ni moins, efficaces que les thérapies intrapsychiques. Bien qu'elles se veuillent plus scientifiques que ces dernières, on a pu montrer que des facteurs subjectifs tels que la qualité de la relation entre le thérapeute et le client ainsi que la motivation de celui-ci à voir se modifier son comportement, jouent un rôle au moins aussi important que la technique elle-même.

La critique formulée le plus souvent vis-à-vis des thérapies comportementales porte sur leur efficacité à long terme, contestée par les autres thérapeutes pour lesquels la disparition du symptôme ne signifie pas que la cause profonde du trouble se soit évanouie pour autant.

Ressources alternatives et action communautaire

Le propre des techniques biologiques, comme de la plupart des psychothérapies, est de concevoir les symptômes du patient comme un signe de son incapacité à se comporter normalement. Le but de telles thérapies vise donc essentiellement à supprimer ces aspects «pathologiques» de sa personnalité afin de lui permettre de devenir à nouveau fonctionnel. En d'autres termes, cette vision des choses part du principe que c'est l'individu, et lui seul, qui est responsable de son mieux-être (Bouchard, 1983). L'hôpital psychiatrique ou le cabinet du psychothérapeute constituent dès lors les lieux où il doit réapprendre à se prendre en charge avant d'être replongé dans la vie en société.

Cette conception ne tient cependant pas compte du fait que l'environnement social, qui est très souvent l'agent pathogène, ne s'est pas pour autant modifié et que, même si la volonté de changement s'est ancrée en l'individu, suite à l'intervention, les conditions extérieures et le stress qu'elles engendrent demeurent omniprésentes. De plus, plusieurs recherches ont mis en évidence le rôle prépondérant des facteurs socio-économiques dans le développement des perturbations psychologiques. Celles-ci se trouvent surtout aggravées chez les citoyens des classes économiques inférieures pour lesquels ces conditions prennent souvent une ampleur dramatique dans des situations d'urbanisation et d'isolement social parfois difficilement supportables[28].

Il n'est donc pas étonnant, comme nous l'avons vu précédemment, que la désinstitutionnalisation de la psychiatrie n'ait finalement débouché que sur une augmentation dramatique des réadmissions d'individus confrontés aux mêmes problèmes d'insertion sociale après qu'avant le traitement.

Pourtant l'environnment social peut jouer un rôle très positif lorsqu'il existe une volonté collective de changement. Depuis plusieurs années, des expériences alternatives sont menées en guise de solution de remplacement du modèle médical. Elles sont le fait de groupes ou d'associations sans but lucratif, qui visent à «amener l'individu à se sentir responsable de ses difficultés et à prendre conscience des facteurs sociaux qui sous-tendent ses problèmes» (Guertin et Lecomte, 1983).

On peut distinguer deux types de groupes alternatifs : les groupes d'entraide, constitués uniquement d'usagers, et les groupes thérapeutiques où se côtoient professionnels et non-professionnels.

Groupe d'entraide

Les groupes d'entraide visent à développer l'entraide et la solidarité entre des personnes vivant les mêmes problèmes. Selon le principe à la base de ces groupes, une personne ayant réussi à traverser une

---

[28] Selon plusieurs études, on retrouve plus d'individus en bonne santé mentale dans les classes sociales dites supérieures; on y observe en effet quatre fois moins de gens «malades» que dans les classes défavorisées (Arseneau, 1983).

GISÈLE BEAUVAIS

Fig. 12.19 *Dans les groupes d'entraide et les centres d'intervention en cas de crise, une permanence téléphonique permet de répondre le plus adéquatement possible aux personnes requérant un support ou un avis qui pourrait les aider à faire face à la difficulté psychologique à laquelle elles sont confrontées.*

situation difficile est mieux préparée pour aider une personne qui rencontre des problèmes semblables (Lavoie, 1983).

Ces groupes ont donc pour activité principale la rencontre et la réflexion sur les situations vécues par les membres.

Ces groupes sont aussi variés que peuvent l'être les problèmes qu'ils tentent de traiter, que ce soit l'alcoolisme (les Alcooliques Anonymes[29]), la dépression (les Déprimés Anonymes), la phobie (les Phobiques Anonymes), les séquelles psychologiques liées à une opération telle que l'ablation d'un sein (groupe Toujours Femme), etc. Ces groupes cherchent non seulement à soulager la détresse de la personne et à briser l'isolement dans lequel elle se trouve, mais surtout à échanger des conseils et de l'information difficilement accessibles par les voies officielles (figure 12.19).

Il existe également des groupes tentant de modifier les réactions de la société à l'égard de leurs membres en leur donnant la parole, comme c'est le cas pour les psychiatrisés, par exemple (Autopsy, Solidarité-Psychiatrie, etc.).

Les groupes d'entraide permettent non seulement aux individus de se sentir valorisés à travers leur cheminement personnel mais également par leur implication auprès de leur entourage. Ils sont, de plus, très souvent à l'origine de nouvelles voies d'intervention face à des problèmes très spécifiques (Romeder, 1982).

---

[29] Ce regroupement compterait 750.000 membres dans le monde.

Les groupes thérapeutiques

Les groupes thérapeutiques possèdent, eux, des ressources professionnelles impliquées dans le développement de l'autonomie des participants en vue de leur réinsertion sociale. Le type de thérapie qui y est appliquée est principalement centrée sur le quotidien des personnes et sur leur participation à ces activités socioculturelles (Plamandon, 1983). Selon l'environnement dans lequel ils évoluent, on distingue deux catégories de groupes thérapeutiques : les *communautés thérapeutiques* et les *réseaux*.

Les communautés thérapeutiques

Les premières communautés sont nées au cours des années 50, au sein des milieux hospitaliers. Après avoir connu un déclin marqué à la fin des années 60[30], elles soulèvent à nouveau l'intérêt et se développent à présent dans des lieux éloignés des institutions, dans lesquels les patients peuvent vivre dans un climat de liberté et d'autonomie.

Dans ces groupes, les résidents, les animateurs, les thérapeutes et les gestionnaires vivent et travaillent ensemble en vue de produire des changements dans le comportement et la personnalité des individus. Par l'analyse systématique des événements survenant dans la communauté, une communication la plus ouverte possible entre les membres, une réduction de la structure hiérarchique permettant de procurer un réel sentiment d'appartenance, on tente de créer une atmosphère dans laquelle la personne «pourra se sentir libre de faire des erreurs, de se découvrir elle-même, de croître et d'apprendre à mieux vivre» (Lecomte et Tourigny, 1983).

Selon les communautés, le patient suit, ou non, une psychothérapie individuelle de son choix en dehors de la communauté, les thérapeutes attachés à la communauté étant là principalement pour aider à solutionner les problèmes éventuels engendrés par la cohabitation. C'est notamment le cas des trois communautés anglaises de l'Association Arbours, principalement centrées sur la vie communautaire.

Parmi les autres associations existant dans différents pays du monde occidental, il faut citer la Philadelphia Association, toujours en Angleterre, mise sur pied par Laing et dont la tendance est psychanalytique. Elle permet au résident d'effectuer un véritable «voyage à travers la folie», au sein même de la communauté (Barnes et Berke, 1971), afin de «rassembler son corps et son esprit éparpillés» et de permettre que son langage, avec sa logique propre, lui devienne compréhensible, en en cherchant les racines parfois même avant la naissance, dans la vie intra-utérine (Laing, 1986)[31].

La caractéristique essentielle des communautés thérapeutiques réside dans le «refus de soigner» au profit d'un accompagnement apportant

---

[30] Compte tenu des grands espoirs qu'avait fait naître la chimiothérapie, alors en pleine expansion.

[31] En France, on retrouve le foyer thérapeutique Récamier ainsi que la maison de la Baïsse (Sassolas, 1981). Aux États-Unis, on connaît notamment le Chesnut Lodge et Soteria House, en Californie. Plusieurs expériences alternatives ont également été tentées au Québec, depuis 1975, dont la plupart sont toujours en cours (voir «Structures intermédiaires ou alternatives?», *Santé Mentale au Québec*, vol. VIII, n° 1, juin 1983).

Communauté thérapeutique
Communauté dans laquelle patients et psychiatres vivent et travaillent ensemble dans une atmosphère de liberté afin de produire des changements dans le comportement et la personnalité des individus.

réconfort et support au résident, intégré, dès le début de son séjour, comme membre à part entière de la communauté. C'est d'ailleurs lui qui doit faire personnellement sa demande d'admission, qui est prise en considération par les autres membres. De plus, s'il était soumis à une médication avant son entrée, c'est lui qui va décider de la poursuivre ou non, après en avoir discuté avec le psychiatre qui l'avait prescrite antérieurement[32]. Ainsi la communauté vise à renverser les «barrières» constituées à la fois par l'utilisation du modèle médical, par le nombre important de résidents, par la structure sociale fortement hiérarchisée et par l'utilisation systématique de médicaments qui sont le propre de l'institution psychiatrique et qui empêchent l'établissement d'une relation authentique avec le patient (Mosher et Menn, 1978).

L'intervention en réseau

Afin de pallier les limites de la psychiatrie communautaire, dont il a été question plus haut, il s'est développé un type de ressource alternative à l'appareil psychiatrique qui vise à mettre en place des structures de *soutien affectif* capables de se mobiliser autour des personnes en crise (Blanchet et coll., 1981).

Ces structures vont être élaborées à partir des réseaux dont la personne en crise fait partie. Ces réseaux sont constitués de l'ensemble des individus qui communiquent entre eux, soit sur la base d'affinités personnelles comme c'est le cas pour les membres d'un réseau *primaire* (parents, amis, voisins, compagnons de travail ou d'école), soit dans le cadre d'une institution (syndicat, équipe de professionnels, communauté religieuse, etc.), dans le cas des réseaux *secondaires*. C'est à ces réseaux que l'on fera appel afin de rassembler les ressources communautaires nécessaires pour solutionner un problème, ou encore afin d'agir sur les structures familiales pendant les moments de crise (éloigner un enfant, permettre le rapprochement entre certains membres de la famille, etc.).

C'est le patient lui-même qui va chercher à réunir les membres du réseau et à les mobiliser en vue de rencontres comprenant de 5 à 20 personnes. Ces rencontres mettent sur pied d'égalité le patient, l'équipe de professionnels (psychiatre, psychologue, travailleur social et parfois sociologue ou anthropologue) ainsi que les différents membres du réseau. Ces rencontres s'organisent autour d'un thème donné ou d'un problème concret (recherche d'un logement ou d'un travail, démarches d'ordre administratif ou juridique, etc.). Elles peuvent constituer l'intervention principale comme elles peuvent se limiter à accompagner une thérapie individuelle, familiale ou de couple qui insistera toujours davantage sur les aspects sociaux et interactionnels du problème plutôt que sur ses aspects psychologiques.

L'intervention est considérée réussie lorsque le réseau devient capable, de façon autonome, de mettre en place les structures de soutien affectif et de résoudre les difficultés au fur et à mesure où elles risquent de se présenter.

---

[32] La plupart du temps, cependant, les patients l'abandonnent une fois intégrés dans la communauté.

L'intervention sociale

L'efficacité de l'action communautaire n'est plus à démontrer. Celle-ci demeure cependant limitée à des expériences poursuivant des objectifs précis, qui sont très souvent en butte à l'inertie de la société et aux tracasseries bureaucratiques découlant de la méfiance et parfois du rejet qu'elles suscitent de la part des institutions.

Mais, surtout, toutes ces initiatives pallient les problèmes les plus urgents en cherchant à les solutionner. Les centres de crise sont là principalement pour intervenir auprès des personnes en danger; les groupes d'entraide reposent essentiellement sur la volonté des individus de développer une autonomie individuelle; les communautés thérapeutiques poursuivent le même but, mais demeurent très faibles en nombre et limitées dans leur capacité d'accueil. Quant aux programmes de prévention et d'éducation, ils restent relativement restreints dans leur application. Et, même si leur efficacité était reconnue, ils pourraient tout au plus maintenir les conditions existantes en les empêchant de se détériorer, mais ils ne seraient en aucun cas capables de transformer l'environnement social.

Cette transformation ne peut s'effectuer que par une intervention des divers intervenants sociaux, y compris les psychologues communautaires, afin de dénoncer systématiquement les conditions de vie faites à certains individus, d'analyser et de traiter leur problème en tenant d'abord compte de leurs besoins réels et des carences de leur environnement physique et social, et de multiplier les recherches en diffusant de façon accessible toute l'information qui peut en résulter (Bouchard, 1983).

Tant qu'une réelle volonté politique n'imprimera pas une orientation dans le sens d'un changement social en profondeur, mettant l'accent sur la prise de conscience, l'échange et la coopération entre individus, groupes et institutions, il y a peu de chances de modifier un état de fait imposé par une société marchande plus centrée sur la productivité et la rentabilité que sur la santé mentale de ses membres.

Document 12.1

L'être équilibré et la normalité

Face à la vie, avec les problèmes qu'elle pose et les défis à relever qu'elle implique, nous sommes amenés à tout instant à rechercher un équilibre entre une *adaptation* à la réalité, d'une part et l'épanouissement de nos potentialités nous permettant d'affirmer notre individualité, d'autre part.

Cette double tâche ne s'accomplit pas sans difficulté. Il est donc «normal» que, face à certains événements ou dans des situations particulières, nous connaissions des moments d'anxiété parfois très grande ou des périodes de dépression au cours desquelles nous pouvons avoir l'impression que tout combat est inutile. Il est également «normal» que nous utilisions les mécanismes de défense permettant un soulagement rapide, même s'il n'est que temporaire, nous permettant de nous accrocher pendant que la tempête est en train de passer. D'autres périodes vont suivre, plus calmes ou parfois accompagnées de moments d'exaltation au cours desquelles tout s'éclaire et paraît soudainement plus facile. La vie est faite de ces déséquilibres et de ces petits bonheurs. L'équilibre repose sur un mouvement en spirale dans lequel l'être tout entier est impliqué et où il est constamment poussé à ouvrir de nouveaux horizons et à mener de nouveaux combats.

Nous avons décrit, dans le document 2.13, la façon dont la personne peut parvenir à l'actualisation de ses potentialités, selon Maslow. Nous allons compléter le tableau en cernant les caractéristiques de l'être équilibré telles qu'on les retrouve décrites par différents auteurs.

Sur *le plan physique*, la personne équilibrée possède un corps en santé; elle a une bonne constitution ainsi qu'un goût pour l'effort physique et elle sait résister à la fatigue. L'équilibre de l'esprit ne peut en effet se concevoir sans un respect profond pour le corps. «Mens sana in corpore sano»[33] disait l'auteur latin Juvénal pour signifier que la santé psychologique et la santé du corps constituent les deux piliers de la sagesse.

Sur *le plan sexuel et affectif*, elle est capable d'établir, de façon satisfaisante, des relations intimes avec les autres. Tout en veillant, sans préoccupation exagérée, à la satisfaction de ses besoins, elle sait demeurer attentive et sensible aux besoins du ou de la partenaire.

Sur *le plan intellectuel*, la personne équilibrée est celle qui possède une bonne intelligence lui permettant de penser et d'agir de façon efficace. Elle s'efforce toujours de trouver une solution valable aux situations complexes, préférant s'en remettre aux faits plutôt que de choisir l'aspect rassurant des théories. Elle tente donc le plus souvent possible de passer des idées aux actes. Elle connaît ses capacités et ses aptitudes, et elle utilise ses ressources le mieux possible à des activités productives. Elle progresse de façon constante dans ses apprentissages en s'efforçant d'atteindre le but qu'elle s'est fixée, dans un temps raisonnable. Elle a de l'imagination et elle aime se mettre en quête de solutions autres que celles qui sont traditionnellement proposées.

Sur *le plan moral*, elle possède un sens de la justice qui est profondément imprégné d'un souci constant d'objectivité. Elle a tendance à se fier plus à son propre raisonnement qu'aux jugements des autres ou qu'à ceux transmis par les médias. C'est toujours de façon volontaire qu'elle décide de se conformer ou non aux normes sociales. Bien qu'elle possède une solide volonté, elle n'est pas pour autant entêtée. Elle est toujours disposée à reconnaître ses torts, sans cependant se livrer à un étalage excessif de ses erreurs.

Sur *le plan social*, elle se sent le plus souvent à l'aise avec les autres, ayant le sentiment d'être acceptée par eux. Ses réactions sont rarement calculées et cette spontanéité lui permet de s'ajuster aussi facilement à ses égaux qu'à ses inférieurs ou à ses supérieurs.

Sur *le plan de sa personnalité*, enfin, la personne équilibrée est une personne optimiste, qui aime la vie et qui répond, sans se sentir forcée, aux exigences que celle-ci impose. Elle est le plus souvent de bonne humeur, affichant un caractère enjoué. C'est une personnalité mûre,

---

[33] «Un esprit sain dans un corps sain».

autonome et réaliste qui sait accepter les responsabilités sans refuser les risques. Elle est relativement stable sur *le plan émotionnel*, ne se montrant ni trop confiante, ni trop inquiète, et elle sait affronter la malchance sans manifester une détresse démesurée. En général, elle préfère obtenir ce qu'elle désire par ses efforts plutôt que par des réclamations ou des comportements manipulateurs. Elle a, de plus, su conserver une certaine fraîcheur qui la rend capable de gratuité et d'émerveillement. Enfin, elle a une bonne estime d'elle-même et elle se regarde avec sympathie tout en conservant un sens de l'humour qui l'empêche de trop se prendre au sérieux.

Est-ce là votre portrait fidèle? Pour peu que votre décodage soit réaliste, vous faites partie du tiers de la population considérée comme étant en parfaite condition mentale. Dans le cas contraire, rassurez-vous : vous ne faites pas bande à part. Plusieurs auteurs s'entendent en effet pour établir à plus de 70 % le nombre de personnes présentant des comportements de type névrotique même si, selon eux, 5 % seulement souffrent d'une névrose grave. Ces chiffres varient également avec l'âge. Ainsi, selon une enquête effectuée dans le centre de New York,

si 24 % des individus entre 20 et 29 ans peuvent être considérés comme étant en excellente santé mentale, ce chiffre tombe à 15 % pour les individus de plus de 65 ans (Strole et coll. 1962)[34].

En termes statistiques, il semble donc que la nature humaine corresponde à cette zone dans laquelle se retrouvent 70 % d'entre nous et qui se situe entre la limite de l'équilibre et celle de la pathologie.

Être «normal» n'est peut-être, au fond, qu'une manière d'être et de vivre avec ses défauts, ses comportements pas toujours adaptés, ses besoins qu'on essaye de satisfaire tant bien que mal et l'anxiété contre laquelle on tente de se prémunir le mieux possible en utilisant divers mécanismes de défense ou en développant certains traits de caractère. L'important est d'en être le plus possible conscient et, faute d'atteindre le plein équilibre, de chercher à demeurer critique face à ses réactions en étant capable d'en rire à l'occasion.

------

[34] Des études semblables à celle-ci (citées par J. Arseneau, 1983, p. 79) ont été menées en Nouvelle-Écosse et au Québec et elles présentent des résultats similaires (Leighton, D.C. et coll., 1971 ; Denis et coll., 1973).

Document 12.2

La vie et les mécanismes de défense

Chaque jour, nous posons des gestes, nous disons certaines choses, nous jugeons, nous justifions nos actes. Tout cela semble conscient mais est-ce bien toujours le cas? La plupart du temps il s'agit de mécanismes de défense utilisés par le moi pour nous permettre de surmonter les conflits déclencheurs d'anxiété générées par certains situations. En voici quelques-uns. Pouvez-vous les identifier?

1. Une jeune femme refuse tout contact avec les hommes; sous hypnose, elle raconte comment elle a été agressée sexuellement par son oncle alcoolique lorsqu'elle était enfant, souvenir dont elle a complètement perdu la trace à l'état conscient.

2. Dans une tribu d'Afrique, il existe une légende qui dit que celui qui entend le bruit des chutes d'eau de la rivière voisine doit mourir. Personne dans la tribu n'entend jamais les chutes.

3. Une personne déclare être heureuse de passer une entrevue afin d'obtenir un emploi mais elle oublie de s'y rendre.

4. Un enfant développe une propreté exagérée après qu'on l'ait empêché de jouer dans ses excréments.

5. Une femme ne pouvant avoir d'enfant devient une puéricultrice exemplaire.

6. Un étudiant aimerait «tricher» aux examens mais il a l'impression que tout le monde le regarde comme s'il trichait vraiment.

7. Un individu agressif devient une vedette dans un sport comme le rugby ou le football.

8. Une petite fille « aime » tellement son petit frère qu'elle passe toutes ses nuits à son chevet au cas où « il arrêterait de respirer ».

9. Une femme exprime l'agressivité qu'elle ressent envers son époux en cassant involontairement les objets qui appartiennent à ce dernier.

10. Un individu agressif se comporte le plus souvent de façon *trop* gentille ou *trop* doucereuse.

11. Un mari est persuadé que son épouse le trompe alors qu'inconsciemment c'est lui qui désire la tromper.

12. Un individu élevé par un père autoritaire devient un militant actif dans des mouvements de contestation.

13. Une mère surprotège son enfant qu'elle n'avait jamais pu accepter au cours de la grossesse.

14. Une personne n'arrive pas à s'avouer qu'elle n'est pas satisfaite de l'emploi qu'elle occupe et elle a l'impression que tout le monde lui fait des reproches sur son travail.

15. Un étudiant justifie un échec lors d'un examen par le peu de temps accordé pour répondre ou par la présence de questions « pièges » *.

---

* Voir les suggestions de réponses à la suite du résumé du chapitre 12, à la page 573.

Document 12.3

Enfance et adolescence troublées

Au cours des toutes premières années de la vie ou au moment de l'adolescence peuvent se développer, chez certains enfants, des troubles du comportement qui vont perturber considérablement leur vie et celle de leur entourage. Dans la plupart des cas, les causes en sont encore inconnues. Certains de ces troubles peuvent s'estomper ou même disparaître avec l'apparition de la puberté, d'autres peuvent n'apparaître qu'à ce moment. Plusieurs cependant risquent de marquer l'individu pour le reste de son existence.

L'autisme infantile

L'autisme est un trouble qui touche 3 à 4 enfants sur 10.000, en majorité des garçons (plus de 75 % des cas).

Contrairement à l'enfant schizophrène, qui effectue un repli sur son monde intérieur après avoir connu un développement normal pendant les premières années de sa vie, l'enfant autis-tique n'est jamais entré dans le monde des humains (Bettelheim, 1973). Jamais il ne manifeste, que ce soit par le regard ou par le sourire, qu'il reconnaît ses parents. Son langage ne se développe que très lentement et souvent de façon stéréotypée : il n'utilise pas le *je*, et se limite à répéter des mots, à répondre à une question en reproduisant celle-ci ou encore en employant un code qu'il a lui-même créé[35]. Il va se livrer à des activités répétitives, comme celle de tourner machinalement en rond, ou à des jeux solitaires et bizarres, comme celui de contempler une flaque d'eau pendant des heures. Il peut également adopter des comportements destructeurs orientés soit vers les objets, soit vers sa propre personne, et consistant notamment, dans ce cas, à se frapper la tête contre la paroi du lit ou à se griffer le visage. Il marque de plus un attachement particulier pour

---

[35] Au lieu de répondre simplement « Non », il emploiera, par exemple, l'expression « Ne tire pas le chat par la queue », remarque faite un jour par la mère pour l'empêcher de martyriser l'animal.

certains objets qu'il flaire, lèche ou goûte. Il refuse obstinément certains aliments exigeant par exemple d'être nourri à la bouteille ou se contentant de mâcher du papier ou de sucer des cailloux. Une des particularités de l'autisme réside dans l'harmonie qui semble exister entre les comportements et l'ambiance atmosphérique, qui l'amène à pleurer lorsqu'il pleut ou à trépigner de joie sur un sol sous lequel se trouve une nappe d'eau souterraine.

On ne connaît pas les causes de l'autisme; aucune des hypothèses qui ont été avancées n'apportent en effet de réponses définitives, bien qu'elles se complètent en partie. Il existe pourtant de fortes présomptions en faveur d'une base biologique, sans toutefois qu'on possède de preuve en faveur d'une origine génétique. On a notamment découvert que le cerveau de l'enfant autistique produisait plus de sérotonine que celui des autres enfants, un excès qui pourrait affecter la prise d'information par les différents canaux sensoriels.

Toutefois, il semble plus probable que les facteurs biologiques prédisposent l'enfant à réagir par des comportements tels que ceux décrits plus haut seulement lorsqu'il se trouve confronté à des conditions de milieux devant lesquelles il ne lui reste plus «qu'à se réfugier dans un coin de son cerveau». Ce serait particulièrement le cas lorsque ce type d'enfant ainsi fragilisé est sollicité de façon constante par des parents bienveillants mais impatients de développer les potentialités de leur enfant. Bettelheim, qui a consacré de longues années à l'étude et au traitement des enfants autistiques, croit que ceux-ci deviennent ainsi incapables de développer un concept de soi suffisant. C'est la raison pour laquelle il est important, selon lui, de les isoler de leur famille afin de leur rendre la possibilité de cheminer à leur rythme et selon leurs besoins dans un milieu conçu à cette fin[36].

Une telle conception va tout à fait à l'encontre de celle des behavioristes qui, comme Lovaas (1977), pensent au contraire que l'enfant doit être rééduqué de façon systématique à l'aide, notamment, de techniques opérantes (voir le document 12.9).

L'hyperactivité

Sur 100 enfants, on compte en moyenne 3 hyperactifs qui sont 10 fois plus souvent des garçons que des filles. L'hyperactivité se manifeste en général avant 7 ans et parfois même avant l'âge de 3 ans. Chez certains enfants, le trouble peut disparaître avec la puberté; chez d'autres, par contre, il peut continuer d'exister au-delà de l'adolescence, parfois même jusqu'à bien tard dans la vie adulte. L'enfant hyperactif se caractérise tout d'abord par un grand manque d'attention; une fois entré dans le système scolaire, il n'écoute pas, il est facilement distrait et ne finit jamais ce qu'il entreprend. Il est également impulsif, agissant presque toujours avant de penser, sautant d'une activité à l'autre, éprouvant constamment le besoin d'être supervisé dans ses tâches et se montrant incapable d'attendre son tour dans des situations de groupe relatives au travail scolaire ou au jeu. Son hyperactivité le rend incapable de rester en place; il court d'une pièce à l'autre, escaladant les meubles ou dégringolant les escaliers. Même en dormant, il ne cesse de bouger. Il se comporte en toutes circonstances comme s'il était mû par un moteur perpétuellement en action.

De telles manifestations se répercutent, bien entendu, de façon importante sur son développement tant social qu'intellectuel, générant un handicap dans ses relations sociales qui sera pour lui un obstacle très difficile à surmonter par la suite.

Les causes de l'hyperactivité sont loin d'avoir été identifiées de façon nette. Puisque le trouble apparaît très tôt dans la vie, au point que les parents gardent le souvenir d'un «bébé très actif», il est donc plus probable que l'origine du trouble soit en partie biologique. Des chercheurs ont avancé l'hypothèse que certains produits, tels que les saveurs et les colorants alimentaires artificiels ainsi que les salicilates (présents dans certains fruits) et surtout le sucre blanc, pourraient jouer un rôle important dans le déclenchement de l'hyperactivité chez des enfants qui y seraient prédisposés à la naissance (Feingold, 1976; Prinz et coll., 1980). Paradoxalement, il

[36] L'école orthogénique de Chicago, fondée par Bettelheim, vise à créer un cadre dans lequel l'environnement physique et le personnel contribuent à assurer une grande stabilité autour de l'enfant. En France, Deligny (1975) cherche, lui aussi, à fournir à l'enfant un milieu de vie stable en l'insérant dans de petites communautés autosuffisantes constituant un «réseau», dans le massif des Cévennes.

semble de plus que l'absorption de drogues stimulantes, y compris le café, entraîne chez eux une réduction notable du niveau d'activité.

Jusqu'à présent, en plus des régimes basés sur ces indications, ce sont principalement les techniques behaviorales qui ont permis d'obtenir une amélioration notable du comportement de ces enfants.

Des troubles de la conduite à la sociopathie

Certains enfants se révèlent incapables de tenir compte du bien-être des autres, violant au contraire les droits de ces derniers chaque fois qu'ils peuvent obtenir une satisfaction de leurs propres besoins. Il s'agit d'enfants puis d'adolescents essentiellement manipulateurs, utilisant tout leur charme et jouant sur toutes les cordes sensibles pour arriver à leurs fins. Ils sont le plus souvent incapables d'éprouver des sentiments ou de manifester un quelconque remords à l'égard du mal qu'ils occasionnent. Ils peuvent même se révéler parfois très dangereux, semblant être incapables de prévoir les conséquences de leurs actes.

Leur personnalité antisociale va les amener de plus en plus à vivre à l'envers des autres, exploitant au maximum chacun des défauts de ceux-ci afin d'en tirer le plus de profit possible.

Par la suite, on retrouvera ces sociopathes dans des institutions pénitentiaires dans lesquelles ils vont passer une grande partie de leur vie. Une fois incarcérés, ils sont capables de se comporter en prisonnier modèle, acceptant toutes les contraintes sans rechigner et manifestant beaucoup d'égards pour les autorités afin d'obtenir une libération conditionnelle, dont ils profiteront pour récidiver à la première occasion.

Aucune psychothérapie ne semble avoir de prise sur eux. Le traitement de tels comportements est d'autant plus difficile à réaliser qu'on ne connaît que peu de choses sur les causes qui ont pu les engendrer. On sait que, dans de nombreuses occasions, l'enfant a été élevé dans une famille où régnait la discorde ou encore dont les parents étaient séparés ou divorcés et qui présentaient eux-mêmes, le plus souvent, des comportements antisociaux. Il peut également s'agir d'enfant ayant vécu en institution depuis le plus jeune âge. Cependant, le fait que la plupart d'entre eux aient des frères et des sœurs au

comportement normal paraît indiquer, ici encore, qu'il existerait une prédisposition d'ordre biologique. Ainsi, l'EEG effectué sur les sociopathes présenterait des différences marquées avec celui d'autres individus. Contrairement aux tracés enregistrés chez ces derniers, on ne trouve pas chez les individus antisociaux de tracé indiquant qu'ils prévoient que quelque chose est sur le point d'arriver. Ils semblent donc incapables, physiologiquement parlant, d'établir le lien entre ce qui vient de se passer et ce qui va survenir[37]. Ceci expliquerait alors pourquoi ils ne peuvent tenir compte, au moment où ils commettent un crime, des conséquences de leurs actes et des souffrances qu'elles entraînent chez leurs victimes, ni du châtiment qu'il risquent d'encourir. Orme (1969)[38] a montré, de son côté, que lorsqu'on demande à des sujets, dans le cadre d'une expérience, s'ils préfèrent recevoir un choc électrique tout de suite ou 10 secondes plus tard, les sujets normaux optent pour le premier choix alors que les sociopathes marquent une préférence pour le second, ce qui confirme d'une certaine manière le fait qu'ils ne peuvent penser qu'aux avantages qu'ils tirent du moment présent.

L'anorexie mentale

Sur 1.000 jeunes, on rencontre en moyenne 3 à 10 cas d'anorexie, et 7 à 20 % d'entre eux connaîtront une issue fatale. L'anorexie est observée presque exclusivement chez l'adolescente âgée entre 12 et 18 ans; celle-ci refuse obstinément de s'alimenter, même après avoir perdu parfois plus de 25 % de son poids normal. Le trouble s'accompagne fréquemment d'un arrêt des menstruations.

L'anorexique a une image déformée de son corps, se considérant toujours trop grasse malgré son visage émacié aux yeux renfoncés dans les orbites et ses membres décharnés aux articulations saillantes. Elle nie la faim et si elle fait parfois des épisodes de boulimie, ceux-ci sont alors immédiatement suivis de vomissements provoqués. De plus, l'anorexique est hyperactive, se livrant à toutes sortes de sports ou encore à la danse, et se relevant même la

---

[37] Cité par M. Ferguson, *La révolution du cerveau*, p. 188.

[38] Idem.

nuit pour accomplir des exercices permettant d'éliminer des calories.

Les causes de l'anorexie demeurent obscures. Mais compte tenu de l'étape du développement à laquelle elle survient et du fait qu'elle touche principalement les filles, il semble qu'on puisse parler d'un trouble de la maturation de l'adolescence qui pourrait être compris comme «un refus rigide de la féminisation de l'image corporelle». L'anorexie pourrait notamment constituer une réaction à une puberté précoce ou à une victimisation incestueuse, réelle ou imaginaire; le regard que portent les hommes de l'entourage familial sur les transformations corporelles paraissent en effet constituer un facteur déclenchant.

Le traitement de l'anorexie porte principalement sur la prise de conscience par la patiente de la réalité des symptômes ayant trait à la perte de poids et à l'arrêt des menstruations, sur le développement d'une motivation à retrouver une socialisation normale et, enfin, sur la fixation d'objectifs de reprise de poids permettant de mesurer les progrès dans les changements d'attitude de l'anorexique.

La boulimie

La boulimie est également un trouble presque exclusivement féminin dont souffrent près de 10 % des femmes de 12 à 39 ans. Plusieurs études nord-américaines montrent que ce besoin pathologique de se gaver de nourriture, sans plaisir réel, s'observe à présent, à des degrés divers, chez plus de 20 % des femmes de niveau postsecondaire dont le poids demeure cependant normal ou près de la normalité. Selon ces études, près de la moitié des femmes utilisent en effet des laxatifs et 14 % se feraient vomir. Certaines d'entre elles seraient ainsi enfermées dans un cycle consistant à se gaver puis à vomir qui occuperait une place primordiale dans leur vie. Il semble que ce cycle permette de faire disparaître de façon temporaire la douleur et l'anxiété générées par les problèmes quotidiens et de les détourner vers les sensations de soulagement, de culpabilité, de honte, etc.

Selon certains auteurs, les désordres alimentaires seraient en relation étroite avec la recherche d'une identité. La peur d'être rejetée, associée à un manque d'estime personnelle, pourrait dès lors constituer une cause majeure de la boulimie, notamment à la suite d'un rejet actuel ou passé, par le sexe opposé. En ce sens, le gavage compulsif fournirait une structure, une façon d'utiliser le temps libre dont les boulimiques semblent avoir si peur; il constituerait ainsi un comportement renforçant en soi.

Sources : BARKER, M. et BRUNEAU, G., « Aspects psychologiques de l'anorexie mentale et implications », dans J. WILKINS (Éd.), *Médecine de l'adolescence : Une médecine spécifique*, Montréal, Centre d'information sur la santé de l'enfant, Hôpital Ste-Justine, 1985, p. 302-309.
NEUMAN, P.A. et HALVORSON, P.A., *Anorexia Nervosa and Bulimia*, Van Nostrand Reinhold Company Inc., 1983.

Document 12.4

Voyage à travers la souffrance psychique

C'est par rapport aux hallucinations, aux délires, aux comportements inadaptés ou bizarres émis par certains, que l'individu «normal» va déterminer la frontière entre ce qui est acceptable et ce qui ne l'est pas. Il est guidé en cela par la description et la catégorisation médicale des symptômes. Pourtant, «quel inquiétant, quel funeste, quel inconcevable pouvoir que celui des spécialistes-ès-personnes malades qui continuent d'avoir le droit de les enterrer vivantes et hurlantes dans le sépulcre de leurs mots. Leurs cris ne sont que symptômes d'hystérie, leur terreur, signe de paranoïa. Leur défaite révèle un manque panique de fibre morale » (Laing, 1986). Qui dira ce que signifie réellement le symptôme que le sujet utilise comme moyen d'exprimer son inadaptation au monde ?

Délires et hallucinations

Parmi les symptômes présents chez l'individu présentant des troubles paranoïdes ou schizophréniques, les délires et les hallucinations occupent une place de premier plan.

Dans le cas de *troubles paranoïdes*, le délire est habituellement organisé autour d'un thème précis de persécution, de jalousie ou de grandeur qui emporte la conviction absolue du sujet, bien qu'il ne semble correspondre en rien à la réalité présente.

«Mon voisin fait tout pour me nuire. Il ‹sait› que je n'aime pas le bruit; pourtant, il allume son poste de télévision chaque soir à l'heure où j'ai besoin de me détendre. Je l'entends à travers la cloison. Il le fait exprès. Et puis pourquoi range-t-il toujours sa voiture juste devant ma porte? Pour me narguer chaque fois que je sors. Lorsque nous nous croisons dans le couloir, jamais il n'ose me regarder; mais je sais qu'il ricane en lui-même. Et puis, qui sont ces gens louches qu'il reçoit souvent chez lui le soir. Ils parlent parfois pendant des heures mais ils s'arrêtent chaque fois que j'approche l'oreille de la cloison. Je vais en parler à la police...».

(Le voisin, quant à lui, ignore tout, bien entendu, de ce qui lui est reproché). Dans ce type de délire, le raisonnement tenu par la personne est logique... seules les prémisses sont fausses; elles sont le produit de son imagination.

Quant au délire de la personne *schizophrène*, il apparaît le plus souvent comme non organisé, sans thème précis. Dans le *type désorganisé*, on rencontre des idées semblant n'avoir aucun lien entre elles ainsi que de fréquents arrêts dans le discours:

«Qui suis-je? Je suis moi et je suis tout le monde en même temps... le temps... il faut arrêter le temps... Vous ne pouvez pas m'atteindre... Je suis vide en dedans... Je n'ai plus de visage...».

Dans le *type paranoïde*, on retrouve des idées de persécution ou de grandeur ne semblant reliées par aucune articulation réelle:

«Arrachez les fils... tous les fils dans ma tête qui me rattachent à la grosse machine... Nous sommes tous contrôlés par elle... Il faut se méfier d'eux... Ils sont là... Ils veulent entrer dans mon corps...».

Les *hallucinations*, elles, peuvent être gustatives, olfactives ou visuelles. Elles sont le plus souvent auditives:

«C'est la voix des ‹opérateurs›... Ils veulent encore prélever un morceau de mon cerveau... Non, je ne vous obéirai pas».

«Je sais qu'on essaie de m'empoisonner en déposant des ‹odeurs› dans les coins de ma chambre... Même la soupe a changé de goût... Mais ils ne savent pas que je peux supprimer l'effet du poison rien qu'en concentrant ma pensée...».

«Voyez-vous le Christ au plafond? Tout le monde peut le voir, à condition de faire le vide dans sa tête...».

À première vue, de tels propos sont irrationnels, et c'est cette déraison, considérée comme «maladie», que la psychiatrie va tenter de freiner, sinon de réprimer. Mais quel est le sens profond d'un tel discours? Quel vécu veut-il traduire? Où plonge-t-il ses racines? [39].

Exaltation et fuite des idées

Les états maniaques se caractérisent par une distraction et une agitation extrêmes, ainsi qu'une fuite des idées provoquées par des changements rapides dans le cours de la pensée, entraînant une incohérence dans les propos tenus:

«Comment allez-vous? Je suis très pressée... Mais, asseyez-vous. Comment allez-vous? Vous me rappelez mon frère. Moi aussi, j'ai joué au golf. Mais je n'aimais pas mon dentiste... Vous savez que j'ai été mariée. Nous avions une grande maison... J'aime beaucoup pique-niquer. Et vous?... Tiens, pourquoi les rideaux sont-ils tirés?...».

Une hypothèse, d'origine psychanalytique, voit dans ce comportement un mécanisme de défense contre une profonde *angoisse dépressive*. Par cette fuite éperdue vers l'extérieur, l'individu nierait ainsi sa réalité intérieure et les sensations de dépression qui l'accompagnent.

[39] Certains, comme Laing (1986), cherchent à établir le lien entre certains rêves ou certaines hallucinations et des «expériences» remontant parfois jusqu'à la naissance et même jusqu'à la vie intra-utérine.

Par-delà les mécanismes de défense

L'adaptation perpétuelle aux circonstances parfois douloureuses de la vie, les risques qu'il faut encourir, l'attente de ce qui pourrait arriver sont autant de sources de stress générateur d'angoisse que nous tentons de maîtriser chaque jour, plus ou moins consciemment. Il arrive pourtant que le contrôle ne puisse plus s'exercer, et l'angoisse déborde alors sans raison apparente et sans qu'il soit possible de la freiner, comme c'est le cas dans les *troubles paniques* :

– La crise d'angoisse survient brusquement et peut s'étendre sur plusieurs minutes et parfois même plusieurs heures. Denise sait pourtant que cette crise survient sans raison. Les battements de son cœur s'accélèrent, la sueur perle sur sa peau, elle se sent la gorge serrée. Elle a l'impression qu'elle sera bientôt incapable de continuer à respirer, qu'elle va être victime d'une crise cardiaque, qu'elle va devenir folle ou encore qu'elle risque de mourir...

Dans d'autres cas, les mécanismes de défense «ordinaires» vont être remplacés par des tactiques plus ou moins rigides, dont le coût énergétique se révèle considérable pour l'organisme (voir Dongier, 1967).

Ainsi, la personne *phobique* va fixer ou concentrer son angoisse sur un objet ou sur un lieu particulier dont il lui suffit alors de se tenir à l'écart pour éviter les symptômes :

– Jeanne ne peut s'approcher d'une fenêtre (même fermée) lorsqu'elle se trouve à un des étages d'un immeuble sans que ses jambes se dérobent brusquement sous elle (acrophobie).

– Pierre ne peut dormir dans une chambre ne possédant pas au moins deux fenêtres et une porte qu'il laisse entrouverte pendant la nuit (claustrophobie).

– Lise ne peut s'éloigner de plus d'une centaine de mètres de sa maison sans sentir une angoisse lui serrer la poitrine et la gorge l'obligeant bientôt à faire demi-tour (agoraphobie).

– Paule ressent des palpitations cardiaques à la simple vue d'une fourmi (zoophobie).

La personne *obsessionnelle*, elle, cherche à garder l'angoisse à distance en tentant de lutter contre ses obsessions mais surtout en répétant indéfiniment les mêmes comportements, qu'elle se sent «obligée» d'émettre tout en sachant que cela n'a aucun sens.

– Jacques se sent obligé de se laver les mains chaque fois qu'il vient de toucher une poignée de porte ou un objet quelconque. C'est donc plusieurs dizaines de fois par jour qu'il se retrouve devant le lavabo, s'imposant en plus de se laver les mains 10 fois consécutives chaque fois qu'il doit passer à table.

– Jeannine est obsédée par l'idée que son fils de 4 ans puisse se blesser à l'aide d'un couteau ou d'un quelconque ustensile de cuisine. Elle les a donc retirés du tiroir pour les ranger dans l'armoire murale, mais elle est alors envahie par un doute : «Et s'il montait sur une chaise ?» Elle les dépose donc sur le sommet du meuble où elle doit chaque fois aller les prendre au moment de préparer les repas.

– Pierre ne peut s'empêcher de relever le numéro des plaques d'immatriculation de toutes les voitures stationnées le long du trottoir. Parfois même, pris d'un doute, il lui faut revenir en arrière afin de vérifier qu'il a bien lu. Le calvaire recommence chaque fois qu'il se promène en ville, même lorsqu'il est accompagné.

Dans les cas de *troubles de conversion*, la personne nie l'existence même de la situation génératrice d'angoisse en convertissant le problème psychologique en un problème physique.

– Après avoir vécu longtemps auprès de sa mère, Jean s'est finalement marié. Il s'est toujours entendu avec sa future épouse sur le fait qu'ils n'auraient jamais d'enfant, se sentant incapable d'assumer une telle responsabilité. Pourtant, après quelques mois, sa compagne se trouve enceinte et, par conviction religieuse, ils décident de mener la grossesse à terme. Le jour de la naissance, alors qu'il s'apprête à partir pour l'hôpital, Jean devient subitement aveugle. Les examens effectués ne pourront pourtant détecter le moindre déficit organique au niveau de l'œil ou du cerveau.

– Au moment d'être envoyé au front où il doit se battre pour la première fois, un jeune soldat est brusquement atteint d'une paralysie de la jambe droite, sans pourtant qu'aucune cause organique ne puisse être reliée à un tel trouble.

Les troubles de *somatisation* constituent une autre façon de se prémunir contre les aspects menaçants de l'angoisse qu'ils permettent de déplacer sur des problèmes de santé que la personne ne peut, la plupart du temps, localiser.

– Lorie a 25 ans. Depuis plusieurs mois, elle ressent des douleurs généralisées à l'abdomen sans toutefois pouvoir déterminer si c'est l'estomac, le foie ou l'intestin qui est en cause. Elle se déclare incapable de manger certaines viandes ou certains aliments gras sans que ces rejets spécifiques puissent s'expliquer sur le plan diététique. La douleur s'accentuant parfois de façon intolérable, elle a consulté divers médecins sans qu'aucun d'eux ne puisse identifier la cause du mal. Pourtant, Lorie est convaincue qu'il s'agit bel et bien d'un trouble organique exigeant vraisemblablement, selon elle, une intervention chirurgicale et elle rejette, a priori, toute explication psychologique.

L'*hypocondrie* consiste, elle, à porter une attention excessive sur un problème de santé précis dont la personne est persuadée d'être affligée.

– Depuis qu'il a écouté une émission sur les maladies du cœur, et qu'il a lu divers articles sur le sujet, Marcel «sait» que les douleurs qu'il ressent parfois à la poitrine constituent le signe d'un infarctus imminent. Ces symptômes se manifestent surtout au lever, ce qui l'empêche souvent de se rendre au travail et qui oblige sa compagne à prendre soin de lui. Jusqu'à présent, les examens n'ont cependant révélé l'existence d'aucun signe avant-coureur d'une éventuelle crise cardiaque.

La *réaction dissociative*, rencontrée notamment dans les cas de personnalité multiple, est relativement rare. Il s'agit d'un mécanisme qui permettrait à la personne d'affronter les situations génératrices d'angoisse en isolant un ou des aspects différents de sa personnalité; ceux-ci vont alors constituer un personnage capable de faire face sans que les autres facettes soient concernées.

– Le corps de Sybil est habité tour à tour par 16 personnalités d'âge et de sexe différents. Chacune se présente avec ses caractéristiques particulières dans la voix, le vocabulaire employé, la façon de marcher, et même la silhouette. Certaines sont grandes, d'autres petites; les unes sont élancées et blondes, les autres petites et brunes. Elles ont toutes une conception différente de la vie et chacune d'elles prend place lorsque Sybil doit faire face à un type de situation particulière. Mary est réfléchie et repliée sur elle-même, Peggy est colérique, Sid et Mike sont tous deux menuisiers et présentent des traits de caractère du père et du grand-père de Sybil, Nancy est douce et pieuse; quant à Vicky, raffinée et chaleureuse, elle est la seule à connaître l'existence des autres (Schreiber, 1978).

Document 12.5

Sains d'esprit parmi les fous

Peut-on être assuré d'être reconnu comme une personne «normale» dans un endroit où l'on soigne celles qu'on considère ne pas l'être? C'est à cette question que David Rosenhan, professeur de psychologie à l'université Stanford (Californie) a tenté de répondre, en 1973.

Il forma donc une équipe avec sept autres collaborateurs, dont trois psychologues, un pédiatre, un psychiatre, un peintre et une ménagère (en tout trois femmes et cinq hommes) qui se présentèrent, à divers moments, dans 12 hôpitaux de 5 États des États-Unis. Tous étaient normaux et n'avaient jamais manifesté de troubles quelconques au cours de leur vie.

La consigne pour chacun d'eux était la suivante : ils devaient déclarer, lors de la demande d'admission à l'hôpital, qu'ils entendaient parfois des voix inconnues, de même sexe, qui prononçaient des mots flous tels que «vide», «creux», «floc» et, après avoir modifié les renseignements concernant leur identité, de fournir tous les renseignements sur leur vie réelle, avec ses satisfactions et ses peines. Selon Rosenhan, rien dans une telle présentation ne pouvait être considéré comme pathologique, car même les voix pouvaient constituer un symptôme typique chez une personne ressentant sa vie «comme une expérience vide et creuse».

Pourtant, dans 11 cas sur 12, ils furent admis à l'hôpital et étiquetés «schizophrènes».

Il ne s'agissait peut-être là que d'une méprise de la part du personnel soignant ou du fait qu'il voulait s'accorder le temps de vérifier le diagnostic.

Dès leur admission et tout au long de leur séjour, les pseudo-patients adoptèrent donc un comportement tout à fait normal, n'invoquant jamais plus la présence des voix, dans l'espoir d'obtenir rapidement leur congé. Cette amélioration subite ne fut cependant remarquée par aucun soignant, et ce n'est qu'après de multiples efforts pour convaincre le personnel qu'ils étaient suffisamment sains d'esprit pour pouvoir quitter l'hôpital qu'ils purent rentrer chez eux après un séjour moyen de près de trois semaines (un d'entre eux fut gardé sept semaines et demie et dut s'évader, faute de ne pouvoir convaincre les soignants qu'il était sain de corps et d'esprit).

Lorsque Rosenhan fit part de ses résultats, on cria au scandale, refusant de croire qu'une telle chose puisse se produire dans des conditions normales.

Rosenhan prévint alors les membres de l'équipe soignante d'un hôpital, auxquels il avait exposé les faits relatifs à la première expérience, qu'ils devaient s'attendre à recevoir la visite de pseudo-patients dans les trois mois qui allaient suivre. Sur les 193 patients admis au cours de cette période, 41 éveillèrent les soupçons d'au moins un membre du personnel soignant, 23 furent déclarés «pseudo-patients» par au moins un psychiatre et 19 furent considérés comme suspects par un psychiatre et par un non-médecin... alors que, pourtant, aucun pseudo-patient ne s'était présenté à l'admission.

Il fallait donc se rendre à l'évidence qu'il n'existait aucune certitude dans la détermination de ce qui est normal et de ce qui ne l'est pas. Mais alors sur quoi reposaient ces certitudes de la part des soignants? Selon Rosenhan, elles se fondent la plupart du temps sur des erreurs de perception et des interprétations erronées.

Au cours de leur séjour, les pseudo-patients avaient, en effet, pris soin de noter toutes leurs observations sur ce qui se passait autour d'eux sans que jamais quelqu'un ne s'inquiète et vienne vérifier le but de cette occupation. Au contraire, ce «comportement d'écriture» considéré comme caractéristique du schizophrène, confirmait le diagnostic dans l'esprit des soignants. Pourtant, près de 30 % des «vrais» patients peuplant l'hôpital avaient découvert la supercherie et déclaraient aux pseudo-patients : «Vous n'êtes pas fou (folle), hein?... Vous êtes journaliste ou professeur?... Je parie que vous prenez des renseignements sur l'hôpital!...».

Les expérimentateurs observèrent également combien le personnel, qu'il s'agisse d'un psychiatre, d'un psychologue, d'une infirmière ou d'un préposé, était peu accessible. Ils calculèrent ainsi que le contact avec l'un d'entre eux n'était que de 6,8 minutes par jour, en moyenne. De plus, ces contacts étaient le plus souvent faussés par l'attitude du personnel, bien connue des patients ayant fréquenté un hôpital. Ainsi, par exemple, à la question, posée chaque jour : «Docteur, pouvez-vous me dire quand je sortirai d'ici?», le psychiatre répondait le plus souvent sans s'arrêter ni attendre de réponse : «Bonjour, David. Comment allez-vous aujourd'hui?».

Aussi, comme l'indique Rosenhan, il n'est pas difficile, dans une telle atmosphère, de comprendre comment des gens normaux «peuvent paraître fous du seul fait de se trouver dans ce milieu bizarre, dépersonnalisant et frustrant qu'est un hôpital psychiatrique».

Tout se passe dans le regard et dans la façon dont il est posé, comme l'avait déjà montré Mendel, vingt ans auparavant (voir le document 3.7). Les choses ont-elles réellement changé depuis 1954?

Document 12.6

Antipsychiatres et psychiatres : droit à la folie ou droit à la médication ?

Le débat sur la folie est loin d'être clos. À la découverte des drogues du cerveau, au cours des années 50, a succédé le mouvement antipsychiatrique réclamant le droit pour l'individu d'échapper à son milieu, en choisissant un voyage à travers la folie comme moyen de retrouver une raison d'exister. Cette conception ne pouvait que heurter de front ceux parmi les psychiatres qui tenaient à «ramener la psychiatrie dans la médecine» par l'usage des médicaments, qui constituent «la prescription médicale par excellence». C'est notamment le cas du docteur Thuillier, psychiatre et pharmacologue français, auteur du livre *Les dix ans qui ont changé la folie*[40] dans lequel il retrace l'histoire de la découverte des médicaments psychotropes et de la chimiothérapie en psychiatrie. Il déclarait dans une entrevue, effectuée en 1981[41] : «Lorsque les antipsychiatres comme Laing et Cooper disent qu'il faut accompagner le malade dans sa psychose, cette attitude est criminelle... Ceux qui ont écouté les conseils des antipsychiatres ont conduit les malades à la catastrophe. Mais le langage des antipsychiatres est un poison perfide contre lequel luttent parfois difficilement les vrais psychiatres responsables. Ce langage met d'un côté ceux qui veulent accompagner leurs malades, vivre avec eux, les laisser faire ce qu'ils veulent; d'un autre côté ceux qui veulent les interner, leur faire des piqûres qui vont les abrutir. D'emblée, la cause est perdue pour les seconds.

Pourtant, poursuit le docteur Thuillier, il suffit de voir comment la situation de certains malades a été transformée par les chimiothérapies. J'en ai un exemple précis. Je connais une femme de ménage, mère de famille, qui travaille avec ses hallucinations. Elle est sous neuroleptiques qu'on lui injecte tous les quinze jours. Chaque fois qu'elle branche son aspirateur, elle entend des voix qui recommencent à lui parler, mais désormais elle s'en moque parce qu'elle est sous l'effet des neuroleptiques, alors qu'autrefois elle aurait cassé l'aspirateur contre les murs. Voilà la différence. Peut-on dire qu'elle est guérie? Elle n'est peut-être pas guérie, mais elle travaille, elle gagne sa vie, elle s'occupe de ses enfants, elle a sa place dans la société».

Certains rétorqueront peut-être que l'utilisation d'une camisole chimique et la vie de zombi qu'elle implique ne constituent peut-être pas la meilleure façon de donner un sens à son existence, même si l'on n'est *qu*'une modeste femme de ménage. La folie n'est-elle pas justement une façon d'échapper à la réalité de n'avoir que l'appartement des autres et l'aspirateur pour seul horizon? On n'a malheureusement pas encore rapporté de cas d'un psychiatre fonctionnant sous neuroleptiques et continuant à «gagner sa vie», malgré ses hallucinations. Cela aurait peut-être permis la comparaison.

Quoi qu'il en soit, on doit reconnaître qu'en 1988, «la psychiatrie est (bel et bien) en panne». Comme le confiait un psychiatre à une journaliste[42] : «En toute humilité, il faut admettre qu'on pose des diagnostics sans connaître la cause de la maladie et qu'on soigne plus qu'on ne guérit». Le docteur Lehmann, psychiatre canadien travaillant actuellement au département de la recherche psychiatrique de l'État de New York, reconnaît qu'il a toujours été sceptique. «Mes années de travail auprès des malades mentaux, dit-il, m'avaient appris que tout ce qu'on pouvait demander à ces pilules, c'était une amélioration partielle ou temporaire».

Quel est alors l'avenir de la psychiatrie? D'une part, la recherche, et de l'autre, «trouver le moyen de rendre la vie plus agréable à tous ces

---

[40] Paru chez Robert Laffont, Paris, 1981.

[41] Propos recueillis par Jacques Mousseau, *Psychologie*, n° 136, mai 1981l, p. 25-33.

[42] Dominique Demers, «La psychiatrie en panne», *L'Actualité*, vol. 11, n° 6, juin 1986, p. 48-53.

patients chroniques laissés pour compte, explique le docteur Lehmann. Il ne faut pas se leurrer. La société est agressive; il faut lutter pour aller de l'avant. Eux en sont incapables. Il faut trouver un monde pour eux, quelque part entre la société et l'institution. Un monde où ils pourront jouir de plus de liberté et d'autonomie tout en étant protégés et aidés».

Mais l'antipsychiatrie proposait-elle vraiment quelque chose de différent de tels lieux dans lesquels le patient «trouverait lui-même la sortie, en même temps que celle de sa folie»? (Mousseau, 1971).

Document 12.7

Et si le secret des thérapies était l'effet placebo?

Des centaines de recherches ont montré que, quelle que soit la thérapie utilisée, qu'elle soit médicale ou psychologique, on obtenait toujours un taux relativement similaire de réussite (Shapiro et Morris, 1978). Compte tenu de l'importance de ce taux se situant aux environs de 80 % (Smith et Glass, 1977), il est clair que le hasard seul ne peut tout expliquer. Il faut donc faire intervenir un agent commun à toutes ces formes d'interventions. Il semble évident qu'il s'agisse, en l'occurrence, de l'*effet placebo*.

Dès 1955, Beecher avait rapporté une expérience effectuée sur plus d'un millier de patients et qui était uniquement basée sur l'utilisation d'un placebo. Après avoir distribué des pilules sucrées à toutes les personnes présentant des troubles variés, en prétendant qu'il s'agissait d'un médicament efficace. Beecher nota qu'un tiers d'entre elles indiquaient une amélioration sensible de leur état (quelques-unes prétendirent même que le «médicament» les rendait malades).

En Angleterre, ce n'est qu'après deux années d'utilisation d'un appareil à électrochocs qu'on s'aperçut que celui-ci était défectueux et ne remplissait pas son office. La découverte du vice de fonctionnement ne découla cependant pas de l'observation de l'état des patients mais plutôt du simple fait, noté par une infirmière, que les orteils des patients ne se recroquevillaient pas (Scheflin et Opton, 1978).

Heath, un psychiatre de Tulane, aux États-Unis, mena une expérience en double aveugle, selon laquelle la moitié d'un groupe de patients, gravement perturbés, subirent une lobotomie alors que ceux de l'autre moitié ne furent opérés qu'en surface, sans dommage aucun pour le cerveau. Tous les sujets présentaient donc une plaie en voie de cicatrisation sans que ni eux, ni le personnel soignant ne puisse déterminer lesquels avaient été lobotomisés. Heath insista pour que, après l'opération, le personnel soignant fournisse à chacun d'eux les meilleurs soins psychologiques possible. Après quelque temps, la plupart d'entre eux manifestèrent des signes de guérison et plusieurs purent même regagner leur logis, sans qu'on puisse, de manière significative, imputer l'amélioration à l'intervention chirurgicale.

Il en va ainsi pour les psychothérapies, quelle que soit leur orientation : la réussite semble plus souvent liée à la foi que patient et thérapeute mettent dans le traitement. Les thérapeutes comportementalistes se considéraient pourtant à l'abri d'une telle éventualité, étant donné la rigueur scientifique entourant leur intervention. Or, c'est peut-être avec la désensibilisation systématique que l'effet placebo est le plus net. Kazdin et Wilcoxon (1976) ont montré, à la suite de nombreuses autres recherches, qu'il était possible de guérir des patients souffrant d'une phobie des serpents en leur faisant simplement croire que les diapositives blanches présentées sur un écran constituaient une représentation subliminale de l'objet de leur phobie. La «guérison» se trouvait d'autant accélérée qu'on fournissait de faux indices aux patients en créant de toutes pièces des enregistrements polygraphiques de leur anxiété chargés de leur montrer qu'ils faisaient des progrès.

Il semble, selon Duncan et Laird (1981), que les facteurs de personnalité entrent en jeu en ce qui concerne l'efficacité d'un placebo. Ainsi, les individus qui considèrent que le contrôle de leurs actes est d'origine externe réagissent mieux à l'effet placebo que ceux pour lesquels le contrôle est interne (voir chapitre 10).

Fields et ses collaborateurs (1978), de l'université de Californie, semblent avoir trouvé une piste qui permettrait peut-être d'expliquer ces différences au niveau de la biochimie du cerveau. Ces chercheurs demandèrent à un groupe de sujets d'évaluer la douleur ressentie par eux après qu'ils se soient fait arracher une dent. Ils distribuèrent alors à chacun un produit à avaler et on leur demanda de rendre compte de l'effet de celui-ci. La moitié du groupe reçut de la naloxone, une substance qui contrecarre l'effet des suppresseurs naturels de la douleur que sont les *endorphines*. L'autre moitié se vit administrer un placebo. Les sujets du premier groupe notèrent une aggravation très nette de la dou-

leur, puisque l'effet exercé par les endorphines lors de l'apparition d'un stress se trouvait supprimé. Quant aux sujets du deuxième groupe, ils se subdivisaient en deux catégories distinctes. Le tiers d'entre eux réagirent immédiatement en indiquant une diminution marquée de la douleur. Fields les appela les «réactifs au placebo». L'autre partie du groupe ne manifesta qu'une diminution légère ou nulle. Ils furent donc appelés les «non-réactifs au placebo». Après avoir donné de la naloxone aux sujets des deux catégories, les chercheurs notèrent une augmentation plus importante de la douleur chez les «réactifs» que chez les autres. On pouvait donc conclure que l'effet placebo entraîne la libération d'endorphines, mais seulement chez certaines personnes capables de les sécréter en cas de stress.

Ce qui est valable pour la douleur et les endorphines ne pourrait-il l'être également pour les autres émotions et les neurotransmetteurs qui leur sont associés?...

Source : GUAY, J., «La psychothérapie est-elle efficace?» dans *Psychothérapies, attention!*, Sillery, Québec, Québec Science (éd.), 1983, p. 99-119.

Document 12.8

Une interprétation freudienne

Dans l'*Introduction à la psychanalyse* (1916), Freud rapporte le cas d'une jeune femme de 19 ans présentant une névrose obsessionnelle[43]. Celle-ci se manifeste par tout un cérémonial auquel elle doit se livrer chaque soir, avant de se coucher. En premier lieu, elle arrête la grande pendule puis fait emporter toutes les autres pendules et montres (y compris sa montre-bracelet) qui se trouvent dans sa chambre. Elle réunit ensuite sur son bureau tous les pots à fleurs et les vases «de telle sorte qu'aucun d'entre eux

ne puisse, pendant la nuit, se casser et troubler son sommeil». Elle entrouve alors la porte qui sépare sa chambre de celle de ses parents et l'immobilise à l'aide de toutes sortes d'objets. Mais c'est surtout le rituel portant sur le lit lui-même qui est le plus important. «L'oreiller qui se trouve à la tête du lit ne doit pas toucher au bois du lit; le petit coussin de tête doit être déposé en losange sur le grand, et la malade place sa tête dans la direction du diamètre longitudinal de ce losange. L'édredon de plumes doit au préalable être secoué, de façon à ce que le côté correspondant aux pieds devienne plus épais que le côté opposé; mais, cela fait, la malade ne tarde pas à défaire son travail et à aplatir cet épaississement».

---

[43] Le DSM III parle aujourd'hui de troubles obsessivo-compulsifs.

«Chaque acte doit être contrôlé, repéré, le doute s'attaque tantôt à l'une, tantôt à une autre précaution, et tout ce travail dure une heure ou deux pendant lesquelles ni la jeune fille ni ses parents terrifiés ne peuvent s'endormir».

L'analyse des divers symptômes va prendre plusieurs mois avant de déboucher sur une interprétation visant à attribuer à chacun d'eux une signification particulière. Ainsi, «notre malade commence peu à peu à comprendre que c'est à titre de symbole génital féminin qu'elle ne supporte pas la nuit, la présence de cette pendule dans sa chambre... Le tic-tac peut être interprété comme une manifestation symbolique des battements du clitoris lors de l'excitation sexuelle. Elle était en effet souvent réveillée par cette sensation pénible, et c'est la crainte de l'érection qui lui avait fait écarter de son voisinage, pendant la nuit, toutes les pendules et montres en marche. Pots à fleurs et vases sont, comme tous les récipients, également des symboles féminins. Aussi, la crainte de les exposer pendant la nuit à tomber et à se briser n'est-elle pas tout à fait dépourvue de sens?... «L'oreiller, disait-elle, est toujours femme et la paroi verticale du lit est l'homme». Elle voulait ainsi, par une sorte d'action magique, pourrions-nous dire, séparer l'homme de la femme, c'est-à-dire empêcher ses parents d'avoir des rapports sexuels». C'est la même raison qui justifiait son besoin de maintenir la porte ouverte.

«Si un oreiller est un symbole féminin, l'acte consistant à secouer l'édredon jusqu'à ce que toutes les plumes s'étant amassées sous sa partie inférieure y forment une boursoufflure, avait également un sens : il signifiait rendre la femme enceinte»; aussi la malade ne tardait pas à dissiper cette grossesse en aplatissant l'édredon afin d'empêcher que des rapports de ses parents ne naquît un nouvel enfant qui lui aurait fait concurrence.

«D'autre part, si le grand oreiller, symbole féminin, représentait là mère, le petit oreiller de la tête ne pouvait représenter que la fille. Pourquoi ce dernier oreiller devait-il être disposé dans le sens de la ligne médiane de ce losange? Parce que le losange représente la forme de l'appareil génital de la femme, lorsqu'il est ouvert. C'est donc elle-même qui jouait le rôle du mâle, sa tête remplaçant l'appareil sexuel masculin».

Et Freud de conclure : «Ce sont là de tristes choses, direz-vous, que celles qui ont germé dans la tête de cette jeune fille vierge. J'en conviens, mais n'oubliez pas que ces choses-là, je ne les ai pas inventées : je les ai seulement interprétées».

Toute interprétation étant bien entendu, contestable... même lorsqu'elle est effectuée par le père de la psychanalyse en personne.

L'important n'est-il pas que les symptômes disparaissent? Et, selon Freud, c'est ce qui s'est produit tout au long des semaines au cours desquelles s'est effectué ce lent décodage.

Source : FREUD, S. (1916), *Introduction à la psychanalyse*, Paris, Petite bibliothèque Payot, 1965.

Document 12.9

D'une thérapie à l'autre...

Dans le document 12.8, nous avons eu un aperçu de la façon dont Freud et les psychanalystes tentent de mettre à jour les motivations inconscientes qui poussent les individus à émettre certains comportements. Nous allons, dans le présent document, donner quelques exemples de thérapies, parmi les plus courantes, s'appuyant sur d'autres principes pour rétablir l'équilibre de la personne qui vient solliciter de l'aide.

La thérapie centrée sur le client (Carl Rogers)

Gloria est une femme divorcée qui vient consulter afin d'obtenir un conseil à propos de l'image qu'elle doit projeter auprès de sa fille de

9 ans, compte tenu des relations qu'elle entretient avec les hommes qu'elle rencontre. Au cours de l'entretien avec Rogers, il devient cependant de plus en plus clair que Gloria cherche une réponse à quelque chose de plus profond.

Après avoir parlé, au début de l'entrevue, de ses comportements et de ses sentiments passés, sur lesquels elle posait un regard extérieur, «en noir et blanc», elle va de plus en plus faire l'expérience de ses sentiments, dans le moment immédiat, qu'elle va exprimer par des larmes, à travers ce qu'elle ressent pour le thérapeute. Comme l'indique Rogers, elle est partie de «là et alors» pour arriver au «ici et maintenant».

Voici la fin de cette entrevue qui permet de mettre en évidence les différents aspects de celle-ci, de type rogérien, donc axée sur l'empathie, le respect de l'autre, l'authenticité, la reformulation de ce qui est exprimé en paroles et le reflet des sentiments. Par ces techniques, le thérapeute vise à permettre à la cliente d'explorer ses attitudes et ses sentiments plus profondément afin de découvrir des aspects cachés d'elle-même dont elle n'avait pas connaissance auparavant, de reconnaître sa capacité d'émettre des jugements par elle-même et, surtout de tirer les conclusions qui s'imposent.

Gloria. — Vous savez à quoi je pensais. Je me sens stupide de le dire : «Seigneur, que c'est bien de pouvoir vous parler», je veux que vous m'approuviez et je vous respecte. Ça m'a beaucoup manqué de ne pas pouvoir parler avec mon père comme je le fais avec vous. J'aimerais pouvoir dire : «J'aimerais que vous soyez mon père». Je ne sais pas pourquoi cette idée m'est venue.

Rogers. — Vous seriez pour moi une gentille fille. Mais ne pas pouvoir vous être ouverte à vous-même vous a vraiment manqué?

— Oui, je ne le pouvais pas. Pourtant, je ne blâme pas mon père. Je crois être plus ouverte qu'il ne me le permettait. Il ne m'écouterait jamais parler comme vous le faites sans me désapprouver ou m'abaisser. Je pensais à ça l'autre jour. Pourquoi dois-je être si parfaite? Je le sais pourquoi : il a toujours voulu que je sois parfaite. Je devais toujours être mieux. Eh oui, ça m'a manqué.

— Et vous essayez d'être la fille qu'il veut que vous soyez?

— Et je me rebelle en même temps. J'ai, par exemple, eu envie de lui écrire une lettre l'autre jour pour lui dire que je suis serveuse, chose qu'il désapprouverait, et que je sors la nuit. Exploser et le «frapper» : «Comment m'aimes-tu aujourd'hui?» Et d'un autre côté, je veux qu'il m'accepte et qu'il m'aime. Je veux dire que je veux savoir qu'il m'aime vraiment.

— Vous voudriez le gifler pour lui dire : «Regarde, c'est cela ce que je suis aujourd'hui»?

— Oui. «Tu m'as élevée, comment aimes-tu le résultat?» Mais vous savez, ce que je voudrais vraiment qu'il me dise, c'est : «Je le savais, chérie, et je t'aime quand même».

— Je crois que vous vous sentez mal parce que vous croyez qu'il y a très peu de chance qu'il le dise.

— Non, il ne le dira pas. Il n'entend pas. Je suis retournée à la maison il y a deux ans pour lui dire combien je l'aimais mais combien aussi j'avais peur de lui. Il ne m'entend pas, il dit des choses comme : «Chérie, tu sais que je t'aime, que je t'ai toujours aimé». Il n'entend pas.

— Il ne vous a jamais vraiment connue et aimée et c'est ce qui amène ces larmes dans vos yeux.

— Je ne sais pas ce que c'est. Vous savez, lorsque j'en parle, on dirait que je suis partie sur un nuage. Mais quand je reste assise tranquille une minute, j'ai l'impression d'avoir une blessure profonde en dedans. Je sens qu'on a triché avec moi.

— C'est beaucoup plus facile d'être sur un nuage parce qu'à ce moment-là, on n'a pas à sentir le vide ou la blessure profonde en soi.

— Oui, et c'est encore là. J'ai l'impression que c'est une chose que je dois accepter; mon père n'est pas le type d'homme que j'aimerais. J'aimerais quelqu'un de plus compréhensif et plus aimant. Il m'aime mais pas de façon à pouvoir coopérer, communiquer.

— Vous sentez qu'il triche de façon permanente.

— C'est pourquoi j'aime avoir des substituts. C'est pourquoi j'aime parler avec vous, et j'aime les hommes que je peux respecter, les docteurs, et je sens peut-être dans le fond que nous sommes très proches, ce qui me donne un père substitut.

— Je ne sens pas que vous essayez de prétendre me faire jouer ce rôle.

— Mais vous n'êtes pas vraiment mon père.

— Non, je voulais parler de la relation étroite.

— Vous savez, je crois que c'est prétentieux parce que je ne peux pas espérer être si proche de vous. Vous ne me connaissez pas assez bien.

— Le moins que je puisse dire, c'est ce que je ressens. Et dans le moment, je me sens très proche de vous...

La thérapie de la Gestalt (Frédérick Perls)

À présent, Gloria rencontre Perls avec lequel elle va avoir une entrevue d'une demi-heure au sujet des mêmes problèmes. L'approche de la thérapie de la Gestalt est cependant essentiellement différente de la thérapie rogérienne et plus encore de la psychanalyse. Contrairement à cette dernière, la thérapie de la Gestalt considère toute interprétation des comportements comme étant une erreur thérapeutique en ce sens qu'elle exige du thérapeute qu'il ait une meilleure compréhension de la personne que celle-ci en a d'elle-même.

La technique de base consiste donc à ne pas expliquer les choses à la cliente mais plutôt à lui donner l'occasion de *se* comprendre et de *se* découvrir elle-même, dans la situation présente, afin de faire émerger la gestalt «ici et maintenant». Cependant, la façon de procéder de Perls diffère considérablement de celle de Rogers par le fait qu'il essaie d'atteindre ce but en manipulant et en frustrant la cliente de telle façon qu'elle soit obligée de se confronter à elle-même, à comprendre la différence entre jouer un jeu, spécialement un jeu verbal, et avoir un comportement sincère et confiant. La cliente va ainsi être amenée à développer ses propres ressources dans un processus de *maturation* par lequel elle va apprendre à se tenir debout, émotionnellement parlant. Le refus d'une rencontre sincère, se manifestant notamment par un comportement inconsistant (dire qu'on a peur en souriant, etc.) tel qu'il se présente dans ce début d'entrevue, fera place peu à peu à la mise en évidence des sentiments et des besoins réels de la cliente, tels que celui d'être respectée, d'être aimée et d'aimer...

Perls. — Nous allons avoir une entrevue d'une demi-heure.

Gloria. — En ce moment, je suis effrayée.

— Vous voyez, vous êtes effrayée mais vous souriez. Je ne comprends pas comment vous pouvez être effrayée et sourire en même temps.

— J'ai des soupçons, je crois que vous comprenez très bien. Je pense que vous savez... Lorsque je suis effrayée, je ris ou je fais des sottises pour le cacher.

— Nous avons des moments comme cela.

— Euh! je ne sais pas. Je suis très consciente que vous êtes là. J'ai peur que, euh, j'ai peur que vous ayez une attaque très directe et que vous me mettiez «dans le coin». J'ai peur de ça, j'aimerais que vous soyez de mon côté.

— Vous avez dit que vous aviez peur que je vous mette dans un coin et vous avez placé votre main sur votre poitrine.

— Hum!

— Est-ce votre coin?

— Bien, c'est comme... oui... c'est que j'ai peur, vous savez.

— Où aimeriez-vous aller? Pourriez-vous décrire le genre de coin où vous voudriez aller?

— Oui, c'est dans le coin arrière, où je serais entièrement protégée.

— Là où vous seriez protégée de moi.

— Bien, je sais que je ne le serais pas vraiment, mais je me sentirais plus en sûreté, oui.

— Pourquoi aller dans ce coin? Vous êtes en sûreté ici. Que feriez-vous dans ce coin?

— Je m'assoirais.

— Vous vous assoiriez?

— Oui.

— Combien de temps resteriez-vous assise?

— Je ne sais pas. Mais c'est drôle d'en parler, ça me rappelle lorsque j'étais petite fille. Chaque fois que j'avais peur, je me sentais mieux assise dans un coin. Je paniquais mais...

— Êtes-vous une petite fille?

— Bien non, mais c'est le même sentiment.

— Êtes-vous une petite fille?

— Ce sentiment me le rappelle.

— Êtes-vous une petite fille?

— Non, non, non.

— Enfin, quel âge avez-vous?

— Trente ans.

— Alors, vous n'êtes pas une petite fille.

— Non.

— O.K., alors vous êtes une fille de trente ans qui a peur d'un gars comme moi.

— Je ne sais même pas. Je crois que j'ai peur de vous. Je suis vraiment sur la défensive avec vous.

— Que puis-je vous faire?

— Vous ne pouvez rien me faire mais je me sens idiote et je me sens stupide de ne pas avoir les bonnes réponses.

— Qu'est-ce que ça vous fait d'être idiote et stupide?

— Je déteste ça lorsque je suis stupide.

— Qu'est-ce que ça vous fait d'être idiote et stupide? Je vais poser la question autrement. Qu'est-ce que ça peut me faire que vous jouiez à être idiote et stupide?

— Ça vous rend encore plus intelligent, plus haut que moi. Je dois lever les yeux vers vous parce que vous êtes si intelligent.

— Oh!

— Oui.

— C'est cela, encensez-moi, à présent.

— Non, je crois que vous pouvez le faire tout seul.

— Hum! je pense le contraire. En jouant à être idiote et stupide, vous cherchez à me forcer à être plus explicite.

— Euh! ça m'a déjà été dit avant mais je ne l'accepte pas.

— Que faites-vous avec vos pieds?

— Je les balance.

— Pourquoi blaguez-vous à présent?

— Non, j'ai peur que vous ne vous mettiez à redire sur tout ce que je fais. Je veux que vous m'aidiez à être plus relaxée. Je ne veux pas être sur la défensive avec vous. Je n'aime pas être sur la défensive. Vous me traitez comme si j'étais plus forte que je ne le suis alors que je veux que vous me protégiez plus et que vous soyez plus gentil avec moi.

— À la façon dont vous souriez, vous ne croyez pas un mot de ce que vous dites.

— Ce n'est pas ça mais je sais que vous allez me «coincer» là-dessus.

— Bien sûr. Vous êtes une bluffeuse, vous êtes fausse.

— Croyez-vous? Dites-vous ça sérieusement?

— Oui. Vous voyez? Vous avez peur et vous riez, vous ricanez et vous vous tortillez. C'est de la fausseté. C'est ce que j'appelle de la fausseté.

— Oh! je proteste absolument!

— Pouvez-vous vous expliquer?

— Oui, monsieur. Je ne suis certainement pas fausse. J'admettrai ceci : il est difficile pour moi de montrer mon embarras. Je déteste être embarrassée. Mais je suis offensée que vous disiez que je suis fausse. Que je sourie lorsque je suis embarrassée ou que je me mette dans le coin ne veut pas dire pour autant que je sois fausse.

— Merveilleux, vous n'avez pas souri au cours de la dernière minute.

— Je suis fâchée contre vous.

— C'est bien. Vous n'avez pas eu à couvrir votre colère avec votre sourire. À ce moment, à cette minute, vous n'étiez pas fausse.

Source : «Three approaches of psychotherapy», Psychological Films, 1964.

La thérapie émotivo-rationnelle (Albert Ellis)

La thérapie émotivo-rationnelle vise à attaquer les positions défaitistes du sujet par deux voies principales. Le thérapeute va tout d'abord se comporter en «contre-propagandiste», niant les idées défaitistes et les superpositions élaborées et utilisées par le client. Il va alors encourager celui-ci, le persuader, le cajoler, le pousser à s'engager dans l'activité qui le rebute ou l'effraie et à se servir à son tour de cette technique comme d'un autre outil de contre-propagande contre ses convictions non fondées.

Un jeune garçon de 23 ans déclare, en cours de thérapie, qu'il est très déprimé et qu'il ne sait pas pourquoi. Les questions posées au sujet ont permis de cerner son problème principal : au cours des deux dernières années, il a beaucoup bu et il a constamment remis au lendemain la tenue de l'inventaire du matériel dont il est responsable dans le cadre de son travail, en tant qu'apprenti chez un artisan-verrier.

Client. — Je sais que j'aurais dû faire cet inventaire avant que cela ne prenne des proportions aussi énormes, mais je l'ai toujours remis à plus tard. Pour être honnête, je pense que c'est parce que cela m'irrite beaucoup de le faire.

Ellis. — Pourquoi vous sentez-vous tellement irrité à propos de ce travail?

— Il est ennuyant, je ne l'aime pas.

— Ainsi, il est ennuyant. C'est une bonne raison pour ne pas aimer ce travail, mais ce n'est pas nécessairement une bonne raison pour être irrité contre lui.

— N'est-ce pas la même chose?

— D'aucune façon. Ne pas aimer correspond à la conviction que «je n'éprouve pas de plaisir à faire cette chose et, par conséquent, je ne désire pas la faire». C'est là une façon de penser qui est sensée. Mais l'irritation, elle, correspond à la conviction que «parce que je n'aime pas faire une chose, je ne devrais pas avoir à la faire». Et cela est une idée qui n'a pas de sens.

— Pourquoi est-ce si fou d'être irrité contre quelque chose qu'on n'aime pas faire?

— Pour plusieurs raisons. La première de toutes, d'un point de vue purement logique, c'est que cela n'a aucun sens de vous dire à vous-même : «Parce que je n'aime pas faire cette chose, je ne devrais pas avoir à la faire». La deuxième partie d'une telle phrase n'est pas la suite logique de la première. C'est un peu comme si vous disiez : «Parce que je n'aime pas faire cette chose, les *autres* et *l'univers* entier devraient savoir qu'ils n'ont pas à me le faire faire». Mais, bien sûr, cette idée n'a aucun sens. Pour quelle raison les autres de l'univers devraient-ils avoir cette considération pour vous? Cela pourrait être beau, s'il en était ainsi. Mais pourquoi diable se comporteraient-ils de cette façon? Afin que votre idée puisse être vraie, il faudrait que l'univers entier et les gens qui y vivent tournent autour de vous et soient uniquement préoccupés par votre personne.

— Est-ce que j'en demande tant? Il me semble que tout ce que je désire, dans mon travail actuel, c'est de ne pas faire l'inventaire. Est-ce trop demander?

— Oui. D'après ce que vous m'avez dit, cela l'est certainement. L'inventaire constitue une partie intégrante de votre travail, n'est-ce pas? Vous avez donc à le faire, afin de conserver le poste que vous occupez, d'autant plus que vous m'avez dit précédemment que vous désiriez conserver cette place pour des raisons personnelles.

Après de longues discussions dans ce sens, Ellis va tâcher de faire comprendre au jeune homme que les événements frustrants sont inévitables et qu'il est donc toujours préférable d'en accepter les aspects déplaisants, sans se plaindre. Il va lui montrer également que d'accepter et d'essayer de faire tout ce qui est réellement intéressant dans la vie est plus important que de demeurer obsédé par les autres activités et d'être irrité contre elles en cherchant par tous les moyens de les éviter.

Après 47 séances, étalées sur une période de deux ans, le jeune homme parviendra à résoudre ses problèmes, à terminer son apprentissage et à atteindre un haut niveau de performance dans sa profession. Il arrêtera, de plus, de boire, et deviendra, selon ses dires, un compagnon de travail agréable.

Source : ELLIS, A., «From the Essence of Rational Emotive Therapy», dans D. GOLEMAN et K.R. SPEETH, *The essential Psychotherapy*, New York, New American Library, 1982, p. 161-168.

La thérapie de la réalité

William Glasser, dans son livre *La «Reality Therapy»* (1965), rapporte une application de ce type de thérapie effectuée par le Dr. Mainord auprès de patients psychotiques venant d'être admis dans un hôpital de l'État de Washington.

Selon le principe à la base de cette conception de l'intervention, les gens n'agissent pas de façon irresponsable parce qu'ils sont «malades»; ils sont, au contraire, malades parce qu'ils agissent de façon irresponsable. Chaque membre du groupe apprend donc dès le début qu'aucun d'entre eux n'est «malade». On dit plutôt qu'il est «fou» parce qu'il fait ou a fait beaucoup de choses insensées. Le mot «malade» est donc considéré comme un mot grossier.

Les patients sont obligés de payer leur thérapie en effectuant à un travail d'entretien. Ainsi, ils s'occupent de la cuisine, de la salle des vêtements, de tous les travaux ménagers et apportent leur aide partout où c'est nécessaire dans l'hôpital. On attend d'eux un bon rendement et les privilèges de sortie dans les jardins sont supprimés si le travail n'est pas satisfaisant...

La technique «vous-n'êtes-pas-malade, vous-êtes-fou», est des plus utiles pour mettre en évidence le concept de liberté de choix. Ainsi, le groupe n'acceptera jamais l'idée «je ne peux pas me retenir quand j'ai envie de prendre un verre». Les patients peuvent être confortablement malades, mais lorsqu'on leur dit qu'ils font des choix insensés simplement parce que c'est plus facile, ils vont faire des efforts considérables pour prouver leur aptitude à être responsables.

Le thérapeute joue délibérément un rôle énergique, directeur, et il dit aux membres qu'il leur appartient d'apprendre à le manipuler. Il les avertit qu'il a l'intention d'être assez dur, de sorte que s'ils peuvent le manipuler, lui, ils pourront ensuite manipuler presque n'importe qui...

Le thérapeute permettra et encouragera réellement l'hostilité exprimée envers lui, mais en usera toujours comme si le patient était capable de se défendre, jusqu'à ce qu'il devienne évident que le thérapeute est dans l'erreur, ce que celui-ci doit alors reconnaître.

Le thérapeute emploiera n'importe quelle technique de son choix, y compris l'humour, la répri-mande, l'ultimatum ou le renvoi du groupe. Tout patient est libre de contester ou de poser des questions mais il a intérêt à le faire à partir d'une évidence ou de la logique, ou bien son geste sera considéré comme de l'irresponsabilité. On accorde peu de considération aux droits du patient, ceux-ci doivent être également gagnés et non donnés.

Source : GLASSER, W., *La «Reality Therapy» : une nouvelle approche en psychiatrie*, Paris, Éd. EPI, 1971, p. 165-173.

La désensibilisation systématique
(Joseph Wolpe)

Un jeune homme de 18 ans présente une importante compulsion de lavage des mains. Son obsession est principalement basée sur la crainte de contaminer les autres par son urine. Cette obsession handicape considérablement le patient. Après avoir uriné, il consacre 45 minutes à un rituel élaboré de nettoyage de ses parties génitales, puis il passe plus de deux heures à se laver les mains. Chaque matin, au réveil, il passe en plus près de 4 heures sous la douche. À ces événements centraux s'ajoutent encore toutes les autres «contaminations qui sont inévitables au cours d'une journée». Il n'est donc pas étonnant que depuis deux mois, le jeune homme ait décidé de passer la majeure partie de ses journées dans son lit.

Le trouble aurait son origine dans le fait que ses parents l'ont obligé, jusqu'à l'âge de 15 ans, à partager son lit avec sa sœur, de deux ans son aînée, qui ne pouvait supporter de dormir seule. Les réponses sexuelles qu'une telle situation n'a pas manqué de provoquer vis-à-vis de sa sœur l'ont rendu honteux et coupable. Il en a conçu une grande irritation et de l'hostilité à l'égard de ses parents vis-à-vis desquels il a développé des fantasmes de destruction qui l'ont bientôt horrifié et rendu plus méprisable encore à ses yeux.

Le traitement par désensibilisation va consister, dans un premier temps, à faire imaginer des scènes associées à une réponse de relaxation au cours desquelles une personne étrangère trempe sa main dans un bac de 1,5 mètre cube rempli d'eau et dans lequel on aurait laissé tomber tout d'abord une goutte d'urine. Au fil des séances, la concentration en urine va alors être augmentée jusqu'à ce que le sujet puisse imaginer et accepter l'idée que la personne trempe sa main dans de l'urine pure. Au cours d'une seconde série de séances, les mêmes scènes vont à nouveau être utilisées mais en demandant cette fois, au sujet lui-même, d'accomplir le geste en imagination. Rendu à cette étape, et après 5 mois à raison de 5 séances de 20 minutes par semaine, le jeune homme est parvenu à réduire la durée du lavage de ses mains à une vingtaine de minutes et celle de la douche matinale, à une heure. De plus, il n'estime plus nécessaire d'interposer une exemplaire du *New York Times* entre la chaise et lui, au cours des entrevues. Pourtant, même s'il est capable d'imaginer qu'il plonge sa main dans l'urine, il refuse toujours obstinément de s'y livrer dans la réalité.

Une désensibilisation est alors entreprise, en situation réelle, au cours de laquelle la réponse de relaxation est opposée à des stimulations réelles génératrices d'anxiété dont l'importance va aller en augmentant de séance en séance. Le jeune homme sera d'abord confronté au mot « urine » écrit en grosses lettres, puis à une bouteille remplie d'urine placée à l'autre bout d'une longue pièce et qu'on va rapprocher de lui un peu chaque jour jusqu'à ce qu'il soit capable, avec une anxiété minimale, de la manipuler. Cette étape franchie, une nouvelle série de séances va comporter le dépôt sur le dos de la main d'une goutte de solution de plus en plus concentrée en urine, allant d'une goutte pour cinq litres à de l'urine pure, qui va par la suite être remplacée par sa propre urine. Une fois réduite l'anxiété engendrée par une telle situation, le sujet va être appelé à manipuler divers objets et vêtements avec ses mains « contaminées ». À la fin du traitement, le jeune homme ne prend plus que sept minutes en moyenne pour se laver les mains, sa douche ne dure plus que quarante minutes et il a complètement éliminé le nettoyage intime auquel il s'obligeait auparavant. Un an plus tard, la durée du lavage des mains est passée à 3 minutes et celle de la douche à 20 minutes en moyenne.

Source : WOLPE, J., « Behavior Therapy in Complex Neurotic States », dans D. GOLEMAN et K.R. SPEETH, *The Essential Psychotherapies*, New York, New American Library, 1982, p. 217-219.

La thérapie aversive

Un des traitements les plus contestés utilisant la thérapie aversive fut celui pratiqué sur de jeunes hommes homosexuels afin de tenter de modifier leur orientation sexuelle (Bancroft, 1966 ; Feldman et MacCulloch, 1965).

Voici, à titre historique, la procédure utilisée par Feldman et McCulloch.

On demanda à des sujets de choisir, parmi un éventail de diapositives représentant des hommes nus ou habillés, huit d'entre elles qu'ils devaient classer de la moins attrayante à la plus attrayante. Ils effectuèrent ensuite une sélection à partir de diapositives représentant cette fois des femmes et établirent un classement allant de la plus attrayante à la moins attrayante. Feldman et McCulloch établirent alors le niveau d'intensité de choc électrique jugé comme étant très déplaisant par chacun des patients.

Le traitement s'effectua dans une salle obscure et tranquille de l'hôpital. On avait indiqué au patient qu'une diapositive d'homme allait être projetée sur l'écran et qu'un choc électrique suivrait quelques secondes plus tard. On l'avait également prévenu qu'il pouvait faire disparaître l'image de l'écran en poussant un bouton et en disant « Non ». Si ce choix était effectué au cours d'un laps de temps de huit secondes, le sujet évitait ainsi le choc électrique. Si, par contre, il contemplait l'image pendant plus de huit secondes, il recevait le choc. Et si le choc n'était pas suffisamment intense pour qu'il décide immédiatement de tourner le bouton supprimant la projection de l'image, on augmentait cette intensité jusqu'à ce qu'il le fasse, afin d'échapper au choc.

Lorsque le patient avait ainsi réussi à échapper au choc pendant trois essais successifs, on le plaçait alors dans un programme prédéterminé de renforcement, consistant à projeter immédiatement une photo de femme après que la photo de l'homme ait disparu. Les chercheurs visaient ainsi à « associer » la suppression de l'anxiété à l'introduction de l'image féminine. De plus, c'étaient eux, et non les sujets, qui décidaient de retirer l'image féminine de l'écran, afin, selon eux, de ne pas consolider chez les sujets « l'habitude d'échapper aux femmes ».

Sur 43 sujets, 23 terminèrent le traitement en manifestant une modification dans leur orientation sexuelle, 11 ne virent aucun changement et

7 abandonnèrent en cours de route. Il faut cependant noter que la plupart de ceux chez lesquels un résultat avait été obtenu étaient des individus acceptant difficilement leur homosexualité et se montrant désireux de changer. Il n'en reste pas moins que leurs sentiments et certains de leurs comportements homosexuels subsistèrent, malgré tout, après le traitement.

L'utilisation d'une technique opérante

Voici un exemple de thérapie pratiquée auprès d'un enfant autistique (Lovaas, 1977) en vue de développer chez lui l'apprentissage du langage. Le dialogue qui suit est extrait d'une séance s'étant déroulée au cours du troisième mois du traitement. Tout au long de la conversation, l'enfant recevra un bonbon chaque fois qu'il fournira une réponse correcte.

Thérapeute. — Ricky, quel est ton nom?

Ricky.— Ricky.

— C'est bien (Ricky reçoit un bonbon). Maintenant, demande-le moi.

— Comment te sens-tu?

— Non. Demande-moi, à moi, ce que je te demandais. Ricky, dis «quel est ton nom?».

— Ricky.

— Non. Dis, quel est...

— Quel est... (pause).

— Ton...

— Ton... (pause).

— Dis, nom.

— Nom.

— Maintenant, dis tout ensemble.

— Quel est ton nom?

— Joan. Gentil garçon, Ricky. C'est bien (bonbon). C'est bien. Viens ici, Ricky. Lève-toi, Ricky. Ricky, comment te sens-tu?

— Je me sens bien.

— C'est bien (bonbon). Ricky, viens ici. Ricky, viens. Maintenant, demande-moi.

— Comment te sens-tu?

— Je me sens bien. C'est bien. C'est bien (bonbon).

— Couche-toi, s'il-te-plaît. Couche-toi (au cours de la période précédente, Ricky avait appris à ordonner à la thérapeute de se lever, de se coucher, de sourire, etc.).

— Ricky, quel âge as-tu?

— J'ai 7 ans.

— C'est bien (bonbon). Demande-le moi, Ricky.

— Demande-le moi.

— Non, ce n'est pas cela que je te demandais. Demande-moi quel âge j'ai. Dis, quel...

— Âge.

— Dis, as-tu.

— As-tu.

— C'est bien (bonbon). Maintenant, dis-le tout ensemble. Dis-moi, quel âge as-tu?

— J'ai 7 ans. Quel âge as-tu?

— J'ai 21 ans. C'est très bien. C'est bien (bonbon).

Résumé

1. Des mécanismes tels que l'*anxiété* jouent un rôle important pour la survie des animaux supérieurs. La modification des conditions d'existence des êtres humains a rendu un tel mécanisme moins nécessaire. Pourtant, il est toujours présent et il est responsable du *stress* et des conséquences dramatiques que celui-ci peut entraîner pour l'organisme, comme c'est le cas des *troubles psychosomatiques*.

2. La façon de réagir au stress, sur le plan psychologique, diffère pour chaque individu. Il est donc difficile de déterminer des *critères* afin de définir ce qui est normal par rapport à ce qui ne l'est pas.

3. On a tendance à envisager comme anormal un comportement qui est *peu fréquent, hors des normes* ou encore dangereux pour l'intégrité de la personne ou de celle d'autrui. Il en va ainsi lorsque la *perception de la réalité diffère* de ce qui est accepté socialement ou lorsque la personne est sujette à des *hallucinations.* Mais plus encore, c'est la *détresse* manifestée par un individu ou son *incapacité* à surmonter le stress de la vie qui risque le plus souvent d'attirer l'attention sur lui par la coupure qui s'effectue avec les voies normales de communication.

4. Les façons d'aborder le comportement anormal ont considérablement varié selon les époques. D'abord considérée au Moyen Âge comme le signe de la *possession par le démon,* la «folie» fut alors mise à l'écart pendant plusieurs siècles, dans des *asiles,* pour être finalement prise en charge par la médecine, au XIXᵉ siècle. En l'étiquetant *«maladie mentale»,* la médecine mettra l'accent sur la classification des troubles et la recherche de leurs racines biologiques.

5. L'*approche psychanalytique* propose de son côté un modèle selon lequel les troubles du comportement seraient la conséquence des *conflits* entre le ça et le surmoi qui ne pourraient être résolus par le moi. Selon Freud, lorsque les *mécanismes de défense* tels que le refoulement, la formation réactionnelle, la négation, le déplacement, la sublimation, la projection ou la rationnalisation ne sont plus suffisamment efficaces, la personne risque d'adopter des comportements moins adaptés tels que ceux propres aux névroses, ou de voir se désorganiser sa personnalité avec l'installation d'une psychose.

6. L'*approche behavioriste* ne veut voir dans le comportement anormal qu'un comportement qui est, comme les autres, le fruit de l'*apprentissage* uniquement. Il est donc possible de l'aborder et de le faire disparaître selon les principes de l'apprentissage mis en lumière à partir des recherches en laboratoire.

7. L'*approche cognitive* voit dans le comportement anormal la conséquence d'un mauvais décodage des situations activantes par l'introduction de *pensées irrationnelles* reposant sur les besoins fondamentaux présents en chacun de nous.

8. Pour les *humanistes,* le comportement inadapté est dû au fait que pour certains le *soi réel* n'est plus *congruent* avec, d'une part, les expériences de vie de la personne et, d'autre part, avec l'image idéale qu'elle a d'elle-même.

9. Le concept de maladie mentale a surtout été remis en question par les tenants d'une *approche socioculturelle* mettant l'accent sur le fait que ce concept ainsi que la *classification* des symptômes par la psychiatrie officielle sont des *créations de l'esprit* qui entraînent une prise en charge par la société des problèmes de la personne, en l'isolant comme «malade» et en poussant sa *déviance à l'extrême* au lieu de l'aider à mener à bon terme la démarche que constitue sa plongée dans la «folie».

10. Le *DSM III,* qui constitue la *classification* la plus récente des troubles mentaux, regroupe les symptômes en *17 catégories* allant des troubles propres à l'enfance aux troubles de la personnalité en passant par les troubles d'origine organique et les troubles fonctionnels. C'est ce dernier groupe, dont les catégories constituent ce qu'on dénommait autrefois les *névroses* et les *psychoses*, qui est le plus contesté par ceux qui estiment que l'*étiquette* apposée sur de tels troubles, sans base biologique connue, contribue à *déshumaniser* les rapports entre soignant et malade et à *psychiatriser* ce dernier.

11. À chacune des approches explicatives du comportement anormal correspond un type de thérapie particulier. Le *modèle médical* privilégie les *thérapies biologiques* dont la chimiothérapie représente actuellement un outil de premier plan. Quant à la *psychiatrie communautaire*, si elle est parvenue à écourter les séjours à l'hôpital, elle n'a pas pour autant fait diminuer le nombre de personnes réclamant des soins.

12. Les psychothérapies se divisent en deux grands groupes : les *thérapies intrapsychiques* qui mettent l'accent sur la compréhension du trouble par le patient et les *thérapies behaviorales* qui visent à modifier le comportement lui-même.

13. Parmi les thérapies intrapsychiques, on trouve tout d'abord la *psychanalyse* dont le but consiste à permettre au patient de retrouver les racines inconscientes de ses problèmes afin de *libérer les émotions* et les sentiments qui s'y rattachent.

14. La *thérapie centrée sur le client* vise à amener la personne à développer une plus grande *estime de soi* et à envisager les démarches nécessaires afin de rendre son soi réel *congruent* avec son expérience personnelle et ses sentiments profonds.

15. La *thérapie de la Gestalt* cherche à reconnaître les *différentes composantes* de la personne afin qu'elle atteigne la *pleine conscience de soi*.

16. La *thérapie émotivo-rationnelle* tente de mettre en lumière les processus de pensée du client en lui faisant prendre conscience de ce qu'ils ont d'irrationnel.

17. Il existe d'autres thérapies individuelles telles que les *thérapies existentielles* mettant l'accent sur le libre arbitre, la *thérapie de la réalité* amenant le client à prendre des responsabilités par «contrat», l'*analyse transactionnelle* cherchant à rendre la personne consciente de sa façon d'interagir avec les autres ou le *psychodrame* par lequel le patient est amené à libérer ses sentiments dans une improvisation.

18. Les *thérapies sociales* permettent à l'individu de rétablir des relations harmonieuses en partageant avec eux des sentiments, des idées ou certains problèmes qu'ils ont eu en commun avec eux. On distingue à ce sujet les *groupes de croissance*, la *thérapie familiale* et les *thérapies de groupe*.

19. Les *thérapies behaviorales* adoptent quatre approches, à savoir le contre-conditionnement, les techniques opérantes, la thérapie par présentation d'un modèle et les procédures d'autocontrôle.

20. Les techniques de *contre-conditionnement* sont la *désensibilisation systématique*, par laquelle on associe une réponse opposée par ses effets à la réponse inadaptée, la *thérapie implosive*, qui cherche à créer une explosion interne d'anxiété à laquelle l'organisme va devoir s'habituer et le *conditionnement aversif*, qui associe un état désagréable à la situation qui entraîne une satisfaction pour l'organisme.

21. Les technique opérantes comprennent la méthode de *façonnement* permettant la mise en place d'un nouveau comportement à la méthode d'*économie des jetons* utilisée pour modifier certains modes de comportement par l'obtention de jetons échangeables pour toute modification dans le sens visé.

22. La *thérapie par présentation d'un modèle* vise à faire adopter un nouveau comportement par imitation de celui proposé par le thérapeute. Quant aux *procédures d'autocontrôle*, elles impliquent que ce soit le client qui se renforce lui-même pour chacun des progrès effectués.

23. Dans les thérapies biologiques et les psychothérapies, l'*environnement social* est très peu souvent pris en compte comme agent de changement. Les *groupes d'entraide* et les *groupes thérapeutiques* ont cependant démontré qu'un cheminement effectué avec un support thérapeutique au sein d'un environnement animé d'une volonté de changement facilite grandement la réinsertion sociale.

24. Il est cependant évident que tant qu'un *changement social* en profondeur ne sera pas intervenu, les actions communautaires et les programmes de prévention n'auront qu'un rôle limité à jouer.

Suggestions de réponses aux situations présentées dans le document 12.1

1) Refoulement; 2) Déni; 3) Refoulement; 4) Formation réactionnelle; 5) Sublimation; 6) Projection; 7) Sublimation; 8) Formation réactionnelle; 9) Déplacement; 10) Formation réactionnelle; 11) Projection; 12) Déplacement; 13) Formation réactionnelle; 14) Projection; 15) Rationalisation.

Guide d'étude

Révision

Compléter les phrases suivantes

1. L'_____ a dû jouer un rôle important chez notre ancêtre dont la _____ dépendait essentiellement de sa capacité à « faire face ».

2. Une des conséquences dramatiques du stress est constituée par les désordres _____ qu'il peut occasionner et qu'on nomme troubles _____.

3. Un comportement est en général considéré comme anormal lorsqu'il est peu _____, hors des _____ ou _____, ou encore lorsqu'il s'accompagne d'un _____ par rapport au décodage normal de la réalité, d'_____, d'une _____ ou d'une _____ à surmonter le stress de la vie.

4. Au Moyen Âge, la folie était considérée comme le fait de la _____ par le démon.

5. Après avoir été jetés dans des _____, puis recueillis dans des _____ à partir du XVIᵉ siècle, les « fous » furent pris en charge par la science _____ au début du XIXᵉ siècle.

6. À la fin du XIXᵉ siècle, fut publié le premier manuel de _____ chargé de recenser et de classer les maladies _____.

7. Les progrès de la _____ dans l'étude des fonctions du cerveau ainsi que de la _____ étudiant l'effet de certaines drogues vont convaincre les _____ qu'il existe un contrôle _____ possible du comportement.

8. Dans sa vision de la structure psychique, Freud montre que le _____ est régi par le principe de _____ alors que le moi l'est par le principe de _____.

9. Les _____ de _____ sont des stratégies inconscientes adoptées par le _____ pour échapper aux _____ génératrices d'_____.

10. La formation _____ consiste à adopter des sentiments ou des comportements qui sont à l'_____ de ceux qui ont été _____.

11. La _____ constitue une forme de déplacement apportant une satisfaction réelle.

12. La _____ consiste à attribuer à autrui nos _____ sentiments jugés inacceptables par le _____.

13. Selon l'approche behavioriste, le comportement anormal, comme n'importe quel autre comportement, est le fait de l'_____ et ses causes ne peuvent donc être qu'_____.

14. L'approche _____ part du principe que les sentiments et les comportements d'une personne sont _____, lorsque sa façon de décoder les situations s'appuie sur des pensées _____.

15. Selon Rogers et son approche humaniste, l'inadaptation naît du fait que le soi _____ n'est plus _____.

16. Pour les tenants de l'approche _____, la maladie mentale n'est qu'un _____, et la classification des symptômes, qui ne sont que de « pures _____ de l'esprit » empêche la personne de conserver la _____ de ses problèmes.

17. Les troubles du comportement peuvent être regroupés en quatre grands groupes selon qu'ils sont _____ à l'enfance et à l'adolescence ou d'origine _____ ou _____ ou encore qu'il s'agit de troubles de la personnalité.

18. Parmi les troubles d'origine organique, on trouve ceux liés à des _____ physiques, ou à des _____ et ceux liés au vieillissement, comme c'est le cas pour les _____.

19. Parmi les troubles fonctionnels, les troubles schizophréniques et paranoïdes se situent principalement sur le plan _____ alors que les troubles _____ se caractérisent par une _____ de contrôle sur le plan émotif.

20. Les troubles de l'anxiété regroupent les troubles _____, les troubles _____ et les troubles _____.

21. Lorsqu'une fonction de l'organisme est perturbée sans que puisse être décelée une cause organique, on parle de trouble _____.

22. La _____ de la personnalité ou de certains de ses aspects est le propre des troubles dissociatifs.

23. On ne parle de troubles psychosexuels qu'en cas de troubles de l'_____ sexuelle, de _____ sexuelles portant sur des objets bizarres, des troubles de la _____ sexuelle ou d'_____ lié à l'homosexualité.

24. On parle de troubles de la personnalité à propos de personnes présentant des traits _____ et mal _____ entraînant une certaine _____.

25. Le problème posé par l'étiquetage réside dans le fait que l'individu devient un _____ qui cesse d'être quelqu'un d'_____ traversant une _____ provoquée par des circonstances particulières.

26. Les thérapies biologiques visent à agir sur le _____ à l'aide de techniques telles que les _____, la _____ et surtout la _____.

27. La psychiatrie communautaire a permis d'_____ les séjours à l'hôpital mais n'a pas pour autant fait _____ le nombre de personnes réclamant des soins.

28. Les recherches récentes semblent montrer que les personnes se sentent _____ adaptées après avoir suivi une thérapie.

29. On peut distinguer deux grands groupes de psychothérapie : les thérapies _____ et les thérapies _____.

30. La psychanalyse vise à permettre à la personne de retrouver les racines _____ de ses problèmes, nés de conflits _____.

31. La thérapie centrée sur le client cherche à amener la personne à développer une plus grande _____ afin de rendre plus _____ son soi réel.

32. La thérapie de la Gestalt cherche à faire en sorte que la personne atteigne une pleine _____ de soi afin de former un _____ harmonieux.

33. La thérapie émotivo-rationnelle consiste à analyser la _____ avec la personne et les conclusions qu'elle en tire compte tenu des pensées _____ qu'elle émet.

34. Parmi les thérapies individuelles, on peut citer entre autres, les thérapies _____, la thérapie de la _____, l'analyse _____ et le _____.

35. Les thérapies sociales visent à la fois à permettre à la personne de se _____ et de rétablir ses relations _____ avec les autres.

36. La désensibilisation systématique est une technique de _____ par laquelle on associe une réponse _____ par ses effets à la réponse _____.

37. La méthode d'économie de _____ cherche à modifier les _____ de comportements des individus en accordant des _____ pour toute amélioration constatée par le thérapeute.

38. Les procédures d'_____ impliquent que ce soit le patient lui-même qui se _____ pour tout comportement allant dans le sens désiré.

39. Les groupes d'_____ cherchent à briser l'_____ et la _____ de la personne en lui délivrant des _____ et une _____ difficilement accessible par des voies officielles.

40. Les communautés _____ cherchent à créer une _____ dans laquelle la personne pourra se sentir _____ de faire des erreurs, de se _____ elle-même, de croître et d'apprendre à mieux vivre.

Vérification des connaissances

Vrai ou faux?   V   F

1. L'anxiété est un mécanisme des plus utiles pour faire face aux conditions de la vie moderne.   ☐   ☐

2. La cause de l'ulcère à l'estomac est le plus souvent d'origine organique.   ☐   ☐

3. Le concept de maladie mentale remonte au Moyen Âge.   ☐   ☐

4. Selon la théorie freudienne, plus le moi est fort, plus l'individu risque d'adopter des solutions réalistes.   ☐   ☐

5. Le déplacement est un mécanisme de défense qui consiste à attribuer à autrui nos propres sentiments jugés inacceptables par le surmoi.   ☐   ☐

6. Selon l'approche cognitive, les comportements inadaptés d'une personne proviennent de sa façon de décoder une situation à partir de pensées irrationnelles.   ☐   ☐

7. Le soi réel n'est plus congruent lorsque les comportements et les attitudes de l'individu l'éloignent du soi idéal.   ☐   ☐

8. L'approche socioculturelle met l'accent sur le fait qu'il est important d'enlever la responsabilité de ses problèmes à la personne afin qu'elle puisse se comporter en malade.   ☐   ☐

9. On connaît à présent les causes organiques de la plupart des troubles fonctionnels.   ☐   ☐

10. La démence est une conséquence du vieillissement pathologique du système nerveux.   ☐   ☐

11. L'approche épigénétique ne peut expliquer le développement des troubles schizophréniques.   ☐   ☐

12. Dans les cas des troubles de l'anxiété, cette dernière est soit généralisée, soit transférée sur un objet, une pensée ou un comportement.   ☐   ☐

13. Toutes les déviations du comportement sexuel normal peuvent être considérées comme des troubles psychosexuels.   ☐   ☐

14. Le DSM III constitue un outil conçu principalement pour les psychiatres envisageant les troubles du comportement en termes de symptômes, de maladie, de diagnostic et de soins.   ☐   ☐

15. La psychochirurgie est une technique de plus en plus employée compte tenu des résultats spectaculaires qui ont été obtenus grâce à elle.   ☐   ☐

16. Il semble que la chimiothérapie soit plus à même de soigner que de guérir.   ☐   ☐

17. Les recherches récentes montrent qu'il y a autant de chance de voir disparaître un trouble névrotique, avec ou sans psychothérapie.   ☐   ☐

18. La catharsis consiste à revivre sur le plan affectif les événements de l'enfance en les mettant en rapport avec les symptômes actuels.   ☐   ☐

19. Le rôle du thérapeute «rogérien» consiste à permettre au client d'exprimer ses sentiments et ses pensées afin de l'aider à être plus conscient de la manière dont il se perçoit et dont il est perçu par les autres.   ☐   ☐

20. Le but de la thérapie de la Gestalt vise à amener l'individu à accepter ce qu'il *faut* faire plutôt que ce qu'il *désire* faire.   ☐   ☐

21. La thérapie émotivo-rationnelle vise à faire comprendre au client ce que ses comportements ont d'irrationnel.   ☐   ☐

22. La thérapie de la réalité vise à faire saisir à la personne le sens qu'elle veut donner à sa vie et la signification de ses actes en fonction de ce sens.   ☐   ☐

23. L'analyse transactionnelle met en évidence le fait que dans nos transactions avec les autres, nous jouons le plus souvent un jeu de rôles inconscient.   ☐   ☐

24. La thérapie de groupe peut constituer une première étape dans la réintégration de la vie réelle par la confrontation qu'elle permet avec les autres.   ☐   ☐

25. La désensibilisation systématique consiste à associer une stimulation ou un état désagréable à la situation qui entraîne habituellement une satisfaction pour l'organisme.   ☐   ☐

26. Le conditionnement aversif et la thérapie implosive peuvent poser un problème sur le plan de l'éthique.   ☐   ☐

27. La méthode d'économie de jetons vise à donner au patient le sens de l'épargne.   ☐   ☐

28. Dans la technique de répétition comportementale, le thérapeute propose au client de répéter ou de reproduire les réponses qu'il a formulées pour lui, afin de l'aider à régler ses problèmes.   ☐   ☐

29. Les groupes d'entraide peuvent être très souvent à l'origine de nouvelles voies d'intervention.   ☐   ☐

30. Les communautés thérapeutiques doivent certains de leurs succès à la structure hiérarchique établie afin de sécuriser le patient.   ☐   ☐

Questions à choix multiple (encercler la lettre qui correspond à la bonne réponse)

1. La colite et l'ulcère à l'estomac
   a) sont des troubles psychosomatiques.
   b) n'ont pas de cause d'origine organique.
   c) sont étroitement liés à l'anxiété et à la frustration.
   d) Toutes ces réponses sont bonnes.

2. La notion de normal
   a) repose sur des données objectives.
   b) se situe entre des limites bien définies.
   c) est à peu près la même dans les différentes cultures.
   d) Aucune de ces réponses.

3. Dans notre culture, les «fous»
   a) ont de tous temps été protégés par l'Église.
   b) sont soignés par les médecins depuis le XVIe siècle.
   c) ont toujours été isolés ou évités.
   d) Aucune de ces réponses.

4. L'approche médicale de la maladie mentale prend ses racines dans
   a) la classification des maladies mentales selon leurs symptômes.
   b) les découvertes de la neurologie.

c) les progrès de la psychopharmacologie.
d) Toutes ces réponses sont bonnes.

5. Plus le moi d'un individu est fort, plus il sera capable de
   a) trouver des solutions réalistes.
   b) tenir compte du principe de réalité.
   c) régler les conflits entre le ça et le surmoi.
   d) Toutes ces réponses sont bonnes.

6. L'adoption de comportements orientés vers un but supérieur au but initial non accessible constitue le mécanisme de défense dénommé
   a) le déplacement.
   b) la projection.
   c) la rationalisation.
   d) la sublimation.

7. La projection consiste en
   a) l'attribution à autrui de nos propres sentiments.
   b) l'orientation de nos comportements vers un but accessible.
   c) la négation des données de la réalité.
   d) l'adoption de comportements opposés à ceux qui sont refoulés.

8. Les behavioristes ont notamment montré comment, par apprentissage, peuvent se développer
   a) les phobies.
   b) les comportements antisociaux.
   c) les sentiments d'échec et d'impuissance.
   d) Toutes ces réponses sont bonnes.

9. « Il est capital d'être aimé par toute personne avec laquelle nous entrons en contact », est une idée
   a) irrationnelle.
   b) à la base de nombreux comportements inadaptés.
   c) qui repose sur un besoin fondamental.
   d) Toutes ces réponses sont bonnes.

10. Selon Rogers, le soi réel n'est plus congruent lorsqu'il
    a) correspond trop au soi idéal.
    b) est coupé de certaines expériences.
    c) ne correspond plus à l'image que la personne a d'elle-même.
    d) Aucune de ces réponses.

11. Pour les tenants de l'approche socioculturelle, la « maladie mentale » est
    a) un mythe.
    b) un choix inconscient effectué par la personne.
    c) un signe de guérison plus que de destruction.
    d) Toutes ces réponses sont bonnes.

12. Le DSM III vise
    a) à uniformiser les catégories de troubles et de symptômes.
    b) à classer les troubles à partir des hypothèses sur leur origine.
    c) à mieux séparer les névroses des psychoses.
    d) Toutes ces réponses sont bonnes.

13. La maladie d'Alzheimer
    a) touche près de 5 % des personnes de plus de 65 ans.
    b) est liée à des troubles de la vascularisation du cerveau.
    c) est réversible grâce à un traitement adéquat.
    d) se caractérise par de légers troubles de mémoire.

14. La cause de la schizophrénie est vraisemblablement d'origine
   a) génétique.
   b) environnementale.
   c) biochimique.
   d) Il n'existe aucune certitude.

15. Le trouble bipolaire
   a) relève de la catégorie des troubles affectifs.
   b) se traduit par une perte de contrôle sur le plan émotif.
   c) est caractérisé par l'alternance d'un état maniaque et d'une dépression.
   d) Toutes ces réponses sont bonnes.

16. La peur des microbes qui amène la personne à se laver les mains des dizaines de fois par jour constitue un trouble
   a) phobique.
   b) panique.
   c) obsessivo-compulsif.
   d) de conversion.

17. La paralysie d'un bras sans cause physique apparente constitue un trouble
   a) psychosomatique.
   b) hypocondriaque.
   c) dissociatif.
   d) Aucune de ces réponses.

18. La personnalité multiple constitue un trouble
   a) schizophrénique.
   b) somatoforme.
   c) bipolaire.
   d) dissociatif.

19. Le danger de l'étiquetage réside dans le fait que
   a) l'analyse de la dynamique du comportement se trouve en grande partie évacuée.
   b) les comportements sont décodés en fonction de l'étiquette.
   c) le problème de la personne est transformé en problème médical.
   d) Toutes ces réponses sont bonnes.

20. La thérapie par électrochocs
   a) a largement fait les preuves de son efficacité.
   b) entraîne de nombreux effets secondaires.
   c) est de plus en plus utilisée dans les hôpitaux.
   d) Toutes ces réponses sont bonnes.

21. La chimiothérapie
   a) s'est développée au cours des années 30.
   b) est capable de guérir de nombreux types de troubles.
   c) a permis d'écourter les séjours à l'hôpital.
   d) Aucune de ces réponses.

22. Les recherches récentes indiquent que
   a) la plupart des troubles disparaissent avec ou sans psychothérapie.
   b) les patients notaient plus facilement une amélioration suite à une psychothérapie que les observateurs.
   c) 75 % des personnes n'ayant pas reçu de thérapie se sentaient aussi bien que celles qui en avaient reçu.
   d) Aucune de ces réponses.

23. Parmi les éléments fondamentaux de la cure psychanalytique, on note principalement
   a) l'empathie.
   b) le transfert.
   c) le regard positif inconditionnel.
   d) Toutes ces réponses sont bonnes.

24. Dans la thérapie centrée sur le client, le thérapeute doit
   a) interpréter les pensées et les sentiments du client.
   b) faire découvrir au client des sensations physiques ignorées.
   c) permettre au client d'exprimer ses sentiments sans crainte d'être jugé.
   d) faire prendre conscience au client de l'aspect irrationnel de ses pensées.

25. La thérapie amenant le client à prendre ses responsabilités par « contrat » et à s'en tenir aux objectifs fixés, une fois que ceux-ci ont été établis de façon réaliste, s'appelle
   a) l'analyse transactionnelle.
   b) la thérapie existentielle.
   c) la thérapie de Gestalt.
   d) Aucune de ces réponses.

26. La thérapie de groupe consiste
   a) en des discussions animées par le thérapeute.
   b) à entrer en contact avec les participants sur le plan verbal.
   c) à mettre en évidence le masque social adopté par certains.
   d) Toutes ces réponses sont bonnes.

27. Le conditionnement aversif
   a) est surtout utilisé avec les personnes alcooliques et antisociales.
   b) consiste à associer une stimulation désagréable à la situation satisfaisante.
   c) pose un problème d'éthique.
   d) Toutes ces réponses sont bonnes.

28. La méthode d'économie de jetons est une technique
   a) de contre-conditionnement.
   b) faisant intervenir la répétition comportementale.
   c) permettant d'accorder des privilèges pour toute amélioration.
   d) Toutes ces réponses sont bonnes.

29. Les groupes d'entraide
   a) regroupent des personnes ayant un problème semblable.
   b) se rassemblent souvent en communautés thérapeutiques.
   c) sont peu souvent à l'origine de nouvelles voies d'intervention.
   d) Aucune de ces réponses.

30. Les communautés thérapeutiques
   a) tentent de créer un sentiment d'appartenance et de liberté.
   b) cherchent surtout à soigner le patient.
   c) sont en déclin depuis la fin des années 60.
   d) Toutes ces réponses sont bonnes.

Médiagraphie

1. Références bibliographiques

BARNES, M. et BERKE, J., *Mary Barnes : un voyage à travers la folie*, Paris, Seuil, 1973.

BERNE, E., *Analyse transactionnelle et psychothérapie*, Paris, Payot, 1977.

BETTELHEIM, B., *Un lieu où renaître*, Paris, Laffont, 1979.

BLANCHET, L., LAVIGUEUR, H. et DAUPHINAIS, R., « L'intervention en réseau, un modèle alternatif de prise en charge communautaire », *Santé mentale au Québec*, vol. VI, n° 2, nov. 1981, p. 126-132.

BOUCHARD, C., « Non à la prévention », dans *Psychothérapies, attention !* Sillery (Québec), Québec Science (éd.), 1983, p. 203-221.

BLUM, J.D., « On Changes in Psychiatric Diagnosis Over Time », *American Psychologist*, vol. 33, n° 11, nov. 1978, p. 1017-1031.

DELIGNY, F., *Nous et l'Innocent*, Paris, Maspéro, 1975.

DENIS, G., TOUSSIGNANT, M. et LAFOREST, L., « Prévalence de cas d'intérêt psychiatrique dans une région du Québec », *Canadian Journal of Public Health*, 1973, n° 64, p. 387-397.

DONGIER, M., *Névroses et troubles psychosomatiques*, Bruxelles, Dessart, 1967.

DREYFUS, C., *Les groupes de rencontre*, Paris, Retz, 1975.

ELLIS, A., *Reason and emotion in psychotherapy*, New York, Lyle Stewart, 1962.

EYSENCK, H.J., « The effects of psychotherapy : an evaluation », *Journal of Consulting Psychology*, 1952, n° 16, p. 319-324.

FELDMAN, M.P. et MACCULLOCH, M.J., *Homosexual behavior : therapy and assessment*, Oxford (England), Pergamon Press, 1971.

FONTAINE, O., *Introduction aux thérapies comportementales*, Bruxelles, Mardaga, 1978.

FOUCAULT, M., *Histoire de la folie à l'âge classique*, Paris, Gallimard, 1972.

FRANKL, V., *La psychothérapie et son image de l'homme*, Paris, Éd. Resma, 1974.

FREUD, A., *Le moi et les mécanismes de défense*, Paris, P.U.F., 1967.

GLASSER, W., *La « reality therapy »*, Paris, EPI Éd., 1971.

GOFFMAN, E., *Asiles*, Paris, Les Éditions de Minuit, 1968.

GUERTIN, M. et LECOMTE, Y., « Éditorial », *Santé mentale au Québec*, vol VIII, n° 1, juin 1983, p. 5.

KAZDIN, A.E. et WILCOXON, L.H., « Systematic desensitization and non-specific treatment effects : a methodological evaluation », *Psychological Bulletin*, vol. 83, n° 5, sept. 1976, p. 729-758.

LAING, R.D., *La politique de l'expérience*, Paris, Stock, 1970.

LAING, R.D., *La voix de l'expérience*, Paris, Seuil, 1986.

LAVOIE, F., « Les groupes d'entraide », dans J. Arseneau et coll., *Psychothérapies, attention !*, Sillery (Québec), Québec Science (éd.), 1983, p. 181-202.

LECOMTE, Y. et TOURIGNY, Ch., « La communauté thérapeutique », *Santé mentale au Québec*, vol. VIII, n° 1, juin 1983, p. 107-134.

LEIGHTON, D.C. et coll., « Psychiatric disorder in a Swedish and a Canadian community : an exploratory study », *Soc. Sci. Méd.*, 1971, n° 5, p. 200.

LOVAAS, I.O., *The autistic child*, New York, Irvington Publishers, 1977.

MAY, R., *Le désir d'être : Psychologie existentielle*, Paris, Éd. de l'Épi, 1976.

MINUCHIN, S., *Familles en thérapie*, Paris, Delage, 1979.

MORENO, J.L., *Psychothérapie de groupe et psychodrame*, Paris, P.U.F., 1965.

MOSHER, L. et MENN, A., «Lowered barriers in the Community : the Soteria Model», dans L.I. Stein, M.A. Test (Éds), *Alternatives to Mental Hospital Treatment*, New York, Plenum Press, 1978, p. 75-113.

MOUSSEAU, J., «Le discours de l'anti-psychiatrie», *Psychologie*, n° 21, oct. 1971, p. 51-58.

OWEN, F., CROW, T.J., POULTER, M., CROSS, A.J., LONGDEN, A. et RILEY, G.J., «Increased dopamine receptor sensitivity in schizophrenia», *Lancet II*, 1978, p. 223-226.

PERLS, F., *Gestalt-thérapie : technique d'épanouissement personnel*, Montréal, Stanké, 1977.

PLAMANDON, M., «Les alternatives en santé : enjeux et perspectives», *Santé mentale au Québec*, vol. VIII, n° 1, juin 1983, p. 100-106.

ROGERS, C.R., «La relation thérapeutique : les bases de son efficacité», *Bulletin de Psychologie*, n° 17, p. 1-9.

ROMEDER, J.M., *Les groupes d'entraide au Canada*, Ottawa, Ministère de la Santé et du Bien-être social, 1982.

ROSENHAN, D.L., «On being sane in insane places», *Science*, 1973, n° 179, p. 250-258.

SATIR, V., *Thérapie du couple et de la famille*, Paris, Éd. de l'Épi, 1970.

SCHEFLIN, A.W. et OPTON, E.M., *L'homme programmé*, Montréal, Stanké, 1978.

SCHREIBER, F.R., *Sybil*, Paris, J'ai lu, 1978.

SHAPIRO, A.K et MORRIS, L.A., «Placebo effects in medical and psychological therapies», dans Garfield, S.L. et Bergin, A.E., *Handbook of psychotherapy and behavior change*, John Wiley and Sons, 1978.

SLOANE, R., BRUCE et coll., *Psychotherapy versus Behavior therapy*, Harvard University Press, 1975.

SMITH, M.L. et GLASS, G.V., «Meta-analysis of psychotherapy outcome studies», *American Psychologist*, 1977, n° 32, p. 752-760.

STROLE, L., LANGER, T.S., MICHAEL, S.T., OPLER, M.K. et RENNIE, T.A., *Mental Health in the Metropolis*, New York, McGraw-Hill, 1962.

STOLZ, S.R., WIENCKOWSKI, L.A. et BROWN, B.S., «Behavior modification : a perspective on critical issues», *American Psychologist*, 1975, n° 30, p. 1027-1048.

SZASZ, T., *Le mythe de la maladie mentale*, Paris, Payot, 1977.

WOLPE, J., *Pratique de la thérapie comportementale*, Paris, Masson, 1975.

2. Documents audio-visuels

Family Life (vie de famille), 16 mm, couleur, sous-titré français.
Le cheminement d'une jeune femme de la famille à l'hôpital psychiatrique. Un chef-d'œuvre du courant anti-psychiatrique.

Le stress et les émotions, document n° 4 de la série *Le cerveau* (voir filmographie de l'appendice A).

Les maladies mentales, document n° 7 de la série *Le cerveau* (voir filmographie de l'appendice A).

Les enfants de l'émotion, 1978, 26 min, 116 mm, couleur. Office national du film du Canada.
Le drame des enfants mésadaptés socio-affectifs ou perturbés que notre société de plus en plus froide et normalisée cherche à exclure.

The autistic child : A behavioral approval, 26 min, 16 mm, couleur. Efficacity Research Institutes. CRM. McGraw-Hill.
Un portrait de l'autisme : ce qui est connu, ce qui l'est moins, les causes. Thérapie behaviorale utilisant le renforcement positif ou les techniques de modeling pour enseigner les habitudes sociales et verbales aux enfants qui présentent ces symptômes.

Ce gamin-là, 100 min, 16 mm, noir et blanc.
L'expérience de vie d'enfants autistiques au sein de petites communautés marginales fonctionnant sous la conduite de Fernand Deligny.

Bulimia, 12 min, 16 mm, couleur. Prod. : ABC. CRM. McGraw-Hill.
Film décrivant les désordres entraînés par la boulimie. Il en décrit les symptômes, en explique les raisons et les motivations et discute des façons de la combattre.

Dieting : The danger point, 20 min, 16 mm, couleur. Prod. : Brad White. CRM. McGraw-Hill.
Film montrant les effets physiques et psychologiques de l'anorexie nerveuse sur les jeunes filles qui présentent ce type de troubles et leur répercussion sur la famille.

Depressive State. Série produite par le département de santé mentale (ministère de la Santé nationale du Canada) au cours des années 60.
Présentation de cas et de leurs symptômes par le docteur H. Lehmann.

Hallucinations, 40 min, 16 mm, noir et blanc. Office national du film du Canada.

Dépression, 26 min, 16 mm, noir et blanc. Office national du film du Canada.

Freud, passions secrètes, 80 min, 16 mm, noir et blanc. Réal. : J. Huston.
Evocation des premiers cheminements du père de la psychanalyse.

Three approaches of psychotherapy, 1964, 3 × 50 min, 16 mm, noir et blanc, version originale anglaise (voir filmographie du chap. 2).

Reinforcement therapy, 45 min, 16 mm, noir et blanc. Smith Kline and French Laboratories.
Film présentant différents types de thérapies par modification du comportement auprès d'enfants sourds, retardés et de schizophrènes chroniques (sous la direction du docteur Lovaas).

appendice A

Les fondements biologiques du comportement

Hérédité et reproduction

Le développement génétique
La cellule
La division cellulaire
Détermination du sexe
Transmission des caractères par les gènes

Anomalies chromosomiques

Les jumeaux

Physiologie du comportement

L'organisation du système nerveux

Les récepteurs
Les sens cutanés ou somesthésiques
Les sens kinesthésiques et de la position des membres
Le sens de l'équilibre et de la position de la tête
Les sens chimiques
L'audition
La vision

Les effecteurs
Les muscles
Les glandes

Structure du système nerveux
Le système nerveux périphérique
Le système nerveux central

Structure et fonction du neurone
Structure du neurone
L'influx nerveux
La transmission synaptique

Hérédité et reproduction

Les 500.000 milliards de cellules qui composent le corps d'un être humain adulte proviennent toutes d'une cellule unique, issue de l'union d'un ovule et d'un spermatozoïde.

Le développement génétique

La cellule

Chaque cellule est composée d'un corps cellulaire, ou *cytoplasme*, chargé de construire les différents matériaux nécessaires à la croissance et au fonctionnement de l'organisme, ainsi que d'un *noyau* qui assure la programmation et la direction de cette activité.

Le noyau contient 23 paires de *chromosomes*. Chacun de ceux-ci est porteur de plusieurs milliers de *gènes* responsables des divers aspects de la structure du corps ou du comportement (taille, couleur des yeux, des cheveux ou de la peau, fabrication d'enzymes particuliers, programmation du rythme de croissance ou de la durée de la vie, etc.).

Le matériel de base des gènes et du code génétique est constitué par un acide, l'acide désoxyribonucléique ou *ADN*, qui transmet ses instructions au cytoplasme par le biais d'un autre acide qu'il produit, l'acide ribonucléique ou *ARN*. Ainsi, c'est l'ARN qui, en quittant le noyau pour le cytoplasme, va organiser le «travail» de ce dernier et lui faire produire les protéines nécessaires pour répondre au plan directeur déterminé par l'ADN.

La division cellulaire

À partir de la cellule unique que constitue l'œuf fécondé par le spermatozoïde, tout le processus de croissance va s'effectuer par divisions cellulaires successives. Au cours de ce processus, le noyau se partage en deux, amenant ainsi le matériel génétique à se répartir dans les deux noyaux et à reconstituer dans chacun d'eux 23 paires de chromosomes.

Un seul type de cellule échappe à cette règle. Il s'agit des cellules germinales, ou *gamètes*, chargées de la reproduction de l'individu. En effet, lorsque les cellules mères se divisent pour former les ovules dans les ovaires, ou les spermatozoïdes dans les testicules, la division s'effectue de telle façon que chaque cellule fille n'est plus porteuse que de 23 chromosomes et ne contient donc plus que la moitié de l'information génétique propre à la mère ou au père.

Ce n'est qu'au moment de la fécondation de l'ovule par le spermatozoïde que le stock de 46 chromosomes sera reconstitué. La part d'information apportée respectivement par le spermatozoïde et par l'ovule

---

Cytoplasme

(du grec *kutos* = cavité, cellules et -*plasma* = «chose façonnée»). Substance organisée et complexe constituant la cellule, à l'exclusion du noyau.

Chromosome

(du grec *khrôma* = couleur et -*sôma* = corps). Élément du noyau porteur des gènes et dont le nombre est constant pour chaque espèce (il y en a 46 chez l'homme). Le nom provient du fait que les chromosomes peuvent être rendus visibles par certains colorants grâce à la chromatine qu'ils contiennent.

Gène

(du grec *genos* = origine). Unité définie, localisée sur les chromosomes, qui constitue le facteur responsable de la transmission des caractères héréditaires. Ils sont 50 à 100.000 au total.

ADN

Acronyme d'«acide désoxyribonucléique». Acide présent uniquement dans le noyau de la cellule et dont les molécules constituent les composants essentiels des gènes.

ARN

Acronyme d'«acide ribonucléique». Acide constituant du noyau de la cellule et présent dans le cytoplasme, dont l'une des formes, l'ARN messager, est porteuse de l'information génétique, transmise par l'ADN, grâce à laquelle s'effectue la synthèse des protéines.

Gamète

(du grec *gamos* = mariage). Cellule germinale ne possédant que la moitié des chromosomes présents dans les autres cellules de l'organisme et dont l'union avec une cellule germinale appartenant au sexe opposé entraîne la formation de la première cellule d'un nouvel être vivant.

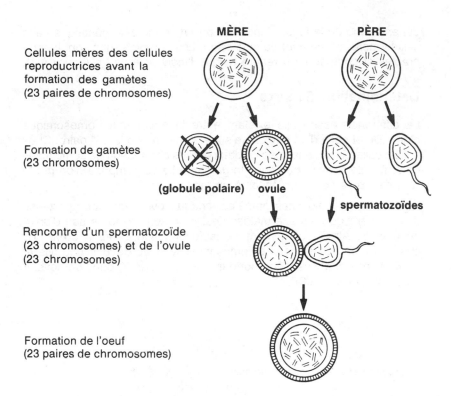

Cellules mères des cellules
reproductrices avant la
formation des gamètes
(23 paires de chromosomes)

Formation de gamètes
(23 chromosomes)

Rencontre d'un spermatozoïde
(23 chromosomes) et de l'ovule
(23 chromosomes)

Formation de l'oeuf
(23 paires de chromosomes)

Fig. A.1a *Formation de gamètes et fécondation. Chaque gamète contient la moitié des chromosomes présents dans les cellules de chacun des parents. La répartition au hasard de ceux-ci lors de la division cellulaire entraîne un nombre considérable de combinaisons possibles, déterminant les caractéristiques physiques et psychologiques de l'enfant qui va croître à partir de l'œuf.*

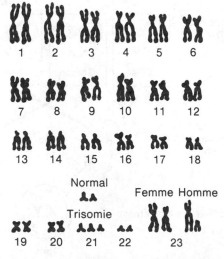

Fig. A.1b *Carte chromosomique chez l'être humain. Les 46 chromosomes sont ici réunis par paire. Les 22 premières paires sont identiques chez les deux sexes. La 23ᵉ paire diffère chez l'homme, chez lequel on retrouve un chromosome X et un chromosome Y, alors que cette paire est composée de 2 chromosomes X chez la femme. Le mongolisme a pour base l'adjonction d'un troisième chromosome à la 21ᵉ paire : il s'agit de la trisomie 21.*

dépend donc de la façon dont a été réparti le matériel génétique de la cellule mère au moment de la division. Les combinaisons sont innombrables et contribuent à rendre unique l'individu à naître (figure A.1).

Détermination du sexe

La différence essentielle existant entre la structure chromosomique d'une fille et celle d'un garçon se situe au niveau de la 23e paire. Chez la fille, celle-ci est constituée de deux grands chromosomes semblables en forme de X alors que chez le garçon, elle se compose d'un grand X et d'un plus petit chromosome en forme de Y.

Lors de la formation des gamètes, chaque ovule est donc porteuse d'un X alors que les spermatozoïdes, eux, sont porteurs soit d'un X ou d'un Y. Ainsi, au moment de la fécondation, l'œuf a 50 % des chances d'hériter de deux chromosomes X et de devenir une fille et de 50 % des chances d'être porteur d'un X et d'un Y, donc de devenir un garçon (figure A.2).

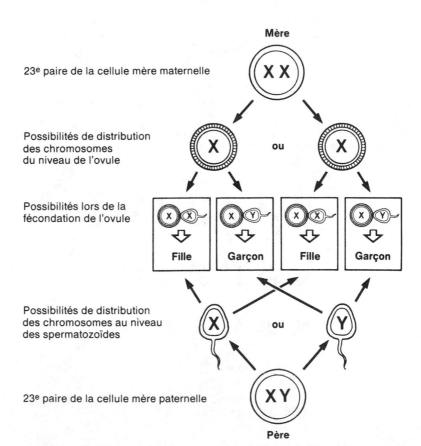

Récessif
(du latin *re-* = en arrière et *cedere* = aller). Se dit d'un gène qui ne peut déterminer l'apparition du caractère dont il est responsable que si l'autre gène de la parie est lui-même récessif. Si ce dernier, par contre, est dominant, le caractère dont le gène récessif est porteur ne peut s'extérioriser.

Dominant
Se dit d'un gène dont la présence dans une paire détermine

Fig. A.2 *Détermination du sexe chez l'enfant. L'ovule maternel est toujours porteur d'un chromosome X. Le spermatozoïde, lui, peut être porteur soit d'un chromosome X, soit d'un chromosome Y. Il existe donc, théoriquement, 50 % de chances que l'enfant à naître présente les caractéristiques physiques d'une fille et 50 % qu'il présente les caractéristiques physiques d'un garçon.*

Transmission des caractères par les gènes

La reconstitution des paires de chromosomes au sein du noyau de l'œuf entraîne l'appariement des gènes, issus du potentiel génétique maternel et paternel, dont l'action conjointe va déterminer les caractéristiques du nouvel individu. Cette action va toutefois s'exercer différemment selon qu'un gène est dominant ou récessif. En effet, si un gène est *dominant*, le caractère dont il est porteur s'impose automatiquement. Par contre, s'il est *récessif*, il va demeurer «muet» en présence d'un gène dominant, ne pouvant alors se révéler qu'en présence d'un autre gène récessif. Ainsi, certains aspects hérités d'un des parents risquent de passer inaperçus chez un enfant pour réapparaître éventuellement à la deuxième génération. C'est notamment le cas pour la couleur bleue des yeux ainsi que pour certaines maladies transmises par les gènes telles que la phénylcétonurie ou la *chorée* de Huntington (figure A.3).

l'apparition du caractère dont il est responsable, indépendamment du fait que l'autre gène soit ou non dominant.

Chorée
(du grec *khoreia* = danse ; synonyme : danse de St-Guy). Trouble du système nerveux qui entraîne des contractions involontaires des muscles du visage, des haussements continuels des épaules ainsi qu'une agitation constante des membres. La chorée de Huntington, d'origine héréditaire à caractère récessif, débute à l'âge adulte et s'accompagne souvent de troubles mentaux.

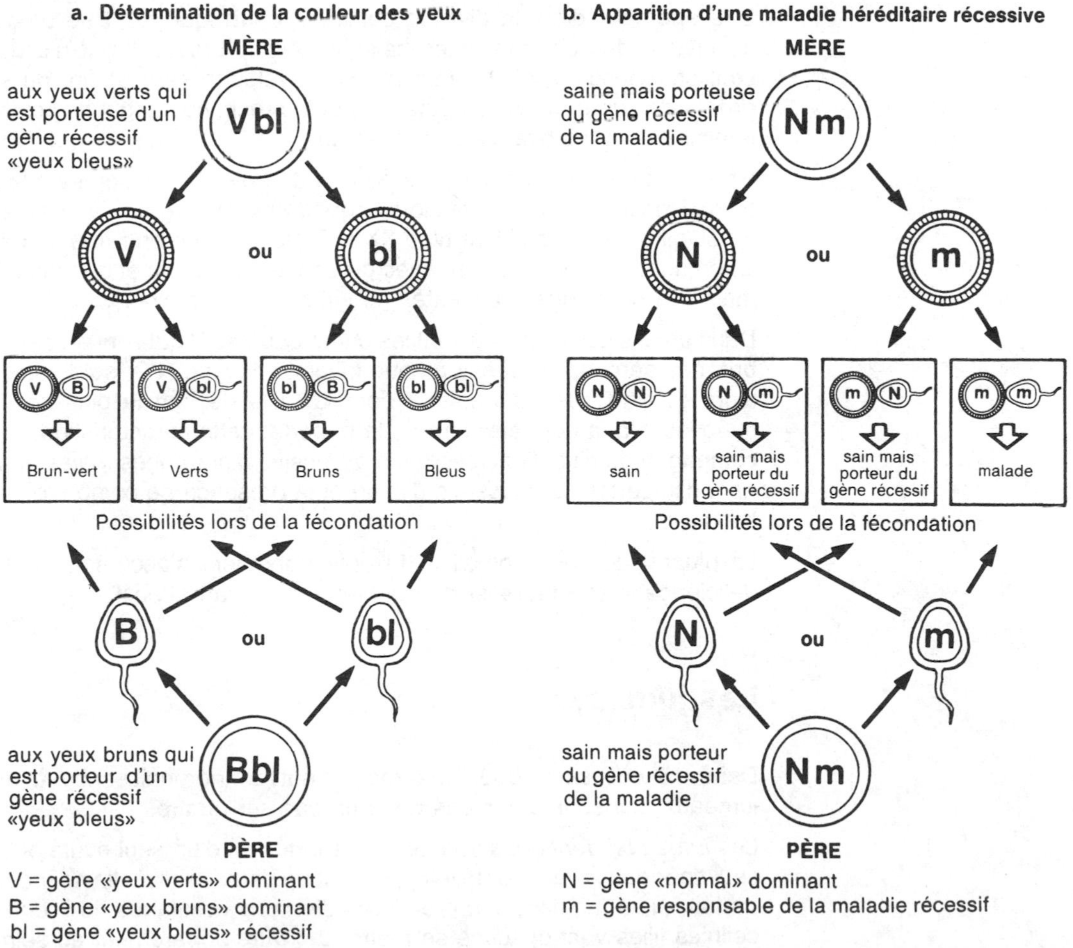

fig. A.3 *Action des gènes dominants et des gènes récessifs. Un gène récessif ne peut entraîner l'apparition de la caractéristique dont il est porteur que lorsqu'il est présent dans les deux gamètes fusionnant pour former l'œuf. Il en va ainsi de la caractéristique «yeux bleus» (a) mais également de maladies héréditaires telles que la phénylcétonurie ou la chorée de Huntington (b).*

Anomalies chromosomiques

Il peut arriver que lors de la formation de l'ovule ou du spermatozoïde, la répartition des chromosomes de la cellule mère ne s'effectue pas de façon parfaite et que certaines cellules germinales n'aient pas le nombre requis de chromosomes ou, au contraire, qu'elles soient porteuses d'un chromosome supplémentaire comme c'est notamment le cas pour le *syndrome de Down*, plus connu sous le nom de *mongolisme*. Ce trouble est en effet provoqué par la présence d'un chromosome surnuméraire à la 21ᵉ paire, d'où le nom de trisomie 21 qu'on lui donne également. Ce chromosome en surplus provient le plus souvent de l'ovule d'une mère ayant dépassé un certain âge bien qu'une fois sur quatre, l'anomalie puisse se produire lors de la formation du spermatozoïde. Les conséquences de cette anomalie chromosomique sont principalement d'ordre physique, notamment au niveau du visage, et intellectuel (voir chapitre 9).

Une anomalie dans la division cellulaire peut également se produire au niveau des chromosomes sexuels. Ainsi, lorsque l'œuf n'a qu'un seul chromosome X[1], l'enfant qui se développe sera atteint du *syndrome de Turner* qui se caractérise par la présence d'organes génitaux féminins dont les ovaires sont absents.

Un enfant peut, par contre, être porteur de trois chromosomes à la 23ᵉ paire. Une telle anomalie va alors engendrer le *syndrome de Klinefelter*, s'il s'agit d'une trisomie de type XXY. Cette dernière entraîne un développement génital masculin, avec présence d'un pénis et de testicules, mais des caractéristiques externes typiquement féminines.

Dans un cas sur 1.000, ce sont les chromosomes Y qui sont en surnombre. Les garçons victimes de cette trisomie de type XYY se présentent alors comme des «surmâles» dont la taille devient le plus souvent supérieure à la normale; lors de la puberté, cette caractéristique s'accompagne de plus d'une sécrétion excessive d'hormones mâles entraînant d'importantes poussées d'acné et la présence de comportements impulsifs.

La plupart de ces anomalies du développement s'accompagnent de déficience intellectuelle et de troubles sur le plan affectif.

Les jumeaux

Dans 16 cas sur 1.000, une mère peut donner naissance à deux jumeaux, qui sont identiques dans un cas sur quatre.

Les *jumeaux identiques* sont issus de la fusion d'un seul ovule et d'un seul spermatozoïde. Le développement de deux êtres distincts provient du fait qu'au moment des premières divisions cellulaires de l'œuf, les cellules filles vont chacune se mettre à croître *séparément* au sein de

---

[1] Un œuf qui ne possède qu'un seul chromosome Y n'est pas du tout viable.

la même enveloppe, ou *sac amniotique*, pour donner naissance à deux enfants identiques possédant les mêmes caractéristiques génétiques et étant forcément du même sexe. Le fait que ceux-ci proviennent du même œuf leur fait également donner le nom de *jumeaux monozygotes*.

Les *jumeaux fraternels* proviennent, eux, de deux ovules libérés en même temps et fécondés par deux spermatozoïdes. Ce sont donc deux œufs différents qui vont s'implanter dans la paroi de l'utérus et vont se développer côte à côte, dans deux sacs amniotiques différents, pour donner naissance à deux sœurs ou deux frères ou encore un frère et une sœur qui constituent de ce fait des *jumeaux dizygotes*.

Sac amniotique
Enveloppe remplie de liquide qui se développe au stade embryonnaire et dans laquelle baigne le fœtus.

Jumeaux monozygotes
(du grec *mono* = seul, unique et *-zygote* = œuf). Jumeaux issus du même œuf ayant donné naissance à deux organismes distincts au cours des premières divisions cellulaires. Ils sont de même sexe et présentent des caractères très semblables.

Jumeaux dizygotes
(du grec *di-* = deux fois et *-zygote* = œuf). Jumeaux issus de deux œufs différents provenant de la fécondation simultanée de deux ovules par deux spermatozoïdes. Ils peuvent être ou non de même sexe et ils présentent les mêmes différences entre eux que des frères et sœurs ordinaires.

Résumé

1. Le *noyau* de chaque cellule de l'organisme humain comprend *23 paires de chromosomes*, porteurs des milliers de gènes dont dépendent les caractéristiques et la programmation de l'organisme.

2. Les *gamètes*, c'est-à-dire l'ovule et le spermatozoïde, ne sont porteurs que de 23 chromosomes chacun, le *stock* complet n'étant reconstitué que lors de la formation de l'œuf.

3. La *détermination du sexe* s'effectue à partir des chromosomes de la 23ᵉ paire, qui sont semblables chez la femme et différents chez l'homme, ce qui donne une chance sur deux que l'enfant à naître soit une fille ou soit un garçon.

4. Le *gène récessif* demeure inopérant en présence d'un *gène dominant*. Il ne peut se révéler qu'en présence d'un autre gène récessif comme c'est le cas pour la couleur bleue des yeux ou certaines maladies héréditaires.

5. Certaines *anomalies chromosomiques*, du type de la trisomie 21, sont responsables de troubles tels que le mongolisme, alors que des anomalies à la 23ᵉ paire entraînent divers syndromes caractérisés par un développement anormal sur les plans physique, intellectuel et affectif.

6. Les *jumeaux identiques* sont issus d'un même oeuf et possèdent donc le même potentiel génétique alors que les jumeaux fraternels résultent de deux ovules fécondés simultanément par deux spermatozoïdes.

Physiologie du comportement

L'organisation du système nerveux

Le système nerveux constitue le centre même de la vie de tout organisme animal. C'est par le contrôle qu'il exerce que s'effectuent à la fois les échanges avec le milieu et la régulation des fonctions internes telles que, par exemple, la circulation sanguine ou la digestion (tableau A.1).

Le système nerveux remplit donc deux grandes fonctions. Il joue tout d'abord le rôle de *communication*. Celui-ci consiste, d'une part, à transmettre vers les centres nerveux les informations captées par les *récepteurs* comme la peau, les yeux, les oreilles, le nez, la bouche, ou provenant des différents organes; et d'autre part, à véhiculer, à partir des centres nerveux, les messages en direction des *effecteurs*, tels que les glandes et les muscles, leur permettant ainsi de fournir une réponse appropriée et unifiée aux événements auxquels l'organisme est confronté.

Ce double rôle est assuré par le *système nerveux périphérique* composé d'une part du *système somatique*, qui est responsable de la *vie de relation* avec le monde extérieur, et d'autre part du *système végétatif*, qui contrôle le fonctionnement des viscères tels que le cœur, les poumons, le système digestif ou les reins, etc., à la base de la *vie végétative.*

La deuxième grande fonction, sans laquelle la première perdrait toute signification, est une fonction d'*intégration* et de *traitement* de l'information ainsi captée puis transmise, et de *programmation* de la réaction la plus adéquate.

Cette fonction relève du *système nerveux central* et va du déclenchement des réflexes les plus simples au niveau de la moelle épinière jusqu'aux processus les plus élevés de la pensée dans les couches supérieures du cerveau (voir le tableau A.1).

Avant d'aborder de façon plus approfondie la manière dont fonctionne le système nerveux proprement dit, nous chercherons d'abord à comprendre comment s'effectuent l'excitation des récepteurs ainsi que la traduction par les effecteurs des actions programmées par les différents centres.

Récepteur
(du latin *recipere* = recevoir). Organe ou ensemble de cellules capables de réagir à certaines stimulations en provenance du milieu et de transformer ces dernières en impulsions nerveuses qui sont alors transmises aux centres nerveux chargés de les décoder. (La rétine de l'œil ou la cochlée de l'oreille interne sont des récepteurs).

Effecteurs
(de l'anglais : *to effect* = effectuer). Organe ou ensemble de cellules dont le fonctionnement, régi par le système nerveux, permet à l'organisme de réagir aux stimulations des milieux externe ou interne. Les muscles lisses et striés ainsi que les glandes exocrines ou endocrines sont des effecteurs.

Les récepteurs

Depuis Aristote, on identifie traditionnellement cinq sens chargés de nous informer sur les modifications de notre environnement. Il s'agit du toucher, du goût, de l'odorat, de l'ouïe et de la vue.

Tableau A.1   *Organisation du système nerveux*

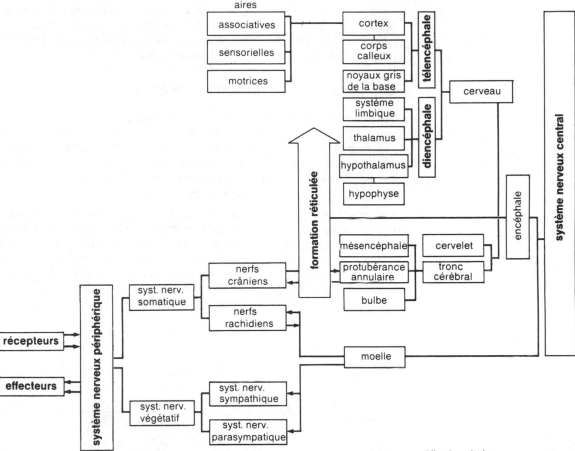

On sait cependant à présent qu'il en existe un bien plus grand nombre et que, pour capter l'infinie variété des stimulations par lesquelles il est assailli à tout instant, l'organisme est doté de mécanismes très complexes qui mettent ces sens en interaction constante les uns avec les autres. Il en va ainsi, par exemple, de la détection des saveurs qui repose, comme nous le verrons, sur une étroite coopération entre la bouche et les fosses nasales. C'est également le cas pour les relations qu'entretient la vision avec le sens de l'équilibre et les troubles comme le mal de mer ou de l'auto, qui peuvent en résulter. Mais on s'aperçoit, de plus, que chaque modalité sensorielle présente elle-même une complexité dont on est encore loin d'avoir percé tous les mystères.

Sur le plan du fonctionnement, on peut distinguer les sens cutanés, ou *somesthésiques*, qui fonctionnent par contact direct avec les objets ; le sens *kinesthésique*, dont les récepteurs profonds, situés à l'intérieur des muscles, sont chargés de rendre compte du degré de tension ou d'étirement de ceux-ci ou du niveau de pression exercée sur les objets ; le sens de l'*équilibre* indiquant la position du corps dans l'espace grâce à des récepteurs situés dans l'oreille interne, les sens *chimiques* que

Vie de relation
Ensemble des fonctions de l'organisme permettant à ce dernier d'interagir avec le monde extérieur.

Vie végétative
(du latin *vegetare* = croître). Ensemble des fonctions vitales qui régissent les activités physiologiques involontaires de l'organisme.

Somesthésique
(du grec *sôma* = corps et *aîsthesis* = sensation). Qui concerne la sensibilité des différentes parties du corps sur le plan tactile, thermique, algique ou musculotendineux.

Kinesthésique
(du grec *kinêsis* = mouvement et *aîsthésis* = sensation). Qui concerne la sensation de mouvement des différentes parties du corps.

sont le goût et l'odorat dont les récepteurs décodent les caractéristiques des molécules diluées dans la salive ou en suspension dans l'air, le sens de l'*audition* capable de capter les ondes sonores provoquées par les vibrations des molécules d'air, et celui de la *vision*, chargé de capter les ondes lumineuses résultant de la vibration dans l'espace des «grains d'énergie» que sont les photons.

Les sens cutanés ou somesthésiques

Tout contact avec un objet peut déclencher quatre types de sensations qui sont à la base de toutes les autres. Il s'agit de la pression, du chaud, du froid et de la douleur dont les récepteurs, constitués par des terminaisons nerveuses, sont distribués sur toute la surface du corps et dont la densité est plus importante sur la paume des mains, par exemple, que sur la peau du ventre ou du dos[2].

Il existe divers types de récepteurs de la peau. Les *terminaisons nerveuses libres* sont disséminées à la surface de la peau et rendent compte des sensations de température ou de pression ou des deux à la fois. Quant aux récepteurs plus profonds, tels que les *terminaisons nerveuses encapsulées* et les *terminaisons «en panier»,* enroulées autour des follicules à la base des poils, ils sont principalement responsables des sensations de pression (figure A.4).

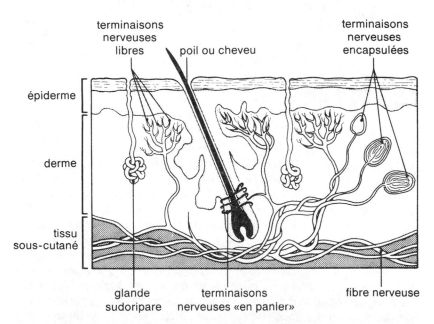

Terminaison nerveuse encapsulée
Terminaison enclose dans un petit organe semblable à un oignon, qui porte le nom de corpuscule (du latin *corpusculum* = petits corps) et qui est sensible à la pression.

Terminaison nerveuse en panier
Terminaison nerveuse enroulée autour de la racine d'un poil ou d'un cheveu et qui est sensible à tout mouvement ou à tout contact exercé sur lui.

Fig. A.4 *Les récepteurs de la peau. Les terminaisons nerveuses libres constituent notamment des «points» de chaud et de froid. Elles jouent également un rôle dans la transmission des messages douloureux. Les terminaisons nerveuses encapsulées et «en panier» logées plus profondément dans le derme, véhiculent des messages relatifs à la pression.*

[2] Les récepteurs de la pointe de l'index sont capables, par exemple, de détecter deux stimulations qui ne sont distantes que de 2 mm alors que l'avant-bras est incapable de le faire en deçà de 10 mm.

En ce qui concerne les récepteurs de la *température,* il existe des points sensibles au chaud et des points sensibles au froid qui entrent en action selon la température de la peau : si la peau est chaude (au sortir d'un bain par exemple), tout objet plus froid paraîtra froid même si sa température est relativement élevée, alors qu'à l'inverse, tout objet plus chaud que la peau paraîtra chaud. Chaud et froid sont donc des notions très relatives.

Les sensations *tactiles,* elles, sont le résultat des informations transmises par les divers récepteurs de la peau lors du contact de celle-ci avec un objet. Ainsi, lorsque la main passe sur un objet dont la surface est lisse, *tous* les récepteurs sont excités et rendent compte au cerveau de cette excitation uniforme. Par contre, lorsqu'il s'agit d'une surface rugueuse, le passage de la main sur celle-ci n'entraîne l'excitation que d'un certain nombre de récepteurs qui sont à leur tour remplacés par d'autres au fur et à mesure que la paume progresse sur la surface irrégulière, amenant ainsi le cerveau à prendre conscience de la caractéristique particulière de la surface de l'objet.

Quant aux sensations *douloureuses,* elles résultent, semble-t-il, du fait qu'une excitation trop intense des terminaisons nerveuses libres, provoquée par l'endommagement des tissus, entraîne une accélération de la transmission des messages par l'action facilitatrice de neuromédiateurs tels que la substance P, par exemple, facilitant l'ouverture de portillons neuraux situés dans la moelle épinière (Melzak, 1980) (voir chapitre 6 et fin de cet appendice).

Les sens kinesthésiques et de la position des membres

La sensation relative à la position du corps ainsi qu'au mouvement des membres dans l'espace résulte des informations en provenance de deux types de récepteurs.

Les premiers sont constitués par les *fuseaux neuromusculaires,* présents à l'intérieur des muscles, et les organes de Golgi, situés au niveau des tendons et dont la fonction consiste à signaler aux centres nerveux le degré d'étirement ou de contraction musculaire (Paillard, 1976) (figure A.5). Un autre type de message provient, lui, de récepteurs, présents dans les articulations osseuses, qui sont chargés de signaler à tout instant la position des différentes parties du corps les unes par rapport aux autres.

Le sens de l'équilibre et de la position de la tête

Le maintien de l'équilibre du corps est assuré grâce aux informations fournies sur la position de la tête dans l'espace. Ces informations proviennent du *labyrinthe,* un petit organe logé dans chacune des oreilles internes. Le labyrinthe se compose de trois parties : la *cochlée,* dont il sera question plus loin, les *canaux semi-circulaires,* qui rendent compte des mouvements de rotation de la tête, et l'*appareil vestibulaire,* formé de deux petites cavités et chargé de détecter les mouvements en ligne droite.

Fuseau neuromusculaire
Organe en forme de fuseau, inclus dans la masse des muscles striés, qui est constitué de minces fibres musculaires sensibles aux variations de tension que provoque l'allongement d'un muscle.

Labyrinthe
Organe situé dans l'oreille interne qui comprend la *cochlée,* constituant l'organe de l'audition, ainsi que les trois *canaux semi-circulaires* et l'*appareil vestibulaire* qui constituent l'organe de l'équilibration.

Canaux semi-circulaires
Au nombre de trois, ces canaux sont remplis de liquide et situés dans l'oreille interne ; ils sont chargés de détecter les mouvements de rotation de la tête. Leur position à angle droit les uns par rapport aux autres permettent de fournir des informations relatives aux mouvements dans les trois dimensions de l'espace.

Appareil vestibulaire
Partie centrale du labyrinthe où aboutissent les canaux semi-circulaires. Il est formé de deux cavités, le saccule et l'utricule, et est chargé de rendre compte des mouvements de la tête en ligne droite.

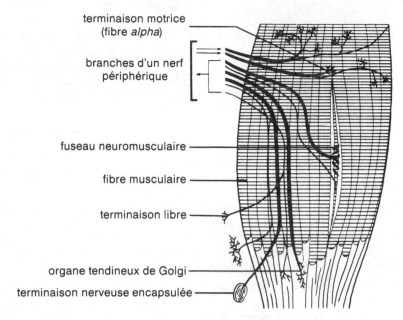

terminaison motrice
(fibre *alpha*)

branches d'un nerf
périphérique

fuseau neuromusculaire

fibre musculaire

terminaison libre

organe tendineux de Golgi

terminaison nerveuse encapsulée

Fig. A.5 *Fibres musculaires et fuseau neuromusculaire.*

Les trois canaux semi-circulaires sont orientés dans les trois directions de l'espace et contiennent, tout comme l'appareil vestibulaire, une substance gélatineuse dans laquelle baignent des cils sensoriels[3] (voir la figure A.9). Lors de la rotation de la tête ou de ses déplacements en ligne droite, le mouvement imprimé à la substance gélatineuse entraîne celui des cils sensoriels. Cette information est alors transmise aux cellules nerveuses qui prolongent les cils puis envoyée au cerveau[4].

Les sens chimiques

Le goût et l'odorat sont considérés comme des sens chimiques par le fait que l'excitation de leurs récepteurs repose sur une analyse chimique des molécules diluées dans la salive en ce qui concerne les saveurs, ou flottant dans l'air pour ce qui est des odeurs.

Le goût

Traditionnellement, on distingue quatre types de saveurs : le sucré, l'acide, le salé et l'amer, qui sont chacune décodées à des endroits différents de la langue par près d'un millier de *papilles gustatives* (figure A.6). Ces papilles sont de petites saillies entourées d'une fosse qui sont situées sur le pourtour et à l'arrière de la langue. Dans chacune

Papilles gustatives
Récepteurs du goût disséminés sur la surface de la langue et qui contiennent les bourgeons gustatifs.

---

[3] Dans le saccule et l'utricule, les deux cavités de l'appareil vestibulaire, les cils sont de plus prolongés par de petites masses cristallines.

[4] La connaissance de tels mécanismes et des liens qu'ils entretiennent avec les autres sens devient des plus importantes à une époque où des êtres humains sont envoyés dans l'espace à des vitesses vertigineuses et en état d'apesanteur totale.

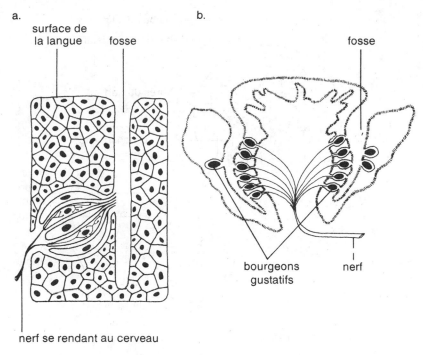

Fig. A.6 a) Un bourgeon gustatif. b) Coupe d'une papille gustative.

des fosses, on compte entre 10 et 15 *bourgeons gustatifs* constitués eux-mêmes de 15 à 20 cellules réceptrices. Chacune de ces cellules a une sensibilité spécifique à certaines molécules et non à d'autres, et peut ainsi côtoyer, au sein du même bourgeon, d'autres cellules sensibles, elles, à un type différent de molécule.

La vie des cellules réceptrices est relativement courte. Elles se dégradent en effet après quatre jours et leur stock dans les bourgeons gustatifs est complètement renouvelé tous les sept jours, en moyenne.

L'odorat

Pour une grande partie des espèces inférieures, l'odorat constitue le sens le plus important. Il est d'ailleurs le seul dont les informations soient communiquées directement au cortex sans passer par l'intermédiaire de centres inférieurs du cerveau. On compte, dans chaque narine, 30 millions de cellules réceptrices situées dans la partie supérieure des fosses nasales et chargées de reconnaître les molécules en suspension dans l'air (figure A.7).

On ne sait encore toutefois que peu de choses sur la façon dont s'effectue ce décodage. En théorie, on distingue sept odeurs de base. Ainsi, une odeur peut être éthérée (nettoyage à sec), camphrée (naphtaline), musquée (musc), florale (rose), mentholée (menthe), piquante (vinaigre) ou putride (œuf pourri). On a tenté d'expliquer leur reconnaissance par le cerveau en avançant l'idée que chaque cellule fonctionnerait comme une serrure n'acceptant qu'une seule clé, constituée par un type déterminé de molécules de forme et de dimension spécifiques.

Bourgeons gustatifs
Ensemble de deux ou de plusieurs cellules réceptrices incluses dans la paroi des petites fosses entourant les papilles, avec lesquelles les molécules de nourriture diluées dans la salive entrent en contact ; les molécules excitent ces cellules et provoquent ainsi l'envoi d'un message vers le cerveau.

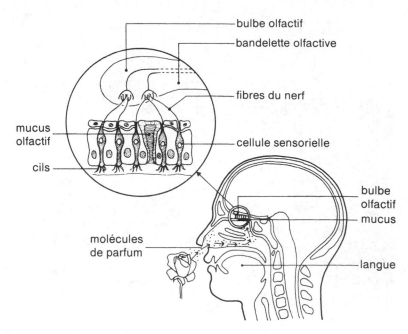

Fig. A.7 *Le système olfactif.*

On s'est toutefois aperçu depuis que des molécules ayant une structure semblable engendraient parfois des odeurs différentes.

L'odorat joue un rôle important dans l'évaluation qui est faite de la nourriture que nous consommons. Il suffit en effet que le nez soit bouché, à cause d'un rhume par exemple, pour que les aliments paraissent n'avoir aucun goût. Nous ne pouvons effectivement apprécier la qualité et la saveur des aliments que par le fait qu'en mâchant puis en avalant, nous poussons l'air vers le haut des fosses nasales où sont logées les cellules olfactives.

Une autre fonction de l'odorat réside dans la communication qui s'effectue principalement entre les membres des espèces inférieures par l'intermédiaire des phéromones, sécrétées par certaines glandes, qui permettent notamment à l'animal de marquer son territoire. Chez l'être humain, ce rôle semble encore très important sur le plan sexuel (voir le document 11.8).

L'audition

La *stimulation*, à la base de l'audition, est constituée par des ondes résultant de la vibration des molécules d'air. En effet, lorsqu'un objet vibre, le mouvement de va-et-vient qu'il effectue entraîne successivement des zones de compression et de raréfaction des molécules d'air qui sont ainsi propulsées par vagues successives à une vitesse voisine de 330 mètres à la seconde (figure A.8).

L'oreille a pour fonction de transformer ces vibrations en impulsions nerveuses.

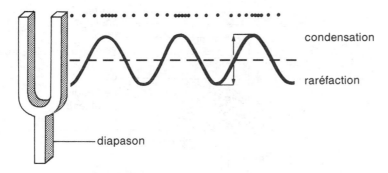

Fig. A.8 *Représentation schématique d'une onde sonore émise à partir d'un diapason. Au cours de leur vibration, les branches du diapason entraînent une succession de condensations et de raréfactions des molécules d'air. Les sommets de l'onde correspondent aux phases de condensation et les creux aux phases de raréfaction. La ligne de base correspond au point d'équilibre entre l'ouverture et la fermeture des branches.*

L'expérience auditive dépend principalement des caractéristiques propres à chaque onde. Ainsi, l'intensité d'un son dépend de l'amplitude de l'onde et de la hauteur de sa fréquence (voir l'ancadré A.1) ; quant au timbre, caractérisant l'instrument émetteur, il dépend du nombre et de l'intensité des harmoniques produites lors de la vibration.

On sait que l'oreille humaine ne peut admettre, sans ressentir de douleur, des sons dont l'intensité est mille milliards (10^{12}) de fois supérieure à celle d'un son tout juste audible. Ceci se traduit sur une échelle logarithmique par une différence de 12 bels ou 120 *décibels* (dixième de bel), selon laquelle une intensité de 100 décibels, par exemple, est 10 fois supérieure à une intensité de 90 décibels et 1.000 fois supérieure à une intensité de 70 décibels.

En ce qui concerne les fréquences, le champ auditif perceptible par l'oreille humaine s'étend de 20 cycles/s (20 Hz) à 20.000 cycles/s (20.000 Hz).

L'oreille se compose de trois parties (figure A.9). L'*oreille externe* est formée du pavillon et du conduit auditif, d'une longueur de 25 mm, qui est limité par le tympan, une membrane que font vibrer les ondes sonores. L'*oreille moyenne* contient trois *osselets :* le marteau, l'enclume et l'étrier chargés de transmettre la vibration jusqu'à la *fenêtre ovale* de l'oreille interne. C'est dans celle-ci que se trouve le labyrinthe dont l'appareil vestibuliare est prolongé par la *cochlée*, un tube de 34 mm de long enroulé sur lui-même sur deux tours et demi de spires à la façon d'une coquille d'escargot. La cochlée est remplie d'un liquide qui, sous l'impact de l'onde sonore transmise par les osselets, entre lui-même en vibration. Il entraîne de ce fait la courbure et la distorsion d'une membrane, la *membrane basilaire*, qui parcourt la cochlée dans toute sa longueur. Cette déformation est maximale à la base de la cochlée, pour les sons aigus, et à son sommet, pour les sons graves. La vibration est alors convertie en impulsions nerveuses, à l'endroit de la déformation maximale, suite à l'excitation des cellules sensorielles qui sont accolées à la membrane basilaire et dont les cils touchent la *membrane tectorielle* qui les surplombe. La *fréquence* du son est ainsi décodée en fonction de l'endroit où s'effectue la déformation, et son

Décibel
(du latin *decimus* = dixième partie et -bel, du nom du physicien Graham Bell). Dixième partie d'un bel, unité de puissance sonore qui constitue le logarithme du rapport entre deux niveaux d'intensité sonore. Ainsi, par exemple, le niveau d'intensité sonore d'une conversation étant un million de fois plus élevé que le plus petit son juste audible, le rapport entre ces deux énergies est de 1.000.000 à 1, et le logarithme de ce rapport est de 6. On dit donc que le niveau sonore d'une conversation est de 6 bels ou 60 décibels (60 db). Inversement, on peut déduire qu'un son de 90 décibels, ou 9 bels, est 1.000.000.000 fois plus intense qu'un son juste audible et 100 fois plus intense qu'un son de 70 db.

Osselets de l'oreille moyenne
Le marteau, l'enclume et l'étrier sont trois petits osselets connectés entre eux et qui sont chargés de transmettre l'onde sonore en l'amplifiant depuis le tympan jusqu'à la fenêtre ovale de l'oreille interne.

Fenêtre ovale
Ouverture naturelle perforant la paroi de l'oreille interne, par laquelle les ondes sonores, transmises par voie aérienne à travers les osselets, atteignent le liquide, contenu dans la cochlée, dont elles déclenchent la vibration.

Cochlée
(du latin *cochlea* = limaçon, escargot). Partie du labyrinthe constituant l'organe de l'audition. Elle consiste en un canal enroulé sur lui-même, à l'intérieur duquel les vibrations de la membrane basilaire provoquées par la transmission de l'onde sonore entraînent l'excitation de cellules ciliées et la transmission de l'information vers le cerveau le long des fibres nerveuses du nerf auditif.

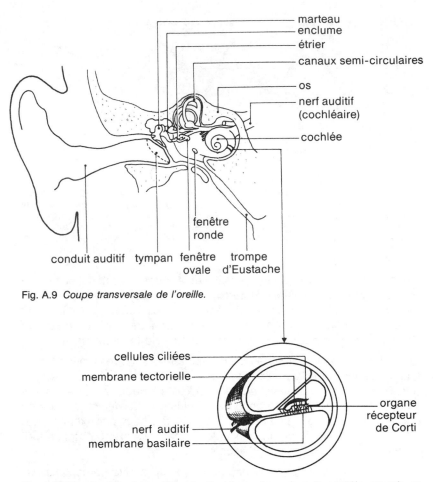

marteau
enclume
étrier
canaux semi-circulaires
os
nerf auditif (cochléaire)
cochlée
fenêtre ronde
conduit auditif   tympan   fenêtre ovale   trompe d'Eustache

Fig. A.9 *Coupe transversale de l'oreille.*

cellules ciliées
membrane tectorielle
organe récepteur de Corti
nerf auditif
membrane basilaire

Fig. A.10 *Coupe dans la cochlée. Le liquide contenu dans la cochlée est mis en mouvement sous l'action de l'étrier sur la fenêtre ovale. L'onde, en se propageant, entraîne la déformation de la membrane basilaire et l'excitation des cellules ciliées entrant en contact avec la membrane tectorielle qui les surplombe. L'influx nerveux engendré par cette action est transmise à travers les fibres du nerf auditif.*

amplitude en fonction du nombre de cellules impliquées lors de la déformation. L'information est alors transmise vers le cerveau par le nerf auditif qui regroupe les prolongements des cellules ciliées.

Troubles de l'audition

Entre le moment où le tympan entre en vibration sous l'impact de l'onde sonore et celui où le message est transmis au cerveau, il peut exister certaines perturbations provoquées par la détérioration de l'une ou l'autre des parties de l'oreille. Il faut distinguer à ce sujet la surdité de transmission de la surdité sensorielle.

La *surdité de transmission* est provoquée par le vieillissement ou encore par une infection de l'oreille moyenne entraînant une perte de souplesse dans l'articulation des osselets. La diminution d'efficacité qui en résulte peut toutefois être compensée par la mise en place d'une prothèse auditive chargée d'amplifier le stimulus sonore avant de le transmettre à travers les os de la boîte crânienne.

Surdité de transmission (ou de *conduction*). Surdité provoquée par une détérioration des osselets de l'oreille moyenne suite à une infection, par exemple, ou au vieillissement de l'organisme. Ce trouble peut être compensé par l'utilisation de prothèses acoustiques ou par une intervention chirurgicale.

La *surdité sensorielle* résulte, elle, de la dégradation ou de la destruction des cellules ciliées de l'oreille interne, chargées de convertir la vibration de la membrane basilaire en impulsions nerveuses. Il peut arriver que seul un groupe précis de cellules soit détruit. C'est le cas chez certains travailleurs martelant le métal du matin au soir qui deviennent sourds uniquement pour la bande de fréquences correspondant aux cellules ciliées excitées de façon continuelle.

Cette dégradation de la structure nerveuse de l'oreille rend irréversible la surdité sensorielle, qui ne peut être corrigée par une quelconque intervention chirurgicale. Les progrès de la technologie ont cependant permis récemment la construction d'une prothèse grâce à laquelle un certain nombre de cellules sensorielles déficientes sont « branchées » sur un mini-ordinateur chargé, de façon encore relativement grossière, de décoder les ondes sonores et de les transmettre, à travers le nerf auditif, vers le cerveau.

La vision

La lumière constitue une étroite bande du spectre électromagnétique dans laquelle les grains d'énergie que sont les photons vibrent à des fréquences pouvant être captées par l'œil humain (voir l'encadré A.1). Le stimulus est d'autant plus intense, c'est-à-dire plus brillant, que le nombre de photons présents à chaque vibration est élevé.

L'œil fonctionne comme un appareil photographique. Comme celui-ci, il possède la capacité de régler l'ouverture du passage de la lumière et d'effectuer la mise au point d'une lentille permettant d'obtenir la netteté de l'image. Il est également doté d'une surface sensible dont la structure chimique réagit à la façon d'une pellicule photographique en se décomposant sous l'action des photons (figure A.11).

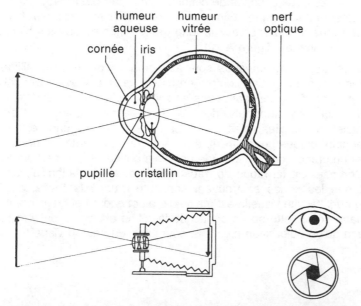

Fig. A.11 *L'œil est semblable à un appareil photographique dans lequel l'objectif correspond au cristallin, l'iris au diaphragme et la rétine à la pellicule photographique.*

Photopigment

(du grec *phôtos* = lumière). Substance présente dans les bâtonnets et les cônes de la rétine qui réagit chimiquement à l'impact de l'énergie lumineuse et transforme cette dernière en activité électrique. Il existe un photopigment particulier aux bâtonnets ainsi qu'aux trois types de cônes existant au niveau de la rétine.

Bâtonnet

Cellule photosensible présente surtout à la périphérie de la rétine et totalement absente au niveau de la fovéa. Les bâtonnets interviennent principalement dans la vision crépusculaire et nocturne ainsi que dans la perception du mouvement. Ils ne sont pas sensibles à la couleur et ne rendent donc compte que d'intensités lumineuses allant du blanc au noir en passant par toute la gamme des gris. Le photopigment propre aux bâtonnets est la *rhodopsine* dont la synthèse s'effectue par l'intermédiaire de la vitamine A.

Cône

Cellule photosensible présente surtout dans le centre de la rétine et tout particulièrement au niveau de la *fovéa*, et qui est responsable de l'acuité visuelle. Il existe trois types différents de cônes qui contiennent chacun un photopigment particulier les rendant sensibles aux petites, aux moyennes ou aux grandes longueurs d'ondes.

Fovéa

(mot latin = petite fosse, petite dépression). Région centrale de la rétine contenant uniquement des cônes. Elle constitue l'aire où l'acuité visuelle est la plus grande.

Cellule bipolaire

Cellule nerveuse chargée de transmettre l'influx nerveux des cônes ou des bâtonnets vers les cellules ganglionnaires.

Les rayons lumineux pénètrent dans l'œil par la cornée qui permet tout d'abord de les concentrer avant leur passage dans l'humeur aqueuse, un liquide translucide nourrissant la cornée et maintenant la forme de l'œil. Les rayons passent alors à travers l'ouverture de la pupille réglée par l'iris, qui se contracte sous l'action d'une lumière vive et se dilate dans l'obscurité. Ils sont ensuite focalisés par la lentille du cristallin qui s'étire ou s'épaissit selon que l'objet fixé est éloigné ou rapproché ; c'est grâce à ce processus d'accommodation que l'image peut se former de façon nette sur la rétine après que les rayons aient traversé l'humeur vitrée, une substance gélatineuse dont la fonction est plus ou moins semblable à celle de l'humeur aqueuse.

Les récepteurs de la rétine sont des cellules contenant des substances chimiques photosensibles, les *photopigments*, qui se décomposent sous l'action des photons et qui déclenchent de ce fait la réponse électrique des récepteurs. À la périphérie de la rétine, on trouve 120 millions de *bâtonnets* qui sont aveugles à la couleur. La vision en noir, gris et blanc exige peu de lumière, ce qui rend les bâtonnets efficaces surtout dans l'obscurité. La vision en couleur est, quant à elle, assurée par six à sept millions de *cônes* regroupés dans la région centrale de la rétine et notamment dans une zone pas plus grande qu'une tête d'épingle où 50.000 d'entre eux forment la *fovéa*. Chacun d'eux réagit à un des trois photopigments le rendant réceptif aux longueurs d'ondes correspondant soit au rouge, au vert ou au bleu, tout en inhibant la réponse à la couleur complémentaire correspondante[5].

À partir des cônes et des bâtonnets s'établit tout un réseau de connexions avec deux autres couches de cellules situées devant la rétine : les *cellules bipolaires* d'abord, puis les cellules ganglionnaires ensuite qui constituent le point de départ des fibres nerveuses du nerf optique vers le cerveau. Les ondes lumineuses doivent ainsi passer à travers ces deux couches de cellules, avant de réagir avec les photorécepteurs que sont les cônes et les bâtonnets et d'être retransmises sous forme d'influx nerveux le long de ces mêmes cellules bipolaires et ganglionnaires (figure A.12).

Les *cellules ganglionnaires* sont au nombre d'environ un million, ce qui implique qu'on n'en compte en moyenne qu'une pour 130 cellules réceptrices. Ces concentrations des voies diffèrent cependant selon qu'il s'agit des bâtonnets, dont les informations se trouvent surtout canalisées vers des voies publiques constituées par une cellule ganglionnaire unique pour plusieurs dizaines de bâtonnets, ou des cônes, dont un grand nombre possède une voie privée vers le nerf optique et le cerveau. Un tel mode de transmission de l'information, associé au fait que les cônes se trouvent concentrés dans la fovéa, explique pourquoi l'acuité visuelle est maximale à cet endroit et qu'un objet dont l'image se projette sur le centre de la rétine est donc toujours mieux perçu qu'un objet situé plus à la périphérie du champ visuel.

---

[5] Voir à ce sujet le document 8.2 et la façon dont se forment les images consécutives négatives.

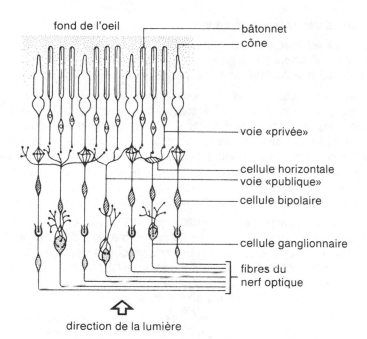

Fig. A.12 *Les ondes lumineuses qui pénètrent dans la rétine traversent les enchevêtrements de trois couches de cellules avant d'exciter les cônes et les bâtonnets dans le fond de l'œil. L'influx nerveux ainsi généré est alors véhiculé le long des voies privées ou publiques constituées par les cellules bipolaires puis ganglionnaires avant d'être transmis vers le cerveau par les fibres nerveuses du nerf optique.*

Cellule ganglionnaire
Cellule nerveuse chargée de capter l'influx nerveux véhiculé à travers les cellules bipolaires en provenance des cônes et des bâtonnets et de le transmettre au cerveau par l'intermédiaire du nerf optique, formé de son axone et de celui des autres cellules ganglionnaires.

Expérience psychologique de la couleur

Comme on vient de le voir, la couleur ne constitue donc pas une propriété de la lumière elle-même mais résulte plutôt de son interaction avec les photopigments spécifiques et de la traduction de ce processus sur le plan psychologique.

L'expérience de la couleur présente trois dimensions. Il y a tout d'abord la *tonalité* qui correspond à l'aspect qualitatif de la couleur et auquel on attribue un nom : le rouge, le vert, le violet, etc. La *saturation* rend compte, elle, de l'aspect quantitatif de l'expérience qui peut aller du blanc dont la saturation est nulle, en passant par les teintes pastel plus saturées, jusqu'à la pleine saturation correspondant à un rouge pourpre, par exemple, ou à un jaune or. La *brillance*, enfin, est déterminée par l'amplitude de l'onde lumineuse, à savoir par le nombre de photons en présence à chaque cycle, qui se traduit par l'expérience d'une couleur vue comme plus ou moins éclatante ou plus ou moins sombre. Ces trois dimensions psychologiques nous permettent ainsi de rendre compte de phénomènes purement physiques et de traduire sur le plan psychologique les informations en provenance du monde qui nous entoure.

Daltonisme

(du nom du physicien anglais Dalton). Trouble héréditaire de la perception des couleurs consistant en la non-perception du rouge et du vert.

Albinisme

(du latin *albus* = blanc). Anomalie héréditaire caractérisée par une absence partielle ou totale de pigmentation de la peau, des cheveux, de l'iris et des cellules réceptrices de l'œil. Il serait dû à l'absence d'une enzyme, la *tyrosinase*, responsable de la synthèse des divers pigments.

Cécité

(du latin *caecus* = aveugle). Affaiblissement ou abolition complète du sens de la vision. La cécité peut être d'origine congénitale, infectieuse ou traumatique, ou encore liée au vieillissement. Elle peut résulter d'une atteinte de la cornée, du cristallin, de la rétine ou encore de la région du cerveau chargée de décoder les informations. Dans le cas d'une atteinte rétinienne, la cécité peut être *nocturne* si le dysfonctionnement touche les bâtonnets, ou liée à la vision des *couleurs*, s'il s'agit d'un dysfonctionnement des cônes.

Troubles des récepteurs de la rétine

Les troubles de la vision sont multiples. Parmi eux, il y a ceux qui sont liés à une déficience des photorécepteurs et qui peuvent entraîner soit une cécité à la couleur, soit une cécité nocturne.

La *cécité à la couleur* est un trouble appelé également *daltonisme* qui touche 5 % de la population et tout particulièrement les hommes. Le daltonisme est provoqué par l'absence de fonctionnement d'un des trois types de cônes, le plus souvent ceux qui sont réceptifs aux longueurs d'ondes correspondant à la tonalité du rouge ou à celle du vert. L'individu est dès lors incapable de différencier ce qu'une personne normale qualifie de « rouge » et de « vert ». Dans ce cas, sa vision des couleurs se résume au jaune, au bleu et au gris plus ou moins foncé.

On compte 25 personnes par million qui sont totalement aveugles à la couleur. Un tel trouble peut être dû à une maladie dans la première enfance, ou à une intoxication par certains polluants. Dans la plupart des cas, cependant, il est la conséquence de l'*albinisme*, une absence congénitale généralisée de la pigmentation de la peau, des cheveux, de l'iris ainsi que des photopigments de la rétine.

La *cécité nocturne* est la conséquence d'un dysfonctionnement des bâtonnets qui sont, comme on l'a vu, les seuls à fonctionner dans l'obscurité. Ce trouble peut avoir plusieurs causes dont la plus commune est la carence en vitamine A, qui est essentielle à la reconstitution des pigments visuels.

Encadré A.1

Son et lumière

Son et lumière sont le fait de vibrations qui peuvent, à ce titre, être traduites sous forme d'ondes permettant de rendre compte de leurs qualités.

Caractéristiques d'une onde La forme sinusoïdale que présente l'onde détermine des crêtes et des creux se succédant de part et d'autre d'une ligne de base qui représente la valeur d'équilibre.

Une crête et le creux qui lui succède constituent un *cycle*, qui est l'unité à partir de laquelle s'effectuent les différentes mesures permettant de

caractériser l'onde. On appelle, par ailleurs, *période* le temps nécessaire pour compléter un cycle.

Une onde présente deux dimensions principales. La première est l'*amplitude*, qui permet de traduire la puissance ou l'intensité de la vibration. La seconde est la *fréquence,* qui rend compte de la façon dont elle s'exprime dans le temps.

L'*amplitude* de l'onde correspond à la distance existant entre la ligne de base et le sommet de la crête. Cette distance est d'autant plus élevée que le stimulus est intense ou puissant.

La *fréquence*, elle, est le plus souvent évaluée en nombre de cycles complétés en une seconde. Elle s'exprime en *hertz* (1 Hz = 1 cycle/s). La fréquence permet notamment de rendre compte de la *hauteur* d'un son, selon qu'il est aigu ou grave, ou de la tonalité chromatique d'une onde lumineuse.

Dans ce second cas, cependant, la fréquence est tellement élevée, allant jusqu'à plusieurs centaines de milliers de milliards de hertz, qu'on préfère la caractériser par la longueur de l'onde, à savoir la distance existant entre les deux crêtes d'un cycle. C'est ce type de mesure qui est utilisé pour la définition et la catégorisation des différentes ondes qui constituent le spectre électromagnétique comprenant notamment le spectre de lumière visible (voir la figure sur la planche couleur).

Les ondes sonores   Le son qui provoque le mouvement des molécules d'air est engendré par l'action d'un corps vibrant, comme c'est le cas par exemple pour une corde de guitare, les branches d'un diapason ou la membrane d'un haut-parleur. Ce support est indispensable à l'existence même du son; celui-ci résulte en effet des vagues successives de compression puis de raréfaction des molécules, provoquées par les va-et-vient de la vibration, et qui se transmettent de proche en proche à une vitesse d'environ 330 mètres à la seconde. Ceci implique tout d'abord qu'aucun son ne puisse se propager dans le vide, où le silence est, par conséquent, total. Mais cela indique également qu'en l'absence d'une chambre de résonance qui le répercute et l'amplifie, un son ne peut se propager que dans une seule direction correspondant au sens de la vibration.

L'amplitude d'une onde sonore rend compte de l'intensité du son. Ainsi, plus le nombre de molécules mises en mouvement par le corps vibrant est important, plus l'amplitude de l'onde est grande.

La *fréquence* de l'onde sonore permet, quant à elle, de rendre compte de la *hauteur* du son, c'est-à-dire du fait que celui-ci est perçu comme aigu, s'il présente un nombre élevé de hertz, ou comme grave dans le cas contraire.

Ces deux dimensions sont cependant difficilement dissociables l'une de l'autre. On observe effectivement qu'un son aigu paraît toujours plus intense qu'un son grave, même s'ils présentent tous deux la même amplitude.

Il existe de plus une autre qualité psychologique du son constituée par le *timbre*, qui dépend des harmoniques du son fondamental. Ces harmoniques résultent du fait qu'une corde, ou tout autre objet vibrant, vibre non seulement sur toute sa longueur mais également dans chacune de ses moitiés, de ses tiers ou de ses quarts ou d'autres fractions de la longueur, ajoutant ainsi toutes ces fréquences à la fréquence de base dont elles sont les multiples. Le nombre et la richesse des harmoniques dépendent bien entendu du type et de la qualité de l'instrument, ce qui permet de ce fait à l'oreille de les distinguer les uns des autres. À hauteur et à intensité égales, les harmoniques d'une trompette font que celle-ci produit un son différent de celui d'un violon; et un violon lui-même ne produit pas nécessairement le même timbre selon qu'il a été fabriqué « à la chaîne » ou par Stradivarius[6].

Les ondes lumineuses   La lumière résulte de la vibration dans l'espace des « grains d'énergie » que sont les *photons*[7]. Ceux-ci sont issus d'une source, qu'il s'agisse du Soleil, de la flamme d'une bougie ou d'un arc électrique, dans laquelle les particules solides sont portées à incandescence et se transforment ainsi en quanta d'énergie. La lumière se propage par conséquent dans toutes les directions de l'espace, que le milieu soit gazeux ou liquide ou qu'il s'agisse du vide absolu. Elle y voyage à la vitesse constante de près de 300.000 kilomètres à la seconde.

L'*amplitude* de l'onde lumineuse correspond à l'intensité de la lumière et dépend du nombre de photons à la seconde émis par la source[8].

Quant à sa fréquence, elle est tellement élevée qu'on l'évalue, comme nous l'avons vu précédemment, en termes de longueur d'onde. Ainsi, dans le spectre électromagnétique allant des

---

[6] Il suffit toutefois de supprimer toutes les harmoniques à l'aide de filtres pour qu'il devienne totalement impossible de reconnaître un instrument d'un autre.

[7] C'est d'ailleurs l'énergie des photons qui est à la base de toute vie sur notre planète. Elle permet, en effet, en activant la chlorophylle des végétaux, que s'effectue la synthèse de la matière organique à la base de toute matière vivante et la production de l'énergie tant mécanique que thermique ou calorifique qu'elle dépense.

[8] On sait par exemple qu'une lampe de 50 watts irradie près de quatre milliards de milliards (4^{18}) de photons par seconde.

rayons cosmiques d'une longueur d'onde de moins d'un dix millième de nanomètre jusqu'aux ondes radioélectriques les plus grandes (dont la longueur dépasse les dix kilomètres), se situe le spectre de la lumière visible avec des longueurs d'onde allant de 400 nanomètres pour le violet à 700 nanomètres pour le rouge.

La plupart des lumières sont composées d'un mélange de différentes longueurs d'onde. C'est le cas, à l'extrême, de la lumière blanche provenant du Soleil et qui contient toutes les radiations. La lumière est en effet *incohérente* par le fait qu'elle est constituée d'une quantité considérable d'atomes vibrant chacun selon la fréquence qui lui est propre. Seul le *rayon laser*, dont les photons vibrent tous selon une même fréquence, produit de ce fait une lumière cohérente d'une grande pureté.

La lumière blanche peut être décomposée en ses différentes radiations lorsqu'on la fait tomber sur un prisme transparent qui la disperse alors en un faisceau multicolore passant graduellement du violet au rouge.

Lorsque la lumière traverse un objet plan transparent, la plupart des photons traversent ce dernier. En revanche, si l'objet est opaque, une partie des photons est absorbée alors que l'autre est réfléchie. Dans les cas extrêmes, un objet qui absorbe toutes les longueurs d'onde paraît noir puisqu'il ne réfléchit rien vers l'œil, alors qu'un objet qui réfléchit toutes les radiations va paraître blanc. Dans les autres cas, il peut s'agir d'un objet qui ne réfléchit que certaines grandes longueurs d'onde en absorbant les autres ou, au contraire, qui ne réfléchit que certaines petites longueurs d'ondes en absorbant les grandes; dans le premier cas, il paraîtra plutôt rouge et dans le second plutôt bleu, selon les caractéristiques de la longueur d'onde réfléchie.

Musculature lisse
Ensemble des muscles constituant la paroi de la plupart des viscères (estomac, intestin, vessie, urètre, vaisseaux sanguins, etc.). Elle a pour fonction de permettre la contraction des organes ou le réglage du diamètre dans le cas des vaisseaux sanguins. Les muscles lisses se composent de longues cellules qui forment, en s'assemblant, des couches minces se contractant lentement sans jamais se fatiguer.

Musculature striée
Ensemble de muscles constituant près de 40 % du poids corporel. Les muscles striés se composent de fibres musculaires cylindriques qui apparaissent *striées* transversalement lorsqu'on les observe au microscope. Chaque groupe de fibres forme un faisceau, l'ensemble des faisceaux étant à son tour entouré d'une membrane solide pour former le muscle proprement dit.

Fibre musculaire
Structure effilée à la base de la musculature. Dans le cas des

Les effecteurs

Les effecteurs qui interviennent lors de la réponse de l'organisme aux différentes situations auxquelles il est confronté, sont soit de type musculaire ou de type glandulaire.

Les muscles

Il existe deux catégories de muscles se distinguant à la fois par leur structure et leur fonction.

La *musculature lisse* consiste en membranes musculaires, aux contractions lentes, entourant les viscères. Les muscles lisses sont donc étroitement liés à la vie végétative de l'organisme et assurent notamment les fonctions circulatoire, respiratoire, digestive, etc. Leur action est régie, comme nous le verrons plus loin, par les deux composantes du système nerveux végétatif, le sympathique et le parasympathique.

Quant à la *musculature striée*, elle est ainsi nommée à cause de l'apparence rayée des centaines de *fibres musculaires* constituant les muscles du squelette. Chacune d'elles, dont le diamètre varie de 0,01 mm à 0,1 mm, est en effet traversée horizontalement par des stries responsables de la contraction rapide du muscle, à la suite d'une excitation nerveuse. Cette dernière est assurée par des fibres nerveuses motrices appelées *fibres alpha* (α), qui innervent chacune un certain nombre de fibres musculaires; plus le muscle doit effectuer un travail précis, plus le nombre de ces fibres est élevé, comme c'est le cas pour les muscles des doigts par exemple. Quant au contrôle de l'activité musculaire, il est assuré, comme nous l'avons vu plus haut, par des fibres nerveuses sensitives qui communiquent aux centres nerveux le degré de contraction ou d'étirement des *fuseaux neuromusculaires* répartis dans la masse du muscle (voir figure A.5).

Compte tenu de leur rôle dans l'activité volontaire, les muscles striés sont appelés à exercer diverses fonctions. Ils peuvent être *initiateurs*, lorsqu'ils sont directement impliqués dans un mouvement ou *antagonistes*, lorsque, par leur action opposée au mouvement initié, ils permettent une action brusque ou progressive du membre, selon le type d'action exigée de celui-ci. Certains muscles sont appelés *synergistes*, lorsqu'ils empêchent des mouvements non désirés d'autres parties du membre concerné, ou encore *fixateurs,* lorsqu'ils sont chargés de bloquer une articulation à un moment déterminé de l'action. Il y a enfin les muscles *antigravitaires* dont la fonction consiste à maintenir le corps en équilibre en lui permettant de lutter contre la pesanteur.

Ainsi, par exemple, lorsque la main cherche à saisir un objet sur la table, le bras s'étend tout d'abord grâce à la contraction des muscles initiateurs, comme le triceps du bras, et au relâchement lent des muscles antagonistes, comme le biceps. À l'approche de l'objet, l'épaule va se trouver bloquée par des muscles jouant le rôle de fixateurs. Le centre de gravité se déplaçant avec le corps qui se penche entraîne l'action stabilisatrice des muscles du tronc et du bassin ainsi que des membres inférieurs, à laquelle s'ajoute celle des muscles antigravitaires. C'est alors aux muscles de la main de jouer, à leur tour, le rôle d'initiateurs, d'antagonistes et de synergistes afin d'exécuter le mouvement de façon précise. Une fois l'objet saisi, le fait de le ramener va provoquer une autre série de mouvements au cours desquels le rôle de certains muscles va s'inverser, les faisant passer d'initiateurs à antagonistes et vice versa.

Comme on le voit, il est difficile de parler de motricité «volontaire» lorsqu'on prend conscience de la quantité de muscles formés de milliers de fibres musculaires ainsi que du nombre de mécanismes «involontaires» qui se trouvent impliqués de façon coordonnée dans le moindre mouvement.

Les glandes

Comme nous l'avons dit plus haut, c'est la musculature lisse qui est responsable des mouvements viscéraux. Cette action est toutefois inséparable, dans de nombreux cas, de l'action de certaines glandes.

Les glandes sont des organes chargés d'élaborer des substances qu'elles sécrètent afin de permettre à d'autres organes d'accomplir leur fonction. On distingue deux types de glandes : les *glandes exocrines* et les *glandes endocrines*. Elles se distinguent par leur fonction mais surtout par le fait que le milieu dans lequel sont déversées les sécrétions est en relation ou non avec l'extérieur.

Les glandes exocrines

On en rencontre notamment plusieurs dans le système digestif, dont le fonctionnement dépend en grande partie de la sécrétion, par les

muscles striés, les fibres sont striées transversalement par des fibrilles musculaires formant des stries transversales, qui constituent les éléments contractiles de la musculature striée. Elles sont innervées par les fibres nerveuses motrices alpha (α).

Fibre alpha (α)
Fibre nerveuse motrice innervant un certain nombre de fibres musculaires et chargée de provoquer leur contraction. Les neurones, et les fibres musculaires qu'ils innervent, forment des unités motrices qui sont d'autant plus nombreuses que le muscle est important ou qu'il doit effectuer un travail précis.

Muscle initiateur
(de l'anglais *to initiate* = amorcer). Muscle chargé d'induire le mouvement d'un membre. On l'appelle aussi *muscle inducteur*.

Muscle antagoniste
(du grec *antagônistês* = adversaire). Muscle dont l'action est opposée à celle du muscle initiateur.

Muscle synergiste
(du grec *sunergia* = coopération). Muscle dont l'action accompagne celle du muscle initiateur en empêchant l'apparition de mouvements non désirés.

Muscle fixateur
Muscle chargé de stabiliser certaines articulations au cours de l'induction d'un mouvement.

Muscle antigravitaire
(du mot *gravité* = attraction vers le centre de la terre). Muscle agissant contre la pesanteur lors de l'induction d'un mouvement ou le maintien d'une attitude.

Glande exocrine
(du grec *exô* = au-dehors, et -*krinein* = sécréter). Glande qui sécrète son produit sur la peau ou dans une cavité naturelle du corps.

Glande endocrine
(du grec *endon* = en dedans, et -*krinein* = sécréter). Glande qui sécrète son produit, appelé *hormone*, directement dans le sang.

glandes salivaires, gastriques et intestinales, de sucs contenant les enzymes nécessaires à la digestion des aliments. Certaines glandes exocrines peuvent remplir une fonction de ventilation et de refroidissement de la peau, comme c'est le cas pour les *glandes sudoripares*. D'autres, comme les *glandes lacrymales* de l'œil ou les *glandes à mucus* du nez, jouent un rôle d'humidificateur et de protection des organes. Dans tous les cas, il s'agit donc effectivement de glandes dont les sécrétions se déversent, directement ou non, à l'extérieur de l'organisme.

Les glandes endocrines

Il s'agit là d'autres glandes dont les sécrétions demeurent dans le circuit fermé du flot sanguin et peuvent être transportées par lui vers des organes parfois très éloignés du lieu de la sécrétion.

Comme c'est le cas également pour les glandes exocrines, le fonctionnement des glandes endocrines est régi par le système nerveux végétatif. Toutefois, le contrôle des glandes endocrines est aussi assuré en grande partie par les sécrétions de l'hypophyse, glande maîtresse rattachée aux centres situés à la base du cerveau.

Le système endocrinien repose principalement sur l'action de sept glandes de petite taille réparties en divers endroits du corps (figure A.13).

La *glande thyroïde* est située au niveau du cou, sous le larynx. Elle sécrète la *thyroxine*, qui joue un rôle important dans le métabolisme

Glande sudoripare
(du latin *sudor* = sueur, et *-parere* = engendrer). Glande exocrine qui sécrète la sueur.

Glande lacrymale
(du latin *lacrima* = larme). Glande exocrine qui sécrète les larmes.

Tyroxine
(des mots « thyroïde » et « oxyde »). Élément iodé qui constitue le composant principal de l'hormone thyroïdienne intervenant dans la croissance et le métabolisme.

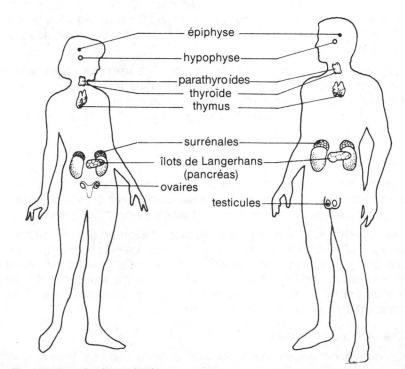

épiphyse
hypophyse
parathyroïdes
thyroïde
thymus
surrénales
îlots de Langerhans (pancréas)
ovaires
testicules

Fig. A.13 *Les glandes endocrines.*

ainsi que dans l'humeur et la motivation de l'individu. Une sécrétion trop faible de thyroxine, provoquée notamment par une absence d'iode intervenant dans la synthèse de cette hormone, peut être responsable du crétinisme chez le nourrisson (voir chapitre 9), ou encore entraîner l'apathie de l'individu ; un excès de sécrétion risque par contre de provoquer une grande nervosité chez la personne.

Les *glandes parathyroïdes*, situées de chaque côté de la thyroïde, jouent un rôle important dans la régulation du taux sanguin de calcium nécessaire au bon fonctionnement des muscles et des nerfs.

Le *thymus* est logé en arrière du sternum. Il semble surtout intervenir dans la croissance et dans l'élaboration des défenses immunitaires de l'organisme. Il s'atrophie à la puberté.

Le *pancréas* a tout d'abord une fonction exocrine qui consiste à sécréter le suc pancréatique au moment de la digestion. Sa fonction endocrine, elle, est assurée par les îlots de Langerhans qui sont des amas de tissus sécrétant l'*insuline*, ainsi que par certaines cellules produisant le *glucagon*. L'insuline permet le stockage, dans le foie, du sucre contenu dans le sang après la digestion des aliments. Le glucagon, lui, exerce la fonction inverse en rendant disponible le sucre accumulé dans le foie afin de permettre sa combustion au niveau des muscles[9].

Le diabète sucré est provoqué par une insuffisance en insuline qui entraîne une *hyperglycémie*, c'est-à-dire un excès de sucre dans le sang pouvant conduire au coma et à la mort. Quant à l'*hypoglycémie*, elle est entraînée par une sécrétion trop importante d'insuline qui empêche le sucre de circuler dans le sang et peut alors créer un état de torpeur pouvant aller jusqu'au coma.

Les *glandes surrénales* surmontent le sommet de chaque rein. Elles se composent d'une partie externe et d'une partie interne.

La partie externe de chaque glande, la corticosurrénale, est responsable de la production des *hormones corticoïdes*[10] (ou corticostéroïdes), qui sont diverses hormones chargées d'assurer la régulation du taux de sodium et de potassium dans l'organisme et d'intervenir dans le métabolisme des sucres et la synthèse des protides.

La partie interne, la médullo-surrénale, sécrète deux hormones de structure très voisine : l'*adrénaline* et la *noradrénaline*[11] qui sont les hormones du stress. L'adrénaline intervient en effet principalement dans les situations réclamant une réaction rapide mobilisant tout l'organisme ; elle provoque alors une constriction des vaisseaux sanguins permettant d'accélérer la circulation, une augmentation du rythme cardiaque, une contraction de l'estomac et des intestins qui bloque la

Insuline
(du latin *insula* = île). Hormone sécrétée par les îlots de Langerhans (d'où son nom) faisant partie du pancréas. L'insuline a pour fonction d'accumuler le sucre dans le foie, sous la forme de glycogène, entraînant par là une baisse de son taux dans le sang.

Glucagon
(mot formé à partir du mot «glucose» = terme servant à désigner les sucres). Hormone sécrétée par les îlots de Langerhans dans le pancréas et qui est un antagoniste de l'insuline. Le glucagon entraîne la dégradation du glycogène stocké dans le foie pour le transformer en glucose pouvant circuler dans le sang.

Glycémie
Teneur sanguine en sucre, normalement égale à un gramme de glucose par litre de sang. Certaines maladies se caractérisent par une teneur sanguine en glucose qui peut être soit trop basse (hypoglycémie) ou trop élevée (hyperglycémie) suite à une production insuffisante d'insuline, comme c'est le cas pour le diabète sucré.

Corticoïdes
Ensemble des hormones sécrétées par la *corticosurrénale*, ainsi que leurs dérivés chimiques.

Adrénaline
(du latin *ad*- et de «rénal» = ayant trait au rein). Hormone sécrétée par la glande *médullo-surrénale* dont l'action activatrice est comparable à celle du système nerveux sympathique (voir plus loin).

Noradrénaline
(de NOR et de -*adrénaline*). Hormone proche de l'adrénaline et sécrétée comme elle en grande partie par la médullo-surrénale. Elle joue également un rôle important en tant que *neurotransmetteur*.

---

[9] L'énergie musculaire résulte en effet principalement de l'*oxydation* du sucre par l'oxygène qui est également transporté par le sang.

[10] Parmi celles-ci, on trouve les «stéréoïdes anabolisants», parfois utilisés par certains sportifs afin d'augmenter leurs capacités musculaires de façon frauduleuse.

[11] La noradrénaline fut découverte par un chercheur allemand qui s'aperçut qu'elle ne différait de l'adrénaline que par l'absence d'un radical CH à un atome d'azote (N). Il la baptisa pour cette raison : *N ohne Radikal Adrenaline* (adrénaline avec un N sans radical).

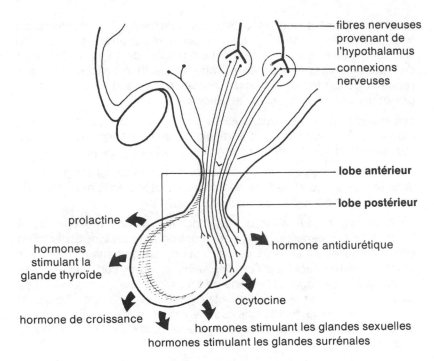

fibres nerveuses provenant de l'hypothalamus

connexions nerveuses

lobe antérieur

lobe postérieur

prolactine

hormones stimulant la glande thyroïde

hormone antidiurétique

hormone de croissance

ocytocine

hormones stimulant les glandes sexuelles
hormones stimulant les glandes surrénales

Fig. A.14 *L'hypophyse et ses hormones principales.*

Œstrogène
(du grec *œstros* = aiguillon, du fait que l'œstrus correspond au rut chez les animaux). Hormone sexuelle responsable de l'ovulation chez la femme.

Progestérone
(du latin *pro* = en faveur de et *-gerere* = porter). Hormone sexuelle chargée de déclencher les modifications de la muqueuse du vagin et surtout de l'utérus afin de permettre la nidation de l'œuf fécondé.

Androgènes
(du grec *andros* = homme, mâle). Hormones mâles sécrétées par certaines cellules des testicules et des glandes corticosurrénales; la *testostérone*, la plus active, joue un rôle important dans le développement des organes génitaux masculins. Certaines substances androgènes sont cependant également produites chez la femme par les corticosurrénales, les ovaires et même le placenta.

digestion, etc. La noradrénaline, elle, joue en plus un rôle dans la libération, par les gluco-stéroïdes, du sucre stocké dans le foie, au moment où un surplus d'énergie est exigé par l'organisme. Nous verrons plus loin que la noradrénaline est également un neurotransmetteur qui joue un rôle dans l'augmentation de l'excitabilité du systèe nerveux.

Les *glandes sexuelles* sont responsables de l'apparition des caractères sexuels secondaires, à la puberté (voir chapitre 10), ainsi que du contrôle de la fonction génitale. Chez la femme, elles produisent les *œstrogènes* responsables de l'ovulation et la *progestérone* qui enclenche la transformation des parois de l'utérus en vue de la nidation de l'œuf fécondé. Chez l'homme, elles sécrètent les androgènes et la testostérone intervenant dans la montée du désir sexuel[12].

L'*hypophyse* est située à la base du cerveau. Elle est la glande maîtresse qui, en plus de produire ses propres hormones, contrôle le fonctionnement d'une grande partie des autres glandes (figure A.14). Étant en effet bien irriguée par le flot sanguin, elle est capable de connaître, à chaque pulsation, le dosage du sang en hormones provenant des différentes sources. Elle peut donc ainsi en assurer la régulation du taux en sécrétant, à partir de son lobe antérieur, des hormones chargées de stimuler la thyroïde, la corticosurrénale et ses sécrétions

[12] Il est plus exact de dire que les œstrogènes, comme les *androgènes*, sont présentes chez l'homme comme chez la femme mais que la quantité produite diffère chez l'un et chez l'autre jusqu'au début de la vieillesse.

de corticostéroïdes ainsi que les glandes sexuelles[13]. Le lobe antérieur produit également une *hormone de croissance*, la somatotrophine, agissant principalement sur la croissance des os, ainsi que la *prolactine*, responsable de la montée du lait chez la mère après un accouchement.

Quant au lobe postérieur, il produit deux hormones : la *vasopressine*, qui est l'hormone antidiurétique et qui veille à récupérer l'eau au niveau des reins, en cas de besoin, mais qui entraîne également une augmentation de la pression sanguine, et l'*ocytocine*, qui intervient lors des contractions de l'utérus au moment de l'accouchement et de l'orgasme.

Structure du système nerveux

Le système nerveux périphérique

La transmission des messages en provenance des récepteurs et celle des ordres envoyés à la musculature striée s'effectuent travers les voies nerveuses sensorielles et motrices.

Les voies sensorielles qui acheminent les informations *vers* les centres nerveux sont appelées voies *afférentes*, alors que les voies motrices, véhiculant les ordres *à partir* des centres nerveux vers les muscles et les glandes sont dites voies *efférentes*. Ces deux types de voies sont généralement regroupés au sein de nerfs communs et constituent le *système nerveux somatique*.

Quant au *système nerveux végétatif*, responsable du fonctionnement interne, il se compose de deux systèmes parallèles et antagonistes. L'un, appelé *système sympathique*, est chargé d'orienter l'organisme vers l'action, alors que l'autre, dénommé *système parasympathique*, prédispose l'organisme à la détente et à la reconstitution des énergies (figure A.15).

Le système nerveux somatique

Il est composé de 31 paires de *nerfs rachidiens* et de 12 paires de *nerfs crâniens* (figure A.16). Les nerfs rachidiens, dont les racines s'étagent le long de la moelle épinière, transmettent les messages relatifs aux récepteurs de la peau du corps et à la musculature. Les nerfs crâniens, qui s'enracinent dans le prolongement de la moelle dans le cerveau, transportent pour leur part les informations et les ordres se rapportant aux récepteurs et aux muscles de la tête et du cou.

Prolactine
(du latin *pro-* = en faveur de et *-lactus* = lait). Hormone sécrétée par l'hypophyse et qui déclenche la montée de lait chez la mère.

Vasopressine
(du latin *vaso-* = récipient, vaisseau (sanguin) et *pressare* = presser). Hormone sécrétée par le lobe postérieur de l'hypophyse qui contracte les artères en élevant ainsi la tension sanguine et qui joue un rôle important dans la récupération de l'eau au niveau du rein.

Ocytocine
(du grec *ôkus* = rapide et *-tokos* = accouchement). Hormone sécrétée par le lobe postérieur de l'hypophyse qui provoque les contractions de l'utérus au cours des semaines qui précèdent ou suivent la gestation. On l'utilise parfois en perfusion pour déclencher artificiellement le travail.

Nerf rachidien
(du grec *rhakhis* = colonne vertébrale). Nerf dont les racines antérieure et postérieure sont reliées à la moelle épinière incluse dans la colonne vertébrale.

Nerf crânien
Nerf dont les racines sont reliées au tronc cérébral, à la base de l'encéphale, et qui innerve un récepteur ou des muscles de la tête et du cou.

---

[13] L'action de l'hypophyse sur les glandes sexuelles est contrebalancée par l'action des sécrétions de l'*épiphyse*. Cette glande est située dans le diencéphale, au-dessus du cervelet (voir figure A.22). Sa forme en «pomme de pin» lui avait fait donner le nom de glande pinéale, et Descartes croyait qu'elle constituait le siège de l'âme. On sait à présent que sa suppression entraîne une hypertrophie des organes génitaux et qu'une tumeur qui s'y développe peut déclencher une puberté précoce.

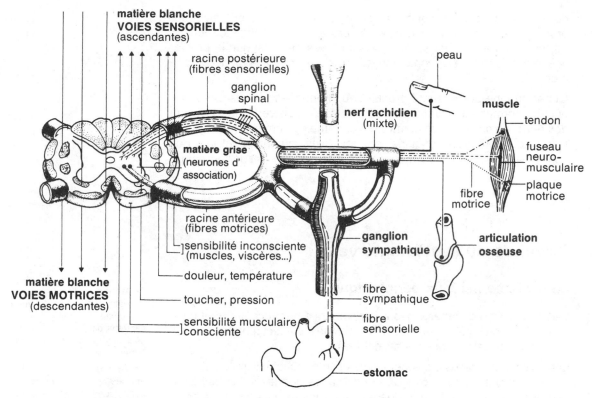

Fig. A.15 *Systèmes somatique et végétatif. Section de la moelle dorsale indiquant la façon dont les racines postérieure et antérieure d'un nerf rachidien entraîne la formation d'un arc réflexe avec les neurones d'association du centre de la moelle. La figure illustre également le chemin suivi par les fibres du système nerveux sympathique passant par les ganglions sympathiques pour aller innerver les viscères.*

Le système nerveux végétatif

Ce système est également appelé *système autonome* par le fait que les fonctions de l'organisme qu'il contrôle s'effectuent en grande partie par autorégulation[14] (figure A.17).

Les deux parties qui le composent reposent sur des structures différentes. Le système sympathique agit sur les viscères et les glandes à partir d'une double chaîne de 25 ganglions qui constituent autant de relais pour les fibres nerveuses provenant de la moelle (figure A.15). Quant au système parasympathique, il agit par l'intermédiaire de quatre paires de nerfs crâniens à l'extrémité supérieure de la moelle et à l'autre extrémité, par le biais de trois paires de nerfs rachidiens de la région sacrée.

Le système sympathique   Le système sympathique intervient lors de la mise en alerte de l'organisme. Il exerce alors son action sur le cœur et la respiration, dont il accélère le rythme; sur les artères, dont il

---

[14] Cependant, comme il en est question au chapitre 6, on sait à présent que l'utilisation de certaines techniques permet d'exercer un contrôle plus ou moins grand sur les diverses fonctions de l'organisme. Le système végétatif n'est donc pas plus fondamentalement autonome que le système somatique n'est totalement volontaire.

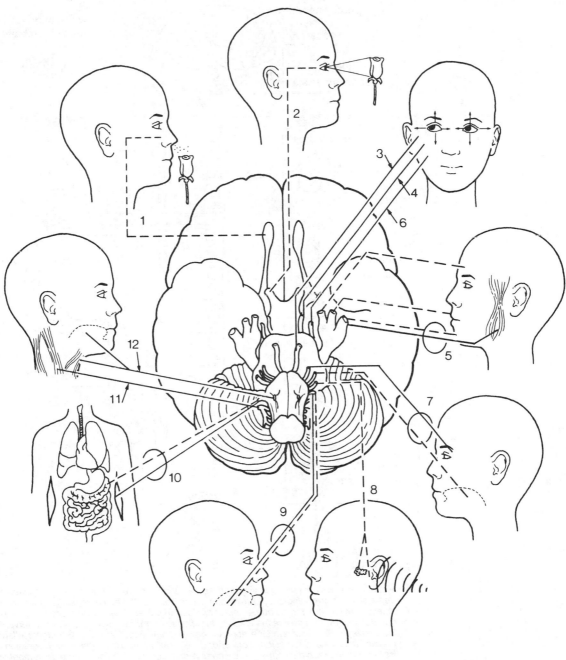

1 olfactif
2 optique
3 oculomoteur commun
4 pathétique
5 trijumeau
6 oculomoteur externe
7 facial

8 auditif
  branche acoustique
  branche vestibulaire
9 glossopharyngien
10 pneumogastrique (vague)
11 spinal
12 hypoglosse

- - - - fibres sensorielles
———— fibres motrices

Fig. A.16 *Situation et fonction des 12 paires de nerfs crâniens.*

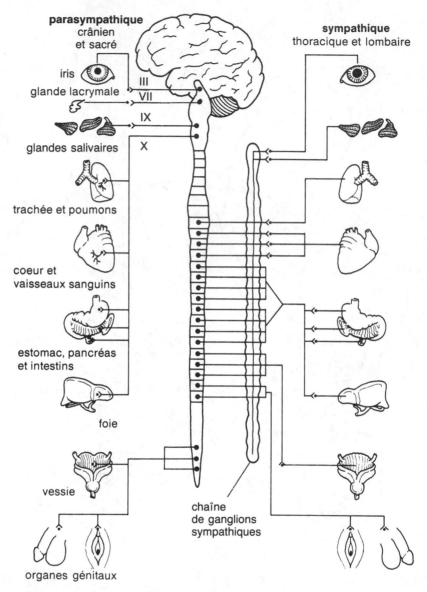

parasympathique
crânien
et sacré

sympathique
thoracique et lombaire

iris

glande lacrymale

III

VII

IX

glandes salivaires

X

trachée et poumons

coeur et
vaisseaux sanguins

estomac, pancréas
et intestins

foie

vessie

chaîne
de ganglions
sympathiques

organes génitaux

Fig. A.17 *Le système nerveux végétatif. Le système nerveux sympathique, responsable de l'activation physiologique, correspond à une série de fibres nerveuses sortant de la moelle aux niveaux thoracique et lombaire; ces fibres assurent la jonction, dans deux chaînes de ganglions situés le long de la colonne vertébrale, avec les fibres innervant les divers viscères. Le système nerveux parasympathique, associé à la détente allant parfois jusqu'à la dépression, correspond, lui, aux fibres de certains nerfs crâniens issus du bulbe rachidien ainsi que de nerfs rachidiens de la région sacrée de la moelle.*

provoque la constriction afin d'accélérer le passage du sang; sur le système digestif, dont il bloque l'action; sur les glandes sudoripares, dont il entraîne la sudation au niveau de la peau, ainsi que sur certaines glandes endocrines telles que les glandes surrénales, qu'il amène à sécréter l'adrénaline et la noradrénaline intervenant dans l'activation musculaire.

Le système parasympathique   À l'inverse du précédent, le système parasympathique a pour fonction essentielle d'orienter l'organisme vers un état de détente lui permettant de reconstituer ses forces notamment en facilitant la digestion. Il agit aussi sur divers organes vis-à-vis desquels il exerce une action antagoniste à celle du sympathique. Ainsi, il ralentit les rythmes cardiaque et respiratoire, stimule les contractions de l'estomac et de l'intestin, permet la contraction de la vessie et l'évacuation de l'urine.

Lors de la relation sexuelle, c'est le système sympathique qui intervient au moment de l'orgasme, mais, paradoxalement, c'est le parasympathique qui crée préalablement l'état de détente indispensable à l'excitation des organes génitaux ainsi que celui qui accompagne la phase finale de résolution.

Encadré A.2

Les trois «cerveaux» et l'évolution du système nerveux

Dans l'échelle animale, c'est chez les vers plats, comme la planaire par exemple, que se développe, en même temps qu'une tête et la symétrie bilatérale, un cerveau prolongeant le mince cordon de la moelle épinière.

Il semble que cette évolution se soit produite il y a près d'un milliard d'années. Si, au début, il

ne s'agit encore que de deux petits amas de cellules comprenant environ 3.000 neurones, ceux-ci vont se développer à un point tel qu'ils deviendront chez l'être humain, deux hémisphères nantis de plus de dix, ou peut-être même de trente milliards de cellules nerveuses. C'est en effet avec les vertébrés que le système nerveux gagne le plus en complexité (figure A.18).

Mc Lean (1964) a proposé un schéma devenu classique selon lequel le cerveau se serait déve-

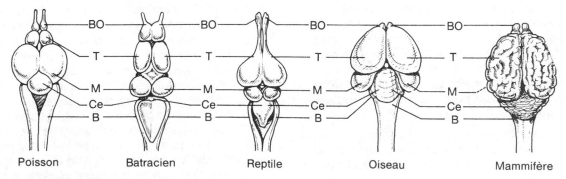

Poisson   Batracien   Reptile   Oiseau   Mammifère

B.O. : bulbe olfactif
T.   : télencéphale (hémisphères cérébraux)
M.   : mésencéphale
Ce.   : cervelet
B.   : bulbe rachidien

Fig. A.18 *L'évolution progressive du télencéphale dans la série des vertébrés.*

loppé suivant trois étapes, qui constituent chacune un niveau d'organisation caractéristique d'un stade important de l'évolution des vertébrés.

Le premier de ces trois « cerveaux » est l'*archéencéphale,* appelé également « cerveau reptilien ». Il comprend le *tronc cérébral,* responsable des grandes fonctions végétatives, surmonté du *mésencéphale* qui constitue à ce stade un véritable cerveau primitif. Il s'y greffe les premières ébauches du *cervelet,* l'*hypothalamus* jouant un rôle capital dans le maintien de l'équilibre interne et dans la satisfaction des besoins fondamentaux, ainsi qu'une partie archaïque du cortex, l'*archicortex* (qui deviendra plus tard l'hippocampe).

Avec l'apparition des mammifères inférieurs se développe le *paléencéphale.* Il se compose du *thalamus* et des *noyaux striés* ainsi que d'un *cortex primitif,* le *paléocortex* ou cerveau limbique en relation étroite avec la fonction olfactive, qui prend un essor considérable chez un très grand nombre d'espèces. À cette fonction du cerveau limbique vont cependant s'ajouter d'autres fonctions ayant trait au contrôle émotionnel et aux apprentissages rudimentaires par récompense et punition. Le thalamus, quant à lui, joue le rôle de centre coordonateur et intégrateur des fonctions sensorielles et les corps striés, celui du centre des comportements automatiques.

Chez les mammifères supérieurs, on assiste au développement d'un cerveau supérieur, ou *néencéphale,* constitué essentiellement par le *néocortex.* Celui-ci va recouvrir les deux hémisphères pour atteindre un développement maximal chez l'être humain[15]. Avec le néencéphale s'élaborent les fonctions supérieures à la base de la connaissance du monde et de soi et de l'élaboration de comportements évolués (figure A.19).

Le développement de ce troisième « cerveau » ne remonterait cependant pas à plus d'un million d'années, selon Mc Lean, ce qui n'irait pas sans

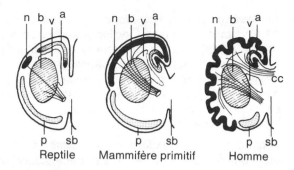

Reptile   Mammifère primitif   Homme

a   : archicortex
p   : paléocortex
n   : néocortex
b   : ganglions de la base
      (noyaux striés)
v   : ventricule latéral
sb : substance blanche
cc : corps calleux
      (d'après Romer, 1955)

Fig. A.19 *L'évolution du cortex depuis les reptiles jusqu'à l'être humain (d'après Romer, 1955). Le cortex primitif (a et p), régresse au profit d'un nouveau cortex (n), presque absent chez les reptiles, qui va recouvrir complètement les hémisphères cérébraux. On note le développement du corps calleux chez les mammifères supérieurs et principalement chez l'être humain.*

poser de problèmes. Cette période relativement courte n'aurait en effet pas encore permis au néencéphale d'établir un contrôle suffisant sur les deux cerveaux archaïques, Laborit (1979) croit, à ce sujet, que les conflits que nous sommes régulièrement amenés à vivre, entre la recherche de satisfaction de nos pulsions et l'adoption de comportements « raisonnables », naîtrait du manque de cohérence existant entre les trois structures. Il en découlerait une utilisation inadéquate de systèmes d'urgence souscorticaux, tel que le système d'inhibition active (SIA), comme le nomme Laborit. En temps normal, un tel système permet à l'individu, selon cet auteur, de suspendre provisoirement une action, afin d'évaluer la situation et d'orienter l'activité de façon positive. Les conditions de vie moderne en société ainsi que les conditions physiques de la vie urbaine obligeraient cependant l'organisme à recourir de plus en plus et de façon prolongée au SIA, entraînant par là le développement du stress responsable de nombreuses maladies physiques, de l'agressivité humaine et de divers troubles du comportement.

---

[15] Chez l'être humain, l'écorce cérébrale est à ce point développée qu'elle doit replier les 2/3 de sa superficie, couvrant 22 dm², afin de tenir dans la boîte crânienne. Quant à l'encéphale tout entier, son poids de 1.330 g en moyenne est, par rapport au poids du corps, 30 fois supérieur à ce qu'il est chez les espèces primitives de mammifères. Ainsi, si une musaraigne avait la taille d'un être humain, son cerveau ne pèserait proportionnellement que 46 g.

Archéencéphale

(du grec *arkhaios* = ancien ; appelé également cerveau reptilien). Ensemble des structures nerveuses correspondant à l'étage inférieur du cerveau humain, qui aurait constitué le premier stade de développement de l'encéphale jusqu'aux reptiles, selon Mc Lean.

Paléencéphale

(du grec *palaios* = ancien ; appelé également cerveau limbique). Structures nerveuses du système limbique, du thalamus et des corps striés constituant le deuxième cerveau. Il se serait développé avec les premiers mammifères en se superposant sur l'archéencéphale qu'il va dès lors contrôler.

Néencéphale

(du grec *neos* = nouveau ; appelé également cerveau supérieur). Structure nerveuse correspondant à l'écorce cérébrale (ou cortex). Il constitue le propre des mammifères supérieurs et particulièrement de l'être humain.

Système d'inhibition de l'action

(ou SIA). Nom donné par Laborit à un système hypothétique d'urgence chargé de stopper l'action engagée lorsqu'elle risque de devenir dangereuse pour la survie de l'organisme. Il s'oppose au *système d'activation de l'action* (ou SAA) composé du système de plaisir et du système attaque-fuite qui amèneraient les êtres vivants à réagir de manière active soit à travers la pratique d'activités agréables comme l'habillement, la parade sexuelle, etc., ou lors de situations de stress comme l'attaque par un ennemi, le changement brutal de température ou tout autre danger surgissant de façon soudaine.

Sources : LABORIT, H., *L'inhibition de l'action*, Paris, Masson, 1979.
LAZORTHES, G., *Le cerveau et l'esprit,* Paris, Flammarion, 1982.
MC LEAN, P.D., « Man and his animal brain », *Modern Medecine*, 32, p. 95-106, 1964.

Le système nerveux central

Les systèmes somatique et végétatif constituent les prolongements des centres de traitement, de programmation et de décision qui s'étagent depuis la moelle jusqu'au cortex, en passant par le tronc cérébral et le diencéphale. Chacun de ces centres se trouve sous le contrôle de celui qui lui est immédiatement supérieur tout en étant étroitement relié à chacun des autres par des faisceaux de fibres nerveuses (voir l'encadré A.2).

La moelle épinière

La moelle épinière est un cordon d'un centimètre carré de section et d'un mètre de long environ dont la fonction première consiste à véhiculer l'information en provenance ou à destination du système nerveux périphérique. Elle est en effet parcourue, dans sa partie externe, par les voies nerveuses sensorielles ascendantes et les voies motrices descendantes ainsi que par celles véhiculant les messages vers les ganglions du système sympathique (voir figure A.15).

Elle exerce en plus le rôle de centre nerveux responsable de l'émission des réflexes innés. Elle peut en effet transmettre instantanément un ordre à un muscle suite à la réception d'une information exigeant une réponse rapide pour la sauvegarde de l'organisme, comme c'est le cas, par exemple, pour une brûlure ou une piqûre. Le circuit nerveux est alors relativement simple. Il s'agit d'un « arc » nerveux, appelé *arc réflexe*. Celui-ci fait intervenir les fibres sensorielles qui pénètrent dans la moelle par la racine postérieure du nerf rachidien et dont les impulsions nerveuses sont transmises aux fibres motrices de la racine antérieure par l'intermédiaire d'un ou plusieurs des neurones d'association qui constituent la partie centrale de la moelle[16].

---

[16] Le rôle des neurones d'association s'amplifie au fur et à mesure qu'on s'élève dans le système nerveux central. Par la multiplication des connexions qu'ils permettent, ils sont en effet à la base de la plus ou moins grande plasticité des centres nerveux. En ce sens, on peut donc affirmer qu'un centre est d'autant plus évolué et capable de processus complexes qu'il possède un nombre élevé de neurones d'association. C'est notamment le cas du cortex dans lequel on trouve des aires constituées entièrement de neurones d'association.

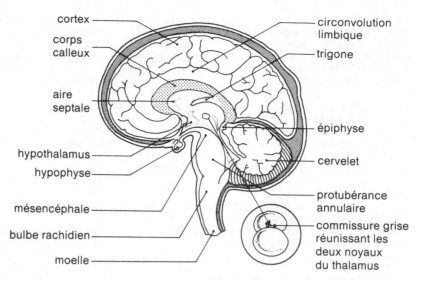

Fig. A.20 *Face interne de l'hémisphère droit et coupe dans le diencéphale et le tronc cérébral.*

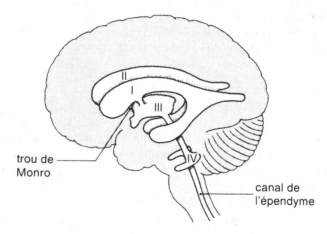

Fig. A.21 *Les ventricules de l'encéphale. Les ventricules latéraux (I et II) sont situés au cœur de chacun des hémisphères cérébraux, le 3ᵉ ventricule occupe la partie centrale du cerveau. Il communique avec les ventricules latéraux (par les trous de Monro) et avec le 4ᵉ ventricule, situé dans le tronc cérébral.*

Encéphale

(du latin *en-* = dans et du grec *-kephalê* = tête). Partie du système nerveux contenu dans la boîte crânienne et comprenant le cerveau, le cervelet, la protubérance annulaire et le bulbe rachidien.

Liquide céphalo-rachidien

(du grec *kephalê* = tête et *rhakhis* = colonne vertébrale). Liquide clair et transparent contenu dans les espaces existant entre les couches de tissus membraneux qui enveloppent le cerveau, ainsi que dans les ventricules et le canal de l'épendyme. Il joue notamment le rôle d'amortisseur susceptible de protéger les centres nerveux contre des chocs trop violents.

L'encéphale

L'*encéphale* est la partie du système nerveux comprise dans la boîte crânienne (figure A.20). Il se compose de deux parties : le *tronc cérébral* et le *cervelet*, d'une part, qui constituent l'étage inférieur et, d'autre part, le *cerveau* proprement dit, formé du diencéphale et des deux hémisphères constituant le télencéphale. L'encéphale n'est pas uniquement constitué de tissu nerveux. En son sein, on trouve quatre cavités. Ces cavités, appelées *ventricules*, ont été numérotées de haut en bas.

Ainsi, les ventricules I et II sont des ventricules latéraux situés dans les hémisphères, alors que les ventricules III et IV sont respectivement le ventricule moyen central et le ventricule inférieur délimité par le bulbe. Ces ventricules contiennent un liquide qu'ils sécrètent et qu'on appelle le *liquide céphalo-rachidien*. Celui-ci circule également dans le mince canal de l'*épendyme* qui prolonge les ventricules au sein de la moelle (figure A.21).

Le tronc cérébral   Il comprend un ensemble de structures telles que le bulbe, la protubérance annulaire et le cerveau moyen. Le tronc cérébral pourrait être comparé à la queue d'un champignon dont la tête serait constituée par les hémisphères cérébraux et le cortex. Il constitue la partie la plus primitive de l'encéphale[17].

— **Le *bulbe rachidien***   Le *bulbe rachidien* consiste en un élargissement de la moelle par lequel transitent toutes les voies sensorielles et motrices qui se croisent en grande partie à cet endroit, ce qui entraîne ainsi la mise en relation de la partie droite du corps avec l'hémisphère gauche et vice versa.

C'est également au niveau du bulbe que se situent les centres réflexes responsables de la succion, de la mastication, de la salivation, de la déglutition, de la toux, etc. Mais on y trouve surtout les centres vitaux du fonctionnement des systèmes respiratoire et cardio-vasculaire.

On comprend ainsi pourquoi le « coup du lapin », qui se traduit par l'écrasement de cette zone au niveau de la nuque, entraîne des conséquences souvent dramatiques pour la survie de l'organisme.

— **La *protubérance annulaire***   La protubérance annulaire constitue le trait d'union entre le cerveau et la moelle. Elle est traversée longitudinalement par les deux gros faisceaux composés des fibres ascendantes et descendantes. De plus, elle comprend de nombreux centres responsables notamment des réflexes oculaires, du réflexe de clignement des paupières (réflexe palpébral), des mouvements intestinaux, du contrôle de la miction, etc.

— **Le *mésencéphale*** ou cerveau moyen   Il s'agit là du vestige d'un encéphale primitif propre aux vertébrés inférieurs chez lesquels il joue un rôle important dans les connexions entre les voies sensorielles et les voies motrices. Chez l'être humain, il constitue principalement un centre relais formé des tubercules quadrijumeaux et des corps genouillés qui sont des noyaux en dérivation sur les voies optiques et auditives.

Le cervelet   Le cervelet est situé à l'arrière du tronc cérébral auquel il est relié, comme il l'est également aux différents centres de l'encéphale. Il constitue une espèce d'ordinateur qui analyse, de façon rapide et répétée, toutes les informations relatives à la position du corps dans l'espace ainsi qu'au degré de tension ou de détente des différents muscles. Il peut donc corriger, à tout moment, les ordres envoyés aux

Sa production en excès peut entraîner l'hydrocéphalie (dilatation de la boîte crânienne) chez le fœtus ou le nouveau-né dont le crâne est encore malléable.

Canal de l'épendyme
(du grec *épi* = sur et *-enduma* = vêtement). Canal occupant le centre de la moelle épinière sur toute sa longueur jusqu'au 4e ventricule, à la base du tronc cérébral (l'*épendyme* constitue la membrane qui tapisse ce ventricule et le canal, d'où son nom).

Bulbe rachidien
Prolongement de la partie supérieure de la moelle (synonyme : moelle allongée). Le bulbe renferme des centres nerveux capitaux pour la survie de l'organisme (centres reponsables de la circulation sanguine, de la respiration, etc.) qui sont groupés en un endroit nommé « nœud vital » au niveau duquel une lésion, la présence d'une tumeur ou un écrasement ont des conséquences mortelles.

Protubérance annulaire
Partie du système nerveux faisant saillie au-dessus du bulbe rachidien. Elle comprend de nombreux centres responsables de réflexes complexes.

Mésencéphale
(du grec *mesos* = milieu, médian et « encéphale »). Partie moyenne de l'encéphale comprise entre la protubérance et le cerveau intermédiaire (ou diencéphale). Il constitue la partie supérieure du tronc cérébral ; il est traversé par toutes les voies sensitives et motrices qui sont en relation avec le cervelet, et qui jouent de ce fait un rôle important dans l'équilibre et la coordination motrice.

Cervelet
Partie postérieure du tronc cérébral divisé en deux lobes cérébelleux par une scissure verticale. Le cervelet est relié au cerveau et à la moelle épinière par plusieurs faisceaux de fibres nerveuses lui permettant de coordonner l'activité musculaire et d'assurer le maintien de l'équilibre en corrigeant les impulsions envoyées par les centres moteurs.

---

[17] Traditionnellement, le *tronc cérébral* ne comprennent que le bulbe rachidien et la protubérance annulaire. Les auteurs modernes ont tendance à y englober d'autres structures et à le considérer comme une « partie importante de l'encéphale qui va du bulbe rachidien au thalamus ». (Changeux, 1983, p. 415 ; Bourne et Ekstrand, 1985, p. 44).

membres, en fonction des messages provenant notamment des yeux, des canaux semi-circulaires et des fuseaux neuromusculaires des muscles.

La formation réticulée   La formation réticulée s'étend tout le long de l'axe du tronc cérébral. Elle doit son nom à la structure en réseau[18] de cellules nerveuses aux connexions très complexes qui la composent (figure A.22).

Comme le note Changeux (1983), les neurones de la formation réticulée ont en effet une morphologie curieuse puisque à partir de noyaux où ils sont réunis par groupes de quelques milliers, leurs prolongements s'étendent, eux, dans la plupart des territoires du cerveau, certains envahissant même de vastes régions de l'écorce cérébrale.

On sait à présent que ces noyaux libèrent des neurotransmetteurs spécifiques (voir plus loin). Ainsi, l'un de ces noyaux, le *locus coeruleus*, responsable de l'éveil du cortex (notamment au cours du sommeil paradoxal) possède certaines cellules sécrétant de la noradrénaline et d'autres qui libèrent de l'acétylcholine ; un autre noyau, qui intervient dans l'endormissement, sécrète de la sérotonine ; un autre encore qui produit de la dopamine joue un rôle important dans la facilitation des mécanismes moteurs, lors de l'éveil, etc. (voir dossier 4.1).

La formation réticulée constitue un système d'alarme pour l'écorce cérébrale. En effet, tout message envoyé au cerveau, à travers les voies sensorielles, est en partie dérivé vers la formation réticulée. Ce n'est que si celle-ci juge le message important qu'elle active alors l'écorce cérébrale afin que cette dernière en effectue le décodage. Ainsi, si un sujet est endormi, toute stimulation de la formation réticulée, effectuée à l'aide d'une électrode qu'on a implantée, provoque un réveil brutal. Chez le sujet éveillé, la même stimulation suscite une réaction d'attention.

Par contre, si on supprime la formation réticulée chez un animal, il se révèle incapable de demeurer éveillé. Bien que les renseignements fournis par une électrode implantée dans l'écorce cérébrale indiquent pourtant que les messages sensoriels se rendent bien au cerveau, ceux-ci ne font plus l'objet d'un quelconque décodage, par le fait qu'en l'absence de la formation réticulée, l'activation du cortex n'est plus effectuée.

Le rôle de la formation réticulée en est donc surtout un de filtre qui permet aux informations importantes d'activer l'écorce cérébrale, tout en rendant inopérants les messages habituels ou répétitifs.

Le cerveau   Le cerveau s'étage lui-même sur deux niveaux. Prolongeant le mésencéphale, le *cerveau intermédiaire*, ou diencéphale, est situé de part et d'autre du troisième ventricule. Il est dominé par les deux *hémisphères cérébraux,* qui forment le cerveau antérieur, ou télencéphale, et qui sont réunis entre eux par une épaisse lamelle de *fibres nerveuses* transversales appelée *corps calleux*.

Formation réticulée
(du latin *réticulum* = filet). Structure nerveuse située sur toute la longueur du tronc cérébral. Elle est constituée d'un ensemble de noyaux dont les prolongements se ramifient sur de grands territoires du cortex cérébral. Elle se compose de deux systèmes : le *système réticulé ascendant* (SRA) (c'est de lui dont il est surtout question dans la 2e partie de l'ouvrage portant sur l'activation et la conscience) et du *système réticulé descendant* (SRD) qui contrôle le tonus musculaire nécessaire au maintien des postures du corps.

Corps calleux
(du latin *callus* = épaississement). Lame épaisse de matière blanche constituée des fibres nerveuses transversales reliant entre eux les deux hémisphères cérébraux, chez les mammifères supérieurs. C'est grâce au corps calleux que peut être assurée l'unité de fonctionnement du cerveau.

---

[18] Le mot « réticulée » vient du mot latin *reticulum* signifiant effectivement « filet ». Cette dénomination lui fut attribuée par Magoun qui découvrit cette formation nerveuse dans les années 50.

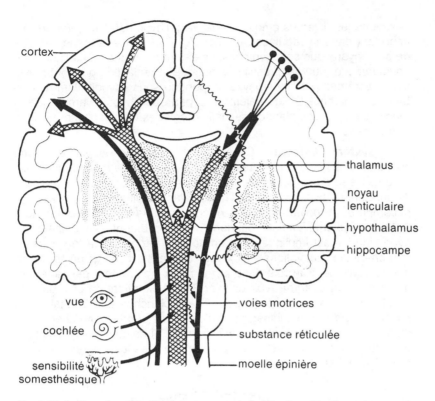

cortex

thalamus

noyau
lenticulaire

hypothalamus

hippocampe

vue

voies motrices

cochlée

substance réticulée

sensibilité
somesthésique

moelle épinière

Fig. A.22 *La formation réticulée. Les neurones de la formation réticulée sont regroupés par noyaux aux fonctions spécifiques dont les prolongements s'étendent dans la plus grande partie des aires corticales. On distingue le système réticulé ascendant (SRA) (à gauche), qui est chargé de l'activation cérébrale, du système réticulé descendant (à droite), qui joue principalement un rôle de régulateur du tonus postural en exerçant un effet inhibiteur ou facilitateur sur les voies motrices qui descendent depuis le cortex moteur jusqu'à la moelle.*

1. **Le diencéphale** ou cerveau intermédiaire   Le diencéphale constitue la partie la plus primitive du cerveau proprement dit. Il comprend trois structures principales situées au niveau du troisième ventricule qui sont l'*hypothalamus*, centre des émotions et des motivations, le *système limbique*, contrôlant les comportements affectifs et motivés, et le *thalamus*, chargé de trier les informations et d'en effectuer le traitement préalable avant de les distribuer dans les diverses régions de l'écorce cérébrale.

– L'**hypothalamus**   Cette structure, qui est la plus irriguée, par le flux sanguin, de tout le cerveau, est en contact direct avec la majeure partie des structures de ce dernier. Elle est composée d'une dizaine de paires de noyaux et, bien qu'elle ne représente que 1 % du poids du cerveau et que sa surface pourrait être recouverte par l'ongle du pouce, elle joue un rôle capital dans l'expression des besoins et la vie émotionnelle de l'individu.

C'est dans l'hypothalamus qu'on rencontre notamment les centres de contrôle de la faim et de la soif, ainsi que d'autres centres qui exercent leur influence sur la température du corps, le sommeil, le comportement

Diencéphale
(du grec *di-* = deux fois et « encéphale »). Partie inférieure du cerveau proprement dit. Il est aussi appelé cerveau intermédiaire. Le diencéphale constitue le cerveau terminal chez les espèces inférieures jusqu'au stade reptile. Chez l'homme, il constitue un relais de première importance entre les centres du cortex cérébral et ceux du tronc cérébral et de la moelle. Il est de plus le siège des grandes fonctions de la vie inconsciente, notamment des automatismes complexes, ainsi que de la régulation de la vie végétative.

Hypothalamus
(du grec *hypo* = au-dessous et « thalamus »). Région du diencéphale située sous le thalamus. L'hypothalamus est constitué d'une dizaine de paires de noyaux qui sont des centres importants de la vie végétative. Il est également en relation étroite avec l'hypophyse dont il influence l'activité.

Système limbique

(du latin *limbus* = bord). Ensemble de structures des cerveaux intermédiaire et antérieur formant un anneau dans la région centrale de l'encéphale (sur les «bords» de la face interne des hémisphères). Le système limbique est étroitement relié à l'*hypothalamus*; il comprend notamment le *noyau amygdalien*, des aires du cortex telles que la *circonvolution limbique*, au-dessus du corps calleux, et la *circonvolution de l'hippocampe* sur la face interne du lobe temporal, l'*aire septale* (de *septum*, mot latin signifiant «mur») constituée par une mince cloison transparente située sous le corps calleux entre les deux ventricules latéraux, ainsi que des commissures telles que le *trigone* reliant les différents centres entre eux. Le système limbique a un rôle de contrôle des comportements affectifs et motivés.

Thalamus

(du grec *thalamos* = lit, couches). Appelé également «couches optiques», du fait que les premières observations voyaient dans cette structure du diencéphale le «lit» des nerfs optiques. Le thalamus est constitué de deux grosses masses de noyaux situées de part et d'autre du 3ᵉ ventricule et reliées par la *commissure grise*. Il joue principalement le rôle d'«aiguilleur» vis-à-vis des informations, en provenance des récepteurs, qu'il coordonne et interprète avant de les transmettre au cortex cérébral.

Trigone

du grec *trigonos* = à trois angles). Lame de fibres ayant la forme d'un X. Ses quatre piliers unissent des structures comme l'aire septale et les tubercules mamillaires, en avant, à la circonvolution de l'hippocampe, à l'arrière.

Commissure

(du latin *commitere* = joindre ensemble). Ensemble de fibres nerveuses reliant deux ou plusieurs parties du cerveau (la commissure grise, par exemple, réunit les deux masses de noyaux formant le thalamus).

sexuel ou les diverses émotions. De plus, l'hypothalamus joue un rôle important dans la régulation hormonale. C'est en effet dans certains de ses noyaux que sont synthétisées des hormones comme l'hormone antidiurétique, ou vasopressine, ainsi que la prolactine qui sont par la suite sécrétées par l'hypophyse, appendue sous l'hypothalamus, à la base du cerveau. C'est également à partir de l'hypothalamus que le fonctionnement des glandes sexuelles régies par l'hypophyse est initié à la puberté.

– Le **système limbique**   Ce système forme une espèce d'anneau constitué de faisceaux de fibres nerveuses tels que le *trigone*, ou fornix, et le faisceau du cingulum correspondant à la *circonvolution limbique*. Ils unissent certains noyaux de l'hypothalamus, situés à l'avant, à l'hippocampe et au noyau amygdalien logés dans le lobe temporal (figure A.23). Le système limbique est donc relié étroitement à l'hypothalamus avec lequel il est impliqué dans un nombre important de fonctions se rapportant aux motivations et aux émotions qu'il est chargé de contrôler. Il joue également un rôle dans la mémoire, notamment par l'intermédiaire de l'*hippocampe* (voir dossier 8.1). Il intervient de plus dans la régulation de l'agressivité qui peut être déclenchée par l'excitation du *noyau amygdalien* et inhibée par celle de l'*aire septale,* située en avant du trigone[19]. C'est également dans diverses aires du système limbique entourant l'hypothalamus qu'ont pu être identifiés les centres du plaisir et de la douleur.

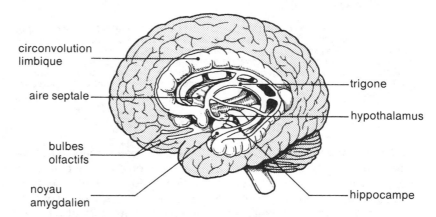

circonvolution limbique

aire septale

bulbes olfactifs

noyau amygdalien

trigone

hypothalamus

hippocampe

Fig. A.23 *Vue de l'intérieur de l'hémisphère gauche montrant les structures du système limbique.*

– Le **thalamus**   Le thalamus est constitué de deux grosses masses de noyaux situés de part et d'autre du troisième ventricule et réunies l'une à l'autre par un mince faisceau de fibres nerveuses appelé *commissure grise*.

Son rôle principal consiste à servir de centre de tri et de regroupement des messages captés par les récepteurs afin de les diriger vers les régions appropriées de l'écorce cérébrale. Il assure également les

---

[19] De la même façon que l'ablation du noyau amygdalien entraîne l'apathie et la docilité chez l'animal opéré.

connexions sensori-motrices en envoyant vers les aires motrices de l'écorce cérébrale les informations en provenance du cervelet et des noyaux striés responsables des mouvements automatiques, tels que ceux de la marche par exemple. Il permet ainsi que puisse s'exercer sur eux un contrôle de la conscience.

2. **Le télencéphale** ou cerveau antérieur   Le télencéphale s'est principalement développé au cours de l'évolution des mammifères pour devenir, chez l'être humain, la structure prépondérante du système nerveux. Ce nouveau cerveau est essentiellement constitué des deux *hémisphères cérébraux* recouverts par le *cortex cérébral* ou *écorce cérébrale*, au niveau duquel s'élaborent les processus supérieurs.

Sous cette couche corticale de matière grise, on trouve la substance blanche, formée de l'ensemble des fibres nerveuses qui sont chargées de véhiculer l'information en provenance ou à destination de l'écorce. On y rencontre également les *noyaux striés*, responsables du contrôle du tonus neuromusculaire et de la coordination des mouvements automatiques.

– Les **noyaux striés**   Ces noyaux sont également appelés ganglions de la base. Il s'agit du *noyau caudé* ainsi que du *noyau lenticulaire* formé du putamen et du pallidum[20] (voir figure A.22).

Ce groupe de noyaux, situés entre le thalamus et le cortex cérébral, est impliqué dans le contrôle et la coordination de la motricité automatique. Ainsi, la destruction du pallidum engendre la rigidité musculaire alors que la dégénérescence du putamen, qui contrôle le pallidum, est responsable, elle, des tremblements propres à la maladie de Parkinson ou encore de ceux caractérisant la chorée de Huntington.

– Le **cortex cérébral**   Le cortex cérébral est constitué d'une couche de *matière grise* d'une épaisseur moyenne de 3 mm. Cette écorce cérébrale constitue le lieu de projection des fibres sensorielles ayant fait relais dans le thalamus, ainsi que le point de départ des fibres motrices se rendant à la moelle.

Les deux hémisphères sont reliés entre eux par des commissures qui sont des faisceaux transversaux de fibres nerveuses. La plus importante de ces commissures est l'épaisse lamelle du *corps calleux* s'étendant d'avant en arrière sur une longueur de 8 cm et comportant plus de 200 millions de fibres nerveuses se rendant d'un hémisphère à l'autre.

L'écorce cérébrale de chaque hémisphère comporte six *lobes délimités* par des *sillons* et deux *scissures*, celle de Rolando et celle de Sylvius. On reconnaît ainsi le lobe frontal à l'avant, le lobe pariétal sur le sommet, le lobe temporal sur le côté, le lobe occipital à l'arrière, le lobe de l'insula sous le lobe temporal, au fond de la scissure de Sylvius, et le lobe du corps calleux sur la face interne de l'hémisphère, au-dessus du corps calleux (figure A.24).

Les sillons de l'écorce forment des bourrelets appelés *circonvolutions*, qui correspondent plus ou moins à des aires occupant chacune une

Télencéphale
(du grec *teleios* = complet, achevé et «encéphale»). Partie antérieure du cerveau constituée par les deux hémisphères cérébraux. Il comprend la matière grise de l'écorce cérébrale et des noyaux gris centraux ainsi que la matière blanche des fibres nerveuses formant les commissures interhémisphériques.

Noyaux striés
(appelés également «noyaux gris centraux» ou encore «noyaux de la base»). On réunit sous ces noms divers noyaux présents dans chaque hémisphère : le *noyau caudé* qui s'enroule autour du thalamus, le *noyau lenticulaire*, formé du pallidum et du putamen, qui se situe en dehors et au-dessous du thalamus, le *noyau amygdalien*, faisant partie du système limbique, qui est situé sur le côté de l'hypothalamus auquel il est relié, ainsi que de petits noyaux tels que le *corps de Luys* ou le *locus niger* présents au niveau du mésencéphale. Les noyaux striés font partie du système de la motricité automatique.

Matière grise
Tissu nerveux composé des corps cellulaires des cellules nerveuses, de couleur grise. Par opposition à la *matière blanche* constituée, elle, par les fibres nerveuses prolongeant les corps cellulaires et dont l'aspect blanchâtre provient de la gaine de myéline dont elles sont entourées (voir plus loin). Les centres nerveux et particulièrement le cortex cérébral sont composés de matière grise, alors que les voies nerveuses (nerfs et commissures) constituent la matière blanche.

Sillon
Rainure séparant deux circonvolutions d'un lobe cérébral.

Scissure
(du latin *scindere* = fendre, diviser). Sillon profond séparant les deux hémisphères ou les lobes du cerveau. La scissure de Rolando sépare le lobe frontal du lobe pariétal alors que la scissure de Sylvius sépare le lobe temporal des lobes frontal et pariétal.

---

[20] À ces noyaux s'ajoutent d'autres noyaux, plus petits, situés dans le tronc cérébral, comme par exemple le *locus niger*, le *noyau rouge*, le *locus cœruleus*, etc.

Circonvolution
(du latin *circumvolutus* = enroulé autour). Repli du cortex cérébral en forme de bourrelet sinueux situé entre deux sillons ou entre une scissure et un sillon.

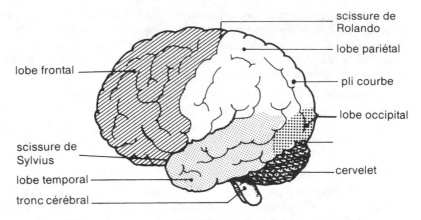

Fig. A.24 *Le cortex cérébral.*

fonction particulière. Ces aires sont sensorielles, motrices ou d'association (voir figure A.19). Les *aires sensorielles* sont chargées de recevoir l'information en provenance des différents récepteurs alors que les *aires motrices* ont pour fonction d'envoyer les ordres moteurs responsables des mouvements à effectuer. Ainsi, les aires sensorielles constituent l'étape ultime des fibres reliées au système périphérique, et leur destruction entraîne l'insensibilité de la région du récepteur concerné. Quant aux aires motrices, elles sont le point de départ de fibres dont la destruction provoque la paralysie du membre régi par les neurones de la région ayant subi la lésion.

Mais ce sont surtout les *aires d'association,* constituant la plus grande partie du cortex cérébral, qui caractérisent tout particulièrement celui-ci. C'est en effet grâce à ces aires sans spécialisation apparente que s'effectuent l'intégration et le traitement de l'information et la programmation des actions. C'est à ce titre qu'elles sont la base de processus supérieurs tels que la mémoire, l'apprentissage, la pensée ou le langage (voir le document 8.4).

a. Les aires sensorielles   Les aires sensorielles sont réparties dans différents lobes. Celle de la sensibilité générale est située dans le lobe pariétal, celle de la vision dans le lobe occipital, celle de l'audition dans le lobe temporal, celle du goût à la base du lobe pariétal et celle de l'olfaction dans les deux bulbes olfactifs situés sous le cerveau.

La *sensibilité générale* a son siège dans la circonvolution située le long de la scissure de Rolando, dans le lobe pariétal, sur laquelle viennent se projeter les messages en provenance des récepteurs de la peau. Le corps entier se trouve ainsi représenté, la tête en bas et les orteils au sommet, en régions dont la surface est proportionnelle à la sensibilité respective des différentes parties du corps, la zone de la main étant par exemple beaucoup plus étendue que celle du dos ou des jambes (figure A.25).

La détérioration de cette aire en totalité ou en partie entraîne l'impossibilité pour les messages de s'y projeter, ce qui implique par le fait même, la perte des sensations élémentaires tactile, thermique ou algi-

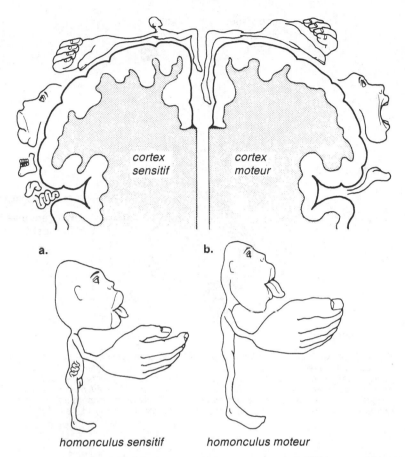

a.

b.

cortex sensitif

cortex moteur

homonculus sensitif   homonculus moteur

Fig. A.25 *La projection des fibres sensorielles provenant des différentes parties du corps s'effectue de façon disproportionnée au niveau de l'aire somesthésique du cortex (a). Il en va ainsi également de la distribution des centres de l'aire motrice responsables des mouvements volontaires (b). On peut illustrer cette disproportion en imaginant la façon dont le corps se projette sur ces aires à la façon d'un gnôme, ou* homonculus, *sensoriel ou moteur.*

que. L'individu devient ainsi insensible aux stimulations qui pourtant excitent les récepteurs de la peau et provoquent l'envoi des messages à travers les voies sensorielles.

La zone d'association, qui s'étale sur la partie supérieure du lobe pariétal, constitue l'aire gnosique chargée de la reconnaissance et de la perception des stimulations ayant déclenché des sensations au niveau de la circonvolution pariétale.

La *sensibilité visuelle* correspond à une aire située dans le lobe occipital, le long de la scissure calcarine, et l'information transmise par chaque cellule ganglionnaire s'y trouve projetée en des points très précis.

De plus, chaque lobe reçoit les messages provenant de la partie du champ visuel qui lui est opposé. En effet, lors de leur entrée dans le cerveau, les fibres des deux nerfs optiques s'entrecroisent pour former

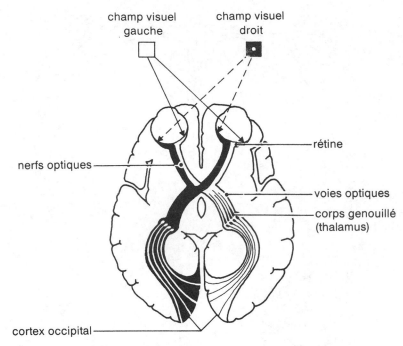

Fig. A.26 *Chiasma et voies optiques. Les informations en provenance du champ visuel droit sont transmises à partir de la partie gauche de chaque rétine au lobe occipital gauche. Les informations en provenance du champ visuel gauche sont transmises à partir du côté droit des rétines, au lobe occipital droit. C'est au niveau du* chiasma optique *que s'effectue le croisement de certaines fibres du nerf optique permettant ce regroupement des informations en provenance de chaque œil.*

le *chiasma optique* (figure A.26). Ce croisement a pour effet d'envoyer dans le lobe gauche les fibres véhiculant l'information présente dans le champ visuel droit et dans le lobe droit celles du champ visuel gauche. De cette façon, l'image d'un objet, qui est légèrement différente dans chacun des champs visuels, va pouvoir se recomposer en trois dimensions lors de l'intégration des données au niveau des deux lobes occipitaux.

C'est dans la zone d'association, située autour de la zone sensorielle, que s'effectue la perception visuelle des objets, des mots et des chiffres.

L'aire de la *sensibilité auditive* est située dans le lobe temporal. Chaque lobe reçoit cependant les informations captées par les deux oreilles. Ceci implique qu'une lésion, même importante, de cette zone du cerveau ne peut entraîner la surdité que si elle est présente dans chaque hémisphère.

La perception et l'interprétation des sons en mots ou en mélodies s'effectue dans la zone d'association s'étalant sous l'aire sensorielle (voir le document 8.4).

Les *sensibilités gustative et olfactive* ont des aires relativement proches l'une de l'autre.

Chiasma optique
(du grec *khiasma* = croisement). Endroit à la base du cerveau où se croisent la moitié des fibres nerveuses des nerfs optiques originant de la partie interne de la rétine de chaque œil. Ce croisement entraîne la projection, sur chaque lobe occipital, de toutes les informations en provenance du champ visuel hétérolatéral (= autre côté).

L'aire gustative correspond à la région à la base de la circonvolution pariétale ascendante chargée de décoder les sensations en provenance de la langue.

Quant à l'aire olfactive, qui est prépondérante chez la plupart des espèces inférieures, elle se réduit chez l'être humain aux deux bulbes olfactifs prolongeant les bandelettes olfactives à la base du cerveau.

b. Les aires de la motricité   C'est la circonvolution du lobe frontal, longeant la scissure de Rolando, qui constitue le siège de la motricité volontaire. Les fibres motrices qui en émanent et qui constituent la matière blanche, descendent vers la moelle soit directement, après avoir traversé, en deux faisceaux, la protubérance et le bulbe où elles s'entrecroisent, soit en empruntant une voie indirecte passant par le cervelet et divers noyaux chargés d'assurer la coordination des mouvements.

Comme c'est le cas pour la sensibilité générale, le corps entier se trouve également représenté dans l'aire motrice, la tête en bas et les orteils au sommet, en régions proportionnelles, en superficie, à l'importance du contrôle à exercer sur les différents groupes de muscles (voir figure A.25b).

La zone d'association qui y est adjointe est responsable de la motricité automatique ainsi que de la programmation et de la coordination des mouvements plus complexes et plus fins, en relation étroite avec les corps striés sous-jacents (voir plus haut). Des lésions dans cette zone se traduisent par des troubles moteurs connus sous le nom d'*apraxie motrice* (voir le document 8.4).

c. Les aires de la pensée et de la prévision des actions   Il n'existe pas à proprement parler d'aire où s'élabore la pensée. Lors de la moindre prise de décision, c'est le cerveau tout entier qui se trouve impliqué. Il fait alors intervenir les multiples processus dont les bases se trouvent réparties tant dans les différentes aires de l'écorce que dans les centres nerveux inférieurs.

Les facettes de la pensée sont d'ailleurs elles-mêmes multiples. Elles vont du repérage dans l'espace et dans le temps jusqu'à la prévision de l'action, en passant, entre autres, par les fonctions mnémoniques et linguistique ou encore par l'utilisation d'habiletés psychomotrices complexes (voir l'encadré A.3).

À tout instant, notre cerveau est tenu au courant de la position de notre corps dans l'espace par les informations qui lui parviennent par le biais des différents canaux sensoriels. Ces informations sont centralisées, semble-t-il, dans une région située au carrefour des trois lobes comprenant les aires sensorielles principales. Il s'agit de la zone du *pli courbe*, à l'extrémité supérieure de la scissure de Sylvius (voir la figure A.24) qui reçoit, en plus, les messages transmis par le thalamus et par différents noyaux. Une lésion de cette zone entraîne notamment des troubles de la fonction gestuelle ainsi que du repérage dans l'espace.

La façon dont le cerveau peut situer l'action dans le temps dépend largement de la mémoire. Des études récentes semblent d'ailleurs montrer que l'ajustement au temps est une faculté qui est surtout le propre des espèces supérieures et qu'elle est relativement indépendante de la rythmicité circadienne (Richelle et Lejeune, 1986).

La mémoire ne semble pas relever d'une aire spécifique particulière mais elle dépend, au contraire, de plusieurs zones jouant un rôle important. C'est notamment le cas de certaines régions du lobe temporal et plus particulièrement de l'hippocampe (voir le dossier 8.1).

Le langage, quant à lui, présente à la fois des aspects récepteurs, auditifs et visuels, et des aspects émetteurs au niveau de la prononciation et de l'écriture (voir le document 8.4). Ces centres sont répartis dans les différentes régions du cerveau et notamment au niveau des lobes frontal, occipital et temporal. Chez la plus grande partie des êtres humains, c'est l'hémisphère gauche qui contrôle l'activité linguistique.

Quant à la prévision de l'action, qui constitue le propre même de la pensée, elle s'effectuerait dans le cortex préfrontal suite à l'intégration et au traitement par celui-ci des informations captées et décodées par le cortex cérébral. C'est dans cette région que se trouveraient les structures chargées de calculer, d'anticiper ou de prévoir[21].

Enfin, le contrôle des habiletés psychomotrices complexes s'effectue, pour sa part, au niveau du tronc cérébral supérieur. Cette région constitue en effet un véritable «tableau de distribution téléphonique» (Lazorthes, 1973) qui fusionne les informations en provenance des récepteurs et des influx nerveux moteurs envoyés par le cortex cérébral. Elle permet ainsi que s'exerce un contrôle sur les mouvements à exécuter dont le «pilotage» est assuré par le cortex frontal.

La spécialisation hémisphérique   Avec le développement d'un système nerveux central chez les vers plats, comme la planaire par exemple, s'est formée une *symétrie bilatérale* au niveau du corps tout entier. Celui-ci se trouve ainsi divisé transversalement en deux parties dont chacune est l'image inversée de l'autre, la partie gauche étant placée sous le contrôle de l'hémisphère droit et vice versa.

Une des résultantes de l'évolution consiste en une spécialisation de plus en plus grande de chaque hémisphère en ce qui a trait notamment à la préférence manuelle, au développement du langage, au raisonnement spatial ou encore à la polarité des états émotionnels.

La préférence manuelle   On dénombre environ 90 % de droitiers; cette préférence pour la main droite comme main dominante semblait déjà exister chez nos ancêtres des cavernes[22]. On ne peut pourtant prétendre qu'une telle orientation soit nécessairement d'origine héréditaire. On sait en effet que, statistiquement parlant, un enfant dont les deux parents sont gauchers, possède près d'une chance sur deux de devenir droitier.

Le langage   Chez la grande majorité des humains, les centres du langage sont situés dans l'hémisphère gauche. Seuls 5 % des droitiers et 30 % des gauchers «parlent» avec leur hémisphère droit, ce qui représente moins de 8 % des individus. Selon Roch-Lecours[23], chacun

---

Symétrie bilatérale
(du latin *bis* = deux et *-latus-* = côté). Correspondance exacte existant entre la partie droite et la partie gauche du corps, chacune d'elles constituant l'image inverse de l'autre.

[21] Cette région représente, chez l'homme, 29 % de la surface du cortex, alors qu'elle n'est que de 17 % chez le chimpanzé et de 7 % chez le chien (Changeux, p. 214).

[22] On sait en effet que 80 % des mains reproduites en pochoir sur les murs des cavernes sont des mains gauches, ce qui signifie que c'était la main droite qui était utilisée pour en établir le contour à l'aide de pigments.

[23] Cité par Changeux (1983).

de nous naîtrait avec deux aires du langage mais le processus de maturation agirait de telle sorte qu'au cours de la première année, un des hémisphères prendrait le dessus sur l'autre. L'absence ou la perte accidentelle d'un hémisphère à la naissance ou au cours des deux premières années de la vie pourrait ainsi être compensée grâce à la prise en charge par l'autre hémisphère des fonctions concernées.

La prise de contrôle de certaines fonctions par un hémisphère implique que celui-ci, généralement le gauche, inhibe l'action de l'autre. Cela signifie, en d'autres termes, que l'hémisphère non dominant est maintenu passif par le blocage exercé par l'hémisphère dominant, à travers les fibres interhémisphériques qui constituent le corps calleux.

L'encadré A.3 rend compte des observations effectuées par des chercheurs sur le fonctionnement des hémisphères rendus indépendants suite à la section du corps calleux. De telles observations ont permis de mettre en évidence le rôle capital joué par le corps calleux, et surtout, celui joué par l'hémisphère dominant dans l'intégration des informations. C'est grâce à une telle organisation que l'ensemble du système nerveux peut fonctionner de façon coordonnée et efficace. C'est ainsi, par exemple, que le message déclenché par la stimulation de la main gauche et qui se rend à l'hémisphère droit, est automatiquement transmis à l'hémisphère gauche dominant. Ce n'est qu'après que celui-ci ait pris connaissance de l'information, qu'un ordre va être envoyé à l'hémisphère droit afin que celui-ci fasse exécuter à la main gauche le mouvement adapté à la situation.

Les états émotionnels   Chaque hémisphère semble, en plus, être responsable de l'orientation des sentiments et de leur orientation positive ou négative.

On a par exemple pu observer, chez des sujet *épileptiques*, que lorsque le foyer épileptogène était situé dans l'hémisphère gauche, la personne était animée de rires non intentionnels, alors que lorsque c'était l'hémisphère droit qui était atteint, l'humeur du sujet se traduisait plus souvent par de la tristesse et des pleurs.

Dans le même sens, on a montré que chez les gens déprimés, on rencontrait souvent des ondes anormales produites par l'hémisphère droit. Ainsi, l'hémisphère droit serait responsable des états émotionnels à coloration négative et serait porté à envisager le mauvais côté des choses, alors que l'hémisphère gauche imprimerait une orientation positive aux états émotionnels déclenchés par certains événements.

L'adoption par l'individu de sentiments ou d'états particuliers résulterait alors de l'intégration qui est faite à partir de ces tendances opposées. Mais, comme le souligne Changeux, le mystère demeure total pour ce qui est de savoir comment le cerveau effectue la sélection en faisant en sorte que tout se passe sans heurt.

Les différences sexuelles   Des différences de structure ont été notées entre le cerveau de la femme et celui de l'homme. On a par exemple découvert récemment qu'une certaine partie du corps calleux du cerveau féminin comptait davantage de fibres que la même partie dans le cerveau de l'homme. Cet état de fait permettrait la création d'un plus grand nombre de connexions entre les hémisphères, entraî-

Épilepsie
(du grec *épilêpsia* = attaque). Maladie nerveuse se caractérisant dans la plupart des cas par des crises convulsives plus ou moins généralisées. La crise est déclenchée par le passage en va-et-vient, à travers le corps calleux, d'influx nerveux émis par le foyer épileptogène (= déclencheur de la crise) qui vont exciter la zone correspondante de l'autre hémisphère avant d'être renvoyées vers la zone endommagées dont elles amplifient l'excitation, et ainsi de suite jusqu'à la fin de la crise à laquelle succède alors une perte de connaissance.

nant une intégration plus poussée des informations stockées par les deux hémisphères; ceci pourrait expliquer certaines différences sur le plan comportemental. De plus, il semble que les meilleures performances notées chez la femme en ce qui concerne notamment le langage, la mémoire, l'habileté analytique et la dextérité manuelle peuvent s'expliquer par un impact plus grand chez elle de l'hémisphère gauche. En revanche, la fonction de perception et l'aptitude à établir des relations spatiales ou encore la création artistique seraient plus le propre de l'homme chez lequel l'hémisphère droit exercerait une plus grande influence en ce qui a trait à de telles aptitudes.

On se rappelle cependant que lors des premières années de la vie, les deux hémisphères sont capables chacun de stocker le même nombre et le même type d'informations, et que la spécialisation de l'un et de l'autre ne s'effectue que peu à peu. On peut dès lors se demander quel est le rôle joué par la culture et l'éducation dans la différenciation qui se fait entre les deux sexes, en ce qui touche notamment au fonctionnement nerveux sous-tendant le développement de telle ou telle capacité.

Encadré A.3

Le cerveau divisé

Sperry (1968) a voulu savoir ce qu'il pouvait advenir du contrôle exercé sur l'organisme et notamment sur la prise d'information, lorsque le corps calleux se trouvait sectionné sur toute sa longueur, déconnectant ainsi les hémisphères l'un de l'autre[24]. Bien qu'une telle intervention n'entraîne pas, en général, de grandes perturbations dans le comportement habituel des sujets, on s'aperçoit toutefois que ceux-ci fonctionnent fondamentalement avec deux cerveaux.

On se rappelle que les informations du champ visuel droit viennent se projeter sur l'hémisphère gauche et vice versa. Or c'est l'hémisphère gauche, constituant l'hémisphère «parlant» chez la majorité des individus, qui est également chargé d'interpréter ce qui se produit dans le champ visuel droit, tout en assurant la commande des muscles du côté droit du corps.

Quant à l'hémisphère droit, qui est l'hémisphère «muet», il est responsable du décodage des informations en provenance du champ visuel gauche et il contrôle les mouvements effectués par le côté gauche du corps.

Sperry observa dans diverses situations expérimentales des sujets dont le cerveau était divisé. L'une de ces situations consistait à installer les sujets devant un écran sur lequel des images différentes étaient présentées à gauche ou à droite du champ visuel. Pendant ce temps, leurs mains, qui étaient soustraites à leur regard, étaient en contact avec divers objets dont l'image pouvait être présentée sur l'une ou l'autre partie de l'écran (figure A.27).

Les chercheurs s'aperçurent alors que le sujet était tout à fait capable de saisir avec la main gauche, après quelques tâtonnements, l'objet

---

[24] Une telle opération est parfois pratiquée chez l'être humain afin de pallier cetains troubles comme l'épilepsie, par exemple. Cette intervention est justifiée, selon certains neurochirurgiens, par le fait que la crise d'épilepsie serait déclenchée et amplifiée par un passage en va-et-vient, à travers le corps calleux, de l'excitation du foyer épileptogène, présent dans un hémisphère, vers son image-miroir dans la région correspondante de l'autre hémisphère.

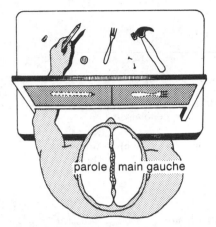

Fig. A.27 *Le cerveau divisé. À un sujet au cerveau divisé on présente sur un écran l'image d'un crayon, à gauche, qui est perçue par l'hémisphère droit et l'image d'une four-chette, à droite, qui est perçue par l'hémisphère gauche. Lorsqu'on demande à ce sujet de saisir de la main gauche (commandée par l'hémisphère droit) ce qu'il a «vu», il choisit le crayon. Mais si on lui demande quel objet il a choisi, il répond qu'il s'agit de la fourchette comme le lui commande l'hémisphère gauche responsable de la parole et qui ignore tout des perceptions visuelles et des ordres provenant de l'autre hémisphère.*

dont l'image était présentée à vitesse rapide sur la partie gauche de l'écran. Mais, il était, en revanche, totalement incapable d'en donner le nom ni d'indiquer par la parole les actions effec-tuées par la main gauche. Un effet inverse était obtenu lorsqu'une image était projetée sur la partie droite de l'écran.

Sperry et ses collaborateurs tentèrent alors de voir ce qui se passait lorsque des images diffé-rentes étaient présentées simultanément sur chaque partie de l'écran. Ainsi, on projetait, par exemple, l'image d'un crayon à gauche et celle d'une fourchette à droite. Lorsqu'on demandait au sujet de choisir avec la main gauche, toujours soustraite à sa vue, ce qu'il avait perçu sur l'écran, il choisissait le crayon. Pourtant quand on lui demandait de dénommer ce qu'il avait choisi, il répondait, en hésitant quelque peu, qu'il s'agissait de la fourchette.

Le cerveau «parlant» répondait ainsi en fonction de ce qu'il avait «vu», ignorant totalement les ordres envoyés par l'autre hémisphère à la main gauche.

De telles observations ont ainsi permis la mise en évidence du rôle capital joué par le corps calleux et surtout par l'hémisphère dominant qui doit à tout instant effectuer l'intégration des infor-mations afin de permettre une coordination par-faite et une efficacité totale dans le fonctionne-ment de l'ensemble de l'organisme.

Sources : SPERRY, R.W., « The great cerebral commissure », *Scientific American*, janvier 1964.
SPERRY, R.W., « Hemisphere deconnection and unity in cons-cious awareness », *American Psychologist,* 1968, n° 23, p. 723-733.

Structure et fonction du neurone

L'unité de base du système nerveux est constituée par la cellule ner-veuse, appelée *neurone*. Les neurones présentent plusieurs particula-rités, par rapport aux autres types de cellules de l'organisme. Tout d'abord, leur stock, évalué entre 10 à 30 milliards (peut-être plus[25]), est quasiment complet dès la naissance et aucun d'eux n'est remplacé après sa mort. Or, on croit savoir qu'après que l'organisme ait atteint sa maturité, il meurt quelque 10.000 neurones par jour et que cette hécatombe quotidienne double après l'âge de 40 ans.

Une autre particularité du neurone réside dans le fait que, contrairement aux autres types de cellules, il ne produit, ne sécrète, ni ne structure rien ; son rôle unique consiste à servir de lieu de passage à l'information nerveuse.

Neurone
(du grec *neuron* = nerf). Cellule ayant pour fonction la transmis-sion des influx nerveux. La cel-lule nerveuse est formée d'un corps cellulaire et de deux types de prolongements : les den-drites chargés de capter l'influx et de le faire converger vers le corps cellulaire d'une part, et l'axone chargé de le véhiculer vers d'autres neurones ou un organe, d'autre part.

[25] Le chiffre de 30 milliards a été avancé par Powell et ses collaborateurs (1980) qui ont montré que, quelle que soit l'espèce de mammifère, on compte environ 146.000 neurones par mm² de tissu nerveux. Or on sait que la surface totale du cerveau humain est de 22 dm² (cité par Changeux, 1983, p. 72).

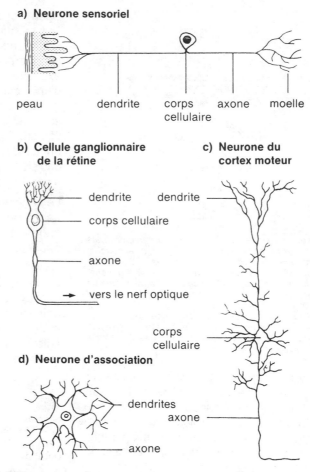

Fig. A.28 *Différents types de neurones.*

Mitochondrie

(du grec *mitos* = filament et *-khondrion* = granule). Petits granules d'une grosseur d'un micron (1/1.000 de mm) présents dans le cytoplasme des cellules. Dans les neurones, on trouve notamment des mitochondries au niveau des boutons terminaux de l'axone au sein desquels ils produisent l'énergie nécessaire aux mécanismes de transmission de l'influx nerveux d'un neurone à l'autre.

Arborisation terminale

Ensemble des ramifications de l'axone se terminant chacune par un *bouton synaptique.*

Bouton synaptique

Renflement présent à l'extrémité de chacune des ramifications de l'axone. Les vésicules et les

Structure du neurone

Il existe de nombreux types de neurones dont la structure diffère selon le rôle qu'ils sont appelés à jouer dans le système nerveux ; un neurone sensoriel n'a pas la même conformation qu'un neurone moteur ou qu'un neurone de l'écorce cérébrale (figure A.28).

Toutefois, quelle que soit sa fonction, le neurone se compose toujours de trois parties essentielles : le corps cellulaire, les dendrites et l'axone.

Le *corps cellulaire* comprend, comme n'importe quelle autre cellule, un cytoplasme avec son noyau. Dans le cas du neurone, cependant, le cytoplasme est particulièrement riche en *mitochondries,* chargées de produire l'énergie nécessaire à l'activité considérable développée par le neurone. Comme nous l'avons vu plus haut, un amas de corps cellulaires forme un centre nerveux qui peut être soit un ganglion composé de quelques milliers de corps cellulaires, ou un noyau, où ils sont en nombre encore plus important, jusqu'au cortex dans lequel on les retrouve par milliards. Ils forment ce qu'on appelle la *matière grise.*

Les *dendrites* constituent les « antennes » du neurone. Dans un même neurone, on en compte parfois plusieurs centaines qui captent les informations en provenance d'un récepteur ou d'un autre neurone afin de les véhiculer vers le corps cellulaire puis vers un autre prolongement, unique celui-là, qu'on appelle *axone*.

L'*axone* est la partie du neurone chargée de véhiculer l'information vers les dendrites d'autres neurones ou vers un muscle ou une glande. Il peut parfois mesurer près d'un mètre alors que, dans d'autres cellules, il peut au contraire être très court. Il se divise en général en une série de ramifications formant ce qu'on appelle l'*arborisation terminale* dont chacune est pourvue d'un *bouton synaptique* à son extrémité. C'est au niveau du bouton synaptique que s'effectue la connexion, ou *synapse*, avec les dendrites ou les corps cellulaires d'autres neurones.

La plupart des axones sont recouverts d'une gaine composée d'une substance blanche et graisseuse qui joue un rôle d'isolant : la *myéline*. La gaine de myéline est interrompue à intervalles réguliers d'un millimètre ou deux par des étranglements appelés *nœuds de Ranvier*, dont le rôle consiste à accélérer le passage de l'influx nerveux en le faisant « sauter » d'un nœud à l'autre au lieu de progresser de façon continue le long de la fibre. Les axones regroupés en faisceaux par centaines ou par milliers, constituent les *nerfs*, ou les *voies nerveuses*, auxquels la myéline donne l'aspect d'une *matière blanche*.

L'influx nerveux

C'est l'*influx* parcourant les neurones des voies nerveuses qui constitue la base de l'information mise à la disposition des centres nerveux pour y être traitée puis envoyée éventuellement vers les effecteurs.

Ces influx nerveux qui sont ainsi véhiculés à travers les milliards de fibres nerveuses ne diffèrent pourtant pas l'un de l'autre, quelle que soit l'information qu'ils sont chargés de transmettre. Pourquoi alors sont-ce des sons que l'on perçoit par le biais des oreilles, et des objets ou des couleurs qui nous sont transmis à partir des yeux, et non l'inverse ou toute autre chose ? Simplement parce que ce qui crée la différence entre les messages, ce n'est pas le message comme tel, mais bien le lieu de destination de ce message ; si c'est un muscle, celui-ci va se contracter ou se détendre ; si c'est une glande, elle va sécréter, freiner ou arrêter sa sécrétion ; s'il s'agit d'une certaine région du cerveau, une image va être suscitée et si c'est une autre, le message sera décodé sous la forme d'un son. À la limite, et si cela était possible, il suffirait de modifier le « câblage » des nerfs en branchant par exemple le nerf de l'œil sur la zone du cerveau chargée de décoder les sons pour qu'il soit possible d'« entendre avec les yeux ».

Potentiel de repos et potentiel d'action

D'un autre côté, ce n'est pas non plus la stimulation comme telle en provenance de l'environnement qui est véhiculée par l'influx ni même son énergie qui est transportée le long des dendrites et des axones. Le stimulus ne fait, en effet, qu'activer un récepteur et c'est cette activation qui va alors transformer en énergie le *potentiel électrique*

mitochondries qu'il contient en grandes quantités permettent que s'effectue la transmission de l'influx nerveux vers un autre neurone, à travers sa membrane, appelée *membrane présynaptique* (voir plus loin).

Synapse
(du grec *synapsis* = point de jonction). Zone déterminant un espace très mince à travers lequel s'effectue le passage de l'influx nerveux du bouton synaptique d'un neurone au corps cellulaire ou à un dendrite d'un autre neurone, ou aux fibres d'un muscle ou encore à un tissu glandulaire.

Myéline
(du grec *muelos* = moelle). Substance isolante, grasse et blanchâtre, qui forme une gaine autour de la plupart des fibres nerveuses (les fibres du système nerveux végétatif en étant dépourvues). C'est cette gaine de myéline qui est responsable de la couleur de la matière blanche des nerfs et des voies nerveuses de la moelle et du cerveau.

Nœuds de Ranvier
Étranglements à intervalles réguliers dans la gaine isolante de myéline amenant l'influx nerveux à « sauter » d'un nœud à l'autre, ce qui en augmente considérablement la vitesse de transmission.

Nerf
Organe chargé de conduire les influx nerveux des récepteurs vers les centres nerveux ou de ceux-ci vers les effecteurs. Il se présente comme un cordon formé du regroupement de nombreuses fibres nerveuses dont la gaine de myéline lui donne l'aspect blanchâtre.

Influx nerveux
Nom donné au potentiel d'action qui parcourt une fibre nerveuse à la suite d'une modification par une stimulation des caractéristiques de sa membrane. L'influx nerveux correspond à une succession de dépolarisations et de repolarisations de cette dernière qui résulte des échanges entre ions de sodium (Na^+), de chlore (Cl^-) ainsi que de potassium (K^+).

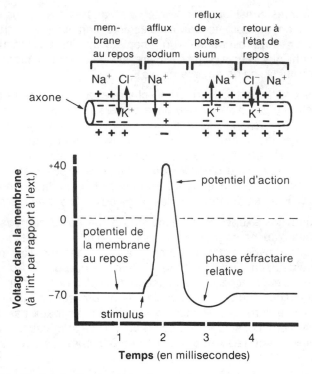

Fig. A.29 *Le potentiel d'action. Le déclenchement du potentiel d'action, qui correspond à un changement du voltage (de − 70 à +40 millivolts) est dû au rétablissement de l'équilibre en ions positifs et négatifs de la membrane rendue provisoirement perméable par le passage de l'influx.*

Potentiel de repos

Potentiel électrique présent dans la membrane de toute cellule vivante. Dans le cas du neurone, ce potentiel se traduit par une différence de − 70 millivolts. Celle-ci résulte de la présence d'un léger excès d'ions chargés négativement à l'intérieur de la membrane par rapport à l'extérieur de celle-ci, plus concentrée en ions K$^+$ et surtout en ions Na$^+$ auxquels elle n'est pas perméable au repos.

Potentiel d'action

Inversion du potentiel de repos provoqué par une modification des caractéristiques de la membrane rendue *perméable* suite à l'action d'un stimulus. L'afflux d'ions Na$^+$ à l'intérieur de la cellule qui résulte de cette perméabilisation, entraîne une *dépolarisation* de la membrane suivie d'une polarisation correspondant à une différence de +40 millivolts.

Période réfractaire

Période qui succède immédiatement à celle correspondant à l'apparition du potentiel d'action et au cours de laquelle il est très difficile de déclencher à nouveau un tel potentiel. Cette période correspond à une *hyperpolarisation* de la membrane provoquée par un reflux d'ions K$^+$ vers l'extérieur de la cellule.

présent aux extrémités des dendrites qui sont en contact avec le récepteur.

L'influx nerveux ainsi déclenché pourrait être grossièrement comparé à la flamme qui court le long d'une mèche enrobée de poudre et chargée de mettre à feu une cartouche de dynamite; le «feu» se propage ainsi, de point en point, par petites explosions successives, jusqu'à sa destination finale. Toutefois, la différence fondamentale avec la transmission de l'influx nerveux réside dans le fait que le potentiel de la fibre nerveuse, lui, se reconstitue quasi instantanément après le passage de l'impulsion.

Chaque fibre au repos ressemble effectivement à une petite pile qui serait polarisée positivement à l'extérieur de la membrane et négativement à l'intérieur (figure A.29) et dont le *potentiel de repos* ne peut se transformer en un courant électrique que par la mise en contact des deux pôles. C'est ce qui se produit au moment du passage de l'influx où, pendant un bref instant, la membrane devient perméable et se dépolarise. Cette *dépolarisation* est alors suivie d'une *période réfractaire* permettant à la membrane de se repolariser afin d'être à nouveau disponible pour le passage d'un nouvel influx[26]. Ainsi, par dépolarisa-

---

[26] Au cours de la période réfractaire, qui dure environ 1/1.000 de seconde, aucun influx ne peut passer. Il ne peut donc pas se succéder plus de 1.000 impulsions par seconde dans une même fibre.

tions successives, ce *potentiel d'action* constituant l'influx va se propager à une vitesse constante variant d'un demi-mètre à 120 mètres à la seconde, selon le type de fibre, le diamètre de celle-ci et le fait qu'elle soit ou non recouverte d'une gaine de myéline.

Loi du tout ou rien

Puisque chaque fibre possède un potentiel électrique qui lui est propre, l'influx qui s'y propage a donc toujours les mêmes caractéristiques, quelles que soient celles du stimulus ou de son intensité. Cela implique donc que le déclenchement de l'influx au niveau d'une dentrite ne pourra s'effectuer que si l'activation, provoquée par la stimulation d'un récepteur ou l'arrivée d'un influx en provenance d'un autre neurone, est suffisante pour franchir le seuil en dessous duquel rien ne peut se produire; c'est la *loi du tout ou rien*.

La transmission synaptique

La synapse

On appelle *synapse* l'aire de connexion entre les terminaisons de l'axone d'un neurone et les dendrites ou le corps cellulaire d'un autre. Chaque neurone établit ainsi de 800 à 1.000 synapses avec d'autres cellules nerveuses, et la densité de ces connexions est telle qu'on en compte plus de 600 millions par mm^3 de matière grise[27] (figure A.30).

Ce lieu de passage de l'influx nerveux d'un neurone à l'autre ne constitue pas à proprement parler un point de contact mais plutôt un mince espace appelé *espace synaptique*. Il s'agit d'un interstice de 20 à 50 nanomètres[28] délimité, d'une part, par la membrane présynaptique du bouton terminal appartenant au neurone transmetteur de l'influx et, d'autre part, par la membrane post-synaptique du dendrite ou du corps cellulaire appartenant au neurone qui reçoit l'influx avant de le transmettre à son tour.

Les neurotransmetteurs

C'est dans cet espace synaptique que s'opère un processus par lequel des substances chimiques sécrétées à travers la membrane présynaptique vont accélérer, freiner ou bloquer le passage de l'influx d'un neurone à l'autre. Ces substances appelées *neurotransmetteurs* sont en quelque sorte les «hormones du cerveau», des neurhormones, qui sont stockées dans les vésicules du bouton terminal et libérées lors du passage de l'influx nerveux.

Elles diffusent alors dans l'espace synaptique pour venir se fixer sur les *sites récepteurs* spécifiques de la membrane post-synaptique, qu'elles sont seules à pouvoir reconnaître, de la même façon que le ferait une clé dans sa serrure. Par ce mécanisme, elles modifient la perméabilité de cette membrane post-synaptique et permettent au

Espace synaptique
Mince espace séparant le bouton synaptique d'un neurone, de la dendrite ou du corps cellulaire d'un autre neurone, ou encore d'un muscle ou d'une glande. Cet espace est ainsi délimité, d'une part, par la *membrane présynaptique* du bouton, et d'autre part, par la *membrane post-synaptique* de l'autre neurone ou de l'effecteur.

Neurotransmetteur
Substance chimique stockée dans les vésicules du bouton synaptique dont la sécrétion dans l'espace synaptique et la fixation sur les sites récepteurs de la membrane post-synaptique permettent à l'influx nerveux d'être transmis, freiné ou bloqué.

Site récepteur
Région de la membrane post-synaptique sur laquelle ne peut se fixer qu'un type spécifique de neurotransmetteur, permettant par là à l'influx nerveux de traverser la synapse.

---

[27] Une telle densité implique que si on pouvait compter 1.000 synapses à la seconde, il faudrait de 3.000 à 30.000 années pour les dénombrer toutes (cité par Changeux, 1983, p. 75).

[28] C'est-à-dire 200 à 500 millionièmes de millimètre.

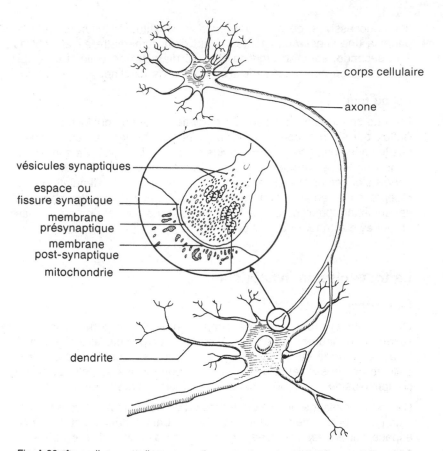

corps cellulaire

axone

vésicules synaptiques

espace ou
fissure synaptique

membrane
présynaptique

membrane
post-synaptique

mitochondrie

dendrite

Fig. A.30 *Agrandissement d'une connexion synaptique. Le bouton terminal du neurone présynaptique contient des vésicules chargées de stocker les neurotransmetteurs et des mitochondries fournissant l'énergie nécessaire au passage de l'influx à travers l'espace synaptique.*

potentiel d'action d'être transféré d'un neurone à l'autre ou, au contraire, d'être bloqué au niveau de la synapse par renforcement de l'imperméabilité de cette membrane.

Une fois leur fonction accomplie, les neurotransmetteurs sont alors soit dégradés ou neutralisés par un enzyme, soit recapturés par les vésicules synaptiques dont ils proviennent afin d'être à nouveau disponibles lors du passage de l'impulsion suivante (figure A.31).

Le fait que la synapse soit excitatrice ou inhibitrice dépend donc principalement du type de neurotransmetteur qu'on y rencontre et de l'effet qu'il exerce sur la membrane post-synaptique. Certains d'entre eux ont toujours un effet facilitateur, d'autres jouent de façon permanente un rôle inhibiteur et d'autres encore sont activateurs dans une région du système nerveux et inhibiteurs dans une autre.

Fonction des principaux neurotransmetteurs

On ne connaît pour l'instant que quelques dizaines de ces neurhormones, sans toutefois que toutes leurs fonctions aient été identifiées. Il s'agit notamment de l'*acétylcholine*, qui intervient dans la contraction

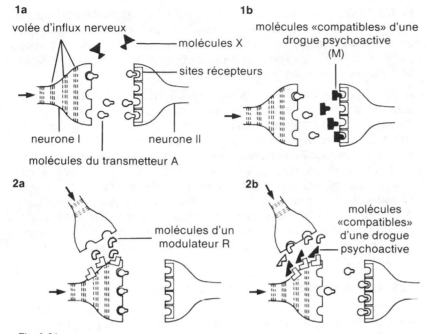

1a
volée d'influx nerveux
molécules X
sites récepteurs
neurone I   neurone II
molécules du transmetteur A

1b
molécules «compatibles» d'une drogue psychoactive (M)

2a
molécules d'un modulateur R

2b
molécules «compatibles» d'une drogue psychoactive

Fig. A.31
1a. *Le transmetteur A, dont les molécules sont libérées par le bouton terminal du neurone I, vont se fixer sur leur site spécifique de l'extrémité dendritique du neurone II. Les molécules X, ayant une structure incompatible avec celle des sites récepteurs, sont incapables d'occuper ceux-ci et demeurent donc sans effet.*
1b. *Parce que les molécules (M), comme celles de certaines drogues psychoactives, présentent une structure relativement semblable à celle du neurotransmetteur A, elles peuvent occuper le site récepteur empêchant ainsi le transmetteur de jouer son rôle. C'est le cas du LSD, par exemple, qui empêche la sérotonine de jouer son rôle inhibiteur lors du passage des messages sensoriels.*
2a et b. *Certaines substances jouent un rôle de neuromédiateur en agissant sur la terminaison axonique elle-même pour faciliter ou inhiber la libération du neurotransmetteur.*

musculaire ou le ralentissement des rythmes cardiaque et respiratoire et dont l'inactivation est provoquée par l'action d'une enzyme appelé *acétylcholinestérase*[29]. C'est aussi le cas du groupe des *monoamines*, telles que la *noradrénaline*, responsable de l'éveil de l'écorce cérébrale et de l'augmentation du rythme cardiaque, de la *dopamine*, présente dans les centres du plaisir du système limbique mais également dans certains noyaux de la formation réticulée par lesquels elle intervient dans le processus d'attention sélective, ou encore de la *sérotonine,* qui constitue un régulateur du sommeil mais qui exerce également un contrôle sur la quantité d'informations circulant dans les voies sensorielles. Les monoamines sont en partie rendues inactives suite à leur oxydation par une enzyme, la *monoamine oxydase* (MAO). Cette action entraîne par le fait même un retour à la normale de l'activité du cerveau mais peut, dans certains cas, provoquer une baisse anormale de cette activité pouvant être responsable d'un sentiment de dépression sur le plan psychologique.

---

[29] Il semble que ce soit la carence en acétylcholine dans certains noyaux du diencéphale qui constitue un des principaux facteurs responsables de la maladie d'Alzheimer, alors que celle en dopamine, au niveau du putamen, serait à la base de la maladie de Parkinson.

Monoamine
Chaîne d'acides aminés ne possédant qu'un seul radical -NH_2, propre aux amines, d'où son nom.

Le GABA *(gamma-aminobutyric acid)* est un neurotransmetteur qui a une fonction proche de celle de la MAO. Son action consiste principalement à faire baisser le degré d'excitabilité des neurones qui se préparent à recevoir des impulsions nerveuses, inhibant ainsi la transmission de ces messages vers le cerveau.

À côté des neurotransmetteurs proprement dits, il existe des *neuromédiateurs* qui sont plutôt impliqués, eux, dans la régulation de la réponse nerveuse, en interagissant avec les transmetteurs dont ils modulent l'effet. C'est notamment le cas de la *substance P* et de la *bradykinine,* impliquées dans la transmission de messages douloureux. La sécrétion de ces substances dans les synapses de la moelle peut toutefois être inhibée par celle des *endorphines* et des *enképhalines* dont l'action entraîne ainsi une diminution du nombre d'influx douloureux (figure A.33-2a). Ce rôle de modulateur est également tenu par le *facteur S* qui joue, semble-t-il, un rôle important dans le sommeil; de la *cholécystokinine,* responsable de la satiété ou de l'*angiotensine,* responsable de la soif, etc.

Les neurotransmetteurs et l'action des drogues

On sait à présent que c'est au niveau de la synapse et du processus d'action des neurotransmetteurs et des neuromédiateurs qu'agissent les différentes *drogues psychoactives.*

Les molécules de ces drogues présentent en effet une structure similaire à l'un ou l'autre des transmetteurs, ce qui leur permet, dès lors, de « tromper » les différents mécanismes de transmission. Elles peuvent ainsi empêcher l'action des transmetteurs véritables soit en prenant leur place sur leur site récepteur, soit en empêchant qu'ils soient réabsorbés dans les vésicules présynaptiques ou dégradés par l'enzyme spécifique qui est chargé de cette fonction (figure A.33-2b).

Ainsi, on sait que c'est en occupant les sites récepteurs de la sérotonine que le *LSD* empêche celle-ci d'assurer sa fonction de freinage des influx sensoriels. Le LSD, en inhibant de cette façon le contrôle exercé par la sérotonine sur la conscience, laisse libre cours au flot de stimulations de toutes sortes assaillant les récepteurs.

De son côté, la *cocaïne* entraîne un accroissement des effets engendrés par la dopamine en prenant sa place sur ses sites récepteurs. Il en va ainsi également de la *morphine* et des autres opiacées qui, en occupant plus rapidement les sites récepteurs des endorphines en provoquent instantanément les effets [30].

L'action des *amphétamines* s'explique, elle, par le fait que la drogue empêche la réabsorption de la noradrénaline dans les vésicules présynaptiques. L'excès de la neurhormone ainsi provoqué dans l'espace synaptique entraîne dès lors un surveil du cortex cérébral.

En ce qui concerne les *tranquillisants,* tels que le *Valium,* par exemple, on croit savoir qu'ils ont surtout pour effet de faciliter l'action du GABA

Neuromédiateur
Substance chimique, du type *peptide* (courte chaîne d'acides aminés), dont l'action consiste à modifier, à tempérer ou à accroître les effets des neurotransmetteurs.

---

[30] Les accidents par « overdose » s'expliquent par le fait que l'arrivée trop massive d'héroïne sur les sites récepteurs des endorphines, présents notamment dans les centres bulbaires, entraîne une dépression brusque de la respiration pouvant aller jusqu'à son arrêt complet (Besson, 1988, voir *Science et Vie*, Hors série, n° 162).

au niveau du système limbique en augmentant ainsi l'action inhibitrice de ce dernier.

À l'inverse, les antidépresseurs sont notamment constitués par des enzymes inactivant le GABA, ou par certaines drogues telles que les *inhibiteurs de la monoamine oxydase* (IMAO) qui augmentent par leur action les quantités de monoamines au niveau des synapses.

L'utilisation des *gaz de combat* provoque la mort par asphyxie. Cette action se comprend par le fait que les molécules de gaz bloquent la sécrétion de l'enzyme chargé de dégrader l'acétylcholine. Or, ce neurotransmetteur est notamment responsable de la contraction musculaire mais également du ralentissement des rythmes cardiaque et respiratoire. Son excès dans l'espace synaptique entraîne donc le freinage puis le blocage des fonctions cardiaque et respiratoire pendant que s'accentue la tension de toute la musculature.

Les recherches dans ce sens n'en sont encore qu'à leurs débuts et les années à venir laissent prévoir la mise en évidence de centaines et peut-être de milliers de ces substances dont les fonctions multiples jouent un rôle capital dans la régulation du comportement.

Encadré A.4

L'activité nerveuse et le scanner

Jusqu'à récemment, l'électroencéphalographie constituait la seule technique permettant d'enregistrer l'activité électrique du cerveau à l'aide d'électrodes placées à différents endroits de la boîte crânienne (voir le document 4.1). Il s'agit cependant là d'une technique fournissant des tracés dont le décodage est complexe et qui, pour cette raison, ne permet le plus souvent d'obtenir que des renseignements approximatifs sur l'activité sous-jacente des neurones.

D'autres techniques ont depuis vu le jour. C'est le cas notamment du « scanner » qui permet l'établissement de cartes relativement précises de l'activité nerveuse dans les différentes zones de l'encéphale.

Cette exploration s'effectue grâce à une tomographie du cerveau, par émission de positons (d'où le nom de « TEP-scanner » donné à la technique). Il s'agit d'une méthode basée sur le fait que l'activité du cerveau repose principalement sur le métabolisme du glucose : plus une région du cerveau est activée, plus elle exige un afflux de glucose important pour continuer à fonctionner.

Une première technique a tout d'abord consisté à repérer les zones actives du cerveau en injectant dans le sang des isotopes radioactifs du type Fluor 18 ou Carbone 11, qui émettent des électrons à charge positive apppelées *positons*. La collision de ceux-ci avec les électrons présents dans les neurones et chargés négativement provoque alors une « explosion » dont résulte la production de deux photons partant dans des directions opposées (voir le document 5.2). Ces « grains de lumière », dont le nombre est forcément plus important dans les zones où afflue le sang, sont alors captés par une caméra à cellules photosensibles pratiquant une exploration de l'encéphale par tranches successives. Après calcul par l'ordinateur du point d'origine de chacune des explosions, l'information est alors envoyée point par point sur un écran de télévision où se dessinent une succession de coupes du cerveau (figure A.32).

Cependant, le fait que le repérage de l'activité des neurones s'effectue par le biais du flux sanguin enlève bien de la précision aux données obtenues. Depuis peu, une nouvelle technique a été mise au point qui rend compte de l'activité

Fig. A.32 Le TEP (Tomographie par Emission de Positons) scanner permet de suivre le trajet des impulsions nerveuses dans le cerveau grâce à une caméra à cellules photosensibles et à un ordinateur intégrant les données, en vue de la construction de l'image sur un écran de télévision.

à l'intérieur du neurone lui-même. On doit cette possibilité à la découverte d'un composé proche du glucose appelé *désoxyglucose* qui, comme son nom l'indique, possède la propriété de ne pas être brûlé par l'oxygène après avoir été absorbé par le neurone. Il peut ainsi s'accumuler dans celui-ci et rendre compte, grâce à un marquage radioactif, des voies suivies par l'impulsion nerveuse à l'intérieur même du neurone. Il reste cependant encore une légère imprécision dans les images obtenues due au fait que quelques millimètres sont parcourus par le positon entre le moment de son émission et celui de l'explosion provoquée par sa rencontre avec l'électron à charge négative. On peut toutefois s'attendre à ce que de telles techniques s'améliorent rapidement ou qu'il s'en développe d'autres qui permettront la formation d'images de plus en plus nettes.

A.

B.

Fig. A.33 *Images de l'activité du cerveau obtenue à l'aide du TEP-scanner (l'intensité du noir étant proportionnelle à l'activité).*
A. Activité dans les lobes occipitaux selon la scène visionnée par le sujet : à gauche, il a les yeux fermés; au centre, il ouvre les yeux sur un fond blanc uniforme; à droite, il observe un parc boisé. (D'après Phelps et coll., 1982).
B. Activité dans les lobes temporaux et frontaux lors de l'audition d'une histoire de Sherlock Holmes (au centre) et d'un des concerto brandebourgeois de J.S. Bach (à droite), comparée à celle existant lorsque le sujet a les oreilles bouchées (à gauche).

On a pourtant déjà pu montrer, grâce aux techniques actuelles, que l'état de conscience vigilante, par exemple, se caractérise par une plus grande activité nerveuse du lobe frontal, alors que l'effet de certaines stimulations se traduit à des endroits particuliers selon qu'elles relèvent plus d'une modalité sensorielle que d'une autre (Mazziota et coll., 1982) (figure A.33).

Il ne s'agit là encore que des premiers pas dans l'exploration de l'activité nerveuse. Changeux avance cependant l'idée qu'un jour, il sera peut-être possible de voir apparaître l'image mentale elle-même sur l'écran de télévision.

Résumé

1. L'organisation du système nerveux

1. Le système nerveux remplit une double fonction : la fonction de la *communication*, qui relève du *système périphérique* en relation avec les récepteurs et les effecteurs, et la fonction de *traitement* de l'information et de *programmation* des réactions, qui s'élabore au niveau du *système nerveux central*.

2. Les récepteurs

1. Il existe une grande variété de récepteurs allant des récepteurs cutanés à ceux de la rétine de l'œil en passant par ceux présents dans les muscles, la langue, les fosses nasales ou encore l'oreille interne.

2. Les *sens cutanés* permettent le décodage des sensations de pression, de chaud, de froid et de douleur grâce aux terminaisons nerveuses libres, encapsulées ou en panier disséminées sous la surface de la peau. Le *sens kinesthésique*, dont les récepteurs sont constitués par les fuseaux neuromusculaires, logés au sein des muscles striés, ainsi que ceux situés dans les tendons et les articulations, permet de rendre compte de la position du corps et des membres dans l'espace. Le *sens de l'équilibre* s'appuie sur les informations captées par les cils sensoriels lors de la mise en mouvement du liquide contenu dans les canaux semi-circulaires et dans l'appareil vestibulaire.

3. Les *sens chimiques* constitués par le *goût* et l'*odorat* sont complémentaires. Le premier repose sur la détection des saveurs par les papilles de la langue et le second sur celle des odeurs par les cellules ciliées situées sous le bulbe olfactif, au sommet des fosses nasales.

4. L'*audition* résulte de la transformation des vibrations des molécules d'air en vibration du liquide de la cochlée dans l'oreille interne puis en influx par l'excitation des cellules sensibles que cette vibration entraîne. La fréquence et l'amplitude du son sont déterminées respectivement par l'endroit de la cochlée où la vibration est maximale et par le nombre de cellules ciliées impliquées.

5. La *vision* des couleurs a pour base la réaction des photopigments des cellules de la rétine sous l'impact des photons composant les ondes lumineuses. Les clartés sont encodées sous forme d'influx nerveux par les *bâtonnets* alors que les couleurs le sont par les *cônes* principalement concentrés dans un point central de la rétine, appelé *fovéa*. Deux autres types principaux de cellules se chargent alors successivement de véhiculer l'influx nerveux vers le cerveau en déterminant des voies privées ou publiques selon que les informations proviennent d'une seule cellule sensorielle ou d'un groupe d'entre elles.

3. Les effecteurs

1. Les *effecteurs* sont de type musculaire avec la musculature lisse et la musculature striée, et de *type glandulaire* avec les glandes endocrines et les glandes exocrines.

2. La *musculature* lisse, aux contractions lentes, entoure les viscères et est régie par le système végétatif. Quant à la *musculature striée* dont les fibres sont traversées par des stries contractiles, elle est responsable de la mise en mouvement des membres suite à l'excitation transmise par les fibres motrices. Les muscles striés peuvent exercer diverses fonctions, étant initiateurs ou antagonistes, synergistes ou fixateurs, ou encore antigravitaires.

3. Les *glandes exocrines*, telles que les glandes salivaires, gastriques, lacrymales, etc., sont des glandes dont les sécrétions se déversent directement ou indirectement à l'extérieur de l'organisme.

4. Les *glandes endocrines* produisent des sécrétions, appelées hormones qui sont, au contraire, véhiculées dans le circuit fermé du flot sanguin. La *glande thyroïde* joue un rôle important dans l'humeur et la motivation. Les *glandes parathyroïdes* interviennent dans la régulation du taux sanguin de calcium. Le *thymus* semble intervenir lors de la croissance. Les *îlots de Langerhans*, dans le pancréas, sécrètent l'*insuline* et le *glucagon*, deux hormones dont les effets sont antagonistes ; alors que la première est responsable du stockage du sucre dans le foie, la seconde, au contraire, a pour fonction de le rendre disponible en tant que combustible au niveau des muscles. Les *glandes surrénales* se composent de deux parties : la corticosurrénale, qui sécrète les corticoïdes intervenant dans le métabolisme, et la médullo-surrénale, qui produit l'adrénaline et la noradrénaline jouant un rôle important dans l'excitabilité de l'organisme. Les *glandes sexuelles* sont responsables de l'apparition des caractères sexuels secondaires lors de la puberté, ainsi que des mécanismes intervenant lors de la fécondation et de la nidation de l'œuf dans l'utérus.

5. L'*hypophyse* est la grande maîtresse qui, en plus d'assurer le contrôle des sécrétions de différentes glandes, produit elle-même diverses hormones responsables de la croissance, de la récupération de l'eau au niveau des reins, des contractions de l'utérus au moment de l'accouchement ainsi que de la montée de lait après l'accouchement.

4. *Le système nerveux périphérique*

1. Le *système nerveux périphérique* se compose du système nerveux somatique constitué des fibres afférentes, ou sensorielles, et des fibres efférentes, ou motrices, ainsi que du système nerveux végétatif constitué de deux systèmes antagonistes : le système sympathique et le système parasympathique.

2. Le *système nerveux somatique* comprend 31 paires de nerfs rachidiens, reliant la moelle épinière aux récepteurs et aux effecteurs du corps, et 12 paires de nerfs crâniens transmettant les informations ou les ordres relatifs à la tête et au cou.

3. Le *système nerveux végétatif* est constitué de deux systèmes antagonistes. Le *système nerveux sympathique* est chargé d'activer l'organisme pour l'orienter vers l'action. Le *système nerveux parasympathique*, en revanche, est chargé de la reconstitution des forces de l'organisme en l'orientant vers la détente.

5. Le système nerveux central

1. Le *système nerveux central* est constitué de la *moelle épinière* et des structures de l'*encéphale.*

2. La *moelle épinière* est chargée de véhiculer les informations transmises par les fibres afférentes vers les centres nerveux supérieurs ou les ordres de ceux-ci vers les fibres efférentes. C'est au niveau de la moelle que sont programmés les réflexes dont les circuits sont constitués par des arcs réflexes impliquant successivement des fibres sensorielles, des neurones d'association et des fibres motrices.

3. L'*encéphale* est la partie du système nerveux compris dans la boîte crânienne. Il comprend deux étages correspondant au *tronc cérébral,* dans la partie inférieure, et au *cerveau,* dans la partie supérieure. Ces structures se répartissent autour de quatre *ventricules* remplis de liquide céphalo-rachidien.

4. Le *tronc cérébral* comprend le *bulbe rachidien* constituant le lieu de croisement des fibres sensorielles et motrices ainsi que le siège de centres réflexes et de fonctions végétatives vitales, la *protubérance annulaire*, qui est le siège de réflexes complexes, et le *mésencéphale,* centre relais des voies optiques et auditives.

5. Le *cervelet*, situé à l'arrière du tronc cérébral, est la structure chargée du contrôle de l'équilibre et de la coordination motrice.

6. La *formation réticulée* traverse le tronc cérébral jusqu'au cerveau. Elle est constituée d'une série de *noyaux* dont les prolongements se ramifient en réseaux jusqu'au cortex cérébral, qu'elle est chargée d'activer.

7. Le *cerveau* s'étage sur deux niveaux : le *diencéphale,* à la base, est surmonté par le *télencéphale,* formé par les deux hémisphères cérébraux.

8. Le *diencéphale* comprend tout d'abord le *thalamus* qui est formé de deux grosses masses de noyaux réunies par la commissure grise et qui constitue principalement le centre de tri des informations acheminées vers le cortex cérébral. L'*hypothalamus,* situé sous le thalamus, regroupe une dizaine de paires de noyaux qui sont le siège des motivations et des émotions. Il est étroitement relié au *système limbique*, formant un anneau autour du diencéphale, dont plusieurs structures jouent un rôle dans le contrôle des émotions ainsi qu'au niveau de la mémoire.

9. Le *télencéphale* est essentiellement constitué du *cortex cérébral*, matière grise recouvrant les deux hémisphères cérébraux et reliés entre eux par les centaines de millions de fibres transversales du corps calleux. Les scissures déterminent des lobes au sein desquels s'étalent des aires sensorielles, motrices et associatives, le long des circonvolutions délimitées par des sillons.

10. Les *aires sensorielles* sont réparties dans différents lobes. Celle de la *sensibilité générale* se situe dans la circonvolution pariétale ascendante et reçoit les messages en provenance des récepteurs de la peau. La *sensibilité visuelle* a son siège dans les lobes occipitaux qui reçoivent chacun les informations en provenance de la partie du champ visuel qui lui est opposée. La *sensibilité auditive* a son aire dans les lobes temporaux qui reçoivent chacun des messages en provenance des deux oreilles. L'*aire gustative* est située au pied de l'aire de la sensibilité générale et l'*aire olfactive* est constituée par les *bulbes olfactifs* situés sous les deux hémisphères cérébraux.

11. Les *aires motrices* correspondent à la circonvolution frontale ascendante. Elle est responsable de l'activité musculaire qu'elle contrôle par le biais de faisceaux de fibres motrices qui descendent à travers le cerveau, le tronc cérébral et la moelle.

12. Les *aires d'association* sont des aires sans fonction spécifique. Elles sont chargées du traitement des données comme c'est le cas pour les *zones gnosiques* adjacentes aux aires sensorielles, qui sont à la base de la perception, ou des *zones praxiques,* voisines de l'aire motrice qui est responsable de la motricité fine et des mouvements automatiques. Des zones d'association situées dans les lobes frontaux ainsi qu'au carrefour des trois autres lobes sont plus particulièrement reliées à la pensée, au langage, à la mémoire et à l'image de notre corps dans l'espace.

13. C'est avec l'espèce humaine que la spécialisation hémisphérique atteint son plus grand développement. On sait ainsi que l'*hémisphère gauche* est l'hémisphère dominant chez près de 90 % des humains, qu'il accueille les centres du langage, qu'il est responsable en partie de l'orientation positive des états émotionnels ; il serait également plus développé chez la femme. Quant à l'*hémisphère droit,* plus développé chez l'homme, il serait principalement responsable des fonctions de perception, de l'établissement des relations spatiales et de la création artistique mais également de l'orientation négative des états émotionnels.

6. *Structure et fonction du neurone*

1. Le rôle du *neurone* est de transmettre l'information. Il comprend trois parties : le *corps cellulaire,* avec son noyau particulièrement riche en mitochondries, les *dendrites,* chargées de transmettre l'impulsion nerveuse vers le corps cellulaire, et l'*axone,* chargé de véhiculer l'influx vers les effecteurs ou d'autres neurones, par le biais de connexions appelées *synapses.*

2. L'*influx nerveux* n'est pas spécifique à une information donnée, le décodage de celle-ci dépendant plutôt de l'aire de l'écorce cérébrale excitée par l'influx.

3. L'*influx nerveux,* ou *potentiel d'action,* est engendré suite à l'activation par une stimulation du *potentiel de repos* présent dans les dendrites et le corps cellulaire.

4. La *transmission* le long de la fibre nerveuse résulte d'une succession de *dépolarisations* de la membrane suivies chacune d'une période réfractaire.

5. L'influx nerveux possède une énergie et une vitesse constantes ; il répond à la *loi du tout ou rien* impliquant qu'une fois le seuil d'excitation

franchi, son déclenchement entraîne toujours le même type de conséquences.

6. La transmission de l'influx d'un neurone à l'autre s'effectue à travers
un mince *espace synaptique*. C'est dans celui-ci que les neurotransmetteurs sécrétés par le bouton terminal du neurone présynaptique
vont, en se fixant sur leurs sites récepteurs de la membrane post-synaptique, permettre que l'influx soit transmis ou bloqué au niveau de la
synapse.

7. Chacun des neurotransmetteurs a une fonction spécifique dans une
région donnée du système nerveux. Leur action au niveau de la
synapse peut entraîner la contraction ou le relâchement musculaire,
l'accélération ou le ralentissement des rythmes cardiaque et respiratoire, l'éveil ou la désactivation de l'écorce cérébrale, la concentration
de l'attention ou encore la régulation du sommeil, etc.

8. L'action des neurotransmetteurs est elle-même régulée par l'action
des *neuromédiateurs* interagissant avec eux.

9. L'action des *drogues psychoactives* peut s'expliquer par le fait
qu'elles se révèlent capables d'occuper certains sites récepteurs, prenant ainsi la place des neurotransmetteurs et modifiant par le fait même
l'orientation qui aurait dû être imprimée à l'influx nerveux.

Médiagraphie

1. Références bibliographiques

CHANGEUX, J.P., *L'homme neuronal*, Paris, Fayard, 1983.

LAZORTHES, G., *Le système nerveux central,* Paris, Masson et Cie, 1973.

MELZAK, R., *Le défi de la douleur*, Montréal, Chenelière et Stanké, 1980.

MAZZIOTTA, J., PHELPS, M., CARSON, R. et KUHL, D., «Tomographic mapping of human
cerebral metabolism : auditory stimulation», *Neurology*, 1982, n° 32, p. 921-937.

Ouvrage collectif, «Le cerveau et la pensée», *Science et Vie*, Hors série, n° 112, 1973.

Ouvrage collectif, «Le cerveau et la mémoire», *Science et Vie*, Hors série, n° 162, 1988.

PAILLARD, J., «Tonus, postures et mouvements», dans C. KAYSER, *Physiologie* (t. II),
Paris, Flammarion, 1976, p. 521-728.

RICHELLE, M. et LEJEUNE, H., «La peception du temps chez l'animal», *La recherche*,
1986, n° 182, vol. 17, p. 1332-1342.

2. Documents audio-visuels

Notions élémentaires de génétique, 1971, 7 min, 16 mm, couleur. Office national du film
du Canada.
Film d'animation illustrant les lois de l'hybridation découvertes par Mendel : loi de la
dominance d'un caractère sur un autre qui est récessif, loi de la disjonction de ces
caractères.

Masculin ou Féminin, 1977, 12 min, 16 mm, couleur. Office national du film du Canada.
Rôle des chromosomes dans la détermination du sexe d'un enfant.

Les premiers jours de la vie, 1976, 24 min, 16 mm, couleur. Office national du film du Canada.
Les phases du développement de l'enfant dans l'utérus maternel depuis la conception jusqu'à la naissance. Document qui souligne l'importance des premiers jours de la vie pour le devenir de l'être humain.

How the body uses energy, 15 min, 16 mm, couleur. Edutronics. McGraw-Hill. Version anglaise.

Sense organs, 19 min, 16 mm, couleur. Coronet Instructional Films. Version anglaise.

Nos yeux : comment ils fonctionnent, 10 min, 16 mm, noir et blanc.

La couleur, 1978, 26 min, 16 mm, couleur. Office national du film du Canada.
Nature de la couleur selon divers scientifiques, sa perception par l'œil, son utilisation par l'homme.

Les glandes endocrines, 16 min, 16 mm, couleur. Entreprises Internationales Télé-Films.

Muscular system, 14 min, 16 mm, couleur. Coronet Instructional Films.

Système nerveux, 17 min, 16 mm, couleur. Multimedia audiovisuel.

Les trois cerveaux, 1983, 29 min, 16 mm, couleur. Office national du film du Canada.
Le point sur les connaissances concernant le cerveau et le fonctionnement des trois formations cérébrales dans la dynamique globale du comportement humain.

Le cerveau, 1986, série de 8 documents, 6 × 60 min, vidéo 1/2 VHS, couleur. Product. WNET/New York et Antenne 2 - TV (France).

– *La machine du savoir.*
Historique des recherches sur le cerveau - son fonctionnement général.

– *La vision et le mouvement.*
Mise en évidence de la parfaite harmonie existant entre la vision et le mouvement.

– *Les rythmes et les pulsions.*
L'hypothalamus, siège de nos pulsions fondamentales et des horloges du sommeil, du rêve et de l'état de veille.

– *Le stress et les émotions.*
Rôle de l'angoisse dans la rupture de l'équilibre psychologique des individus. La transformation des crises répétées d'anxiété en phobies de toutes sortes.

– *L'apprentissage et la mémoire.*
Façon dont l'information est emmagasinée pendant que se produit le processus d'apprentissage.

– *Les deux cerveaux.*
La répartition des centres des fonctions supérieures. Les différences sexuelles et culturelles. Observation d'un sujet épileptique au cerveau divisé.

– *Les maladies mentales.*
La façon dont la schizophrénie affecte à des degrés divers la vie des personnes chez lesquelles elle se développe et des autres.

– *Les états de l'esprit.*
La recherche des bases de la conscience, de la personnalité et du moi. Les autres états de conscience tels que le rêve. Parallèle entre le cerveau et l'ordinateur.

Les statistiques et le traitement des données

Introduction

La statistique descriptive

Classement des données

Mesure de tendance centrale

Mesure de dispersion

La statistique inductive

Vérification d'hypothèse

Tests paramétriques

Test t de Student

Test t pour échantillons dépendants

Analyse de variance (ou test F)

Tests non paramétriques

Test du χ^2_v («khi deux»)

Test du signe (ou test binomial)

Autres tests non paramétriques

Calcul des corrélations

Coefficient de corrélation

Coefficient r de Bravais-Pearson

Coefficient r_s de Spearman

Introduction

Statistique
Branche de la science comprenant un ensemble de techniques de description, d'analyse et d'interprétation mathématique permettant de tirer des conclusions des phénomènes pour lesquels il est impossible d'effectuer la récolte de toutes les informations s'y rapportant, à cause de leur quantité ou de leur complexité.

Statistique descriptive
Ensemble de techniques présentées sous forme de tableaux, de graphiques, de mesures et d'indices permettant de synthétiser les caractéristiques d'un échantillon de données.

Distribution
Ensemble des données d'un échantillon classées et ordonnées selon certaines caractéristiques.

Moyenne
(du latin *medianus* = « du milieu »). Résultat de la division de la somme de différentes valeurs par leur nombre. Il s'agit là de la définition de la moyenne arithmétique utilisée également en statistique descriptive.

Étendue
Différence entre le plus grand et le plus petit résultat d'une distribution.

Dispersion
Éparpillement, étalement des données sur l'échelle de mesure d'une distribution.

Statistique inductive
(du latin *inductivus* = « qui pousse à quelque chose »). Partie de la statistique qui procède par induction, c'est-à-dire qui cherche à généraliser à de grands ensembles, tels que les populations, les conclusions tirées à partir des résultats obtenus auprès d'ensembles plus restreints que sont les échantillons.

Induction
Opération consistant à généraliser une observation ou un résultat obtenu à partir d'un cas singulier ou spécial. L'induction consiste à remonter du fait à la loi.

Le mot « *statistique* » fait penser au mot « mathématique » et a le don, comme celui-ci, de faire frémir plus d'un étudiant ou d'une étudiante qui associent ce terme à un ensemble de formules complexes dont l'application exige un haut niveau d'abstraction.

Pourtant, comme le dit McConnel, la statistique constitue avant tout une *façon de penser* et ne demande essentiellement, pour être utilisée, qu'un peu de bon sens et de connaissances de base en arithmétique. Sans le savoir, nous faisons tous de la statistique quotidiennement. Qu'il s'agisse d'établir des prévisions budgétaires, d'évaluer la consommation d'essence d'un véhicule, d'envisager un effort en fonction des notes obtenues jusqu'à présent dans un cours, de consulter les prévisions météorologiques et les probabilités de pluie ou de beau temps ou, plus généralement, d'évaluer l'impact d'un événement donné sur notre avenir individuel ou collectif, nous sommes constamment amenés à trier des informations, à les classer, à les ordonner et à les mettre en relation avec d'autres afin de pouvoir tirer des conclusions qui nous permettent d'agir efficacement.

Or toutes ces activités ne sont pas différentes de celles qui sont à la base de la recherche scientifique et qui consistent à synthétiser les données obtenues auprès de différents groupes au cours d'une expérience, à les comparer afin de voir ce qui les distingue, à les mettre éventuellement en relation afin d'identifier celles qui semblent varier dans le même sens et enfin, à prédire l'apparition de certains faits à partir des conclusions que l'on tire de cette démarche. Tel est le but de la statistique en sciences et plus particulièrement en sciences humaines. En effet, dans cette discipline, rien n'est jamais tout à fait certain et, sans les statistiques, les résultats ne seraient, la plupart du temps, qu'intuitifs et ne pourraient dès lors constituer une assise solide pour appuyer les données issues d'autres expériences.

Afin de mesurer les immenses avantages que procure cet outil, vous allez être convié(e) à entreprendre une croisière dans le décodage et le traitement des données que l'on obtiendrait éventuellement à la suite d'une expérimentation. Nous pourrons ainsi, à partir d'un cas concret et des questions qu'il soulève pour le chercheur, prendre conscience de la diversité des techniques mises à notre disposition et de leur utilisation relativement facile.

Mais avant de quitter le port, il est bon de jeter un regard panoramique sur les trois secteurs principaux de la statistique.

1. La *statistique descriptive*, comme son nom l'indique, permet de décrire, de résumer, de représenter sous forme de tableaux ou de graphiques les données d'une *distribution*, d'en calculer la *moyenne* et d'en mesurer l'*étendue* et la *dispersion*.

2. La *statistique inductive*, elle, vise à vérifier s'il est possible de généraliser les résultats obtenus auprès d'un *échantillon* de sujets à toute

la *population* dont cet échantillon est issu. En d'autres mots, elle permet de voir jusqu'à quel point il est possible d'*induire* une loi s'appliquant au grand nombre à partir des faits recueillis chez un groupe restreint de sujets, dans le cadre d'une observation ou d'une expérience. On appelle également la statistique inductive *statistique inférentielle* puisqu'elle cherche à tirer les conséquences, à déduire des inférences à partir des données recueillies auprès de l'échantillon.

3. Les *mesures de corrélation*, enfin, permettent de connaître le degré de relation existant entre deux variables de façon à pouvoir éventuellement prédire les valeurs de l'une lorsqu'on connaît celles de l'autre.

Deux types d'épreuves ou de tests statistiques permettent de *déduire* des *inférences* ou de calculer une *corrélation*. Il y a tout d'abord les *tests paramétriques*, les plus utilisés, qui s'appuient sur des *paramètres* comme la moyenne ou l'indice de dispersion des *données*. Puis, il y a les *tests non paramétriques* qui rendent d'énormes services lorsqu'on a affaire à de très petits échantillons ou à des données qui ne sont pas quantitatives (voir le document B.1); ils sont de plus d'une grande simplicité tant au niveau des calculs que dans leur application. Nous envisagerons donc chacun de ces deux types de tests en abordant l'analyse statistique des données, une fois que nous aurons exploré les différentes manières de les décrire.

Comme nous le disions plus haut, nous allons tenter de nous sensibiliser à ces différents domaines des statistiques en cherchant à répondre aux interrogations qu'engendrent les données recueillies lors d'une expérimentation telle que celle proposée à titre d'exemple au chapitre 3. Il s'agit, rappelons-le, d'une recherche cherchant à évaluer l'influence de la consommation de marijuana sur la coordination oculo-motrice ainsi que sur le temps de réaction des sujets. La procédure utilisée dans cette expérimentation hypothétique figure dans l'encadré B.2 avec les résultats qu'elle pourrait (éventuellement) permettre d'obtenir[1].

Si vous le désirez, vous pouvez modifier certains détails de l'expérience présentée en remplaçant, par exemple, la consommation de marijuana par la consommation d'alcool ou par l'absence de sommeil ou, mieux encore, en substituant à ces données hypothétiques des données réelles que vous auriez obtenues suite à votre propre expérimentation. Il vous faudra jouer le jeu en effectuant les calculs tels qu'on vous le demande pour que le «déclic» puisse de produire, si cela ne s'était pas encore fait dans d'autres circonstances[2].

Échantillon
(du latin *scandaculum* = jauge, échelle pour mesurer). Fraction d'une population choisie scientifiquement afin de représenter celle-ci le plus fidèlement possible lors de l'étude de phénomène se rapportant à cette population.

Population
Ensemble de *tous* les membres d'une collection réelle ou théorique de personnes, d'objets ou d'items.

Déduction
(du latin *deducere* = faire descendre). Opération consistant à conclure, à partir d'hypothèses, à la vérité d'une proposition.

Inférence statistique
(du latin *inferre* = être la cause de). Opération consistant à étudier les conclusions qui peuvent être tirées pour une population à partir des données d'un échantillon, ainsi que le degré d'exactitude de telles conclusions.

Corrélation
Relation entre deux choses, deux phénomènes ou deux mesures qui varient en fonction l'un de l'autre.

Test paramétrique
Test statistique qui est utilisé auprès d'un échantillon provenant d'une population considérée comme normale et qui fait intervenir les paramètres propres à un tel échantillon.

Paramètre
(du grec *para* = à côté de, et *-metron* = mesure). Grandeur mesurable représentant certaines caractéristiques d'un ensemble de données cardinales. La moyenne, la médiane ou l'écart type sont des paramètres.

Test non paramétrique
Test statistique qui est utilisé auprès d'échantillons provenant de populations qui ne se distribuent pas normalement ou dont les données sont ordinales ou nominales.

---

[1] *Remarque importante* : Dans les parties traitant de la statistique descriptive et de la statistique inductive, nous nous attarderons seulement aux données de l'expérimentation relatives à la variable dépendante «cibles atteintes». Quant à celles qui concernent les temps de réaction, elles ne seront utilisées, pour fins de démonstration, que dans la partie portant sur le calcul de corrélation. Il va sans dire cependant qu'elles devraient faire, dès le début, l'objet des mêmes soins que les premières. Nous laisserons donc au lecteur la liberté de s'acquitter de cette tâche sur une feuille séparée.

[2] Pour plus de facilité, nous vous conseillons de photocopier les tableaux B.1 et B.2 afin de toujours avoir les données sous les yeux pendant les différentes étapes à suivre.

Encadré B.1

Quelques notions de base

Population et échantillon

Un des buts de la statistique consiste à analyser les informations recueillies auprès d'un échantillon de population afin d'être capable de prendre une décision en ce qui concerne cette population.

Une *population* ne correspond pas nécessairement à un groupe humain constitué ou à une communauté naturelle. En statistique, ce terme se rapporte à tous les êtres ou tous les objets composant un ensemble, qu'il s'agisse d'atomes ou d'étudiants fréquentant une cafétéria, sur lequel porte l'étude en cours.

Un *échantillon* est un petit groupe d'éléments sélectionnés de façon scientifique de manière à ce que cet échantillon soit représentatif de la population dont il est issu.

Données et types de donnée

Une *donnée* est, en statistique, l'élément de base sur lequel va porter l'analyse. Il peut s'agir d'un résultat quantifiable, d'une caractéristique spécifique à certains membres de la population, du rang occupé dans une série ou, plus généralement, de toute information qui peut être classée ou catégorisée en vue du traitement[3].

Une *distribution* correspond à la répartition en classes ou en catégories des données brutes de l'échantillon afin d'en fournir une vision synthétique et cohérente qui en permette l'analyse.

Il existe trois types de données :

1. Les *données cardinales* (ou quantitatives) qui sont issues d'une mesure. Elles peuvent se répartir sur une échelle à intervalles égaux (comme le poids, la taille, la température, le temps, les résultats d'un test, etc.).

2. Les *données ordinales*, qui sont constituées par le rang qu'occupent des éléments au sein d'une série après qu'ils aient été classés par ordre croissant (1er, 7e, 100e, ..., A, B, C, ...).

3. Les *données nominales* (ou qualitatives), qui consistent en des caractéristiques spécifiques propres aux membres de l'échantillon ou de la population. Elles ne peuvent se mesurer et ne sont donc évaluées qu'en terme de fréquence (nombre d'individus aux yeux bleus ou aux yeux verts, sujets fumeurs ou non fumeurs, fatigués ou reposés, forts ou faibles, etc.).

Seules les données *cardinales* peuvent faire l'objet d'une analyse basée sur des *paramètres* tels que la moyenne par exemple, dès le moment où elles sont en nombre suffisant pour se distribuer selon une courbe normale. En principe, on ne peut utiliser un *test paramétrique* que si la distribution correspond à ces trois conditions : il doit s'agir de données cardinales, en nombre suffisant et se répartissant selon une courbe normale. Dans les autres cas, il est toujours recommandé d'uliser un *test non paramétrique*.

Donnée cardinale (ou quantitative)
(du latin *cardo* = gond, pivot). Donnée exprimée sous la forme d'une quantité (de secondes, de réponses, d'individus...) pouvant être mesurée et disposée sur une échelle à intervalles (où elle peut être additionnée, soustraite, multipliée ou divisée).

Donnée ordinale
(du latin *ordo* = rang). Donnée exprimée selon le rang (1re, 2e, 3e) qu'elle occupe dans une série.

Donnée nominale (ou qualitative)
(du latin *nomen* = nom). Donnée exprimant un caractère spécifique propre à des êtres, des choses, des événements (ex. : couleur des yeux, profession, usage de drogue, etc.) et qui peut être de ce fait insérée dans une série.

---

[3] Il ne faut pas confondre les « données » avec les « valeurs » que celles-ci peuvent prendre. Afin de bien les distinguer, Châtillon (1977) recommande de retenir la phrase suivante : « Les données prennent souvent les mêmes valeurs ». (Ainsi, les six données suivantes : 8, 13, 10, 8, 10 et 5 prennent quatre valeurs différentes, à savoir : 5, 8, 10 et 13.)

Encadré B.2

Influence
de la consommation de marijuana
sur la coordination oculo-motrice
et le temps de réaction
(expérimentation hypothétique)

Procédure

Un groupe de 30 étudiants et étudiantes volontaires, qui fument habituellement du tabac, mais non de la marijuana, se sont soumis à une épreuve de coordination oculomotrice. Celle-ci consistait à tenter d'atteindre des cibles en mouvement sur un écran vidéo grâce à la manipulation d'un levier orientable. Dix séries de 25 cibles ont été présentées à chacun des sujets. Afin d'établir leur niveau de base, on a calculé le *nombre moyen de réussites* sur 25, ainsi que le *temps de réaction moyen* pour les 250 essais.

On a ensuite partagé le groupe en deux sous-groupes en distribuant les sujets de la façon la plus équivalente possible. Les sept filles et les huit garçons du *groupe témoin* ont reçu une cigarette contenant du tabac et de l'herbe séchée dont l'odeur rappelle, en se consumant, celle de la marijuana. Quant aux sept filles et aux huit garçons du *groupe expérimental*, ils ont reçu une cigarette contenant du tabac et de la marijuana. Après l'avoir fumée, chacun a alors repassé l'épreuve de coordination oculo-motrice. (Pour plus de détails sur l'expérience, voir au chapitre 3.)

Les tableaux B.1 et B.2 indiquent, pour l'une et l'autre mesure, des résultats moyens obtenus par les sujets des deux groupes, avant et après traitement.

Tableau B.1   *Niveaux de performance des sujets des groupes témoin et expérimental*
(nombre moyen de cibles atteintes, sur 25, au cours de 10 séries)

	Groupe témoin			Groupe expérimental	
SUJETS	Niveau de base	Traitement (Tabac & herbe neutre)	SUJETS	Niveau de base	Traitement (Tabac et marijuana)
F 1	19	21	F 8	12	8
2	10	8	9	21	20
3	12	13	10	10	6
4	13	11	11	15	8
5	17	20	12	15	17
6	14	12	13	19	10
7	17	15	14	17	10
G 1	15	17	G 9	14	9
2	14	15	10	13	7
3	15	15	11	11	8
4	17	18	12	20	14
5	15	16	13	15	13
6	18	15	14	15	16
7	19	19	15	14	11
8	22	25	16	17	12
Total	237	240	Total	228	169
Moyenne	15.8	16.0	Moyenne	15.2	11.3
Écart-type	3.07	4.25	Écart-type	3.17	4.04
Filles = F 1 à F 14			Garçons = G 1 à G 16		

Tableau B.2   *Temps de réaction*
des sujets des groupes témoin et expérimental
(temps moyen, en 1/10 s, pour les 10 séries)

	Groupe témoin			Groupe expérimental	
S U J E T S	Niveau de base	Traitement (Tabac & herbe neutre)	S U J E T S	Niveau de base	Traitement (Tabac et marijuana)
F 1	8	9	F 8	15	17
2	15	16	9	11	13
3	13	14	10	16	20
4	14	13	11	13	18
5	15	12	12	18	21
6	13	15	13	14	22
7	14	15	14	13	19
G 1	12	10	G 9	15	20
2	16	13	10	18	17
3	13	15	11	15	19
4	11	12	12	11	14
5	18	13	13	14	12
6	12	11	14	11	18
7	13	12	15	12	21
8	14	10	16	15	17
Moyenne	13.4	12.7	Moyenne	14.06	17.9
Écart-type	2.29	2.09	Écart-type	2.28	2.97
Filles = F 1 à F 14			Garçons = G 1 à G 16		

La statistique descriptive

La statistique descriptive permet d'effectuer une synthèse des résultats qui sont recueillis à l'état brut, suite à une observation ou à une expérimentation effectuée sur des sujets. Il va donc s'agir de classer ces données en fonction de leur *valeur*, d'en distribuer les fréquences, de découvrir les tendances centrales d'une telle distribution, comme la moyenne par exemple, puis de spécifier la manière dont les données se dispersent de part et d'autre de celles-ci.

Classement des données

Il s'effectue tout d'abord en plaçant les résultats de chaque échantillon par ordre croissant. Ainsi, dans le cas de la variable « cibles atteintes » de notre expérience, les données s'ordonnent de la manière suivante :

Donnée
Résultat d'une observation ou d'une expérience qui constitue l'élément de base d'un raisonnement ou d'une analyse statistique.

Valeur
Mesure d'une grandeur ou d'une quantité variable qui caractérise une donnée cardinale.

Groupe témoin

Niveau de base: 10 12 13 14 14 15 15 15 17 17 17 18 19 19 22
Traitement : 8 11 12 13 15 15 15 15 16 17 18 19 20 21 25

Groupe expérimental (procéder de la même façon)
Niveau de base: ....
Traitement : ....

Distribution des fréquences (nombre de cibles atteintes)

Un simple coup d'œil sur les séries ainsi constituées permet de s'apercevoir que plusieurs données prennent les mêmes valeurs ou, si l'on veut, que certaines valeurs sont plus *fréquentes* que d'autres. Il est donc intéressant, dans un premier temps, de représenter graphiquement la distribution des différentes valeurs en tenant compte de leur *fréquence*. On obtient alors des *diagrammes en bâtons* se présentant comme suit :

Groupe témoin

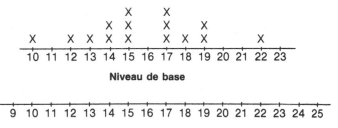

Niveau de base

Phase de traitement
(compléter de la même façon)

Groupe expérimental

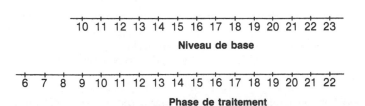

Niveau de base

Phase de traitement
(compléter de la même façon)

Ce type de distribution des données selon leur valeur «parle» déjà beaucoup plus que la simple présentation des séries de données. Cependant, une telle distinction est principalement utilisée avec des données nominales dont les catégories sont bien distinctes les unes des autres (voir l'encadré B.1).

Les données cardinales, ou quantitatives, se situent toujours, elles, sur une échelle continue et sont souvent très nombreuses. C'est pourquoi,

Distribution de fréquences
Ensemble du nombre de données présentes dans chaque classe. Les mathématiciens préfèrent employer le terme de *fréquence* pour traduire le pourcentage que représentent les effectifs d'une classe par rapport à l'effectif total de toutes les classes, considéré comme étant égale à 100 % ou à 1.

Fréquence
Nombre de données appartenant à chaque classe. On dit aussi *effectif de classe*.

Diagramme en bâtons
Graphique utilisé surtout pour les données nominales, dans lequel les bâtons, séparés les uns des autres, représentent la fréquence de chaque catégorie de données.

Classement
Action de ranger les données en classes, en catégories disposées dans un ordre déterminé.

Classe
Ensemble de données ayant une valeur, une qualité, un caractère communs. Dans le cas de données cardinales, leur distribution s'effectue selon des intervalles de classe de dimension équivalente.

dans leur cas, on préfère procéder à un *groupement des données par classes* afin de faire apparaître plus clairement la *tendance centrale* de la distribution.

Ce type de distribution consiste essentiellement à regrouper les données dont les valeurs sont semblables ou voisines afin d'en déterminer la fréquence pour chacune des classes. La façon dont vont s'établir les classes dépend de ce qu'on décide de mettre en évidence lorsqu'on divise l'échelle de mesure en *intervalles* égaux. On peut par exemple, dans notre cas, regrouper les données selon des classes de deux ou de trois valeurs de l'échelle de mesure, en procédant de la façon suivante :

Groupe témoin

Classes	10-11	12-13	14-15	16-17	18-13	20-21	22-23
Fréquences	1	2	5	3	2	0	1

Niveau de base
(selon des intervalles de deux)

Classes	9-11	12-14	15-17	18-20	21-23
Fréquences	1	4	6	3	1

Niveau de base
(selon des intervalles de trois)

Classes	8-9	...						
Fréquences								

Traitement
(selon des intervalles de deux)

Classes	8-10	...				
Fréquences						

Traitement
(selon des intervalles de trois)
(compléter de la même façon)

Tendance centrale
Grandeur mesurable qui représente le centre d'un échantillon. Le mode, la médiane et la moyenne sont des mesures de tendance centrale.

Intervalle de classe
Intervalle limité par la plus petite donnée, d'une part, et par la plus grande donnée d'autre part, pouvant entrer dans une classe.

Le choix de l'un ou l'autre type de distribution repose sur différents arguments. Ainsi, dans le cas qui nous préoccupe, la distribution par intervalles de deux rend bien compte de l'étalement des résultats autour d'un « pic » central. Cependant, la distribution par intervalles de trois présente, pour sa part, l'avantage d'offrir une vision plus synthétique et plus simplifiée de la distribution, compte tenu surtout du nombre relativement restreint de sujets compris dans chaque groupe[4]. C'est la raison pour laquelle nous opérons, ici, pour des classes de trois.

---

[4] Avec de grands groupes, toutefois, le nombre de classes devrait toujours se situer, lorsque c'est possible, entre 10 et 20, avec des intervalles de classes pouvant aller jusqu'à 10 et plus.

Groupe expérimental

Classes	8-10				
Fréquences					

Niveau de base

Classes	5-7				
Fréquences					

Traitement
(selon des intervalles de trois)

Cette représentation graphique sous forme de diagrammes en bâtons ne rend cependant pas compte du fait que les classes constituent des regroupements de données se situant sur une échelle continue. C'est pourquoi on lui préfère une représentation graphique sous forme de rectangles non séparés les uns des autres qui constitue ce qu'on appelle un *histogramme*.

Histogramme
Graphique utilisé uniquement pour les données cardinales et dans lequel les bâtons, en forme de rectangles, sont accolés les uns aux autres et représentent la fréquence de chaque classe de données.

Fréquences

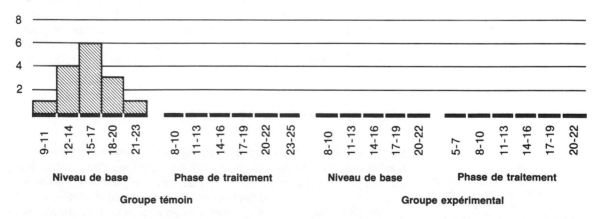

9-11	12-14	15-17	18-20	21-23		8-10	11-13	14-16	17-19	20-22	23-25		8-10	11-13	14-16	17-19	20-22		5-7	8-10	11-13	14-16	17-19	20-22

Niveau de base	Phase de traitement	Niveau de base	Phase de traitement
Groupe témoin		**Groupe expérimental**	

Enfin, afin de visualiser encore mieux l'allure générale de la distribution, on peut construire un *polygone de fréquence*. Celui-ci s'obtient en joignant par une ligne le milieu des sommets de chacun des rectangles de l'histogramme, puis en fermant la figure de part et d'autre en faisant revenir le polygone sur l'axe (fréquence 0) aux valeurs qui précèdent et qui suivent les valeurs limites de la distribution. On obtient ainsi :

Polygone de fréquence
Graphique obtenu en joignant par une ligne continue les points milieux du sommet de chacun des rectangles de l'histogramme.

Fréquences

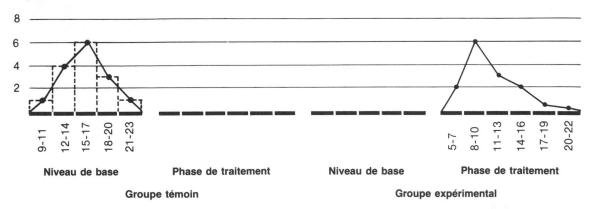

Lorsqu'on compare le polygone de fréquences du niveau de base du groupe témoin, par exemple, à celui de la phase de traitement du groupe expérimental, on s'aperçoit que le premier est presque *symétrique* (c'est-à-dire que les deux parties se superposent plus ou moins si on plie le polygone selon une ligne verticale passant par le milieu), alors que le polygone du groupe expérimental est *asymétrique à droite* (sa « queue » étant plus longue de ce côté).

Le polygone construit à partir de données du niveau de base du groupe témoin est relativement proche de la courbe qui pourrait être idéalement obtenue auprès d'une population de grandeur infinie. Une telle courbe, appelée *courbe normale*, se présente en effet en forme de cloche et est exactement symétrique. Avec un nombre fini de données, comme c'est le cas pour les échantillons utilisés pour fins de recherche, on n'obtient jamais, au mieux, qu'une approximation de la courbe normale. Vous avez dû remarquer, après la construction des autres polygones de fréquences, qu'il en va de la même façon pour le niveau de base du groupe expérimental ainsi que pour la phase de traitement du groupe témoin.

Mesure de tendance centrale

Si les résultats ont *tendance* à se répartir régulièrement de part et d'autre d'un groupe central, en ce qui concerne les deux distributions du groupe témoin et celle du niveau de base du groupe expérimental, nous notons qu'il en va différemment pour la phase de traitement du groupe expérimental, dont les résultats se regroupent majoritairement vers la partie gauche de la courbe, indiquant par là que la consommation de marijuana a eu *tendance* à diminuer les performances d'un grand nombre de sujets.

Afin d'exprimer de telles tendances de façon numérique, on utilise trois types de paramètres qui sont *le mode*, la *médiane* et la *moyenne*.

1. Le *mode* (Mo) constitue la mesure la plus simple des trois. Le mode correspond soit à la valeur qui apparaît le plus souvent, soit au milieu

Courbe normale
Courbe en forme de cloche et symétrique par rapport à la moyenne, représentant une population qui se distribue normalement.

Mode
(du latin *modus* = manière, mesure). Mesure de tendance centrale qui est représentée par la valeur de la donnée apparaissant le plus souvent dans une distribution ou par la classe dont la fréquence est la plus élevée.

de la classe dont la fréquence est la plus élevée. Ainsi, pour le groupe expérimental, par exemple, le mode est de 15 (résultat qui apparaît quatre fois et qui se situe au milieu de la classe 14-*15*-16) dans le niveau de base, et il est de 9 (milieu de la classe 8-*9*-10), dans la phase de traitement.

Le mode est rarement utilisé sauf, à titre indicatif, pour donner une idée générale de la distribution. Dans certaines distributions, il peut y avoir deux modes; dans ce cas, on dit que la courbe est *bimodale*, ce qui indique la présence de deux sous-groupes relativement distincts l'un de l'autre dans la distribution. (Voir, par exemple, les données obtenues par Tryon qui sont citées dans le document 3.5).

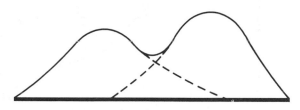

Distribution bimodale

Distribution bimodale

2. La *médiane* (Méd.) est constituée par la valeur de la donnée centrale, une fois que toutes les données ont été *ordonnées*. Ainsi, dans le cas du niveau de base du groupe expérimental dont le classement est le suivant :

10 11 12 13 14 14 15 15 15 15 17 17 19 20 21,

la médiane est constituée par la valeur de la 8e donnée, c'est-à-dire *15*. Pour la phase de traitement du groupe expérimental, elle correspond par contre à *10*.

Lorsque le nombre *n* de données est pair, la médiane se situe alors à mi-chemin entre la valeur de la donnée, correspondant à $\frac{n}{2}$, et la valeur de la donnée suivante. Ainsi, par exemple, la médiane des données fournies par les huit garçons du groupe expérimental, lors de la phase de traitement, se situe entre la donnée correspondant à $\frac{n}{2}$, soit la 4e donnée (8 ÷ 2 = 4), et la donnée suivante. Les données de ce groupe s'ordonnant de la façon suivante :

7 8 9 11 12 13 14 16,

la médiane correspond à (11 + 12) ÷ 2 = 11,5 (on note que la médiane ne correspond donc pas à la valeur d'une donnée).

3. La *moyenne* ($\overline{X}$) est la mesure de tendance centrale la plus utilisée, notamment dans les autres calculs qui vont servir à décrire la distribution et, plus tard, à en faire l'analyse. Comme la moyenne arithmétique, elle se calcule en divisant la somme de tous les résultats par le nombre de données. Ainsi, pour le groupe expérimental, elle est de 15,2

Médiane
(du latin *médius* = qui est au milieu). Mesure de tendance centrale représentée par la valeur de la donnée du milieu lorsque toutes les données de la distribution ont été ordonnées par ordre croissant ou décroissant.

(soit 228 ÷ 15) dans le cas du niveau de base, et de 11,3 (soit 169 ÷ 15) dans le cas de la phase de traitement.

Si nous reportons ces trois paramètres sur chacune des courbes du groupe expérimental, on s'aperçoit que, dans le cas d'une courbe normale, les trois paramètres coïncident plus ou moins, contrairement à ce qui se passe pour une courbe asymétrique.

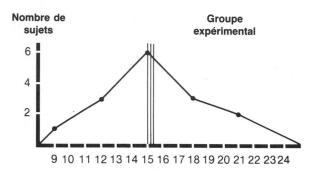

Niveau de base

Mo = 15   Méd. = 15 $\overline{X}$ = 15,2

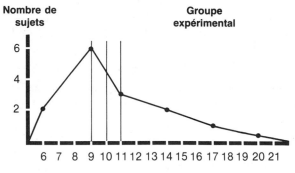

Traitement

Mo = 9   Méd. = 10 $\overline{X}$ = 11,3

Avant d'aller plus loin, il serait bon de calculer les mesures de tendance centrale des deux distributions du *groupe témoin*. Elles vont nous être utiles pour la suite de l'exposé.

Groupe témoin	Mode (Mo)	Médiane (Méd.)	Moyenne ($\overline{X}$)
Niveau de base:	. . . .	. . . .	. . . .
Phase de traitement:	. . . .	. . . .	. . . .

Mesure de dispersion

Nous avons déjà noté que la façon dont les résultats se dispersent dans la distribution correspondant à la phase de traitement du groupe expérimental, en dit beaucoup sur le comportement des sujets pendant l'épreuve. On peut faire la même remarque en ce qui concerne les deux distributions de résultats du groupe témoin.

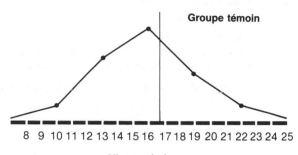

Niveau de base

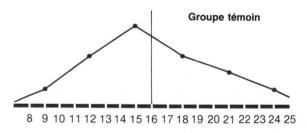

Traitement

Une constatation saute aux yeux : même si la moyenne est quasiment identique dans les deux cas, les résultats sont plus dispersés dans la deuxième distribution que dans la première. On dit, à ce sujet, que la deuxième distribution a une plus grande *étendue*, celle-ci étant constituée par la différence entre le plus grand résultat et le plus petit.

Ainsi, pour le groupe témoin, l'étendue de la distribution du niveau de base est de $22 - 10 = 12$, alors que celle de la phase de traitement est de $25 - 8 = 17$.

On peut donc supposer que le fait de passer l'épreuve de coordination oculo-motrice une deuxième fois a eu un effet sur les sujets du groupe témoin : certains ont vu leur performance s'améliorer, d'autres l'ont vu diminuer[5].

Il existe cependant d'autres méthodes plus précises que la mesure de l'étendue pour décrire numériquement l'étalement des résultats autour de la moyenne dans une distribution.

---

[5] Un *effet placebo*, provoqué par l'odeur de l'herbe se consumant, a pu également jouer chez certains sujets persuadés qu'ils étaient sous l'effet de la drogue. Pour le vérifier, il faudrait reprendre l'expérience en adjoignant un deuxième groupe témoin ne recevant qu'une cigarette de tabac pur.

Les mesures de dispersion les plus courantes s'appuient sur la mesure des *écarts entre chaque donnée et la moyenne*, $(\bar{X} - X)$ ou d, dont on calcule ensuite la moyenne, afin de déterminer la *distance moyenne* des données d'une distribution par rapport à la tendance centrale.

En effet, lorsqu'on connaît la valeur de cette *distance* moyenne, on peut conclure que plus celle-ci est *grande*, plus les données sont dispersées et plus l'échantillon est donc *hétérogène.* En revanche, on peut être assuré que plus cette distance est *courte*, plus les données sont donc concentrées autour de la tendance centrale et plus on a affaire à un échantillon *homogène*.

L'*écart moyen* constitue la première manière d'évaluer cette distance moyenne. On procède à son calcul de la façon illustrée par l'exemple suivant. (Cet exemple n'a aucun rapport avec notre recherche.)

Après avoir recueilli des données et les avoir ordonnées comme suit :

$$3 \quad 5 \quad 6 \quad 9 \quad 11 \quad 14,$$

on calcule la moyenne de cet échantillon, soit :

$$\frac{3 + 5 + 6 + 9 + 11 + 14}{6} = \frac{48}{6} = 8$$

puis on calcule la distance entre chaque donnée et la moyenne et on fait la somme des différences :

$$\overset{-5}{(3-8)} + \overset{-3}{(5-8)} + \overset{-2}{(6-8)} + \overset{+1}{(9-8)} + \overset{+3}{(11-8)} + \overset{+6}{(14-8)}$$

On s'aperçoit toutefois que la somme des distances négatives (-10) et positives $(+10)$ risquent, comme c'est le cas ici, de déboucher sur un résultat nul, d'où la nécessité d'envisager les écarts en *valeur absolue* avant d'en diviser la somme par le nombre de données pour obtenir l'*écart moyen*.

On obtient ainsi le résultat suivant :

Écart-moyen =

$$\frac{\overset{5}{|3-8|} + \overset{3}{|5-8|} + \overset{2}{|6-8|} + \overset{1}{|9-8|} + \overset{3}{|11-8|} + \overset{6}{|14-8|}}{6}$$

$$= \frac{20}{6} = 3,33$$

qui correspond à la formule

$$\boxed{\textbf{Écart-moyen} = \frac{\Sigma |d|}{n}}$$

où Σ (*sigma*) = la somme ;

$|d|$ = la valeur absolue de chaque écart entre les données et la moyenne ;

n = le nombre de données.

Hétérogène
(du grec *hetero* = autre et *-genos* = origine). Se dit d'un échantillon dont les données sont largement dispersées sur l'échelle de mesure de la distribution, ce qui se traduit par un écart type important et indique que les données sont différentes les unes des autres.

Homogène
(du grec *homo* = semblable et *-genos* = origine). Se dit d'un échantillon dont les données sont concentrées autour de la moyenne ou de la médiane, ce qui se traduit par un petit écart type et indique que les données diffèrent peu les unes des autres.

Valeur absolue
Valeur d'un nombre en faisant abstraction de son signe. On l'indique par deux barres verticales encadrant le nombre.

Écart moyen
Indice de dispersion des données représenté par la moyenne des écarts (en valeur absolue) de chacune des données par rapport à la moyenne de l'échantillon.

Les valeurs absolues sont cependant difficiles à manipuler dans les formules algébriques utilisées lors d'une analyse statistique plus poussée. Les statisticiens ont donc eu recours à un détour permettant de supprimer le signe négatif lorsqu'il apparaît, en élevant *chaque écart au carré* avant de diviser leur somme par le nombre de données. Dans notre exemple, le calcul se présente alors de la façon suivante :

$$\frac{(-5)^2 + (-3)^2 + (-2)^2 + (+1)^2 + (+3)^2 + (+6)^2}{6}$$

$$= \frac{25 + 9 + 4 + 1 + 9 + 36}{6} = \frac{84}{6} = 14$$

On appelle *variance*[6] le résultat obtenu de cette façon qui correspond à la formule

$$\text{Variance} = \frac{\Sigma d^2}{n}$$

Enfin, pour obtenir une mesure de la même taille que celle de l'écart moyen, les statisticiens ont alors eu l'idée d'extraire la racine carrée de la variance. Ils ont ainsi obtenu un indice qu'ils ont baptisé *écart type* et dont la formule est

$$\text{Écart-type} = \sqrt{\frac{\Sigma d^2}{n}}$$

D'après les données de notre exemple,

$$\text{écart-type} = \sqrt{14} = 3{,}74.$$

Il faut cependant encore ajouter qu'afin d'obtenir une meilleure estimation de l'écart type pour des petits échantillons, c'est-à-dire dont le nombre de données est inférieur à 30, on divise par $n - 1$ plutôt que par n. Ainsi, la formule de l'écart type d'un échantillon s'écrit :

$$\sigma = \sqrt{\frac{\Sigma d^2}{n - 1}}^{[7]}$$

Mais revenons à notre expérience et tentons de voir quelle est l'utilité d'un tel indice pour la description de nos échantillons.

La première étape consiste, bien entendu, à calculer l'écart type pour les quatre distributions. Débutons donc par les données du niveau de base du groupe témoin.

Variance
Indice de dispersion des données représenté par la moyenne des carrés des écarts de chacune des données par rapport à la moyenne de la distribution. La variance constitue le carré de l'écart type.

Indice de dispersion
Grandeur mesurable qui traduit la manière dont les données s'éparpillent, se dispersent sur l'échelle de mesure de la distribution. La variance et l'écart type sont les indices de dispersion les plus utilisés.

Écart type
Indice de dispersion le plus utilisé. Il représente la racine carrée de la variance et est symbolisé par la lettre grecque σ (sigma) lorsqu'il se rapporte à une population et par la lettre s dans le cas d'un échantillon.

Σ (sigma)
Dix-huitième lettre de l'alphabet grec symbolisant le processus de sommation dans les formules mathématiques lorsqu'elle est majuscule, et l'écart type d'une population lorsqu'elle est minuscule (σ).

---

[6] La variance constitue un *indice de dispersion* utilisé dans certains tests statistiques comme le test F (voir partie suivante).

[7] Le symbole de l'*écart type* d'une population est représenté par la lettre grecque *sigma* (σ), alors que dans le cas d'un échantillon, on le représente par la lettre *s*. Il en va de même pour la *variance*, qui correspond au carré de l'écart type et qui est donc représentée par le symbole σ^2, dans le cas d'une population, et par s^2 pour un échantillon.

Calcul de l'écart type[8] — Niveau de base (groupe témoin)

Sujets	Nombre de séries réussies	Moyenne	Écart à la moyenne (d)	Carré de l'écart (d^2)
1	19	15,8	−3,2	10,24
2	10	15,8	+5,8	33,64
3	12	15,8	+3,8	14,44
⋮	⋮	⋮	⋮	⋮
15	22	15,8	−6,2	38,44
			Somme (Σ) des d^2 =	131,94

$$\text{Variance } (s^2) = \frac{\Sigma d^2}{n-1} = \frac{131,94}{14} = 9,42$$

$$\text{Écart-type } (s) = \sqrt{\text{variance}} = \sqrt{9,42} = 3,07$$

Que veut dire cet écart type de 3,07 ? Il signifie que le plus grand nombre de résultats se situe à plus ou moins 3,07 cibles atteintes de la moyenne, c'est-à-dire entre 12,73 (soit 15,8 − 3,07) cibles atteintes, et 18,87 (soit 15,8 + 3,07) cibles atteintes.

Afin de mieux comprendre ce qu'il faut entendre par ce « plus grand nombre » de données de l'échantillon, nous allons tout d'abord nous arrêter aux propriétés de l'écart type telles qu'elles ont été mises en évidence lorsqu'on a affaire à une population se distribuant selon une courbe normale.

Dans le cas d'une *distribution normale*, les statisticiens ont en effet démontré que ce « plus grand nombre » de données, s'étalant à plus ou moins un écart type de la moyenne, demeure le même *quelle que soit la valeur de l'écart type* : il représente toujours 68 % de la population s'étalant de part et d'autre de la moyenne (34 % en dessous et 34 % au-dessus).

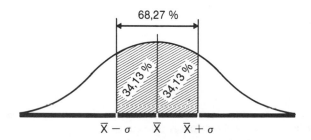

De la même manière, on a pu calculer que 94,45 % des données d'une distribution normale ne s'éloignaient jamais à une distance de plus ou de moins deux fois l'écart type de la moyenne

---

[8] La formule et les calculs ne sont là que pour la démonstration. Il est beaucoup plus simple de nos jours de se munir d'une calculatrice de poche dans laquelle se trouve programmée ce type de calcul et où une simple pression du doigt sur la touche *s* fournit l'écart type, après l'entrée des données.

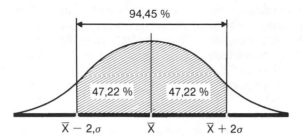

et que la presque totalité de la population, soit 99,73 % se situait toujours entre trois fois l'écart type en dessous et trois fois l'écart type au-dessus de la moyenne[9].

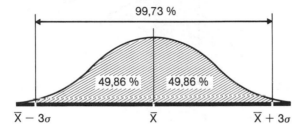

Compte tenu du fait que la distribution des fréquences du niveau de base chez le groupe témoin est relativement proche d'une distribution normale, cela signifie donc que 68 % des individus de la *population* d'où provient cet échantillon obtiendrait des résultats se situant, en arrondissant, entre 13 et 19 cibles atteintes. Quant à la répartition des autres données de cette distribution, elle pourrait s'effectuer comme suit.

Population hypothétique dont serait issu le groupe témoin (niveau de base)

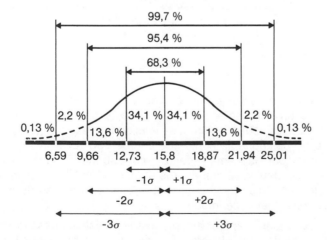

---

[9] C'est à partir des propriétés de la courbe normale et de l'écart type qu'ont été établies les diverses échelles d'intelligence basées sur le calcul du quotient intellectuel (QI) des individus d'une population donnée (voir chapitre 9).

En ce qui concerne les données de la phase de traitement pour le même groupe, le calcul de l'écart type révèle que celui-ci représente 4,25 cibles atteintes. On peut donc avancer, cette fois que 68 % des sujets se distribuent de part et d'autre de la moyenne de 16 cibles atteintes, entre 11,75 (soit 16 − 4,25) cibles atteintes et 20,25 (soit 16 + 4,25) cibles atteintes ou, en arrondissant, entre 12 et 20 réussites. On note donc que les résultats se sont plus dispersés au cours de cette phase que lors de l'établissement du niveau de base. Cette différence de dispersion entre les deux échantillons du groupe témoin peut se représenter graphiquement de la façon suivante.

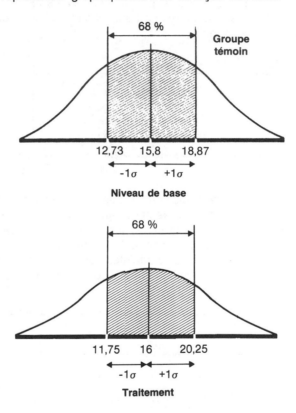

On remarque, à ce sujet, que la propriété de l'écart type de toujours déterminer un pourcentage semblable de la population autour de la moyenne de distributions normales implique le fait que *quelle que soit la forme du polygone*, la portion de courbe que l'écart type détermine conserve toujours la même superficie, correspondant au même nombre de sujets. On peut la vérifier auprès de nos échantillons proches d'une distribution normale, comme c'est le cas pour le niveau de base des groupes témoin et expérimental.

Nous venons ainsi d'apprendre, grâce à la statistique descriptive, comment représenter graphiquement et évaluer numériquement le degré de dispersion des données d'une distribution. Dans le cadre de notre expérience, nous avons pu mettre en évidence, de cette façon, la différence existant entre la distribution du niveau de base et celle de la phase de traitement pour le groupe témoin. Mais la différence ainsi révélée correspond-elle à quelque chose? A-t-elle une signification réelle ou n'est-elle qu'un artéfact dû au trop petit nombre de sujets? La même question se pose de façon plus importante encore à propos des résultats du groupe expérimental auprès duquel a été introduite la variable indépendante. Chez ce groupe, l'écart type du niveau de base et celui de la phase de traitement diffèrent également de près de 1, étant respectivement de 3,17 et de 4,04. Mais, toujours pour ce groupe, ce sont surtout les moyennes qui s'éloignent l'une de l'autre puisqu'elles passent de 15,2 à 11,3. Comment peut-on s'y prendre pour pouvoir éventuellement affirmer que la *distance* entre les deux moyennes est *significative*, c'est-à-dire qu'elle est suffisamment importante pour qu'on puisse l'attribuer à l'effet de la variable indépendante elle-même et non au simple hasard? Jusqu'à quel point peut-on faire confiance à ces résultats pour induire qu'il en irait ainsi pour la population entière dont cet échantillon est tiré et, dans ce cas, affirmer que la consommation de marijuana entraîne *généralement* des perturbations dans la coordination oculo-motrice des utilisateurs?

C'est à ces questions que la *statistique inductive* tente de répondre.

La statistique inductive

La statistique inductive vise à indiquer s'il est *probable* ou non que deux échantillons proviennent de la même population.

Superposons, d'une part, les deux courbes obtenues auprès du groupe témoin et, d'autre part, celles obtenues auprès du groupe expérimental, avant et après traitement, en faisant coïncider les échelles de mesure, de la façon suivante.

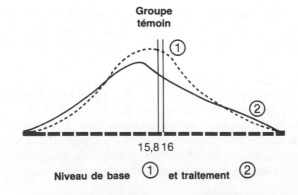

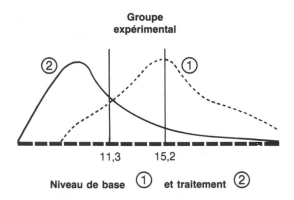

**Groupe
expérimental**

11,3   15,2

Niveau de base ① **et traitement** ②

On observe que, dans le cas du groupe témoin, il n'existe que peu de différence entre les moyennes des deux distributions, ce qui laisse entendre qu'elles appartiennent bien à la même population. En revanche, dans le cas du groupe expérimental, la *distance* séparant les deux moyennes sur l'échelle de mesure laisse supposer que les deux distributions appartiennent à deux populations différentes se distinguant par le fait que la variable indépendante aurait eu un impact sur les résultats de la seconde.

Vérification d'hypothèse

Le but que poursuit la statistique inductive consiste à déterminer si cette *distance* entre les moyennes des deux distributions est suffisamment importante pour qu'on puisse l'attribuer à l'effet de la variable indépendante plutôt qu'à un effet du hasard provoqué par la petitesse de l'échantillon (comme c'est le cas, semble-t-il, pour le groupe témoin de notre expérience).

Devant cette interrogation, le chercheur a le choix entre deux *hypothèses* :

1° L'hypothèse qui suppose que la différence entre les distributions n'est pas significative. C'est l'*hypothèse nulle*, ou H_0. Elle sous-entend que les deux distributions ne diffèrent pas de façon significative et qu'elles proviennent donc de la même population, la variable indépendante n'ayant pas eu l'effet escompté, ou

2° L'*hypothèse alternative*, ou H_1, qui correspond à l'hypothèse à la base de la recherche. Celle-ci sous-entend que les deux distributions diffèrent de façon significative, suite à l'impact de la variable indépendante.

Le principe fondamental de la méthode de vérification d'hypothèse consiste à émettre l'hypothèse nulle (H_0) dans le but éventuel de la voir rejetée au profit de l'hypothèse alternative (H_1). En effet, si le résultat du *test statistique*, utilisé pour analyser la différence entre les moyennes, est tel qu'il permet de rejeter H_0, cela implique que H_1, peut être acceptée, et, par le fait même, entraîne la confirmation de l'hypothèse sur laquelle est basée la recherche.

Hypothèse statistique
Affirmation relative à la façon dont se distribue une population ou dont diffèrent deux populations sur la base des données recueillies auprès d'échantillons issus de cette population.

Hypothèse nulle (H_0)
Hypothèse selon laquelle les différences observées entre les échantillons ne sont que le fait du hasard et n'ont aucune signification en ce qui concerne la ou les populations dont ces échantillons sont issus. Elle est habituellement formulée dans le but de la voir éventuellement rejetée au profit de l'hypothèse alternative.

Hypothèse alternative (H_1)
Hypothèse selon laquelle les différences observées entre les échantillons sont significatives, c'est-à-dire qu'elles correspondent à des différences existant au sein de la ou des populations dont les échantillons sont issus. L'hypothèse alternative correspond habituellement à l'hypothèse qui est à la base de la recherche.

Test statistique d'hypothèse
Procédé statistique permettant de décider si une hypothèse doit être rejetée ou non selon la probabilité existante que les différences observées relèvent ou non d'autre chose que le hasard. On parle également de *test de signification* ou de *règle de décision*.

Par convention, en sciences humaines, on considère que l'hypothèse nulle (H_0) peut être rejetée au profit de l'hypothèse alternative lorsque le résultat du test utilisé révèle qu'il n'y a *pas plus de 5 chances sur 100* de se tromper en affirmant que la *différence* est *significative* [10]. Au-dessus d'un tel *niveau de signification*, on considère qu'il est plus probable que la différence observée soit le fait du hasard et de ce fait, que l'hypothèse nulle ne peut être rejetée.

Pour obtenir un tel résultat, capable de nous indiquer la probabilité qui existe de faire une erreur en prenant la décision de rejeter ou non l'hypothèse nulle, on utilise un test statistique approprié aux caractéristiques de l'échantillon.

Ainsi, si les données sont cardinales (ou quantitatives) (voir l'encadré B.1) et que la distribution de l'échantillon est proche de la normale, on utilise un *test paramétrique* faisant intervenir les moyennes et les écarts types dans les calculs. On se sert notamment du *test t*, lorsqu'il s'agit de vérifier si la différence entre les moyennes de deux échantillons est significative, et du *test F*, ou analyse de variance, pour juger les différences existant entre trois échantillons ou plus.

En revanche, si les données ne sont pas quantitatives, ou que les échantillons sont trop petits pour qu'on puisse affirmer que les populations dont ils sont issus se distribuent normalement, on utilise un *test non paramétrique* tel que le χ^2 (prononcer « khi carré » ou « khi deux ») lorsqu'il s'agit de *données nominales*, ou tel que le test du signe, des séquences, de Mann-Whitney, de Wilcoxon, etc., dans le cas de *données ordinales.*

De plus, le test statistique sera choisi en fonction du fait que les échantillons dont on veut comparer les moyennes sont *indépendants*, c'est-à-dire qu'ils proviennent de deux groupes distincts de sujets, ou qu'ils sont *dépendants*, c'est-à-dire qu'ils constituent les résultats du même groupe de sujets, avant et après traitement, ou à la suite de deux traitements différents.

Valeur significative
Dans une table correspondant à un test statistique donné, valeur *au-dessus* de laquelle le résultat d'un tel test statistique doit se situer pour qu'un événement ou une différence soient considérés comme significatifs, compte tenu du nombre de degrés de liberté de l'échantillon et du seuil de probabilité préalablement déterminé. On l'appelle également *valeur critique.*

χ (khi)
Vingt-deuxième lettre de l'alphabet grec qui donne la base du nom d'un célèbre test non paramétrique pour variables nominales (le test du χ^2).

---

[10] Le risque est encore moins grand, bien entendu, si le résultat est tel qu'il n'y a qu'*une chance sur 100*, ou mieux encore, une chance sur 1.000 de se tromper.

Encadré B.3

Les niveaux de signification

L'affirmation de l'existence d'un fait peut s'effectuer avec une certaine probabilité d'erreur qui sera d'autant plus faible que le nombre d'informations détenues à son sujet est grand.

Ainsi, plus le nombre de données est important, plus l'analyse des différences entre deux échantillons pourra fournir une indication proche de ce qui se passe réellement dans la population dont ces échantillons sont issus.

En général, cependant, les échantillons utilisés sont relativement petits et la marge d'erreur risque alors d'être considérable.

En sciences humaines, on pourra affirmer que la différence existant entre deux échantillons reflète une différence réelle existant entre deux populations seulement si la marge d'erreur accompagnant cette conclusion n'est pas supérieure à 5 % ou, si l'on veut, seulement s'il n'y a pas plus de 5 chances sur 100 de se tromper en avançant une telle affirmation.

Il s'agit là du *niveau de confiance* ou encore, du *niveau de signification* d'une différence sous lequel il est *probable* que la différence soit le reflet de ce qui se passe au niveau de la population. C'est la raison pour laquelle ce niveau est également appelé *seuil de probabilité*.

Il est possible de connaître le niveau auquel se situe le résultat de l'application d'un test statistique en se référant à des *tables de distribution des valeurs critiques* de différents tests (t, χ^2, etc.) pour des niveaux de 5 % (0,05) ou de 1 % (0,01) ou moins encore. Si le résultat du test est inférieur à la valeur critique correspondant à un seuil de probabilité de 5 %, compte tenu du nombre de degrés de liberté (voir l'en-

cadré B.4), *l'hypothèse nulle* ne peut dès lors être rejetée, ce qui implique que la différence n'est pas reconnue comme étant significative.

Seuil de probabilité (p)
Pourcentage de chances qu'un événement ou une différence soient dus au hasard. En sciences humaines, on considère que si la probabilité qu'un événement ou une différence soient dus au hasard n'est que de 5 chances ou moins sur 100 ($p \leqslant 5$ % ou $\leqslant 0,05$), cet événement ou cette différence peuvent être considérés comme étant significatifs. Le seuil de probabilité est également appelé *niveau de signification* ou *niveau de confiance*.

Probabilité
Grandeur permettant d'exprimer les chances de voir un événement apparaître ou encore que son apparition soit le fait du hasard. Moins il y a de chances que ce soit le hasard qui explique l'apparition d'un événement ou d'une différence, plus il est *probable* que ceux-ci soient dus à l'intervention d'un facteur pouvant être identifié (dans une recherche bien contrôlée, il s'agit de la variable indépendante).

Tests paramétriques

Test *t* de Student

Le *test t* est un test paramétrique qui est utilisé pour vérifier des hypothèses relatives aux différences entre les moyennes de distributions dont les données *quantitatives* ou cardinales proviennent de populations distribuées normalement et caractérisées par la même variance[11].

Il existe un test t pour échantillons indépendants et un autre pour échantillons dépendants.

Des *échantillons indépendants* sont des échantillons constitués des résultats de deux groupes différents de sujets comme c'est le cas, dans notre expérience, pour les groupes témoin et expérimental. Dans le cas d'échantillons indépendants, l'analyse de la différence entre les moyennes s'effectue à partir de l'application de la formule suivante.

$$t = \frac{\bar{x}_1 - \bar{x}_2}{\sqrt{\dfrac{s_1^2}{n_1} + \dfrac{s_2^2}{n_2}}}$$

où $\bar{x}_1$ = la moyenne du premier échantillon ;

$\bar{x}_2$ = la moyenne du deuxième échantillon ;

s_1 = l'écart type du premier échantillon ;

s_2 = l'écart type du deuxième échantillon ;

n_1 et n_2 = le nombre de données du premier et du deuxième échantillon.

Échantillons indépendants
Échantillons constitués de sujets différents issus d'une même population (comme c'est le cas pour les groupes témoin et expérimental) ou de deux ou plusieurs populations.

Échantillons dépendants
Échantillons constitués des mêmes sujets soumis à deux ou plusieurs traitements.

---

[11] Le test *t* est malheureusement trop souvent utilisé avec de petits échantillons sans que le chercheur se soit assuré que la population dont ils proviennent se distribue selon une courbe normale (ce qui n'est pas le cas, par exemple, pour les résultats d'un examen *trop* facile réussi par presque tous les sujets, ou l'inverse).

Il suffit alors de se reporter à la *table du t* (voir l'encadré B.5) avec le résultat obtenu et de noter la valeur portée sur la ligne correspondant à $n-2$ degrés de liberté, n étant le nombre total des sujets des *deux* échantillons (voir l'encadré B.4).

SI le résultat est *supérieur* au chiffre indiqué dans la table pour un niveau de signification de 0,05 (5 chances sur 100), l'hypothèse nulle (H_0) est rejetée au profit de l'hypothèse alternative (H_1) et la différence peut être considérée comme étant significative.

Si, par contre, le résultat obtenu suite à l'application de la formule est *inférieur* à celui repéré sur la table pour $n-2$ degrés de liberté, l'hypothèse nulle ne peut être rejetée, ce qui implique que la différence entre les moyennes n'est *pas* significative.

Dans notre expérience, un test *t* pour échantillons indépendants aurait pu, par exemple, permettre de vérifier s'il n'existait pas de différence significative entre les niveaux de base de chacun des groupes, avant que ne soit introduite la variable indépendante.

On obtenait dans ce cas :

$$t = \frac{15,8 - 15,2}{\sqrt{\dfrac{3,07^2}{15} + \dfrac{3,17^2}{15}}} = \frac{0,60}{\sqrt{0,62 + 0,66}} = 0,53$$

ce qui, après consultation de la table du *t*, nous permettrait de conclure ce qui suit :

0,53 est une valeur de *t* inférieure à celle requise au niveau de signification de 0,05 pour 28 degrés de liberté ($D = 28$). Elle est donc associée à un *seuil de probabilité* (p) supérieur à 0,05. L'hypothèse nulle ne peut de ce fait être rejetée. La différence entre les échantillons n'est donc pas significative (N.S.), ce qui implique qu'ils appartiennent bien à la même population.

On résume la conclusion de la façon suivante.

$$t = 0,53, \quad D = 28; \quad p > 0,05; \quad \text{N.S.}$$

Mais c'est toutefois avec la vérification d'hypothèse portant sur la différence entre la moyenne des résultats du groupe témoin et celle du groupe expérimental, *après traitement*, que le test *t* va se révéler le plus utile[12]. Le soin vous est laissé de trouver la valeur du *t* et de tirer la conclusion qui s'impose :

$$t = \frac{\rule{3cm}{0.4pt}}{\sqrt{\rule{3cm}{0pt}}} = \frac{\rule{3cm}{0.4pt}}{\sqrt{\rule{3cm}{0pt}}} =$$

---

[12] Comme nous l'avons déjà signalé, il est préférable d'utiliser ici un test non paramétrique comme le test U de Mann-Withney, compte tenu du petit nombre de sujets de l'échantillon et du fait que les résultats du groupe expérimental, lors de la phase de traitement, ne se distribuent pas normalement.

_____ est une valeur _____ à celle requise au niveau de signification de 0,05 pour _____ degrés de liberté. Elle est donc associée à un seuil de probabilité _____ à 0,05. L'hypothèse nulle _____ peut de ce fait être _____. La différence entre les échantillons _____ significative, ou, en abrégé,

$$t = \underline{\quad} , D = \underline{\quad} ; \quad p \underline{\quad} 0{,}05 ; \quad \underline{\quad} S$$

Encadré B.4

Les degrés de liberté

Afin de limiter au maximum les erreurs d'évaluation, on ne tient pas compte, lors de la lecture de la table des valeurs critiques d'un test statistique, des données qui peuvent être trouvées par simple déduction. Seules les autres constituent ce qu'on appelle le *nombre de degrés de liberté*, c'est-à-dire le nombre de données d'une série dont la valeur pourrait être choisie au hasard.

Si, par exemple, la somme de trois données est 8, les deux premières sont libres de prendre différentes valeurs, mais une fois qu'elles sont déterminées, la troisième donnée est automatiquement connue. Ainsi, si la première donnée prend la valeur 3 et la deuxième la valeur 1, la troisième ne peut être *que* 4. Dans une telle série, on dit donc qu'il y a *deux* degrés de liberté ou, plus généralement, dans une série de n données, qu'il y a $n-1$ *degrés de liberté*.

Lorsqu'on a affaire à deux *échantillons indépendants* l'un de l'autre, le nombre de degrés de liberté correspond à $n_1 - 1$ pour le premier et à $n_2 - 1$ pour le second. Puisque l'analyse de signification de la différence existant entre eux s'appuie sur l'analyse des données de chacun, le nombre de degrés de liberté nécessaire pour consulter la table est donc de $(n_1 + n_2) - 2$ *degrés de liberté*.

Par contre, lorsqu'il s'agit de deux *échantillons dépendants*, c'est la somme des différences existant au niveau de chaque paire qui constitue la base des calculs. Une seule de ces différences découle ainsi automatiquement de la connaissance des autres et du total. Dans ce cas, on doit donc consulter la table pour $n-1$ *degré de liberté*.

Degrés de liberté (nombre de —)

Nombre de termes d'un échantillon dont la valeur peut être assignée librement. Ainsi, lors de 10 lancers (n) d'une pièce de monnaie, le nombre de «pile» peut prendre une des 10 valeurs, mais une fois celle-ci assignée, le nombre de «face» est automatiquement déterminé : le hasard ne possède donc ici qu'un seul degré de liberté ($n - 1$). De la même manière, il n'existe que 18 données dans 2 échantillons de 10 qui peuvent être assignées librement. On symbolise le nombre de degrés de liberté par dl, D ou la lettre grecque γ (nu).

Test t pour échantillons dépendants

Des échantillons dépendants sont des échantillons constitués des résultats du même groupe de sujets obtenus avant et après l'intervention de la variable indépendante. C'est le cas, dans notre exemple, pour le groupe témoin et le groupe expérimental chez chacun desquels on peut ainsi vérifier l'hypothèse relative à la différence entre le niveau de base et la phase de traitement.

Dans le cas d'échantillons dépendants, l'analyse de la différence entre les moyennes s'effectue à partir de l'application de la formule suivante :

$$t = \frac{\Sigma d}{\sqrt{\dfrac{n\Sigma d^2 - (\Sigma d)^2}{n - 1}}}$$

où $d =$ la différence entre les résultats de chaque paire ;

$\Sigma d =$ la somme de ces différences ;

$\Sigma d^2 =$ la somme des carrés de ces différences ;

On se rapporte alors à la table du t avec le résultat obtenu et on repère la valeur portée sur la ligne correspondant à $n - 1$ degrés de liberté, n étant ici le nombre de *paires* de résultats (voir l'encadré B.3), afin de tirer la conclusion appropriée.

Avant d'appliquer la formule, il est cependant nécessaire de calculer pour chacun des groupes les différences entre les résultats de chaque paire, le carré de chacune de ces différences ainsi que la somme de ces deux types de résultats[13].

On procède donc de la façon suivante :

Groupe témoin Comparaison entre les résultats du niveau de base et ceux de la phase de traitement

Sujets	Niveau de base	Traitement	d	d^2
F 1	19	21	+2	4
2	10	8	−2	4
3	12	13	+1	1
4	13	11	−2	4
5	17	20	+3	9
6	14	12	−2	4
7	17	15	−2	4
G 1	15	17	+2	4
2	14	15	+1	1
3	15	15	−	−
4	17	18	+1	1
5	15	16	+1	1
6	18	15	−3	9
7	19	19	−	−
8	22	25	+3	9
			$\Sigma d = +3$	$\Sigma d^2 = 55$

$$t = \frac{+3}{\sqrt{\dfrac{(15 \times 55) - 3^2}{15 - 1}}} = \frac{+3}{\sqrt{\dfrac{825 - 9}{14}}} = \frac{+3}{\sqrt{58,28}} = 0,39$$

0,39 est une valeur de t inférieure à celle requise au niveau de signification de 0,05 pour 14 degrés de liberté. Elle est donc associée à un *seuil de probabilité* supérieur à 0,05. L'hypothèse nulle ne peut de ce fait être rejetée. La différence entre les échantillons n'est pas significative.

---

[13] Répétons que le développement des calculs n'est là qu'à titre indicatif. Il existe à présent des méthodes plus rapides qui limitent le travail à l'entrée des données dans une calculatrice programmée à cette fin ou dans l'ordinateur livrant immédiatement le résultat. Le tableau reproduit ici permet de comprendre le calcul auquel se livrent ces instruments.

Soit, en abrégé :

$$t = 0,39, \ D = 14; \quad p > 0,05; \quad \text{N.S.}$$

À nouveau, il vous faudra appliquer le test t pour échantillons dépendants aux deux distributions du groupe expérimental, sachant qu'après traitement des données des différentes paires, on obtient :

$$\Sigma d = -59 \text{ et } \Sigma d^2 = 349..$$

$$t = \frac{\rule{3cm}{0.4pt}}{\sqrt{\rule{3cm}{0.4pt}}} = \frac{\rule{2cm}{0.4pt}}{\sqrt{\rule{2cm}{0.4pt}}} = \rule{2cm}{0.4pt}$$

_____ est une valeur de t _____ à celle requise au niveau de signification de 0,05 pour _____ degrés de liberté. Elle est donc associée à un seuil de probabilité _____ à 0,05. L'hypothèse nulle _____ peut de ce fait être _____. La différence entre les échantillons _____ significative.

Soit, en abrégé :

Analyse de variance (ou test F de Snedecor)

Le test F est un test paramétrique qui est utilisé lorsque le chercheur est en présence de trois échantillons ou plus.

Ce test consiste à estimer si la *dispersion des moyennes des différents échantillons autour de la moyenne totale* de l'ensemble des données est, ou non, significativement différente de la *dispersion des données autour de la moyenne à l'intérieur de chaque échantillon*.

En effet, si les échantillons proviennent tous de la même population, il ne doit pas y avoir plus de variation *entre* eux qu'il n'y en a entre les données à l'*intérieur* de chacun d'eux.

Dans le cas du test F, on utilise la *variance* comme mesure de dispersion. L'analyse consiste ainsi à comparer la variance des distributions *entre* les échantillons à celle existant à l'*intérieur* de chaque échantillon, soit :

$$t = \rule{1.5cm}{0.4pt}, \ D = \rule{1.5cm}{0.4pt}; \quad p \rule{1cm}{0.4pt} 0,05; \quad \rule{1cm}{0.4pt} S.$$

$$\boxed{F = \frac{\hat{\sigma}^2 \text{ entre}}{\hat{\sigma}^2 \text{ intérieur}}}$$

où $\hat{\sigma}^2$ entre = la variance des moyennes de chaque échantillon par rapport à la moyenne totale ;

$\hat{\sigma}^2$ intérieur = la variance des résultats de chacun des échantillons.

Si la différence entre les échantillons n'est pas significative, le résultat devrait être proche de 1. La différence sera par contre d'autant plus significative que le F est supérieur à 1.

L'analyse de variance indique donc globalement si les échantillons appartiennent bien ou non à la même population, sans spécifier cependant ceux qui diffèrent éventuellement des autres. Grâce au test de Scheffé, il est cependant possible, à la suite de cette analyse, de déterminer les paires d'échantillons dont la différence est significative.

Compte tenu de la place que prend le développement des calculs nécessités par cette épreuve, et le fait qu'elle ne puisse s'appliquer à notre expérience, il est recommandé de se reporter à un cours de statistiques pour en connaître plus long sur ce test très performant.

Tests non paramétriques

Test du χ^2 («khi deux»)

L'utilisation du test non paramétrique χ^2 ne requiert pas le calcul de la moyenne ou de l'écart type. Ce test présente en effet l'avantage de ne demander qu'une répartition de la fréquence des résultats en fonction de deux variables, afin de vérifier si celles-ci sont en relation ou si elles sont, au contraire, indépendantes l'une de l'autre. Il s'agit donc d'un test statistique utilisé lorsqu'on a affaire à des données nominales (voir l'encadré B.1). Il peut tout aussi bien s'agir de vérifier s'il existe une différence significative entre le nombre de gens qui réussissent ou qui échouent à un test d'intelligence et le nombre d'entre eux qui obtiennent des notes élevées ou basses dans leurs études, ou entre le nombre de patients qui ont reçu ou non un nouveau médicament et le nombre d'entre eux dont la santé s'est améliorée ou non, ou encore entre des personnes de différents groupes d'âge et leur réussite ou leur échec à un test de mémoire, etc. Dans tous les cas, il s'agit donc de compter le nombre de sujets qui répondent au même critère pour chacune des variables.

Ainsi, dans notre expérience, nous avons vu que les données hypothétiques permettraient d'affirmer, suite à la passation du test t, que la consommation de marijuana par le groupe expérimental entraînait des performances inférieures à celles du groupe témoin n'en ayant pas consommé.

On pourrait cependant arriver à une conclusion semblable d'une autre manière, à l'aide du test du χ^2, en évitant les restrictions imposées au test t lorsqu'une courbe n'est pas normale et que les échantillons sont peu importants.

Il suffit, dans ce cas-ci, de comparer le nombre de sujets dans les deux groupes qui ont vu leur performance diminuer et de compter parmi eux ceux qui ont ou non consommé de la drogue, afin d'établir le lien éventuel entre les deux variables.

En nous reportant au tableau de résultats de l'encadré B.2, on note que sur les 30 sujets formant les deux groupes, 18 d'entre eux ont vu leurs performances diminuer et, parmi ceux-ci, 13 avaient consommé de la marijuana. Il suffit dès lors de reporter ces *fréquences observées* (O) dans les cases d'un tableau à double entrée, appelé *tableau de contingences*.

		Performances		
		Diminution	Statu quo ou augmentation	**Sous-total**
Traitement	Consommation de drogue	13	2	15
	Pas de consommation	5	10	15
	Sous-total	18	12	30

Fréquences observées (O)

Il s'agit ensuite de comparer ces données aux *fréquences théoriques* (E)[14] qui auraient dû être obtenues si le hasard seul avait joué. En ne tenant compte que des sous-totaux indiquant, d'une part, une diminution des performances chez 18 sujets et une augmentation de celles-ci chez 12 autres, et d'autre part, que, parmi tous les sujets, 15 ont consommé de la drogue et 15 autres non, ces fréquences théoriques se calculent et se répartissent dès lors comme le montre ce tableau.

		Performances		
		Diminution	Statu quo ou augmentation	**Sous-total**
Traitement	Consommation de drogue	$\frac{18 \times 15}{30} = 9$	$\frac{12 \times 15}{30} = 6$	15
	Pas de consommation	$\frac{18 \times 15}{30} = 9$	$\frac{12 \times 15}{30} = 6$	15
	Sous-total	18	12	30

Fréquences observées (E)

Le test du χ^2 consiste à évaluer jusqu'à quel point la distribution des fréquences observées est semblable à celle des fréquences théoriques. Dans un tel cas, on pourra avancer que la répartition des fréquences observées est due, elle aussi, au hasard. Si, au contraire, les deux distributions se révèlent être suffisamment distantes l'une de l'autre, on pourra dès lors affirmer que la différence existant entre elles est significative et qu'il existe bien un lien entre l'introduction de la variable indépendante et la façon dont se distribuent les fréquences observées.

---

[14] E pour le mot anglais *expected* = attendue, prévue (en théorie).

Le calcul du χ^2 s'effectue en mesurant la différence entre chaque fréquence observée et la fréquence théorique de la case correspondante de la façon suivante :

$$\frac{(O - E)^2}{E} ,$$

puis en additionnant les résultats de ces différentes comparaisons, soit

$$\chi^2 = \Sigma \, \frac{(O - E)^2}{E}$$

Ainsi, dans le cas qui nous préoccupe, on procédera de la façon suivante :

	O	E	O − E	$(O − E)^2$	$\dfrac{(O − E)^2}{E}$
Consommation /diminution	13	9	+4	16	1,77
Consommation /augmentation	2	6	−4	16	2,66
Non-consommation /diminution	5	9	−4	16	1,77
Non-consommation /augmentation	10	6	+4	16	2,66
			$\chi^2 = \Sigma \, \dfrac{(O − E)^2}{E} \, =$		8,86

Le nombre de degrés de liberté s'obtient en multipliant le nombre de rangées moins un du tableau par le nombre de colonnes moins un . Il est donc ici de $(2 - 1) \times (2 - 1) = 1$ degré de liberté.

La valeur indiquée dans la table du χ^2 (table 2) au niveau de signification de 0,05 et pour 1 degré de liberté est de 3,84. Le résultat du test du χ^2 étant très supérieur à cette valeur, l'hypothèse nulle est rejetée : il existe effectivement une relation entre la consommation de drogue et la performance de coordination oculo-motrice [15].

Le test du signe (ou test binomial)

Le test du signe est un autre test non paramétrique qui permet de vérifier facilement si la variable indépendante qui a été introduite a eu ou non un effet sur les performances des sujets. Après avoir compté

Binomial
(loi —, distribution —, test —) (du latin *bi-* = deux et du grec *-onoma* = nom). Qui est relatif aux deux possibilités existant dans certaines populations : pile (p) ou face (q), mâle (p) ou femelle (q), présent (p) ou absent (q) de telle façon que $q = 1 - p$.

---

[15] Il faut cependant noter que lorsque le nombre de degrés de liberté est supérieur à 1, on ne peut appliquer le test du χ^2 si 20 % ou plus des cases présentent des fréquences théoriques inférieures à 5, ou si une seule des cases présente une fréquence égale à 0 (Siegel, 1956).

le nombre de sujets dont les performances se sont détériorées, on compare cette proportion à celle qui aurait prévalu si le hasard seul avait joué, à savoir une chance sur deux. On calcule alors l'écart existant entre ces deux proportions afin de savoir jusqu'à quel point il est significatif.

Lors du comptage, on utilise le signe « + » s'il y a eu amélioration, et le signe « − » lorsqu'il y a eu détérioration ; on élimine les résultats inchangés.

On applique alors la formule suivante :

$$Z = \frac{(X \pm 0,5) - \dfrac{n}{2}}{\sqrt{\dfrac{n}{2}}}$$

où X = la somme des + ou la somme des − ;

$\dfrac{n}{2}$ = le nombre de modifications dans un sens ou dans l'autre si le hasard seul avait joué (1 chance sur 2)[16] ;

$0,5$ = correction qu'on ajoute (+) à X lorsqu'il est inférieur à $\dfrac{n}{2}$ ou

qu'on soustrait (−) à X, lorsqu'il est supérieur à $\dfrac{n}{2}$.

Ainsi, dans notre expérience, on peut comparer les performances des sujets après le traitement à celles obtenues lors de l'établissement du niveau de base.

Groupe expérimental

```
Ligne de base: 12 21 10 15 15 19 17 14 13 11 20 15 15 14 17
Traitement:     8 20  6  8 17 10 10  9  7  8 14 13 16 11 12
Signe:          −  −  −  −  +  −  −  −  −  −  −  −  +  −  −.
```

On dénombre ainsi 13 détériorations et 2 améliorations. Il reste alors à calculer le Z en prenant pour base une de ces deux valeurs :

$$\text{soit } Z = \frac{(13 - 0,5) - \dfrac{15}{2}}{\sqrt{\dfrac{15}{2}}} = \frac{12,5 - 7,5}{2,73} = 1,83$$

$$\text{ou } Z = \frac{(2 + 0,5) - \dfrac{15}{2}}{\sqrt{\dfrac{15}{2}}} = \frac{2,5 - 7,5}{2,73} = -1,83$$

---

[16] Comme c'est le cas pour n lancers d'une pièce de monnaie. Par contre, dans le cas de n lancers d'un dé, il existe une chance sur 6 $\left(\dfrac{n}{6}\right)$ de voir tomber la face escomptée.

Selon la table du Z, la valeur de Z au niveau de signification de 0,05 est de 1,64. Le résultat obtenu lors du calcul du Z étant supérieur à cette valeur, l'hypothèse nulle est rejetée : il y a eu détérioration des performances *après* introduction de la variable indépendante.

Le test du signe est notamment utilisé pour l'analyse des données obtenues lors de recherches en parapsychologie. Il permet en effet d'effectuer facilement la comparaison entre le nombre de réponses (X) dites «télépathiques» ou «psychokinétiques» par exemple (voir le dossier 5.1), avec le nombre de réponses allant dans le même sens auquel on peut s'attendre si c'est le hasard seul qui intervient $\left(\dfrac{n}{2}\right)$.

Autres tests non paramétriques

Il existe d'autres tests non paramétriques permettant d'effecuter la vérification d'hypothèses en n'exigeant qu'une quantité minimale de calculs.

Le test des séquences (ou des suites) permet de vérifier si l'ordre dans lequel se présentent des événements ou des résultats est bien le fait du hasard ou s'il dépend d'un facteur ayant joué à l'insu du chercheur. On peut par exemple se demander si l'ordre dans lequel se présentent hommes et femmes dans une file d'attente est ou non aléatoire. Dans le cas de notre expérience, on peut également chercher à savoir si les bonnes ou les mauvaises performances, produites par chaque sujet du groupe expérimental suite au traitement, se succèdent selon une certaine alternance ou si les bons résultats se trouvent regroupés au début ou à la fin des séries.

Pour y arriver, on dénombre les séquences au cours desquelles des résultats inférieurs à la médiane se présentent consécutivement ainsi que celles au cours desquelles des résultats supérieurs à la médiane se suivent sans interruption, puis on vérifie dans la table de distribution de R (pour *runs* = séquences ou suites) si ces différentes séquences se présentent bien selon les lois du hasard.

Le *test de U, de Mann-Whitney*, et le *test de T de Wilcoxon* constituent deux autres tests non paramétriques qui sont utilisés lorsqu'on a affaire à des *données ordinales* [17]. Le *test de U* permet de vérifier s'il existe une différence significative entre deux échantillons indépendants après qu'aient été classées et ordonnées les données regroupées des deux échantillons, puis qu'ait été calculée la somme des rangs pour chacun des échantillons. Quant au *test de T*, il est utilisé dans le cas d'échantillons dépendants ; son calcul est basé sur le rang ainsi que sur le signe des *différences* entre chaque paire de données.

Il serait long de démontrer l'utilité de tels tests à l'aide d'exemples. Le lecteur que l'application de ces tests intéresse pourra se reporter à des ouvrages spécialisés.

---

[17] Ce type de données résulte le plus souvent de la mise en rangs de données cardinales qu'on ne peut traiter à l'aide d'un test paramétrique.

Le calcul des corrélations

L'étude des *corrélations* cherche à établir s'il existe une relation entre deux mesures effectuées sur le même échantillon (comme cela pourrait être le cas pour la taille et le poids des enfants, par exemple, ou encore pour le niveau de Q.I. et celui de la réussite scolaire) ou de mesures obtenues auprès de deux échantillons distincts (lors d'une comparaison entre couples de jumeaux, par exemple), et, si une telle relation existe, elle vise à vérifier si l'augmentation des valeurs d'une des deux mesures correspond à l'augmentation (corrélation positive) ou à la diminution (corrélation négative) de l'autre mesure.

En d'autres termes, le calcul de corrélation permet de savoir si la connaissance des valeurs d'une mesure permet de prédire celle de l'autre.

Jusqu'à présent, dans l'analyse des résultats de l'expérience qui porte sur l'effet de la marijuana, nous avons volontairement négligé les temps de réaction des sujets. Or, il serait intéressant de vérifier s'il n'existe pas une relation entre la performance proprement dite et la vitesse à laquelle les réponses des sujets sont émises, de façon qu'on puisse éventuellement prédire que plus un sujet est lent, plus il risque d'être précis et de fournir de meilleures performances, ou l'inverse.

On peut utiliser deux types de tests pour y arriver : le coefficient de Bravais-Pearson, ou test r, qui est un test paramétrique, et le coefficient de corrélation de rang de Spearman, ou test r_s, qui s'applique à des données ordinales et qui est, de ce fait, un test non paramétrique. Mais avant d'aborder l'étude de ces tests, voyons tout d'abord ce qu'on entend par coefficient de corrélation.

Coefficient de corrélation

Le *coefficient de corrélation* est une valeur toujours comprise entre $+1$ et -1. Lorsque la corrélation est parfaite et positive, ce coefficient est de $+1$; lorsqu'elle est parfaite et négative, il est de -1. Ceci se traduit sur un graphique par une ligne droite déterminée par les points de rencontre des valeurs de chacune des paires.

Corrélation
Relation entre deux variables qui peut être *parfaite*, de telle façon qu'en connaissant les valeurs de l'une on connaît les valeurs de l'autre, ou *imparfaite*, indiquant simplement un lien plus ou moins systématique entre elles, ou encore *nulle* s'il n'existe aucun lien; d'autre part, la corrélation peut être *positive* lorsque les variations de chacune des variables se produisent dans le même sens, ou *négative* lorsque celles-ci se produisent dans des sens opposés.

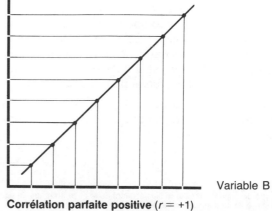

Corrélation parfaite positive ($r = +1$)

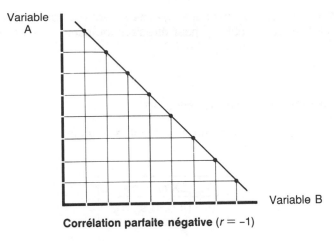

Corrélation parfaite négative ($r = -1$)

Lorsque les points ne forment plus une ligne droite mais un « nuage », le coefficient de corrélation va admettre des valeurs d'autant plus proches de zéro que le nuage se rapproche de la forme d'un cercle.

$r \simeq 0,60$ $r \simeq -0,30$ $r = 0$

Le fait que le coefficient soit égal à zéro indique que les deux variables sont totalement indépendantes l'une de l'autre[18].

En sciences humaines, on considère qu'une corrélation est élevée lorsque le coefficient est supérieur à 0,60 ; ce n'est cependant qu'au-dessus de 0,90[19] qu'on considère la corrélation comme étant très élevée.

Tout dépend cependant de la grandeur de l'échantillon : plus celui-ci est important et plus la valeur du coefficient obtenu est significative.

Il existe à cet égard des tables indiquant les valeurs critiques que les coefficients de corrélation de Bravais-Pearson ou de Spearman doivent atteindre, compte tenu du nombre de degrés de liberté égal au nombre de paires moins 2 ($n - 2$), pour être considérés comme significatifs. Ainsi, par exemple, un coefficient de corrélation de 0,70 doit avoir été obtenu à partir d'au moins 8 paires de données (D étant égal à

Coefficient de corrélation
Valeur située entre -1 et $+1$ qui mesure le degré de corrélation existant entre deux variables. r est le coefficient de corrélation utilisé pour les données cardinales et r_s celui mesurant la corrélation entre des données ordinales.

---

[18] **Les tests de corrélation de Bravais-Pearson et de Spearman**, que l'on utilise habituellement, servent à évaluer les relations en ligne droite. Il peut donc arriver que r soit déclaré égal à 0 alors que les points peuvent suivre le dessin d'une courbe, indiquant par là une corrélation qui peut parfois être parfaite (voir notamment le cas de la loi de Yerkes-Dodson, figure 4.1). Une telle corrélation, dès le moment où elle a été repérée graphiquement, peut être mesurée à l'aide du rapport de corrélation η (êta) effectué entre les deux parties de la courbe. Il n'en sera pas question ici.

[19] Voir la note 29 en bas de page, dossier 9.1.

$n - 2 = 6$) dans le cas du r (table 4) et de 7 paires de données ($n - 2 = 5$) dans le cas du r_s (table 5), pour être reconnu comme significatif.

Coefficient r de Bravais-Pearson

Ce coefficient se calcule en appliquant la formule suivante (qui peut varier selon les auteurs) :

$$r = \frac{(\Sigma XY) - n\,\overline{X}\,\overline{Y}}{(n - 1)\,s_x\,s_y}$$

où ΣXY = la somme des produits des données de chacune des paires ;

n = le nombre de paires ;
$\overline{X}$ = la moyenne des données de la variable X ;
$\overline{Y}$ = la moyenne des données de la variable Y ;
s_x = l'écart type de la distribution des x ;
s_y = l'écart type de la distribution des y.

Grâce à ce coefficient, nous allons à présent pouvoir vérifier s'il existe une corrélation entre le temps de réaction de chacun des sujets et leur niveau de performance. Prenons, par exemple, le cas du niveau de base du groupe témoin.

Sujets	Performance (X)	Temps de réaction (Y)	XY
F 1	19	8	152
F 2	10	15	150
F 3	12	13	156
.	.	.	.
.	.	.	.
.	.	.	.
G 8	22	14	308
		$\Sigma XY =$	3142

$$n\,\overline{X}\,\overline{Y} = \ 15 \times 15{,}8 \times 13{,}4 = 3175{,}8$$

$$(n - 1)\,s_x s_y = \ 14 \times 3{,}07 \times 2{,}29 = 98{,}42$$

$$r = \frac{3142 - 3175{,}8}{98{,}42} = \frac{-33{,}8}{98{,}42} = -0{,}34$$

Le fait que la valeur du coefficient soit négative tend à indiquer que plus le temps de réaction est long, moins la performance est bonne. Cependant, cette valeur est trop faible pour qu'on puisse réellement parler d'une relation entre les deux variables.

Et qu'en est-il du groupe expérimental après traitement, sachant que dans ce cas, $\Sigma XY = 2953$?

$$n\,\overline{X}\,\overline{Y} =$$
$$(n-1)\,s_x\,s_y =$$

$$r = \underline{\hspace{3cm}} = \underline{\hspace{2cm}} =$$

Quelle est votre conclusion? Et si ce résultat vous paraît conclure en l'existence d'une relation, dans quel sens va-t-elle? Est-elle significative selon la table des valeurs critiques de r (table 4)?

Coefficient de rang r_s de Spearman

Le calcul de ce coefficient est plus simple à effectuer mais son résultat est moins précis que celui du r puisqu'il s'appuie sur l'ordre des données et non plus sur leur aspect quantitatif et sur les intervalles qui les séparent les unes des autres.

En effet, dans le cas du coefficient de rang (r_s) de Spearman, on se contente de vérifier si le classement effectué sur des données d'un échantillon est comparable à celui effectué sur d'autres données de cet échantillon appariées aux premières (le classement des étudiants dans un cours de psychologie est-il le même que celui de ces mêmes étudiants effectué dans un cours de mathématiques, ou encore par un autre professeur de psychologie?). Un coefficient proche de $+1$ indique que l'accord est complet quant à l'ordre attribué, alors qu'un coefficient proche de -1 signifie que le désaccord est total.

La formule du r_s est la suivante :

$$r_s = 1 - \frac{6(\Sigma d^2)}{n^3 - n}$$

où $d =$ la différence entre les rangs de chaque paire (indépendamment du signe) et
   $n =$ le nombre de paires.

On utilise principalement ce test non paramétrique lorsque l'information recherchée porte plus sur les *rangs* des données que sur les *intervalles* existant entre elles, ou encore lorsqu'on obtient des courbes qui sont trop asymétriques pour qu'on puisse utiliser un test paramétrique du type du r (il s'agit alors de convertir les données quantitatives en données ordinales).

Puisque ceci est le cas pour les distributions des réussites et des temps de réaction du groupe expérimental à la phase de traitement, nous pourrions recommencer les calculs que vous avez effectués pour ce groupe, à l'aide de la formule du r, en appliquant cette fois celle du r_s. Nous pourrons ainsi évaluer la différence entre les valeurs obtenues pour chacun des coefficients.

Sujets	Performance x	Temps de réaction y	Rang des x *	Rang des y *	d	d^2
F 8	8	17	12	5	7	49
F 9	20	13	1	2	1	1 ·
F 10	6	20	15	11,5	3,5	12,25
F 11	8	18	12	7,5	4,5	20,25
F 12	17	21	2	13,5	11,5	132,25
F 13	10	22	8,5	15	6,5	42,25
F 14	10	19	8,5	9,5	1	1
G 9	9	20	10	11,5	1,5	2,25
G 10	7	17	14	5	9	81
F 11	8	19	12	9,5	2,5	6,25
G 12	14	14	4	3	1	1
G 13	13	12	5	1	4	16
G 14	16	18	3	7,5	4,5	20,25
G 15	11	21	7	13,5	6,5	42,25
G 16	12	17	6	5	1	1
					$\Sigma d^2 =$	428

* Ne pas oublier :

1° que le 1er rang est accordé au plus grand nombre de réussites et le 15e au plus bas, alors que le 1er rang est accordé au temps de réaction le plus court et le 15e au plus long.

2° qu'on donne un rang moyen aux données *ex aequo*.

$$r_s = 1 - \frac{6 \times 428}{15^3 - 15} = 1 - \frac{2568}{3360} = 0,24$$

On obtient donc cette fois un résultat positif, bien que non significatif lui aussi. Lequel des deux est le plus fiable : $r = -0,48$ ou $r_s = +0,24$? Le problème ne peut se poser réellement que si ces résultats sont significatifs.

Toutefois, il faut à nouveau insister sur le fait que le sens à attribuer aux deux coefficients diffère quelque peu. Dans le cas du r, le coefficient négatif indique que la *performance* a tendance à être d'autant moins bonne que le temps de réaction est long, alors que dans le cas du r_s, il s'agit de vérifier si ce sont toujours les *sujets* les plus rapides qui sont les plus précis et les sujets les plus lents qui le sont toujours le moins.

Ceci ne semble pas être la tendance pour le groupe expérimental au cours de la phase de traitement, tel que l'indique un r_s de 0,24. Qu'en est-il, en revanche, pour le groupe témoin, au cours de la même phase, si on sait que $\Sigma d^2 = 122,5$?

$$r_s = 1 - \underline{\hspace{2cm}} = 1 - \underline{\hspace{2cm}} = 1 - \underline{\hspace{1cm}} = - \underline{\hspace{2cm}} S$$

Quelle est votre conclusion ? . . . .
. . . .

Nous avons ainsi passé en revue les différents tests statistiques paramétriques et non paramétriques utilisés en psychologie. Le survol a été succinct. Il n'avait pour but que de sensibiliser le lecteur au fait que sous ses aspects rébarbatifs, la statistique est essentiellement affaire de bon sens. Rappelons que les données de « l'expérience » dont il a été question tout au long de ces pages sont purement hypothétiques et ne peuvent d'aucune sorte servir de base de référence. Telle quelle, l'expérimentation mériterait cependant d'être tentée. Toutefois, le modèle sur lequel elle a été conçue étant des plus classiques, l'analyse statistique de nombreuses expérimentations pourrait être envisagée d'une manière semblable à celle qui a été utilisée au long de ces pages. Notre espoir est que, de cette façon, nous ayons amorcé des pistes qui puissent se révéler utiles pour ceux et celles qui ne savaient par où entreprendre l'analyse statistique de leurs résultats.

Résumé

La statistique comprend trois secteurs principaux : la statistique descriptive, la statistique inductive et la mesure des corrélations.

1. La statistique descriptive

1. La *statistique descriptive* a pour but de classer les données, d'en distribuer les fréquences, de découvrir les tendances centrales de cette distribution et la façon dont les données se dispersent autour d'elles.

2. Le *classement* des données s'effectue tout d'abord en plaçant celles-ci par ordre croissant en une suite ordonnée. Elles sont alors regroupées, selon leur fréquence, en *classes* dont les intervalles sont déterminés par le chercheur en fonction de ce qu'il veut mettre en évidence dans la distribution.

3. Parmi les *paramètres* les plus utilisés pour décrire une distribution, on distingue, d'une part, les mesures de *tendance centrale* telles que le mode, la médiane ou la moyenne et, d'autre part, des *indices de dispersion* tels que la variance ou l'écart type.

4. Le *mode* correspond à la valeur de la donnée apparaissant le plus souvent parmi toutes les autres, ou au milieu de la classe dont la fréquence est la plus élevée.

La *médiane* correspond à la valeur de la donnée centrale, une fois que toutes les données ont été classées par ordre croissant.

La *moyenne* se calcule en divisant la somme des valeurs de toutes les données par leur nombre.

Une distribution est considérée comme *normale* lorsqu'elle se présente sous la forme d'une *courbe en cloche* dont les mesures de tendance centrale se superposent et indiquent par là sa *symétrie*.

5. L'*étendue* d'une distribution est constituée par la différence existant entre le plus grand résultat et le plus petit.

6. L'*écart moyen* constitue un indice de dispersion plus précis que l'étendue. Il consiste à calculer la *distance moyenne* des différentes données par rapport à la moyenne de la distribution. Soit, de façon simplifiée.

$$\textbf{Écart moyen} = \frac{\Sigma |d|}{n} .$$

7. La *variance* est une autre mesure de dispersion, découlant de la précédente, qui correspond à la moyenne des *carrés* des différences entre chaque donnée et la moyenne, soit

$$\textbf{Variance} = \frac{\Sigma d^2}{n}$$

8. L'*écart type* est l'indice de dispersion le plus utilisé. Il est obtenu en extrayant la racine carrée de la variance. Il représente donc la racine carrée de la somme des carrés de chaque écart par rapport à la moyenne de la distribution. Sa formule est la suivante.

$$\textbf{Écart type} = \sqrt{\frac{\Sigma d^2}{n}} \text{ ou } \sqrt{\frac{\Sigma d^2}{n-1}}$$

9. La propriété essentielle de l'écart type réside dans le fait que, quelle que soit sa valeur, il détermine toujours, dans une distribution normale, un pourcentage semblable de résultats se situant de part et d'autre de la moyenne. Ainsi :

68 % des résultats se situent à plus ou moins 1 écart type de la moyenne ;

95 % des résultats se situent à plus ou moins deux fois l'écart type de la moyenne ;

99,7 % des résultats se situent à plus ou moins trois fois l'écart type de la moyenne.

10. C'est grâce à ces mesures de tendance centrale et aux indices de dispersion que vont pouvoir être évaluées les différences existant entre deux ou plusieurs distributions, afin de vérifier jusqu'à quel point ces différences peuvent être extrapolées à la population dont les échantillons sont issus. C'est le rôle de la *statistique inductive*.

2. La statistique inductive

1. La *statistique inductive* cherche à cerner les conséquences des différences qui peuvent apparaître entre deux distributions afin d'induire éventuellement une loi s'appliquant à la population dont les échantillons sont issus.

2. Afin de vérifier si les différences sont significatives, il s'agit de poser une *hypothèse* qu'on va alors tester à l'aide d'une épreuve statistique.

On appelle *hypothèse nulle* l'hypothèse qui avance que la différence n'est pas significative et *hypothèse alternative* celle qui avance le contraire.

3. La vérification de l'hypothèse s'effectue à l'aide d'un *test paramétrique* pour peu qu'on possède *suffisamment de données*, exprimées de façon *quantitative*, et que ces données se distribuent selon une *courbe normale*. Si, par contre, les données sont en nombre restreint ou encore qu'elles sont *ordinales* ou *nominales* (voir l'encadré B.1), on utilise alors un *test non paramétrique*.

4. Parmi les *tests paramétriques*, le plus courant et le plus efficace est le *test t* de Student qui consiste à comparer les moyennes et les écarts types de chacune des deux distributions. Lorsque celles-ci appartiennent à des échantillons indépendants, on utilise la formule :

$$t = \frac{\bar{X}_1 \quad \bar{X}_2}{\sqrt{\dfrac{s_1^2}{n_1} + \dfrac{s_2^2}{n_2}}}$$

alors que pour deux échantillons reliés, la formule est la suivante :

$$t = \frac{\Sigma d}{\sqrt{\dfrac{n\Sigma d^2 - (\Sigma d)^2}{n - 1}}}$$

5. L'*analyse de variance* est un autre test paramétrique utilisé lorsqu'il s'agit de comparer plus de deux distributions. À l'aide du test de Scheffé, il est alors possible, à la suite de l'analyse de variance, de déterminer les paires dont la différence est ou non significative.

6. Le *test du* χ^2 («khi deux») est un test non paramétrique qui cherche à vérifier si deux variables sont indépendantes ou non l'une de l'autre. Ce test vise à comparer la façon dont les fréquences observées en cours d'expérience se distribuent en fonction des critères de chacune des variables par rapport à la manière dont elles se distribueraient théoriquement si les variables étaient indépendantes. À partir d'un *tableau de contingences* dans lequel sont reportées les différentes fréquences, on calcule le χ^2 en comparant, pour chaque case, la fréquence observée (O) à la fréquence théorique (E) correspondante, puis en faisant la somme de ces comparaisons, soit :

$$\chi^2 = \Sigma \frac{(O - E)^2}{E}$$

7. Le *test du signe* (ou test binomial) est un autre test non paramétrique qui permet de vérifier facilement si l'introduction de la variable indépendante a modifié de façon suffisamment importante les données obtenues lors de l'établissement du niveau de base. Il suffit pour cela de compter le nombre de détériorations ($-$) ou le nombre d'améliorations ($+$), puis de comparer la valeur d'un de ces deux nombres avec celle que le hasard aurait permis d'obtenir (1 chance sur 2 ou $\frac{n}{2}$) en appliquant la formule :

$$Z = \frac{(X \pm 0,5) - \frac{n}{2}}{\sqrt{\frac{n}{2}}}$$

8. Il existe bien d'autres tests non paramétriques dont l'utilisation est requise, dans la vérification d'hypothèses, lorsqu'on ne peut employer un test paramétrique. C'est le cas notamment du *test de séquences* chargé de vérifier si l'ordre d'apparition des événements d'une série s'effectue ou non selon les lois du hasard. C'est également celui du *test de U* ou du *test de T* nécessaires dans les cas de variables ordinales et selon qu'il s'agit respectivement d'échantillons indépendants ou dépendants.

9. Dans tous les cas, il suffit de comparer le résultat obtenu à l'aide du test avec celui figurant dans la table correspondante, au niveau de signification de 0,05 et en tenant compte du nombre de degrés de liberté. Si le résultat obtenu est supérieur à celui figurant dans la table, on peut rejeter l'hypothèse nulle et affirmer que la différence est significative.

3. Le calcul de corrélation

1. Le *calcul de corrélation* vise à établir la relation existant éventuellement entre deux mesures effectuées sur le même échantillon ou sur deux échantillons distincts afin de vérifier si l'augmentation des valeurs correspond à l'augmentation ou la diminution de l'autre.

2. Les valeurs du *coefficient de corrélation* se situent toujours entre $+1$, qui représente une corrélation parfaite positive, et -1, qui représente une corrélation parfaite négative. Un coefficient de 0 signifie qu'il n'existe aucune corrélation entre les deux séries de données.

3. Le *coefficient de corrélation de Bravais-Pearson* (r) est un test paramétrique qui s'appuie sur la comparaison des moyennes et des écarts types des résultats provenant des deux mesures. Sa formule est la suivante :

$$r = \frac{(\Sigma XY) - nXY}{(n-1)\,s_x s_y}$$

4. Quant au *coefficient de corrélation de rang* de Spearman (r_s), il s'agit d'un test non paramétrique qui tente d'établir une relation entre le rang occupé par les valeurs dans chacune des deux séries de mesures.

5. Un coefficient de corrélation ne peut cependant revêtir une quelconque signification que si le nombre de paires est suffisant, ce qui peut être vérifié à partir d'une table des valeurs significatives (critiques) de r ou de r_s pour un seuil de signification de 0,05.

Résultats des calculs demandés au cours de l'exposé

Différence entre les données du groupe témoin et les données du groupe expérimental, après traitement (t pour échantillons indépendants).

$$t = 3{,}11, \ D = 28, \ P < 0{,}05 : \text{S}$$

Différence entre les données du niveau de base et de la phase après traitement, pour le groupe expérimental (t pour échantillons dépendants).

$$t = -8{,}14, \ D = 14, \ P < 0{,}05 : \text{S}$$

Comparaison des performances et des temps de réaction après traitement pour le groupe expérimental (coefficient r de Bravais-Pearson).

$$r = -0{,}48, \ D = 13, \ P > 0{,}05 : \text{N.S.}$$

Comparaison des performances et des temps de réaction après traitement pour le groupe témoin (coefficient r_s de Spearman).

$$r_s = +0{,}73, \ D = 13, \ P < 0{,}05 : \text{S.}$$

Mediagraphie

1. Références bibliographiques

CHATILLON, G., *Statistique en Sciences humaines*, Trois-Rivières, Ed. SMG, 1977.

GILBERT, N., *Statistiques*, Montréal, Ed. HRW, 1978.

MORONEY, M.J., *Comprendre la statistique*, Verviers, Gérard et Cie, 1970.

SIEGEL, S., *Non-parametric Statistic*, New York, MacGraw-Hill Book Co., 1956.

Encadré B.5

Tables

Table 1.   Distribution du «t» de Student

D	0,05
1	6,31
2	2,92
3	2,35
4	2,13
5	2,02
6	1,94
7	1,90
8	1,86
9	1,83
10	1,81
11	1,80
12	1,78
13	1,77
14	1,76
15	1,75
16	1,75
17	1,74
18	1,73
19	1,73
20	1,73
21	1,72
22	1,72
23	1,71
24	1,71
25	1,71
26	1,71
27	1,70
28	1,70
29	1,70
30	1,70
40	1,68
∞	1,65

Table 2.   Distribution du χ^2

D	0,05
1	3,84
2	5,99
3	7,81
4	9,49
5	11,1
6	12,6
7	14,1
8	15,5
9	16,9
10	18,3

Table 3.   Valeurs significatives de Z

$$0,05 = 1,64$$
$$0,01 = 2,33$$

Table 4.   Valeurs significatives de r (critiques)

$D = (N - 2)$	$P = .05$ (5 %)
3	.88
4	.81
5	.75
6	.71
7	.67
8	.63
9	.60
10	.58
11	.55
12	.53
13	.51
14	.50
15	.48
16	.47
17	.46
18	.44
19	.43
20	.42

Table 5.   Valeurs significatives de r_s (critiques)

$D = (N - 2)$	$P = .05$
2	1.000
3	.900
4	.829
5	.714
6	.643
7	.600
8	.564
10	.506
12	.456
14	.425
16	.399
18	.377
20	.359
22	.343
24	.329
26	.317
28	.306

N.B. 1) Pour des échantillons plus importants ou pour un niveau de signification inférieur à 0,05, consulter les tables des manuels de statistiques.

2) Pour les tables de distribution des autres tests non paramétriques, se reporter à des ouvrages spécialisés (voir références bibliographiques).

Réponses aux questions des guides d'étude

Chapitre 1

Phrases à compléter

1. l'inné, l'acquis; **2.** sélectionner, adaptées; **3.** 1859, «L'origine des espèces»; **4.** génétique, lois de l'hérédité; **5.** taxies; **6.** organe des sens, réflexe; **7.** stéréotypés, instinctifs; **8.** déclenchement, approprié; **9.** attachement, animé; **10.** apprentissage, habitudes; **11.** raisonnement, mammifères supérieurs; **12.** 10 millions, de l'Est; **13.** main, outils; **14.** crânienne, volume; **15.** habilis, deux millions; **16.** 40.000 ans, sapiens, Cro-Magnon; **17.** langage; **18.** partage, couple; **19.** chimpanzés, mâles; **20.** agressivité.

Vrai ou faux

1. F; **2.** F; **3.** F; **4.** V; **5.** V; **6.** F; **7.** F; **8.** F; **9.** V; **10.** F; **11.** V; **12.** V.

Choix multiple

1. d; **2.** c; **3.** d; **4.** d; **5.** d; **6.** a; **7.** a; **8.** d; **9.** c; **10.** b; **11.** d; **12.** c; **13.** a; **14.** d; **15.** d.

Chapitre 2

Phrases à compléter

1. âme (ou «ombre»); **2.** dieux; **3.** l'esprit (ou l'âme), «monde des idées»; **4.** fonction; **5.** Aristote, théologie; **6.** esprits animaux; **7.** dualisme; **8.** rationalisme; **9.** expérience; **10.** empiriste; **11.** hypothèse; **12.** association; **13.** activités mentales, conscience; **14.** 1879, Wundt; **15.** éléments; **16.** introspection; **17.** habitudes; **18.** behavioriste, S-R; **19.** conséquences; **20.** imiter, modèles; **21.** psychophysiologie; **22.** fondements biologiques; **23.** compétition, gènes; **24.** tout, différent; **25.** stades; **26.** cognitive; **27.** psychanalytique; **28.** réaliser; **29.** interaction; **30.** éclectique.

Vrai ou faux

1. V; **2.** F; **3.** V; **4.** F; **5.** V; **6.** V; **7.** F; **8.** F; **9.** V; **10.** V; **11.** V; **12.** F; **13.** F; **14.** F; **15.** F.

Choix multiple

1. a; **2.** d; **3.** d; **4.** a; **5.** d; **6.** b; **7.** a; **8.** c; **9.** d; **10.** a; **11.** b; **12.** a; **13.** c; **14.** b; **15.** d.

Chapitre 3

Phrases à compléter

1. solide; **2.** clinicien, thérapie; **3.** relationnel, conjugal, familial; **4.** communautaire; **5.** scolaire, industriel; **6.** apprentissage; **7.** ergonomiste; **8.** développement psychologique; **9.** médicaments; **10.** existence; **11.** zoopsychologue, éthologistes; **12.** interprétation; **13.** systématique; **14.** valides, échantillons; **15.** normalisation, représentatives; **16.** corrélationnelle, variables; **17.** intervenir; **18.** indépendante; **19.** expérimental; **20.** contrôle, varier; **21.** biais, attentes, sujets; **22.** Hawthorne, attendu; **23.** double aveugle, biais; **24.** indépendante; **25.** mauvais, expérimentations.

Vrai ou faux

1. V; **2.** F; **3.** F; **4.** V; **5.** V; **6.** F; **7.** F; **8.** V; **9.** V; **10.** V; **11.** F; **12.** F; **13.** F; **14.** F; **15.** V.

Choix multiple

1. c; **2.** d; **3.** d; **4.** c; **5.** a; **6.** d; **7.** d; **8.** d; **9.** d; **10.** a; **11.** b; **12.** c; **13.** d; **14.** d; **15.** d.

Chapitre 4

Phrases à compléter

1. horloge biologique; **2.** profond, lentes; **3.** paradoxal; **4.** sommeil paradoxal, mouvements oculaires rapides; **5.** alpha, thêta; **6.** ralentir, oxygène; **7.** réalité extérieure, limiter; **8.** synapse, neurotransmetteurs; **9.** accoutumance; **10.** syndrome d'abstinence; **11.** sentiment de plaisir; **12.** neurodépresseur; **13.** physique, 21; **14.** mauvais «voyage»; **15.** baissé.

Vrai ou faux

1. F; **2.** V; **3.** V; **4.** V; **5.** F; **6.** V; **7.** F; **8.** F; **9.** F; **10.** F.

Choix multiple

1. d; **2.** a; **3.** d; **4.** d; **5.** b; **6.** d; **7.** a; **8.** b; **9.** d; **10.** a.

Chapitre 5

Phrases à compléter

1. limités; **2.** naissance, orienter; **3.** hypothèses; **4.** expérience; **5.** signification, forme, structuré, précis; **6.** clôture, simple, complet; **7.** proximité, similarité, continuité, symétrie; **8.** stable, constante; **9.** prédateur; **10.** stéréoscopique; **11.** linéaire, aérienne; **12.** proches, éloignés; **13.** surcharge informationnelle; **14.** diminution, constante; **15.** accoutumance, familiers, bloque; **16.** nouveau, complexe, intense, répété; **17.** besoins, intérêts, attentes; **18.** filtre; **19.** seuil physiologique, excitation; **20.** niveau d'éveil, attention, physiologique; **21.** subliminale; **22.** défense perceptive, perceptif, inacceptables; **23.** subliminale, conscience; **24.** extrasensorielle, latentes; **25.** thêta, illusions, hallucinations.

Vrai ou faux

1. V; 2. V; 3. F; 4. F; 5. V; 6. F; 7. F; 8. V; 9. F; 10. F; 11. F; 12. F.

Choix multiple

1. a; 2. a; 3. d; 4. d; 5. a; 6. c; 7. d; 8. a; 9. d; 10. d; 11. b; 12. d; 13. b; 14. d; 15. d; 16. d; 17. a; 18. d; 19. a; 20. d.

Chapitre 6

Phrases à compléter

1. mouvoir; 2. homéostasie; 3. incitateur; 4. optimal, de conscience; 5. cognitivistes; 6. sélecteur; 7. intrinsèque; 8. satiété; 9. reins, enzyme, hypothalamus; 10. facilitent, endorphines, freiner, bloquer; 11. apprise; 12. internes, l'apprentissage, prédéterminé; 13. intérêt soutenu; 14. la phase d'excitation, la phase en plateau, l'orgasme, la phase de résolution; 15. culture; 16. riche en stimulations, appauvri; 17. premiers, suivants; 18. autonomie; 19. vécu, comportement, activation; 20. intensité; 21. perception; 22. insuffisant, besoin; 23. âge, expériences vécues; 24. la réaction d'alarme, la phase de résistance, la phase d'épuisement; 25. optimal.

Vrai ou faux

1. V; 2. F; 3. F; 4. V; 5. F; 6. F; 7. V; 8. V; 9. F; 10. F; 11. V; 12. V; 13. V; 14. F; 15. V.

Choix multiple

1. d; 2. d; 3. a; 4. a; 5. a; 6. d; 7. c; 8. d; 9. b; 10. d; 11. b; 12. c; 13. d; 14. c; 15. d; 16. d; 17. d; 18. b; 19. b; 20. b.

Chapitre 7

Phrases à compléter

1. répondants, opérants, cognitifs; 2. répondants, impact; 3. opérants, environnement, conséquences; 4. cognitifs, évaluation, antérieures, possibilités, approprié; 5. habituation, sensibilisation, stable, répétitive; 6. répertoire; 7. inconditionnels, condition, spécifique; 8. neutre, conditionnel, condition, associé, inconditionnel; 9. action, opérée; 10. essais, erreurs, satisfaction, abandon, insatisfaction; 11. renforçateur, augmente; 12. façonnement, approximations; 13. désagréable, négatif, augmente, reproduit; 14. disparaître, désagréable; 15. physiologique; 16. extinction, inconditionnel; 17. discrimination, extinction, inconditionnel; 18. reproduction, conditionnel, renforcement; 19. vicariant, modèle, conséquences; 20. latent, cognitives, signification, liaison; 21. psychomotrices, stratégies; 22. appropriée; 23. raisonnement, recenser, hypothèses; 24. abstraction, généralisation; 25. maturation, étapes, semblables, maturité; 26. critiques, sensible; 27. performance; 28. capacité, modifiée; 29. transfert, faciliter, retarder; 30. positif.

Vrai ou faux

1. V; 2. F; 3. F; 4. F; 5. V; 6. F; 7. V; 8. V; 9. F; 10. F; 11. V; 12. V; 13. F; 14. F; 15. F; 16. V; 17. V; 18. F; 19. F; 20. V.

Choix multiple

1. c; 2. a; 3. c; 4. d; 5. d; 6. b; 7. b; 8. b; 9. c; 10. a; 11. c; 12. b; 13. d; 14. d; 15. d; 16. a; 17. c; 18. d; 19. c; 20. d.

Chapitre 8

Phrases à compléter

1. immédiate, court terme, long terme; 2. sensorielle, un quart de, disparaît; 3. capacité, sept; 4. rétention, illimitées; 5. familier; 6. encodage, contexte; 7. inachevée; 8. rapprochement, contextes; 9. encodage, entreposage, recouvrement; 10. encodage, mémoire à court terme, mémoire à long terme; 11. épisodique, sémantique; 12. épisodique, autobiographique; 13. sémantique, organiser; 14. spatiale, sérielle, extérieur; 15. associative, communes, hiérarchique, catégorie; 16. recouvrement, important, reconnaissance, rappel; 17. âge, non-usage; 18. interférence, proactive, rétroactive; 19. motivé, désagréable; 20. mentales, nocturnes, rêves éveillés, stratégies, traitement; 21. rigidité, négatif, découverte; 22. formation, concepts, solution de problèmes; 23. formation; 24. acquérir, disjonctifs; 25. préparation, incubation, inspiration, évaluation; 26. stratégie, hypothèses; 27. systématique, raisonnable; 28. dialogue, haute voix; 29. contenu, activité, images, langage, symbolique; 30. schèmes, organisent, spirale, adaptation; 31. assimilation, intégrer, existantes, modifier, nouvelle; 32. sensori-moteur, concrètes, formelles; 33. signaux, actuelle; 34. passés, futurs; 35. compétence, implicite; 36. psycholinguiste, psychologue du langage; 37. apprentissage, préformiste, relativistes, constructiviste; 38. apprentissage, imitation; 39. innées, linguistique, moule; 40. pensée, intelligence, représentation.

Vrai ou faux

1. F; 2. F; 3. V; 4. V; 5. V; 6. F; 7. F; 8. F; 9. V; 10. F; 11. V; 12. F; 13. V; 14. V; 15. V; 16. F; 17. V; 18. F; 19. V; 20. V; 21. F; 22. V; 23. V; 24. F; 25. V.

Choix multiple

1. d; 2. d; 3. b; 4. a; 5. b; 6. b; 7. b; 8. d; 9. b; 10. d; 11. d; 12. d; 13. b; 14. d; 15. d; 16. d; 17. d; 18. d; 19. d; 20. b; 21. b; 22. d; 23. d; 24. d; 25. b.

Chapitre 9

Phrases à compléter

1. réaction, perception, cloche; **2.** capacité, s'adapter; **3.** générale, spécifiques; **4.** primaires, numérique, fluidité, verbale, spatiale, mémoire, raisonnement, perception; **5.** 120, opération, production, contenu; **6.** important, spécifiques, propres; **7.** concrète, cognitives; **8.** fluide, hérite, apprentissage; **9.** B, interaction, A; **10.** naissance, présence, absence; **11.** mongolisme, présence, troisième, 21e; **12.** déficience, carence, iode marin; **13.** diabète, syphillis, rubéole; **14.** six; **15.** stimulent, multipliant, harmonieuse; **16.** plus, bas; **17.** lien, social, réussite; **18.** valeurs, vie, intelligence, moyennes; **19.** 1905, Binet, répartition, intelligence; **20.** chronologique, mental; **21.** mental, chronologique, mois; **22.** verbales; **23.** moyenne, 100, 15 ou 16 points; **24.** courbe, 2 à 3, 1 à 2; **25.** convergente, divergente, originales; **26.** fluide, flexible originale; **27.** corrélation, 120; **28.** aussi; **29.** peu, très; **30.** indépendance, intégrer, relative.

Vrai ou faux

1. V; **2.** V; **3.** F; **4.** V; **5.** V; **6.** F; **7.** F; **8.** F; **9.** V; **10.** F; **11.** F; **12.** F; **13.** V; **14.** V; **15.** F; **16.** V; **17.** F; **18.** V; **19.** F; **20.** V.

Choix multiple

1. d; **2.** b; **3.** a; **4.** d; **5.** a; **6.** d; **7.** d; **8.** c; **9.** a; **10.** b; **11.** c; **12.** d; **13.** d; **14.** c; **15.** b; **16.** d; **17.** c; **18.** d; **19.** d; **20.** d; **21.** d; **22.** d; **23.** b; **24.** a; **25.** d.

Chapitre 10

Phrases à compléter

1. germinatif, embryonnaire, fœtal; **2.** autonomie, social; **3.** 80, 72; **4.** céphalo-caudal; **5.** cinquième, six; **6.** 20, 30, 40, 60; **7.** reproduction, activité sexuelle; **8.** peu nombreux, courants; **9.** excitantes, satisfaisantes, jeux préliminaires, coït, comportements, positions; **10.** invention, nouveau, 18, 24; **11.** symbolique, conservation, longueur, poids, étalon, sérier, classer; **12.** abstralte, hypothèses, support; **13.** remaniements, progrès, acte moteur, affectivité; **14.** indépendance, enrichissement; **15.** 60, améliorer; **16.** conventionnel; **17.** respect, non-violence; **18.** typologies, constitution, traits, neuropsychique; **19.** interactions, capacités, expériences antérieures, attentes, environnement, approprié; **20.** cognitivistes, interprète, lieu; **21.** psychosexuel, libidinale, érogènes; **22.** inadéquate, fixation, traits de personnalité; **23.** sentiment, infériorité, style, vie, compétences; **24.** individuation, reconnaissance, intégration, enfouis, négligés; **25.** ressentie, affective, ici, maintenant; **26.** congruence, réel, sentiments, pensées, comportements, idéal, actualisation; **27.** intentionnalité, nature, attentes, satisfaites; **28.** lien, habitudes, regard, mouvements, sourire; **29.** huit, psychosociales, favorable, défavorable, épanouissement; **30.** dépression, chagrin, acceptant.

Vrai ou faux

1. F; **2.** V; **3.** F; **4.** F; **5.** V; **6.** V; **7.** V; **8.** F; **9.** V; **10.** V; **11.** F; **12.** F; **13.** V; **14.** F; **15.** V; **16.** F; **17.** V; **18.** F; **19.** V; **20.** V.

Choix multiple

1. a; **2.** c; **3.** d; **4.** b; **5.** b; **6.** b; **7.** d; **8.** d; **9.** a; **10.** b; **11.** a; **12.** a; **13.** d; **14.** a; **15.** b; **16.** c; **17.** b; **18.** b; **19.** b; **20.** b; **21.** a; **22.** c; **23.** c; **24.** d; **25.** d.

Chapitre 11

Phrases à compléter

1. domaine, territoire; **2.** personnelle, publique; **3.** surpeuplement, bruit, pollution; **4.** rôle, anticiper; **5.** l'expert, scientifique, professionnel; **6.** pression, forte, approbation; **7.** altruisme, apathie, urgence; **8.** extérieures, proximité physique, attrait physique, similarité, complémentarité, compétence, gratification réciproque; **9.** 7, 55; **10.** expression faciale, regard, mouvements, toucher, voix; **11.** communication, communiqué; **12.** double-contrainte, choix; **13.** halo, primauté, durables; **14.** attribuer, comportements, dispositions, situation; **15.** image, simpliste; **16.** cognitive, affective, comportementale; **17.** modèles, 20, 30, définitive; **18.** crédible, parle, attrayant, aimable; **19.** éloigner, conséquences, changement; **20.** réceptifs, touche, impliqués, besoins, buts; **21.** perception, stabilité, cohérence, objectif; **22.** cohérence, réduire, dissonance, persuader; **23.** équilibre, minimiser, nier; **24.** jugement, connaître, agir; **25.** canaliser, bouc émissaire.

Vrai ou Faux

1. V; **2.** F; **3.** F; **4.** V; **5.** F; **6.** F; **7.** V; **8.** F; **9.** V; **10.** V; **11.** V; **12.** F; **13.** F; **14.** F; **15.** V; **16.** F; **17.** V; **18.** F; **19.** V; **20.** F.

Choix multiple

1. c; **2.** d; **3.** c; **4.** d; **5.** a; **6.** c; **7.** d; **8.** a; **9.** c; **10.** b; **11.** b; **12.** d; **13.** d; **14.** b; **15.** d; **16.** a; **17.** c; **18.** d; **19.** d; **20.** d.

Chapitre 12

Phrases à compléter

1. anxiété, survie; **2.** physiologiques, psychosomatiques; **3.** fréquent, normes, dangereux, écart, hallucinations, détresse, incapacité; **4.** possession; **5.** cachots, asiles, médicale; **6.** psychiatrie, mentales; **7.** neurologie, psycho-pharmacologie, psychiatres, biologique; **8.** ca, plaisir, réalité; **9.** mécanismes, défense, moi, situations, anxiété; **10.** réactionnelle, opposé, refoulés; **11.** sublimation; **12.** projection, propres, surmoi; **13.** apprentissage, externes; **14.** cognitive, mésadaptés, irrationnelles; **15.** réel, congruent; **16.** socio-culturelle, mythe, spéculations, responsabilité; **17.** propres, organique, fonctionnels; **18.** anomalies, intoxications, démences; **19.** cognitif, affectifs, perte; **20.** phobiques, paniques, obsessivo-compulsifs; **21.** somatoforme; **22.** dissociation; **23.** identité, déviations, fonction, anxiété; **24.** peu flexibles, adaptés, détresse; **25.** malade, unique, crise; **26.** système nerveux, électrochocs, psychochirurgie, chimiothérapie; **27.** écouter, diminuer; **28.** mieux; **29.** intrapsychiques, behaviorales; **30.** inconscientes, refoulés; **31.** estime de soi, congruent; **32.** conscience, tout; **33.** situation, irrationnelles; **34.** existentielles, réalité, transactionnelle, psychodrame; **35.** comprendre, harmonieuses; **36.** contre-conditionnement opposée, inadaptée; **37.** jetons, modes, privilèges; **38.** auto-contrôle, renforce; **39.** entraide, isolement, détresse, conseils, information; **40.** thérapeutiques, atmosphère, libre, découvrir.

Vrai ou Faux

1. F; **2.** F; **3.** F; **4.** V; **5.** F; **6.** V; **7.** V; **8.** F; **9.** F; **10.** V; **11.** F; **12.** V; **13.** F; **14.** V; **15.** F; **16.** V; **17.** F; **18.** V; **19.** V; **20.** F; **21.** V; **22.** F; **23.** V; **24.** V; **25.** F; **26.** V; **27.** F; **28.** V; **29.** V; **30.** F.

Choix multiple

1. d; **2.** d; **3.** c; **4.** d; **5.** d; **6.** d; **7.** a; **8.** d; **9.** d; **10.** b; **11.** d; **12.** a; **13.** a; **14.** d; **15.** d; **16.** c; **17.** d; **18.** d; **19.** d; **20.** b; **21.** c; **22.** b; **23.** b; **24.** c; **25.** d; **26.** d; **27.** d; **28.** c; **29.** d; **30.** a.

Décodage des figures réversibles des dessins

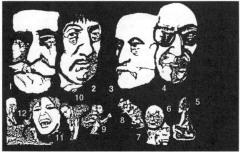

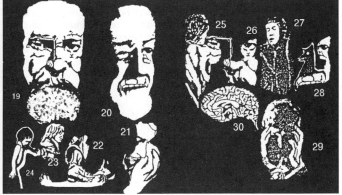

1. PAVLOV, Ivan, physiologiste russe

2. DESCARTES, René, philosophe français

3. FREUD, Sigmund, psychiatre autrichien

4. ROGERS, Carl, psychologue américain

5. YOGI en méditation

6. PIAGET, Jean, psychologue suisse

7. Tête d'hominidé primitif

8. Rat dans une cage de SKINNER

9. Jeune singe des expériences sur l'attachement de HARLOW

10. Victor, l'enfant sauvage

11. Les émotions: la joie

12. Un psychanalyste et sa patiente

13. L'homme «noir»

14. Bébé emmailloté à l'ancienne

15. Enfant déguisé

16. Tête d'enfant atteint du syndrome de DOWN

17. L'orgasme

18. Le sommeil

19. JAMES, William, psychologue américain

20. LORENZ, Konrad, éthologiste autrichien

21. Les émotions: la tristesse

22. Injection de drogue à l'aide d'une seringue

13. Enfant agressif

24. Entrée de l'enfant dans la vie

25. Les assuétudes: alcoolisme et télé

26. Jeux «sadiques» chez un enfant jouant avec un oiseau et un rat mort

27. L'«ombre»

28. Dresseur avec un chien-loup

29. La dépression

30. Vue de la face interne du cerveau

Index

La pagination des mots du glossaire figure en caractères gras.

Abstraction, 315
Abstraite
  intelligence, 406-407, **407**
  pensée, 360
Accommodation, **359**
Accoutumance
  à la drogue, **142**
  sensorielle, 186, **187**, 298
Acétylcholine, 692, 708, 709
Acquis
  et agressivité, 279-283
  et apprentissage, 326-331
  et comportement, 76
  et inné, 24-25, 76, 279-283, 326-331, 443-452
  et intelligence, 443-452
Acrophobie, 597, 631
Action
  communautaire, 619-623
  potentiel, d'—, 705-707, **706**
  prévision de l'—, 699-700
Activation
  affective, 251-258
  de l'organisme, 130, 234, 237
  du cerveau, 192
  motivationnelle, 234-251
  physiologique, 130, 252, 255
  psychologique, 130
  optimale, 237-238
Activité
  électrique du cerveau, 150-151
  intellectuelle, 406
  motrice, 166, 678-679
  nerveuse, 711-712
  onirique, 164-167
  sexuelle, 117-118, 244-247, 263-267
  symbolique, 360
Actualisation de soi, 75-76, 87, 251, 499-500
Acuité visuelle, **206**, 476, 674
Adaptation, 359
  capacité d'—, 402-403
  et accoutumance, 186-187
  et apprentissage, 296
  et créativité, 425-427
  sensorielle, **186**, 186-187
ADN (acide désoxyribonucléique), 387, **658**
Adolescence
  crise d'—, 504
  développement intellectuel, 451, 482-487

développement physique, 477
développement psychologique, 473
développement sexuel, 480-481
et intentionnalité, 500
et socialisation, 502
troubles propres à l'—, 593, 628-629
Adrénaline, **681**
Affectif, **234**
Affiliation, **249**
Âge adulte
  capacités intellectuelles, 487
  développement physique, 478
  développement psychologique, 473
  développement sexuel, 481-482
  et intentionnalité, 500
  et socialisation, 502
Agent
  de renforcement (*voir* Renforçateur)
  et percipient, **218**, 222
  pathogène, 594, 619
Agnosie, 373, **374**
  auditive, 373, 374
  tactile, 373
  visuelle, 373
Agoraphobie, 597, 631
Agraphie, 374
Agressivité
  caractère acquis ou inné, 24
  centres de l'—, 279
  et douleur, 279-280
  et frustration, 279-280
  facteurs de l'—, 279
  humaine, 43-44
  motivation innée ou acquise, 279-283
  théories sur l'—, 280-281
Aigu (trouble), **145**, 594
Aire(s) (*voir aussi* Zone)
  auditive, 698
  d'association, 696
  de la pensée, 699-700
  de la sensibilité générale, 696
  du langage, 373-374, 700
  gnosique, 697
  gustative, 698
  motrices, 699
  olfactive, 698
  sensorielle, 696-699
  septale, 694
  visuelle, 697-698
Albinisme, **676**
Alcool, 142, 144, 160, 585, 593
  et grossesse, 410
  et pertes de mémoire, 372, 593

Alcoolisme, 148, 593, 620
Alexie, **374**
Aliénation, **578**
Alimentation
  et développement, intellectuel, 410
  maternelle, 410
Alpha-androsténol, 563
Altéré
  état —, **141**
Altruisme, **536**, 536-537, 553
Amnésie, 372-373, **374**
  antérograde, 373
  psychogénique, **599**
  rétrograde, 372
Amphétamine, 143, **143**, 710
Amphipithèque, 49
Amplitude (d'une onde), **151**, 676, 677
Amygdale (*voir aussi* noyau amygdalien), 279, 694, 695
Analgésique, **160**
Analyse transactionnelle, 613, **613**
Androgènes, 682, **682**
Anesthésique, **160**
Angine de poitrine, 579
Angiotensine, 710
Angoisse, 152, 153, 167
  crise d'—, 631
  dépressive, 631
Animaux
  communication chez les —, 39, 361-362
  et intelligence, 118-120, 446-447
  et perceptions extrasensorielles, 220-221
  expérimentation sur les —, 116-117
  hiérarchie sociale chez les —, 555
  reproduction chez les —, 244
Animisme, 510, **510**
Anomalies
  chromosomiques, 662
Anorexie (mentale), **593**, 628-629
Anormalité, 579-581, 581-590
Antidépresseur, 606
Anti-madone (fantasme de l'—), 507, 508
Antipsychiatrie, **590**, 621-622, 634-635
Anxiété, 168, 256, 578-579, 587, 589
Apathie, 536-537, **537**
Aphasie, 373
  de Broca, 374
  de Wernicke, 374
Aplysie, 389-390

Apnée, 169, **169**
Appareil vestibulaire, 667, **667**
Apprentissage(s), 34-35, 45, 292, 293, **296**
 chez le saumon de l'Atlantique, 45-46
 cognitifs, 310-315, 323
 de comportements opérants, 301-310, 322-323
 de comportements répondants, 298-300
 de comportements sexuels, 244-245
 de la langue maternelle, 323
 de l'impuissance, 329-330
 dépendant de l'état de conscience, 161
 des concepts, 314-315
 d'habiletés psychomotrices complexes, 311-312
 du langage, 323, 363, 378-379
 et adaptation, 296
 et contraintes biologiques, 326-329
 et hérédité, 118-120
 et instinct maternel, 47
 et maturation, 315, 322-323
 et performance, 316-317
 et périodes critiques, 322-323
 latent, 310-311, **310**
 par essais et erreurs, 41, 301-303, **301**, 322
 par façonnement, 303-305, 322
 par imitation, 281, 309, 322
 par insight, 312-313, 323
 par observation, 309-310
 par raisonnement, 313-315, 323
 perceptuel, 314
 psychomoteur, 311-312
 social, 68, 281, 282, 309
 types d'—, 296-297
 vicariant, 309, 310, **309**, 323
Approche(s) (*voir aussi* Théorie)
 behavioriste, 67-68, 357, 493-494, 587
 biologique, 68-71
 cognitiviste (ou cognitive), 71-74, 357-360, 494, 588
 comportementaliste (*voir* Approche behavioriste)
 descriptives du développement personnel, 491-493
 éclectique, 78
 épigénétique, 449-452, **449**, 595
 fonctionnaliste, 65-66, 83
 humaniste, 74-75, 498-501
 médicale, 582-583
 neurophysiologique de la mémoire, 389-390
 psychanalytique, 74, 583-587
 psychodynamiques, 494-498
 socioculturelle, 590
 sociopsychologique, 75-76
 structuraliste, 64-65
Approximations successives, 303, 308, 380

Apraxie, 373, **374**, 699
Aptitude(s)
 associatives, 406
 cognitives, 407
 mentales primaires, 404
 numérique, 404
 spatiale, 404
Arboricole (vie), 36
Arborisation terminale, **704**, 705
Arbre généalogique
 de l'être humain, 49
 du règne animal, 27
Arc réflexe, 203, 684, 689
Archéencéphale, **689**
Archétype, 165, **165**, 498
 de l'anima, 498
 de l'animus, 498
Archicortex, 688
ARN (acide ribonucléique), 387, 388, 658, **658**
Arriération (*voir aussi* Retard mental), 422, 593
Artéfact, **112**, 120
Arthrite, 579
Artificialisme, 510, **510**
Asile, 581, **581**
Aspiration, 259
Aspirine, 243
 et grossesse, 410
Assimilation, **359**
Associations libres, 609
Assuétude, **142**, 148-149
Asthme, 579, **579**
Atonie musculaire, 165, 166
Attachement, 248-249, 299, 322
Attention
 déterminants de l'—, 188
 et perception, 188-190
 sélective, 188-190
Attirance, 259
 physique, 538
Attitudes, **545**, 545-551
 centrales, 546
 changement des —, 546-549
 composantes des —, 545-546
 formation des —, 546
 périphériques, 546
Attraction interpersonnelle, 537-538, 562-563
Attribution
 causale, 542-544, **542**
 critères d'—, 543
 dispositionnelle, 543
 situationnelle, 543
Audition (*voir aussi* Oreille *et* Ouïe), 670-673
Australopithèque, 48, 49
Autisme, 593, 626-627, 643
Autistique, 19, **19**
Autocontrôle
 Procédure d'—, 618
Auto-évaluation, 512-513
Autofaçonnement, 328-329, 331

Aversions gustatives, 329, 331
Aveugles de naissance, 180
Axe(s)
 céphalo-caudal, 474, **474**
 du développement, 474
 introversion-extraversion, 492, 493
 proximo-distal, 474, **474**
 stabilité-instabilité, 492, 493
Axone, 705

Babouin, 554, 555
Barbiturique, 145, **145**, 160
Barbituromanie, 145
Bâtonnet, 674
Behaviorisme, 67-68
 débuts du —, 66, 319
 et apprentissage, 326
 et comportement anormal, 587
 et conduite de la société, 320-321
 et développement cognitif, 357
 et développement de la personne, 493-494
 et développement du langage, 363
 et façonnement, 304
 et hérédité, 84
 et processus supérieurs, 310
 et psychologie cognitive, 201
 et thérapie, 615-618
 et thérapie émotivo-rationnelle, 612
Benzédrine, 160
Besoin(s), 236, 237, 258-259
 cognitifs, 240, 250
 d'acceptation, 240
 d'affection, 240
 d'affiliation, 249
 de procréer, 244
 de sécurité, 240
 d'estime, 240
 de stimulation, 237-238
 d'exploration, 249-250
 esthétiques, 240, 251
 hiérarchie des —, 240-251
 physiologiques, 240
 primaire, 236
 sexuel, 249
Biais, 112
 culturel, 435
Biofeedback (*voir* Rétroaction biologique)
Bioinformation, 218
Boîte-problème, 301-303
Bouc émissaire, **550**, 550
Boulimie, 593, **593**, 629
Bourgeon gustatif, 669, **669**
Bouton synaptique, **704**, 705
Bradykinine, 710
Brillance, 675
Bruit (effets du —), 532, 553-554
Bufoténine, 146
Bulbe
 olfactif, 669, 670, 687, 699
 rachidien, 665, 691, **691**

Ça, 260, 584, 585
Café, 142, 143, 160
Caféine, 143, 160
Caisson d'isolation sensorielle (*voir aussi* isolation sensorielle), 135, 140, 197, 212-214
Calcul mental, 341
Camisole de force, 121, **122**
Canal
    de l'épendyme, 691, **691**
    semi-circulaire, 667, **667**
Cannabis, 147, 148
Capacité(s), 316, **316**, 404, **404**
    d'érection, 479
    de rétention, 341, 342
    intellectuelles chez l'adulte, 487
    et performance, 316
Capillaire, 144, **144**
Caractère, 440, **440**
Caractères sexuels **477**
    primaires, 477
    secondaires, 477
Carence
    alimentaire, 410, 411
    en iode, 410
Caresses érotiques, 480, **480**
Carte(s)
    chromosomiques, 659
    cognitive, 311, **311**, 345
    de l'espace intérieur, 153
    de Zener, 218
Catalepsie, 168, **168**
Catalyseur, **282**
    hypothèse du —, 282
Catatonie, 153, 154, **154**, 566, 596
Catharsis, **282**, 609, **609**
    hypothèse de la —, 282
Cauchemar, 168
Cécité, **676**
    à la couleur (*voir* Daltonisme), 676
    nocturne, 676
    verbale, 374, **374**
Cellule, 658
    bipolaire, 674
    ganglionnaire, 674
    gliale, 474, **474**
    mère, 658
    fille, 658
Centration, 484, **484**
Centre(s) (*voir aussi* Aire *et* Zone)
    d'aversion, 263
    de crise, 607
    de la douleur, 263
    de l'agressivité, 279
    de la mémoire, 384
    de la satiété, 242
    de l'expérience orgasmique, 266
    de santé mentale communautaire, 607
    du contrôle de la faim, 241
    du langage, 700, 701
    du plaisir, 262, 267
    supérieurs, 266

Cerveau, 665, 687-689, 692-702
    activation du —, 190
    activité électrique du —, 150-151
    antérieur (*voir* Télencéphale)
    des émotions, 214
    divisé, 702-703
    intermédiaire (*voir* Diencéphale)
    limbique (*voir* Paléocortex)
    moyen (*voir* Mésencéphale)
    reptilien, 214, 688, 689
Cervelet, 691-692, **691**
Chagrin préparatoire, 506
Chaînon manquant, 49
Chanvre, 147, 160
Chiasma, optique, 698, **698**
Chimiothérapie, 121, **122**, 154, 605-606, **605**
Chlorpromazine, 605, **605**
Cholécystokinine, 710
Chorée, **661**
    de Huntington, 661, 695
Chromosome, 658, **658**
    sexuel, 409
Chronique (trouble), 145, 594
Chute finale, 487
Cil sensoriel, 668
Circonvolution, 695, **696**
    de l'hippocampe, 694
    limbique, 690, 694
Clairvoyance, 195, 217
Classe
    moyenne, 413
    populaire, 413
    privilégiée, 413
    sociale, 413, **413**, 414
Claustrophobie, 114-115, 597, 631
Climat intellectuel familial, 430
Cocaïer, 144
Cocaïne, 144, **144**, 160, 710
Cochlée, 667, 671, **671**
Codage moléculaire, 388
Codéine, 146, **146**, 160
Coefficient de corrélation, 447, 448, 750-755
Cognitivisme, 71-72, **71**, 73-74
    et apprentissage, 310-315
    et behaviorisme, 201
    et comportement anormal, 588, 589
    et développement cognitif, 357-361
    et développement de la personnalité, 494
    et thérapie, 604
Cognition, 405
Cohérence, 548-549
Coït, 478, **478**
Cola, 143, **143**, 160
Colite (spasmodique), 579, **579**
Coma, 145, **145**
Commissure grise, 690, 694, **694**
Commotion cérébrale, 386, **386**
Communauté thérapeutique, **621**, 621-622

Communication, 538-541
    animale, 361-362
    avec l'autre monde, 580
    avec les esprits, 217
    et langage, 361-362
    paradoxale, 564-566
    persuasive, 546, **546**
    signaux de —, 361-362
Compétence, 538
    linguistique, 362, **362**, 364
Complémentarité, 538
Complexe, 495, **495**, 496
    d'Electre, 495, **495**
    de supériorité, 497, **497**
    d'infériorité, 497, **497**
    d'Œdipe, 495, **495**
Comportement(s), 24-44
    acquis, 34, 76
    agressif, 585
    anormal, 579-580, 581-590
    appris, 296
    commun, 543, **543**
    constant, 543, **543**
    déclenchement d'un —, 130
    de dominance, 280
    de soumission, 280
    distinct, 543, **543**
    dominant, 554-557
    évolution du —, 29-36
    exploratoire, 249
    homéostatique, 236
    inné, 76
    instinctif, 31, **31**, 34, 45, 292, 296, 328
    masturbatoire, 117
    maternel, 247
    niveaux de —, 45
    opérants, 301-310
    réflexe, 296
    répondants, 298-300, **298**
    sexuel, 244, 478, 479-482
    stéréotypé, 34, **34**
Comportementalisme (*voir* Behaviorisme)
Compréhension verbale, 404
Compulsion, **598**
Concept(s), 314, 352
    acquisition de —, 352
    complexes, 353
    conjonctifs, 353
    disjonctifs, 353
    formation de —, 352, 353
    générique, **353**, 353
    relationnels, 353
    simples, 353
Conditionnement
    aversif, 616, 617
    classique (*voir* Conditionnement répondant)
    instrumental (*voir* Conditionnement opérant)
    lois du —, 320
    opérant (*voir aussi* Comportement

opérant), 303, 320, 618
pavlovien (*voir* Conditionnement
répondant)
répondant (*voir aussi* Comportement
répondant), 307, 320
skinnérien (*voir* Conditionnement
opérant)
Conduite de la société selon le
behaviorisme, 320
Cône, **674**, 320, 674
Conformisme, **250**, 250, **535**, 535, 559
Confusion mentale, **593**, 593
Congruence, 499, 589
Connexion synaptique, 707
Conscient, 584
Conscience, **64**, 64, 65
de surface, **134**, 134, 162, 234, 580
détachée, 153
et vigilance active, 134, 137
éveillée, 153
flottante, 153
hyper-éveillée, 153
rôle de la —, 82
Constructivisme, 72-73, 366, 379
Contact(s)
bucco-génitaux, **118**, 118
chaleureux, 268
Contiguïté, **320**
Continuum, **154**
perception-hallucination, 152-153
perception-méditation, 152-153
relaxation-méditation, 152
Contraception, 481
Contrainte
active, 507, 508
double —, **540**, 540, 564, 565, 595
Contre-conditionnement, **615**, 616
Conversion
hystérie de —, **598**, 598
troubles de —, **598**, 598
Coordination moyens-buts, 483
Copulation, **244**, 244
Copuline, 563
Corbeau, 536
Cornée, 673
Corps et esprit, 80
Corps
calleux, 688, 690, **692**, 692, 702
cellulaire, 704, 708
de Luys, **695**
striés, 695
Cortex, 214, 690, 693, 695, 696
évolution du —, 688
Corticostérone, **447**, 447
Couleur (expérience psychologique de
la —), 675
Courbe
d'apprentissage, 302
en cloche, **420**, 420
normale d'intelligence, 420
Créationnisme (*voir* Fixisme)
Créativité, 153, **424**, 424, 427, 428
et adaptation, 425

et intelligence, 422, 424, 426, 427,
438, 440
Crétinisme, **410**, 410
Crise(s)
d'angoisse, 631
de la vie, 503-505
psychosociales, **503**, 503-505
Cristallin, 673
Critiques, 563-564
Croyance, **545**, 545, 546
Culte du crâne, 79
Culture, **20**
dominante, 434
Cunnilinctus, 118
Cybernétique, **455**, 455
Cycle
biologique (*voir* Rythme biologique)
des saisons, 330
d'une onde, 676
du sommeil, 163, 164
menstruel, 245, 478
œstral, **244**, 244
vital, 500
Cytoplasme, **658**, 658

Daltonisme, **676**, 676
Danis, 365
Dauphin, 536
Débilité
grave, 422
légère, **409**, 409, 422
moyenne, 422
Décibel, **671**, 671
Décorticalisé, **279**, 279
Défense
perceptive, **192**, 192-193
Définition par l'usage, **510**, 510
Délire, 630
Delirium tremens, 593
Démence, **594**, 594
artériopathique, 594
dégénérative, 594
Démonologie, **581**, 581
Dendrite, 704
Densité
de population (*voir* Densité sociale)
sociale, **532**, 532
spatiale, **532**
Dépendance à la drogue, **142**, 142, 160
Dépersonnalisation, 599
Déplacement, 260, 586
Dépolarisation, 706-707
Dépression, 331, 580, 620
et approche de la mort, 505-506
névrotique, 597
profonde, 596
Derviche tourneur, **139**, 139
Désensibilisation systématique, **616**,
616, 641-642
Désinstitutionnalisation, 607, 619
Désir, 259
Détachement du moi, 505
Détecteur de mensonge, 252, 271-272

Déterminisme, **77**, 77
Développement
céphalo-caudal, 475
cognitif, 356-360, 482-487
corporel, 477-478
de la motricité fine, 476
de la pensée formelle, 360
de la personnalité, 490-501
du moi, 471-516
du système nerveux, 474
génétique, 658-661
intellectuel, 407-415, 431, 438, 451,
452, 482-487
intra-utérin, **472**
mental (*voir* Développement
intellectuel)
moral, 487-490, 511-512
moteur, 476
physique, 474, 475-478
psychanalytique, 76
psychosocial, 503-505
sexuel, 478-482
social, 501-505
Déviation, **74**, 74
Diabète, 410, 681
Diencéphale, 690, **693**, 693
Différences sexuelles, 25
Dilatation de la pupille, 211-212
Dilemme moral, 511-512
Discrimination, **306**, 306, 307
Dissonance cognitive, **548**, 548
Distance
interpersonnelle, 532
intime, 532
personnelle, 532
publique, 532
sociale, 532
Diurétique, **242**
Division cellulaire, 658, 659
Domaine vital, **531**, 531
Dominance, 554-557
Domination, 25
Dopamine, 595, 692, 709
Double
aveugle, **112**, 112, 121-122
contrainte, **540**, 540, 564-566, 595
Douleur
et agressivité, 280
évitement de la —, 243-244
Drogue, 141-150, 585
à usage thérapeutique, 136
«dure», **149**, 149
et assuétude, 148-149
et états altérés de conscience, 144-
148
et grossesse, 410
et l'espace intérieur, 149-150
psychoactive, 709, 710
Dryopithèque, 48, 49
DSM (Manuel diagnostique et
statistique des troubles mentaux),
591-593
Dualisme, **62**, 62, 80, 200

Durée
  estimation de la —, **207**, 207
  de rétention, **340**, 340
Dysfonctionnement, **100**, 100
  sexuel, 600, **601**

Écart type, **420**, 420
Échantillon, **107**, 107, 108
Échecs (jeu d'—), 355
Échelle
  d'intelligence de Wechsler pour
    adultes, 418, 421
  d'intelligence de Wechsler pour
    enfants, 418, 419
Échographie, **479**, 479
Éclectique, **78**, 78
École
  et culture dominante, 432
  et développement intellectuel, 431
  ouverte, 431
Économie de jetons, **617**, 617
Ectomorphe, **491**, 491
EEG (*voir* Electroencéphalographe)
Effacement, 387
Effaceur chimique, 387
Effecteur, **664**, 664, 665, 678-683
Effet
  Barnum, 121, 514
  « cocktail party », 189
  d'audience, 120, 316
  de halo, **542**, 542
  de parallaxe, 186
  de primauté, 121, **542**, 542
  de répétition, 188
  de transfert, **316**, 316, 388
  de spectateur, **537**, 537
  Hawthorne, 112, 120
  placebo, 120, 121, 635-636
  Pygmalion (*voir* Effet Rosenthal)
  Rosenthal, 112, 120
Égocentrique, **360**, 360, **484**, 484
  de l'enfant, 484, 508-509
Éjaculation, 477, 482
  féminine, 266
  précoce, 600
Électre, 516
Électrochoc, **604**, 604
Électroencéphalographe, 150, 156
Électromyographe, 156
Élémentarisme, **64**, 64
Embryon, **472**, 472
EMG (*voir* Électromyographe)
Émotion, 235, 251-255
  aspects de l'—, 252
  déterminants de l'—, 252-255
  et informations, 253-254
  et intelligence, 255
  et motivation, 235
  et niveau d'éveil, 254
  et perception, 255
  intensité de l'—, 254
  négative, 253, 254
  orientation de l'—, 255

positive, 253, 254
Empathie, **611**, 611
Empirisme, **62**, 62
Empreinte, 32-33, 69, 248, 299, 322
Encéphale, **690**, 690-691
Encodage, **344**, 344-345
  spécifique, **342**, 342
Encoprésie, **593**, 593
Endomorphie, **491**, 491
Endormissement, 163
  difficile, 344
Endorphine, **146**, 146, 159, 214, 243,
  636, 710
Énergie sexuelle, **260**
Enfance (*voir aussi* Enfant), **472**, 472,
  475-476, 479-480, 502
  âges successifs de l'—, 485-487
  crises de l'—, 503-505
  et adaptation, 425-427
  et apprentissage, 322-323
  et créativité, 428, 438-440
  et équilibration, 85-86
  et Gestalt, 85
  et intelligence, 438-440
  et intentionnalité, 500
  et langage, 365
  et mémoire, 348
  et pensée, 357, 360, 508-510
  et psycholinguistique, 378-379
  première —, 501-502
  troubles propres à l'—, 593, 626-629
Enfant (*voir aussi* Enfance)
  autistique, **19**, 19, **617**, 626-627
  caractère de l'—, 439
  créateur, 440
  développement intellectuel de l'—,
    451, 482-487
  égocentrisme de l'—, 484
  impulsif, 439
  individualisation de l'—, 323
  intelligent, 439
  jugement moral chez l'—, 488
  -loup, 18-20
  malnutrition de l'—, 411
  mentalité de l'—, 510
  personnalité de l'—, 439
  prématuré, 170
  réalisme de l'—, 510
  réfléchi, 439
  tempérament de l'—, 439
Engramme, **384**, 384
Enképhaline, 710
Enquête, 107-108
  sur les pratiques sexuelles, 117-118
Enseignement
  démocratisation de l'—, **414**, 414
  programmé, **307**, 307
Entraide, 553
Entreposage, 345-347
Énurésie, **593**, 593
Envie, 258
Environnement, 532
Environnementalisme, 444, 449

Enzyme, **242**, 242
Épilepsie, **156**, 156, 604
Épinoche (défense du territoire
  chez l'—), 46-47
Épiphyse, 683, 690
Épisode maniaque, **596**, 596
Épreuve
  de performance (*voir* Épreuve non
    verbale)
  non verbale, 418
  verbale, **418**, 418
Équilibration, 73, 85-86
Équilibre
  cognitif, **549**, 549
  psychologique, 624-625
  sens de l'—, 665
Érection, 479, 482
Ergonomiste, 102
Espace
  intérieur (*voir aussi* Monde intérieur),
    149-150, 152-154, 212-214
  personnel, **531**, 531-532
  synaptique, **707**, 707
Espérance de vie, **473**, 474
Esprit(s)
  communication avec les —, 217
  et corps, 80-81
  et matière, 200
Estimation de la durée, **207**, 207
Estime
  de la sagesse, 504
  de soi, 250-251, 499, 500
État(s)
  altérés de conscience, **141**, 141-148
  de conscience, 133-170
  d'éveil (*voir* État de vigilance)
  de vigilance active, 134, 153
  maniaques, 630
  modifiés de conscience, **136**, 136-
    141, 152, 157-158, 266
  mystique, 154, 201
  pulsionnel, 236
  pulsionnel primaire, **236**, 236
  vestigial, 265, **267**
Ethnologue, **83**, 83
Éthique, **108**, 108
Éthologie, 69-70
Éthologiste, **31**, 31, 32
Étiquetage, 551, 602-603
Être humain
  dans l'espace, 38
  dans le temps, 39
  et niveaux de comportement, 45
  évolution de l'—, 48-49
Eugénisme, **444**, 444
Euphorisant, 147, 148, 160
Événement
  activant, 589
Évolution
  culturelle, 41-42
  des hominidés, 48-49
  et niveaux de comportement, 45
  humaine, 36-44

sociale, 41-42
théorie de l'—, 26-29
Exaltation, 630
Exaltolide, 563
Excitant, 147, 207
Exhibitionnisme, 507, 508, 600, **601**
Expérience(s)
antérieures, 179-181, 203-204, 329-331
de pointe (*voir* Expérience paroxystique)
hors-corps, **159**, 159
paroxystique, **141**, 141
Extase, 153, **154**, 154
Extinction, **300**, 300, 306, 307
Extraverti, **221**, 221, **491**, 491

Façonnement, 617
apprentissage par —, 303-308
par approximations successives, 303, 379
Facteur(s)
congénitaux du développement intellectuel, **408**, 408-410
environnementaux du développement intellectuel, 411-415
g, **404**, 404
génétiques du développement intellectuel, 408
s, **404**, 404, 710
Faculté
latente, **195**, 195
psi, 217, 222
Faim, 241-242
Fantasmes sexuels, **481**, 481, 507-508
Fécondation, 658, 659, 661
Fécondité, 478
Feedback (*voir* Rétroaction)
Fellation, **118**
Femme et sexualité, 245-246
Fenêtre ovale, **671**, 672
Fétichisme, 507
Fibre
alpha, **600**, 600
musculaire, 668, **678**, 678, **679**
nerveuse, 666
Figure
ambiguë, 208, **211**
et fond, **181**, 181
Fissure synaptique (*voir* Espace synaptique)
Fistule, 318, **319**
Fixation, **495**, 495
Fixisme, **26**, 26
Flexibilité
de la pensée créatrice, **424**, 424
émotionnelle, 504
mentale, 504
Fluidité
de la pensée créatrice, **424**, 424-425
verbale, 404
Focalisation, **355**, 355

aléatoire, **355**, 355
raisonnable, **355**, 355
systématique, **356**, 356
Fœtus, **472**, 472, 475
carences alimentaires chez le —, 410
enfant, 472
et l'apprentissage, 322
Folie, 581
et normalité, 632-633
homicide, 601
Fonction, 83
Fonctionnalisme, 65-66, 83
Fond
et figure, **181**, 181
et forme, 208
Force musculaire, 476
Formation
réactionnelle, 586
réticulée, 165, 166, 170, 202, 203, 214, **692**, 692
Forme et fond, 208
Fovéa, **674**, 674
Fratrie, **413**, 413
et développement intellectuel, 438
et quotient intellectuel, 429-430
Fréquence, 150, **151**, 677
Frustration, **279**, 279, 280
Fugue psychogénique, 599
Fuite des idées, 630
Fuseau neuromusculaire, **667**, 667, 668, 679

GABA (gamma-aminobutyric acid), 710, 711
Galaxie intérieure, 551-552
Gamète, **658**, 658, 659
Gène, **29**, 29, **658**, 658
dominant, **660-661**, 661
récessif, **660**, 661
transmission des caractères par les —, 661
Généalogie
animale, 27
humaine, 48, 49
Généralisation, **306**, 306, 307, 315
Générativité, 503, **504**, 504
Génétique, **29**, 29, 70, 658-661
Génocide, 551
Géotropisme, 29
Gestalt (*voir* Gestaltisme)
Gestaltisme, 71, 72, 85, 181, 611
Gibbon, 49
Glande(s), 679-683
de Bartholin, **477**, 477
endocrine, **679**, 680-683
exocrine, **679**, 679-680
lacrymale, **680**, 680
parathyroïdes, 681
sébacées, **198**, 198
sexuelles, 682
sudoripare, 666, **680**, 680
surrénales, 681
thyroïde, 680

Globalisme, 509, **510**
Glucagon, **681**, 681
Glycémie, **681**, 681
Gorille, 49, 533, 554
Goût, 478, **688**, 688, 698
Gratification réciproque, 538
Grossesse
et alcool, 410
et antibiotiques, 410
et aspirine, 410
et librium, 410
et malnutrition, 410, 411
et tabac, 170, 410
et tranquillisants, 410
maladies durant la —, 410
Groupe(s)
de croissance, 613
d'entraide, 619-620
de rencontre, 614
de sensibilisation, 614
expérimental, **111**, 111
témoin, **111**, 111
thérapeutiques, 621, 622
thérapie de —, 614, 615
Gua (cas de —), 379

Habiletés psychomotrices complexes, 311-312, 700
Habituation (*voir aussi* Accoutumance sensorielle), **298**, 298, 322, 389
Habitudes motrices, 483
HAD (*voir* Hormone antidiurétique)
Hallucination, 153, **211**, 211, 212-214, 630
auditive, 143, 144
visuelle, 580
Hallucinogène, 146-148, **147**, 147, 153, 160
Hasard, 217
Haschich, 142, 147-148, 160
Hauteur (d'un son), 677
Hébéphrénie, 566
Héliotropisme, 29
Hémisphère, 687, 688, 700
droit, 193, 214, 690, 702, 703
gauche, 193, 214, 374, 694, 700, 702, 703
Héréditarisme, 444, 448, 449, 583
Hérédité, 658, 663
et apprentissage, 118-120, 330
et intelligence, 437, 444-445, 595
Héroïne, 142, **146**, 146, 160
Hétérosexualité, 117, **118**
Hiérarchie
de becquetage, **533**, 533
sociale, **533**, 533, 554
Hippocampe, **384**, 384, 385, 688, 694
Holocauste, **551**, 551
Hologramme, 200, 385
Holographie, 200, **201**, 223
Homéostasie, **236**, 236
Homéostat, **236**, 236
Hominidés, 39

évolution des —, 48-49
Homme (*voir aussi* Être humain)
    de Cro-Magnon, **38**, 38
    de Neanderthal, 38, 48, 49
Homo
    erectus, 38, 39, 48, 49
    habilis, 37, 39, 40, 48, 49
    sapiens, 38, 39, 43, 48, 49
    sapiens sapiens, 48
Homonculus, 697
Homosexualité, 117, **118**, 118, 246-247, 480, 507
    égo-dystonique, **601**, 601
Horloge biologique, **136**, 136, 154-155
Hormone(s)
    antidiurétique, 242, 682, 683, 694
    corticoïdes, **681**, 681
    de croissance, 683
    sociale (*voir* Phéromone)
Humanisme, 74-75, 498-501, 604
Humeur
    aqueuse, 673
    vitrée, 673
Hydrocéphalie, **691**
Hyperactivité, 593, 627-628
Hyperglycémie, 681
Hypertension, 579
Hypnose, **158**, 157-158, 161, 218, 219, 584
Hypocondrie, 598-599, 632
Hypophyse, 682, 690
Hypoglycémie, 681
Hypothalamus, 235, 688, 690, **693**, 693-694
Hypothèse(s), **62**, 62, 63
    biochimiques de la mémoire, 387-389
    bipolaire de l'orgasme, 266
    de la catharsis, **282**, 282-283
    du catalyseur, 282
    du modèle, 282
    et expériences antérieures, 203-204
    frustation-agressivité, 280
    holographique de la mémoire, 385
    synaptique de la mémoire, 385-386
Hystérie de conversion, **598**, 598

Idée(s)
    fuite des —, 630
    irrationnelles, 588
Idiotie congénitale, **19**, 19
Illusion
    de la Lune, 208
    de Müller-Lyer, 208
    de Ponzo, 208
    visuelle, 208-211
Image(s)
    cible, **219**, 219
    consécutives, **340**, 340, 368
    du monde (*voir aussi* Perception du monde), 183-186
    du père, 269-271
    éidétiques, 368-369, **370**
    mentales, 350, 369-370, **370**

IMAO (*voir* Inhibiteur de la monoamine oxydase)
Implantation d'électrodes, **105**, 106
Imitation, 281, **309**, 309, 322, 323
Implosion, **616**, 616
Impression, 541-542
Impuissance
    acquise, 329-330, 331
    sexuelle, 600
Inceste, **245**, 245
Incitateur, **237**, 237, 259
Inclination, 259
Inconscient, 86, 165, 201, 583, 584
    collectif, 165, 498
    personnel, 498
Incubation, 354
Indice,
    de forme, 208
    de grandeur, 208
    de parallaxe, 186
    de perspective, 186, 208
    de profondeur, 208
    d'interposition, 186
    monoculaire, **186**, 186, 208
Individualisation de l'enfant, 323
Individuation, **498**, 498
Influx nerveux, 705-707
Information
    chargée émotivement, 272-273
    traitement de l'—, 292, 454-455
Informatique, 454
Inhibiteur de la monoamine oxydase, 711
Injection intraveineuse, **143**, 143
Injonction paradoxale, 565
Inné (*voir aussi* Innéisme)
    comportement, 76
    et acquis, **24**, 24-25, 76, 279-283, 326-331, 443-452
Innéisme (*voir aussi* Inné)
    et agressivité, 279-283
    et apprentissage, 326-331
    et intelligence, 443-452
    et motivation intrinsèque, **239**, 239
Insight, **312**, 312
    apprentissage par —, 312-313, 323, 353
    découverte par —, 422
    et inspiration, 354
Insomnie, 169, 344
Inspiration, 354
Instinct, **25**, 25
    de mort, 280
    destructeur, 280
    et apprentissage, 327-329
    maternel, 47, 248
Insuline, **681**, 681
Intégrité personnelle, **504**, 504
Intelligence, 24, 293, 366, **402**, 402-424
    A, **407**, 407
    abstraite, **407**, 407
    artificielle, 107, 356, **453**, 453-458
    B, **407**, 407, 433

concrète, **406**, 406
cristallisée, **407**, 407
développement de l'—, 407-415, 451, 482-487
distribution de l'—, 420-422
et créativité, 422-424, 425, 426, 438-440
et hérédité, 437, 443-445, 595
et innéisme, 443-452
éveil à l'aide de l'ordinateur, 457-458
évolution de l'—, 407
fluide, **407**, 407
mesure de l'—, 415-422
moyenne, 420, 436
nature de l'—, 402-403
niveaux d'—, 406-407
normale, 436-438
pratique, 485
précoce, 437-438
racines de l'—, 407-415
structure de l'—, 404-407
tests d'—, 416, 421, 422, 433-435
Intensité
    d'un son, 676, 677
Intention, 259
Intentionnalité, **77**, 77, 500-501
Interaction, **66**, 66, 533-538
Interférence, **349**, 349
    proactive, 349
    rétroactive, 349
Intériorisation, **483**, 483
Interprétation
    des rêves, 609
    psychanalytique, 636-637
Intervention
    en réseau, 622
    sociale, 623
Intoxication
    chronique, **142**, 142
    et troubles mentaux, 593
Introspection, **64**, 64, 65
    expérimentale, 64
Introverti, **221**, 221, **491**, 491
Intuition, 313, 498
    créatrice, 193
    enfantine, 509
Inuit, **365**, 365
Isolation sensorielle, 135, 191, 193, **196**, 196-198, 212-214, 238
Item, **416**, 416

Jeu(x)
    de l'amour, 566
    hétérosexuels, 479, 480
    homosexuels, 480
    sexuels, 480
Jeunesse, 473, 500
Jumeaux, 447-449, 662-663
    dizygotes (*voir* Jumeaux fraternels)
    fraternels, **447**, 447, 663
    identiques, **447**, 447, 448, 662
    monozygotes (*voir* Jumeaux identiques)

uniovulaires (*voir* Jumeaux identiques)
univitellins (*voir* Jumeaux identiques)
Juxtaposition, 509, **510**

Kenyapithèque, 48, 49
Kleptomanie, 601
Koko (cas de —), 380, 381
Kundalini, 153

Labyrinthe
à allées, 119, **120**
de l'oreille, **667**, 667
en T, 35
Lana (cas de —), 380
Langage
aires du — (*voir* Langage, centres du —)
apprentissage du —, 323, 378-379
aspect expressif du —, 373
aspect réceptif du —, 373
centres du —, 700
chez les singes, 379-381
développement du —, 39-41, 362-367
et communication, 361-362
et mémoire, 375-376
et pensée, 357, 361
expression du —, 374
non verbal, **539**, 539-540
réception du —, 374
trouble du —, (*voir* Aphasie)
zones du —, 373
Lapsus, **86**, 86
Leadership, 554-557
Légitimité, 556
Lémur, 49
Lesbienne(s) (fantasmes chez les —), 508
Libido, 74, **260**, 260, 495, 497
Libre arbitre, **77**, 77, 321
Librium, 410, 606
Lièvre de mer (*voir* Aplysie)
Liquide
céphalo-rachidien, **690**, 691
Lithium, **606**, 606
Lobe
frontal, 373, 374, 695
occipital, 373, 374, 695
pariétal, 373, 374, 695
temporal, 373, 374, 695
Lobotomie, **605**, 605
LOC (Locus of Personal Control Scale), 514
Locus
cœruleus, 166, 692
niger, 695
Locuteur, **362**, 362
Logo, 457
Loi(s)
de la contiguïté (*voir* Loi de l'association)

de l'association, 319, 320
de l'effet, 303, 320
de Yerkes-Dodson, 135
du conditionnement, 319, 320
du tout ou rien, 707
Longévité, **473**, 474
LSD, 142, 146-147, 160, 709, 710
Lucy (fossile d'hominidé), 48, 49
Lumière, 676-678
Luminal, 160

Macaque, 554
Maintien
de la cohérence, 548-549
de l'ordre, 534
Maladie(s)
d'Alzheimer, 372, 594
de la mère durant la grossesse, 410
de Parkinson, 695
mentale, 583, 595
Malnutrition, 410, 411
Mantra, **139**, 139
MAO (*voir* Monoamine oxydase)
Marijuana, 142, 147-148, 160
Masochisme, 507, 600, **601**
Masturbation, 117, **118**, 478, 479, 480, 481
Matière
blanche, 705
et esprit, 200
grise, **695**, 695, 704
Maturation, **73**, 73, **315**, 315
et apprentissage, 315, 322-323
nerveuse, 323
processus de —, 315
Maturité, **315**, 315
Mécanique quantique, **178**, 178
Mécanisme(s)
de censure, 193
de défense, **585**, 585-587, 625-626, 631-632
de déplacement, 260, 586
d'empreinte (*voir* Empreinte)
de négation, 586
inné de déclenchement, 34
régulateur des sens, 186
sélecteur de comportements, 239
Méditation, **135**, 135, 139-140, 152, 153, 156, 157, 197, 234, 238
technique de, 191
transcendantale, **139**, 139
zen, 139, 152
Médium, 217
Membrane
post-synaptique, 707
présynaptique, 707
Mémoire
à court terme, 193, **340**, 340, 341-342, 348, 385, 487
à long terme, **340**, 340, 342, 385, 386, 388, 487
aspects négatifs de la —, 351-352
aspects positifs de la —, 351

centre de la —, 384-385
effacement de la —, 387
épisodique, **345**, 345, 347
et images, 368-370
et intelligence, 404
et langage, 375-376
et pensée, 350-352
génétique, **317**, 317, 387
immédiate, 387
individuelle, **317**, 317
molécules de —, 388-389
pertes de — (*voir aussi* Oubli), 372-374
photographique, 368
recherches sur la —, 384-390
sémantique, **345**, 345, 346
sensorielle, 193, **340**, 340, 367, 386
siège de la —, 384-385, 699
Ménopause, **245**, 245, 478
Menstruation, **245**, 245, 477
Mentalité enfantine, 510
Mescaline, 142, 146, 160
Mésencéphale, 687, 688, **691**, 691
Mésomorphe, **491**, 491
Message subliminal, 193-194
Métacommunication, **540**, 540
Métapsychique, 218
Méthadone, 160
Méthédrine, 160
Méthode(s)
aveugle, 112
corrélationnelle, **108**, 108-109, 120
d'économie de jetons, **617**, 617
de façonnement, 617
de la chaîne, 371
de la psychologie, 106-113
de regroupement, 370
des acronymes, 370, 371
des acrostiches, 370, 371
des algorithmes, **356**, **457**, 457
des couplages, 371-372
des loci, 371
des rimes et du rythme, 370
de validation en double aveugle, 112, 121
expérimentale, 109-113
heuristique, **355**, **457**, 497
scientifique, 63, 81
Migraine, 156
Minimisation de la situation, 587
Minorités (actives), 536
Mitochondries, **704**, 704, 708
MMPI (Inventaire multiphasique de la personnalité de l'Université du Minnesota), 513-514, 514
Mobile, 258
Modèle, **309**, 309
holographique, 223
homéostatique, 237
hydromécanique, 237, 259-260
imitation de —, 281, **309**, 309
présentation d'un —, 617-618
Modeling, 607

Moelle épinière, 687, 689
Moi, **136**, 136, 153, 260, 584, 585
    détachement du —, 505
    développement du —, 471-516
    et les mécanismes de défense, 585-
    587
Molécule
    de mémoire, 388
    du savoir, 388
    S 100, 387
Monde intérieur (*voir aussi* Espace
    intérieur), 133-170, 197
Mongolisme (*voir* Syndrone de Down *ou*
    Trisomie 21)
Moniste, **62**, 62, 200
Monoamine, **709**, 709, 711
    oxydase, 709, 710, 711
MOR (*voir* Mouvements oculaires
    rapides)
Morale
    autonome, **488**, 488
    conscience —, 488-490
    de la non-violence, 490
    hétéronome, **488**, 488
Moralité
    conception féminine de la —, 489-
    490
    niveaux de —, 488-489
Morbide, **86**, 86
Morphème, 378
Morphine, **146**, 146, 159, 160, 710
Mort, 159, 234, 505-506
    cérébrale, 506
    paliers de la —, 506
    physiologique, 506
    psychique, 506
    sociale, 506
    stades de la —, 505-506
Motif, 258
Motivation, 73, 234, 235-251, 258-259
    et agressivité, 279-283
    et émotion, 235
    et mémorisation, 343-344
    extrinsèque, **239**, 305, 321
    intrinsèque, **239**, 239, 261, 305, 321
    modèle hydromécanique de la —,
    259-260
    primaire, 235
    simple et directe, 237
    types de —, 235
Motricité
    aires de la —, 699
    fine, 476
Mouvement(s)
    oculaires rapides, **138**, 138, 164
    perception du —, 183, 207
MPI (Mandsley Personnality Inventory),
    514
Mucus olfactif, 670
Muscle(s), 678-679
    antagoniste, **679**, 679
    antigravitaires, **679**, 679
    inducteur (*voir* Muscle initiateur)

initiateur, **679**, 679
fixateurs, **679**, 679
lisses, **678**, 678
pelviens, 266, **267**
striés, **678**, 678
synergistes, **679**, 679
Mutation, **29**, 29
Myéline, **705**, 705
Myélinisation, **474**, 474
Mystique (*voir* État mystique)
Mythe, **59**, 59

Naissance, 472
Narcissisme, 507, 602
Narcolepsie, **168**, 168
Narcotique, **146**, 145-146, 153, 160
Nazisme, 443, 444, 535, 551
Néencéphale, 688, **689**
Négation (mécanisme de —), 586
Néocortex, 688
Néoténie, **41**, 41
Nerf, **705**, 705
    crânien, **683**, 683, 684, 685
    rachidien, **683**, 683, 684
Neurodépresseur, **144**, 144-145, 160
Neuromédiateur, 709, **710**, 710
Neurone, **703**, 703-711
    d'association, 704
    du cortex moteur, 704
    sensoriel, 704
Neurophysiologie, 389-390
Neuroscience, 199-201
Neurotransmetteur, 583, **707**, 707-711
Névrose, 587, **591**, 591, 595
    hystérique, 599
Nicotine, 143, 160
Nidation, **473**, 473
Nidicole (oiseau), **33**, 33
Nidifuge (oiseau), **33**, 33, 248
Nim Chimpsky (cas de —), 380
Nirvāna, **157**, 157
Niveau(x)
    conventionnel, **488**, 488
    d'activation, 237
    de moralité, 488-489
    de stimulation, 237
    d'éveil et émotions, 254
    homéostatique, **236**, 236
    optimal d'activation, **237**, 237, 238
    postconventionnel, 488, 489
    prémoral, 488
Nœud(s)
    de Ranvier, **705**, 705
    vital, **691**
Noradrénaline, 143, 146, **681**, 681, 692
    709
Normalité, 20, 551, 579-581, 624-625
    et folie, 632-633
Nouveau-né (perception sensorielle
    du —), 204-206
Noyau(x)
    amygdalien, 694, **695**
    caudé, **695**, 695

lenticulaire, **695**, 695
striés, 688, **695**, 695

Obéissance à l'autorité, 87-88, 557-558
Obésité, 169
    normale, 242
Objectivité, **66**, 66
Observateur caché (hypothèse de l'—),
    158
Observation
    apprentissage par —, 309-310
    comportementale, 513
    naturelle, 107
    systématique, 107
Obsession, **598**, 598, 631-632
Ocytocine, 682, **683**, 683
Odeurs de base, 669
Odorat, 478, 668, 669-670
Œdipe, 516
Œil, 673-676
Œstrogène, **682**, 682
Olfaction, (*voir* Odorat)
Onde(s)
    alpha, 139, 150, 151, 152, 156, 163
    bêta, 151, 152, 153, 163
    cérébrales, 139, 150, 152, 156
    delta, 151, 153, 163
    électromagnétiques, 223
    lentes, 150, **151**
    lumineuses, 677-678
    rapides, 151
    sonore, 677
    thêta, 139, 150, 151, 152, 163, 214
Opération, **483**, 483
    concrète, 360, 483-484
    formelle, 360, 485
Opérationnel, **73**, 74, **320**, 320
Opiacées, 145-146
Opinion, **545**, 545
Opium, **145**, 145, 160
Orang-outan, 49
Ordinateur(s)
    et éveil de l'intelligence, 457-458
    intelligence des —, 453-458
Oreille, 671, 672
Organe(s)
    de Golgi, 668
    génitaux, 265
Organisation
    associative, **345**, 345
    hiérarchique, **346**, 346
    sérielle, **345**, 345
    spatiale, 345
Orgasme, 263-267
    chez les bébés, 479
    clitoridien, 267
    féminin, 263
    vaginal, 267
Originalité de la pensée créatrice, **424**,
    424
Osmorécepteur, **242**, 242
Oubli (*voir aussi* Mémoire, perte de —),
    347-350

actif, 350
motivé, 350
Ouïe, 478
Ovaire, 477
Overdose, **141**, 141, 160
Ovule, 659

Paléencéphale, 688, **689**
Paléocortex, 688
Pancréas, 680
Papille gustative, 669, **688**, 688
Parallaxe (*voir* Effet de parallaxe)
Paramécie, 30
Paranoïa, **143**, 143, 566, **596**, 596, 601
629
Paraphilie, **600**, 600
Parapsychologie, **106**, 106, 196, 216-
224
critique de la —, 223-224
Parents (personnalité des —), 439
Pathogène, **594**, 594
Pattern, 85, **201**
de radiation, 199
d'interférence, 200, **201**, 385
Pavot, 145
PCP, 160
Pédophilie, 600, **601**
Pensée, 239, 292, 352-361, 405
aires de la —, 699
contenus de la —, 405
convergente, **423**, 423-424
créatrice, 424-429
divergente, **423**, 423-424
enfantine, 508-510
et le langage, 358, 361
formelle, 360, 376-377, 487
opérations de la —, 404-406
opératoire concrète, 369
processus de la —, 352-355, 357
productions de la —, 406
stratégies de la —, 355-356
symbolique, 484
Peptide, **388**, 388
Perception(s), 152-154, 234
auditive du nouveau-né, 206
consciente, 191
constance des —, 183-184, 208
de la profondeur, 206
du monde (*voir aussi* Image du
Monde), 178-214, 208
du mouvement, 183, 207
du temps, 183, 207
effet des expériences antérieures,
179-181
et attention, 188-190
et émotion, 255
et stimulation, 202-203
extrasensorielle, 191, **195**, 195-196,
201, 217
gustative, 206
inconsciente (*voir* Perception
subliminale)
olfactive du nouveau-né, 206

organisation des —, 181-183, 208
processus de —, 202-203
sélective, 548
seuil de —, **190**, 190, 191
sociale, 541-545
subliminale, **190**, 190, 191, **193**, 193-
194
visuelle du nouveau-né, 205-206
zones de —, 373
Percipient, **218**, 218, 222
performance, **316**, 316
et apprentissage, 316-317
et capacité, **316**, 316
Période
critique, **315**, 315, 322-323
de latence, **496**, 496
d'imitation, 486
d'opposition, 486
d'une onde, 676
juvénile, **473**, 473
narcissique, **486**, 486
néo-natale, 475
prénatale, 472, 479
pubertaire, **472**, 472, 480
réfractaire, 264, **706**, 706
Permanence de l'objet, 323, **501**, 501
Personnalité
antisociale, 602
autoritaire, **551**, 551
compulsive, 602
de l'enfant, 439
dépendante, 602
des créateurs, 427-429
des parents, 439
développement de la —, 490-501
dimensions d'une —, 492
évaluation de la —, 512-516
évitante, 602
histrionique, **602**, 602
instable, 602
inventaires de la —, 513
multiple, **599**, 599
narcissique, 602
orientée de l'extérieur, 494
orientée de l'intérieur, 494
paranoïde, 601
passive-agressive, 602
profils de —, 492
schizoïde, 601
structure psychique de la —, 584-585
traits de —, 491-493
troubles de —, 601-602
Personne équilibrée, 601-602
Personnes âgées, 342, 343, 348, 478,
482, 487
Perversion, **118**, 118
PES (*voir* Perceptions
extrasensorielles)
Peyotl, 160
Phagocyte, **552**, 552
Phase(s)
de la répense sexuelle, 264
d'épuisement, 257

de résistance, 257
de résolution, 264
d'exicitation, 264
du cycle vital, 500
en plateau, 264
Phénomène
brebis-bouc, 221
d'extinction, **300**, 300
paranormal, 201, 216-224
psi, **217**, 217
Phénylcétonurie, **408**, 408, 661
Phéromone, 562-563, **563**, 670
Phobie, 114, 115, **115**, 597, 620, 631
Phonème, 378, **379**
Phonologie, **362**, 362, 378
Photon, 190, 199, 673, 677
Photopigment, **674**, 674
Phototropisme, **29**
Physique moderne, 199-201
Placebo
effet, 120, 121-122, 635-636
réactifs au —, 636
Plaisir (principe du —), **585**, 585
Planaire, 388
Plaque névritique, **594**, 594
Plateau (*voir* Phase en plateau)
Pléthysmographe, **195**, 195
Pli courbe, 696, 699
Point G, 266
Polygraphe, **192**, 192, 271
Position sociale, **533**, 533
Potentiel
créateur, 293
d'action, 703-707, **706**
de repos, 705-707, **706**
Pouvoir, 554-557
coercitif, **534**, 534
de l'expert, 534
de récompense, 534
de référence, 534
légitime, **534**, 534, 556-557
Préaustralopithèque, 48, 49
Précocité intellectuelle, 437-438
Précognition, 195, 217, 219
Préconscient, **192**, 193, 584
Prédateur, **185**, 185
Préférence manuelle, 700
Préformisme, 363-365, 379
Préhension, **37**, 37
Préjugé, **549**, 549-551
Premier acte intelligent, 323
Préoccupation de soi, 490
Pression de conformité, **535**, 535
Prévision de l'action, 699, 700
Principe
de clôture, 182
de continuité, 183
de l'encodage spécifique, **342**, 342
de proximité, 132
de réalité, **585**, 585
de renforcement, 320
de similarité, 182
de symétrie, 182, 183

de plaisir, **585**, 585
Procédés mnémotechniques, **341**, 341, 344, 370-372
Processus
  de discrimination, **306**, 306, 307
  de généralisation, **306**, 306, 307
  de maturation, **315**, 315
  de pensée, 239, 352-355, 357
  d'extinction, 306, 307
  homéostatique, 237
  supérieurs, 292-293
  symboliques, 358
Progestérone, **682**, 682
Projection, 586
Prolactine, **683**, 683
Propliopithèque, 48, 49
Prostaglandine, 243
Prostate, 477
Protubérance annulaire, 690, 691
Proximité physique, 537
Psilocybine, 146, 160
Psilogie, 195, **218**, 218
Psoriasis, **606**, 606
Psychanalyse, 74
  et comportement anormal, 583-587
  et développement de la personnalité, 495-497
  et interprétation, 636-637
  et les rêves, 164-167
  et thérapie, 604, 608-610
Psychédélique, 146-148, **147**, 147, 160, 207
Psychiatrie, **99**, 99
  communautaire, 607
  et antipsychiatrie, 634-635
  et traitement médical, 604-607
Psychiatrisation, **606**, 606
Psychochirurgie, 605
Psychodrame, **613**, 613
Psychogalvanomètre, **195**, 195
Psychokinésie, 201, 217, 221, 223
Psycholinguistique, **362**, 362, 363-365
  et l'enfant, 378-379
Psychologie
  analytique, 497-498
  artistique, 103
  champs de la —, 99-106
  clinique, 99, 114-115
  cognitive, **71**, 72, 73-74, 201
  communautaire, 100
  de la forme (*voir* Gestaltisme)
  de la personnalité, 104-105
  de l'environnement, 103
  du langage, 362
  évolution de la —, 58-79
  génétique, **103**, 103-104
  individuelle, 497
  industrielle, 100-101
  judiciaire, 102
  méthode de la —, 106-113
  militaire, 102
  moderne, 66-79
  nature de la —, 58-88

origine du mot —, 80
  préscientifique, 59-64
  publicitaire, 102
  religieuse, 103
  scientifique, 64-79
  scolaire, 100-101
  sociale, 75
Psychologue
  clinicien, **99**, 99-100, 114-115
  communautaire, 100
  -conseil, 100, 115-116
  ergonomiste, **101**, 101-102
  industriel, 100-101
  scolaire, 100-101
Psychopathe, 602
Psychopédagogie, 101
Psychopharmacologie, 106, **583**, 583
Psychophysiologie, **69**, 69, 105, 165 195
Psychose, 143, 587, **591**, 591, 595
  fonctionnelle, 591
  organique, 591
Psychosomatique (trouble), 274, **275**
Psychothérapie, **100**, 100, 607-618
Psychotrope(s), **141**, 141
  classification des —, 160
  et chimiothérapie, **605**, 605-606
Puberté, **472**, 472
Publicité
  sexiste, 102
  subliminale, 194
Pulsion, **74**, 74, 166, 236, 259
  biologique, 236-237, 241, 259, 260
Punition, **305**, 305
Pupille (dilatation de la —), 211-212
Purgatorius, 49
Puzzle-box (*voir* Boîte-problème)
Pyromanie, 601, **602**

Quantum, 199, **201**
Q.I. (*voir* Quotient intellectuel)
Quotient intellectuel, 139, **416**, 416-417
  et fratrie, 429-430

Race, **403**, 403
Racisme, 443, 444, **550**, 550
Raisonnement, 35-36, 45, 48, 377
  apprentissage par —, 313-315, 323
  et intelligence, 404
  et mémoire, 351
  hypothético-déductif, 377
Rang social, **533**, 533
Rappel, **347**, 347
Rapport(s)
  de recherche, 113
  du sujet et de l'objet, 178
  prémaritaux, 481
  sexuels (*voir aussi* Relations sexuelles), 481
Rationalisation, 586
Rationalisme, **62**, 62
Rayons,
  cosmiques, **179**, 179, 199, 678

lasers, 678
  ultraviolets, 179
  X, 179
Réaction(s)
  circulaires, 483
  d'alarme, 257
  dissociative, 632
  d'orientation, 188
Réalisation de soi, 87, 251
Réalisme enfantin, 510
Réalité subatomique, 200, **201**
Récepteur(s), **664**, 664-676, 665
  de la peau, 666
  de la rétine, 676
  de la température, 667
Recherche(s)
  en psychologie, 103-106
  et les artéfacts, 120-121
  fondamentale, 105-106
  rapport de —, 113
  sur la mémoire, 384-390
Reconnaissance, **347**, 347
Recouvrement, **306**, 306, **344**, 344, 347
Réflexe, 30-31, 45, 292, 475
  conditionné, **31**, 31, 299-300
  conditionnel, **299**, 299
  inconditionnel, **299**, 299
  inné, 31, 483
  naturel, 299
  psychogalvanique, 195
Réflexologie, 319
Refoulement, 349-350, 586
Regard,
  positif, **499**, 499
  positif conditionnel, 499
  positif inconditionnel, 499, 610
Regroupement d'éléments, 182
Relation(s)
  parents-enfants, 115, 440
  sexuelles maritales, 481-482
Relativisme, 365-366
Relaxation, 152-153
Religion, 58, 60, 103
Renforçateur, **303**, 303, 320
Renforcement, **303**, 303
  négatif, **305**, 305
  positif, **305**, 305
  primaire, **305**, 305
  principe du —, 319, 320
  processus du —, 305-306
  secondaire, **306**, 306
  social, **304**, 304
Répétition (*voir aussi* Effet de répétition)
  comportementale, 618
Réponse
  électrodermale (*voir aussi* Réflexe psychanalytique), 273
  instrumentale par la médiation du psi, 222
  réflexe, 203
  sexuelle, 264
  terminale, 303
Représentation

iconique, **358**, 358
sensori-motrice, 358
symbolique, 358
Répression, **74**, 74, 534
Reproduction sexuelle, 84, 244, 478-479, 658-663
Réseau, 622
primaire, 622
secondaire, 622
Réserpine, 121, **121**, 605, **605**
Résistance, 609
Respect de soi, 490
Retard mental (*voir aussi* Arriération), 422, 437
Rétention, **138**, 138, **340**, 340
facteurs de —, 342-344
Rétroaction, 455
biologique, **139**, 139, 156
Rêve, 138, 139, 153, 163-167, 193, 219, 498
érotique, 478
éveillé, 350
interprétation des —, 609
nocturne, 350
prémonitoire, **216**, 216
symbolisme du —, 165
Réversibilité, **483**, 483
Ribonucléase, **387**, 387
Rigidité fonctionnelle, **351**, 351, 352, 354, 422
Rite, **58**, 58
Robotique, **453**, 453
Rôle(s)
sexuels, 269-271, **533**
social, 533
Rubéole, 410
Rythme
biologique, 154-155, 326-327, 330
circadien, **155**, 155, 327
circannien, **155**, 155
circannuel (*voir* Rythme circannien)
œstral, 327
ultradien, **155**, 155

SAA (*voir* Système d'activation de l'action)
Sac amniotique, **663**, 663
Sacrifice de soi, 490
Sadisme, 600, **601**
Sadomasochisme, 508
Samādhi (*voir* Yoga samādhi)
Santé mentale, 602
Sarah (cas de —), 380
SAT (*voir* Test d'aptitude scolaire)
Satiété, 241, **242**, 242
Saturation d'une couleur, 675
Saumon de l'Atlantique (migrations du —), 45
Saveurs, 668
Scanner, 711-712
Schéma S-R, 67
Schème, **358**, 358, 483
Schizophrénie, **136**, 136, 153, 154, 540,

541, 564-566, 595-596, 601
catatonique, 566, 596
de type désorganisé, 595, 630
de type indifférencié, 596
hébéphrénique, 566
paranoïde, 566, 596, 630
types de —, 595
Sciences
naissance des —, 62-63
occultes, **195**, 195
Scissure, **695**, 695, 696
Scotophobine, 388
Secte, 261
Sédatif, **145**, 145, 160
Ségrégation, **544**, 544
Sein, 477
Seize PF, 514
Sélection naturelle, **28**, 28, 36
Sémantique, **362**, 362, 378
Sénilité, 373, **374**, **594**, 594
et pertes de mémoire, 372-373
et troubles mentaux, 594
Sens (*voir aussi* Perception)
accoutumance des —, 186-187
adaptation des —, 186-187
chimiques, 665, 668-676
cutanés (*voir* Sens somesthésiques)
de l'enfant, 179
de l'équilibre, 665, 667-668
du nouveau-né, 179, 204-206
kinesthésique, **665**, 665, 667
limitations des —, 179
mémoire des —, 193
somesthésiques, **665**, 665, 666-667
Sensation
douloureuse, 667
tactile, 667
Sensibilité, 153
auditive, 698
générale, 696
gustative, 698
olfactive, 698
visuelle, 697
Sensibilisation, **298**, 298, 322
Sensitif, **219**, 219
Sentiment, **255**, 255
d'échec perpétuel, 331
Sérotonine, 143, 146, 692, 709
Seuil
de perception, 190-191
de reconnaissance consciente, 191
d'excitation physiologique (*voir* Seuil physiologique)
perceptif (*voir* Seuil de perception)
physiologique, 190-191
Sevrage, **142**, 142
Sexe (détermination du —), 660
Sexisme, **24**, 24, 102, 438, 497
Sexologue, 100
Sexualité, 117-118, 244-247
et reproduction, 478-479
féminine, 245-246
troubles de la —, 600-601

SIA (*voir* Système d'inhibition active)
Signal douloureux, 243
Sillon, **695**, 695
Similarité, 538
Singe, 48, 49, 267, 268
altruisme chez le —, 536
et la parole, 379-381
hiérarchie sociale chez le —, 533, **533**, 554, 555
Site récepteur, **707**, 707, 709
Socialisation
des rapports sociaux, 504
étapes de la —, 501-502
Sociobiologie, 68, 70-71
et reproduction, 84
Sociopathie, **602**, 602, 628
Sociopsychologie, 75-76
Soi, **136**, 136, 153
actualisation de —, 499-500
estime de —, 250-251, 499, 500
idéal, **499**, 499, 589
réel, **499**, 499, 589
Soif, 242
Solidarité, 553
Solution de problèmes, 354-355
étapes de la —, 354
procédures de —, 456-457
Somatisation, 598
Somatotrophine, 683
Sommeil, 136-139, 163-170
à ondes lentes, **137**, 137, 153, 163
à ondes rapides, 164
cycles du —, 163
hypnagogique, **163**, 163, 354
paradoxal, **137**, 137, 138-139, 145, 153, 164, 165, 166, 168, 692
période du —, 163
profond, **137**, 137, 162
stades du —, 137, 163
troubles du —, 168-169
Somnambulisme, **164**, 164, 168
Son, 676-678
Soporifique, **145**, 145
Souffrance
physique, 667
psychique, 629-632
Soutien affectif, 622
Spécialisation hémisphérique, 700
Spermatozoïde, 658, 659
Spiritisme, **217**, 217
SRA (*voir* Système réticulé ascendant)
SRD (*voir* Système réticulé descendant)
Stade(s)
anal, **495**, 495
autonome, 312
cognitif, 312
d'association, 312
de la mort, 505-506
des opérations concrètes, 360, 483-484
des opérations formelles, 360, 485
du jeune adulte, 473

du sommeil, 163
embryonnaire, 472
émotif, 485
fœtal, 472
génital, **496**, 496
germinatif, 472
hypnagogique, 163
impulsif, 485
MOR (mouvements oculaires
    rapides), **138**, 138, 163, 164, 165
oral, **495**, 495
personnaliste, 486
phallique, **495**, 495
projectif, 486
pubertaire, 486
scolaire, 486
sensori-moteur, 359-360, 483, 485
Stéréophonique, **186**, 186
Stéréoscope, 204
Stéréotype, **544**, 544-545, 550
Stérilisation, **444**, 444
Stimulant, **143**, 143-144, 153, 160
Stimulation
    bucco-génitale, 481
    et développement intellectuel, 412-
    413
    et perception, 202-203
    psychique, 318
Stimulus, **31**, 31, 202, **203**
    aversif, 305, 319
    conditionnel, 299, 300, 318, 319
    inconditionnel, 318, 319
    intensité d'un —, 191
    neutre, **299**, 299
Strabisme, **206**, 206
Stratégie
    cognitive, 310, **311**, 311
    sociobiologique, **10**, 70
Stress, 140, 143, **256**, 256-258, 275-
277, 316, 578-579, 588, 589, 631
Structuralisme, 64, 83
Structure(s), 83
    d'ensemble, **483**, 483
    de surface, **366**, 366, 378, 379
    nerveuse et le rêve, 166
    profonde, 378, 379
    psychique de la personnalité, 584-
    585
Stupéfiant, **146**, 146
Subincision, 272
Subjectivité, **63**, 63
Sublimation, 586
Substance
    blanche, 688
    P, **243**, 243, 667, 710
Suicide, 145, 580
Surcharge informationnelle, **186**, 186,
237
Surdité
    de conduction (voir Surdité de
    transmission)
    de perception (voir Surdité
    sensorielle)

de transmission, **672**, 672
    sensorielle, **673**, 673
    verbale, **374**, 374
Surmoi, 585
Surpeuplement, 532
Sybil (cas de —), 632
Symbiose, **485**, 485
Symbolisme du rêve, 165
Symétrie bilatérale, **700**, 700
Symptôme, 114
Synapse, 147, 385-386, **705**, 705, 707
Syncrétisme, **486**, 486, 509-510, **510**,
510
Syndrome
    d'abstinence, **142**, 142
    de Down (mongolisme, ou
    trisomie 21), **409**, 409, 659, 662
    de Klinefelter, 662
    de Korsakoff, 593
    de mort subite, 169-170
    des conditions propices au psi, 222
    de Turner, 662
    général d'adaptation, **257**, 257
Syntaxe, **362**, 362, 378
Syphilis, 410
Système(s)
    autonome (voir Système végétatif)
    endocrinien, 680-683
    d'activation de l'action, **689**
    d'inhibition de l'action, 688, **689**
    limbique, 235, 243, 279, **694**, 694
    nerveux, 474, 664, 665, 683-712
    parasympathique, 152, 683, 686, 687
    réticulé ascendant, 693
    réticulé descendant, 693
    somatique, 664, 683, 684
    sympathique, 152, 683, 684, 686
    végétatif, 664, 683, 684, 686
    théorie générale des —, 530

Tabac, 142, 160
    et grossesse, 170, 410
Tabou, 245
Tarsier, 49
TAT (voir Test d'aperception
    thématique)
Taxie, 30, 45
Techniques
    opérantes, 617, 643
    projectives, 514, 516
Télencéphale, 687, 690, 692, **695**, 695
Télépathie, 195, 217, 219
Télévision (effets de la —), 282-283,
309
Témoignage
    et apathie, 561-562
    faux —, 375-376
Tempérament, 438, **440**
Temps (perception du —), 183, 207
Tendance(s), 259
    instinctives, 327-328, 330
Tension musculaire, **137**, 137
Terminaison nerveuse

encapsulée, **666**, 666
    en panier, **666**, 666
    libre, 666, 668
Terreur nocturne, 168
Territoire, **531**, 531-532
    défense chez l'Épinoche, 46-47
Test, 107-108, **402**, 402
    d'aperception thématique, 515
    d'aptitude scolaire, 430
    de Binet, 415, 416, 417, 418, 419
    de I6PF, 492
    de Rorschach, 514-515
    des taches d'encre (voir Test de
    Rorschach)
    d'intelligence, 415, 417-419, 433-435
    étalonnage d'un —, 434, **435**
    fidélité d'un —, 433, **435**
    indépendant de la culture, 434, **435**
    mental, 402
    normalisation d'un —, **108**, 108, 434,
    435
    projectif, 514
    psychologique, 101
    standardisation d'un —, **107**, 107
    Stanford-Binet, 417, 418, 419, 421,
    422
    validité d'un —, 433, **435**
Testicule, 477
Testostérone, 682, **683**
Thalamus, 688, 693, **694**
Thé, 143, 160
Théorie(s) (voir aussi Approche), **63**, 63
    cognitives de la motivation, 239, 251
    constructiviste, 366-367, 379
    de l'activation optimale, 237-238, 251
    de l'actualisation de soi, 499-500
    de l'apprentissage du langage, 363
    de l'apprentissage social, 68, 281,
    309
    de la relativité, 199, **201**
    de l'attribution, **261**, 261
    de l'intentionnalité, 500, 501
    des pulsions, 236-237, 251
    des quanta, 199, **201**
    des traits, 491-493
    du développement cognitif, 356-360
    du développement psychosocial,
    503-505
    de la dissonance cognitive, **548**, 548-
    549
    de l'équilibre cognitif, **549**, 549
    et contexte socio-économique, 77-78
    freudienne, 74, 495-497
    générale des systèmes, 530
    holographique de la mémoire, 385
    intrapsychiques, 280-281
    nativistes, 280
    neurobiologique, 281
    préformiste, 363-365, **364**, 379
    psychanalytique, 495-497
    pulsionnelle (voir Théorie des

pulsions)
relativistes, **365**, 365-366
sur l'agressivité, 280
sur le développement du langage, 362-366
synaptique de la mémoire, 385-386
Thérapie(s), 604-623
analytique, 609
aversive, 642-643
behaviorales, **607**, 607, 615-618
biologiques, 604-606
centrée sur le client, 610-611, 637-638
comportementales (*voir* Thérapies behaviorales)
de groupe, 614, 615
de la Gestalt, 611, 638-640
de la réalité, 613, 641
émotivo-rationnelle, 612, 640
existentielles, **612**, 612
familiale, 614
implosive, **616**, 616
intrapsychiques, **607**, 607, 608-615
par électrochocs, **604**, 604-605
par présentation d'un modèle, 617-618
sociales, 613-614
Thymus, 681
Thyroxine, **680**, 680
Tic nerveux, 598
Tiers-monde, 410, 411
Timbre, 677
Tique, 198
Tissu érectile, 265, **267**
Tolérance à la drogue, **142**, 142, 160
Tonalité (d'une couleur), 675
Toucher, 478, 664, 666-667
Toxicomanie, **142**, 142
Traits
centraux, 492
secondaires, 492
théories des —, 491-493, 493
Tranquillisant, **145**, 145, 153, 160, 207, 410, 605, 606, 710
et grossesse, 410
majeur, 605
mineur, 605
Transe, **135**, 135
Transfert
des molécules de mémoire, 388-389
effet de —, **316**, 316, 388
mécanisme de —, **609**, 609
Transformation(s) successive(s), 456
Transmission synaptique, 707-711
Transparence, **510**, 510
Transsexualisme, **600**, 600
Traumatisme, 372, 373
Travestisme, 600
Trigone, 690, **694**, 694
Trisomie 21 (*voir* Syndrome de Down)
Tronc cérébral, 688, 690, 696
Tropisme, **29**, 29
Trouble(s)

affectifs, 596-597
bipolaire, **596**, 596
de conversion, **598**, 598, 599, 631
de contrôle des impulsions, 601
de la compréhension, 373, 374
de la conduite, 628
de l'adolescence, 628
de la lecture, 373, 374
de la personnalité, 601-602
de l'anxiété, 597
de la réception du langage, 374
de l'articulation, 373, 374
de l'audition, 672-673
de la vision, 676
de l'écriture, 373, 374
de l'enfance, 523, 626-629
de l'expression du langage, 374
de somatisation, 598, 631
dissociatifs, **599**, 599
du langage (*voir* Aphasie)
fonctionnel, **591**, 591, 594-601
hypocondriaque, **598**, 598
mentaux, 591-603
obsessivo-compulsifs, **598**, 598
organique, 591, 591
paniques, 597-598, 631
paranoïdes, **596**, 596, 630
phobiques, 597
psychosexuels, 599-601
psychosomatiques, **579**, 579, 599
schizophréniques, 595-596
somatoformes, **598**, 598-599
Trous de Monro, 690
Tumeur, **593**, 593
Typologie, **491**, 491
de Kretschmer, 491
de Sheldon, 491
De Jung, 491

Ulcère à l'estomac, 274-275, **275**
Ultrasons, **179**, 179
Universaux, 70
Urbanisation, 532
Urètre, 265, 266, **267**
Utérus, 477

Vagin (lubrification du —), 479, 482
Vaginisme, 600
Validation en double aveugle, 112, 121
Valium, 160, 606
Variable,
contrôlée, **111**, 111
dépendante, **111**, 111
indépendante, **111**, 111
intermédiaire, **112**, 112
Variations entre espèces, **28**, 28
Vase de Rubin, 181
Vasocongestion, 264, **267**
Vasopressine, 242, 283
Vécu psychologique, 252
Ventricule, 681, 691
Véronal, 160
Vésicules

séminales, **477**, 477
synaptiques, 208
Vicky (cas de —), 379
Victimes complaisantes, 561-562
Victor, l'enfant sauvage, 18-21, 365
Vie
de relation, 664, **665**
en société, 531-537
végétative, 664, **665**
Vie humaine
étapes de la —, 472-473
limites de la —, 473-474
Vieillesse, 500
avancée, 473
première —, 473
Vieillissement, 504
et troubles mentaux, 595
Vigilance, 153
active, 134-136, 234
perceptive, **192** 192
Violence,
désensibilisation à la —, 283
et télévision, 282-283, 309
Vision, 478, 673-676
binoculaire, **185**, 185, 206
du monde (*voir* Image du monde *et* Perception du monde)
et aires du cerveau, 697
stéréoscopique, **185**, 185
Voie
afférente, 683
efférente, 683
optique, 698
Volonté de puissance, 497
Voyeurisme, 507, 508, 600, **601**

WAIS (*voir* Échelle d'intelligence de Wechsler pour adultes)
Washoe (cas de —), 379, 380, 381
WISC (*voir* Épreuve d'intelligence de Wechsler pour enfants)

Xénophobie, **70**, 70, **550**, 550

Yéti, 49
Yoga, **139**, 139, 156
samãdhi, 152, 153

Zazen, **139**, 139, 152, 153
Zone(s) (*voir aussi* Aire)
d'association, 696
de perception, 373
de programmation des gestes, 373
du langage, 373
érogène, **495**, 495
gnosique, 697
subliminale, **190**, 190
Zoophilie, **600**, 600
Zoophobie, 631
Zoopsychologie, 69, 69, 106
Zoulous, 180
Zygote, **472**, 472

Index des auteurs

Abbey, A., 566
Abélard, P., 61
Adler, A., 497, 525
Agranoff, G., 387
Ainsworth, M.D.S., 322, 337
Allport, G.W., 492, 525
Anand, B., 152, 173
Angell, 82
Ariam, S., 194, 230
Aristote, 60, 61
Aron, A.P., 254, 288
Aronson, F., 537, 564, 573
Arseneau, J., 619, 625
Asch, S.E., 75, 95
Aschoff, J., 154, 173
Atkinson, R.C., 558
Atkinson, R.L., 558
Azerinsky, E., 138, 173
Azrin, N.H., 280, 283

Baddeley, A.D., 207, 230
Bagby, 204
Balow, B., 413, 465
Bancroft, J., 245, 288
Bandura, A., 68, 71, 95, 269, 281, 283, 288
Barker, M., 629
Barnes, M., 621, 654
Barron, F., 424, 425, 464
Bateson, G., 214, 540, 566, 573, 590
Bauer, E., 224, 225
Bayley, N., 451, 452
Beach, F.A., 246, 289
Beecher, J., 635
Beilharz, R.G., 533, 573
Belanger, L., 225
Bell, A.P., 246, 288
Belmont, L., 429, 464
Bender, H., 217, 219, 225
Benson, H., 140, 157, 173
Berger, H., 150
Bergson, H., 203
Berke, J., 621, 654
Berne, E., 613, 654
Bessel, F., 402
Besson, M.J., 710
Betcherev, G., 319
Bettelheim, B., 626, 627, 654
Bickman, L., 553, 573
Biller, H., 269, 288
Bing, E., 440
Binet, A., 377, 403, 415, 416, 417, 464

Birdwhistell, R.L., 540
Blackemore, C., 180, 230
Blaffer Hrdy, S., 263, 288
Blanchet, L., 622, 654
Blum, J.D., 595, 654
Bohm, K., 200
Bolles, R.C., 73, 95, 239, 288
Boring, E.G., 183, 203, 230
Born, M., 199
Bouchard, C., 619, 623, 654
Bourne, L.E., 691
Bower, T.G.R., 85, 95
Bower, G.H., 353, 398
Brady, J.V., 274, 288
Brand, G., 222
Breland, K. et M., 327, 331
Broadbent, D.E., 189, 230
Bronckart, J.P., 398
Brown, B., 156, 173
Brown, P.C., 328, 331
Brugmans, J.F., 217
Bruneau, G., 529
Bruner, J.S., 353, 355, 357, 361, 398
Bucy, P.C., 279, 283
Bühler, Ch., 500, 525
Burt, C., 223, 445, 449
Bush, S., 508
Bustamante, J., 161, 173
Butterfield, E., 322, 337

Cameron, P., 507
Cantor, J.R., 254, 288
Caouette, C.E., 415, 464
Capra, F., 199, 230
Carbone, T., 547, 574
Carpenter, G., 501, 525
Cartwright, R.D., 167, 170
Casayus, P., 95
Casler, H., 220
Cattell, J., 402, 403, 464
Cattell, R.B., 407, 434, 492, 525
Changeux, J.-P., 691, 692, 700, 712, 717
Chaplin, C., 161
Chapouthier, G., 373, 390
Chatillon, G., 722, 759
Chatlan, J., 95
Chauvin, R., 221
Chavaillon, J., 48, 55
Cherry, E.C., 189, 230
Chess, S., 439, 464
Chomsky, N., 363, 378, 380, 398

Christie, R., 556
Churchill, W., 424
Claparède, 508, 509
Clarke, R., 55
Cocteau, J., 145
Cohen, D., 128
Cohen, S., 554, 574
Collins, A.M., 346, 398
Condillac, 63, 95
Cooper, G.F., 180, 230
Cooper, R., 446, 452
Copernic, N., 61
Coppens, Y., 36, 48, 49, 55, 58
Cosnier, J., 95
Costanzo, P.R., 559, 574
Cotton, W.L., 480, 525
Cowell, E.B., 152, 173
Crépault, C., 507
Crutchfield, R.S., 535, 574
Curie, P. et M., 217
Curtiss, S., 365, 398

Darley, J.M., 537, 574
Darwin, C., 26, 65, 71
Davidson, J.M., 266, 288
Davis, F.C., 369, 398
Deci, F.L., 73, 239, 288
De Launière, C., 157, 173
Delgado, J.M.R., 263, 288
Deligny, F., 627, 654
Delorme, A., 230
Delorme, R., 170
Dement, W., 138, 167, 170, 173
Demers, D., 634
Denenberg, V.H., 447, 452
Denis, G., 625, 654
Denton, M., 12
Descartes, R., 61, 178, 683
Dethier, V.G., 45, 55
Dewey, J., 82
Dixon, N.F., 191, 193, 214, 230
Dollard, J., 280, 283
Dongier, M., 631
Donnerstein, E., 532, 574
Doron, R., 95
Drake, C.T., 270, 288
Dreyfus, C., 614, 654
Droz, R., 485, 525
Duffy, E., 237
Duncan, 636
Duncker, K., 422, 464
Durden-Smith, J., 563, 574

Dutton, D.C., 254, 288
Duval, P., 221, 225
Duyckaerts, F., 525

Ebbinghaus, H., 341
Eccles, J., 222
Eibl-Eibesfeldt, I., 280, 283, 563
Einstein, A., 199, 201, 424
Eiseley, L., 551, 552
Ehrlich, S., 345, 398
Ekstrand, B.R., 691
Élardo, R., 412, 464
Elliot, M.F., 563
Ellis, A., 494, 525, 588, 612, 640, 654
Erikson, E.H., 503, 525
Eron, L.D., 279, 283
Ervin, F.R., 279, 283
Etevenon, P.R., 134, 173
Eysenck, H.J., 492, 493, 514, 525, 608, 654

Fagot, B.I., 269, 288
Fahler, P., 220
Fantz, R.L., 205, 230
Fechner, G.Th., 64
Feingold, 627
Feldman, M.P., 642, 654
Felsenthal, N., 282, 283
Fergusson, M., 152, 173, 427, 447, 628
Festinger, L., 75, 95, 548, 574
Fields, G., 636
Fischer, C.D., 239, 288
Fischer, R., 152, 153, 158, 161, 173
Fitts, P.M., 312, 337
Flammarion, C., 217
Flexner, D., 387
Fontaine, O., 654
Ford, C.S., 246, 289
Foucault, M., 581, 654
Foulkes, D., 167, 170
Fouts, R.S., 380, 381, 398
Fraisse, P., 207, 230
Frankl, V., 612, 654
Freinet, C., 431
French, J.R.P., 534, 574
Freud, A., 654
Freud, S., 74, 77, 95, 165, 192, 260, 280, 349, 495, 497, 516, 584, 585, 587, 591, 598, 609, 636, 637
Friedman, M.I., 241, 289

Gabor, 201
Gagnon, P., 157, 173
Galilée, 61
Galton, F., 402, 443, 444, 445, 448, 465
Garcia, J., 329, 331
Gardner, R. et B., 379, 380, 398
Gastaut, H., 79
Geis, F., 636
Geley, G., 217
Gérard, D., 438, 465
Gerome, P., 213, 230
Getzels, J.W., 424, 465

Gibson, E.J., 206, 230
Gilbert, N., 759
Gilligan, C., 489, 490, 525
Glass, D.D., 554, 574
Glass, G.V., 608, 635, 655
Glasser, W., 613, 641, 654
Goddart, 444
Godefroid, J., 155, 174, 327, 328, 331, 434, 465
Goertzel, V. et M.J., 421, 465
Goffman, E., 590, 654
Goleman, D., 508
Goodall, J., 43, 70, 533
Goodglass, H., 373
Goodwin, D., 161, 174
Gorney, R., 282, 283
Goy, R.W., 267, 289
Grafenberg, E., 265, 266, 289
Gratiot-Alphandery, H., 95
Gregory, R.L., 180, 190, 207, 230, 314
Grof, 214
Guay, J., 636
Guertin, M., 619, 654
Guilford, J.P., 405, 406, 423, 424, 465
Gurney, E., 217
Guthrie, R.V., 449, 452

Hall, E.T., 532, 574
Hall, C., 167, 170
Hall, S., 82
Halvorson, P.A., 629
Haraldsson, E., 159, 174
Harary, 195, 230
Harlow, H.F., 244, 248, 249, 267, 268, 289
Harrois-Monin, F., 381
Hartmann, E., 167, 170
Hayes, C., 379, 398
Hayflick, L., 473, 525
Haynes, H., 205, 230
Heath, 635
Hebb, D.O., 81, 134, 135, 237, 251, 255, 289, 314, 386, 407, 433, 448, 465
Heber, R., 412, 465
Heider, F., 549, 574
Helnick-Beavin, J., 566
Hering, F., 368, 398
Heron, W., 196, 212, 230
Hess, E.H., 211, 230
Hetherington, E.M., 270, 271
Hilgard, E.R., 158, 174, 558
Hiraï, T., 152, 174
Hite, S., 267, 289
Hobson, J.A., 165, 170
Hoffling, 558, 574
Homère, 59, 60
Honorton, J., 220, 222
Hotyat, F., 510
Hull, C.L., 311, 337
Hultsch, D.F., 347, 398
Hume, D., 63

Hunt, M., 118, 128, 480, 481, 525
Hyden, H., 387

Ingram, D., 379, 398
Inglis, J., 348, 398
Inhelder, B., 369, 399
Institute of Medicine, 148, 174
Itard, J., 18

Jacquard, A., 437
Jackson, D., 566
Jackson, P.W., 424, 465
James, W., 65, 82, 217
Janet, 220
Jencks, C., 450, 452
Jenkins, H.M., 328, 331
Jensen, A.R., 406, 445, 448, 449, 452
Jodorowski, 214
Johanson, D., 48
John, M., 387
Johnson, V.E., 263, 289, 508
Jouvet, M., 165, 170
Jung, C.G., 165, 170, 491, 495, 498, 525
Juvénal, 624

Kagan, J., 439, 465
Kamin, J.L., 449, 452
Kandel, E., 389, 390
Kaplan, R.M., 282, 283
Kaplowitz, 556
Karli, P., 279, 281, 283
Kasamatsu, A., 152, 174
Katchatourian, H.A., 267, 508
Kazdin, A.E., 635, 654
Kelley, H.H., 75, 261, 289, 542, 543, 566, 574
Kellog, W.N. et L.A., 379, 398
Kennel, J., 249
Képler, J., 61
Kinkade, K., 321, 337
Kinsey, A., 117, 118, 128, 245, 246, 481
Klaus, M., 249, 289
Kleinke, C.L., 540, 574
Kleitman, N., 138, 173
Kluver, H., 279, 283
Knipe, H., 557
Kogan, N., 425, 426, 466
Kohlberg, L., 488, 489, 511, 525
Köhler, W., 48, 55, 71, 72, 312, 313, 337
Kosslyn, S.M., 73, 95, 369, 370, 398
Kraepelin, E., 582, 591
Kraff-Ebing, 563
Kretschmer, E., 491, 525
Krippner, S., 219, 223
Kübler-Ross, E., 159, 174, 505, 525

Laborit, H., 605, 688
Laing, R.D., 590, 621, 629, 630, 654
Laird, 636
Lashley, K., 384, 390
Latané, B., 537, 574

Lavoie, F., 620, 654
Lazorthes, G., 700, 717
Leakey, M., 48
Lebovici, S., 501, 525
Lecomte, Y., 619, 621, 654
Lehmann, E.H., 607, 634
Leighton, D.C., 625, 654
Leippe, M.R., 375, 398
Lejeune, H., 691, 717
Le Magnen, J., 563, 574
Lenneberg, E.H., 364, 366, 398
Le Ny, 337
Levine, M., 355
Levinson, B.W., 161, 174
Leyens, J.P., 574
Liberman, A., 502
Lief, H.I., 480, 525
Lieury, A., 398
Lilly, J., 134, 174, 196, 197, 213, 230
Linder, D.E., 564, 573
Lindsay, P.H., 261, 456, 458
Lloyd-Still, J., 411, 465
Locke, J., 63, 95
Loftus, E.F., 375, 398
Lorenz, K., 32, 33, 55, 69, 237, 259, 260, 280, 283
Lovaas, I.O., 627, 643, 654
Lowenthal, M., 502

Mac Culloch, M.J., 642, 654
Maclay, G., 557
Magoun, H.W., 692
Maier, N.R.F., 35
Malcuit, G., 298, 337
Mark, E.V., 279, 283
Markus, G.B., 429, 430
Marolla, F.A., 429, 464
Martinson, 479
Marx, P., 275, 289
Maslow, A., 75, 87, 95, 141, 240, 251, 499, 624
Masters, W.H., 263, 289, 508
Mathieu, M., 484, 525
May, R., 612, 654
Mazziota, J., 712, 717
McCarley, R.W., 165, 170
McCarthy, E.D., 282, 283
McLean, P., 687, 688
McConnel, J., 388, 389, 390
McDougall, D., 270, 288
McEwen, B.S., 267, 289
McGinnies, E., 192, 230
McNemar, Q., 402, 465
Mead, M., 218
Mehrabian, A., 540
Meltzoff, A., 322, 337
Melzak, R., 667, 717
Mendel, W., 121, 122, 188, 633
Menn, A., 622
Meredith, O., 269, 288
Mervis, C.V., 353, 399
Michela, J.L., 261
Milgram, S., 87, 88, 95, 557, 558

Miller, B., 438, 465
Miller, G.A., 341, 399
Miller, N.E., 156, 174, 280, 283, 547, 574
Miller, W.R., 480, 525
Milner, P., 262
Minuchin, S., 614, 654
Moniz, J., 605
Montessori, M., 431
Montmollin, G. de, 574
Montredon, E., 221, 225
Moody, R., 159, 174
Moore, K., 322, 337
Moreno, J.L., 613, 655
Morgan, C.T., 357, 399
Moriarty, T., 561, 562
Moroney, M.J., 759
Morris, L.A., 635, 655
Morris, R., 222, 635
Moscovici, S., 75, 95, 536, 560, 574
Mosher, L., 622, 655
Moss, H.A., 248, 289
Mousseau, J., 634, 635
Mowrer, O.H., 363, 399
Munn, N.L., 315, 337
Murray, H.A., 515
Myers, F.W.H., 217
Mylrea, P.J., 533, 573

Nadeau, L., 148
Neill, A.S., 431, 465
Neisser, V., 71, 95
Neuman, P.A., 629
Newton, I., 178
Norman, D.A., 261, 456
Nuttin, J., 239, 289
Nye, F.I., 481, 525

Olds, J., 262, 289
Olds, S.W., 440
Opton, E.M., 635, 655
Orme, 628
Ortoli, S., 12
Osis, K., 159, 174
Oughourlian, J.M., 148, 174
Overton, D.A., 161, 174
Owen, F., 595, 655

Page, R.A., 532, 574
Paicheler, G., 560
Paillard, J., 667, 717
Papalia, D.E., 440
Papert, S., 457, 458
Parke, R.D., 271
Pasteur, L., 582
Patterson, F.G., 380, 399
Pattison, E.M., 506
Pavlov, I., 67, 77, 299, 300, 318, 337
Pearce-Pratt, 219
Peck, R., 503, 525
Peele, S., 149, 174
Penfield, W., 384, 390
Perls, F., 611, 638, 639, 655

Peterson, L.R. et M.J., 341, 399
Piaget, J., 71, 72, 73, 85, 95, 357, 358, 359, 360, 361, 366, 369, 379, 399, 482, 485, 486, 487, 488, 501, 508, 525
Picasso, P., 424
Piéron, H., 66
Pinel, Ph., 18, 19, 581, 583
Plamandon, M., 621, 655
Planck, M., 201
Platon, 60, 62
Pomerleau, A., 298
Posner, M.I., 312, 337
Powell, T.P., 703
Pracontal, M. de, 12
Premack, D., 380, 399
Pribram, K., 200, 201, 230, 385, 390
Prinz, 627
Puthoff, H., 220

Quillian, M.R., 346, 398

Rahmy, N., 485, 525
Rathus, S.A., 563
Raven, B., 534, 574
Rayner, R., 319
Reeves, H., 26, 55, 178
Reich, W., 260
Reuchlin, M., 95
Rhine, J.B., 195, 216, 217, 225, 230
Richelle, M., 128, 337, 399, 699, 717
Richet, C., 217, 220, 224
Riegel, K.F. et R.M., 487, 525
Ring, K., 159, 174
Robson, K.S., 248, 289
Roch-Lecours, A., 700
Rogers, C., 75, 95, 499, 526, 589, 610, 637, 655
Romeder, J.M., 620, 655
Rorschach, H., 514, 515
Rosch, E., 353
Rosenhan, D.L., 603, 632, 633, 655
Rosenthal, R., 120, 128
Rosenzweig, M.R., 446, 452
Rotter, J.B., 494, 514, 526
Rubin, K., 413, 465, 468
Rumbaugh, D.M., 380, 399
Ryzl, 220

Sapir, E., 365, 399
Satir, V., 614, 655
Scarr, S., 413, 465
Schachter, S., 75, 95, 249, 255
Scheflin, A.W., 635, 655
Schiff, M., 413, 465
Schjelderup-Ebbe, T., 533, 574
Schmeidler, 221
Schmidt, H., 219, 225
Schneiria, T.C., 35
Schreiber, F.R., 599
Searle, L.V., 119, 128
Sears, P., 437
Seligman, M.E.P., 329, 331, 587

Selye, H., 257, 289
Séron, X., 398
Serrero, A., 267, 289
Shapiro, A.K., 635, 655
Sheldon, W.R., 491, 526
Siegel, S., 759
Siffre, M., 154, 174
Siller, J., 194, 230
Silverman, L.H., 194, 230
Simon, Th., 403, 417
Singh, J.A.L., 55
Singer, J.E., 554, 574
Singer, R.D., 282, 283
Siperstein, G., 322, 337
Skeels, H.M., 412, 465
Skinner, B.F., 67, 275, 303, 305, 308,
   321, 337, 617
Sloane, R., 608, 655
Smith, D., 279, 283
Smith, M.L., 608, 635, 655
Smith, R.F., 326
Smith, S.M.H.D., 357
Snyders, G., 415, 465
Solignac, P., 267, 289
Sonderegger, T.B., 263, 289
Sorensen, R.C., 502, 507, 526
Spearman, C., 404, 441, 465, 750
Speisman, J.C., 272, 273, 289
Sperling, G., 340, 367, 399
Sperry, R., 702
Spitz, R., 501, 526
Stagdill, G., 556
Stanford, 222
Stellar, E., 45, 55
Stern, W., 416
Stoller, R.J., 508
Stolz, S.R., 617, 655
Stricker, E.M., 241, 289
Strole, L., 625, 655
Szasz, Th., 148, 590, 655

Targ, R., 195, 230
Tart, C.T., 220, 225
Terman, L.M., 417, 420, 421, 437, 438,
   444, 465
Terrace, H.S., 380, 381, 399
Thines, G., 95
Thomas d'Aquin, 61
Thompson, G.H., 406, 436, 465
Thorndike, E.L., 67, 95, 301, 302, 320,
   337
Thouless, R.H., 218, 225
Thuillier, 634
Thurstone, L.L., 404, 405, 451
Tinbergen, N., 46, 55
Tobias, P., 48
Tocquet, R., 217
Tolman, E.C., 71, 73, 311, 337
Tourigny, Ch., 621, 654
Trabasso, T., 353, 398
Trivers, R., 84, 95
Tryon, R.C., 118, 119, 128, 446
Tulving, E., 73, 96, 342, 345, 399

Ueckert, 431
Ullman, M., 219, 225
Ungar, G., 388, 389, 390

Valins, S., 255, 289
Van de Castle, R.L., 220, 225
Van Eersel, P., 174
Vassiliev, L., 195, 218, 220, 223, 230
Vernon, P.E., 449
Von Ehrenfels, Ch., 71
Von Frisch, K., 361
Von Uexküll, J., 198, 207, 230
Vygotsky, L.S., 485, 526

Waber, D., 438, 466
Walk, R.D., 206, 230
Wallace, H., 28
Wallach, M.A., 425, 426, 466

Wallas, G., 354, 399
Wallon, H., 482, 485, 486, 487, 508,
   509, 526
Walter, G., 151
Watson, J.B., 66, 67, 68, 71, 84, 96,
   300, 318, 319, 326, 337, 357, 363,
   449
Watzlawick, P., 539, 540, 565, 566, 574
Weber, E.H., 64
Wechsler, D., 403, 418, 419, 520, 421,
   422
Weinberg, M.S., 246, 288
Weinberg, R., 413, 465
Weis, D., 481, 526
Weiss, J.M., 274, 289
Weiss, L., 502
White, T., 48
Whitman, F., 246, 289
Whorf, B.L., 365, 399
Wilcoxon, L.H., 635, 654
Wilder, D., 559, 574
Wilson, D.W., 532, 574
Wilson, E.O., 70, 96
Wolf, Ch., 80
Wolfe, 507
Wolpe, J., 641, 655
Wolpert, E., 167, 170
Wundt, W., 64, 81

Yerkes, R.M., 34, 35, 417, 444

Zajonc, R.B., 75, 96, 120, 128, 316,
   413, 429, 430, 438, 466
Zazzo, R., 485, 526
Zeigarnik, B.V., 343, 399
Zener, 218, 220, 224
Zingg, R.M., 55
Zillman, D., 532, 574
Zubek, J., 446, 452
Zucker, I., 154, 174

Sources des illustrations

Page 26, figure 1.2. Photographie de Charles Darwin dans *Les religions du monde*, Hasso Ebeling International Publishing, 1981.
Harcourt Brace Jovanovich Inc., Orlando.

Page 79, figure 2.20. Illustration d'un crâne trépané avec trou occipital élargi dans *Encyclopédie de l'homme préhistorique*.
Librairie Gründ, Paris.

Page 82, figure 2.22. Illustration d'une voiture Ford modèle T du début du siècle dans *Les machines* de R. O'Brien, 1965, Le monde des sciences.
Life Cycle Books, New York.

Page 103, figure 3.4. Photographie de membres d'une secte Hare Krishna dans *Le livre des sectes et fois nouvelles* de John Butterworth, 1983.
Barnaby's Picture Library, London.

Page 116, figure 3.8. Photographies d'expériences sur des animaux dans *Psychology*, Readings Scientific American, 1967.
Alan C. Shane, Pittsburgh.

Page 119, figure 3.11. Courbe d'apprentissage/hérédité dans *Psychologie* de M. Reuchlin, 1977.

D'après R.C. Tryon, *Individual differences*, in Calvin P. Stone (sous la Direction de), «Comparative Psychology», New York, Prentice-Hall, 2e éd., 1942.

Page 140, figure 4.3 (plan arrière). Illustration d'une danse initiant un état de méditation dans *La Turquie*, D. Stewart, 1966, Autour du monde.
Life Cycle Books, New York.

Page 140, figure 4.3 (plan avant). Illustration de Yogi en méditation dans *Les religions du monde*, Hasso Ebeling International Publishing, 1981.
Harcourt Brace Jovanovich, Orlando.

Page 156, figure 4.9. Rétroaction pour détecter maux de tête dans *Introduction to psychology*, 8e éd. de Hilgard et Atkinson.
Harcourt Brace Jovanovich, New York.

Page 180, figure 5.1. Photographie de guerriers zoulous devant leur hutte dans *L'Afrique australe*, 1980.
Suzanne Held, Paris.

Page 185, figure 5.8. Illustration d'édifices en perspective dans *Sociology* de Ian Robertson, 1981.
Peter Arnold Inc., New York.

Page 205, figure 5.19. Illustration d'une femme allaitant son bébé dans *Social Psychology*, D. Myers, 1983.
McGraw Hill Inc., New York.

Page 219, figure 5.27. La Sainte Cène de S. Dali, dans *Dali* Ignaco Gomez de Liano, Collection Les Grands Maîtres de l'Art contemporain, 1982.
Editions Polygrafa S.A., Barcelone.

Page 256, figure 6.9. Photographie de gens pressés, stressés, travaillant dans un bureau, dans *Sociology* de Ian Robertson, 1981.
Peter Arnold Inc., New York.

Page 261, figure 6.11. Photographie du prédicateur Moon dans *Social Psychology* de D. Meyers, 1983.
McGraw Hill Inc., New York.

Page 355, figure 8.5. Photographie de joueurs d'échec dans *Human Development* de Papalia, 1986.
McGraw Hill Inc., New York.

Page 411, figure 9.4. Illustration d'enfant souffrant de malnutrition dans *Sociology* de Ian Robertson, 1981.
Photo Researchers, New York.

Table des matières

Préface 7
Avant-propos 11
Remerciements 15

PREMIERE PARTIE

**L'ÉTUDE DU COMPORTEMENT — SON HISTOIRE
ET SES MÉTHODES** 17

Chapitre 1

Qu'est-ce que le comportement? 23
L'inné et l'acquis 24
La théorie de l'évolution 26
L'évolution du comportement 29
    Les taxies 30
    Les réflexes 30
    Les comportements instinctifs 31
    Les mécanismes innés de déclenchement ... 31
    L'empreinte 32
    Les apprentissages 34
    Le raisonnement 35
L'évolution humaine 36
    De l'arbre aux premières cités 36
    Le développement du langage 39
    L'évolution sociale et culturelle 41
    L'agressivité humaine 43

Chapitre 2

Qu'est-ce que la psychologie? 57
Introduction 58
L'évolution de la psychologie 58
    Les premières approches 58
    La psychologie préscientifique 59
    Naissance de la psychologie scientifique ... 64
    La psychologie au XXe siècle 66

Chapitre 3

Que font les psychologues? 97
Introduction 98
Les champs de la psychologie 99
    Le champ des services 99
    Le champ de la recherche 103
Les méthodes de la psychologie 106
    Les méthodes descriptives 106
    La méthode expérimentale 109

DEUXIEME PARTIE

CONSCIENCE ET ACTIVATION 129

Chapitre 4

Le monde intérieur et les états de conscience ... 133
Conscience et vigilance active 134
Les états modifiés de conscience 136
    Le sommeil 136

La méditation 139
Diversité des états modifiés 141
L'usage des drogues et les états altérés 141
    Les stimulants 143
    Les neurodépresseurs 144
    Les narcotiques 145
    Les hallucinogènes et les psychédéliques ... 146
    L'usage des drogues et l'assuétude 148
    Les drogues et l'espace intérieur 149

Chapitre 5

Notre perception du monde 177
Introduction 178
Les limitations sensorielles 179
Le rôle de nos expériences antérieures 179
L'organisation de nos perceptions 181
Nos perceptions demeurent constantes 183
Une image du monde en trois dimensions ... 185
Adaptation et accoutumance 186
Attention et perception 188
    Les déterminants de l'attention 188
    L'attention sélective 188
Seuil physiologique et seuil de perception ... 190
La défense perceptive 192
La perception subliminale 193
La perception extrasensorielle 195
L'isolation sensorielle 196

Chapitre 6

L'activation motivationnelle et affective 233
Introduction 234
Motivation et émotion 235
La motivation 235
    Théorie des pulsions biologiques 236
    Théorie de l'activation optimale 237
    Théories cognitives de la motivation 239
    Hiérarchie des besoins 240
Les émotions 251
    Les aspects de l'émotion 252
    Les déterminants de l'émotion 252
Le stress 256

TROISIEME PARTIE

**PROCESSUS SUPÉRIEURS
ET TRAITEMENT DE L'INFORMATION** 291

Chapitre 7

Apprendre 295
Adaptation et apprentissage 296
Types d'apprentissage 296
Apprentissage de comportements répondants ... 298
    L'habituation et la sensibilisation 298
    L'empreinte 299
    Les réflexes conditionnés 299

Apprentissage de comportements opérants 301
   Apprentissage par essais et erreurs 301
   Façonnement des comportements 303
   Apprentissage par observation 309
Apprentissages cognitifs 310
   Apprentissage latent 310
   Apprentissage
   d'habiletés psychomotrices complexes 311
   Apprentissage par *insight* 312
   Apprentissage par raisonnement 313
Apprentissage et maturation 315
Apprentissage et performance 316

Chapitre 8
Retenir, penser et communiquer 339
La mémoire 340
   Structure de la mémoire 340
   Le processus de mémorisation 344
   L'oubli 347
   Mémoire et pensée 350
La pensée 352
   Les processus de la pensée 352
   Stratégies de la pensée 355
   Théories du développement cognitif 356
   Langage et pensée 361
Le langage 361
   Communication et langage 361
   Théories sur le développement du langage 362

Chapitre 9
S'adapter et créer 401
L'intelligence 402
   La nature de l'intelligence 402
   La structure de l'intelligence 404
   Les racines de l'intelligence 407
   La mesure de l'intelligence 415
   Intelligence, solution de problèmes et créativité . . . 422
La pensée créatrice 424
   Les caractéristiques de la pensée créatrice 424
   Créativité et adaptation 425
   Personnalité des créateurs 427

QUATRIEME PARTIE

LE MOI, LES AUTRES ET L'AUTRE 467

Chapitre 10
Le développement du moi 469
Introduction 471
Différents aspects du développement 472
   Les étapes de la vie 472
   Les limites de la vie 473
   Les axes du développement 474
   Le développement du système nerveux 474
Le développement physique 475
Le développement sexuel 478
   Sexualité et reproduction 478
   Comportement sexuel et développement 479
Le développement cognitif 482
   Les étapes du développement mental
   chez l'enfant et l'adolescent 482
   Les capacités intellectuelles chez l'adulte 487

Le développement moral 487
   Le jugement moral chez l'enfant 488
   Le développement de la conscience morale 489
Le développement de la personnalité 490
   Les approches descriptives 491
   L'approche behavioriste 493
   L'approche cognitive 494
   Les approches psychodynamiques 494
   L'approche humaniste 498
Le développement social 501
   Les étapes de la socialisation 501
   Les crises de la vie 503
La mort 505
   L'approche de la mort 505
   Les paliers de la mort 506

Chapitre 11
L'individu et les autres 529
Introduction 530
La vie en société 531
   Le territoire et l'espace personnel 531
   Les facteurs d'environnement 532
   Position sociale et rôle 533
   Pouvoir et soumission 534
   Le conformisme 535
   L'influence des minorités 536
   Altruisme et apathie 536
Interaction et communication 537
   L'attraction interpersonnelle 537
   La communication 538
Perception sociale 541
   Les impressions 541
   L'attribution causale 542
   Les stéréotypes 544
Les attitudes 545
   Les composantes des attitudes 545
   La formation des attitudes 546
   Le changement des attitudes 546
   Les préjugés 549

Chapitre 12
L'autre 577
Introduction 578
Anxiété et stress 578
Qui est anormal ? 579
Les diverses façons d'aborder
le comportement anormal 581
   La démonologie 581
   L'approche médicale 582
   L'approche psychanalytique 583
   L'approche behavioriste 587
   L'approche cognitive 588
   L'approche humaniste 589
   L'approche socioculturelle 590
Classification des troubles mentaux 591
   Troubles propres à l'enfance et à l'adolescence . . 593
   Troubles d'origine organique 593
   Troubles fonctionnels 594
   Troubles de la personnalité 601
   L'étiquetage et ses conséquences 602
Les thérapies 604
   Psychiatrie et traitement médical 604
   Psychothérapies 607
   Ressources alternatives et action communautaire . 619

APPENDICES

Appendice A

Les fondements biologiques du comportement . . 657
Hérédité et reproduction 658
  Le développement génétique 658
  Anomalies chromosomiques 662
  Les jumeaux 662
Physiologie du comportement 664
  L'organisation du système nerveux 664
  Les récepteurs 664
  Les effecteurs 678
  Structure du système nerveux 683
  Structure et fonction du neurone 703

Appendice B

Les statistiques et le traitement des données 719
Introduction 720
La statistique descriptive 724
  Classement des données 724
  Mesure de tendance centrale 728
  Mesure de dispersion 731
La statistique inductive 737
  Vérification d'hypothèse 738
  Tests paramétriques 740
  Tests non paramétriques 745
Calcul des corrélations 750
  Coefficients de corrélation 750

TABLE DES DOCUMENTS ET DES DOSSIERS

Chapitre 1

Qu'est-ce que le comportement? 23
  1.1 Les niveaux de comportement et l'évolution . . 45
  1.2 La migration du saumon de l'Atlantique 45
  1.3 La défense du territoire chez l'épinoche 46
  1.4 Instinct maternel ou apprentissage? 47
  1.5 Le chien, le singe et le raisonnement 48
  1.6 L'évolution des grands singes
       et des hominidés 48

Chapitre 2

Qu'est-ce que la psychologie? 57
  2.1 Le culte du crâne 79
  2.2 L'origine du mot «psychologie» 80
  2.3 Esprit de corps : 1 + 1 = 2 ou 1 + 1 = 1? 80
  2.4 Les quatre étapes de la méthode scientifique . 81
  2.5 Dans le laboratoire du Wundt, en 1879 81
  2.6 Les fonctionnalistes
       et le rôle de la conscience 82
  2.7 Structures et fonctions 83
  2.8 L'acte de foi behavioriste de Watson 84
  2.9 Sociobiologie et reproduction 84
  2.10 Les bébés et la Gestalt 85
  2.11 L'enfant de cinq ans et l'équilibration 85
  2.12 La vie quotidienne et l'inconscient 86
  2.13 Vers la réalisation de soi 87
  2.14 Obéissance et torture 87

Chapitre 3

Que font les psychologues? 97
  3.1 Le psychologue clinicien et la claustrophobie . 114
  3.2 Le psychologue-conseil
       et la relation parents-enfant 115
  3.3 Expérimentation sur les animaux 116
  3.4 Des enquêtes sur les pratiques sexuelles 117
  3.5 L'hérédité et l'apprentissage 118
  3.6 La recherche et ses artéfacts 120
  3.7 Placebo, Pygmalion et double aveugle 121

Chapitre 4

Le monde intérieur et les états de conscience . . . 133
  4.1 L'activité électrique du cerveau 150
  4.2 Cartographie de l'espace intérieur 152
  4.3 Les horloges biologiques 154
  4.4 La rétroaction biologique 156
  4.5 La méditation à la portée de tous 157
  4.6 L'hypnose : état modifié
       ou trait de personnalité? 157
  4.7 L'état de conscience accompagnant la mort . . 159
  4.8 Classification des psychotropes 160
  4.9 Les apprentissages dépendant
       de l'état de conscience 161

Dossier 4.1

Comment dormons-nous?
Pourquoi rêvons-nous? 163

Chapitre 5

Notre perception du monde 177
  5.1 Le monde de la tique 198
  5.2 Physique moderne, neuroscience
       et psychologie : le tourbillon 199
  5.3 De la stimulation à la perception 202
  5.4 Hypothèse et expérience antérieure 203
  5.5 L'équipement sensoriel du nouveau-né 204
  5.6 Mouvement et temps 207
  5.7 Les illusions visuelles 208
  5.8 La nudité et la dilatation de la pupille 211
  5.9 Isolation sensorielle, hallucinations
       et espace intérieur 212

Dossier 5.1

La science et les phénomènes paranormaux 216

Chapitre 6

L'activation motivationnelle et affective 233
  6.1 Le vocabulaire de la motivation 258
  6.2 Un modèle hydromécanique de la motivation . 259
  6.3 Les sectes et la motivation intrinsèque 261
  6.4 Quand des chocs électriques
       engendrent le plaisir... 262
  6.5 L'orgasme : tout dans la tête 263
  6.6 Des bébés singes amoureux d'un mannequin . 267
  6.7 Les rôles sexuels et «l'image» du père 269
  6.8 Peut-on détecter les mensonges? 271
  6.9 Quand l'information
       est elle-même chargée émotivement... 272
  6.10 Des singes, des rats et l'ulcère à l'estomac . . 274
  6.11 La vie, le stress et vous 275

Dossier 6.1

L'agressivité : motivation innée ou acquise? 279

Chapitre 7

Apprendre 295
7.1 Pavlov, Watson
     et le conditionnement classique 318
7.2 Les lois du conditionnement 320
7.3 La conduite de la société selon Skinner 320
7.4 Maturation, apprentissage
     et périodes critiques 322

Dossier 7.1

**L'apprentissage : la part de l'inné
et celle de l'acquis** 326

Chapitre 8

Retenir, penser et communiquer 339
8.1 La mémoire sensorielle 367
8.2 Les images et la mémoire 368
8.3 Les procédés mnémotechniques 370
8.4 Quand un individu perd la mémoire
     des événements, des perceptions, des gestes
     ou de la parole... 372
8.5 Faux témoignage ou simple interférence
     entre mémoire et langage? 375
8.6 Hypothèses, déductions et pensée formelle .. 376
8.7 L'enfant et la psycholinguistique 378
8.8 Et si les singes pouvaient parler? 379

Dossier 8.1

Les recherches sur la mémoire 384

Chapitre 9

S'adapter et créer 401
9.1 QI : deux enfants, c'est bien.
     Neuf, c'est (peut-être) trop! 429
9.2 Quelle école et pour qui? 431
9.3 Faut-il abandonner l'usage
     des tests d'intelligence? 433
9.4 L'intelligence «normale» et l'autre 436
9.5 Intelligence et créativité :
     l'enfant, sa personnalité et sa famille 438

Dossier 9.1

Naît-on intelligent ou le devient-on? 443

Dossier 9.2

L'intelligence des ordinateurs et la nôtre 453

Chapitre 10

Le développement du moi 469
10.1 Les fantasmes sexuels : perversion
      ou «aphrodisiaque» psychologique? 507

10.2 La pensée enfantine 508
10.3 Face au dilemme moral 511
10.4 Peut-on évaluer la personnalité? 512
10.5 Mais qui sont donc Œdique et Electre? 516

Chapitre 11

L'individu et les autres 529
11.1 La galaxie intérieure 551
11.2 Plus on est nombreux,
      moins on est serviable... 553
11.3 Le bruit et la réussite scolaire 553
11.4 Dominance, pouvoir et leadership 554
11.5 Les ordres et la vie des autres 557
11.6 Conformisme et transformation de la réalité .. 559
11.7 Minorités et changement social 560
11.8 Témoins muets et victimes complaisantes 561
11.9 L'attraction interpersonnelle
      passe (aussi) par le nez 562
11.10 Compliments et critiques 563
11.11 Communication paradoxale, double contrainte
      et schizophrénie 564
11.12 Le jeu de l'amour et de l'attribution d'un sourire . 566

Chapitre 12

«L'autre» 577
12.1 La vie et les mécanismes de défense 624
12.2 L'être équilibré et la normalité 625
12.3 Enfance et adolescence troublées 626
12.4 Voyage à travers la souffrance psychique 629
12.5 Sain d'esprit parmi les fous 632
12.6 Antipsychiatres et psychiatres :
      droit à la folie ou à la médication? 634
12.7 Et si le secret des thérapies
      était l'effet placebo? 635
12.8 Une interprétation freudienne 636
12.9 D'une thérapie à l'autre... 637

Appendice A

Bases biologiques du comportement 657
A.1 Son et lumière 676
A.2 Les trois «cerveaux»
     et l'évolution du système nerveux 687
A.3 Le cerveau divisé 702
A.4 L'activité nerveuse et le scanner 711

Appendice B

Les statistiques et le traitement des données 719
B.1 Quelques notions de base 722
B.2 Données d'une expérimentation hypothétique . 723
B.3 Les niveaux de signification 739
B.4 Les degrés de liberté 742
B.5 Tables 760

Réponses aux questions des guides d'étude 761
Index 765
Index des auteurs 779

CHEZ LE MEME EDITEUR

PSYCHOLOGIE ET SCIENCES HUMAINES
collection publiée sous la direction de MARC RICHELLE

1 Dr Paul Chauchard: LA MAITRISE DE SOI, 9ᵉ éd.

5 François Duyckaerts: LA FORMATION DU LIEN SEXUEL, 9ᵉ éd.

7 Paul-A. Osterrieth: FAIRE DES ADULTES, 16ᵉ éd.

9 Daniel Widlöcher: L'INTERPRETATION DES DESSINS D'ENFANTS, 9ᵉ éd.

11 Berthe Reymond-Rivier: LE DEVELOPPEMENT SOCIAL DE L'ENFANT ET DE L'ADOLESCENT, 9ᵉ éd.

12 Maurice Dongier: NEVROSES ET TROUBLES PSYCHOSOMATIQUES, 7ᵉ éd.

15 Roger Mucchielli: INTRODUCTION A LA PSYCHOLOGIE STRUCTURALE, 3ᵉ éd.

16 Claude Köhler: JEUNES DEFICIENTS MENTAUX, 4ᵉ éd.

21 Dr P. Geissmann et Dr R. Durand: LES METHODES DE RELAXATION, 4ᵉ éd.

22 H. T. Klinkhamer-Steketée: PSYCHOTHERAPIE PAR LE JEU, 3ᵉ éd.

23 Louis Corman: L'EXAMEN PSYCHOLOGIQUE D'UN ENFANT, 3ᵉ éd.

24 Marc Richelle: POURQUOI LES PSYCHOLOGUES?, 6ᵉ éd.

25 Lucien Israel: LE MEDECIN FACE AU MALADE, 5ᵉ éd.

26 Francine Robaye-Geelen: L'ENFANT AU CERVEAU BLESSE, 2ᵉ éd.

27 B.F. Skinner: LA REVOLUTION SCIENTIFIQUE DE L'ENSEIGNEMENT, 3ᵉ éd.

28 Colette Durieu: LA REEDUCATION DES APHASIQUES

29 J.C. Ruwet: ETHOLOGIE: BIOLOGIE DU COMPORTEMENT, 3ᵉ éd.

30 Eugénie De Keyser: ART ET MESURE DE L'ESPACE

32 Ernest Natalis: CARREFOURS PSYCHOPEDAGOGIQUES

33 E. Hartmann: BIOLOGIE DU REVE

34 Georges Bastin: DICTIONNAIRE DE LA PSYCHOLOGIE SEXUELLE

35 Louis Corman: PSYCHO-PATHOLOGIE DE LA RIVALITE FRATERNELLE

36 Dr G. Varenne: L'ABUS DES DROGUES

37 Christian Debuyst, Julienne Joos: L'ENFANT ET L'ADOLESCENT VOLEURS

38 B.-F. Skinner: L'ANALYSE EXPERIMENTALE DU COMPORTEMENT, 2ᵉ éd.

39 D.J. West: HOMOSEXUALITE

40 R. Droz et M. Rahmy: LIRE PIAGET, 3ᵉ éd.

41 José M.R. Delgado: LE CONDITIONNEMENT DU CERVEAU ET LA LIBERTE DE L'ESPRIT

42 Denis Szabo, Denis Gagné, Alice Parizeau: L'ADOLESCENT ET LA SOCIETE, 2ᵉ éd.

43 Pierre Oléron: LANGAGE ET DEVELOPPEMENT MENTAL, 2ᵉ éd.

44 Roger Mucchielli: ANALYSE EXISTENTIELLE ET PSYCHOTHERAPIE PHENOMENO-STRUCTURALE

45 Gertrud L. Wyatt: LA RELATION MERE-ENFANT ET L'ACQUISITION DU LANGAGE, 2ᵉ éd.

46 Dr Etienne De Greeff: AMOUR ET CRIMES D'AMOUR

47 Louis Corman: L'EDUCATION ECLAIREE PAR LA PSYCHANALYSE

48 Jean-Claude Benoit et Mario Berta: L'ACTIVATION PSYCHOTHERAPIQUE

49 T. Ayllon et N. Azrin: TRAITEMENT COMPORTEMENTAL EN INSTITUTION PSYCHIATRIQUE

50 G. Rucquoy: LA CONSULTATION CONJUGALE

51 R. Titone: LE BILINGUISME PRECOCE

52 G. Kellens: BANQUEROUTE ET BANQUEROUTIERS

53 François Duyckaerts: CONSCIENCE ET PRISE DE CONSCIENCE

54 Jacques Launay, Jacques Levine et Gilbert Maurey:
LE REVE EVEILLE-DIRIGE ET L'INCONSCIENT
55 Alain Lieury: LA MEMOIRE
56 Louis Corman: NARCISSISME ET FRUSTRATION D'AMOUR
57 E. Hartmann: LES FONCTIONS DU SOMMEIL
58 Jean-Marie Paisse: L'UNIVERS SYMBOLIQUE
DE L'ENFANT ARRIERE MENTAL
59 Jacques Van Rillaer: L'AGRESSIVITE HUMAINE
60 Georges Mounin: LINGUISTIQUE ET TRADUCTION
61 Jérôme Kagan: COMPRENDRE L'ENFANT
62 Michael S. Gazzaniga: LE CERVEAU DEDOUBLE
63 Paul Cazayus: L'APHASIE
64 X. Seron, J.L. Lambert, M. Van der Linden:
LA MODIFICATION DU COMPORTEMENT
65 W. Huber: INTRODUCTION A LA PSYCHOLOGIE
DE LA PERSONNALITE, 2ᵉ éd.
66 Emile Meurice: PSYCHIATRIE ET VIE SOCIALE
67 J. Château, H. Gratiot-Alphandéry, R. Doron et P. Cazayus:
LES GRANDES PSYCHOLOGIES MODERNES
68 P. Sifnéos: PSYCHOTHERAPIE BREVE ET CRISE EMOTIONNELLE
69 Marc Richelle: B.F. SKINNER OU LE PERIL BEHAVIORISTE
70 J.P. Bronckart: THEORIES DU LANGAGE
71 Anika Lemaire: JACQUES LACAN, 2ᵉ éd. revue et augmentée
72 J.L. Lambert: INTRODUCTION A L'ARRIERATION MENTALE
73 T.G.R. Bower: DEVELOPPEMENT PSYCHOLOGIQUE
DE LA PREMIERE ENFANCE
74 J. Rondal: LANGAGE ET EDUCATION
75 Sheila Kitzinger: PREPARER A L'ACCOUCHEMENT
76 Ovide Fontaine: INTRODUCTION
AUX THERAPIES COMPORTEMENTALES
77 Jacques-Philippe Leyens: PSYCHOLOGIE SOCIALE, 2ᵉ éd.
78 Jean Rondal: VOTRE ENFANT APPREND A PARLER
79 Michel Legrand: LE TEST DE SZONDI
80 H.J. Eysenck: LA NEVROSE ET VOUS
81 Albert Demaret: ETHOLOGIE ET PSYCHIATRIE
82 Jean-Luc Lambert et Jean A. Rondal: LE MONGOLISME
83 Albert Bandura: L'APPRENTISSAGE SOCIAL
84 Xavier Seron: APHASIE ET NEUROPSYCHOLOGIE
85 Roger Rondeau: LES GROUPES EN CRISE?
86 J. Danset-Léger: L'ENFANT ET LES IMAGES
DE LA LITTERATURE ENFANTINE
87 Herbert S. Terrace: NIM, UN CHIMPANZE QUI A APPRIS
LE LANGAGE GESTUEL
88 Roger Gilbert: BON POUR ENSEIGNER?
89 Wing, Cooper et Sartorius:
GUIDE POUR UN EXAMEN PSYCHIATRIQUE
90 Jean Costermans: PSYCHOLOGIE DU LANGAGE
91 Françoise Macar: LE TEMPS,
PERSPECTIVES PSYCHOPHYSIOLOGIQUES
92 Jacques Van Rillaer: LES ILLUSIONS DE LA PSYCHANALYSE, 2ᵉ éd.
93 Alain Lieury: LES PROCEDES MNEMOTECHNIQUES
94 Georges Thinès: PHENOMENOLOGIE
ET SCIENCE DU COMPORTEMENT
95 Rudolph Schaffer: COMPORTEMENT MATERNEL
96 Daniel Stern: MERE ET ENFANT, LES PREMIERES RELATIONS
97 R. Kempe & C. Kempe: L'ENFANCE TORTUREE
98 Jean-Luc Lambert: ENSEIGNEMENT SPECIAL ET HANDICAP MENTAL
99 Jean Morval: INTRODUCTION A LA PSYCHOLOGIE
DE L'ENVIRONNEMENT
100 Pierre Oleron et al.: SAVOIRS ET SAVOIR-FAIRE PSYCHOLOGIQUES
CHEZ L'ENFANT
101 Bernard I. Murstein: STYLES DE VIE INTIME

102 Rondal / Lambert / Chipman: PSYCHOLINGUISTIQUE
ET HANDICAP MENTAL
103 Brédart / Rondal: L'ANALYSE DU LANGAGE CHEZ L'ENFANT
104 David Malan: PSYCHODYNAMIQUE
ET PSYCHOTHERAPIE INDIVIDUELLE
105 Philippe Muller: WAGNER PAR SES REVES
106 John Eccles: LE MYSTERE HUMAIN
107 Xavier Seron: REEDUQUER LE CERVEAU
108 Moreau / Richelle: L'ACQUISITION DU LANGAGE
109 Georges Nizard: ANALYSE TRANSACTIONNELLE ET SOIN INFIRMIER
110 Howard Gardner: GRIBOUILLAGES ET DESSINS D'ENFANTS,
LEUR SIGNIFICATION
111 Wilson / Otto: LA FEMME MODERNE ET L'ALCOOL
112 Edwards: DESSINER GRACE AU CERVEAU DROIT
113 Rondal: L'INTERACTION ADULTE-ENFANT
114 Blancheteau: L'APPRENTISSAGE CHEZ L'ANIMAL
115 Boutin: FORMATION ET DEVELOPPEMENTS
116 Húsen: L'ECOLE EN QUESTION
117 Ferrero / Besse: L'ENFANT ET SES COMPLEXES
118 R. Bruyer: LE VISAGE ET L'EXPRESSION FACIALE
119 J.P. Leyens: SOMMES-NOUS TOUS DES PSYCHOLOGUES?
120 J. Château: L'INTELLIGENCE OU LES INTELLIGENCES?
121 M. Claes: L'EXPERIENCE ADOLESCENTE
122 J. Hayes et P. Nutman: COMPRENDRE LES CHOMEURS
123 S. Sturdivant: LES FEMMES ET LA PSYCHOTHERAPIE
124 A. Pomerleau et G. Malcuit: L'ENFANT ET SON ENVIRONNEMENT
125 A. Van Hout et X. Seron: L'APHASIE DE L'ENFANT
126 A. Vergote: RELIGION, FOI, INCROYANCE
127 Sivadon / Fernandez-Zoïla: TEMPS DE TRAVAIL, TEMPS DE VIVRE
128 Born: JEUNES DEVIANTS OU DELINQUANTS JUVENILES?
129 Hamers / Blanc: BILINGUALITE ET BILINGUISME
130 Legrand: PSYCHANALYSE, SCIENCE, SOCIETE
131 Le Camus: PRATIQUES PSYCHOMOTRICES
132 Lars Fredén: ASPECTS PSYCHOSOCIAUX DE LA DEPRESSION
133 Mount: LA FAMILLE SUBVERSIVE
134 Magerotte: MANUEL D'EDUCATION COMPORTEMENTALE CLINIQUE
135 Dailly / Moscato: LATERALISATION ET LATERALITE CHEZ L'ENFANT
136 Bonnet / Tamine-Gardes: QUAND L'ENFANT PARLE DU LANGAGE
137 Bruyer: LES SCIENCES HUMAINES ET LES DROITS DE L'HOMME
138 Taulelle: L'ENFANT A LA RENCONTRE DU LANGAGE
139 de Boucaud: PSYCHOLOGIE DE L'ENFANT ASTHMATIQUE
140 Duruz: NARCISSE EN QUETE DE SOI
141 Feyereisen / de Lannoy: PSYCHOLOGIE DU GESTE
142 Florin et al.: LE LANGAGE A L'ECOLE MATERNELLE
143 Debuyst: MODELE ETHOLOGIQUE ET CRIMINOLOGIE
144 Ashton / Stepney: FUMER
145 Winkel et al.: L'IMAGE DE LA FEMME DANS LES LIVRES SCOLAIRES
146 Bideaud / Richelle: PSYCHOLOGIE DEVELOPPEMENTALE
147 Schmid-Kitsikis: THEORIE CLINIQUE ET FONCTIONNEMENT MENTAL
148 Guggenbühl / Craig: POUVOIR ET RELATION D'AIDE
149 Rondal: LANGAGE ET COMMUNICATION
CHEZ LES HANDICAPES MENTAUX
150 Moscato et al.: FONCTIONNEMENT COGNITIF ET INDIVIDUALITE
151 Château: L'HUMANISATION OU LES PREMIERS PAS
DES VALEURS HUMAINES
152 Avery / Litwack: NEE TROP TOT
153 Rondal: LE DEVELOPPEMENT DU LANGAGE
CHEZ L'ENFANT TRISOMIQUE 21
154 Kellens: QU'AS-TU FAIT DE TON FRERE?
155 Rondal / Henrot: LE LANGAGE DES SIGNES
156 Lafontaine: LE PARTI PRIS DES MOTS
157 Bonnet / Hoc / Tiberghien:
AUTOMATIQUE, INTELLIGENCE ARTIFICIELLE ET PSYCHOLOGIE

158 Giovannini et al.: PSYCHOLOGIE ET SANTE
159 Wilmotte et al.: LE SUICIDE
160 Giurgea: L'HERITAGE DE PAVLOV
161 Ionescu: MANUEL D'INTERVENTION EN DEFICIENCE MENTALE
163 Pieraut-Le Bonniec: CONNAITRE ET LE DIRE
164 Huber: PSYCHOLOGIE CLINIQUE AUJOURD'HUI
165 Rondal et al.: PROBLEMES DE PSYCHOLINGUISTIQUE
166 Slukin: LE LIEN MATERNEL
167 Baudour: L'AMOUR CONDAMNE
168 Wilwerth: VISAGES DE LA LITTERATURE FEMININE
169 Edwards: VISION, DESSIN, CREATIVITE
170 Lutte: LIBERER L'ADOLESCENCE
171 Defays: L'ESPRIT EN FRICHE
172 Broome Walace: PSYCHOLOGIE ET PROBLEMES GYNECOLOGIQUES
173 Aimard: LES BEBES DE L'HUMOUR
174 Perruchet: LES AUTOMATISMES COGNITIFS
175 Barwin-Legros: FAMILLES, MARIAGE, DIVERCE
176 Pourtois / Desmet: EPISTEMOLOGIE ET INSTRUMENTATION
    EN SCIENCES HUMAINES

Hors collection

    Paisse: PSYCHOPEDAGOGIE DE LA LUCIDITE
    Paisse: ESSENCE DU PLATONISME
    Collectif: SYSTEME AMDP
    Boulangé/Lambert: LES AUTRES, L'EXPRESSION ARTISTIQUE
    CHEZ LES HANDICAPES MENTAUX

Manuels et Traités

    2 Thinès: PSYCHOLOGIE DES ANIMAUX
    3 Paulus: LA FONCTION SYMBOLIQUE ET LE LANGAGE
    4 Richelle: L'ACQUISITION DU LANGAGE
    5 Paulus: REFLEXES-EMOTIONS-INSTINCTS
    Droz-Richelle: MANUEL DE PSYCHOLOGIE
    Hurtig-Rondal: MANUEL DE PSYCHOLOGIE DE L'ENFANT (Tome 1)
    Hurtig-Rondal: MANUEL DE PSYCHOLOGIE DE L'ENFANT (Tome 2)
    Hurtig-Rondal: MANUEL DE PSYCHOLOGIE DE L'ENFANT (Tome 3)
    Rondal-Seron: LES TROUBLES DU LANGAGE
    (DIAGNOSTIC ET REEDUCATION)
    Fontaine/Cottraux/Ladouceur:
    CLINIQUES DE THERAPIE COMPORTEMENTALE

Achevé Imprimerie
d'imprimer Gagné Ltée
au Canada Louiseville